启真馆 出品

# Bertrand Russell

## The Spirit of Solitude

1872-1921

# 罗素传：孤独的精神

1872—1921

［英］瑞·蒙克 著 严忠志 欧阳亚丽 译

ZHEJIANG UNIVERSITY PRESS
浙江大学出版社

1 婴儿时的伯特兰·罗素，母亲凯特 ·安伯利创作的速写画

2—3 约翰·罗素勋爵伉俪

4—5 罗素的父母——约翰·安伯利和凯特·安伯利

6 罗素的出生地雷文斯克罗夫特庄园

7 安伯利一家——弗兰克和雷切尔——在雷文斯克罗夫特庄园外面

8 凯特 ·安伯利和约翰·安伯利在雷文斯克罗夫特庄园的书房中

9—10 弗兰克·罗素和雷切尔·罗素

11 坐落里士满公园中的彭布鲁克别墅（1883 创作的一幅油画），伯特兰·罗素 1876—1897 年在此居住

12 罗素一家在彭布鲁克别墅

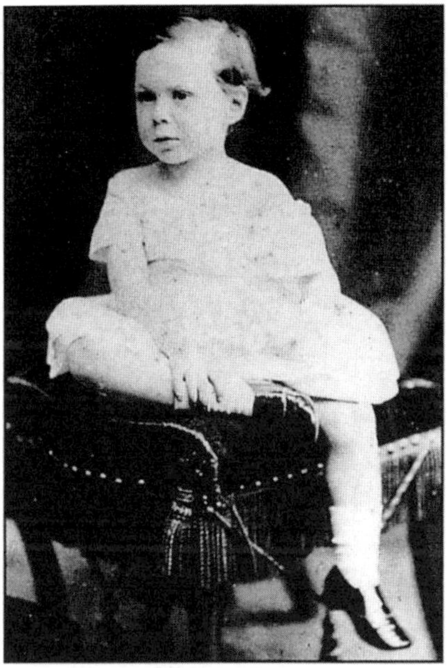

13—16 罗素童年时在彭布鲁克别墅，坐在阿加莎姑姑的膝上（右上图）

17—19 罗素 8 岁至 10 岁时的照片

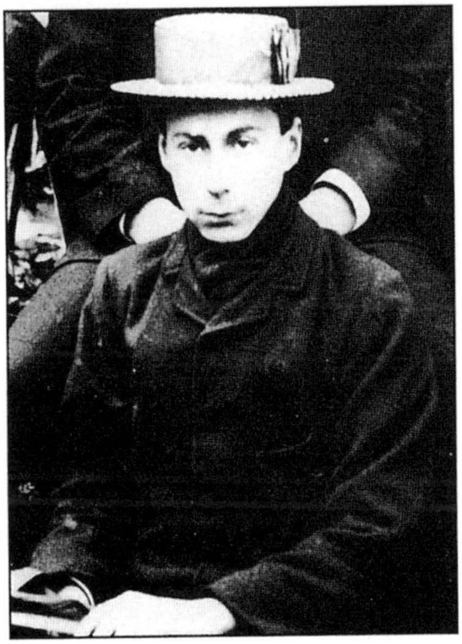

20 罗素 19 岁时在剑桥大学三一学院

21 G. E. 摩尔

22 罗素在三一学院的朋友：包括查尔斯·特里维廉（中排右）、克朗普顿（中排左）、西奥多·卢埃林·戴维斯（后排中）

23（上）星期五山丘居所，1894 年，从左到右分别为汉娜、艾丽丝和洛根·皮尔索尔·史密斯

24（中）威廉·罗森斯坦爵士 1893 年所画的汉娜（61 岁时）肖像

25（下）汉娜和罗伯特

26 艾丽丝，1894 年

27—28 艾丽丝和她的姐姐玛丽，1894 年

29 艾丽丝和伯特兰·罗素伉俪，摄于 1894 年婚礼前后

30（上左）海伦 · 托马斯

31（上右）露西 · 唐纳利

32（右）沃尔特 · 惠特曼

33 伊夫琳·诺思·怀特海

34 艾尔弗雷德·诺思·怀特海

35 磨坊，艾丽丝坐在大门口

36 坐落在格兰切斯特的磨坊居所

37（左）艾丽丝，1905年（“日常琐事让我活着。但是，它们不能满足我渴求伯迪的爱情的强烈愿望”）

38（上）艾丽丝1905年站在日晷旁的留影

39（左）罗素1907年温布尔登补选时的留影

86 CARDINAL ARITHMETIC [PART III

$*110{\cdot}632.\ \vdash : \mu \in \mathrm{NC} . \supset . \mu +_{c} 1 = \hat{\xi}\{(\exists y) . y \in \xi . \xi - \iota`y \in \mathrm{sm}``\mu\}$

*Dem.*

$\vdash . *110{\cdot}631 . *51{\cdot}211{\cdot}22 . \supset$

$\vdash : \mathrm{Hp} . \supset . \mu +_{c} 1 = \hat{\xi}\{(\exists \gamma, y) . \gamma \in \mathrm{sm}``\mu . y \in \xi . \gamma = \xi - \iota`y\}$

$[*13{\cdot}195] \qquad = \hat{\xi}\{(\exists y) . y \in \xi . \xi - \iota`y \in \mathrm{sm}``\mu\} : \supset \vdash . \mathrm{Prop}$

$*110{\cdot}64.\ \vdash . 0 +_{c} 0 = 0 \qquad [*110{\cdot}62]$

$*110{\cdot}641.\ \vdash . 1 +_{c} 0 = 0 +_{c} 1 = 1 \qquad [*110{\cdot}51{\cdot}61 . *101{\cdot}2]$

$*110{\cdot}642.\ \vdash . 2 +_{c} 0 = 0 +_{c} 2 = 2 \qquad [*110{\cdot}51{\cdot}61 . *101{\cdot}31]$

$*110{\cdot}643.\ \vdash . 1 +_{c} 1 = 2$

*Dem.*

$\vdash . *110{\cdot}632 . *101{\cdot}21{\cdot}28 . \supset$

$\vdash . 1 +_{c} 1 = \hat{\xi}\{(\exists y) . y \in \xi . \xi - \iota`y \in 1\}$

$[*54{\cdot}3] \quad = 2 . \supset \vdash . \mathrm{Prop}$

The above proposition is occasionally useful. It is used at least three times, in *113·66 and *120·123·472.

*110·7·71 are required for proving *110·72, and *110·72 is used in *117·3, which is a fundamental proposition in the theory of greater and less.

$*110{\cdot}7.\ \vdash : \beta \subset \alpha . \supset . (\exists \mu) . \mu \in \mathrm{NC} . \mathrm{Nc}`\alpha = \mathrm{Nc}`\beta +_{c} \mu$

*Dem.*

$\vdash . *24{\cdot}411{\cdot}21 . \supset \vdash : \mathrm{Hp} . \supset . \alpha = \beta \cup (\alpha - \beta) . \beta \cap (\alpha - \beta) = \Lambda .$

$[*110{\cdot}32] \qquad \supset . \mathrm{Nc}`\alpha = \mathrm{Nc}`\beta +_{c} \mathrm{Nc}`(\alpha - \beta) : \supset \vdash . \mathrm{Prop}$

$*110{\cdot}71.\ \vdash : (\exists \mu) . \mathrm{Nc}`\alpha = \mathrm{Nc}`\beta +_{c} \mu . \supset . (\exists \delta) . \delta \,\mathrm{sm}\, \beta . \delta \subset \alpha$

*Dem.*

$\vdash . *100{\cdot}3 . *110{\cdot}4 . \supset$

$\vdash : \mathrm{Nc}`\alpha = \mathrm{Nc}`\beta +_{c} \mu . \supset . \mu \in \mathrm{NC} - \iota`\Lambda \qquad (1)$

$\vdash . *110{\cdot}3 . \supset \vdash : \mathrm{Nc}`\alpha = \mathrm{Nc}`\beta +_{c} \mathrm{Nc}`\gamma . \equiv . \mathrm{Nc}`\alpha = \mathrm{Nc}`(\beta + \gamma) .$

$[*100{\cdot}3{\cdot}31] \qquad \supset . \alpha \,\mathrm{sm}\, (\beta + \gamma) .$

$[*73{\cdot}1] \qquad \supset . (\exists R) . R \in 1 \to 1 . \mathrm{D}`R = \alpha . \mathrm{G}`R = \downarrow \Lambda_{\gamma}``\iota``\beta \cup \Lambda_{\beta} \downarrow ``\iota``\gamma .$

$[*37{\cdot}15] \qquad \supset . (\exists R) . R \in 1 \to 1 . \downarrow \Lambda_{\gamma}``\iota``\beta \subset \mathrm{G}`R . R`` \downarrow \Lambda_{\gamma}``\iota``\beta \subset \alpha .$

$[*110{\cdot}12 . *73{\cdot}22] \supset . (\exists \delta) . \delta \subset \alpha . \delta \,\mathrm{sm}\, \beta \qquad (2)$

$\vdash . (1) . (2) . \supset \vdash . \mathrm{Prop}$

40《数学原理》第 86 页，怀特海和罗素在这一页上证明了 1+1=2 这个“偶尔有用的”命题

41 奥托琳·莫里尔夫人

42 奥古斯都·约翰大约在 1913 年所画的伯特兰·罗素肖像

43 路德维希·维特根斯坦

44 约瑟夫·康拉德

45 D. H. 劳伦斯

46 加辛顿庄园

47 利顿·斯特雷奇、罗素和菲利普·莫里尔在加辛顿，时间大约是1915年

48—49（上）维维恩·艾略特，“挑逗的化身”

50（右）1911—1912 年，T. S. 艾略特在哈佛大学的第一年

51 哈克尼的南门路上的兄弟会教堂，1917 年 7 月 28 日：“那情景真的很糟糕……暴徒们面目狰狞，我们离开时，外面的人群言行狂热……场面充满暴力，非常可怕，让我记忆犹新，非常反感。”

52 艾琳·库珀－威利斯

53 克里福德·艾伦

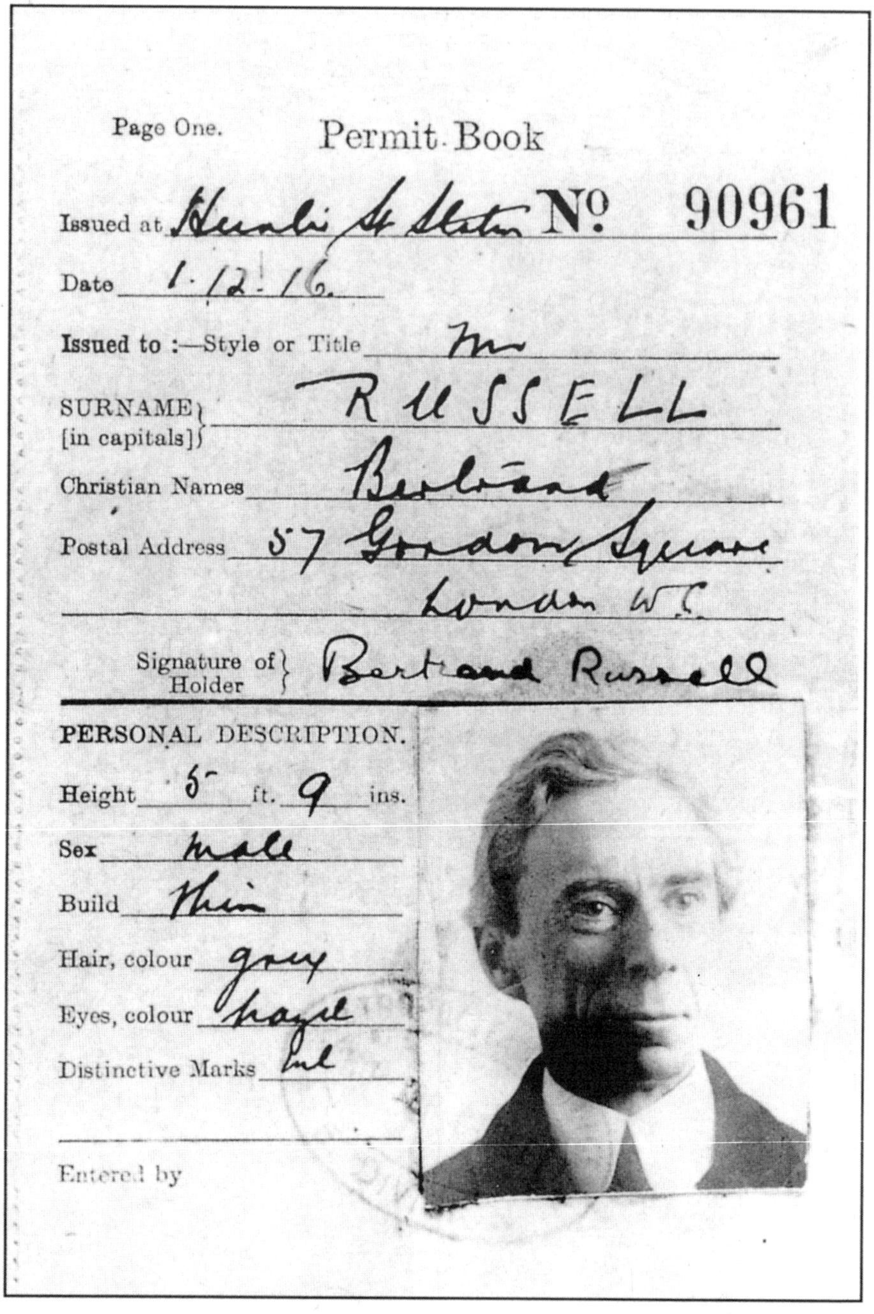

Page One. Permit Book

Issued at [illegible] No. 90961

Date 1.12.16.

Issued to :—Style or Title Mr

SURNAME (in capitals) RUSSELL

Christian Names Bertrand

Postal Address 57 Gordon Square London W.C.

Signature of Holder Bertrand Russell

PERSONAL DESCRIPTION.

Height 5 ft. 9 ins.

Sex Male

Build Thin

Hair, colour grey

Eyes, colour hazel

Distinctive Marks nil

Entered by

54 罗素的许可证，1916 年

55 罗素在加辛顿，1918 年

56—58 康斯坦斯 · 马勒森（“科莱特 · 奥尼尔”）在摄影棚中的摆拍（上），在《特洛伊妇女》中饰演海伦（左下），出演电影《欣德尔觉醒》（右下）

59（左）18 岁时的朵拉·布莱克

60（下）朵拉，大约于 1920 年拍摄

61 1920 年英国劳工代表团在俄国

62 罗素、斯诺登夫人和 L. W. 赫登·格斯特，1920 年夏季从俄国返回英国之后不久拍摄

63 罗素和朵拉 1921 年在北京

64 罗素坐在书桌前，1921 年于北京

65 罗素和朵拉 1921 年在中国

66（左）朵拉怀抱约翰·康拉德·罗素。1921年11月16日，孩子出生在罗素的切尔西寓所——位于西德尼街31号的家中

67（右）睡在摇篮中的约翰·康拉德

68 罗素抱着期待已久的儿子

谨此纪念我的朋友托尼·兰伯特

那天早上，罗果金说到他“正在失去信仰”时，那声音令人毛骨悚然。他肯定备受折磨……罗果金不仅内心充满激情，而且勇于抗争，他想努力重拾失去的信仰。现在他非常需要信仰……对！必须要有信仰，必须信仰某个神！

——费奥多尔·陀思妥耶夫斯基，《白痴》

# 目　录

## 第二部 1914—1921

# 鸣谢

xiii

戴维·戈德温在担任乔纳森·开普出版社（Jonathan Cape）编辑部主任时，最先给我提出了撰写罗素传记的建议，并且在长达5年的撰写过程中给予了热情鼓励，在此我谨向他表示谢意。他的继任者丹·富兰克林也对我表示鼓励，并且对改进本书提出了许多建议，我也谨向他表示谢意。在我为写作本书进行研究期间，纽约自由出版社已故的埃尔温·格里克斯非常友好，提供了许多帮助，在纽约和伦敦多次与我见面，讨论相关事宜。我还没有来得及请他一览本书稿件，他便不幸去世，我对此深表痛惜。萨拉·韦斯特科特在佳美出版社（Vintage）担任编辑多年，在我进行研究的过程中提供了大量的帮助；弗朗西斯·科迪先后在佳美出版社和兰登书屋任职，曾给予我热情的鼓励；我的经纪人吉勒·柯勒律治一直提供可靠的指导和建议。我谨此一一表示谢意。

在撰写本书期间，我得到了肯尼思·布莱克维尔的大力协助。他时任麦克马斯特大学罗素档案馆馆长和《罗素》期刊编辑，并且是非常著名的《伯特兰·罗素文献》的编辑之一。在过去25年出版的有关罗素的著作中，可能每一本包含原创研究的作品都在某种程度上受到布莱克维尔博士的启发，本书也受益匪浅。在无数午餐时间和夜晚，我与布莱克维尔博士畅谈自己的研究，他总是提出具体建议，供我进行思考和观察，即便在不赞同我的思路时也是如此。我还希望向他的夫人卡德琳表示谢意——在我上一次加拿大之行时，他们一家多次为我提供住处，并且容忍我喋喋不休地谈论关于罗素的问题。我还受到尼古拉斯·格里芬、他的夫人切里尔和他们的儿子理查德的盛情款待，在此谨向他们表示谢意。

回到英国之后，我通过电子邮件继续与布莱克维尔博士讨论。过去几年中，我在他创立的网络论坛“罗素在线”上扩大了交流范围，有机会与一批研究罗素的专家交谈，让我获益匪浅。许多专家回答了我提出的问题，并且与我交换看法，其中包括斯图尔特·坎德利什、艾弗·格拉顿-吉尼斯、安东尼·格雷林、

xiv 路易斯·格林斯潘、尼古拉斯·格里芬、皮特·海尔顿、格雷戈里·兰迪尼、约翰·伦茨和查尔斯·皮格顿，我谨此一一表示谢意。

我在加拿大见到了以前在罗素档案馆工作的谢拉·图尔肯，她给我提供了若干很有价值的建议。我回到英国后，她替我在保留下来的罗素信件中寻找证据说明罗素与维维恩·艾略特保持的神秘有趣的关系，对我大有帮助。她勤奋 、耐心，并且对我的工作表示出了兴趣，我对此深怀感激。

多伦多大学的约翰·斯莱特教授在许多方面给我提供了帮助：让我使用他个人收藏的与罗素有关的资料，允许我复印其中的几份文件，提供了我本来无法知道的一些资料来源，让我阅读他即将出版的《论文选集》，在我工作的各个阶段中和我一起讨论相关问题。这一切均让我得益匪浅。

本卷覆盖的时间到1921年——罗素的长子的出生之年——为止，并未涉及罗素家中存在的盘根错节的人际关系。然而，罗素的女儿凯瑟琳·泰特以及孙女费利思特·罗素就此提供了相关信息，谨此表示谢意。这一部分内容将在本书第二卷中出现。

承蒙许多从事相关项目的人士与我分享他们的研究成果。卡罗琳·穆尔黑德非常慷慨，将她在研究罗素生平过程中收集的人物索引卡片借给我，提供了非常有用的帮助；弗朗西斯·罗德里格斯一孔苏埃格拉允许我使用他的（即将出版的）研究成果，使我进一步了解了罗素与F. H. 布莱德雷关系；詹姆斯·康诺利非常友好，替我复印了他在博特莱因图书馆抄写的罗素与哈洛德·约阿希姆之间的信件；米兰达·西摩回答了我提出的问题，它们涉及她对罗素的情人奥托琳·莫里尔的研究。

我希望特别感谢尼克·格里芬以及他的助手艾里森·米库兰，两位让我使用他们在编撰《伯特兰·罗素信件选编》过程中抄写的大量文献。这些文献缩短了我在罗素档案馆伏案工作的时间，对我的写作十分有用。

在我写作本书的各个阶段中，以下人士和我进行了有益的讨论，谨此一一表示感谢：他们是皮特·斯特劳森爵士、弗朗西斯·帕特里奇、安东尼·戈特里布、理查德·伦佩尔以及我在南安普顿大学的同仁戴维·帕格迈尔、托尼·帕尔默、皮特·米德尔顿。此外，在费城的斯沃斯穆尔学院、阿尔布开克的新墨西哥州大学、肯特大学、 改革俱乐部的萨克雷协会、南安普顿大学等场所，我宣读过涉及本书概要的论文，讨论了罗素与约瑟夫·康拉德之间的关系，谨此感谢以上各处的听众。

# 鸣　谢


在多伦多的约克大学和汉米尔顿的麦克马斯特大学的帮助下，我有幸在加拿大工作较长时间，使用罗素档案馆保存的文献。约克大学聘用我担任了一个学期的客座讲师，麦克马斯特大学给予我胡克杰出研究员的职位。感谢南安普顿大学 xv
允许我暂时离开讲师岗位，给我提供了学术休假机会，使我可以集中精力从事本书的撰写工作。南安普顿大学图书馆给我提供了很大帮助，允许我使用藏书，并且在馆际借阅方面提供了优良服务。

本书的责任编辑曼迪·格林菲尔德就改进书稿提出了许多有用的建议，在繁重的编辑工作中表现出极大的耐心和关注。肯尼思·布莱克维尔、理查德·伦佩尔、约翰·斯莱特、尼克·格里芬和德斯蒙德·克里斯蒂阅读了本书校样，指出了若干大大小小的错误。

在撰写本书的过程中，我的家人给了我许多时间，其数量超过了我供职的大学给我的休假。我谨此向我的子女扎拉、丹尼卡和芝诺深表谢意，感谢他们对我长期离家之举的理解和支持。

瑞·蒙克

1996 年 4 月于南安普顿

xvii

# 引言

“一个人究竟怎么用严肃的文字，并且在标注日期的情况下，解释疯狂与爱情呢？”

当年，弗吉尼亚·伍尔夫在撰写罗杰·弗莱传记的过程心力交瘁，恼怒之中提出了这个问题。她一生中享受了小说家特有的待遇，从内心深处描写稍纵即逝的意象、思绪和感觉，但是她发现，纯粹的外部记录构成了传记作者使用的素材，与这样的东西打交道是一件令人难以忍受的事情。她不禁问道：怎样才能写出人物传记？我们怎么知道，一个人生活中真正重要的事件并没有形诸文字，被记录下来？

当然，一般而言，关于传记的此类疑问是无法回答的。然而，有的人具有天生的本领，可以描写和记录生活中发生的一切，事无巨细，内外兼顾，至少给他们的传记作者提供了一显身手的机会，即便不能解释，但至少描述了其生活中的“疯狂与爱情”。弗吉尼亚·伍尔夫本人是其中一位（“只有一种经历我不能描写，”她曾经写道，“这就是我自己的死亡过程”），伯特兰·罗素是另外一位。

罗素一生著述很多，数量几乎让人难以置信。他正式出版的文字卷帙浩繁（最近完成的《伯特兰·罗素文献》列出的参考文献超过了3000项），他留下的文章和信件的数量之巨，甚至更加令人称奇。罗素档案馆估计，该馆收藏的信件多达4万余封。此外，该馆还收藏了大量的笔记、手稿和文件。罗素的一生经历了漫长的岁月（他于1970年2月2日逝世，离他98岁生日仅仅几个月时间），几乎每天都动笔写作，使用的体裁各式各样，篇幅平均为两三千个单词。

在数量如此巨大的文献中，也许很多都与他本人有关。暂且撇开罗素为其自传撰写的十余篇文章不谈，他的信件——特别是写给奥托琳·莫里尔的2000余封信件——记录了他的生活、观点和感觉，就详尽和专注程度而言，也许只有弗吉尼亚·伍尔夫可以与之比肩。由此可见，这给人们提供了一个撰写罗素传记的机

会，揭示他人生中的一切（或者不管怎样说，许多）复杂性，揭示他表达爱情和表现疯狂的独特形式。 xviii

在某种意义上，迄今为止出版的罗素传记都没有充分利用这样的机会。第一本罗素传记是阿兰·伍德撰写的《伯特兰·罗素：充满激情的不可知论者》（该书 1957 年出版，当时罗素依然在世），当时这样的机会尚不存在。尽管伍德拥有优势，得到了罗素本人的合作和帮助，但是他没有接触罗素尚未出版的手稿和信件。因此，伍德缺乏进行深度探索的手段（就我们可以判断的情况而言，还缺乏进行深度探索的兴趣），写出的东西仅仅涉及罗素的生活和职业生涯，带有很强的安慰剂性质，是罗素本人那时希望见诸文字的内容。

迄今为止，已经出版的罗素传记还有另外两种，一本是罗纳德·克拉克撰写的《伯特兰·罗素传》（1975 年），另一本是卡罗琳·穆尔黑德撰写的《伯特兰·罗素》（1992 年）。这两本著作对罗素的个人生活进行了更多研究，两位作者在资料和出版方面受到的限制比伍德少了一些。然而，两位作者都有同样的不足之处，那就是， 或多或少对罗素在哲学方面的建树缺乏兴趣。

作者的生活与其作品之间具有何种关联性？关于这个问题，近来讨论很多，然而依我所见，人们对此的探讨常常出现方向性错误。对传记作者来说，需要回答的问题不是作者的作品是否可以孤立地加以理解（当然，正如莎士比亚的作品显示的，这种情况可能存在），而是能否在不了解其作品的情况下，理解作者的生活。传记不是服务行业，不从给文学批评提供的帮助中，也不从思想史或者任何其他“学科”那里获得自身的目的。传记是一种独立存在的文学体裁。正如理查德·霍尔姆斯最近指出的，传记是“人类的一种理解艺术，是对人性的一种赞美”。传记的目的正是为了理解它所描述的主人公。传记无须自称是理解作品的前提条件；理解一个有趣的人足以给予传记在社会上安身立命的理由。

但是，当传记的主人公是作家时，便出现了一个问题：如果不熟知其作品，是否可能理解其人呢？我认为，在一般情况下，答案是“不可能”。毋庸置疑，就罗素的情况而言，如果不了解研究哲学的希望在他的人生和想象力中所起的作用，就根本无法理解其人。此外，如果不在一定程度上理解罗素哲学本身，就无法理解那些希望所起的作用。

在他的《自传》绪论中，罗素本人提供了理解他的丰富多彩、富有成效的人生的钥匙，描述了“支配我人生的三种激情，它们虽然简单，但是非常强烈，具有压倒之势”：

> 它们是渴望爱情、追求知识、对人类的苦难抱有情不自禁的怜悯之心。这些强烈情感如同阵阵狂风，路径全无规则，将我刮到各处，让我掠过极度痛苦的深邃海洋，濒临绝望的边缘。

xix 罗纳德·克拉克和卡罗琳·穆尔黑德创作的传记关注了其中两种激情，他们将一种没有必要的限制强加于自身头上，无法充分理解“全无规则的路径”上出现的迂回曲折，无法把握罗素在此提及的“绝望”的准确性质。

本书试图探索罗素描述的每一种“疯狂”具有的全部力量，从而以更正确的方式勾勒出它们的路径，探讨他对爱情的需要，展示他对某些知识的渴望，揭示有时在他内心深处出现的参与当时重大政治问题的冲动。这些强烈的激情和紧张状态存在于他的身上，驱使他时而放弃哲学转而追求爱情，时而放弃爱情转而追求政治，时而放弃政治转而追求哲学，如此等等，不一而足。所以，要了解他对人生道路的选择，就必须理解这些激情和紧张状态所包含的力量。

为什么罗素觉得这些强烈的激情是互相冲突的？为什么它们形成的狂风将他刮到截然相反的方向？为了理解这两个问题，我们必须弄清，这些激情在什么程度上是他就另外一个问题作出的别样回应？这个问题就是他对孤立状态和孤独心态的敏锐感知。而且，他在内心深处对精神失常有着根深蒂固的恐惧，从而让这个问题变得异常复杂。《致伊迪斯》暗示了类似的感觉，罗素将这首诗歌放在《自传》前面，第一段内容如下：

> 我长期<br>寻求内心的平静，<br>我发现狂喜，我发现苦难，<br>我发现孤独。<br>我发现噬咬心灵的<br>孤单痛苦，<br>然而我没有发现平静。

罗素凭借这三种激情，通过与其他个体，与人类总体，与外部世界的接触，克服自己的孤独感。[1] 与其他个体的接触源于他受到精神失常的恐惧感的威胁，这种恐惧感使他担心自己内心深处的情感；与人类总体的交流源于孤独感给他带来的威胁；对外部世界的探索源于他日益严重的不可知论，这种不可知论让他的信仰不断丧失，成为他的哲学思想变化的特征（正如他所说的，“远离毕达哥拉斯”）。

我将努力去显示——而不是陈述——这些相互冲突的力量以及潜伏其下的恐惧和焦灼。这就是说，我将以尽量明晰的方式，通过罗素自己的文字，展示他的人生和个性。因此，本书每一页几乎都包含两三段罗素本人的话语。我知道，许多读者将会认为，由此揭示的罗素的个性可能是令人反感的，但是我的目的并不 xx 是从负面的角度来展现这个人物。罗素具有许多令我钦佩的品质：例如，他智慧超群，哲学思想明晰而严谨，致力于推动社会正义和国际和平。然而，对许多对罗素抱有钦佩之情的人来说，他们面对的挑战是去理解上述品质是如何与下述特点共生共存的：他对身边的人表现出令人恐惧的冷酷，他内心深处潜伏着令人心神不安的可怕仇恨。

罗素曾经告诉奥托琳，他觉得最“亲密的”小说人物是陀思妥耶夫斯基笔下的罗果金——《白痴》中的那个角色，受到仇恨、失望和嫉妒的煎熬，是饱经苦难、行为邪恶的谋杀者。我认为：这个方面揭示了某种至关重要的因素，有助于我们理解罗素的性格。在已经出版的传记中，这个方面与罗素对哲学的关注一样，并未得到应有的强调。我的主要希望是，通过引述罗素自己的观点，说明这位《数学原则》的作者，这位《数学原理》的合著者是如何从这个角度来看待自己的。如果说本书描绘的罗素肖像没有原来的那么迷人，那么我希望它是更复杂、更有趣的，而且我相信它是更准确的。

---

[1] 这有可能是罗素最初的哲学思想所体现的黑格尔的绝对精神，有可能是促使他研究数理哲学的柏拉图理念的永恒世界，也有可能是他最后面对的更为单调的日常世界。

# 第一部

## 1872—1914

# 第一章　幽灵

3

“我永远无法摆脱身为幽灵的感觉”，罗素曾在写给他的情人奥托琳·莫里尔的信中这样说。他告诉她，当他感到“痛苦”时，例如，在第一段婚姻期间首次感到自己不幸福的那个时刻，这一信念尤其强烈。当时，他和妻子以及她的家人一起，坐在室外，一种感觉突然以压倒一切之势，支配了他的身心——他其实不在那里，可以这么说，他已经失去了与周围那些人的接触。他“和他们在一起，但是突然脱离了他们”。他老年时告诉女儿凯特，他过去常常进入的梦境也体现了同样的被孤立和疏离的感觉：

> 我觉得，自己站在一块玻璃后面，就像水族箱中的一条鱼儿，或者说变成了人们看不见的幽灵；我痛苦挣扎，希望与人接触，但是无济于事，我知道自己注定永远处于孤独的无能状态。在有孩子之前，我常有这样的感觉，成为父亲之后，它们便很少出现了。

罗素有第一个孩子时将近 50 岁。在那之前，这种身为幽灵的感觉，这种与周围人隔绝开来的感觉，在他的个性中占据核心位置，是他的生活中具有决定作用的特征。在他与身边的人交往时，这种感觉表现出来，是令人恐惧的冷漠态度的根源，也是形成紧张、粗暴的人际关系倾向的根源。在与人交往的过程中，罗素希望克服自己的冷漠态度，希望最终与人互动。但是，他担心自己的努力将会再次以失败告终，因此这种一厢情愿的希望常常难以如愿。在很大程度上，至少他前半生的经历可被视为一个接一个的艰难努力，其目的旨在缩短他感觉到的自己与其他人之间的距离。

正如他给奥托琳·莫里尔讲述的，他在孩提时期经历了大量痛苦，也许超过了可以忍受的限度。他后来的幽灵式逃避既是一种症状，也是一种反应。他 2 岁时，母亲死于白喉；几天之后，姐姐死于同一种疾病；父亲遭到毁灭性打击，几

乎失去了活下去的念头。一年半之后，父亲去世，罗素那时年仅 3 岁。在这种情
4 况下，他被送到祖父家抚养。罗素 6 岁时，祖父也去世了。那天晚上，罗素彻夜难眠，担心奶奶会接着撒手人寰，把自己留在这个世界上。罗素儿时面对的确实是一个幽灵游荡的世界；在那个世界中，死者与生者共存；在那样的世界中，人的情感依附对象被反复证明是并不可靠的东西，昙花一现、转瞬即逝；在那样的世界中，冷漠看来是唯一可能出现的反应。

然而，在罗素出生时，根本没有任何迹象，暗示将会出现那样的情况。他于 1872 年 5 月 18 日出生在一个令人愉快、生活舒适的家庭之中，名字叫伯特兰 · 阿瑟 · 威廉 · 罗素，是家里的第三个孩子。父亲安伯利子爵是爵位继承人，妻子名叫凯特。那幢房子位于蒙默思郡，当时人称雷文斯克罗夫特庄园（现在叫克勒顿庄园）。

罗素家族当时是最著名的辉格党望族之一，父母给罗素取了“伯特兰”这个不同凡响的名字，旨在纪念那个家族特有的传奇之一。与辉格党王朝的大多数家族的情况类似，罗素家族的地位和财富源于亨利八世的眷顾。那位国王向修道院和传统的天主教贵族发起攻击，利用获得的大量战利品，册封了新的贵族。罗素家族分享了那批数额较大的奖励，其中包括沃本修道院、塔维斯托克修道院，以及分散在德文、康沃尔和多塞特三地的大片地产。此外，罗素家族还获得了几个世袭封号，其中最著名的是贝德福德伯爵的头衔（在 1688 年光荣革命之后，贝德福德升格为公国）。然而，与许多这类名门望族类似，他们沉迷于古老、辉煌的过去之中，那些岁月把他们与诺曼征服联系起来，与古老的法国贵族家庭联系起来。到了 19 世纪初期，在贝德福德公爵六世（伯特兰 · 罗素的曾祖父）的指导之下，历史学家兼家庭图书馆馆长 J. H. 魏芬为其撰写了一部家史，说明罗素家族是布里克贝克男爵威廉的后裔。1066 年，布里克贝克男爵威廉的儿子休 · 伯特兰和征服者威廉一起，从法国渡过了英吉利海峡。

后来，另外一位公爵雇用了一名治学更为严谨的历史学家。那位历史学家给想入非非的魏芬编撰的家谱浇了一瓢冷水，认为罗素家族当初是住在多塞特的葡萄酒商人。14 世纪，波尔多还在英国的统治之下，该家族把红葡萄酒进口到英格兰，同时向法国出口羊毛，赚得了大钱，过着美好的生活。伯特兰 · 罗素可能从来没有真的相信什么布里克贝克男爵，并不在乎自己的祖先当初是否真的跟随征服者威廉来到英格兰。所以，家族曾经地位卑微，这对他来说也不是什么重大打

击。同理，对某些祖辈拥有的巨额财富和政治影响，他并不感到自豪，甚至完全没有什么兴趣。约翰·罗素从来自多塞特的一个名不见经传的商人，变为第一代贝德福德伯爵，在亨利八世逝世时已是英国最富有、最有权势的人物之一。在亨利的继任者孩童国王爱德华六世统治时期，贝德福德伯爵获得的领地至少有15处，其中包括非常著名的考文花园，本已非常巨大的领地面积因此大大增加。几代人之后，贝德福德伯爵五世的儿子威廉·罗素勋爵与南安普顿伯爵的女儿结婚，继承了一大片领地，包括布鲁斯伯瑞庄园，从而获得更多的土地。当时，布鲁斯伯瑞庄园还是一片并不起眼的放牧草地；如今，那片土地是伦敦非常有名的去 5
处，仍处在该家族的控制之下，是其主要的收入来源。

伴随土地和财富出现的是权力。在18世纪，辉格党寡头们主导英国政治，贝德福德公爵四世当时被视为英格兰最富有的贵族，担任了主要政治派别的领袖。在那个时代，人们对此类做法颇有微词，贝德福德公爵四世采用的不讲道德的手段受到了严厉谴责。那时，一位署名为“朱尼厄斯”的政治观察人士以非常尖刻的语言说，那位贝德福德公爵四世“购买和出售大量土地，超过了这个国家最有代表性领土的一半”。即使不带那么多偏见的人士也认为，那位公爵善于操纵政治，一味谋求私利。但是，由于他掌控巨额财富，人们不可能忽视他的影响。在18世纪中叶的数十年中，没有哪一届政府可以完全忽略他的影响，在各个时期中，他先后担任外交大臣、爱尔兰总督、枢密院大臣、驻法国大使。然而，他的最大力量并不在于这些职务，而在于他建立的资助制度。该制度的目的旨在确保这一点：许多下院议员不是像我们今天看到的那样代表某个党派，而是代表贝德福德公爵和他所领导的团体的利益。

伯特兰·罗素对家史很感兴趣，但是对曾经在英格兰政治舞台上扮演过那么重要角色的两位先辈，即贝德福德伯爵一世和贝德福德公爵四世，他却几乎没有谈及。他在成长过程中相信的家史，他所珍视的家族史，是从祖父约翰·罗素勋爵那里听到的版本。约翰·罗素勋爵关心的东西非常高尚，与经营权势的先辈们大相径庭。约翰·罗素勋爵是贝德福德公爵六世的小儿子，目睹兄长跻身英国最富有的人士之列。但是，在长子继承制的影响之下，他自己继承的财产数量十分有限。在这种情况下，约翰·罗素勋爵摆脱了传统观念的束缚，并不一味追求财富，他按照自己信奉的政治原则从事社会活动，不像有些长辈们那样，玩弄权术，寻求私利。他提出了许多进步举措，其中最著名的包括1832年的《改革法案》。他的影响逐渐增大，成为他所在政党的公认领袖，两次担任了维多利亚女王陛下的首相（他得到的回报是在1861年被封为伯爵），是那个时代最伟大的政治家之一，被威廉·哈科特称为“最后一位辉格党总督”。而且，他还是一名不知疲倦的理论家，下野之后撰写了大量著作，内容包括辉格主义的历史、英格兰的宪治历史、自己家族的历史。这使他形成了一个观点：所有这三个方面往往融为一体，成为一个问题。他遗留给孙子罗素的正是国家历史、政党政治和家庭自豪感这三者的有效融合。

从这一点看，罗素家族具有这样的特征：在长达数百年的历史中，他们不是一门心思地不断积累财富，扩大政治影响，而是追求“公民自由和宗教自由”。他们已经大体上忘记了自己从皇室手中得到的权力，转而强调自己拥有的反对皇室的权力。因此，他们不是被人视为巨大的皇室恩惠的受益者，而是被人视为反对皇室
6 专制的精神堡垒。在约翰勋爵及后来的伯特兰·罗素看来，那个家族的辉煌历史并非始于亨利八世给予第一代贝德福德伯爵的巨额馈赠，而是发端于四代人之后。那时，威廉·罗素勋爵公开表明立场，反对信奉天主教的詹姆斯二世继承王位。[1]人们如今认为，那不是针对天主教的有失宽容之举（当然，更不是希望保护曾属于教会的财产），而是一篇具有原则性的辩词，其目的旨在维护宪法自由。约翰勋爵认为，威廉勋爵是这个家族的英雄，其原因在于，在反对詹姆斯继承王位的过程中，威廉勋爵与沙夫茨伯里勋爵、约翰·洛克和其他人一道，开创了辉格党的传统。而且，威廉勋爵还为这项事业贡献了自己的生命。1683年，他被控参与暗杀詹姆斯及其弟弟查尔斯二世的拉伊宫密谋，最后被处以死刑，成为辉格党的第一位烈士，成为光荣革命的英雄。他英勇就义的行为是议会反对皇室权力的一种象征。

1819年，在其政治生涯之初，约翰勋爵出版了一本威廉·罗素的传记。在罗素家族和辉格党看来，那本传记将威廉·罗素勋爵的形象固定下来，成为辉格主义原则的具体体现。这一准则贯穿了威廉·罗素勋爵的一生：“只要大量民众仅将君主制视为自由的最佳保护，辉格党就会蓬勃发展。”在约翰勋爵的心目中，还有一位更伟大的英雄，那就是查尔斯·詹姆斯·福克斯。福克斯不是罗素家族的成员，然而却发挥了重要作用，有助于构成罗素家族神话和意识形态的特征，

[1] 令人觉得奇怪的是，在很大程度上，关于罗素的某些次要文献满足于以不加批判的方式，重复他的家族史的这个版本。例如，《伯特兰·罗素信件选编》的引言是这样开头的：“在罗素家族中，第一位在全国政治生活中留下痕迹的是威廉·罗素勋爵。”

其地位甚至超过约翰勋爵。伯特兰·罗素在著作中数次使用“福克斯式辉格党人”这个短语来描写他的祖父，从而含蓄地描述了伴随他成长的政治传统。他觉得，既没有必要解释查尔斯·詹姆斯·福克斯是什么样的人物，也没有必要解释福克斯代表的政治立场。这一做法本身耐人寻味，让人回想起 19 世纪 30 年代和 40 年代。那时，在著名的辉格党人家庭中，对福克斯的崇拜几乎变为普遍现象：他们的家里要么摆放福克斯的半身雕像，要么悬挂福克斯的肖像绘画；他们还至少将自己的一个儿子叫作查尔斯，而且常常在儿子的名字与家族姓氏之间，加上“福克斯”这个表示显著特征的中间名字。从这个背景情况（而且，当伯特兰·罗素和祖父、祖母住在一起之后，他生活在 19 世纪 30—40 年代的氛围中，甚至到了 19 世纪 70—80 年代也是如此）看，我们也许很容易想到，查尔斯·詹姆斯·福克斯的名字那时几乎无人不知，无人不晓。

福克斯反对英法战争，反对英国政府在英法战争期间强制实施的镇压公民自由的做法。他 1806 年去世时，福克斯已在辉格党人家庭中赢得了神话地位。当时，辉格党人在意识形态上出现巨大分歧：一些人追随埃德蒙·伯克，对法国大革命感到恐惧，对民主制度的扩张表示怀疑；另外一些人追随福克斯，不过开始时人数很少。但是，在随后几代人时间里，随着与福克斯相关的政策——例如，与法国讲和，实施议会改革，扩大个人自由——得到更多民众的支持，他们逐渐
变为影响力日益增加的少数派。罗素家族引以为傲的说法是，当福克斯在政治上 7
持反对立场、遭到孤立的极端困难时期，自称拥趸的人寥寥无几，然而贝德福德公爵五世和六世便名列其中。[1] 在那个影响力与日俱增的辉格党团体中，福克斯的侄子荷兰勋爵及其夫人居于核心位置，并且挑选约翰·罗素勋爵作为他们在议会中的领军人物。约翰勋爵那时编辑了两卷本的福克斯信函，撰写了三卷本的《查尔斯·詹姆斯·福克斯的生平和时代》，并且在其整个政治生涯中一直对福克斯持毕恭毕敬的态度。他自觉将自己视为福克斯遗产在议会中的继承者，尽可能

[1] 贝德福德公爵五世对福克斯始终忠诚，并且为此付出了代价：他成为英语中最著名的那篇檄文——埃德蒙·伯克撰写的文采斐然的《写给一位高贵勋爵的信件》——的攻击目标。这位公爵——也许以稍显鲁莽的方式——反对伯克从皇室领取年金，认为它数量太大了。伯克反唇相讥，趁机提醒贝德福德公爵，别忘了他自己的数量更大的财富是从何而来的。伯克写道，这位公爵“是国王豢养的所有动物中个头最大的家伙”，他“摆动自己的笨拙身躯，在皇室战利品组成的海洋中玩耍嬉戏。他体积庞大，‘躺在许多十字架上飘浮’，然而他仍旧是一个动物而已。他敞开呼吸孔，向自己的发迹之地喷出大量海水，并且让我浑身湿透。他的肋骨、鱼鳍、鲸须、鲸脂和呼吸孔，他拥有的这一切，他牵涉的这一切，全都来自国王的赏赐。在这种情况下，他是否还有资格，对皇室分配恩典的做法提出疑问呢？”

继续追求福克斯的政策，特别是和平政策和议会改革政策。

这是伯特兰·罗素自豪认同的传统，影响了他的许多思想，其中包括他的社会定位和对政治问题的总体立场。罗素一直活到了1970年，然而一生中总是从他出生之前70年出现的三大争论的角度，对自己进行界定。它们是伯克与福克斯之间的争论、皮特与福克斯之间的争论、保守党与辉格党之间的争论。例如，他在1936年撰写的模拟讣告中说：他的一生“具有某种不合时代的恒定性，让人想起19世纪初期发生的贵族反叛的特征”。这就是说，伯特兰·罗素与他的祖父一样，也是信奉福克斯理念的辉格党人。

罗素的父亲安伯利勋爵也乐意将自己归为这一传统，乐意与约翰勋爵的这一名言保持一致：“在各个时代受人欢迎的运动中，罗素家族一直站在‘向前看’的一方”，支持自由党（到了1870年，辉格党人变为自由党人）中的激进分子。那时，激进理念的代表人士是杰里米·边沁和约翰·斯图尔特·密尔——特别值得一提的是，两人都呼吁让工人和妇女拥有选举权。那种激进主义没有任何反传统的因素，没有在父亲与儿子之间造成分裂。安伯利没有表现出什么反传统论者的特征。安伯利与他的父亲不同，缺乏活力和坚定的态度，所以从事政治活动的时间不长。他一度担任诺丁汉选区的自由党人议员，但是任职时间不到两年。在1868年选举中，他竞选北德文郡选区的议员席位，结果以失败告终。失利的主要原因在于，有人披露说，他原则上支持生育控制。这在当时引起了一片愤怒之声，尖刻言辞铺天盖地向他袭来，让他完全失去了对现实政治仅存的一点兴趣。
8 他随即到回到雷文斯克罗夫特庄园，过上了隐居生活，撰写了一部哲学论著，书名为《宗教信仰分析》。

伯特兰的母亲凯特性格坚强一些，即便在雷文斯克罗夫特庄园的半隐退生活期间，依然走出家门，公开发表演讲，对妇女选举权协会表示支持。她的做法让英国最有权势的女性勃然大怒。据说，维多利亚女王曾经愤然表示：“我希望自己能够亲手抽打凯特·安伯利几鞭子。”总的说来，伯特兰·罗素在雷文斯克罗夫特庄园度过的第一年是宁静的，甚至还带着几分田园生活的色彩。那幢大房子坐落在40英亩的绿地上，俯瞰郁郁葱葱的瓦伊河谷，美丽的乡村景象尽收眼底。安伯利待在书房里忙着著书立说。凯特抚育襁褓之中的伯特兰（一个“又胖又臭”婴儿，她在信中充满感情地说：“我的奶水很多，但是他如果没有立刻吃上，如果被风呛了一下或者怎么的，就会号啕大哭起来，浑身颤抖，双腿猛踢，我得费很大力气，才能让他安静下来”）。他们的大儿子弗兰克那时 8 岁，桀骜不驯，喜欢吵闹，到处赤脚游荡，妹妹雷切尔（那时 4 岁，是一个人见人爱的小姑娘）跟在他身后。在原本平静的家庭生活场景中，弗兰克不守规矩的行为是麻烦的主要来源。然而，约翰勋爵开导安伯利夫妇，希望他们不必担心：查尔斯 · 詹姆斯 · 福克斯儿时也是一个调皮捣蛋的孩子，长大以后却没有任何问题。

安伯利夫妇通过与家庭各个成员的通信联系，了解当时的政治局势。在写给朋友约翰 · 斯图尔特和海伦 · 泰勒的信件中，他们常常就政治理论和政治原则进行辩论。1871 年 5 月，安伯利在《双月评论》上发表了一篇文章，标题是《能否避免战争？》。根据当时法俄战争已经结束的形势，那篇文章发出倡议说，国家之间的争端不应诉诸战争，而应求助于类似于现在的联合国这样的国际权威机构。在长达数月的时间里，那篇文章起到焦点的作用，在他的朋友和家人之间引起激烈讨论，预示了伯特兰 · 罗素本人后来将要从事的政治活动。

从社会生活的角度看，安伯利夫妇的日子过得并不精彩。他们避开伦敦的社交季节，与其他人接触的主要途径是探访英国各地亲戚们居住的乡间别墅——纳沃斯城堡、沃本修道院、彭布鲁克别墅。在政治和宗教问题上，安伯利夫妇思想激进，不落窠臼（“我记得，没有带我去过教堂，没有给我说过上帝这个名称。”弗兰克在回忆自己在雷文斯克罗夫特庄园的日子时如是说）。但是，他们的生活方式绝对没有放荡不羁的特征，对他们自己在维多利亚社会上层的地位很有信心。那样的生活享有特权带来的益处，享有站在进步一边形成的满足感，不受常规束缚，自由自在，而且还有令人自豪的悠久传统给人的信心和保障。不幸的是，罗素生于那样的环境之中，长大之后却没有机会享受那种生活。

安伯利 1873 年 1 月 19 日的日记显示，罗素两岁时，家庭中出现了一件奇怪的事情，后来便发生了一连串灾难。那天，安伯利和妻子前往海伍德海沃兹希思，探访一位名叫阿克沃思的“奇特巫师”，参加了一次降神会。凯特、安伯利和阿克沃思夫妇围坐在一张桌子旁。这时，阿克沃思夫人——或者她丈夫——的 9
一只手开始晃动起来，仿佛是在抽搐，显示一个幽灵希望和他们说话。那是珍妮特 · 钱伯斯的幽灵。安伯利与凯特结婚之前，珍妮特是他的恋人；假如珍妮特没有在 1863 年夏天突然死亡，安伯利可能已经娶她为妻。不过，珍妮特没有说任何重要的事情，只是反复要安伯利放心，说她过得很快乐。接着，缠着阿克沃思先生不放的邪恶幽灵之一现身了，他是詹姆斯二世，那个让所有真正的辉格党人嗤之以鼻的角色。他说自己真的很没用。凯特和安伯利哈哈大笑，表示同意。安伯利在日记中记下了当时的情景：“阿克沃思医生神情严肃地说，他觉得我们不该这样议论那个自称没用的幽灵。那些邪恶的幽灵从中调解，请他为他们祈祷，已经给他带来了麻烦。”安伯利在当天日记的结尾处写道：“我俩回家之后深感困惑，将信将疑。”毫无疑问，他们俩有权表示质疑。但是，假如詹姆斯二世的幽灵确实希望通过诅咒安伯利一家，对辉格党进行报复，那么，安伯利夫妇后来经历令人匪夷所思的重重灾难，忍受令人震惊的痛苦时，他却几乎没有表示出任何心软的迹象。

接下来的5月，约翰·斯图尔特·密尔去世的消息传来，安伯利夫妇的生活中开始出现乌云。1865年，密尔见到了安伯利夫妇，然而在那之前已是安伯利夫妇俩在思想上的良师益友。在密尔一生的最后日子里，安伯利夫妇成了密尔和他的继女海伦·泰勒的密友。伯特兰出生之后不久，凯特曾经写信询问海伦·泰勒，她是否可以考虑一下，成为伯特兰的（世俗）教母。她在信中补充说：“我们心存疑虑，不知是否可以请求密尔先生担任孩子的教父？在这个世界上，我最希望看到的事情是，自己的儿子以谦卑的方式追随密尔先生。”泰勒小姐以她和密尔的名义，接受了凯特的请求，两人于是担任了伯特兰·罗素的可以想象的最佳教父和教母。

1873年5月12日，凯特在写给她母亲的信中，谈到了密尔去世给安伯利带来的影响。她告诉母亲，安伯利“对此非常伤心”。密尔对“安伯利非常亲切，充满感情，在各个方面都支持他。安伯利非常希望继续得到密尔的支持，得到密尔的热情关注和关爱”。安伯利生性十分敏感，任何失望或者烦恼都会使他心境不宁。密尔去世1个月之后，他说自己“可能癫痫病发作”，心里万分惶恐。于是，他求医问药，并且遵照医嘱，停止了写作。安伯利的母亲罗素勋爵夫人听到消息后深感担忧，几乎每天都要给安伯利夫妇写信，转告她自己从家庭医生那里获得的建议。在罗素勋爵夫人看来，癫痫症与精神失常类似，因此反复告诉安伯利夫妇，罗素家族的人没有谁罹患遗传性精神疾病。诚然，约翰勋爵的弟弟科斯莫中风之后瘫痪，另外一个弟弟亨利“举止怪异，思维反常”。但是，他们两人是约翰勋爵同父异母的弟弟，是他父亲的第二个妻子乔治亚娜夫人生下的孩子。“他们两人精神怪异，身体不好；我一直认为，那是从戈登家族遗传而来的。”作
10 为安慰之辞，这种说法并不令人信服；显而易见，罗素勋爵夫人确实对儿子的健

康状况非常担心。

令她更加担心的是，安伯利夫妇7月时决定，让一个罹患肺结核病、已经奄奄一息的业余科学家住在自己的家里。那位科学家名叫道格拉斯·斯博尔丁，是两人几年之前经过密尔介绍认识的。斯博尔丁学的是法律，但是他的真正兴趣是对动物本能进行实验性研究，并且已经就此发表了一篇具有前沿性质的文章。据说密尔为了让斯博尔丁能够继续研究工作，曾经建议安伯利夫妇聘用斯博尔丁担任他们孩子的家庭教师。罗素勋爵夫人听到安伯利身体欠佳的消息之后，觉得聘用斯博尔丁非常危险，于是在信中告诫凯特，“肺病患者不是与小孩接触的正确人选”。但是，安伯利夫妇不改初衷，斯博尔丁那年夏天搬进了雷文斯克罗夫特庄园。弗兰克与安伯利家的许多亲友一样，首次见到斯博尔丁就很不喜欢——夫妇俩做出的雇用斯博尔丁的决定尤其显得令人费解。根据弗兰克的说法，斯博尔丁的家庭教师职位仅仅是“名义上的，他成了家庭朋友和密友，给家里的事情造成了不祥影响……他的肺病已到晚期，两个脸颊深深凹陷，面色灰黄，留着很长的黑发。他嘴里总是衔着一根用来吸气的木管，我觉得奇怪——究竟是什么原因呢？我不知道……他那样的人不讨小孩喜欢……他还打我。”罗素勋爵夫人对他持保留态度看来并非完全没有道理。

在《心理学原理》中，威廉·詹姆斯在讨论本能那一章时引用了斯博尔丁的成果，斯博尔丁由于在动物本性方面的研究立刻名声大振。他的最著名的发现是：刚刚孵出的小鸡将会跟随最先看见的东西，显然把它当作自己的妈妈。斯博尔丁在雷文斯克罗夫特庄园继续搞他的实验，让安伯利家的一些访客大为不快，抱怨他让鸡群在会客室和书房里乱串，把整幢大楼弄得乱七八糟。斯博尔丁还使用小鸟进行实验，以便确定它们的飞翔能力是后来学会的，还是先天具备的。为了实现这个目的，他把刚会飞翔的燕子和其他小鸟关在小盒子里，过一段时间之后让它们出来，以便观察它们的飞翔能力是否受到了损害。安伯利家里的大多数人与弗兰克类似，对斯博尔丁的这些实验的目的不甚了了，觉得它们是令人讨厌的东西，认为他是一个模样不祥、怪诞可笑的家伙。在小雷切尔眼里，斯博尔丁只是相当奇怪而已。“斯博尔迪的房间里养着知更鸟，还有一窝蜜蜂。”她对祖母说，脸上露出难以置信的神情。就他的教学而言，弗兰克回忆说：“就算他给我们上了课，我能够回想来的也只有他搞的科学实验。”

> 在一项实验中，他把刚刚杀死的一条鲑鱼的心脏取出来，然后单独放在一个盘子里。那颗心脏继续跳动，时间长得难以置信——在我的印象中超过了24个小时……在另外一项实验中，他一刀砍下黄蜂的脑袋。黄蜂身体上的腿继续做清洁动作，在原来长着脑袋的位置上晃来晃去。

11 在整个夏季中，安伯利的健康状况继续恶化。秋天来临，夫妇两人决定到欧洲大陆度几个月假，希望这样做可以帮助他康复。他们面对的问题是，孩子谁来照管，或者不如说，弗兰克谁来照管？他们可以放心地把“可爱的小雷切尔”和“亲爱的伯迪[1]”交给罗素勋爵夫妇照管，不过弗兰克不是一个让人省心省事的孩子。关于这一点，罗素勋爵夫人特地提了一条要求：“绝对不能让弗兰克和斯博尔丁留在雷文斯克罗夫特庄园！”她主动提出照管所有三个“宝贝”，不过对弗兰克的热情显然不高。最后，安伯利夫妇决定把弗兰克带走，与斯博尔丁一起旅行。罗素勋爵夫人竭尽全力，劝说他们不要这样做，并且直截了当地告诉他们，斯博尔丁的健康状态“是难以克服的障碍，他不适合做旅伴，可怜的家伙”；把他留在罗素家族在里士满的彭布鲁克别墅，她可以照顾他，让他获得可行的医疗建议。此外，弗兰克其实也并不那么难管的；如果说斯博尔丁可以陪伴安伯利夫妇，可以作为令人愉快的聊天对象，为什么不挑选“某个性格欢快、脑袋聪明、身体健康的医生”同行呢？

安伯利夫妇没有理睬这一建议，于12月9日带着弗兰克和斯博尔丁一起出发，前往欧洲大陆，一周之后抵达罗马。在罗马期间，安伯利的病情更加严重，大部分时间卧床不起，让凯特和斯博尔丁一起参观美术馆和博物馆，一起去深入了解那个城市。也许，罗素勋爵夫人在斯博尔丁与安伯利夫妇的关系中，看到了某些蛛丝马迹，知道了它的真实性质。正如斯博尔丁后来承认的，实际出现的情况是，他们一行抵达罗马之后不久，他就爱上凯特。安伯利夫妇听了他的坦白，作出了异乎寻常的回应。罗素过了很久才知道这一情况，在日记中进行如下记载：

> 看来，我的父母以根据纯粹理论为根据，做出了一个决定：尽管他［斯博尔丁］罹患肺结核，不应该有孩子，但是期望他一直过独身生活的想法有

[1] “伯迪”（Bertie）是“伯特兰”（Bertrand）的昵称。——译注

失公允。我母亲允许他和她在一起，不过我没有看到证据，说明她在和他交往的过程得到了任何快乐。

由此可见，基于慈善方面的考虑，凯特在安伯利知道并且同意的情况下，成了斯博尔丁的情人。

从那时开始，安伯利夫妇留下的记录变得非常简略。其原因在于，他们去世之后，罗素勋爵夫人发现了凯特与斯博尔丁之间的暧昧关系，深感震惊，下令销毁他们的日记和大量信件。留存下来是来自彭布鲁克别墅的温馨信件，其内容有的是让他们两人放心，孩子们过得不错，有的对公共事件进行评论，例如，迪斯雷利在 1874 年举行的大选中战胜了格莱斯顿[1]。罗素勋爵夫人生病之后，照顾伯迪的事务落在了安伯利的妹妹阿加莎的肩上。阿加莎在信中说："他很喜欢我，离开的时候号啕大哭。"而且，她还预测了他未来的生活：

昨天，他坚持独自把一本厚厚的大书从书架上取下来，放在一个小凳子 12
上。后来，他坐下来，把书翻开。他觉得自己的做法很聪明，咯咯笑了起来！他将来肯定喜欢读书！

雷切尔请照看她的女佣代笔，在信中谈到院子里的花儿，她自己受到的教育，还有小弟弟掌握的词汇。到 4 月为止，伯迪学会许多生词，其中包括"蛋糕"、"饼干"、"勺子"、"请"以及"安伯利 · 巴姆伯利"。4 月，女王访问了彭布鲁克别墅。阿加莎在信中谈到那件事情，但是雷切尔感到大失所望：她本来期望看到女王头戴皇冠，身穿各种各样的华丽服装。"伯迪给女王鞠了一躬，模样非常可爱——但是显得拘谨，没有像我担心的那样，在女皇陛下面前态度不恭。"

5 月初，安伯利夫妇在罗马的假期接近尾声，家里发生了第一个重大悲剧：安伯利的弟弟威廉神经崩溃，此后一直没有康复。威廉早在那年 3 月就离开当时驻扎在约克的第九枪骑兵团，回到家里休假，而且还给安伯利夫妇写了一封信件，令人感到相当愉快。他谈到了逗人喜欢的雷切尔和伯迪："我觉得伯特兰是

[1] 本杰明 · 迪斯雷利（1804—1888 年），英国著名政治家和小说家。威廉 · 尤尔特 · 格莱斯顿（1809—1898 年），英国政治家，曾作为自由党人四度出任英国首相（1868—1874、1880—1885、1886 以及 1892—1894 年）。——译注

他奶奶最喜欢的孙子，他脸上总是挂着微笑。”此外，他还谈到他在约克度过的快乐时光，然而“在约克郡的政治活动中，保守党占据上风”。但是，他返回约克不久，整个生活完全变了模样。伯特兰·罗素后来听到的说法是，威廉叔叔的军官同僚戏弄他，“因为他是处男”：

> 官兵们养了一头熊，作为该团的宠物。一天，军官们为了找乐子，把熊放开，让它追赶他。他慌忙逃避，从此失去了记忆，在乡村中游荡。没人知道他的身份，于是他被送进了救济所中的医疗室。半夜，他从床上蹦起来，大声叫喊：“熊！熊！”，然后掐死了睡在旁边床上的一个流浪汉。

在罗素一生的许多时间里，威廉叔叔的命运像一个挥之不去的幽灵。他似乎感到担心，觉得某一天可能出现这样的情况：在没有任何征兆的情况下，他突然失去理性，变为疯子，言行粗暴，带有杀人倾向。要么被疯子掐死，要么自己变成疯子掐死别人，这两个形象在他的想象中时常晃动，让他感到恐惧。它们反复出现在他的噩梦中，出现在醒来之后的思考中，几乎成了摆脱不了的困扰。

不过，伯特兰·罗素21岁之前并不了解威廉叔叔的事情，只知道他是残疾人。威廉神经崩溃之后，在远离家乡的一家秘密的精神病院中度过了余生（他于1933年去世，享年84岁）。他的真实病情是一个家庭秘密，人人避而不谈。伯特兰·罗素回忆说，他小时候就注意到，只要有人提到精神病，祖母就会勃然大怒。“我猜测了其中的原因。多年以后我才发现，她有一个儿子住在精神病院。”

这里所说的那家精神病院——奇斯克精神病院——的记录留存下来，上面显示威廉·罗素于1874年5月12日入院，临床诊断为“严重痴呆”。病历记载还说，该病人几天之前突然离开约克，后来在柴郡的街道上被人发现，“衣着邋遢，看
13 来不省人事”。警察把他送到当地的救济所，随后把没收他的一把刀子还给了他。后来，他用那把刀子割伤了一名男子的喉咙，并且刺伤了另外一名男子。他随即受到人身限制，被送往奇斯克精神病院。院方后来以某种方式，弄清了他的真实身份。他一直没有恢复理智。入院后第二天，他试图强行冲出医院，院方给他服用了溴化物，让他安定下来。过了一段时间之后，他的狂躁状态有所缓解，但是继续处于疑心重重的状态，想法令人不可思议：有人给他的食品中放了毒药；他

见到的人都是骗子。例如，院方领他去见了约翰勋爵，他坚持认为，真正的罗素伯爵已经死了，和他谈话的是一个冒名顶替的家伙。在住院的头5年中，他依旧常常莫名其妙地出现狂躁状态，有时还常常“大喊大叫，大声唱歌，神情怪异”。后来，他终于安静下来。在生命的最后30余年中，他“非常友善，待人随和，几乎完全生活在梦幻世界之中”。院方的最后诊断：精神分裂症。

安伯利没有多少时间对弟弟的遭遇表示悲痛。从意大利回国的途中，弗兰克喉咙疼痛，病情非常厉害，无法吞下食物。到达伦敦之后，他被诊断患了白喉，进行隔离，接受加内特·安德森太太的治疗。根据弗兰克的说法，她是当时唯一的女医生。他先待在伦敦治病，后来在凯特和莫德姨妈的照料下恢复了健康。弗兰克几周之后回忆，在那“幸运的一天”，他发现自己可以吞下醋栗奶油果蓉，院方很快宣布他已经痊愈。康复之际，他曾经用过的东西要么被毁，要么经过消毒。他和凯特一起，回到雷文斯克罗夫特庄园，安伯利、雷切尔和伯迪迎接两人归来。令人感到悲哀的是，他们没有采取足够的预防措施。白喉感染的存活时间超过他们的预期。弗兰克不再是病人，然而仍旧携带着那种疾病的病毒。6月21日，凯特在写给她母亲的信中说：“我们刚刚重新安顿下来，刚刚开始享受我们的乡间别墅，享受与孩子们重聚的时光。今天，我们再次深感痛苦——我们的可爱的雷切尔染上了白喉。”雷切尔刚刚出现症状，伯迪和照料他的女佣一起，立刻被送到雷文斯克罗夫特庄园的边缘，住进她母亲的农庄。

根据凯特的记录，雷切尔是一名耐心的病人，规规矩矩地服药，但是睡眠不好，病情看来比当初的弗兰克更严重。6月24日，雷切尔亲自给罗素勋爵夫人写信，感谢她寄来的玩偶和摇篮：“我得了白喉，躺在床上，喉咙非常疼痛。斯博尔丁养了两只兔子。”次日，凯特写信说，她自己也染上白喉，卧床不起。6月28日，仅仅3天以后，凯特去世了。安伯利非常痛苦，挣扎着给凯特的母亲写了一张便条：“你将从医生那里了解到，全都完了。我无法说得更多。今天早上突然就完了。我很悲伤，写不下去了。”7月3日，雷切尔也去世了。安伯利悲痛欲绝，在绝望中写信告诉他母亲：

我亲爱的妈妈： 14

……孩子也走了，我永远失去了甜蜜的爱抚和充满感情的爱心，我完全不可能得到任何安慰了。现在，家里确实是一片孤寂……我知道今后想她时会是什么感受。在所有的孩子中，她和我最亲近。我在这个世界上最重要的宝贝几乎一下全失去了。太残酷了，无法言表的残酷！

后来，安伯利陷入深深的抑郁情绪之中——用弗兰克的话来说，安伯利“生活和努力的所有动机全被夺走”。他致力于《宗教信仰分析》的撰写工作，决心完成那项任务，以便将它作为向凯特致敬的一种方式。安伯利把弗兰克和伯迪交给仆人和道格拉斯·斯博尔丁照料。根据弗兰克的说法，斯博尔丁“邪恶的影响超过了从前”。1875 年 11 月，安伯利终于完成了那本著作，并且确实用它来纪念凯特。该书显示了作者备受抑郁折磨的每一迹象：语言平铺直叙，毫无生气，几乎难以卒读。它的主要观点是，尽管世界上的几大宗教中，没有哪一种真的是真理，尽管没有理由相信人格化的神，然而，在所有宗教中都有某种正确的东西，一种“普遍存在的宗教”。在它的核心位置上，存在一种无法认知的“某物”——应被尊重和崇拜的某物。安伯利在该书的最后一页上写道，“当生活的欢乐全都失去之后，当最纯粹的快乐变为最难忍的痛苦之后，继续活下去”是人面对的可怕命运。1876 年 9 月 1 日，就在完成书稿 1 个月之后，他停止痛苦挣扎，撒手离开人世。根据官方文件的说法，他的死因是支气管炎，不过显而易见的是，他失去了意志，失去了继续痛苦地活下去的愿望。

按照安伯利的遗嘱——他大概在凯特去世之前和她讨论过那份文件——规定，弗兰克和伯迪的法定监护人，尤其是监督他们学业的人，是道格拉斯·斯博尔丁和 T. J. 科布登－桑德森。后者来自剑桥，是安伯利的一位关系密切的朋友。他赞同安伯利的激进观点，特别是那些排斥传统基督教的观点。罗素勋爵夫妇也许可能接受桑德森作为孙子的监护人，但是觉得斯博尔丁绝对不适合担当这一重任。斯博尔丁的社会地位低人一等，弗兰克憎恨他；而且他不管怎么说将很快死去。夫妇两人决定反对那份遗嘱，于是动手寻找安伯利夫妇留下的文件，包括信件、笔记和日记——后来，伯特兰·罗素将它们一一整理编辑，收入《安伯利家族文献》一书出版。有人肯定会设想，安伯利夫妇本来并不打算让罗素勋爵夫妇看到那些文件；要不然，安伯利夫妇肯定会自己动手编辑它们，以免罗素家的人发现，凯特和斯博尔丁曾是情人。实际上，罗素家的人确实发现了这一点，正如伯特兰·罗素后来所说的，发现这一实情让两人感受到了“维多利亚时期最厉害的恐惧”。当时，罗素勋爵夫妇的态度毫不宽容：不能让斯博尔丁担任孩子们的监护人。桑德森开始时倾向于对簿公堂，后来接受了律师提出的建议，决定做出让步。孩子们交给法庭管理；修正了安伯利夫妇的遗嘱，弗兰克和伯迪由罗素勋爵夫人和安伯利的弟弟罗洛监护。于是，桑德森于 1876 年 2 月将弗兰克和伯迪 15
送到了彭布鲁克别墅，那个地方成了伯迪在以后 14 年的家园。

那时，伯迪不到 4 岁，发生的一切无疑让他觉得困惑不解。但是，弗兰克已经 10 岁，理解并且赞同当时的安排。从一开始，弗兰克就讨厌彭布鲁克别墅（他们家的人无一例外地把它称为“P. L.”）。这并不是因为那一幢别墅本身比雷文斯克罗夫特庄园差了多少。它相当宽敞，是一幢 18 世纪修建的两层楼房，坐落在里士满公园边缘的山坡上，居高临下，周围的花园有 14 英亩，俯瞰爱普森丘陵的旖旎风光。它本来是女王的财产，19 世纪 40 年代约翰勋爵担任首相期间，女王把它赐给了勋爵，最初只供他在世时使用，他去世后也让他的妻子使用。伯迪和弗兰克非常喜欢那幢房子，尤其喜欢那座花园。让弗兰克深表厌恶的是那座房子之中的氛围。他这样写道，“我可以概括地说，它并不大气，畏畏缩缩的，就像躲起来的蜗牛”：

> ……到处可见高高在上的原则和宗教气氛，与维多利亚女王周围的一模一样……它的每个局部缺乏真实生活的感觉，每件物品乏善可陈，毫无艺术性可言。偶尔可以谈到宗教，但是必须屏住呼吸，像助理牧师那样细声细气地说话。但是，我从来没有听到关于两性、生育、诅咒、贸易、金钱、激情这样的话题……尽管我当时岁数不大，但是离开充满自由空气的雷文斯克罗夫特庄园，进入这个弥漫着不真诚言辞、让人规规矩矩、令人感到恐惧的地方，说话还得屏住呼吸，就像一场噩梦。在那些日子里，我不得不忍受这一点，P. L. 的气氛让人产生身处噩梦的感觉。

弗兰克后来回忆说：“给我的第一直接印象是对我的生活带来了限制。”在雷文斯克罗夫特庄园，他可以自由自在地赤脚漫游，或者骑在小马背上，在蒙默思郡的乡间慢跑，没人监督，无拘无束；现在，不让他走出别墅，甚至不能进入公园。他根本不可能独自到皮特夏姆村或者到里士满镇去。“总是存在染上猩红热的可能性，总是存在遇到不良家伙的可能性。”在弗兰克的记忆中，“我没有哪一天不受监视”。当初在父母的照料下，他从来没有听到上帝这个字眼，更不用说要求他参加有组织的宗教活动。在彭布鲁克别墅，强行要求他接受训练，接受严格、虔诚的宗教信仰教育：

> 我不得不参加早上祈祷：一生中第一次被带进教堂。在那里的大多数时间里，我不得不去听我并不赞同的关于道德、伦理和行为规范的讲演。我平生第一次在提出问题时遭到拒绝。

16 弗兰克和伯迪来到彭布鲁克别墅时，约翰勋爵已经83岁了。两个孩子记得，他是一位和善的老人，总是面带笑容，被人用轮椅推着，大多数时间在看书。罗素勋爵夫人比他年轻二十多岁，无疑在整个家庭中占据主导地位。不过，颇为奇怪的是，弗兰克对安伯利的弟弟罗洛表现出尖刻的鄙视态度。罗洛视力欠佳，放弃了在外交部的职业生涯，一直待在彭布鲁克别墅。罗洛不爱交际，沉默寡言，几乎到了极端地步。大多数认识他的人认为他完全无害，甚至可有可无。他对科学进步——尤其对水文气象——很感兴趣，这一点后来对伯迪的人生产生了重要影响。但是，弗兰克认为，罗洛代表了彭布鲁克别墅之中的全部令人讨厌的因素。

> ……我的叔叔罗洛看上去仪表堂堂，骨子里其实十分内向，是一辈子被爱慕女子包围的男子的极端例子。她们以简·奥斯丁小说中描写的最佳方式捧着他，将他视为堪称自己的自然保护者的男子，视为可以依赖的顾问。我觉得，他很可能认为自己是擎天神灵，担负着做出艰难决定的重任。实际上，他一辈子是在他人或者幻象的支配之下度过的，从来不知道自由的意义……他说话时吞吞吐吐，精神紧张，犹豫不决，神情青涩，满脸幼稚。你会觉得，我并不佩服他。当家里的其他人对他表示尊敬，引用他的话语并且遵命行事时，我的这种态度变得更加明显。

在后来撰写的回忆录中，弗兰克试图说明彭布鲁克别墅令人作呕的主要原因。我们从中可以看到，弗兰克对罗洛的鄙视显然到了无法言说的程度：

> 在P. L.生活中，有许多我觉得烦人的东西，不过最讨厌的是没完没了的

> 问题：“你到什么地方去了？”“你干了什么事？见了什么人？”……更令人厌烦的是通常聊天所用的口气，它带着一种压低的痛苦声调，仿佛在教堂里面对一具尸体——在那样的场合里，使用自然嗓音说话的人会被视为言语庸俗，举止轻率。我认为，罗洛叔叔根本没有意识到——或者说假如他已经意识到了，但是无法理解——我的想法：当他用那种口气说话时，我真想照着他的胫骨猛踢一脚。

伯迪和弗兰克两人都感受到了“压低的痛苦声调”，都觉得这在某种方面与他们的父母有关——对他们父母的情况，彭布鲁克别墅的新监护人保持不自然的沉默态度。伯特兰·罗素后来写道：“关于我的父母，我几乎没有听到任何情况——那种沉默寡言让我隐约感觉，一定有什么不可告人的秘密。”那种
沉默是残酷的，然而不能阻止伯迪对父母的思念。当他在花园里玩耍时，他 17
“脑袋里满是关于我父母和姐姐的幻想……我常常感到疑惑，他们是什么样的人呢？”最残酷的是，他有一次告诉祖母，他希望自己的父母还活着，“她抢过话头说，他们死了，你应该感到幸运。”罗素说，他当时觉得奶奶的这种态度是忌妒所致：“当然，我并不知道，从维多利亚时代的人角度看，她那样说是有充足道理的。”

祖父母通过各种各样的方式，试图让两个男孩理解，他们的父母非常邪恶。不过，关于这一点，祖父母既没有直截了当地说明，也没有进行解释。然而，祖父母谈到孩子的父母时常常脸色阴沉，唉声叹气，说话压低声音。这样做传递的寓意是，祖父母具有许多美德，把两个孩子从罪孽深重的父母手中拯救出来，他们应该感到幸运。弗兰克回忆说，“在 P. L.，最令人气恼的常用说法是，这‘非常不幸’”：

> 我父亲后来的生活“非常不幸”；试图要不成熟的伯迪搞最天真的恶作剧的尝试“非常不幸”；我缺乏情感，不厚道，很邪恶，“非常不幸”；我没能对周围的人的友爱表示谢意，那“非常不幸”……我的想法或者目的不明智，不合理，对热情洋溢的年轻人来说甚至没有价值，很不自然。但是，他们表现出来的那种冷酷进入了我的灵魂，让我无法完全恢复与生俱来的自由和坦诚。

在弗兰克的脑海里，往日的一切依然历历在目：雷文斯克罗夫特庄园的快乐生活、父母和妹妹的音容笑貌。所以，对彭布鲁克别墅的人对他父母和生活的看法，他总体上持坚决抵抗的态度。结果，他被视为非常邪恶的人。“罗素夫妇完全不理解他，”伯特兰·罗素谈到哥哥时这样说，“从一开始便把他视为撒旦的爪牙。”他们认为，非常重要的一点是不让弗兰克影响单纯的伯迪，所以尽量不让两兄弟接触。罗素夫妇原本打算让两兄弟在家里念书，后来发现弗兰克难以对付，于是把他送进了学校：

> 他们的意图是让我不受公立学校不良风气的影响，设法把我变为罗洛叔叔的完美复制品。伯迪年纪小一些，容易进行调教，在充满爱意的环境中实施的家庭教育确实让他大受裨益。在上剑桥大学之前，他是一个自命不凡的小家伙，那样子让我觉得不能容忍。

1877年，弗兰克的生活出现了第一个转折点。当时，为约翰勋爵的身体健康着想，罗素夫妇前往肯特郡海岸，租了坎特伯雷大主教在海边的一幢房子。在那里，弗兰克认为自己已经无法与罗素夫妇继续生活下去，必须离开他们。于是，他从祖母的钱包里偷了3个英镑，半夜悄悄逃了出去。他在一个牧草堆里睡了一
18 夜，然后步行到了玛格特，希望在那里搭乘火车去伦敦。在玛格特，第一个看见他的警察立刻抓住了他，把他送回罗素夫妇的住处。他拒绝答应不再逃跑，罗素夫妇无计可施，最后完全死心，把他送进了齐姆的一家私立学校。在伯迪的记忆中，在布罗德斯泰斯度过的那个夏天比较愉快。那是他第一次体验身在海边的快乐：拾帽贝，抓海葵，在岩石和沙滩上玩耍，观看渔船和灯塔。也许，那是他第一次接触到哲学问题。“姑姑，帽贝会思考吗？”他问阿加莎姑姑。“我不知道。”她回答说。他说：“那么，你必须学习。”

弗兰克到了学校之后，变得快乐许多。唯一让他觉得扫兴的是，根据规定，他每个星期日应该给祖母写一封信件。他很少这样做，觉得“我无法报告她希望我说的那些事情。”在第一学年结束之前，他们要求年仅12岁的弗兰克继承罗素伯爵二世的封号。1878年5月28日，约翰勋爵去世，享年86岁。“惊闻老罗素勋爵去世的消息”，女王次日在报上看见了讣告，在她的日记中写道：

> 一个很有才华的人，将会名垂青史。他待人友善，拥有渊博的宪法知识，妥善处理了许多难题。但是，他性情冲动，非常自私……好大喜功，常常显得鲁莽，欠缺谨慎。

女王次日致函罗素勋爵夫人，几乎不吝赞美之辞，将约翰勋爵说成“我最著名、最著名的大臣之一，希望阿加莎（“你亲爱的忠诚女儿”）安慰罗素勋爵夫人，减轻她丧失亲人的痛苦，希望你从这一想法中得到慰藉：“你的孙子们将不辜负你的希望，成为杰出人才。”

就弗兰克的情况而言，她一直没有从他那里看到任何希望，但是罗素勋爵夫人依然对伯迪寄予很大希望，觉得他长大后会成为不负罗素家族盛名的人才。伯迪年仅 6 岁，没有显示哥哥那种叛逆性格的迹象，非常聪明，而且至少具有潜在的美德。约翰勋爵去世之后，罗素勋爵夫人和阿加莎对伯迪的照顾更加直接。其中的一个原因是财务方面的考量：荷兰夫人鉴于约翰勋爵对福克斯的事业做出的巨大贡献，曾经决定每年给约翰勋爵提供 2000 英镑，这一待遇终生不变。现在，已经没有这笔年金，必须采取紧缩措施，必须减少仆人数量。在他祖父去世之前，伯迪与仆人待在一起的时间很长，超过了与监护人共处的时间；现在，他与三位监护人——罗素勋爵夫人、阿加莎和罗洛——的关系比以前更为密切。一位名叫阿玛贝尔 · 胡思 · 杰克逊的姑娘小时候常常到彭布鲁克别墅去玩，他们三人创造的那种环境给她留下了深刻印象。她回忆说，“即便我还是一个孩子，我那时也意识到，那地方很不适合孩子成长”：

> 罗素勋爵夫人说话时总是压低声音，阿加莎夫人总是披着一条白色围巾，一副备受蹂躏的样子。罗洛根本不开口说话……他们全都像幽灵，在各个房间里飘来飘去。

在伯迪和弗兰克眼里，阿加莎和罗洛——就此而言，还有威廉叔叔和安伯利 19
自己——起着不祥的告诫作用，督促自己规规矩矩，按照罗素勋爵夫人的道德期望行事。他们要么精神失常，要么变得孱弱无力，要么远离世人，最终变成幽灵。伯特兰 · 罗素逐渐意识到，问题的根源在于祖母厌恶自然本性的心态，对性本能的厌恶首当其冲。“我认为，她根本不理解动物本能的厌恶和旺盛生命力的要求。”他在《自传》中写道：“她要求从维多利亚时代情趣的角度，判定一切言行。”他在《安伯利家族文献》中写道，尽管她热爱并且尊重她的丈夫，她却“从来没有在生理上爱过他。实际上，清教主义的禁忌可能使她无法在肌肤之亲的过程中充满激情……在她无意识的人格中，她饱受某些压力和扭曲带来的痛苦。随着时间的推移，这使她日益敌视充满活力的生活。那种状态给深受她影响的人带来不幸的结果”。

显而易见，尽管弗兰克说，伯迪受到了罗素夫妇的影响，变成了“一个自命不凡的小家伙，那样子让我觉得不能容忍”，但伯迪对自己的看法与他的并不一样。如果说弗兰克公开抵制彭布鲁克别墅的统治，并且将自己的感受直截了当地表达出来，那么，伯迪则完全沉默，采取了隐蔽的态度。弗兰克并不知道，彭布鲁克别墅的其他人也并不知道，伯迪所过的生活没有受到祖母的清规戒律的束缚。但是，那种生活仅仅存在于他的内心深处。从外表上看，他是“天使孩子”（弗兰克如是说）；在内心里，他的独立意识与弗兰克的不相上下，甚至有过之而无不及。他后来回忆说：“在我童年时代的大多数时光里，一天之中最重要的时间是在花园里度过的，我最有活力的存在是孤独。我很少向他人谈及自己的严肃想法；即便有所谈论，也会感到后悔……在我整个童年时期，我的孤独感越来越强，绝望感越来越强，非常害怕见到自己可能搭话的人。”

弗兰克实现的是身体逃亡，伯迪实现的是心理逃亡。他的真实生活，他最“有活力的”存在，是远离罗素一家人，与家里的其他人一起生活是一种伪装，一种幽灵式的生活：

> 禁止我做的事情数不胜数，我后来养成了欺骗的习惯，一直装成一副已满21岁的模样。无论做什么事情，最好只有我一个人知道；这样的反应成了我的第二天性。我从来没能完全克服由此形成的掩饰实情的冲动。直到现在，如果有人走进我的房间，我依然有隐藏自己正在阅读的书籍的冲动。我对自己的行踪，对自己已做的事情，喜欢保持沉默。这种习惯就是在那些日子里形成的——面对一整套愚蠢的清规戒律，我当时不得不寻找自己的生存之道。

与弗兰克的做法完全类似，伯迪也认为迫使他们遵守的那些清规戒律和条条框框非常愚蠢，也对没完没了地盘问自己行踪和活动的做法深恶痛绝。但是，与 20
弗兰克公开表示愤怒的做法不同，伯迪采取的策略是说谎，是将真实情况隐藏于心。这样做带来的好处多多：他可以拥有自由的、充满活力的内心生活，完全不受祖母的严厉管束。不过，这样做的害处可能更多一些：恰如弗兰克使用的蜗牛这个比喻暗示，在彭布鲁克别墅里，伯迪是在一个厚厚的硬壳中生活的。或者说，正如他有时所梦想的，他生活在一块玻璃背后，其他人无法走入他的内心世界，他也无法与其他人接触。

此外，虽然思想可被隐藏起来，不向他人表露，可是被压抑的情感常常是危险的，具有破坏性，需要以某种方式释放出来，哪怕是美梦或者噩梦也行。老年时，罗素开始创作小说。当时他的作品无人问津，但是正如他在《自传》中所说，写小说“是一种很好的释放方式，我原来没有表达出来的情感全都涌了出来”。这个观点具有一定真实性，可以在他写的短篇小说《郊区的撒旦》中看到。这篇作品作为小说带有讽刺意味，作为自传可能是他的著述中最具启迪意义的文字。我们可以从中一瞥他不让祖母看到的情感生活，几乎让人不寒而栗。它展现了他隐藏了大半辈子的“没有表达出来的情感”，展现了年仅 6 岁的他在接连丧失亲人的过程中经历的极大痛苦。

故事的主人公名叫马拉科医生，是一个恶魔似的角色，住在莫特雷克。他怂恿正派的郊区居民们表现本性中不那么体面的东西，比如，具有破坏性的嫉妒心理、仇恨和野心。那些本性以前被他们隐藏起来，从来不向他人表达，甚至自己也不承认。故事的叙事者无名无姓，是一名科学家。他发现了邻居们在马拉科医生的影响下的所作所为，试图抵抗他自己内心之中希望成为那位医生的病人的怪异冲动。他努力挣脱自己感觉到的疯狂、危险的心理困扰，试图不去迷恋马拉科医生，最后干脆狂热地投入“一项非常深奥难解的科学研究活动”。但是，这样做无济于事。那种怪异的冲动虽被打入冷宫，但是依然存在，那位医生常常出现在他的噩梦中：“每天晚上，我听见那个幽灵般声音发出的呼唤，‘来吧，来吧’，都会在梦中惊醒，发现自己一身冷汗。”

叙事者和邻居们交谈，发现医生的魔法存在于这种能力之中：他可以解读“秘密念头”，把它们置于光天化日之下，“就像一个个巨大的海怪，从黑暗的洞穴中冒出来，让捕鲸船的船员们陷入恐怖之中”。叙事者对人性一直持乐观看法，这一发现向人性提出了挑战。他感到绝望，开始出现这样的想法：所有人心里都有阴暗的一面，甚至最传统、最体面的人也无一例外；每个人都有关于自己的某种令人作呕的秘密。反思之余，他觉得“人类具有的令人厌恶的普遍本性”在自己身上不断增加。他发现，马拉科医生并不是什么独特的邪恶之人，仅仅是存在于人们内心深处的邪恶本性的催化剂而已：

> ……在他恶毒的内心中，在他冷漠的具有破坏性的智性中，以非常典型
> 21 的方式集中了希望成为巨人的软弱之辈的所有卑劣行径，所有残酷做法，所
> 有全然无助的狂暴感觉……在许多唯唯诺诺的体面人的内心深处，潜藏着实
> 现罪孽行径的愿望，潜藏着支配的希望，潜藏着破坏的冲动。

最后，叙事者走火入魔，完全被惩罚罪恶之徒——这就是说，整个人类——的念头控制。他发明并且建造了一种装置，可以烧开足够多的热水，浇在地球上面。在这个过程中，他心满意足地想象，世界将变得越来越热，越来越干，人类口渴难耐，最后“发出一阵阵疯狂的尖叫，一个个全都灭亡”。他接着推断说，“再也不存在什么罪孽了”，整个地球将变得死气沉沉，就像月球一样，“当然，它也像月球那样美丽，那样纯洁”。

机器造好之后，他在中午把它开动起来，然后去拜访马拉科医生，希望在地球上的最后几个小时里，洋洋得意地观看自己战胜马拉科代表的罪孽。他承认，“有的人可能觉得，我使用了比医生的行为更为邪恶的方式，所以才取得了这样的胜利”。但是他坚持认为，“高尚激情具有的纯洁性实现了这样的胜利”。然而，叙事者取得的胜利结果是一种自欺欺人的幻想，就在他向马拉科医生解释机器的工作原理时，马拉科发现了一个设计缺陷，并且告诉他，机器不会正常运行。叙事者深感羞辱，沮丧万分，转身就走。马拉科伸手拦住叙事者，建议他们联手制造一台将会正常运转的机器。他解释说，他自己也憎恨人类——不是从自以为是的心态出发，而是本着有仇报仇的精神。这将给人带来更大的恐惧感。马拉科告诉叙事者：“你可以在痛苦的方式中想象，你憎恨人类；在我一根小指头上存在的仇恨比你整个身体上的还多一千倍。我的内心深处燃烧着仇恨之火，可以让你转瞬之间化为灰烬。”

马拉科解释为什么自己充满仇恨，他的童年经历与罗素的小时候非常相似。

他告诉叙事者，他 6 岁时失去了父母双亲，[1] 由一位自称慈善的老太太抚养，他对此抱有深刻的愤恨和鄙视。但是，他压制了自己的怒火，以便赢得她的赞许，从而继续得到她的关照：

> 她深信不疑，我是一个乖小孩。她收养了我，让我接受教育。为了得到这些好处，我忍受她强加于我的几乎无法忍受的种种无聊事情：祈祷，去教堂，以及道德说教。她还没完没了地低声唠叨，装模作样地多愁善感。我真想毫不客气地反驳，消除她那种愚蠢的乐观心态。我克制了所有这些冲动。为了讨好她，我常常跪在地上，恭维上帝，但是我内心迷惘，不知道上帝在造我的过程中有什么值得自豪的东西。为了讨好她，我常常口里念着我没有任何感觉的感激之辞。为了讨好她，我总是假装她希望的那种“规矩”模样。后来，我终于满了 21 岁，她立下遗嘱，把全部财产留给了我。正如你可以想象的，在那之后，她并未活多长时间。[2] 22

马拉科接着说：“她死了之后，我的经济状态一直非常宽裕。但是我从来没有忘记早年所过的那些日子……没有朋友，非常沮丧，完全没有任何希望。后来，尽管我得到一大笔财富，童年的所有那些经历留在心底，构成了我生命的特征。”在这种情况下，“我憎恨所有的人，希望看到所有的人遭受极端的折磨”：

> 你让我看到，地球上人统统备受干渴之苦，几乎疯狂，在极度痛苦中无望挣扎，奄奄一息。这是多么美妙的情景！假如我还能表达感激，我现在应该对你有所表示，应该受到诱惑，把你当作朋友。但是，在我 6 岁之前，这

---

[1] 在这个故事中，一个有趣的——而且在我看来重要的——细节是，马拉科医生的父母并不是受到疾病折磨无辜死去的受害者。与之相反，他的父亲本来是王子，抛弃了出身工人阶级的妻子，自甘堕落，先在纽约的一家餐厅里当招待员，后来沦为惯犯。后来，他母亲成了酒鬼，喝醉时常常暴打马拉科。马拉科 6 岁时，母女俩有一天走在街上，她突然挥拳向他打去。他闪身躲避，她被旁边驶过的货车撞倒。在许多方面，医生的童年故事似乎以小说虚构的方式，暗指罗素勋爵夫人对安伯利一家的态度。例如，孩子父亲的家庭地位比母亲的更高；母亲生性邪恶；父母死后，孩子过得更好一些。也许，故事根据的是罗素儿时独自待在彭布鲁克别墅的花园中产生的“关于父母的幻想”。其原因在于，如果我们想象一个小男孩试图补充细节，说明罗素勋爵夫人为什么明显贬低安伯利夫妇，那么，这正是他可能杜撰的故事情节。

[2] 罗素 21 岁时从家族遗产中继承了一大笔款项，这足以让他摆脱祖母，过上独立的生活。祖母以前对他的影响非常巨大，但实际上从那以后就可忽略不计了。5 年之后，祖母撒手人寰。罗素在《自传》中说，她去世时，“我根本没有任何感觉”。

样的能力就已经荡然无存了。

叙事者听到这种发自内心深处的仇恨（甚至没有被“高尚的”激情所掩饰）表述，大为震惊，一枪击毙马拉科，然后伪造了自杀现场。后来，他结了婚，努力忘记与马拉科相关的事情。但是，他做不到。马拉科死后，其幽灵时隐时现，胜过以前。叙事者备受精神困扰，马拉科低声说出的这些嘲笑之语常常在他耳边萦绕：“你以为我失败了，对吧？……你以为自己已经恢复了理智，对吧？……你难道不明白，我的力量是精神方面的，存在于你的内心弱点之上？倘若你有半点自己假装的那种人性……你就会坦白自己的所作所为。坦白？不，是吹嘘吧。”开始时，叙事者觉得马拉科的声音是自己想象出来，但是后来发现，“我越来越觉得，他的可怕幽灵真的存在”。最后，他心烦意乱，不能自已，愤而回应幽灵对自己的嘲笑，向世人大声承认是他杀死了马拉科，并且对此感到自豪。他妻子关注他的精神状态已有一段时间了，听到他的叫喊之后十分担心。在故事结尾，他看
23 到窗外，两名警察和一名精神病医师已经赶到家门口，准备把他送进精神病院。

如果将这些素材交给一名真正具有小说写作才能的作家手里，《郊区的撒旦》讲述的故事可能变得非常具有感染力，非常震撼人心。但是，实际情况是，作品中的许多形式相当轻松，掩盖了它所表达的深刻感受，读者难以轻易体会。从某种意义上说，它是作者个人特征最强的感受，是自我分析之作。从表面上看，这个故事类似于略显生硬的讽刺作品——绝大多数读者阅读时候都有这样的感觉。罗素好不容易克服了长达80年之久的情感压抑，试图以某种方式来表达自己以前从未承认的对祖母的感觉，正视他自己一直隐藏于心的恐惧，但没有谁意识到他做出的艰难尝试，这让罗素大失所望。有人拟定了许多计划，打算将它拍成电影，但是最后都无果而终。其原因在于，罗素总是觉得，电影编剧对他的故事的处理过于轻率，显得无足轻重。后来，他出版了一本短篇小说集，并且在增加的序言中强调说，“这本书中的故事并非全都为了提供娱乐”。他希望强调作品的自传特征，但是为时已晚。

使用虚构的方式，将其作为“释放迄今为止没有表达出来的感觉的渠道”，这样做有一个优势，让作者可以更加自由地表达自己的感受和思想。相比之下，其不利之处在于，人们将会把它当作虚构作品来解读，而不是当作自我揭示的文字。或者说，更为糟糕的是，如果虚构的东西欠缺精彩，作品可能根本无人问

津。多年之前，罗素 20 来岁时曾经采用过另外一种策略，试图表达自己的某些并不那么引以为豪的感受，用“奥兰多”这个假名发表了《自赏》。与《郊区的撒旦》类似，那篇作品的笔调起到了掩饰作用，降低了所表达的感情的强度，与这篇小说中叙事者和马拉科医生表达的意思惊人相似。奥兰多宣称：“我对人类大众的态度相当冷淡。在那段时间里，他们接连遭遇不幸，三月就出现一次，让我产生很不舒服的感觉，产生去为他们找出路的欲望，但是，我不会为了他们牺牲自己。”后来，这种愤世嫉俗的成分变得更加露骨了，“我相信，社会通过若干途径（比如，杀婴）可以获得改善”：

> 在大多数情况下，我为自己活着……我关心的人很少，也有几个敌人——对我来说，至少其中两人遭受痛苦是令人高兴的事情。我常常希望给予人们痛苦；那种情形出现时，我获得了短暂的快乐……

关于罪孽这个问题，他重复了《郊区的撒旦》中叙事者的观点。他曾经写道，尽管从逻辑上说，他无法找到“罪孽”的意义，然而“从心理方面看，罪孽对我来说是有意义的。我希望看到有罪孽的人受到惩罚”。他不信来世，也不希望相信，“因为它不会证明这个世界是充满正义的”。

罗素在《自传》中写道，他儿时“很容易产生罪孽感”。有人问他最喜欢的颂歌是哪一首，他选择了《厌倦尘世，背负我的罪孽》。他内心深处隐藏着秘密，这形成的一个自然结果是良心上的顾忌，总是觉得自己的秘密将会永远处于容易被人发现的状态。在一天早上举行的祈祷会上，罗素勋爵夫人朗读了圣经上关于 24
浪子的寓言，伯迪对她说，“我知道你为什么读这个——因为我打碎了水壶”。后来，罗素勋爵夫人以调侃的语气重复了那个故事，他觉得更加无地自容（“在我对早年的回忆中，大多数是丢脸的事情”）。他写道，她当时没有意识到，“正是她应该对给自己的孩子带来悲剧性结果的病态负责”。

伯迪 7 岁那年，彭布鲁克别墅的那种令人压抑的氛围有所缓解。当时，罗素夫妇在伦敦租了一幢房子，在那里住了几个月时间。伯迪和弗兰克第一次见到了外祖母斯坦利夫人，见到她名声显赫的家人。斯坦利夫人虽然身为贵族，但是与罗素勋爵夫人大不一样。她比罗素勋爵夫人年长几岁，是在强烈的理性主义的家庭氛围中成长起来的。在维多利亚女王继位之前，理性主义在英国大行其道；根据罗素的回忆，理性主义“瞧不起维多利亚时代那种伪善的自命不凡的做法”。

结果不出所料，斯坦利夫人十分喜欢弗兰克，很不喜欢伯迪，对他持拒绝态度，认为他“很像他的父亲”。她有一个人数众多的家庭，四个儿子，四个女儿，大多数才华横溢，一个个能言善辩，没有谁性格腼腆。他们让伯迪深感恐惧，让弗兰克深受鼓舞。在几个儿子中，亨利是穆斯林，莱尔夫是无神论者，阿尔杰农信仰罗马天主教。星期日，他们会一起享用午餐，进行辩论，互相质问，大声叫喊，充满活力，无拘无束。伯迪回忆说：“我那时常常出席他们的午餐聚会。我根本不知道，他们几个会向我提出什么问题，常常胆战心惊，浑身颤抖。”相比之下，弗兰克觉得非常自在：“那样的聚会充满启迪，提供娱乐，令人愉快……我听见他们自由地讨论问题；我可以表达自己的看法……我喜欢那样的场合。”

弗兰克逐渐爱上了斯坦利一家人，表现出巨大的热情，这与他憎恨罗素一家人的态度形成鲜明对照。对他来说，斯坦利夫人位于多弗尔大街40号的寓所变成了他的第二个家，一个令人愉快的去处，在那里可以逃避彭布鲁克别墅的人。伯迪——至少在所有外表上看——依然是罗素家庭忠实而虔诚的成员。然而，当他老年回顾两个家庭的情况时，他发现自己的同情对象已经发现了改变：“我性格腼腆，敏感，关注形而上学，这些应该归功于罗素家族；我充满活力，身体健康，精神良好，这应该归功于斯坦利家族。总的来说，与前者相比，后者似乎是更好的遗传因素。”

罗素家族确实给伯迪提供了非常良好的教育。1879年，弗兰克被送到温彻斯特；在那里，他度过4年快乐时光，交上了他一生之中关系最密切的大多数朋友。但是，伯迪在家里接受了乔治·桑塔亚那所说的“最完美的王子教育”。按照桑塔亚那的说法，那种做法“颇像在点着电灯的温室里培养热带植物……过于良好的环境让他不适应室外气候”。但是，温室方式有它自身的优势，从一开始就是给未来首相提供的教育。到了7岁时，伯迪已经掌握了辉格党版本的英格兰宪治历史，时间从诺曼征服一直到1815年。伯特兰·罗素确定，1815年之后没有历史，只有谣传。不过，他也从祖母那里欣然接受了谣传带来的好处——她1841年结婚，之后一直身处英国的政治生活中心。在彭布鲁克别墅，大人们的谈话往往涉及很久之前发生的各种事件，例如，伯迪的祖父如何会见拿破仑，祖母的叔祖父在美国独立战争中如何保卫直布罗陀，如此等等。此外，约翰勋爵的书房藏有大量历史和政治书籍，伯迪可以自由阅读，从中获益匪浅。

罗素勋爵夫人——无论她有多大过错——具有很高的文化修养，精通法语、德语和意大利语，熟读伟大的英国作家的作品，对莎士比亚、弥尔顿、华兹华斯和拜伦的著作尤其精通。她自己还是一位很有天赋的诗人，不过稍欠灵感，原创不足。遇到生日或者其他场合，她常常一边弹奏钢琴，一边朗诵专门创作的诗歌。此外，对不加思考的从众做法，她持根深蒂固的反感态度。有一年圣诞节，她送给伯迪一本圣经，在扉页上写下了她最喜欢的经文之一："不能从众作恶"(《出埃及记》，23:2)。在他一生的各个阶段中，这一段经文被证明是一个源泉，让他不断获得灵感。

伯迪 11 岁时，出现了他早期教育中最重要的事件之一——而且也是他一生之中的重大事件之一。那一年，弗兰克完成了在温彻斯特的中学学业，即将到牛津大学贝列尔学院继续深造。弗兰克决定教弟弟学习欧几里得的几何学。伯特兰·罗素后来写道："我没有想到，在世界上居然有如此美妙的学问……［它像］初恋一样，令人眼花缭乱。"在弗兰克的日记中，保留着那一件事情的某些细节。根据记录，他使用的教材选自 S. 霍特里编写的《欧氏几何入门》，授课于 1883 年 8 月 9 日开始。弗兰克在那天晚上的日记中报告说，伯迪"确实学得很好……我们完成了定义那一章的一半——他肯定不会辜负他的老师"。他在 9 月 7 日的日记中写道："今天晚上，伯迪顺利地掌握了等边三角形两底角相等的命题［欧几里得的第五命题］，真的学得很不错。"一个星期之后的日记上说："今天晚上，我给伯迪讲了第 12 命题，完成了霍特里的教材。他掌握了全书的内容，效果很好。我觉得他已完全理解了那些内容。我对自己的学生感到非常骄傲。"

一般人学习几何时，通常不会使用"眼花缭乱"和"美妙"这样的词汇形容这门学科。然而，伯特兰·罗素对它着迷，他的反应在历史上有一个令人感兴趣的先例。根据约翰·奥布里的《人物简史》，托马斯·霍布斯 40 岁时，在一家图书馆的桌子上，偶然看到一本翻开的欧几里得的《几何原本》。那一页上是对著名的毕达哥拉斯定理的证明。"上帝作证，这不可能！"霍布斯感叹说。

> 于是，他阅读了那个定理的证明，这让他回到另外一个定理。他读了新的定理。该定理让他回到第三个定理，他接着阅读了它。该定理让他回到第四个定理，他又阅读了那个定理，如此等等。最后，他通过证明，确信它真

实存在。这让他爱上了几何学。

26 对伯特兰·罗素和霍布斯而言，几何学的迷人之处在于，它证明一个命题的真实性。以前有一次，他独自一人待在彭布鲁克别墅的花园里，对他不知道的事物，对他理解的事物进行过大量的推测：他的父母究竟是什么样的人？他的母亲是否真的邪恶？为什么提到精神失常，祖母就会浑身战栗？祖母的宗教信仰是否正确？对于其中的某些问题，他可以找到答案，对另外一些问题，他只能编织幻想，但是没有哪一个是他能够肯定的正确答案。在这种情况下，他只能选择接受或者拒绝别人告诉的答案。如果不同的人提供的答案各不相同，他只能根据这两点来判定真伪：自己支持谁？自己忠于谁？几何的美妙之处在于，命题的真实性不是可以随便断言的，而是证明出来的，不需要任何种类的否定或者反断言，既不考虑谁提供的答案，也不考虑人们对答案的感受。某个事物——或者说任何事物——都可以用这种方式得以确知，这个理念给人愉悦，让人心旷神怡。尤其重要的是，伯特兰·罗素很快意识到，它开启了这样的可能性：其他事物也可能经得起严格数学证明的检验。也许，就连人们之间的争端也可以通过这样的方式加以解决。伯特兰·罗素在《回忆中的画像》中写道："我希望，经过一定时间以后，将会出现与机器数学一样精确的人类行为数学。我喜欢证明，所以希望出现这样的东西。在大多数的时间，这一动机更为重要，超过——我也感觉到的——相信自由意志的愿望。"

他在发现欧几里得几何学的过程中感觉到了愉悦，不过，这门学科还有一个瑕疵：命题的真实性可以从公理得到证明，这一点既给人愉悦，又非常美妙，但是这个问题随即出现——有什么理由相信公理本身呢？弗兰克提供的唯一理由纯粹属于实用性质：如果罗素不认为公理是正确的，他们兄弟俩就无法继续学习其他课程。经过一定时间以后，罗素希望找到更加令人满意的答案，这一愿望引导他在哲学领域之中的研究，直至他和艾尔弗雷德·诺思·怀特海于1910年完成了《数学原理》。该过程促使他反思获得某些知识的可能性，让他形成了一个理念：真理与人的希望和兴趣分离开来，容易受到情感的影响。他获得的初步几何学知识是"引导我探索哲学的第一步"。

在11岁至16岁之间，罗素受到的教育主要是罗素夫妇聘请的一大批私人教师提供的。有的教师起到了重要作用，鼓励他的思维朝着哲学研究的方向发展。

教师替换很快，但是总体上看来都是颇有能力的人，都愿意督促罗素好好学习，使他大大超过少年时期通常的发展水平，这一点尤其体现在语言、历史和数学三个方面。例如，其中一位给罗素讲了非欧氏几何学——这在当时是一个非常深奥难懂的科目，甚至许多著名的数学家也了解甚微。另外一位家庭教师让罗素看了一本 W. K. 克里福德编著的《精确科学的常识》。该书对罗素产生了重要影响，他后来说，那本书他“立刻……阅读了，它提供了思想方面的明晰性，让人深感兴趣，如痴如醉，心旷神怡”。

就罗素而言，克里福德的著作具有的重要性在于，罗素多年来一直思考，为 27
什么理性作为获得真理的方式，优于直觉、传统、权威和情感？该书帮助他将这些思考具体表达出来。由此形成的观点认为，相信任何事物的前提是，存在着相信它的某种理由。这一点不仅表现在数学或者科学领域中，而且表现在生活的方方面面。20 世纪 40 年代，克里福德的那本著作再版，罗素为新版撰写了序言，解释它在自己的青少年时期如此重要的原因。他写道，克里福德“不仅是数学家，而且也是哲学家……他认为所有知识，其中包括最抽象的知识，都是人类总体生活的组成部分。他努力让人类的存在变得不那么琐碎，不那么迷信，不那么痛苦”。克里福德的这本著作在罗素头脑中促成了一个信念：它将理性作为所有合理观念的基础，将数学作为所有其他知识追求的理想模式。根据这一信念：

> 我们有可能……相信，人类将会变得更加仁慈，更加宽容，更加文明……在这一良好的过程中，理性知识起到主要动因的作用，数学作为最完美的理性知识，应该位于前列。这就是克里福德的信念，当我首次阅读这本著作时，它成了我的信念；今天重新翻阅这本著作，古老希望的幽灵出来嘲笑我。

“根据不充分的证据相信任何事情，”克里福德写道，“这一做法总是错误的，在任何问题上，对任何人来说都是如此。”这是罗素很快采纳的观点，它给予罗素一种道德规则的力量，让他获得情感方面的愉悦，看到了发现论证性真理的可能性。有能力证实事物，这不仅是“美妙的”，而其在道德上也是必不可少的。

自然，这样的观点必然与伯迪原来所受的宗教信念——即罗素 3 岁以来接触的罗素勋爵夫人的虔诚的非理性信念——发生正面冲突。她的信念不是基于宗教信条，不是基于证明上帝存在的论证或者诸如此类的东西，而是主要基于神示，基于个人良知，尤其是基于爱（这个词语她频频使用，甚至超过了“非常不幸”）。在她写给伯迪的女教师朵拉·比勒的一封信件中，我们可以看到一个例子，可以了解她的宗教思维方式。朵拉·比勒曾经致信罗素勋爵夫人，谈到她自己的在宗教方面的疑问。罗素勋爵夫人回答说，对于这个问题，“有时看来出现的情况是，我们注定无法通过思考得到答案——应该去寻找，而不是发现……我们在黑暗中摸索，不禁感叹‘这难道不是美丽的梦想，仅仅是梦想而已’”。

> “我们是充满爱心的慈父的孩子，慈父伸出手来，引导我们走到他的跟前，以成千上万种方式给我们启迪……主要是让我们感受到自己身上的不朽品质，这就是爱。此外，还有上帝自己的神性的开始和终结，还有上帝注入我们的灵魂的至高能力，这些东西不是显而易见的吗？”不，这并不是显而易见的。没有什么东西会消亡，即便价值最小的物质微粒也不会消亡。应该拥有不朽品质的事物是否可被剥夺这样的东西呢？

28 是否存在科学证据，支撑宗教信仰的真实性呢？如果她愿意仔细考虑这个问题，她是不会采用这样的风格的。在这种情况下，伯迪采用了他的一贯做法，对任何可能刺激她的问题保持缄默，完全没有告诉祖母他自己的思维发展方向。“我当时把全部想法深埋心底，在与其他人的交流中，没有显露任何相关迹象……实际上，14岁之后，我发现家里的日子可以忍受了，需要付出的唯一代价是，我对自己感兴趣的任何事情全都保持沉默。”

伯迪深信，避免冲突，不要暴露自己的想法是明智之举。哥哥弗兰克的命运更加强化了这一点：弗兰克口无遮拦，遇到事情缺乏克制，结果不得不面对一个又一个危机。实际上，弗兰克变得越来越像一个性急的人。在贝列尔学院念书的第二个学期期末，因为他对院长，那位以倔强著名的弗兰克·乔伊特出言不逊，遭到学院开除，被迫中断古典文学课程的学习。乔伊特谴责说，弗兰克写了一封很不恰当的信件；这一说法让弗兰克十分愤慨。看来可能的情况是，乔伊特从某个没有透露姓名的第三者那里获得了间接证据。弗兰克矢口否认，强调自己既没有写过任何不恰当的信件，也没有干过任何不恰当的事情，要求亲眼看一看那封信件。乔伊特一口拒绝，弗兰克失去了控制，当面顶撞乔伊特：他根本不是什么绅士；自己不愿与他打交道；自己会当即“抖掉自己脚上的牛津尘土”。

于是，一场小危机迅即恶化，变为对弗兰克的名誉的一个重大威胁。他在公开表示愤怒之后拂袖离去，牛津大学的人自然希望知道，那份信件的内容是什么，收信人是谁？乔伊特显然希望压制这场风波，但是那件事情当时已经成为话题，谣传四起，猜测不断，只有 10 年之后对奥斯卡 · 王尔德的审判可以与之相提并论。关于那个事件，只有乔治 · 桑塔亚那留下了一个可信版本。弗兰克离开牛津之后，桑塔亚那认识了他。根据桑塔亚那的说法，弗兰克的守卫（牛津人当时是这样称呼仆人的）报告说，来自温彻斯特的弗兰克的朋友莱昂内尔 · 约翰逊在弗兰克的房间过夜。乔伊特因此怀疑，弗兰克与那年轻男孩之间存在着“不恰当的”关系。桑塔亚那认为，乔伊特受到（桑塔亚那认为是错误的）引导，将弗兰克与乔伊特在那之前看到的一封信件联系起来。那封信件要么提到了约翰逊，要么提到了同性恋，也可能两者都提到了。无论事情的真相如何，弗兰克的火爆脾气，使得事情急转直下，让自己面对非常棘手的局面。弗兰克离开贝列尔学院之前几天，罗洛到那里去看了他，弗兰克出言不逊，致使彭布鲁克别墅的人最终完全断绝了与他的关系。那年，他 19 岁，开始独立谋生，没有学位，没有工作，没有家园，伦敦和牛津的人谣言四起，纷纷猜测他的性取向。

在他的余生中，弗兰克花费了很多时间（而且几乎使用了他出版的回忆录的全部篇幅），努力为自己正名，部分文字涉及那件事情，部分文字涉及他后来在生活中牵涉的其他问题。他越想证明自己是无辜的，人们反而越加觉得，那些说法肯定事出有因。“就人的名誉而言，”正如桑塔亚那评述的，“彬彬有礼的上流社会既表示出玩世不恭的态度，又显得温和厚道，心理上相信，可能存在最糟糕 29
的情况，行为上显示，似乎没有什么不恰当的事情。”但是，这正是弗兰克奋起反抗的东西。他希望，世人像他那样，直截了当地表达自己的想法，开诚布公，毫不掩饰。实际上，那样做需要显得不那么彬彬有礼。这并不是说，他希望得到世人的赞同——几乎他做的任何事情看来都难以实现这一点。实际的情况是，他对世人抱有怨恨，觉得他们盲目听信那些不实之词。

伯迪采取的态度恰恰相反：只要可以得到世人（对他来说，彭布鲁克别墅的人）的认可，他并不在乎他们相信关于他的不实之词。如果他觉得，这样的认可对他说来已经没有必要，或者说获得认可需要付出的代价太高，情况就另当别论了。他认为，人在形成立场之前，必须仔细考虑相关的利弊。他的权宜之计是，像年轻的马拉科那样，为了得到他当时正在接受的教育（以及其他好处），最好忍受“祈祷，去教堂，以及道德说教”，忍受“没完没了的低声唠叨”，最好暂时压制内心的强烈欲望，不要“使用辛辣、尖刻的语言进行反驳”。

尽管如此，伯迪也需要与某个人讨论自己的想法和疑问。伯迪最信任家庭教师约翰·F. 尤恩，常常和他讨论自己的宗教疑问。15岁那年，尤恩被开除了，其原因（反正在伯迪看来）是，罗素勋爵夫人发现，他是不可知论者，并且怀疑他破坏了伯迪的信仰。1888年3月，为了弥补失去尤恩造成的损失，伯迪决定开始写日记，把他对宗教问题的思考一一记录下来。为了让日记不被他人看到，他找到了一个聪明的伪装方式。他把日记称为“希腊语练习”，完全用希腊字母写作，并且使用了他自己发明的一套音译系统。

第一则是3月3日记下的，吐露了他的心声：

> 由于各种各样的原因，我逐步开始思考要求我在成长过程中信奉的宗教的基础。在某些问题上，我……我受到难以抗拒的因素的引导，得出的结论不仅会让这里的人深感震撼，而且还给我带来了许多痛苦……我没有勇气告诉他们，我几乎不相信什么永生。我原来常常和尤恩先生自由地讨论这类问题，但是现在不能给任何人说出我的想法。写日记是我可以排解压力的唯一方式。

在那个阶段中，伯特兰·罗素尚未完全失去对上帝的信仰，但是需要相信上帝的理由，于是他给自己立下一个庄严誓言：“在寻找对上帝的信仰的过程中，我将仅仅考虑科学的论证……我将排斥所有情绪方面的考虑。”他写道，信守那一誓言“让我付出了许多”，但是他决心坚持下去。

在伯特兰·罗素早期想象出来的画面中，占据主导地位的是一台庞大机器，它根据带有决定论性质的完美的自然法则运行。从本质上讲，那些法则是数学公式，人类将来可能有幸发现那些法则。在这个世界上，上帝拥有“作为控制力量”
30 的地位。罗素在那个阶段中认为，很可能的情况是，从根本上讲，仅仅只有一个自然法则，“该自然法则其实与上帝大致相同”。不过，他那时就清楚地意识到，这种上帝概念与他祖母信奉的“无限大爱的宗教”相去甚远，几乎无法得到。

在罗素勋爵夫人的信仰中，核心的内容包括：对爱人和关心人的仁慈上帝的崇拜；对作为上帝之声的良知的体验；祈祷是灵验的；灵魂是永生的；自由意志是上帝的礼物，让人可以弃恶从善。但是，这些东西统统遭到抛弃，大多数内容与15岁的伯迪已经形成的严格的决定论世界观格格不入。在“希腊语练习”中，许多论点反对永生、自由意志和灵魂存在，说明这些东西全都被自然的统一性排除在外。伯迪认为，人们通过反思，发现不同人的良知促使人做不同的事情，所以良知也不能作为道德观的基础。必须寻找更为客观的道德观基础。伯迪在这个功利主义的原则中找到了它：人的行为方式应该“带来最大幸福，既考虑幸福的强度，又考虑获得幸福的人的数量”。最后，必须抛弃祈祷是灵验的这一信念，其原因在于，这可能要求自然法则的统一性偶尔出现例外的情况，“人们没有确定的证据显示，上帝打破了这个法则”。

因此，在短短几个月的时间里，他自己满意地看到，要求信仰得到科学证据支撑这一做法摧毁了他祖母信奉的宗教的每个方面，剩下的只有作为自然法则的源泉的上帝概念。就指导他应该如何生活这一点而言，留下了相当巨大的空白。“就其本身而论，现有宗教信条对我的日常生活的帮助与数学公式相比，没有什么两样。”但是，也有一个巨大补偿：“它确实给人们提供了极好的理念，理解上帝在考虑这一点时表现出来的伟大：他当初可能创造法则，那些法则将对处于混沌之中的大量物质产生作用……造出我们这样的生灵，不仅意识到我们的存在，而且甚至能在某种程度上理解上帝具有的神秘性！”

他还写道：“我本应该相信家里人所信奉的宗教，但是真遗憾，这是不可能的……对真理的追求已经打碎了我原来的大多数信念……最糟糕的是，这使我无法与家里人进行自由交流，把他们变成完全不理解我内心深处思想的人。”在女教师朵拉·比勒面前，他可以更加容易地敞开心扉。但是，她1888年5月3日离开了，“我再次陷入孤独和无言之中”。他开始觉得，在独处的状态下，在聚精会神的状态下，在心情抑郁的状态下，他可能面临精神失常的危险。他看到了《十九世纪》刊登的一篇关于天才和精神失常的共同特征的文章，于是对号入座，觉得文章描述的是他本人。那些特征包括：抑郁（“我最近常常出现这种状态”）、自杀的欲望（“我最近或多或少常常出现这种念头，爬到树上时尤其强烈”）、性冲动（“我最近觉得难以控制它”）。于是，他本来就有的恐惧感变得更加强烈。

其实，与数学和宗教一起，性欲正在成为他关注的主要事情之一，但是这件 31
事情他不得不特别注意保密。在一个难得的场合，他的一个朋友在家里做客。那个男童名叫杰米·贝利，两人没有做别的事情，只是讨论性欲问题。在场的不只他们两人，还有一个侍童。那个侍童年龄与他们两人相仿，但是社会经验比他们两人丰富。不知何故，有人发现，他们花了整个下午“鬼鬼祟祟地聊天”。接着，他们按要求上床睡觉，晚餐只得到面包和饮水。“说来蹊跷的是，”伯特兰·罗素写道，“那样的待遇并未破坏我对性欲的兴趣。”在15岁那年，“我开始出现性冲动，几乎到了无法忍受的强烈程度”。他像那个岁数的大多数男童一样，通过手淫来进行排解：“我对那样的行为深感羞耻，曾经尝试中止它。然而，那种做法继续下去，一直到我满20岁。当时，我恋爱了，突然放弃了它。”他的性注意力集中在别墅里的女仆身上，他试图在她们更衣时偷窥她们赤裸的身体。后来，他如愿以偿，劝说其中一个女仆让他亲吻和拥抱。但是，当他提出和她一起过夜时，她满脸惊恐地说，她宁愿去死——她本来以为他“待人不错”，结果让她大失所望。面对她的拒绝，伯特兰·罗素说，“我变得很病态，觉得自己非常邪恶”。

在他16岁生日前后，某种希望出现了，可以缓解他的孤独感。罗素勋爵夫人决定把他送到一所“应考”学校去，帮助他准备考试，获得剑桥大学三一学院的奖学金。三一学院是他父亲曾经就读的母校，他已经决定申请去那里学习数学。选中的学校是B. A. 格林大学的军人辅导班，坐落在北伦敦的索思盖特。其他大多数学生是18岁的孩子，在那里复习功课，准备参军。他们对宗教或者数学没有兴趣，但是对性问题的兴趣甚至大大超过伯特兰·罗素，根本不受邪恶感或压抑的制约。伯特兰·罗素性格脆弱，刚从“热气腾腾的温室”出来，觉得那一帮人的言行使人恐慌，令人觉得非常恶心：“他们没有头脑，没有独立的思想，不喜欢阅读优秀的书籍，也没有高尚的道德观。一个文明并且（应该）具有道德的国家竟然不能培养出更好的人来，这真的令人感到悲哀。”

他在学习数学和诗歌的过程中获得了慰藉，试图防止自己的性格在那里逐渐变坏。他在1888年5月27日写道：“在没有宗教帮助的情况下，如果仅仅凭着自己内心的指导，任何人都难以走上正确的道路。我已经尝试了，我可以说自己失败了。但是，糟糕的是，我们没有别的办法。我没有宗教提供帮助。”

……我的美好生活的动机是祖母的爱，我犯下错误时，我知道她会感到非常痛苦。但是我觉得，她某天肯定会死去。那时，我该怎么办呢？我很担心，失去宗教支撑之后，我的生活将会被完全毁掉。

那时，他觉得他需要的是一种新宗教："基督教的鼎盛时期已经过去。我们 32
需要一种新形式，它符合科学，同时能帮助人获得美好生活。"

他比学校里的其他孩子小两岁，是被人逗弄的主要对象，几乎每天都会遭遇他们做出的小小的羞辱之举，例如，被迫唱歌给别人听，半夜三更被人吵醒，"打扫卫生"。那里的人吵吵嚷嚷，说话不用压低声音，与彭布鲁克别墅的人迥然不同。在一段时间里，他感到痛苦不堪。"希腊语练习"成为表达个人感觉的日记，哲学思考几乎难见踪影。他在 7 月 15 日的日记中写道："我觉得，没有哪个人像我这样，讨厌别人打扰。我对嘲笑非常敏感……别人觉得无所谓的小玩笑也会让我浑身发抖。"他强打精神说，"我对恶意利用并且捉弄我的人……保持鄙视的态度"：

> 我觉得，如果一个家伙习惯使用这样的语言说话，我表示鄙视没有任何不妥："哪个家伙给我捣乱，让我对着冷夜壶，我怎么弄呢？那是我妈用的呀。还是跟着'你将完蛋'的调子唱吧"。

宗教疑问是一码事，但是伯特兰·罗素那时依然是一个"令人无法忍受、自命不凡的小家伙"，听到这样的不敬言辞难免深感震惊。

也许，作为对同学的粗俗举止的一种反应，或者也许像他本人后来逐渐认识到的，作为对他的强烈性冲动的一种升华，伯特兰·罗素那时形成了自己性格中以前没有意识到的"诗意的"一面。如果说他以前接受了严肃的毫不妥协的唯物主义，那么此时他开始强调，人确实拥有灵魂。如果说他以前接受的只有严谨的科学论点，那么此时他开始对"诗意的"论点持赞许态度，并且从不同角度看待永生问题：

> 灵魂是什么？……我的回答是，灵魂是将人与没有生命的物质区分开来的东西……如果接受这个定义，我们可以看到，人有灵魂。可以否认其他东西的存在，但是意识是无可否认的。关于永生的许多具有诗意的论证中，其中一个说，力量和物质永存，灵魂肯定比力量和物质更重要……我们不能以教条主义的方式否认永生，数不胜数的"诗意的"论据支持它的存在……诗意的论据常常是有一定道理的。

我认为，给人深刻印象的——绝非偶然的——一点是，他在此提到的支持永生的“诗意的”证据正是她祖母在写给朵拉·比勒的信中提到的东西（“没有什么东西会消亡，即便价值最小的物质微粒也不会消亡”）。在动身前往索思盖特的前一天晚上，祖母为他祈祷，说了一段“非常动情的”话，让伯特兰·罗素十分感动。“她接着说，她特别希望让他知道如何领悟上帝对他的无边无际的慈爱”：

33 怎么说呢，听了那段祈祷之后，我由衷表示赞同。此外，那也是我非常需要的东西。其原因在于，根据我对上帝的理解，人们没有理由设想上帝是爱自己的。上帝当初仅仅让机器运转起来而已……由此可见，我没有理由相信上帝对我表示的仁慈。那段祈祷词言辞很美，她祈祷时态度严肃，但是对我来说，整个祈祷过程或多或少是一出严肃的闹剧。竟然有这样的人！假如我在成长过程中没有受到良好教育，我可能变成什么样的人呢？

可以这么说，他祖母信奉的宗教具有美丽的诗意，他的同学所开的淫猥玩笑显示出他们精神空虚。伯特兰·罗素将两者进行对比之后相信，在诗意的——甚至说宗教的——观点中，肯定包含某种正确的因素。否则，人生就是没有价值的。正如他在一则日记中写道的，通过诗歌，他的思想“从卑劣的唯物主义中升华出来，转向深入内心的神学”。与此同时，他确信“在英国，所有人都沉迷于野蛮、愚蠢的唯物主义之中”。在这种情况下，他像过去一样，依旧孤单。

他对诗歌和诗歌品质的欣赏态度日益增加，这唤起了他对自然的热爱之情。那年春天，美丽的景色让他着迷，他问祖母那个春天是否异乎寻常的美丽（她回答说不是）。那个春季的一天，他到了多弗尔大街上外祖母斯坦利的寓所。他独自一人待在书房里，从书架上取出一本雪莱诗集，翻开看到了《阿拉斯托》，随即完全入迷。他说，那是“我读过的最美诗句”。他立刻觉得自己与诗人颇有相似之处：“在那首诗歌中，我感受到一种类似的精神。”

《阿拉斯托》的副标题为《孤独的精神》，可以说是专门为15岁的伯特兰·罗素创作的作品，讲述了一位孤单的年轻诗人的故事（“他活着，他死去，他歌唱，他一直孤独”）。用雪莱在该诗序言中的话来说，诗人“在思考宇宙万物的过程中，熟知所有超乎寻常而且庄严的事物，这激起并净化了他的想象力，促使他勇敢向前”。诗人努力寻找和理解“关于外部世界”的一切事物，只要他的心智指向无限之物，他就觉得幸福。但是，过了一段时间之后，他在心智上开始渴望与“类似于自己的心智”交流，并且设想出一个画面：那个人睿智、奇妙、美丽，完全符合他对完美的追求。在寻找符合那个理想的人物的过程中，他“备受失望的折磨”，“过早葬身于坟墓之中”。雪莱从这个令人抑郁的故事中得到的教训是，如果一个人“冷漠地对待自己的同类……他就会失去活力，因为没有谁与他分享共同的自然。这样的人在道德上已经死亡”。

这个故事吸引了伯特兰·罗素的想象力，它的道德主旨与他的这种担心一拍即合：他的哲学反思带有的“卑劣的唯物主义”让他对“人”持过于冷漠的态度。但是，除了非常强烈的相似性之外，《阿拉斯托》开头还有一首自然颂歌，34
表达了伯特兰新近发现的对自然之美的崇拜，表达了他在自然之美中感受的愉悦，其方式充分显示了他内心深处潜在的性爱（“如果我一直渴望春季的风 / 送来的初吻，和她那动人情欲的喘息”）。而且，正如伯特兰·罗素后来所说，他对雪莱作品的欣赏并未受到他“接受的看来没有明确证据的传统信念”的损害。但是，伯特兰·罗素喜欢并且佩服的并不是雪莱的作品，而是雪莱其人。在雪莱身上，他看到他所渴望的那种熟悉的心理状态和精神状态。他觉得，雪莱与其他人不同，可以理解自己——他后来阅读约瑟夫·康拉德和D. H.劳伦斯的作品时，也有这样的感觉。伯特兰·罗素开始想入非非，觉得“要是能认识雪莱，那将是多么美妙的事情”。而且，他感到疑惑：“是否可以遇到一个如此同情我的生者呢？”

在那之后，伯特兰·罗素阅读了他可以找到的所有雪莱作品。次年生日，斯坦利祖母给了他一个惊喜，送了一套由W. M. 罗西特编辑的三卷本《玻西·比希·雪莱诗歌作品全集》。除了《阿拉斯托》之外，那时对他来说具有特殊意义的作品是十四行诗《别揭开这华丽的面纱》。那首作品与《阿拉斯托》类似，说的是寻找真理带来的荣誉和危险，描述主人公如何试图超越“华丽的面纱”的外表。正如雪莱所说，在面纱后面潜藏着恐惧和希望：“交织着不同的命运，谁人曾将他们的影子编织在那幽远深谷中？”接着，诗歌谈到确实揭开过面纱的人，他寻找爱，寻找信念，“但却没有找到”。于是：

他漂泊在冷漠的人群中，
成为暗影中的光，一点明斑

落在阴郁的景色上，也是一个精灵
追求真理，却像“传道者”一样兴叹。

那段时间，伯特兰·罗素模仿雪莱的这首诗歌和其他作品，创作了一首十四行诗，表达自己用科学毁坏宗教之后，如何使用诗歌来重构信仰。与《阿拉斯托》和《别揭开这华丽的面纱》类似，该诗的主题也是追求真理，表达寻求“超过这个世界可以给予的某种事物”——某种无法达到的完美之物——的愿望。“相信上帝吧”，诗歌提出了告诫：

他给寻找思想的人启迪，
在短暂生命了结之后，
将会实现你最高尚的愿望，
满足你追求完美生活的不懈努力，
鼓励你在世时不停地探求。

在索思盖特学习期间交给家庭教师的一篇关于语言的文章中，伯特兰·罗素
35 试图表达他在雪莱诗歌中发现的东西。他说，雪莱具有超凡能力，“用语言表达富于感性的灵魂具有的深切情感”。不过，他补充说：“从某种程度上说，肯定正确的一点是，‘语言只是断断续续的亮光，照在尚未言喻的世界深处。’”[1]

毕竟尚存一线希望，他可能找到与自己心心相印的“生者”。1888年10月，他回到索思盖特的时候，这样的人出现在他的面前。新来的这位同学和他的情况一样，补习的目的不是为了参军，而是为了获得剑桥大学的数学奖学金。在那一帮未来的军官中，新同学言行“文明”，显得特别突出。这位同学性格腼腆，与其他人保持距离，既不咒骂，也不说脏话。“总之，他显得文静，值得尊重”。他名叫爱德华·菲茨杰拉德。伯特兰·罗素试图与新同学搭话，开始尾随他。在他

[1] 这里引用的乔治·艾略特的诗歌《西班牙吉卜赛人》是错误的。正确的版本是：“口语只是斑驳的亮光，照在尚未言喻的世界深处。”我认为，这个错误给人启迪：伯特兰·罗素的观点与德里达的类似（不过出于不同的理由），认为文字是语言的原始形式，在人试图表达自己内心深处的感觉时尤其如此。在他后来的生涯中，伯特兰·罗素曾经多次强调文字优于口语的地方（例如，可参见《中国问题》，第34—38页。他在那些段落中谈到了非拼音文字的优点）。当然，他早年甚至没有试图使用口语向“尚未言喻的世界深处”投去断断续续的亮光。

返回位于拉特兰门（离索思盖特很远）的父母住处的路上，伯特兰 · 罗素试图“漫不经心地”与他偶然相遇。然而，罗素和菲茨杰拉德十分腼腆，两人的关系在很长时间中没有什么进展。后来，他们都去同一位私人教师——一个住在诺丁山、名叫罗布森的男子——那里去补习数学，每周往返三次。两人之间的友谊开始迅速发展。

与伯特兰 · 罗素类似，菲茨杰拉德对数学抱有强烈兴趣，也非常喜欢诗歌，特别是莎士比亚和弥尔顿的作品。伯特兰 · 罗素开始觉得，他终于遇到了自己的理想朋友。他后来说：“孤独多年，我的大量情感倾注到菲茨杰拉德身上，显得颇为荒诞。”每个周末，他先在菲茨杰拉德的家里待上一段时间，然后才返回彭布鲁克别墅。他的祖母私下打听那家人的情况，结果发现，他们是罗伯特 · 勃朗宁的朋友，（因此）没有什么问题，于是放下心来。其实，勃朗宁是菲茨杰拉德的姐姐卡罗琳亲密的朋友。卡罗琳创作诗歌，后来被伯特兰 · 罗素视为“年轻女性的理想类型”。他写道，在她身上“我发现了政治和宗教方面的自由主义，她完全摆脱了庸俗偏见，博览群书，熟知伟大文化……而且，我发现（或者说自认为发现）了高尚的道德目标。我愿意相信，在他身上也反映出了这一点”。

总而言之，伯特兰 · 罗素爱上了她，他与她弟弟之间的友谊也获得深度进展。1889 年夏天，菲茨杰拉德一家邀请他，一起去巴黎和瑞士旅行，这让他非常开心。那是伯特兰 · 罗素首次出国旅行，他觉得十分愉快。那年在巴黎举办了世界博览会，他永久不忘的活动之一是爬上了新近落成的埃菲尔铁塔顶端。后来，他们一行人到达瑞士，他和爱德华 · 菲茨杰拉德一起去登山。那次度假之旅本应巩固两人之间的友情，但是实际上却似乎毁灭了它。其中一个原因是，伯特兰 · 罗素失望地发现，卡罗琳计划在那年的晚些时候和埃德蒙 · 菲茨莫里斯勋爵结婚。那个消息给罗素造成了很大的伤害，引起了极端的失望，其影响甚至在 50 年之 36
后仍然显而易见。在《自传》的描述中，她已经变为“十足的无聊之人”。

伯特兰 · 罗素对菲茨杰拉德感到失望的另外一个原因——当时的日记强调了这一点，是他认为菲茨杰拉德误导了他：“他并不是我一直寻觅并且希望找到的那种理想朋友。”伯特兰 · 罗素觉得，自己遭到了背叛。他相信，菲茨杰拉德“（与我不同）并不崇拜自然，却假装自己很有诗人气质，假装崇尚自然，从而利用了我容易受骗的特点，以逗乐行为博得我的好感”。究竟是什么因素让伯特兰 · 罗素认为，他从菲茨杰拉德那里获得的同情是假装出来？这一点他没有解释，但是当两人返回索思盖特时，原来的温情已被幻灭引起的强烈仇恨代替。那时两人同住一个房间，开始激烈争吵。有一次，伯特兰·罗素斥责菲茨杰拉德对自己母亲使用粗鲁的语言，菲茨杰拉德“非常气愤，在接下来数月中表情冷淡，怒色不减……他想方设法说些难听的话，在这方面显得驾轻就熟”。在一个段落中，伯特兰·罗素描写了马拉科医生心中的“仇恨之火”，然后继续写道，“我逐渐开始恨他［菲茨杰拉德］，那种强烈情绪即便现在回想起来也难以理解”：

有一次，我盛怒之下，伸出双手，卡住他的脖子。我打算掐死他，但是他的脸色开始发青时，我的情绪缓和下来。我觉得，他那时不知道我想谋杀他。

罗素童年以来积累的所有愤怒似乎突然全都发泄到不幸的菲茨杰拉德头上。罗素指责菲茨杰拉德，其原因不仅在于他辜负了罗素心目中的雪莱式理想，也不仅在于他没有消除罗素自己的孤独感，而是因为罗素内心的孤独感本身在作祟。那一事件显然让罗素觉得大为震惊，超过给菲茨杰拉德造成的印象。我认为，这就是他添上那个相当奇怪的句子的原因——“我觉得，他那时不知道我想谋杀他。”显然，菲茨杰拉德被罗素的双手掐住脖子，面部已经变色，知道罗素不是在开玩笑。但是，给罗素留下深刻印象——或许没有给菲茨杰拉德留下深刻印象——的是：第一，他自己的脑袋里真的出现了打算杀死对方的强烈念头；第二，（与他的叔叔威廉一样）他与谋杀犯之间只差一丁点距离。罗素忧心忡忡，那件事情之后尽量不与菲茨杰拉德发生任何纠葛。从表面上看，两人依然是朋友，但是深厚友情逐渐消失；我们还可以认为，罗素对已从内心释放出来的暴力的恐惧也随之逐渐消失。那件事情发生几个月之后，罗素在他的日记中写道：

可怜的菲茨杰拉德！我现在再也不想和他讨论任何严肃问题了；传统的非理性氛围在索思盖特弥漫，已经将他完全毁了。我也被我自己头脑中不健康的氛围毁了，我已经把他封闭起来，就像他把我封闭起来一样。

在他头脑的“不健康的氛围”中，存在着他再也不希望分享或者保留的念
37 头。从那时开始，他的日记出现了显著变化，或多或少成为对他日常生活的“外在”记录。实际上，他在很大程度上失去了内省和自我揭示的习惯。这甚至让他

感到担心，他的“真正的”自我正在渐渐淡出视线，甚至连他自己也看不见了。“痂皮变得越来越厚”，他写道，“我几乎开始怀疑哪一个才是真正的自我。”

痂皮变得很厚，他成功地掩藏自己内心深处的情感；从这一事实我们可以看到某种迹象：他对卡罗琳·菲茨杰拉德产生失望之感后不久，1889 年秋季他再次坠入爱河。但是，他秘而不宣，甚至涉及的那位女性也毫不知情，直到 4 年之后才公之于众。那位女性名叫艾丽丝·皮尔索尔·史密斯，是来自费城的一个富裕的教友派信徒家庭的女儿。1889 年，那一家人搬到一座名叫“星期五山丘”的农舍中居住，那幢房子在费恩赫斯特附近，位于萨里与萨赛克斯之间。几年前，罗素的叔叔罗洛购买了欣德黑德丘陵地区的一幢房子，位于海皮特福尔德，就在费恩赫斯特北面。于是，史密斯一家成了罗洛叔叔的邻居。每年夏天，住在彭布鲁克别墅的人全都搬到罗洛家里，在乡村中度过几个月时间。9 月的一天，就在罗素从巴黎回来不久，他和罗洛一起出去散步。罗洛建议，他俩去拜访皮尔索尔·史密斯一家；其实，罗素勋爵夫人已经以邻居身份去过那里，进行了自我介绍。

艾丽丝时年 22 岁，比伯特兰·罗素大 5 岁，思维敏捷，博览群书，是众人眼中的绝色美女。她在布林穆尔学院读书，专修英语和德语，已经在《十九世纪》上发表了一篇（介绍布林穆尔学院的）文章。此外，她还显然是一位具有“高尚道德目标”的女性，对社会改革很有兴趣，并且热心致力于禁酒事业。作为“年轻女性的理想”，她甚至超过了卡罗琳·菲茨杰拉德。就在第一次见到艾丽丝的那天上午，伯特兰·罗素刚刚读完一本名叫《埃克哈德》的德语书。艾丽丝碰巧在聊天中提到该书，问他是否读过，他将这一举动视为一个良好兆头。尽管她既不知情，也没有想到任何与谈恋爱相关的事情，他却直言不讳地说：“我和她一见钟情。”次月，她返回美国继续学业，他也返回索思盖特，两人 1 年之后才再次见面。

罗素当初看到，婚姻将卡罗琳·菲茨杰拉德从自己身边夺走，于是这次采取的策略显然是，掩藏他对艾丽丝的兴趣，直到他自己可以提出结婚时才表露出来。在接下来的三个夏季中，只要他在罗洛家小住，他就抓住一切机会，陪同叔叔到皮尔索尔·史密斯家去拜访。尽管如此，他从未以任何方式暗示自己对艾丽丝的好感。1893 年夏，他满 21 岁，在法律和经济上获得了独立之后，才能向对方表白。他认为，祖母在那之前知道他对艾丽丝的兴趣之后，肯定会表示反对。罗素明白，他自己处于弱势地位，无法扛住她的压力，所以他只得等待那个时刻的到来。

1889 年 12 月，伯特兰 · 罗素前往剑桥，参加奖学金考试。他住在三一学院的新院客房，受到该院院长 H. 孟塔古 · 布特勒的热情欢迎。布特勒是一个势利
38 小人，约翰 · 罗素勋爵的孙子、安伯利勋爵的儿子（他担任哈罗公学校长时，听说过伯特兰 · 罗素）来到学院，让他感到自豪。伯特兰 · 罗素觉得紧张，一是因为不得不和院长一起用餐，二是因为即将参加重要考试。但是，他考试成绩尚可，获得了辅修科目的奖学金。他回到彭布鲁克别墅之后，高兴之余也颇有如释重负之感。

在去三一学院正式上课之前的 9 个月中，伯特兰 · 罗素住在彭布鲁克别墅，继续读书的准备工作，每天学习一个小时，内容是他将要攻读的数学。有时候，他利用过去的试卷进行练习；有时候，专程到诺丁山去，接受私人教师罗布森的辅导。他按部就班，勤奋学习，但是并未表现出特别的兴趣。他们使用的是当时的标准教材 J. E. 罗思编著的《刚体动力学》。伯特兰 · 罗素后来撰文宣称，他学习的证明错误百出，让他深感困惑。他在《我的哲学发展》中写道：“那个人讲授微积分，但是不知道基本定理的有效证明，试图劝我接受官方提出的诡辩，将其作为一种信任之举。我当时意识到，微积分在实践中可以运用，但是深感困惑，不理解其中的道理。不过，在学习解题技巧的过程中，我发现了许多乐趣，大多数时间里忘记了自己的疑问。”后来，他说他“当时希望迟早形成没有任何疑问的完美数学体系，然后一点一点地扩大确定性的范围，从数学扩展到其他科学”。

然而，在他那段时间的日记中，没有看到表现这些疑问和希望的任何迹象。他只是如实记录：他每天学习了什么教材内容，做了多少试卷，发现哪些问题困难，哪些问题容易。他在数学中得到的观点不是什么重要钥匙，无助于理解上帝关于“希腊语练习”的伟大计划。他每天面对的事情比较单调，解难题，做练习，学技巧，既没有抱怨，也没有声称感到愉快。然而这并不是说，他后来的回忆必然是不可靠的，其原因在于，他的日记总体上记录的是相当日常的事务，刻意使用了非反思的风格，总的说来避免流露出任何真实情感。我们在 1890 年 6 月 20 日的日记中，看到了最令人惊讶的例子。伯特兰 · 罗素记录了他第一次观看歌剧的情形：

……到了考文花园剧院，在楼上贝德福德的包厢里见到了罗洛叔叔。他

> 请了皮尔索尔·史密斯先生、皮尔索尔·史密斯小姐，还有他们的两位女性朋友。上演的歌剧是古诺主演的《罗密欧与朱丽叶》。说来也奇怪，这是我第一次观看歌剧，当然我很喜欢。

姑且不说他对首次观看的歌剧并不那么入迷，他对艾丽丝的反应——或者不如说，非反应——也显得十分特殊。他爱上了那个姑娘，而且几乎已经整整1年没有见面，这段文字（与整篇日记一样）暗示了他当时努力做到的事情：控制情感，尽量不要表露出来。

另外一个迹象是，他在那段时间阅读了大量诗歌，尤其是雪莱的作品，甚至 39
还创作一些，但是（在他去剑桥大学之前）在日记中却没有提及他对诗歌的喜爱。那时他已逐步认为，内省——他的内省不仅是自我分析，而且是对自己的感觉的关注或者表达——不知何故在道德层面是错误的。

7月14日，出现了某种放松的迹象：他在日记中写道，他一直在阅读《弗洛斯河上的磨坊》中那个奇妙的篇章——玛吉·塔利弗发现了托马斯·厄·肯培的作品。他阅读了关于玛吉·塔利弗的克己故事，希望自己可以牢记《效法基督》中的教训，并且像玛吉那样，“获得一种神圣性”。但是，他不得不承认，自己不是玛吉·塔利弗。他没有信仰，“我确信克己的种种好处，但是我既没有足够的控制力，也没有坚定的目标，所以无法在较长时间里付诸行动。我总是渴望更丰富的生活，渴望满足我的最高欲望，而且我知道，那些欲望是与高尚生活格格不入的。”他逐步意识到，他一直在尝试抑止自我，抑止自己在宗教方面的怀疑，抑止自己内心深处的感觉，抑止自己无法实现的东西：

> 我确信，试图压制自己本性中（除了邪恶和不敬之外的）更高层面的需要的做法是完全无用的，我圣诞节以来一直试着这么做。我无法长时间完全用学习来占据自己的头脑，无法完全忘记自己还有其他需要。其他的念头被抑止的时间越长，一旦它们冒出头来，就会变得越疯狂，越令人感到痛苦。

因此，他的思想在某种程度上已从自我强加的禁锢中释放出来，重新回到原来的轨道，不可避免地集中在关于上帝存在这个问题之上了。这是他一直可以压抑的问题之一。在下一则日记——他离家前往剑桥的最后一则——中，他以略带悲剧色彩——但是也让我们觉得如释重负——的口吻宣布，这个问题终于解决了，他已经完全失去了宗教信仰：

> 真遗憾！留在我头脑中的唯一的信仰碎片已经没有了，至少现在说来如此。我过去确实信仰上帝……并且从信仰中获得极大安慰……但是现在不同了！……我已经开始觉得，以前总是让我深信不疑的推理方式……已经失去了说服力。

他原来相信，自然法则需要上帝作为法则的给予者。他说，通过阅读约翰·斯图尔特·密尔的《自传》，那个理念已被彻底摧毁了。密尔在《自传》中回忆说，他父亲曾经让他确信，证明上帝存在的所谓“第一推动力”的论点（该论点说，因果关系之链无法永远继续下去，因此必然在“第一推动力”——这就是说，上帝——那里结束）是无效的。“谁造了我”这个问题是无法回答的，其
40 原因在于，如果答案是上帝，那么，立刻会出现另外一个问题：“谁造了上帝？”严格说来，这与伯特兰·罗素原来依赖的论据大不相同（根据罗素崇拜自然的精神，你可以论证说，上帝就是自然法则，无须将上帝视为因果链条上的第一环）。罗素准备乐意并且坚定地接受密尔提出的论据。这一事实说明，甚至在读到密尔的《自传》之前，对他来说，作为世界的“控制力量”的上帝概念已经在头脑中失去了作用。

这并不是说，罗素觉得失去信仰不是损失。他显然相当明确地感觉到了这一点，其原因在于，就某些方面而言，与信仰一起失去的还有对世界本身的信念。他在同一则日记中写道，“我怀疑，如果不重获自己原来的信仰，是否可以长期面对涌入我头脑的令人害怕的念头”：

> 我记得，在索思盖特的那段日子里，我曾经想到自然之美暗示的那种悲伤性质，感觉到了同样的痛苦。这个念头从我脑际掠过：当我与自然非常和谐时，我觉得非常悲伤。在这种情况下，我无法长时间忍受那种感觉，其原因在于，尽管那个念头像闪光一样掠过，我却感觉自己仿佛被刀子刺了一样。

这个段落令人深感兴趣，然而又颇为费解。它表示的意思似乎是，他失去对上帝的信仰之后，他就再也无法抗拒这个想法：自然——世界本身——是悲伤的；可以这么说，不愉快不仅是临时的心理状态，而且在某种意义上也是真理。但是，他竭力从脑海中驱逐出去的念头——他不信上帝之后觉得容易出现的念头——也许是，尽管包着厚实的痂皮，他自己从根本上来说是不愉快的。

动身前往剑桥之前，罗素又写了一首莎士比亚式的十四行诗，试图表达他最终放弃上帝信仰之后的某种失落感：

> 失去了曾经引导我穿过厚重痛苦
> 之云并且给我希望的信仰
> 我觉得阳光和每天生活中
> 令人厌烦的事务多么可恨！

不知何故，自然——还有世界——不同了，显得更加凄凉，在他的眼中已经不再神圣。后来，他在《自传》中试图解释失去信仰对他说来多么重要：

> 对我来说，斯宾诺莎所说的“对上帝的智性之爱”是生活中遵循的最佳理念。但是，我甚至没有斯宾诺莎相信的某种抽象的上帝来表达我的智性之爱。我爱上了幽灵；在爱上幽灵的过程中，我的灵魂深处的自我已经变成了幽灵……我内心深处的感情总是孤独。我在世人中没有找到伴侣之情。海洋，星星，还有荒凉之地上的夜风，给我更多的慰藉，超过了我最钟爱的人。我知道，对我来说，人的情感在本质上是一种尝试，旨在逃离对上帝的 41
> 徒劳寻求。

人们的爱情和陪伴，甚至（也许特别是）他最爱的那些人，都是不适合的，而且太不可靠。他们要么离你而去，不再爱你，要么撒手人寰。爱——如果有意义的话——必须是永恒的、无限的，总是可以依赖的。这就是说，它必须是上帝之爱。但是，这种爱现在也已抛弃了他。在这种情况下，他也“爱上了幽灵”。

42 # 第二章　剑桥

华兹华斯在著名的《不朽的征兆》中，对这个事实悲叹不已：随着岁月的流逝，“美妙无比的灵视”——让每个平常的场景获得“天堂之光”的世界观——变得越来越难以维持，直到：

> 人最后感到它慢慢减弱，
> 消失在日常光线之中。

到达剑桥几个月之后，罗素在日记中引用了这些诗句，以说明他当时的心境。“我发现，自己变得越来越庸俗，越来越墨守成规，”他写道，“我不阅读诗歌，不阅读其他任何种类的文学作品，我也不思考，[而且] 我对自然之美持相对说来漠不关心的态度。”实际上，他在很大程度上露出堕落的迹象，“甚至不可知论对我来说也不是什么令人不快的想法”。

导致那种堕落的原因是，他以前很少出现那种闷闷不乐的心理状态，所以他发现自己很难适应。他身边全是聪明过人并且受过良好教育的年轻人。他们迫切希望成为他的朋友，他喜欢和他们待在一起，可以充分享受以前在生活中曾被剥夺的最大乐趣：谈话。他发现，“我可以说自己所想的事情，得到的回答既不带恐吓的语气，也没有嘲笑的意味，好像我说得很有道理”。这种情况让他“如痴如醉”，但是同时也相当困惑不解。生活太愉快了。他担心，他自己是“通过粗暴手段获得快乐的”。诚然，他觉得，在普通的意义上，他比以前“快乐了一千倍”，但是一种不断引起苦恼的感觉挥之不去：那种心理状态显示，就在那平平常常的生活中，某种重要的东西已经不复存在。生活变得如此正常，他终于可以非常容易地融入周围的人群之中，这让他脑海里出现某种心理状态，令他感到担心。他不禁觉得，快乐“对道德状态，或许对思想状态不利。我尚未找到解药来改变这些不健康的情况”。

不过，罗素后来放弃了寻找针对快乐生活的“解药”的努力，开始毫无顾忌地投入其中。他并不怀疑，他这样做是在——用她祖母最喜欢的圣经经文来说——从众作恶。于是，在长达两年时间里，他接受了出现在身边的机会，扩展 43
友谊、广交朋友，没有在日记中写下任何文字。

罗素结交的第一位关系密切的朋友是查尔斯·桑格。他和罗素的情况类似，也获得了辅修奖学金，在三一学院学习数学。桑格的房间也在休厄尔大院，离罗素的房间很近。根据罗素的说法，经过半个小时的谈话，两人成为“终生朋友”。他们的话题包括数学、形而上学、神学、政治和历史。在大多数问题上，两人见解一致，但是对罗素来说，这并不重要，更重要的是这一事实：他们促膝交谈，都在对方的话语中发现了愉悦。

罗素是送讲座笔记到桑格的房间时见到桑格的。除了桑格之外，他 1890—1891 年间在剑桥结交的大多数朋友是主动找上门来的。他们这样做的原因是，他们的数学指导教师，艾尔弗雷德·诺思·怀特海曾是罗素的考官，罗素的才能给他留下深刻印象，他经常建议学生和他攀谈。因此，从到达剑桥之日开始，罗素就是学生们希望结识的重要人物。

除了桑格之外，罗素在头几个月中结交的另外两个关系密切的朋友分别是克朗普顿·卢埃林·戴维斯和西奥多·卢埃林·戴维斯，两个出身同一名门的青年。卢埃林·戴维斯一家有六弟兄，他们的父亲是激进的教会人士约翰·卢埃林·戴维斯牧师。戴维斯牧师因为公开批评帝国主义广为人知。几个儿子除了一人之外，全都获得了奖学金，分别考上了牛津或者剑桥。弗兰克在贝列尔学院时认识了其中一个——莫里斯·卢埃林·戴维斯。弗兰克和其他人一样，也对莫里斯的聪明和睿智印象深刻，当然更深刻的还是莫里斯拒绝赌咒骂人的坚决态度。“我记得，有一次有人把一杯滚烫的茶水溅在他的腿上，他猛地站立起来，只不过说了一句：‘哎呀，太难受了。’”另外一个弟弟名叫阿瑟，和家里的其他几个人一样，成了著名律师，但是更多人记得的是，他是 J. M. 巴里的《彼得·潘》中的“达令先生”。他们的姐姐玛格特是知名政治活动人物，通过共同参与争取妇女选举权的工作，后来成为伯特兰·罗素的关系密切的朋友。

克朗普顿和西奥多形影不离，在学院中住在一起。罗素后来回忆说，两兄弟“智力超群，充满激情”，但是和他成为好友的是克朗普顿。罗素（使用许多描述自己的语言）说，克朗普顿“是我认识的最睿智的人之一，对人类怀有巨大爱意，对大多数男人持不屑一顾的讨厌态度”。那时，克朗普顿狂热地支持亨利·乔治的经济理论，支持推行所有地租应该直接交给政府这一制度。在《自传》中，罗素嘲笑克朗普顿追随亨利·乔治的做法——克朗普顿竟然相信，该制度可以获得社会主义的好处，同时可以避免其弊端。罗素认为，这是克朗普顿惹人喜欢的怪异之举的一种表现形式。但是，正如他在《自传》前面章节中所说，[1] 他本人
44 受到阿加莎姑姑的影响，那时正是由于相同原因相信了同一理论。

在怀特海的推荐之下，还有另外一个人到罗素的房间来探访，他就是约翰·麦克塔格特。麦克塔格特已在剑桥大学待了 5 年，当时是研究生，很快将会成为该学院的院士。罗素认识他时，他是学联主席。那时，他尚未出版《黑格尔辩证法研究》一书，但是已被视为年轻一代哲学家中的翘楚，尤其以其精妙的形而上学思考而广为人知。他抛弃了英国经验主义的传统，转而支持黑格尔和伟大的牛津哲学家 F. H. 布莱德雷提出的绝对观念论。开始时，罗素知道麦克塔格特的名声，因而心存“敬畏”，但是对方的谈话让他深感兴趣，知道自己原来熟知的经验主义传统已被打入老派之列，几乎到了令人发笑的地步。而且，他还发现，麦克塔格特不信上帝，然而却相信永生，相信人和宇宙之间的某种和谐状态，这让他感到大为惊讶。麦克塔格特还相信空间和时间的非真实性，并且进而宣称，所有这些信念均可被严格的学术证明演示出来。当然，“麦克塔格特承认，这样的证明过程是漫长而困难的”。对罗素来说，所有这一切都相当奇特，相当有趣。尽管他并未立刻成为麦克塔格特的信徒，但在他作为数学本科生的岁月中，那些观念一直是一种具有吸引力的预期，给他展示了哲学可能提供的前景。

在那一年中，开始了另外一段持久的友谊，它就是与罗伯特·特里维廉——特里维廉三兄弟中的老二——的关系。兄弟三人都在三一学院读书，老大查尔斯已在剑桥大学攻读 3 年，与罗素只是一面之交。后来，查尔斯当了议员之后，成为对罗素很有用处的一个联系人。三兄弟之中年龄最小的乔治可能名气最大，后来成为著名的历史学家，担任了三一学院院长。当然，那是 1894 年的事情了。罗伯特——罗素叫他“鲍勃”——公众几乎全然不知，仅仅是一个名不见经传的诗人。罗素非常喜欢他，常常前往萨里拜访，成为他家里的常客。在罗素一生之

[1] 参见第 46 页：“我的姑姑阿加莎给我介绍了亨利·乔治的著作，并且对该书赞不绝口。我相信，土地国有化将会获得社会主义者希望从社会主义制度得到的所有益处，这个观点在 1914 至 1918 年战争期间才出现改变。”在他谈到克朗普顿·卢埃林·戴维斯的情况时，罗素显然忘记了他自己在这段文字中表达的意思。

中的几个时期里，“西福尔芝庄园”提供了他需要的宁静的休养场所。

罗素发现，自己希望与良友为伴，喜欢他们给自己带来的变化，这一点让他稍感惊讶。“现在，我不像原来那样显得腼腆了，比较喜欢与赏心悦目的朋友交往”，他如是写道，字里行间流露出难以置信的意味。但是，他不得不承认，那种状态实际上近乎完美。“我的友人正是我希望结交的，圈子不太大，然而一个个几乎全都能力不凡。”

他的学业并不十分符合他的情趣。在上剑桥大学之前的补习期间，他曾经愿意接触数学，解难题，找答案，学技巧。但是，他进了大学之后，希望学习某种更为深奥的东西。他对数学的兴趣一直受到这一希望的鼓励：数学看来可以提供确定的知识，首先是在数学领域之内，然后扩展到自然界。因此，他的兴趣在于 45
以更严谨的态度提出这个问题：“我们怎么知道这是正确的？”在这种情况下，一个人一旦掌握了坚实的数学基础，可能希望使用这个基础，在它上面构筑自然科学，然后构筑关于人类行为的科学。这是罗素的梦想，也是他对数学感兴趣的第一个原因。它首先要求人愿意把传统数学本身置于怀疑论者的追问之下。

就对数学的逻辑严密性的关注而言，罗素的思维是与时代同步的。在当时欧洲的学术圈子中，出现了迅速发展的研究兴趣，学者们纷纷尝试用更严格的逻辑证明来取代“直觉式”证明，从而在更可靠的基础上构筑数学这个学科。然而，不幸的是，那个潮流尚未波及剑桥大学。假如罗素当时在德国的哈雷大学、耶拿大学或者哥廷根大学求学，他可能有机会研究他感兴趣的这些问题，可能受到鼓励，研读康托、魏尔施特拉斯和戴德金的著作。[1] 他们的研究讨论了这些问题。但是，对这方面的进展，剑桥大学的数学家们几乎一无所知。而且，即便他们有所了解，也不会开设相关课程。正如许多人那时所指出的，在 19 世纪 90 年代，数学在剑桥大学类似处于回水状态。一方面，该学科整体上（这就是说，在德国）变得更具分析性；另一方面，剑桥大学的数学优等考试仍旧与牛顿时代留下的传统观念绑在一起。该观念强调数学在物理方面的应用，认为数学不是一个由不可否认的真理组成的独立体系，而是一种训练模式，旨在掌握一系列有用技巧。这样一来，尽管罗素上剑桥大学之前曾经梦想就数学知识的有效性，提出并且回答根本问题，他到了那里之后却发现，自己学习的内容包括几何光学和球面

[1] 康托、魏尔施特拉斯和戴德金三人均为著名的德国数学家。—— 译注

天文学方面的解题技巧。“这两个学科非常枯燥，我当时不得不面对”，他后来如是说。

剑桥大学实行的考试和评价方式加剧了教学大纲造成的问题。剑桥大学的习惯做法是，给予数学成绩优秀的学生在排名中一个准确位置。被授予一等学位的学生的称号是“数学荣誉学位考试优胜者”，所有的优胜者依次排列，比如，数学荣誉学位考试优胜者第四名，等等。任何希望获得在剑桥大学从事数学教学或者研究职位的人都知道，自己必须进入数学荣誉学位考试优胜者的前十名。所以，至关重要的一点是，该制度必须拥有某种方式，对获胜者进行准确排序。校方采用的方式包括：在试卷上列出大量试题，任何学生在考试时都无法全部完成；列出的试题具有不同的复杂程度和难度，并且设计一些陷阱，让不小心的学生出错，如此等等，不一而足。罗素后来说，那样做的结果是，“整个数学科目被弄成一套需要小聪明的花招，学生借此累积优等考试的分数。所有这一切让我觉得数学令人恶心。”

46 他经常见到的数学学生们也几乎不会让他改变这个观点。在最优秀的数学学生中，有一个人名叫玻西·科里·戈尔，他后来成为三一学院的数学指导教师。罗素在提到他时说：“他是一位非常不错的数学学生，但是在其他各个方面都俗不可耐，幼稚可笑，追求物质，自私自利。应考制度使那样的学生处于显要地位，看到这一点真令人感到遗憾。”罗素倾向于认为，应该让数学学生参加基础考试。如果他们没有达到某个分数标准，就不能让他们继续学业。“这就可以防止没有文化修养基础的无知的专业学生像现在这样，取得优秀学位，而且还可以……学生提高总体的智性。在我看来，这一点非常有用，超过了完全局限于一门课程的大量知识。”

在那些年代中，给本科生开设的数学讲座很少，大多数教学工作采取的形式是，私人聘请“教练”，帮助准备优等考试。罗素的教练是圣约翰学院的罗伯特·鲁姆齐·韦布，罗素对他没有什么深刻印象。数学优等考试备考学习为期 3 年，罗素肯定和韦布一起度过了很多时间，但是在他的自传材料中，仅在《回忆中的画像》中提到过韦布一次。在该书中，罗素描绘了一位明显精神失常的指导教师，但是“没有谁想到应该对他……进行约束”。接着，他直截了当地说：“我的数学教练没有那么幸运。他疯了，但是没有哪个学生注意到这一点。后来，不得不把他关起来。”

尽管罗素对数学抱有强烈兴趣，但是在与专业数学研究者打交道时从来没有自在的感觉，觉得他们的知识面过于狭窄，行为举止缺乏文化修养。在剑桥大学的数学指导教师中，他唯一表示尊敬的是怀特海。罗素选了怀特海讲授的静力学，认为怀特海“作为老师堪称完美”，但是对他的佩服之情主要——如果说不是完全——是由于他的通识，而不是由于他的数学知识。他回忆说，怀特海“兴趣非常广泛，在历史方面的知识常常让我深感惊讶”。怀特海比罗素年长 11 岁，在许多方面堪称维多利亚时代学者和绅士的完美范例：对国家有献身精神，对权威有忠实情感，对传统持遵从态度。怀特海的父亲曾是中学校长，后来在肯特郡担任神职人员。怀特海先在家里接受教育，后来进入名校舍伯恩读书。舍伯恩位于多塞特，具有悠久的传统，他在那里养成了对古典文学和竞技体育的爱好（他曾任板球队和足球队队长，而且还是学生领袖）。从事竞技体育是维多利亚时代公立学校男童的特点。在剑桥大学，当时的师生都知道，怀特海是一个“独行者”，完全专注于数学学习，在社交方面不太自信。这样说可能完全没错：尽管他终生喜爱三一学院，他更加喜爱肯特郡海滩，喜爱他曾经就读的中学，但给人留下深刻印象的地方，也是罗素觉得他身上最引人注目、最值得佩服的地方是：“他任何时候都深知宗教具有的重要性。”

正是在怀特海的鼓吹下，罗素和桑格在大学二年级时入选使徒协会——“剑桥大学谈话协会”。该协会的成员全是学生精英，对罗素和大多数成员来说，协会活动是本科生时期最重要的生活经历。在任何时候，“协会”（成员们是这样称 47
呼它的）成员的数量上限为六至七人。它的历史悠久，可以追溯到丁尼生和哈勒姆在剑桥读书的年代，入选该协会被视为一种殊荣。罗素对协会赞不绝口：“它早在 1820 年成立，从那时起，大多数成员均是剑桥大学的思想精英。”实际上，协会成员的档次并不像罗素所说那么高，我们肯定不难发现，许多思想精英并非一一名列其中（查尔斯·达尔文和托马斯·麦考利就是两个现成例子）。但是，我觉得罗素的这一番话说明了协会成员的自我评价。

在罗素第一年结交的朋友中，大多数来自该协会（不过他当时并不知道这一点）：西奥多和克朗普顿·卢埃林·戴维斯都是成员，麦克塔格特也不例外，鲍勃·特里维在罗素之后一年加入。这种情况并非偶然；正是为了评估他是否具有使徒潜质，他们几个才与他交了朋友。评估需要一些时间，经过严格的详尽研讨，其原因在于，对协会来说重要的问题有两个：其一，每个成员都有能力对重要问题互相阐述个人观点；其二，换言之，他们都应该成为关系密切的朋友。“讨论遵循的一个原则是，不能使用视为禁忌的语言，没有限制，没有骇人听闻的东西，没有妨碍绝对自由推测的障碍。”协会成员每周星期六晚上见面，根据罗素的回忆，“讨论一般在凌晨1点时结束”。不过，即使散会之后，“我还要和一两名成员一起，在内维尔大院的回廊里一边踱步，一边讨论，长达几个小时”。

通常，协会每年挑选两名二年级学生；那年由于怀特海的干预，出现了例外情况：两位入选者均是学数学的。从总体情况看，协会成员往往是学古典文学的（卢埃林兄弟就是这样的学生）、学历史或者哲学的。在罗素参加活动的年代，两位最具影响力的人物可能是麦克塔格特和戈兹沃西·洛斯·狄金森（人称“戈迪”）。狄金森是来自国王学院的古典文学学生，罗素和他建立了密切的关系。不过，罗素发现，在谈话中“我使用直截了当的方式，陈述不太中听的真理，常常让他受到伤害”。

协会的“使徒”们究竟讨论什么样的问题呢？在她撰写的罗杰·弗莱的传记中，弗吉尼亚·伍尔夫也许恰如其分地进行了总结：“政治和哲学是他们的主要兴趣。对他们来说，艺术只限于文学；文学带有半预言性质。阅读雪莱和沃尔特·惠特曼的作品是为了获得寓意，而不是欣赏富于音乐性的语言。罗素提交给协会的首篇文章肯定符合这一模式。”文章题为《我们可以成为政治家吗？》，试图寻找一个完全的理性主义的基础，以便为政治问题提供解决方案。文章以遗憾的口吻得出结论说，尚无实现这种基础的可能性。

在牛津大学，一个类似的精英团体与此同时在讨论尼采、奥斯卡·王尔德、唯美主义和“高级鸡奸”问题；如果从使徒们讨论的话题看，剑桥大学的人在19世纪90年代似乎明显摆脱了对那类世纪末问题的关注。10年之后，利顿·斯特
48 雷奇和约翰·梅纳德·凯恩斯占据主导地位，该协会似乎有所改进。然而，正是由于这个原因，罗素失去了对它的尊敬。罗素在谈到协会在斯特雷奇主导时期的表现时说：“那时，成员之间的同性恋关系司空见惯；我当会员时，这样的事情闻所未闻。”他的观点有点言过其实：例如，洛斯·狄金森是拒不忏悔、毫不掩饰的同性恋者，对罗杰·弗莱抱有发自内心的、即便只是单相思的爱慕之情。在罗素入选之前几年，麦克塔格特曾经宣读了一篇文章，标题是《紫罗兰还是橙花？》，为同性恋进行了辩护。实际上，一位撰写协会历史的作者认为，“使徒同性恋的浪漫理念”出自麦克塔格特和洛斯·狄金森，而不是出自斯特雷奇和凯恩

斯。不过，实际情况是，在罗素参与活动期间，协会进行的讨论对政治改良表现出严肃态度和持续关注，而后来的使徒们放弃了那一做法。罗素后来表示："那时，我们依然受到维多利亚时代观念的影响；他们受到爱德华时代观点的影响。"

大学二年级末，罗素在罗洛叔叔家里过暑假。那时，罗洛已和牛津大学的哲学家哈洛德·约阿希姆的妹妹格特鲁德·约阿希姆结婚。在那段时间里，罗素进一步了解了皮尔索尔·史密斯一家——每个星期天，他都要步行 4 英里，到那里和他们一起共进午餐和晚餐。不过，看来没有人发觉罗素爱上了艾丽丝。他们一家人对他表示热情欢迎；他毕竟是约翰勋爵的孙子。[1] 在艾丽丝的父亲给其他客人透露的相关情况中，我们可以看到这一点。罗素非常喜欢那里无拘无束的自由氛围。他写道，"我的看法与歌德类似，美国看来是一个浪漫、自由的国度，在他们一家人身上，我没有看到弥漫在我家里的那种偏见"：

> 晚餐之后，他们在树林里燃起篝火，围坐起来，吟唱黑人圣歌。在那些年代，英国人还不知道那样的音乐。

正是在探访星期五山丘的过程中，罗素对以前弗兰克在伦敦介绍的美籍西班牙哲学家乔治·桑塔亚那有了深入了解。罗素回忆说："随着对他的深入了解，我发现，他对我，对其他来自北方的哲学学者……持赞同态度，当然也表现出许多异议。他觉得，他提出的观点对我们来说过于高深，所以表现出文雅的遗憾之情。"桑塔亚那的风格平和、细腻，不仅见于他的著作中，而且还表现在他的衣着和谈吐中。罗素对此表示欣赏，但是觉得"并不十分令人满意。与他的漂亮皮靴类似，他的风格露出过分修饰的痕迹"。有一次，桑塔亚那动身前往西班牙，临行前对罗素说："我希望生活在人们并不抑止自己激情的地方。" 罗素后来评论说："我觉得，在一个没有多少激情可以抑止的人身上，我看到这一态度并不令人惊讶。" 49

到那时为止，罗素已经作出决定，一旦完成数学专业优等考试的第一部分，他将放弃数学，转而攻读哲学，为伦理专业优等考试的第二部分进行准备。离他鄙视的数学优等考试只剩下一年时间，但是他迫切希望开始攻读哲学。那年夏季

---

[1] 无论罗素出现在什么地方，他都被人视为"约翰勋爵的孙子"；罗素至少可能在某些场合，对此表现出某种不满。但是，如果真的如此，在幸存下来的信件中，在他一生中撰写的大量自传性文章中，我们没有看到任何迹象。

末，他听从了罗洛的姻弟哈洛德·约阿希姆提出的建议。哈洛德住在附近，偶然和罗素一起打网球。（很难想象伯特兰·罗素打网球的样子，但是他那段时间的信函中常常提到他打网球的事情。）显然，罗素在那之前曾就如何学习哲学的问题，请求约阿希姆提供意见。约阿希姆在回信中开了一张长长的书单，上面包括柏拉图、笛卡尔、莱布尼兹、斯宾诺莎、休谟、洛克、贝克莱和康德。约阿希姆补充说："到了读完这些著作之后，你对哲学的了解就会超过我。"与麦克塔格特一样，约阿希姆也是新黑格尔学派的追随者，他的派别之见在逻辑学读书目录中表现得尤为明显。他以忌妒的口吻承认，J. S. 密尔的《逻辑体系》尽管"错误百出"，不过依然是必须阅读的著作。另一方面，布莱德雷的《逻辑原则》"名列一流，不过难以理解"，鲍桑葵的《逻辑学》"写得不错，不过更显艰涩"。

返回剑桥之后，罗素决定从柏拉图开始，逐一阅读约阿希姆书单上的著作。他买了一本乔伊特翻译的柏拉图著作的二手书，首先阅读了《飨宴篇》和《泰阿泰德篇》。"柏拉图以如此轻松、调侃的谈话形式，展现哲学理念，读后的感觉不像阅读大多数法国著作那样，有论证肤浅之感。而且，柏拉图开门见山，与德国人节奏缓慢的风格形成鲜明对比。"他在给罗洛的信中写道，"这真的非常愉快。"次月，他开始接着阅读休谟的《人性论》；给人的感觉是，他打算读完书单上的全部著作。然而，众所周知，优等考试要求学生做大量练习，在最后一年中，罗素觉得功课压力明显陡增。那不是阅读全部哲学经典的最佳时机。有人说，罗素在数学方面的功课开始受到影响；尽管他当初信誓旦旦，最后可能无法如愿以偿，获得优等学位。哲学指导教师詹姆斯·沃尔德告诉他，"荣誉学位考试优胜者称号不是什么轻而易举的事情"：

> 他从那个同一律的例子推知，我最好暂停哲学著作的阅读，等到数学优等考试之后再想办法。

于是，他接受了沃尔德的建议，暂时放弃课外时间进行的哲学著作研读，克服自己日益增强的自然本性，将注意力重新转向数学。

1892年12月5日，那个学期已经接近尾声，罗素突然重新开始写日记。在整本日记中，有一则单独的文字让人觉得匪夷所思，是他向已经不再信奉的上帝发出的绝望祈祷，希望获得宽恕：

> 凌晨1点。我犯下令人悲痛的罪孽；噢，上帝，请您宽恕我吧。别人做的事情，我也做了，我唯恐自己的名次在他们前面，唯恐我给人自命不凡的 50 印象……现在我觉得，那些可鄙的动机多么懦弱，多么愚蠢。我曾经徒劳无益地尝试，误将那些卑鄙的担心视为摆脱偏见的心胸开阔之举……啊，我的上帝，怜悯我吧……给予我力量吧，让我从今以后拥有力量，抗拒那些诱人上当的愚蠢之举，分清无害搞笑与邪恶嘲笑的界线。让我不再为了赢得那些人的可鄙的短暂好感，做自己内心厌恶的事情。我骗取了他们的尊敬，我采取的方式结果让我顺从了他们……噢，上帝，请您给我力量，让我远离朋友们的愚蠢行为，就像远离我的对手的罪恶一样，让我抵御欢笑的陶醉状态，在悲伤中，在愉悦之中保持心智健全的头脑。

那天是星期日，罗素按照那时对学生的要求，大概刚从学院的礼拜堂返回房间。也许，他在礼拜堂里受到了布道的提示，对自己的情况产生了某种看法，再次从虔诚而严厉的道德观的角度审视自己。但是，他究竟做了什么事情呢？这一段祈祷虽然语焉不详，但是提供了些许蛛丝马迹：它与“欢笑的陶醉状态”有关，与将嘲笑视为“无害搞笑”最终变为邪恶的行为有关，与他朋友所做的并且从中获得快乐的某件事情有关。这段祈祷表明，那是一件并不严重的违规行为。罗素内心感觉到的前所未有的极大自责暗示了另外的情况，但是，罗素敏锐的罪孽感偶然发现了它，让它被视为“令人悲痛的罪孽”。

一个更愉快的事件——尽管在历史记载中没有留下细节——是他与G.E.摩尔的首次见面。那年，摩尔是新生，刚从达利奇学院[1]毕业，进入三一学院，参加古典文学优等考试第一部分课程的学习。摩尔出生一个大家庭中，最初住在黑斯廷斯，后来迁居伦敦郊区的上诺伍德，离达利奇学院很近，步行就可到达。他的父亲继承了祖业，是一名医生，事业非常成功，迁居伦敦之后便告退休，但是依然可以给自己的八个孩子提供优裕的生活。长兄托马斯·斯特奇·摩尔后来成为著名的诗人和木雕艺术家；在八个孩子中，摩尔与汤姆的关系最为密切。摩尔年轻时是著名的美男子，很有人格魅力。与怀特海挑选罗素的情况类似，他的学术考官指定他为具有潜质的使徒候选人。那位考官名叫A.W.维罗尔，专攻古典

[1] 英国著名的私立寄宿男校，创立于1619年。——译注

文学，告诉年轻的使徒们密切关注摩尔。摩尔结交的第一个精英朋友是鲍勃·特里维廉，并且最终——尽管摩尔花费的时间比罗素长一些——得到协会大多数本科生成员的认可。几乎可以肯定的是，罗素通过特里维廉认识了摩尔，从一开始便被摩尔所吸引，觉得摩尔“思维清晰，充满激情，真诚待人，非常热情，让我深感羡慕”。摩尔那时对哲学没有什么兴趣；罗素几乎与大多数见到摩尔的人一样，羡慕的主要是摩尔的个性，甚至从某种程度说，是他的堂堂仪表。在罗素的描述中，摩尔“模样英俊，身材修长，五官几乎可以给人灵感”，而且拥有“一种近乎完美的纯洁”。

51 1893 年 5 月，罗素参加了数学专业优等考试的第一部分考试，位列数学荣誉学位考试优胜者第七（桑格高居第二，排在他的前面）。这个结果比罗素担心的好了许多，让他颇有如释重负之感，结束这门课程让他感到非常高兴。他后来写道：“我结束优等考试之后，卖掉了数学书本，并且发誓再也不看数学书籍了。”

# 第三章 货物中的尸体 52

1893年夏季，罗素与过去告别——不过，没有出现卖掉数学书籍这一象征性举动。5月18日，就在数学备考的过程中，他过了自己的21岁生日。对他来说，这一天超过了一般生日的意义，让他的整个生活有了完全不同的基础。首先，它意味着祖母和罗洛叔叔不再是他的法定监护人；其次，他从父亲的地产中继承了20000英镑遗产，让他每年有了600英镑的收入。这个数字不算是什么巨额财富，但是足以让他在经济上独立生活下去。因此，从法律和经济两个角度看，他那时已经独立了。当然，在感情方面，事情更复杂一些，但是他在这个问题上也决心打破彭布鲁克别墅对他的控制。

他迈出的第一步是在剑桥度过暑假，而不是像以前那样，回到彭布鲁克别墅去。从表面上说，那样做的目的是为了集中精力，进行哲学方面的研读。其实，在10月开学以前，他认真学习的时间很少，在暑假中阅读一般书籍，观看戏剧，专心致志地劝说艾丽丝·皮尔索尔·史密斯嫁给自己。

他后来说，一是成年，二是完成优等考试，这两件事情结合以来，给予他“一种令人高度兴奋的解放感，一种开始冒险的意愿”。当时的情况仿佛是这样的：在长达数年的时间里，他埋头读书，现在终于可以抬起头来，注意周围的世界了。以前，他满足于在祖母那一代人创作的诗歌中发现文学和宗教方面的灵感；现在，他开始接触19世纪90年代的文化。他那个夏天阅读的书籍与反抗有关——他完全可以想象，那样的书籍老一代人肯定不会表示赞同。在那些图书中，他认为最重要的是伊凡·屠格涅夫、沃尔特·惠特曼和亨里克·易卜生的作品。

“我那时觉得，”他在谈到那个暑假时说，“墨守成规的中年人仇视的东西肯定都是好的。”例如，在屠格涅夫的《父与子》中，他佩服巴扎洛夫这个人物。巴扎洛夫体现了虚无主义的反抗，强烈排斥传统道德的基础。“没有什么普遍原则”，巴扎洛夫感叹道：

53 只有感觉，这是一切事物的基础。例如，我通过自己的感性，形成一种否定态度。我喜欢通过自己的感性进行否定——我的想法根据的是那个计划，如此而已！全都来自感性，超过了人们可能探究的深度。

这并不是说，罗素相信这种说法具有真实性，将其视为一种伦理理论，而是表明他佩服说出这种让人恐惧的问题所需要的“给人愉悦、令人震惊的”个性。其次，尽管他可能进行尝试，但是他却无法将自己视为巴扎洛夫，而是对贵族出生的友善的阿尔卡迪表现出更多的认同。巴扎洛夫告诉阿尔卡迪：“你是一个有资本的男人，然而，你是一个甜言蜜语的家伙，一个嘴上挂着自由主义的势利小人。”罗素说，他读到这个段落时，“我浑身战栗，觉得巴扎洛夫可能把我视为‘甜言蜜语的家伙，嘴上挂着自由主义的势利小人’。我那时觉得，我很可能就是那样的人。”

在沃尔特·惠特曼的《草叶集》中，罗素看到性欲以如此直率的方式表达出来，这样的做法他原来认为几乎是不可能的。在这部著作中，一个男人并不转弯抹角地传达性爱，而是直接描写了春天给人以快感的喘息。但是，他说这番话时痛痛快快，看到面纱被撩起之前并不感到恐惧，而是——可以这么说——一把扯下面纱，几乎在问，“有什么东西让你感到害怕？”

被禁止的声音穿过我的肢体，
性交和欲望的声音——展示，我撩开面纱
我梳理并美化不雅之声

我没有把指头放在嘴上，
我把它们精心保留在身体深处，保留在大脑和内心里，
我觉得交媾像死亡一样正常，不再令人讨厌。

这些诗行让罗素——他曾经听见老师使用“乳房”一词，几乎大惊失色——深感震撼，证实了他当初的看法：美国“是一个浪漫、自由的国度”。惠特曼——或者“沃尔特”，罗素总是使用这个昵称，把诗人视为亲密朋友——成为他的偶像之一。3年之后，当罗素首次访问美国时，他参观的第一个地方就是惠

特曼的寓所，那是一种尊敬和感激之举：1893年，罗素内心的欲望非常强烈，他一度觉得它们将会危及自己的理智；正是惠特曼将这样的欲望置于阳光之下，宣称它们是健康而正常的。罗素在《自传》中说，他在剑桥读书期间，月夜里在“乡间飞奔，处于暂时发疯的状态”。他宣称：“其原因当然是性欲所致，不过那时并不知道实情。”也许，他说不知道的意思是，他那时并不公开承认这一点，甚至自己私下也是如此。阅读惠特曼的作品让他有了新的理解，不再将性欲视为邪恶之物，视为疯狂之物，性欲只是性欲而已。或者，正如惠特曼所说的，是“心智健全、身体健康的”表现。在那段时间，罗素喜欢使用以下诗句来说明这一点：

> 我喜欢的男人了解并坦率承认性欲带来的微妙感觉，没有羞耻可言， 54
> 我喜欢的女人了解并坦率承认她的相同感觉，没有羞耻可言。

罗素在彭布鲁克别墅中备受沉闷和病态的困扰，诗句中如此直率的表达恰似一阵新鲜的空气，从打开的窗户吹了进来。

当然，罗素勋爵夫人想到自己的孙子阅读这样的东西，肯定会有遭受恶意中伤之感。她甚至在阅读莎士比亚作品时，也会觉得作者的“粗俗”损伤她的愉悦。(“我根本无法理解对鲍德勒风格所持的异议，”她曾经写道，“删去不能给人带来任何道德寓意的文字，删去那些不堪入目、不堪入耳的东西，在我看来是完全正确的，完全自然的。”)现在，她所称的“现代丑陋话题的影响”让她深感绝望。就这一点而言，可能发出类似感慨的并非仅她一人。在19世纪90年代初期，展开了一场争论。一方认为，有人假借文学之名，让公众遭受“坦露的肮脏”之害，遭受“讨厌和恶臭的垃圾”之害。亨里克·易卜生的剧作处于那场争论的中心（这里引用的几个词汇摘自当时对易卜生剧作《群鬼》的评论），并且是许多最强烈的伤害之辞的攻击目标。在1893年，钦佩易卜生就是认同反对传统得体标准的造反行为，就是赞同那场轰轰烈烈的运动，排斥假正经言辞，揭露不可告人的黑暗秘密，揭示关于个人和社会的真理。那是一场让人感到威胁的运动，或者说令人振奋的运动，人们的年龄大致决定了对它所持的态度。

对罗素来说，那个潮流与他自己挣脱过去束缚的感觉一拍即合；易卜生当众羞辱了那种道貌岸然的感觉，让他觉得非常愉快。怀特海让他看了《剑桥评论》

刊登的一篇对易卜生剧作的敌视评论，他尤其喜欢其中的一句话："对态度严肃、行为规矩的人来说，生活并不带来什么问题。"这一句话总结了他所反叛的观点，罗素常常引用，乐此不疲。

一方面，易卜生的道德观引起了强烈反响，另一方面，对他剧作的需求与日俱增。在1893年的整个夏季中，他的作品在伦敦舞台上占据了主导地位。罗素争相一睹的剧作由著名女演员伊丽莎白·罗宾斯领衔主演。在短短几周时间里，他观看了她在《建筑师》中扮演的赫尔达·加布勒、在《罗斯莫庄》中扮演的丽贝卡·韦斯特。在那一个时期中，他还阅读了易卜生的重要剧作。不过，罗素在很久之后，转而对易卜生持相当严厉的批评态度，将他称为"不良道德的竭力鼓吹者"；那时，易卜生的剧作——正是因为它们倡导的"不良道德"——"引起了我的极度亢奋"。

当时，《群鬼》引起很大争论，给"态度严肃、行为规矩的人"的感觉带来最多冒犯，其主题不可能不让21岁的罗素浮想联翩。与易卜生的许多剧作类似，该剧关注这一主题：人们的生活受到过去的影响，受到死人的幽灵式影响，受到已被抛弃的观念的影响，受到被压抑、没被承认的感觉的影响。其情节由一系列
55 揭示性片段组成；用G.威尔逊·奈特的令人难忘的语言来说，那些片段"就像一层层揭开的裹尸布"。那个意象让人不禁想起易卜生的名言："我们与货物中的尸体一同航行"。

该剧讲述了艺术家奥斯瓦尔德的故事。他罹患一种可怕的大脑疾病，开始出现症状，因此被迫停止工作。他从来都不了解自己的父亲，但是根据母亲竭力编造的"美丽幻想"，一直觉得，父亲是一个完全令人佩服的人，取得了"有用的杰出"成就，后来不幸早逝。实际上，当母亲后来决定告诉他真实情况时，他发现父亲完全是放浪形骸的男人。父亲的放荡生活遗传给了奥斯瓦尔德，致使奥斯瓦尔德罹患脑部疾病。奥斯瓦尔德在发现父亲的实情之前，已经知道自己病入膏肓，于是诱惑了当地一个名叫雷金纳的姑娘。他希望，她可以在他脑部疾病极度恶化之前，给他服用吗啡，帮助他走向死亡。但是，他在该剧的最后揭示中发现，雷金纳其实是他同父异母的妹妹，是他父亲过去生活留下的另一个"幽灵"。最后，他与充满爱心的母亲待在一起。不过，母亲拒绝他的自杀请求，全剧以奥斯瓦尔德面对缓慢到来的可怕死亡这一场景结束。

在这个凄凉的故事中，有一个方面的内容在罗素的生活中引起特别反响：它

强调说，造成奥斯瓦尔德苦难的正是墨守成规、虔诚和（更加致命的）善意的家人的关爱和仁慈行为。在《罗斯莫庄》——如果说与《群鬼》有什么区别的话，那就是该剧与罗素的生活有更多类似之处——中，这种家人之爱被描述为一种力量，它剥夺人的生命活力和激情。剧名的意思是“罗斯莫的岛屿”，它是一个家庭居住的老屋。那一家的几代人做善事，信神灵，受到人们的赞美。一个女人名叫丽贝卡·韦斯特，性格强硬，充满激情，与罗斯莫相恋，进入了这个家庭。

与《群鬼》类似，《罗斯莫庄》的情节围绕着对过去一个不可告人的秘密的揭示而逐步展开。第一个桥段始于对罗斯莫的妻子自杀原因的探究。真实的情况是，丽贝卡知道她对罗斯莫抱有“无法控制的疯狂激情”，于是告诉她说，自己与罗斯莫有了婚外情，已经怀上了他的孩子，蓄意诱导她自杀。罗斯莫发现这一点之前，曾经向丽贝卡求婚，但是遭到拒绝。他问道，如果丽贝卡密谋的目的是要和他在一起，他知道了她的秘密之后，她为什么要拒绝他呢？丽贝卡说出了两个原因：其一，自从来到罗斯莫庄居住以后，这里的“伟大、无私之爱”的氛围深深感染了自己，她已经不再存有追求自己目的的任何愿望；其二，在罗斯莫的影响之下，她的“丑陋的激情”已被一种宁静无私之爱取代。她告诉他：“罗斯莫一家的生活观念已经影响了我的意志……而且让我原来的激情显得恶心，让它受到原来我不以为然的法则的制约。你——以及与你一起分享的时光——已经使我的心灵变得高尚了。”罗斯莫听到“高尚一词”之后心里一亮，然而立刻被接下来的话语镇住了：“罗斯莫的生活观念的确使人变得崇高。可是……可是……可是它扼杀了欢乐。”

在所有这些剧作中，正是性格强硬、充满激情的女性提供了机会，让人摆脱传统的道德观和家人之爱带有的否定生活的力量。罗素认为，伊丽莎白·罗宾斯扮演的角色以这样的方式，体现了他自己梦寐以求的幻想：遇到一个不受传统的 56
观念束缚的女性，将他从过去的禁锢和限制之中解放出来。

艾丽丝·皮尔索尔·史密斯既不是丽贝卡·韦斯特，也不是海达·加布勒，然而她是中产阶级的美国人，与沃尔特·惠特曼保持友好关系。在罗素看来，她必定具有诱人的自由品质，可以将他从伴随自己成长、虔诚的贵族式辉格党传统中解放出来。而且，她的家庭也显示出具有令人期望的迹象，可能“相当不错”。例如，她的父亲罗伯特·皮尔索尔·史密斯 1872 年在美国遭遇神经崩溃之后，到了欧洲，以具有人格魅力的福音传播者的身份，创建了到那时为止非常成功的事业。在19世纪70年代，他曾被卷入一桩大肆渲染的性丑闻之中，于是终结了他的传教活动。那一桩丑闻的根源是他的妻子汉娜描绘的“圣灵显身的微妙形象”。罗伯特将耶稣作为其追随者的新郎这一譬喻进行了字面解释，并且竭力鼓吹说，宗教神圣性——圣灵具有的神圣灵感——是一种圆满状态，与两性交媾非常类似，可以通过服从已获灵感之人来实现。这当然是居心不良之说，但是随着证据逐渐累积，说明他把自己竭力鼓吹的东西付诸实践。相关方面突然取消了要求他出席宗教会议的邀请，他不得不逃到美国，躲避随之而来的丑闻。10年之后，他回到英国，在星期五山丘定居下来，那时他已经彻底失去了信仰，总的说来行事低调，担心唤起太多的回忆。

另外，艾丽丝的姐姐玛丽以更为公开的方式，反抗传统的道德观，愤然离开丈夫弗兰克·科斯特洛和两个女儿雷和卡琳，前往意大利，与情人伯恩哈德·贝伦森同居。正是通过玛丽的关系，他们一家人结识了沃尔特·惠特曼。玛丽是惠特曼的早期拥趸，并且坚决摒弃她母亲的这一看法：惠特曼“写下了许多明显下流的东西，超过了史上的任何一个男人”。此外，玛丽竭力寻求并且获得了惠特曼的友谊，而且最终成功地让全家人钦佩他——如果说不是他的诗歌的话——这个人。他们的弟弟洛根曾在牛津大学的贝列尔学院学习古典文学，所持的观点类似于唯美主义——罗素从他那里“学到了如何正确评价马奈、莫奈和德加”。那段时间，洛根分别待在两个地方：一个是巴黎的“艺术家聚居区”，他在那里结识了罗杰·弗莱和詹姆斯·麦克尼尔·惠斯勒；另一个是伦敦，他在那里与费边主义者相交甚密。

母亲汉娜没有其他人所拥有的令人期望的阅历。她在一家人中最为虔诚，不过也小有名气，撰写的《基督徒幸福生活的秘密》一度畅销，被誉为感悟“神圣性”的指南。但是，即便她也难以被归为传统人士之列。她坚定不移地相信所谓的“复原教义”，否认地狱和天罚，坚持认为每个灵魂都命中注定得到救赎。她被冠以“异端邪说者”名号，对此她深感荣耀。她的信函出版时，她儿子选择的书名是《宗教叛逆者》。尽管汉娜本人颇像一个煽动者，带着道德热情和极大的热忱，投身妇女选举权运动和禁酒运动，她信奉的是“爱的宗教”，甚至与罗素勋爵夫人相比也有过之而无不及。她支持的女性主义认为，女性具有美德，男人
57 是邪恶之徒；男同性恋是可以想象的最糟糕的罪孽之一。她的密友之一是时任英国妇女禁酒协会主席的亨利·萨默塞特夫人。当初，萨默塞特夫人发现了丈夫的

同性恋行为，坚持通过法律程序离婚，造成了一桩公开的丑闻。

在上流社会中，萨默塞特夫人是不受欢迎的人，然而是汉娜眼里的女中豪杰，她的故事说明了男人可能造成的“可怕罪恶”。在第一次审判奥斯卡·王尔德时，陪审团可能无法形成裁定。汉娜得知王尔德的“下流行为”可能逃过惩罚，当时深感震惊，认为“法官和陪审团犯下了同样的罪行，不敢给他定罪”。在下一届英国妇女禁酒协会上会议上，汉娜提出了一项决议，认为“所有男人都应该被阉割”。她论证说，这是“我知道的唯一有效的解决办法”。

假如罗素1893年了解了汉娜的这些态度，他可能从中得到警示。实际的情况是，在他的心目中，皮尔索尔一家人倡导宽容、自由和独立的形象未受玷污。就在他完成优等考试之后几天，他邀请艾丽丝到剑桥访问，以便展开攻势，赢得艾丽丝的芳心。让他感到欣慰的是，艾丽丝接受了邀请。6月9日，他和艾丽丝以及艾丽丝的一个表姐一起，在剑河上荡舟。就在那一天，罗素得到了考试结果。艾丽丝问他，他听到自己成为数学荣誉学位考试优胜者的消息，这是否是他一生中最快乐的一天？“她竟然想象可怜的优等考试名单可以让我快乐！”他在日记中坦言，“然而，我无法不欺骗她。”

在随后的两个月中，他没有与她见面。但是，在7月21日的日记中记录的一场梦境中，我们可以看到他的意图和认真态度，了解其他许多方面的情况：

> 昨天夜里，我梦见自己和艾丽丝订婚，不日将会举行结婚仪式，后来却发现，我家里的人欺骗了我，我母亲没有死，她待在一家疯人院里。因此，我当然决定放弃结婚的想法。这个噩梦让我深受困扰。

如果我们解读这一梦境，就可看到为什么易卜生的剧作会引起如此深刻的共鸣。与货物之中的尸体一起航行，这是罗素脑海中长期存在的一个场景，也许最早出现在他开始记事时。他的祖母对任何提及精神失常的语言非常敏感，并且以隐晦方式暗示他母亲的病情，这使梦境中的“揭示”成为对这个问题的最自然的猜测：那具尸体是什么？但是，为什么他觉得，如果他母亲精神失常，他“当然”应该放弃结婚这个想法呢？

罗素在那段时期撰写的一篇论文提供了答案。那份论文的题目是《婚姻》，看来是专门为艾丽丝写的——6月时，在两个人见面的过程中，她肯定就结婚这个想法提出了反对意见（也许，她没有意识到，罗素对这个话题如此看重）。罗素的策略看来是，力图说服她接受这个观点：无论在通常的意义上，还是从理论上来看，婚姻都不是会引起反对的事情。然后，他特别想劝说她和他结婚。这是以哲学辩论形式构思出来的追求之举，也许令人感到惊讶的是，这个说法完全取得了成功。

58 这篇文章讨论的问题是，总的来说，具有先进的现代观念、能力很强的独立女性——即被罗素视为潜在妻子的理想女性——正是那些对婚姻的奴隶性质表示强烈反对的女性。那么，应该如何克服这个难题呢？罗素的回答是，应该表面上遵从传统婚姻的期望，但是在私下颠覆它们，其原因在于，“最好通过在行为上显得屈服，在语言上表示反对的方式，改变不良习俗”。他提出的理由有两点：其一，男性和女性，特别是进步的男性和女性，不应去过“修道士般的独身生活”；其二，如果这样的人希望不被丑闻所困扰，他们不可能沉迷于“婚外性交”。因此，他们需要结婚。

但是，罗素还提出了另外一个论点，它使具有自由主义思想的智性人士之间的婚姻不仅对自己的幸福是必要的，而且变成了一种道德义务。这个观点是，这样的人担负着生儿育女的责任，其原因在于，他们的子女“几乎肯定将成为自由主义的中坚力量，将传播不带偏见的观念，推进倡导宽容的事业”。从这一点形成的后续观点是，如果他们有理由相信，自己的孩子将是疯子，不但对社会没有用处，反而成为社会的负担，那么，他们就有义务不结婚。在这种情况下，他在梦中见到的“幽灵”——他的家族中可能存在遗传性精神失常这个想法——就会动摇这个论点的基础，从更深的层面和更重要的意义上说，就会动摇他希望与艾丽丝结婚的基础。

罗素曾经撰文谈到易卜生的作品中自己佩服的女性，表达了两个观点：其一，他“以愉快的心情，阅读了沃尔特·惠特曼对‘我所爱的强健、傲慢的女人’的赞扬”；其二，他认为易卜生作品中的女性“接近这一类型”。有趣的是，在为艾丽丝撰写的关于婚姻的文章开头，他引用了惠特曼的诗歌《从围栏中放出》，“我所爱的强健、傲慢的女人”就是出自那首作品。在这个语境中，这首诗歌变为向艾丽丝发出的恳求，使罗素得以实现他的真正潜能：

放出我所爱的强健、傲慢的女人，只有那时才能
　　出现我所爱的强健、傲慢的男人。

> 通过有力的拥抱，放出我所爱的肌肉发达的女人，
> 　　只有那时才有男人的有力拥抱。
> 从女人大脑的褶皱中产生出
> 　　男人大脑的全部顺从的褶皱。
> 男人是地球上和永恒中的伟大之物，然而男人的
> 　　每个伟大之处全都来自女人。

“我每天都思念艾丽丝”，罗素在记录梦境的那一天日记中写道。然而，到那时为止，他还没有向她表示他对她的感情。8 月 12 日，艾丽丝——还是和她表姐一起——再次到了剑桥，罗素朝着自己的目标又迈进了一步：首先，他给她看了《婚姻》（正如他在日记中描写该文时所说，“我的短文谈到以任何方式不结婚的不道德性，超过了一般文章的水平”）这篇文章；然后，劝说她一个人单独陪他进行一次船上旅行。他那天晚上写道，那是“我迄今为止一生之中最重要的 59
一天”。两人聊到了爱情和婚姻，不过依然停留在泛泛而谈的层面上。但是，罗素指出：“她是否在整个过程中对我的感情浑然不觉？这一点我不知道；我觉得自己曾一两次无意之间暗示我的感情。”从外表上看，两人依然交换理论上的看法；罗素提出的观点是，从根本上讲，爱情是唯一值得拥有的东西，艾丽丝坚持独立具有的价值：

> 我们两人在很大程度上一致认为，婚姻给……精神恋提供了最佳机会；男女之间不可能保持纯粹的友谊。但是我发现，只有希望生儿育女的愿望才能克服我以前想象的女人对性交的反感，克服对性交所持的退缩态度。

艾丽丝表现出来的反感态度使罗素觉得非常失望；同样让他觉得失望的还有，艾丽丝并不赞同她姐姐离开丈夫、投入贝伦森怀抱的行为。到那时为止，罗素认为艾丽丝是自由恋爱的倡导者。他的攻势刚刚开始带来结果，他觉得没有理由轻言放弃。况且，艾丽丝建议两人继续见面，而且同意他的建议，两人通过信函，继续关于爱情的讨论。这两点让他深受鼓舞。

当时，艾丽丝心里肯定明白（如果说她之前并未意识到这一点的话）：第一，罗素的兴趣并不在于和她一起从理论上讨论爱情和婚姻问题；第二，罗素

搬出了新黑格尔主义的形而上学来证明这个问题，可能有小题大做之嫌。在那之前不久，麦克塔格特自费印刷出版了一本书，名叫《对绝对的再确定》，陈述了他的观点。该书所有使徒人手一册，对剑桥大学的那一代知识分子产生了巨大影响，罗素本人也得益匪浅。在试图总结他自己的世界观的过程中，麦克塔格特先提出两个问题："这种生活的具体物质内容是什么？它形成了什么东西？"然后回答说：

> 我认为，它意味着一种东西，并且仅仅是一种东西——爱情……当我解释说，我的意思既不是仁慈，也不是它最充满激情的形式，甚至不是方济各[1]的感情，我将排除对我意思的一种可能的解释。当我补充说，我的意思不是对真理、对美德、对美丽的爱，我会加剧这个问题形成的困惑。当我继续说，我的意思是充满激情的、整个身心的、需要一切的爱，我将变得令人反感。当我总结说，我的意思不是性欲，我会被人谴责为完全病态的。

当罗素和艾丽丝结束乘船旅行之后返回时，他本来打算让她看这一篇文章，但是却不记得把那本书放在什么地方了。后来，他找到了书，随即寄给了她，并且在信中告诉她，他已经得到"结论，最重要的是当时应该直截了当地表达，但是那样做很难……已经不重要了"。麦克塔格特在这段文字中阐述的爱情观对罗素影
60 响甚大，但是那种爱情观更多地涉及他的哲学思想，而不是他与别人的关系。如果他希望在人格化的上帝缺失的情况下，保留罗素勋爵夫人所说的"爱的宗教"，如果他还希望将"上帝之爱"与他少年时期以来信奉的受到法则——人们将来可能以绝对确定的方式，认识那样的法则——支配的整体世界观结合起来，那么，他最终得到的就是麦克塔格特在这本小册子中概括的观点。

在其后四周的时间里，罗素和艾丽丝交换观点，继续佯装他们的论证是纯粹理论性的，与实际情况毫不相干。在那个过程中，罗素继续引用麦克塔格特的观点，将其视为权威，觉得他提出的论据是无法抗拒的。罗素在 8 月 19 日写道："一个危险的误置是，假设美德本身就是目的。在麦克塔格特的小册子中……他提出（并且证明），天堂中不可能存在美德。"到了 8 月 25 日，罗素觉得自己已

[1] 方济各（1181—1226）年，25 岁开始全心信奉上帝，后成为方济各会创始人，去世后被追谥为圣人。——译注

经在争论获得了胜利。“我抱有信心，如果我有耐心，经过一定时间之后，可以通过谈话说服她，”他在 8 月 25 日的日记中写道，“不过，那仅仅是一个机会，我可以开始做对我来说最为重要的事情”：

> 噢，我什么时候才能开口提这件事情呢？她是否会感到恐怖，认为我现在所做的这一切是自私的，把我看作傻瓜呢？对我来说，肯定不可能出现令人高兴的结局。但是，现在我觉得，已经到了身不由己的地步。我现在不再像过去那样，一把撕毁她的信件，而是珍藏它们，一遍又一遍阅读。傻瓜！傻瓜！傻瓜！

毫无疑问，与罗素一样，艾丽丝肯定明白事情的发展方向，也许心里甚至比罗素更清楚。9 月 13 日，罗素再次到星期五山丘探访，艾丽丝把他领到她父亲进行冥想的树屋（它叫菩提树屋，是根据让释迦牟尼大彻大悟的那棵大树命名的）里。在那里，她可以在不受干扰的情况下和他交谈，表明她已经明白了当时的情况。她告诉他：“我觉得，假如我是谨慎的，我就应该结束这一段友情，完全是为了你好；不过，我自己也非常珍视它。”

“你不会就此结束它，”罗素回答说，“这是唯一让我觉得生命有价值的事情。”

“怎么说呢，值得庆幸的是，我并不谨慎。”

她的表态足以给他需要的安慰，他于是向她坦承了他在 7 月做的那个梦。这相当于求婚之举，艾丽丝对此心领神会，告诉他说：“我希望你放弃结婚的想法——保持友谊胜过与我结婚。我不想结婚，至少在长时间之内不想。”另一方面，她又以鼓励的口吻说：“如果你希望保持友谊，我们应该经常见面。”次日早餐前，两人一起在树林中散步。她开始时告诉他，她尚不确定，他的感情是否能够持久下去（“过了你现在的年龄之后，人们会有很大改变”），也不确定她自己的感觉是否足够强烈。罗素回答说：“你说的没错，我也觉得现在结婚是错误的，应该等几年再说。”而且她希望确定，罗素是睁着眼睛，明明白白地开始这段关系的：“你看，假如我们之间的关系变得非常非常亲密，我最终却没有爱上你，那么，你将会觉得十分难受。”两人决定，尽可能经常见面，尽可能更深入地互 61
相了解（“因为我们两人都觉得，如果没有亲密关系，订婚是愚蠢之举”）。两人达成一致，如果一切顺利，将来的某个时候宣布订婚。罗素在日记中写道：“一切预想全部实现，我原来根本不指望可以取得这样的结果。”

也许，罗素在那个阶段夸大了他已经取得的进展，其原因在于，至少在几天之后有迹象显示，他被她所说的“亲密”一词误导，指望建立隐蔽的两性关系。他在日记中诅咒说，“愚蠢之举和兽性必然形成陈规陋习”。他接着写道，“如果我们诚实做事”，他和艾丽丝不得不漠视那样的陈规陋习。然而，“无论我们多么渴望，我们也不应公开表示漠视。因为这将削弱我们从善的影响和力量，还可能给她的亲属和我的亲属带来很大痛苦，将会被人完全误解”：

> 因此，必须秘而不宣，避免随之出现的危险。无论我在家里已经练习了多久，我迄今为止必须采取预防措施，避免出现不良影响。噢，可能有两种道德观，一种是谨慎之人的，另一种是傻瓜的。

一两天之后，他给艾丽丝寄去了惠特曼的关于性期望的诗歌《一小时的疯狂和欢娱》，旨在表明他自己的感情，认为该诗“真实，但不道德”。诗歌表达了罗素想到将要满足性欲时肯定出现的感觉：

> 无论你是谁，我都完全委身于你，你也委身于我吧，别管世人的目光！
> 回到天堂去吧，腼腆而娇柔的人！
> 把你拉到我身边来，在你头上首次印上一个坚实的男人之吻。
> ……
> 撬开你紧闭的嘴唇！
> ……
> 用嘲笑，用主动行为来追求毁灭！
> 向着给我指出的爱之天堂上升、跳跃！
> ……
> 以一个小时的完美和自由，以短短一小时的疯狂和欢娱
> 满足生命的余年！

艾丽丝对此举的反应与他的期望相反。罗素那时发现，艾丽丝与惠特曼的友谊并不意味着，她赞同他对两性关系所持的开放态度。恰恰相反，艾丽丝撕掉了

惠特曼送给她的那本《草叶集》中的《亚当之子》。那一部分包括该书最露骨的性描写内容，上面这首诗歌就引自那个部分。

“我高兴地看到，你不喜欢惠特曼，”罗素收到她表示反对的信件之后，在回复中言不由衷地说，“我也不喜欢。我在前一封信中把那首诗歌寄给你，表达了我过去的情感，那一做法实在是诚实有余”： 62

> 然而，不管怎么说，我的感情没有压倒理性，我对此没有理由感到惭愧。依我所见，这种感情越强烈，人征服它之后就应该越高兴。

在那之前，罗素已经说过“掩饰以及它带来的危险”；现在他决定，将自己与艾丽丝的关系告诉祖母。他把那种关系的特征视为“喜欢”而非爱情，是一种“亲密友谊”而非订婚之约。罗素勋爵夫人的反应与罗素可能预测的完全一样。她告诉罗素：他与艾丽丝之间的关系已经足够亲密；在她看来，他们两人既不应经常写信，也不应该再见面；罗素年龄太小，不应过早订婚。此外，她还讲了一件他以前并不知道的事情：他父亲当初也遇到了类似的麻烦，在和他年龄相仿时，喜欢上了杰西·钱伯斯。当时，罗素勋爵夫人告诫，不要向一个出身那么卑微的姑娘做出任何承诺。就在安伯利 21 岁生日之前不久，杰西·钱伯斯红颜薄命，撒手人寰，那个问题不了了之。在罗素勋爵夫人看来，这次的情况更是不祥之兆。“那次谈话让我痛苦万分”，罗素承认。但是，他祖母“并非那么不满意，反应不如我的预料那么强烈。况且，我向她保证，至少谈婚论嫁的可能性不大；假如出现这种情况，一般说来是多年以后的事情了”。

在《自传》中，罗素就祖母当时的反应提供了完全不同的版本。他写道，从星期五山丘回家之后，“我告诉家里人事情的进展”：

> ……他们的反应符合门第观念的传统。他们说，她不是淑女，而是一个窈婴女人，一个出身卑微的冒险者，一个利用我不谙世事的心计多多的女人，一个不具备雅致情感的人，一个让我永久蒙羞的庸俗女人。

“但是，”他补充说，“我拥有从父亲遗产中继承的 20000 英镑的财产，我根本没有理会家里人表达的意见。”

在星期五山丘，从某种程度上说，“一切预想全部实现”给罗素带来的欢乐已被搅乱：那天早上，两人早餐前散步回来，艾丽丝接到亨利·萨默塞特夫人寄来的一封信件，其中包含了一份请柬，希望艾丽丝陪她到美国去，在芝加哥世界博览会上宣传禁酒。罗素后来回忆说，那封信件让艾丽丝深感兴趣——“她得意扬扬地朗读，兴致勃勃地表示接受。这让我心灰意冷，它意味着她将离开数月。而且，她的美国之行可能是一个有趣职业的开端。”

在10月6日艾丽丝动身去美国之前，罗素见到了她，以便完成他所说的“最后的痛苦任务”，“忏悔属于已经死去的自我的罪孽，但是，那样的自我仅仅对我而言死了，其他人无权这样认为”。罗素究竟忏悔了什么，没有文字可查。在她
63 10月5日所写的一封信件中，艾丽丝说，罗素承认的事情不像她担心的那么严重，字里行间流露出如释重负的感觉。也许，在表示忏悔之后，罗素和艾丽丝那天就是否发生性关系进行了争论。罗素赞同以某种适度方式释放性欲，艾丽丝表示反对：“与掌握适度原则相比，自行严格控制原则要容易得多”，其原因在于，“对大多数人而言，把握适度与过度之间的界线非常困难，实际上是不可能的。你知道，这是一种积累而成的习惯。”她还补充说，“我们不能把自己与动物混为一谈，对动物而言，这是一种本能的东西”：

> 我也不相信，由于精神和智性因素而相互爱慕的男女之间，存在非常健康的关系。我觉得，那可能导入一种贬低他人的成分；当然，两人打算生儿育女的情况例外。

艾丽丝作为“自由恋爱”的倡导者所持的观念原来是这样的。

次日，罗素动身前往剑桥，准备新学期的事宜，开始伦理学优等考试第二部分的学业。他选择的专业研究领域是形而上学、伦理学和哲学史。当时，与数学优等考试相比，伦理学优等考试处于重建阶段，学习主要不是通过接受“训练”，而是通过听跨学院的讲座。听讲座的学生人数很少，通常不超过三四个。讲师所起的作用类似于现在的导师，除了讲课之外，还要布置题目，修改文章。罗素的形而上学讲师是詹姆斯·沃尔德，伦理学讲师是亨利·西奇威克，哲学史讲师是G. F. 斯托特。在三人之中，西奇威克可能名气最大，他的《伦理学方法》（1874年首次出版）已被列为标准教材。然而，黑格尔主义在剑桥大学盛行，让西奇威克

的名声受到影响。他那一派功利主义遭到批评和指责，被视为边沁传统的残余，被某些哲学家——例如，麦克塔格特——打入冷宫。罗素后来回忆说："我们叫他'老西奇'，认为他已经过时了。"

斯托特比西奇威克年轻 20 多岁，相当符合潮流。他以前曾被任命为《心灵》的编辑，因此在业界有一定影响。他的主要学术兴趣是心理学，但是他讲授与 17 世纪理性主义者相关的内容，其中包括笛卡尔、斯宾诺莎和莱布尼兹，对罗素的影响很大。詹姆斯·沃尔德曾是斯托特的老师，尽管年龄与西奇威克相仿，但是在年轻一代的哲学家中颇有威望。他的贡献主要在于，把奥德学派的心灵哲学引入英国，介绍的哲学大师包括弗朗兹·布伦塔诺、亚历克修斯·冯·迈农、鲁道夫·陆宰。他在德国哲学和文化领域造诣颇深（他最喜欢的名言之一是"思考是困难的"），让罗素了解了许多哲学家，他们的思想后来将要指引罗素的研究方向，其中以伊曼纽尔·康德最为重要。

沃尔德在形而上学讲座中强调了康德进行的研究；也许由于这个原因，罗素 64
后来误将沃尔德说成"康德主义者"。康德思想在罗素交给沃尔德的文章中几乎占了主导地位，在罗素后来的思想发展中起到了最重要的作用。例如，在 1893 年的一篇文章中，他试图为康德的几何理论辩护。我们可以看到，罗素在学习数学期间，一直渴望讨论这类问题：我们是否可能知道，欧氏几何必然是正确的？康德曾经认为，我们可能知道。但是，在康德时期，种种非欧几何体系的创立，已对康德的观点提出了严肃的质疑。非欧几何体系采用了不同的公理，可被证明在逻辑上是一致的，因而在任何明显的方面并不必然是错误的。然而，那些体系界定的空间难以想象：两条平行线可能相遇的空间，或者三角形的内角加起来不是 180 度的空间。罗素在这篇文章中指出，"这个问题提出了其他种类空间具有的可想象性"；根据他的看法，康德就我们可以想象的空间提出的观点是正确的——"*在我们看来*，空间直觉必然是欧几里得式的；……因此对元几何［非欧氏几何］在认识论上没有什么重要意义。"罗素 17 岁时爱上的证据暂时没有什么问题，不过是以牺牲客观性为代价的：它们那时提供的必然真理涉及的不是外部世界，而是我们自己的空间直觉。

然而，罗素在哲学方面的真正良师益友不是他的辅导教师，而是 J. M. E. 麦克塔格特。那时，罗素常常引用麦克塔格特的观点，仿佛它们是绝对正确的。例如，艾丽丝从芝加哥写信给罗素，请他考虑两人在宗教方面的差异，并且认为他最终可能接受人格化上帝，罗素回答说：

> 指望我什么时候会相信上帝具有人格，这个想法是徒劳的。我认为，在研究形而上学的人中，没有哪个会接受人格化上帝这个观点。它在哲学领域中遭到许多人的怀疑，类似于研究数学的人对分割圆所持的怀疑态度……如果你有兴趣读一点形而上学方面的著作，我将非常高兴。我相信，你肯定很快就会确信，它在各个方面都具有优势。麦克塔格特曾在写给我的一封信中说，涉及人格化上帝的宗教不可能是爱的宗教；我认为，他在那本小册子中清楚地阐述了这一点。

他赞同艾丽丝的这个观点，“离开了信仰，人际关系或者人的活动自身都无法给予满足感”。但是他提出，这种必不可少的信仰不是相信这种或者那种信条，“更确切地说，而是相信世界具有的完美性，相信这种完美性的终极实现”。

1893 年 11 月初，艾丽丝刚刚回到英国，罗素便到皮尔索尔 · 史密斯家在伦敦格罗夫纳路的寓所拜访，并且在那里待了一夜。他 11 月 7 日写道，两人一起度过了“非常美妙的两天时光”。看来，艾丽丝已经彻底改变了对婚姻的看法。也许阅读了太多形而上学著作的缘故，她那时宣称，所有理论都毫无用处。“我更关注的是你的个人感情，而不是你的理论，”她在 11 月 8 日写道，“同理，我
65 希望拥有天生的荣誉感，而不是不应做让人丢脸之事的原则。”这个问题“其实并不是……学术问题，我已经得出的结论是，每个人——或者一般说来每个女人——肯定总是根据个人情况来回答这个问题”。

罗素与艾丽丝的关系变得越来越密切，罗素勋爵夫人看在眼里，忧心忡忡，千方百计要罗素做出承诺：第一，他不会以任何方式受到艾丽丝的约束；第二，他不会经常和她见面，至少可以说，每月不能超过一次。罗素拒绝了她的要求，于是她转而求助艾丽丝的母亲，安排 11 月 19 日在格罗夫纳路见面。她重申，罗素和艾丽丝其实没有订婚；她们达成一致意见：两个年轻人每月最多只能见一次面。罗素勋爵夫人的态度似乎已让艾丽丝明白，两人的关系注定会无果而终；艾丽丝开始显露出希望分手的迹象。12 月 15 日，艾丽丝临时取消了与罗素见面的安排，前往亨利 · 萨默塞特夫人的住所伊斯特诺城堡，在那里小住了几天。她写信谈到了她的矛盾心理。她告诉他，他们没有信守当初作出的仅仅以朋友身份相

见的承诺，她对此感到抱歉。如果她可以下决心订婚，那么，其实可以公开宣布，“但是，我无法决定，我们是否只能做朋友，或者至少说，是否应该只做朋友”。她很想说些情话，很想拉住罗素的手，“但是我觉得，那样做是错误的。我的性格与你的不同，自我表白完全必要”。可是，她并未下定决心：“这个星期，我想到了各种各样的问题……难以在此一一表述。你将需要具有无限耐心，到头来将会发现，我并不值得你那么劳神费力地追求。”

她的怀疑和犹豫态度让罗素深感担忧，他写下了最令人心动的情书之一。他在回信中写道，他们两人已经形成了“神圣的同感”态度。“这不可能有什么错，哪怕仅仅知道这一点也令人满怀虔诚。它通过开启无限的可能性，能够救赎世人，让他们免受肮脏和可怜之苦。不要剥夺我看到光辉的机会，哪怕身在天堂，我也不可能梦想到那样的时光。”他知道了她也有同感，“再也无法忍受形只影单的痛苦感觉。我觉得，假如你对我的了解恰如我对自己的了解，我就会遭到鄙视，恰如我鄙视自己一样，甚至遭到厌恶，恰如我厌恶自己一样……所以我相信，如果你将来不愿继续和我交往（这种可能不会让我感到惊讶），我应该立刻感觉到，根本无须你开口表达，事前事后都没有必要”。那封信件如愿奏效。“没有办法，”她回复说，“我希望你不要这么在乎。不过，我真的珍视你的爱意，超过了语言可以表达的程度。而且，我无法想象，一旦没有它，我的生活将会变得怎样。”

一两天之后，事情出现了转机。罗素弄到了他父亲的日记，发现当初的实情：他父亲21岁时向母亲求婚；他祖母当时的反应与对艾丽丝的一模一样；他父亲在日记中记录了自己的反应，与罗素现在的感觉如出一辙。他写道：“这让我有了一种不可思议的感觉，我并未过自己的生活，而是重复父亲的日子，往往对现实抱着迷信的态度。”他立即抄写了以速写符号记下的某些重要段落，寄给艾丽丝。艾丽丝觉得很有意思。她在回信中写道：“我从来没有读过像你父亲的 66
日记这样有趣的文字。我和你一样，也觉得非常不可思议。”那些段落显示，罗素勋爵夫人曾向安伯利和凯特建议，他们应该分开6个月时间，以便验证相互之间的感情是否足够强大，几乎与现在给罗素和艾丽丝的建议完全相同。安伯利和凯特同意了，但是显然让罗素勋爵夫人不满的是，他们依然我行我素，没有改变原来的计划。罗素和艾丽丝了解这段家史之后起到的效果是，它大大降低了对罗素勋爵夫人的反对意见所持的尊重态度。现在看来，罗素勋爵夫人的建议不过是老调重弹，再次表达了毫无道理的偏见。“我觉得，你祖母让人分开6个月时间，这样做太过分了！”艾丽丝写道。她次日要到彭布鲁克别墅去，与罗素勋爵夫人见面，但是老夫人形成的威胁已经大不如前了。“她干涉我的感情，要我放弃；这一招我知道，不过我不会就范。”

后来，罗素让艾丽丝看了他母亲的日记。艾丽丝在圣诞节期间通读一遍，简直入了迷，甚至忘记了她本来答应出席的戒酒协会的会议。除夕将至，她的怀疑看来已被克服，她给罗素写了一封信件，语气完全变了，显得比较亲热，使用了教友派信徒喜欢的“君”一词表达了她新近发现的亲昵感。她告诉他：“有些时候，我忙于别的事情，回忆起罗君的爱意，让我非常开心，似有难以置信的感觉……可以称你‘罗君’，这种感觉真好。其他的称呼看来都不太自然……我真的爱君，亲爱的伯迪。”她那天出席了一场儿童聚会，“那些可爱的孩子们显得非常开心，模样非常可爱。这使我产生前所未有的感觉，希望有自己的孩子”。

她的表态大大超出了罗素的预料。“我能说什么呢？”他在回信中说，“千言万语涌上心头，快乐的感觉非常奇妙，难以言表。艾君的来信恰似天降福音……我一整天都处于梦境之中，沉浸在天国的快乐之中。亲爱的艾丽丝，我无法继续写下去了，只有沉默才能表达我此时此刻的心情。”

第二天，两人见面，第一次相拥热吻。自从少年时与彭布鲁克别墅的那名女仆的莽撞行为之后，这是罗素首次与女人接吻。那天的一幕铭刻在他的记忆中，许久都历历在目。那天是1894年1月4日，伦敦被深达6英寸的积雪覆盖，他在雪中一路步行，从沃克斯霍尔赶到格罗夫纳路。“那场大雪带来了奇特的分隔效果，让伦敦变得悄无声息，仿佛是孤零零的山顶……除了吃饭时间之外，我俩亲吻了整整一天，从上午到晚上，几乎没有说话。唯一的插曲是，我朗读了《心之灵》。”[1] 在回家途中，他冒着暴风雪，从里士满车站，一路步行到彭布鲁克别墅。他抵达之后，觉得“身体疲惫不堪，内心欢欣鼓舞”。在下一年中，他又阅读了《心之灵》八遍。

在那之后，尽管没有公开宣布订婚，但罗素和艾丽丝两人都确信，他们已经订婚，将要举行婚礼。艾丽丝没有像罗素那样，保持非常谨慎的态度，公开声称她的朋友莱昂·菲茨帕特里克和姐姐玛丽都认为，罗素将会是一个好丈夫。她

[1] 《心之灵》是雪莱的一首诗歌，大概创作于1821年，赞美理想爱人，原文为*Epipsychidion*，系希腊语复合词。——译注

下一次进行禁酒宣传时，还将相关情况告诉了亨利·萨默塞特夫人。艾丽丝和亨利·萨默塞特夫人躺在曼彻斯特的旅馆里（“黑暗中说话要容易得多”），讨论了两人婚姻的前景，觉得这事情令人期待。亨利·萨默塞特夫人说，她本人高兴地听到，罗素在“妇女问题”上观点合理，而且对艾丽丝随身携带的罗素的照片表示欣赏。艾丽丝写道：“我说，我们希望穿着睡衣裤，到婚姻登记处举行仪式，但是她说，必须举行教友派信徒的婚礼。” 67

返回剑桥之前，甚至在那以后的一段时间里，罗素觉得，“订婚”的事情不能外传。他告诉艾丽丝：“我也希望和别人谈到艾君，不过怀疑总是让我打消了这个念头。”在彭布鲁克别墅，他几乎一如往常，隐藏自己的情感，其中既有艾丽丝带来的愉快，也有对祖母和阿加莎姑姑的愤怒。然而，即便像他那样精于此道的人来说，隐藏感情后来也变得越来越困难了。他在1月9日写道：“我开始盼望，自己可以再次离家。这里的氛围变得非常紧张，我对自己的自控能力感到担心。”

> 那天晚上，我几乎快要使用最尖刻的语调说：“当我非常喜欢的人谴责说，我为了自我放纵的目的刻意撒谎时，那种感觉真是爽极了。”十分值得庆幸的是，我能够控制自己，保持绝对沉默。我相信，他们根本不知道我深感恼怒。

但是，尽管他不信任自己的家人，他们对罗素和艾丽丝的怀疑与日俱增。一天，哈洛德·约阿希姆听说，罗素去过哈斯勒米尔，见面时却没有提及，感到非常惊讶。这让罗素觉得，他已经无法隐瞒到星期五山丘去这一事实了。约阿希姆的母亲开始打听，罗素和艾丽丝两人之间是否存在什么特殊关系？罗素在信中告诉艾丽丝：“所有这些荒诞现象让我有时怀疑，我们是否可以不让相关的人知道我们现在的安排？是否可以不让世人以愚蠢的方式，心满意足地说三道四？但是，我觉得，还是不让为好吧？”

为了尽量减少闲言碎语者的谈资，为了把罗素勋爵夫人了解明确情况的可能性降至最低限度，罗素和艾丽丝两人决定，一个月只见面一次。罗素在1月10日写道：“我担心，无论我干多少事情，我也会觉得一个月的时间十分漫长，简直没有尽头。”但是，他回到剑桥之后，沉浸在学习之中，还是有如释重负之感。在两人分开期间，他和艾丽丝每周通信三四次交换看法，试图消除两人之间的分歧，涉及的问题包括宗教、理想的居所、抚养后代的方式。艾丽丝喜欢让子女在基督教氛围中成长，但是罗素坚持认为："如果让我的子女将来成为基督徒，这一点让我在心理上难以接受。"

罗素自己信奉的宗教是带有泛神论色彩的神秘论，那是他在青少年时期接受的东西。他阅读了斯宾诺莎的《伦理学》之后，尤其读了弗雷德里克·波洛克
68 的著作《斯宾诺莎的生平和哲学》之后，受到了一定的影响，那种观念变得更为明确。罗素后来告诉奥托琳·莫里尔："自从我第一次阅读了波洛克的著作之后，斯宾诺莎成为我的世界之中最重要的人物之一。"他对斯宾诺莎的看法让人回想起他当初阅读雪莱作品之后的反应：这既是对作品的态度，也是对其作者的态度。在罗素其后的人生中，斯宾诺莎是一个重要的灵感之源。多年之后，他在《西方哲学史》中是这样表述的：

> 斯宾诺莎是最高尚、最受人喜欢的伟大哲学家。从思想上看，别的一些人超过了他；从伦理方面看，没有谁可以与之比肩。作为一个自然而然的结果，他在世时以及逝世以后的一个世纪中，他被视为一个令人震惊的邪恶之徒。他出生在一个犹太人家庭中，但是被那些犹太人开除了教籍。基督徒同样对他表示厌恶；尽管他的上帝观念在他的整个哲学中占主导地位，正统教徒却认为他信奉无神论。莱布尼兹深受他的影响，但是对此避而不谈，小心翼翼，不流露出任何赞美之辞。莱布尼兹甚至到了撒谎的地步，拒不承认自己知道这位宣扬异端邪说的犹太人。

波洛克写道，斯宾诺莎"认为，在人的生活中，宗教是某种非常真实的东西……但是按照他的理解，宗教不应分为各个教会和门派。它独立于条条框框的神学，在神示问题上独立于任何具体的认识或者信念，甚至独立于信奉人格化上帝理念的所谓自然神学……在斯宾诺莎看来，宗教的本质是一种愉快的心甘情愿的合作，其对象是在人和社会的特征中显示出来的世界秩序"。在这些表述中，波洛克形成的态度是罗素抛弃儿童时代的信仰以来一直思考的东西，阐述了罗素在此后生活中一直坚持的观点。而且，斯宾诺莎因为这个开明观点，遭到迫害和孤立；这两点足以使他成为罗素眼里的英雄。

"我希望，我两年之前开始阅读的不是托马斯·厄·肯培的著作，而是斯宾诺

莎的著作。”罗素1月28日写信告诉艾丽丝，“他更适合我，他鼓吹一种禁欲论，内容丰富，给人快感，其基础是没有界定的宽泛神秘主义。直至现在，这种神秘主义依然威力不减，继续激发我的想象力。” 他告诉她，在那以后的一周里，他一直在阅读波洛克的著作。“这本书在各个方面都令人钦佩，文字优美，论述精彩，展示了大量丰富的内容，让我思绪万千。”从那以后，罗素给他的朋友、学生和读者的建议是，首先去读波洛克的著作，然后再想法掌握斯宾诺莎本人撰写的非常艰深的作品。斯宾诺莎对其信念提出的论证以几何证明的方式出现；罗素从未认真对待它们。罗素认为，斯宾诺莎与雪莱类似，拥有并且传播富于想象的诗意真理，那种真理超越世俗之物，不可能进行证明。就这一点而言，他在某种程度上重复了他本人从詹姆斯·沃尔德那里得到的建议。他在关于沃尔德所做讲座的笔记中写道：“哲学与诗歌非常近似。抽象之中的想象力影响了某些哲学 69
家，特别是斯宾诺莎和柏拉图……但是，人是不可能把哲学伪装起来的，所以斯宾诺莎失败了。”沃尔德宣称，斯宾诺莎的上帝观“仅仅表示现在由‘绝对’或者‘无条件’表达的意思”。沃尔德的这一观点至少保留了一线希望，那些碎片将来可被重新组合起来——麦克塔格特不是声称，可能证明他所说的关于绝对的理念吗？况且，罗素至少暂时倾向于以虔诚的严肃态度，对待麦克塔格特的这一主张。

在他一生中的许多阶段中，罗素渴望信仰与斯宾诺莎的“上帝的智性之爱”类似的神秘主义；1894年春，这种渴望促使他展开一场旷日持久的战斗，对抗具有腐蚀性的怀疑论。一方面，他不能完全摆脱那种怀疑论；另一方面，他也常常对它抱着某种程度的喜欢态度。他认为，摩尔代表了哲学领域的怀疑论，这一观念早年激起了他对G. E. 摩尔的热情。摩尔的伟大哲学禀赋——也许可以说他唯一的哲学禀赋是，拒绝在他人恐吓之下接受荒诞或者异乎寻常的观点。在这方面，他是罗素的完美讨论伙伴。在哲学思考中，罗素的动机一直旨在发现某种可以让他更好理解世界的学说；更确切地说，摩尔的动机旨在理解哲学家们提出的理论。摩尔曾经写道：“我认为，世人或者科学都不能给我提出任何哲学问题。对我来说，提出哲学问题的，是其他哲学家表述的关于世界或者科学的观点。”有一次，罗素领着摩尔去见麦克塔格特。在谈话过程中，麦克塔格特提出了他的著名观点：时间是不真实的。那次见面是摩尔人生中的一个转折点。那时，大多数本科生都认为，如果他们不赞同麦克塔格特的观点，他们肯定误解了他的意思。但是摩尔发现，麦克塔格特的这一观点“非常可怕”，于是以他的引人注目的执着和韧性，对麦克塔格特提出质疑。那件事情以及其他类似事情使罗素确信：第一，摩尔应该放弃古典文学，转而研究哲学；第二，应该推选摩尔加入使徒的行列。罗素在这两方面都如愿以偿。

2月18日，罗素在写给艾丽丝的信中以心醉神迷的口吻，描述了摩尔在使徒见面会上首次亮相的情形。罗素说，摩尔“看上去就像牛顿和撒旦的混合体”。摩尔讲话“思路清晰，态度果断，开始时对怀疑论没有显示出任何兴奋的迹象”：

> ……他论述一个问题说：怀疑论不能摧毁热情，总是有一种热情存在，那就是对怀疑论的热情。如果谁听见他这样说，没有人会怀疑他完全相信自己表达的观点的真实性。我们完全让他迷住了，仿佛我们到那时为止一直都在沉睡之中，一直没有意识到毫无畏惧、没有杂质的纯粹智性态度的真实意思。如果他不死，如果他不发疯，我毫不怀疑，他将肯定会让自己以具有巨大天赋的男人的姿态，出现在世人面前。

对摩尔持这种态度的并非罗素一人，莱昂纳多·伍尔夫和利顿·斯特雷奇也
70 有类似说法。但是，为什么摩尔会引起如此强烈、毫无保留的佩服之感呢？这一点可能注定成为所有后来人难以揭开的谜团，剥夺后人开始时体验到的摩尔给人印象深刻的论证风格。摩尔的著作肯定也显示出他的韧性，但是难以让人产生“被迷住”的感觉。而且，我认为，摩尔的著作——例如，《伦理学原理》——啰啰唆唆，不断重复，文字艰深，很少让人看到他的“巨大天赋”。维特根斯坦曾经毫不客气地指出，对仅仅希望从其著作了解摩尔的人来说，摩尔可能产生类似的效果，给人完全没有任何智性的印象。但是，在1894年春天，毫无疑问的是，任何人的脑海都不会出现维特根斯坦这样的想法。

罗素认为，摩尔具有非常纯粹的思想激情，体现出某种相当奇特的品质。人们可以赞赏他的天性，就像赞赏一只老虎的天性，但是无法产生亲近感。当然，对艾丽丝来说，这样的内容是完全无法理解的，罗素觉得自己必须给她解释。他在2月21日写道，“艾君不相信摩尔对怀疑论抱有的激情，这让我觉得不可思议。艾君如果亲眼看到他的眼睛，肯定就会相信”：

他拥有强烈的激情和情感，但是它们在常人身上几乎见不到；它们是智性的、批判的……我在他身上尚未见到任何凡夫俗子的迹象，觉得自己既不喜欢他，也不讨厌他。但是，和他交谈让人产生一种奇特的兴奋感；他的批判言辞迎面而来，恰如从高高的阿尔卑斯山脉吹来的凉风。不过，对我来说，热情看来是世上最自然的东西：如果你生来带有热情的倾向，并不相信任何信念，你肯定会崇尚怀疑，我自己的经历可以说明这一点。面对彻底的怀疑论，真理、神圣、美以及诸如此类的东西全都败下阵来，不会成为热情的抒发对象。

2 月 25 日，使徒举行会议，在罗素次日写给艾丽丝的信中，摩尔的怀疑论的影响显而易见。那次会议的论题是，艺术或社会责任，哪一个是更好的理想？罗素和克朗普顿 · 卢埃林 · 戴维斯是正方，支持社会责任，麦克塔格特是反方。罗素谈到了当时的情况，口吻中露出一种新的不敬之意。

麦克塔格特像往常一样，弹起了关于绝对的老调，我们反对说那毫无用处——不然就会起到相反的作用。但是，马什是刚刚加入的成员，并不了解麦克塔格特的花招，对这种咄咄逼人的做法深感震惊，对麦克塔格特的说法半信半疑。绝对的奇妙之处在于，它总是与《记事报》唱反调，无论该报发表什么意见均是如此。而且，如果有人使用绝对的观点，麦克塔格特总说不行。

在这个问题上，摩尔站在麦克塔格特一边，罗素在信中报告说：“他是斯多葛主义者，认为幸福并不取决于外在的东西，例如，食物和衣服。如果教住在伦敦东区的穷人如何欣赏艺术，他会觉得幸福。摩尔对生活简直一无所知。”

为了下一周的讨论，罗素同意提交一篇关于支持使徒协会吸收女性会员的文 71
章。罗素征求艾丽丝对这个问题的看法，让他大为惊讶的是，她反对吸收女性会员的主张。她提出，该协会过于偏重思想方面的东西，不适合女性参加。女性天生具有很大的同情心，不适合参与不受个人感情影响的讨论，如果再与某个会员相恋，尤其显得不宜。而且，“我认为，不同性别的年轻人不应一起讨论涉及两性的问题”，那样做会不利于在讨论中完全坦率、没有顾忌地表达观点。在那之后的一封信件中，艾丽丝承认，她也许夸大了“知识女性恋爱的可能性”；罗素依然坚持自己在上一封信中表述的观点。会议结束之后，罗素写信告诉艾丽丝，除了洛斯·狄金森，其他人都赞成吸收女性入会。其实，第一位女性直到1970年才被吸收入会。

无论什么动机促使艾丽丝反对吸收女性入会，它们都不构成针对女性主义的更为广泛的反对意见。实情恰恰相反，在那之前不久，她接受了《十九世纪》的约稿，撰写了一篇女性主义的论战文章，标题为《女儿们的回答》，认为未婚女性有权不照顾父母。罗素的阿加莎姑姑一辈子照顾罗素勋爵夫人；在罗素勋爵夫人的生活中，阿加莎的献身精神是最大的慰藉。在彭布鲁克别墅，艾丽丝选择的这一文章主题引起轩然大波，招来的成见超过了其他任何问题。艾丽丝知道这一点，但是态度相当强硬。“我认为，所有年轻人不得不把老年亲属的孤独感这个问题搁置一旁。”她写信告诉罗素：

> 老年人几乎总是觉得孤独，你的祖母也不例外。毫无疑问，她自己的父母当时也感到孤独，但是她必须让他们过自己的生活。罗君如果爱我，如果需要工作，将来也肯定会在一定程度上离开她。罗君的叔叔罗洛没有工作，现在承担的责任更直接，将会问心无愧地离开她。毫无疑问，假如罗君的姑姑阿加莎可以结婚，她也会这样做。罗君的祖母有你姑姑照顾，其实是非常幸运的事情。

那篇文章于3月发表，随即成为阿加莎和罗素勋爵夫人主导的针对艾丽丝的战役的新焦点；不过，这反而强化了罗素对他们的反感。3月6日，罗素给艾丽丝写信，字里行间表达了对家人的鄙视，那种情绪以前一直是遭到压抑的：

> 我姑姑针对艾君的文章的那番言论非常典型，是我家里人的一贯伎俩。无论我对什么感兴趣，无论什么东西对我有价值，他们总是发表那种令人痛苦、含沙射影的虚伪评论。艾君可以想象，我长期忍受这种阴阳怪气的飞短流长，面对的情况多么令人恼怒……如果他们继续下去，如果我常常见到他们，我会逐渐仇视他们。根本无法长期忍受诸如此类的评论，我某个时候将会爆发，让他们知道我的感觉，这只是迟早的问题。不过，我将尽量克制自己。

他已经做出安排，准备和姨妈莫德·斯坦利一起，到罗马去过复活节假期，72
所以节日期间与他们相处的时间不多。但是，动身之前，他不得不在彭布鲁克别墅住上几天。他告诉艾丽丝，他对此深感恐惧："我还没有回去，就已经看见了他们满脸痛苦不堪的糟糕表情，看到他们对这个忘恩负义的年轻人看得见、摸得着的冷淡态度，看见他们对过得比较好的人的失望之情。所有这些以唉声叹气、欲言又止、含沙射影的方式表现出来。他们从不直截了当地表达意思，真是些地地道道的可怜家伙。"不过，他补充说："他们的这种伎俩其实毫无作用，仅仅在表面上可以让我感到恼怒。"

他觉得，他很快就要摆脱过去，获得自由。动身到彭布鲁克别墅之前，他在星期五山丘住了一个晚上，给他祖母写了一封信，刻意表达了强调自我、需要独立的态度——收信人也理解了这样的信息。

亲爱的奶奶：

我刚刚从皮尔索尔·史密斯家回来；当然，我在那里过得非常愉快。你对我的前景并不看好，肯定感到非常痛苦，这确实让我非常遗憾。但是，我比以前更加确信，你的担心是没有道理的——我从父亲的日记了解到，你当时对他的婚姻也感到非常担心。实际上，从父亲和母亲的日记看，他们的婚姻非常幸福，与常人的没有什么两样。所以，我希望你不再担心。我知道，那样的念头会让你增添多余的不快。

不出罗素所料，在彭布鲁克别墅的那个晚上，他感到紧张不安。他的家人认为，他仍然受到誓言的约束，不会与艾丽丝订婚，每月只能和她见面一次。他们听他谈到和她在一起的"前景"，不禁忧心忡忡；他的计划更让他们深感愤慨：在欧洲逗留期间，他将到巴黎探访艾丽丝的弟弟洛根。他们听说艾丽丝也计划在那期间看望她弟弟，简直就怒发冲冠了。罗素刚一到家，迎面而来的是劈头盖脸的疑问之辞——"我听说，洛根先生在巴黎住的可不是什么好地方。""我认为，你到巴黎之后最好去住旅馆，不要和他的那帮朋友混在一起。"后来，罗素被迫做出保证：他与艾丽丝的关系"依然保持原来的状态"。罗素接着说："怎么说呢，事情当然也或多或少有点变动。"祖母反驳说："没有什么变动不变动的。我有她母亲的书面承诺，还有她的口头承诺，你们两人的关系仅仅是单纯的友谊。

我认为，我也应该要求她写出书面承诺，但是当初没有想到这一点。她相当于以荣誉保证过，除了单纯的友谊之外，不会出现任何节外生枝的事情。”

罗素写信告诉艾丽丝：“可怜的老太太！她居然觉得，在这个世界，承诺可以控制爱情这样的事情！”当然，他也意识到，当订婚的事情最后公之于众时，他祖母会有遭到背叛的感觉。但是，他并不会让那样的事情影响自己的决定。他暂时不得不默默忍受祖母针对艾丽丝的“小人之见的恶意”。她含沙射影，带有针对性地提到“叛逆之女”，并且（担心暗指没有引起他的注意）还一本正经地问
73 他：“你明白这笑话的意思吧？”但是，他告诉艾丽丝：“我轻而易举地控制住了自己的脾气，一是因为这次时间短，二因为他们的所作所为起不到任何作用。”

然而，罗素勋爵夫人绝不会轻易认输。罗素刚刚离开彭布鲁克别墅，启程前往罗马，罗素勋爵夫人便要求艾丽丝到彭布鲁克别墅来一趟，大概希望她重新确认做出的承诺：“除了单纯的友谊之外，不会出现任何节外生枝的事情。”到了那时，艾丽丝的态度相当坚定，觉得婚礼应该举行，所以开始改变态度，颇像罗素希望在她身上看到的易卜生剧作中强硬的独立女性。艾丽丝不愿被罗素勋爵夫人吓倒，她与罗素不同，可以对抗罗素勋爵夫人施加的情感压力，对抗她采用的狡黠手法，采用的办法是以其人之道，治其人之身。“我和他们见面时将小心应对的原因仅仅在于，我害怕伤害他们的感情，害怕当着他们撒谎。”她写信告诉罗素：“如果事情变得尴尬，我将号啕大哭（我随时可以号啕大哭！），也许那样做可以打动他们的心，让他们看到我多愁善感的模样。那些可怜的人，我真的替他们感到遗憾…… ［但是］我现在很爱罗君，既不能让任何人干涉我们的事情，也不能让任何人对我们的关系说三道四。亲爱的大男孩，六个月的辛苦努力让罗君收获不小吧？”

罗素完全支持她选择的策略。“我应该想到，显而易见的一点是，艾君如果不撒谎，肯定无法从这次见面中全身而退。”他写道，“但是，也许艾君可以找到某种方式，流泪吧，这种‘女性的武器’很可能非常奏效……我觉得，我上次在家时没有告诉他们我俩订婚了，这是一个错误的做法。”3月20日，艾丽丝于在彭布鲁克别墅与他们见面，时间大约持续了一个小时。艾丽丝在她的日记中写道，谈话过程“非常痛苦，毫无结果。他们觉得，我经常与伯迪见面，并且每周通信两次，这样的做法很不诚实，很不文雅。而且，他们表示不解，我怎么能到巴黎去‘追’他呢？我明白，与罗素勋爵夫人争论毫无用处，所以仅仅重复说，

我无法像她那样看待这件事情……我替她们两人感到遗憾。然而，值得庆幸的是，我问心无愧，她们的意见对我毫无影响”。罗素在 3 月 25 日的回信中写道：“与我祖母见面不太顺利，我表示遗憾，但是并不觉得意外。”那时，他赞同她的意见，从欧洲大陆返回英国之后，立刻宣布两人订婚的消息。“如果她问及原因，我将会说，我们两人一起在巴黎时就已经订婚。这是我们的最后一次谎言。”

在罗马，罗素把时间花在社交活动上，见到了形形色色的贵族亲属，既有斯坦利家族一方的，也有罗素家族一方的。那段时间的经历让他证实这个想法：无论出现什么样的情况，他都不能像他祖母希望的那样，与自己所属的阶层人结婚。他告诉艾丽丝：贵族的“冷漠的保留态度（尽管我以不成熟的方式模仿着它）在生活中将会把我杀死”。他到阿尔杰农舅舅家里做客。阿尔杰农舅舅本是英国圣公会的神职人员，但是后来彻底皈依天主教，现在是教皇的内侍官兼伊姆瓦斯的大主教。罗素后来回忆说，阿尔杰农舅舅“让人觉得很开心，谦恭有礼，妙语连珠，天性快活，身体发福，喜欢美食，而且（就我看到的情况而言）非常享受生活”。但是，在 1894 年春天，罗素既没有心情感谢他的大主教阁下舅舅，也没有心情感谢款待他的其他任何亲属。他每天度日如年，算计还有多少日子才 74
能与艾丽丝再次相见。他在 3 月 25 日写道：“摆脱了这帮捣蛋的贵族之后，我将确实可以更多地享受具有波希米亚风情的巴黎。”

4 月 5 日，他抵达巴黎。洛根喜欢的“美国艺术学生的生活”让罗素觉得“非常自由，快适”，与他在前三周时间里和“头脑僵化、没有艺术细胞的贵族”相处的日子形成鲜明对照。他回忆说：“我记得在一场舞会上，艾丽丝穿着罗杰·弗莱设计的服装出现了。我还记得，她带着我参观在卢森堡举行的印象派画展，试图给我灌输文化，最后以失败告终。而且，我记得夜晚在塞纳河上荡舟的情形，就在枫丹白露附近。艾丽丝坐在我的身边，洛根不时妙语连珠，给那个夜晚增添了快乐。”

几天之后，罗素返回彭布鲁克别墅，发现祖母其实远远没有认输，甚至在他告诉她，他“在严格意义上已经与艾丽丝订婚”时，她也没有让步的表示。她显然已经做好准备，坚持继续反对的态度，利用她掌握的一切资源对抗到底，直至罗素真的和艾丽丝结婚那天为止。罗素告诉艾丽丝：“她已经完全采用了泪流满面的哀痛方式，这说明，那是她考虑到的最后一招。如果我能够对付它，一切都没有问题。”这一点说易做难，其原因在于，没有谁像罗素勋爵夫人那样，驾轻就熟地使用泪水，形成毁灭性的效果。例如，当罗素错误地表示，她对艾丽丝“不厚道”时，她抓住机会，展示了自己的本领：

> 这三个字似乎像蝰蛇一样，猛地咬了她一口，其效果超过了我的预料。当我谈到我俩关系中存在的难题时，她也有类似的反应。接着，她声音哽咽（整个过程均是如此），泪流满面地告诉我，许多困难将会摆在我的面前（她到那时为止一直咄咄逼人，所以我觉得这很自然）。她以痛苦的口吻，回应了另外一个问题（这完全是真是的：如果艾君说，她不能或者不应这样反应过度，那么，你就会犯下和她同样的错误）：尽管她以前曾经多次不得不用直截了当的语言，与处于类似情况的人说话，但是从来没有人说她不厚道。一个岁数比她小的人出言指责她，这样的事情她从来没有遇到过，我说了那三个字，这似乎悖理逆天，非常残酷。

她的表演给人印象非常深刻，几乎获得了成功。罗素告诉艾丽丝：“我说她不厚道，让她心烦意乱。她表情痛苦，让我深感悲伤，忘记了她对我的不仁之举，差一点一千次跪倒在她的脚下。但是，值得庆幸的是，我在最后一刻没有那么去做。”

然而，罗素错误地认为，“泪流满面的哀痛方式”是他祖母使用的最后一招。她还有一张王牌——罗素在谈到一年前夏天的梦境时曾经暗示过的东西：对遗传性精神失常的担心。她采用了逐步推进的阴险方式，首先告诉罗素阿加莎当年订婚时的情形。大约10年之前，阿加莎曾与一位年轻的助理牧师订婚，但是解除
75 了婚约。到那时为止，罗素对其具体原因知之甚少。他仅仅了解到，那件事情让她伤心绝望。不过他怀疑，祖母以某种方式，插手了解除婚约的事情。他曾经觉得，祖母“从本能上不愿让自己的子女结婚，个中原因既有作为母亲的嫉妒，也有对性行为的恐惧”。当年，她试图阻止安伯利结婚，结果没有成功；在阿加莎的婚事上，她最终如愿以偿。正如罗素后来在《自传》中所说的，阿加莎“是我祖母信奉的美德的牺牲品。假如她没有听信性行为是邪恶的这一说法，她可能展现才能，事业成功，生活幸福。”

就祖母反对后辈婚姻这一立场而言，罗素以前曾将自己的情况与父亲的进行比较，获得很大启迪。与之类似，他这时试图将艾丽丝面对的情形与阿加莎的进行比较。他在写给艾丽丝的信中说：“我告诉她，她不能理解艾君的观点。然后，

我给了一些暗示，说明我将自己与姑姑进行了比较。”罗素没有说明比较的具体内容，但是它看来肯定基于这一提示：假如艾丽丝不结婚，那么，她的结局可能与阿加莎的类似，最后会成为悲惨的没有成就感的未婚女人。

其实，阿加莎失去婚约的原因是，她受到幻觉的影响，想象未婚夫谋杀了克兰里卡德勋爵。她确信她的未婚夫有罪，甚至试图把他送到警署去。在这种情况下，他解除了婚约。罗素没有立刻了解事情的前因后果，而是慢慢地知道了阿加莎面临的困境的若干细节，那样的方式必然令他浮想联翩。开始时，他不了解阿加莎出现过幻觉，但是看到了阿加莎保存的未婚夫赠送的雪莱诗集。那情景非常可怜，令人触目惊心。罗素是这样向艾丽丝描述的：

> 诗集上用铅笔标示出他给她朗诵（或者背诵）作品的日期和地点。作品中有些文字（例如，“时光死了，永远像个小孩”）被标记出来，没有任何评语。在“无人注意的破碎之心的颂词”旁边，也没有评语。她留下的标记仅仅为了表达当时的心境，与我在17岁时所做的标记完全相同。唯一的区别在于，她确实伤心欲绝；我仅仅假装处于那种状态。可怜的女人！她人生的全部故事就在那些标记之中。看到她标记出来的《时光死了》，看到旁边的《爱的哲学》，让我不禁心生悲悯。两者之间的宇宙是多么的不同！最触动人心的是，她总是矢口否认她喜欢雪莱。我觉得，我现在意识到了她经受的苦难，仿佛能够理解她表达的任何痛苦。

罗素的复活节假大约还剩下10天时间，到时他必须返回剑桥。他们利用那一段时间，慢慢地拼接出一幅深受遗传性精神病折磨的家庭画面。与易卜生剧作的情节类似，可怕的揭示常常紧随隐晦的暗示出现。

4月14日，罗素给家人宣布：他已下定决心，准备公开宣布订婚的事情。就在同一天，罗素勋爵夫人提到，她刚刚给住在精神病院的儿子威廉写了一封信件。那时机似乎出于偶然巧合，那情况罗素也是第一次听说。罗洛叔叔也插手了 76
这件事——他让罗素看了一封短信。信封上标有“私密”字样，以晦涩模糊并且转弯抹角的方式警示：在罗素家族这样的古老人家中，可能出现遗传病症的危险。

罗素的家人一门心思地希望证明，罗素和艾丽丝不应结婚。后来，他们还将注意力转向艾丽丝的家庭，试图发现更多证据，说明她有遗传而来的精神不稳定疾病。他们看来一直没有发现，艾丽丝的父亲罗伯特曾经出现过精神崩溃症状，但是他们的确了解到，罗伯特的弟弟贺拉斯举止相当怪异。贺拉斯表现出来的症状现在可被诊断为躁狂抑郁症，精神状态时而极端兴奋（正如家人所说的，他的“愉快状态”），时而深度抑郁。两种状态转换突然，令人恐慌。他一段时间在伯明翰的女儿家中居住，一段时间在星期五山丘居住。在那里，他如果情绪低落，除了和哥哥罗伯特对弈之外，几乎不做其他任何事情。1894 年春天，彭布鲁克别墅的人听到了传言说，贺拉斯住进了精神病院，于是急不可待地利用这一线索，当作实现自己目的的最新证据。他们以那传言作为托词，从艾丽丝那里获得了皮尔索尔·史密斯一家在费城的家庭医生的地址，以便进一步了解艾丽丝家人的健康状态。

下一个步骤是，让罗素与家庭医生威廉·安德森见面。安德森对罗素勋爵夫人永远忠诚，十分愿意利用自己的医学权威为她效劳，4 月 29 日，返回剑桥大学的第一个周末，罗素在彭布鲁克别墅与那位医生见面。罗素后来回忆了当时的情况：

> 那位年老的家庭医生是苏格兰人，一脸严肃，蓄着络腮胡，开始告诉我自己以前隐约怀疑的所有情况：我叔叔威廉如何精神失常；我姑姑阿加莎如何出现精神病幻觉，最后婚约如何解除；我父亲如何受到癫痫症的折磨。

安排那次会面的目的旨在搅乱他的心境，实际上也起到了作用。罗素写道：“我开始觉得，自己似乎注定要面对黑暗的命运。”

但是，他的决心没有动摇。在伦敦逗留期间，他曾经和艾丽丝一起，观看了易卜生的剧作《雁》。当时，两人肯定被家里的朋友看到了。结果，罗素收到莫德姑姑的一封来信，信中说希望关于他和艾丽丝的传言不是真的。罗素回信告诉她：“传言中的情况真实可信，超过了你担心的程度。我与皮尔索尔·史密斯小姐已经相爱数年……我从国外回来之后，已经和她订婚。”不过，他告诉她，两人尚未做好公开宣布订婚消息的充分准备，这一点暂时与她可能听到的谣传不同。（此外，他希望，有关他与艾丽丝一起看戏的消息不要传到彭布鲁克别墅去。不过，他没有直接告诉她这一点。）

令人难以置信的是，从巴黎和罗马返回英国之后的那一段时间里，罗素潜心研读哲学，用功程度超过以往任何时候。伦理学优等考试预定于5月的第三周举行，詹姆斯·沃尔德已经告诫说，罗素复活节假日期间在欧洲旅行，浪费了时间，没有认真读书。但是，斯托特告诉他，那段时间，罗素撰写了高质量的文章，实际上肯定将在考试中获得一等成绩，甚至还可望跻身优良之列（获得所谓的“星级优秀称号”）。在与彭布鲁克别墅的人就遗传性精神病问题展开激烈争论期间，他写信告诉艾丽丝说：“我依然十分用功，依然可以把大部分心思集中在学习上。”他全神贯注地思考形而上学领域的抽象问题，显示了在早年时形成的将自己与情感焦虑隔绝开来的卓越能力。 77

实际上，我们从那几个月的情况看到，他集中精力关注哲学问题。这说明，他已从家庭问题中解脱出来。在那时的哲学领域中，他在很大程度上发现了童年时期的宗教信仰给他提供的慰藉，那种情况在以后的日子里再也没有出现过。那年年初，罗素发现了斯宾诺莎的泛神论神秘主义，认为斯宾诺莎所说的上帝就是麦克塔格特信奉的新黑格尔主义的绝对。从那以后，罗素有理由认为，哲学，尤其是麦克塔格特的哲学，可能给他提供一种他的理性以及情感可能默从的宗教。然而，有趣的是，罗素1月首次接触斯宾诺莎的著作时，尽管被其神秘主义吸引，但是曾经以某种不敬的口吻，谈到后来他大加赞赏的斯宾诺莎的核心观念——“上帝的智性之爱”。他那时曾经写信告诉艾丽丝，斯宾诺莎的理想似乎是“一种没有情感的天国，在那里可以用不带激情的方式，沉思欧氏几何中的比例……(但是他将此称作上帝的智性之爱，以便让它好听一些)”，那种爱可能“使任何现代人不寒而栗”。其原因在于，现代人（与刚刚花了一整天时间与艾丽丝接吻并且朗读雪莱诗歌的罗素类似）的观点认为，“天国如果没有吸引一切、充满情感的大爱，看来就远远不是什么可取的东西，还不如带有种种问题的人世”。

然而，复活节假期结束之后，罗素回到剑桥，摆脱了祖母令人窒息的爱意，斯宾诺莎的不带感情沉思的宗教毕竟就显得不太糟糕了。考试前夕，罗素在写给斯托特的一篇令人感兴趣的文章中试图证实，这种宗教显然是正确的。那篇文章是斯托特布置的作业：“根据笛卡尔的表述，讨论关于上帝存在的本体论论证的性质和逻辑有效性。”该本体论论证试图证明，在从逻辑上看，上帝的存在是必要的。其理由是，根据定义，上帝是最完美的存在者，必然存在。其原因在于，假如上帝不存在，上帝就至少欠缺一种完美性，即存在的完美性。在思考这一论证的过程中，罗素获得了他一生中最伟大的顿悟时刻之一。在他的自传著述中，他反复谈到那一时刻，相关文字最早见于1911年9月写给奥托琳·莫里尔的一封信中：

78 一天，那是参加最后一场优等考试一周前，我在工作过程中发现没有烟丝了，于是出去买一些。我带着一盒烟丝返回，突然好像发现了那个本体论论证之中的真理。我把盒子往上一抛，大声叫喊："伟大的上帝穿着靴子，这个本体论论证是合理的！"（我无法想象自己说出那个断言的理由）于是，我成了黑格尔主义者。

上文中的最后一个句子似乎是一个不根据前提的推理，罗素在交给斯托特的文章对它进行了解释。那篇幸存下来的文章显示，罗素认为，该本体论论证确定的既不是基督教的上帝，也不是任何人格化上帝，而是新黑格尔主义的"绝对"，或者斯宾诺莎所说的上帝；那一实在存在，五官感觉感受不到，然而人的智性透过许多变化的表象，能以朦胧方式感知到。根据罗素的阐述，该本体论论证进而提出："无论我们思考何物，我们都无法摆脱实在。"如果我们表达任何意思，甚至表达否定的意思（例如，"绝对不存在"），我们都必须"确认实在的特定谓词"。因此，"如果我们试图否认总体上的实在，那么，就没有剩下任何明确的基础来支撑我们的否定了。我们必须思考绝对；绝对的本质需要实存，因此，该本体论论证是有道理的"。

正如罗素在那篇文章的后半部分清楚阐述的，该论证基于将世界视为一个单一整体的观点，这就是说，基于"一元论"。一元论认为，尽管存在表象，事实上只有一个本原。该观点通过将这一本原（总体上的实在）与斯宾诺莎的上帝等同起来，获得其宗教意义：

在斯宾诺莎的体系中，只有一种实体，那就是上帝。上帝拥有两种属性——思维和延伸；上帝在世上万事万物中无所不在，是存在之物的整体：有限的心智和有限的物质部分存在的唯一前提是，它们是上帝……但是，斯宾诺莎的一元论并非十分完整，因为我们认为，延伸仅在思维所及的范围内存在。因此，上帝的两种属性是没有必要的；思维本身就已足够。

罗素早些时候说，它是“一种没有情感的天国，在那里可以用不带激情的方式，沉思欧氏几何中的比例”；他原来讽刺的天国这时成为他的宗教基础。后来，他将这种宗教称为“沉思的宗教”，将思维视为唯一的实在，将知性视为最高层次的美德。

第一场考试前几天，罗素离开剑桥，与 G. E. 摩尔一起，到诺佛克去徒步旅行。摩尔也将在同一天参加考试。罗素告诉艾丽丝：“我们打算每天步行15英里，但是我敢说，我们不会走那么远的距离。我确定我在路上将尽量说服他，‘无意识意志’这个说法是毫无意义的。对艾君来说，这无疑是一个无意义的话题，我也有此同感。”那次旅行出现的一个事件，能让人更好地理解摩尔与罗素两人之间后来出现的紧张关系，更好地理解摩尔一生中明显表现出来的对罗素性格的讨厌和不满态度。两人于 5 月 20 日回到剑桥，那一事件依然记忆犹新，罗素给艾 79
丽丝一五一十地讲述出来：

> 摩尔和我昨天上午返回剑桥，在两天的旅程中一共步行了 40 英里，但是没有明显的疲惫感觉。我迄今为止确实“看上去健康”，但是很想睡觉。我们在旅馆里遇到一个男人，他在各个方面消息灵通，是一名语言学者。但是他的谈话几乎全是他自己以及他朋友所干的偷鸡摸狗的不道德的事情。摩尔非常无知，所以我让那个男人说话，一来是给摩尔上上课，二来是给我提供一些娱乐。那个男人口若悬河，讲了许多下流的事情，一个比一个可怕，一个比一个令人觉得恶心，摩尔听后几乎难以控制自己。后来，摩尔非常兴奋，第一次觉得原来男人干的是这么一回事。那个男人只不过是平常之辈，但是摩尔说，那是他见到甚至在书本读到的最邪恶的人，在他身上找不到任何善良之处。这样的说法让我觉得可笑。摩尔说，他直到这个学期才知道恨一个人是什么感觉，他过去由于类似的原因憎恨另外一个人，但是对那个人的恨简直无法与对那个男人的相比。我劝导摩尔说，大多数男人都是这样的，并且告诉他，因为我鼓励那个男人说话，并且假装自己也一样粗俗，那个男人才讲了那样的事情。我觉得，摩尔实际学了有用的一课，将来会严肃对待改良者和类似的人。如果两人待在一起的时间更长一些，摩尔把那个男人谋杀了，我也不会觉得惊奇。让他异常愤怒的是，那个男人发现摩尔阅读了某些不雅的古典作品（为了研究之用）时，坚持将摩尔视为一条行动诡秘

> 的小狗，一个城府很深的人，一个将所有邪恶念头隐藏在天真外表下面的家伙。在我可以强忍自己的反感时，只觉得那一事件非常可笑；但是我认为，假如他们两人当时只谈建筑和历史，摩尔可能不会看到那个人的真实面目。

罗素在讲述摩尔的不适状态时，口吻有些奇怪。具体说来，他考虑到艾丽丝像摩尔一样，可能觉得这两点令人讨厌：其一是那个陌生人对“偷鸡摸狗的不道德的事情”津津乐道的态度；其二是罗素对佩特罗尼乌斯[1]的作品的讽刺。罗素显然发现，摩尔的愤慨态度滑稽有趣、可笑，是否也觉得，让艾丽丝深感震惊的做法可以达到同样效果呢？不管怎么说，这个故事以及罗素讲述它的方式有助于解释，罗素的首位传记作者阿兰·伍德为什么记录了那次极不寻常的谈话。伍德大概是从罗素本人那里听到这段对话的：

> 罗素：摩尔，你不喜欢我，对吧？
>
> 摩尔（仔细考虑这个问题之后）：不喜欢。

根据伍德的说法，“他们两人继续聊到其他事情”。

正如罗素和斯托特已经意识到的，詹姆斯·沃尔德对罗素在考试中可能表现不佳的担心完全没有必要。考试成绩公布之后，沃尔德本人告诉罗素，他以前从未见过哪一篇文章能够与罗素的媲美。罗素被授予“星级优秀”学位；如果罗素希望继续从事学术生涯，他实际上已经稳拿学院的院士职位。当然，他首先得递
80 交院士论文。罗素（考试结束之后在剑桥熬夜苦读）与沃尔德讨论之后，决定采用《元几何的认识论结果》作为他的论文题目，并且立刻动手准备，首先从沃尔德那里获得哲学方面的阅读清单，接着从怀特海那里获得了该题目数学方面的阅读清单。在一篇交给沃尔德的文章中，罗素已经讨论了这个问题（“元几何”是罗素和其他人那时用来表示非欧氏几何学的术语）。况且，从许多方面看，做出那种选择的理由显而易见——欧几里得几何公理的真理性是罗素最初在哲学领域中思考的题目。此外，正如他在写给艾丽丝的信件中所说的，这个题目可以让他

[1] 佩特罗尼乌斯·马克西穆斯（396—455年），罗马贵族，在晚年发动宫廷政变，后当上西罗马帝国皇帝（455年）。——译注

“利用我的两个优等考试的知识，所以我希望，它可以让所有主考官无法看懂我的论文”。

罗素解决了继续深造的问题之后，于 6 月 11 日回到彭布鲁克别墅，就即将举行婚礼的问题，与自己的家人周旋。5 月 31 日，订婚的消息已经对外正式公布，罗素无疑希望，到了他回到家里时，家人会觉得木已成舟，不得不接受这一既成事实。如果他真的这么期望，他就大错特错了。他的家人并不接受这一局面，反复强调他们的担心：基于医学方面的原因，罗素与艾丽丝的婚姻是一个重大错误。而且，他们还没完没了地重复，将人们的注意力转向威廉叔叔罹患的精神病，转向阿加莎姑姑产生的幻觉，转向安伯利当年频频发作的癫痫症。同时，他们还详细讨论了艾丽丝的叔叔贺拉斯精神状况不稳定的问题，详细讨论了艾丽丝父亲“时常犯傻或者说行为怪异的问题”。罗素后来写道：“我的家人强调这些事实，几乎快要把我逼疯了。他们劝我寻找最好的医学咨询，确定这个问题的答案：如果我俩结婚，我们的后代是否很可能精神失常？”

“最好的医学咨询”是丹尼尔·哈克·塔克图克提供的意见。塔克是精神病专家，曾经给威廉叔叔治病。图克医生的诊断——正如罗素所说的，“家人受到家庭医生的影响，家庭医生受到家人的影响”——是，罗素和艾丽丝不应生儿育女。6 月 21 日，在里士满安德森医生的家里，宣布了这一结论。罗素之后回忆说：

> 艾丽丝和我在里士满的大草坪上来回踱步，讨论这个决定。我相信医生们的判断，非常想要孩子，所以觉得应该解除婚约。艾丽丝说，她对生孩子没有多大兴趣，希望结婚，避免与家人住在一起。讨论了一个半小时之后，我逐渐接受了她的意见。

但是，当他们两人向彭布鲁克别墅的人宣布自己所做的决定时，再次引起轩然大波，表达出来的恐惧得到医生建议的支持。安德森医生反复告诫两人，采取避孕措施肯定有害健康；家里人声称，当初正是实施生育控制使安伯利得了癫痫症。在接下来几天里，罗素——像当初弗兰克一样——受到令人窒息的冷遇，被彭布鲁克别墅的人视为罪人：他们“哀叹连连，泪流满面，抱怨不断，空气沉闷，形成了病态的恐惧，几乎让人无法呼吸”。

7 月 3 日，罗素整理行装，与在剑桥结识的朋友埃迪·马什一起，外出徒步 81

旅行两周；与此同时，他的家人在安德森医生的协助下，试图重新控制局面。他们的计划是：安德森医生和罗素勋爵夫人在两人之间打开缺口，一方面劝说艾丽丝解除婚约，另一方面趁着罗素不在家里，由安德森医生就避孕的危险，就执意结婚的愚蠢行为，做出最后的有权威的医学裁定。但是，艾丽丝性格倔强，罗素头脑精明，两人共同努力，挫败了他们的计划。在罗素离开家里的那一段时间里，艾丽丝拒绝与罗素勋爵夫人或者安德森医生见面；罗素采取了先发制人的办法，咨询了一位独立的专家菲尔波特医生。尽管菲尔波特关于遗传性精神失常的判断非常令人沮丧，超过了安德森医生和图克提出的意见，但是他对避孕问题的态度非常坚决。他向罗素保证，他本人已经使用避孕措施多年，根本不担心任何不良后果。

罗素有了菲尔波特医生提供的武器，顿时信心倍增，对最后结果稳操胜券，甚至要艾丽丝对他祖母采取迁就态度。7 月 6 日，他从威尔士写信告诉艾丽丝："我知道，如果让祖母尝试任何她觉得可以将我们分开的方法，她内心感觉会好受一些——不管艾君觉得那样的内心感觉显得多么愚蠢……真正的胜利肯定在我们一边，我们可以在短期内耐心对待他们。我俩结婚以后，他们就完全无能为力了。况且，婚礼将把我们与他们彻底分开。"那天，他已经在与祖母的对峙中，成功地扭转局面，有效地锁定胜局，所以有理由感到自信。

前一天，罗素勋爵夫人已经使用了最后一招：安德森医生写信给艾丽丝，抨击使用避孕措施的做法，要求与她见面；罗素勋爵夫人亲自给罗素写信，就解除婚约之事向他表示同情。她写道："我们为你想了很多办法，我亲爱的。你将接受巨大考验，我的心为你疼痛不已。但是，在上帝的帮助下，你自己的正直性格将会让你渡过难关，变得更为高尚……在你需要帮助的日子里，22 年的爱意将会给你力量……哦，我的好小伙子！我们长期以来希望帮助你免于此难，预见到了你将经历的这场考验。"这些做法显然被视为决定性一击，会带来出乎意料的结果，但是它们却没有命中目标。安德森的信件反而使艾丽丝更加坚定地抗拒罗素家人的希望：她热情不减，坚定态度，提笔回信拒绝与安德森见面，拒绝解除婚约。与此同时，罗素回复了罗素勋爵夫人的信件，并且致信阿加莎姑姑，打出了菲尔波特医生这张王牌：

最亲爱的姑姑：

我从今天上午收到的奶奶来信中得知，她希望解除我们两人的婚约。正如我出发前告诉您的，鉴于我咨询的医生提出的意见，无论安德森医生说些什么，写些什么，婚约根本不可能解除……我还想告诉您和奶奶，我出来旅行两周的目的完全是为了取悦她，而不是因为我有任何解除婚姻的想法。我写这封信的考虑在于，我担心奶奶会告诉别人，或者向别人暗示我可能解除婚约。如果那样的谣传出现，我将坚持立刻举行婚礼，以便控制事态。您可以按照自己的判断，决定是否把这封信件的内容转告奶奶。 82

此外，罗素还给安德森医生写了一封内容大致相同的信件，并且告诉他说，根据菲尔波特医生的意见，“我现在已经决定举行婚礼，我必须恳求您在向我奶奶转告时慎重行事，不要让她过于不快”。

罗素战胜了他的家人，并且与他们分离开来，这两件事情这时可以宣告完成。7 月 15 日，他从威尔士返回，把个人物品从彭布鲁克别墅搬出来，转移到星期五山丘。艾丽丝已经在那里为他布置了一间书房，供他撰写院士论文之用。他在星期五山丘逗留期间，他的家人几乎每天都要给他写信，告诫他注意“现在所过的生活”。但是，他这时已经处于他们的控制之外。他在《自传》中写道：“我心里清楚，假如让他们得逞，他们会把我逼疯的。我从艾丽丝那里获得了心理健康。”

然而，胜利的代价实际上非常巨大，其影响将会贯穿他的一生。正如他在前一个夏天的梦境中所见的，他已经产生了根深蒂固的恐惧：他们对他隐瞒了关于家族的某种可怕事情，那事情与遗传性精神失常相关。现在，那些恐惧已被证明是有道理的，在罗素的自我感知中变得愈发突出，起到了举足轻重的作用。他在《自传》中写道：关于祖母所说的精神失常的恐惧“在潜意识层面上从未停止对我的困扰。从那时起，不过并非在那之前，我一直受到充满暴力的噩梦的支配。在那些噩梦中，我看到自己遭到谋杀，凶手通常是疯子。我高声尖叫，我有一次在惊醒之前伸手掐住妻子的脖子，觉得自己在自卫，以免受到谋杀者的攻击”：

在多年时间里，同一种恐惧使我避免所有深层次的情感，尽量去过理智的生活，通过使用尖刻言语来缓解恐惧。

7月21日，就在他搬入星期五山丘数日之后，正好关于母亲被藏在精神病院那一场噩梦1年之后（他后来发现，那天还是艾丽丝的生日），他凌晨再次记录了以下内容：

> 今夜是我梦见艾丽丝一周年的时间，而且还是她的生日。非常蹊跷的巧合，与这一事实联系在一起：梦中的大多数事情已经实现。这以奇特的方式，激发了我的想象力……我在她生日所做的梦；我后来发现，我的家人在这方面欺骗了我；他们严肃重申了那些告诫；我逐步发现了那些悲剧，它
> 83 们一个接着一个，无可救药，毫无缓解，构成了家族中大多数人的生活。首先，在彭布鲁克别墅的上空，笼罩着一片永不消失的阴云，就像命中注定的东西。尽管我努力抗争，那东西还是侵入到我的灵魂深处，无论我身在何处也无法摆脱，甚至剥夺了对艾丽丝的爱意带来的欢乐。所有这一切与对遗传性精神失常的恐惧结合起来，必然压迫我的心智，让我觉得整个家庭头上仿佛笼罩着一种厄运。我当初徒劳无益地与它抗争，试图摆脱它，以便获得自由——看来，这自由是别人的天生权利……我觉得，黑暗仿佛是我生来就有的要素……我受到家族幽灵的困扰，它似乎伸出了阴冷的魔爪，一把抓住了我，要我为抛弃黑暗传统的做法付出代价。
>
> ……对他们来说，这肯定是十分痛苦的。在一段时间里，我必须尽量避免与家人见面，避免去彭布鲁克别墅。否则，我真的会开始对自己的理智感到担心了。对我来说，彭布鲁克别墅就像一个家族墓穴，受到疯子幽灵的骚扰；我想到最近安德森医生所说的情况，这种感觉尤为强烈。谢天谢地，在这里，一切充满光明，非常健康，特别是我的艾丽丝。只要我能忘记彭布鲁克别墅，忘记它给我的可怕遗产，我没有什么不幸预示，只有互相爱慕的纯洁欢娱。

就在那一段时间，罗素重读了易卜生的作品《群鬼》和《海达·高布乐》。过去的一年里，他已经开始将艾丽丝视为易卜生笔下的女英雄式人物，最后将他自己的整个生活视为一部由幽灵的启示构成的易卜生式悲剧。不过，他尽管付出了不菲代价，还是获得了巨大慰藉：他曾经看到的被艾丽丝拯救出来的梦中场景已经变为了现实。如今，他脱离了彭布鲁克别墅，获得了自由。他说他在“一段

时间里”避免与家人见面，事实上之后再也没有到那里去住过。

他担心自己继续受到困扰——这次是受到祖母的幽灵的困扰，对彭布鲁克别墅的人做出了最后一次让步：8 月时同意与艾丽丝分开三个月时间。那时他得知，祖母得了癌症，奄奄一息——或者至少说，安德森医生及其助手加德纳医生似乎对此确信不疑。8 月 17 日，罗素接到通知，离开星期五山丘，前往彭布鲁克别墅，从加德纳医生那里听到了令人深感担忧的诊断：祖母至多还能活两年时间。“心境完全平静显然是一项预防性措施”，罗素听到这一告诫之后得出的隐含意义是：在过去三个月中，他的行为破坏了罗素勋爵夫人的宁静心境，因此是她罹患疾病的原因。在彭布鲁克别墅的客厅里，罗素给艾丽丝写了一封信说：那天晚上，他发现祖母躺在沙发上。“我们默默拥抱一阵。然后，我望着她，深感悲伤，热泪盈眶。她说：‘唉，我的情况比你想象的还糟’；我当时没有获得胜利的感觉，只有轻微的自责——自己没有多少焦虑，显得冷酷无情。”祖母敦促他离开艾丽丝，独自生活一段时间。罗素与加德纳医生讨论了这个问题，听从了他提出的建议。为了减轻她的不满，从而改善她的健康状况，罗素同意这么做。

到了那时，罗素勋爵夫人已经无力回天，做出任何改变现状的事情了。就在离开星期五山丘之前，罗素度过了他在给艾丽丝信中描述的“我一生中最幸福的 84
上午”。他和艾丽丝一起去了菩提树，艾丽丝让他亲吻她的乳房。在那之后，没有什么东西可以阻止他实施和她结婚的计划。而且，没有任何事情可以抑制他的精神，甚至祖母的临终恳求也无济于事。他从彭布鲁克别墅给艾丽丝写信说：“所有不幸，无论是现在的，还是将来的，都不可能让我觉得不愉快。我俩以突然的美妙方式，突然表达了纯洁和爱意，这让我的内心十分充实……尽管还存在问题，但是我感到幸福，超越了尘世。我相信，现在没有什么可以剥夺我俩相互拥有的完美、纯洁和欢乐。”他在后来的一封信中写道：“感谢上苍，我俩拥有那个神圣的上午，永远将我们结合在一起。”对那个上午的回忆让他觉得，分开三个月的想法难以忍受，但是“如果我们不为祖母做点事情，她去世之后，我会对她的幽灵心存恐惧”。

两人分开的第一周中，罗素到了北威尔士的彭罗斯，住在舅舅莱尔夫·斯坦利的家中。他在那里写信告诉艾丽丝：“这里死气沉沉，非常乏味。星期五山丘的生活已经把我惯坏了。现在，我担心人们的愚蠢偏见，不便说出自己想说的事情，一直感到恼怒。以前，我认为这些是不可避免的，就像这里多雨的天气一样。糟糕透了，他们看起来乏味、愚蠢、沉闷，根本无法与我喜欢、最近看到的人拥有的那种快适的活力和自由相提并论……但是，我独自坐下，阅读亨利·詹姆斯的作品，让自己进入社会主义者和意大利王公的世界，不禁兴趣盎然。但是，我不敢让自己沉迷于这部分有趣的现实世界之中，不禁对这一段时间的分离感到担心。我一想到这一点，心里就十分很难受。”

但是，罗素过了几天之后承认，“这里的人的谈话很有意思”，他写给艾丽丝的信件也包括斯坦利一家人在用餐过程中进行的妙语连珠、兴趣盎然的谈话内容。一天午餐时，莫德姨妈问他：“喂，伯迪……你认识一位名叫布赖登的小姐吗？”

> 我承认自己完全不知道任何叫那个名字的年轻女士。她于是说：“我们一直在查阅你们家族的后代，希望你告诉我们关于布赖登先生的情况。他是否拥有盾形纹章？”在这种情况下，我灵机一动，给他们讲了使用那个名字的我的高曾祖父的简况。我还让他们相信，他肯定拥有盾形纹章。莫德姨妈说：“那么，我祝贺你！在这里用餐的人中，只有你拥有如此殊荣。”你可以想象一下，我当时多么自豪，多么开心！从那以后，我就对其他人持居高临下的态度了。

这封信件言外之意是，罗素知道所有 16 位高曾祖父的生平。这一点也许出人意料，但是它揭示了他对纹章学和谱系学的兴趣，并且证实后来对“他喜欢什么”这个问题的回答。“数学与海洋、神学与纹章学，我喜欢前两个的原因在于，它们是非人的；我喜欢后两个原因在于，它们是荒诞的”。在彭罗斯的午餐谈话的语境中，他没有理解的是：斯坦利一家知道，他刚刚宣布自己要和一个
85 美国平民结婚的消息；在提醒他拥有贵族家系的纯洁性的谈话中，可能带有一种隐秘动机。

8 月 27 日，罗素于回到彭布鲁克别墅之后决定，他和艾丽丝的结婚典礼最好尽快举行——其实就在为期三个月的分离结束之后实施。他写信告诉艾丽丝：“我们必须在 11 月结婚。实际上，我将它视为答应这次分离的一个条件。”他当时认为，很快结婚是必要之举，可以将他从家人的控制中解放出来。他比以往任何时候都相信，这样做可以保存他的理智。他告诉艾丽丝：“如今，我在任何方面都不依赖他们；随着时间的推移，我的感激之情将会越来越强烈。假如我一文

不名，假如我是姑娘，我很可能得依靠他们；他们无疑会把我逼疯，让我像父亲和叔叔那样，像我姑姑现在这样……我对他们越恨，越害怕，对艾君的爱就越多；假如艾君没有其他美德，仅仅这一点也会让我爱上艾君的。”为了缓解提前举行婚礼给祖母造成的打击，罗素对她撒了一个谎。这个说法尽管完全不可能实现，但看来给她带来了很大安慰：他和艾丽丝确信，安德森医生强烈表达了避孕带来的医学方面的危险，所以根本没有打算同房，即便婚礼之后也不会住在一起。正如罗素坦诚承认的，这是玩世不恭的欺骗行为。他在写给艾丽丝的信中为这一做法辩护说：“既然我知道，她很快就要离开人世，我并不那么介意对她表达不大可能实现的希望。”如果事实让阿加莎和罗洛感到失望，这没有什么大的后果可言——罗素担心的是反对婚事、对此深感痛苦的祖母的反应。“她去世之后，就没有谁的感觉需要考虑了。如果姑姑真的表示反对，那么，我将可以向她直接表达我自己的看法。”

罗素只在彭布鲁克别墅住了一个晚上，次日便前往到伯德特家，在那里小住几日。伯德特一家曾经住在里士满，是罗素家的邻居，现在住在威尔特郡。在那期间，罗素得到消息说，英国驻法国大使达弗林勋爵给他提供了一个临时工作机会，担任巴黎使馆的荣誉馆员。他的第一反应是谢绝。正如他在写给艾丽丝的信中所说，那样做将会“朝着我避之不及的职业迈出第一步”。除非他显得完全不能胜任，否则那个机会将会逐步带来其他职位，例如，私人秘书等等。沿着那条道路走下去，他将慢慢被人推入政界和外交界。一方面，他所受的教育和家庭背景让他完全有能力干下去，另一方面，他本人已经坚决表示，他讨厌这样的工作。但是，那份工作可以帮助他填满承诺分开的三个月时间，那个方式有趣一些，而且让他有了托词，避免住在彭布鲁克别墅或者星期五山丘。他和艾丽丝商量，她明确表示，他应该接受这份工作，一是因为它让他摆脱彭布鲁克别墅的影响，二是因为它可以给他提供大量有用的实际经验。

关于第二点，罗素心里深感怀疑。在一个问题上，艾丽丝很像他的祖母，她们两人的目的也不谋而合：艾丽丝喜欢实际的政治活动，而不是形而上学的探索，希望看到罗素在公众生活中发挥某种作用。在这一方面，她与罗素勋爵夫人类似，希望在大使馆工作的机会将会大有益处，可以帮助罗素在“社会上”站稳脚跟，接触具有一定政治影响力的人物。在 9 月 3 日信件中，罗素尽量打消她的 86
这些愿望。他告诉艾丽丝，“我有增加阅历的激情，但是，如果我要发挥自己的才能，我就必须避开大量可能获得的阅历，把自己关在书房里，过宁静的日子，（在可能的情况下）只与赞同这种生活的人见面”：

> 我知道自己的需要，超过了艾君的理解。对我而言十分重要的是，艾君应该支持我的追求。我希望成为专家，肤浅的生活阅历对我来说没有什么用处；良好的举止绝对没有用处……庸俗的成功是世上最可恨的东西，我俩也面临被它弄得沾沾自喜的危险。这些时间应该完全用来从事理论性工作，通过思考来获得观念（这样的事情只有在年轻时才能完成）。如果我浪费时光，我在余生中将会自责不已。生命仅此一次。上帝。万能的神让我热爱理论研究，而不是从事实际工作。因此，了解世事对我来说没有什么价值。

对达弗林勋爵提供的这一工作邀请，大多数刚从剑桥大学毕业的22岁年轻人都会接受，都会对它提供的在政界和社交界中的发展机会深感兴趣。但是，正如罗素明确让艾丽丝和他的祖母理解的那样，他同意到巴黎去时，根本不考虑那些前景。

罗素勋爵夫人希望，巴黎的日子会让罗素忘掉艾丽丝。为了实现这个目的，她在罗素动身的前几天要求他答应，在分开期间不要给艾丽丝写信。罗素自然对此表示拒绝，他告诉艾丽丝：“我告诉她，要我俩不结婚，这是绝对不可能的事情。”不过，他自己倒是担心：他会非常思念艾丽丝。他8月17之后一直未与艾丽丝见面，他告诉她：“我已经想不起艾君的模样了。分开之后，我只能在最初几天记得艾君是什么样子。”对他来说，信件是保持关系的至关重要的工具。

罗素觉得，他自己善于“语言表达”，而不是“视觉想象”。在他抵达巴黎之后不久，这种感觉进一步增强。那时，他阅读了威廉·詹姆斯的著作《心理学原理》。詹姆斯在“思维之流”那一章中写道：

> 一个非常聪明的朋友告诉我，他无法回想他自己的早餐桌的样子……形成这种“认知”的“心智材料”看来完全是文字形象。

罗素在这段文字的页边空白里标注：“这几乎就是我自己的例子”。在他标注的另外一个段落中，詹姆斯谈到了语言形象——而不是视觉形象——的优势，认为“随着年龄的增长，人的思维更加有效，一般说来，人就会失去一些构图能力，更多地依赖文字。”

20 世纪 40 年代，罗素的朋友鲁珀特·克劳谢 - 威廉或多或少测量了罗素对文字的依赖性。那段时间，克劳谢 - 威廉对“智商”测试的发展很感兴趣。克劳 87
谢 - 威廉认为，罗素“拥有出类拔萃的语言（而不是视觉）想象力。对他来说，现实是通过符号作为媒介传达给自己的，在许多情况下，除了通过文字媒介之外，他对现实没有什么领悟”：

> 他对语言符号化的需要以明显方式表现出来。当时，我给了他一份关于类比方式的智商测试题。在最简单的题目中，一个单线圆形旁边有一个单线正方形，然后通过单线圆形，显示一个双线圆形，让接受测试的人从各种图形中选出一个双线正方形。
>
> 开始时，伯迪做得很快，速度大大超过我的任何一个学生……
>
> 但是，后来让我们感到惊讶的是，伯迪还没有做完，就放弃了。
>
> “我现在是否可以停下来？”他说，“我做不下去了。”
>
> 我们试图让他继续做下去，但是他显然非常讨厌那个想法；在这种情况下，试图强迫他是极不礼貌的。
>
> “可是，出了什么问题呢？”我们问，“您当时做得非常好的，前面题目做得好的人后来的题目总是做得比较好。”
>
> “我不知道那些图形的名称。”伯迪说。

罗素无法在脑海里保持艾丽丝的图像，决定在两人之间保持不断的文字交流。他 9 月 10 日动身前往巴黎，11 月 17 日返回英国，为期三个月的分离告一段落。在那一段时间里，他每天都给她写信，通常三次，有时候四次。

在那些信件中，他描述了他的日常生活，包括一起工作的同事、对巴黎的印象、在大使馆中承担的事务等等。不过，占支配地位的话题，反复涉及的话题是性爱：他表达了对性爱的看法和期待，还作出了坚持不懈的努力，以便让艾丽丝克服对性爱的恐惧。在他对艾丽丝的回忆中，有一个场景从来没有淡化，那就是在两人在一起的最后一天中，他亲吻她的乳房。他反复解释说，他觉得那是妙不可言的精神感受和生理感受。他告诉她，那是“我人生中迄今出现的最强烈的精神体验”：

> 当然，毫无疑问的是，这肯定也是我们迄今为止经历的肉体之爱的最高表现形式。生理感觉让我产生那种举动——那是我们体验的唯一明确的两性活动；所以，它让我看到很大的希望：最高层次的精神之爱可能在肢体动作中找到最完美的表达方式；两者并非相互冲突，而是并行不悖的。

那一经历对他来说具有核心意义，他把 8 月 17 日以后艾丽丝寄来的信件分别保管，“因为我感到，那天的体验开始了一个阶段，在我俩的恋爱史上形成巨大差别，超过了以前的任何事情……它是神圣的！”

对亲吻她的乳房的回忆，对即将来临的新婚之夜的期待，诸如此类的性爱念
88 头从未从罗素的脑海中消失，实际上获得了一种神圣意义，几乎带有宗教性质。无论性爱来自对这个话题的处女式抵触，例如，艾丽丝的反应，还是产生于淫秽活动，例如，他在巴黎随处可见的情景，从习惯上看，性爱都被视为某种肮脏的东西，让他心生厌恶。或者说，性爱似乎是悖理逆天之事，例如，他在索思盖特了解到的那些青少年的亵渎言行。性爱必须干净纯洁。他告诉艾丽丝，“除非男人心灵纯洁，获得真正幸福的婚姻可能性不大。只要他婚前可以表示亲昵的女人只有妓女，只要对他来说一切涉及两性的东西与她们相关，他就不可能是心灵纯洁之人”：

> 我可以肯定，最重要的事情是，在整个青春期中让男女学生同校接受教育，自由交流，对两性问题充分了解——如果两性之间的神秘感被消除，就可能同时消除那个阶段中出现的一半病态欲望。

当然，他想到的是他自己的青少年时期，想到他不得不“从同伴的不道德的淫秽语言中，了解我可能了解的东西”。这时，他已经知道了“虔诚性爱观的美妙之处”，与之相反的观点“让我震惊，这种感觉与日俱增”：

> 直至除了我的个人朋友之外，其他所有男人——甚至还包括大多数女人——成为让我恶心的人。他们认为，性爱是骇人听闻的，这样说不过显示

> 了肮脏的另外一面。假如他们的心灵是纯洁的，假如他们能够以神圣的方式理智地看待它，他们就不会想象性爱是骇人听闻的了。

他让艾丽丝放心，他认为最后一点“适用于过去的艾君，而不是现在的艾君”。

罗素在大使馆工作轻松。他觉得无聊，从未详细描述过，只是告诉艾丽丝，他的主要事务包括抄写上司的信件和译解电报。他后来声称，他当时不得不抄写的大多数信件旨在说服法国人，龙虾不是鱼类——那个说法看来是一种夸大之辞，旨在表达他对外交谈判细节的愤怒和厌倦。他的空闲时间很多，本应用来进行社交活动，让他有机会认识英国大使馆中具有影响力的重要人物。然而，这正是他刻意避免染指的事情。他觉得，那些场合非常无聊，比他所做的工作更甚，大多数话题要么涉及他的贵族亲属，要么涉及运动（涉及“狩猎、射击、钓鱼”之类）。他对这两个方面的东西毫无兴趣。

闲暇时，他在巴黎游荡，自然没有发现什么“纯洁”的东西，而是看到许多让他感到震惊的事情。“我讨厌这个地方。”他写信告诉艾丽丝：

> 晚间，我在街头散步，街道两旁全是妓女，一排一排的，涂脂抹粉，嘴
> 里冒出粗俗的“诱惑言语”，让我感到非常紧张，十分郁闷。法国男人也是 89
> 野兽，行为令人难以启齿。每次我看到粗俗的行为，听到粗俗的字眼，体验到粗俗的情感，我都不寒而栗……看到这里的人缺乏应有基本感情，我不禁对世人感到绝望，对理解与性爱相关的问题的可能性感到绝望……我逐渐讨厌在这里看到的一切委琐行为，讨厌整个城市中弥漫的寻欢作乐的气氛。我几乎觉得，自己应该一头扎进某座古老的修道院，许下任何数量的誓言，以便能够远离这个地方令人窒息的罪孽活动。

10 月 1 日，出现了某种完美、体面的缓解契机，让他暂时摆脱法国的肮脏和淫秽。他去了巴黎歌剧院，观看瓦格纳的《女武神》。那部作品展示了德国艺术的魅力，让他心旷神怡，如痴如醉。他那天晚上写信告诉艾丽丝：“演出非常美妙，令人振奋。每个音符都让我感受到这位德国作曲家的巨大魅力，产生崇拜之感。我真希望，自己生下来就是德国人。能够看到与法国迥然不同的艺术，令人感到自豪。与日耳曼巨人的宏大艺术相比，法国人就像只会雕虫小技的侏儒。在

法国看了这么多令人窒息、过分挑剔的做法之后，就连那些不合理的舞台效果，例如，闪电雷鸣，……也显得气势非凡，鼓舞人心。”当然，奥丁神的婢女们非常符合罗素的口味，形象地体现了他的理想女性，是“伟大的原始女性的完美典型。她们备受沃尔特·惠特曼喜欢和赞颂，但是却被会客室的氛围所毁灭”。

虽然过了一段时间，但在罗素想象中，艾丽丝本人“作为伟大的原始女性”的形象并未完全错位。他10月12日写道，在他眼里，她“是未来的女性，而不是昙花一现、痛苦抗争的女人……她生来就已取得了胜利……几乎每个女人都得痛苦抗争，才能获得独立”。艾丽丝是惠特曼笔下“坚强而且自负的女人”，生来决不妥协，在性行为上尤其如此。但是，罗素在一定程度夸大了他自己理想中的“纯洁”要素，决心把她归为这个类型之中。他写道：“我可以肯定，艾君爱我的主要原因在于，我给了艾君担心其他男人无法给予的东西——纯洁……而且，我要求很少有女人可以给予的东西：坦率、自由、并不过分拘谨。这些品质与纯洁结合起来，而不是通常的那样，与世俗之物结合起来。我们知道自己提出要求的方式，这让我们的关系更加密切。那些要求看来非常高尚，难以得到满足，然而我们却从对方那里得到了满足。”

他要解决的问题是，给他自己和艾丽丝画出这样的女性形象：她从给他灵感的《草叶集》中走来，并不过分拘谨，满足他的理想，成为“具有原始特征的强大女性”。他的解决方法是自称：其一，过分拘谨是艾丽丝过去的做法；其二，无论她是否意识到，她现在（正如他在一封信中所说的）是“美妙无比的动物”，集中体现了生理和心理两个方面的健康状态。例如，她在一封信中承认，她对性活动并不十分期待，并且确信自己并不享受它，希望那样的活动不要过于频繁。罗素把这样的感觉完全归为她以前的看法：如果不是为了繁衍后代的目的，性爱是邪恶的。罗素写信回答说：“我可以肯定，艾君以前的看法受到这个观念的影
90 响：女方根本没有任何性欲。其实，这绝对是不正确的。我认为，适度的性交没有任何危害，完全是男欢女爱的产物，并不作为主要目的。”

最后，让罗素感到高兴的是，艾丽丝承认，尽管她从来没能像他那样，热衷于这个话题，然而她也有性爱想法。他试图让她相信：“那将是神圣的！超过了我们可以想象的程度。”如果后一个说法是正确的，至少就罗素的情况而言，这并不是因为缺乏尝试。在他度过的每一天中，他几乎都在努力想象性爱的场景。甚至在决心强调精神和纯粹层面时，他也不得不承认，猜想性爱活动带来的生理

快感并不是什么困难之事。正如他所说的："就生理方面的原因而言，很容易想象更多的情欲之欢，长期分离往往让人想到那样的东西。"他从巴黎写给艾丽丝的每一封信几乎都证实了这一句话的真实性。他最后承认，在他的脑海中，两人最后一次见面的情形在精神层面的东西几乎消失殆尽；他几乎"难以想起我俩最后一天在一起做了些什么——想到艾君的乳房仅仅引起紧张的亢奋，当时那种神圣的宁静感已经无踪无影了"。

有时候，他谈到这样的性期待时几乎没有考虑什么纯洁，表现出来的是一种强烈欲望——这样的要求必须得到满足：

> 我……有时候在梦中想到我俩将来可以睡在一起的情形——我仍然有曾经称为下流的念头，但是如今已经不再害怕了。尽管所有这一切都将取决于艾君的感受，我相信，至少对我来说一项不错的安排是，开始时可以在身体感觉方面适当放纵一些，直到使人发疯的亢奋感消退，让我在想象中不再对此那么渴望。我一躺在床上，脑海里便出现这些念头。我心跳加速，开始呼吸急促，有时候激动得浑身颤抖。我几乎可以肯定，一旦这些生理感觉得到满足，这种紧张的几乎令人感到痛苦的亢奋将会消退，它们包含的纯洁、良善和精神层面的东西将会留存下来……不过请告诉我，艾君是否觉得，这样的观点带着危险，是否在某些方面觉得令人讨厌。我将让自己慢慢习惯不同的期待。

艾丽丝的反应并不令人觉得满意；她甚至建议，他们应该再等几周，举行婚礼之后才能同房。罗素知道这个想法之后深感担忧，想方设法打消她的这个念头。他争辩说："在我们体验交媾之前，如果我俩睡在一起，我的这个念头将会非常强烈，让我感到恐惧。我觉得，它让我辗转床笫，难以入眠，过多地想到这件事情……主要原因是，我希望知道终极体验究竟怎样……在过去几个月中，我几乎觉得，自己已经无法控制这种亢奋，必须尝试一次才能稍加缓解。"他告诉她，他试图采用反复背诵诗歌，采用别的方式，让他自己不"对这个问题"想入非非，"但是，我很难自拔"。他觉得，他需要度一次假，以便摆脱刻意自控的状态："我希望……转移注意力，恢复正常的生活，哪怕仅仅 24 小时都行。"他 91
承认，他已经"有时候想到下流的东西，我从梦中知道这一点"，但是摆脱困境的最佳方式是，满足他自己的欲望。他解释说，他的处境很像吉本[1]在书中描述的早期基督教隐士的情况：他们隐居沙漠，以便将自己的生活用于消灭内心的欲望。然而他们却发现，自己“总是受到一种念头的困扰，觉得赤身裸体的妓女在面前载歌载舞，引诱他们犯罪”。

那段时间，罗素给使徒协会撰写了一篇文章，题为《克利欧佩特拉或玛吉·塔利弗》，非常有趣，不乏启迪，进一步阐述的主题是：通过压抑强烈情感来克服它们的做法是徒劳无益的，甚至不乏邪恶的。文章开门见山地提出“我们应该怎样对待激情呢？”这个问题，然后写道：

> 禁欲主义和中世纪道德认为，应该剿灭它们，以便心无旁骛地思考美德或上帝。应该过一成不变、波澜不惊的平静生活……格兰蒂太太[2]的回答与之不同，她提供的行动准则是，不要说三道四，放纵之前关闭窗帘……作为对此的反应，上一代法国和英国审美者承认它们，并且对它们感到自豪。以美妙的方式得到满足是合乎道德的……在这种道德准则中，激情是从审美层面来加以判断的，而不是从其实际结果来加以判断的。

针对这些极端之见，罗素提出了“惠特曼的狂热拥趸”（该文表明，罗素本人也在此列）的观点。拥趸们崇尚宽容和理智，因而“随之形成对所有那些激情的崇拜。心智健全、身体健康的男人和女人感觉到的这些激情属于伟大的自然，如果对它们感到羞愧，就是对心智健全的正常人性感到羞愧”：

> 因此，他们和法国人一样，也对激情大加颂扬。但是，和法国人的做法不同的是，他们仅仅在激情有利于健康时才表示赞扬，在……激情“属于理智的欲望，并且适当时”才能表示赞扬。“我钟爱的女人毫不羞愧地坦率承认两性相悦带来的甜蜜”，沃尔特·惠特曼如是说。

---

[1] 爱德华·吉本（1737—1794年），近代英国杰出历史学家，影响深远的史学名著《罗马帝国衰亡史》一书的作者，18世纪欧洲启蒙时代史学的卓越代表。——译注

[2] 格兰蒂太太，英国剧作家托马斯·莫顿的喜剧《加快耕耘》中虚构的人物，现在常常用来表示过于拘谨之人。——译注

该文赞同的论点是，“激情越强烈，释放激情的需要就越大”，其原因在于，“离开了强烈的激情，就不可能有什么成功可言。抑止激情的做法是有害的，这就是说，主要是对人的精神健康有害，其程度与激情的强度成正比”。接着，罗素一一罗列压抑带来的种种危险，我们在这里清楚地看到，完全有理由将该文的标题改为《惠特曼或者彭布鲁克别墅》：

> ……经过一定时间以后，欲望患病了，死亡了。人失去生活的目的，毫
> 无生气，也许像个圣人，但是不可能有任何建树……如果一个人抵制强烈的
> 激情，不在行为中宣泄出来，他就可能以仇恨的眼光对待并不抵制激情的
> 人，甚至对没有理由抵制激情的人也持这样的态度……这样的人往往过度崇 92
> 信痛苦，将一切快乐视为邪恶之物，结果变为日常生活中最恶劣的人。如果
> 激情留存下来，没有以自然方式释放出来，它就会变为针对比较幸运者的无
> 声愤怒，导致最可怕的病态人格。

罗素在这篇文章的一个段落中写到，抑止激情的做法形成的一个常见结果是，“似乎对每个人都有莫名其妙的仇恨，在实施痛苦、观看痛苦的过程中感到快乐”。这个观点比《郊区的撒旦》中以戏剧化方式表达的主题几乎早了60年。

在撰写这篇文章的过程中，罗素写信告诉艾丽丝他最近做的一个梦：他和她结婚之后，艾丽丝有了孩子，分娩过程几乎毫无痛苦：“祖母看到艾君轻松应对人生中的所有麻烦，不禁大为光火——她认为，艾丽丝没有遭受大量痛苦，这显示出浅薄的一面……我祖母当时一声叹息，然后说，‘她总是轻松地应对生活中所有这些麻烦，（又一声叹息）有的人很幸运，总是能够做到这一点。’我心里说，我一直知道，艾君不是寻常之辈。艾君如此厉害，让我深感自豪……我一直崇拜强健有力的体魄。我持这一观点的原因是，在自己的家庭中，我看到了相反状况导致的不良后果。”

罗素在证实这一观点所据的其他例子中，还有阿加莎姑姑和他自己。这既体现在他渴望性体验的欲望中，也体现在他的仇恨具有的力量中——仇恨的对象并不仅限于阿加莎本人。艾丽丝告诉罗素，她患了感冒，在接受桉树油治疗，罗素表示反对：“我姑姑半辈子都是在桉树油的气味中度过的，我对她深恶痛绝，嫌恶任何与她相关的东西。所以，我讨厌艾君散发出这样的气味。”正如比阿特丽

斯·韦布曾经所说的，罗素“非常记仇”，他提出了关于压抑的说法，这让他把对他人的仇恨归罪于他的家庭，归罪于传统的道德观念。他写信告诉艾丽丝：“我仇视法国男人，类似于海达对塔斯曼（塔斯曼是海达·高布乐的丈夫，是一个枯燥无味、行为体面的中产阶级学者。海达鄙视他，觉得他胆小怕事，索然无味，缺乏令人感到自豪的强烈激情）的仇恨。他们的所作所为惹我恼怒，看见他们让我觉得痛苦万分。压抑使我充满疯狂、愚蠢的冲动。”

那些“疯狂、愚蠢的冲动”究竟是什么？他并未说清楚，但是它们与他被压抑的欲望相关。可以设想，它们以某种方式，与制造痛苦，甚至进行谋杀的想法相关。罗素告诉艾丽丝：“见面的日子越来越近，我感觉好了一些，缓解了我的疯狂念头。假如我们分离的时间是6个月，我敢说，我可能在那个时段中出现某种愚蠢举动。”在《克利欧佩特拉或玛吉·塔利弗》中，他描述了“各种各样的本能冲动”。那些冲动利用试图压抑激情者的衰弱心智，让其头脑不再具有进行抵抗的力量：

> 开始时，它们是纯粹的想法，残存的些许活力被用来控制这种状态。但
> 93 是，它们在大脑中发挥作用，就像精神失常一样，变为不可能抗拒的东西。正如陀思妥耶夫斯基在《罪与罚》中所说，冲动不再微不足道时，就会形成强烈的狂热……除非人找到某种强烈的健康激情来替代遭到抑制的冲动，这些冲动往往变得更频繁，具有更大的支配力量，在最坏的情况下会导致精神失常。

显而易见，他认为自己处于这样的阶段中：他利用自己拥有的活力，让那些冲动保持在“纯粹的想法”的状态。但是，如果他继续过着压抑的生活，他的想法将被仇恨激化，受到“疯狂、愚蠢的冲动”影响——至少他觉得，他犯下严重罪行的危险真的存在。

1894年11月3日是星期六，使徒们举行会议，罗素宣读了《克利欧佩特拉或玛吉·塔利弗》。那次会议令人愉快，使他有机会中断在巴黎逗留的时间，返回英国度过一个周末。当然，他没有获准探望艾丽丝。但是，作为一个替代方案，他做出安排，在返回巴黎之前的那个星期六晚上，在伦敦与艾丽丝的姐姐玛丽共进晚餐。那次会议让他有机会返回英国，有机会返回剑桥（特别是与使徒协

会的成员相聚），这让罗素欣喜若狂。

他还带了一篇他撰写的关于几何公理的短论文，先给沃尔德看，然后让桑格在伦理学俱乐部上宣读。那篇论文本身没有幸存下来，但是其主要论点在他写给桑格的一封信件中保留下来。这说明，就某些方面而言，罗素后来在院士论文中提出的观点已在他头脑中形成：空间是欧几里得几何的，还是非欧几何的，即，空间是否是呈曲线的？这个问题不可能先验地决定；但是，根据康德提出的"任何可能实存的必要特征"的观点，可以先验确定的是，如果空间确实是曲线的，那么，其曲率肯定不变。在这一约束性条件下，欧几里得几何的公理是否正确呢？这个问题只能在经验层面上加以判定。正如罗素预测的，伦理学俱乐部的人觉得，那篇文章技术性太强，但是罗素告诉艾丽丝："我很想听一听［沃尔德］对此发表的意见。对我来说，除了爱情之外，听到他的赞扬是这个世界上最令人愉快的事情。"

使徒协会成员对《克利欧佩特拉或玛吉·塔利弗》一文很感兴趣，随即就"义务还是激情"这个问题进行表决。摩尔、马什和狄金森赞成"义务"；桑格、麦克塔格特和其他人赞成"激情"；罗素本人对两者都投了赞成票，其前提是"根据具体情况"。当然，对罗素来说，与使徒协会的成员相聚是极其愉快的事情。他写信告诉艾丽丝："我非常喜欢他们，超过了我以前的想象……摩尔说话不多，但是像平常一样自豪——我几乎对他顶礼膜拜，仿佛他是神灵。我以前对大家从来没有如此巨大的欣赏之情。"他回到喜欢理论追求的人们中间，感到非常兴奋。协会成员们反复告诉他，他应该集中精力进行哲学研究，不要受到经济学的干扰（在巴黎逗留期间，他曾经产生过为第二个院士职位撰写论文的念头，研究的课题是社会主义经济学）。更让他兴奋的——尽管他宣称对此持保留
态度——是，沃尔德说，不管他研究什么，他已经可以稳拿一份院士工作了。 94

次日，罗素依然沉浸在返回剑桥大学并且取得成功的"美好感觉"中。他如约与玛丽（她的家人都叫她玛丽琴）共进晚餐，准备陪她一起返回巴黎，去卢浮宫博物馆从事研究工作。艾丽丝没有到场，看来已经意识到她自己正在玩火，叮嘱姐姐代她亲吻罗素。罗素甚至在到达英国之前就发现，这个想法"给人愉悦"，在写给艾丽丝的信件中详细谈到了这一点："想到它就让人产生莫名的愉悦感……我十分激动——不知何故，通过玛丽琴传递亲吻的这个奇怪想法值得分析，它十分复杂，困惑多多。"显然，艾丽丝没有对这个问题进行应有的分析，

没能看到潜在的复杂性。在过去两个月中，她每天收到罗素两封信件，所以知道罗素被压抑的性欲。玛丽多年以来崇尚身体和自然欲望，观点与惠特曼完全一样，这正是艾丽丝觉得骇人听闻的东西（而且，让艾丽丝进一步反对的是，玛丽将她自己鼓吹的观念付诸实施，离家出走，投入另外一个男人怀抱，那时还与别的男人有染）。有鉴于此，让人感到非常不可思议的是，她竟然没有想过，鼓励罗素将玛丽视为她自己的替身，可能会导致什么样的“困惑和复杂性”。

实际上，与艾丽丝相比，玛丽更接近罗素心目中的理想女性：思想独立，充满激情，赞成自由恋爱，感情方面并不墨守成规。这些品质他在惠特曼和易卜生的作品中了解到，但是没能在艾丽丝的身上看到。在过去几年中，他曾经多次为玛丽的态度进行辩护，反对艾丽丝和她母亲对玛丽一本正经的苛评，甚至——或许尤其是——包括对其乱交行为的苛评。他曾经写信告诉艾丽丝：“就她与不同男人的相恋这个问题而言，那是性情使然，完全无法控制。从常规上看，人们对此应持反对态度；但是我无法理解，为什么从一而终应被视为美德？其原因在于，完全不可能仅仅由于应该爱而去爱一个人。”

于是，罗素与玛丽在伦敦见面，并且陪伴她前往巴黎，他对她的同情——她对他的吸引力——与日俱增。两人都努力与家庭抗争，都决心摒弃实际的政治考量，崇尚创造性和批判性追求。而且，也许最强烈的不祥之兆是，都对艾丽丝持批评态度。两人发现，双方有诸多共同之处，罗素这时觉得，他有责任向她的妹妹艾丽丝解释，并且在某种程度上证明玛丽的情况。两人情投意合，抵达巴黎之后，玛丽决定与罗素在同一家旅馆下榻。她找到一个与罗素相邻的房间，这样两人就可以使用同一间客厅。罗素写信告诉艾丽丝：“能够从家庭生活中逃离出来，从她深感不满的氛围中逃离出来，这让她感到欣喜。我对此心有同感……我认为，她觉得她有权安排自己的生活。我完全可以想象，在这样的过程中，如此随
95 和的人看不到有什么危害。但是，她令人愉快，是适合我现在心情的完美旅伴。毫无疑问，我真的觉得，艾君所说的是有道理的，不过我感觉不到这一点。”

从艾丽丝的角度看到，这已足够糟糕了，然而雪上加霜的是，罗素对玛丽的同情与对艾丽丝本人所持的更加严厉的批评态度同时出现。罗素描述了与玛丽同住一家旅馆里情况，这样的场景强调了一点：两人在思想上相互欣赏。“她拿出了她的尼采著作，我拿出我的德国人的著作”，他写道。接着，他立刻评论说，他和玛丽都认为，“艾君如果愿意，其实在思想方面是完全有能力的”：

当然，我们觉得，艾君不会提供具有才华横溢的独创想法，但是艾君可以加入不可或缺的聪明听众的行列。作为听众，艾君需要作出大量努力，进行严肃思考，以便培养思想方面的高品位。在这种情况下，艾君可以批判我的思想，而不是听到好的观点之后仅仅哈哈一笑，对其实很平庸的想法佩服不已。

在那段时间写给艾丽丝的信件中，罗素毫不顾及她的感受，那种做法令人发指。在那些信件中，一眼就能看出针对艾丽丝的某种敌意，也许是某种不满意：与她的姐姐相比，艾丽丝简直差得太远。在返回巴黎收到的头两封信件中，第一封包括艾丽丝这一场景的描述：她想到不能在英国见到他时，不禁泪流满面。而且，更为糟糕的是，她觉得他显然喜欢和她姐姐待在一起。在第二封信中，她试图强装勇敢，面对当时的形势，但是那样做显然勉为其难："罗君每天早上在那里与玛丽琴一起共进早餐，这真的很不错……而且我觉得，罗君思维敏捷，会让她得益匪浅。她的性格独特，只有年轻男子才能引起她的兴趣。我这样说，并没有任何卑鄙的意思。"罗素对这封信的反应非常乐观，提笔回信，所用字句要么对艾丽丝在第二封信中的显而易见的哀伤装聋作哑，要么对她的感觉完全麻木不仁：

昨天晚上读到艾君的信件，字里行间**充满悲情**；想到艾君泪流满面的模样，我觉得**万分难受**。但是，知道两个人如此亲密，这样的情景不好对付——对艾君说来尤其如此。艾君坐在那里，完全处于被动地位……玛丽琴今天到房间里来见我。不过，今天早上，收到艾君的来信，感到非常高兴，让我可以排除不利因素，享有玛丽琴的陪伴。她**真的**很迷人，她喜欢表现自我的性格愈发凸显了这一点：她喜欢做的主要事情之一是逗人开心。我将设法爱上她，以便度过这几天的时光。我觉得，我可以做到这一点，不用显得没有耐心——她是一个不吝恭维言辞的人。

昨天，我们两人一起散步，聊天，我非常开心——她富于同情心，应答得体，总是能不失时机，说出我想听的东西——想法正确与否其实并不重要。

他告诉艾丽丝，他对与玛丽同住一家旅馆这种做法心里有些疑虑，事前征求

96 了大使馆里一位上司的意见。“他沉思片刻然后说，这没有什么不妥。不过，我当时没有告诉他，我们两人共用一个客厅。”于是，罗素放下心来，与玛丽一起出双入对，让人看见也毫无顾忌。两人几乎每个晚上都一起去剧院，欣赏瓦格纳的作品。

艾丽丝让玛丽和罗素以那种方式待在一起，曾经鼓励罗素将玛丽视为她自己的替身；这时，她似乎感到局面失控，自己已经无能为力了。即便罗素在信中以令人难堪的方式，表达了对姐姐的热情，她在回信中也只有表示赞同，或者说至少表示容忍。她在11月7日的信中写道：“罗君有玛丽做伴，打法时光，我深感欣慰，亲爱的。罗君完全可以按照自己的想法去爱她。但是，如果她让罗君成为尼采的信徒，我将会气得发疯的。”但是，她在日记中承认自己受到了伤害。“我过去几天非常可怜，”她在11月9日的日记中写道，“我很担心，自己无法让伯特兰开心，我太乏味了。大哭。”两天之后，她在日记中说：“我感到压抑，以泪洗面。”

与此同时，罗素毫无节制地不断写信告诉她，他和玛丽一起度过了多少时间，两人的关系变得如何亲密无间：

> ……我俩在圆形广场附近一起用餐，回家后一边抽烟，一边阅读尼采的著作。我还成功地给玛丽指出了尼采著作中的混淆之处。她看来对形而上学真的很感兴趣，总是要我谈到相关情况，我乐于奉命。
>
> （11月6日）

> 昨天晚上，玛丽和我一起去观看了《卡门》，演出非常精彩……我俩计划很快来一次瓦格纳式的纵酒狂欢。玛丽琴对这个想法表现出极大热情，我觉得非常开心。她十分迷人，情感丰富，完全符合我当下的心绪。
>
> ……我必须在此停下，开始抄写。然后，我要去卢浮宫博物馆接玛丽琴，一起步行到圣母院去，享受这美好的天气。这样的日子非常愉快——真是太快了。
>
> （11月8日）

毫无疑问，艾丽丝肯定非常痛苦地意识到，在罗素描述和玛丽一起度过的时光的文字中，存在着一种自然的东西，一种轻松的东西，与他通常写给艾丽丝的信件形成鲜明对比——他往往心情沉重，态度认真，字斟句酌。在他的信件中，内容几乎全与玛丽有关，包括她的美德、她的缺点、两人之间与日俱增的共鸣。随着时间的推移，他的口气越来越像坠入爱河的男人。11 月 10 日，他午夜之后写道，“我俩长谈一夜，话题非常有趣，玛丽刚刚就寝”：

> 玛丽琴让我谈一谈我对两性道德观的看法，谈一谈我为什么崇尚贞操而
> 不是罪恶。这个问题让我颇感为难……后来，她朗诵了大量诗歌，相当不
> 错。接着，我们谈到了时代精神、我的家人和其他话题。最后，她惊讶地
> 发现，已经 12 点半了……对涉及两性的问题，玛丽琴的看法很有意思，她 97
> 告诉我许多自己很想了解的事情……正如她自己所说，她真的只是追求快
> 乐——不过，她采用的是一种非常优雅的方式。

第二天晚上，两人从剧院回到旅馆，一起吸烟，秉烛长谈，直到凌晨 1 点。“玛丽琴就寝之前，提出以‘姐姐的方式’亲吻我的前额，我接受了。”

更有甚者，罗素还以无情的方式，不断对这两者进行了比较：一方面，他和玛丽谈到了许多话题，他们两人在思想层面上无话不谈；另一方面，他本人和艾丽丝之间在理论和实践方面都存在鸿沟，他不得不敦促艾丽丝放弃政治活动，作出自我牺牲，帮助他从事理论研究。他反复强调，就这个方面而言，他在玛丽那里找到了知音：玛丽离开丈夫，转而投入贝伦森怀抱的主要原因之一是，她再也不能忍受丈夫专心致力于政治活动的做法了。“她认为，艾君如果对自己稍有一些信心，其实完全可以从脑力劳动中获得更多收获……没有必要出席那些会议，参加那些委员会的工作。事实上，在这种情况下，艾君有能力与我合作。”

次日，罗素以坚决的口气宣布：他站在玛丽一边，支持她就道德观问题与她母亲一争高下。他告诉艾丽丝（他清楚地知道，艾丽丝与她母亲一样，觉得玛丽的生活方式令人深感震惊）：“在玛丽的生活计划中，我没有看到什么不妥之处。如果考虑到她的性格和要求，她的选择无可厚非。”玛丽原本计划那天离开巴黎，但是改弦易辙，决定推迟一两天，显然是为了和罗素多待一些时间。“她显然非常喜欢在这里的时光；我觉得，她对我的兴趣与日俱增，我也有此同感”：

> 昨天夜里，我俩分别时重复了前一天的仪式，不过她亲吻的不是前额，而是脸颊；我希望，艾君对此不要大惊小怪。我对玛丽产生了弟弟对姐姐的情感，觉得我认识她很长时间了。在这一周的时间里，我俩私下相处，关系亲密。用某种方式表达这种感觉真的不错。

11 月 14 日晚上，玛丽终于离开巴黎。罗素告诉艾丽丝："我深感遗憾。"艾丽丝最后一次强装镇定，在那之前告诉罗素："罗君亲吻玛丽，我干吗要介意呢？如果对方赏心悦目，那就是一种有趣的愉快体验……在看来两情相悦的情况下，完全有理由那样做。"罗素对此的回应——至少可以说——是没有教养的：

> 我其实并未问艾君，是否介意我亲吻她？我提出的问题纯粹是修辞性的，句末应该加上惊叹号，而不是问号。在长谈一夜之后，亲吻是一种自然而然的友好结束方式。假如艾君可能对此表示介意，我当然是不会那样做的。

98 是日，他和玛丽秉烛相守，一直待到凌晨 2 点，共度最后一夜，"映着壁炉的火光聊天，为对方朗诵诗歌"。两人最后约定，她 11 月 29 日返回巴黎时再次见面（罗素与艾丽丝为期 3 个月的分离在 11 月 17 日结束，但是他在大使馆的工作到 12 月 1 日终止）。玛丽离开之后，艾丽终于觉得，她可以表达自己的感受了。她在 11 月 15 日的日记中写道："哭了几乎一个上午，睡觉之后感觉稍好一些。玛丽琴昨天离开巴黎。"她给罗素写了一封信，充满愤怒、对抗和伤痛之情，宣泄了在那之前隐蔽起来、强忍在心中的怒气。她直截了当地说，他的上一封信件让她非常痛苦，"我把它撕得粉碎"：

> 玛丽琴在巴黎逗留期间，罗君的来信毫无同情可言。但是，我忍气吞声，没有介意，因为我仅仅知道，罗君开心，不会感到无聊就好。然而这一封信的言辞显得更尖刻，超过以前的任何一封，让我觉得忍无可忍……我并不在乎罗君的批评之辞，亲爱的。但是，我不愿听到效仿玛丽琴的言辞。罗君知道，对我在乎的事情，她一直持毫不同情的态度。自从她上周回家之后，我非常厌恶她的道德观念和为人处世的方式，一想到她就不寒而栗。
>
> ……罗君写了这么多话，要我放弃实际工作，声称我这样做会让罗君开

> 心，这真的让我觉得很不愉快。我发现，自己无法做到这一点，依然坚持自己的观点……罗君反复强调玛丽琴的观点，这让我觉得很不是滋味……罗君对她并不十分了解，我在本周刻意没有在信中谈及她的情况，目的是让罗君形成自己的印象。我确实在意的是，罗君竟然如此轻信她对我的看法。

艾丽丝的回信起到了作用。罗素立刻打消了心存的任何希望，明白艾丽丝不会放弃她所做的实际工作，不会成为他的研究助手。此外，他还收回了以前就玛丽的性格、生活方式提出的辩词，让自己接受一个现实：与态度严厉、做事严肃、致力于禁酒事业的道德论者共同生活，放弃与一个无忧无虑、沉迷于情欲的享乐主义者共度人生的念头。对后者来说，刺激性谈话带来愉悦，欣赏瓦格纳歌剧带来享受，形而上学探究带来具有价值的重要回报，这些东西超过了对公共义务的追求。我们可以想象，罗素怀着留恋之情，放弃原来的想法，尽量修复给他与艾丽丝关系造成的破坏，写了下面这封信件，恳求她的原谅，装出一副可怜兮兮的模样：

> 我无法告诉艾君，艾君的来信让我感到多么羞愧，多么痛苦。噢，我怎样才能宽恕自己呢？我无法想象，自己竟然那么愚蠢，写出那么无情无义的文字。诚然，玛丽琴总是绘制让我想入非非的画作，我愚蠢地受到它们的影响。噢，请原谅我吧，亲爱的……我当时目光短浅，蛮不讲理。但是，如果存在任何可能，我们两人见面时，我将会弥补自己的过错……

他反复强调，啰里啰唆，类似的字眼铺满几页信笺。他还给艾丽丝邮寄了一份题为《心理学解释》的文件，字里行间全是可怜之情，详细解释了这个主题： 99
他单独无伴，易受影响；玛丽如何“深表同情，友善，坦率，深谙心理攻势之道，并且模样迷人”，给他灌了迷魂汤。而且，玛丽“似乎态度诚实，真的急于实现艾君的幸福”，所以“我完全放弃了自我，沉迷于她陪伴带来的快乐”。

11 月 17 日，罗素和艾丽丝在伦敦相聚，缓解了紧张状态。不过，按照罗素在《自传》中的说法，“仅仅过了 10 分钟，我就让自己获得了平静的心境”。但是，如果他说的是真实情况，其原因在于：第一，在几天之前寄出的信件中，他深表痛悔，已为得到艾丽丝的谅解作了铺垫；第二，他在痛悔之余，已经在各个方面对艾丽丝作出了让步，涉及的内容包括艾丽丝的工作、他们将来的共同生活、玛丽的性格、他自己的道德标准等等。那件事情的最后结果影响深远：两人于 1894 年 12 月 13 日举行的婚礼几乎完全按照艾丽丝的意愿操办。

11 月 20 日，罗素返回巴黎，给短暂的外交人员生涯画上一个并不出彩的句号；与此同时，艾丽丝和她的母亲开始安排婚礼事宜。尽管罗素信奉不可知论，婚礼将会按照贵格会教的结婚礼仪，在贵格会教会议大厅中举行。艾丽丝对婚礼事宜饶有兴趣（她告诉罗素，“我喜欢婚礼仪式，一直渴望以那种方式举行婚礼”），可是罗素以极不耐烦的冷漠目光，看待他们里外忙碌。他 11 月 23 日写信告诉艾丽丝：“不要以为，我真的会认真对待宗教仪式。我觉得，任何仪式都让人感到羞耻；婚礼大张旗鼓地宣扬本来最私密的东西，这一事实本身就令人厌恶。”这一番评论发人深省，说明两个问题：其一，就罗素本人而言，婚礼那天的意义在于，他最终可以体验性交了；其二，他认为，结婚仪式仅仅是将这一事实公之于众。他告诉艾丽丝：“如果任何其他事情打乱我的思绪，停止思考本应全神贯注的问题，我就心里狂乱，很不耐烦；那就是我坐在壁炉前抽烟的原因……但是，厌烦等待的目标已经近在咫尺，我还是非常高兴。”

罗素对即将到来的圆满性爱充满期待，这几乎足以缓解他对婚礼安排所持的厌恶态度。12 月初，他回到英国，随即出席了使徒协会举行的一场会议。在那次会议上，摩尔宣读了一篇论文，题为《我们是否应在捏碎玫瑰的过程中感到愉悦？》，陈述了他所说的“传统性道德观念”，将不以繁衍后代为目的的交媾谴责为不道德行为。罗素几天之后就将度过新婚之夜，摩尔选择的题目正中罗素下怀。罗素告诉艾丽丝：“我的发言相当坦率，在交媾中，精神部分占支配地位，所以不必有任何欲望的成分。”在会议结束时，就“交媾是否必然充满欲望？”这个问题，他们进行了投票表决。除了摩尔和麦克塔格特之外，其他人都表示反对。麦克塔格特尽管反对摩尔论点的主旨，然而投票表示赞成，同时还补充了一点：“但是，适度的欲望是美好的。”

100 罗素迫切希望新婚之夜的到来，但是对婚礼本身却无热情可言。无论艾丽丝何时问及婚礼事宜，比如，邀请什么人，谁担任伴郎，他都显示出漠不关心的神情。于是，艾丽丝和她的母亲只得与罗素家人协调，确定婚礼日期，斟酌请帖的措辞，邀请弗兰克担任伴郎，决定邀请罗素的哪些亲友出席。毫无疑问，罗素对整个过程感到恐惧的一个原因在于，他意识到，那件事情将会给他祖母带来巨大痛苦——她直至最后也毫不宽恕，反对两人结婚。婚礼当天，罗素勋爵夫人、阿加莎姑姑，甚至连罗洛叔叔都拒绝出席。除了弗兰克之外，罗素的亲属只有斯坦利家族的人，包括莱尔夫舅舅、莫德姨妈、斯坦利外祖母和艾尔利伯爵夫人。

12 月 13 日，结婚礼拜仪式在威斯敏斯特的贵格会教大厅举行。罗素后来说，那天的经历对他来说非常恐怖。不过，汉娜觉得很不错。她在写给玛丽的信中说："布道简短，进展顺利……念了两段祈祷文，之间是短暂的静默"。最后一段静默本来庄严肃穆，不料被斯坦利夫人打断。她的"手杖、披肩和各式随身物品撒落一地，有人不得不快步上前，把它们一一拾起来"。

在罗素勋爵夫人看来，那个场合本质上是向她可爱的孙子的最后道别。她在婚礼前几天写信告诉他："你将离开我们，去过新的生活，组织新的家庭，建立新的关系，体验新的情感。"从她的角度看，婚礼是一次失败。但是，如果从罗素的立场看，那是一场胜利。祖母在那次战斗中使用的武器使他确定，从最乐观的情况看，那一场胜利是在付出极大代价之后获得的。这让他比以往任何时候更加担心，他可能罹患在家族成员中——而且在潜在意义上在他自己身上——发现的精神失常病症。婚礼之后，罗素和艾丽丝一起，前往荷兰度蜜月，他在短期之内觉得，他终于脱离了彭布鲁克别墅。但是，疯子的幽灵依然光顾家族墓穴；无论他离开亲属多远，他将总是与"货物中的尸体"同行。

# 101 第四章　整体与部分

也许，显而易见的一点是，新婚之夜并非像罗素长期渴望的那样，给他带来“神圣的”体验。他在《自传》中写道，他和艾丽丝之前均无任何性爱经验，“最初，我们两人都发现有一定困难”。但是，“我俩觉得，那些困难只不过是滑稽的事情，很快就被克服了”。两人的蜜月在海牙的斯坦德大酒店度过。艾丽丝在那里写信告诉母亲，在两人一起度过的第一天，他们“冒着狂风，在斯海弗宁恩的海滩上散步”；两人“没有做什么特别的事情，一直笑声不断”。罗素选择荷兰的考虑是，他和艾丽丝可以一起滑冰。不过，艾丽丝在信中写道：“看来没有可以滑冰的迹象……不过我们有足够多的事情可做，不滑冰照样快乐！”

家里人急切希望听到新婚夫妇在性爱方面取得进展的消息，艾丽丝的母亲和罗素勋爵夫人的心情更为迫切。汉娜写道：“那么，请一定写信告诉我你个人的具体情况。你的睡衣怎么样？你是否喜欢睡衣和睡衣裤呢？伯迪是否喜欢他的睡衣裤？……你们两人谁先起床？……我希望了解所有的具体情况。”艾丽丝遵命行事，写信告诉汉娜她敢于付诸文字的许多亲昵细节，但是要求汉娜阅后烧掉信件。汉娜毁掉了那一封信件，不过，它包含的内容看来能够让她使罗素勋爵夫人放下心来。汉娜告诉艾丽丝，“我可以给你讲一件绝对保密的事情：勋爵夫人本来很担心，你们两人没有夫妻生活，但是我告诉她，我确定你们没有问题，这才让她放下心来。”尽管如此，可能性更大的情况是，罗素勋爵夫人打听这一点的动机是那个希望渺茫的念头：她的孙子可能信守前一年 8 月做出的承诺，不与妻子行房。她知道实情之后，心里颇感失望。随着两人圆房的消息传来，罗素勋爵夫人最后的希望也灰飞烟灭，再也无法为了更加幸福的未来，保留她的“天使孩子”了。

艾丽丝和罗素在荷兰逗留了三周时间，然后前往柏林。罗素后来回忆说，在那次旅行中，他对艾丽丝的态度经历了异常巨大——即便是转瞬即逝——的变化：“在性疲惫的影响之下，我有点讨厌她，无法想象自己原来为什么希望和她结婚。那种心理状态出现在从阿姆斯特丹到柏林的途中；在那之后，我从来没有

任何类似的心绪。”他这样说的意思是什么呢？他讨厌艾丽丝的原因是否在于，102
她贪得无厌的性欲让他觉得精疲力竭？这一点看来令人难以置信。关于男人，关于他们两人的性欲，关于她自己对性爱的态度，艾丽丝在婚礼之前和之后所说的一切给人的印象是，即便不是直接的反感，她对性爱行为的兴趣也不大。更为可信的解释是，“性疲惫”在这里的意思是“性无能”的一种委婉说法——罗素在后来的人生中多次遭遇的一种状态。罗素以讨厌的目光看待艾丽丝的原因在于，她没有给他提供满足性幻想之后的那种极其愉快的感觉，她（与她姐姐不同？）没能刺激他的欲望。其实，汉娜急切打听的法兰绒睡袍是罗素非常讨厌的物件；罗素后来多次抱怨说，它们根本没有起到诱惑作用——当然，无法确定的是，罗素在那个阶段是否向艾丽丝承认了这一点。

两人的婚姻从未到达罗素有时候期望的那种心醉神迷的高度，但是在柏林逗留期间，两人之间出现了越来越多的伴侣感和支持感，这挽救了他们的婚姻，避免出现过早崩溃的结局。罗素后来说，他与艾丽丝的那段婚姻“在思想层面上是我人生中成果最为丰硕的阶段，我［对她］心存感激，是她将这一点变为现实”。她实现这一点的方式是，帮他打理日常生活中的实际事务，让他潜心专注于思想方面的问题。在前一年秋季两人的通信中，那种婚姻生活模式已经确立下来。但是，罗素强调说，他没有能力自己处理日常事务。他在那年 9 月给她的信中写道：“虽然我诅咒贵族，他们的不良习气却束缚了我，如果没有仆人，我是无法获得幸福的。如果让我独自生活，我会进入一种恐惧状态，言行愚蠢、完全无助，就像狄更斯笔下人物的儿童时期。这说来愚蠢，不过情况确实如此。”他一个月之后告诉艾丽丝：

> 在一个方面，我在婚姻中将是绝对刻意自私的：我将把付账、缝纽扣、购物以及其他诸如此类的事务完全推给了艾君。艾君有这样的能力，可以及时处理。这样的事情让我心生厌恶，如果交给我做，可能浪费一整天时间。

在前一年的 11 月，艾丽丝善于处理实际问题的头脑曾经遭到他和玛丽的大肆挖苦，这时却变为对他有利的因素。

在柏林，罗素给自己制订了一个长期研究和写作的计划，其目的是以古典黑格尔主义的方式，将理论和实践两个方面的要求综合起来：

> 我记得，那是一个春天的早上。我在动物园里散步，计划撰写一系列著作，研究科学哲学，在从数学转向生物学的过程中，我的研究将会变得更加具体。我想到，我还要撰写另外一个系列著作，研究社会问题和政治问题，我的研究将会逐步变得抽象。最后，我将在一部百科全书式著作中，实现黑格尔式综合，……那一瞬间具有某种重要性：我现在记忆犹新，仿佛依然可
> 103 以感觉到，白雪在我的脚下融化，发出嘎吱的声音，湿润的泥土散发出预示着冬季结束的气息。

尽管他似乎没有意识到这事实，但是这里描述的黑格尔式综合可能起到一个比喻作用，预示他希望的完美：他与艾丽丝的婚姻前景一片光明，两人看似矛盾的事业理想——一个侧重理论，另外一个注重实践——可能结合起来，变为一个和谐的整体。

1895 年的头三个月，罗素和艾丽丝一直住在柏林。罗素在柏林大学听经济学讲座，两人努力结识社会民主党——当时欧洲最有影响力的社会主义运动——的成员。艾丽丝让罗素对该运动产生兴趣，认为社会主义是实现妇女选举权的最佳希望，德国社会民主党是最有可能组建社会主义政府的政党。罗素受到艾丽丝的影响，刻意以公开方式让自己脱离贵族的家庭背景。我们不难想到，罗素家族与英国驻柏林大使馆的工作人员联系广泛，例如，英国大使爱德华·马利特爵士的妻子厄明特鲁德·马利特夫人是罗素的表姐。在柏林逗留期间，如果他们愿意，罗素和艾丽丝完全可以得到款待，会见拥有各种名头的英国和德国社会精英。但是，在大使馆举行的第一场宴会上，艾丽丝提到，他们两人曾经出席了社会主义者组织的会议。从那一刻起，他们在上流社会中便不再是受人尊重的客人，他们参加的首次使馆宴会也成了最后一次。罗素勋爵夫人听到这一消息，知道他们俩公开冒犯上流社会人士的敏感神经，却根本没有受到凌辱之感，完全站在罗素和艾丽丝一边。罗素后来写道：“那是一个公共问题。在所有公共问题上，她和阿加莎姑姑不会气量狭小，总是可以依赖的对象。”

接近 3 月末，罗素和艾丽丝离开柏林，到佛罗伦萨去与玛丽会合。“伯迪和艾丽丝看来真的很幸福，”玛丽写给告诉汉娜，“我注意到，她已经受到他的思维方式的很大影响，不过他真的非常聪明，所以她受到影响是自然而然的事情。他们两人正在餐厅吃早饭，我听到不时传来非常响亮的笑声。”在写给其他人的信

件中，玛丽并不掩饰她对小妹妹的自以为高人一等的态度。她在写给赫尔曼·奥布里斯特的信中说："我们管她叫'进步的常规人士'，但是我相信，在伯迪的指导下，她会变得成熟起来。我已经看到了某些迹象。"她在日记中记录说，他们晚上聊天，给对方朗读，过得非常愉快。比如说，罗素朗读了《约伯记》和《解放了的普罗米修斯》。她暗示，那种娱乐形式更适合她自己，没有她那么聪明的妹妹可能稍感枯燥。

> 这样的话题和朗读让可怜的艾丽丝非常无聊，哈欠连连。她不停地看手表，试图思考别的事情，让自己开心一些。

罗素和艾丽丝离开佛罗伦萨之后，沿着亚得里亚海海岸旅行，分别在佩扎罗、乌尔比诺、拉文纳、里米尼和其他城镇逗留。罗素后来回忆说，"在我的记忆中，那次旅行是我一生中最快乐时光的之一"： 104

> 意大利、春天、初恋，这三个因素同时出现，足以让最忧郁的人感到开心。我俩常常在海里裸泳，然后躺在沙滩上把身体晒干。但是，那是一种颇为危险的游戏，警察迟早会走过来检查，确定没有谁从海里捞取盐粒，公然逃避政府的盐税。值得庆幸的是，我俩一直没有被人抓住。

夏初，两人回到英国，随即迁入星期五山丘。罗素安顿下来之后，动手撰写8月递交的院士论文。该论文的全文没有保存下来，其中一部分以《几何的逻辑》为题发表，刊登在1896年1月出版的《心灵》上，是罗素首篇公开发表的哲学论文。这篇文章显示，论文的中心论点大致沿袭了罗素前一年秋天写给桑格的信中提到的思路：第一，空间是欧几里得的，还是非欧几里得的？这是经验层面的问题；第二，康德提出，空间的某些特征是先验的，这一看法是正确的；第三，在写给桑格的信中，罗素强调过其中一个特征，即，如果空间是弯曲的，其曲率肯定保持不变。

罗素提出的论点围绕着他所说的"全等公理"或者"自由流动性公理"，其理念是，空间特征是确定的，固定的物体、几何形状应该可以围绕它运动，不会改变自身的几何特征。例如，如果在球面上画一个三角形，可以想象该三角形沿着球体的表面轻松地运动，不用改变自身的形状，形成新的形状。其原因在于，球体的表面虽然是弯曲的，然而其曲率保持不变，这种空间的一个部分与另外一个部分类似。但是，请考虑一下鸡蛋的表面：如果在鸡蛋较大的一端上画一个三角形，然后想象让该三角形沿着鸡蛋的表面，移动到较小的一端，那么，我们将会发现，该三角形不再适合鸡蛋的表面。其原因在于，鸡蛋两端的空间是不同的——换言之，鸡蛋表面的曲率是变化的。

在院士论文中，罗素提出的中心论点是，物理空间肯定与鸡蛋表面的空间不同，其曲率不可能随着不同的位置发生变化。假如不考虑这一事实，根据相对论，物理空间确实类似于鸡蛋表面，其曲率随着巨大、密实的质量所施加的引力增加，那么，罗素的论点仅仅貌似合理，甚至可被视为一种陈词滥调。因此，罗素早期提出的几何和空间理论现被视为可从科学角度加以反驳的几种哲学理论之一。基于这一考虑，罗素后来对“颇为愚蠢的”早期理论持相当严厉的态度，拒绝让它重印出来。其实，该论文是哲学论证中的一个表达精妙的有趣（即便是错误的）例子。

毋庸置疑，评阅罗素文章的人——怀特海和沃尔德——均持这一看法。10月，
105 选拔进入第二阶段，罗素不得不到剑桥去，参加院士申请考试，内容包括撰写一篇介绍性文章和完成两份数学试卷。10月2日，罗素完成了第一项之后给艾丽丝写信，对自己的表现满怀信心，似乎有稳操胜券的感觉。但是，他一周之后提到与怀特海之间的交谈，怀特海对论文的评价让他觉得，前景不容乐观：

> 他说，他和沃尔德……意见不一致，几乎对我提出的每个观点均是如此。沃尔德还发现，我在形而上学和心理学方面的知识非常肤浅，论文获得通过的机会微乎其微。我觉得，与怀特海交谈……让我怀疑，自己在哲学方面的能力并不太强。

怀特海显然喜欢见到这种情况。他在那次谈话后半段告诉罗素，沃尔德和西奇威克对论文更加不满，给予了低于他当初的评价。在这种情况下，罗素告诉艾丽丝：“我得出的结论是，结果凶多吉少。”次日将会宣布考试结果，艾丽丝赶到剑桥，希望给予罗素更多的支持。罗素和艾丽丝确信，罗素将会名落孙山，两人站在罗素房间的窗口，观看当时的情况。在写给她的朋友玛丽·格温的信件中，

艾丽丝描述了当时的场面：

> 院长和负责考试的院士争吵了 3 小时 15 分钟。后来，他们冒雨穿过院子，老西奇威克跟在后面，一路小跑（他总是小跑，这对他的肝脏有好处），穿过古老的门洞，奔向礼拜堂。在礼拜堂里，圣灵揭示了四位院士的名字。接着，外面冒着绵绵细雨苦苦等候的人群听到了考试结果。当然，我俩只能看到当时的激动场面，听不到任何声音。但是，伯迪的朋友们匆匆跑来，向他转告喜讯。

当然，对罗素的成功，本来就不存在任何疑问。后来，怀特海面带笑容，就他和罗素谈话提出严厉批评的做法进行辩解：因为那是他最后一次与作为学生的罗素谈话。

院士职位的重要意义在于，它让罗素放心地看到，在那些最重要的人物的心目中，他在哲学研究方面具有潜力，因此证明他献身哲学研究是有道理的。该职位保持 6 年，附带一笔数额不大的定期津贴——罗素将那笔经费捐给了新近成立的伦敦政治经济学院。该职位获得者需要履行的职责微不足道，几乎没有明确规定。罗素不必开设讲座，不必辅导学生，不必住在学院，甚至不必住在剑桥。它根本算不上什么“工作”；不过，作为对他的能力的一种认可，那个职位对罗素所选择的职业具有至关重要的意义。

罗素虽然急于进行哲学研究，但是为了实现他希望综合理论与实践的黑格尔式计划，为了尊重艾丽丝的愿望，他在随后的 6 个月时间里主要关注政治问题。

在那个时期中，他与锡德尼 · 韦布和比阿特丽斯 · 韦布，与费边社（但是，他直到 1897 年才正式加入该组织；到那时，在他的关注中，哲学几乎全部取代了政治）保持十分密切的联系。费边社成立于一年之前，目标是为了宣传社会主 106
义，其成员除了韦布夫妇之外，还包括乔治 · 萧伯纳、H. G. 威尔斯和格雷姆 · 沃拉斯。费边这个名字源于古罗马将军费比乌斯。在第二次布匿战争中，费比乌斯将军避免与汉尼拔率领的迦太基人发生正面冲突，转而进行持续的骚扰战役。与之类似，费边主义者主张采用渐进方式，建立社会主义制度，致力于实施民主的社会主义措施，而不是激励人们起来革命。因此，他们撰写一系列文章、宣传册和书籍，其内容包括对工人阶级生存状况进行仔细研究之后获得的调查报告。他们还呼吁扩大选举权，让工人阶级参与其中，力主创建福利国家，以便获得某种程度的经济正义。

1894年，韦布夫妇因出版《工联主义史》名声大振，成为该运动的联合领袖；几年后，两人又合著出版了《工业民主》一书，进一步巩固了自己的地位。无论他们的崇拜者还是攻击者都认为，两人工作勤勉，一心一意，执着地履行自己的职责。（罗素发现，在比阿特丽斯·韦布年轻时，他母亲就认识她姐妹两人，曾用“社会主义的蝴蝶”来形容她们。罗素还表示，他立刻“对母亲的认真态度肃然起敬”。）

早在1892年，韦布夫妇结婚不久，曾到星期五山丘，拜访皮尔索尔一家人，那时罗素第一次见到他们。玛丽的离异丈夫弗兰克·科斯特洛曾是坚定的费边主义者，与韦布夫妇关系密切。由于他的缘故，皮尔索尔一家人进入了韦布夫妇的圈子，洛根的态度最为积极。第一次见面时，罗素对比阿特丽斯抱有好感，但是以相当势利的眼光来审视锡德尼。比阿特丽斯出生于上层资产阶级家庭；锡德尼出生于郊区的下层中产阶级家庭。罗素很快发现，锡德尼讲话带着“伦敦东区佬的口音”，用餐时焦急地左顾右盼，模仿别人正确使用刀叉餐具的方法。后来，罗素给祖母提起，自己见到了韦布夫妇，祖母回应中表现出来的势利态度更加强烈。她说，她曾经在里奇听过韦布的讲座，觉得他“并不那么……”

“并不那么什么呢？”罗素刨根问底。

“在思维方式和言谈举止方面，并不那么像绅士。”罗素勋爵夫人最后说。

1895年秋天，罗素更加频繁地参与了韦布夫妇的活动，在一定程度上是因为与他们比邻而居。韦布夫妇结婚之后，迁到格罗夫纳路41号（那条路在皮姆利科，就在泰晤士河边，现在叫作“米尔班克”），就在弗兰克·科斯特洛家隔壁。弗兰克·科斯特洛住在40号，皮尔索尔家在城里的寓所是44号。罗素和艾丽丝每次到伦敦，都在那里过夜。那时，韦布夫妇的主要关注成立伦敦政治经济学院的事情，他们聘请罗素在那里开设了他最初的讲座系列，分六次介绍德国社会民主党。

107 1895年末，罗素和艾丽丝再次访问柏林，在那里逗留了两个月，为开设讲座进行研究。当然，那次柏林之行还给艾丽丝提供了更多机会，第一可以结识德国社会民主党的领袖们，第二可以研究女性在德国社会民主党中发挥的作用，第三可以了解德国“妇女问题”的总体情况。在罗素和艾丽丝动身之前不久，罗素看到了汉娜处理丈夫不忠行为的方式，看到了她恶意对待他的情景，他对皮尔索尔一家人的仰慕之情——尤其对汉娜的仰慕之情——大打折扣。到了那时，罗伯特只与贺拉斯的关系稍好一点，与家里其他人的关系渐行渐远。他与汉娜的关系多年来一直紧张，他有了情人之后，关系更是急转直下。用汉娜的话来说，他的情人是“举止优雅的女性朋友”，住在泰晤士河对岸的兰伯思。根据汉娜和罗伯特的曾孙女芭芭拉·斯特雷奇——她是皮尔索尔·史密斯的家史作者——的说法，“罗伯特在伦敦时，每天上午都要走过沃克斯霍尔大桥去看她；汉娜和艾丽丝常常躲在窗帘后面，冲着他指指点点，脸上露出女性的怒火”。罗伯特以为，家人对自己红杏出墙之举毫不知情，他看了情人的来信之后，常常一把撕碎，随手扔进废纸篮里。他不在家时，汉娜就会把那些碎片一点一点地拼接起来，把信件的内容读给艾丽丝和洛根听，不时引起一阵哈哈大笑。

罗素对那种羞辱人格的粗俗做法感到厌恶，认为汉娜是“我认识的最邪恶的人之一”。但是，艾丽丝鄙视她的父亲，态度几乎与母亲的一样。用罗素的话来说，艾丽丝“对母亲抱有无限的崇拜之情，认为她既是圣人，又是哲人”。与在其他许多问题上的情形一样，在这个问题上，罗素所持的同情态度与玛丽的吻合。玛丽喜欢并且同情父亲，讨厌汉娜和艾丽丝表现出来的那种自以为是、怀恨在心的态度，与两人的关系渐渐疏远。有一次，玛丽在星期五山丘小住，看到周围人表现出来的“愚蠢和乏味”言行，深感绝望，写信告诉贝伦森：“这些人的谈吐全是陈词滥调，令人生厌，无法交流——这就是我家里人的虚荣和弱点。太可怕了。我很喜欢的人只有伯迪，我愿意和他相处。”

那年，奥斯卡·王尔德遭到审判，身陷囹圄。汉娜认为，王尔德受到的惩罚不够严厉，声称沃尔德案件说明，阉割所有男人是明智之举。玛丽在日记中谈到，“可怜的奥斯卡”（这是她对他的称呼，类似于用“可怜的父亲”来称呼罗伯特的做法）的遭遇让她感到非常痛苦：“想到他的感受，不禁觉得恐怖。”在 1895 年那个夏天，王尔德事件家喻户晓，但是罗素在信件和著述中却只字未提，这让人费解。我认为，我们完全有信心假设，罗素的态度肯定与玛丽的类似，而不是与汉娜的相同。就艾丽丝的态度而言，我们就没有那么大的把握了。

罗素在《自传》中说，他讨厌汉娜；艾丽丝却对汉娜绝对忠诚，全力支持她的所作所为，这是他对艾丽丝的感情出现变化的原因之一。“有时候，我试图和艾丽丝讨论她母亲的问题，却发现这是根本不可能的事情。最后，我对老太太的 108

某些恐惧感影响了所有佩服她的人，其中也包括艾丽丝。”这番话出现的语境会让人觉得，这种恐惧感是从1901年开始的，但是他对汉娜在罗伯特红杏出墙问题上的处理方式的回忆始于1895年秋天，就是两人婚姻生活的头一年。

1895年11月，罗素和艾丽丝前往柏林，在那里逗留的两个月中遇到很多机会，亲自考察了社会主义运动的性质，了解了凯泽领导的政府表现出来的压制特征。他们出席社会主义者举行的会议，受到社会民主党领袖的热情欢迎，其中包括奥古斯特·倍倍尔和威廉·李卜克内西。在他们访问期间，德国警方决定采取新的行动，把李卜克内西投进了监狱。罗素受到那些镇压行动的影响，根据那次访问形成的讲座稿件——文稿收入1896年底出版的第一本著作《德国社会民主》——集中讨论的，不是英国可能向德国社会主义者学什么东西，而是德国人，包括德国政府和社会主义者，可能从英国的自由主义学习什么东西。罗素从柏林回国之后，向费边社提交了一篇论文，题目是《作为政治策略教训的德国社会民主》。他认为，德国的马克思主义者采取了“门户之见的不宽容”态度，德国警方狂热地反对革命，这两种做法都与这一事实有关——“我们在英国见到的先进的自由主义者在德国几乎完全不存在”。他认为，这一点说明，致力于民主和经济正义的社会主义者与自由主义者结盟是智慧之举。

他的讲座教程也是本着同样精神编写的。正如他在1965年出版的该书第二版《序言》中写道：“我编写本书采用的是正统自由主义观点。”在教程第一讲中，罗素首先分析了马克思主义的理论，几乎全盘抛弃了马克思的经济理论和历史唯物主义学说，然后强调说，马克思主义正是作为一种（有缺陷但是不乏灵感的）宗教被人正确理解的。在其后几讲中，罗素讨论了德国社会民主党的历史，强调了费迪南德·拉萨尔所起的重要作用，严厉批判了德国政府，尤其是德国警方采取的专制做法。罗素在结论中写道，如果社会民主党人取得政权，“完整无缺地保留他们的理想，而不接受循序渐进的训练”，那么，那样的局面将是危险的。其原因在于，他们可能“像法国的雅各宾派那样，进行各种各样愚蠢的灾难性实验”。他由此得到的教训是：第一，不受正统马克思主义理论约束的民主社会党人应该与进步自由主义者合作；第二，政府应该实施自由主义的政策，“向工人阶级显示友好态度，或者说展示共同正义和共同人性”。如果这样，阶级斗争不可避免这一令人不安的观念就“不那么容易被人接受，在统治者的行为中就不那么容易找到基础”。

《作为政治策略教训的德国社会民主》作为对政治经济理论的一个贡献，可说是一位具有天赋、充分了解情况的业余作者的刻意之作。此外，这本著作是罗素在对形而上学理论与实际政治进行黑格尔式综合道路上迈出的第一步，其实并 109
不令人信服。但是，他阐述了马克思主义和自由主义的相对优点，这一点在相当大的程度上经受了时间的考验。有的人甚至可以说 20 世纪的政治历史已经证明，它是很有道理的。然而，该书最突出的一点是，在撰写过程中，罗素关注的其实是其他问题。罗素写道，当该书出版时，“我已经决定献身数理哲学研究，所以对它没有多大兴趣”。

即使在举行讲座期间，罗素的大多数时间也不是用于考虑政治问题，而是用于思考数学问题。斯托特要他为《心灵》撰写一篇关于科学领域中的原子论的书评。那本著作由法国哲学家阿瑟·阿内坎撰写，题目是《现代科学中的原子假说批判》。罗素花了大量时间研读这本著作，撰写评论，这对他以后几年的哲学思想发展产生了重要影响。该书的主题是：科学是在基本矛盾的基础上发展起来的，一方面需要在原子层面上描述一切事物，将它们视为分离的、可数的“东西”，以便使用数学对它们进行研究；另一方面，科学承认，在自然界中，事物不是由分离的原子微粒组成的，而是具有连续特征。例如，运动是一个物体在时间和空间之中的连续轨迹。但是，如果我们测量速度，我们就必须中断这种连续性，将其划为分离“无穷小”的差别，并且自称，这样做没有损失任何东西。

在这本著作中，阿内坎提出了批判，在某种程度上重述了贝克莱神父 18 世纪探索的微分学中的矛盾。当年，贝克莱出版了论战性著作《分析者》，讽刺牛顿微积分学的“无穷小”理论，批评牛顿自称如果某事物足够小，它便可被视为微不足道的东西，然而依然可被用来进行计算。贝克莱嘲笑说，这类“无穷小”是什么呢？我们是否可以将它们称为“消失的特性留下的幽灵呢”？从更宽泛的角度看，我们可以说，阿内坎的这本著作重述和证实这一传统观念：在某种程度上，分析总是一种歪曲。

从一个方面看，阿内坎的这本著作给这些陈旧观念注入了新的生命，为罗素的哲学思考确定了目标。它批评了当时某些纯粹数学的研究者——特别是格奥尔格·康托——进行的旨在克服这些矛盾的尝试。康托创立了一整套新的“超限数”体系，宣称他能够使用数字，描述连续点集。在阿内坎的这本著作的页边空白上，罗素批注说：“我认为，对康托的这一批评是有很有道理的。”但是，无论他多么确信康托的结论是错误的，他依然饶有兴趣地发现：第一，这些哲学问题至少已被研究纯粹数学的学者讨论过；第二，这是他在剑桥大学学习数学时没有掌握的东西。他有足够的兴趣对康托所作的探索进行详细研究。在那一段时间中，
110 他主要做了两件事情：要么讲授德国社会民主制度的情况，要么常常整天待在格罗夫纳路 44 号，“阅读康托的著作，将其要点抄写在笔记本上”。

罗素授课结束以后，和艾丽丝迁入一幢农舍式小屋。那幢房子距离星期五山丘不远，名叫磨坊寓所。罗素闭门谢客，专心致志地进行哲学研究工作。就在他们迁入新居不久，玛丽在日记中记录了四人在星期五山丘进行的一次谈话：

> 昨天晚上，我们四人都坦承了自己的抱负。伯迪有两个可以实现的愿望：“首先是撰写一本辩证逻辑学著作，它将囊括所有学科；其次是撰写一本可以用于政治的伦理学。”接着，艾丽丝表达她的愿望，让妇女运动和社会主义之间的关系更为融洽。伯恩哈德似乎倾向于撰写一本关于美术的心理美学著作。我的愿望没有他们的那样宏大，仅仅是给卢浮宫博物馆收藏的画作撰写一本经典指南。

1896 年春天，麦克塔格特的著作《黑格尔辩证法研究》问世，该书那时为罗素提供了展现抱负的哲学构思。麦克塔格特强调说，黑格尔哲学看到了万事万物之间存在的关联性。根据那一学说，分离性是一种幻觉，它被这样的一种辩证法显示出来：该辩证法涵盖一切，从较低层次的理解范畴，直至最高层次的理解范畴——绝对。只有绝对是独立而真实的；只有这一点是合理的，即所有较低层次的范畴都卷入矛盾之中；连续的综合可以解决这些矛盾，直至达到绝对。在这个理想中，逻辑与宗教汇合，其原因在于，这种辩证逻辑向人们展示：“所有实在都是合理的，公正的……哲学的最高目标旨在向人们展示一种终极和谐的普遍本质；那样的和谐至今尚未进入人们的内心世界……”麦克塔格特宣称：“所有真正的哲学必然是神秘的。这一点其实不是体现在方法上，而是体现在最终结论上。”

在这些表述中，麦克塔格特总结了这个富于灵感的希望；罗素从中得到鼓励，向玛丽承认自己的远大抱负：通过严格的推理，他可以显示与斯宾诺莎的宗教观类似的东西。罗素的意图是，给麦克塔格特提出的辩证观的轮廓添上某种细

节，以实际方式说明在这一过程中遇到的那些矛盾：从数学转向物理学，从物理学转向形而上学，最终形成对绝对的理解。在这个计划中，罗素对几何学的研究将是迈出的第一步，其目的是要证明，几何学处于自身无法解决的矛盾之中，需要以辩证的方式转向物理学，以便谋求解决之道。在这种情况下，也可以使用与阿内坎的思路类似的方法说明，物理学本身也处于矛盾之中，也需要以辩证方式转向形而上学，直至感知并且理解斯宾诺莎一元论构想的关于世界的真理。

这种哲学观与罗素后来采纳并且常被人联系起来的“分析哲学”截然相反：第一，根据这种哲学构想，（与综合对立的）逻辑分析受到怀疑；第二，在这种 111
哲学观念中，发现数学中的矛盾并不意味着，需要数学来打下更为安全的基础，而是意味着，数学作为理解实在的一种手段，带着固有的缺陷。那时，数学家隐藏起来的矛盾被哲学家置于光天化日之下，所以罗素当时认为，哲学作为认识数学本质的一种手段，其实是高于数学的。1896 年夏天，罗素发表了一篇文章，题为《论连续量的某些问题》，表达了上述观点，讨论了“哲学家们感觉到的连续点集的问题，以便证明“数学家有可能忘记的东西”。但是，“数学家以更为精妙的分析，回避这些问题”：

> 在这个领域中，哲学二律背反发现了数学谬见中的矛盾。至少我认为，这些谬见遍及整个微积分之中，甚至在康托的集合论使用的更为复杂的方法中，也可见到它们。

罗素希望用作例证的“数学谬误”是连续性理念、无穷小理念和无穷大理念包含的广为人知的矛盾。这三个理念被人们从传统意义上进行理解；正如他在其后若干年中将会了解到的，人们要么全部摒弃那些理念，要么在新数学中对其进行更加严格的定义。实际上，他从黑格尔主义哲学转向分析哲学的主要原因在于，他对那些技术发展持越来越赞赏的态度。这最终让他相信两点：其一，与哲学家相比，数学家将会对数理哲学做出更大贡献；其二，分析——而不是综合——是获得真理的最佳途径。然而，他那时依然相信，黑格尔形而上学比数学更胜一筹，觉得自己可以用这样的评论，反驳康托解决连续性问题的方法：“康托的超限数……是不可能的，自相矛盾的。”不过，他后来预测，该方法是现代思想界中最伟大的成就之一。

那年夏末，罗素集中精力，将他的研究员论文进行扩展，撰写了《几何基础短评》一书。他在该书结尾处强调说，空间理念中固有的矛盾要求将研究领域转向物理学，从而铺平了道路，让他计划对所有学科进行辩证研究。此外，罗素在该书中还增添了一个更为详尽的历史章节，讨论了非欧氏几何的来龙去脉，以便对比较新的“投影几何学”进行详细的哲学阐述。投影几何学以定性方式——而不是定量方式——研究几何形状；换言之，它并不考虑所研究的形状的大小。实际上，准确地说，它根本不考虑形状，而是研究集合点。因此，与其他几何学相比，它具有更大的普遍性和抽象特征；而且罗素认为，它具有更大的重要性。其
112 实，就欧氏几何而言，康德已经提出的观点是正确的：其一，它必然是正确的；其二，它的正确性是所有可能经验的一个条件。罗素声称，康德的观点对投影几何学来说也是正确的。

1896 年 10 月初，罗素把那本著作的书稿交给剑桥大学出版社。几天之后，他动身前往美国，对艾丽丝的家人进行为期 3 个月的探访之旅，并且准备以该书为主要内容，在布林莫尔学院和约翰霍普金斯大学开设系列讲座。实际上，他将同时进行这两件事情。在两个学校开设的讲座都是通过艾丽丝的家人安排的——艾丽丝的表哥凯里 · 托马斯是布林莫尔学院院长，她的舅舅（凯里的父亲）詹姆斯 · 托马斯博士是约翰霍普金斯大学的教授。罗素夫妇于 10 月 3 日启程，他们到达美国访问的第一个地方是位于新泽西州坎姆顿的沃尔特 · 惠特曼故居。

在罗素的心目中，惠特曼一直是坦率表达性爱的象征；在某种程度上，那次朝圣之行无疑是对他的信念的一种证实之行。两人抵达布林莫尔学院之后，在与学生们交谈的过程中，艾丽丝表示支持自由恋爱。这让她的表哥感到震惊，考虑到她本人对她父亲和姐姐的态度，还令人觉得相当奇怪。她还谈到了禁酒和妇女选举权问题，但是罗素后来记忆犹新的是，她对自由恋爱表示支持。罗素没有再次获得邀请，重访布林莫尔学院，这是主要原因。至少可以说，在凯里 · 托马斯担任院长期间，这是主要原因。罗素在那里没有引起什么轰动效应。除了关于几何学的讲座之外，罗素还开设了题为《作为个人自由至高状态的社会主义》。但是，正如他对罗洛叔叔所说的，“与英国人相比，美国人看来对社会主义持强烈的反对立场，我怀疑自己是否可以说服任何人接受这一点”。

尽管艾丽丝愿意公开抨击关于自由恋爱的传统观念，她和罗素当然都没有将自由恋爱的信念付诸实施。不过罗素觉得，那次美国之行中出现了一些他与人调

情的场合，这让他更加相信这一看法：即便在最初阶段，他也觉得婚姻并不圆满。例如，在布林莫尔学院，他再次见到凯里的妹妹海伦·托马斯——他曾经在巴黎和她有过短暂接触。他在《自传》中仅仅轻描淡写地说，他在“若干年中都”“非常喜欢”海伦；“我曾有一两次要求她吻我，然而她拒绝了”。但是，他在一封没有公开的信件中承认，他“在一定程度上爱上了海伦，然而她严格地将我俩之间的关系保持在规规矩矩的层面上”。他多年之后告诉海伦，她让他懂得了单相思是什么滋味。在布林莫尔学院，罗素还开始了与海伦最要好的朋友英语讲师露西·唐纳利的友谊。那段情谊完全清清白白，与性爱无关，一直保持到她1948年去世为止。

1965年，露西去世多年之后，罗素的第四任也是最后一任妻子伊迪斯——伊迪斯曾在布林莫尔学院任职，与露西交往频繁——撰写了关于海伦的一篇简略的传记文章。伊迪斯声称，露西当时已经爱上了罗素。不过，罗素本人就此提出质疑，她宣布收回那一说法。看来，罗素将露西视为红颜知己，而不是潜在情人，给她写了若干私密信件，坦露他自己的心扉。1903年秋天，可以肯定的是，露西拜访了罗素夫妇。他没有在性爱方面受到她的吸引；也许正是由于这一事实，在
写给她的信件中，他表现出一定程度的诚实性，对自己进行了剖析——那样的文 113
字本来只可能出现在他的日记之中。

不过，在布林莫尔学院，罗素被另外一位名叫米尔德里德·明特恩的年轻女性吸引，那次邂逅无疑表现出艳遇性质。罗素公开与她眉来眼去，这样的情形既出现在那次访问期间，而且也出现在她其后的多次英国之行中。浪漫色彩更为强烈的，是他对一名光艳照人的年轻女人的兴趣。在那次美国之行接近尾声时，他和艾丽丝前往波士顿时见到了那个出生贵族的美女。罗素和她打情骂俏，十分兴奋，甚至数年之后还念念不忘地说：“那次见面给我留下深刻印象。”

在波士顿，罗素和艾丽丝拜访了威廉·詹姆斯。在写信回复罗素的希望拜访的建议时，詹姆斯的妻子以诚相待，热情地写道：“我们非常高兴接待二位。”不过，“非常”一词后来被删除了。

那次旅行过程中最重要、在思想上影响最长久的结果是，它让罗素接触到了美国的一些数学研究人员。他们了解19世纪后半叶在纯数学领域——尤其是分析领域——中出现的进展。

……我见到了美国学术界的某些人士，尤其是数学领域的研究人员，这让我意识到，在所有学术问题上，德国都比英国更具优势。尽管我不愿接受，这一信念在我访问的过程中慢慢淡化：剑桥大学拥有一切值得了解的知识。

他后来说，正是在美国，他首次听说了卡尔·魏尔施特拉斯这个名字。那个德国数学巨擘与数学基础领域中追求更为严格的思维的运动紧密联系，所起的作用无人可以与之比肩。罗素后来逐渐认识到，那场运动已经解决了他那时视为黑格尔形而上学证据的所有问题。几乎可以肯定，向他介绍魏尔施特拉斯的是弗兰克·莫里和詹姆斯·哈克尼斯。那两位数学家最初在剑桥大学学习数学，后来在新数学领域中各有建树，当时在美国担任教职，莫里在哈弗福德学院，哈克尼斯在布林莫尔学院。

1898年，在罗素访问布林莫尔学院几年之后，莫里和哈克尼斯出版了两人合著的教材《解析函数理论入门》。该书批评其他英国教材，认为它们“很少甚至完全没有”反映纯数学领域中的最新发现，试图向学生介绍魏尔施特拉斯重构的函数理论。那种函数理论的一个重要特征是所谓的“无穷小分析法”。该方法显示，可用算数方式处理连续性，无须求助于“无穷小”，无须求助于“直觉”，并且不会引起逻辑上的矛盾。罗素仔细研读了莫里和哈克尼斯编著的教材。该书让他了解了魏尔施特拉斯创立的体系，对他的思想产生了巨大影响。正如他后来多次提到的，了解魏尔施特拉斯提出的理论是他思想生活中最重要的事件之一。

114 1896年冬季，该书的影响尚未显现出来，但是罗素在美国与莫里、哈克尼斯和其他学者的对话足以大大削弱他当时的这一黑格尔式信念：数学以无法挽回的方式陷于矛盾之中——这一信念至少出现在他决心提高对现代德国数学的认识的过程中。他12月回到英国之后，立刻开始研读理查德·戴得金的著作《连续性与无理数》。就罗素曾经宣称无法以逻辑上一致的方式加以定义的若干理念，戴得金在那本著作中提供了逻辑上一致的算数定义。罗素完全是从麦克塔格特那里了解“黑格尔主义”的，所以一直认为，没有必要阅读黑格尔的原著。1897年春天，罗素开始阅读黑格尔的著作，戴得金的理论给他的黑格尔主义观点带来的威胁进一步复杂化。他阅读了黑格尔的《逻辑学》，发现书中处理数学的方式很笨拙，让他心生厌倦。他以幻灭的口吻告诉艾丽丝，他觉得黑格尔的著作“主要由双关语”构成。

罗素喜欢说，世界上有两类哲学家：一类认为世界是一碗果冻，另外一类认为世界是一桶子弹。可以这么说，当哲学家放弃果冻观，转向子弹观时，其哲学思维便会出现“重大转变”。当然，两者之间的差别在于，要么将世界视为不可划分的整体，要么将世界视为——在逻辑和物理意义上——分离的“原子”。在一篇题为《我为什么研究哲学？》的文章中，罗素详细讨论了适用于黑格尔哲学的果冻比喻，试图揭示果冻式世界对他产生的吸引力：

> 黑格尔认为，世界是一个紧密结合的统一体。一方面，他眼里的宇宙就像果冻——如果你触及它的任何部分，其整体便颤抖起来；另一方面，它又与果冻不同——它其实是不能被划分为部分的。根据黑格尔的观点，由部分构成的宇宙这一表象是一种幻觉。唯一的实在是绝对——绝对是他称呼上帝时所用的名称。在他的哲学体系中，我曾经找到了慰藉。按照其追随者们的解释，黑格尔曾是迷人的，可以论证的……其中对我影响最大的是麦克塔格特，他那时是我的挚友之一……但是，我一时冲动，将注意力从信徒的观点转向大师本人的著作。我发现，黑格尔哲学是一堆令人困惑的混杂之物，与双关语没有什么两样。因此，我放弃了他的哲学。

1897年夏天，在黑格尔主义带来的最后阵痛之中，罗素撰写了一篇短文。那篇文章说明，他当时正在作出最后努力，试图挽救绝对观念论所描述的果冻式世界。他写那篇文章的目的看来是为了与摩尔进行讨论，它的标题是《我们为什么认为时间——而不是空间——是充实之物？》。罗素告诉艾丽丝，这个问题最简略的回答是：“因为我们是傻瓜。”他在该文中概括的进一步回答是：我们被人误导，一方面认为，空间可以划分为物体之间的关系，另一方面从直觉上知道，时间是“充实的”，这就是说，时间没有间隙，因此不能被视为由联系构成的系列。但是，罗素强调说，对时间来说是正确的观点，对空间而言也是正确的。空间也是充实之物，其中的每个部分都被物质以某种形式加以使用。于是，罗素提出， 115
联系是一种幻觉，我们不可能将联系与形容词区分开来：

> 根据严格的一元论观点……这样的区分是无法成立的。万事万物其实都

是本源的形容词，是宇宙的内在特性；宇宙根本无法以合理的方式，被人分析为简单的要素。

那篇文章揭示的——罗素在那段时间撰写的几乎所有文章揭示的——是他所说的分析的特征。根据他的理解，分析就是确定整体之中的部分。但是，如果实在是不可划分的，其直接结果是，分析是一种无效的方法；实际上，分析总是一种歪曲。

罗素接受的严谨的哲学一元论摒弃具有联系的实在。那一做法无疑受到F. H. 布莱德雷的启发，具体说受到他影响巨大的著作《表象与实在》的启发。1897年夏天，罗素重读了那本著作。布莱德雷写道："实在是统一体。多元性——如果被视为真实的——是自相矛盾的，所以实在肯定是统一的。多元性暗示联系，并且通过联系，无意之间总是肯定了一种更高的统一性。"一桶子弹尽管包含不同的部分，然而是统一的实在。如果认为，每颗子弹与其他子弹之间的联系是确定的，那么，我们就可以认为，单个的子弹——以及它们之间的联系——构成一种"更高的统一性"。在这种情况下，一桶子弹仅仅在表象上，让人觉得它是由不同部分构成的：它的实在与一碗果冻是相同的，也是不能划分的整体。

在罗素摒弃这一世界观的过程中，一个重要的因素是，他否定了该世界观提供的情感和宗教方面的慰藉。那年末，他在使徒协会上宣读了一篇论文，题为《看来是吧，太太？不，它就是如此》，强调了这个观点：即便布莱德雷和麦克塔格特的形而上学是正确的，它也不能提供任何精神慰藉。正如他在会前写给摩尔的信中所说，那篇论文的要点是："就所有并非纯粹的思想目的而言，表象世界是真实的世界。"他提出的论证很简单：如果"实在像形而上学所构想的那样，与经验世界没有任何联系"，那么，它就不能表达任何理念，以便给人慰藉，让人生这样的经验变得可以忍受。"所有的经验都处于时间之中，上帝是永恒的，没有什么经验是对上帝的体验。"由此可见，罗素对哲学——特别是对麦克塔格特的形而上学——所抱的希望弄错了方向，"我们无法在哲学中找到宗教慰藉"。不管怎么说，他那时觉得，如果从事哲学研究的目的是为给令人满意的学说提供支撑，那样的做法其实乏善可陈，而且并不光彩；其原因在于，更勇敢、更有价值的态度应该是，仅仅追求真理，无论结果如何都在所不惜：

为什么不直截了当地承认，形而上学与科学类似，是被思想方面的好奇心证明有道理的东西，因而应该仅仅由好奇心引导呢？

罗素抛弃了他自己在情感方面对一元论形而上学的追求，他迟早会发现，形而上学在思想层面上带有缺陷。不过，那是一个渐进过程。1898 年元旦，他撰写 116
了一篇笔记，标题为《关于科学辩证法理念的思考》。他对唯心主义带来的慰藉持更加严厉的新态度，试图从原来抱有的建构囊括所有科学的辩证法的抱负中，尽量挽救出一些东西，挽救出他当时认为数学在处理许多传统矛盾的过程取得的成功之处。当时，他的希望是，发现“一种将表象变为实在的方式，而不是先去建构实在，然后受到毫无希望的二元论的挑战”。他希望这样做的方式是，从处于数量理念的核心位置上的矛盾入手，进行一系列辩证推理。这样做的理由在于：“我相信，唯一不可避免的矛盾是属于数量的矛盾。”罗素在此所说的矛盾是，一组，一个数量，必然既被视为一个事物（一组），又被视为多个事物（例如，由五个物品构成的一组）。计量和计数是数学的基础，那么，无论数学在处理其他问题时多么成功，这一矛盾始终将会存在。

但是，他还没有来得及深入展开这个观点，当时就已确信，它从根本上看是错误的。其主要原因在于，他阅读了怀特海的新作《泛代数》和戴得金的《数字的本质和意义》，摒弃了传统的数学定义——“关于数量的科学”。他确信，他花费大量时间和精力研究的数量的矛盾其实与数学无关。从戴得金的这本著作中，他学会了将顺序的理念——而不是数量的理念——视为定义数字的核心理念（根据这一理解，数字的起源不是计算一组之中有多少事物，而是对事物进行排序，第一、第二、第三，如此等等）。从怀特海的那本著作中，他得到全新的数学概念——完全不提及数量。在怀特海的定义中，数学研究“各种必要的演绎推理形式”。这样一来，在怀特海的著作中，罗素首次看到了对符号逻辑的数学研究。在怀特海看来，那是一种代数学。

罗素从这两位论者的著作中得到灵感，着手撰写一本新书，不再使用他以前著作中常见的那些语言，例如“辩证”和“综合”，而是一针见血地将其称为“数学推理分析”。那时，罗素对分析深信不疑，那种信念得到数学家的研究成果的证实。但是，他依然需要一种逻辑观，特别是关于命题性质的观念，以便取代他从黑格尔主义继承而来的观念。1898 年夏天，G. E. 摩尔给他提供了这一点，罗素对此一直心怀感激。

那时，摩尔撰写的研究员论文的工作已经接近尾声。摩尔采用了独特的形式追问，一个人使用某些词语时究竟希望表达什么意思？具体说来，康德在使用“自由”和“理性”时究竟希望表达什么意思？摩尔剑锋一转，离开讨论主
117 线，就“理性”一词插入长篇讨论，从而展开了一场持久的争论，其攻击目标是 F. H. 布莱德雷鼓吹的唯心主义的真理学说。摩尔用一种尖锐的“唯实”论取而代之。该理论坚持认为，应该严格区分人们相信的东西（命题）与人们对它所持的信念（心理状态）。在该理论中，命题是“客观的”；它们不在“人们的头脑中”，而是世界上的“客观存在”。在形成这一观念过程中，摩尔和罗素频繁见面，有时在剑桥大学，有时在磨坊寓所。摩尔是磨坊寓所的常客，在讨论过程中，两人形成了一种逻辑和哲学观念，从而开启了整个“分析”传统。

公开阐述新逻辑的第一篇论文题为《判断的本质》，发表在 1899 年 1 月出版的《心灵》上。那篇文章堪称哲学领域中分析传统的奠基之作，一直被罗素视为摩尔对哲学最伟大的贡献。在正式发表之前，摩尔曾经两次宣读过那篇论文，一次是在（1898 年 10 月 21 日召开的）剑桥大学伦理学俱乐部会议上，另一次是（同年 12 月 9 日召开的）亚里士多德研究会会议上。但是，罗素可能在那之前便知道了文章的内容，一是从当年夏天与摩尔的讨论中，一是从他 9 月收到的摩尔总结文章内容的来信中。摩尔在那封信中写道：“我的主要发现是，当时让我深感震惊的表达形式是，存在物是命题。”摩尔认为，这句话的意思是，命题是实际存在的；此外，命题是可以分析的。在黑格尔的观念中，命题是统一体，公开对抗分析；在摩尔的构思中，命题是综合体，迫切需要被划分为其组成部分；摩尔将那些部分称为“概念”。摩尔在《判断的本质》中写道：“命题就是一个复杂的概念……命题是概念的综合……命题由任何数量的概念构成，此外还有那些概念之间的联系。”

摩尔以相当奇特的方式使用“概念”，它既不是词语，也不是念头，而是“可能的思维客体”，类似于罗素后来所称的“逻辑原子”。概念是构成世界的积木。摩尔在信中告诉罗素：“存在的万事万物的终极要素是概念。当一些概念以特殊方式组合起来，便形成了存在的世界。”因此，对摩尔来说——甚至对罗素来说——更重要的是，分析与人们那时通常理解的不同，不是语言活动，而是本体论行为。分析命题不是探讨语言片段，不是仅仅关注文字；可以这么说，分析

命题是将世界分割开来，让它开始呈现意义。摩尔写道："当一个事物被分析为成分概念时，该事物就变为可以理解的东西了。"

在这个罗素热切地接受的观念中，逻辑和形而上学几乎是不可区分的东西。罗素在回信中告诉摩尔："我完全赞同你所说的概念之间的几种必然联系。而且我认为，这是逻辑学（如果你喜欢，或者说形而上学）中真正管用的发现。"罗素认为，在摩尔提出的理论中，一个至关重要的部分——不过摩尔本人对此没有多大兴趣——形成的结果是：与布莱德雷（和罗素自已12个月以前的）观点相 118
反，联系是真实的。摩尔给罗素提供的逻辑观让罗素理解了这一点，这一过程让罗素眼中的世界失去了果冻式的同质性。这一转变形成的结果是，罗素现在觉得，没有必要以传统的黑格尔形而上学方式，区分"表象"与"实在"，没有必要将感觉的日常世界视为幻觉。罗素后来声称："我曾经设想感知世界是不真实的，那时却可以重新相信，真的存在诸如桌子和椅子这样的东西，确实令人非常激动。"他"欣喜地想到，尽管洛克之后的所有哲学家提出了种种相反看法，但小草真的是绿色的"。但是，他强调说："我觉得，那个问题中最有趣的一点是在逻辑学方面。我高兴地看到，联系是真实的；我饶有兴趣地发现，这一信念给哲学思考带来了可怕的结果：所有命题都属于主词－谓词形式。"

罗素思考了逻辑与形而上学之间的关系，并且刚刚发现了关于联系构成实在的新看法。他对这两点的思考在1898年夏天获得了进一步的推动。当时，罗素必须对莱布尼兹的著作进行详尽研究。麦克塔格特通常在剑桥大学开设关于莱布尼兹的讲座，当时希望到新西兰待上一年，以便劝说一位名叫玛格丽特·伯德（他在前一次访问时见过她）的女人嫁给他（他如愿以偿，1899年返回英国时，已是有妇之夫了)。罗素同意接手麦克塔格特的工作，所以花了1898年下半年的大部分时间，研究莱布尼兹，为1899年春季学期开设的讲座备课。

在剑桥大学开设的第一组讲座，罗素所作的准备非常充分。经过短短数月的研读，他已经成为这个方面的权威，对莱布尼兹的著作形成了具有说服力的新观点。他后来写道："我发现，关于莱布尼兹的著述，没有阐明的一点是，他的哲学是明确建立在这一学说的基础之上的：其一，每个命题都让主词都有一个谓词，其二，（对他来说几乎是同样的东西）每个事实都由一种具有特性的物质构成。"莱布尼兹的著述没有阐明这两点，其原因在于，莱布尼兹本人——至少在其出版的著述中——没有阐明这一点。在这种情况下，正如罗素所说，他自己的著作采取了“对莱布尼兹本应完成的体系进行重构的形式”，将莱布尼兹的体系视为一种准形式逻辑体系，视为由五个逻辑定理演绎而来的一套定理，其中的第一个是：“每个命题都有一个主词和谓词。”

罗素认为，莱布尼兹本人没有清楚阐明自己的形而上学体系的逻辑基础；罗素对其原因的认定重复了他自己在人生中作出的选择。他在讨论莱布尼兹时写道：“莱布尼兹早年拒绝在阿尔特多夫大学担任教授，刻意选择担任弄臣，而不是从事学术研究”，那一选择“最终使他对王公们毕恭毕敬，浪费时间去取悦他们，这真令人感到痛惜”。莱布尼兹深知，王公们喜欢神学而不是逻辑学，于是撰写了《神正论》和《自然与圣宠的原理》，没有将他撰写的严肃的逻辑学著作出版发行。罗素在一生中坚持了他对莱布尼兹的这一观点。他在《西方哲学史》关于莱布尼兹的那一章中写道：

> 119 他出版著作，目的是要求得到王公和王妃们的赞扬，这形成了两个可以代表莱布尼兹思想的哲学体系：一个——按照他的说法——乐观、正统、离奇、肤浅；另一个——近来由编辑们从他的手稿中慢慢发掘出来——深刻、融贯、大体上具有斯宾诺莎哲学的特征，逻辑性很强。

罗素在他的讲座中试图重构的正是第二个体系。他还以该体系为基础，撰写了《莱布尼兹的哲学》。罗素的重构工作遵循的理念是：逻辑学是哲学的基础。一个人如果误解这一命题的性质，就会误解一切事物。因此，他宣称：

> 所有完善的哲学都应该从分析命题开始，这一真理显而易见，也许根本无须证明。莱布尼兹的哲学体系从这样的分析开始，这一点不那么明显，但是看来完全正确。

罗素从这一点出发，接着发现：“[莱布尼兹] 否认联系构成的独立实在，他拥有的唯一理由是，命题必然具有主词和谓词。”罗素的言外之意是，假如莱布尼兹开始采用的是摩尔的命题观，他的整个哲学就会完全不同。《莱布尼兹的哲学》——尽管摩尔的名字在该书中一次也没有提到过——以这种方式，成为一个得到支撑的论证，阐述了摩尔在《判断的本质》中提出的命题的重要性。此外，该书也许有助于解释，罗素认为那一理论具有如此重大意义的原因。

给人印象深刻的是，在那些年月中，罗素在思想上吸取了大量营养，取得了长足进展；相比之下，他与艾丽丝的婚姻对罗素的人生却影响甚微。她似乎仅仅是一直待在幕后，充当一个必要的手段，让罗素的日常生活得以维持，在其他方面没有对他产生什么作用。艾丽丝继续从事禁酒、女权主义和社会主义方面的宣传工作，经常出席会议，参加活动，但是罗素看来对她生活的这一侧面完全持不屑一顾的态度。在那段时间的信件中，他很少谈到她的社会活动，提及时字里行间往往不乏嘲讽和尖刻言语，没有显示出任何真正的兴趣。他曾经抱有理想，希望将自己的思想兴趣与她对实际的关注融为一体；现在，这一理想伴随着他对黑格尔主义在宗教和情感方面的投入一起灰飞烟灭。在布林莫尔学院见到罗素和艾丽丝之后不久，海伦·托马斯告诉她的一个朋友，“在外人眼里，她真的就像一个奴隶。我觉得，这样的情况令人深感悲哀。我一直感到疑惑，伯迪是否应该过这样的生活？这样的状态将会维持多久？”

1897 年春天，罗素为《金瓮》撰写一篇题为《自赏》的文章，以“奥兰多”的化名发表，显示同样的面对实情——无论它多么讨厌——的决心。这一看法后来在《看来是吧，太太？不，它就是如此》中表达出来。那篇文章对他的描述颇为坦率。他承认说：“我希望在为数不多的专家心目中获得知名度。但是，我的主要愿望——作为我调控生活原则的愿望——是纯粹以自我为中心的，旨在获得 120
思想上的满足，探索让我感到困惑的事物。”构成艾丽丝生活重心的社会和政治问题，他仅仅以简短忏悔的方式提及：

> 我希望发现某种方式，让大多数人过得幸福，但是仅仅在纯粹的思想层面上考虑这个问题。他们的不幸有时让我觉得不悦——这样的情形三个月中出现一次——让我在思想上有寻找出路的愿望。但是，对于大多数民众，我几乎持漠不关心的态度，我是不会为他们牺牲自己的。我在情感上信奉民主，不过我不知道这样做的理由。
>
> ……我大体上为自己活着——我做一切都是为了我自己，为了让自己在知识方面有所收获。我关心的人不多，也有几个敌人——对我来说，其中至少有两三个人遭受痛苦是令人愉快的事情。我常常希望让人痛苦，我有机会这样做时感到愉快。我觉得，自己比大多数人高明。

……随着年龄的增加，我的确会变。我的愿望确实不那么强烈；其中有许多已经得到满足，或者正在不断得到满足；其他愿望已经死于麻木状态。

作为一个人内心生活的写照，这番话描绘出一个幽灵，一个飘忽不定的人，仅仅与周围的人部分接触，其“麻木状态”几乎让他失去了所有的热度和情感。这种麻木状态的一个标示是，他听到他祖母1898年1月17日去世的消息时，表现出令人不可思议的沉默。毋庸置疑，在他到那时为止的人生岁月中，她肯定是最重要的人物。但是，在他的幸存下来的信件中，她去世的情况却只字未提。在《自传》中，他以令人心神不安的简洁写道，他儿时曾经夜里醒来，躺在床上担心，她去世时他会感到多么恐惧，但是听到她的死讯，“我根本没有什么特别的感觉”。

就他逐渐消退的欲望而言，存在着某些相反的证据，至少在他的婚外生活中如此。一旦他与自己感兴趣的人相遇，盖在他脸上的那张冷漠的面具似乎随即消失。最明显而且最常见到的情况当然是他与玛丽相处的时光——他对她一直激情不减。1897年9月，他单独和玛丽一起，在位于菲耶索莱的她的别墅里待了几天，感到非常愉快。他写信告诉艾丽丝，他们两人“共进晚餐，私下交谈，非常愉快，一起回忆在巴黎度过的愉快时光，忘记了烦心的事情”。他在访问期间所写的一封信件中说，玛丽“十分迷人，超过了以往任何时候，我喜欢和她相处，喜欢‘适时’找机会吻她”。不过，玛丽对此深感担忧。“伯迪非常动情”，她写信告诉贝伦森：

我有点不知所措。但是，我觉得自己采用了适当的方式，表现出完全自然的友好态度。我不愿让他觉得，我注意到任何异常情况。否则，他就会以
121 为，我觉得他有可能出现某种更为亲昵的举动，无论那样的举动多么不受欢迎也没有关系。我觉得，他其实没有那样的想法。

次年，玛丽记录了她在星期五山丘与艾丽丝和罗素的一次“调侃”式交谈，言辞令人恐惧，根本没有什么滑稽可言：

---

* 意大利小镇，位于佛罗伦萨东北8千米，能够看到佛罗伦萨优美的景色。——译注

> 艾丽丝说，她憎恨男人，不愿和男人聊天，觉得抽烟是“一种肮脏的习惯”。但是，她崇拜伯迪，所以改变她自己，让她的生活主要被这些事情支配。她说的没错，这解释了我时常在她眼里看到的那种奇怪的冷漠神情……我很想知道，究竟需要多久，爱情才能弥合她与伯迪之间的根本分歧？伯迪说，30岁之后，他已经对总是无聊的状态习以为常了。“甚至在家里吗？”艾丽丝问。“尤其是在家里，”伯迪无情地回应说。

如果说这是爱情，那么，罗素成长过程中在彭布鲁克别墅接触的氛围就是充满爱意的。其原因在于，玛丽的描述以令人很不舒服的方式，让罗素回想起自己过去看到并且鄙视的东西——被祖母和阿加莎姑姑伪装成爱意的咄咄逼人的言行。

艾丽丝看来对那样的生活安排十分满意，但是罗素却不以为然。他毕生渴求人生伴侣，渴求真正的亲密情谊，但是（正如他在《自赏》中所说的）却发现，自己身处的环境与孩提时代的非常类似。在这样的环境中，他以孤独的方式生活，终日与书本和思考为伴，与身边最近的人员之间的关系显示出僵硬和虚假的特征。1899年7月，玛丽记录了在星期五山丘的日子，使用“相当沉闷”这四个字来形容：

> ……其原因在于，随着我们的年龄越来越大，人与人之间的距离越来越远。艾丽丝一门心思关注慈善活动，伯迪整天埋头数学研究，洛根和我或多或少待在一起。但是，我们聊到的话题只是谣传和琐事而已。我们陷于这种僵局之中，我们讨厌艾丽丝的那些朋友们（他们也讨厌我们）。他们根本不关心我们的事情，所以我们不希望邀请任何人到这里来作客。

玛丽所处的地位不同，对情况的认识超过了艾丽丝，意识到罗素希望过某种不同的生活，比妹妹早一些看到将要出现的危险迹象。例如，一个月之后，她以敏锐的目光，察觉并且记录了罗素出现情变的重要细节。那时，萨莉·费尔柴尔德已经到了星期五山丘。至少在罗素看来，她带来某种生气：

> ［玛丽写信告诉贝伦森］伯迪明目张胆地与费尔柴尔德小姐眉来眼去，可怜的母亲对此深感担忧。每天晚上，罗素和费尔柴尔德小姐一起散步，出

> 双入对。在此之前，伯迪晚上要么读书，要么玩牌，几乎雷打不动。现在，他放弃了这些从不改变的习惯。当然，两人之间唯一的共同之处就是，喜欢在一起打情骂俏。

玛丽一周之后在信中说，罗素和萨莉·费尔柴尔德“昨天晚上外出散步，半夜之后才回来”：

122 他们两人昨天凌晨2点才回来，这让母亲非常担心。但是，艾丽丝似乎对此感到相当高兴。我觉得她的想法是：伯迪习惯于隐士生活；任何可以将他带出房子的活动都是有利之举。可是，我担心，假如她像我一样了解他的性格，她肯定不会心安理得地认为，公开调情可以分散他的注意力。

罗素后来回忆说，那年夏天，他对萨莉·费尔柴尔德已经“非常喜欢”了。不过，“我觉得，自己并未爱上她，就连她的手也没有吻过。但是，过了几年之后我意识到，她当时给我留下了深刻印象”：

> ……那个夏天，我俩晚上一起出去散步，受到当时严格的行为规范的约束，没有向对方表达自己的感觉。当时的一切历历在目，宛如昨天发生的事情。

在那些日子里，甚至那种没有肌肤接触的调情机会也很少出现，罗素的生活可以用玛丽注意到的“一成不变的读书和玩牌的习惯”来加以概括。在《自传》中，罗素将那些日子描述为“受到理智影响的枯燥生活”。那时，罗素接近30岁，保持了他11岁之后一直不变的愿望：证明数学是由某些可以证明的客观真理构成的体系。

他失去了黑格尔哲学给他的慰藉，但是放弃这个唯心主义的观点让他得益匪浅：数学不是关于外部世界的真理，仅仅与人们对外部世界的看法有关。根据罗素的新观念，“数学可能相当正确，而不仅仅是辩证法的一个阶段”。他认为，这个观点给他带来很多灵感，不亚于对麦克塔格特提出的“合理并且正确”绝对实在的沉思，赋予他的哲学思考新的活力和更大的强度。现在，支配他哲学研究的想象图画不是伟大而不可分割的实在具有的统一性，而是柏拉图的相型世界——在那个世界中，一切抽象的客体都具有其独立、真实的存在。老年时，罗素变得更加玩世不恭，在他创作的小说《数学家的梦魇》对该图画进行了调侃。小说中的斯奎尔庞特教授想象，自己坐在圆周率旁边，周围是其他数字，每个数字“所穿的制服上清楚地写着各自的名字”：

> 各种各样的数字穿着不同的制服，具有不同形状：正方形是瓷砖，立方体是骰子，整数是圆球，质数是不可分割的圆筒，完全数头顶皇冠……这些数字围着斯奎尔庞特教授和圆周率翩翩起舞，构成一个芭蕾舞队形，场面宏大，形状复杂……他们一边跳舞，一边吟唱颂歌，赞美自己多么伟大。
>
> 我们是有限数。<br>
> 我们构成了世界。<br>
> ……不朽的柏拉图尊重我们 123<br>
> 我们担心死亡。<br>
> 我们毫无保留地<br>
> 遵循法则，<br>
> 我们是有限数。

在这个故事中，罗素讽刺的是他在信奉新实在论之初毕恭毕敬对待的一个观点。不仅小草是绿色的，而且二加二真的等于四。那时，他面对的哲学任务不是揭示数学中的矛盾，甚至不是分析数学推理，而是证明数学具有的充分性和真理，显示数学的逻辑基础具有的稳固性。

在 1898 年 7 月 5 日写给艾丽丝的一封信件中，罗素记录了这个任务在他头脑之中具体成形的那个时刻。他告诉她：“圣灵赋予我研究的灵感，让我明白了我上个月中一直追问自己的具体问题，我距离发现答案只有一步之遥。”当时，他没有屈尊向艾丽丝说明，他明白的问题究竟是什么。但是两周之后，他在写给法国哲学家路易 · 库蒂拉的信件中说，他的核心目标是“发现数学的基本理念，发现人们根据这些理念必须接受的必然判断（公理）”。这听起来类似于他以前对几何学“基础”进行的研究，但是他那时已经抛弃了黑格尔和康德的唯心主义，他研究的问题已经具有了完全不同的意义。其原因在于，它不再是对“经验的必然特征”的探求，而是指向数学可能依赖的最基本的客观真理。

1899年春天，他结束了关于莱布尼兹的讲座，放弃了《数学推理分析》的写作，着手撰写一本新的大部头著作《数学的基本理念和公理》。该书没有完成，但是幸存下来的目录和部分稿件显示，它预示了罗素1903年将要出版的《数学原则》中的一些内容。它提出的“基本”概念包括“数字”、“顺序”以及“整体与部分”等等。他对“整体与部分”的讨论显示，罗素依然没有接受康托提出的集合论，尤其是康托提出的基于无限数集的超限数。罗素那时依然认为，无穷大受到数学无法解决的矛盾的困扰。

次年7月，罗素重新研读了康托的著作，发现自己可以接受他进行的证明，从而在一定程度上打消了原来的疑虑。但是，罗素依然认为，康托的研究成果并未解决关于无穷大的所有哲学问题。那天夏季，他花费了大量时间，回复开始出现的对他的《几何基础短评》进行评述的各种文章。例如，伟大的法国数学家亨利·庞加莱为该书撰写了长达27页的评论，刊登在《形而上学与道德评论》上，对罗素的文章大加赞赏。罗素当时非常希望提高自己的知名度，得到学界的承认，如此著名的数学大师详细评述他的文章，他自然有受宠若惊之感，兴冲冲地
124 给摩尔写了一张明信片相告，而且写信告诉库蒂拉（是他把庞加莱撰写的评述寄给罗素的）说：“得到如此伟大人物的关注，让我深感惶恐，觉得他提出的许多观点让我深受启迪。我将尽快作答。”

当然，那时罗素没有心思为自己当年作为唯心主义信徒时提出的几何理论辩护。但是，庞加莱在评述中从一般的哲学角度，对该书进行了批评，角度与罗素那时提倡的柏拉图主义格格不入。庞加莱在评论中提出，欧几里得公理的真理性这个问题并不是像罗素曾经认为的那样，是属于经验层面的，更确切地说，这是一个非问题。庞加莱采取的思路与维特根斯坦后来提出的类似，认为数学命题是否是真理——在这里就是欧几里得的公理——这个问题并未出现。欧几里得的公理既非正确，也非错误；它们仅仅是规则或者习惯，人们可以决定是否采用；相互竞争的不同理论之间出现的问题仅仅是，哪一个用起来更方便而已。当然，罗素认为这一观点极其令人讨厌，超过了他撰写该书时感觉。于是，罗素撰写了长篇回复，试图确定一个观点：如果说欧几里得的公理有任何意义的话，它们必然要么是正确的，要么是错误的。罗素告诉库蒂拉，庞加莱“似乎没有意识到，在

假定被界定的对象存在时，该定义就不再是任意的了”。

摩尔在《心灵》上发表了对该书的另一则评论，也提出了相关的问题，罗素给予了特别关注。摩尔提出的批评意见的核心针对罗素采用的康德主义的方法，即摩尔所说的“康德主义谬误”。该方法试图在是否是“可能的经验”的基础上，支持命题具有必然性这个观点。摩尔写道，从最乐观的情况看，这一方法可以确定“某种心理方面的事实”，但是不可能从该事实，推知关于空间性质的任何东西。对于这条批评意见，罗素没有回应；他在 7 月 18 日写给摩尔的信中提及的主要原因是，“在所有重要问题上，我赞同这一说法”。

著名学术刊物上出现了表示赞同的评论，这有助于形成罗素的知名度。1899 年夏天，路易 · 库蒂拉邀请罗素出席次年在巴黎举行的哲学代表大会并且宣读论文，这证实了他在国际上取得的地位。

罗素与库蒂拉通信已近两年。1896 年 1 月，罗素在《心灵》发表了关于库蒂拉的著作《数学的无穷大》的书评，1897 年 10 月，罗素收到库蒂拉向他表示谢意的来信。库蒂拉英语水平很差，但是借助字典阅读了《几何基础短评》并写了评论，以此作为回报。罗素后来写道：“我那时的梦想之一是，那些仅仅通过我的著述了解我的外国人写来表示赞赏的信件。”库蒂拉来信是他收到的第一封这样的信件，因此“具有重大意义”。

几乎在每一封信件中，罗素和库蒂拉都会在研究工作和哲学观点方面，发现两人之间有更多的相似性。与罗素类似，库蒂拉也关注数学无穷大理念中存在的 125
明显矛盾，而且最初抵制、后来接受了康托的超限数理论。此外，库蒂拉那时也和罗素一样，对所谓的“逻辑”数学观的兴趣日益增加，认为纯数学研究者们的努力给微积分提供了更加严密的基础，其研究应该得到赞扬。最后一点是，两人在 1900 年发现，他们都在撰写关于莱布尼兹的著作，都强调莱布尼兹的形而上学的逻辑基础。自然，两人通过书信来往，开始了一段友谊。1898 年 11 月，罗素前往库蒂拉担任教授的法国卡昂大学，逗留了几天。那次访问确立了他们两人之间的友好关系。

库蒂拉邀请罗素出席在巴黎举行的哲学代表大会，这将对罗素的人生和思想产生显著影响。罗素在 7 月 2 日的回信中欣然接受邀请，但是对宣读论文的提议心存疑虑，其原因既不是他没有重要的观点需要陈述，也不是他对自己的法语水平感到怀疑，更确切地说是因为，他那时仍旧对在大庭广众之下发言缺乏信心。

在其后的一封信件中，他克服了疑虑，同意宣读论文，所选的论文题目给库蒂拉留下了深刻印象：

> 我报告的题目可以是无限数、二律背反、算术……要不然，也可以讨论序数和级数的理念，包括连续性和康托所作的研究。要不然，我可以分析一下量这个理念。或者，谈一谈空间和时间中的绝对位置的必然性。

库蒂拉确定了最后一个选题（理由是，其他报告人可能更多谈及另外那些题目）。1900年春，罗素撰写了将在大会上宣读的论文，标题是《论时空中的序数和绝对位置的理念》。在这篇论文中，罗素针对康德和英国的新黑格尔主义传统（而且也针对他自己以前所持的观点），提出了一个新的看法：时空关系是实在的组成部分，并非仅仅属于“表象”。

1899年年底，罗素写给库蒂拉的信件开始出现变化，谈论的对象不是数学，不是逻辑，不是莱布尼兹，而是布尔战争。让库蒂拉感到惊讶——让艾丽丝感到惊慌——的是，那场战争点燃了罗素的爱国主义热情，其激烈程度出人意料。那年10月，布尔人担心英国打算吞并德兰士瓦共和国，于是开始攻击驻扎在南非的英国兵营。局势危急，英国军队显得势单力薄，于是英国政府派去了支援力量。但是，英国军队在12月接连打了几个败仗。罗素后来写道，那些失败“让我深感焦虑，我脑子里整天只有战争消息”。他每天都要步行4英里，从磨坊寓所走到火车站，去购买一份晚报。罗素的这种帝国情绪让艾丽丝感到困惑不解，忧心忡忡。他对战争的关注——用罗素的话来说——让她“相当恼怒”。

12月18日，罗素写信告诉库蒂拉，他的脑袋里只有战事：“与当前的时事相比，哲学就像儿童游戏”：

> 126 我不禁对我军的胜利充满希望，最初出于愚蠢的本能的爱国主义，但是也有更深层次的理由……战争结束之后，我常常以此作为调侃话题。但是，我当时——尽管略有不情愿之感——完全让爱国热情冲昏了头脑。

在下一封信件中，罗素为那场战争辩护，认为它是反对布尔人穷兵黩武的自卫之举：“如果我们最终可以吞并德兰士瓦，其唯一原因在于，那是我们保护自己的唯一方式。”

库蒂拉自然觉得，这种好斗言论颇为有趣，不断挖苦罗素表达的观点，迫使他在 1900 年 5 月 5 日的一封信件中对帝国主义本身进行整体辩护。罗素认为，政治家有两个目标：“其一，维护和保护和平；其二，传播文明的治理方式。”鉴于小国比大国更容易被征服，所以第一个目标要求应该尽量减少国家的数量。由此可见，在其他因素相同的情况下，大国征服小国的做法是可取的。就第二个目标——即传播“文明的治理方式”——而言，罗素求助于带有极明显种族主义特征的欧洲中心论：

如果您读过人类学著作，您肯定知道，真正的野蛮国家究竟是什么样子的，知道文明的治理方式可以带来多么大的好处。我希望，世界的每个部分都由欧洲人进行治理。这样说没有什么不妥，第一条理由是，国家越强大，人们对野蛮人造反带来的恐惧就越小。因此，其他条件相同时，采取最强硬手段的殖民者是最好的殖民者。

因此，英国打败布尔人对文明是有利的，而罗素所说的希望取得胜利的“深刻原因”（至少让他感到满意的理由）与他抱有的爱国热情全然不同：“我认为，爱国主义是糟糕的东西；驱使德兰士瓦人兵戎相见，而不是心平气和地表示服从的，不正是他们的爱国主义吗？”

1899 年末，皮尔索尔一家了解到，玛丽的丈夫弗兰克·科斯特洛罹患耳癌，已经病入膏肓。罗素写信告诉艾丽丝：“真是苍天有眼。”他的本意是，希望表达他对艾丽丝的支持，然而这样的残忍言辞让她深感震惊。皮尔索尔一家在弗兰克离世之前发现，弗兰克在遗嘱中为两个孩子——卡琳和雷——指定了五位信奉天主教的监护人，而不是将他们交给玛丽照管。这让汉娜怒不可遏，玛丽百感交集。玛丽写信告诉贝伦特，她见到了弗兰克，“他的情况很糟糕，说话有气无力，身体十分虚弱。他雄心勃勃，一生奋斗，结果却一无所成。他将离开人世，却没有人感到哀痛，这种感觉非常可怕”。但是：

我看不见他时，想到他立下的遗嘱，心中不禁涌起强烈的愤怒和憎恨，几乎脱口说出伯迪的愿望：让他起死回生，再受 10 年病痛的折磨。你无法

> 想象，从一种感觉，立刻转向另外一种感觉，我忍受了多么巨大的痛苦！但是，总的说来，在我心中占支配地位的是某种病态的怜悯之感。

127 12月22日，科斯特洛去世。后来，皮尔索尔一家人诉诸法律，让大法官法庭接受汉娜作为两个孩子的监护人，最终成功地推翻了弗兰克的遗嘱。

但是，罗素对科斯特洛作出的极端反应，这最初显得相当费解。他本人并未牵涉两个孩子的抚养问题之中，而且与科斯特洛没有什么接触。那么，为什么科斯特洛竟然会引发他如此尖刻的言辞，甚至在那个可怜的男人卧病在床，痛苦挣扎，已经奄奄一息时，他也没有表现出怜悯之心呢？毫无疑问，答案在于，卡琳和雷的命运让罗素想起了25年之前自己和弗兰克的遭遇。科斯特洛居然将自己的两个女儿，拱手交给那样虔诚的基督徒监护，这将让两个孩子把自己的母亲视为罪人，视为失去灵魂的人，这肯定引起了罗素埋藏在心里的巨大恐惧。

罗素在内心深处认同卡琳和雷（两个孩子的年龄分别为10岁和12岁），这促使他进行尝试，让她们喜欢欧氏几何——罗素在她们那个岁数时，欧氏几何给他带来了很多快乐。可是，正如玛丽在写给贝伦森的信中所说的，罗素的尝试以令人尴尬的失败收场：

> 我请伯迪给她们讲授欧氏几何，让她们与“一等头脑”接触，然而我的美梦被这个令人遗憾的事实搅乱了：他的一等头脑不懂如何传授知识；两个可怜的小家伙满头雾水，深感困惑。他头一节课就想灌输15个命题，可是她们两人连一个也没有弄明白，可怜的小姑娘！那种教学方式当然很糟糕，让两个孩子讨厌数学这门功课。母亲想和艾丽丝说一说这个问题，但是，艾丽丝根本不愿意听。他的做法毫无作用。

在离开英国奔赴巴黎之前的几个月里，罗素住在星期五山丘，专心致力于另外一本著作的写作。他那时管它叫“大部头”，最后的名称是《数学原则》。那部书稿的观点与早些时候撰写的《数学的基本理念和公理》不同，两者之间的主要差异在于，他已经完全接受了康托对连续点集的处理方式（甚至认为它在逻辑意义上是早于微分的）。即便如此，他依然认为，康托的超限数理论可以“解决任何关于无穷大的哲学难题，可以让无限数的二律背反不那么可怕”。那部书稿的核心内容以前所未有的方式，强调了罗素就整体与部分关系进行的思考。罗素说，这种关系“非常重要，几乎所有哲学问题都取决于我们就此提出的理论”。理解这种关系就是理解逻辑本身，特别是逻辑分析——这就是说，摩尔所说的对命题的分析——的优点和弱点。关于这一点，罗素强调说，摩尔所称的“非常重要的逻辑理论，就是整体与部分理论强调的逻辑理论——我的意思是说，分析即是歪曲这一理论”。罗素还作出尝试，希望将这一理论的危险降低到最小限度：

> 任何可被分析的东西都是一个整体，我们已经看到，在某种程度上，对 128
> 整体的分析即是歪曲。但是，重要的一点是，我们应该意识到，这一理论非常狭隘，带有局限性。我们无法得出结论说：其一，一个整体的组成部分其实不是其部分；其二，我们并未事先假定，那些部分存在于该整体之中，该整体由部分构成；其三，逻辑上居先的因子并不总是比逻辑上随后的因子更简单。简言之，尽管分析给予真理，并且只给予真理，然而分析却无法给予我们全部真理——唯一的例外是，所考虑的对象没被视为整体，仅仅是一个纯粹组合而已。这是该学说可被接受的唯一条件。在任何更为宽泛的意义上，该学说仅仅是掩盖惰性的一件长袍，给那些不喜欢劳神费力进行分析的人提供借口。

一个由部分构成的纯粹组合与统一起来的整体不同。然而，理解事物就是将事物划分为其构成部分。

1900 年 7 月 31 日，罗素离开英国，前往巴黎。那时，《数学原则》处于基本成型的最后阶段，已经呈现出鸿篇巨制的雏形。该书分为七大部分，设法分析数学的基础，首先阐述数字的理念，然后是将整体划分为部分的分析理念，说明可以采用数学方式，将连续性、无穷大、空间和时间、物质和运动理解为数字之间的关系。然而，罗素那时对书稿尚不满意，主要原因在于，它提供的分析没有解决无穷大的矛盾。那时，他以这种方式表述了这一矛盾：

> 有限数的数量是无限的。每个数字是有限的。这两个表述似乎明白无疑，不过，第一个表述与第二个表述互相矛盾，第二个表述与康托的理论互相矛盾。

那时，罗素已经抛开了自己以前信奉的黑格尔主义的所有迹象，并不倾向于接受无穷大理念中的任何内在矛盾，而是希望接受康托的超限数理论。他认为，该理论至少具有一个优点，可以让人认识无穷大包含的问题。罗素接受了康托的理论，这一做法凸显了一点：在那个阶段中，他尚不具备构想该理论所界定的“无限整体”的能力。这并不是因为，罗素完全排斥“无限整体”的理念。他认为有必要承认该理念的单纯存在，他那样做的理由更为简单，令人信服：所有数字的这个类别是这样的整体。但是，康托的理论并不局限于此，将这些“无限整体”视为算术的一个部分，将它们加在一起，加上有限数，让它们相乘，用它们来构建由不同无穷大构成的等次，以及其他等等。然而，无论是“整体”理念，还是“组合”构想都无法让罗素明白：其一，如何将一个数字与无穷大相加，从而组成一个新的数字？其二,一个无限集合比所有有限数构成的类包含更多的元素，如何理解这一观念呢？

129 在巴黎出席哲学代表会期间，罗素发现，朱塞佩·皮亚诺[1]提出的符号逻辑给他提供了打破僵局的出路，让他觉得无限喜悦。皮亚诺是一批意大利数学家的领军人物，他们的研究旨在发展前几代德国数学家取得的进步，为数学找到更为严格的基础。在追求这一目标的过程中，皮亚诺发明了一种特殊符号，其目的有二：第一，尽可能排除表达数学证明过程中出现的歧义；第二，显示这些证明具有的逻辑性。该基本要素今天依然使用，为研读符号逻辑的学子们所熟悉。那个意大利学派的终极目标是，创建这样一个数学体系：它能以欧几里得的《几何原本》证明几何定理那样肯定——甚至更加肯定——的方式，证明微分定理。在那次大会之前，皮亚诺和他的同事们已经取得相当大的成功，建立了一个有三个基本理念和五个公理构成的形式系统，为整个数学研究奠定了基础。

出席巴黎之前，罗素已对皮亚诺的研究有所了解，主要是通过阅读库蒂拉1899年发表的《评M.皮亚诺的数理逻辑》。那篇文章对皮亚诺从事的整个项目进行了批判性综述，当时仅仅引起罗素的些许兴趣。但是，在巴黎见到皮亚诺让他深受启发。罗素后来回忆说：“在每次讨论中，他都表现出准确性和逻辑严密性，其他与会者无法与之比肩，这给我留下深刻印象。我走到他跟前说，‘我希

[1] 皮亚诺（1858—1932年），意大利数学家，致力于发展布尔创始的符号逻辑系统。在1889年出版的《几何原理的逻辑表述》一书中，他把符号逻辑用作数学的基础。皮亚诺由未定义的概念“零”，“数”和“后继数”出发，建立了公理系统。——译注

望拜读您的全部著作。您是否带了大作呢？’他说带了，我立刻阅读了他的全部著作。”

“立刻”一词不应完全从字面意义上进行理解。艾丽丝也去了巴黎（并且在会议上宣读了一篇论文，讨论了《女性的教育》。根据玛丽告诉伯恩哈德的情况，“赢得了热烈掌声”），同行的还有怀特海和夫人伊夫琳。四人返回英国之前，用了一个星期时间，在法国各地旅行。很可能正是在那次旅行期间，罗素首次被伊夫琳·怀特海吸引。在其后多年时间里，罗素对她怀着心照不宣的情感，后来在一首写给奥托琳·莫里尔的诗歌中，（以没有指名道姓的方式）将她描述为他一生中最钟情的三个恋人之一。

那首诗歌于 1912 年 4 月 4 日寄给奥托琳，全文如下：

我恋爱了三次。一次沐浴着清晨的露水，
伴随着春天的鸟鸣，我唱着无忧无虑的乐曲，
忘记了尘世的烦恼，上升到了天堂，了解
让男人忘记痛苦的欢娱。

我再次恋爱。透过欲火的狱牢，
一个严谨的灵魂在孤独的痛苦中燃烧，
爱情让我再次忘记尘世的烦恼，
进入毫无生还希望的地狱。

我又一次恋爱了，在爱中结婚，
天堂和地狱让这场爱情变得神圣；
悲痛深似地狱，欢娱大如天堂， 130
交织两者的火焰透过男人的劳动闪烁。

罗素写给奥托琳的信件，那时了解罗素的人士（最著名的包括露西·唐纳利）的回忆，加上罗素自己的评论，这三者结合起来，几乎以毫无疑问的方式说明，诗歌第二段指的就是罗素对伊夫琳·怀特海的受到压抑的秘密爱慕之情。

实际上，罗素在写给奥托琳的信件中几次提到，他自己埋藏心底的爱情“缺

乏滋养，已经慢慢死去”，而且还多次强烈暗示，那一情感的倾注对象是伊夫琳·怀特海。

伊夫琳比她丈夫年轻5岁，年龄与艾丽丝相仿，但是在性格上更像艾丽丝的姐姐玛丽。伊夫琳容貌姣好，心高气傲，文化修养不错。怀特海曾经写道：“她的生活充满活力，她让我知道，美丽、道德和审美是人生存的目标，仁慈、友爱和艺术满足是取得人生成功的方式……就我自己而言，我仅仅是一名教授而已，与伊夫琳在一起让我跻身一流人士之列。” 在伊夫琳身上，罗素逐渐看到了自己并不圆满的婚姻生活的镜像。在他和艾丽丝的婚姻中，他的真实生活和精力要么遭到压抑，要么得到升华，变为对哲学的爱好；同理，他逐步认识到，伊夫琳是她与艾尔弗雷德的婚姻的牺牲品——她身陷“绝对的孤独生活之中，面对她无法言说的强烈的悲剧和痛苦”。两人之间这种无法言喻的纽带将对罗素的人生产生强烈影响。

但是，在巴黎会议结束之后不久的日子里，罗素更多思考的是皮亚诺的符号逻辑提供的具有诱惑力的可能性。回到星期五山丘之后，罗素立刻给摩尔写了一封信，宣称出席哲学代表会让他确信：“皮亚诺和他的学派目前是数理哲学领域中的最佳学者。”一个月之后，他写信告诉库蒂拉，那次代表会取得了“巨大成功……我已经开始研究皮亚诺和他的弟子们的著作。我正在考虑给《心灵》撰写一篇文章，内容与您给《评论》撰写的类似。我非常钦佩皮亚诺对算数所做的贡献……我觉得，他的汇编也是一项出色的伟大项目。”

罗素所说的“汇编”是皮亚诺的雄心勃勃的计划：使用他的符号逻辑的语言和方法，为所有已知的数学理论提供证明。罗素为《心灵》撰写的那篇文章题为《意大利人最近就数学基础进行的研究》（但是，由于某种未知的原因，该文没有发表），就那个项目以及已经取得成果的重要性提出了大胆的断言。他宣布，“算数理论在过去三四十年间获得了长足进展，是人类理智的最优秀的产物；皮亚诺对这一理论的解释无疑是最佳之作”：

> ……尽管这项研究本身几乎完全属于数学领域，其兴趣却几乎完全是在
> 131 哲学方面。它的目标是：第一，发现数学各个分支的必要前提和充分前提；第二，通过不会给不良影响留下任何余地的严密形式，演绎（大体上已经知道的）结果。因此，该项研究的兴趣在于：其一，发现前提；其二，展示演绎的绝对正确性。对哲学家而言，这是（或者不如说应该是）很有意义的事情。

不久之后，罗素在《国家月刊》发表了题为《数学原则研究近况》的文章，使用了更大胆的语言，引起了更多人关注。他写道："现代数学取得主要成果之一在于，发现数学研究的实质。"数学家们发现的是，在一定程度上，数学其实仅仅是逻辑学而已：

> 所有的纯数学，包括算数、分析和几何学，都是通过组合原始的逻辑理念建构起来的，其命题是从普通逻辑公理中演绎出来的……如今，这已不再是梦想，不再是追求了。恰恰相反，逻辑已经在范围更大、难度更大的数学领域中取得成功……哲学家们多年以来争论不休的一点是，这样的演绎是否可能？数学家们放弃争论，坐下来进行演绎。那些哲学家们认为，除了体面地承认数学取得的成就之外，他们自己其实没有其他事情可做。

皮亚诺的逻辑体系对罗素具有的重要作用在于，它为魏尔施特拉斯、康托和戴得金的研究提供了严谨的基础，让罗素完全克服顾虑，将他们的成果视为明确的方法，从而解决涉及连续性、无穷大和无穷小的哲学问题。在这篇受到广泛关注的文章中，罗素以无保留的方式，表达了皮亚诺进行的研究给他带来的宽慰感和成就感。罗素声称，通过数学解决这些哲学问题，这一方法是我们这个时代能够引以为豪的最大成就。"据我所知，就伟大人物的具有超越意义的天才而言，（也许除了古希腊的黄金时代之外）没有哪个时代拥有更具说服力的证据。"

罗素那时可以看到，那些纯数学家们的研究实现了他自己年轻时的梦想：运用数学来确立一个由绝对肯定、得以证明的真理构成的领域。此外，它让他看到了哲学领域中可能实现的东西。他在那篇文章结尾处说，"现在需要做的是，尽可能开拓符号逻辑领域的工作……在这个牢固的基础上，建构一种新的哲学逻辑学。我们可望借鉴其数学基础的某些精确性和确定性"：

> 如果这一点可以成功实现，我们完全有理由希望，不远的未来将开启纯哲学领域中的一个伟大的时代，堪与数学原则领域中前一段时期媲美。伟大的成就给人灵感，形成巨大希望；在我们这一代人时间里，纯思想可能取得 132
> 长足进展，在这方面让我们这个时代与最辉煌的古希腊相提并论。

这样的念头唤起了罗素对自己的研究的巨大希望，激励去他发挥哲学创造性，去实现这个方面的历史上最令人惊讶、最强烈的爆发式突破之一。1900年8月和9月，罗素将大部分时间用于研读皮亚诺及其追随者的著作，并且撰写了一篇题为《关系逻辑》的文章。该文发表在皮亚诺创立的刊物《数学评论》上，扩展了皮亚诺的研究项目范围，将关系分析置于其中，从而做出了他自己的贡献。在其后的10月和11月中，罗素集中精力研究，取得了非凡成果。在20世纪中，也许只有维特根斯坦于1913—1914年在挪威进行的研究可以与之比肩。

在那两个月中，罗素完全重写了《数学原则》，其根据是他在那篇广为人知的文章中表达的这一得意扬扬的信念：现在可以确知，数学是逻辑学的一个分支。他以几乎狂热的速度写作，每天完成10页，3个月之内的总量高达20万单词。到了年末，他完成了写作工作。该书涉及范围很广，内容令人惊讶，作者的信心也给人同样的感觉。它试图说明，数学研究大厦完全可以建筑在为数不多的逻辑理念和逻辑公理的基础之上。在皮亚诺已经建构的系统中，需要假设的概念只有“零”，“数”和“后继数”；罗素试图证明的是，这些概念接着也可摒弃，整幢大厦的基础仅仅是“类”这个概念。

因此，在罗素的哲学体系中，类这个概念具有重大意义，取代了他早年关注的整体与部分的理念。非常重要的一点是，类与部分的关系类似于整体与部分的关系；类与整体相似，可被分解为部分。但是，与“整体”的概念不同，类可以撇开关系，独立加以理解。例如，因为我们有了“已婚男性”这个概念，我们可以讨论“已婚男性这个类”，而不用——可以这么说——将所有已婚男性集合起来。由此可见，我们可以将类视为概念的延伸。此外，我们无须列举所有的已婚男性，无须知道这个类拥有多少成员，我们也可以确定地表达这一类人的某些特征：例如，它不包括单身男性；它在数量上与已婚女性相等。这样，类的概念在逻辑上可被视为是先于数字这个概念的。而且，罗素还说明了类可被用来界定数字，说明如何将皮亚诺的体系建筑在类型论的基础之上。此外，“类”的概念与“整体”的概念不同，让罗素能够克服自己对康托的无限数理论的怀疑。其原因在于，他现在可以对无限类进行思考，无须担心无限“整体”的问题了。

罗素后来说，从思想层面上看，那个时期是“我人生的巅峰”，是一个“思想蜜月期，在我的人生经历中是空前绝后的”：

> 我每天都发现，自己在理解前一天没有理解的东西。我当时认为，所有 133
> 的难题都解决了，所有问题都结束了。
>
> ……我的感觉与迷雾中的登山者的体验类似：登顶之后，雾霭散去，乡村大地展现脚下，方圆 40 英里范围内一览无余。在那之前的多年时间里，我一直致力于分析数学的基本概念，例如，序数和基数。突然，在短短数周时间里，我发现了看来可以给解决让我困惑多年的问题的答案……我在房间里四处走动，口里念念有词：我现在终于完成了某件具有价值的事情。我当时的感觉是，在把自己的发现写下来之前，我上街必须小心，以免被车撞倒。

在那年的最后一天，罗素以具有自我意识的象征方式，完成了手稿的写作；对他来说，那也是 19 世纪的最后一天。[1] 那天夜里，他写信告诉海伦 · 托马斯，“我之前一直在努力思考，希望为新的一年做出一个良好决定，但是我的内心处于完全舒服的状态，处于以前没能实现的状态”：

> 10 月，我开创了一个新的课题，它证明是纯数学的，首次从本质上对数学进行研究。从那以后，我写了 20 万字，觉得它在质量上超过了我以前所写的任何东西。因此，我没有什么良好决定可做了。

罗素在新年来临之际看到，他有许多可以感到自豪的东西：他完成了一本关于数学的著作，这不仅实现了他童年时代的抱负，证明数学可以建筑在绝对稳固的基础之上，而且还看到了从事分析数研究的人提供的期望——在哲学领域开创一个黄金时代。如果说他已经获得了成功，实现了自己的预期的话，他可以在 28 岁时毫不夸张地说，自从亚里士多德以后，他为逻辑哲学和数理哲学做出了最重要的贡献。

不幸的是，正如他很快将要发现的，他并未完全如愿实现自己的追求。用他自己的话来说：“蜜月不可能持续下去，次年伊始，思想上的痛苦便降临在我的头上，堪称充分彻底，让人刻骨铭心。”

---

[1] 罗素从数学家的角度出发，认为从 1 到 100 的数列从 1 开始，因此强调说，20 世纪始于 1901 年，而不是像大多数人认为的那样，从 1900 年开始。因此，他认为 1900 年 12 月 31 日是 19 世纪的最后一天。

134 # 第五章　痛苦的宗教

在思想力量超常爆发期间，罗素可以在1900年的最后几个月中完成《数学原则》的写作工作；在个人和思想层面上，他与艾尔弗雷德·诺思·怀特海的关系也日益密切。对比之下，摩尔对罗素的影响比较小，几乎可以忽略不计。在那段时期，摩尔已经显示出无法而且不愿与罗素待在一起的迹象，热捧皮亚诺的符号逻辑。而且不管怎么说，他已对罗素产生反感，这使两人在一定程度上难以见面。另一方面，罗素发展了与怀特海的同仁关系，这对两人都将产生至关重要的影响。两人的兴趣一致，这使两人之间的合作水到渠成，相得益彰。两人都计划撰写第二本著作：怀特海打算撰写《泛代数》的第二卷；罗素打算撰写《数学原则》的第二卷，将逻辑学作为数学的一个基础。而且，两人都受到皮亚诺的启发，认为他的研究开拓了在这方面进行研究的可能性。从思想方面说，与摩尔和罗素当年的短暂状态类似，怀特海和罗素那时处于相同的轨道上。

前一年在撰写《数学原则》的过程中，磨坊寓所形成的独处状态对罗素来说非常适宜。但是，罗素迫切希望与怀特海经常交流，希望与他的距离更近一些，最好就住在剑桥城里。1901年元旦，历史学家F. W. 梅特兰因为健康原因，需要前往马德拉[1]过冬，打算出租他在剑桥大学唐宁学院的房子。那幢房子名叫韦斯特别墅，十分宽敞，可以容纳两个家庭。这提供了一个机会，让罗素和怀特海两家人可以一起住上几个月。于是，罗素和艾丽丝于1901年1月18日迁居剑桥，与怀特海家一起度过那年的春季学期。

2月10日，就在他们迁入几周之后，罗素经历了可能是他一生中最重要的事件。后来他称其为“彻底转变”，它从根本上永久改变了他的性格和生活态度。在《自传》中，相关描述无疑是最为奇特的篇章。他开始时说，伊夫琳·怀特海那时“变得越来越像残疾人，她罹患的心脏病导致剧烈疼痛”。他接着写道：

---

[1] 马德拉群岛位于非洲西海岸外，属亚热带气候，由一系列火山岛屿组成，人称大西洋上的明珠。——译注

> 一天，吉尔伯特·默雷来到纽纳姆，朗读那时尚未出版的欧里庇得斯的 135
> 剧本《希波吕托斯》。艾丽丝和我一起前去欣赏，剧本中的诗歌非常美，深深地打动了我的心灵。我们回家之后，发现怀特海夫人心脏病发作，疼痛超常。痛苦形成墙壁，似乎将她与所有人和事物隔绝开来，这让我理解到每个心灵的孤独，突然给我压倒一切的感觉。自从结婚以来，在情感生活方面，我一直从轻率的花言巧语中得到满足。突然之间，自己脚下的地面似乎塌陷了，我发现自己身处另外一种状态之中。在短短5分钟时间里，我脑子里出现下面这些念头：人的灵魂的孤独状态是无法忍受的；除了宗教导师们鼓吹的最强烈的爱情之外，没有任何东西可以深入到孤独之中；如果没有爱这种动机，任何情感都是有害的，或者说至多是无用的；由此可见，战争是错误的；公立学校教育糟糕透顶；使用武力的做法应该遭到排斥；在人际关系中，人们应该关注每个人的内心深处的孤独状态，在交流中涉及那种状态。怀特海家最小的儿子当时在房间里，我没有注意到他，他也没有注意到我。在他母亲疼痛发作时，不让他打扰她。我一把抓住他的手臂，领着他离开房间。他没有表示异议，和我在一起他感到很自在。从那一天开始，一直到1918年他在战争中去世为止，我们都是关系密切的朋友。

他接着写道，“在那5分钟的最后时刻，我完全变成了另外一个人”：

> 在一段时间里，我完全陷入某种神秘的幻想之中，觉得自己了解在街道上遇见的每个人内心深处的念头。毫无疑问，这肯定是一种幻觉，但是我与所有朋友，与许多熟人之间的关系确实比以前密切了许多。我曾经是帝国主义者，在那5分钟内变为布尔人的支持者，变为和平主义者。我多年以来仅仅关注精确性和分析，我那时心里对美充满半神秘的感觉，对儿童有了强烈的兴趣，出现的渴望几乎与释迦牟尼的一样深邃——我希望找到某种哲学，以便让人类的生活可以忍受。一种奇特的激动感觉控制了我，其中包含剧烈的痛苦。基于这一事实，它也包含某种成功的因素：我可以支配痛苦，觉得自己让痛苦成为通往智慧的途径。

在那次经历中，存在着若干引人注目的特征，不过罗素在以上段落中没有提及它们。例如，他没有说，默雷朗读的什么内容深深感染了他。此外，他也没有详细描述他自己对伊夫琳本人的感觉。在这些描述中，伊夫琳遭受的痛苦仅仅是一个例子，代表了人类生存状态的普遍特征。但是，当他 10 年之后在写给奥托琳·莫里尔的一封信件中描述那件事情时，他添加一层更具个人风格的色彩。他告诉奥托琳，“我初次彻底转变的时刻以这种方式出现”：

136 我逐渐认识到（我自己本来不该知道的东西），我钟爱的一个女人过着绝对孤独的生活，充满悲痛，无法言说。我的怜悯之情非常强烈，足以改变我的人生，我不能自由倾诉。我转而求助所有其他方式，希望在假装不知情的情况下减轻她的痛苦。因此，我的思绪转向一般的孤独，思考如何让爱情弥合鸿沟，思考为什么武力是邪恶之物。我觉得，冲突是一切邪恶的根源，文雅是人生中的唯一抚慰。我顿时变得无限文雅……我决心将某种良善，某种希望带入她的生活之中。所有这些念头大约出现在 5 分钟里……但是，尽管她应该得到更多的爱，我过了 1 年多才了解她的痛苦，逐步接受它的成因。正是在那一年中，我学到了见到您之前的全部智慧。

考虑到上述内容，我们就可以开始就罗素对《希波吕托斯》的反应进行某种解读了。其原因在于，该剧的核心是一场轰轰烈烈的爱情，它必须加以保密，一直没有圆满实现：那就是菲德拉的爱情。菲德拉嫁给了忒修斯，心里爱慕的却是忒修斯的私生子希波吕托斯。菲德拉无法表达自己的爱意，这种秘而不宣的爱情让她深受煎熬，让她对其他事情的全无兴趣，最后甚至失去了活下去的愿望。在该剧的前半部分（就是默雷给纽纳姆的听众朗读的那个部分）中，欧里庇得斯反复强调，受到压抑的刻骨铭心的爱情具有腐蚀作用，其效果可以令人失去能力。菲德拉悲叹道：“这样的人真倒霉——他们头脑睿智，举止得体，无法表达爱意，但是勇敢的内心却遭受痛苦的折磨！”隐藏这样的激情显然是不可能的，一个人内心深处的真实感情最终将会展现出来：

……那一时刻将要到来
穿过所有这些的泥土，触及每个虚假之人。
时间向他举起了一面圆镜，

他像姑娘一般，露出惊异，睁大眼睛看到
自己内心多么肮脏！

毫无疑问，菲德拉的秘密最终暴露出来，首先知道这一点的是她的侍女，然后是希波吕托斯本人。希波吕托斯崇拜处女神阿耳忒弥斯，并且（以对所有相关角色来说灾难性方式）拒绝向爱神阿佛洛狄特表示敬意。他对菲德拉背叛忒修斯的行为感到愤慨，公开宣布了对她的仇恨。在这种情况下，菲德拉自杀了。默雷的朗读也到此结束。

这个剧本强调遭到禁止的爱情，强调被压抑的情感，强调沉默忍受的痛苦，给罗素带来深刻触动，超过了他 8 年之前阅读易卜生、屠格涅夫和惠特曼作品时的感受。实际上，他对该剧的反应让人回想起他十几岁时阅读雪莱的《阿拉斯托》时的内心震撼。自从祖母在他结婚之前告诉了他家族的那些事情之后，罗素便下定决心，尽量让自己的生活远离情感纠纷。他爱上了伊夫琳·怀特海之后，对这类因为自认不当而不能表达出来的强烈情感造成的痛苦感同身受。

但是，在“彻底转变”本身具有的力量中，居于核心位置的是罗素表现出来 137
的决心：至少可以将他自己的某些感情投射到伊夫琳本人身上。他认为，她单独无伴，忍受痛苦，将她自己的情感隐藏在内心深处。正如他在写给奥托琳的信件中描述的，那次经历具有的正是这种感情的力量：他——并且只有他——可以看到伊夫琳的内心世界；在这样做的过程中，他能够——可以这么说——举起一面镜子，观察他自己的内心世界，看到多年以来隐藏在那里的没有看见、不被承认的情感。

罗素看来几乎完全没有意识到那次经历的一个侧面：在很大程度上，它包含了来自他自己的童年时期的非常强烈的回声。在他对那异乎寻常的 5 分钟的描述中，存在着一种感觉，到那时为止遭到压抑的感情突然释放出来：在祖母引起他对精神失常的恐惧之后，他扣在自己情感生活之上的盖子那时被突然掀开了。在这种情况下，我们自然可以假设，借此释放出来的某些最强烈的感情与他早年经历的丧失亲人的痛苦相关。

在罗素曾经描述的一件事情中，这一点明显提示出来：有一次，他抓住伊夫琳的儿子埃里克的一只手，觉得自己与那个孩子之间，有一种亲密的感觉。埃里克的年龄那时并非像罗素所说的是 3 岁，实际为 2 岁 3 个月——几乎与母亲去世时罗素的年龄完全相同。罗素对埃里克的发自内心的认同感与这一点不无关系：如果我们考虑到孤独，考虑到罗素在“彻底转变”过程中关注的孤独这一主题是他母亲去世导致的直接结果，那么，情况就尤其相似了。罗素显然错误地解读了伊夫琳的健康状况，她并不是像他认为的那样，受到心脏病的折磨，其实身体相当健康（那次事件之后，她又活了60年）。后来，医生查出，她罹患了“假性心绞痛”——那是一种歇斯底里症，表现形式类似于心脏病发作。但是，在罗素看来，埃里克当时面临的他自己2岁丧母时那种失落感。

罗素喜欢——也许可以说过度喜欢——将他的人生以一系列顿悟形式展现出来。我们可以怀疑，其中的许多事情后来被他过度渲染，其目的是让他的人生阅历更有戏剧色彩。不过，那次“彻底转变”具有根本的重要性，这并不是他后来杜撰出来的，而是他当时意识到的东西。就在那件事情发生两天之后，他写信告诉艾丽丝（她那段时间在曼彻斯特从事禁酒方面的工作）说：“对我来说，前天的事情似乎是很久之前发生的，可能是两个月之前。所以，我不得不以严肃的态度让自己确信，实际情况没有那么久。我俩订婚以来，过去这两天是最令人痛苦的。”

几天之后，在写给吉尔伯特·默雷的一封信中，罗素也谈到默雷朗读《希波吕托斯》时给他带来的情感震撼。罗素写道，当时的经历“几乎具有压倒一切的力量”：

> 依我所见，您翻译的这部悲剧以完美的方式，实现了这一目标：让高尚和美的情感在悲伤中呈现出来。对听众中没有宗教信仰的人来说，高尚和美是世事无法剥夺的唯一慰藉。

138 他告诉默雷，他最喜欢的短诗是默雷在结束时朗诵的那一段。听众了解到，菲德拉自杀了，其罪魁祸首是：

> ……弥漫在她周围的黑暗魔力，
> 是对禁忌之物的可怕欲望。

罗素写道，那首诗歌他已经可以背诵，“并且从此牢记于心”。

在罗素笔下，那次“彻底转变”拉近了他与其他人的关系，让他可以理解和感受其他人心中的痛苦。但是从那以后，他至少对一个人的痛苦完全视而不见，那个人就是艾丽丝。从曼彻斯特返回剑桥之后，艾丽丝发现，伊夫琳那次“心脏病”发作之后，罗素要她独自一人承担全部家务，甚至还要照看怀特海的孩子。汉娜3月写信告诉玛丽：“现在，可怜的艾丽丝不得不只身承担整个家庭的繁杂事务。我担心，她一辈子都会面对这种情况。”

艾丽丝的压抑感越来越强烈，我们可以设想，主要原因并不在于强加在她身上的（无法避免的）额外负担，而在于罗素对伊夫琳的全神贯注，在于伊夫琳带有很强戏剧色彩的痛苦，在于当时情况表现出来的鲜明、残酷的对比：他对艾丽丝的冷落态度变得日益强烈。但是，艾丽丝看来根本没有向罗素提及引起她抑郁的原因。她独自面对照顾怀特海一家人的重担，一如既往，非常负责，任劳任怨，坚忍不拔。尽管艾尔弗雷德和伊夫琳都不太喜欢她，但她实际上成为怀特海家不可或缺的角色。他们搬出梅特兰的住所时，艾丽丝，到怀特海在格兰切斯特的家里待上一段时间。5月，罗素夫妇迁回费恩赫斯特。

1901年7月1日，比阿特丽斯·韦布来访，她在的日记中以详尽的文字，保留了他们那个夏天的生活情况。韦布写道，“日常生活经过……仔细安排，严格按照计划进行”：

> 9点，夫妇两人在书房用早餐……伯特兰随即进行数学研究，一直工作到12点30分。然后是45分钟的共同阅读时间（我们在那里时阅读的是兰克撰写的《英国史》），一起在花园里散步15分钟。1点30分，和我们一起吃午餐。饭后，罗素有时候在客厅里和我们一起聊天，有时候在室外喝咖啡或者抽烟。然后，伯特兰与洛根·史密斯（艾丽丝的弟弟那时住在附近）一起玩槌球。4点30分，喝下午茶。罗素随后工作到6点。之后，他和艾丽丝一起阅读到7点30分。8点用晚餐，和我们一起抽烟，9点30分之后与艾丽丝一起朗读一个小时。

根据韦布的记录，艾丽丝“没有与人亲近的能力，只有在她丈夫面前才能表现出亲昵状态……她不懂得如何调情，喜欢和女人——而不是男人——相处。我真的觉得，她喜欢具有女人味的女性，而不是职业女性。要么她没有那份心境，139
要么职业女性显得过分拘谨……如果说她有什么缺点的话，她缺乏才智，缺乏

‘性格’。但是，对一个女人来说，这些东西是否算得上缺点呢？”

韦布对罗素的印象是：

> 伯特兰身材偏瘦，一头黑发，前额突出，两眼炯炯有神，轮廓分明，下巴稍显短小，两手不停晃动，显得敏锐、紧张。就举止、穿着和外表而言，他很注意修饰，显得传统、得体、彬彬有礼，讲话时非常注意发音，用词准确无误。在道德观念方面，他是一个清教主义者；在个人习惯方面，几乎堪称苦行者。他讲求效率，因此期望保持良好的健康状态。在思想方面，他大胆创新，提倡打破传统，不喜欢宗教，不喜欢陈规陋习，怀疑感性。逻辑和科学领域中，他仅仅相信“思维法则”，相信事物的法则。他纵情于最疯狂的自相矛盾的表达，纵情于最粗俗的玩笑——它们的内容总是深奥难解，形式总是庸俗不堪。在交谈中，如果其他人插话，使他无法以严密的逻辑方法，详细剖析他的研究课题，那么，他也可以给人带来愉悦，聊到一般话题时尤其如此。

韦布还补充说，“他从超然之巅俯瞰世界，剖析世人，分析原因”：

> 他欠缺的是对他人情感的认同和容忍；如果基督教的谦卑被您视为美德的话，他还欠缺这样的谦卑。他的理智和感觉轮廓分明，坚实可见，长久恒定。他对自己要求严格……不能容忍自己身上的任何瑕疵和错误；他梦想在他人身上看到完美品质，憎恨他人违反他们自己的言行标准……我没有什么“罪孽感”，也不愿意看到人们所谓的罪孽受到惩罚。另一方面，罗素希望看到实施残酷行径的人受到惩罚，他这样的心理状态几乎到了冷酷的地步。

韦布的描述入木三分，但是这段文字最突出的一点是，韦布显然注意到，在处理人际关系时，罗素欠缺应有的同情、宽容及仁慈——这一点恰恰是罗素自认为在那次彻底转变的经历之后获得的东西。然而，就罗素与艾丽丝的关系而言，那次经历并未打破他自己建构起来掩饰情感生活的冷酷外表，更确切地说，反而让它变得越发冷酷。

那年夏天，三一学院请罗素开设一门关于数学原则的讲座课程，时间从秋季开始。他立刻欣然接受，认为这让他有机会常常待在剑桥，而且可以与听众讨论《数学原则》提出的理念。罗素接受邀请之后不久便离开了费恩赫斯特，前往 140
位于格兰切斯特的怀特海家。他告诉艾丽丝，他在那里通过与怀特海进行讨论，“重新找回了冬季失去感觉，再次认识到研究工作的重要性”。

但是，罗素从怀特海家写给艾丽丝的信件显示，他非常关注伊夫琳，关注她与丈夫的问题，大大超过了对数学基础的兴趣。罗素没有向艾丽丝承认说，他爱上了伊夫琳，但是我们很难相信，她并不怀疑他已经坠入爱河（尽管她后来矢口否认这一点）。在他的信件中，不时冒出显露内心活动的言辞，无意之间暗示了实情。例如，他在当年7月10日的信中写道：“尽管见到伊夫琳让我感到开心，但是我非常想念艾君。”他在其他信件中说，他与伊夫琳进行开诚布公的长谈，涉及伊夫琳与怀特海的夫妻关系，谈到了怀特海给伊夫琳带来的种种挫败感。罗素在7月13日的信中写道：“伊夫琳比以往任何时候都惹人爱怜，我也重新喜欢上了艾尔弗雷德。”他毫无隐晦地表明，在那场家庭争端之中，他究竟站在哪一边。

罗素在《自传》中谈及了那段时间，这类表示喜恶的言辞也非常明显。“我与怀特海一家子的关系困难而复杂。”他接着表示，怀特海受到“几乎不算理智的冲动”之害，例如，怀特海希望加入天主教会，花钱时入不敷出。作为精神失常的早期言行的例子，这两点并不令人信服。但是，在怀特海的朋友中，只有罗素一人坚持认为，怀特海距离精神失常仅仅一步之遥：

> 他常常口中念念有词，对自己发出毒誓，让怀特海夫人和仆人们惶恐不安。有时候，他连续数日一言不发，不给家人说任何事情。怀特海夫人一直非常担心他会精神失常。现在回想起来，我觉得她夸大了那种危险，其原因在于，她对事情的看法往往具有情节剧的色彩。但是，即使事情没有像她想象的那么严重，那样的危险也确实存在。她以非常坦率的方式，给我说了他的情况，我发现自己希望与她共同努力，让他保持心智健全。

在与罗素的交谈中，伊夫琳得到的并非只有坦率的交流，这一点是可能的，而且实际上也是不可避免的。举个例说，两人“联手让怀特海保持心智健全”，这一做法给伊夫琳带来很大好处：罗素暗中给怀特海一家提供次资助，为他们支付账单，扩建房屋。就那些账单的金额而言，所有的证据显示，消费的人不是艾尔弗雷德，而是伊夫琳。按照怀特海的传记作者维克托·洛的说法，伊夫琳喜欢购买漂亮的东西，消费方式超过了怀特海的承受能力。怀特海不让她满足这些欲望，她感到极为不满。在这位传记作者看来，怀特海全神专注研究工作，没有给予伊夫琳她所期望的关注。伊夫琳从罗素那里得到了她期望的金钱和关注。作为回报，她给予罗素的是他梦寐以求的东西：亲密的情感、激情交流的私密感觉。她没有成为罗素的情人，但是可以满足他一生渴求的需要：拥有一个特殊朋友、
141 一个真正的伴侣。我们有理由怀疑，罗素给伊夫琳提供资助的一个重要特点的是，怀特海本人对此全不知情。这是罗素与伊夫琳两人之间的秘密，在一定程度上象征着他们关系的性质。在这种情况下，伊夫琳允许——实际上鼓励——罗素以隐蔽方式表达对她的爱慕，但是不让它发展到床笫之欢的地步。有一次，两人曾在格兰塔河上月夜泛舟。他给她朗诵马修·阿诺德的诗歌《苏赫拉布与拉斯特罗穆》；但是，她带上女儿杰西陪伴，以防他有任何非礼之举。

1901年9月，罗素和怀特海两家人一起到地中海，搭乘游轮旅行了六周，全部费用大概也由罗素自掏腰包埋单。自然，那次度假之旅起到了重要作用，确定了两家关系的性质。然而令人失望的是，相关细节在历史文献中没有记载。罗素在《自传》中没有提到那次旅行，伊夫琳后来销毁了罗素的来信，其中包括那次旅行的记载，没有留下任何蛛丝马迹。幸存下来的相关信息只有艾丽丝写给纳沙尼尔·韦布的几封信件，对了解在游轮上那六周的情况没有什么具体帮助。艾丽丝事前计划在游轮上全程逗留，结果独自一人提前一周回家；这一事实暗示，旅途中一定发生了什么重要的事情。

在另外一个方面，那年夏天也具有重要意义：一行人返回之后，罗素公开表示，他再也无法在磨坊寓所居住下去了。他提出的理由是，他无法与汉娜——他已对她恨之入骨——为邻，不过给人的感觉是，这一决定的背后还有其他隐情。他与汉娜交恶已有6年时间，1901年夏天，两人之间没有出现什么特殊情况，让关系恶化到那种程度。实际情况恰恰相反，在一定程度上，汉娜那时已经成为他生活中无关紧要的角色。我相信，他公开表示厌恶汉娜的做法起到一种替代作用，表达了他那时的真实想法，这就是说，他与艾丽丝之间已经完全没有任何爱情可言。

几乎可以肯定的是，艾丽丝已经知道实情——这是她那年秋季抑郁症逐渐加重的原因。从地中海返回之后，罗素搬到怀特海在格兰切斯特的家中居住，用心

备课，迎接10月即将开始的讲授课程。11月初，艾丽丝到达格兰切斯特，第一次告诉罗素，她忍受着巨大的痛苦。他要她就医，她拒绝了，担心医生会建议两人分居。但是，他依然拒绝向她坦白——或者说，看来是向他自己坦白——他已经移情别恋。那年秋季，罗素结束了剑桥大学的课程，夫妇两人一起到法国南部度假。

12月30日，罗素给海伦写信，字里行间苦闷弥漫，与前一年那种乐观、自负的情绪形成鲜明对比。他听说海伦入院治疗坐骨神经痛，在信中表达了慰问："自从去年这个时候给你写信以来，我的大部分心思几乎全花在与病痛相关的问题上。怀特海夫人的情况一直让人担心……面对有的痛苦，我只有耐心对待。我 142
意识到，人生苦短，没有什么重大意义可言。"他写这封信件时住在星期五山丘，外面狂风大作，室内空空荡荡，艾丽丝到伦敦去了。所以，他继续写道："这里的一切让人忧郁。不过总的来说，忧郁是一种宜人的情绪：'开心一点，开心一点，她爱我不止一点；啊，她始终如一，非常善良。'"忧郁之情从这封信件中流露出来；从那时开始，它将会成为罗素的人生哲学的基础。他坚持认为，摆脱人生痛苦的唯一途径不是"宗教导师们鼓吹的仁爱"，而是让自己全神贯注，埋头于理智的生活之中，埋头于数学研究之中。实际上，怜悯之情是他那时公开鄙视的东西。他告诉海伦："我思考昙花一现的事物，一种遗憾之感油然而生。正如今年的情况所示，我觉得，整整一年时间花在怜悯他人的问题上，这令人厌烦，非常可鄙。"通过进行数学研究，他可以逃避人生苦短的感觉，逃避痛苦，逃避死亡本身：

你谴责的数学世界其实是一个妙不可言的世界。它与生死无关，与人们的肮脏状态无关；它是永恒的、冷漠的、无情的。对我来说，纯数学是最高的艺术形式之一；它具有一种独特的崇高品质，一种源于这个事实的巨大尊严：它的世界不受变化和时间的制约。对这一点，我是相当认真的。唯一的难度是，只有数学家才能进入这个充满魅力的领域，但是数学家几乎没有任何审美品位。数学是我们知道的唯一可以达到完美的东西；在思考数学问题的过程中，我们变为神灵，这一点足以将它置于顶端，让它俯视其他所有学科。如果你将（比如说）弥尔顿的《力士参孙》与雪莱的诗句"我倒在草丛中，我死了，我眩晕，我倒在地上"进行对比，你会觉得，数学与弥尔顿的关系类似于弥尔顿与雪莱的关系。

然而具有讽刺意味的是，就在罗素开始求助于数学研究，以便获得他在昙花一现的人际关系中没有找到的完美时，他对数学的研究开始显示，他前一年提出的数学理论中含有矛盾和错误。这似乎让他觉得，数学可能远远不如他想象的那么崇高，那么完善，那么美妙。因此，他1901年12月得意扬扬完成的《数学原则》一直没有出版；在1901年的许多时间里，罗素苦苦思索，如何将该书提出的理论从当时困扰它的那些矛盾之中挽救出来。

1901年春天，罗素发现了后来被所有研习逻辑学和数学的学生熟知的“理发师悖论”。开始时，他试图将数学建立在逻辑学基础上，认为可以很快轻松地解决该悖论提出的难题。但是到了那年末，他开始意识到，某种基本的东西出了差错。具有讽刺意味的是，罗素发现的这一悖论源于他那篇走红的成功文章《数学原则研究近况》。在撰写那篇文章时，他对皮亚诺的逻辑学满怀热情。那篇文章对康托所做研究的哲学意义赞不绝口，对康托提出的由不同无限数组成的集合赞
143 不绝口。罗素在评论康托的证明时说，在这一集合中，不存在什么最大数字。到了1901年春天，罗素认为这一观点不可能是正确的，其原因在于，囊括所有类和所有事物的这一类（这就是说，所有存在的事物的总类）肯定具有可能存在的最大基数。他写道：“就这一点而言，这位大师提出了非常微妙的谬见，我希望在将来的著作中对此进行解释。”

1901年初，罗素用了大量时间，研究康托的证明形成的悖论（让他感到相当沮丧的是，它们看来非常类似于“无限的矛盾”——那个他自认为已和新黑格尔主义一起抛弃的理念）。到了4月或者5月，他思考了由不以自身为元素的所有的类构成的这一类；在那个过程中，他得到了一个悖论，其重要性似乎超过其他所有悖论。某些类确实以其自身为元素，例如，囊括所有类的这一类。但是，大多数类并非如此。那么，我们应该可以构造这样一个类，它由所有不以自身为元素的类构成。但是，如果我们探究，这个类是否是其构成元素，我们会遇到一个不可避免的矛盾：如果它是构成自身的元素，那么，它就不属于自身；如果它不是构成自身的元素，那么，它属于自身。该问题与这一情形非常类似：先将乡村理发师定义为“给所有不自己刮脸者刮脸的人”，然后问，理发师是否给自己刮脸呢？

我们可以看到，罗素开始时认为，这个棘手问题无关紧要，初看之下似乎仅仅是一个令人厌倦的字谜，没有什么严肃性可言。罗素后来写道：“一个成年人把时间花费在这类微不足道的问题上，似乎没有什么价值。但是，我该怎么办呢？”然而，怀特海似乎立刻看到了一点：它提出了一个难以解决的根本挑战。他听到罗素谈到这个悖论时，引用了勃朗宁的《迷途的领袖》中的诗句，对来信作出回应：“早上醒来，再也无法兴高采烈，信心满怀了”。怀特海当时看到的——罗素后来才逐渐看到的——是，这个悖论说明，罗素在为数学研究寻找逻辑基础的过程中，使用的“类”这个概念存在一定问题。

就罗素研究数学的希望而言，这个悖论带来的隐含意义在性质上变得越来越严重。1901 年至 1902 年间，它们像恶性肿瘤一样扩散，直到最终几乎毁灭了他以前得意扬扬表达的全部希望。他后来说，他当时认为，他对这个悖论的感觉类似于一名信守道德的天主教徒对一个邪恶教宗的感觉。1901 年末，尽管他已经放弃了可能很快找到解决方法的希望，但这个悖论尚未完全侵蚀他的信念。在写给海伦 · 托马斯的信中，他依然谈到希望研究“新的课题”。这时，他和怀特海决定，联手撰写一本著作，将其同时作为《泛代数》和《数学原则》的续集。但是，在两人动手写作之前，罗素必须根据这一悖论提出的启迪，重写《数学原则》中的许多内容。当时，罗素尚未找到揭示这一悖论的解决方法，所以并不知道究竟应该如何进行重写工作。

他有一个宏大的工程，希望说明，数学从根本上讲是逻辑学。他一直保持 144
着对这一工程的信心，并且多次表达出来，不仅出现在他和怀特海的联合计划中，而且出现在他 1901—1902 学年在剑桥大学开设的系列讲座中。1902 年 7 月 7 日，他给库蒂拉写信，几乎恢复了前一年那种得意扬扬、自吹自擂的口气：“我在剑桥大学开设课程，首先提出了普通逻辑学（比如，三段论演绎推理）的 22 个简单命题，然后从那些命题，演绎出纯数学的全部内容，其中包括康托的理论和几何学，既没有提出新的命题，也没有援引原始概念。所有这些内容将会出现在我和怀特海共同撰写的著作之中。”那年 3 月，他完成了教学工作之后，再次致函库蒂拉，对他所做工作的论述稍有不同，但是字里行间表现出来的自信依然不减：

我是否给你说过，我在剑桥大学讲课时，利用 8 个不经定义的原始概念

> 和20个未被证明的命题，将纯数学的全部内容演绎出来，其中包括几何学。我从纯粹的逻辑学角度，对数字进行定义，对各种各样的空间进行定义。我相信，这样做会让莱布尼兹感到非常满意。

但是，他私下并没有这么乐观。在他的情绪中，写给海伦·托马斯的上述信件中表达的那种感觉依然处于主导地位，甚至从数学研究中获得快乐也没有让它有所缓解。其实，理发师悖论引起的问题尚未得到解决，是他感觉幻灭和绝望的另一个来源，那种心绪当时变得更加强烈。

在1901年的许多时段中，罗素试图向艾丽丝和他自己掩饰这一事实：他已经不爱艾丽丝了。11月，他在给艾丽丝写的一封信件中，似乎表达了他自己对她的希望：

> 我最亲爱的，你给我很多快乐，我可以说其实是所有的快乐，让我难以言表。你是我唯一知根知底的人，是我真正完全羡慕的人。你完全可以肯定，你思想高尚，不受任何心胸狭窄的念头影响。自从去年冬天之后，我已经明白，我离开你是不可能生活下去的。我对你如此依赖，这让人觉得恐慌，然而事实确实如此。

然而，到了1902年1月，仅仅过了2个月之后，他已无法继续掩饰下去了。他在几个月之后的一则日记中写道，“对今年1月中一天的回忆让我备受困扰”：

> 我徒步穿过树林，眼前一片白霜，冰冷的太阳有气无力地照在冬天的大地上。艾丽丝生病在家；我的身后是极度痛苦，前面是悲伤和困难。冬天仿佛永远不会结束，我朦胧觉得，其他年份的春天也永远消失了。但是，两朵来得太早的报春花从大雪中冒出头来，颜色苍白，随风摇曳，让人真的觉得，好日子将会到来。那时，太阳将会变得温暖，空气将会变得暖和，悲伤将仅仅是充满诗意的回忆。毫无疑问，我当时觉得，伴随着开放的花儿和吟
> 145 唱的夜莺，快乐将会回来，爱情将会愉悦我们的心田，矛盾将会被人忘记。快乐并没有死去，只不过被冬天的冷风赶入了睡梦之中。很快，很快，我们的痛苦将会过去，她会像过去那样，重新获得令人开心的幸福，让每时每刻

> 充满快乐。我扒开积雪，摘下那两朵报春花送给她，作为爱情的一个小小的象征。我们两人心里涌起一阵感动，深深的感动。在那一刻，我们的愿望发出甜蜜的絮语。但是我们深知，它们全是谎言，春天不复存在，青春已经死去，太阳再也不会像过去那样照在我们的身上，我们在心里再也不会与清晨的鸟儿一起歌唱。在那一刻，她的人生悲怆出现在我想象之中，我怀着无限温柔，渴望让我气息奄奄的爱情复活。我差不多快要实现心中愿望，然而已经为时已晚。那两朵可怜小花渴望的春天根本没有出现，将来也永远不会出现。在人的生命中，春天只有一次。当春天来临时，冬天没有被从南海吹来的微风融化，而是慢慢进入了北极的黑夜。

在《自传》中，有一段话经常被人引用，罗素在此谈到他如何意识到自己和艾丽丝的爱情已经死去。以上这一段日记证明它全是谎言：

> ……我们当时和怀特海家的人一起，住在格兰切斯特的磨坊寓所，一场灾难降临，严重程度超过以前。一天下午，我沿着乡间公路骑车前行，突然意识到自己已经不爱艾丽丝了。在那之前，我甚至根本没有想过我对她的爱有所减弱。我发现了这一点，它给我造成的问题相当严重……我心里明白，她依然爱我如初。我不愿对她不厚道，但是在那些日子里相信（究竟是什么东西让我这样认为？这一点值得怀疑），在处理亲密关系时，应该实话实说。不管怎么说，当我不爱她时，我不知道如何才能假装出一副爱她的模样。我已经没有和她做爱的本能冲动了，仅仅这一点就足以形成无法逾越的障碍，让我无法掩饰自己的感情。在那一场危机中，我父亲在世时那种自命不凡的做法在我身上体现出来。我开始对艾丽丝进行道德方面的批评，以便证明自己是有道理的。我并未告诉她，自己已经不再爱她了。不过，她当然察觉到了问题。

1901年春天和夏天，艾丽丝备受抑郁症的折磨，这明确无误地显示，她肯定早在那次广为人知的骑车顿悟之前，便“察觉到了问题”。而且，正如罗素在这一则日记中揭示的，他在那之前的一段时间里，一直在这一意识中挣扎：他对艾丽丝的爱已经死去（在那次骑车顿悟之前，他毕竟曾经“怀着无限温柔，渴望重新激活自己已经渐渐死去的爱情”)。但是，尽管罗素像他一贯的做法一样，显然以渲染的笔墨，夸大了那次经历的突然性和意外性，我们没有理由怀疑：其一，他肯定骑车出去了；其二，在那过程中，他不再与事实对抗，承认自己已经不爱艾丽丝了。他后来给奥托琳·莫里尔所说的一番话间接表明，那个命中注定的日
146 子大约出现在2月8日前后。这也符合他在1903年2月10日所写的一段日记：“两年前的今天，吉尔伯特在剑桥朗诵他的《希波吕托斯》；一年前的昨天，我要艾丽丝谨慎为妙。”

他“要艾丽丝谨慎为妙”的意图究竟何在？这在某种程度上是一个谜。也许，他敦促她，不要过深地探究他的情感世界；也许，他甚至在一定程度上承认了他对伊夫琳·怀特海的感情，要她对此保持沉默。无论真实意思是什么，他的劝诫都可能起到作用，证实了艾丽丝可能已经存在很久的感觉：他无情地终止了他的爱情。在那之后的两个月中，罗素完成了在三一学院的讲授数学原理的工作；对艾丽丝来说，待在怀特海寓所的那段时光肯定让她内心深感痛苦。4月初，罗素夫妇两人返回费恩赫斯特，艾丽丝已经开始显露精神崩溃的迹象。

对罗素来说，他开始将悲伤转化为一整套生活哲学——甚至可以说一种宗教——的基础；他后来将它称为“悲伤的宗教”。在《自传》中，他是这样描述那一“信仰”的来龙去脉的：

> 在格兰切斯特，我度过了一生中最不愉快日子。我的卧室面向磨坊，转动水车的水流与我心里的绝望混在一起，让人无法摆脱。我彻夜不眠，先听到夜莺的啼叫，然后是晨曦中小鸟的哀鸣。在日出时，我向往张望，试图从窗外的美丽景色中找到慰藉。强烈的孤独感油然而生——我在之前认为，那种孤独是人的基本命运。我独自一人，在格兰切斯特的田野里漫步，心里隐约觉得，在风中泛白的柳树带来了平静之地的信息。我阅读宗教著作，诸如泰勒的《圣洁的死亡》，心里觉得，在那些著作的作者们从信仰获得的慰藉中，可能存在某种超越宗教信条的东西。

罗素返回费恩赫斯特不久，在写给吉尔伯特·默雷的一封长信中，对这种“痛苦的宗教”的性质提出了最早的暗示。那封信件的表面话题是伦理学，罗素就他看到默雷信奉的某种形式的功利主义，提出了自己的观点。然而，在理论性

研讨的表面之下，罗素对在一定程度上已经成为自己的常态的忧郁心情，表达了一些想法。他告诉默雷，他过去曾经认为不证自明的是，快乐是唯一的至善，痛苦是唯一的邪恶："但是我现在认为，相反的东西是不证自明的。促成这一变化的因素我可以称为道德体验。"

罗素没有详尽解释原因，而是勾勒了自己的心路历程，以便说明他是如何放弃年轻时信奉的功利主义伦理学的。在他看来，那种方式显示，伦理学与自传之间关系密切。他最初毫无疑问地认为，通过从事其他方面——例如，经济学或者政治学——的研究，他可以对人类的幸福做出自己的贡献，然而还是决定从事哲学研究。

> 我认为，第一，通过研究生命的结构，不能获得人类生存具有的尊严。第 147
> 二，如果不保留对外部事物的思考，人类就不会取得进步，与饱食终日的肥猪无异。但是我认为，这样的思考在总体上不会带来幸福。它给人带来快适的瞬间，但是，多年付出努力，感受压抑，这将让那样的瞬间变得微不足道。

他对数学的潜心研究证实了那种感觉。他逐步认识到，数学"堪与音乐媲美，可以实现艺术的杰出品格"，其原因不是在于，数学给予的快乐与音乐不相上下，"而是在于，数学以绝对完美的方式说明，它与伟大艺术的特征类似，与神灵般自由的特征类似，并且带着显而易见的命运感。实际上，数学可以建构理想的世界，那里的万事万物既是完美的，又是真实的"。这个世界具有的美丽恰恰在于，它并不是人为的：

> 就人的存在而言，我发现自己总是对这样的人士心存敬意：他们具有存在的悲剧感，真正思考死亡；他们因卑贱之物而深感压抑，甚至在那些东西不可避免时也是如此。然而在我看来，这些品质与幸福格格不入。

他告诉默雷，一般说来，"我认为人生的最高境界是，能够以具有创造性的方式认真地思考人间事物，而且能够观照由美和抽象真理构成的世界"。他的新哲学的本质是这样的：

> 我认为，与关注理想和永恒客体、摆脱上帝制造的这个苦难世界的知识——例如，哲学和数学——相比，关注实际存在的事物的所有知识，关注常常被人称作科学的东西，几乎没有什么价值可言。

显然，那种压抑氛围笼罩着罗素和艾丽丝的婚姻，两人已经不能继续一起生活下去了。4月14日，艾丽丝同意离家，前往布赖顿的一家专攻此类病症的疗养院，见一位名叫博伊尔的医生，接受“休养治疗”。那种“治疗”要求，病人大多数时间躺在床上，不能与家人和朋友见面，日常活动局限于阅读和写信。艾丽丝后来描述她在布赖顿的日子时仅仅记得，她“非常孤独”，但是她肯定也觉得极端无聊。最初的计划是，她在那里逗留10天，但是罗素劝她多待一些时间，先是延长到4周，最后的结果是整个5月以及6月的大部分时间。

罗素让艾丽丝离开的理由有二：其一，让他自己在心理上恢复平衡状态；其二，完成《数学原则》必需的重写工作。艾丽丝离开几天之后，罗素骑车外出，在牛津郡和威尔特郡短途旅行。他在4月16日的信中告诉艾丽丝，骑车的好处
148 在于，让车轮转起来需要用力，这“让我全神贯注，忘记了其他的快感和痛苦”。他返回怀特海家在格兰切斯特的住所之后，写信告诉她，“旅途劳顿，让我觉得精疲力竭”；他高兴地得知，她终于得到了某种治疗，缓解了她的抑郁症；她同意在那里待4个星期，并且告诉他：

> ……到今天为止，你离开有10天时间。我觉得，自己依然无法很快恢复到正常状态。眼下，我的神经依然处于非常糟糕的状态……我刚刚避免了一次精神崩溃症状的发作。我恢复很慢，情况与你的相似。在这种情况下，我们得暂时分开，直至我们两人都有所好转为止。

罗素在另外一封信中告诉艾丽丝，和怀特海家住在一起“对我来说非常适合；当然，我得观察这样做对你的影响”（艾丽丝早些时候告诉罗素，住在格兰切斯特让她心绪不宁，离开那里，她感觉好了一些）。他谈到那次骑车旅行时说，“除了当众恸哭之外，那是我可以完成的最佳活动”；回到格兰切斯特之后，“我开始觉得，可以更好地控制自己了。”

这几封信件的言外之意是：艾丽丝——而且只有艾丽丝——应该对罗素心力

交瘁的状态负责；她离开之后，他得到怀特海一家的照顾，没有她从中作梗，他生活中的一切重归正常。令人深感悲哀的是，艾丽丝看来愿意接受这一点。她4月20日写信告诉罗素："我如此拖累你，让你心烦意乱，这样做太自私了。但是，我万分空虚，绝望之极，无法做到无私，无法自控，无法坚强起来。"罗素并未像艾丽丝肯定希望的那样，矢口否认他的精神状态是她一手造成的，而是重新恳求她在那里再待一段时间。他4月24日写道："我希望，你将请求医生，让你再待一段时间。每个人都说，让你在那里只待三周是荒唐可笑的做法。一半人觉得你不通情理；另一半人认为我独断专横，不愿让你多待一些时间。"为了打消艾丽丝心中仅存的任何疑虑，罗素急忙表明，他并不需要她照顾，他一切均好，让她放心：

> 这里风和日丽，就其本身而言，对我困倦的神经具有安慰作用。我大多数时间待在花园中；伊夫琳忙着照顾小姐和那匹小马，打理其他事务，偶尔外出探访或者购物。

罗素听说，博伊尔医生命令艾丽丝休息三个月，随即放下心来，在回信中宣称，他破天荒睡了整整7个小时（"在很长时间里，这是我睡得最好的一个夜晚"）时间。他觉得，他自己已经做好准备，开始重写《数学原则》的艰难工作。他告诉她："我必须抓紧时间，在我们分开这一段时间之内，完成这项工作。时间有限，我的状态欠佳，所以我无法让书稿尽善尽美，但是可以进行一些修补，让它达到出版水平。"

在整个5月，罗素以非常有效的速度进行工作（他后来回忆说，在那一段时间，"我的精力是往常的十倍"），努力重写《数学原则》的第一编，内容涉及所提理论的基本逻辑，还有受到理发师悖论严重破坏的部分。该书的其余部分，即第II至VII编，大体不变，保留了原来的文字，就像地基崩溃之后留在地面上依然完整无缺的房子。可是，在原来的文稿中，罗素试图说明，数学可以简化成逻辑学；面对理发师悖论提出的挑战，那种逻辑已经失去水晶般的完美和华丽，变得越来越复杂，越来越糟糕。罗素原来希望发展的理论基于两个概念，即"命题函项"和"类"。可以这么说，命题函项是一个包含空位的命题。"苏格拉底是凡人"和"柏拉图是凡人"都是命题，但是"x是凡人"是一个命题函项。如果有一 149

个对应的类，即一个让该命题函项为真的x值的集合，就每个命题函项而言，这一理论都应适用。那么，“x是凡人”这个命题函项就可以确定所有人这一个类了。

但是，就理发师悖论形成的这个命题函项而言，即便冒着矛盾的危险，也根本不可能找到对应的类（“x是一个并不属于自身的类”）。所以说，该悖论向罗素提出的这个简单、美妙的理论提出了挑战。如果说在以前的草稿中，罗素得意扬扬、信心满满，那么在新稿中，他显得游移不定、困惑不已。这一矛盾就像人们所说的盛宴恶鬼，成为经过修改的第I编——因而是整本著作——中挥之不去的阴影。那时，罗素缺乏令人满意的理论来取代被该悖论破坏的内容，于是重提原来的理论，并且承认说，该理论不可能完全正确。他仅就可能改进这一理论的方式，提出一个粗略的想法。在第I编结尾的《矛盾》的一章中，他介绍了这个粗略想法，对不同的逻辑类型进行了区分：例如，项（摩尔所说的“概念”）、项的类、类的类，等等。他然后强调说，一个命题函项具有意义的条件是，变量x仅仅表示某个具体的类型；因为“x”在不同类型之间的意义不明确，所以“x是自身的一个构成部分”这一说法是没有意义的。

罗素没有详细阐述他所说的“类型论”这一解决方法；不管怎么说，罗素本人并不完全确信该解决方法的正确性。他将它提出来，仅仅作为讨论的一个基础，这一姿态让全书——在1900年的文稿中，该书曾对该理论的正确性持非常确信的态度——有了一种试探性意味，提出了尚待解决的问题。罗素5月13日写信告诉艾丽丝，“我对它很不满意，但是我觉得，自己已经尽力了。我一直考虑这本书的问题，无法得到休息，所以打算尽早出版。这不是真正的艺术良心，不过这是我眼下再也不能继续享受的一种奢侈品。”曾几何时，他指望数学提供血肉之躯欠缺的完美；现在，他打算向世人推出的一本数学著作满篇可见他自己承认的缺陷和瑕疵。罗素对这一讽刺心知肚明，对这本著作的感受有时候接近于一种强烈的憎恨。

150 书稿的写作接近尾声时，罗素告诉艾丽丝，完成该书“不会给人带来任何愉悦，仅仅是一种疲惫不堪的如释重负之感，仿佛我沿着尘土飞扬的铁路长途跋涉，现在终于走到了尽头”。开始时，他预计重写工作需要两个月时间，但是重新阅读了原稿之后，他认为需要改动的部分没有原来预想的那么多。5月23日，重写工作告一段落，远远早于他预定的时间。那项任务让他觉得身心疲惫，正如他向艾丽丝解释的，如同被人摆上了祭台：

> 我希望在我的书上写下这一题词：一名虔诚的受害者谨将这一祭台献给神灵摩洛克[1]。但是，我认为，它可能让数学界感到困惑。

他的意思是什么呢？这本著作是一个祭台，他为此牺牲了他的童年，他的纯真（就像被献祭给摩洛克的儿童一样）？在写给露西·唐纳利的信件中，罗素更明确地表示了这一点：

> 你看到这封信件的内容将会感到疑惑。实际的情况是，我1897年以来一直思考数学原则问题，今天终于完成了这个大部头的撰写工作。这让我拥有闲暇和自由回想起来，在这个世界上还生活着自己曾经努力遗忘的人们！我很想知道，你是否意识到，在撰写这本大部头著作的过程中，我作出多少自我牺牲（而且常常还有他人的牺牲），表现了多大的意志力，作出多少艰苦努力，克制了多少自己内心之中的良好愿望？年复一年，我在已经完成的书稿中发现错误，不得不推倒重来，撰写整个书稿。其原因在于，在一个逻辑体系中，哪怕出现一个错误，通常也会损害全部结构。我觉得，自己最后遭遇了最艰难的问题：去年夏天，我愉快地再次提笔，希望很快完成书稿，但是突然遇到一个自己以前并不知道的难题。它非常棘手，甚至思考它也需要具有超出常人的能力。我很久以前就对整个问题感到恶心了，真的希望考虑世间的其他事情。我身心疲惫，几乎动弹不得。现在，一切都结束了。正如你可以想象的，我觉得自己获得了新生——我曾经一度感到绝望，认为自己根本无法坚持到最后。抽象工作——如果一个人希望做好它——肯定会彻底破坏一个人的基本特性。一个人竖立丰碑的同时也在挖掘坟墓，以自愿的方式，将自我慢慢注入进去。

罗素尽快找到机会，将书稿交给剑桥大学出版社，然后开始休息，修补自己受到损害的神经。他成天待在怀特海家的花园里，享受初夏的阳光。

罗素完成《数学原则》书稿之后几天，《弗里尼欣条约》签字生效，布尔战

[1] 摩洛克（Moloch），古代腓尼基人、迦南人等崇拜的神，《圣经·旧约》有多处提及，和合本译作“摩洛”（参见“利未记”第18章第21节，“耶利米书”第7章第31节等处）。信徒祭拜此神时通常将儿童烧死献祭。——译注

争宣告结束。“我们在家里插满了装饰旗帜，人人兴高采烈。”罗素后来在日记回忆说：“在那种情况下，我也深感欣慰，觉得外部世界与内心世界大不相同，并非一片废墟。然而，两者之间的对比令人难以忍受，我不禁独自哭泣。”

151 罗素仍然没有告诉艾丽丝他2月以来已经确定的念头，那也是艾丽丝长期以来深感怀疑的东西：换言之，他已经不再钟情于她。有时候，他顾忌艾丽丝的健康，顾忌他自己内心的宁静，曾经被迫当面说谎。例如，5月11日，就在他奋力完成写作之际，艾丽丝曾经写道：“我的抑郁感无缘无故突然出现，接着又突然消失，让人深感奇怪……我几乎快要产生荒唐的幻觉，觉得罗君不再爱我了。”

“我一直很清楚，艾君觉得我心里不再爱君了。”罗素在回信中说：

> 但是，由于这个缘故，我1月就应坚持，我们分开一段时间。显而易见的是，艾君不应待在这里。当时的实际情况是：其一，艾君出现了生病的感觉；其二，艾君显然应该离开这里；由此形成的冲突几乎让我心神不宁。

罗素后来在日记中承认，在该书的写作接近尾声时，“我给艾丽丝的信件态度冷淡，想方设法伤害她的情感；我当时用语残酷，无情无义，没有任何克制”。有一次，在信件结尾处，他没有使用通常的“您忠诚的伯迪”，而是使用了更为正式的“最爱您的伯特兰·罗素”。他和艾丽丝看来将它视为一种无伤大雅、心不在焉的错误；也许非常自然的是，这一变化可被视为所谓的“弗洛伊德式笔误”的一个典型个案。

6月初，罗素得到消息，博伊尔医生允许他在一个星期六下午去探视艾丽丝（他4月中旬之后一直没有和她见面）。那次见面安排在6月7日，两人相处的时间很短，所起作用根本没有让艾丽丝感到愉快，反而加剧了她的抑郁症状。她觉得罗素在分离期间出现了很大变化，不禁深感沮丧、泪流满面。罗素见状感到恐慌，对她的痛苦采取冷漠的回避态度。罗素离开之前，留下了一个不祥的话头：“我觉得，我俩分开没有什么不妥之处。毋庸置疑，这对我来说大有裨益。”那次见面之后，罗素的信件语气愈发无情，态度愈发冷漠。他告诉她自己对那次见面的感受：“无论怎么说，我并不感到非常厌烦。所用的时间只有一天，之后可以休息，所以没有什么危害。”我们可以设想，艾丽丝期望听到的是不那么刺耳的言辞。

在休养治疗开始时，艾丽丝阅读了J. A. 弗鲁德编辑的三卷本简·卡莱尔《书信集》，然后寄给罗素，让他也看一看。卡莱尔夫妇不幸婚姻，与罗素夫妇的遭遇具有某种惊人的相似之处：简·卡莱尔长期身体不好；她的丈夫性格专横，为人自私，一方面对她百般刁难，另一方面又十分冷淡，让她在情感上得不到满足，其结果是让她的健康状况雪上加霜。艾丽丝把书信集寄给罗素，也许指望他了解卡莱尔对妻子的可怕行为，进而反思他对她的态度，以便学会如何表示怜悯之心。如果她的初衷如此，结果让她大失所望。罗素从那些书信中得到的印 152
象——他试图从中学到的——是，卡莱尔夫人表现出非凡的坚忍克己态度。他在6月11日的信中告诉艾丽丝："抱歉，我无法告知自己的情况。在一个人需要自控时，卡莱尔夫人所说的'新的沉默的监狱制度'胜过'所有关于感情的言行'。主要的问题是，我已经变得更加沉默寡言，对社会的依赖也更强了。"

罗素收到海伦·托马斯寄来的一封信件，声称她的朋友露西·唐纳利认为，他是一个"了不起的浪漫男人"。罗素乘机断然否定了这种看法，并详细说明他对表达或者压抑强烈情感这一问题的态度。他告诉她，"我承认，对我来说，崇拜激情带有巨大的本能的吸引力。但是，我的理智告诉自己，这绝对是令人厌恶的……真正重要的不是情感的数量，而是情感的质量"：

> 但是，浪漫主义的根本错误在于这一事实：它与基督教类似，将每个人的人生目的置于人自己的身上；个人的神圣性，或者个人的某种杰出品质，是需要去取得的东西。日常生活方式肯定占用人的大多数活动；浪漫主义观念不考虑这一点，彻底误解了可以自由选择人生目标者应该追求的目的。我认为，古典主义正是在这一点上更有道理。存在着伟大的非个人的事物，例如，美与真；它们远远超越那些追求美好感觉的人可以实现的建树。数学作为一种艺术是崇高的，不带情感的，超越人的局限的，堪称古典精神的典型范例。但是，这种美是不带情感的，超越人的局限的，意识到这一点已在浪漫主义之列了的——它让人感觉一震，意识到自我所起的作用。在追求美的过程中，真正的古典精神迷失了，忘记了它与人的联系。

6月12日，罗素回到费恩赫斯特居住。他已得到足够的休息，已从写作《数学原则》造成的疲惫中恢复过来。他告诉艾丽丝，他"有许多继续研究的计划"：

首先，我得广泛阅读大量的文献，给自己的讲座稿件润色，以便达到出版的要求。然后，我打算对伟大哲学家进行系统研究，为提出自己的逻辑学理论进行准备工作。第一步是阐述和批判已经问世的所有具有重要意义的逻辑学著作。

他选择的切入点是德国数学家戈特洛布·弗雷格的著作。弗雷格已经出版了大量著作，其中不乏当今被许多人视为哲学领域中的分析传统的奠基之作，例如，《概念符号》、《算术基础》、《算术的基本法则》。此外，他还发表了具有重大影响的系列论文，包括《意义与涉指》、《概念与客体》。尽管如此，他那时在哲学界依然名不见经传。如今，学习任何完备的哲学课程都需要研读这些著作。在
153 1902年，这些著作大体上无人问津，主要原因是它们艰涩难懂，次要原因是弗雷格使用的逻辑符号非常繁复，掌握它们的难度超过了皮亚诺的著作。

但是，罗素发现：第一，在这些著作中，弗雷格试图证明，数学就是以逻辑学为基础的；第二，弗雷格提出的主要思路预示了罗素自己的数理哲学，实际上做出的努力也超过了罗素。[1] 罗素发现，他曾经自认为开创的"新学科"完全子虚乌有。罗素很快承认了弗雷格的优先地位。"您是否知道弗雷格，知道他的《算术的基本法则》？"他写信问库蒂拉。"那是一部非常艰深的著作，不过我已经完全理解了。而且我发现，其中有许多东西是我曾经认为自己率先提出来的。"他立刻决定，给他自己的著作增添一个附录，概述弗雷格提出的学说，以便实现三个目的：第一，让哲学界注意到他的这本著作；第二，承认弗雷格研究的优先地位和重要性；第三，显示他与弗雷格之间的异同。如果说罗素失望地发现，他的研究成果并非像他自己原来认为的那样，具有开拓性意义，在他的幸存下来的论文和信件中，却根本看不到这种想法的任何蛛丝马迹。

非但如此，罗素的信件显示，他完全沉浸在对弗雷格的潜心研究之中，逐一思考弗雷格提出的逻辑学问题：

我非常努力，阅读圣奥古斯丁的《忏悔录》。对我来说，目前的生活完

[1] 其实，在弗雷格的研究中，他认为本质上以逻辑学为基础的只有算数。他认为，几何学从本质上说是非逻辑的，正如康德曾经提出的，是以空间直觉为基础的。

全是非情感的，枯燥无味的：形式逻辑塞满了我脑袋中的每一条缝隙。

（1902 年 6 月 17 日）

今天，我感觉索然无味，脑子里全是弗雷格的理论；所以，再见吧。

（1902 年 6 月 18 日）

在研读弗雷格著作的过程中，罗素很快自然发现：曾经搅乱他的理论的那个悖论也危及了弗雷格的理论。实际上，弗雷格的体系中有一条公理：每一个命题函项都确定一个类；或者用相当于同样意思的话来说，每个可以界定的集合都形成一个整体。6 月 16 日，罗素致函弗雷格，把自己遇到的悖论告诉弗雷格，认为这一悖论证明，弗雷格提出的这个公理是错误的。弗雷格在回信中坦诚地接受了该悖论所提问题的严肃性，这一封信件已经成为分析哲学历史上引用频率最高的文献之一：

> 您发现的矛盾让我大为惊讶，难以言表。我应该说，它动摇了我原来计划创立的算数基础，让我仿佛遭到雷击。我必须进一步思考这个问题。如果我提出的第五法则不能成立，其结果看来不仅会破坏我为算数奠定的基础，
> 而且会破坏这种算数唯一可能的基础，您发现和提出的问题非常严肃……无 154
> 论如何，您的发现尽管初看之下可能显得不受欢迎，但它也许可能给哲学领域带来一个巨大的进步。

罗素后来写道：“我思考完善和优雅的行为时意识到，在我的经验中，没有什么东西可以与弗雷格对真理的追求相提并论。他毕生的努力已经快要成功……《算术的基本法则》第一卷将要出版。这时他发现，他的基本假设出现了错误，但是他以愉快的方式作出回应，显然控制了个人的任何失望之感。”

在这种赞美弗雷格的思想完善性的言辞中，罗素关于数理哲学的研究、他的道德观和“宗教”融为一体。罗素已经逐步认识到，不诚实是所有罪恶之源，诚实是所有美德之源。他在 6 月 27 日写给海伦 · 托马斯的信件中说，“培养诚实的品质，良知就会慢慢与诚实同步：这不会带来幸福，但是可以让人升华，给人灵感，让人体会所有时代的”英雄精神，并且最终实现一种奇特的几乎带有神秘性

的从容感。欲望无踪无影，命运再也不能以美好的承诺或者邪恶的威胁来影响我们。此外，他还进一步勾勒了他内心深处的自我牺牲的概念，认为《数学原则》是一座祭台，他已将自己奉献出来，作为一种牺牲品摆放在上面：

> 当然，做出自我牺牲很难，让人刻骨铭心。为了作为手段的自我不得不牺牲作为目的的自我时，这种情况就叫自我牺牲……假装这样的牺牲可能不是真的，不具有终极意义，这种做法毫无用处。让人进入最佳之列的最佳行为很少出现。

由此可见，表现最佳的人与好人并不是一码事。实际上，表现最佳或者做正确的事情，这常常需要破坏和牺牲人的本性中最善良的品质。正如罗素在那之前已经说过的，践行最高理想需要扼杀人性。他在1897年撰写的《自赏》一文中早就承认，他喜欢给别人带来痛苦；现在，他提出的伦理学认为，造成痛苦不仅是令人愉快的，而且是符合道德的。至善包括思考真理；但是，实现这一点肯定会带来大量痛苦和苦难。因此，正如他在4月向吉尔伯特·默雷解释的，应该将快乐最大化这一功利主义学说颠倒过来：应该提倡的是真理，即便真理会带来悲剧和忧郁也在所不惜。

罗素确实将他的这一理论付诸实践，这一点可以在一件事情中看出端倪。6月28日，就在他给海伦·托马斯写了上述信件一天之后，艾丽丝结束了在布赖顿的休养治疗，终于返回家中。艾丽丝回到费恩赫斯特之后，一心指望从罗素那里得到某种令人信服的安慰之辞，于是直截了当地问他是否依然爱她。过去，罗素
155 听到这个问题时总是闪烁其词，不愿说出实情；现在，他抓住这一机会，表达自己的真实想法。他明确地告诉她，他对她的爱意已经不复存在。他们依然可以保持婚姻关系，依然可以住在一起，但是他不再愿意和她同居一个房间。他在《自传》中写道：“我通过批评她的性格，向她并且向我自己证明，我的态度是有道理的。”在几乎1年之后的一则日记中，罗素描述了艾丽丝听到他的坦白时的反应，描述了他看到艾丽丝的绝望表情时的反应，字里行间冷若冰霜，让人读后不寒而栗：

> ……次日，艾丽丝回来了，直接问我是否依然爱她，我回答说，爱情已

经不复存在。然后，她在卧室里哭泣，声音很大，我在隔壁房间里伏案工作，听得清清楚楚。那天黄昏，我和贝伦森一起散步。落日余晖洒在那片陌生的树林中，非常漂亮，美不胜收，让人心情激动，灵感顿生。我回到家里，提笔写下“单调、忧郁、永恒”等字样；那一天非常奇特，超乎想象，难以忘怀。那天上午，我阅读了梅特林克的《谦卑者的财富》。[1] 梅特林克说，灵魂现在与以前不同，已经不再亲密相拥；毋庸置疑，那是保持密切接触的一天。哦，真让人深感遗憾！她在精神上遭受重击，身心破碎！我几乎毫无保留地脱口而出，我原来说的爱她其实不是实话！她悲泣不止，我没有任何表示，显得那么铁石心肠！那天半夜，她来到我的房间门口，说她已经平静下来，希望——可怜的女人，真是可怜。她依然心存希望，然而那仅仅是一个词语而已……我在内心里觉得，自己那样做是没有什么道理的——直至今日，我也不知道，自己那样做是否真有道理。可是，我肯定让她的内心经历了一次巨大的道德重构；这取决于是否可以让她保持希望，但是同时却不能如愿以偿。这使人摇摆不定，时而显得非常和善，时而显得异常严厉。我就是这样做的。但是，天知道这样做有多难；它耗费了我大量精力，个中难处不堪回首。

在这一段文字中，罗素以错误的方式，进行了自以为是的解释，并且将它与缺乏常人应有的仁慈之心混为一谈，这样的做法实属罕见。后来，罗素阅读了他自己当时写下的诸如此类的段落，觉得它们令人震惊，惹人憎恨。这样的转变是可以理解的。他在《自传》中写道：“现在回想起来，我觉得自己那时自以为是的态度是令人反感的。”

他提到的那天晚上写下的文字留了下来。他刻意让它们显得“具有诗意”，借此表述他感到自豪的那种令人发指的伦理思想。他利用它来为他的自以为是的态度辩护，为他冷酷对待艾丽丝的情感痛苦的做法辩护：

海浪单调、忧郁、永恒，从灰色天际涌来，击打沙滩，达到其命中注定

[1] 莫里斯·梅特林克（1862—1949 年），比利时剧作家、诗人、散文家，1911 年获得诺贝尔文学奖，象征派戏剧的代表作家。《谦卑者的财富》于 1896 年出版，是他创作的散文集。——译注

> 的终点。与之类似，灵魂从生育的神秘之中走来，一个接着一个，到达悲鸣的死亡之岸。生命的海洋浩渺，悲凉……啊，苦苦挣扎、焦灼不安的灵魂，忘掉你的躁动不安的欲望，忘掉你的希望和恐惧，忘掉你的欢乐和痛苦，睁开你的眼睛看待世界吧。

在1902年整个夏季，比阿特丽斯·韦布对罗素的婚姻生活十分关注，紧张不
156 安。那年5月和6月，韦布夫妇的大多数时间是在星期五山丘度过的。他们本来期望经常可以看到罗素和艾丽丝，结果却发现，艾丽丝已经离开那里，外出休养治疗；罗素大多数时间住在格兰切斯特的怀特海的家里。这让他们大失所望。比阿特丽斯·韦布在7月7日的日记中写道："我们意识到，罗素和艾丽丝之间的关系肯定出了什么问题；这在一定程度上破坏了我们在此逗留的心情，让锡德尼和我觉得满头雾水。"比阿特丽斯非常担心，主动提出带艾丽丝到瑞士去就医。不过，她洞察入微，认为罗素夫妇之间的问题在于艾丽丝的健康状况。她写道："我认为非常明显的是，伯特兰正在经历某种感情方面的悲剧。"她还担心，罗素坚持了解一切问题的真相，这种对待问题不妥协的思想方式可能给他本人和艾丽丝造成更多痛苦：

> 伯特兰·罗素性格不乏悲悯，带有微妙的绝对性：他相信绝对的逻辑，相信绝对的道德，相信绝对的美，属于最精细、最罕见的类型。他的思维方法抽象，具有革命性，并且以毫不妥协的方式应用这些方法。我深感担心，这可能给他的未来，给钟爱的人以及爱他的人的未来造成影响。妥协，缓和，混合动机，身体健康和心智健康的阶段性，有保留的陈述，不确定的感觉，所有这一切他看来都不知道。命题要么为真，要么为假；一个人的性格要么是善良的，要么是无良的；一个人要么是可爱的，要么是不可爱的，一句话要么是真实的，要么是在撒谎。在过去的一年中，他变化很大，突然从一个富于思想的青少年变成了一个具有大师风范的大男人。他与自己的性格进行痛苦的抗争，处心积虑面对关于职责和责任的不同理念。

最后，她得出了结论："首先要么做的事情是，让艾丽丝尽快康复。我自己期望，她得到充分休息，尽早痊愈。"

在艾丽丝住院的最后四周时间里，比阿特丽斯想尽一切办法，让罗素待在费恩赫斯特，远离格兰切斯特，采取的主要方式（正如她在她的日记中所言）是将他“隔离开来”。她这样做的前提是，她认为艾丽丝希望如此。她的这一做法冒着让自己不受欢迎的危险，甚至开始在一定程度上让罗素感到恼怒，但是大体上取得了成效。“我再也没有见到韦布夫人，让人感到遗憾。”罗素在艾丽丝从布赖顿返家前夕写信告诉艾丽丝。但是，他接着补充说：“她精力旺盛，做事风风火火，让我感到紧张。而且，她用餐时的举止欠缺风雅，我不得不假装视而不见。”当然，比阿特丽斯提出和艾丽丝一起去瑞士，他感到高兴，急不可待地敦促她表示同意。我们可以想象，如果说艾丽丝对此持保留意见，那么，罗素宣布自己对她的爱意已经不复存在，这肯定也将它们一一打消了。“我真的没有想到，我刚刚返回星期五山丘，他就急不可待地表白说，他已经不再爱我了。”她后来写道：

> 他的话让我深感震惊，万念俱灰，几乎立刻死去。但是，我强装坚毅，和比阿特丽斯·韦布一起离开英国，前往瑞士度假三周，以便继续休养。比阿特丽斯愿意离开锡德尼那么长的时间，那真是非常善良之举。但是，她一直想念他，这让我心里感到非常痛苦。那次度假之旅并不愉快。我没有向她 157
> 吐露自己的问题，也没有向其他任何人提及。我觉得，那样做会显得唐突，有悖常理，可能会伤害我的自尊，有损于伯迪的名声。

然而，艾丽丝无须向比阿特丽斯告白，比阿特丽斯也会发现某些蛛丝马迹。不管怎样说，这足以让比阿特丽斯看到，问题一方面源于艾丽丝的健康状况，但是在更大程度上是罗素的心理状态引起的。假期之初，比阿特丽斯写信告诉她丈夫：“总的说来，我倾向于认为，艾丽丝的丈夫的心理健康问题更大一些，超过了艾丽丝。”她在后来的日记中写道，她认为那次旅行让她的身心彻底放松。“我当时只希望充当艾丽丝·罗素良好的旅伴，帮她度过一段难受的日子。”她觉得，艾丽丝是一个安静、愉快的旅伴，但是她觉得，她自己——而不是艾丽丝——真正享受了休养治疗期间的闲暇。“不过，我相信，我自己对她有好处。我让她以理智的态度，看待她自己和伯特兰的生活。她是一个生性聪明、招人喜欢的女人，应该发挥自己的作用，过得开心。”换言之，比阿特丽斯试图让艾丽丝明白，婚姻失败并不完全是她的过错，并且在某种程度上让她重拾自信和自豪。

7月21日，艾丽丝返回英国之后不久，比阿特丽斯在这方面取得的进展很快就被完全破坏。罗素当时宣布，鉴于他无法忍受与艾丽丝的母亲为邻，他在沃斯特的布罗德威附近租了一处名叫“小巴克兰”农舍。他计划在那里开始《数学原则》第二卷的写作工作。那本书将由他和怀特海合作完成。他们希望，根据若干逻辑公理，从形式上演绎出全部数学知识，采用的是罗素前一个学年在剑桥大学开设的讲座中勾勒的方式。他们希望明确证明，数学和逻辑学是同一样的东西。就艾丽丝的情况而言，罗素当时决定，暂时放弃让她不再爱他的尝试，他的理由在于，如果她继续爱他，他就可以继续从道德方面改变她的性格。他认为，第一，她心怀恶意，虚伪不实（他几乎让自己确信，正是这两个道德缺陷让她失去了他的爱）；第二，如果他俩待在一起，他有可能让她有所改观。正如他在日记中所说：“我意识到，不能毁掉艾丽丝的爱情，我必须让她具有美德。”然而非常糟糕的是，他的怪异、经过颠倒的功利主义伦理依然在他的头脑中徘徊。“不过，我常常说出刺痛她的事情。我隐隐觉得，给人快乐的事物是错误的，给人痛苦的事物要么总是正确的，要么至少是可以原谅的。”

罗素看来从来没有想过，在以这种方式给艾丽丝带来痛苦的过程中，他自己完全是出于恶意的。他在内心深处觉得，他这样做出于一种相当严肃的责任感。他后来承认，那时他的头脑处于一种“非真实、不真诚、感情用事的状态”。就连他的数学研究也深受影响。他把该书开头的初稿寄给怀特海，怀特海在回信中说：“你为了让证明显得简短、精妙，牺牲了所有东西，甚至包括本书所抱的宗旨。”罗素
158 在《自传》中写道，出现这个错误“原因在于我心理状态中的道德缺陷”。

在那个时期中，罗素在情感上疏远艾丽丝，潜心研究符号逻辑，那样的心理状态和生活方式让人回想起他在彭布鲁克别墅的童年日子：他生活中一切充满活力的重要东西全部隐藏在自命不凡、彬彬有礼的生硬外表之下。正如他在9月1日写给露西·唐纳利的信中所说：“我在心理上构筑了一座修道院，我的灵魂在此处于平静之中；与此同时，一种外部的假象显现出来，与世人见面。在这个内心的庇护所里，我坐下来，脑子里冒出幽灵一样的念头。”这封信件是在星期五山丘撰写的，罗素夫妇当时在那里小住几日，接着前往伦敦过冬。罗素身边全是艾丽丝娘家的人，但是他觉得，他自己与他们格格不入。在写给露西·唐纳利的信件中，他描述的经历与他后来对奥托琳·莫里尔所说的非常相似（也许可以说完全相同），是显示他的“幽灵”性格的一个活生生的例子：

昨天，我坐在屋顶平台上聊天，以前各个场合中的所有幽灵全部冒了出来。他们表情严肃，一个接着一个，从我面前走过。他们全都死了，有的带着希望和恐惧，有的带着欢笑和悲伤，有的怀揣梦想，黄金般的青春已经逝去。他们一一走向人类的愚行构成的巨大地狱之中。我说着话，觉得自己和其他人一起，渐渐进入了过去，一切都显得非常渺小。奋斗、痛苦，一切纯粹是愚昧之举，喧嚣和愤怒都完全没有意义。

他那时使用的一个说法对他具有特殊的意义，看来总结了他的整个心理状态："我们在内心深处构筑宝贵的神龛，以便置放死去的希望的灰烬。"

在伦敦，罗素夫妇租下位于切恩道上的一幢房子；根据罗素的日记，艾丽丝在那里"非常痛苦，度日如年"。9月，她的身体出现了某种（大概精神上的）崩溃症状，罗素深感焦虑，于是承诺不再离开她。但是，他们的婚姻关系继续恶化。两人情感冷漠，毫无快乐可言，沦入装模作样的抑郁状态。两人分室而居，艾丽丝就寝之后不时穿着晨袍去罗素房间，恳求他和她一起过夜。罗素后来写道："有时候，我去了，但是结果绝对不能令人满意。"偶尔的情况是，"我试着和她同房，希望减轻她的痛苦，但是她已经不再对我有吸引力了，一切努力全都徒劳无益。"

在那个冬季中，罗素除了进行数学研究（他当时得到怀特海的鼓励和赞扬）之外，主要的慰藉就是泰晤士河。从切尔西住所顶层的书房，他可以一览漂亮的沿岸景色，并且常常独自一个人沿着河岸长途散步。他告诉海伦·托马斯，从书房的窗口放眼望去，"我俯瞰下面繁忙的人流，看着他们朝着东西两个方向匆匆而去。我感到，他们的渺小希望和担心与我完全没有关系。远处，海鸥在流动的波浪上方飞翔，带着大海的无尽悲伤，发出幽怨的鸣叫；在它们上方，猎户座和七星座闪闪发光，全然没有受到任何影响。星星是我的真正同仁，它们使用的语言我可以理解。我在它们那里发现了家园：淡定和安静与大自然的镇定力量同在。"

那时，罗素撰写了一篇值得注意的文章，题为《数学研究》，其基调与他在 159
伦敦的感觉完全一致。该文设法将这两个因素结合起来，一个是1900年巴黎哲学代表大会之后所写的关于逻辑和数学中表达的思想方面的凯旋感，另一个是发现他对艾丽丝的爱意已经死去之后在情感方面的沮丧感。他在文章中反复说，康托、魏尔施特拉斯和戴德金取得的研究成果是"最伟大的成就，我们这个时代可以引以为豪”。他那时还认为，他们的成果具有思想和道德两个方面的重要意义。该成果“打破混乱和愚昧，为思想界开拓了一个新的广阔领域”，进而给人提供了一种方式，使热爱真理这样的“严肃美德”可能得到鼓励，恢复变得微弱的信念。但是，更为重要的是，该成果——可以与柏拉图的永恒不变的“理念”世界相提并论——开拓一个“广阔领域”，给人们提供了一个避难处，让他们逃离以孤独痛苦为特征的人类存在的变化无常的可怕世界。在这种情况下，数学可以提供某种临时但令人愉快的缓解之道，让人摆脱人生的痛苦：

> 思考关于非人类的事物，发现大脑可以处理不是由人创造的物质，意识到美既属于外部世界，也属于内心世界，这些活动提供了主要途径，帮助人克服可怕的无能感、懦弱感，帮助人逃避敌视的力量。人们在承认几乎全能的陌生力量时，往往会出现上述感觉……数学让我们远离人类社会的纷扰，进入绝对必然的王国。即便在这里，数学也仅仅构筑一种栖息地，而不是发现一种永恒存在的栖息地。在这种栖息地中，我们的理想完全实现，我们的最佳愿望没有遭到挫败。

“数学是一个平静的港湾，如果离开它，我真的不知道应该怎么面对人生。”罗素在后来写给露西·唐纳利的一封信件中如是说。

那篇文章在5年之后才正式发表，它显示罗素的著述中出现了一种新的格调，个人特征更强，文学性更丰富。T. J. 科布登－桑德森曾是罗素的监护人，那时从事出版工作，把该文的稿件退给了罗素。罗素在日志中写道，这“让我深感痛苦，觉得我尝试的新工作徒劳无益”。1907年，该文得到德斯蒙德·麦卡锡的首肯，在《新季刊》上见诸文字。那时，许多人对文章赞赏有加，认为它不乏文学品格，这让罗素如释重负，满心欢喜。例如，利顿·斯特雷奇写信告诉罗素：“文章真的很棒，让人读后着迷，进入崇高的境界——也许，它堪称所有文章之最！……让人对人类的荣耀产生全新的认识。”

斯特雷奇和罗素的其他读者看来没有注意到，文章就人类的状况表达了深刻的悲观论看法，并且将它作为他的数学价值观的基础。从这一点看，那篇文章带着悲伤、孤独的意味，罗素在写给海伦·托马斯的信件中提到了这些观点。他当
160 时从切尔西住所的窗口俯瞰，芸芸众生忙于生计，他觉得他们的“渺小希望和担

心”与他“完全没有关系”。数学与人们的关注分离开来，就像滚滚流去的泰晤士河，就像夜空中的满天繁星，是“淡定和安静”的“家园”。

这种笔调既引人落泪，又显得超然，出现在罗素那段时间撰写的大多数信函中，而且在他那年 11 月开始的日志和冬季撰写的一系列半宗教思考文章中占了主导地位。罗素将那一系列文章命名为《生命历程》，贯穿其中的思想是：真理与幸福并不一致；因此获得智慧需要“苦行”，需要放弃追去个人幸福的所有欲望。由此可见，他所说的宗教崇拜一位相当严厉、深藏仇念的神灵，他管它叫真理：

> 真理是严厉而且毫不留情的神灵；他大开杀戒，强求人们做出牺牲，怀着强烈的嫉妒，杀戮对他不忠的热爱者，让无法忍受其威严评判带来的恐惧的人变得疯狂……为什么要崇拜这样的神灵呢？为什么不逃之夭夭，转向遗忘和舒适，转向仁慈和友爱呢？……勇敢为他服务，只有在为他服务的过程中，灵魂才能变得强大，只有在为他服务的过程中，闪闪发光的明灯才能在顶峰之巅点燃。那些明灯照在远处的平地上，在恐惧和困惑的夜晚中为人们提供引导。

根据这种凄凉的宗教的说法，获得智慧的关键是，面对幻灭时应该坚强，勇于放弃。罗素写道：“随着对智慧的每次理解，欢乐的世界变为苍白、可怕的幽灵世界。”为什么应该这样呢？罗素对此没有完全清晰的认识。他似乎觉得必然正确的看法是，一切希望注定遭到挫败：

> 睿智的悲伤是无限的。她老了，人类的痛苦让她变得衰老……她看到一代又一代人来来去去，她知道他们的希望，知道他们的失望，知道他们乞求命运怜悯时发出的绝望叫喊，知道他们的失败与成功，知道他们的鲁莽，知道他们遭受的惩罚，知道每个人必须忍受的令人厌烦的默从。
>
> 希望一个接着一个死去，过去的王国接纳了它们；但是，它们的幽灵依然占据着我们这个冷酷的世界。如果我们不召唤苍白的回忆大军，这个世上就有着我们不敢说出的话语，不敢去看的地方，不敢阅读的书籍。如果我们不暂时战胜恐惧，直面痛苦的人生，它们就会将我们囚禁在绝望的地牢之中。

他曾经向露西·唐纳利提到的“心理修道院”这时被视为监狱，其特征不是表现在一个处于人生绝望时期的个体身上，而是表现在人类的普遍状态之中。“我们降生到这个世界上来，形只影单，孤立无伴，被囚禁在牢固的自我之墙构成的地牢中。”在这种情况下，智慧的目标是，冲破自我的藩篱，从而逃离这间牢房。其方式首先是抛弃自己的个人欲望，然后是借助友爱——不是个人之爱，而是非个人的普世之爱。“我们必须学会去爱所有的人，不是因为人们以任何方
161 式实现我们的理想，而是因为我们的人生与他们的密切相连，因为在这个黑暗无边、困扰不断的人生历程中，我们是志同道合的伴侣。”

在那段时间，罗素所写的日志提供了不乏启迪的有趣信息，帮助我们理解他所说的这种无限的绝望感。在这里，他以相当明显的方式指出，这里所说的监狱就是他的令人沮丧的不幸婚姻。他在 11 月 20 日写道，“我昨天回家，在剑桥待了四天，其中两天是在监狱之外度过的”：

> 伊夫琳非常善良，艾尔弗雷德令人愉快，孩子们活泼可爱。我们谈到了艺术的地位……她［伊夫琳］像我一样，一直觉得这个世界过于刻板，不适合艺术生存；但是，她无法容忍不喜欢美的事物的人表达这个观点……我谈到了人生的高尚目标，谈到如何建造人性的殿堂，谈到过去的大厦、理性的大厦、上帝之城……那些谈话以及关注高尚事物的人形成的氛围给我慰藉；我度过的那两天之中的每个时刻都值得回味，让我大受裨益……她［艾丽丝］星期一来了，我的兴致大减，仿佛是被刺破的轮胎。

他在日志中写道，有一天他探访他人之后回到家里，坐在艾丽丝身边，“想方设法寻找话题”：

> 但是她说，我每次外出回家之后总是沉默寡言，仿佛活在另外一个世界之中。我必须在这方面有所改进。

另外一次，他回家之后发现，艾丽丝正在失声大哭：“我知道，这是我的不对，我必须做得好一些。但是，真的很难。她也很孤独——天哪，世上的人太孤独了。”这种怜悯之心非常罕见，在大多数情况下，他以令人痛苦的字眼，直截了当地表达了他不喜欢甚至憎恨艾丽丝的情绪：

星期天，我们到汉普顿宫去，拜访克赖顿夫妇。艾丽丝终于知道消息，她入选了剑桥妇女餐饮俱乐部，感到高兴。她告诉克赖顿夫人，出席宴会时，她喜欢和伊夫琳坐在一起；伊夫琳是她最珍视的朋友；她觉得两人就像姐妹，如此等等。尽管她认为，她这样说相当得体，这些话让我感到恶心，觉得脸上阵阵发热，厌恶之感顿时冒了出来。要是她不那么粗俗就好了！

晚餐的氛围令人不快……大多数人都让我感到厌烦。我讨厌与人交往，讨厌与女人接触，这种感觉就像一团阴云，笼罩在我的头上。晚上，我没有多次亲吻艾丽丝，我关灯时她哭了起来。但是，我没有去安慰她。

（1902 年 11 月 25 日）

艾丽丝和我谈到了将来。考虑到我们各自的工作，我希望，她大多数时间待在城里，我大多数时间待在乡下。她说，如果我爱她，她愿意这样做。奇怪的女人！她离开我的条件是，我要求她这样做——她死了心，一定要让我倒霉。

（12 月 17 日）

12 月 13 日，他俩结婚 8 周年纪念日之夜，罗素（通常对各种各样的纪念日有兴趣，并且总是有所动作）写道： 162

昨天晚上，我上床时艾丽丝问我几点钟，我说 12 点 40 分。熄灯之后，她问我是否记得日期——我忘记了，是我们的结婚纪念日。于是，她的痛苦变得难以控制，我只得安慰她。可怜的女人！

夏季开始以来，罗素一直忙于阅读和修改《数学原则》的校样，并且已经增添了两个附录：一个包括对《弗雷格的逻辑学和数学理论》的长篇总结，另外一个包括对“类型论”的详细陈述。他在该书中仅仅进行概述，并且承认说，按照实际情况来说，该理论并未提供方法，解决理发师悖论及其悖论的同源词带来的问题。最后，该书以自认失败的文字结束：

无论解决这一难题的完整方法可能是什么，我没能如愿发现它们。但是，它可能给推理的基础造成影响，我认真建议所有研读逻辑学的学生关注它，学习它。

该书的序言也是12月2日写就的，给人的感觉是带着同样的语气。他写道："本书讨论的问题难度很大，我对自己目前提供的见解没有多少信心。我认为，从本质上看，可能提出的任何结论都是假说……出版一本包括如此多尚待解决的难题的著作，我希望表达的辩词是，本书进行的研讨说明，短期内无法以适当的方式解决第Ⅴ章中提到的矛盾，或者说，就类的性质提供更好的睿智之见。"

该书的所有修改和增补工作终于告一段落，但是罗素对其结果并不感到十分满意。他写信告诉吉尔伯特，建议他不要阅读该书。"本书可能具有的普遍价值全被淹没在技术术语和争论之中，它只适合对这类问题抱有特殊兴趣的人士阅读。下面一本数学著作大约在两年之后才能问世，我希望它将会成为一本艺术之作。但是，它面向的读者只有数学家……总的说来，本书让我觉得差强人意。尽管莱昂纳德·霍布豪斯这样说时我曾矢口否认，我觉得，哲学总的来说是一个相当没有希望的学科。"

罗素对《生命历程》并不满意，仍然渴望找到某种方式，以便表达他内心深处的态度，即他的"痛苦的宗教"。圣诞节期间，他携艾丽丝与贝伦森夫妇一起，到佛罗伦萨度假。那时，他决定用散文这种更简单的文学形式来表达他的思想，认为那种方式使用起来更加得心应手。其结果是，他撰写了《自由人的信仰》——他的最著名并且收录次数最多的篇章。这篇散文开头重新阐述了遍及《生命历程》
163 的那种宇宙悲观论，其表达方式承认这一观点："科学让人相信的世界"根本毫无目的，全然不顾人类的希望和痛苦。那么，像他在以前文章中所说的那样，智慧被视为这样的行为：以坚忍克己的态度接受真理，既放弃个人欲望，又坚持思想自由。罗素写道："放弃旨在实现个人幸福的痛苦挣扎就是，驱逐所有实现暂时欲望的迫切希望，以饱满的激情追求永恒事物——这就是解放，这就是自由人的信仰。"罗素提倡同情他人，其理由在于，人们被"所有联系中最强大的联系，即共同命运的联系"结为一体。罗素本人认为，有一个段落是"写来规劝我自己的，我应该善待她［艾丽丝］"。在这个段落里，他敦促人们将他人视为同仁：

……让我们仅仅考虑他们的需要，考虑他们的痛苦，考虑造成他们的苦难生活的那些困难，也许还有盲目性。让我们记住：他们像我们一样饱受痛苦，也处于同样的黑暗之中；他们像我们一样，是同一悲剧之中的角色。

罗素写完该文时，宣布它“没有问题”，但是再次通读以前写下的更具诗意的思考之后承认：“我的更具想象力的尝试显得缺乏悟性，易受影响，看来必须就此打住。”

罗素规劝自己，要善待艾丽丝。这一点给他定下的情感纪律并不严格，与他常常给自己定下的思想要求不相上下。但是，那些规劝完全是真诚的，从1903年元旦开始，给两人的婚姻生活带来了某种变化，让它不那么可怕，至少在表面上如此。艾丽丝本人开始重拾某种活力和自信，可以重新从事她自己的某些计划。例如，她1月决定在一个绳子工厂工作几天，通过自己的亲身经历，了解年轻女工的工作条件。她将调查结果写入一篇文章，在《当代评论》上发表。在写给贝伦森的信件中，罗素略带自以为高人一等的口吻说，所有这些“让她有了新的兴趣，总体说来很有裨益”。

罗素自己依然非常郁闷。他在1月27日的日志中写道：“我的工作属于二流，我所关心的东西要么失去了，要么尚未成型。”他对艾丽丝的爱情已经死去，对伊夫琳的感情没有表达出来，他将注意力越来越多地转向泰晤士河，希望得到某种安慰。他在2月11日写道：“今夜的泰晤士河非常漂亮，让人赞叹不已，成为我眼中充满激情、令人全神贯注的恋人；我可以让自己投身其中，和它融为一体。”他喜欢的为数不多的时光是“在监狱之外”度过的日子。例如，艾丽丝离开伦敦，到曼彻斯特与她母亲会面的期间，罗素在默雷夫妇位于奇尔特的居所小住两天。他在3月8日坦言：“我最近意识到，自己对艾丽丝的关心不够。但是，一想到给她做更多的事情，我几乎觉得无法忍受。只有一件事情我可以尽力而为，这就是生小孩。如果从医学上考虑可行，这就是我必须做的事情。”

到了那段时期，罗素体会了遭受挫败的父亲本能形成的极度悲痛——那样的感觉在他的后来的人生将会占主导地位。但是，即便如此，给皮尔索尔家族增添人丁这个念头并不能让他高兴地满怀期待。他写道，假如他的孩子带有凯里·托 164
马斯和艾丽丝的母亲的特征，“这可能会我们两人之中的一个人精神失常。不过，也许这值得一试。想到这一点，我就苦不堪言——担心她自杀给人的感觉也是如此”。几天之后，他按照预约，去见了一位名叫萨维奇的医生。医生告诉罗素，对遗传性精神失常的恐惧被过于夸大；精神失常更大程度上是由不当环境引起的，遗传特征所起的作用居于次要地位。于是，大约一周之后，按照计算出来的艾丽丝的月经周期的最佳受孕点，罗素“做出了可能出现的最后牺牲”，与艾丽丝同房。“作为回报，我将有三个星期的自由。也许，这将给我恢复精力的时间，到一切重新开始时为止。”曾经一想到就让他心醉神迷的行为现在使他觉得极端厌恶。他在后来的一则日志中坦言，交媾行为“并未适当实施，完全以失败告终……我躲避自己的责任。我本来可以不那么在乎自己的利害关系”。那次毫无效果的性牺牲行为发生几天之后，在写给吉尔伯特·默罗的一封信件中，罗素也许表达了他对它的厌恶感觉。在这一段文字中，他惯有的抑郁人生观以最极端的愤世嫉俗的形式表达出来：

> 最近发生的事情烦琐，毫无价值，令人厌烦，让我深感压抑。没有什么东西让我感兴趣，没有什么事情值得一做，没有什么事情值得做成：唯一让我觉得值得的可能是，尽可能谋杀更多的人，以便降低这个世界上的意识总量。

作为对那次让他感到厌恶的行为的回报，罗素从艾丽丝那里获得了三个星期的自由，它就像离开监狱的放风时间，但是并未起到如期效果。罗素本来打算到德文郡去，与乔治·特里维廉一起待一周，然后到康沃尔，加入摩尔在每年这个时段安排的复活节传统读书聚会。但是，罗素写信给摩尔，希望邀请他到康沃尔去，摩尔给了他一封简短的拒绝信。摩尔写道：“就读书聚会而言，你在来信中问，来这里是否会带来困难？我觉得最好告诉你，邀请你确实存在难度。” 在他的日志中，罗素就摩尔的态度提出的神秘解释是，“尽管我当初对摩尔进行的说教形成了我期望的改造作用，摩尔却根本没有原谅我的做法”。那些说教究竟包括什么内容？为什么摩尔根本没有原谅它们？罗素并未透露详情。[1] 正确的解释

[1] 但是，从罗素1903年3月24日写给德斯蒙德·麦卡锡的一封信件中，也许可以看到相关线索。在信中，罗素以那个场合可以使用的外交辞令，解释了他改变原来计划并不打算参加复活节读书聚会的原因。他所说的原因是：“我和乔治的旅行很快结束，在时间安排上和聚会冲突。”他接着谈到“我和摩尔讨论了他不爱说话的情况”，就那次“说教”提供了同样不合情理的解释：他声称，艾丽丝“根本无法理解我为什么对摩尔赞赏有加。我向她说明情况时，她回应说，她从未听见他说话。那次谈话过了几年之后，我希望她那样说应该有某种证据（我对我们之间的不同看法感到不快）。在这种情况下，我找他交谈，希望改变让我不快的局面——当然，这件事情引起的家庭问题另当别论。我可以问心无愧地承认，那是最愚蠢的行为，它引起的期望也是如此。不过，我在那之前没有表达自己的愿望，应该对此感到遗憾”。

非常简单：摩尔那时再也不能容忍与罗素为伍了。摩尔写信告诉德斯蒙德·麦卡 165
锡："当然，我无法确定，除了我本人之外，罗素也让其他人感到不快。但是我觉得，其他人——还有你本人——也会希望，他不在那里逗留很长时间……他对我的影响也会产生间接效果，让其他人觉得更加不快。只要他在那里，我就不得安宁。我不知道自己将会多么痛苦。"

4月初，罗素结束了与乔治·特里维廉的远足旅行回家之后，和艾丽丝一起，搬到奇尔特（默罗夫妇在那里居住）去度夏。并不出人意料的是，他3月作出的"最后牺牲"没能让艾丽丝怀孕。让罗素感到宽慰的是，她坦言她并不喜欢和他同房，今后再也不那样做了。罗素写道，这让他对她的感觉好了一些，甚至可以和她进行某种"貌似亲昵"的交谈。那段时间，罗素的研究工作进展并不顺利。他在4月8日写道："目前，写作能力弃我而去。我开始撰写《数学原则》第二卷，但是没有进展。在这种情况下，我非常希望获得成就感，于是着手撰写一篇关于迈农的文章。这样，我终于获得些许自尊。"

日记中字里行间流露出自卑意味，可能让人觉得，他所说的文章篇幅不长，意义不大。其实，《迈农的复杂命题理论和假设》分析细致，思路精妙，论说有力。文章篇幅很长，必须分成三篇，以供《心灵》使用（分别于1904年4、7、10月发表）。罗素的命题概念受到摩尔于1898年发表的论文《判断的本质》的影响；围绕该概念，出现了一些令人觉得困扰的逻辑难题。在《迈农的复杂命题理论和假设》中，罗素的主要尝试旨在研究这些难题。

在之前6个月时间里，罗素写信给弗雷格，针对弗雷格提出的尖锐批评意见，为摩尔提出的概念进行辩护。1902年10月20日，弗雷格意识到，就理发师悖论提出的难题而言，他与罗素的目的其实相反，于是直截了当地提出了这个问题："命题是什么？德国逻辑学家理解的命题是对思想的表达，是一组用以表达思想、听得见或看得见的符号。但是，您显然认为，命题是思想本身。"在弗雷格的理论中，命题同时具有意义和指称——意义是它表达的思想，指称是一种"真值"。于是，弗雷格认为，所有真命题都有相同的指称，即"真"；同理，所有假命题表示"假"。弗雷格学说中的这一部分罗素根本没有采纳。罗素告诉弗雷格，"我无法让自己相信，某个人是尤里乌斯·恺撒这个名字的意义；同理，我无法让自己相信，真或者假是一个命题的意义……我理解的命题是它的意义，而不是它的真值。"在那段时间里，罗素撰写关于迈农的这篇文章，期间还写了一封信件，更详细地阐述了他对作为“复合对象”的命题的看法：

166 在所有情况下，想象力和判断力都有对象：我所说的“命题”可以是判断力的对象，而且它还可能是想象力的对象。因此，存在着两种我们可以考虑对象的方式……然而，在这两种情况（例如，我们说“冷风”以及我们说“风是冷的”）下，对象是相同的……复杂命题要么是为真，要么为假：在判断的过程中，我们旨在获得真的复杂命题。

我们可以想象，当罗素受到追问，不得不阐述他所说的“复杂命题”的概念时，他愉快地接受了弗雷格曾经视为明显荒唐的东西，这简直让弗雷格大吃一惊。“冰雪覆盖的勃朗峰本身并不是勃朗峰高度超过 4000 米这个观点的组成部分。”弗雷格说这句话时所用的口气间接表明，他觉得没有人会就此提出异议。但是，罗素强调说，

我认为，尽管勃朗峰上布满雪地，勃朗峰本身就是“勃朗峰高度超过 4000 米”这个命题实际肯定的意义的一个组成部分。我们并不肯定这个观点，其原因在于，观点属于个人心理问题——我们肯定这个观点的对象。在我看来，这是一个确定复杂命题（有人可能说，一个客观命题），其中的勃朗峰本身是一个组成部分。如果我们不承认这一点，那么，我们就会得到这一结论：我们对勃朗峰根本一无所知。

在迈农的著作中，罗素发现了关于“复杂命题”的一个观点；至少在一些部分上，它与他用来反对弗雷格的观点具有相似之处。迈农根本不从事逻辑学研究，而是属于欧洲大陆上的一个学派——描述心理学，埃德蒙·胡塞尔领衔的“现象学”传统的一个分支。但是，在阐述心理状态——例如，观念、假设和感知——的性质、内容和对象的过程中，迈农得到的一个观点与罗素的惊人相似。具体来说，他和罗素一样，也偶然想到了“复杂命题”这个概念。迈农认为，它是观念这个主观状态的“对象”关联。于是，在迈农看来，勃朗峰高度超过 4000 米（使用弗雷格的例子）通常被人视为事实，是“勃朗峰高度超过 4000 米”这一观念的“对象”关联。这就是说，迈农的观点和罗素的一样（但是与弗雷格的

不同)，将这一观念的对象（它的指称）视为一种对象的复合体，该复合体包括勃朗峰本身（以及山上的雪地)。

但是，这个观点中，存在两个看来难以解决的问题，它们将要纠缠罗素的整个哲学研究生涯。在关于迈农的这篇文章中，他就它们给他造成的问题，进行了完全坦率的解释。第一个问题涉及可被称为复杂命题的“统一体”。它是一个老问题，罗素早在研究整体与部分、分析的价值和局限时就遇到过：整体并不仅仅是其部分的集合；因此，在某种程度上，将整体分析为部分是一种歪曲。同理，如果将一个复杂命题分析为其组成部分（例如，一个摩尔式命题可以分为概念)，某种重要东西——即该复杂命题的统一性——将会失去。罗素写道：“复杂命题的 167
统一性提出了一个逻辑问题，迈农看来并未意识到它。”面对这个问题，罗素当时采用的是他和摩尔早年在处理真和假这个两个概念时使用的策略。当时，摩尔将这一策略作为《伦理学原理》的核心论点，以便讨论“正确”和“善良”这两个概念。他宣称，复杂命题的统一性是一种“不可分析”且“不可界定的”特性。

第二个问题涉及假命题。这两者最初看来是似乎有理：其一，勃朗峰本身是任何与它相关的真理一个组成部分；其二，“勃朗峰高度超过 4000 米”这一事实是“勃朗峰高度超过 4000 米”这一观念的对象。现在有人可能觉得，它们属于陈词滥调。但是，当罗素沿袭摩尔的思路，将“勃朗峰高度超过 4000 米”这个命题与它的对象——即该事实——联系起来，而不是与该观念联系起来时，人们就难以说，什么是假命题了。根据迈农的理论，真命题和假命题都有事态，两者不同之处在于事态是否潜存。在迈农的理论中，对象具有不同的存在方式：某些占据时间和空间的对象存在；抽象对象（例如数字）潜存；但是，某些对象（非真实的对象，例如，虚构角色和深化角色）既不存在，也不潜存。迈农使用这些区分来解释真观念与假观念：真观念具有潜存的事态，假观念具有既不存在也不潜存的事态。用迈农的话来说，假观念“处于存在之外”。但是，罗素无法接受迈农的这一观点：世界有缺乏任何种类存在的对象。罗素认为，假观念以假命题作为其对象，假命题和真命题一样，也是存在的。

在这种情况下，就有诸如假命题这样的“复杂对象”。根据对罗素的命题理论的这一修正，让弗雷格感到惊讶的观点变得更加令人感到震惊：其原因在于，冰雪覆盖的勃朗峰本身成了任何数量的假命题（“勃朗峰是奶酪构成的”、“勃朗峰在英国”，如此等等）的组成部分。后来，罗素对这些假命题的（他后来所说的）“影子对象”深感绝望，修正了他的理论，以便摆脱它们。但是，他那时不愿放弃他从摩尔那里学来的命题的“解放性”逻辑，表示决不松口。

这篇关于迈农的文章可能给予罗素“些许自尊”，但是对消除笼罩在他情感生活上的沮丧的气氛几乎没有什么帮助。它带来的唯一缓解看来是在他那段时间写给朋友——露西·唐纳利、海伦·托马斯、戈迪·洛斯·狄金森和吉尔伯特·默雷——的坦白信件中反复使用的说法。他在写给海伦·托马斯的信件中说：“直接表达自己的感受，不用停下笔来问自己，这样的感受是否愚蠢？这让人感到某种宽慰。如果一个人仅仅提及自己非常明智的高尚思想，其结果是，这个人显得很不真实。”罗素告诉露西·唐纳利，他考虑编撰一组格言，准备使用《撒旦的快乐》作为标题，表达诸如此类的“痛苦真理”：“辛劳的结果是没有报答之爱”，
168 “激情被放纵玷污，被节制消灭，在这两种情况下都将必然丧失。”他告诉她，第一个格言“是所有具有美德的母亲——以及许多妻子——的人生写照”。

5 月 18 日，在他 31 岁生日这一天，罗素浮想联翩，借用马修·阿诺德的词句（罗素在日志中引用它们），感叹“过去一年……让我的心灵受到震荡，生命元气丧失殆尽”，不禁逐一重温过去一年中发生的悲伤事情：一年之前，他给艾丽丝写了那些冷酷无情的信件；6 月，她回家挨过了郁闷的日子；9 月，她身体几乎虚脱；冬天，他们在伦敦痛苦煎熬；他撰写了《自由人的信仰》。他写道，自从来到奇尔特之后，“我的牢房失去最后一丝阳光，我重新开始原来的工作。工作很难，疲惫让人绝望，我常常觉得，自己愿意自杀，了结残生。我觉得，这项工作的价值很小，面对矛盾我一筹莫展”。

5 月，《数学原则》出版，但是没有给罗素带来什么慰藉。他告诉海伦·托马斯：“我觉得，这是一本愚蠢的书，我在它上面花了 6 年之中的大部分时间，想到这一点我就感到羞愧。现在终于结束了。我可以让自己相信，它并不值得倾注那么多精力——一件令人觉得奇怪的奢侈品！”他还告诉她，难以让他相信任何事情的是，“想到自己的整个人生是一个错误时让我深感痛苦，但是与得出相反结论相比，这样考虑麻烦要少一些”。尽管如此，他依然没有放弃第二卷的写作工作。“一旦这件事情结束，也许我可能暂时摆脱压在肩上的负担。”

生日之后的第一天，他觉得他发现了一个方法，可以解决危及《数学原则》所提理论的理发师悖论，弥漫在他的生活之中的抑郁之感有所缓解。正如他后来向菲利普·乔丹描述的，那个“解决方法”采取的形式是，否认类的存在，将整

个理论放在命题函项的基础上（在这种情况下，不是讨论空洞的类，而是讨论总是为假的命题函项）。但是，他很快发现，这样做于事无补，可以形成一个命题函项悖论，类似于原来的类型悖论。但是，在意识到这一点之前的短暂时间里，他收到了怀特海发来的过早表示祝贺的电报："最衷心的祝贺。第二个亚里士多德。我非常高兴。"罗素本人在日志中说，解决悖论带来的如释重负之感"妙不可言"。

不过好景不长，那是许多让他觉得看到解决问题的曙光的虚假黎明之中的第一个例子。

1903 年的整个 6 月和 7 月，罗素埋头写作，一直试图找到某种真正的办法，以便解决理发师悖论，但是没有取得什么进展。他后来写道："每天早上，我坐下来，面对一张白纸。在整天时间里，我两眼直愣愣地盯着那张白纸，只有很短的午饭时间除外。常常出现的情况是，暮色降临，纸上依然一片空白……我觉得很可能出现的情况是，我也许会一直盯着那张白纸，消耗自己的余生。"他几次觉得，自己已经找到了解决方法，结果却发现，新办法只是形成新的问题。到了 7 月末，他已经变得沮丧了。他写信告诉露西 · 唐纳利，"在过去的 4 个月中，我像牲口一样卖力干活，但是几乎一事无成"：

> 我发现了 7 个新难题，它们一个接着一个出现，我解决了最初的 6 个。 169
> 第七个冒出来时，我已经心灰意冷了，决定先去度假，然后再回来工作。每个难题都需要我对整个理论大厦进行重构。

罗素努力和艾丽丝相处，遇事小心翼翼，尽量不要伤害她，那样的日子让他备受痛苦和折磨。他在日志里写道，"她依然可怜兮兮，依然唠唠叨叨。我依然生活痛苦，度日如年，不知道如何才能挨过第二天的 24 个小时。但是，我完全有理由相信，这样的折磨可能会延续 40 年"：

> 从某些方面说，她生病时我的日子要好一些——她精力充沛，活蹦乱跳时，让我更觉难以忍受。可怜的女人！她没有怀孕，我对她怀着歉意。但是，看见她的样子，听见她的声音，让我神经紧张，脑袋里只有一个念头——如何尽快逃离。她总是跟在我身后转悠，走路碰着家具，常常打翻台灯，情绪也不稳定。她问我，为什么我不愿意当着她的面脱衣服？有一天，她号啕大

哭，说她已经离开了我的生活。我试图轻言细语地告诉她，我已经学会了如何单独生活。她回答说：“我知道，希望飞黄腾达的人必须独来独往。”

几天之后，罗素在写给露西·唐纳利的信件中说：“在许多人的婚姻生活中，夫妻之间出现竞争，一方实施折磨，另一方忍受折磨，看到这样的情况让人觉得可怕。最多几年之内，问题得到了解决。于是，一方有了幸福，另一方有了美德。折磨者笑嘻嘻地大谈婚姻幸福；受害者担心情况变得更糟，强装笑脸表示赞同。婚姻——以及所有类似的亲密人际关系——带有造成痛苦的无限可能性。”

罗素被困在悲惨的婚姻之中，数学研究工作屡受挫折，于是把兴趣更多地转向1903年夏天出现的政治动荡。当时，殖民地事务大臣约瑟夫·张伯伦领导了一场运动，史称“关税改革”，旨在废除自由党鼓吹的备受推崇的自由贸易理论，转而支持保护性关税制度，以便帮助英国及其殖民地，在经济上与大英帝国之外的国家进行竞争。宽泛地说，对那个问题的态度将自由主义者与帝国主义者区别开来，这样的问题肯定激发了罗素骨子里固有的辉格党激情。自由贸易这项政策与他的祖父约翰·罗素勋爵的关系尤其密切。当年，约翰·罗素勋爵的最大遗憾之一是，1846年废除《谷物法》[1]的不是他本人，而是罗伯特·皮尔。罗素认为，那个问题从根本上看是道德问题。他在写给露西·唐纳利的信件中说：“我们大家对自由贸易问题激动不已。在我看来，自由贸易是理智的国际主义的唯一遗产。假如它被废除，我大概应该产生自刎的念头。但是，在张伯伦看来，他没有取得成功的可能性——所有头脑健全的人都反对他，他们遍及各个社会阶层。”

他迫切希望积极参与反对张伯伦的运动，但是觉得无法集中所需的精力。“如果我可以摆脱她［艾丽丝］，”他在日志中写道，“我就可以一边从事数学研
170 究，一边参加支持自由贸易的活动。但是，我现在绞尽脑汁，生怕出现伤害她的言行，所花的精力足以参与一整场政治运动了。”

其结果是，关于自由贸易的争论日益加剧，解决理发师悖论的尝试不见进展。在这种情况下，罗素抛开数学，转向研究自由贸易，整个8月都在研究赞成保护政策的论点。在那之前一年，罗素见到了法国历史学家埃利·哈列维，对他

[1] 《谷物法》是1815年至1846年间强制实施的进口关税法案，借以保护英国农夫及地主免受来自从进口谷物的竞争。它规定，只有在国产谷物的平均价达到或超过某种限度时方可进口，其目的旨在维护土地贵族的利益。——译注

的观点表示赞赏。哈列维完成了对哲学激进主义的研究，当时正在研究 19 世纪英国政治史。哈列维给罗素写信，表示在某种程度上支持张伯伦领导的运动，罗素很快写信回击。“您在来信中说，1846 年提出的任何论点要么没有道理，要么不合时宜；我对此并不赞同……我最近仔细研究了赞成贸易保护的相关论点，它们包括先验的和基于事实的两大类型。我坦率地告诉您，无论从纯经济角度，还是从政治和社会角度看，我认为它们根本没有任何合理性。”

他是在法国的诺曼底给哈列维写的那封回信——当时，他和艾丽丝与韦布夫妇一起，在那里度假一周。在过去的几个月时间里，罗素已经发现，在他们的明显不幸婚姻这个问题上，比阿特丽斯·韦布同情的是艾丽丝。在那次假期中，罗素告诉吉尔伯特·默雷，他比以往更“留心地观察”[韦布夫妇]：

> 他们两人在评价一座大教堂时显示出明显的能力，表达意见时带着权威口气，显然觉得，伦敦郡议会可以做得更好一些。他们排除生活中的任何色彩，总是让别人喜欢的一切化为泡影。

他们一行返回英国之后，罗素和艾丽丝去湖区短暂逗留，然后回到伦敦过冬。那个冬天，罗素夫妇的生活相当沉闷无趣，在露西·唐纳利写给海伦·托马斯的那些信件中可以略见一斑。1903 年 9 月，海伦·托马斯和西蒙·弗莱克斯纳结婚。弗莱克斯纳是著名的细菌学家，那年被任命为刚刚成立的洛克菲勒医学研究所所长。对海伦来说，那是一桩幸福婚姻；但是对露西来说，那是一场灾难。罗素那一年写给露西的信件常常包括种种建议，帮助露西如何面对（她认为的）失去好朋友带来的困难。罗素提出的主要方式是，借助“哲学给予的安慰”。10 月，露西到了伦敦，与罗素和艾丽丝待在一起，在一定程度上为了获得某种安慰，以便从她认为的让她濒临崩溃的困境中解脱出来。

露西在位于切恩道上的罗素寓所住下不久，在写给海伦的信件中，谈到那幢房子“非常沉闷、缺乏打理”的状况。在随后 3 个月时间里，她还给海伦详细描述了造成那种状况的种种痛苦经历。她对罗素的钦佩之情依然不减，认为他具有“当今最有才华的头脑”。但是，她发现，他出现了一些变化，与在美国时的状态不同。她在信中说，他“很郁闷，觉得孤独，恰如身处梦魇之中”：

171 我真的很同情他，觉得他很不错。他辛辛苦苦地做正事，对自己要求十分严格，而且——在我看来——堪称一丝不苟，毫不含糊。

她几次提及罗素和艾丽丝之间日益恶化的关系，并且机敏地猜测到了个中原因。她告诉海伦，罗素“要么爱上了怀特海夫人，要么在某些方面与她保持暧昧关系”。有一次，伊夫琳突然推迟拟定的探访，让罗素深感绝望：

> 他在书房中来往踱步，口中念念有词，“灭了，灭了，一丝烛光熄灭了”……后来，他在壁炉前坐下，对地中海的阳光，对和煦微风的渴望油然而生，情不自禁地和我说起他在巴勒莫海湾航行的情形——很可能，就是和怀特海夫妇在那里度过的那个夏天里发生的事情。

罗素常常和露西一起交谈，滔滔不绝，似乎几个小时也余兴未尽，有时候在家里，有时候在外出散步的途中。话题包括他的研究无法取得进展的情况，还有他闷闷不乐的心情。“他顺便提到，他最感困扰的问题之一是，学者身份和举止让他无法接近常人，接近未受教育的人，无法与他们交谈。”他告诉她，他有时候夜不能寐，很想知道他是否应该全身心投入到政治活动中去。他的哲学研究“当时止步不前，继续下去是浪费时间。所以，他希望做些更实际的事情……而不是局限在学术研究之中。学术研究冷冰冰的，把他和世人隔离开来”。《独立评论》12 月号上发表了他的文章《自由人的信仰》，让罗素感到不快，“觉得世人嘲笑他表达的私密感受”。露西还补充说，艾丽丝的弟弟洛根“对那篇文章大肆挖苦，讽刺”，尤其让罗素感到不快。

实际上，露西年末离开时，罗素已经放弃了自我省察，而且（暂时）中止了数学研究，以便在一定程度上全身心投入到关于自由贸易的辩论之中。他希望，根据道德律令做事至少可以让他“接近常人，接近未受教育的人”，通过服务公众，挽救某种自尊。“我完全支持所有的国际主义行为，我对自由贸易的热情正是基于这一点，而不是基于经济方面的考量。”尽管如此，他也强烈地感到，即便从纯经济角度上考虑，张伯伦的提议也可能带来灾难性结果。他为《爱丁堡评论》撰写了长篇评论文，详尽地阐述了他的理由。文章题为《关税之争》，综述了张伯伦和其他人发表的支持征收关税的相关文献，试图证明他们提出的论证是完全没有道理的。但是，即便在这个问题上，罗素最终也求助于保留自由贸易在道德方面的必要性。文章结尾宣称："只有恪守自由理想，我们才能维护大英帝国；自由理想是帝国值得维护的唯一原因。"

这篇文章于 1904 年元旦发表，当时的形势看来对自由贸易支持者非常不利。早在 12 月末，张伯伦的支持者们已经赢得了三次补选。局势开始变得明朗：张 172
伯伦可能赢得下一次大选，他领导的政府将要实施保护性关税。罗素认为，这样的前景让人深感担忧，他不遗余力地投入到那场运动之中。在新年的头两个月中，他给报界撰写了一系列信件，甚至还不辞辛劳，巡回演讲，其中包括在新改良俱乐部进行的六场演讲，还有分别在伦敦行政区大厅、切尔西区和帕丁顿发表的三场演讲。

许多了解罗素的人觉得，公开发表演讲，在政治活动中抛头露面，这样的活动似乎与他原来的形象格格不入。洛根·皮尔索尔出席了罗素在新改良俱乐部的首场演讲，认为他"思路清晰，充满思想，甚至堪称妙语连珠，在……各个方面都做得很好"。不过他补充说，他觉得，看到罗素参加政治活动给人的感觉是，罗素"就像使用剃须刀砍木头"。那种政治活动唤起了罗素传播理念的热情，让他非常兴奋，觉得自己表达清晰、论证有力（如果说尚未达到演说高度）的天赋能够有所贡献，阻止贸易保护主义的狂潮。罗素对吉尔伯特·默雷说："我的经验表明，适当表述自由贸易问题，这可以说服一个对实施保护没有经济兴趣的人。但是，在支持自由贸易的人中，只有很少了解这个问题的来龙去脉。我相信，如果给选民宣传进出口理论，那么，支持实施贸易保护政策人不会超过选民总数的百分之二十。而且我发现，大家希望听到实际情况，听到相关的理由。"

在 1 月和 2 月，自由贸易支持者在第一轮补选中获得胜利，张伯伦领导的运动看来惨遭失败，事实证明罗素的乐观判断是有道理的。那时，四处奔波让罗素精疲力竭，他开始觉得，自己的新角色略微有些荒唐可笑。他 2 月 17 日写信告诉吉尔伯特·默雷，"我感到力不从心，相当疲倦。我开始出现了一种奇怪的想法，（主观上）希望自己变为公众人物。我开始感到压力，从华而不实的官方角度，思考英国公众认为重要的问题。这是一种让人觉得羞耻的转变，我就像那个变为青蛙的王子"：

它让所有具有重要意义的事情显得遥不可及，并且以奇怪的方式，侵蚀人的感知动力。我觉得，自己就像那些曾经让我疑惑不解的言行荒唐的老绅士：他们在年轻时不乏新锐思想和敏锐感知，并且因此获得世人的尊敬，但是从此便止步不前，不再保持原来的状态。

他得出的结论是：“我高兴地感到，我再也不必为政治劳神费力了。政治活动极易让人思想僵化，感觉麻木。”

# 第六章 长夜

173

在 1903—1904 年那个冬季的自由贸易争论中，罗素初次尝试了政治活动。1904 年春天，他带着新的活力，重返哲学研究活动。在其后 6 年时间里，他以义无反顾的态度，百折不挠的毅力，全身心投入与怀特海的合作之中。按照最初的设想，该书为单卷本，是《数学原则》的续编；在撰写过程中，它变为规模巨大的三卷，出版时最后名称是《数学原理》。*

罗素在那 6 年期间进行的研究工作堪称现代哲学史上的奇迹之一。假如他的贡献仅仅局限于这一部著作，单单这一点也可谓是一项巨大的成就。但是，他实际上还做了其他工作：他撰写的哲学论文现被视为他对这个学科的最伟大的贡献，其中许多是在那一时期完成的，包括广为讨论的文章《论指谓》。在撰写《数学原理》的过程中，他遇到许多问题，这迫使他建构更为详尽的理论，阐述他的逻辑哲学和数理哲学的基本理念，例如，“类”、“种类”、“命题”和“判断”等等。此外，他还在评论、文章、信件中，在内容复杂并且常为长篇大论的争论文章中，讨论了那时某些一流哲学家提出的新理论，涉及的人士包括 F. H. 布莱德雷、哈洛德 · 约阿希姆、威廉 · 詹姆斯和亨利 · 庞加莱。

他那段时间取得的成就与《数学原则》一稿写就时的情况不同，不是灵感一现带来的结果，因此更显弥足珍贵。尽管他那时已经不太喜欢写作这本书，但是执着的决心让他坚持下去，不料获得了额外的收获。他后来写道：“写作《数学原理》的乐趣集中出现在 1900 年年末的几个月中。在那以后，写作工作困难重重，劳神费力，根本不可能有任何快乐可言。”他曾在《生命历程》中提出了坚忍克己的“宗教”，后来又在《自由人的信仰》中大加鼓吹。那几年（他后来将那一时期称为“长夜”）中，他以难以置信的坚韧，几乎将它付诸实践。对他个

---

* 罗素和怀特海合写的三卷本使用了拉丁文名称 *Principia Mathematica*，而不是罗素使用的英文名称 *Principle of Mathematics*，让人想起牛顿 1687 年出版的 *Philosophiae Naturalis Principia Mathematica*（《自然哲学的数学原理》）。——译注

人来说，其结果是一种不可思议的人生经历：显示出克己的特征，相当灰暗，没有欢娱可言；然而在哲学研究上，他却取得令人震惊的丰硕成果。

174 与他人生中常常出现的情况类似，一种活动与另外一种活动——当时是参与自由贸易问题的讨论与《数学原理》的撰写工作——之间，是以一次徒步旅行为界限的。那次徒步旅行的目的地是康沃尔。他3月19日写信告诉艾丽丝："成天走路对放松神经功效最为明显，让一切问题显得简单一些。"他几天之后报告说："独处让我大受裨益，给人时间整理思路；运动使人平静思考。我回家之后，艾君至少开始时可以发现，我不会像冬天里那样，怨天尤人，心神不宁。但是我觉得，当我开始工作时，我将会重新陷入原来的状态之中。"

他从康沃尔返回后，决定改变对艾丽丝的态度，应该和善一些，至少更公平一些。他看来还决定，熄灭对伊夫琳·怀特海所抱的毫无希望的迷恋之情的最后一丝余烬。4月6日，他重新在个人日志上留言，开始时评论道，"在这本日志中，关于艾丽丝的记载充满负面信息，太不适当"：

> 我觉得，她已经大为改观，我曾经一度对她很不公平。她的许多缺点是我强加给她的，许多优点我却完全忘记了。她对我没有自私之心，显示出很大的勇气和良好的愿望，大体上取得了成效。但是，她嫉妒心太重，不过她注意到了这一点……她对与她没有竞争关系的人非常友好。但是，她不喜欢我帮助别人。她那天晚上说，伊夫琳告诉她说，我的朋友觉得，我变幻无常，我的友谊并不牢靠。她说，伊夫琳疏远了她和艾尔弗雷德，疏远了戴维斯夫妇和桑格。而且，在受到疏远的名单上，艾丽丝还添上了我和她的家人。我对所有这些人的态度出现了变化，究其原因，我觉得自己并非无可指责。但是，她竟敢疏远她们，这让我觉得莫名其妙。

伊夫琳谴责罗素变幻无常，艾丽丝不喜欢罗素帮助别人；形成这一局面的原因可能是，罗素对艾维·普雷舍斯充满感情。普雷舍斯24岁，模样漂亮，担任自由贸易联盟的秘书，是乔治·特里维廉夫妇的密友。罗素以他在那段时期中惯用的自欺欺人的口吻，将他对艾维的兴趣视为一个例子，声称它表达了（他在日志中提到的）常驻于心的"助人解困"愿望。这"已经成为我的主要慰藉，我肯定做得很好"。（在罗素看来）艾维的麻烦在于，她受到了政客兼银行家雷金纳德·麦肯纳的青睐。罗素认为，麦肯纳是“无赖”，所以一门心思要将她从他手里拯救出来。就这一点而言，罗素取得了胜利，不过明显的后果是，艾维爱上了罗素本人——或者说，至少伊夫琳·怀特海和珍妮特·特里维廉两人认为如此。在这种情况下，她们两人联手警告罗素，应该见好就收，中断与艾维的联系（用罗素后来的话说，她们“一个鼻孔出气，斥责我是玩弄女性的男人”），并且提醒他说，否则他们两人的名誉都将受到损害。

开始时，罗素担心自己的动机遭到误解，但是依然注意了她们的劝告，将自己与艾维的关系保持在无懈可击的高雅层面上。在写给露西·唐纳利的信件中，175
他间接提到这个问题，没有指名道姓，认为她们旨在告诫他，不要放松对自己的道德控制，并且要抵制冲动行事的诱惑。他告诉她，“有时候我觉得，仿佛自己不能认识任何女人”：

> 但是困难在于，我很快就可以和人变得熟悉起来，至少在某些情况下我看来对人不错。此外，还有一个纯粹自私的问题——当然，它不应太让人有负担，但是我担心它可能起到这样的作用。首先，我不给人带来痛苦，不愿让人失望……当然，如果我不去解决显然与自己不相干的困难，所有这些问题都可以避免。但是，尽管她们的意见也许是正确的事情，我也不会退缩。

最后，罗素“决定放弃助人解困的做法”。他与艾维·普雷舍斯短暂的调情形成的长期结果可能是：这让他消除了对伊夫琳·怀特海的爱意，集中精力从事研究工作。

在罗素从事其他活动期间，怀特海很好地完成了他所承担的那一部分写作工作——主要是技术性比较强的纯数学工作。4 月 9 日，罗素到了剑桥，与怀特海一起工作一周时间。罗素写信告诉艾丽丝：“艾尔弗雷德最近干得很好，良好的工作状态已经持续一段时间了；我真希望，自己承担的这一部分写作像他那样顺利。”在那段时间，罗素将主要精力用在解决理发师悖论带来的基本问题，以便厘清他在《数学原则》中引入的“指谓”概念。

“指谓”这个词被罗素用来表示概念与其所指之间的纯逻辑（而不是语言学）关系。一般情况下，指谓是通过摹状词——而不是名称——来实现的。例如，“7 之后的下一个质数”指的是数字 11；“4 的正平方根”指的是数字 2，如此等等。

对数学来说，指谓短语具有极为重要的作用，在罗素的“逻辑”理论中尤其如此，在确定类（“所有血肉之躯这个类”、“自然数这个类”）的过程起到至关重要的作用。罗素那时逐渐认为，解决理发师悖论带来的逻辑问题需要对指谓进行新的认识。其原因在于，这个问题的核心在于“空无”指谓短语的结构之中——那些短语看来表示某事物，但是可能引起矛盾，所以实际上要么并不表示某物，要么无法表示。当然，最突出的例子是这个可怕的指谓短语——“本身不是其构成部分的所有类组成的类”。

罗素早年曾经天真地认为，每个命题函项都有一类对象与之对应，每个指谓短语都表示某事物，即便该事物并不存在时也是如此。为了让这一说法具有意
176 义，罗素曾经求助于迈农区分存在与“潜存”的做法：例如，类与数字（还有假命题）潜存，但是并不存在。现在，罗素开始对这个观点进行批判性审视。这个观点肯定出了问题，其原因在于，尽管他愿意接受并不存在的事物，但是他无法接受这个观点导致的相互矛盾的事物。于是，罗素暂时放弃了纯数学考虑，开始以相当广泛的视角，研究指谓短语本身，尤其是那些实际上并不表示任何事物的短语。在那段时间的著作中，有一个短语反复出现，几乎到了挥之不去的程度，这就是“当今法国国王”。他自然将注意力集中在这个例子之上。

罗素对这个短语的兴趣源于以下考虑：罗素分析时发现，“爱德华七世是秃子”这个句子表示一个真命题，它（在这个词语的某个奇怪的罗素式意义上）包含爱德华七世本人和秃子这个概念。与之类似，“现任英国国王是秃子”这个句子（用在1904年时）也是一个真命题，它包含秃子和“现任英国国王”这个概念，指的是当时的英王爱德华七世。那“当今法国国王是秃子”呢？“当今法国国王”这个短语是否指称任何事物呢？如果不指称任何事物，如果法国没有（无论是存在的还是“潜存”的）国王，我们是否得说，这是一个假命题呢？那么，从这个命题的虚假性，我们是否可以推知，具有相反的意义说法“当今法国国王长着头发”是真命题呢？肯定不能。罗素经过类推之后认识到，我们没有必要断定这个棘手矛盾的任何一面。“当今法国国王”既不是长着头发，也不是没有头发；同理，“并不属于其自身的所有类组成的类”既不属于其自身，也并非不属于其自身。

在随后的一年中，这就是罗素的研究焦点。他告诉艾丽丝，他和怀特海一起，在剑桥工作了许多时间，“讨论当今法国国王是否是秃子。我们发现，许多复杂的不同因素都与这个有趣的问题相关，这让我们大吃一惊。我们后来认为，

尽管当今法国国王没长头发，他却不是秃子。有经验的人可能推知，他戴着假发，但是这样的推论是错误的”。离开剑桥的前一天，罗素在日志中写道，他和怀特海“昨天度过了快乐时光。我们认为，当今法国国王已经解决了理发师悖论显示的矛盾。不过，最后的结果是，那位国王的智性尚未达到那么高的标准。当然，我们已经取得了明显进展”。

不管怎样说，那一发现足以让罗素怀着新的希望，研究这个问题。在那之后的几个月里，罗素接连发表文章，试图阐述一种新的指谓理论，一方面它可以指导《数学原理》的写作，另一方它可以避开理发师悖论。[1] 为了集中精力进行研究和写作，罗素和艾丽丝再次搬家，住进一处名叫常春藤小屋的清静居所。那幢房子坐落在蒂尔福德，离法纳姆不远，就在奇尔特北面。在蒂尔福德，罗素的研究进展顺利，感情生活却转入地下，与艾丽丝的关系沦入名存实亡的可怜境地。 177
1904 年 5 月，就在罗素生日之际，艾丽丝给罗素写了一封情绪悲怆的信件，明白无误地说明了当时的情况。“按照罗君的希望，我一直努力尝试，但是我可以肯定，罗君肯定记得，我的有些感情多么渴望得到表达”：

> 在罗君生日之际，写这么一封讨论现实问题的信件，我希望罗君不会介意……我只是想告诉罗君，我多么爱你，多么喜欢和你一起生活。我可以与你共担风雨，对你有所帮助，这种快乐的感觉超过了任何人的想象。回忆过去的时光让我心存感激；我现在依然在你身边，看着你取得进展，这也让我心存感激。看到你身体健康，生活快乐，研究顺利，我觉得非常满足，仅仅希望自己可以做得更好，可以承担更多的家务，起到更大的作用。我朝思暮想，总是希望我的爱人一切顺利。我会一直爱你，希望这样的爱意更加无私。

这封信件可怜之极，完全没有自我可言。但是，我们在字里行间也许可以看到，罗素完全冷落了她，这暗示了一种经过伪装的隐蔽告诫和指责之意。弗朗西斯·帕特里奇对艾丽丝后来的情况非常了解，她曾经告诉我说，艾丽丝“非常沉

[1] 收录在现已出版的《伯特兰·罗素论文选》中的这些文章显示，就他提出的意义和指谓理论，罗素作了一系列令人迷惑不解的修正。

闷，令人索然无味”。在这封信中，无疑可以看到她说这番话的意思。其原因在于，如果说沉闷的性格可被用作武器，这封信件中表达的那种渴望和痛苦谦卑更可用于那个目的。

不过，如果艾丽丝意在表达指责，那么，她的计划却以完全失败告终。那时，罗素在感情上对艾丽丝全无依恋，只剩下身为丈夫的责任感必须履行的事务。他潜心研究，心无旁骛。7 月，他写信告诉戈迪 · 洛斯 · 狄金森：“我努力进行第二卷的写作工作。进展顺利，让我非常兴奋；停止不前，让我深受折磨。”浪漫爱情带来的快乐和折磨已经被他抛在脑后。在 8 月写给露西 · 唐纳利的信件中，罗素勾勒了他那时采纳的人生哲学，说明了他的坚定态度——将生活中的一切放在一旁，一心一意完成写作任务。他告诉她，“我相信，要找到真正的解决方法，就必须尽量不要去考虑日常琐事，不要去考虑在这个世界上，在自己所关心的人们的生活中，究竟是善还是恶占据主导地位”：

> 我理解的福音是残酷的，然而却非常有用：几乎可以仅仅考虑可以实现的事情，根本无须顾虑自己无法消除的邪恶，无须顾虑自己无法创造的良善。不要过多考虑复杂的问题，尽量去一个一个地解决。不要想得太多，不要被大量恐怖、痛苦和堕落弄得焦虑不堪。过去，其他人生活中遇到的无可救药的罪恶让我深受痛苦，几乎到了我可以忍受的极限。我没有能力忍受那些痛苦，不得不相信可以消除痛苦的灵丹妙药。结果，思想上缺乏自控能力
> 178 反而加剧了罪恶造成的影响。但是，我现在一般说来仅仅考虑可以实现的事情，无论那样的事情多么微不足道也在所不惜……一个人一旦接受世间存在罪恶这一事实，就可以看到，世上存在美好、光明的东西，存在可以救赎世界的英雄行为、友爱之情和献身精神。它们仿佛春天的和煦阳光，可以让人的内心深处充满温暖。学会去想好的东西，让自己喜欢沉思的人生充满正面的东西，让这样的东西给自己增添勇气。无论自己信仰什么，良善的东西真是良善，它们让人生漫长的艰难旅程具有意义。也许，不可避免的是，人生大多数时候都是令人厌倦的，但是，不能因为身处泥污，就让高尚理想带来的富于激情的灵感从自己的生活中消退。
>
> 这就是我所知的忍受生活的全部想法。这可能没有什么特别之处，但是我发现，它在一般情况下是灵验的。

他在后来的一封信件中告诉她，“确定和系统性最终是我一生大部分时间致力实现的东西。”然而他补充说，“我有时候觉得，自己过多地忽略了冲动。我好为人师，过于自命不凡，没有率性而为的人具有的那种品格。”

9月末，他打算再次远足旅行，到布列塔尼去，这次的旅伴是西奥多·卢埃林·戴维斯。他在写给露西·唐纳利的信中说：“我深感愉快，期待不已。我会像春天在康沃尔那样，让身心得到恢复。”他到达之后再次给她写信，证实“布列塔尼相当不错——这里拥有大量的纯粹的乡村之美，林木葱茏，流水潺潺，苹果园一望无际，硕大的红色果实芬芳四溢”。两人主要沿着海岸线步行，“大西洋浩渺无垠，令人敬畏”。对罗素来说，大海一直都是无神世界的意象，浩瀚无边，冷酷无情。他开始时惊讶地发现，善于弄潮的布列塔尼人对上帝抱着虔诚的敬畏，超过了他见过的其他地方的人：

> 每个小村庄都有一座宏伟的哥特式教堂，大都十分漂亮，许多矗立在清静的地方，面向大海，是勇敢的古人留下的遗迹。开始时，我感到疑惑，他们面对大海这样漂亮、这样有力的东西，怎么可能相信上帝呢？但是，我很快发现，大海冷酷无情，不谙人情世故，让人深感压抑，不禁感叹，人世多么需要上帝。在他们的心目中，上帝就是长官，他们是他麾下的普通士兵。上帝就是最有活力的断言：这个世界根本不是什么全能的物质。所以，渔民当初成为——现在依然是——这个世界上最虔诚的信徒。

那年冬天，罗素让自己稍作休整，和艾丽丝一起回到切尔西，住在罗尔斯顿大街上的一幢房子里。他在写给露西·唐纳利的信中说，他每天“观看人来人往，非常惬意”。住在切尔西让罗素夫妇重返韦布夫妇的生活轨道。在1905年2月的一次宴会上，罗素夫妇和其他人一起，有幸见到了时任首相阿瑟·巴尔弗，见到一位来自南非、名叫维尔纳的百万富翁。在罗素写给露西·唐纳利的信件中，那个德国人“身体肥胖，态度和善，胃口不错，胸前挂着一条粗大的金表链，讲英语时带着浓重的德国口音（这是所有大英帝国主义精英人士的特征），脸上血丝隐隐。那是被摧毁的民族积累而成的仇恨留下的痕迹，是奴役中国留下的痕迹， 179
是堕落的英国留下的痕迹”。最后，罗素还补充说，“那的确是一个让人觉得滑稽可笑的场合”：

> 除了巴尔弗和维尔纳之外，其他人已经悉数到场。韦布夫人说，我们可以看一看，他们两位之中谁最后露面，谁觉得自己更为重要。她说得没错，维尔纳最后出现，其原因在于，尽管巴尔弗管理整个帝国，维尔纳却管着巴尔弗。

那次聚会并未起到增强罗素夫妇与韦布夫妇之间关系的作用。在前一年夏天的一则日记中，比阿特丽斯曾经谈到两家关系疏远的情况。“伯特兰·罗素夫妇在同志关系层面上冷了下来，但是依然充满感情，在个人关系上抱有兴趣。罗素的辉格党观点越来越坚定，思维越来越抽象。他听到我们批评自由党人时，听到我们重申学习具体知识的需要时，表现得很不耐烦。”罗素本人带着优越感，对韦布夫妇持居高临下的态度，在写给露西·唐纳利的信件中说，比阿特丽斯把餐桌当作演讲台，让巴尔弗给大家上了一课，题目可被称为“政府的首要原则入门”。其实，在他人生那个阶段中，罗素对政治虽然抱有兴趣，但是根本不会全力关注，仅仅将其作为一种临时消遣，让他将注意力从对《数学原则》的思考中移开。正如他在写给埃利·哈列维的信中所说：“尽管偶尔会出现异常情况，但我的心思在哲学研究上；如果离开哲学，我是不可能获得内心宁静的。”

在数理哲学领域之外，支配罗素思维的问题不是韦布夫妇感兴趣的东西：巴尔弗领导的内外交困日益严重的保守党政府是否可以继续掌权？作为反对派的自由党是否有价值？更确切地说，他考虑的是个人特点更强的问题。在写给露西·唐纳利的信件中，罗素谈到，他希望过自己推崇的那种克己生活，压抑自己的冲动。这是否可取，是否可能呢？到那时为止，他对伊夫琳·怀特海的情感已经彻底死去（“我已经完全克服了主要的悲伤，”他在日志中写道，“甚至超过了可取的程度，但是对此我爱莫能助。”）但是，依然存在的问题是，一个人是否可能与自己鄙视、厌烦而且偶尔在冷漠中感到愤怒的女人生活下去？他后来觉得，可能那样做——不过那个决定会让他付出很大代价，几乎无法忍受。他在1月14日的日志中以冷酷的笔调写道：“我已经学会了如何与艾丽丝达成暂时妥协。我不正眼看她，这样就可以避免看到她并不真诚的表情带来的痛苦，避免看到她行为笨拙带来的恼怒。”

有一天，发生了一件事情，让他觉得不可能维持这种表面平静（冷漠得可怕）的暂时妥协。艾丽丝将罗素最珍视的物件——他母亲的一幅微型画像——交给一个名叫巴雷特的女仆清洁。艾丽丝当时出于慈善精神，连续雇用了一些未婚妇女做仆人，巴雷特就是其中之一。让罗素感到最愤怒的事情之一是，艾丽丝“竟然将这样珍贵的东西交给一个粗俗的妓女，心里没有丝毫亵渎神灵之感”。更让他觉得无法忍受的是，不幸的巴雷特把水溅到画像上，留下了斑斑污迹。至少在罗素看来，这彻底地毁坏了画像。罗素极为伤心，不知所措，拒绝接受艾丽丝 180
提出的建议——将画像交给一位名叫梅森夫人的修复师。“我觉得那个人感情用事，自以为是，在微型画像修复方面手艺极差，让人无法容忍。”不管怎么说，她“无法让我拥有原来那件心爱之物，我反应之所以这么强烈，是因为这是我最珍爱的物品”。在那一不幸事件中，艾丽丝的责任很小；罗素对此心知肚明，但是却在日志中宣称：“不知道要过多长时间，我才能真的原谅她。”

两人之间“正式而固定”的关系面临另外一个威胁，那就是艾丽丝表现出来的对艾维·普雷舍斯的忌妒。罗素在 4 月 3 日的日志中记录说，他“纯粹出于好心”，向艾丽丝保证说，她没有理由忌妒。艾丽丝听后，矢口否认她有那样的念头。“从那以后，我在各种场合发现，只要艾丽丝提到她的名字，只要艾丽丝和她打交道，艾丽丝都会对她的忌妒对象不吝恭维之辞。”如果艾丽丝是打算以此来软化罗素对她自己的态度，那她就完全误解了她的男人：

> 在我看来，她故作坦诚，谎言非常乏味，我心里对她的态度再度强硬起来了，让她遭受痛苦，决不去安慰她。她早上和晚上不再吻我，这是我的巨大收获。她在其他方面也意识到，与从前相比，我们之间的关系肯定纯粹局限于形式的层面上。我的印象是，除非我有所缓和，否则她会厌倦与我一起生活，和她的家人待的时间将会越来越长。他们是她仅有的朋友——其他所有了解她性格的人都不喜欢她。

他在那天的日志结尾说：“我已经明确地放弃看到她有所改观的任何希望。我指望，分道扬镳的可能性将会越来越大，这或许可能让我将来的日子好过一些。”

这些希望让罗素心情愉快，他几天之后写信告诉艾维·普雷舍斯：“我开始看到，自己有可能从禁锢中解放出来。我想到了未来，觉得很可能在两年左右的时间里，让自己获得相当大的自由。我本来心情沮丧，但这样的前景让我感到愉快。”无论他对艾维抱有什么期望，两人之间的关系都被来自珍妮特·特里维廉的压力彻底粉碎了。几个月之后，罗素再次在信中表示，他已经不再抱有任何希望。“我觉得，我不应和你见面了。”他告诉她说，并且补充了一条理由：“当然，我在感觉上没有什么变化，仅仅意识到自己容易忘记的因素。”当然，这些“因素”的主要之点是，艾丽丝对罗素的不忠行为深感痛苦。他说，他那时已经不再对她感到愤怒。虽然艾丽丝矢口否认她有任何忌妒之心，他觉得自己应该重新考虑这个问题。其原因在于，“我觉得，这件事情的受害者表示抗议，我应该履行常人都要承担的责任。我知道，她发现这样的折磨令人痛苦，这让我深感痛苦”。那时的情况就是如此。从那以后，他只有“在珍妮特的支持之下”才与艾维幽会。正如艾维肯定意识到的，这一条件让两人之间的约会变得几乎毫无意义。

181 罗素对艾维·普雷舍斯的情感引起了他在道德方面的自我怀疑，他在心里将那样的感觉与对工作的不满联系起来。他在那年3月曾经写道：“我觉得难以在生活中保持德行，这种感觉很奇怪。我感到自己面临诱惑，正派的人不会产生这样的感觉。我已经失去了曾经帮助我战胜困难的激情和灵感，我已经意识到新的可能性，让自己犯下了大错。”他与艾丽丝实现暂时妥协，这一做法让他面临“在为人处世中遮遮掩掩”的危险：

> 然而，那并不是最糟糕的。我有预感，保持禁欲状态可能变得越来越难；我将受到诱惑，或多或少与自己并不尊重的女人调情……最糟糕的情况是，除非我找到某种排遣方式，否则欲望可能变得越来越旺。将来某一天，我在自控力变弱的时候可能让自己相信，满足欲望没有什么害处。这是一种心理感觉，而不是生理需求。这是一种渴望亢奋的欲望，让人暂时不去控制自己的冲动。另外一个棘手的问题与此相关，我现在对自己的工作，对哲学研究几乎没有什么兴趣。如果这种情况得不到控制，我的创造力将会不复存在。一种冲动丧失的感觉已经从我的生活，转入我的思维活动之中。我觉得，它会给我未来的思维状态带来严重的后果。但是，我根本不知道如何处理这些问题。

假如他待在切尔西，情况可能完全不同。4月，他和艾丽丝回到乡下，回到牛津南面的巴格利伍德。一年之前，他们在那里购买了一块土地，请卢埃林·戴维斯的一个亲戚——一位名叫H. M. 弗莱切的建筑师——设计，在那里修建了一幢住所。根据罗素在搬家之前不久向艾维·普雷舍斯所作的解释，他搬家是希望

“搬到一个新地方去居住，这可能暂时减少我生活中出现的种种混乱，暂时减少我的快乐……我将一心投入到工作之中去。这样做类似于大量饮酒——正面效果是可以让人忘掉烦恼，副作用是让人头痛。我对自己的工作感觉不好、兴趣不足的状况已经持续几年时间了。我必须认真对待，尝试恢复我过去研究它时抱有的某些热情”。他没有解释但在其后几个月中变得清晰的原因是，该计划——如果成功——可能减少的“种种混乱”之一是他与艾维之间的关系。

那项计划达到了预期效果。在完成那次至关重要的徒步旅行（地点是萨默塞特和格洛斯特郡，旅伴是鲍勃·特里维廉）之后，罗素和艾丽丝于 4 月 24 日在巴格利伍德定居。从那以后，罗素全身心投入工作，他特有的集中精力的状态给人留下深刻印象。

罗素恢复了对指谓理论的潜心研究，这时的明确意图是：利用他可能提出的理论，以便将作为存在（或者“潜存”）实体的“类”理念，从他的逻辑学理论中彻底排除出去。他的希望是，如果他的理论中没有类这样的概念，困扰他的理论的类悖论就会变得毫无危害。于是，他着手根据他所称的“无类理论”，完全 182
重构他的理论的逻辑基础。重构活动具有彻底改造的性质（毕竟，罗素和怀特海合著的这本著作本来计划将数学基础简化为类型论），让怀特海略感担忧。4 月 30 日，怀特海致函罗素，表达了他的意见：

> 现在，这种严格做法肯定受到实际考虑的诱惑。可以保留类的一般用法，其理由如下：我们的目的是将数学的实际推理方式系统化；在没有必要这样做时，这种实际推理方式事实上以习惯方式使用类。因此，即使可能避免的是一个初级的概念，我们的目的是将涉及类的那些推理方式系统化。

换言之，即使他们并不假设类的存在，他们也最好构建某种（在一定程度上人为的）相似物；要不然，他们的数学体系就无法取得进展。

在毋庸置疑的哲学杰作《论指谓》中，罗素表述了他找到的解决方法。该文于 1905 年 7 月底完成，但是它具体表述的理论是前一个月形成的。7 月 13 日，罗素在写给露西·唐纳利的信件中宣称：“我现在发现了解决方法，它给人豁然开朗的感觉，可以解决思维与事物之间关系的问题。”在《论指谓》提出的理论中，居于核心位置是这个理念：指谓短语（以及至少罗素心中会想到的类）只不过是符号而已，这种方便的语言表述本身没有意义，只能在命题语境中会才能获得意义。“当今法国国王”这个短语既没有意义，也不表示任何事物，既不表示人（无论存在的或者潜存的），甚至不表示概念；它仅仅是一个短语。“当今法国国王是秃子”这个命题有意义；但是，根据《论指谓》中宣称的“摹状词理论”，它表示三层意思：

1. 有一个人是当今法国国王。
2. 只有一个这样的人。
3. 他是秃子。

实质上，它是三个命题，如果整个命题为真，所有这三个命题都为真。同理，如果第一个命题为假，整个命题都为假。它的逆命题“当今法国国王有头发”也可被分析为三个命题：

1. 有一个人是当今法国国王。
2. 只有一个这样的人。
3. 他有头发。

鉴于相同的理由，这也是假命题。于是，在不存在任何悖论的情况下，两个矛盾的表述可被视为假的。同理（尽管罗素在《论指谓》没有详细说明），由于不存在“不属于自身的类构成的类”，那么，这两个矛盾表述可被视为并不矛盾
183 的假命题：1.“不属于自身的类构成的类属于其本身”；2.“所有不属于自身的类构成的类不属于其自身”。从本质上讲，这就是罗素提出的解决困扰他已达4年之久的理发师悖论的方法。

罗素研究者兼逻辑学家道格拉斯·拉基发现了美国数学家马克西姆·博谢1905年6月16日写给罗素的信函，提到罗素发现这一解决方法的一个侧面，让人觉得十分有趣。在《数学原则》中，罗素区分了“作为许多的类”（一个类包含的许多部分）与“作为一个的类”（类本身）。于是，博谢在那封信中评论说：“我不能接受，类就其本身而言是实体这个观点；在我看来，类总是许多实体（您所说的‘作为许多的类’）。当我们将它视为单独的实体时，我们考虑的是一

个与该类联系起来的新对象，而不是该类本身。这就是说，‘作为一个的类’只不过是一个符号，只是我们任意选择的一个名称。”

这基本上就是罗素采纳的观点，其不利因素在于，它让数学本身大体上变为“方便的语言表述”，但是其巨大优势在于，它对令人生厌的理发师悖论起到了釜底抽薪的作用。这并不是说，罗素在这个阶段中完全放弃了原来的理念，不再将数学作为对柏拉图式实体进行的研究，而是表明，他已经不再将数字或者类视为柏拉图式实体了。在摹状词理论问世之后，留下的真正的柏拉图式实体就是命题本身了。罗素并不（按照弗雷格的方式）仅仅将命题视为符号或者思想的表达方式。根据罗素的说法，命题——甚至假命题——依然是实际存在（或者至少说“潜存”，即它们有某种客观“存在”）的柏拉图式“事物”，不过它们的组成部分既不包括“指谓概念”，也不包括“类”，仅仅包括“个人”（例如，苏格拉底）和“共性”（例如，道德观）。

罗素的发现是一个巨大进步；但是，罗素在撰写《论指谓》的过程中得到消息说，西奥多·卢埃林·戴维斯去世了，这严重影响了他当时的喜悦心情。7月27日，他收到西奥多的弟弟克朗普顿寄来的这封口气凄凉的短信：

> 西奥多去世了，星期二独自在游泳池里溺水。肯定是我在跳水过程中碰到了他的脑袋，他晕了过去，然后溺水。
>
> 我星期一返回伦敦。我们尽快见一面吧。

罗素见信之后立刻前往伦敦，以便在两兄弟合住的位于威斯敏斯特的那套公寓中与克朗普顿见面。罗素在写给露西·唐纳利的信中说：“我待在这里，希望为他做点什么。我默默地和他坐在一起，沉浸在悲痛之中。除此之外，我爱莫能助。一旦他可以旅行，我将和他一起到国外去……克朗普顿的悲伤模样让人心碎，我几乎不知道如何面对这样的状况。但是，想到自己能够对他有所帮助，这让我稍感慰藉。”罗素后来在《自传》中写道，那天以后，“威斯敏斯特教堂的钟声总是让我回想起那些让自己辗转难眠的悲痛夜晚。”丧礼在位于柯克比朗代尔 184
的西奥多的父亲的教堂中举行。罗素写道：“我当时在教堂里，他父亲像平常一样，主持了丧礼，表情坚强，但是后来整个人几乎崩溃了。”

罗素看见克朗普顿痛不欲生的模样，怜悯之情油然而生，这种感觉是真诚的，发自内心的，并且生动地证明了这一点：尽管他多年以来让自己冷若冰霜，他并未完全失去同情他人的能力。8月，他陪伴克朗普顿到诺曼底度假，在那里写信告诉克朗普顿的妹妹玛格丽特，克朗普顿“情绪大有好转，比在城里时好多了……他喜欢待在沙滩上，与友好、愉快的孩童一起玩耍……我俩要么沿着海岸溜达，要么坐在沙滩上，有时候聊天，有时候看书”。假期结束之后，克朗普顿写信告诉罗素：

> 西奥多的去世依然像一个幻影，以奇怪的方式，将睡梦、思绪、回忆和事实混合起来，让我觉得困惑不解。但是，它给我留下的是一种残缺的存在，仿佛失去肢体、失去力量的身体，与我如影随形。我不得不依赖人为的支撑，依赖药物继续活下去，接受没有阳光的日子，接受无所作为的可能性。

罗素从法国返回英国之后告诉露西·唐纳利，失去西奥多让他深感悲痛，“根本无法继续哲学研究——我觉得，任何语言都无法缓解这个灾难带来的影响。但是，我现在已经调整了状态，明天将重新开始工作”。

罗素重启研究工作之后要做的第一件事情是，就当时刚刚开始、将要持续很长时间的争论表明自己的态度。在那场争论中，一个阵营以罗素、怀特海和库蒂拉为代表，认为数学可以建筑在逻辑学的基础之上；另一个阵营以法国数学家亨利·庞加莱为代表，认为数学最终应被置于某种“直觉”基础之上。伊曼纽尔·康德曾在《纯粹理性批判》中，将直觉作为他的数学理论的基础；那场争论中的康德主义者认为，以罗素为代表的逻辑学家们犯下错误，让数学过分依赖僵化的分析，忽视了数学推理的基本创造性本质。

但是，那场争论中，发起首轮攻击的不是庞加莱本人，而是他的侄子皮埃尔·莱昂·布特鲁。布特鲁在《形而上学与道德评论》发表一篇论战性文章，批评罗素的《数学原则》，其根据主要是库蒂拉本人对罗素提出的理论的解读。罗素受到库蒂拉的鼓励，随即撰写一篇题为《论数学与符号逻辑的关系》的文章，批评布特鲁的观点，认为他将发现数学真理的心理与这类真理本身混为一谈。罗素提出，诚然，分析逻辑体系可能并未充分描述人们获得数学真理的过程；但
185 是，它们却给那些真理本身提供了完全合理的结构。他声称，布特鲁“将发现行为与所发现的命题混为一谈”。这篇论战文章给人印象深刻，直观论者暂时无言

对答。布特鲁仅仅给罗素写了一封私人信函，承认他对罗素著作的理解受到库蒂拉的过多影响。

正如他回应布特鲁的这篇文章所显示的，罗素这时的研究采取了新的形式，试图阐述一种逻辑学理论。该理论中既没有类，也没有指称概念，甚至没有命题函项，只有称为“命题”的可被分析为构成部分——个体和谓词——的实体。10月25日，他在写给摩尔的信中说：“我认为，我很有可能坚持这一点：除了命题之外，没有什么复杂的东西。”12月14日，他在伦敦数学协会上宣读了一篇文章，题目是《论超限数和序型理论中的某些难题》，首次公开提出，将使用“无类理论”方法来解决理发师悖论。他认为，“命题”——而不是“类”——应该是他的逻辑学理论的根本概念。之后不久，这一观点得到发展，成为他所称的“替代说”——他在一篇没有发表的论文《论替代》中最先勾勒出来的学说。

这一理论的基本观点是，不是使用“x是凡人”这类命题函项，而是使用直接命题，例如，“苏格拉底是凡人”，“柏拉图是凡人”；不是使用可被“苏格拉底”或者“柏拉图”这样的个体决定的变量“x”概念，可以直接使用一种技术，在任何特定的命题中，使用一个个体替代另外一个个体（例如，在“苏格拉底是凡人”这个命题中用“苏格拉底”替代“柏拉图”）。这样做的优势在于，它废除了命题函项和类两个概念，直接使用命题。

这一理论与《数学原则》的第一稿类似，具有令人拍案叫绝的简单特征，罗素当时感到非常高兴。1906年元旦，他觉得自己可以向露西·唐纳利宣布：“在质量和数量两个方面，我在1905年所做的工作肯定优于之前的任何一年，可能只有1900年能够与之相提并论……就我可以判断的情况而言，1901年我遇到的那个难题终于解决，方式完全彻底，让人如释重负……这一进展的结果是，怀特海和我从现在开始，可以期待一段相对轻松的时光，直到我们的著作出版。我们可能期望，这将会在四五年之内实现。最近，我每天工作10个小时，似乎生活在梦境中，只有透过雾霭才能意识到，现实世界依然存在。”

罗素觉得元旦值得庆祝，还有另外一个原因：巴尔弗政府终于垮台，被亨利·坎贝尔－班纳曼领导的自由党人取代。亨利·坎贝尔－班纳曼在大选中大获全胜，结果（保守党的席位从401降至156）甚至让其支持者也感到惊讶。自由党选举获胜，研究工作取得进展，这两件事情让罗素情绪高涨，处于多年难见的愉悦状态。

186 但是，怀特海对此表示异议，并不赞同罗素的“替代说”。1906年2月21，他写信告诉罗素，“替代说”是“极端形式主义”之作。怀特海完全排斥《数学原则》中的柏拉图主义，在次日写道，罗素的新理论“将整个数学建筑在一种文字策略的基础之上，因而直接与第一卷之中的主要学说发生矛盾”。

怀特海的这番话评论显示，他可能误解了罗素，不完全理解罗素在很大程度上排斥了原来信奉的柏拉图主义。其原因在于，即便在他的替代说中，数学在罗素看来并不仅仅是一种语言研究或者“文字”研究。与之相反，数学发现了外在于人的真理，获得了真命题。在3月26日写给玛格丽特·卢埃林的一封信件中，罗素以非常清晰、简单易懂的语言，解释了这种柏拉图主义。罗素了解到，玛格丽特对他在1902年发表的一篇论文中表达的更为偏激的柏拉图主义感到困惑不解，于是进行以下解释：

> 我在那篇文章中并不是说，数学或者其他抽象思想存在于人的头脑之外，更不是说，存在着某种具有普遍性的特征或者神圣的心智，让人在思考时进行复制。我当时想说的是，任何抽象思维的对象都不是思考者或者任何其他人的念头；抽象思维的对象确实是**某种东西**，但是并不**存在**。由此可见，数学领域中的这个新定理在这个意义上讲是一种发现：发现者首次理解被发现的事实，该事实具有超越时间的**本质**，而不是**存在**。

4月，罗素到剑桥去，说服怀特海接受这一观点：其实，他的新理论并未放弃《数学原则》的精神。之后不久，他独自前往德文郡的克洛韦利，对替代说进行详细阐述。

罗素在4月22日写给露西·唐纳利的信件中声称，他自己非常享受在那里的“绝对独居”状态。他还补充说，“我的研究进展很快，让我获得极大的愉悦……我取得相当进展之后，回顾自己所做的工作，那种平静的满足感堪与登上山顶之后的状态媲美”：

> 对我来说，至关重要的一点是，我从工作中获得了自尊——（常常出现的情况是）我做了自己感到懊悔的事情之后……工作让我恢复信心，觉得活着比死去好些。还有另外一点我觉得很有价值，这就是与过去和未来的发现

> 者们进行的那种精神交流。我常常想象，自己与莱布尼兹交谈，告诉他说，他的理念非常富有成效，无与伦比，大大超过了他可能预见的程度。我有些时候充满自信，想象学子们将来对我产生类似的看法。在研究工作中，既有“哲学家们的精神交流”，又有“圣人们的精神交流”；大体上正是这样的感受让我摆脱孤独感。

但是，在这封信件之后，还有一行注释，语调悲哀，带有幻想破灭的意味。
注释补充说：替代说——曾经让他信心倍增的杰作——“全是废话，不得不推倒 187
重来”。

罗素意识到，替代说存在缺陷。这一想法受到当时两场争论的影响：其一是与哈罗德·约阿希姆进行的关于真理的一般性质的争论；其二是与亨利·庞加莱进行的关于数学与逻辑学关系的争论。5 月 19 日，在伦敦数学协会上，他宣读了一篇题论文，题为《论类型和关系的替代说》，对该理论所持的信心到达了巅峰状态。但是，那年秋天，他已对该理论感到不满，于是拒绝在协会的《学报》上发表那篇文章。

从技术层面说，罗素感到不满意的一个原因在于，他那时发现，在替代说的框架之内，可能产生一种命题悖论，与一种原来的类悖论相似。还有一点与这个技术层面的考虑相关，并且证实了其重要性，这就是亨利·庞加莱说服罗素接受的观点：这类悖论带来的诸多问题普遍存在，十分重要，超过了罗素原来的预想。庞加莱在《形而上学与道德评论》上发表总标题为《数学与逻辑学》的系列文章，[1] 对这些悖论给逻辑学家带来的问题，他采取了嘲笑态度（他讽刺说，“逻辑学结束了不结果实的状态，制造了许多矛盾”），并且提出，在这些问题的起源上，符合他所称的“恶性循环”定义，即让某种因素（命题态度、类型或者命题）包括其自身的定义。这样一来，从起源角度上看，他认为关于类型的悖论只是这个古老的著名悖论的一个变体而已：“克里特岛的说谎者悖论”。这一悖论源于克里特人埃庇米尼得斯的结论——“所有的克里特人都说谎”。埃庇米尼得斯是否在说谎呢？如果他在说谎，他就不是克里特人；如果他没有说谎，他就是克里特人。这个悖论与类无关，与命题函项无关，是由明确命题的自指能力形成

[1] 该文的英语版参见《科学与方法》（1914 年）第 II 编，第 II、IV、V 章。

的。由此可见，无论这些悖论带来什么问题，使用关于命题的话语来取代关于类的话语这一做法是不能解决这类问题的。

在答复庞加莱的《论逻辑悖论》这篇文章中，[1] 罗素接受了上述分析，并且提出，可以修正他在《数学原则》中最初提出的“类型论”，以便利用它来解决经庞加莱确定的这种“恶性循环”悖论问题。但是，什么样的类型呢？在《数学原则》中，他原来建议，区分对象的类型（“个体”、“个体的类”等等）；但是他后来摒弃了类的概念，所以就不再这样做了。是否可能存在命题等次呢？在与哈罗德·约阿希姆就真理的性质进行争论的过程中，罗素偶然想到一个基本概念，它可以提供更为彻底的解决方法。1906 年 11 月，罗素就约阿希姆早期出版的《真理的性质》一书进行评论，在剑桥大学伦理学俱乐部上宣读了一篇相同标题的论
188 文，驳斥了约阿希姆提出的支持布莱德雷的真理“一元论”的观点，赞成真理是判断与事实之间的一种关系的看法。从这粒种子，萌发出了完整的“类型论”，最终在《数学原理》中与读者见面。

罗素秉承了随时准备放弃他曾经明确认为正确的观点的一贯做法，这时公开宣布，根本不存在命题这样的“东西”。命题与类和指谓短语类似，只是一种符号；而且，它是一种“不完全符号”，需要语境才能表示意义。在这种情况下，命题需要的语境是某个人的头脑：这就是说，命题需要人进行真伪判断，才能具有意义。因此从根本上说，真伪涉及的不是命题，而是判断。但是，什么是判断呢？它是否是头脑与命题之间的关系呢？显然不是，其原因在于，如果没有命题这样的事物，命题就不能与任何事物之间形成关系。于是，罗素提出了著名的“多关系判断理论”。例如，“苏格拉底是凡人”这一判断是这三个事物之间的一系列关系：“苏格拉底”这一个体、谓词“是凡人”以及将这两者联系起来的心智。这一理论的精妙之处在于，既然不存命题这样的东西，以前困扰罗素的关于假命题的“潜存”这一难题便不再出现：没有什么假命题，只有错误判断；没有幽灵式“潜存”实体，只有真实存在的心理行为。

在著名的“分歧类型论”中，罗素使用了这种判断论。暂时看来，类型等次不是对象等次，而是判断等次，或者更准确地说，是“真理的层次”：第一层关于个体的判断，第一层关于（按照摹状词理论的方式在“语境意义上”加以定义

[1] 现在的标题为《论“不可解问题”与符号逻辑的解决方法》，参见道格拉斯·拉基选编的《分析方法文选》。

的）个体的类的判断，如此等等。与这一等次并列的是一个由（被视为“语言便利的”）命题函项的“次序”构成的等次：一般命题（他总是认为，它们实际上并不存在）与第一判断层次对应，“一阶命题函项”与第二判断层次对应，如此等等。这种观点形成的数学理论具有相当复杂的性质，令人头晕目眩：关于数字的数学表述被简化为关于类的表述，接着被简化为命题函项理论，然后被嵌入类型判断理论中。

假如说《数学原则》具有现代建筑的简洁性，给人留下深刻印象，那么，这种新理论更像一座巴洛克式大教堂，一个复杂结构上面连着另外一个复杂结构。因此，即便它对最简单的数学等式的分析也异常错综复杂：例如，在《数学原理》中，“1+1=2”这一命题在第二卷中才讨论了一半，但是已被证明可被分析为并且基于一系列隐晦难懂的因素，其中包括定义、命题函项以及从根本上讲的判断。我们必须假定，罗素和怀特海自己清楚所使用的推理步骤，知道它如何从该书第一卷勾勒的复杂逻辑学理论，最终获得在以后数卷中得到的数学结果。但 189
是，如果是这样的话，他们两人实属凤毛麟角，令大多数人望尘莫及。[1]

分歧类型论的最终版本（1908 年，罗素在《美国数学杂志》上发表了一篇文章，题为《基于类型论的数理逻辑》，首次公开对它进行了大致描述）怪异，复杂。但是，罗素认为，它代表了他在这条道路上迈出的最后一步，建构了他期望已久的逻辑学理论，让他可以在避免那些悖论的情况下进行数学分析。那时，舞台已经搭建完毕，他和怀特海可以齐头并进，完成《数学原理》的写作工作。他在《自传》中写道，发现类型论的最终版本之后，“剩下的工作就是完成书稿。”

然而，在他开始这项巨大工程之前，妇女选举权运动蓬勃发展，给他提供了一个参与政治活动的机会。1906 年自由党在大选中获得胜利之后，女性获得选举

[1] 在《数学原理》中，逻辑学理论处于核心位置，让一般人觉得完全无法理解。这一点从我的下述经历中得到证实。我写信给当今世界上最著名的罗素研究学者，提出了一个看似简单的请求：根据分歧类型论，应该如何分析“诚实是最佳策略”这个表述。其中五位在回信中提供了迥然不同的回答，第六位坦诚说，他完全不知道应该如何去做。1908 年 1 月 6 日，怀特海写信告诉罗素：“我最近研读你撰写的关于类型的文章。就我的理解而言，我完全赞同你提出的理论。但是，那些问题非常精妙，我深感怀疑，我是否真的理解了你避而不答的所有那些难点？”怀特海在结尾时还补充说：“我仿佛置身浓雾之中，看不清你究竟身在何处。”这显示了一个事实：怀特海至少最初觉得，罗素提出的理论令人困惑不解。但是，从宽泛的角度看，类型论显然旨在解决诸如“所有的克里特人都说谎”这样的“恶性循环”悖论。根据这一理论，当埃庇米尼得斯说“所有的克里特人都说谎”时，他其实提出了一个第二层次的判断，其对象是他本人（以及其他所有克里特人）提出的第一层次判断。因此，这一判断的真实性与所有第一层次判断的虚假性一点也不冲突（《我的哲学发展之路》就此进行了相同的解释，参见第 82—83 页）。

权的运动得到大力推动。但是，由此带来的希望由于两个原因遭到挫败：其一，自由党内部在这个问题上意见分歧；其二，自由党政府后来在政策上摇摆不定。这个问题与自由贸易问题类似，罗素对它在本能上怀着固有的热情——他母亲曾经积极参与全国妇女选举权协会联合会的活动，他的世俗教父约翰·斯图尔特·密尔曾就这个问题，撰写了一篇影响巨大的时事评论。对罗素本人而言，妇女选举权的好处很多，难以一一罗列。他曾经在写给玛格丽特·卢埃林·戴维斯的信中说："我认为，妇女选举权十分重要，其原因与其说是直接的政治效应，毋宁说我讨厌普遍认为的妇女低人一等的观念。我觉得，这一观念让男性和女性感到羞耻。"

1906 年，罗素加入了全国妇女选举权协会联合会，并于次年 2 月被选为执委会成员。1907 年 5 月，在温布尔登举行下院议员补选。那是一个让保守党觉得稳操胜券的席位，自由党人甚至没有参加竞选活动。全国妇女选举权协会联合会出于公共宣传的需要，决定派人参选，于是要求罗素出面充当候选人。罗素觉得，自己无法开口拒绝这一要求。他告诉玛格丽特·卢埃林·戴维斯："此事相当棘手，但是我不妨将它视为玩笑之举。"罗素是以妇女选举权问题为卖点参加选举的第
190 一人，他的参选带来了相当大的宣传效应。许多人出席了他的选举造势会议，其中还有大量反对给予妇女选举权的男人和女人（这一点让罗素感到困惑不解）。他们千方百计进行干扰，试图阻止他表达竞选主张。在第一次会议上，有人放出老鼠，企图恐吓支持妇女获得选举权的女性；在最后一次会议上，有人向讲台上扔鸡蛋，其中一枚击中了艾丽丝。

投票于 5 月 14 日举行。罗素理所当然惨遭大败（如果他认为，可能存在他实际当选的危险，他是绝对不会同意站台造势的），他获得的票数超过了 3000，比一位名叫亨利·查普林的保守党乡绅所得的票数少了 7000 张。但是，考虑到当时的实际情况，这一结果不错，大大超过了预料，吸引公众对妇女事业的关注这一主要目标肯定如愿实现。此外，罗素还显示了勇气，面对竞选中出现的喧闹，这甚至让他的某些朋友也深感愕然。例如，乔治·特里维廉写信告诉罗素："你真是一名硬汉！我原来没有想到，你如此喜欢冒险。"

选举结束之后，罗素对妇女选举权运动的参与热情依然没被冲淡，与那场运动的某些参与者的关系在一定程度上变得紧张起来。他们之中派系林立，这让他的幻灭感越来越强。此外，有的人不愿接受范围更大的政治议题，例如，将争取

妇女选举权的运动与争取实施普选制的斗争结合起来，这让他无计可施。他对妇女社会政治联盟失去了同情，该组织系一个更为激进的分支，由潘克赫斯特母女[1] 领导。她们忠于保守党，这让罗素觉得完全不能接受；而且，他们倡导公民不服从的做法也让罗素觉得反感。反过来说，她们也不信任罗素，认为他是彻头彻尾的辉格党信徒。（在谈到罗素在温布尔登的选举活动时，希尔韦亚·潘克赫斯特写道："伯特兰·罗素先生对自由主义的热情大大超过了对妇女选举权的热情，这一点立刻变得明确起来。"）过了一段时间之后，他觉得全国妇女选举权协会联合会没有什么进步。他最后宣称，妇女参政论者将会受到"小型宗教派系的偏执"带来的诅咒。他离开那帮人，加入了人民选举权联盟。该组织致力于实现成年人普选制，玛格丽特·卢埃林·戴维斯与它保持着密切关系。

"我重返工作状态，努力忘记公共事务。"在温布尔登选举之后几周，罗素在写给海伦·弗莱克斯纳的信中说。那时，他已经安全返回位于巴格利伍德的住所。他用了其后的几周时间，撰写了上面提到的那篇文章，勾勒了类型论，准备在《美国数学杂志》上发表。随后，在逻辑学理论基本到位的情况下，他觉得，他可以开始"完成书稿"的任务了。也许，他那时并不知道，撰写该书需要多长时间，所以用夸张的口吻谈到写作进度，认为这项按部就班的工作可以很快完成。1907 年 9 月，他在写给艾维·普雷舍斯的信中谈到，他"辛苦工作，就像黑人一样"，努力撰写书稿，并且宣布该项目快要接近尾声，"在一年之内，应该交稿出版。"他说这番话时显得过度乐观。

怀特海承担了授课工作，撰写书稿这项艰难任务大都落在罗素——而不是怀特海——肩上。除此之外，逻辑学理论占据该书核心地位，几乎完全出自罗素 191
的智慧。正是这两点让许多人过低估计了怀特海在撰写《数学原理》中所起的作用，在论及该书时常常给人的感觉是，它是罗素一人的功绩。罗素尽量纠正这一误解，利用每个机会强调，这是两人联袂之作。他坚持认为，"本书三卷中，很难找到一页……仅仅出自我们之中一个人的笔下"。怀特海从哲学基础的角度，评述并且修正罗素撰写的稿件，罗素接着会进行修改，从纯数学角度完善怀特海撰写的稿件。由此可见，两人用这样或那样的方式，对整个书稿做出了各自的贡献。

---

[1] 母亲名叫埃米琳·潘克赫斯特（1858—1928 年），妇女选举权的积极倡导者。1903 年，潘克赫斯特创建妇女社会和政治联盟。1905 年，妇女联盟开始采取激进的政策。她们母女都在该组织中担任了领导职务。——译注

在最后阶段中，罗素的任务是进行最后誊清，提供一份经过两人认可的书稿。

在随后的几个月中，罗素每天工作10至12小时，手稿的厚度与日俱增。到1908年3月为止，距离结尾还有很多内容，但是手稿厚度已经达到2400页。罗素后来写道："每次我去散步时都感到担心，万一房子失火，手稿将会付之一炬。"令人称奇的是，罗素在那几个月中依然忙里偷闲，撰写了一篇长文，就威廉·詹姆斯在《实用主义》一书中表述的真理观进行了评述。在评论詹姆斯的真理观的过程中，罗素为他自己的真理观进行了辩护。在一年前与约阿希姆的争论中，罗素概述了他的真理观。受到实用主义的真理观威胁的正是他的那个观点。詹姆斯写道："我们对真理的论述是对过程的论述……只有一个共同特征——它们具有实用价值。"对罗素来说，这样的观点简直令人极其讨厌，与他的观点和做法恰恰相反：真理是"严厉的毫不留情的神灵"；他以柏拉图主义态度，强调数学"事实"。首先，罗素对詹姆斯的真理观进行（也许有失偏颇的）解释：詹姆斯所说的"真理是让人觉得相信就有好处的任何东西"。接着，罗素竭尽挖苦讽刺之能事：也许，相信天罗马主教也许会给人带来"好处"，但是，这样做却不会让教皇绝对正确论为真。于是，他写道："试图摒弃'事实'的做法将会以失败告终"。在写给海伦·弗莱克斯纳的信件中，他以更自由的方式表达他的看法：

> ……在我的思维方式看来，实用主义是无可救药的东西。我注意到，宗教慰藉——这是它以骄傲态度保留的东西——相当于这一点：根据它对真理的定义，即便上帝并不存在，"上帝存在"这个命题可能为真。我认为，教皇对这样陈述基督教信仰的做法进行谴责是正确的，但是我认为他不够圆滑。假如教皇仅仅考虑教会的利益，他就应鼓励每种形式的愚蠢做法，例如，神父们鼓励信众饮酒。

1907年圣诞节（他告诉艾维·普雷舍斯，在这个"纪念救世主"日子里，他仅仅工作了7个半小时），罗素在信中说："我从自己的工作获得很多乐趣，超过生活中的任何事情，所以我不应该抱怨。但是，今天晚上我感到疲倦，觉得灰心
192 丧气。我希望，一切都将变得不同，就从我自己开始吧。"

他几乎以超人的精力专注工作，努力完成《数学原理》，其原因在于，他的婚姻生活极不愉快，矛盾十分突出。他和艾丽丝都谈到，死亡是一种令人愉快的

解脱。罗素在《自传》中谈到那段日子时说，“我常常觉得，自己似乎置身隧道之中，常常感到疑惑，我是否可以熬到从另外一端出去的那一天”：

> 我曾经站在牛津附近肯宁顿的人行天桥上，俯视火车轰隆而过，打算明天钻到其中一辆之下。但是，次日来临，我总是发现自己默默希望，也许《数学原理》某天可以脱稿。

那时，艾丽丝的胸部出现了一个肿块，她怀疑——甚至希望——它是恶性肿瘤。后来，医生诊断，它是良性的，她在那天的日记中写道：

> 今天，我极其愉快的希望……破灭了——甚至死亡的机会也没有了。长期以来，我真的希望让伯迪获得自由，让他和一个……不像我这样烦他、让他紧张的女人一起生活……日常琐事让我活着。但是，它们不能满足我渴求伯迪的爱情的强烈愿望。这种愿望总是存在，仿佛一座等待喷发的火山。开始时，它常常以最不愉快的方式爆发出来，我以泪洗面——我觉得这是我的自责感。我既不知道，也不希望记住那些事情，但是强烈的爱情一直存在于我的心底。现在，我可以控制自己，今年冬天仅仅和他争吵了一次……如果我可以就此死去，那真是一个简单的解决方式。然而，我梦见死亡的情景，与伯迪分离让我感到痛苦，难以自拔。他一直出现在我的脑海中……在最初几年中，我醒来时发现他不在我的身边，我如同遭受酷刑。即便现在，我发现仆人可以常常见到他，和他说话，心里总是感到非常忌妒。

罗素面对这样的痛苦，潜心写作《数学原理》是某种解脱，某种逃避。5 月，罗素再次给艾维说，他估计书稿可能达到 6000 至 8000 页。他告诉她：“我无暇考虑其他事情，这令人感到愉快。手里有一项旷日持久的浩大工作，这让人感到安慰。”

这样的心态出现在罗素写给威廉 · 詹姆斯的一封回信中。詹姆斯在来信中指责罗素，认为罗素没有理解他的实用主义真理观，并且提出了忠告：“我给您的肺腑之言是，‘如果您希望保留自己与具体现实的关系，向数理逻辑说再见吧。’”在写给他的朋友数学家菲利普 · 乔丹的信件中，罗素转述了詹姆斯的这番话，接着补充说："假如可以在这两者之间作出选择，我更希望保留我与符号逻辑的关系。"

尽管罗素早就觉得，追求艾维的做法不可取，但是在写给她的信件中，罗素常常以渴望和哀愁的口吻，暗示自己对她的欲望。例如，1908年8月，他在回信
193 中谈到她希望立下遗嘱的想法。"您的来信充满友好情谊，让我感触颇深，觉得自己必须立刻回复，"他告诉她，

> 想到您希望留下遗嘱，这并不让我感到震惊——只有更可怕的事情才能让我感到震惊。正如麦克白所说的，"我经历了许多恐惧"。只要我活着，其中最大的恐惧是我根本无法言喻的感觉……我无法告诉您，知道您希望给我留下东西，我自己心里多么感激……有一样东西我特别希望得到——您的微型画像，就是住在比迪福德的您的朋友绘制的那幅。我很想知道，您觉得我的要求是否可行？假如您离开人世，那它对我来说会是一种安慰；它保留了我珍视的一些回忆。

艾维在信中还表达了对他废寝忘食撰写的著作的兴趣，罗素在回信中说，他没有什么可以告诉她的："几乎不可能解释这本著作的意义。"

"在我的思想中，您具有独特的地位，让我难以忘怀"，他在次年10月告诉她，然而却补充说，他觉得她最好不要把她的照片寄给她，正如她所建议的那样，其原因在于，"我不可能让别人知道我拥有您的照片"。

在那段时期，《数学原理》手稿的内容继续增加，势头不可阻挡，难度越来越大，一般人可能完全无法阅读。1908年10月20日，罗素写信告诉路易·库蒂拉，他预计书稿还要一年才能付印。他告诉库蒂拉，"这本著作的篇幅很大，没有谁会读它。"

他的估计完全正确：几乎恰恰一年以后，他们的巨著终于大功告成；篇幅真的很大（终稿多达4500页）；确实没有谁阅读它（或者至少说，没有谁通读它）。第一卷中包含的逻辑学理论如今继续被哲学家们剖析，依然是争论的话题，但是，形式证明构成该书后半部分的数百页，它们大体上无人问津，无人阅读。"我曾经了解到，只有六个人读过著作的后半部分。"罗素在20世纪50年代写道："其中有三位是波兰人，他们后来（我相信）遭到希特勒的清算。其余三位是德克萨斯州人，后来完全入了迷。"

尽管如此，这本著作是一项不朽成就，罗素有理由为此感到非常高兴。1909年10月18日，他向露西·唐纳利宣布，他可以将巨著手稿交给剑桥大学出版社了。他那年37岁，但是心理年龄要老许多，多年辛劳，任务艰巨，让他心力交瘁。他告诉露西："我觉得，自己有点像这样的人：他们多年照料一名脾气糟糕的残疾人，心里怨恨不已，今天终于看见病人撒手人寰。"而且，这本著作让人难以卒读，这一点看来让他感到高兴。"想到这一点就令人忍俊不禁：花费如此多的时间，不厌其烦地讨论一些小问题。它们藏在这本著作的不被人注意的角落中，可能没有谁会发现它们。"在此，我们不禁想到维特根斯坦喜欢引用的巴赫的那句名言：他的音乐是写来"赞美上帝的荣耀的"。为了说明这类评论所表达的那种态度，维特根斯坦曾经谈到了中世纪工匠这个例子：他们一丝不苟地对待装饰大教堂穹顶的那些画像的面孔，非常注意其中的细节。可是，没有谁会近距 194
离观察他们的作品，所以没有谁会知道，他们付出了多少心血，以便让自己的作品完美无瑕。与之类似，在完成《数学原理》过程中，罗素思考自己取得的成就时也持这样的态度。他写作这本著作的原因，不是希望人们实际上阅读它，而是因为他对它的内在价值，对完成它的强烈欲望，抱着一种堪称虔诚的意识。他是这样给露西·唐纳利解释的：

> 我长期埋头于本书的写作，倾注了许多心血，回想起来让人觉得不可思议。我把自己的个人生活搅得乱七八糟——我没有践行自己的理想，我既没有获得幸福，也没有给予幸福。这样做的自然结果是，我对人际关系，对个人幸福，持玩世不恭的态度，无论涉及我自己的幸福，还是别人的幸福都是如此。在这种情况下，我的全部理想主义热情全都集中在自己的工作上。这是我没有让自己失望的事情；我在工作中，坚守信念，没有任何妥协。当一个人的信仰集中在不受个人感情影响的事物上——基本上像修道士一样——时，埋头工作是一个失败的标志。但是，实际情况就是如此。因此，年复一年，工作已经成为一种必不可少的渠道，宣泄我追求完美的强烈情感。

在写给海伦·弗莱克斯纳的信中，他也表达了类似的意思。"我可以想象，没有哪个人将会通读这本著作。阅读其中只言片语的人绝对不会知道，在写作过程中，我们两人设法避免陷阱，作出不厌其烦的努力，以便让本书阅读起来容易一些。假如我们只花实际所用时间的一半，它就会让人觉得，我们付出了加倍的劳动。我非常疲倦，但是我觉得，自己在短期内不可能获得休息——即便外部条件允许，心理上也无法进入休息状态。我妖魔缠身，它们鞭笞我，要我继续干下去，有的事情是有用的，有的是无用的，有的甚至是有害的。”

该书的手稿卷帙浩繁，使用了特殊的逻辑符号，其中许多是由他俩创造出来，专门用于本书的。这给剑桥大学出版社带来巨大的印刷难题。排版、校对、出版历时 4 年，第三卷直到 1913 年才问世。剑桥大学出版社估计，出版如此劳神费力的巨著可能造成 600 英镑的亏损，一直拒绝处理稿件，直到得到保证说，至少一半亏损可以从两个渠道得到弥补，才极不情愿地同意出版。英国皇家学会提供了 200 英镑，让罗素和怀特海支付剩余的部分。罗素在《自传》中写道：“于是，我们两人辛辛苦苦干了 10 年，每人却倒贴了 50 英镑。”

撰写《数学原理》是一项艰巨的工程，付出了巨大的心血，它所取得成就难以估计。它的目标是要最终证明，全部数学研究可以从逻辑学加以推论。但是，在《数学原则》中，这一点是比较清楚的（从根本上说，它意味着，所有关于数字的命题都可被重新表述为关于类的命题）；在《数学原理》中，罗素不得不增添在基本逻辑理论上的复杂问题，它的意思就不那么明晰了。相关情况由于这个事实而变得模糊不清：鉴于技术方面的原因，罗素和怀特海不得不在他们掌握
195 的“逻辑”公理贮备的基础上，增添某些公理。但是，增添的部分几乎不符合罗素开始撰写书稿时对这些自明之理所持的观点，例如，无穷性公理、可化归性公理，以及所谓的“乘法公理”。增添公理的做法对随后的证明来说必不可少，但是，它实际上扩展了“不证自明的真理”的理念。

也许，最残酷的一击于 1931 年出现：逻辑学家库尔特 · 哥德尔确实证明，罗素和怀特海试图实现的目标根本不可能完成：从原则上说，不可能存在能将所有关于数字的真理以定理形式推知出来的逻辑学理论；所有数理逻辑注定是“不完整的”。实际上，形式数学理论的不完全性本身就是一个可以证明的定理！

但是，罗素和怀特海确实说明了某种有趣而重要的东西：他们至少证明，从一种形式的公理化系统（无论将它视为逻辑系统还是数学系统均可），可以推知大量——如果说不是全部的话——数学问题。其次，在那个过程（这也许是两人的研究最为重要、影响最深远的部分）中，他们对数理逻辑本身的发展起到巨大的推动作用，创造了技术，提出了思路，赋予后来的数理逻辑研究者们灵感。例

如，阿兰·图灵和约翰·冯·诺依曼[1]的研究为计算理论提供了理论基础，改变了我们的生活。

《数学原理》终于完成，罗素再次投身政治活动之中。那是一个适当的时机：11月，上院使用了否决权，没有通过劳埃德·乔治起草的预算，自由党首相赫伯特·阿斯奎斯（他1908年在亨利·坎贝尔－班纳曼之后继任首相）因此要求举行大选。最关键的是一个十分重要的宪政问题——非选举产生的上院与选举产生下院出现了对峙。这样的问题当然激发了罗素的想象力。“我们面临一场危机，这样的形势1832年以来首次出现。”他写信告诉海伦·弗莱克斯纳，可能对事件进行了过度渲染。“我已将自己的工作放到大选之后去做，投身政治活动，进行讲演和游说。”

罗素支持的竞选人是菲利普·莫里尔——他是艾丽丝的哥哥洛根在牛津的一位老朋友，希望再次当选为南牛津郡选区的议员。这不是罗素所在的选区，而且罗素曾在《自传》中说，该候选人“违背了我觉得重要的承诺”（当时的信件间接表明，这些承诺与支持妇女参政论相关）。有人认为，罗素支持菲利普·莫里尔另有原因；在我看来，这一说法并不算过于玩世不恭。其原因在于，罗素那时对莫里尔的妻子奥托琳女士产生了兴趣。奥托琳是一位身材高挑、魅力四射的贵族女性，比罗素年轻一岁，特别喜欢奢华的服饰，以思想独立，反对常规（她曾在日记中写道，“常规即是僵死”）而名声在外。

奥托琳喜欢艺术，尊重智性人士，喜欢与对她感兴趣的男人厮混（她已与奥古斯都·约翰[2]有染，当时正打算与一位画家亨利·兰姆开始另外一段风流韵事），
喜欢具有刺激性的话题。奥托琳拥有的许多品质让罗素想起他1894年对艾丽丝 196
的姐姐玛丽的相思之情。罗素和奥托琳两人家庭背景相似，并且因此有几个共同的相识者，以前有过一面之交。但是，罗素曾经刻意避免所有声色犬马之事，对她持不太赞同的态度。他在《自传》中写道：“在我看来，她过多使用香水和脂粉，与我的清教主义偏见格格不入。”

---

[1] 阿兰·图灵（1912—1954年），英国数学家，著名的“图灵机”和“图灵测试”的创造者，被誉为计算机科学和人工智能之父。约翰·冯·诺依曼（1903—1957年），美籍匈牙利人，经济学家、物理学家、数学家、发明家，人称“现代电子计算机之父”，他制定的计算机工作原理直到现在还被各种电脑使用。——译注

[2] 奥古斯都·约翰（1878—1961年），英国肖像画家、蚀刻版画家兼制图师。其肖像画有力地刻画出当时政界和艺术界许多杰出人物，例如，萧伯纳、托马斯·哈代等等。——译注

但是，1909 年 9 月（罗素决定支持菲利普 · 莫里尔参选之前几个月），奥托琳和菲利普应洛根之邀，来到巴格利伍德做客，罗素对奥托琳的看法出现了改变。罗素和奥托琳两人沿着小河散步，谈起了一个话题，产生了互相吸引的感觉。“伯特兰 · 罗素这个人很有趣。” 奥托琳在那天的日记中写道，“我觉得，以前从未见过谁如此具有吸引力，如此忧心忡忡，思维如此敏捷，目光如此犀利，心灵如此知性。他一眼便能区分真伪，有人称他为‘末日审判’。”

> 他关注的目光让我受宠若惊。我觉得，他半个小时之内就会发现，我非常愚蠢。这个念头让我心灰意冷。尽管如此，他的睿智和幽默给了我和他交谈的勇气。

一年半之后，他们成为情人。罗素将他当时的感觉告诉她：“我记得，有一天你来到巴格利伍德，我俩沿着河岸散步。我就是那时开始注意你的。”

大约就在莫里尔夫妇到巴格利伍德拜访那个时段，艾丽丝写下一段非常痛苦、悲伤不已的日记。事实上，自从 1907 年写下那一则令人心碎的日记，表达她对疑似癌症感到失望的心情之后，日记上一直空白。这一点也许出于巧合，也许她看到，罗素对奥托琳表现出了明显兴趣：

> 自从上次写日记以来，情况没有任何好转。我每天早上醒来时，都希望自己已经死了。胸部的肿块越来越大，开始疼痛……我本来暗暗高兴……觉得肯定是癌症……后来，布鲁克斯医生告诉我，它是良性的，这让我深感失望……我度日如年，一天一天地苟活……现在我知道，[罗素的爱情]已经不复存在，但是，在我的本能性思维中，在我的几乎所有梦境中，他的爱依然存在这一信念却挥之不去。我醒来时觉得，梦境中他依然是我的爱人。这让我深感痛苦，与醒来觉得他在梦中斥责我时同样痛苦。也许，这更痛苦，让我觉得更难适应。

莫里尔夫妇访问巴格利伍德的次日，前往位于伊夫利的科特普雷斯，拜访艾丽丝的母亲。艾丽丝在那里告诉奥托琳，罗素喜欢他们夫妇两人，希望到伦敦与他们见面。奥托琳写道：“那将令人非常愉快，但是我真的没有勇气这样做。过不了 10 分钟，他就会感到失望和无聊。他让我觉得自己内心空虚，就像一面大鼓。”

对罗素来说，在奥托琳的丈夫竞选期间和她一起工作可能是理想的方式，有望形成互相吸引。实际上，在 1909 年 12 月和 1910 年 1 月的竞选活动中，两人之间的互相爱慕之情日益增强。他们一起旅行，出入牛津郡各个村庄的会议大厅。罗素每到一处都会发表讲话，面对喧闹、敌视的民众，表达支持自由党政策的观点。奥托琳写道：“有些地方的人冲着我们扔石块，发出嘘声。” 197

> 沃特林顿的情况尤其糟糕。伯迪·罗素和我们同行，在那里的一次大规模集会上发表演讲。当时不可能听清人说什么，更不用说听像罗素这样说话轻言细语、态度不温不火的人讲话了。但是，他勇敢地站起来讲话。顿时嘘声四起，口哨阵阵，叫喊不断。但是，他不乏激情，态度真诚，充满知性的力量，让他们渐渐安静下来。过了片刻，让我们觉得惊讶的是，他们开始听他说话，神情变得关注起来。思想的完整性战胜了民众的混乱，那样的情景我很少见到。

就罗素自己的感觉而言，在奥托琳身上，他发现了许多值得赞赏的优点，这与他以前的态度形成鲜明对照。“我发现，她对所有人都非常友善，对公共事务真的非常关心。”但是，两人那时单独相处的机会很少，相互之间的兴趣需要等待一年半之后才能激发出来。

那次竞选的结果是，菲利普·莫里尔与自由党的其他许多候选人一样，失去了议员席位，[1] 阿斯奎斯再次掌权，但是在下院的多数党席位也大幅减少。那是一次名不符实的胜利，但是，关于上院权力的宪政问题依然悬而未决，在接下来的一年中将会持续下去。其原因在于，阿斯奎斯必须在上院通过一项改革法案，以便废除上院的否决权。上院议员们否决了那项旨在限制其否决权的议案。这样一来，阿斯奎斯被迫宣布，1910 年末再次举行大选。他的理解是，如果他赢得选举，上院依然会阻止改革法案通过；但是，国王将会册封更多自由党人为贵族，以便确保法案通过。

---

[1]　但是，在 1910 年举行的下一次大选中，他成为兰卡斯特郡伯恩利选区的下院议员。

当时，罗素积极参与这一事务，而且头脑尚未从撰写《数学原理》形成的疲乏中恢复过来，进行更多哲学研究的兴趣随着减少。在这种情况下，他认真考虑过自己是否应该长期投身政治的问题。1910 年 3 月，有人提议他作为牛津市的自由党候选人，竞选下院议员。但是，他听说不能强调他对妇女选举权的立场，于是谢绝了那个建议。4 月，贝德福德的自由党人与他联系，希望他在该选区的参选。4 月 26 日，罗素在贝德福德的自由党协会会议上发表讲话，概述了他在将来举行的任何选举中将要强调的问题：改革上院、自由贸易、征收土地税。在他的
198 那次讲话中，没有什么内容与自由党人的政策相左。但是，在他发言之前，有人把他带到一旁，私下问他对宗教的态度。他是否愿意偶尔去听弥撒？他回答说，不，不愿意。结果，他没被选中，贝德福德的自由党人挑选了一个观点较为正统的人，那个人名叫弗雷德里克 · 凯拉韦。罗素后来评论道，对贝德福德和他本人而言，那次能够逃脱，没有参加竞选实属幸运。

其原因在于，到 5 月时，罗素已经改变了主意，无论他是否被选为贝德福德的候选人，他都不愿成为下院议员。罗素遭到贝德福德否决之后，还有几个选区向他发出邀请，其中包括黑斯廷斯、圣莱昂纳茨、南潘克拉斯，但是他都一一谢绝了，决定接受剑桥大学三一学院的聘请，讲授逻辑学和数学原理这两门课程，为期 5 年。当然，游说该学院发出邀请的主力是怀特海。5 月 27 日，怀特海高兴地致函罗素，表示学院院务会已经审查通过了这项聘任决定。

罗素立刻接受了聘请。那时，他的思想已经转回哲学领域，这在一定程度上受到他与牛津大学教授 F. H. 布莱德雷进行的一场争论的影响。2 月，布莱德雷致函罗素说，他刚刚为《心灵》撰写了一篇文章，标题是《论表象、错误和矛盾》。在文章后半部分，他用几页篇幅对罗素的《数学原则》提出了批判。从根本上讲，布莱德雷提出的批判围绕罗素长期面对的难题，涉及“统一性”和分析的价值；此外，还有罗素本人一直努力解决的问题，例如，关于“作为许多的类”和“作为一个的类”。4 月 9 日，罗素给布莱德雷写了一封长信，承认关于类的问题，将布莱德雷的注意力引向他新近提出的类型论，拒绝得出布莱德雷希望他得出的结论，即对“整体”的分析是不可能的。

罗素在回信结尾处说：“我可能参与政治活动，但是，如果计划没有实施，我将尝试就您提出的问题，为《心灵》写一点东西。”布莱德雷在回信中写道：

我感到，我必须承认，听说您将参与政治活动，本人深感恐慌，担心那意味着您没有时间从事哲学研究了。是否可能将二者结合起来呢？如果不行，我不便冒昧断言，您究竟在那个方面感受到更大的“挑战”。我觉得清楚的只有一点：就人的或然性而言，没有谁可以在哲学领域中替代您工作。除此之外，我觉得，自己没有任何权利发表其他看法。

布莱德雷已经得到广泛认可，被视为当时在世的最伟大的英国哲学家；我们可以想象，来自他的鼓励起到很大作用，让罗素下定决心，重返哲学研究。他仓促回函，让布莱德雷放心，他根本不可能投身政治活动。布莱德雷回信说：“这让我深感欣慰。我确信，如果您永远离开，那将是哲学界的一大损失。我知道，没有谁可以像您一样从事这个领域的研究。我希望您取得更大成就。”

尽管布莱德雷说了这番客气话，但是他恢复了与罗素的哲学争论，这体现在 199
文章（刊登在《心灵》上）和通信两个方面，两人的思想交锋持续了整整一年。7 月，罗素发表一篇文章，题目是《几点解释——答布莱德雷先生》，为自己的这个观点进行了辩护：尽管综合体具有其构成部分各自缺乏的统一性，也可对综合体进行分析，认为它是有其组成部分构成的。这一观点果然引起了布莱德雷的谴责（见 1911 年 1 月出版的《心灵》发表的《答罗素先生的几点解释》），认为这样的观点显然难以自圆其说：

……就“统一体”而言，难题依然存在：我提出，在统一体中，除了其组成部分之外，是否存在任何东西……如果还存在更多的东西，这种“更多的东西”究竟存在于何物之中？

在标注日期为 3 月 2 日的回信中，罗素至少承认了暂时的失败：

就统一体而言，我没有其他更多意见。这个问题很难（我不妨补充，在任何哲学体系中均是如此），我不会自命不凡，声称解决了相关的所有问题。

那时，罗素已经开始在三一学院履行讲师职务。三一学院给他安排了内维尔庭院的宜人房间。艾丽丝住在坐落在费恩赫斯特的一幢名叫冯布里奇的农舍中

(他们放弃了在巴格利伍德的寓所)，与他保持安全距离。一切看来已经就绪，罗素将作为剑桥大学的指导教师，开始一段比较清静、不太紧张的新生活。尽管罗素那时年仅38岁，但是已经以“中年人”自称，在写给友人信件中谈到，他非常享受平静的学者生活。周围的人重视他的工作，他摆脱了婚姻的可怕空洞外壳带来的压力，已从《数学原理》的隧道中出来，心境处于成熟状态。“我非常喜欢学院的生活，”他写信告诉海伦·弗莱克斯纳，“现在，我打算过一段轻松的日子。”

但是，度过漫漫长夜之后，人并未重新入睡，而是变得清醒起来。罗素需要的不是休息，而是刺激，不是智力方面的刺激，而是感官方面的、情感和想象力方面的刺激。正如1901年的“彻底转变”体验可能让他知道，他可以暂时控制那些异乎寻常的激情，但是无法长期禁锢它们。最后，随着一个时刻的到来，那些激情将会释放出来，把他周围的一切搅得天翻地覆。结果，只需与奥托琳·莫里尔共度几个小时，它们就会全部释放出来。

# 第七章　重新唤醒的理想 200

1911 年复活节假期中，罗素在巴黎举行了系列讲座。那三场讲座的内容几乎完全被后来的评论者忽视，但是就他的哲学思想而言，讲座提供了一种经过浓缩的重要表述，可被视为某种个人宣言。第一场 3 月 22 日在巴黎索邦大学举行，题目是《数理逻辑的重要哲学意义》。他就数理逻辑提出了若干雄心勃勃的主张：第一，它“已经解决了无穷性和连续性问题”；第二，它“让关于空间、时间和运动的哲学变为可能”；第三，“在为某些确定、客观的数学知识提供基础的过程中，它说明人们的知识并不完全从感性事实中演绎而来，绝不可能以主观或者心理方式，解释先天认识。”

第二场讲座同一天在法国数学学会举行。罗素以较为谨慎的方式，从技术角度讨论了无穷性公理和乘法公理。他指出，尽管需要这两个公理来证明许多早已确立的纯数学定理，这两个公理本身并不是可证明的。鉴于这两个公理可能是错误的，罗素建议，将它们视为明显的假说。

第三场讲座次日在法国哲学学会举行。它在三场讲座中最为有趣，其内容后来很少有人了解。罗素采用了《分析实在论》这个题目，试图概括说明他的全部哲学观念。他宣称：第一，他信奉的哲学具有实在论特征，因为它坚持认为，抽象的“柏拉图式”理念（例如，他认为形成数学问题的那些理念）具有客观实在性；第二，它具有分析特征，“因为它主张，复杂事物的存在是以简单事物的存在为基础的”。那场讲座的内容当时没有被学界注意到，其后也很少有人注意到。在那场讲座中，罗素首次使用“逻辑原子论”这个术语来描述他的哲学思想：

> 诸位将会注意到，这种哲学是逻辑原子论哲学。每个简单的实体都是原子。我们决不能假设，原子需要在时间中持续存在，原子需要占据空间：这样的原子是纯逻辑学的。

为什么三场讲座的内容一直没有引起人们的注意呢？只有第一场讲座的内容
201 为人所知，但是也仅仅局限于专业哲学研究者的圈子里；罗素在世时，只有第一场讲座内容以英语文本面世。其他两场讲座的内容以法文出版，之后便大体上被人遗忘和忽视了。在哲学史文献中，在罗素的《自传》中，在后来的传记中，它们几乎没有被人提及。

这些讲座的内容莫名其妙地被人忽视，可以说从历史记载中完全消失了，其原因在于，罗素一生中出现了许多重要事件，它们完全被淹没其中。在乘船起航前往法国之前的那个晚上，发生了一件重要事情。1911 年 3 月 19 日，在动身前往巴黎的途中，罗素在伦敦停留，在贝德福德广场的莫里尔夫妇的家里过夜。那天，菲利普 · 莫里尔不在家，到伯恩利会见选民去了。于是，在出席晚宴的客人离开之后，只剩下罗素和奥托琳——用罗素的话来说——两人私下相对。

后来，两人之间的交谈从政治转向个人问题，罗素鼓起勇气，以试探方式向奥托琳求爱，结果惊讶地发现，奥托琳没有表示拒绝。在长达 9 年的时间里，罗素克制了自己的情感和性欲，那天晚上终于可以与一个有吸引力的女人有了身体接触，有了精神交流。那样的体验具有压倒之势，让罗素立刻爱上了奥托琳；那种激情力量巨大，改变了他的整个人生。他对她的欲望让他无法自控；他后来说，哪怕他知道，菲利普 · 莫里尔将会杀掉他和奥托琳，他也愿意付出生命的代价，只求与她共度一个晚上。实际上，两人那天晚上没有做爱，[1] 他们时而亲吻，时而说话，一直待到凌晨 4 点。

接下来的几天里，罗素在巴黎逗留，“仿佛身处梦中”，觉得周围的一切似乎并不真实，难以将注意力集中在不得不进行的讲座之上。数月之后，他必须核对出版商寄给他的基于讲座的文章校样，他写信告诉奥托琳：“让我暂停对你的思念，考虑出版事宜，这真是太难了。”

实际上，罗素根本无法将奥托琳的影子赶出他的脑海。他很快意识到，他对她的爱情是他一生中最重要的事情之一。在前往巴黎的火车上，他无暇顾及将要阐述的讲座内容，提笔给她写信，心醉神迷之情溢于言表：

[1] 在《自传》中，罗素将其归结为“外部和意外原因”，具体意思模糊不清。最容易想到的原因有两个：要么他未能保持勃起状态，要么奥托琳那时处于经期。但是，如果想象力丰富，肯定还有其他的可能性。

我的内心激情汹涌，不知从何说起。在过去的48个小时中，世界完全变了，让我现在依然陷于困惑之中。你一直占据着我的思绪，我听不见人们说些什么……尽管我通常无法想象出任何人的面容，你的身影却总是浮现在我的眼前。我现在非常想你，知道我每次见到你，对你的爱意都将增加。我渴望在宜人的地方与你相会，你的美貌，你所到之处创造的美景将会与其他东西融为一体。

奥托琳在她的日志中写道，和罗素待了第一晚上之后，她“完全没有心理准 202
备，无法面对他倾注在我身上的汹涌激情……他仿佛突然从坟墓中冒了出来，打碎了制约他的种种禁锢”。她所用的这个意象完全贴切。罗素多年以来生活在没有激情的僵死状态之中，与奥托琳的恋情仿佛让他突然苏醒过来。曾被深埋的那些个性带着更新的活力，重现浮现出来。冲破的并不仅仅是多年积累的情感和性欲方面的压抑，他性格之中的感性因素也全被重新唤醒，他仿佛突然获得了新的视觉、听觉、触觉，可以重新看见、触摸和嗅到世间的事物。这样的体验美妙无比，势不可挡，让他既感到欣喜若狂，在一定程度上又困惑不解（例如，他可以在奥托琳不在场时想象出她的面容；这一事实让他深感惊讶）。他仿佛借助了某种神迹，不但可以使用五官感觉，而且还重新获得了想象力，获得了审美能力，获得了爱的能力。

他知道，这是一种根本转变，具有很大的力量，将给他生活的所有方面带来深远影响，其中相当重要的是对思维能力的影响。多年以来，他的思维恰恰受到这个愿望的推动：逃避感觉世界，进入由数学形式构成的更纯粹、更“永恒”的世界。“如果您希望保留与具体现实事物的关系，向数理逻辑说再见吧！”威廉·詹姆斯曾经这样劝导他。那时，他面对的问题是，他重新发现自己对具体事物抱有兴趣；在这种情况下，他是否可能保留与数理逻辑的联系呢？其原因在于，数理逻辑从一个侧面看十分美妙，永恒存在，从另外一个侧面看冰冷无情，缺乏人味。由此出现的问题是，感性之美引起的愉悦之感是否可以与研究数理逻辑的专注状态互不排斥？假如罗素当初没有对感官世界无动于衷，他是否可能在逻辑学和哲学两个领域中，取得如此重要的独创性成就？

在驶往巴黎的列车上，在将要发表关于数理逻辑的重要的个人“宣言”之际，罗素觉得，数理逻辑的重要性与以前相比大大减少。让他感受至深的是一个逻辑学观点带有的局限和不足。他告诉奥托琳："我觉得，自己非常粗鲁，非常无情，根本不了解生活的审美方面，仅仅是一台逻辑机器而已。"他知道，在巴黎他需要集中精力，表现睿智，进行严格的哲学辩论，此时脑子里不能总是想着奥托琳。然而，他也知道，如果说这不是不可能的，至少是难以做到的。"我担心，讲座的整个结果可能大打折扣，给人重要性不如以前的印象。"

在巴黎度过第一个夜晚之后，罗素给艾丽丝写了一封信，它与他写给奥托琳的信件形成了巨大反差。

最亲爱的艾丽丝：

我顺利抵达这里，沿途天气暖和，阳光明媚。谢菲尔在车站接我，和我
203 一起用餐。我终于买到了柏格森的著作 [《创造进化论》]，定于今天和他一起共进午餐。我一直抓紧时间，阅读这本著作。我可能没有时间写信了。

爱你的，

伯迪

艾丽丝那时对收到这样的短信已经习惯，当时很可能毫无疑心。但是，罗素已经开始暗中计划，寻思如何开始没有她的生活。就在他给艾丽丝写这封短信的同一天，他给奥托琳写信，如果她愿意，她可以如何改变他的整个生活性质。他告诉她："除了婚礼后的短暂时期之外，焦躁不安的内心怒火一直驱动着我，迫使我参与各种活动，从未让我停下脚步。我常常感到疲惫不堪，身心似乎到了忍受的极限。如果你愿意，你可以改变这一切。你可以给我内心的欢乐，赶走那些恶魔。"

第二天，罗素收到奥托琳的来信，要他保守秘密，千万不能让菲利普知道他们那天晚上两人私下相处的细节。在罗素看来，这样的叮嘱是错误的。他认为，与奥托琳的恋情是他一生中出现的最为美妙的事情，他不会进行掩饰，仿佛它是一个见不得人的秘密似的。他立刻回信，声称他和奥托琳不应以这种方式贬低他们的爱情，两人不应该"神秘兮兮，让仆人探头探脑，朋友说三道四，疑心越来越重"。奥托琳应该告诉菲利普，他应该告诉艾丽丝。罗素在写给奥托琳的信中说，只要"可以避免欺骗和肮脏的做法，我默许你和他待在一起"（奥托琳已经

向他说明，她不打算离开她的丈夫）。

在奥托琳看来，事情发展太快。诚然，她在婚姻生活中远远没有得到满足，她以前也同别人有过狂热的恋情，例如，与奥古斯都·约翰、亨利·兰姆、罗杰·弗莱。在罗素闯入她的生活时，最后两段恋情根本没有结束。但是，她对她的生活并不满意，已经做好准备，将它置于完全不同的基础上。她尽管并不安分，但是却非常在意菲利普和女儿朱丽安，不愿意离开他们两人。而且，她也不愿让她的行为导致丑闻，遭人非议；那样的情形对她不利，而且绝对会给菲利普带来毁灭性打击。此外，她对罗素的感觉与罗素对她的感觉完全不是一码事。她没有被情欲所困，发现他在生理上完全没有什么吸引力。一方面，她觉得他思想深邃，性格迷人，兼有浪漫主义和怀疑主义的混合特征，让她深感兴趣；另一方面，他非常关注和信赖她，她突然在他的生活中获得了十分重要的地位，这让她有受宠若惊之感。

在后来的几年中，这两个方面的情况分别有所记载。在写给他的信件中，她不厌其烦地表示，他是她的精神伴侣，她对他赞赏有加，公开鼓励他对她的恋情。在她的日志——她让菲利普阅读它，而且看来她有时是特意写出来让菲利普阅读的——中，她多次谈到她对罗素的矛盾心理，谈到他缺乏生理上的吸引力。从表面上看，这两个方面自相矛盾；出现的问题是，她在哪里，在信件中还是在日志中，说的是真话？不过，我倾向于认为：其一，两种反应都是真诚的；其二，在一定程度上，她在日志和信件中所说的都是实话，分别承认在另外文字中 204
没有挑明的意思，掩饰在另外文字中表达的意思。她的感情非常复杂；后来让罗素深感困惑和沮丧的是，她的感情难以——如果说不是不可能——使用融贯、不变的方式进行表述。此外，她常常愿意说一些“善意的谎言”，并不直接伤害罗素或者菲利普的感情，这样的做法让整个问题变得更为复杂。

无论她的真实感情如何，奥托琳并未采取任何措施，让罗素打消非分之想。那时，她已经让罗素神魂颠倒，他写给她的每封信件都充满了他的热恋之情。“我有什么办法，让他回到原来那种枯燥的生活状态呢？”她在日志中问道。“看来，我无法拒绝承担，这种具有价值的美好生活带来了负担。”她说，就她自己而言，“这种新的体验在一定程度上征服了我，冲昏了我的头脑，给我带来快感”，但是“内心深处，存在着一种冷酷可怕，让人不舒服的感觉——我缺乏诚意”：

……他沉醉于他自己的感觉之中，无法看到，我并未像他那样坠入爱河；我没有足够的勇气，坦率地告诉他这一点。

她写给罗素的信件显示，他觉得她也爱上了他，其原因并不仅仅是他一厢情愿的陶醉状态。3 月 25 日，他从法国返回英国，途中在贝德福德广场稍事停留，她把她那天早上所写的一封短信递给他。她在信中宣布："没有什么东西可以阻止我对你的爱情，没有什么东西可以阻止你对我的爱情……此时此刻，每时每刻，我的精神都和你在一起。我理解你，恰如理解我自己。"

罗素本来极端兴奋，但是奥托琳在信中透露——与以前她给罗素的印象相反——她和罗素幽会期间，依然与菲利普同房。罗素深感震惊，试图立下一个规矩，坚持要奥托琳与菲利普分床而睡，但是奥托琳并不买账。直至两人分手时，这个问题——在罗素看来——依然没有解决。罗素认为，奥托琳必须作出选择：如果她坚持与菲利普同床共寝，他就会与她断绝关系；如果她重视与他的关系，她必须与菲利普分床而睡。他回到费恩赫斯特之后写道："我不知道自己为什么要求，要么全有，要么全无。但是我知道，我这样做没有错。我觉得，如果你拒绝一切，我很可能接受让步，但是那样做是错误的——它会以某种方式贬低我，而且贬低我俩的爱情。"

他觉得，他尊重奥托琳在向菲利普让步的过程中作出的"自我牺牲"。"我以前可能更愿意认为，这样做没错"，但是"选择自己的幸福需要勇气；在某些罕见的情况下，这样做是正确的"。他以相当神秘的方式暗示，他是根据自己的
205 个人经验，得到这一看法的。唯一让人可以假设的是，他在这里暗指他对伊夫琳·怀特海的秘而不宣的恋情：

在我的生活中，有许多我希望告诉你的事情。但是，我不能随意这样做。它们可能说明，为什么我确信自己的想法是正确的。

毋庸置疑的是，伊夫琳在罗素心中占据重要位置。他告诉奥托琳，如果她愿意去拜访伊夫琳，谈一谈他所说的"这种等待的时光"，他会感到非常高兴的。他说，他已经写信给怀特海，告知他与奥托琳的恋情。"他们夫妇俩是我最好的朋友——他们已经知道我的全部隐私，或者说知道全部可以告诉他们的隐私。我

遇到困难时，他们多有帮助。”这一点非常值得注意，其原因是，他尚未告诉艾丽丝相关情况。一个星期六晚上，他回到费恩赫斯特，和艾丽丝一起，接待来度周末的艾丽丝的外甥女夫妇，卡琳·科斯特洛和雷·科斯特洛。“我星期一告诉艾丽丝，”罗素承诺，“她这个周末接待访客，我不能现在告诉她。”艾丽丝那时依然毫无察觉。即便在这样的情况下，罗素还是像往常一样，充分显示出有效掩饰真实感情的能力：

> 这里的情况简直糟糕透顶——可怜的艾丽丝让我紧张不安，我不知道怎么才能挨过这种度日如年的日子。每次离开我一段之后再见面，她总是让我觉得很难对付，但是这次尤其烦人。不过，我不停地说话，大笑，观察能力不强的人会觉得，我在这个世界上无忧无虑，没有什么烦心的事情。

就在罗素写这封信件的那个星期六晚上，在贝德福德广场家里的会客室里，奥托琳坐在菲利普对面，写信向罗素解释，为什么她觉得，继续允许菲利普和她做爱完全是微不足道之举：

> ……现在，我和他坐在同一个房间里，但是在给你写信；你反对的事情其实与我现在做的没有什么两样。我像往常一样，自由自在。我可以肯定，与他和我聊天时相比，我现在与他之间的距离更远一些。

第二天，她收到罗素来信之后写道：“你差一点让我依了你，但是尚未到达那一步。”“没有什么事情让我待在这里，我是按照自己的意志和判断行事的”，但是，她还没有完全做好准备，去满足罗素的要求。她有一种预感，觉得伊夫琳根本不喜欢她。不过她觉得，如果罗素喜欢她与伊夫琳见面，她依然准备前去拜访。她仅仅提出了一个要求：罗素同意和她再次见面，哪怕仅仅一次都行。“我渴望你我两人深度相拥，让我融入你的怀抱。”

这样的承诺罗素求之不得。他回答说：“我觉得，连一次也不能完全拥有你，这是我无法接受的事情——所以，应该创造这样的机会。我还觉得，在那之后， 206
我俩可以更平静地考虑问题。”那天是星期二，罗素像他承诺的那样，给艾丽丝讲了奥托琳的事情。他声称，艾丽丝“听了之后没有什么强烈反应”。其实，正如奥托琳次日见到伊夫琳·怀特海时发现的，听到罗素移情奥托琳的消息之后，艾丽丝勃然大怒，痛苦不已。伊夫琳向奥托琳描述了当时的情景：艾丽丝站在窗口，看见罗素半路拦住邮差，从他手里一把抓过奥托琳寄来的信件，急不可待地读了起来。伊夫琳还告诉奥托琳，自从罗素说出实情之后，艾丽丝每天晚上都来见罗素，眼里噙着泪水，乞求他回心转意。

无论伊夫琳（像奥托琳认为的那样）受到嫉妒心的驱使，还是（像艾丽丝和罗素认为的那样）受到无私愿望的支配，试图阻止不幸的发生，她的目标显然是要尽快行动，终止罗素与奥托琳之间的婚外恋情。奥托琳为了满足罗素的要求，于3月28日拜访了伊夫琳。次日，伊夫琳到贝德福德广场回访，敦促奥托琳认真考虑作为母亲和妻子应该承担的义务。在那场危机期间，伊夫琳处心积虑，让艾丽丝和罗素两人保持信心，并且在两人沟通过程中起到中间人的核心作用。伊夫琳给相关各方提供建议，其中还包括奥托琳本人。即使她的斡旋对事情的发展影响不大，最终结果也并非她的努力不够所致。

伊夫琳收到罗素的信件，知道了他与奥托琳的恋情，立刻给他发了一份电报，要求他到伦敦去。在那周余下的时间里，罗素待在怀特海夫妇位于卡莱尔广场的寓所里。那个地方成为事件的中心，进行了一系列讨论和会面，它们将决定罗素、奥托琳、艾丽丝和菲利普的未来。就伊夫琳的态度而言，罗素显得非常——或者说故作——幼稚，几乎到了盲目的程度。他问奥托琳："你怎么会觉得，怀特海太太将我与你对立起来呢？""其一，没有谁会这样做；其二，她也不愿意这样做。"奥托琳没有理会他的说法。她在日志中写道，"我总是觉得，她是他以前爱情的倾注对象"：

> 她显然很了解他，她和她丈夫一直是他的挚友。我觉得，怀特海太太不喜欢我，这也许在情理之中。但是，我对她所说的没有什么印象，仅仅记得她告诉我说，他感情并不专一，朝三暮四。我仅仅记得，我坐在一个氛围陌生、装修讲究的小会客室里，与一位模样陌生、衣着考究的女士谈话。她两眼盯着我，强忍怀疑和嫉妒，让人很不舒服。

到了那周的中段，伊夫琳分别与奥托琳和罗素两人的交谈看来起到了预期效果。奥托琳第二次与伊夫琳见面（伊夫琳当时告诉她，罗素不想见她）之后，写信告诉罗素说，她现在觉得，他们必须分手。但是，奥托琳请求再见最后一面，作为道别。罗素在位于卡莱尔广场的怀特海夫妇的寓所里，给奥托琳写了一封回信：

> 你说得没错，我亲爱的。我们必须结束这一切，但是不能抹去我们思绪中珍视的东西。我很高兴可以再次见到你。明天上午就在这里。你明天早餐之后尽快来吧。 207

但是，就在两人原定的最后一次见面时，事情发生了改变，伊夫琳的计划完全泡汤。奥托琳在日志中，使用下面这些文字表述了当时的情景：

> 在怀特海夫妇的寓所，我和伯迪再次见面，一来向他告别，二来要告诉他，我不可能离开菲利普。但是，他恳求我再次和他见面，急切之情让我心情沉重，深感抑郁。我觉得，自己不可能这样抛开他。他欲望很大，强求我的生活，我的时间，我的忠诚。我大声叫喊，“噢，终于自由了！”……要是我没有这种可怕的责任感该有多好！

如果说这一段文字不是完全虚构之物，它至少经过精心斟酌。它没有提及的一个至关重要的事实是，奥托琳与罗素见面时带来一封短信，要求两人继续见面。奥托琳的传记作者米兰达·西摩的说法——我认为，这具有相当大的合理性——是：“甚至在她动身到卡莱尔广场与他见面之前，奥托琳已经下定决心，不会结束任何东西，不会结束她的婚姻，不会结束与伯迪的迅速发展的关系，不会结束与老情人亨利·兰姆之间没有完成的恋情。” 米兰达·西摩还宣称，奥托琳和罗杰·弗莱那天晚上先去参加了一场聚会，然后和他一起回到贝德福德广场。罗杰·弗莱公开向她表示了爱意，她“让他和她做爱，让他相信她爱他”。显而易见，尽管罗素对她的生活，她的时间，她的忠诚提出了要求，她希望获得自由的努力取得了很大成功，超过了她在上述日志中暗示的程度。

实际上，也许出人意料的是，尽管奥托琳本人声称，那一周“仿佛一场噩梦”，但她使用了手腕，最后以毫无疑问的胜利者的姿态出现。到了那个周末，奥托琳在这两个方面都取得了成功：其一，化解了伊夫琳·怀特海的尝试，维持了与罗素的婚外情；其二，化解了罗素提出的要求，并未让两人的关系在她的生活中处于高于一切——或者至少说中心——的地位。在卡莱尔广场的那次见面之后，她与罗素的关系将会继续下去，然而不是按照他的意愿，而是以她的方式继续下去。此外，她不但实现了这一点，而且让罗素没有任何不满。实际上他本来以为，两人的婚外恋情将被迫就此终结，现在知道可以延续下去，也就根本顾不得以什么方式了。他在幽会结束之后几小时写道："最亲爱的，只要你觉得方便，任何时候见面都行，我不会提出任何异议。"然而，他两天之前的态度是："如果你继续与菲利普同床共寝，不和他断绝关系，我就会憎恨他。也许，随时间的推移，这种憎恨可能不断加剧，让我进入濒临疯狂的状态。我要求你与他分开生活。"两人上次见面差一点成为"最后"诀别，罗素已经没有信心提出任何要求了。

"我俩的爱情将会永远保持神圣，"罗素这时信誓旦旦地说，"我将对你忠贞不渝，决不辜负你的感情。"他告诉她，他开始阅读诗歌，"重拾多年之前放弃的爱好"。

208 你让遭到禁锢的声音注入我的内心世界，让我重新听到赞美世界的声音——在过去的痛苦日子里，所有这些诗歌曾经淹没在沉寂之中，现在已经开始在我的心里萦回。

在那段时期，罗素在信件中常常使用解除禁锢这个意象。两天之后，他写信告诉奥托琳，他期望在野外的空旷地方与她见面，享受清风、天空和大海带来的自由感："生活中到处都是禁锢，我希望世界上给人自由的地方。"他那时产生了异乎寻常的自由感，这在很大程度上应该归于这个令人高兴的意识：他终于摆脱了婚姻带来的牢狱般禁锢。他返回费恩赫斯特小住几天，其间写信告诉奥托琳："艾丽丝已经同意我提出的建议，不会再到剑桥去，所以我们在这个假期结束时，终止共同生活……我会告诉其他人，她罹患风湿病，不能住在剑桥。她似乎倾向于接受我们无法继续共同生活这个说法，但是我觉得，这样的事情只能让挚友知道。"他说，艾丽丝"非常配合"，并且补充了这个不太令人信服的理由：

我觉得，她并不十分痛苦。9年之前，我告诉她说，我已经不再爱她，她那时就经历了所有的真正痛苦。我和她共同生活，一直非常难受，我可以

> 相当确定地说，她放弃维系婚姻的努力之后，将会觉得好受一些。我认为，她其实知道这一点。对我来说，结束共同生活好处多多，其原因不仅在于，我几乎不知道如何忍受和她朝夕相处的生活，而且还在于，她对我有负面的微妙影响。

第二天，他以更真实的语言，描述了艾丽丝当时的状态：

> 艾丽丝说话的口气让我深感困扰，我总是想到她的痛苦。但是，我确信，她一旦彻底放弃和我共同生活的尝试，感觉肯定会好一些。要不然，我也不可能要求她这样做。我关注她的感受，超过了我喜欢的其他人——仿佛我面对的是受到伤害的动物。有时候我觉得，根本不应该告诉她，我已经不爱她了。不过，我觉得，一直以伪善的方式装模作样地生活，这是不可能的，也是错误的。但是，刻意给人痛苦的做法十分可怕。

他本人看到了，在和艾丽丝的共同生活中，他有一种遭到禁锢的感觉，所以渴望在数学研究的永恒世界中寻找慰藉。在次日写给奥托琳的信件（从那时起，他每天至少给奥托琳写一封信件，经常会写两三封）中，这种想法可见一斑。他认为，奥托琳的爱情“重新唤起我对美的崇拜之情，那样的感觉我曾经着手剿灭，以便面对当时的生活”：

> 我很想知道，你是否读过我撰写的阐述自己热爱数学研究的原因的文
> 章？[1] 除了几个句子之外，你也许能理解其中的所有内容，对我当时艰难生 209
> 活的状态有所了解。但是，数学研究到头来是一种冷冰冰的、没有回报的爱好，我难以从数学研究之中获得所有的力量。

他对美的崇拜感被重新唤起，诗歌——至少在那个时期中——在他的情感世界里取代了数学。这封信件使用许多笔墨，描述了他当时的思路，让我们看到他

[1] 在他的《哲学研究》中，有一篇文章在那一年之前出版，标题是《数学研究》。写了这封信件几天之后，罗素做出安排，给奥托琳寄了一本《哲学研究》，她可以阅读这篇文章和《自由人的信仰》。

如何绞尽脑汁，希望找到一位诗人的合适作品，以便作为送给奥托琳的礼物。他觉得，莎士比亚的诗歌“过于有限”，马修·阿诺德的诗歌学究气太浓，最后定下雪莱和布莱克的作品。对他来说重要的事情是，他和奥托琳对诗歌具有相同的鉴赏情趣，这证实了他的看法：“我俩在思想和感觉上确实非常接近，超过我原来的预计，这让人觉得不可思议。我觉得，你将会永远理解我。不过我知道，事物以奇特的方式对我产生影响，我这个人是难以被人理解的。我从内心深处期望，我能永远理解你。”

在放弃宗教信仰的过程出现过的那种失落感从未完全消失，但是他这时开始感到，在对奥托琳的爱情中，他保留了宗教信仰之中有用和美好的因素，同时可以避免宗教信仰必然带来的结果，不必要求他接受任何错误观念。他在4月4日写道，生活仿佛是笼罩在迷雾之中的山峰，在大多数情况下冷若冰霜，空白一片。现在，它展露峥嵘，让他看到“令人难以相信的美丽景象”。这些领悟与宗教启示非常类似，让人的内心进入最高层次的升华状态。罗素当时希望传递的正是这样的状态：“我希望与人分享这样的感悟”。

两天之后，他重提这个问题。“我知道，你的宗教信仰比我的更强，看法与我的不太一样。”他显然觉得，两人在这个方面——以及其他所有问题上——的差距无法容忍，于是设法尽量将它淡化：

> 我希望保留属于宗教的许多东西，对宗教非常关注，所以觉得，我俩在这个问题上的差异并不重要。大约在14岁至18岁之间，我逐步失去了信仰。我那时没有朋友，没有交谈这个问题的对象。我逐步失去信仰，首先失去的是永生概念，然后是上帝，我其实非常担心。我当时深感痛苦，觉得我不可能遇到令人觉得愉快的对象，让自己可以自由地表达看法。我阅读雪莱的诗歌，心里感到疑惑，像他那样的人是否依然存在？后来，我阅读卡莱尔的作品，希望在他的《拼凑的裁缝》中找到宗教信仰。但是我看到，卡莱尔关注的是修辞，对真理不感兴趣。

罗素进行的数学研究以间接方式，提供了一种别样的宗教信仰。那时，他希望直接处理这个具有十分重要意义的问题，并且就此撰写文章，以人们可以理解的方式进行探讨。“我非常希望，自己的文章技术性不那么强。”他告诉奥托琳：

> 我希望撰写一些文章，以便表达自己的感受，但是到目前为止发现，做到这一点真的很难。我有许多不成熟的计划，但是不知道实施之后效果如何，觉得你肯定可以帮助我。我认为，宗教包含许多重要的东西，所以我希望让人们注意到比宗教信条更为重要的东西。在对信条持这种观点的人士中，大多数似乎都能面对日常生活，然而并不了解超越日常生活的更丰富的世界。但是对我来说，那就是一种牢狱生活。我感悟到的许多东西在斯宾诺莎的著作有所阐述，可是他的著作难以理解，很少有人可以掌握其中的要义。我知道如何表达自己的思想，如何感染读者。但是我相信，肯定存在某种方式，我只是尚未发现而已。在《自由人的信仰》中，我试图这样做，但是那篇文章是为感到非常不快的人士撰写的。我还希望撰写一点东西，供那些因为缺乏诗意生活而失去理想的人阅读。 210

他补充说："除此之外，如果我可以写出让你感兴趣的文章，那就非常高兴了。花费我的最佳时光，绞尽脑汁地思考完全不同的问题，这让我觉得很难受。"他在之前的一封信件中曾说："我的整个身心是献给你的一首颂歌，它充满爱意和尊重。"这不是一个坠入爱河的男人的夸张表述，而是一种完全真诚的宣示，表达了他的愿望——他希望将他人生中的一切全都奉献奥托琳。他希望告诉她全部想法，向她表述他日常生活中出现的点点滴滴，让她知道他心绪的迂回曲折，详细说明他在两人相识之前的所有情况。在他的世界中，对抽象难题的关注处于核心位置，奥托琳对此既不了解，也不关心，这一事实让他觉得无法忍受。就这个问题而言，可能有两种解决办法：其一，他可以给奥托琳讲授哲学知识，让她对他的研究有所理解；其二，他可以改变自己的工作性质，转向某些她感兴趣的主题。在其后的几年中，他以不同方式，在这两个方面进行了多次尝试。到头来，他被迫承认失败，无可奈何地表示，对他从事的研究，奥托琳总是有某些无法理解的方面。反过来说，在奥托琳身上，也有一些他无法理解的东西——当然，罗素或许根本不会承认这一点。

4 月 8 日，奥托琳和菲利普动身前往多塞特郡的斯塔德兰，在那里度假一个月。在假期中间，菲利普必须独自返回伦敦逗留几日。对奥托琳和罗素来说，这看来是一个难得的良机，两人至少可以圆满实现幽会的愿望。于是，奥托琳和罗素紧锣密鼓地秘密安排，预定罗素在菲利普离开那天与奥托琳会合。那是一个充满风险的计划。斯塔德兰是一个非常时髦的度假胜地，在前去度假的人群中，很可能有认识奥托琳和罗素的人。况且，奥托琳根本无法确定：贝尔或者斯特雷奇这样的相好什么时候会突然到访，从而引起某种新的流言蜚语，让他们声名狼藉。

罗素和奥托琳也有理由谨慎行事。伊夫琳·怀特海已给罗素说过她的担心：菲利普可能突然妒火中烧，完全失去控制，动手杀了他和奥托琳。“我认为，她担心的事情有可能发生。”罗素写信告诉奥托琳，“但是，这种事情出现的概率不大——我认为非常小，最好忽略不计……怀特海夫人内心不够坚强，总是感到紧
211 张。此外，她经历过许多恐怖的事情，数量超过了大多数人，心里总是想着诸如此类的危险。”罗素在这个问题上的保证其实是多余的；奥托琳从未担心菲利普做出伊夫琳想象的那种事情，她的担心来自完全不同的问题。她让罗素觉得，菲利普已经知道实情；其实，她尚未告诉菲利普，她已经与罗素好上了。她只是轻描淡写地给菲利普提到过，罗素对艾丽丝不满意，要求她表示同情和支持，这让她觉得无法拒绝。在斯塔德兰，她告诉菲利普，罗素爱上了她，催促她离开他。菲利普听后，根本没有行凶谋杀的意思，反应非常冷淡，几乎无动于衷。“你是否打算离开我？”他问道，“你如果有这样的想法，肯定就应该这样去做。”奥托琳在她的日志中声称，她“深感伤心，他竟然说出样的话”：

> 我和他之间的关系盘根错节，我给予他我的信赖和爱情。他怎么可能觉得，我希望与他分手呢？想到这一点，我就感到非常痛苦。

最后的结果再次不出奥托琳所料，正是她希望的东西：菲利普和她依然在一起，两人的婚姻关系没有变化；与此同时，她和罗素可以自由地继续婚外恋情。菲利普依然爱着奥托琳，显然不受性爱方面的嫉妒之意的影响。其原因也许在于，他自己也有几个情人。菲利普许诺支持妻子的任何行动，决定按照预定计划，前往伦敦赴约，完全同意罗素到斯塔德兰与奥托琳幽会。

艾丽丝是另外一个问题。莫里尔夫妇动身前往斯塔德兰的那一天，艾丽丝到了伦敦，住在怀特海夫妇家，和伊夫琳——她对这个问题的兴趣显然永不消失——讨论婚姻问题。那天上午，罗素信中告诉奥托琳，他没有机会与艾丽丝交谈，不过“我星期一将会见到怀特海夫妇，到时就可知道她给他们说些什么了”。毫无疑问，艾丽丝也从同一个渠道，知道了罗素的观点和打算。罗素写道：“我

觉得，她正在放弃，态度有所缓和，以便回报我减少社交行为的做法。”不管怎么说，无论艾丽丝的想法如何，打算怎么办，罗素在信中乞求奥托琳，不要放弃两人原来的主意，在斯塔德兰见面：“我觉得，让我住旅店的计划非常糟糕，毫无作用……你应该让我住在你的寓所里。无论我俩做些什么，对艾丽丝都不会产生任何影响。唯一重要的是我对她的态度。我有绝对把握控制她的行为，最多不过再忍受她一段时间罢了。”他认为，不管怎么说，“除非她聘请侦探，她是无法知道任何情况的。”

同一天晚些时候，他又给奥托琳写信说，在艾丽丝出发到伦敦去之前，他找到机会和她谈了一次。谈话结果证实了他的预料。如果他愿意周末偶尔到艾丽丝那里去，表面上和她保持关系，没有给人分道扬镳的印象，那么，作为对此的回报，她将搁置离婚起诉。这样，奥托琳和罗素就可以避免被迫卷入一场公开丑闻的难堪局面。罗素在一定程度上依然和艾丽丝保持关系，至少暂时如此。罗素和奥托琳的共同生活是通过书信往来实现的。罗素敦促道，“请尽量在信中告诉我你的情况，告诉我你的希望，你的担心，你的回忆，告诉我你阅读的图书和其他一切”： 212

> 在很大程度上，我俩只能依靠通信来互相了解……请告诉我你的一切，告诉我和我相关的事情……我并不仅仅希望了解这些，而且希望尽量分享共同的生活。

他和奥托琳只能在思念中共同生活，没有什么肌肤之亲；对罗素来说，两人在信念上的冲突显得更加突出，超过了通常的状态。他继续对这两者之间的明显矛盾感到担心：一方面是他的哲学研究工作具有的不动感情的批判性质，另一方面是在对奥托琳的思念中出现的越来越强烈的狂喜憧憬。他告诉她：“我将公开抨击你相信的信念，但是你将知道我这样做的精神状态。你不会介意，对吧，最亲爱的？”

几天之后，罗素提出一个建议，令她感到相当惊讶，它将使奥托琳和他在另外一个意义上共同生活。他在信中写道，“我在抑郁时想到，生活中没有什么东西像生命一样长久”：

> 我渴望有了孩子带来的那种持续性。但是，这个想法没有用处。如果你

生一个孩子情况会怎样？尽管我讨厌孩子在名分上不是我的这一状况，总的来说，生个孩子将是令人感到愉快的事情。

这个建议带有很强的试探性意味，但是让奥托琳怒不可遏，她根本没有做出任何回应。奥托琳觉得，她并不是朱丽安的称职母亲，根本不希望再生孩子。不管怎么说，她很久以前做过手术，已经无法生儿育女了。

对罗素来说，生育孩子这个念头是在构思这个想入非非的情景时出现的：在斯塔德兰，他将获得机会，终于可以与奥托琳做爱了。随着日子越来越近，他们两人在信件中反复说到各自急不可待的心情。达到多塞特郡之后不久，奥托琳写信告诉罗素："我现在非常渴望你的到来，但是我不去想它……我们得耐心等到18号。"两人小心翼翼，防止他人知道他们的婚外恋情，他们的努力差一点付之东流：罗素到访前不久，利顿·斯特雷奇（他当时和亨利·兰姆一起，住在科福，那地方距离斯塔德兰不远）给奥托琳写信，希望到她那里小住几日。奥托琳客气回信，最终推迟了他的行程。但是，艾丽丝的弟弟洛根·皮尔索尔·史密斯碰巧是菲利普在牛津念书时结识的朋友，也表达了访问莫里尔夫妇的强烈愿望，让他们两人面临甚至更大的威胁。罗素自然忧心忡忡。他在给奥托琳的信中写道，"你必须在我到达之前把他弄走。"奥托琳确实设法把他弄走了，但是在洛根做客期间，（可能是菲利普）谈话时提到了罗素即将访问的事情，已经造成了某种影响。不过，在那个阶段中，洛根没有理由怀疑，罗素是以奥托琳的情人的身份访问斯塔德兰的。

213 复活节那个周六，离预定动身前往斯塔德兰的日子只有三天，罗素到伦敦治疗牙齿，听到了非常可怕的消息：牙医怀疑他得了癌症。那位牙医不是治疗癌症的专家，不能确定他的诊断是否准确，建议罗素找专家复诊。但是，那位专家已经外出度假，几周之后才能返回伦敦。因此，罗素只得带着自己可能已经罹患癌症的威胁，动身前往斯塔德兰。他后来写道："当牙医告诉我他的诊断时，我的第一个反应是，祝贺死神——在幸福即将到来时，他把我攥在了他的手心里。我觉得，在我的身心的某个隐秘部分中，我相信一位以实施独特折磨为乐的神灵。"他说，他没有将这件事情告诉艾丽丝或者奥托琳，但是它挥之不去，增加了他待在斯塔德兰时的快乐感觉，"强化了那段时光的意义，让我觉得，那是我从毁灭的威胁之口中夺回来的"。

4 月 18 日至 21 日，他和奥托琳一起度过了三天时间。在他的记忆中，那是“一生中为数不多的日子，生活非常充实。那种状态在其他时段中很少出现……恶毒的死神最终没能得手”。当然，他没有告诉艾丽丝他的目的地（她可能认为，他要到剑桥去，以便赶上 4 月 21 日开学的日子）。但是，就在他动身之前，两人发生了激烈争吵：她再次威胁说，将在离婚申请中提到奥托琳的名字；他反过来扬言，如果她以这样的方式进行离婚诉讼，他就会自杀。“我随即跳上自行车离开，我的第一段婚姻就此结束。”罗素在《自传》中如是说。“直到 1950 年，我才再次见到艾丽丝。”他可能骑车离开了，但是他的第一段婚姻并不是像他所说的那样迅速、利索地结束。在长达数月的时间里，他和艾丽丝恶言相加，后来经过艰难谈判，最终达成了分手协议。在那一段时间，他其实不时和艾丽丝见面，讨论相关情况。[1]

出发前往斯塔德兰之前，罗素在写给奥托琳的信中说：“我心里只想着一件事情，那就是渴望与你见面。那个日子越来越近，我没有心思考虑哲学问题，真的急不可待了。”他先搭乘火车到斯沃尼奇，然后租了一辆马车，完成剩下的旅程。他已经和奥托琳约好，她将站在路边等他。马车翻山越岭，他觉得它的行进非常缓慢，到了叫人难以置信的地步。后来，他终于看到了她的身影，立刻跳下马车，让它拖着行李向前，自己径直奔向奥托琳。

在奥托琳看来，罗素的急切心情几乎到了狂热的地步，行为过于猛烈，她开始并不愉快接受。她在日志中记载，“他立刻摆出我是他的财产的模样，开始评价，询问和探讨”：

> 我退后一步，无法忍受这个心理医生伸出的双手，无法忍受他刨根问底
> 的探究，追问我那时为止不允许任何人染指的观念、感觉和情感的状态。我 214
> 觉得，自己就像一只海葵，哪怕遇到最轻微的触碰，也会收缩身体。不过，我尽量强迫自己勇敢一些，在可以忍受的范围之内，袒露自己的情况。但是，我在某些方面紧闭大门。对我和亨利·兰姆的友谊，我的态度特别谨慎——直觉告诉我，伯迪可能对亨利持非常严厉的批评态度。

---

[1] 他对与艾丽丝分开过程的这一段叙述相当奇特，可能起到误导作用，给人错误的印象。他还宣称，它发生在 3 月底，就是他刚刚从巴黎返回英国几天之后。实际上，那大约是三周之后的事情。

但是，和罗素相处之初，那种“腼腆和陌生”感开始逐步消退，“我能以更自然和轻松的心态对待”：

这个卓越的男人带着我，进入他的思想世界，这是我在梦中也没有想过的情景，让我不禁感到振奋，受宠若惊。他谈到他的人生、工作和思想。假如他的相貌稍好一些，就可能完全迷住我，让我欣赏思想和感性构成的世界。但是，让我感到遗憾的是，无论他的思想多么美妙，多么脱俗，让我感到多么震撼，我难以忍受的是，他的外貌乏善可陈，而且缺乏魅力、优雅和同情心。这些品质对我来说至关重要，可是在他身上很难看到。

如果我们假设，上述疑虑是她的肺腑之言，而不是杜撰出来给菲利普看的，那么，奥托琳在与罗素相处过程成功地一一掩饰，没有让他察觉出来。罗素单独与她相处三天三夜，觉得非常兴奋，那种感觉发自他的内心，不带任何虚假的成分。在返回伦敦的途中，罗素一上火车，便提笔给她写信说，“我无法做其他事情”：

你的身影完全占据了我的思绪和感觉，让我无法控制。和你一起度过了三天，这绝对让我看到了幸福和爱情可能具有的巨大魅力。随着时间一分一秒过去，我们的结合变得越来越充实，越来越完美。

次日，他返回剑桥，依然沉浸在幽会带来的激动状态之中。“我每到一处，都有这样的幸福感，难以掩饰。”他这样写道。为了满足经常去伦敦的愿望，他“使用了一点小计谋”，每周只安排两次讲座。在与艾丽丝的婚姻存在期间，剑桥曾是一个避难处，令人愉快，对他的生活来说非常必要；但是，他现在觉得，剑桥宁静的氛围在一定程度上对他来说已经不再适合了。他告诉奥托琳，“在很大程度上，这个地方是我身心的文明的一半的归属之处。我喜欢这里的庭院和窗户，喜欢我自己的房间，喜欢理智在这里受到尊重的感觉。但是，这里约束和人为之物过多，缺乏真实的生活，这一切让我身心的另一半感到焦躁不安。指导教师们在心智和身体两个方面过于拘谨，偶尔才会放纵一下。他们从不认为，生活中应有激动人心或异乎寻常的经历，所以我总是觉得，他们真可怜。这里的庭院大门紧闭，看不到外面的景象，其实适合他们这样的人。真遗憾——只需一点点激动人心或异乎寻常的经历，他们就可能在工作中取得巨大成功。”

那感觉类似于，他享受了旷野中的广袤空间，然后被禁闭在房间之内。他写道：“我相当讨厌这个地方和（属于这个地方的）工作对我形成的制约。”与这种 215
心绪对应的，不是循规蹈矩的学院生活带来的制约，而是自然世界之中的纯朴之美。他对这种美丽的欣赏能力得到了难以衡量的提升，变得敏锐起来：

> 对你的思念让整个世界变得美妙无比。今天下午，我给你写信之后，走到外面去观看日落美景，聆听鸟儿的鸣唱。这个春天，万事万物变得比往年美丽，一千倍。黄水仙花盛开，酸橙树冒出新芽，画眉鸟婉转吟唱，天空湛蓝，草地碧绿，所有这一切似乎全都改变了模样。

他的五官感觉处于升华状态，让他自然而然想起了1901年出现的那次“彻底转变”的体验。现在，他希望向奥托琳描述，他如何在那种体验的激励之下，表达他信仰的宗教，最后如何以不能令人满意的结果收场。他告诉奥托琳，《生命历程》一文是他的“这种没有完成的写作尝试，其中包含了一些个人思考”，当时仍未完成，被他束之高阁。但是，他显然觉得，他也许知道了它没有完成的原因，可以从中学到一些东西。他告诉奥托琳：“你将会看到它们最终没有完成的原因，看到我不得不放弃的原因。你阅读它们的唯一意义在于，看一看它们是如何以失败告终的。”几天之后，他把《生命历程》的21个片段寄给她，觉得它们是“一组互不相连的反思片段……在我最要时，它们聊以自慰”。

实际上，那些片段表现了人在面对苦难和悲剧时表现出来的坚忍克己的态度，占主导地位的基调与他这时的狂喜状态很不合拍。但是，罗素肯定意识到，那些没有完成的文字包含了某些东西，依然表达了他对具有重要意义的问题的感受。在那些片段中，最能体现这一点是关于“宗教”的那个部分；我们可以肯定地说，对那时的罗素和奥托琳来说，它具有特殊的意义。罗素在此问道：“所有不必要的信条，所有外壳和包装全被去除之后，宗教的真正本质是什么？”他的回答是，从根本上讲，宗教是“一种感觉方式，一种情感基调，而不是任何具体的信念”：

> 宗教以充满激情的方式确定，人生应该具有意义……强调宗教的做法就是相信：美德是重要的；人的伟大之处确实伟大；人可能实现具有意义的生存。

奥托琳相信宗教，罗素不相信；尽管如此，在这种关于宗教性质的观念中，存在许多她可能表示赞同的内容。毫无疑问，罗素将文章草稿副本寄给她的部分动机是，揭示两人之间存在的这一共同基础。此外，它也为罗素正在酝酿的计划进行了铺垫：他将撰写一本关于宗教的著作，以更成功的方式，阐述他在以前文章中试图表达的思想。在这样做的过程中，他能够以某种方式，将哲学研究与爱上奥托琳之后激发出来的具有悟性的狂喜状态结合起来。

罗素在剑桥待了仅仅几天，之后到伦敦走了一趟，接受他的牙医推荐的那位
216 治疗癌症的专家的检查。他高兴地发现，牙医的怀疑没有根据：他根本没有罹患癌症。他写信告诉奥托琳："这真的让我有如释重负之感，再也不会因此感到焦虑了。那时，除了某些时候之外，我其实忘记了这件事情，可是我不能确定自己没有得癌症。"他对当时没有提及这一点的做法进行辩护，提出的理由是："假如我真的得了癌症，如实告诉你可能毁掉一个机会，我俩就不可能获得真正的美满幸福。如果是误诊，那样说是浪费时间和破坏心情之举。"

罹患癌症的焦虑被完全排除之后，罗素试图让自己和奥托琳在心理上做好准备，迎接刻骨铭心的长久结合。他心里可能依然期望，奥托琳最终将会离开菲利普，完全投入他的怀抱。有一次，他在伦敦和她幽会之后写信告诉她："与你分别一次比一次艰难。我觉得，不久我将无法与你分别。"但是，"我希望确定，你能正确面对所有对我不利的言辞"。他首先谈到了伊夫琳·怀特海的看法，即他在情感方面并不稳定：

> 在我看来，那种情感没有得到满足，没有占据我的时间，它不能证明，我对别的女人有什么兴趣……没有表达出来的情感经过一定时间以后肯定会无疾而终……但是，认为我情感不专一的人提出的正是这些理由。我认为，这些理由是站不住脚的。我曾经爱过艾丽丝，那种爱结束了。从根本上说，我和她志趣并不相投，而且我发现了这一点……在这种情况下，正如我已经给你说过的，9年之后，我的爱情再次出现，但是由于缺乏滋养，那场爱情

并不愉快，最后慢慢死去了。

在这一段表述中，罗素试图向奥托琳做出保证，但是口笨舌拙，吞吞吐吐，其原因可能是这一事实：罗素觉得，他最好不要以自己喜欢的方式，详细说明他对伊夫琳·怀特海所持的那份感情。他似乎想说，她所说的他感情并不专一这个看法仅仅基于一个例子——那一段不愉快的感情经历的主角是她本人，她当然觉得它非常重要。

罗素可以提及的对他不利的另外一个问题是，他具有“非常冷静的理智，那种理智强调自身的权利，并不盲目遵从任何东西”。就他与奥托琳的关系而言，这一点的潜在威胁更大：

它有时会伤害你，有时显得玩世不恭，有时显得冰冷无情。这样的起伏有时候强烈，有时候缓和。你是不太喜欢的。它与我的工作有关，是我刻意养成的，其实是我控制的主要东西。我相信，经过一定时间以后，你是不会在意的。但是，当我思考时，我的感觉可能突然完全中断。对你来说，这一点开始时可能非常令人难受。对这种状态而言，没有什么东西是不可批评的——它以公平地方式，审视一切事物，仿佛它存在于别人的大脑中。

他告诉奥托琳：“我在非常艰难的氛围中，保留了自己的信念，我的理智争取每一寸地盘。”而且，尽管他强调说：“我对你的感情全都获得了它的认可”，但奥托琳肯定觉得，那些观念具有的那些力量曾经击败了他，他对她的信念迟早将会屈服于它们。

但是，罗素的理智那时没有制订规则，而是屈服于一种至少暂时更为强大的 217
力量。他几天之后写道：“我作过努力，仅仅依靠理智生活；现在，自然的反应让我低估理智具有的力量。”他对她的爱情让他全神贯注：“我不愿自己有任何不能与你分享的想法……你不是搞数学的，所以我几乎可以希望，如果我不是研究数学的，那该有多好啊……我希望将自己的一切全部奉献给你。”5月1日，罗素与奥托琳见面，在里士满公园里散步，正如他所说的，“我属于”那里。两人去了彭布鲁克别墅，还去了罗素童年时待过的其他地方。那天，罗素的情绪相当低落——他在次日的一封信件中解释说，其一是因为他感到疲倦，其二是拜访怀特海夫妇影响了他的心情。但是，在那封信件的后半部分，他详谈了他的祖母这个话题，以某种方式暗示了另外一个原因：

> 昨天的经历让我觉得相当奇怪：与你一起去了我儿时待过的地方——我记得与祖母在天晴时常去的地方。一旦她不再觉得你太瘦小，她肯定会很喜欢你的——她酷爱传统的东西。我觉得，你也会喜欢她的——她非常虔诚，堪称超越了世俗。她满脑袋都是令人焦虑的道德观，你可能觉得，她沉闷乏味。与那个时代所有讲究德行的人一样，她觉得，直言不讳地表达想法的真诚之举令人震惊，她在思想方面欠缺真诚。例如，她根本不知道，她讨厌我哥哥。我努力追求真相，这一做法总是让她感到痛苦。在这种情况下，我很快学乖了，将自己的真实想法隐藏起来。

在他与祖母打交道时，罗素面临两个选择：要么真实地表达自己的想法，冒犯祖母的宗教观念；要么口是心非，赢得祖母的欢心。他选择了后者，造成的后果是，他内心深处对祖母深感不满，其强烈程度远远超过他选择前者导致的不满。它形成一种影响他一生的能力，或者可以说一种强迫症，让他将内心深处的感受隐藏起来。在与奥托琳交往的过程中，这种可怕的可能性显示出一种类似的选择。

在那几个月中，罗素几乎没有进行多少哲学研究工作。他同意为家庭大学图书馆丛书——该丛书由吉尔伯特·默雷主编，包括各个学科的介绍性图书——撰写一本哲学简介。撰写这样的东西本来没有多大难度。按照合同，罗素应在1911年7月交稿，但是到了5月，他尚未动笔。他对此并不关心，而且写信告诉奥托琳："亲爱的，别担心我的工作。我在未来几年中，没有什么创造性工作必须去做。实际上，我最近一直在想，我应该如何避开著书立说的工作，让自己稍作休整。"他补充说，为了完成该书，他计划7月和怀特海一起，到外地写作两周。如果那时还不能完成，他计划到8月奥托琳离开时完成书稿。"所以说，一切都在掌控之中，看来没有什么问题。"

在每天写给奥托琳的信件中，罗素对他自己的情况几乎毫无保留，其中包
218 括他的过去，他的观点。他相当真诚地希望奥托琳知道并且理解关于他的所有事情。但是，奥托琳有理由对她的某些事情持严守秘密的态度，尤其是他与亨

利·兰姆正在进行之中的婚外恋。5月，兰姆与他的挚友博里斯·安雷普和朱丽亚·安雷普一起，在巴黎小住。他从巴黎给奥托琳写了一封情书，用词相当火辣（“我神圣的天使般的爱人，我觉得，我对你的爱慕之情与日俱增，让我寝食不安”），迫切希望她到巴黎去与他幽会。她支支吾吾地搪塞了一个星期，后来在5月11日写给罗素信件中，以相当突然的方式宣布，她次日将动身到巴黎去，拜访安雷普夫妇。她抵达巴黎之后写信说，她碰巧见到了兰姆。她在巴黎待了一个星期，参观新展览，享受兰姆陪伴在身边的时光。她早就告诉过兰姆，她打算移情罗素。但是，兰姆根本不相信她的这个说法，觉得大家都知道，他自己模样英俊，举止优雅，才华横溢，任何女人见了都会动心，奥托琳怎么可能弃他而去，转而看上罗素这种行为拘谨、枯燥无味的男人呢？在巴黎逗留期间，奥托琳反复向兰姆表示，她仅仅希望与他保留纯粹精神层面上的友谊，但是这一点他觉得难以接受。在她离开之前的那个晚上，奥托琳同意和他同房，这证实了他的看法。她返回伦敦之后，兰姆写信提醒她：“在那个美妙的小房间里，你，我的神圣女人，躺在床上……接受了我。”

对奥托琳访问巴黎的真实性质，罗素一无所知。那周的每一天，他都给她写信，报告他的生活，谈到他的过去，述说他的爱意。他在信中说：“我们的爱情天长地久，我对此满怀信心，非常淡定。你就是我在茫茫人海中寻觅的人，我深信，自己就是你需要的人。”在她离开的那段时间，他考虑了两人在宗教信仰方面的差异，顾虑在一定程度上变得强烈起来。他写道，存在着“某种重要问题，将来必须加以解决，不过我现在还是回避为好”。这就是说，他在考虑宗教问题时，决定将思想与感情分开，将人希望相信的东西与有理由相信的东西分开。罗素认为，在对待“上帝是否存在”这个问题时，应该采取的态度与回答“是否存在以太”[1]这样的纯科学问题时完全相同。他认为，在奥托琳的上帝信仰中，她的看法是被欲望笼罩的。但是，他紧张不安，对就这个问题与她争辩心存顾虑，担心这样做会破坏她身上他所爱的那种品质——“某种同情之心，普世之爱，还有在实践中将对立之物协调起来的能力”：

[1] 以太，又译为乙太，光乙太，是古希腊哲学家亚里士多德设想的一种物质，被称为五元素之一。19世纪的物理学家认为，它是一种电磁波的传播媒质。但后来的实验和理论表明，没有任何观测证据表明“以太”存在，因此“以太”理论后来被科学界抛弃。——译注

我怀疑，这种品质是否与对事物非常敏锐的、明确清晰的看法协调一致。但是，假如我剥夺你具有的这种品质，我是绝对不能原谅自己的。除了可能给你造成的损害之外，我也可能给自己带来损害。对我来说，你身上的这种品质具有无限的价值——它……可以帮助我弱化自己的冷漠和严厉的一面。

奥托琳在回信中强调：第一，对她来说，信仰是必不可少的；第二，失去信仰可能给她带来巨大痛苦。她的回答似乎进一步强化了他的态度。他首先表示，“我不愿剥夺你的信仰，我追求快乐的一面希望将整个问题搁置一旁”：

219 不过，在此谨简略地表述这个问题。我觉得毫无疑问的是：你的信仰是无事实根据的；我一直觉得，无事实根据的信仰是不幸的，最终出现的最佳结果是，它们肯定会一一消失。就你的情况而言，我没有感觉到这一点，仅仅在抽象层面上进行思考。我觉得，你的信仰不是我们两人之间的障碍，我并不想攻击它们。可是，我再次觉得，我不能违背自己的信仰……当然，如果你失去信仰，你会感到痛苦。但是，就我而言，我宁愿承受任何痛苦，甚至包括道德层面的痛苦，也不愿相信虚假的东西，不愿相信我研究之后可能发现虚假的东西。我不能为你制订另外一个不同的标准……如果一旦我知道，你的信仰并不与真理相悖，我会感到安心，不会希望以任何方式改变它。但是，不然的话，即便知道你可能感到痛苦，我也不会（我希望）因此做出让步……我绝对爱你，全心全意，但是由于这个原因，如果我的做法是正确的，我无法——而且决不——退让，即便这样会给你带来痛苦——同时给我带来痛苦——也在所不惜……在最严肃、最重要的问题上，我希望，自己的看法与你的完全一致。我俩决不能默许任何程度上的表面和谐。我深知这样做是正确的，所以我其实并不觉得存在任何问题。这仅仅是语言表达形成的迷雾，我俩的心是连在一起的。不过，我们应该消除语言方面的迷雾。

奥托琳从巴黎返回伦敦之后几天，罗素在信中给她讲述了他的“梦想”：“我希望摆脱抽象的研究工作，摆脱纯技术工作。我其实希望以书面形式，将自己在信仰方面遵从的原则一一表达出来……我首先为你写出我的观点，然后进行简化，以供他人阅读。我看到，我们两人的未来非常美妙，天长地久。我们将会互相帮助，给世人奉献美好的东西，拥有两人力量构成的纽带，一起完成伟大的事业。”在5月的最后两周时间里，他们实现这一梦想的承诺接受了严峻考验，面临新的威胁。但是，两人之间的关系不仅因此稳定下来，而且更加牢固。

5月20日，罗杰·弗莱探访奥托琳，引发了第一场危机。弗莱和恋人瓦内萨·贝尔一起，刚从土耳其返回英国。弗莱看到报道说，他自己爱上了奥托琳，感到非常愤怒，要求奥托琳解释，为什么她散布这样的恶毒谣言？奥托琳矢口否认，但是弗莱不依不饶。奥托琳在回忆他的态度时写道：“我作了解释，他坚持他的意见，两个小时之后，我心烦意乱，觉得毫无希望，不禁泪流满面……那个星期六，我最亲密、最令人快乐的友谊之一土崩瓦解。”从那天开始，弗莱对奥托琳采取了毫不动摇的敌视态度。在伦敦的文学艺术圈子中，弗莱结识一帮臭名昭著的谣言传播者（其中包括利顿·斯特雷奇和贝尔夫妇)。在奥托琳眼里，他是一个潜在的讨厌角色。更为要命的是，奥托琳曾对弗莱非常信任，将她与罗素的地下恋情告诉了他。到了夏末，主要通过弗莱之口，这个秘密已经四下传开。但是，到了那时，罗素和艾丽丝已经达成某种长期协议，开始了两人婚姻危机的下一个阶段。所以，那些谣言已经起不到多少作用了。

就在罗素面对来自弗莱的谴责的同一天，罗素到费恩赫斯特，在冯布里奇住 220
了一夜，履行与艾丽丝达成的表面上保持婚姻的协议。他后来给奥托琳描述说，他发现艾丽丝处于“古怪而痛苦的”状态。原来，洛根和他姐姐谈到他拜访莫里尔夫妇的情况，并且称赞说，奥托琳态度友好，令人愉快。艾丽丝知道了罗素的背叛举动和欺骗行径，立刻勃然大怒。罗素后来向奥托琳报告说：“她开始大发雷霆，扬言进行离婚诉讼。她急于告诉洛根，要小心行事。显然，他与你的友谊激怒了她，让她觉得无法忍受。你是否介意我实话告诉洛根？……也许，最好让他知道实情”：

> 她说，她并不知道我当时要去斯塔德兰，这消息她是从洛根那里最先知道的。我发现，这难以让人相信。她怒气冲冲，是针对我们两个人的。我觉得，我将不得不多去探访她，次数会超过我原来的计划，不管怎么说，在短期之内我得这样做。我无法忍受她可怜兮兮的样子。

“她还提出，如果她生一个孩子，我是否会承认那是我的！”罗素补充了一句，字里行间显露出难以置信的意义。存在那样的可能性，他不得不认真对待。“我无法想象孩子的父亲会是谁。即便可以克服这个困难，她怀孕的概率是一千比一。”因此，罗素几乎毫不担心地说，他当然可以承认。

一两天之后，艾丽丝将罗素与奥托琳的婚外恋情告诉了洛根。洛根反应激烈，愤怒程度超过了艾丽丝，立刻赶到贝德福德广场，向奥托琳表示抗议。次日，罗素给奥托琳写信，解释这个问题：“请原谅，我将它视为一个身为弟弟的人的一时冲动。多年以来，他看见姐姐遭受苦难，却一点忙也帮不上。”实际上，那个行动仅仅是一个开始，洛根在后半生中对奥托琳一直怀有刻骨铭心的仇恨，这甚至让洛根最亲近的朋友困惑不解，深感难堪。其中一个名叫罗伯特·盖索恩－哈代的人认为，它源于洛根对菲利普的情感，以及随之出现的对奥托琳的嫉妒。那样的感情“最初很强烈，带有辩白成分，过了一段时间之后，慢慢冷却下来”。但是，它给艾丽丝提供了分手的借口，最后“成为一种可怕的、久不消退的偏执性心理困扰，非常接近精神失常状态”。在奥托琳的所有仇敌——对她这样态度友善、举止慷慨的人来说，这个数量大得惊人——中，洛根·皮尔索尔·史密斯无疑是反应最为激烈的一个。

对罗素和奥托琳来说，值得庆幸的是，菲利普支持奥托琳的决心一直毫不动摇，没有受到他老友的愤怒之情的影响。与之类似，洛根对菲利普的情感也丝毫未减。其结果是，菲利普后来能够代表奥托琳进行干预，阻止洛根坚持离婚的做法。正如洛根知道的，离婚对菲利普的伤害最大，可能超过任何人。莫里尔夫妇做出安排，前往牛津郡的纽因顿，在美国画家间艺术赞助人埃塞尔·桑兹的豪华乡村别墅中度过周末。菲利普邀请洛根参加，星期六下午在那里与他们会面，讨论相关情况。

与此同时，罗素对事情的进展持颇为超脱的态度。他告诉奥托琳：“我相当确定，洛根和艾丽丝不会做出任何无法挽回的事情。但是，我既不愿考虑这样的
221 事情，也不愿讨论它们……如果有谁迫使别人鸡肠小肚，考虑微不足道的事情，我觉得难以原谅。”也许，罗素在努力寻找慰藉，逃避令人难以忍受的状况，于是将注意力从身边出现的危机引开，转向斯宾诺莎的理论教导。他告诉奥托琳，斯宾诺莎“是一个伟人，给人启迪，让我这样的人去爱人类”。他给了奥托琳一份斯宾诺莎的《伦理学》概要，并且强调说，斯宾诺莎的教导希望达到的效果是，在人行为不当时，其他人应该表示理解，而不是表示愤慨。他说，在斯宾诺

莎的著作中，可以找到避免冲突的钥匙：

> 他将自我保护视为盛怒之源，分析自我保护是如何形成冲突的。然后他指出，如果人们将自己的一半精力，投入所有人可能喜欢的事物——即一个人的喜好并不阻止别人喜好的那些事物——中，冲突就可能停止。他给人们提出的终极至善被他称为“在理智上对上帝的爱”。关于他使用的这个说法的意思，论者们莫衷一是，但是我觉得我知道。斯宾诺莎认为，个体不是永生的，但是只要他们爱上帝，他们对上帝的爱就是永存不朽的，非个人的。斯宾诺莎对宇宙满怀情感，那种情感既是神秘的，又是理智的，肯定是通过神灵般的平静感受，在他身上培养起来的。在平静感受中，人从带着盛怒的冲突，转而对冲突的问题，形成不受个人感情影响的理性认识。斯宾诺莎认为，冲突是根本之恶，由爱形成的理性是化解冲突的对策。

他告诉奥托琳，斯宾诺莎指出了这一点与日常事务之间的关联性，斯宾诺莎的头脑和内心总是伟大的，从来不被琐碎事务所困。“他的一生就是践行其教导的一个典范。如果一个人面临发怒的危险，或者说面临听任欲望破坏自己的淡定心态的危险，就应该想到斯宾诺莎的教导”：

> 在我们的爱给予的东西中，很大部分——也许最重要的部分——是完全独立于别人的行为的。我觉得，假如我俩不得不分开，我也应该终生铭记对你的认识，铭记我曾经拥有的令人满意的完美爱情，铭记有人梦想追求、但是觉得不能找到的爱情。这一点将永远丰富我的世界，恰如不朽诗歌或者自然之美。

他得出最后的教训是：“他们无法影响我们的爱情，无法影响其他任何东西。在最坏的情况下，他们只能影响共同生活带来的个人幸福。”

在随后的信件中，罗素从更实际的角度，谈到这个问题。他担心的事情之一是，洛根和艾丽丝扬言宣布的丑闻可能迫使他辞去在剑桥大学的职位：“我觉得，如果我被迫离开这个地方，我会感到非常难受。这里几乎给我家的感觉，超过了其他任何地方。过去20年，我的大部分时光是在这里度过的，我生活中的许多重大事件是在这里发生的。”在两姊妹中，他（可能错误地）认为，艾丽丝的威胁更大一些。他对洛根的看法是：洛根希望让他难堪，但是希望保护奥托琳；洛根一旦意识到无法实现这一点，可能会放弃要求离婚这个主意。就艾丽丝的态度而言，罗素认为，她仅仅希望让奥托琳身败名裂。他说，他当初利用自己与另外一个女人
222 有染的虚假证据，主动向艾丽丝提出，自己愿意离婚。但是，那个办法“毫无可取之处。但是，假如不把你牵涉进来，她会觉得，她没有理由离婚”。

那个周末，罗素待在怀特海夫妇家里，焦急不安地期待在纽因顿进行的谈判，考虑自己没有奥托琳将会如何生活。罗素发现，在思考过程中，他自己的感觉其实远离了斯宾诺莎伦理学所建议的状态。“我觉得，我应该憎恨艾丽丝，那样的仇视情绪具有破坏一切的杀伤力。我努力告诉自己，我可以面对这样的情况，但是觉得，实际情况并非如此。”他曾经在《自由人的信仰》中建议，一个人在生活中，不应考虑个人幸福，而应追求更大的至善，而且在一段时间中相信自己可以做到这一点。“但是，我那时的想法是错误的；热情之火渐渐熄灭，那种灵感弃我而去，生活变得冷酷无情，空洞无物。后来，你进入了我的生活，伴随你的爱情，其他所有美好的东西也回来了。长夜就像一场邪恶的梦境，我几乎记不住其内容，很快消失在虚无之中。但是，如果重返那种长夜，那几乎超过了我的忍受限度。”

5 月 28 日，在埃塞尔·桑兹的寓所，洛根如约见到莫里尔夫妇。他谴责奥托琳和罗素时，依旧言辞猛烈，但是他显然没有坚持提出离婚的打算了。他转而扬言，如果莫里尔夫妇继续与罗素见面，他将与他们断绝关系。这个代价奥托琳当然非常愿意付出，菲利普作出的牺牲看来更大。正如奥托琳在信中所说：“我和丈夫决定，考虑到洛根提出的条件，必须放弃与他的友谊。”她还写道，这样的结果“让我对菲利普的赞赏和爱慕之情大增，超过了以往任何时候。我现在觉得，我已经作出选择，必须坚定信念，尽量将更多时间和精力用在伯迪身上”。

洛根和艾丽丝离开纽因顿，然后到了剑桥，给罗素说明他们两姊妹提出的分手条件。他们承诺：第一，不会对簿公堂；第二，他们将告诉所有朋友，罗素和艾丽丝已经分开，其原因不是出现了另外一个女人，而是罗素和艾丽丝相异之处过多。但是，作为回报，罗素必须承诺，再也不会和奥托琳同房。他们这样说暗示的威胁是：其一，罗素根本不知道他在什么时候处于监视之下；其二，如果洛根和艾丽丝通过任何渠道了解到，有人看见罗素和奥托琳在同一个房间里过夜，

相关法律程序将会立刻启动。

如果说艾丽丝认为，这个条件将会伤害奥托琳，她就大错特错了。但是，对罗素来说，它的杀伤力确实很大。他倾向于认为，就与奥托琳的关系而言，正是他自己带来了长期负面影响，最终将以失败告终。不过，从短期影响看，考虑到可能出现的更糟结果，对那个周末的谈判结果，他的反应真有如释重负之感。“我认为，这已相当不错了。”他在那个星期天晚上写道：

> 洛根和艾丽丝在这里，已经达成了全面协议。她同意彻底分开，不诉诸法律程序。因此可以说，一切顺利。没有必要再焦虑不安了。这次，她善良的一面占了上风。眼下，我非常疲惫，没有更多打算，只想好好放松一下。 223

他次日想到，自己的每个举动都在私人侦探的监视之下，再也不能自由自在地和奥托琳一起共度良宵。他似乎没有心情举行庆祝活动，发现对艾丽丝的憎恨重新燃起，而且比以前更强烈了。“只要我没有专注思考，我在想象中便忙于给她写信，这样可以让她的日子变得无法忍受，也许可能达到效果。一封封信件在我眼前晃动，后来我意识到了自己的可笑想法。我完全意识到，这是下作之举，我正在设法加以应对。”

艾丽丝信守达成的协议，给她的家人和朋友分别写信，告知她和罗素分开的决定，没有提及——实际上明确否认——罗素爱上别人这个事实。“我们给朋友们写信，恳求他们不要指责我们任何一方。”她在写给姐姐的信中说，“分手的原因只是差异太大——伯迪无法勉强表示爱意；在他有这种感觉的情况下，我无法和他共同生活。但是，他很容易改变主意；我依然非常爱他，所以并未完全放弃所有希望。”他们两人的分开可能是暂时的；在艾丽丝那段时间的信中，这一暗示反复出现，甚至在写给罗素的信件中也能见到蛛丝马迹。罗素看到之后忧心忡忡，请求伊夫琳·怀特海给艾丽丝挑明，分手是永久的。伊夫琳回信说，罗素和奥托琳更该担心的不是艾丽丝，而是洛根；艾丽丝“心情非常不错，决心以最佳方式，面对这个问题”。

但是，在后来写给亲戚、朋友和同事的信件中，艾丽丝依然说，她和罗素同意“暂时”分开。例如，6 月 18 日，她在写给 G. E. 摩尔的信件中，以此解释罗素暑假留在学院的原因。她告诉她姐姐：“我将永远爱他，如果他回心转意，我会非常高兴。”在其后40年的余生中，她从来没有放弃这个希望。正如罗伯特·盖索恩－哈代所说：“她对罗素的爱意从未消失，其中存在着某种类似于狂热的心理状态。”从1911年夏季开始，她专心致力于照顾洛根，并且为各种慈善事业奔忙。但是，她一直关注罗素的事业，有时甚至会在罗素居住的区域里散步，偷偷地透过他的房间窗户，窥视里面的情况。她心里从未出现过与另外一个人结婚的念头，并且从不怀疑，她自己依然属于罗素。

对罗素来说，与艾丽丝分手来得太晚，但是，它完全了断，不可挽回，超过了他的预料。在过去9年时间里，这个女人一直让他大伤脑筋，现在终于一次性彻底摆脱她，这让他十分开心。有一点让他觉得恼火：在剑桥，他不得不掩饰自己内心的愉悦。他与艾丽丝分手的消息已经人人皆知；如果他显得过于高兴，肯定会起到火上浇油的作用，让他另有新欢这个满城皆知的流言更加沸沸扬扬。例如，在纽纳姆，简·哈里森不依不饶，确信罗素爱上另外一个女人，所以才离开
224 了艾丽丝。不过，对罗素来说值得庆幸的是，简·哈里森从她视为“可靠的权威人士”那里得知，她所说的那个女人是有夫之妇，就住在剑桥。

6月12日，罗素与简·哈里森见面，试图让她相信，没有这样的女人，并且让她获得——像他在给奥托琳信中所说的——“对我有利的虚假印象”。他希望造成的是“受伤的殉道者”的印象。他在6月14日写道：“菲利普和朱丽安的幸福，居然依赖于我佯装拥有的自己并不具备的美德，这种情形令人感到滑稽。但是，既然事已如此，愿上帝赋予我力量，演好伪君子这个角色，装模作样地唉声叹气，面带苦笑，对艾丽丝赞不绝口。这样做显得，我自己的灵魂多么崇高，人品多么高贵。如果我将来穷愁潦倒，我可以加入一个黑鬼滑稽说唱团，担任小丑的配角，以悲情男子的面目登台表演。”

“如果一个人心里充满欢乐，然而却装出一副悲痛欲绝的模样，这样的做法是令人不齿的。”他承认，然而“现在的情况是，我不得不这样做，不过我也从中获得了自己的乐趣”。但是，他的演技并不像他想象的那么高明，他一周之后从伊夫琳·怀特海那里了解到，简·哈里森并非像罗素在信中所说的那样，“显然信了这一套”，而是比以前更加确信，罗素有了外遇，并且做出动作，打算指名道姓地说出嫌疑人。他已经不再有什么乐趣可言，不得不面对令人讨厌的局面。伊夫琳甚至觉得，艾丽丝和洛根可能刻意泄露了真实情况，以便保护可能殃及的无辜者。“显而易见的是，已经提到康福德太太的名字。”

罗素不必长时间忍受这样的气氛。1911 年 7 月初，他和诺思 · 怀特海一起，动身到乡下度假两周。两人待在威彻——沃斯特郡莫尔文丘陵的一座小村庄。准确说来，那样的环境通常会使罗素进入最佳工作状态，所以他有理由相信，在两周时间里，他可以完成《哲学问题》的大量撰稿工作。但是，由于某种原因，他发现写作进展缓慢。毫无疑问，与怀特海一起散步和讨论打乱了他的思路，这类似于当初的情景：他不得不硬着头皮，校对看似没完没了的《数学原理》，校对他必须完成的巴黎的一场讲座的稿件。那些活动分散注意力，然而其本身并不是难以克服的障碍。

他无法顺利写作的一个更深层次的原因在于，他认为，如果他将心思转向哲学研究，或者不管怎样说，转向这种特殊的哲学研究，那就意味着将他的注意力从奥托琳的身上转开。他达到沃斯特郡两周之后的那个周末，他在给奥托琳的信件中写道："我再次有了过去 4 个月中没出现过的感觉，内心冲突带来无限的疲倦感，让我觉得无法忍受。"他认为，这一点"主要是重新开始工作带来的结果：我发现自己精疲力竭，身体几乎死去，但是思维连续不断，超过以前的状态"：

> 我觉得，思考的任务似乎是来自更高权力发出的命令，这是某件必须完
> 成的事情，既无须进行推断，也无须深究缘由。我知道，它需要自己的最大
> 力量，需要将自己的智性发挥到极致。这令人感到不可思议的痛苦……我对
> 哲学研究的这种专注不可言喻，我很想知道，你是否理解呢？这与理性无
> 关，与认为哲学非常重要这一深思熟虑的判断无关。其原因仅仅在于，我觉 225
> 得自己必须这样做。我常常觉得这项工作令人厌烦，但是却无法逃避。当
> 然，从内心深处看，我并不希望逃避。

他最初进行的哲学研究本来涉及形而上学和认识论。他告诉奥托琳："我必须避开宗教和道德观，所以无法写出什么让你很感兴趣的东西，这让我觉得不安。"他在早些时候写给她的一封信件中说，他觉得"我俩在工作上完全分开，各自为战，这将使我们两人在重要问题上出现分歧"：

> 我将让你与我从事的事业发生联系，即便这意味着改变我的工作性质也

在所不惜。就数学方面的研究而言，我已经完成了当初计划的所有工作。这本大部头出版之后，我无论如何也不会继续这个方面的研究了……从一定程度上看，我在哲学领域中的大多数著述都将带有普及性质，我可以在我俩谈过的那些方面从事一些研究工作。我现在感到，我们的爱情非常重要，超过了其他任何事情。

当时，奥托琳和菲利普两人在牛津郡的亨里度夏，住在乡间别墅佩帕德村舍。罗素总是寻找机会，到佩帕德探访，不过，他自然会小心谨慎，在附近的客栈过夜。在那段时间里，他逐渐拉近了他与奥托琳的女儿朱丽安的关系。奥托琳的身体日渐虚弱，常常不得不躺在床上休息。每每出现这样的情况，罗素都会鼓励朱丽安到他身边来，和他聊天。这种准父亲行为产生了作用，进一步增强了罗素想要孩子的急切愿望，于是再次向奥托琳提出了生孩子的迫切要求。他告诉她，每当和她做爱时，他都情不自禁地想到希望她生孩子的事情。而且，他也确信，奥托琳私下也有这样的想法。奥托琳并没破坏他所珍爱的这个幻觉，决定以谎言应对。“我亲爱的，你在这里逗留期间，我想到了这一点。不过，我只是不好意思直言相告”：

亲爱的，我也确实渴望给你生个孩子，但是我希望目前不要为好。我觉得，怀孩子会带来太大的压力。我知道你理解这一点……但是我不知道，采用手术方式是否可能如愿以偿？

她补充说：“如果你想要孩子的渴望将来变得非常强烈，你也许会另有新欢。我希望你知道，我绝对可以理解这一点。”这样的口气让罗素有相当不祥之感。

事情本来已经非常糟糕了，但是奥托琳几天之后得寸进尺，明确提出她和罗素之间的爱情不是自私的，不会排除她“对其他人的情感和爱意”。从她的角度看，这是一个试探性说法，以便澄清她与亨利·兰姆之间的友情性质。罗素在伍斯特郡逗留的那段时间里，她与兰姆一起共度了大量时光，一起做她最喜欢的事

226 情：参观画展，欣赏芭蕾舞演出，讨论文学和艺术。兰姆的工作室在亨里，离佩帕德村舍不远，步行数分钟便可以达到。罗素探访奥托琳时曾经见过兰姆一两次，从来没有想到，他们两人之间可能存在恋情。但是，奥托琳提到她对其他人

的情感和爱意，这一点让罗素感到担心。他告诉她，接到她的信件的那天，他一直闷闷不乐，被“假定的嫉妒之情”所困。他以为，她想到的主要是他对别人的情感和爱意，于是向她保证说，这不是他想要的东西：

> 但是，我不禁想到，你也认为，将来某个假定的时段里，我不应在你的眼里显得碍手碍脚。我希望我不会。但是，我的心胸并不足够宽广，难免产生嫉妒……如果你另有所爱，我可能默从，不过仍然是你的忠诚朋友，不会以任何方式改变我对你的看法。可是，我是不会继续付出自己的感情的。在这种情况下，你可能要对由此造成的悲剧性后果负责。假如我爱上别人，这对我来说将是非常不幸的：其一，我在道德方面将会受到责备；其二，那将带来深层次的内在损害，最终导致精神上的毁灭……我应该保持对你的专一，而不是让别人为我生个孩子。对我的幸福来说，这具有至关重要的意义。

那天，罗素心情抑郁，究其原因，一个是这种“假定的嫉妒之情”，另一个是工作中出现的问题。那天晚上，他在“艾丽丝的一位老朋友露西·莱昂·菲利莫尔”家中过夜。他说，见到莱昂“让我回想起自己早年与艾丽丝的恋情。那时，艾丽丝年轻快乐，青春焕发，纯朴单纯，心地善良”：

> 现在，她彻底毁了，备受折磨，没有自信，没有希望，没有目标。这全是我一手造成的。

罗素在这封信件的结尾处说：“我写上面文字时感到非常抑郁，几乎不知道那时的实情。”他倾向于认为，问题的根源在于，他觉得奥托琳将会对他心生厌倦。“如果出现任何让我感到担心的事情，这势必让我面对世人可能遭受的所有苦难”：

> 没有宗教信仰的日子并不容易。亲爱的，在我的生活中，我对你的爱处于压倒一切的地位，简直到了必不可少的程度，这其实让我感觉相当糟糕。我担心它让你感到压抑，觉得它限制了你的生活。如果我能够解从中解脱出来就好了，亲爱的，它不应是你的牢狱。

在伍斯特郡的假期结束之后，罗素决定不回剑桥，转道前往佩帕德村舍几英里之外的一座名叫伊普斯顿的村庄，住在旅馆里，在那里度过夏天。他每天骑车离开，中午到达佩帕德村舍，在那里一直待到半夜。那年夏天，天气异常炎
227 热，在附近的树林里，他和奥托琳度过了大量时光。两人享用野餐，互相朗诵柏拉图、斯宾诺莎和雪莱的作品，并且（根据奥托琳的回忆）“畅谈人生、政治和未来”。奥托琳认为，两人在林间进行的讨论恰如“启迪之旅，打开了我心灵深处的紧闭的黑暗窗户，照亮了尘封的角落，让我穿过令人困惑的枝蔓密林，寻找阳光和真理”。但是，罗素有时轻轻地牵着她的手前行，有时用力摇晃她的身体，说她没有坦诚相待，执意要她面对真实的情况。“那样做令人精疲力竭，但是让我的思维变得严谨有序，给人愉悦之感。”奥托琳接着写道：

> 他的心智无与伦比，灵魂散发出纯洁的火焰，开始影响我，感染我，几乎在生理上吸引我，让我进入心醉神迷的状态，简直可与多恩在诗歌中描写的情形相提并论。他乏善可陈的相貌似乎消失了，我俩的精神在一团烈火中融为一体，他的灵魂似乎深入了我的灵魂。

这里的言外之意是，当罗素的精神被视为与肢体分离开时，他在生理上最具有吸引力。这个说法证实了罗素本人后来表达的意思。他曾经这样描述奥托琳：“她在情感方面充满浪漫，表现出来的与其说是激情，毋宁说是感伤。在她眼里，我的感情似乎相当难以理喻。我觉得，她不是从常见的世俗激情，而是从行吟诗人和典雅之爱的角度，来看待我们之间的关系的。”

可是，1911 年夏天，奥托琳的看法得到了印证：罗素强烈关注精神和宗教问题，并且决心从这个方面来审视自己与奥托琳的爱情。在斯宾诺莎看来，一个人克服矛盾的理想方式是超越自身的有限自我，用“永恒”的眼光来看世界；在罗素自己的体验中，对奥托琳的爱情让他在精神层面上得到了解放；这两者以某种方式变成了挣脱牢狱的意象。对罗素来说，对奥托琳的爱意似乎已经成为一种活生生的例子，揭示了他早年在《生命历程》中勾勒出来的宗教——沉思的宗教。现在，那座牢狱就是自己的有限自我，就是自我包含的琐碎冲突和骚动；获得解放的途径要么是斯宾诺莎所说的“上帝的智性之爱”，要么是某种与他对奥托琳的爱情类似的体验。但是，罗素当时看来没有想到，在详细讨论这个观点的过程

中，他其实提供了一个基础，让奥托琳拒绝承认他的“世俗激情”。

罗素告诉奥托琳，他的脑际中过去常常出现哈姆雷特的著名论断：“世界是一座大监狱，丹麦是最糟糕的牢房之一。”但是，“现在我已经冲出了囹圄。我可以伸手触摸天上的星星，你的爱情之光点亮了我的世界，它将永存下去，照亮每个角落。”他希望以某种方式传递这种体验，以便给别人带来启迪。这个想法让他灵感频现，撰写《哲学问题》的任务显得相形见绌。当时，他正绞尽脑汁撰写《哲学问题》，但是他已经开始构思一本新的著作，书名自然叫作《牢狱》，其重 228
要性，将会超过《哲学问题》。他告诉奥托琳，入住伊普斯顿的出租房时，他希望主人将会给他钥匙，让他夜间可以出去散步，考虑新书的内容。如果他如愿以偿，顺利写成该书，“它将见证我们两人的美好时光，堪与上一代人眼中的《拼凑的裁缝》媲美”。

撰写新作的想法让奥托琳感到兴奋，她开始把该计划称为“我们的孩子”，心里无疑希望：就罗素而言，新书可以发挥作用，足以替代世俗意味更浓的后代。她在 7 月 28 日写道：“我们的孩子给人带来愉悦。我相信，它是我们两人完全结合的结晶，其意义与一般的孩子不相上下。”那时，罗素也十分乐意接受这个想法。他在同一天写信告诉她：“你将我身上的最佳状态释放出来，”

> 而且让我看到的一种睿智，让我的整个身心积极响应；我觉得，自已终于看到我理想之中的世界。在获得内心和谐的过程中，我的进展一直缓慢；假如你没有出现，我可能根本无法实现这一点。但是，我现在已经拥有它……这种内心和谐让我感到了力量，可以使人奉献一份美妙的礼物，这就是我们的孩子。

撰写新书的想法似乎赋予罗素一纸新的生命契约，让他重新投入工作，精力充沛，灵感迸发。他告诉奥托琳，他觉得“自己就像当年的拿破仑，一边同时与六人对弈，一边给七名秘书口述命令”。在那段时间里，他同时进行着三件事情：一、撰写《牢狱》；二、撰写《哲学问题》；三、进一步核对《自然哲学的数学原理》的证明。他在 8 月 6 日写给奥托琳的信中说：“你相信精神因素的力量，正是这一点让我具有如此旺盛的精力。”智性和精神这两大因素终于融为一体：“我常常难以确定，我在书中表达的思想究竟是我的，还是你的？我们的想法看来惊人相似。”

《哲学问题》主要集中讨论比较枯燥无味的问题，不过罗素发现了一种方式，可以给该书注入他“感悟”到的某种东西。他在该书最后一章谈到了《哲学的价值》，让他可以大段使用《牢狱》中的内容。罗素认为，哲学是一种途径，人们借此可以超越纯粹个人的直接体验。罗素写道：“缺乏哲学气息的人一辈子受到偏见的约束。那些偏见有的来自常识，有的来自他所在的时代或者民族的习惯信念，有的来自他头脑里形成的想法，没有得到深思熟虑的理性的支撑或者赞同。”哲学思考让人们摆脱“本能兴趣构成的个人世界”：

> 除非我们能够扩大自己的兴趣，足以容纳整个外部世界，我们依然是陷于围困的要塞之中的守备队员……如果我们希望自己的人生变得伟大和自由，我们就必须逃离这座监狱，逃离这样的冲突。

他接着说：“个人自己的事情变为禁锢智性的监狱。”哲学将智性解放出来，
229 智性可以像上帝一样，“没有此时此刻的限制，没有希望和恐惧，没有习惯观念和传统偏见的束缚，平静而且冷静，完全抱着求知的愿望，将知识视为非个人的东西，视为纯粹供人沉思的对象，观察世间的万事万物，实现人可能达到的目标”。该书结尾提出的理念是，在哲学沉思中，“心智……变得强大，可以与构成至善的宇宙统一起来”。

8月11日，奥托琳在给罗素的信件中写道：“我很想知道最后一章的进展情况，急切盼望我们的孩子诞生。”她在次日的信件中写道，她确信罗素的真知灼见将给读者带来改造效应，“起到巨大作用，让他们获得活力、自由、爱情，让他们与他人和融洽相处”。在这一点上，她其实回应了罗素自己的情绪。罗素在同一天写道：“让那些无法相信上帝和永生的人获得宗教信仰，这曾是我内心深处多年以来的夙愿。但是，我后来失去了那种热情，失去了信仰。如今，我的见解更深刻，更远大，更淡定，超过了以往任何时候。你的信仰让我的信仰变得更容易一些。”不过他明白，经过一定时间以后，“这一见解将会进入休眠状态，被冷冰冰的智性取代”。但是，他补充说：“你将会知道，这仅仅是一段间歇期。”

8月18日，罗素完成了《哲学问题》的最后一章，随即开始集中全部精力，整理思绪，确定《牢狱》的内容。他告诉奥托琳，他终于获得“真正清晰的思

路”，并且让她看了一份详细的摘要，将每章的内容一一列出。全书将有七章，开头分析“宗教的性质和价值”。罗素表达的观点与《生命历程》中的类似，认为宗教的本质存在于对永恒真理的沉思中。该书的结尾三章讨论沉思，“只不过扩展我在以前著作中已经表达的观点”。中间分为三章：数学世界讨论共相的柏拉图式存在；物理世界强调自然之美；往昔世界阐述历史的重要性。奥托琳认为，罗素勾勒的框架没有实现原来确定的目标。也许，罗素对她的这一看法表示原谅，在回信中声称：“今天晚上，本书的轮廓在我脑海中非常清晰。夜色很美，让人难以相信，清风阵阵，充满神秘气氛。”尽管如此，他提供的摘要让这本著作显得单调无聊，令她感到失望。

几天之后，罗素离开伊普斯顿，到了附近一座名叫切肯顿的村庄，决定在那里逗留两周，将全部时间用于写作《牢狱》。没有奥托琳带来的干扰，也没有她给予的灵感。那年夏天，奥托琳的健康每况愈下，医生查出了神经炎，建议她到欧洲大陆去，找一家温泉度假村待上一段时间。她选择了马林巴德，[1] 定于 8 月 27 日启程，并且说服了菲利普，让罗素 9 月到那里去住几天。

她动身的那天，罗素告诉她说，他写了 17 页，并且要她放心，他 9 月 9 日前往马林巴德肯定可以完成大部分初稿。该书的初稿和修改稿都没有保存下来——罗素完成初稿之后不久，对内容很不满意，可能毁掉了稿件。幸存下来的
只有一些片段，他在后来的著述中使用了其中的一些句子或者段落，最明显的例 230
子是《哲学问题》的最后一章，以及 1912 年撰写的关于“宗教的本质”的文章。他在次年冬天写道：“去年夏天，我觉得《牢狱》写得非常不错；现在，我认为该书的想法不错，但是稿子却差强人意。”他似乎认为，该书没有成功的原因在于，它是说明性著作，“必须有更好的艺术形式”。奥托琳本人觉得，该书在风格上缺点在于，它“过于局限于说明问题”，所以“读来颇像讲稿”。

但是，让罗素觉得难以接受的是伊夫琳·怀特海提出的批评。她率直地指出，该书令人乏味，没有任何可取之处——罗素的摘要和幸存下来的片段也显示了这一点。她告诉罗素，它“非常沉闷，就像中年时才能结婚的男人”。她还补充说，“书中谈到的情感与人感受的东西相去甚远”，而且“表达思想的部分与展现情感的部分格格不入”。伊夫琳提出的批评仅仅涉及风格问题，并未说到表达的理念。

---

[1] 捷克共和国的玛丽亚温泉市的旧称。—— 译注

这让罗素心存希望：只要他能找到更适当的文学形式，他依然有可能向世人奉献自己梦想的“伟大礼物”。

其实，该书过分强调非个人的因素，奥托琳本人曾经对此感到不满，提出了入木三分的批评，探究了它必然失败的原因，不过罗素并未注意到这一点。罗素本人认为，该书“以某种方式说明，个人并不具有什么重要性”。但是，这至少不是奥托琳希望表达的意思。恰恰相反，她坚持认为：“个人特征非常可贵。”她信奉的是一种具有个人特征的宗教；罗素以斯宾诺莎的方式，对不偏不倚和自我隐没这两个因素进行了解读，根本没有触及她所说的宗教的本质。在幸存下来的这些片段中，我们可以看到反复出现的两个观念：其一，“以所有形式——包括思想、感觉和行为——出现的自我都是牢狱”；其二，“宗教的本质是对自我的需求进行控制，以便与宇宙融为一体。”罗素写道，人的神圣的一面“认为个人几乎没有什么重要性可言，它轻视死亡，发现自身的希望与个人生命的延续性没有联系”。这一信条提供了基础，拒绝考虑“尘世之爱”，崇尚神圣之爱，其方式激进，远远超过了奥托琳的预期：

> 尘世之爱要求，其对象是有用的，美丽的，善良的；除了尘世之爱之外，还有对所有人一视同仁的神圣之爱。

《牢狱》的中心论点提出的悖论——奥托琳的批评暗示了这个悖论——是：《牢狱》的灵感来自奥托琳在罗素身上激发出来的巨大激情，让他升华了对她的爱情，将它等同于“不偏不倚的崇拜”，等同于“上帝的智性之爱”；但是，它排斥激情本身，将其视为并不重要的因素。由此可见，《牢狱》根本不可能以正确的方式，对待给予罗素创作灵感的激情。同理，《牢狱》也不可能表达这一点：摆脱了与艾丽丝的枯燥的共同生活之后，罗素产生了如释重负的感觉。其原因在于，那不是来自自我之中的解脱，而是自我获得的解脱——那种解脱让他最终能
231 够重归本性。奥托琳当时理解了这样的观点，曾经问他是否可以更多地考虑个人之间存在的巨大的多样性？是否可以更多考虑这一看法，即每个人仅仅希望通过努力“理解什么是自己的最佳选择”，以便成为完整的人？

奥托琳否认了罗素的“尘世之爱”，这让他的挫败感越来越强，于是向她表达了一个观点，以便说明应该否认这样的爱情的原因。但是，最后形成的具有讽

刺意味的结果是，她觉得这个观点也没有什么吸引力。罗素当时没有完全意识到的是，她否认他的尘世之爱的做法既不是人们的普遍信念形成的结果，也不是一般理论形成的结果，而是一个人的反应带来的结果。其原因不是她希望完全超越这样的激情，而是仅仅在于，她发现他在性生活方面乏善可陈。

232 # 第八章　艰难而枯燥的思考

1911年9月9日，罗素前往马林巴德，与奥托琳会合。他们两人本来计划共度一周时间，罗素住在距离奥托琳不远的旅店里，每天到奥托琳下榻的酒店陪伴。但是，那家酒店的经理不愿看到自己管理的地方被用作明显的婚外恋人的幽会场所，执意不让罗素住进酒店，所以两人的计划只有告吹。仅仅几天之后，罗素被迫中断行程，返回英国。这让奥托琳松了一口气，终于有了机会，修复自己在酒店经理眼中的形象。菲利普到达酒店之后，那位经理随即告诉他，在他入住之前，一位先生每天都进入她的房间探访。让那位经理大失所望——让奥托琳深感宽慰——的是，菲利普对她没有怨言，忠诚一如既往，仅仅轻描淡写地说，他听到这个消息感到高兴。

罗素结束返回英国的遥远旅途之后，在伦敦住了一夜，直到9月16日才回到伊普斯顿。他返回时已经做好心理准备，将要面对艰难的工作，曾经在信中告诉奥托琳，“现在，我精力充沛，身上仿佛装了二十台蒸汽机。”许多事情需要他做：一大堆需要校对的稿件，一份需要他审阅的院士申请者的论文，此外还有“大量信件”——其中一封是亚里士多德研究会的秘书H.维尔顿·卡尔写来的。那天夏天，罗素被选为协会主席，该职位要求，他通常应该在11月第一周举行的年会上发表演讲。而且，卡尔还在来信中说，法国哲学家亨利·柏格森将于10月最后一周到达伦敦，并且表示希望能够出席年会。在这种情况下，卡尔希望知道，罗素是否介意年会提前一周举行，以便柏格森莅临？

在最近几十年里，柏格森的声誉大不如前；但是，在1911年秋天，他的知名度超过了其他任何哲学家，在法国和英国均是如此。他最有名的著作《创造进化论》1907年在法国出版，同年也在英国出售，受到所有自认紧跟时代的读者们的追捧。无论柏格森何时现身伦敦，他都被人给予巨大荣誉，受到诸如乔治·萧伯纳和伊斯雷尔·赞格威尔这样的作家的款待。至少在文学和艺术界，他被视为当时最受人欢迎的哲学大师。卡尔临时建议，提前举行年会，以便让柏格森出

席，这样做可能表达了大多数会员的愿望。但是，这一点并未减弱罗素对改变日 233
程所持的反感态度。他以抱怨的口气在信中告诉奥托琳："由于柏格森的缘故，我不得不在这里开始准备年会的讲稿。"

但是他觉得，自己不仅必须答应卡尔提出的要求，而且还得继续研读柏格森的著作。在1911年，他与其他许多人一样，对柏格森的这一核心思想几乎了解不多：它崇尚生命冲动——神秘的生命力。柏格森致力于保护它，让它不受抽象思维带来的否定生命的反向力量的侵害。对具有罗素的思维方式的人来说，这样的学说没有什么吸引力。不过，罗素当年在巴黎逗留时至少购买了柏格森的《创造进化论》，至少半心半意地试图理解其基本要义。但是，罗素当时依然沉浸在首次与奥托琳共度良宵的回忆之中，阅读进展非常缓慢。他告诉奥托琳："我记得，自己当时坐在旅店房间里，努力安下心来，理解他的著作，但是心绪却飞向毫不相干的问题。生命冲动牢牢控制了我，让我全无了解它的愿望。"

现在，时过境迁，在9月的伊普斯顿，罗素的心情已经完全不同。"我已将所有想象力用于撰写《牢狱》，"他在信中告诉奥托琳："现在觉得脑子里空荡荡的，需要进行艰难而枯燥的思考——它就像某种补药，起到了提神作用。"此外，他想到自己要与柏格森进行哲学辩论，也不得不集中精力。在撰写亚里士多德学会年会演讲的过程中，他带着批判的目光，细读了柏格森的这本著作。他刚刚完成了自己有理由视为畅销书的介绍性哲学著作，完成了他希望在影响力上可与卡莱尔的《拼凑的裁缝》比肩的宗教著作，于是开始产生了这样的想法：他将成为受人欢迎的哲学家，经过一定时间以后，他的知名度将与柏格森不相上下。他为会见柏格森所作的准备工作起到了激励作用，其性质类似于拳击选手为争夺拳王称号所进行的备战活动。

剑桥大学大约在一个月之后开学，他决心充分利用这一段时间。他告诉奥托琳，他的时间是这样安排的："我每天上午和下午茶歇与晚餐之间的时段工作。有时候，晚餐之后还要干一段时间。下午，我给你写信，然后骑车出去，到另外一个地方寄信。一天的其余时间中，我有时阅读《卡拉玛佐夫兄弟》，有时一边散步，一边思考问题。"他是在奥托琳的影响之下阅读陀思妥耶夫斯基的小说的，总的来说喜欢这位俄国作家的作品。"但是，让我印象至深的是，他笔下的人物精神失常，超过了我所喜欢的程度。我发现，另外一本作品（《白痴》）中的角色罗果金留在了我的心中，形成了挥之不去的形象。"

罗素决心让自己重新回到进行严谨哲学研究所需的心理状态。他告诉奥托琳，他“近来一直觉得，自己决不能变得软弱，决不能自我放纵”：

> 这意味着，我必须保持对艰深的抽象问题——这些问题对你来说没有直
> 234 接意义——的兴趣。我渴望与你分享自己的每个想法，我发现自己难以专注于无法引起你共鸣的问题。写出真正让你关注的问题让我深感幸运……我常常夜里很晚才回到房间，你的身影在我的脑际萦回，让我觉得自己充满活力，充满感悟，就像受到了神灵的启迪。

但是，现在“我的研究与你没有什么联系，唯一相关的一点是，我必须这样做，以便让自己的人生具有价值”。他发现，当他确实专注于与她没有关系的问题时，“我的大脑非常好使”。他已经形成了一些新的看法，准备写进为亚里士多德学会撰写的文章中。他已与斯宾诺莎和莱布尼兹“讨论了”这些问题——在他的壁炉台上，摆放着两位哲人的半身雕像。“自己就在这两位伟大的哲学家身边，这确实在某种意义上让我有身在家中的感觉……我与他们交谈，解释自己是如何继续他们未竟的事业的。我情不自禁，觉得他们听到并且赞同我的看法——有时候，这种感觉非常强烈，几乎是一种幻觉”。

几天之后，他完成了那篇文章，标题是《论共相与殊相的关系》。他确信文章会让听众困惑不解，但是依然宣称他自己对它非常满意。他曾经以较为容易理解的方式，在《哲学问题》中提到过这篇文章的主题。具体说来，在《共相世界》中，他曾经特地强调，除了普通的日常体验——“殊相”——构成的世界之外，还存在另外一个世界。那是抽象观念或者“共相”构成的世界，即柏拉图所说的“理念世界”。罗素使用了几乎带有诗意、让人浮想联翩的字眼，描述了这个世界，认为它“恒定、刚性、精确，让数学家、逻辑学家和形而上学体系构造者们，让所有喜欢完美胜过生命的人们深感快适”。殊相世界包含“所有的念头和感觉，所有的感性数据，所有的物体”；它与共相世界形成对比，“转瞬即逝，晦涩模糊，没有明确的界限”。

在这篇新作中，罗素设法以更严格的方式，对这些基本的形而上学范畴进行界定，证明共相和殊相世界的存在。一方面，他与认为只有殊相才是真实的哲学家（例如，休谟和贝克莱）对垒，另一方面，他与认为只有共相才是真实的哲学

家（例如，某些阐释文献中所说的布莱德雷和柏拉图）对垒。罗素采用全新的方法来讨论这个古老问题，其目的旨在就所涉及的范畴，提出准物理学的时空定义。例如，殊相——即日常体验的客体——是通过这一事实来进行定义的：它们不可能同时出现在两个不同场所中。根据他的解释，共相分两种：关系（例如，“在左侧”），它们在任何时候都不可能处于任何场所中；特性（例如，“白”），它们可以同时出现在多个场所。

无论这一学说——顺便说一句，罗素很快确信，它引起的问题很多，与它解决的问题不相上下——可能具有什么优点，无可否认的是，它不乏新意，至少说明罗素依然具有提出原创哲学思想的能力。考虑到撰写这篇文章的目的，它在主题上有一个小问题：文章与柏格森的著作看来没有什么明显联系。罗素9月30日回到剑桥，看到了柏格森写来的一封信件：柏格森表示期望与罗素见面，但是觉得他不会赞同罗素提出的观点。“我觉得，自己必须增添某些与他相关的段落”，罗素告诉奥托琳：

> 他认为，那种原材料是一种连续的流动，准确说来没有什么概念适合 235
> 它。我可以提出，那种连续的流动是一种哲学建构，根本没有什么“原”的意思。

在进行这类补充之前，罗素重新研读柏格森的著作。在他的思考中，那项研究占据了主导地位，除了亚里士多德学会年会召开之前的那个月之外，其后还延续了数月时间。他认为，在与柏格森论战的过程中，他其实是在进行一场规模巨大的战斗，对抗无理性的力量，为智性进行辩护。这一想法支撑了他对柏格森进行的专注研究，在很大程度上也是促使他进行此项研究的动力。正如他后来所说的，“如果他［柏格森］谴责智性的做法以失败告终，智性将在谴责他的战斗中获得胜利，其原因在于，这是双方之间的一场你死我活的白刃战”。

这一态度与罗素在整个夏天中致力于维护宗教的本质的尝试格格不入，看来反映了这两者之间的与日俱增的紧张状态：一方面是他对哲学家生涯的看法；另一方面是他对奥托琳的爱意。在智性与直觉的“你死我活的白刃战”中，奥托琳很可能站在直觉这一边。实际上，我们不禁怀疑，在罗素对柏格森的观点的蔑视性表述中，奥托琳可能看到了许多她自己的想法：

他是我的对立面；他以所谓生命冲动的名义，将殊相共相化，并且非常喜欢本能。哼！

（10月2日）

他认为，智性是邪恶的魔鬼，从空间和物质的角度，说明一切事物；他认为，揭示真正的真理的是活动，特别是艺术创造的活动。

（10月9日）

在该书中一章的结束语中，他将人生与骑兵冲锋进行了比较。在他的笔下，整个人类向前疯狂猛冲，他们通过了所有障碍，“也许甚至包括死亡”……他的习惯做法是，选择理性完全处于休眠的状态，然后将它作为他的理想情景……他的想象力非常丰富，完全根据他的计划来对待整个世界。对那些希望生命、行为和动作的人来说，他是令人钦佩的角色。他讨厌柏拉图，因为柏拉图提出的理念是静止的。他希望万事万物处于活动之中，就像进行冲锋的骑兵。在他不那么令人讨厌时，他认为生命在本质上类似于艺术创作：在一定程度上，盲目的冲动促使人们在事先并不了解的情况下，形成某种东西；在这种情况下，创造出来的东西被视为事前希望的东西。

（10月12日）

对罗素来说，关于本能、行为、运动和盲目冲动的讨论听起来肯定“有限”，令人反感；但是，对奥托琳来说，这样的理念（特别在应用于艺术创作时）并不是与她信奉的宗教截然对立的东西，而是她欣然接受之物。在讨论她自己信奉的
236 宗教时，她可能常常使用“永恒”这个词汇。但是如果罗素觉得，这与他自己对“无限”的理解联系紧密，他就有受到误导之嫌了。奥托琳——如果说不是罗素——越来越清楚地认识到，在罗素的“沉思的宗教”的核心位置上，是数学所示范的一成不变的静止的抽象形式，与她的永恒观相去甚远。她的永恒观更具活力，它尊崇的永恒性恰恰表现在创造的盲目冲动之中。

罗素希望相信，他自己和奥托琳在思想上完全相同，对此几乎到了极度渴望的程度，常常显得非常固执，对两人之间的分歧采取视而不见的态度。在撰写《牢狱》的过程中，他甚至声称：“我常常难以确定，我在书中表达的思想究竟是

我的，还是你的？我们的想法看来惊人相似。”但是，现在让他着迷的与其说是他的“感悟”，毋宁说是“艰难而枯燥的思考”，他逐渐发现，他们两人之间的看法并不相同。

一旦他意识到奥托琳的信仰与他自己的“沉思的宗教”毕竟不同，罗素便开始对奥托琳的信仰进行攻击，似乎开始了另外一场“你死我活的白刃战”。第一次交锋在从马林巴德返回几天之后开始：

> 你信奉上帝和永生教义，避开了最艰难的问题——生死离别、虚掷的光阴，还有根本无法修复的伤害感。如果任何人相信，一位善良的神灵会设计出这类地狱般的东西，这样的人肯定会让我深感震惊。

10月11日，新学期开始之后的第一天，罗素告诉奥托琳，他觉得她身上最美妙的是他给予她的“无限观”。他问道：“你是否认为，这样的观念来自对上帝的爱？如果不信仰上帝，这样的观念是不可能存在的？我很想知道你的看法。”奥托琳当然坚持认为，实情就是如此，这促使他几天之后发起新的攻击。他使用的言辞更激烈，其方式显然是要挑明：这场争论的重要性与他同柏格森的争论不相上下；他将自己视为处于守势的一方，他捍卫的并不仅仅是他的观点，更重要的是理性本身：

> 我对你在来信中使用的关于上帝的文字很感兴趣。我认为，你与大多数信徒一样，过高地估计了信仰上帝对你产生的作用。我知道，我当初信奉上帝时的想法就是如此。你可能发现，没有上帝，这个世界上存在的无限性依然不会减少。我已经意识到，你的信仰不是以理性为基础的，不可能受到理性的挑战，所以你迄今为止依然毫不动摇。如果我可以让你感到，人没有信仰可能变得更加高尚，那么，我就可能开始抱有希望了。

开学之初，一个名叫“异见者”的本科生辩论团体的秘书C. K. 奥格登找到他，希望他撰写一篇论文。这让罗素获得了机会，可以在反对柏格森的活动中，发起一场公开的直接攻击。罗素表示可以撰写一篇关于柏格森的文章，于是很快放弃了扩展为亚里士多德学会撰写的那篇文章的想法，决定另起炉灶，撰写一篇 237

批判柏格森的长文。该文于1912年春天发表，后来成为他最著名的文章之一。

大约一周之后，奥格登作为“异见者”的代表再次拜访罗素。罗素在写给奥托琳的信件中描述：“一个陌生的德国人出现在我的面前，英语结结巴巴，但是拒绝讲德语。我后来了解到，他曾在夏洛滕堡学习工程，但是在那期间通过自学，对数理哲学产生了很大兴趣。于是，他到了剑桥大学，希望听我讲课。”当天晚些时候，罗素去上课，很高兴地发现，“我的德语终于派上了用场。”次日，罗素在信中说：“我的德国朋友很可能让我难以对付。讲座结束之后，他跟着我回到房间，我们两人一直争论到晚餐时方才罢休。他显得固执，有些反常，但是我觉得他并不愚笨。”正如罗素后来发现的，那个“德国人”其实生在奥地利，名字叫路德维希·维特根斯坦。经过一定时间以后，他将会给罗素的人生带来决定性影响，但他最初仅仅是一个让罗素感到好奇、好玩、稍微有点鄙夷的角色。罗素提到他时使用的字眼是“我的德国人”、“我的德国工程师”，甚至曾经还用了“我的凶猛的德国人”。

10月21日，星期六，奥托琳外出五周之后，终于回到了伦敦。罗素和她短暂会面之后写道：“如果换成我五周之前见过的其他任何人，我会有刚刚见过的感觉。但是，你给我的感觉是，已经多年不见了。”奥托琳和菲利普离开马林巴德之后，在欧洲各地旅行，先后到了布拉格、米兰、帕维亚和洛桑。在洛桑，奥托琳找到埃塞尔·桑兹推荐的神经科专家库姆医生，请他给她治病。在罗素与奥托琳分开期间，发生了许多事情。罗素告诉奥托琳，“我最初很不好意思，觉得我肯定会再次看到你原来的状态”：

> 而且我觉得，你不会喜欢我回到剑桥时感受的氛围。在那样的氛围中，人们对实际生活中的事情漠不关心，我不喜欢的正是这一点。这让我觉得难受，让我对纯粹的脑力劳动持反感态度。

在罗素返回剑桥讲授星期三的课程之前，两人有机会在伦敦度过几天，有时一起朗读诗歌。罗素在返回剑桥途中写道：“每时每刻都给人身在天堂的感觉……你回到了伦敦，恢复了往日的快乐，让我有了复活之感，简直妙不可言。”

罗素在伦敦的布鲁明顿租下一套小公寓，位置就在大英博物馆对面的贝里街，步行到贝德福德广场只需两分钟时间。奥托琳帮助他购置家具和陈设。她回忆说："我乐意为他把公寓弄得漂漂亮亮的。摆放一些他的家传物件，例如，他母亲的肖像和祖父的书桌，他见了觉得很温馨。我常常过去，与他会面。"在她的回忆中，那些探访时光简直就像梦魇：

> 贝里街上的那些小房间真让人不堪回首。伯迪精神紧张，心急火燎，非 238
> 常不幸！他欲望强烈，我给了他一切，但是依旧难以让他满足。他常常站在窗前等候我。如果我迟到了，他会一分一秒地计算，变得越来越紧张。我沿着街道急行，害怕抬起头来，看见他面孔靠着玻璃急切等待的模样。完事之后，他留在房间里，脸上全是没有满足的神情，孤苦伶仃，可怜兮兮，让我觉得忐忑不安。我怎样才能满足他呢？他性欲旺盛，似乎可以把我摧毁。我在自己的日志中发现这样的文字："可怜的伯迪！我有时候觉得，和他待在一起就像身陷囹圄，他激情高涨，占有欲和控制欲很强。我回到家里，不禁欢呼雀跃，常常在自己的房间里翩翩起舞，振臂高唱，'自由了，自由了'。"我觉得，我应该在街道上伴随着手摇风琴的乐曲，欢快地跳起舞来。

奥托琳返回伦敦一周之后，罗素到了伦敦，出席H. 维尔顿·卡尔为柏格森举行的宴会。那天晚上，在写信告诉露西·唐纳利说，柏格森"将在伦敦发表演讲，各家日报纷纷报道——不知怎么的，整个英国对他着了迷"。在他的描述中，那次宴会"很有趣"。他的一侧是柏格森，另一侧是弗朗西斯·扬哈斯本爵士。那位士兵出身的探险家因为在西藏的冒险活动名扬英国，似乎对哲学深感兴趣。罗素写道，作为哲学家，柏格森"闭口不谈基本原则，仅仅杜撰说来好听的童话故事"；但是，作为男人，柏格森举止文雅，谦恭有礼。乔治·萧伯纳发表了妙语连珠的讲话，"大家纷纷举杯，庆幸自己获得了自由，逃离了19世纪60年代的沉闷的科学教条之害"——这就是说，除了罗素，其他人均有同感。"我依然相信那些信条，所以我觉得自己身处局外。"在写给奥托琳的信件中，罗素进行了非常类似的描述，但是增加了一个关于柏格森本人的句子："与他的交谈中，我没有得到任何新的东西，完全是他已在书中表达的内容。他的形象思维能力很强，但是几乎没有什么听觉或者触觉方面的想象力——他的全部哲学均被视觉支配。"

两天之后，罗素在亚里士多德学会上发表了主席致辞。柏格森按时出席，提出了批评意见。不幸的是，会议记录中没有柏格森的评论内容。但是，从雅克·舍瓦利耶在《柏格森访谈》中的记录，我们了解到两点：其一，柏格森认为，他自己完全驳斥了罗素对“柏拉图理念的彻底的唯物主义的表述”；其二，他将罗素后来对他的攻击视为报复之举。罗素将他发表的论文副本寄给哈佛大学的拉尔夫·佩里，并且在信中说：

> 我宣读论文时，柏格森在场，显然觉得我一派胡言，没有新意。他说，这让他想起了古希腊人；在现代世界中，殊相可能被人视为理所当然之物，但是共相只有经过仔细证明之后才能被人接受。

239 罗素返回剑桥上课，没有心思与维特根斯坦纠缠。他发现，维特根斯坦“喜欢争论，令人厌倦，甚至显示出‘傻瓜’的特征”：

> 他认为，在经验层面上，没有任何东西是可知的。我要他承认，我的房间里没有犀牛，但是他不肯。

与维特根斯坦进行这种稀奇古怪的交流之后，罗素回到房间，继续去做看似无法完成的工作——校对《数学原理》。非常烦琐的工作让他觉得欣喜，他宣称，与阅读柏格森的著作相比，校对工作“令人愉快许多”。《哲学问题》的校样送到，大大增加了他需要校正的稿件数量。他写信告诉奥托琳，“我认为，《哲学问题》读来不错”，但是《数学原理》“给人一种可怕的感觉。这些东西是数年之前撰写的，我已经忘记了其中的许多内容。我敢说，这是我一生中完成的最重要的著作，但是它让人难以进行判断”。罗素阅读这两本著作，一本内容艰深，难以理解，一本刻意通俗。这让他反思两者之间的对比，反思他身为哲学家和作家的未来生涯：

> 看来，我不会继续从事任何数学方面的研究了。我觉得，别人可以继续这样的工作。我发现，我的哲学思考的许多内容都出现在这本廉价小说［他给《哲学问题》所取的名字］之中，这让我感到惊讶……觉得奇怪。我毫不怀疑，哲学著作值得人们阅读，但是如果我将自己的生命奉献给哲学领域的原创性研究，这样做究竟有多大价值呢？我对此深表怀疑。

次日，他在给奥托琳的信中写道："我渴望与你长谈，说一说我的生活，说一说如何让生活过得更好。"他告诉她，与她共度良宵的愿望非常强烈，"但是这取决于我的总体生活状态，取决于我的能力……我觉得，无论我做什么，我都不会感到满意……可能性是无限的，成就是有限的"。

当时，怀特海的儿子诺思在学经济学，在和罗素交谈之后，表达了转向学习哲学的愿望。"但是，从他将来的生计考虑，学习哲学显得并不可取"：

> 关于哲学的价值，我向他表达了我自己的看法；我的观点让他大吃一惊。我希望，将来有机会让自己的观点见诸文字。在那之前，我并不清楚自己的明确想法。

无论罗素对哲学持何种怀疑态度，对他自己给所教的"这些年轻人"带来的价值，他一点也不怀疑："我觉得，这些年轻人有趣，非常重要……我在这里努力做的事情是，给他们讲授我对智性生活的最佳理解。"他告诉奥托琳，身为教师，他的目标"是让学生把他当作普通人看待，在任何时候都可以打断他的话头"。

一个学生充分利用了罗素的开放政策，这个学生就是维特根斯坦。维特根斯
坦常常到罗素的房间拜访，阐述自己的哲学见解。11 月 7 日，罗素在信中说，维 240
特根斯坦"仅仅承认断言命题，拒绝承认其他任何东西"，并且非常固执地坚持这一看法。一周之后，罗素不得不中止讨论，声称"这个主题太大了"。但是，维特根斯坦是无法阻止的。罗素 12 月 16 日写道："我的猛烈的德国人（我发现他是奥地利人）来到我的住所，就我上课所讲的内容提出质疑。他非常顽固，仿佛全副武装，对所有使用推理方式提出的批评持置之不理的态度。其实，和他交谈简直是浪费时间。"

从罗素在字里行间的暗示中，我们可以推知，在与罗素的互动中，维特根斯坦是如何形成他自己的思想的。例如，维特根斯坦说，只有断言命题存在，这一看法可被视为他对罗素在亚里士多德学会上宣读的那篇文章的反应。即便维特根斯坦 10 月 30 日没有前往伦敦听罗素宣读这篇讨论共相和殊相的论文，几乎可以肯定的是，罗素 11 月 4 日在剑桥大学伦理学俱乐部宣读这篇论文时，维特根斯坦在现场聆听。对任何一个坚持殊相与共相是分离实在的人来说，他面对的问题是，如何解释这两者是否是结合起来的？例如，一个具体的事物——就说一个雪

人吧——怎么是白的（分享“白色”这个共相）。在这篇文章中，罗素提供的回答是，求助于谓词的“终极的简单联系”，它将两者在一个事实中结合起来（在“雪人是白色的”这个句子中，雪人是主语，白色是谓词）。

根据罗素的说法，这里的问题是，联系本身是共相，所以，这个问题涉及的是，这个共相——“谓词的联系”——本身是如何与构成该事实的其他殊相和共相联系起来的？看来，需要另外一个联系，以便将两者结合起来。在这种情况下，这里所说的另外一个联系本身将是一个共相，依此无限类推，形成一种无限倒退。维特根斯坦认为，所有存在的事物都是肯定命题。这一观点给分析世界的活动设立了限度，指出了一条道路，让人摆脱这种混乱局面。他提出，世界上的事物不是分为共相和殊相，而是分为事实，共相和殊相已经联系在一起了。因此，并不存在殊相和共相如何联系起来这个问题。或者说，正如他后来在《逻辑哲学论》中所说：“世界是事实构成的，而不是事物构成的。”[1]

那个学期结束前一周，维特根斯坦到罗素的住处去，就这个问题征求罗素的意见：他究竟应该继续哲学研究，还是重操旧业，进行工程方面的学习？

241 ……他今天问，我是否觉得，他在哲学方面是否完全没有潜质？我告诉他，我不知道，不过我觉得他有潜质。我让他拿一点他写的东西来，以便我进行判断。他有钱，对哲学很感兴趣，但是觉得，如果他没有超过常人之处，他就不应献身哲学。我觉得，我其实没有确定的判断，所以感到责任相当重大。

几天以后，罗素和维特根斯坦首次聊到哲学之外的话题。罗素发现，维特根斯坦“文学不错，音乐方面也很有修养，（作为奥地利人）举止优雅。而且，我觉得，他真的聪明……我越来越喜欢他了”。12 月 7 日，维特根斯坦返回维也纳过圣诞节之前，两人最后一次见面，讨论学术问题。回国之后，维特根斯坦将撰写文章，以便最后确定，他是否“完全没有潜质”。

---

[1] 在那之前，维特根斯坦以稀奇古怪的方式拒绝承认这一点：我们可以在经验层面上知道，犀牛不在某个房间里。我倾向于认为，这里所说的观点与维特根斯坦早年的想法不无关系。世界——这个例子中的房间——由事实构成，由肯定的事实构成。一旦对确实在房间之中的所有东西进行了完整的描述，就没有必要另开一个单子，罗列不在房间里的数量可能无限的事物，以便确定没有遗漏。于是，完整的清单上没有犀牛这样的东西，那么，房间里没有犀牛这一说法不是构成房间的事实之一。所以，与对所有否定的事实的认识类似，房间里没有隐藏起来的犀牛这一认识不是经验层面的，而是推知得来的。

那学期结束几天之后，罗素抓紧时间，写下他的哲学思考。正如他对奥托琳所说的，其目的“旨在厘清我自己的思想”。他那时断定，其一，哲学的唯一用处几乎“是与科学和宗教导致的错误观念进行斗争”；其二，这方面的重要工作可以在普及的层面上进行；其三，“技术上精益求精的修正几乎没有什么作用，只会引起争论，形成烦冗的文字”。在撰写《哲学问题》的过程中，他已经强化了这样的看法。

在强调大众哲学的价值过程中，罗素无疑受到这一愿望的影响：他应该撰写某种让奥托琳感兴趣的东西。这个问题的另外一个侧面是，在哲学需要进行斗争的宗教方面的错误中，也包括她的一些看法。在整个圣诞节期间，他专心写作，甚至到了可能危及与她的关系的地步。11 月 28 日，他在写给她的一封值得注意的信件中，解释了他为什么以堪称着迷的兴趣，反复研究这个问题。他写道：“你激发了我心中的奇特渴望。在一定程度上，这是因为观点带来的快乐——这样的东西我不该指望；在（与之相关的）一定程度上，我希望与你实现更完美的结合。我说的结合不是外在的——尽管这一点有时让我觉得无法抗拒——而是内在的。我希望，我俩在宗教问题上保持一致，不是在感觉方面，而是在信念方面”：

> ……在想象力方面，面对你的神圣的内心世界，我自叹不如。我知道，我无法进入其中……你知道，我对你的爱多么强烈，我对宗教的感觉多么强烈——如果两者结合起来，那将非常美妙。

在努力理解奥托琳的宗教信仰的过程中，罗素也许过多考虑了思想方面的因素，即她可能依赖的理性基础。但是，对宗教在她生活之中所起的作用，他的关注极少。奥托琳在具有宗教信仰的家庭环境中长大，从来没有想过需要对宗教加以质疑。她的母亲博尔索弗夫人——奥托琳衷心爱戴的人——非常虔诚；在她母亲病重期间，奥托琳阅读了托马斯 · 厄 · 肯培的《效法基督》，从中找到了慰藉和灵感，从而强化了继承而来的基督教信仰。但是，她的真正的宗教导师是一位修女，名叫朱丽亚，是特鲁罗的一家修道院的院长。奥托琳 21 岁时，就在她母亲去世不久，见到了朱丽安修女。在她的回忆录中，奥托琳表述了朱丽安修女给她 242
留下的印象，字里行间暗示了初恋的激情。她详细描写了那位修女的“令人惊讶的眼睛”，它们“相当苍白，不同于我见过的任何人的眼睛”：

> 它们阅尽人生的痛苦和光明，但是依然看到光明，感觉到爱情和尊崇。她的身上似乎散发出某种充满爱意的精神力量，她的脸颊中透出天堂的色彩，就像圣斯蒂芬一样。最为重要的是，她给予我一种令人尊崇的感觉。我进入她的房间，从未失去在她面前跪下的愿望……她非常虔诚，非常温柔，不乏幽默，不时莞尔一笑。她分享我的欢乐和痛苦，对人生，甚至对最卑微的人，也不失尊崇之感。我记得，我有时候进入礼拜堂，看到她——当然，她完全不知道我在注视她——的脸上露出尊崇、崇拜和光明的神情。那个模样似乎一直驻留于我的心中，验证圣灵的存在。对我来说，假如其他所有信念不再灵验，朱丽安修女的态度和面容依然是一种无法解答、令人信服的证明，显示生命之中的一种无限的存在。

那年9月，奥托琳在欧洲的各个城市中旅行，知道了朱丽安修女去世的消息。她沉浸在悲痛之中，没有提供罗素一直要求她说明的信仰上帝的理由，而是向他解释了朱丽安修女在她的人生所起的作用。她觉得，她的解释肯定让罗素有所理解，然而实际结果适得其反，它引起了他更多的嫉妒之意。他在信中说：“我知道，朱丽安修女去世以后，没有谁给你提供宗教方面的指引。我非常希望在这方面给你提供更多的东西——从一定程度上说，正是这一渴望让我变得如此粗鲁。”

罗素觉得，在奥托琳的内心深处，信仰——无论是朱丽安修女还是上帝本人体现出来的信仰——占据了一个至关重要的位置，得到了她珍视，他自己无法进入其中，更不用说充实其间了。然而，正是这种想法让他怒不可遏。圣诞节期间，罗素与怀特海一家人在一起，奥托琳探访了菲利普的父母。12月27日，罗素和奥托琳前往位于贝里街的他的寓所，计划在那里共度一天。当时，感觉在他的身上占了上风，他决定向她的“神圣的内心世界”发起最猛烈的攻击。两人几乎刚一见面，罗素便开始盘问，言辞激烈，心怀敌意。她是否承认，在将她的信仰基于感觉，而不是理性的过程中，她在思想上有不诚实之嫌？她是否同意他的观点，没被证明的信仰并不值得他的尊敬？在奥托琳看来，这就像攻击了她的生命本身。罗素的猛烈口气让她确信，她已经失去了他的尊重。她回到牛津的婆婆家中，几乎处于濒临自杀的状态——遭到了罗素的攻击之后，她的宗教信仰依然完整无缺，但是自信心却严重受损。在返回牛津的火车上，她给罗素写了一封信件，言辞尖刻，话题针锋相对，试图解释两点：第一，她被他当作头脑混乱、观点错误的宗教狂热分子，这让她觉得颜面丧尽；第二，让他理解宗教信仰对她的重要意义的努力简直毫无希望。“我觉得，我根本无法让你理解我的感受，就像 243
我无法理解备受你崇拜的数学一样。”她写了这个句子，然后叉掉了。列车达到牛津车站时，她的心绪变了，心里想到的只有失去他之后的悲伤。她立刻赶到一家邮局，给他发了一份电报，内容只有三个字：“祝福你”。

罗素回到怀特海夫妇在洛克里奇的乡间别墅，对他的行为懊悔不已，深感担心，提笔给奥托琳写信，恳求原谅。他告诉她，“对你那么残酷，放肆破坏，无情无义，让我心里诚惶诚恐”：

> 我的言辞过于激烈，过于粗暴，过于尖刻，这是禁欲造成的恶劣结果。不过，我最亲爱的，这些东西将会灰飞烟灭，与我没能如愿在写作过程中表达自己的思想的状态有关，全是某种心理禁欲论所致。它与所有其他形式的禁欲论一样，简直糟糕之极。

他的脑海里浮现出她在牛津时的模样，“骄傲，可怜，病态”，想象她感觉她自己“孤苦伶仃，觉得自己毫无用处，是世人严重的累赘，考虑去自杀，渴望一死了之”。那个情景令人“心如刀绞——相当可怕”。他想到奥托琳面对孤独的情景，在日志中写道（但是，我们不禁觉得，他自己的内心也同样孤独），这让他想起了自己1901年的那次经历。“当时，我第一次懂得，只有爱情和温柔才具有真正的价值。”他崇拜奥托琳的爱情、温柔和献身精神，憎恨“我身上的那个怒气冲冲的迫害者”。

> 我渴望获得你拥有的那种内心的淡定。但是对我来说，这无法实现，我一辈子都不可能达到那种境界。躁动不安，内心狂怒，我一直都是这样的。我一方面渴望信仰你的上帝，另一方面又对他说出亵渎之辞。我可以表现出大量的崇拜之情——对宗教的渴望有时候非常强烈，几乎让我难以忍受。

但是，尽管罗素自责不已，他对两人分歧的分析依然颇有侮辱的意味。“你的头脑居然真的没有受到你提出的论点的影响，这令我觉得匪夷所思。”他接着还补充说，他不得不“改变多年的习惯，改变我自己所作研究的整个倾向，以便理解你获得信念的方式……你不会相信，推理是获得真理的方式；但是，我相信。这就是问题的症结所在”。

就他希望对奥托琳发起攻击的欲望而言，我们怀疑，他比较接近“问题的症结”。他在同一封信件的后半部分说：“我在你心中的地位远非自己希望的那么高；意识到这一点有时候让我不由涌起一阵疯狂之感。”即便在他处于懊悔不已的状态下，他也情不自禁地认为，尽管想到她不愉快让他觉得痛苦，他却根本无法“像朱丽安修女那样”，给予她真正的内心宁静。

次日，罗素感到，“最好去发现我们两人之间的一致之处，而不是分歧之
244 点”，努力寻找妥协之道，认为“你所说的上帝与我所说的无限性非常类似”。罗素辩解说，一旦认识到这一点，他们两人的信念就不会那么水火不相容了。这个说法根本不令人信服，作为一种保证之辞也没有触及——奥托琳认为的———最重要的问题。与罗素相比，她更关心的不是两人的信念是否相同，甚至不是是否相融。她希望从他那里得到是以下保障：第一，他不鄙视她；第二，他在思想和精神上尊重她；第三，他像以前一样爱她。在随后几天的数封信件中，罗素被迫怒气冲冲地改弦易辙，以便在所有这些方面做出保证。“我明白，我俩完全可以分享思想方面的东西，”他先是承诺，接着甚至希望让她放心，“你不知道，听你谈到你的宗教观时，我已经深受裨益。对我来说，那真的非常神圣。”

但是，如果说他可以改弦易辙，还是存在着一定的限度。他不得不承认：“在我们两人的信念之间，当然存在着巨大的差异。”

> 我认为，人类之外的任何精神力量其实都不可能给人提供帮助……因此，我既不能向上帝祈祷，也不能依靠上帝。我需要的力量我要么必须从自己身上获得，要么从我佩服的人那里获得。依我所见，这个观点不仅显得更真实，而且更高尚，更严肃，更美妙，超过了从外部寻求帮助的想法。

他觉得，他必须继续陈述他的观点，于是强调说：“我希望你考虑到，将来的某一天，你可能觉得，与现在的想法相比，你那时的观点也许更真实。”可是，他承诺说，他再也不会再犯同样错误，指责奥托琳不诚实了。

新年之际，罗素从与奥托琳的激烈争吵中受到启发，有了一个想法，打算撰写他所说的“精神自传”，其目的旨在说明，他在人生中肯定会寻找宗教信仰，寻找他在《牢狱》中试图表达的“理想”之巅。在一定程度上，这个想法出现他在向奥托琳解释这一点的过程之中：他的敌视性怀疑论并不针对宗教本身，而是针对要求坚信毫无基础的信念的那种宗教。他告诉奥托琳：“无论你信奉的宗教给你带来什么影响，它们都可以通过我相信的这种宗教来实现。”他所说的精神自传没有幸存下来，但是在罗素1912年最初几周所写的那些信件中，无疑留下了带有某种带有其特色的信息：

> 我真的认为，精神因素——构成宗教的因素——是伟大的；它们让人生具有无限性，并且不再琐碎。
>
> （1月1日）

> 我们知道，有时候某些事物进入我们的生活，远远胜过常见之物；它们仿佛来自另外一个世界，不可能是人为之物。但是，我们自己拥有奇特的力量，其中既有善，也有恶——精神失常也可能出现，仿佛来自人体之外，让人产生似乎着魔的感觉。依我所见，宗教应该让人认识并且记住这些远远胜 245
> 过常见之物的东西，在生活中以习惯方式想到它们……迄今为止，仅仅在偶尔感受到压力或者欢欣鼓舞的情况下，我才能看到最神奇的事物。在去年夏季，我与这种灵视为伴；回到伊普斯顿之后，开始工作，它就消失了。当灵视强烈时，我从事的哲学研究似乎没有什么价值；所以，当我必须进行研究工作时，灵视就会消失。我讨厌回去工作的原因正在于此：我仿佛返回牢房去。灵视似乎让我看到的是，我们可以生活在更深的层面上，而不是微不足道的关注和欲望构成的日常层面上。在前一个层面上，美是对某种超验事物的揭示，我们可以去爱所有的人。
>
> 然而，我还有另外一种灵视……在这个灵视中，痛苦是人生的终极真理，其他的一切要么被遗忘，要么是幻想。在这种情况下，甚至爱情对我来说也不过是一种类似鸦片的东西——它让人暂时忘记，我们在痛苦中呼吸，思想是通往绝望的入口。
>
> （1月3日）

罗素认为，在自传性叙事中，可以避免《牢狱》中提到许多负面的东西——他可以用具有戏剧性的生动方式，表达他不再赞同的观点，展现他已经摆脱的情绪："叙述者可以让最终的结果更加复杂，呈现多面性，超过直接说明可能达到的效果……在这种情况下，留下了更大的余地，可以展现幽默、反讽和发展的过程；可以不受条条框框的约束，展现更大的试探性。"也许最重要的是，在自传的框架下写作，他可以在处理题材时表现激情。"我相信，如果激情植根于某种具有普遍特征的东西，任何激情都可能是无限的。例如，斯威夫特的愤怒与上帝的类似，因为它源于对人类可能出现的状况的看法……我认为，人需要强烈的激情，非常希望激情持续下去，有时候被比激情更强烈的宗教征服。"

罗素返回剑桥，准备开学事宜，依然处于这个项目激起的高度热情状态中，几乎无心关注技术性很强的哲学研究。1月21日，他在写给露西·唐纳利的信件中说："真奇怪，对构成优秀哲学的精妙论述和细致区别，我已产生某种厌恶感；我应该像蹩脚的哲学家那样，写一些普通人感兴趣的东西，同时却不与他们为伍。但是，也许有趣的可能正是这种不良特征。"他向奥托琳宣布："现在，我没有什么技术性工作可做，我应该享受这几个月带来的额外自由。"他说到做到，在那个学期中，他没有从事技术性研究工作，而是集中精力，考虑他的精神自传，为"异见者"撰写关于柏格森的文章。

罗素没有完成他的精神自传，其原因主要与这个事实有关：2月末，奥托琳离开英国，前往洛桑，再次请库姆医生治疗她的神经痛。她直到4月才会返回英国；那时，罗素的情绪出现了变化，已经不再适于以自传或者其他方式，表达他的"灵视"了。

246 甚至在奥托琳出发之前，罗素就曾自称，他已经失去了灵感和信心。2月10日，他告诉奥托琳，他那天早上对"自己感到不满"，所以心情沮丧：

> 我一直本能地觉得，我应该要么从事创造性工作，要么做有助于创造性工作的事情。我没有灵感时觉得，生命在慢慢溜走，自己一事无成……我一直觉得，我正在实现更好的东西，超越自己已经达到的水平……去年夏天，我觉得《牢狱》写得很棒；现在我觉得，它仅仅在理念上不错，风格上却相形见绌。这让我深感失望……我觉得，你可以想象一下，痛苦从我心中流淌出来，我苦苦挣扎，希望实现最佳效果，然而灵感正在慢慢离我而去。

他那时开始觉得，他的整个人生定位在了错误的道路上。他告诉奥托琳，他觉得，他过去所做的技术性很强的哲学研究“束缚”了他。“人们期望我搞出那样的东西，于是成果源源不断地出来，让我难以自拔 。”他确定，为期 5 年的讲师工作结束之后，三一学院肯定会要求他继续干下去。“天知道，我到时应该做什么”。

我觉得，勇敢的道路是不再续约，然而那也可能是自我放纵的道路。如果不再续约没有带来什么好的结果，我将非常痛心。

他说，他觉得没有和奥托琳结婚是“可怕的浪费光阴之举”，而且还想到这一事实：就在他发现自己不再爱艾丽丝几天之后，菲利普和奥托琳举行了婚礼。他写道：“这显得非常奇怪。”字里行间似乎想说这个观点：如果奥托琳没有与菲利普结婚，而是嫁给了罗素，他这时可能更有灵感，可能有勇气摆脱剑桥大学，摆脱技术性哲学研究。“我对技术性哲学研究，对这里的工作兴趣大减……只有精神方面的事情才有意义”，他觉得，与哲学相比，撰写他的精神自传更重要；但是面对现实，“我不敢让撰写那样的东西成为我的唯一工作——灵感将会枯竭，在失去灵感的状态下，继续写作将会是致命之举”。

对他“精神”写作的问题，他有了初步的看法 :“我总是倾向于提取事物的本质，然后以大胆、简略的方式表达出来；创造氛围需要其他的因素 , 然而我几乎想不出什么办法来克服这个缺陷。”他放下自传，转而开始做挑战性较小的工作，首先改写了《牢狱》的部分材料，接着撰写了一篇题为《宗教的本质》的文章，在《希伯特杂志》上发表。他请戈尔迪 · 洛斯 · 狄金森审阅，狄金森的评价并不像罗素期望的那么高。狄金森评述说：“这篇文章带有某种坚忍克己的高尚意味。对此我表示理解，但是我认为自己并不是赞同……就基本态度而言，我并不接受你的哲学思想。不过我认为，重要的是，表示赞同的人将会信奉你所说的宗教。”

狄金森的评论让罗素灰心丧气，他暂时放弃关于精神生活的写作，重拾被他推迟的工作，完成关于柏格森的文章。他很快发现，他进入“一种枯燥的思维状态之中……这对撰写这篇文章非常有用”。2 月 27 日，奥托琳动身前往瑞士，他的那种感觉越发强烈。“你离开之后，我的灵魂之中的光明随之消损。我变得死 247

气沉沉，冷冷冰冰，这让我有奇怪之感。”几天之后，他完成了文章的准备工作，打算开始写作，首先概述了柏格森的职业生涯，其方式凸显了罗素自己的关注，谈到了神秘视野与艰难、枯燥的智性之间的紧张状态：

> 我认为，他的哲学是某种我不太理解的神秘启迪——我尚未进入他的那种气质状态——形成的结果。我认为，他多年之前肯定爱上并且获得了这个结论：智性是可怜之物。也许，从那以后他就没有考虑过其他的东西，但是依然回首他生命中的那个瞬间——他的思想依然停留在本能的控制之中。

罗素在该文中所说的东西似乎全都为了引起奥托琳的同情，我们难以相信，他要么没有意识到这一点，要么不知道由此形成的这一事实：他让自己显得欠缺怜悯之心。3月5日，他告诉奥托琳，他将自己撰写的关于柏格森文章视为一种“道德纪律”方面的练习之作，并且以相当冷酷的口吻调侃道：“他描述某种黄蜂，它们将卵产在其他昆虫体内。它们以有趣和准确的方式进行叮咬，以便让昆虫瘫痪。他说，它们这是‘同情’之举——我用的就是这种同情！”那篇文章于3月8日完成，比预定的交稿时间提前了3天。罗素脱稿之际感叹：“批评性工作竟然如此轻松，只需走完固定的过程，结果便自然浮现出来。”

罗素宣读论文的那次“异见者”会议是一个值得纪念的事件。“今天晚上，整个世界似乎将要呈现出来。”他在那天上午写道，并且一天之后报告说，论文宣读“大获成功……会场座无虚席，与会者看来非常喜欢……最终没有谁站起来为柏格森辩护，所以没有进行讨论。麦克塔格特发言简短，语言优美，大家随即离开”。20世纪50年代，阿兰·伍德着手撰写第一本罗素传记时，写下以下评述，题为“罗素关于柏格森的著名演讲”。伍德当时不可能在那次会议的现场，这段文字肯定是以罗素本人提供的素材为基础的：

> 柏格森的生命进化哲学具有神秘色彩，当时非常流行，罗素着手加以驳斥。听众急于听到他的看法，大家都觉得，这是一次非常重要的演讲……为了欣赏［那次讲座的］韵味，本书读者必须想象，罗素当时以表达精确，声音中带着讽刺的语气，妙语连珠的俏皮话引起了一阵阵笑声和掌声。在罗素的一生中，那是一个具有一定重要意义的事件，有助于再次确立他作为剑桥

大学的领袖人物之一的地位。尤其重要的是，那是他作为一个公众演讲者取得的首次巨大成功。

到那时为止，对罗素来说，柏格森几乎已经成为一种象征性人物，恰如其分地代表了他设法抨击的那种哲学思想和哲学态度。他告诉奥托琳："撰写关于柏格森的文章让我脑海里充满关于广义哲学的种种想法。"他完成文章之后，和一个名叫吉奇的学生一起，在暮色中散步： 248

> 我开始谈到人们应该怎样学习哲学，应该怎样本着科学精神，像进行科学研究的人那样，手拿试管，收集奇怪的事实，不要害怕将时间花在本身并不高雅但是可能带来重要结果的问题上。我还谈到，尽管每个研习哲学的人都应该拥有体系，鉴于新的事实与体系不符，所以必须严格控制对体系的喜好。至关重要的是，要避免情感和说教，保留让文字优美的希望……只要有耐心和科学精神，就可以发现许多东西。

次日，罗素给奥托琳描述了一次茶会的情形。奥格登带来了"一位老先生，名叫沃斯滕霍姆。他白髯飘飘，是一名业余哲学爱好者，我觉得他是非常可爱的老者"。他"口若悬河，大谈哲学可能以及不可能做到事情，观点并非都有道理，但是非常有趣"：

> 你可能嘲笑我与沃斯滕霍姆的谈话。他说，哲学应该关注人生；我脱口而出，应该针对人生，针对原来那种人不离口的没有价值的特征——我的话仿佛引起了一级雪崩。他委婉地暗示，人们不应该认为，世界上**只有**逻辑；我说，除了逻辑之外，我没有听到其他任何东西。过了片刻，我开始意识到自己的说法荒唐，于是闭上了嘴巴。
>
> 但是，我真的无法**忍受**仅仅局限于这个星球的观点。我觉得，如果人生不是通向其他世界的窗口，人生简直没有什么意义可言。这种感觉是强烈的，本能的，全身心的。它就是成为我的崇拜愿望的东西。但是，我害怕让人明白我的意思。我喜欢数学的主要原因在于，它与人无关，与这个星球上的任何具体事物无关，与整个偶然出现的宇宙无关。数学与斯宾诺莎的上帝

一样，是不会反过来爱人类的。我希望我可以和盘托出自己的观点，以便让它显得具有说服力。

在洛桑，奥托琳觉得自己终于可以单独行动，心里感到自豪，也在思考哲学与人生的关系。她的方式显示，她将决定采取对抗之态，不会表示屈服，不会接受罗素关于这个问题的观点。她在日志中写道："能够独自一人在此，有时间思考和阅读，充实头脑，让情感和神经得到休息，摆脱过去一年的影响，以超脱的眼光观察，我很高兴，噢，真的非常高兴。"她随身携带罗素赠送的礼物——那本斯宾诺莎的《伦理学》的简写本——以及罗素的文章《宗教的本质》。这帮助她梳理思想，弄清她自己与罗素在观点方面的差异。

249 斯宾诺莎强调"抽象的智性生活"。她现在可以承认，她发现这一观点与她自己格格不入，因为"我觉得，五官感觉让我个人学习和吸收了大量知识。视觉，感觉，这样的东西并不是纯粹智性的；它们具有人的品质，具有想象的品质"。此外，罗素的那篇关于宗教本质的文章也让她觉得并不满意，其原因在于，"我们毕竟无法将人的普通生活排除在宗教之外，这篇文章却没有包括它，没有考虑它"。实际上，她意识到，她的观点——用弗吉尼亚·伍尔夫的话来说，她这样做是拥有"她自己的房间"，可以在那里进行自我表述——恰恰与罗素的针锋相对：罗素指望哲学提供一种远离人生的视角；她渴望让哲学落地生根，将它应用于普通人的日常生活：

> 为什么他们这些人脱离我们的现实生活，详细讨论种种哲学和宗教呢？为什么不将它们与现实生活融合起来呢？生活，生活是人生在世的目的。我们应该过好自己的生活，而不是进入房间，闭门思考。

她坐在露台上，一边思考哲学，思考罗素信件的内容，一边看着普通的人在下面忙忙碌碌，有的阅读报纸，有的享用午餐，还有一个年轻人手里抱着小孩，他的妻子在他身边，推着婴儿车。她情不自禁地说："我发现自己愤慨不已——那些知识分子竟然如此故作清高，详细讨论哲学理论和宗教理论，似乎视而不见日常生活，视而不见这些人的需要。他们需要的宗教或者哲学可以给人带来影响，可以与他们的日常生活融为一体。"

她向罗素表达了她的若干立场，但是罗素在回信中没有表示赞同。他意识到，她排斥他的观点，或者在一定程度上没有正确解读他本人和斯宾诺莎的观点，所以将它视为小小的误解。“你如此喜欢斯宾诺莎，我非常高兴。”他在3月10日的信件中还解释说：“我认为，当他［斯宾诺莎］说‘智性’时，他表示的并非人们通常理解的意思。我并不完全清楚他的确切意思，但是其本质上涉及共相，而不是殊相……我相信，他并不将你希望保留的东西排除在外。”他在次日的信件中说：“你就激情和哲学表述的观点根本不是废话。不过，我真的很难接受……严格说来，两者之间的差异并不在于人有多少激情，而是在于人的激情在多大程度上是和谐的。我认为，你不可能给人造成痛苦——我有可能，而且过去的情况也确实如此。”

罗素几天之后写道：“就哲学与人生的关系而言，我认为，我自己的观点与你的并无不同之处。”但是，他接着说明了他的人生态度，勾勒的观点与奥托琳的完全对立。他开始时说：“故作清高绝对不好。无论我说什么，我绝对没有故作清高的意思。”他通过设想可怕的灾祸落在人的头上的情形，明确说明的他的意思。人应该如何面对呢？

> 人并不超越**生命本身**……就此而言，世上的所有痛苦都会出现在人的面前，让人生显得没有价值。不存在任何可以让人免于自杀的东西。但是，无论人距离个人的痛苦多远，一般说来，人的生活——如果从大体上看——是可怕的，毁灭看来是更好的解决之道……如果借助某种坚忍克己的力量，人可以超越生命，人生就会变得伟大。 250

“我知道，你会完全同意所有这些说法，”他说这番话时表现出来的信心异乎寻常，然而却并不适当，“其实并不存在任何不同之处。”

奥托琳依然没被说服。正如罗素后来逐渐意识到的，在洛桑逗留期间，奥托琳在思想和精神两个方面与罗素渐行渐远。当时，她与利顿·斯特雷奇保持着通信联系，表现活跃，坦诚相对。罗素在信件中带着恐吓的口气，为“智性”进行辩护，使用的语言相当枯燥无味；对比之下，斯特雷奇的信件不乏花边新闻，令人开心，让她得到更多的乐趣。例如，他描绘了喜欢亨利·拉姆给他带来的痛苦，讲述了收到《法国文学巨匠》时的自豪之感，并且从坦白的自我中心的角度，聊到了精神成果[1]给他带来的感觉。在逗留快要结束时，她在给斯特雷奇的信件中感叹道："你的信件给我带来许多快乐，噢，要是你知道这一点就好了！"

在那段时间中，罗素发现，维特根斯坦是自己的知音，与对方产生了"最完美的思想方面的共鸣"。他说，他们两人"有着相同的激情和热情，都觉得人必须要么理解，要么死亡，而且可以分享突发奇想的笑话，化解思想上的紧张状态"。在那个春季学期中，特别是在奥托琳离开英国那段时间，两人之间的友谊获得快速发展。维特根斯坦请罗素看了他在圣诞节期间撰写的文章，罗素宣称，文章"非常好，大大超过了我的英国学生的水平。我肯定应该鼓励他。也许，他将来会做出了不起的成果。但是我觉得，他很可能对哲学感到厌倦"。

在接下来的两个月中，维特根斯坦对哲学的兴趣非常强烈，与当初相比丝毫不减。罗素埋头考虑他的精神自传和关于柏格森的文章，并不确定他自己是否应该彻底放弃技术性研究工作。与此同时，维特根斯坦绞尽脑汁，考虑哲学逻辑中最深奥难解的问题，试图找到途径，以便对付尚未解决的基本难题。该难题处于罗素的所有技术性研究的核心位置，就像一个没有切开疖子，看似非常简单："逻辑是什么？"维特根斯坦专注这个问题，热情投入，希望发现某种解决途径。这使他成为某种特殊的学生，可以不用学习哲学和逻辑学的基础课程。

罗素很快发现，维特根斯坦仅仅知道"很少一部分应该掌握的知识"。但是，
251 正如他很快明白的，这一点问题不大。罗素一直觉得，大多数哲学家得到的那种古典式教育阻碍——而不是帮助——他们对哲学问题的理解。维特根斯坦不懂希腊语，没有读过亚里士多德的著作，实际上甚至对英国的经验主义传统一无所知；对此，罗素毫不介意。不过，罗素觉得，维特根斯坦应该对逻辑学有所了解，这样才能为将来的研究奠定哲学基础。于是，罗素作出安排，聘请著名逻辑学家W. E. 约翰逊对他进行"训练"。可是，约翰与维特根斯坦两人见过几面之后，约翰逊拒绝继续教这个学生，其原因是，维特根斯坦太喜欢争论了。罗素向维特根斯坦指出，他"过于坚持自己的观点，别人插不上嘴，常被视为令人厌倦的家伙"。尽管如此，罗素明智地意识到，应该让维特根斯坦按照他自己的方式

[1] 当时，斯特雷奇正在形成他所说的新信念，并且于5月在提交给使徒会议的文章中进行了描述。他宣称，指导他每个行动的是抱负——当然，不是庸俗的，而是精神方面的抱负："我希望的是获得真正的卓越成就，培养高尚的品质，并且充分表达它们——这就是实现精神成功的辉煌。诚然，这种人生观是以自我中心为出发点的，可是我觉得，这样的自我中心主义没有什么害处。"

进行研究，不要让他受到其他人的影响。从那以后，在维特根斯坦的哲学思想发展过程中，罗素所起的其实是共鸣板的作用。在那个学期的最后几周中，罗素数次提到，维特根斯坦已经就逻辑学形成了具有独创性的观点（不幸的是，罗素没有明确说明那些观点的内容）。

“我越来越喜欢维特根斯坦了，”罗素在 3 月 8 日写道，“他对理论的激情非常浓厚，这非常难得，看到这一点让我十分高兴。”罗素觉得，维特根斯坦绝对真诚，基本没有“那种干扰真理的虚假客套……他让自己的感受和感性直接流露出来，这让人觉得非常温馨”。维特根斯坦看来证明的是，可以将对技术性哲学的兴趣与充满激情的天性结合起来。对罗素来说，这一点具有极大的重要性。罗素告诉奥托琳，维特根斯坦的性格“很像艺术家的，富于直觉，喜怒无常。他说，他每天早上怀着希望开始工作，每天晚上在绝望中结束研究。当他无法理解时，他表现出来的那种愤怒之情和我的完全一样”。

罗素的梦想是：遇到一位富于直觉、喜怒无常的艺术家，可以与他“就数学哲学领域中难度最大的问题，以同样的激情，进行深入的讨论”。他说，在与维特根斯坦的交往中，他就有这样感觉。在维特根斯坦身上，罗素看到将两者结合起来的可能性，这重新唤起了罗素早年潜心研究数理逻辑时具有的那种激情。3 月 12 日，《数学原理》第二卷出版。“出书这事的意义并不很大，”他告诉奥托琳，它也许甚至让人感到抑郁，“做那件事情耗费了那么多心血，完成之后，它显得冷冰冰的，这种感觉真是奇怪。这本书包含了许多人的大量痛苦，当时为了完成它，我几乎到了不顾一切的地步。现在，它仅仅引起短暂的兴趣。”

那天晚些时候，罗素见到了维特根斯坦，送了一本《数学原理》第二卷给他。几天之后，罗素报告说，维特根斯坦“非常兴奋地谈到这部著作的美妙之处，觉得它就像音乐一样。这就是我的感受，但是很少有人这样认为”。看来，曾经“冷冰冰”的东西这时复活了，正是维特根斯坦的兴趣让它重现生机。

到了维特根斯坦返回维也纳过复活节时，罗素不仅将他视为能力超凡的学生，而且是很有天赋的人才。罗素是这样向奥托琳描述的：

> 在与他交谈的过程中，我使用自己的全部力量，勉强觉得可以应付。如 252
> 果是其他的学生，这样的谈话可能把他们压扁。他提出了若干新观点，我觉得很有价值。他是理想的学生，求知欲强，非常聪明，观点独特，富于激

> 情，崇拜知识……分别之际，我们两人都十分动情。他说，他一生中最快乐的时光是在我的房间里度过的。他不是阿谀奉承之人，而是心底敞亮、绝对真诚之人。
>
> ……他离开我，让我激动，这真奇怪。我喜欢他，觉得他将解决我这把岁数的人无法解决的问题——我在这本著作中提出的所有问题，那些需要创新头脑和年轻活力的人解决的问题。[1] 他是我心目中解决问题的理想人选。但是，与这类人的通常情况一样，他精神不稳定，可能突然崩溃。在剑桥大学见了这么多精疲力竭的人，他充满活力，让我深感宽慰。他的态度说明，我对自己的研究所持的信念是有道理的。下学期，他将再展英才。

罗素当初对维特根斯坦的评价充满热情，我们在此可以看到一种误解的根源，类似于他对奥托琳的宗教信仰的误读。这两者具有不可思议的相似之处，并且实际上同时出现。罗素越来越倾向于认为，奥托琳和维特根斯坦是他自己身上的两种水火不相容的侧面的化身：一方面是神秘的灵视论者；另一方面是思想严肃的数理逻辑学家。但是，与他倾向于夸大奥托琳的信仰与他自己的“灵视”之间相似之处的做法类似，他也同样倾向于夸大维特根斯坦和他自己在“理论激情”上的相似之处。

维特根斯坦告诉罗素，他不喜欢《自由人的信仰》，不喜欢（内容出自《牢狱》的）《哲学问题》的最后一章。但是，他喜欢关于柏格森那篇文章的结尾，其原因在于，尽管它表达了类似的情绪，“它的背后存在某种具体的东西”。这样的判断无疑支持了罗素的做法，觉得维特根斯坦强烈反对他身上宗教性质较强的侧面，赞同他所用的“艰难、枯燥的推理方式”。但是，在罗素的头脑中，严格的逻辑和具有灵视的宗教同时占着主导地位。在这样的对立中，几乎不存在什么可供选择的余地来容纳维特根斯坦的观点。维特根斯坦的思想并未受到罗素面对的两难困境之中的任何一方的约束。

维特根斯坦曾就他不喜欢《哲学问题》——特别其中最后一章——的理由，向罗素进行过解释。我们从中可以发现某些蛛丝马迹，管窥维特根斯坦的基本态度。按照罗素的说法，维特根斯坦认为：“喜欢哲学的人研究哲学，其他人不搞

[1] 罗素似乎忘了此时他仍然只有30多岁（尽管到5月份就40岁了）。

哲学，如此而已。”罗素补充说：“他的最强烈的冲动是哲学。”维特根斯坦坚持
将哲学视为冲动，认为哲学与其他冲动相比，没有更多价值；他这样做其实从根
本上排斥了给罗素提供动机的那种哲学观：哲学的价值在于，它让人有机会超越
冲动、激情和日常生活，一瞥永恒不变的世界。就此而言，在有限与无限、动态 253
与静态、人世与超验、殊相与共相的巨大冲突中，维特根斯坦与柏格森和奥托琳
一样，处于与罗素对立的一方。罗素在反复赞赏维特根斯坦的“激情”时可能意
识到，维特根斯坦代表的那种“艰难推理”根本不是“枯燥的”。

254 # 第九章　困惑

1912 年 3 月 19 日，这一天是罗素和奥托琳首次共度良宵的周年纪念日。让罗素大为失望的是，奥托琳依然待在洛桑；更让他感到失望的是，她似乎并不急于返回。那个学期于 3 月 15 日结束，罗素几乎处于不知所措的状态，成天坐立不安，不知道奥托琳何时才能回来。他写道：“我不敢奢望在星期五［即 3 月 22 日］之前见到你，然而我对此满怀希望。”与此同时，他在焦躁不安的心绪中与朋友相聚，那个星期一和莱昂 · 菲利莫尔在一起，次日和怀特海一家共进晚餐。后来，他觉得奥托琳肯定在那个周末之前不会返回，于是独自一人动身前往多塞特。他计划在那里逗留几天，首先沿着海边散步，排解不耐烦的心绪，后来只身重访拉尔沃思湾，重温与奥托琳一起度过的快乐时光。

罗素搭乘火车到达伍尔，那里距离濒海的拉尔沃思湾 6 英里，决定在那里过夜。他依然急于知道奥托琳返回的日期，于是给贝里街的那位女佣发了一封电报，告诉她旅店的地址，要她将来自洛桑的信件转过来。在接下来几天时间里，他每到一处，都不厌其烦地拍发电报，及时将行踪告诉女佣。在伍尔住了一夜，他背着莎士比亚、布莱克和济慈作品的口袋版本，动身前往拉尔沃思湾。他写信告诉奥托琳：“我到达西海之后，发现自己从未见过如此美丽的景色。大雨倾盆，天际露出一线光亮，远处海水茫茫一片，恰如雾霭。”他从拉尔沃思湾出发，步行到了威茅斯，长达 12 英里的山路蜿蜒起伏，耗费体力。天气糟糕，但是他精神抖擞：“下了好几阵大雨和冰雹，我冒着飓风，一路向前……我喜欢与恶劣天气对抗，它让我深受裨益。”

他告诉奥托琳：“这些日子，我喜欢单独待着。过去，我独自一人时，幽灵们会冒出来，对着我胡言乱语。现在，我思念你，考虑工作计划，没有见到什么幽灵。”他断言太早。在威茅斯，他终于收到奥托琳的一封来信，落款是 3 月 19 日，他们相会的周年纪念日。她说，离开洛桑之后，她不会直接回家，而是决定在巴黎逗留一段时间，然后才返回英国。在巴黎，她计划做一件新装，也许还要与利顿·斯特雷奇和亨利·拉姆见面。但是，她强调说，罗素根本不要考虑前往巴黎见她。她的女仆住在隔壁房间，她完全没有机会表现亲密或者进行浪漫幽会。 255

这封信件促使罗素回过神来，奥托琳根本不渴望与他重聚，而是十分享受与他分开之后的自由状态。罗素顿时陷入极度痛苦之中，几乎到了精神失常的地步。他后来告诉她："自从看了你在周年纪念日那天写的信件以后，我常常想到去死……你慢慢淡出，冷酷无情，仿佛消落的潮水，令我反复处于痛苦的绝望境地。"

收到信件的当天，他努力让自己平静下来，到了波特兰比尔的尽头，找到一个隐蔽之处。波特兰比尔位于威茅斯正南端，那里"只有岩石，海水波涛汹涌，海鸟出奇地忧伤"。他瞭望大海，努力让自己进入冷漠沉思的状态，忘记人生的痛苦和冲突。他坐在那里，四周的岩石遮挡了雨水。他开始给奥托琳写信，尽量让自己显得愉快，给她没有受到伤害的感觉。"得到自己关心的东西，真是太难了，"他写道：

> 我喜欢一切非人之物。我觉得，没有情感的力量是我崇拜的东西——它显得非常遥远，非常奇妙。我相信，自己所有的宗教感受始于这个深刻的信念：我是一个痛苦的罪人，大多数人也是如此。
>
> 充满激情的厌恶不是值得赞美的情感，然而它彻底地影响了我。

"这个地方确实触动了我的灵魂"，他告诉她，它"给予我一种生命感，不是人的生命，也不是任何具有知觉的东西的生命。它没有感觉，所以肯定非常强大"：

> 在我内心中，冲突无休无止，让我装出若无其事的样子。正是因为如此，我一般说来喜欢必然性，喜欢运动定律，喜欢没有生命的物质的运动。我无法想象没有冲突的上帝；我的上帝与创世纪的上帝类似，可能感到后悔，可能引发洪水。所以，我宁愿没有上帝。在我看来，人生本质上是激情、冲突和愤怒；和平的时段转瞬即逝，而且会自行毁灭。一位镇定的上帝肯定类似斯宾诺莎所说的上帝，仅仅是自然的进程而已。所有这一切都是自传，不是哲学。

从特征上看，这封信件没有表达他的绝望和愤怒，而是表达了他愿望：不

要受到这些具有破坏性的躁动情感的控制，渴望像远处的大海和身边的岩石那
样——“没有感觉，非常强大”。在很大程度上，罗素感情的深度可以通过他反
应的冷淡程度来加以推测。他的许多强烈情感让他深感恐惧，促使他让自己远远
256 地避开。他那天晚些时候写道，如果他可以超越他获得快乐的愿望，他可以活得
更自由一些，“但是实际上，我总是控制着自己”：

> 我认为，你有时觉得，我害怕的仅仅是小小的过失。其实不是，我害怕的是极端的大罪——谋杀、自杀，以及诸如此类的东西。我不知道正确的方式是什么，不知道如何处理自己身上的这种狂暴状态。

他处理那种狂暴状态的方式是：用冰冷的理性进行控制。“我怀疑你是否知道，我快要变成胡言乱语的疯子了，”他告诉奥托琳，“正是智性让我保持心智健全；也许，这过分强调了智性的价值，忽略了感性的作用。”为了证明这一点，他提供了一个令人相当不安的例子：

> 我记得，我曾经想自杀，开始时脑海里突然出现一幅显示如何自杀的画面（通常，我几乎不能想象出画面），动作就在眼前，活灵活现。从那以后，它长时间一直伴随着我，一直困扰着我；我阅读关于谋杀的书籍，思考它们，那个画面总是在我的眼前。那时，只有艰难的思考让我保持头脑清醒。那种冲动并不服从道德，而是服从理性思考：这是精神失常之举。

这段回忆令人不寒而栗；鉴于它描述的情景并非孤立存在，结果更加令人感到不安。我们想到罗素在《自传》第一卷中讲述的事情：其一，他想杀死他最好的朋友爱德华·菲茨杰拉德（“我盛怒之下，伸出双手，卡住他的脖子”）；其二，罗素后来对保罗·吉拉德的反应（“一个烂醉如泥的同性恋间谍……我觉得他非常邪恶，惹人反感，引起我的杀人冲动”）；其三，他的第三任妻子帕特里夏（“彼得”）·斯彭斯一天夜里醒来发现，罗素抓着枕头，试图窒息她。在这种情况下，我们开始觉得，罗素完全有理由对他的最强烈的情感感到担心。这也让我们清楚地看到，为什么陀思妥耶夫斯基笔下的角色给罗素留下了深刻印象，超过了他自己意识到的程度。具体说来，为什么罗果金在他的头脑中久久萦回，挥之不

去。《白痴》告诉我们，有一天，罗果金所爱的女人纳斯塔夏打算嫁给他的情敌梅什金公爵（该书标题中的“白痴”），罗果金当时被嫉妒之情和“头脑狂热”控制，杀害了纳斯塔夏。在多塞特逗留期间，罗素在写给奥托琳的一封信件说：“在我读过的所有小说角色中，没有哪一个像罗果金这样让我觉得似曾相识。”他还在另外一封信中告诉她：“你身上有喜欢陀思妥耶夫斯基的一面；对我来说，这非常有用——大多数人都鄙视我内心的动荡状态。”

在多塞特休假期间的最后几天中，罗素徒步旅行，行色匆匆，从一个小镇到另外一个小镇，仿佛着魔一般，内心的动荡状态依然没有减弱。他从威茅斯出发，一路向东，冒雨步行20英里，到达了威尔汉姆。“但是，我处于疯狂状态，没有任何享受可言。大约走了18英里，我开始笑自己，恢复了健全心智。”次日，他醒来时觉得“枯燥无味，心里难受”，于是“准备表现人们的白痴行为，不过神智是清醒的”。他“比昨天走得更快，更远”，这次一共20英里距离，到了克赖斯特彻奇：

> 通过疾步行走，我确实设法在一定程度上祛除了困扰我的魔鬼。这里的 257
> 修道院非常漂亮，（暂时）将魔鬼完全驱赶出去……所以，我现在相当平静，但是不会再次赞美欲望之神，其原因在于，我不知道自己究竟说些什么。或者说，我知道那是魔鬼的化身，是一个狂热的恶魔。如果它的目的可以到达，它可以推翻帝国，将国家引向毁灭。它激发了我的希望，促使我去破坏自己拥有的东西，因为那根本不是我想要的。这简直近似于残酷之举。

3月24日，奥托琳抵达巴黎，发现了一大堆信件等着她阅读，言辞颇为偏激，内容令人为难。她的态度是轻松对待它们，于是调侃说：“我觉得，你这样写是因为牙疼的吧。”此外，她继续坚持她自己的做法，“当然，我也非常希望回去”。她给罗素讲述了她自己忍受的痛苦：在洛桑，那位医生使用了相当令人厌恶的方法，治疗她的神经疾病。库姆医生看来确信，稳定神经状态的关键之点是，必须清除鼻腔里的黏液外膜。于是，他首先剪去奥托琳鼻腔里的一些骨头，然后将电极放进她的鼻孔，烧灼里面的组织。那种治疗方式取得的结果是：她鼻涕不停流淌；整天疼痛不断；嗅到的只有烧焦的肉味。然而奇怪的是，这样的折磨丝毫没有影响她对库姆医生的信任；她计划几个月内返回洛桑，接受其他方面的治疗，下次是医治肝病（库姆医生治疗肝病的方法同样标新立异：在30天的疗程中，病人一直口服添加了镭元素的牛奶）。

罗素似乎忘记了，世界上除了身体的疼痛之外，还有情感的折磨。他听说这一事实时，几乎显得愉快起来，回应奥托琳上面这段令人痛苦的讲述，其心态类似于欣赏，觉得它证明，存在着恶毒的神灵：

> 当身体疼痛剧烈，超过一定限度时，它给人的感觉绝对可怕，那是世上最可怕的东西。上帝造出这样的东西来取乐——他本来完全拥有力量，让世界上没有痛苦。与造物主相比，利奥波德王、古罗马皇帝卡里古拉以及其他人都是驯服的羔羊。但是，你听我说，我必须而且将会熬过这一段日子。

4月初，奥托琳和罗素在伦敦重逢时，两人的谈话不可避免地转向激情问题，转向罗素在多塞特期间所写的那些“疯狂信件”。罗素在后来的信中写道：“其实，激情属于上帝，是对天堂的难以抑制的渴望。正是这样的力量促使人们去寻求德行。我们都是这个悲惨世界中的流放者；所有的激情都带有某种思乡意味。”但是：

> 对我来说，过多的放松是不行的。我内心的力量过于狂野，有些必须用链条捆住……我曾经想过，我可以将那些恶狗全都放出来，遛一遛它们。但是，它们之中有的是疯狗，让它们四处活动很不安全。

那年的复活节是4月7日，哥哥弗兰克和妻子一起，领着罗素自驾旅行，穿
258 越康沃尔地区。罗素告诉奥托琳，他们一行经过特鲁罗时，他打听了朱丽安修女的下落，结果未能如愿。“我想了许多你在那里度过的时光。”在圣艾夫斯，罗素试图避开旅伴（“尽管我喜欢哥哥，但是他和妻子与我志趣太不相投”），坐在室外，俯瞰海景和大片海滩，回想3年之前在圣艾夫斯的情景。“那时，我刚刚经历了一生中最痛苦的日子”：

> 我住在一座农舍式小屋里——那房子现已拆除，以便腾出地方来修建旅店。那大概是3年多以前的事情了。当时，我一生中唯一一次完全失去自信，

觉得自己活在世上仅仅是一个累赘。当时，某些事情尚未完成，所以我决定，一旦完成就去自杀。但是，我直到1年之前才把它们做完。

尽管这些回忆显得抑郁，与弗兰克和莫利相处又让他很不愉快，那次旅行却对罗素大有好处，他返回时精神状态好了许多。他在4月14日的信中说，他形成了一种“激情道德观”：

这就是像伟大歌剧或者史诗中的角色那样，带着激情去面对人生。正是由于这个原因，我身上的强烈情感并不让我觉得有什么不妥之处。我可以像哈姆雷特、奥赛罗那样，甚至可以像麦克白那样，没有什么遭到羞辱的感觉。但是，假如我像理查德·法弗尔那样，我就会觉得，自己并不适合在这个世界上活下去。当时，我想到了《特里斯丹和绮瑟》，觉得如果可以像《罗斯莫庄》[1]中的角色那样，一死了之，那是多么愉快啊。

除此之外，他还有“禁欲的宗教道德观”和“智性的思想道德观”。他告诉奥托琳：“你从这些观念中可以看到，我已经走出阴影，重新享受生活了。”

罗素所说的“激情道德观”并不全是调侃之辞。在那时撰写的一篇题为《戏剧和功利伦理》的手稿中，他提出了一个问题：莎士比亚刻画了哈姆雷特、奥赛罗和麦克白，可被视为“谋杀者冠军”，为什么莎士比亚受到普遍赞赏呢？他的回答是：“普通人更关心的是戏剧，而不是幸福。”人的戏剧本能在爱情和战争中获得最佳表达方式，促使我们以特殊方式判断行为，这样的做法与提高幸福的功利主义考虑大不相同。罗素《论文选集》的编辑们收录了这篇文章，坚持认为，它仅仅是诙谐说法，“与罗素的严肃伦理思想没有什么关系”。但是在我看来，它完全是一种认真的尝试，旨在表达罗素当时的内心矛盾，反映了他的“灵视”与“艰难枯燥的推理”之间的冲突。鉴于当时的严峻局面，罗素坚持功利主义，但是他身上的另外一个侧面鄙视枯燥、机械的“幸福计算”方法，渴望更有英雄气魄、更有戏剧色彩的生活态度带来的辉煌。在那样的状态下，暴烈的情感一

[1] 理查德·法弗尔是乔治·梅瑞迪斯的小说《理查德·法弗尔的苦难》的主人公。《特里斯丹和绮瑟》是中世纪爱情传说，男主人公特里斯丹被人认为是纯洁爱情的象征。《罗斯莫庄》是易卜生的剧作，曾让罗素受益匪浅。——译注

旦被激发出来，并不立刻受到抑制。例如，哈姆雷特在以下台词中就表达了这样的态度：

259 啊，从今天开始，
我的头脑里只有流血的念头，否则任何想法都毫无价值！

正如罗素指出的，这“不是仁慈的观点”。在文章结尾处，罗素再次肯定了良好的功利主义的理由：无论戏剧伦理带有多大的刺激性和诱惑性，人们都应该以认真考虑的态度，对其进行平衡。面对其他的道德因素（例如，他其实认为，他当初没有理由杀死爱德华·菲茨杰拉德，没有理由杀死艾丽丝），罗素最终并未采纳他所说的“激情道德观”。但是，有了最近在多塞特的感受之后，他的想法是，强烈情感中存在某种相当美妙和辉煌的东西。尽管这个想法其实与斯宾诺莎的宗教格格不入，他这时开始对此持赞赏态度。

4月23日，维特根斯坦回到剑桥，迎接夏季学期的到来。对罗素来说，在那样的心境中与维特根斯坦见面非常适宜。“他相当不错，没有让我失望。”罗素写道，“他和我一样，处于同样的亢奋状态之中，几乎不能坐下，不能阅读。”维特根斯坦开始谈到贝多芬，仿佛对罗素的“激情道德观”表示支持：

……一个朋友前去拜访贝多芬，在门口听见他“诅咒，嚎叫，吟唱”新创作的赋格曲。过了整整一个小时，贝多芬终于出来了，那样子仿佛一直在和魔鬼搏斗。他的厨子和女佣无法忍受他的暴脾气，早已逃之夭夭，所以他已经连续36个小时没吃任何东西了。他就是那样的人。

“维特根斯坦给我带来了非常可爱的玫瑰花，”罗素告诉奥托琳，“他真的很不错。”他还带来了“某些新颖的技术理念……我认为它们很有道理，十分重要。”假如罗素受到诱惑，放弃哲学，转而从事文学写作，“只要他［维特根斯坦］继续研究下去”，他可能就不会觉得哲学遭到了忽略：

今天，他十分兴奋，我觉得他可能会砸烂我房间里的所有家具。他问我，怀特海和我打算什么时候结束那本大部头的写作工作？我回答说，我们不会提出结论性观点，但是在找到需要的公式时就会告一段落。他听到后开始时觉得惊讶，接着明白我的说法是正确的。依我所见，如果这本书中出现一个多余的字眼，它的整体之美就会大打折扣。

那年早些时候，罗素答应到卡迪夫去，在大学学院的哲学研究会上宣读一篇论文，交稿时间定在5月。他最初建议的题目是《符号逻辑的哲学蕴涵》，结果未被采纳。后来，他转而考虑有关物质分析的问题。他的想法是强调这一点：人们没有什么理由相信，确实存在物质；实际上，除了人们自身之外，没有什么理由相信“客观上”存在任何东西。罗素认为，这个主题难度很大，极富挑战性。但是，他和维特根斯坦讨论这个问题时，他的学生不屑一顾，认为它是 260
“无关紧要东西”：“他承认，如果不存在物质，那么，只有他自己存在。不过他说，这不会带来什么伤害，因为物理学、天文学以及其他科学依然会被人解释为真实的东西。”

但是，罗素依然坚持考虑他定下的主题。对他来说，这篇论文给他提供了一个检测自己的机会：如果他从事其他写作的灵感不复存在，他是否可以回到技术性写作的工作中去。他的精神自传已经暂时被他搁置一旁，但是他尚未完全放弃。他告诉奥托琳，如果他可以发表这篇文章，他将使用西蒙·斯戴尔斯这个名字：“我可以使用这个名字，发表大量东西。没有谁会猜到真正的作者是我。我根本不应成为那样的人。”他觉得，最近爆发的激情“已经烧毁了多愁善感心绪的最后残余，大大提高了我的写作能力……只要有了中心思想，我可能在任何时候获得灵感，达到下笔如有神的状态”。可是，一两个星期之后，他决定“重操旧业，进行技术性写作，其他方面的写作就全凭运气了”。

他告诉奥托琳，做出这一决定主要原因在于，他们两人之间的感情并不平等，这让他觉得，有必要“对激情进行控制”。反过来，这又要求他将思绪从个人问题上移开，转向超脱、抽象的哲学问题，以便从中得到慰藉。“最亲爱的，你不要以为我不快乐，实际情况根本不是如此。”他这样说给人的感觉是，他表示抗议的口气过于强烈。“从梦中惊醒之后，已经过去了两个月时间。醒悟是痛苦的，但是我现在头脑清醒，生活依然充满欢乐。”在之前的一封信件中，他曾经对她说，他已经不能重回《牢狱》给他带来的那种“淡定状态”中去了。他说，那是“一种宗教，只有世上的受害者和受苦者才会信奉”。他当时感觉的幸福基于一种幻觉；现在，他已经清醒，明白了它的虚幻性。所以，他不再需要幸福，仅仅需要勇气，以便“思考重大问题，而不是鸡毛蒜皮的琐事”。

他推荐给自己的方式类似于“长夜”的清心寡欲状态，排斥所有激情，尤其是性激情，排斥所有的美和愉悦，仅仅保留智性带来的快乐。他在 4 月 30 日写道，“有时候，我觉得，所有的美，甚至包括最神圣的美，都是魔鬼使用的计谋，目的旨在将人逼疯”：

> 我考虑过思维之美，但是从未思考过这一点。让你奋起对抗性欲的那种心绪在我身上存在，而且它更强烈，破坏性更大。除了所有的性欲之外，它还包括所有的美，然而不含与五官感觉无关的因素。它包括所有情感，但是不含对上帝的智性之爱，几乎不含你所说的宗教的所有东西……

他告诉她，“存在这两个世界，一个是幻觉世界，一个是事实世界”：

> 一切神秘之物，所有令人陶醉的美，几乎所有的幸福，这些东西都属于幻觉世界。重要的问题是，如何发现可以在事实世界中存活下来的美和幸
> 261 福。对我来说，数学是解决这个问题的部分答案。普世之爱给予伟大之美；但是，如果这种爱是神秘的，它就不会给人幸福。在这种情况下，爱与幻觉混在一起。在使用感官的过程中，会带来许多痛苦，但是也有合理的快乐。合理的快乐的巅峰是战斗的快乐，是消除幻想、直接面对风暴的快乐。

罗素带着失败感和幻灭感，重新回到《自由人的信仰》中所说的那种清心寡欲的生活。其根本原因是，在与奥托琳交往的过程中，罗素经历了越来越强烈的性挫折，让他觉得难以忍受。从洛桑回来之后，奥托琳已经更明确地表示，她感兴趣的是罗素的脑袋，而不是他的身体：“在精神领域中，你确实可以最充分地满足我。”罗素 4 月 29 日写道，字里行间流露出委屈之意：“但是，我较低的本性有时候渴望当初的那种简单快乐……人不可能一直活在最高的精神层面上。”罗素绞尽脑汁，考虑了许多办法，努力解决这个问题，其中效果最差的可能是，试图说服奥托琳改变态度。他写信告诉她：“从比较客观、中立的角度说，我觉得你对性欲的判断是病态的。你无法改变自己的感觉，但是可以改变自己的观

点。我担心的是，你以适合我的方式去思考，而不是去感觉。”

接着，罗素话锋一转，从争论指向了威胁：“我有时候觉得，我们应该完全放弃所有与性欲相关的东西。也许，那样可以使我们从对方得到更多最好的东西。然而我怀疑，我是否能够忍受这一点；我可能发现，我们有必要完全分开。”面对这种威胁，奥托琳有所让步。但是，罗素这时发现，令他感到失望的是，她的经期——她羞涩地所称的“女士”——很可能出现在两人计划幽会的那几天中。“你的女士肯定选择了一个非常不方便的时间到访。”罗素 5 月 11 日写道，接着补充说，“最亲爱的，你明天不必来喝茶了——我觉得，你最好休息一下，行吗？”

奥托琳早些时候曾经反复暗示，两人之间的爱情不应是“自私的”，其言外之意是，罗素应该给他的性欲另寻出路。但是，罗素很快否决了这个想法，认为嫉妒可能破坏任何带有非排他性质的关系。但是，他的挫败感越来越强烈，慢慢接受了这个想法，结果却发现，奥托琳——她无疑意识到，如果失去罗素的性爱，可能会面对关系终结的危险——这时却改弦易辙，坚持罗素只能爱她一个人。罗素以数学的精确性，指出了她的新态度在逻辑上的不连贯性：“你拥有两个男人的全部；于是你明白，如果只有一个半男人，你可能大受伤害。也许，你可以想象，半个人不会让人满足，而这仅仅是让你不满足的数量的三分之一。”

一个机会看来出现了：罗素开始收到米尔德里德·明特恩写来的充满感情的信件。1896 年，罗素在布林莫尔学院见过她；1904 年，她到牛津拜访过他，并且和他眉来眼去。她已经结婚；但是，在罗素看来，这至少不是什么难以克服的
障碍。但是，他和奥托琳聊起这件事情，带着某种惋惜之情，放弃了追求她的想 262
法，努力以坚忍克己的态度，对待她在来信中表达的涉及肌肤之亲的问题。1912 年 5 月，出现了一个转折点。他没有就寝，保持他所称的“守夜”状态。正如他所描述的，他当时劝告自己，要“记住这个简单的道德真理：不要提出要求，不要有意伤害他人，无论这样做会带来什么好处都不能为之”。在一定程度上，正是那种守夜式警醒状态带来了结果，他可以宣布，自己已从爱上奥托琳的“梦”中醒来。

罗素既不追求与奥托琳一起实现完美的幸福，也不与别的人满足简单的性欲望，决定将他的激情重新转向哲学研究。主要在维特根斯坦的影响之下，罗素这时对《数学原理》有了全新的评价，不是将它视为对激情的无情否定，而是将它视为对激情的一种严肃的美妙表达——当然，那样的表达带有非常纯粹、非常罕

见的性质。他告诉奥托琳，“我已经给世人带来了大量的抽象思想，正在改变着那些可能希望通过它们得到改变的人。也许，它们最终将会改变许多从未听说过哲学的人”：

> 令其至关重要的，令其富有成效的，正是我投入的绝对没有约束的巨大激情。正是激情厘清了我的思维，正是激情让我从未停止追问自己，这项工作是否值得去做，正是激情让我不去考虑，是否有人会去看它，正是激情让我可以伏案数年，面对一张白纸，一直思考一个可能无关紧要但是我无法得到正确答案的问题。

这时，罗素设法重新捕捉的正是那种激情——即他在维特根斯坦身上发现的“理论激情”。在这个词汇的罕见意义中，“激情”不是“无情”的反义词；与之相反，这两个词汇几乎是同义的。“就给予人冷静的睿智之见而言，没有什么可以与激情相提并论。”他宣称，他希望关于物质的那篇文章将是“一个冷静、无情分析的典范，绝对不考虑人的感情，陈述最痛苦的结论。关于物质，我迄今尚未获得足够勇气，没有表现出足够的怀疑精神……我的大多数成果是在懊悔之情的影响下完成的。但是，任何激情如果足够强烈，都可以实现这样的目标。哲学是一位踟蹰的情人，只有用激情之手握着冰冷的剑，才能打动她的内心”。

用激情之手握着冰冷的剑，打动情人的内心，这个意象既奇特，又令人不安，实际上暗示谋杀行为，而不是诱惑行为。[1] 给人的感觉仿佛是，在对哲学的激情中，罗素扬弃了他倾向于产生的那种疯狂的谋杀幻想。实际上，当他开始撰
263 写《物质论》时，其心理状态与杀手的类似，决心毫不留情地消灭给人慰藉的幻想。他告诉奥托琳：“它将让世人大吃一惊，那些对我表示赞同的人尤其如此。它总体上显示出很强的怀疑论特征。”文章的开头也展示了一系列致命攻击：

> 在下文中，我拟强调三个论点：
>
> （1）哲学家迄今为止就物质提出的所有论点都是谬误的；

[1] 我们不禁想起，罗果金——罗素感到非常“熟悉”的那个虚构人物——一刀杀死了他钟爱的纳斯塔夏，（正如陀思妥耶夫斯基竭力强调的）刀子“直接刺中心脏”。谋杀是小说的高潮，罗果金绝望地试图从更通常意义上“触及她的心”。

（2）哲学家迄今为止提出的所有赞成物质存在的论点都是谬误的；

（3）虽然可能存在理由假设，物质是存在的；然而，我们没有途径去发现任何事物与物质的内在性质相关。

文章开头的这段文字语言简练，以轻快而直接的方式，谈到它排斥的理念，其中的某种迹象间接表明了维特根斯坦将要进行的研究。罗素让维特根斯坦看这个段落，维特根斯坦读后非常高兴，宣称这是罗素写得最漂亮的文章。但是，在撰写这篇文章的过程中，罗素的语气和对这个问题的态度都出现了变化，没有维持他在文章开头看来宣布的那种激进的怀疑论，文章逐渐变得更具建设性，转而提出一个避免怀疑论的积极建议。罗素提出，所有认识的基础是直接获得的感觉材料；他从这个经验主义的观点出发，认为应该将物质客体视为“实际的可能感觉材料的……集合……其结合方式让我们将其视为一个‘东西’”。按照维特根斯坦的观点来判断，这篇文章没能保持第一个段落的主旨。维特根斯坦以他惯有的方式，直截了当地告诉罗素，他阅读了整个文章之后，认为几乎乏善可陈。正如罗素给奥托琳强调的，其原因“仅仅在于，他深感失望，而不是写得太差”。不管怎么说，在听到维特根斯坦的最终结论之前，罗素已对文章失去了信心，并且对重返技术性研究的尝试失去了信心。完成文章之后一天，他写信告诉奥托琳，完全否定了他在4月底表达的那些观点。他这时强调，“考虑分手是相当无用之举”；他根本无法停止对奥托琳的爱意，也无法去爱别的女人。他说：“我思考再三之后发现，我的本能目前不让我重返技术性研究工作。我觉得，我可能从事的工作没有什么重要性可言”：

> 自从离开你之后，我觉得，技术性哲学（而不是数学）并不重要。在我看来，将在卡迪夫宣读的这篇论文没有什么用处，仅仅说明我的坦诚态度。现在，我大脑子里成天想着生命、死亡、爱情、命运、地狱、天堂，无法继续撰写那样的东西——它显得无关紧要。我越来越像哲学领域中的怀疑论者，因此我越来越觉得，自己没有什么事情可做。

在前往卡迪夫宣读论文的途中，罗素给奥托琳写信，再次肯定她在他的生活之中的作用，声称她帮助他恢复了“所有精神方面的东西，恢复了美的世界”。 264

一方面，他坚持说，他依然需要某种道德尝试，以便控制自己躁动不安的激情（“我的本性中有太多邪恶”），另一方面，这时需要的控制程度“无须太高，以免再次将我冻结起来”。

罗素宣读了论文之后，将注意重新转向文学和精神方面的写作。他考虑将自传变为一位老者与一名年轻人之间的对话形式——那位老者就是罗素自己。他觉得，这样做可以将各种各样的材料放进去；如果不使用对话形式，那样的材料就会给人不太适当的感觉。他告诉奥托琳，他非常希望动手写作，“但是眼下那种精神已经弃我而去”。而且，他对哲学的兴趣也遭遇了同样的命运：

> 我发现自己对哲学的兴趣很少，这让我深感忧虑。我其实打算重新进行哲学研究，然而却发现，我真的无法将哲学视为很有价值的东西。在一定程度上，这是维特根斯坦造成的，正是他将我变成了怀疑论者；在一定程度上，这是我发现你之后的心路历程导致的结果。

他觉得，维特根斯坦可以完成他本来打算去做的哲学研究，“而且可以做得更好一些”。罗素得出结论：“他从全新之点起步——我达到那个高度时，自己的智力已经消耗殆尽了。”罗素觉得，他上一个学期花了很多时间，与学生们见面，对他们进行鼓励。在这个学期的大多数时间里，他最好不去管“那些年轻人”，其中包括维特根斯坦，其原因在于，他将专注与奥托琳的关系，在一定程度上对她进行补偿。他高兴地了解到，维特根斯坦“打算改变专业，在剑桥大学攻读哲学，可能最终在这里任教。如果他留下来，对我来说是非常值得高兴的事情”：

> 我告诉他，他不应仅仅陈述他认为正确的理念，还应该提供论据。但是他说，论证破坏理念之美；如果那样做，他觉得自己仿佛用带着泥浆的手，弄脏了一朵鲜花。他确实让我深感触动——具有智性的艺术家非常罕见。我告诉他：其一，我没有勇气说出反对意见；其二，他最好利用一个奴隶，以这样的手法来陈述论据。他不愿通过提供针对不同观点的论据，让别人接受他的理念，所以我真的很担心，没有谁能发现，他所写的东西具有重要意义。

罗素和维特根斯坦开始谈到更私密的话题，甚至包括精神方面的东西。有一次，维特根斯坦突然说，他赞赏下面这两个说法，让罗素十分惊讶：第一，“如果一个人得到了整个世界，失去了自己的灵魂，这对人又有何益呢？”第二，只有很少的人没有失去灵魂。“我说，这取决于人是否具有自己忠实追求的远大目标。他说，这更多取决于经历的苦难和忍受苦难的毅力。”他们两人之间的差异发人深省：罗素以非个人的关注取代个人的关注，以便保住灵魂，这个方式最终取决于保护灵魂不受痛苦的愿望；维特根斯坦是更彻底的坚忍克己者，甚至排斥罗素的“无限”给人的慰藉。

几天之后，两人谈到《大卫·科波菲尔》，再次凸显了他们在观点方面的深 265
刻差异。罗素在写给奥托琳的信中报告说：

> 昨天，维特根斯坦开始聊到狄更斯，认为大卫·科波菲尔不应就与小埃米丽一起出走的事情，与斯蒂尔福斯争吵。我说，换了我也会那样做。他表情痛苦，拒绝相信这一点。他认为，一个人可以并且应该忠于朋友，继续去爱朋友。我俩后来谈到朱丽·莱斯皮纳斯，我问他，假如他与一个相爱的女人结婚，然而她却与另一个男人私奔，他会如何感觉？他说（而且我相信），他既不感到愤怒，也不产生仇恨，只有绝对的痛苦。他的本质非常好，这就是他觉得没有必要接受道德观的原因。我当初完全错了；他可能带着激情，去做各种各样的事情，但是不会有任何不道德的冷血之举。他的观念非常自由；在他看来，原则以及诸如此类的东西全是废话，因为他冲动强烈，根本没有羞愧之感。我认为，他对我充满热情，非常忠诚。我们两人之间在感觉方面的任何差异都会给他造成痛苦。我对他满怀感情；当然，我一心关注你，对你的感情更加重要，超过了对他的感情。

罗素觉得维特根斯坦的看法——具体地说，他认为，维特根斯坦排斥基于原则的道德观是彻底的善良天性的结果——显得幼稚，肤浅。但是，我们也许可以认为，它表达了他对自己的本性的持续、密切的关注，表达了他的这种感觉：他在本质上并不“非常好”；如果不用原则、道德观和理性加以控制，他可能产生“不道德的冷血之举”。

次日，罗素离开剑桥，前往洛桑，和奥托琳共度一个月时间。奥托琳记得，罗素“在前些日子……过分紧张，很不开心，因为我冷落了他”，所以坚持要和她会合。其结果是，“我无法享受自己喜欢的独处带来的平静”。她的态度让罗素有所察觉，在离开之前的几天里，他的情绪变幻无常，常常从一个极端转向另外一个极端。他 5 月 27 日写道：“哦，那将多好！我将非常注意自己的言行，完全是一条谦卑的狮子狗，绝对绝对绝对不会干扰你的休养状态。” 三天之后，他见到奥托琳，她不愿和他做爱，这让他十分痛苦，非常不满，陷入深度自杀性抑郁状态。他对她说，他失去了生活的动力，对世界感到厌倦。“我希望埋头睡觉——摆脱冲突，摆脱可怕的幸福期望。”他（有某种理由）确信，奥托琳已经不再爱他。自从在多塞特徒步休假之后，过去两个月已给两人的爱情造成了“致命伤害”：

> 假如我没有你，独自面对生活，我将精神崩溃；我将尝试没有你的生活，因为如果你继续这样下去，必将很快出现这样的局面……我觉得，如果
> 266 我俩分开——尽管我没有这样的打算——的话，那个时刻将会到来：我在突然冲动之下将会钻进车下，让车轮从自己背上碾压而过。

而且，他还告诉她：“在极度渴望时，我是不会顾忌什么性犯罪的。”这些语言令人震惊，给了她不可避免的暗示：如果她不满足他的性交要求，他将要么自杀，要么强奸她。

奥托琳回复了这封极度痛苦的信件，让罗素放心，她确实知道他的感受，知道他的痛苦。她写道：“哦，伯迪，不要绝望。至少听一听我的意见。”然后，她进行了补充，也许给了他一线希望：“我觉得，你不愿到洛桑来。”罗素写信回答说，无论出现什么情况，他都要去：“这不是我的意志的决定；即使我决定不去，我也应该出现在你的面前。”显然，他已经无法控制自己了。就爱情和性欲两个方面而言，他将努力面对她给予的东西。“在洛桑，尽管得到的不多，那里特殊的外部环境将使我容易面对困境。”他所说的特殊外部环境包括三个方面：其一，罗素和奥托琳下榻不同的旅馆，分别位于城市的两端；其二，奥托琳大量时间休息；其三，无论两人意愿如何，都没有多少机会亲密接触。

也许令人惊讶的是，尽管两人在文字记录中特别强调精神恋情，而不是性爱，罗素和奥托琳都记得，在洛桑的那段时光是快乐的。罗素住的是老牌旅馆，

爱德华·吉本当年在那里下榻，完成了《罗马帝国衰亡史》。罗素入住不久，便开始了有规律的安排：上午，在酒店花园里写作；下午和奥托琳待在一起，有时候朗读诗歌，有时候散步。根据奥托琳的记录，他“很快显得温和一些，温柔一些，对精神观念持更为正面的态度”。在两人的回忆中，6 月 16 日，也就是奥托琳的生日，过得特别开心。他们首先去了日内瓦，罗素给奥托琳买了一块珐琅手表，蓝色，非常漂亮。后来，他们到了弗尼，在公园里散步，透过门缝，偷窥伏尔泰故居的状况。奥托琳写道，那“是迷人的一天……伯迪觉得，他沿着伏尔泰当年走过的小道漫步”。在罗素后来的回忆中，两人到达弗尼，“内心和外界一样，处于非常平和的状态，时间在那一瞬间停下了脚步”。

奥托琳生日的早上，罗素寄给她一张卡片，“表达我对你的爱意”：

> 如果我可以给你应该获得的东西，在一本伟大著作中体现我们的结合，以有价值的方式，表达让我们的人生变得美好的信念，那么，我对命运之神就别无他求了。我担心，我的力量不足，难以完成这个重任。但是，我将依然满怀希望，竭尽全力。

当时，罗素放弃了将自传写成一位老人与一个年轻人之间的对话，转而决定将它变成一本小说；在一定程度上，撰写工作将与奥托琳一起，携手完成。两人合作的结果是《约翰·浮士泰斯的困惑》，该书在他们在洛桑逗留的那几个月中 267
完成，然而显然没有实现罗素的“伟大著作”的梦想。全书没有跌宕起伏的情节，没有值得纪念的人物刻画，也没有任何生动的文字，几乎全是对话，语言生硬，矫揉造作，这完全证实了罗素的怀疑——他没有创作小说的能力。实际上，它几乎很难算作小说，在虚构的场景和角色构成的脆弱虚饰之下，精神自传的影子随处可见。它在艺术上有许多败笔，但是依然不失为一份罗素的人生进程记录，既发人深省，又不乏兴趣。

故事中的约翰·浮士泰斯（他选择的这个名字让人想起浮士德）就是罗素，几乎没有经过什么掩饰。在故事开始时，浮士泰斯是“一个专心致志的科学爱好者，儿童般清纯，不谙世事”，“物理学家们知道，他才华横溢，研究物质结构。”浮士泰斯刚刚完成了一项规模巨大的工作，有一种“轻松感，摆脱了只将注意力放在伟大作品上的专注状态”，而且改变习惯，出席了一场游园会。从某种意义上说，罗素采用的场景与托马斯·洛夫·皮科克的小说类似，让浮士泰斯见到各种世界观的代表人物，其中包括一位扩张主义者、一位社会主义者和一位聪明但是颓废的金融家。他们依次向浮士泰斯表述自己的人生观。

小说描写这些次要角色的目的其实是要确定，罗素在自己的人生的最初阶段中，排斥了哪些人生观。扩张主义者心胸狭窄，社会主义者精神贫乏，盲目乐观，他们两人的观点都一笔带过。但是，游园会结束之后，浮士泰斯转身回家，金融家的悲观主义让他深感不安（实际上，非常困惑）。他不禁自问，人生的一切是否真的毫无价值？“正如我思考物理问题一样，我应该理性地对待这个问题。”（我可以肯定地说，这段独白没有任何讽刺的意味；罗素在小说功力方面的局限也许已经显现出来）。

浮士泰斯回到家里，向他的妻子提出了同一个问题。她顿时泪流满面地告诉他：“你知道吗，我们结婚这么多年了，这是你第一次真正对我感兴趣？我们住在一起，但是绝对分离；你专注你的项目，你的计算，常常听不见我说的话。”

这时，浮士泰斯太太摇身一变，我们可以这么说，从艾丽丝变成了伊夫琳·怀特海，告诉丈夫她保守了1年的秘密：她身患癌症，已经病入膏肓，行将就木。浮士泰斯听到这个消息，完全震惊了，出现了彻底转变——这一情节与罗素看到伊夫琳饱受心绞痛发作之苦时的反应一模一样。“他的所有抽象兴趣完全灰飞烟灭，仅仅留下一种巨大的基本人性之爱……他怀着前所未有的同情，理解了别人的思想，体会了别人的感受；伟大博爱具有力量，让受到压抑的爱的暖流释放出来，撒向整个世界。”

妻子去世之后，浮士泰斯发现，“他无法像过去那样，将抽象的研究工作和智性问题置于重要地位。”于是，他离开物理学家的职位，周游世界，努力扩大对人类的认识，消除关于人生价值的种种困惑。回家路上，他经过佛罗伦萨，出
268 席了一个知识分子小组的会议，被他们称作“思想爱好者”。在会上，浮士泰斯听到一系列发言，它们全都与如何让人生具有价值相关。从表面上看，故事的这个部分也与托马斯·洛夫·皮科克的一本小说类似。但是，读者如果仔细研究，就会清楚地看到一点：罗素的小说所展示的不是思想冲突，而是观点的辩证发展过程。具体来说，每个发言者都代表罗素自己的思想发展过程的一个阶段。

第一个发言者是数学家，名叫弗拉诺（弗雷格和皮亚诺这两个名字的复合词），代表了罗素精神发展过程的最初阶段，体现了罗素的愿望：在数学形式的

永恒世界中，发现幸福和价值：

> 当生活让人产生许多反感时，数学给人许多欢乐。学术家远离激情，远离我们这个世界的缺陷和失败，进入一个古典之美构成的有序而且平静的世界。在这里，充斥暴力和不确定性的人类意志毫无作用。数学家以充满快乐的超脱态度，思考永不变化的等次结构。它由精确、确定、光焰照人的真理构成，超越人类，超越时空，超越由变化不定、偶然的具体事物构成的整个宇宙。

接下来发言的是哲学家，名叫纳西斯博（与“斯宾诺莎”也有一定相似之处），表达了常见的观点：通过超越日常希望和恐惧，“进入无忧无虑的沉思境界”，就可达到人生的最佳状态。接着出现的帕尔迪克莱修（由莱奥帕尔迪和卢克莱修和这两个名字混合而成，这两位诗人的作品罗素和奥托琳在洛桑一起读过）强调说，不要仅仅被动接受，应该具有创造性，动能做事，静能沉思，接受科学分析的世界，给世界带来“内心之火”，带来想象力形成的“辉煌”。

最后一位发言者是俄国小说家琴斯可夫，他代表了1912年春天深受陀思妥耶夫斯基的影响的罗素。在那段时间，罗素在多塞特徒步旅行，反思自己是如何失去奥托琳的爱情的。琴斯可夫说：“艺术家、疯子和作家是这样的人——他们曾经见过天堂，后来在人世间苦苦寻觅，希望再次见到它，觉得其他任何东西都不能与之媲美，其他所有人都处于流放之中。”他认为，人世生活总是痛苦挣扎，总是充满激情。所以，他像在波特兰比尔徒步行走的罗素一样，“并不痛苦挣扎，不被激情所困，在平静的没有感情的力量中寻找宽慰。”必然性踏过许多代人遭到蹂躏的生活，踏过血淋淋的灵魂，朝着它的结局大步走去：

> 我喜欢引起废弃的荒凉之地，喜欢怪石嶙峋的海角。在那里，大海和陆地一争高下，带来了反复出现的神圣节律；在那里，人和其他生物可能被人遗忘；在那里，海浪汹涌，抚平我内心的焦躁，我躺在噪音和泡沫之下，坚毅地接受平静。我觉得，感情让人偏离自己的目的，变得软弱，无常，卑鄙；人如果没有感情，就会变得强大。一段发展过程预先确定，带着物质世界的无情的一致性，具有规则性，必然性，并且冷酷无情。我渴望大步穿越

> 它，仿佛我仅仅体现了没有生命的力量而已。我鄙视自己，鄙视整个人类，
> 269 带着骄傲的激情，超越人的存在的虚荣。这样的想法支撑着我，崇拜命运的永恒崇高。

琴斯可夫渴望这样的超越状态，但是却发现，他面对“无限痛苦，觉得这种痛苦是人生的终极真理”，那样的状态是无法实现的。对这种痛苦的恐惧形成了充斥人生的大多数东西，“激发所有的精力，激发世界上所有的理想主义，激发所有的狂热、疯狂和邪恶”，也激发“陶醉、残酷、欲望以及焦躁不安的活动”。但是琴斯可夫（他的态度让人想起维特根斯坦与罗素讨论如何保护人的灵魂时表达的观点）最后看到，真正可以处理这种痛苦的方式是，勇敢地直面它，“让它进入灵魂，在那里忍受它的反复刺痛”。由此可见，“所有真正的生活就是激情”，人生中有价值的东西最终不是通过超越激情来获得的，而是通过“接受人生的难以想象的无限痛苦”，锤炼自己的灵魂获得的。

罗素后来最青睐诗人的发言，但是显而易见的是，小说家的说法肯定让人感触最深，而且无疑也写得最生动。其原因也许在于，在罗素的脑海里，小说家表达的感情和感受是最新鲜的。在俄国小说家说完之后，“普通人”接着发言，内容令人生厌，其目的是为了表现奥托琳的疑虑——为什么哲学家诉求的仅仅是受过良好教育的精英？这个普通人名叫朱塞佩·阿利诺，是政府职员；在刻画他的过程中，罗素使用的语言最接近反讽。但是，即便如此，看似讽刺的语言也许仅仅反映了这一事实：罗素根本不知道，普通人是如何表达对知识分子的观点的疑虑的。阿利诺说：“我们这些普通人构成人类的大多数，我们忙于日常事务，所知有限，根本不懂你们所说的各种各样的天堂里有什么精美的东西，有什么快乐的事情”：

> 我们根本不懂数学和哲学，我们对诗歌毫无兴趣；音乐稍好一点，我们可以听着它跳舞。我们喜欢小说，但是，小说必须讲的是丢失的遗嘱，或者令人吃惊的是谋杀案件，而不是说神秘、痛苦的婚姻……要么你像基督教那样，让你的福音可以被穷人理解，要么你必须找到另外的福音，让没有多大能力的信徒也可理解。

一位名叫凯瑟琳[1]的修女提出了她的看法，满足了这个普通人提出的要求——奥托琳依据自己对朱丽修女的回忆，帮助罗素描写了这位修女。罗素介绍了凯瑟琳修女，其手法显然是为了让他表达对奥托琳的爱情，于是让浮士泰斯发现，奄奄一息的叔叔特里斯特拉姆·浮士泰斯（原型是罗素的叔叔罗洛）曾与凯瑟琳有一段恋情，细节在他的信件和日志中有所记载。浮士泰斯翻阅日志时看到，那一段恋情“是精神的结合，没有张扬言行，令人心醉神迷”；对拥有这类 270
爱情赋予的力量的人来说，这样的恋情

> 包含……某种令人不安的暗示，某种满怀渴望的提示：在一个神秘的世界中，孤独被克服，灵魂之间的藩篱全被打破。

后来，浮士泰斯完成了叔叔的临终愿望，拜访了凯瑟琳。罗素在奥托琳的描述的基础上，给凯瑟增加了一段话，鼓吹《牢狱》宣传的寓意：“在每个人的精神中，都存在着某种无限和神圣的东西”。在故事结尾部分，浮士泰斯发现，这一睿智之见给自己原来就人生价值提出的问题，提供了最好的答案。这当然就是：“脱离上帝，放弃祈祷的生活，不再相信精神的力量——在她的身上，这些东西形成了盘根错节的联系。”浮士泰斯知道了这一点，“内心深感震撼，仿佛第二次死亡”，重新埋头于物理研究。

7 月 2 日，罗素尚未离开洛桑，写信告诉奥托琳，他已经完成了《浮士泰斯》的写作。并且承认，“稿件尚需修改，不过真的不错”：

> 其实，你的那部分写得最好；我确信，任何人阅读之后都会这样认为。即便现在，我对它抱有的信心超过了《牢狱》。我确信，它真的具有价值。而且我认为，这仅仅是一个开端，还有许多作品将会问世。这一切全应归功于你，我最亲爱的。如果将来遇到挫折，请不要忘记这一点。

他还告诉她：“亲爱的，亲爱的，分别让人觉得精神失常。不要让我就这样离开——我们的爱情真的很神圣，不是轻易能够剿灭的东西……这个月真的非常

[1] 修女与罗素的母亲同名，这一点绝非偶然。

美妙……我现在确实对未来充满信心。"然而，在《浮士泰斯》中，的确存在对未来缺乏信心的迹象。命在旦夕的特里斯特拉姆将过去的那一段恋情告诉了浮士泰斯，要他去寻找她，告诉她"我永远爱她"，并且补充说："她曾经回报了我的爱意，不过时间很短。"他和凯瑟琳本来计划，在她长期精神失常的丈夫去世之后，两人将要完婚。但是，她的儿子身体一直欠佳，接着也去世了。凯瑟琳心里倍感懊悔，对与特里斯特拉姆的恋情心怀内疚，于是做了修女。特里斯特拉姆告诉浮士泰斯："我俩度过的短暂的幸福时光活在我的记忆之中；我的心里已经修建宝贵的神龛，以便存放死去希望的灰烬。"他将日志留给了特里斯特拉姆，上面讲述了事情的全部经过："最后分别——尽管他知道，这是不可避免的——的时刻到来，让他心里涌起强烈的反抗之情；这种不可避免性本身让分别显得更残酷，增加了他心中的愤怒。他将这种怒火转向命运，转向凯瑟琳……后来，他的内心慢慢恢复了平静……他慢慢学会将爱转向其他的人，让爱变为普世的东西，让爱支撑怜悯和智慧。"

在《浮士泰斯》中，罗素不仅试图表达了他与奥托琳的恋情在精神方面的重
271 要性，而且也为它撰写一篇告别辞。他们的恋情不可能长久的感觉——它实际上已经结束的感觉——贯穿整个故事：特里斯特拉姆·浮士泰斯感到愤怒，希望反抗，但是最终还是认命，接受了他与凯瑟琳的恋情已经结束的事实；最后的结局让约翰·浮士泰斯有"第二次死亡"之感，但是他还是回到了物理学研究。也许，在罗素对约翰·浮士泰斯最后一次看到凯瑟琳修女的描述中，这一点得到了最强烈的表达，进一步强调了他的忧伤之感：

> 他挪动脚步，慢慢离开，某种本能让他抬起头来，目光投向那幢房子。他惊讶地发现，她站在窗前，脸上露出悲凉的神情；他觉得，她在看他。这时，与过去的最后一点联系显然永远结束了。在他抬头的那个瞬间，第二次晚祷曲的铃声响了，她慢慢转过身去，消失在黑暗之中。

# 第十章　破碎的波浪 272

1912 年 7 月 9 日，罗素从洛桑回到剑桥，写信告诉奥托琳："重返这里工作的感觉非常糟糕"。等待他的是一大堆需要处理的事情，其中包括：

> ……一位俄国逻辑学家的来信，抱怨说他没有接到数学学会的通知（这竟然是我的错！）；一位中学校长寄来的一大叠非常复杂的几何教学法笔记，并且在信中征求我的意见；W. 詹姆斯死后出版的一本新作；一本厚厚的数学哲学著作，作者是法国人，提出了许多批评，我应该回复作答；一本意大利人撰写的非欧几何著作；各式各样的请柬，全都提出了复杂的问题，此外还有其他一些东西。

他不得不将心思转向这样的问题，这几乎超过了他的忍耐限度："思考了真正永恒的事情之后，让人觉得这样的问题简直无法忍受。"但是他觉得，在洛桑获得的美好东西不会——也不可能——被一一消解："我相信，我俩已经永远回到了正确的基础上；我认为，我再也不会发怒；我觉得，整个世界对我来说非常真实，我确信，我无论何时有了足够的闲暇，都可继续从事文学创作。我现在觉得毫无疑问的是，《浮士泰斯》确实写得非常精彩——这一点有助于保持我内心的平静。"

他次日写道，他"在威茅斯收到的那封信件时那种扰乱内心的感觉已经完全没有了……因此，过去的所有幽灵全被祛除了"。这时，他对自己本性之中的各个方面，有了一种新的和谐感觉，认为"我在世上应该做的主要事情是，在智性和神秘论之间营造一种和谐状态——不是将两者并列起来，而是使之形成一种合二为一的整体"。或许，这种"合二为一的整体"可以在《浮士泰斯》这样的著作表达出来。罗素至少这时觉得，他已经结束了技术性哲学的研究工作，并且以一种几乎带有仪式性的姿态，让它变成了维特根斯坦的责任。罗素从洛桑回来之后几天，就在维特根斯坦返回维也纳过暑假之前几天，维特根斯坦和他姐姐赫麦恩一起，到罗素的住处喝茶，给罗素提供了交流的机会。在三一学院，三人坐在罗素的房间里，赫麦恩惊讶地听到罗素宣布："我们认为，哲学领域中的下一个巨大进步全都仰仗你弟弟了。"

273 1912年夏季，试图将智性与神秘论融合起来的并非罗素一人。这个理念"在空中飘荡"，其实是崇尚柏格森的时代精神的一个组成部分。7月，印度诗人拉宾德拉纳特·泰戈尔到了英国，主要借助对画家威廉·罗森斯坦的热情宣传，赢得了许多人的好感。那年早些时候，那批人也对柏格森赞赏有加，其中包括乔治·萧伯纳。戈尔迪·洛斯·狄金森是泰戈尔的拥趸之一，7月的一天晚上，将泰戈尔带到三一学院，见到了罗素。多年之后，狄金森在《新领袖》上发表了一篇文章，再次谈到当时的情形：

> 在剑桥的一座花园里，伯特兰·罗素和我坐在泰戈尔身边。他给我们朗诵了他的一些诗歌，声音美妙，奇特的风格在渐渐浓重的黄昏中漂荡。后来，罗素开始说话，亮点频现，仿佛划过暮色的一道道闪电。泰戈尔沉默不语。但是，他后来说，聆听罗素讲话让他觉得有趣，美妙。他进入一种"更高层面的意识"，仿佛听到——可以这么说——来自远方的声音。我很想知道，他究竟听到了什么呢？

狄金森认为，罗素的评论"亮点频现"，但是毫无疑问的是，那次会见其实出现在罗素宣布打算将神秘论与智性融合起来之际，是罗素最接近D. H. 劳伦斯后来在写给奥托琳的信件中谴责的"对泰戈尔的这种可怜的崇拜态度"——在那个夏天，这种态度曾经在英国风靡一时。

罗素见到的《浮士泰斯》校样时，改变了以前的看法，对它略带批评态度。他发现，这本小说"在氛围描写方面稍显不足，应该创造更多的气氛；认为理所当然的成分偏重；整体上应该更丰满一些，不要这么直白，这么简略"。但是，他对这部作品的信任并未被完全破坏。他告诉奥托琳："在以前创作小说的过程中，我曾经无法感觉到想象性因素的重要性，但是，这篇小说没有这种情况。"可是，他给的理由相当奇怪："我对浮士泰斯这个男人满怀感情，仿佛我是他的一个朋友。我觉得，重要的事情是让人们了解，他是多么的可爱。"我们从这一点可以得到结论：要么他将浮士泰斯视为一个真正的虚构角色，并不只是对他自己的描写，要么他认为，《浮士泰斯》的主题表达了他自己的可爱之处。

几天之后，罗素收到戈尔迪·狄金森的反馈，打消了他对《浮士泰斯》的文学价值所持的怀疑态度。虽然狄金森那年早些时候对《宗教的本质》并不十分感兴趣，他对《浮士泰斯》却赞赏有加，使用的语言几乎到了无以复加的程度。他写道："依我所见，这是一部伟大的作品，确实具有17世纪最佳散文的品质，这是我可以给予的至上赞美之辞。"他还说，在小说中诸多角色的讲话中，他最喜欢的是数学家和哲学家的高论（鉴于这两个角色表达的观点与《宗教的本质》非常接近，他的这个看法匪夷所思）。诗人的讲话让他感到困惑，俄国小说家的观点"与我自己的体验相去甚远"（狄金森不会将他自己与罗果金这样的疯狂谋杀 274
者相提并论；如果他知道罗素站在罗果金那一边，肯定会深感震惊）。狄金森认为，罗素作品中的普通人阿利诺"是一个给人带来消遣的角色……我认为，我们必须承认，他的观点没有什么可以回应的"。最后，他认为修女的塑造"非常之美，表现了极大的同情"：

> 你写得的结尾极好，也许是文字可以表达的最佳效果。在生活中可以做些什么？只有生活本身可以展示。但是，与所有的艺术一样，真正必须表达的意思——已经表达的意思——融化在整个作品之中，恰恰处于作品的字里行间。

"在我熟知的人中，只有你和我类似，意识到自己身处心路历程的途中。"狄金森还补充说，他希望罗素出版《浮士泰斯》，"你将会发现，读者不会太多，然而他们全是知音。"

也许，罗素以不适当方式，对待狄金森在信件开头提出的告诫："可能我对你的手稿的评价较高，超过其他所有人。"罗素看到，狄金森提供了他一直寻找的鼓励，有助于证明他将注意力集中在文学创作上的做法是正确的。罗素向奥托琳宣布："在去年全年时间里，进行技术性研究的冲动慢慢减弱，已经消耗殆尽；现在，狄金森的来信似乎给了它致命一击。"他已经超越了它，可以将撰写技术性著作的内心动力视为病态的，不健康的。"从奇怪的意义上说，它与罪孽感，与对人生的厌恶密切相连。我觉得，现在只有羞愧和懊悔可以将它复活，其他任何东西都不行”：

> 自从你在我们关系中取得支配状态以来，我已经改变了很多……你将我身上的艺术家潜质激发出来，降低了我不从大流的想法……我根本不知道它将在什么何处告终……我觉得，在我的心底存在着某种东西，让我总是像戈尔迪所说的那样，处于心路历程的途中。目前，我的所有本能性驱使想象力自由驰骋，它十分强烈，与原来形成明晰理念的情况不相上下……我觉得，学术世界已经变得很不真实，这实在令人感到惊讶。数学在我的头脑中大为淡化……哲学思考也并不常常出现，我们没有在这方面进行研究的冲动。就心理层面而言，我的全部冲动涌向想象性写作——我渴望让自己的心智拥有文学写作的闲暇，渴望去过适合文学创作的那种生活。

他还告诉她，如果他的想象性写作的能力可以继续下去，在5年讲师聘用合同结束之后，他可能会完全放弃学术活动。到那时，维特根斯坦就可以接替他的位置了。

这个想法出现在罗素的作家信心的巅峰时期，在接着的两个月中以持续的方式，慢慢遭到侵蚀，到了1912年9月底几乎化为泡影。在那一段时间里，许多因素结合起来，形成了一股可怕力量，其中包括：其一，除了狄金森之外，几乎所有读过《浮士泰斯》的人都提出批评，让他灰心丧气；其二，维特根斯坦对研究哲学逻辑的兴趣越来越浓，以十分激烈口吻批评说，罗素所做的工作技术性不
275 强；其三，（在所有因素之中起到釜底抽薪作用的是）罗素与奥托琳的关系慢慢恶化。也许，三者之中每一种本身都足以抵消狄金森的鼓励之辞形成的作用，它们并在一起，简直具有摧枯拉朽之力。

令人惊讶的是，伊夫琳·怀特海对《浮士泰斯》的批评非常委婉。让她唯一觉得不妥的是，在奥托琳对凯瑟琳修女描述的基础上，罗素给修女增加了那一段独白。伊夫琳认为，它很不真实，“显然是一个身为知识分子的男人对修女的看法”。这促使罗素考虑对故事中的其他人物的刻画，特别是对另外一个女性角色——浮士泰斯太太——的刻画。他在写给奥托琳的信件中说，浮士泰斯太太“应该不那么虚幻，对吧？”他还觉得，读者真的应该对浮士泰斯本人的过去生活有更多了解，小说的后半部分需要充实，开头部分也应增加分量。总而言之，

罗素实际上逐渐认为，这本小说需要全面重写：

> 我觉得，我应该继续再写数年时间，慢慢增添新的情节。我希望自己对人世有更多的了解——我快要年满40，在这方面还是一个学生，这是多么恐怖的情况。

露西·西尔科克斯提出的批评最直接，造成的冲击力最剧烈。她向罗素指出，故事中“空洞的长篇大论过多”，情节内容不足，缺乏戏剧张力。实情就是如此，这就是该小说的主要缺陷，而且非常明显。这让人不禁想到，其他人仅仅碍于情面，没有提出同样的批评意见。也许，最高的智慧并不一定在于避免冲突，正如罗素逐步意识到的，最佳的小说创作并不强调这一点。他告诉奥托琳，根据露西·西尔科克斯的评价，“我应该做的是，展现相关角色的十分有限的观点形成的某种冲突。”不过他承认，“那就需要很深厚的艺术功底了。”

在修改《浮士泰斯》的过程中，罗素越来越感到，他在写作之中的局限与他的人生阅历有限不无关系。他被迫承认：“参与战争，经历瘟疫，诸如此类的事情我都无法亲身经历”；他既无相关体验，亦无所需的想象力。他作为创作者的强项在于表达观点，因此他不是描写战争，而是关注“相信战争的人”，不是展现冲突，而是描写“其理想以某种方式包含冲突的人物——帝国主义者、富豪、未来主义者、柏格森，如此等等。斯特林堡[1] 就是这样的作家……我可以用欣赏的笔墨——而不是带着鄙视——描写他们”。

除了这些让人泄气的想法之外，他后来增添圣经中的“传道书式悲观论者”的理念——这样的人“文字颇佳，创作的基点是‘世上没有新事物’”，其悲观论将由哲学家来解答。表达出来的想法不断增加，涉及方方面面，罗素可以想到的其他改进措施是，为了让故事获得活力，可将场景从佛罗伦萨转向美国，“也许，放在巴拿马运河启用时？”那里聚集“一些人，见证人类进步这个地标”；与之 276
相反，悲观论者在阅读古代的纸莎草文献时，发现了古埃及的法老们修建苏伊士运河的情况。可是，哪怕在提出这些想法的过程中，罗素也可看到，失败已成定

[1] 奥古斯特·斯特林堡（1849—1912年），瑞典戏剧家、小说家、诗人。《在罗马》、《被放逐者》、《奥洛夫老师》是其代表作。——译注

论："不行，这一切全都有闹剧之嫌，我必须使用简单的场景。"总之，将《浮士泰斯》改写为一本优秀小说的方案显得越来越模糊。

在9月25日的一封信件中，罗素承认了最后的失败，宣称他变得相当抑郁，"已经无法继续对《浮士泰斯》进行修改了"。从那以后，这个故事被束之高阁，罗素重新回到技术性哲学的研究工作。

罗素决定脱离文学创作，转向哲学研究；现在我们知道，这是他的人生经历中反复出现的模式。在一定程度上，促成那次转变的原因是，他与奥托琳的关系出现了问题。在10月写给她的一封信件中，罗素是这样描述该模式的："我不愉快时，我非常需要你，但是却不敢奢望。我需要的只是情感，不是智慧；在这种状况下，智慧真的于事无补。在这种情况下，我无法教你任何东西；如果我能，却存在无穷无尽、难以理解的障碍。那么，我觉得人生苦短，我们之间失去了联系。最后，我觉得，让所有情感见鬼去吧，于是安下心来，埋头工作。"

放弃《浮士泰斯》的决定完全符合这个模式，它出现在罗素与奥托琳的一次见面之后。当时，两人之间的关系经过数月酝酿，已经濒临爆发危机的紧急关头。9月24日，奥托琳在日志中记录：罗素前往位于伯克郡丘陵的乔恩，探访在那里的农舍小住的奥托琳和菲利普。

> 伯迪星期天抵达，和我一起待了整个下午。他昨天也在这里。他心情郁闷，心事重重，脸色黑沉沉的。
>
> ……我觉得，自己简直无法忍受他这种心事重重、顾影自怜的样子……可是，我明智地设想，我可以让他没有这样的感觉。我作为女人，应该温柔一些，表现同情心，起到缓解作用。可怜的东西！我俩坐在丘陵上，他不停地抽泣，这当然融化了我的心。我觉得，我对他多么残酷，多么无情。

正如以上段落揭示的，两人从洛桑回来之后，奥托琳对罗素的态度变得冷淡。她在日志中坚持说，她依然爱他，除了对当时场景的描述之外，她还补充了她对他的性格的分析，一针见血地指出了他的错误：

> 他非常孤独，备受不断思考的大脑的折磨。对我深有感触的那些东西，他无法产生任何兴趣。他的身体和心灵之间似乎存在巨大的鸿沟。他的双手

> 就像熊掌——没有感情，只有力量。他的智性强大，但是悬在空气之中，与感性生活没有关系。在感性方面，他没有什么想象力；或者说，如果存在这 277 样的东西，那也非常弱小，缺乏活力。
>
> 他就像一台外观精美、结构良好的电动工具，不食人间烟火，仅仅依靠理论和本能驱动。有时候，他具有富于幻想的力量，但是那种心绪很少出现；在通常情况下，他理想是抽象的，带有数学特征。如果他关注他人，他的心绪易被情欲支配，是悲剧的，悲观的。
>
> 不过，我过于强调了他的不足之处。他智性超群，但是他过于依赖智性，其他方面似乎失去了动力。我不得不努力跟上他的思维，同时又要满足他的情感需要，真的感到精疲力竭。

罗素的强烈要求让奥托琳身心疲惫；他以自我为中心，缺乏敏感性，这也让奥托琳受到伤害，深感愤怒。她在日志中写道，她白天有时需要自己独自待着，安安静静地阅读，这让他感到恼怒。“他指望我完全听他安排，随叫随到，上午、中午和晚上无一例外；如果我没有做到，他就会非常生气。他告诉我，我的阅读习惯不能让我在生活中取得任何重要成就，我和他待在一起，对他大有裨益。当时，这一番话让我觉得深受伤害。这一点我从未忘记。”

在出版时删除的一段日志中，奥托琳不仅进行以上带有指责意味的分析，而且还补充了两点：其一，她希望罗素遇事不那么认真；其二，她觉得，罗素非常认真，性格阴郁，完全不能理解她本性中的一个侧面——“狂放不羁的艺术气质，我只有在纵情于色彩、衣服和绘画时，才让它表现出来。” 正是这一点吸引了像奥古斯都 · 约翰和亨利 · 兰姆的这样的人，但是从罗素那里，她却从来没有得到满足。奥古斯都早已走出了她的生活，拉姆在她 7 月从洛桑回来之后不久，也与她劳燕分飞（不过，即便在这种情况下，她依然在日志写道，“无论发生什么事情”，她都不会停止爱他）。但是，她在与利顿 · 斯特雷奇交往的过程中发现，她可以充分展现自己本性中这种狂放不羁的艺术气质。斯特雷奇是同性恋，这形成了完美格局：无论他们两人说些什么，如何眉来眼去，如何出双入对，他们都不会受制于性欲看来必然导致的丑陋后果的影响（在与兰姆的同性恋情中，斯特雷奇备受煎熬，不亚于奥托琳在与罗素交往中承受的东西）。

在心情郁闷的罗素去乔恩之前的几周，奥托琳和斯特雷奇待了很长时间。斯特雷奇之前与拉姆在爱尔兰度假回来，“感情脆弱，心情紧张，身体很差”，希望奥托琳帮助他恢复健康。两人互相安慰，发现自己都喜欢富于刺激的荒诞恋情。让奥托琳感到开心的是，斯特雷奇愿意屈就奉陪，尽量满足她的喜好：

> 晚上，利顿展示他的同性恋言行，我俩行为滑稽，笑声不绝。有时候，他会穿上我的漂亮的高跟鞋，那样子非常邪恶，就像奥布里·比亚兹莱[1]画中的人物。他时而在房间里蹒跚挪动，时而脚尖立地旋转，两足显得很小，
> 278 给人滑稽之感，目光不时投向裤子里面，回想起来令人忍俊不禁。我们两人非常兴奋，非常开心，感觉非常奇妙，快活不已。

在上这段文字之后，紧接着一个言简意赅的句子，似乎刻意突出两者之间的对比，说明她与罗素关系中缺失的东西：“伯迪也到这里来看我，但是没有给我留下什么印象，只记得和他一起散了一次步。我们一直闷闷不乐，走到教堂的院子里结束。”

在那次访问期间，斯特雷奇一直与莫里尔夫妇待在一起。斯特雷奇事先已经知道，罗素将在那里逗留数日，届时奥托琳将把注意力转向“可怜的伯迪”。结果，罗素的探访最后在泪水中收场。斯特雷奇现身那里，这无疑加剧了罗素所说的“可怕感觉，觉得你将离我而去”。罗素访问结束之后回到剑桥，似乎判若两人。他后来认为：“待在乔恩的那段时间里，我让自己的思维重新回到了研究工作。”9 月 27 日，他从乔恩返回之后的第一天，他在日志中写道，他“脑袋里满是关于研究工作的想法”，决定撰写“应该成为重要之作的文章，题目是《何为逻辑学？》”。

毫无疑问，罗素撰写这篇文章的决定受到了维特根斯坦的影响。那年夏天，维特根斯坦待在维也纳，一直与罗素保持通信联系，常常提到一些诱人的建议，涉及正在他头脑中成型的新的逻辑学理论。维特根斯坦 7 月 22 日写道，“逻辑学仍然处于大熔炉之中，但是我对这一点的认识越来越明晰”：

[1] 奥布里·比亚兹莱 (1872—1898 年)，英国画家，作品色调很简洁，一般只有黑白两色；构图繁复，擅长采用精心勾勒的线条和细碎的花纹。他总是画一些表情诡异的妖冶男女，不乏嘲讽、颓废、色情和邪恶的因素。——译注

逻辑学的命题仅仅包括约束变项。无论对约束变项的适当解释可能是什么，其结果必定是，不存在逻辑常项。

逻辑学肯定将以全新面目出现，与任何别的学科大不相同。

尽管这一想法处于萌芽期，尚未完全成型，它已经暗示了一个新的观点，完全削弱了罗素的数理哲学和“沉思的宗教”的基础。其原因在于，维特根斯坦强调说，逻辑学既无（与约束变项对立的）自由变项，也无常项，他看来排斥存在着逻辑客体这个观点。因此，逻辑学“与任何别的学科大不相同”，根本没有什么主题！就罗素对逻辑学和哲学的理解而言，这起到了釜底抽薪的作用，其原因在于，罗素将两者都视为对逻辑形式的分析。维特根斯坦认为，没有什么可供分析的形式；因此，与罗素信奉的斯宾诺莎式宗教相反，也没有可供沉思的形式。

在写给罗素的信件中，维特根斯坦报告了他近一段时间对逻辑学的思考，立场起伏不定，这揭示了其性格之中的另外一面。例如，在 6 月 22 日的来信中，他告诉罗素，他有空就会阅读威廉 · 詹姆斯的《宗教经验种种》，声称“这本书让我大受裨益”。他写道：

我并非说，我将很快成为圣人，但是我不确定，它并不会让我有所改 279
变——我其实希望大有改变，这就是说，我认为，它将帮助我摆脱焦虑（歌德在《浮士德》第二部中，使用了 sorge 一词来表达焦虑这个意思）

维特根斯坦说这番话时，罗素刚刚表达了他自己的希望，要在智性与神秘论之间建立一种和谐状态。在这种情况下，罗素认为，它们在他与维特根斯坦之间形成了一种特殊的密切联系。8 月，罗素想方设法修改《浮士泰斯》，在莫扎特的传记和已经出版的贝多芬信件中寻求灵感。维特根斯坦听到之后非常高兴，告诉罗素说：“这两位就是真正的上帝之子。”这句话再次表达了罗素的心思。就在收到这封信件的当天，罗素在写给奥托琳的一封信件说：“如果能与莫扎特相提并论，这是多么荣耀的事情”，并且立刻补充说：“我收到维特根斯坦的来信，这封信件非常重要，我希望你看一看。我很喜欢他，仿佛他是我的儿子。”

在写这两封信件期间，罗素正在主持国际数学家协会第五届年会哲学分会，那次会议 8 月 22 至 28 日在剑桥举行。他写信告诉奥托琳：“看到这么多人对数理哲学深感兴趣，我非常激动，思绪万千。我的兴趣被重新激发起来，战斗的气息让我热血沸腾。在我身上，对力量的向往非常强烈。我不禁想到，假如我不存在，所有这些数理哲学家们的思想就会大不相同。”在那天的大部分时间里，他和意大利数学家朱塞佩·皮亚诺一起交谈。皮亚诺虽然“老态毕现”，但是他显示了“逻辑学家的理想状态”，对学术研究心无旁骛，具有非凡的高尚性格。罗素谈到莫扎特和维特根斯坦的原因在于，他承认在与皮亚诺这样的人交往时，他有“一种奇怪的背叛感……求知对我的吸引力远远不如对他们那样强烈。许多人具有纯朴态度，似乎并不像我这样，一直被相互冲突的激情所困。他们努力工作，既不用经历痛苦，也不用辛苦用功，这让我羡慕不已。”

当然，维特根斯坦的情况完全不同。1912 年 9 月的第一周，维特根斯坦到了贝里街，与罗素共度一段时间。那时，他刚从维也纳返回，准备前往冰岛，与他喜欢的一名剑桥大学的本科生戴维·平森特一起，在那里休假 1 个月。罗素写道：“我俩讨论逻辑学，还聊到音乐、道德观和其他许多话题。”罗素还特别说明，维特根斯坦“与斯蒂芬夫妇和斯特雷奇夫妇形成非常鲜明的对比，这就是天才人物的特征”：

> 我们很快投入到逻辑学领域，进行了富于启迪的争论。他具有很强的能力，清楚地看到什么是真正重要的问题。
>
> 他让我产生非常愉快的懒惰感：我可以将所有的困难理念留给他去面对，这些问题以前全部落在我一个人的肩上。这让我更容易放弃技术性研究。

280 罗素一再重复，他将数理逻辑问题交给维特根斯坦研究；两人都认真对待这个想法，如果说罗素有如释重负之感，那么，维特根斯坦意识到自己肩负重任。他认为，没有谁有能力或者将要从事这方面的工作，他必须解决他所研究的问题，他觉得，仿佛上帝本人将这项重要而艰难的任务交给了他，他决不能等闲视之。罗素无疑体会到维特根斯坦的这种态度，担心它可能形成的潜在的抑止效应，于是给维特根斯坦提出了一些“明智的忠告”——不要等到解决所有问题之后才开始动笔，“因为那一天根本不会出现”：

> 这引起他发出一阵惊叹——他具有艺术家的感性：要么创造完美的东

> 西，要么什么也不做。我向他解释说，如果他不学会写出不尽如人意的东西，他既不无法获得学位，也不能担任教职。这让他愈发愤怒。最后，他严肃地恳求，即使他让我失望，我也不要放弃他。

次日，维特根斯坦动身前往冰岛，直到 10 月 11 日开学时才返回英国。

维特根斯坦在冰岛逗留期间，罗素的两个希望全部落空——文学创作没有进展，与奥托琳的关系没有改善。9 月末在乔恩经历了情感受挫的那几天之后，他做出两个决定：第一，不打算放弃技术性研究工作；第二，并不放手让维特根斯坦进行逻辑分析工作，他自己将撰写一篇关于这个问题的文章。后来，出现了一个具有讽刺意味的偶然事件，严重影响了他与维特根斯坦关系：就在他做出决定之后，《希伯特杂志》在收到《宗教的本质》的稿件几月之后，决定将它发表出来。

于是，在开学第一天，维特根斯坦看到文章之后，怒气冲冲地到了罗素的房间，向他表示抗议。罗素当时正在给奥托琳写信。“维特根斯坦刚才到了，《希伯特杂志》发表的我的文章显然让他痛苦，他明确表示厌恶这篇文章。”那天晚些时候，罗素给奥托琳谈到维特根斯坦讨厌这篇文章的原因：“他认为，我放肆使用含糊其辞的字眼，背叛了精确表达的原则；这样的内容带有私密性质，不应见诸文字。我在一定程度上赞同他的看法，所以心里很不是滋味。”罗素两天之后说，维特根斯坦提出的批评让他深感不安：“他表情非常郁闷，言行非常文雅，内心大受伤害，对我没有好感。”

维特根斯坦对《宗教的本质》提出批评时，罗素非常乐意接受。但是，在思考它们的过程中，他对这篇文章完全失去了信心。许多人赞赏这篇文章，其中不乏著名的评论者，然而他从来没有让它重印，任何时候听到赞美之辞时都不敢苟同。例如，就在文章刊出几天之后，拉宾德拉纳特 · 泰戈尔致信罗素，向他表示赞赏。泰戈尔写道，一个人无法通过知识来理解无限，“然而，当人过着无限的生活，并未被局限在有限自我的范围之内，人就会意识到，巨大的快乐首先是私生活带来的愉悦和痛苦。”这个说法其实是对罗素在文章中陈述的观点的一种解 281
释，许多年之后，有人问罗素对这封信件的看法，他毫不客气地回答：“我深表遗憾，我无法同意泰戈尔的意见。他对无限所发表的意见完全是语焉不详的废话。许多印度人欣赏这样的语言，不幸的是，它其实根本没有任何意义。”

那时，在维特根斯坦的影响之下，罗素已经不再使用这样的语言，已经开始加倍努力，从事某种中规中矩的技术性研究。就在他提到维特根斯坦对《宗教的本质》感到痛苦的那天，他在日志中写道，他满脑子才思泉涌，考虑如何动笔，撰写已定题目的《何为逻辑学？》。“我觉得，如果运气不错，这真的可能成为重要文章”。他说，他已与维特根斯坦一起“辩论过逻辑学”：“这个课题很难，但是我觉得，我必须再次尝试一次。”他的决定没有维持多长时间。他次日承认，他无法撰写这篇文章：“问题很难，毫无成功希望，目前我一筹莫展。”再则，他“倾向于将这个问题留给维特根斯坦”。

两天痛苦挣扎的结果是，他留下了5页手稿，其中包括一系列思考，言辞吞吞吐吐，表达含混不清，观点拖泥带水，集中讨论了对逻辑学的这一定义：“对复杂命题的形式研究”复杂命题是罗素给客体的集合所取的名称，例如，心理与生理，共相与殊相。如果命题为真，它们与命题相符。例如，就“柏拉图先于苏格拉底”这个命题而言，存在包括三个客体的复杂命题：柏拉图、苏格拉底，以及“先于”关系这一共相。但是，复杂命题的形式是什么呢？罗素说，它是“构成因素被组合起来的方式”。但是，形式本身是否是客体呢？关于这一点，文章没有解释，罗素被引入两个对立的方向。一方面，形式必须是客体，其原因在于，否则逻辑学就没有可以研究的东西。罗素坚持认为，“形式是某种东西”。然而，它是何种东西呢？他对此几乎没有什么概念，将逻辑学界定为“对复杂命题的形式研究”。这一定义显得空洞，几乎相当于这个毫无用处的陈述：“逻辑是对某种东西的研究”。

他放弃这篇文章的次日，罗素看来对研究的性质也持类似的心态。他在写给奥托琳的信中说：“我尚不明确自己希望做什么，但是我必须继续某种重要的工作。”“本能驱使我回到技术性研究”——他对她的感情处于低潮期。这并不说，他对她的爱意减少了“一个原子”，其原因仅仅在于，他的爱意被“难题和自我控制……禁锢了”。所以，“我不敢放纵自己，担心自己进入精神失常状态”。可以这么说，为了让自己心智健全，他不得不将自己封闭起来。他知道的实现这一点的最佳方式是，让自己沉浸在哲学之中。在那段时间，（除了那些难度太大被他放弃的哲学问题之外）他没有思考任何其他哲学问题；但是，这并不是难以克服的障碍，他将会发现别的事情来满足要求。主要的问题在于，要将他的注意力集中在某种枯燥无味的技术性问题上，以便让他免受考虑情感生活形成的衰退效应的影响。他告诉奥托琳，尽管“不得不重拾技术性工作让自己有一种失败感，一种孤立感”，尽管他“绞尽脑汁，让自己思考难题”，他也需要作出努力，才能让自己找到某种休息方式。那时，他必须说，“让所有情感见鬼去吧”，以便埋头进行研究工作。 282

罗素放下《何为逻辑学？》，将注意力转向《物质论》。他那年早些时候完成了这篇文章，打算 10 月 25 日在伦理学俱乐部举行的会议上宣读。他推敲了大约一周时间，然后宣称，他对“这个问题有了非常明确的认识，超过了以前任何时候”。也许，问题更明确一些了，但是他显然尚未找到解决方法。他在会议开幕的那天上午写道：“关于是否存在物质这个问题，我不知道如何表态！”

在会上，他采用了在卡迪夫尝试过的方式，认为物质可能——可以这么说——通过“感觉材料”进行建构，“不仅是一个观察者感知的那些材料，而且还有完全可能的观察者在感知相同事物过程中得到的所有感觉材料”。[1] 宣读论文之后，他写信告诉奥托琳，问题太难，论文并不成功。“除了维特根斯坦之外，没有谁完全理解它”。但是，他自己相当满意，开始将它视为某种伟大哲学计划的开端：“我看到，大量问题从它派生出来——它仿佛是一个中心点，旅程从这里开始”：

> 在这个课题中，我发现了进行非常重要研究的材料……［它］引入了大量有趣问题。我思维敏锐，拥有研究热情，而不是通过持续努力来挤出一点热情，这种状态让我深感慰藉。

他说，他和维特根斯坦谈到新的研究课题中的核心观念之一，维特根斯坦改变了对他的态度，没有像看到他就逻辑学性质提出的初步观点时那样，一棍子打死完事，而是表示了鼓励。

在短短几天时间里，罗素的哲学抱负完全复活。他告诉奥托琳，他希望“将哲学家们引到不同的轨道上，重新研究在柏拉图、亚里士多德和 17 世纪中探讨的哲学与科学结合的问题”。罗素认为，哲学家们所受的教育完全是错误的：他

---

[1]　一个物质客体可以从无数不同角度进行感知。罗素认为，如果我们获得了从每个可能的角度感知的客体，那么，他所称的可能的感觉材料（或者他后来所说的可感物）的集合就是该物质客体。

们不应学习古典哲学，而是应该像维特根斯坦那样，在科学和技术方面打下坚实基础。罗素追求的是哲学研究的目标和方式上的一场革命，对整个学科进行脱胎换骨的改造。他写道："我觉得，我真的获得了一种新的研究方法，其精确性超过以前的任何方法。"不过他补充说："哲学研究者们没有接受精确性方面的训练，所以让人们明白这一点非常困难。"他将改变这一状况，在他的教学工作和著述中实现这一点。他这时认为，他可以撰写一本具有重要意义的巨著，讨论技术性哲学：

> 283 自从完成那本大部头以来，我所做的研究具有某种我无法把握的统一体；假如我能够理解它，我也许可以知道如何撰写另外一本大部头。不过，我迄今为止并不知道，这本书的主题是什么。这是一种奇特的盲目冲动——我害怕撰写另外一本书带来的艰辛劳动，想到这一点真的令人不寒而栗。但是，我将竭尽全力，寻找将会形成一本巨著的核心理念。

在他脑海里逐步成型的关于那本"大部头"的理念是，使用数理逻辑的技术，为自然科学提供明晰、精确的哲学基础。《数学原理》已经为数学，为科学领域的数学要素实现了这一点。"但是，在知识领域中，存在若干其他更难以捉摸的先验要素，例如，因果关系和物质就涉及这样的要素。我目前希望把握的就是这些要素。"他几天之后写道，它是"一个范围很广、难度很大的问题"，"很可能需要多年研究，最终才能形成一本大部头"。到了 11 月 9 日，他开始使用更加绚丽的词汇，表述"将要创造出来的一门全新的学科"：

> 我确定，我已经触及一种新的东西，这很可能占据我未来的数年时间。解决这个问题需要将物理学、心理学和数理逻辑结合起来……我关注的其实并不仅仅是物质，而是对除了自己之外的事物和人的认识的基础和程度；物质只不过是这个问题采取的技术形式。

他在后来的一封信件中写道，它是"一张巨大的油画布，完成画作很可能需要我 10 年时间，一想到它就让我热血沸腾。突然之间，它让自己本来不大关心的大量事物变得有趣了。我仅仅希望，我可以控制这项具有想象力的尝试"。在变得有趣的事物中，包括了物理学领域的最新进展。罗素努力了解其内容，首先采用的方式是阅读普及类文献，然后“在了解大致轮廓之后，我将着手研究并不普及的东西”。

12月8日，罗素就自己“所说的谋杀爱情”一事，向奥托琳表示歉意。这显然意指他对哲学研究的日益增加的兴趣，他在经过反思之后，收回了这一说法。他这时坚持认为，技术性研究将会增强他的爱情中的最佳部分，而不是将其谋杀。不过，“那种魔术般品质光辉灿烂，具有变形作用，肯定将越来越少”。但是，在他的爱情中，这难道不正是最佳品质吗？它也许曾经如此，不过现在改变了性质。在这种情况下，就他的爱情而言，他最多可以说，它是“一种帮助，一种力量，一种灵感”，一种“慰藉，让他摆脱长期独自工作带来的孤独感”。他这时祈求的是“一种无法征服的精神……以及对自己使命的忠诚”：

> 我喜欢思考光明、杰出、没有激情的创造，不会显示丝毫伴它成长的痛苦和汗水的痕迹。在一定程度上，这就是逻辑学和数学超过宗教，给我更多激励的原因，逻辑学和数学甚至不屑理会痛苦。

然而，他开学之初曾说，他撰写技术性哲学著作的冲动“与罪孽感，与对人 284
生的厌恶感密切相连”，只有“羞愧和懊悔”可以将它复活。当初，他是否对自己的冲动做出了完全错误的判断呢？他是否被羞愧和懊悔控制了呢？

学期结束时，罗素独自一人徒步旅行，这次的目的地是英格兰西南部，再次在雨中孤独行进。他告诉奥托琳，那次远足的情况非常糟糕，但是起到有效的治疗作用：“我有时间将所有的幽灵全部引出来，仔细审视它们。我一直努力使自己的保持心智健全状态，通过集中意志力来实现这一点，让我无暇顾及其他任何东西。”在另外一封信件中，他谈到他的“异常强大的”冲动，希望完成《物质论》的写作：“它让我着魔，像奴隶主挥舞的皮鞭，驱赶我继续向前。”由此可见，他集中精力保持心智健全的部分努力是，自愿忍受那种皮鞭的抽打，服从冲动的专制；这要求他付出智性和精力，但是同时也给予他某种释放的渠道。也许，就他对技术性哲学的责任感而言，毕竟一直存在着某种带着悔悟的东西，存在着某种认识：“它与罪孽感，与对人生的厌恶感密切相连”。

就维特根斯坦的情况而言，这两者之间的联系相当明确。那个学期，他一直处于躁动状态，强度超过以往任何时段——按照罗素的判断，至少接近了精神崩溃的程度。他常常到罗素的房间来，一待就是几个小时，有时候争论逻辑学问题，有时候缄默不语，常常处于带有自杀倾向的绝望之中。有一次，他在房间里来回踱步，罗素问他："你究竟是在思考逻辑学，还是思考自己的罪呢？"维特根斯坦回答说："这两者我都思考。"

罗素信任维特根斯坦，但是其程度看来不大可能达到坦露这一心迹的地步：有时候，他自己也倾向于将对逻辑学和自己的罪孽的思考联系起来。非但如此，他还以身作则，将英国人的迟钝和常识具体表现出来，忠告维特根斯坦加强体育锻炼，注意饮食，而且还借用奥托琳的建议——晚上喝可可饮料。不过，他无疑知道，维特根斯坦对这类建议持充耳不闻的态度。他也知道，维特根斯坦全身心面对他自己经过两年挣扎之后放弃的那些问题，思想上承受着多么巨大的压力。罗素告诉奥托琳："维特根斯坦的心智被使用到了极限，考虑的那些问题难度很大，让人灰心丧气，神经疲惫迟早将会在他身上显露出来。我认为，身体特效药可以缓解他经历的艰难时段，但是，只要他继续思考，我觉得他将一直受到它们的困扰。"

维特根斯坦心无旁骛，全力投入研究，这让罗素看起来就像一个遇事妥协的人，他的激情的力量就像"一只孱弱的羊羔"。他说，与维特根斯坦相比，"你会觉得，任何事情从未让我感到丝毫亢奋，我不过是一具空有常识的皮囊而已"。学期过了一半，两人一天下午坐在剑河边上，观看诺思·怀特海参加划船比赛。罗素本人觉得，"赛事的激动人心的场面和传统重要性令人痛苦"；维特根斯坦觉
285 得，比赛相当糟糕。后来，维特根斯坦"突然站起来，一动不动，嘴里解释说，我们浪费今天下午的做法非常可耻，我们不该活下去，或者至少说他不该活下去。除了进行卓有成效的工作，除了欣赏别人的成就之外，人生中没有其他事情是可以忍受的。他一无所成，将来不会有什么建树。他的这番话具有很大力量，几乎将我击倒"。

罗素知道，维特根斯坦对鸡毛蒜皮的事情决不迁就，肯定难以与使徒们和平相处。到那时为止，那个协会尚未失去其精英特征，但是自从利顿·斯特雷奇和约翰·梅纳德·凯恩斯起到主导作用之后，已经放弃了高尚的维多利亚式严肃态度，转而全盘支持轻松的现代氛围；在那样的环境中，智性的对话与同性恋的"阴谋"同时出现。斯特雷奇和凯恩斯确信，罗素只是希望独享维特根斯坦这个"天才"，所以他们决定要将维特根斯坦吸收入会。维特根斯坦本人愿意等待几

周，观察参加协会的活动是否具有价值。11 月 16 日，他以会员身份，按时出席了第一次会议。罗素也出席了会议，并且报告说，“维特根斯坦活跃了会场气氛，看来并不十分令人不快”：

> 摩尔宣读了一篇原来撰写的关于宗教皈依的论文，内容不太精彩。维特根斯坦评论说，皈依作为个人经历是有趣的。他说，就他所知，皈依的目的主要是摆脱焦灼感，让人有勇气对可能出现的情况处之泰然。

会议结束之后，斯特雷奇给他的朋友、协会成员西德尼·萨克森·特纳写信，洋洋得意地谈到协会取得的成功，言外之意是他战胜了罗素。他写道：“那个可怜的男人处境悲惨，看上去老态龙钟，头发雪白，面容憔悴，惨不忍睹。维特根斯坦入选给了他很大打击……当然，他没有理由反对维特根斯坦成为会员。他提出了一个令人惊讶的看法——协会已经堕落，这位奥地利人肯定拒绝与之为伍……其实，维特根斯坦并未显示出反对加入协会的迹象……伯迪其实是一个悲剧性角色，我为他感到难过；然而，他受到的迷惑也最深。”实际上，罗素是完全正确的。维特根斯坦入选几周之后便退出了。罗素 12 月 6 日写道：“我觉得，他的做法是正确的，不过我对协会忠诚，不会事前说出这样的预测。”

更符合维特根斯坦的兴趣的是伦理学俱乐部。11 月 29 日，在他该俱乐部会议上宣读了一篇论文。该论文题为《哲学是什么？》，仅仅读了 4 分钟，创下了篇幅最短的论文的纪录。他将哲学定义为“各个学科在没有证据的情况下假设为真的所有简单命题”，让听众们大吃一惊。也许不出人意料的是，俱乐部的记录显示，尽管与会者进行了充分讨论，但“大多数人并无听信该定义的倾向”。关于维特根斯坦那个学期所做的研究，这是为数不多的提示之一（没有留下书面记录）。它令人感兴趣的地方在于，它是与罗素宣布自己开始“新学科”的做法联系在一起的。新学科将使用数理逻辑的技术，阐述自然科学的先天基础。我们从 286
这一点可以推测，在那个阶段中，罗素和维特根斯坦自认为是合作者，进行着同一个项目的研究，维特根斯坦专攻问题的一个部分——建构关于逻辑学性质的切实可行的理论；罗素专攻另外一个部分——将逻辑学应用于科学的基本概念。

在那年年末，维特根斯坦从维也纳给罗素写了一封信，我们从中可以看到两人对合作所持态度的另外一个证据。维特根斯坦报告说，他去了耶拿，拜访戈特洛布·弗雷格，“就我们的符号理论”，进行了长时间讨论，并且认为弗雷格“理解了其大致轮廓”。不管怎么说，弗雷格答应将仔细思考这一理论。此外，维特根斯坦还报告说，就他所说的“复杂问题”，他正在取得进展。那大概是罗素在那个学期开始时费力研究的问题——解释复杂命题可能采取的形式。在1913年1月的一封重要信件中，维特根斯坦宣布了他的研究结果。他已经确定，面对分析复杂命题的形式，不应从本体论上着手（详细说明形式是什么种类的事物），而应从语言学层面考虑（建构一种符号体系。与普通语言相比，该体系以更明晰的方式，揭示复杂命题的逻辑形式）。

这是解决该问题的全新方法，需要抛弃罗素为《数学原理》设计的大部分逻辑原理，特别是类型论。维特根斯坦这时强调说：“一种恰当的符号理论肯定会让每一种类型论失去必要性……它说明，看似不同种类的事物被不同种类的符号表示出来，这些符号不可能互相替代。”维特根斯坦说，其理由“具有根本意义：我认为，不可能存在不同的事物种类！”不存在殊相与共相，不存在联系与特性，不存在个体与形式，只存在事物，只存在客体，其他所有的一切应该从这个方面加以理解，怎样才能表述这些事物呢？

罗素在那个阶段中看来并不理解，这个方法从根本上脱离了他自己对逻辑学的研究，他和维特根斯坦其实已经分道扬镳——维特根斯坦将逻辑问题化为语言问题；罗素本人却依然纠结于“物质”问题。但是，1月所写的这封信件包含两人之间分歧的某些迹象：维特根斯坦提出，尽管他对罗素的物质观感兴趣，但是“对于你采用的以感觉材料为基础的研究方法，我却无法想象”。这一番话暗示，他对罗素的方法持不屑一顾的态度，也许显示他对罗素本人所说的这个核心观念根本不感兴趣：物质可以利用从感觉材料建构出来。

尽管维特根斯坦持排斥态度，罗素依然继续相信，他和维特根斯坦是同一哲学运动之中的合作伙伴。就在收到维特根斯坦的这封信件之前，罗素在写给奥托琳的信件中说，他的梦想是建立一个“伟大学派，它由受过数学训练的哲学家组
287 成”，其目的是培养维特根斯坦这样的人才。他同时也抱怨说，他发现几乎无人可以理解他对物质进行的研究的重要意义，“只有怀特海和维特根斯坦两人和我一样，感觉到了它的重要性”。

其实，就对物质的研究而言，罗素与怀特海的更为接近，超过了维特根斯坦。在他独立撰写的《数学原理》第四卷中，怀特海试图将其他三卷中阐述的数

理逻辑应用于几何学。尽管第四卷最终没有脱稿，我们可以看到，怀特海的思想已经偏离了他在1905年发表的《论物质世界的数学概念》中阐述的观点，偏离了他在第二次世界大战结束之后出版的两本著作中阐述的观点，一本是《自然知识原理探究》，一本是《自然的概念》。这三本著作显示，怀特海的想法是，利用集合论，对空间的"点"、时间的"瞬间"和物质的"客体"进行定义。具体说来，物质客体被定义为一类感觉材料。由此可见，在很大程度上，罗素思考的观念和主题是从怀特海那里借鉴而来的。他告诉奥托琳，就关于物质的定义而言，怀特海"在一定程度上引起了我的兴趣"——他其实表明，他是知道这一点的。

1912年圣诞节，罗素前往位于洛克里奇的怀特海住所，与他们一家人共度佳节，肯定花了许多时间，与怀特海一起讨论"专业问题"。12月30日，罗素离开洛克里奇，迁入一家名叫"甲壳虫与楔子"的客栈居住。那家客栈在姆尔斯福特，距离奥托琳和菲利普那段时间居住的乔尔西不远。他在那里度过了开学之前的两周时间，思考物质论问题，希望取得某些进展。1月14日，他回到剑桥，在写给奥托琳的信件中说："与你分享了这么多日常生活，这让我非常高兴……我觉得，我俩在精神方面具有许多共同之处，超过了以往任何时候——诗歌、历史、研究工作，以及其他等等。你无法想象，我多么希望与你一起讨论研究工作。从某种意义上说，这就像人生的巅峰体验，我深爱的所有东西在这样的讨论中汇合起来，融为一体。"相比之下，奥托琳的相关回忆显得相当凄凉。她在出版的回忆录中写道，当她回想在乔尔西度过的日子，给她印象最深的东西之一是楼上和罗素见面的那个房间。他到那里去，"设法集中精力，阅读历史和哲学著作。我肯定不想回到那里去。在我的记忆中，它是黑暗和忧伤的"。

罗素埋头研究，显然没有注意到奥托琳的忧伤，但是肯定意识到，尽管两人"在精神方面具有许多共同之处"，他们在生理方面却没有分享什么。罗素写道，"如果你顺着我，你就会死去，你就会发疯，想到这一点令人深感震惊"：

> 我们的需求如此不同，这令人深感遗憾。但是我认为，别无他法，只有相互妥协，找到适合两人的中间道路。我们必须找到尽量少让对方感到厌倦的方式，接受其余的方面，将其视为不可避免的东西。我慎重建议，只在感情需要时才与你见面，而且我确实意识到，这对你来说是非常难受的。但是我确信，我可以逐步学会，尽量少提要求。

288 奥托琳非常愿意接受罗素的建议，降低两人见面的频率。罗素依然每天给她写信，他们达成一致意见，每个学期只见面三次。即便如此，奥托琳也觉得太多，两人的肌肤之亲超过了她可以忍受的限度。有一次，她在他探访之后写道："如果能够摆脱伯迪，我会立刻表示赞同。但是，他如此依赖我，我怎么可能这样做呢？这样的想法可能让他的人生一片黯淡，也许会造成终生影响，我是无法在信中向他直言相告的。有时候，我想到他，心里觉得暖暖的，他具有无与伦比的智性。在这种情况下，这种可怕的犹豫不决的感觉在我的心里占据上风。"她还写道，与罗素保持亲密的两性关系"是纯粹的疯狂"之举：

> 任何阅读这一忠告的人都应该注意——在与男人开始亲密关系之前，都必须十分谨慎，确定自己可以在身体和灵魂两个方面从对方获得持久的快乐。如果你后来才发现，对方有让你感到讨厌的地方，这会给你造成许多痛苦。

在奥托琳的日志中，我们一再发现罗素让她感到讨厌的负面暗示，但是她却没有解释其原因。罗素本人倾向于相信，原因是他的口臭问题；[1] 很可能的原因是，奥托琳仅仅以此作为托词，以令人可以接受的无害方式，解释她对肌肤之亲缺乏兴趣的原因。她的日志显示的迹象说明，更根本的原因是，他缺乏吸引力。那个学期的中间，她告诉罗素说，她发现他"缺乏同感"，即便她可以摆脱菲利普（不管怎么说，她根本没有这样做的想法），她也不可能与罗素一起生活。罗素缺乏同感的主要原因似乎是，她发现他智性过于强烈，根本没有什么吸引她的地方。她写道："伯迪说，他通过智性来了解人，理解人的兴趣，但是很难从感觉上做到这一点。我与他相反，不从智性方面了解人，但是我有一半是从身体方面进行感觉的，实实在在去接触人，这就是我拥有的唯一天赋。"她觉得，罗素缺乏这种天赋，所以无法拥有她——以及其他人——真的需要的那种同感：

> 我确信，他*无法*施与。他考虑太多重要问题，他必须扮演接受者的角色。他的全部行为让人觉得，他仿佛处于睡眠状态，极不协调，行为中没有

[1] 参见《自传》第一卷第206页："尽管我并不知情，但我那时其实罹患脓漏。这让我口臭，我自己却感觉不到。她难以提及这事。我发现并且治愈那个毛病之后，她才让我知道，我的口臭让她感到多么难受。"

任何精神或者优雅可言。这让我深感焦虑；此外，他的批评非常尖刻，对错误缺乏视若无睹的心态。他只有**思想方面的**知性，这让我不寒而栗。

我曾经希望，他真的可以表现出理解的心态，举止温柔，语言快乐。然而这是难以实现的神话。他只会坐在那里，等着我给予他……在这样的冒险行动中，我已经明白了，我必须扮演施予者的角色。伯迪说，他爱我，但是他真正喜欢的是一个对他言听计从、百依百顺的女人。他的爱从来都不足以让他忘记自己。我必须爱他，满足他，这是我做的事情，而不是期望得到任何回馈，其原因在于，他根本不会做出任何改进，不会从自以为是的心态中 289
解脱出来。我相信，他对我并不十分在意，从来都不希望了解我的思想，理解我的迷茫。他说希望，但是我发现自己无法与他交谈。

我们至少可以说，罗素在那段时间中埋头哲学研究，已将对奥托琳的思念和感情置之脑后。他在 1913 年 1 月 21 日写道："我惶惶不安，就像即将登台的歌剧女主角或者演说者，担心物质问题太复杂，可能超过我的研究能力。这是一项艰难的工作，我的精力已经不如从前——这样的怀疑或多或少产生了抑制效应……这真的是一个新问题，新方法。我一直有一种潜藏的担心，它可能是荒唐的空想。不过我心里知道，它真的是一个新问题，新方法，也许应该留给年轻一点的人去解决。"

维特根斯坦从维也纳返回英国的时间推迟了。他父亲罹患癌症，久治不愈，于 1 月 20 日去世。维特根斯坦谈到这事时带着如释重负的口气，觉得那是"我可以想象的最体面的死亡方式"。大约开学一周之后，他回到剑桥，似乎已经摆脱了他在圣诞节之前显示出来的严重的抑郁状态，信心满满，将在逻辑学中研究取得进展。2 月 4 日，平森特在日记中记下了他和维特根斯坦见面的情形，罗素正好到了他的房间：

……罗素和维特根斯坦聊了起来，维特根斯坦解释了他在逻辑学基本原则方面的最新发现之一——我推测，这一点他是今天上午才想到的，看来相当重要，非常有趣。罗素一言不发，默默表示赞同。

两周之后，在写给奥托琳的信中，罗素一一列出他给自己分配的难度很大的哲学问题：

> 我非常希望创建一个数理哲学学派，我相信这个方法可以带来许多成果，超过我可以完成的事业。接着，我希望继续物质问题的研究，这首先需要对感觉的性质持全新的观念。我认为，我已经开始了这个方面的工作，它将是我所涉及的最重要的单个理念。然后，我必须发现关于因果关系的真理……然后，我必须将普通力学和电磁力学简化为几组精妙的公理。

他告诉她，他想到这么多问题，想到“所有的劳动，想到将要面对的疲惫，想到灰心丧气的日子，想到必须放弃的错误观念”，他的勇气小了许多。“我希望让别的人来做这些事情”。但是，在他认识的人中，只有维特根斯坦可以担当此任。“可是，他正在从事更为困难的研究”：

> 10年之前，我可以根据已经成型的观点，撰写一本著作。但是，我现在<br>
> 290 有了更高的精确性标准。维特根斯坦说服了我，《数学原理》的前几个部分<br>
> 欠缺精确性，不过值得庆幸的是，纠正它们的任务落在了他的肩上，而不是<br>
> 我的肩上。

这番言论不乏启迪性，显示罗素依然倾向于认为，维特根斯坦的研究是对他自己的研究的一种“微调”。他的口气给人的感觉是，《数学原理》的前几个部分中的不精确性仅仅是一个细节问题，可是那些部分其实包含了全书的理论基础。但维特根斯坦不是要进行纠正，正如罗素接下来意识到的，而是要推倒重来。

那时，罗素对他的哲学研究所持的立场很奇特，带有不可思议的脆弱性。他相信逻辑学是哲学的基础，然而却放弃了逻辑学研究，将它视为“维特根斯坦的任务”，自己转而研究认识论（知识理论）和物理哲学。但是，如果他不了解认识论和物理哲学的基础，他又如何形成自己的理论体系呢？他怎么可以如此确信，维特根斯坦最终形成的逻辑学理论将为他过去所作的数学研究，为他将要进行的关于“物质”的研究，提供适当的基础呢？

11月，他接受了哈佛大学的邀请，拟于1914年春天在美国待一个学期，讲授逻辑学和认识论课程。哈佛大学要求他指定将要使用的逻辑学教材，他在回函中说，他不知该怎么办。“就我所知，没有现成的逻辑学教材。”如果要理解逻辑学为何物，世人——以及他本人——不得不等待维特根斯坦的研究成果问世。与此同时，罗素必须继续讲课，设想维特根斯坦所得的结论将会符合他自己的宏大设计，不会造成太多问题。由此可见，一方面维特根斯坦着力打造罗素和怀特海构成数学理论的基础，另一方面，罗素继续在该建筑上添砖加瓦。

长期以来，罗素对物质性质的研究集中在感觉材料的理念上。这时，他越来越关注这个观点：尽管感觉材料是认识论和物理学研究的前提，它们在“逻辑上处于滞后”状态。这就是说，就物理学而言，感觉是结果，而不是原因；它们是“物体的功能”。罗素的目标（这是让维特根斯坦觉得反常的东西）是要颠倒这个过程，正如维特根斯坦所说的，是要“以感觉材料为基础进行研究”。或者用罗素在最初撰写的关于物质的文章中所说的，他要解决的问题是，从逻辑学和认识论两个层面上，让感觉材料的观点成为基本理念。正如他给奥托琳所说的，为了实现这一点，他需要一种新的“感觉”理论，一种全新的认识论。

前一年夏天从洛桑回来之后，罗素曾经评述了威廉·詹姆斯死后出版的著作《极端经验论文集》，其中的首篇文章《意识是否存在？》给他留下了特别深刻的印象。詹姆斯在这篇文章中提出，根本没有“意识”这样的东西，根本没有心智这样的“东西”。发端于勒内·笛卡尔的哲学二元论传统认为，存在着精神和物 291
质，这两者之间具有基本区别。詹姆斯的观点与之相反，提出了著名的“中性一元论”，否认两者之间的差异和二元性，强调只有一种“东西”，它介于两者之间，既非精神，亦非物质。

罗素不愿接受该观点，但是对它饶有兴趣，至少接受它的结果之一：这就是说，约翰·洛克和大卫·休谟鼓吹的那种传统经验主义关于感觉材料的性质观是错误的。洛克和英国经验主义的整个传统认为：其一，五官感知材料本身是精神的；其二，所有知识来自人的五官感觉，以“理念”形式出现，可以说是物质客体的“表象”。因此，感觉被他们视为精神与精神“内容”——一种“理念”——之间的关系，这种精神内容转而与外部世界发生联系。该观念以众所周知的方式，形成了贝克莱的否认物质客体的著名论点。其原因在于，它似乎让人陷入纯粹的精神领域，物质世界在那里至多是一种推知之物，而不是人们直接接触的东西（该观点距离否认物质世界的存在只有一步之遥）。罗素——以及詹姆斯——认为：第一，就人们直接认识的客体而言，不存在从根本上讲精神的东西；第二,五官感觉材料本身是物质的。于是，当罗素提出，物质客体是从感觉材料“建构”而来时。他并不是说，物质是精神创造的，而是说，物质客体是一组（生理的）感觉材料。

由此可见，罗素研究的关于“感觉的性质的全新观点”认为，感觉是精神与某种非精神的东西之间的直接联系，它可能是物质客体，也可能是柏拉图式抽象理念。他将这种关系称为“亲知”。在那个学期中，这种亲知概念在罗素的头脑中越来越成熟，到了3月便完全取代了他埋头研究的“物质”。他这时决定，在开始撰写关于物质的著作之前，必须首先撰写一本关于认识论的著作，叫作《认识论》。3月7日，那个学期的教学工作结束，他再次入住“甲壳虫与楔子”客栈，在那里集中精力撰写一本新作。

那时，罗素与维特根斯坦之间出现了类似分歧的状态。这一点见于罗素在写给奥托琳的信件中谈到的两人在期末进行的一场“激烈争论”。争论的导火线是，罗素告诉维特根斯坦，他可能变得心胸狭窄，行为野蛮，所以应该阅读一点法国散文：

> 他勃然大怒，高声叫喊，我笑眯眯地看着他，这让他更加愤怒……我觉得，他缺乏文明修养，并且深受其害。音乐非常超脱，富于激情，超过语言表达的东西，听听音乐就能让人文明起来，这种情况真叫人称奇。对于世界上的许多事物，他既无足够的好奇心，也无足够强烈的愿望。这一点不会毁掉他在逻辑学方面的研究，但是将会让他成为知识面非常狭窄的专家。

292 面对痛苦不堪的维特根斯坦，罗素笑眯眯地看着——这个形象令人不愉快，而且心神不安。其原因在于，尽管维特根斯坦的愤怒无疑是发自内心的，罗素的笑脸却不大可能是真诚的。我们几乎可以感到，罗素冷漠地对待自己的冷笑引起的恼怒，面对那种冷笑，两人之间的友谊热度渐渐减退。两周之前，罗素给戈尔迪·洛斯·狄金森写了一封信，措辞激烈，表达了自己感受到的那种难受的幻灭情绪。狄金森曾在来信中对《约翰·浮士泰斯的困惑》表现出持久的兴趣，罗素在回函中写道，1912年夏天，他“努力回忆创作这篇小说时拥有的那种情绪，结果没能如愿”。但是，当冬天来临时，他放弃了那种努力，集中精力思考物质哲学。接着，罗素给狄金森转述了他可以想到的在剑桥大学流行的许多谣传，但是在结束时不得不承认：“所有这些全是鸡毛蒜皮的小事”，与斯科特船长和他的同伴们在南极的冒险经历相比时尤其如此。斯科特船长的事情发生在1年之前，几乎所有的英国人1913年春天都在阅读相关报道：

> 在剑桥大学，所有人几乎理所当然地认为，我们所做的事情具有重要意义，但是我常常怀疑，实际情况是否真的如此？我很想知道，什么是重要的？斯科特和他的同伴们在暴风雪中奄奄一息，这一点我觉得是确信无疑的。他对那次冒险的记录简单易懂，具有很大的感染力。但是，智性——如果不是处于白热状态——极易倾向于考虑鸡毛蒜皮的事情。

维特根斯坦的智性“处于白热状态”，这一点是毋庸置疑的。但是，罗素对自己的智性却没有那么确定；同理，他也无法摆脱曾向奥托琳表达过的怀疑态度——他对物质的研究其实全是“荒唐的空想”。对是否可以回答自己提出的问题，维特根斯坦可能心存疑虑；但是，他毫不怀疑这项研究的重要性，这可以与罗素写作《数学原理》时的态度相提并论。[1]可是，甚至在埋头研究物质，研究认识论时，罗素也不能完全摆脱这一念头的困扰——他可能以更好的方式使用自己的时间：

> 我觉得，仿佛自己躺在床上，临终之际才发现应该如何度过一生，才意识到自己浪费了生命。任何充满激情的勇敢生活本身似乎都是美好的，然而人们觉得，将如此巨大的激情给予人力可及的东西，这样的做法涉及某种欺骗的成分。于是，讽刺意味便偷偷溜进了生存的动力之中。

1年之前，罗素创作了《约翰·浮士泰斯的困惑》。对他而言，这样的讽刺意味刻骨铭心，超过了常人的想象。他曾问狄金森：“你在东方是否发现了伟大的秘密？”

> 我对此持怀疑态度。没有什么伟大秘密，甚至可以说没有什么秘密可言。 293

---

[1] 1912年，维特根斯坦终于完成了《逻辑哲学论》，将他的逻辑学理论公之于世。他强调说，他的著作显示的观点之一是，“在解决这些问题之后，其实完成的工作非常有限”。

只有科学、令人清醒的白昼和日常事务，其余的仅仅是暮色之中的幻影。

在复活节假期中，罗素为《新政治家》撰写了一篇文章，题为《作为文化要素的科学》，表达了更务实的态度。罗素放弃了将科学与神秘论融为一体的做法，转而直截了当地提倡科学世界观具有的优越性。罗素写道："科学更接近客观性，超过了人的其他任何追求，让人与可以接触的外部世界保持最密切、最亲密的关系。"这代表了"一个更高层次的进化，超过了现代科学问世之前的任何思想或者想象"。这篇文章在结尾处给哲学提供了一些启迪：

科学世界观的核心是，拒绝将人的欲望、情趣和兴趣视为理解世界的钥匙……科学的思想方法需要摒弃所有其他欲望，以便满足求知的欲望……在哲学领域，这种思想方法尚未形成……我们只有学会以伦理上的中性方式思考［宇宙］时，我们才能形成哲学上的科学态度；我们只有形成这样的态度之后，才能指望哲学取得具体的成果。

复活节假期结束时，罗素终于可以就打算撰写的认识论著作，写出一份概要。他告诉奥托琳，这份概要写得"非常漂亮，超过了我在这方面所写的任何东西"。但是，他对已经确定的研究方向尚不具有充分信心，这一点表现在他决心面对维特根斯坦提出的强烈批评、全力保护新计划的言行中。他下定决心，不能让《认识论》像《何为逻辑学？》那样，被人扼杀在摇篮中。开学之后几天，他告诉奥托琳，他不再与维特根斯坦一起讨论他的研究工作了：

如果没有争论，只有需要权衡的悬而未决的问题，只有罗列出来进行对比的不能令人满意的观点时，他几乎没有用处。他以残忍的态度对待尚未成型的理论，那样的批评只有在理论成熟时才能承受。因此，我和他相处时采取缄默态度，甚至闭口不提研究工作。

《认识论》被视为纤弱的幼苗，放在室内，精心呵护，长大才能面对外界的恶劣环境。

那时，奥托琳正在积极筹备，计划再度离开英国，前往瑞士。她的女儿朱丽安身体虚弱，奥托琳准备带着她同行，去接受库姆医生的治疗——奥托琳对这位医生的信任显然到了无以复加的程度。他们一行包括菲利普、奥托琳和朱丽安三人，计划5月5日动身，在洛桑逗留大约六周时间。罗素打算在她离开期间撰写《认识论》。奥托琳的离开自然让他十分焦灼（“最亲爱的，我现在真的希望，我可以保留对你的爱意”），但是对她离开期间他给自己规定的任务，他持十分欣赏的态度。他写道：“建构哲学体系让我非常激动，我已经很长时间没有这样的感觉了。当这一时刻来临时，整个结构在我的眼前喷薄而出，一道道亮光突然出现，迅速穿过黑暗，如同北极光一般，让人欣喜不已。”奥托琳临行之日，他“整天处于愉悦之中，才思如同泉涌……思考关于认识论的著作——我已经完成了前一部分的构思，整本书的架构已在头脑中基本成型”。 294

与此同时，维特根斯坦在研究中处于瘫痪状态。他“以非常严肃的态度”告诉罗素，逻辑学让他精神失常。罗素写道：“我觉得，真有这样危险，所以敦促他暂时将研究工作放一放，干点别的事情——我觉得他会这样做的。他处于令人震惊的状态，总是带着沮丧，不停地来回踱步，与人应答时仿佛刚从梦中惊醒。”现在回想起来，在某种程度上，维特根斯坦的“令人震惊的状态”应归于这种感觉：他与罗素本人渐行渐远。1912年春天，罗素提到维特根斯坦时充满热情和好感，声称非常喜欢他，将他视为自己的儿子；仅仅1年之后，罗素在一定程度上受到了维特根斯坦的恫吓，因此采取了保持距离的态度。这体现在两人之间关系和哲学研究两个方面。维特根斯坦肯定注意到，从某种意义上说，罗素已经不再是逻辑学方面的合作者了；就个人感情和道德观两个方面而言，两人都逐步察觉到，距离正在慢慢增加。不管怎么说，罗素似乎意识到，没有维特根斯坦，自己的研究只可能做得更好，所以非常乐意鼓励维特根斯坦将注意力转向哲学之外的其他事情。

摆脱了维特根斯坦和奥托琳这两个障碍，罗素焕发了超常的精力。5月8日，就在奥托琳离开几天之后，他自信满满地写道，在此后的50天时间中，他渴望每天成稿10页，在她返回时，他几乎可以完成全书——大约500页——的写作任务。他宣称：“全部内容都在我的脑海里，进展取决于我书写的速度。我觉得，自己就像国王一样快乐。”也许，他将自己比作“神灵”更恰当一些，其原因在于，罗素对该书胸有成竹，甚至连细节也完全想好，其意义不亚于建构整个世界。首先，他要描述经验的性质，然后批驳两个观点：一是认为没有精神这类东西的“中性一元论”；二是认为只有精神的唯心论。接着，在确立精神与非精神客体之间存在真实联系的基础上，他将对这些客体进行分类，从殊相开始，然后是联系、谓词和逻辑形式。“我其后将会描述信念、错误、推论，最后将‘建构物质世界’——时间、空间、成因、物质。”这就是他在50天之内将要建构的世界。

在随后几天时间里，一切进展顺利，超过预定的计划，罗素每天完成的平均数量超过10页。这样的速度在任何时候都是令人称奇的业绩；尤其值得一提的是，时值学期之中，他的讲座任务已是满工作量，经常还要与学生见面，参与积
295 极的社交活动，这样的速度简直令人敬畏。5月13日，罗素鼓足勇气，将写作情况告诉了维特根斯坦。维特根斯坦的反应证实了罗素的担心——他对毫无防卫能力的婴儿采取残忍的态度。“他认为这就像令人毛骨悚然的震撼消息，表示了讨厌态度。如果你乐意，他就是暴君。”罗素既没有让维特根斯坦看自己的稿件，也没有与他进行深入讨论。3天之后，罗素报告说，他已经完成了110页。“我真的认为，写出的东西不错……让我深感兴趣，全神贯注——这些年来，我获得了分析能力，现在得以展示出来……我认为，我的头脑现在处于史无前例的良好状态。想到冬天住在甲壳虫与楔子客栈时，我绞尽脑汁，冥思苦想；相比之下，我现在才思泉涌，让我觉得惊讶。”

他5月18日写道：“也许，我真的完成之后，它将是一本伟大的著作。我觉得，自己的研究热情迸发，几乎不知道如何才能等到大功告成的时刻。我希望加快速度，超过笔头书写的限度。这样的迸发状态已经数年没有出现了。”次日，他工作至深夜，完成了一种新的时间理论，沿袭怀特海的思路，将瞬时定义为同时活动。他决定休息两天。到那时为止，他已经在不到两周的时间之内，完成了6章。在休息的第二天，罗素不幸遇到维特根斯坦来访。维特根斯坦“反驳了我曾经坚持的判断理论。他是正确的，但是我觉得，需要纠正的东西并非如他所说的那么严重。我很快将会到达进行判断的阶段，所以我必须在一周之内做出决策”。

按照罗素的设想，《认识论》由三编组成。第一编（《论亲知的性质》）提出一种亲知理论，将它界定为精神与各种非精神客体——例如，殊相、关系、谓词和逻辑形式——之间的关系，罗素将分别使用一章，论述以上非精神客体。第二编（《原子命题思想》）提出一种判断理论；从本质上讲，它与他的早期著

作——例如，《哲学问题》和《数学原理》——包含的理论相同。这就是所谓的“多元关系理论”；根据这一理论，罗素摒弃了将判断视为断言的传统观念，赞成一种更复杂的分析。命题被划分为其构成部分（“苏格拉底喜欢阿尔西比亚德斯”[1]被划分为苏格拉底、喜欢和阿尔西比亚德斯）；于是，该判断被理解为精神与那些构成部分之间的一系列关系，或者说亲知（因此，为了做出苏格拉底喜欢阿尔西比亚德斯这一判断，需要亲知苏格拉底、喜欢和阿尔西比亚德斯，而不是“苏格拉底喜欢阿尔西比亚德斯”这个命题）。罗素喜欢这样的分析，它摒弃了对“命题”的需要——在发现“不完全符号”论之前，命题就像稀奇古怪、影子一样的客体，曾让他绞尽脑汁。该书的第三编（《分子命题思想》）讨论推论的性质。

到维特根斯坦5月20日到访时，罗素几乎已经完成了第一编，还要写三章，分别涉及关系、谓词和逻辑形式。以他给自己确定的速度，这三章只需几天工夫。在那之后，他将开始第二编的写作，讨论与判断相关的问题。维特根斯坦到访，反驳“多元关系理论”；这让罗素深感担心，前者的反驳影响巨大，超过了 296
一般的看法。很可能的情况是，根据罗素写给奥托琳的信件，罗素面对维特根斯坦提出的反驳，并不是完全采取漫不经心的态度。他毕竟在一段时间中愿意默认维特根斯坦就逻辑学提出的几乎任何看法，即便这样做会推翻他自己长期所持的观点也在所不惜。

罗素愿意接受维特根斯坦的任何观点，无论其结果如何都没有关系。这样的态度见于他在维特根斯坦到访之后数日内撰写的篇幅不长的三章之中，在最后一章《逻辑数据》中尤其明显。根据罗素自己的理论，他需要将逻辑形式作为特殊种类的“亲知”客体，但是在这一章中，罗素采用了维特根斯坦的观点，认为并不存在诸如逻辑客体这样的东西。其结果是，他承认，“逻辑客体不能被视为‘实体’，因此“我们所称的逻辑客体的‘亲知’其实不可能是一种双重关系”，但是却强调说，存在对殊相、共相、谓词等术语的理解，所以最终存在“某种看来可被恰当地描述为‘对逻辑客体的亲知’”。他明白，这一点难以自圆其说，于是将这个问题转交给逻辑分析。“就逻辑的原始理念而言，我们目前的认识处于混乱状态，所以笔者不可能就这个话题进行更深入的探讨。”这就是说，回答这个

[1] 阿尔西比亚德斯（公元前450—公元前404年），雅典政治家，伯罗奔尼撒战争中的将领。——译注

问题是维特根斯坦的任务，罗素对解决方法根本一无所知。但是他继续强调说："显而易见的是，对抽象的事物，例如，[复杂命题的] 纯粹形式，我们也可以获得亲知（他使用的可能是'亲知'这个词语的引申意义）。"

这个观点看来既否认同时又强调逻辑形式是客体，显示了难以处理之处，让人回想起罗素在《何为逻辑学？》中遇到的问题，揭示了他所面对的危险：他尚未厘清更基本的逻辑问题，便贸然决定就认识论撰写一部鸿篇巨制。如果他仅仅强调说，某些问题属于逻辑学——而不是认识论——研究的范畴，这样做显然是行不通的。正如罗素本人在《认识论》第四章中所说的，"不可能将一个与逻辑学完全不同的范畴划为认识论"。实质上，他假设，无论维特根斯坦提出什么样的逻辑学理论，它都将适合他的计划。所以，在一种逻辑学理论缺失的情况下，他就开始求助于该理论形成的结果了。

1913 年 1 月，维特根斯坦致信罗素，提出应该放弃类型论；这暗示，罗素的做法是行不通的。那封信件提出的部分论点表明了他"反驳"罗素的判断论时沿用的思路。维特根斯坦在信中反对罗素将命题分析为构成部分的方式（"苏格拉底是凡人"被划分为苏格拉底和人性）。维特根斯坦说，如果我们将"苏格拉底是凡人"划分为其组成部分，就只剩下在某种意义上作为客体的"苏格拉底"和"人性"（以及罗素后来分析的命题的"形式"）了。如果正如他这时相信的，并不存在不同的客体，那么，"人性"和"苏格拉底"必须属于相同种类。在这样
297 的情况下，没有什么东西可以阻止人们将它们放在一起，以便构成"人性是苏格拉底"这个命题。但是，这根本不是命题；它不是某种可以为真或者为假的说法，仅仅是一句废话而已。根据维特根斯坦的观点，由此形成的结果有两个：第一，"人性"不是任何意义上的客体；第二，罗素的判断论要求，它在某种意义上是客体，所以这种判断论是错误的。命题具有罗素的判断论无法获得的统一性。

因此，当罗素提到维特根斯坦的反对意见时说，"需要进行的纠正并不很大"，他其实大错特错了：需要进行的纠正是，放弃整个写作《认识论》的计划——该计划从对"客体"的亲知开始，然后根据若干这样的亲知，形成判断。如果维特根斯坦的观点是正确的，这样的做法根本行不通，那么，正如他在 1911 年 11 月曾经强调的，研究必须从整个命题开始。

维特根斯坦 5 月 20 日探访之后，罗素继续以超常速度撰写稿件，但是热情和自信明显不如从前。他于 5 月 23 日完成了第一编，次日开始第二编，首先使

用经过修正的“多元关系理论”。维特根斯坦认为，他本人反驳了这一理论。[1]

5月26日，罗素报告说，他首次遇到“极大困难”，无法如期在一天之内完成10页草稿的写作任务。那天天气“闷热，让人觉得压抑，没有一丝风，闪电不断，但是没有听到雷声”，他感到阵阵头痛。次日，维特根斯坦再次来访，依然坚持指出罗素在方法上的错误之处：

> ……天气炎热，我们两人火气很大。我让他看了我撰写的一个重要部分。他说，全是错误的，没有意识到我所遇到的困难——他已经尝试了我的观点，知道它行不通。我无法理解他的异议——他其实笨口拙舌——但是我从骨子里感到，他肯定是正确的，他已经发现了我遗漏的东西。假如我也能够看到，我不应介意。但是，实际情况让我深感焦虑，几乎完全破坏了我在写作过程获得的快乐。我只能根据自己的理解，继续写下去。可是我觉得，我有可能全是错误的，维特根斯坦可能觉得，我固执己见，是一个不诚实的恶棍。好吧，好吧，这是年轻人在提醒我。在可能的情况下，我必须给他空间；否则，我将会变为累赘。不过我眼下觉得相当恼火。

他后来在这封信件中承认，他当时“对工作稍感沮丧”。但是，他继续写作，10天之后完成了第二编，包括所有的七章。可以，即便他继续写作，维特根斯坦的笨口拙舌的批评也让他越来越怀疑这本著作的价值，越来越确信，他写的东西不可能是正确的——其原因他无法理解。他快速完成第一编时，曾经“像国王一样快乐”；对比之下，他完成第二编时的心情迥然不同。我们可以看到，随着时间的推移，他对自己和写作项目的信心正在慢慢枯竭： 298

> 尽管我认为，维特根斯坦的批评很可能不乏道理，[我已经]从维特根斯坦的批评造成的影响中恢复过来。但是，它们即便是正确的，也无法损害

[1] 实际上，在新版本中，这首先是理解命题的一种多元关系理论——罗素这时认为，理解先于判断。但是，这是一个相当小的改动（它甚至可能是他向奥托琳提及的一点——维特根斯坦对他的判断论进行攻击之后，需要进行这一改动），理论中的其他内容几乎维持原样：命题依然是“不完全符号”，需要精神语境来获得意义；理解以前被分析为判断，现在被分析为一系列多元亲知关系，存在于精神与命题构成部分之间。一旦命题这个意义上被人理解，它就可被判断为真或者为假；接着，可以用以前的方式，对该判断进行分析。

这本著作拥有的价值。他的批评与我希望留给他解决的那些问题相关。这让问题变得复杂起来。

（5月28日）

我的写作计划稳步推进，已经写了273页。我觉得，星期天晚上可以写完第300页。我急于开始具有建设性意义的那个部分，开始讨论对外部世界的认知——关于“物质”这个重要部分。我开始感受到大量压力，它似乎切断了我与世界其余部分之间的联系。我一直觉得，你似乎在另外一个宇宙中。

（5月30日）

……我已经变得非常紧张，易受刺激，将要完成的工作形成了压迫感。发自内心的某种声音不停地念叨，如同火车的轰鸣，敦促我“继续你的工作，继续你的工作”，让我在做事情事情时内心不得安宁。前来见我的人似乎惹我恼怒，我想粗鲁地对待他们，迫使他们离开……当然，我仅仅在意志的驱使之下，在表面上克服维特根斯坦的批评。他的意见使研究成为一项任务，而不是一种快乐。这一切与我难以偷用他的理念这一事实缠结在一起。提出有价值的问题这个做法具有许多优点，超过为问题提出的解决方案的做法。

维特根斯坦对我的影响恰如我对你的影响——通过观察他如何使我生气，如何让我感到压抑，我逐步知道了我是如何让你生气，让你感到压抑的。与此同时，我喜欢他，钦佩他。我对他的影响恰如你态度冷淡时对我的影响。两者之间具有不可思议的相似之处。他与我之间的差异恰如你与我之间的差异。对比之下，他思路更清晰，更有创造性，更有激情；我的知识面更宽，更具同情心，心智更健全。

……尽管维特根斯坦提出了批评，即便本书的某个具体表述是错误的，我依然确信，我正在撰写一本不错的著作，它提供了一个科学方法的例子——以前在这方面的著作是不科学的。这肯定是我将要达成的主要目标，让哲学的某些部分成为科学的东西……这就是伽利略在物理学领域中所做的事情，其价值独立于可以形成的任何具体结果的真实性或者虚假性。它给我带来满足，是一种生活方式。它是孤独的行为，需要付出大量精力。

（6月1日）

我的信件口气悲惨，在此深表歉意。其原因在于：第一，摆脱维特根斯坦提出的批评需要我付出极大的努力；其次，在那段时间，你来信说，即便菲利普回家，你也不让我到洛桑去。这使我觉得，可做的唯一事情是暂时摆脱对你的思念。我希望排除可能干扰我工作的情绪。 299

（6月2日）

我的工作狂热即将告一段落。如果一切顺利，我将在你回家之前完成本书的分析部分。它已经不再占据我的全部思考，其他兴趣正在恢复之中。我现在所写的东西不如我开始时写得那么精彩。我几乎快要完成了《自证》这一章了。此后，我将写《确定性的程度》，然后结束第一卷的第二编。鉴于我尚未深入思考涉及的相关问题，我将不得不以非常概略的方式，撰写第三编……在你［6月20日］返回之前，我用于工作的时间将不会被打断。但是我认为，我不会像过去那样，在高度压力之下继续工作。

（6月5日）

次日，他按照计划，完成了第二编，然后暂时把这本书的写作工作搁置起来，觉得应该给自己放假。但是，他其实再也没有继续写作，既没有完成第一卷的第三编，也没有动手撰写“具有建设性”的第二卷。

付出了1个月的超常努力，罗素精疲力竭，无论在智力上还是在情感上均是如此。从一定程度上说，这是因为不能到洛桑探访奥托琳让他深感失望；但是从更大程度上说，这是因为他与维特根斯坦之间的关系日渐恶化。6月5日，就在他完成写作的一天，出现某种转折点：

昨天，在茶歇和晚餐之间，我和维特根斯坦经历了一段可怕的时光。他分析了我们两人之间出现的所有问题，我告诉他，我觉得这仅仅是因为我们两人比较紧张，但是本质上一切正常。于是，他说他根本不知道我究竟是实话实说，还是假装客气。我很生气，拒绝再和他说话。他喋喋不休继续说着。我在桌子前坐下来，掏出钢笔，开始浏览图书，但是他没有停下话头。我终于厉声说：“你需要的是一点自我控制。”这时，他离开了，脸上露出悲伤的神情。他本来拟邀请我去听音乐会，但是他没有露面，于是我开始担心，他会不会自杀了？不过，我晚些时候看见他在房间里（我离开音乐厅，最初没有找到他），告诉他我脾气不好，向他表示歉意，然后心平气和地给他解释如何改进。他的缺点和我的完全相同——总是喜欢分析，不顾对方的感觉，仅仅试图知道对方究竟对自己有什么想法。我明白，这样做令人厌倦，挫伤人的感情。我觉得，这肯定是逻辑学家的特征——他是唯一一个我非常熟悉的人。

6月6日，罗素停止了《认识论》的写作工作，开始一个接着一个地拜访朋
300 友，试图让紧张的神经松弛下来。他首先在莱昂·菲利莫尔家小住，然后待在怀特海家。6月13日，学期结束。6月18日，维特根斯坦返回维也纳之前，安排他母亲与罗素见面，共进午餐，享用下午茶。维特根斯坦给罗素写信进行确认（罗素计划到伦敦，入住范妮·维特根斯坦下榻的甘蓝酒店），并且利用这个机会，准确表达了对罗素的研究工作的异议。他笨口拙舌，但是也给罗素带来巨大破坏：

现在，我可以准确表达我对你的判断论的异议：我认为，显而易见的是，如果正确分析，从"A判断，a与b有关"这个命题，肯定直接得到"aRb. v. ~aRb"这个命题，根本无须使用任何别的前提。你的理论没有满足这个条件。

或者说，正如他后来以技术性不那么强的方式，言简意赅地说明的，"恰当的判断论必须让人不可能判断废话……罗素提出的理论并不满足这个要求"。

维特根斯坦说完这一准确无误的致命意见，随即离开剑桥，先去曼彻斯特拜访一位老朋友，然后返回维也纳。他直到10月才返回剑桥，仅仅待了几天，接着再次离开，前往挪威。在维特根斯坦看来，这时罗素既不是他的老师，也不是合作者；从那时起，他几乎在完全孤单的状态下进行逻辑学研究。那年夏天之后，维特根斯坦在写给摩尔的信件中说，在剑桥，没有谁值得和他共同讨论哲学。没有谁"尚未变得陈腐，真的对这个问题感兴趣……甚至罗素——当然，就他的年龄而言，他依旧充满活力——也不再适合了"。到了1913年夏季，维特根斯坦单打独斗，希望揭示逻辑学的性质；对他未来的研究，罗素已经没有什么作用了。

罗素这时认识到，维特根斯坦提出的批评影响深远，已经让他陷入绝对孤单

寂寞的境地。6 月 19 日，就在与维特根斯坦和他的母亲见面之后一天，罗素写信告诉奥托琳，“维特根斯坦对我的研究进行攻击，这是我最近犯下的所有错误的根源所在”：

我刚刚意识到这一点。我本来计划撰写这本著作的一个大部分，这让我无法继续下去，也许在数年之中都无法进行，所以我很难诚实地面对它。我曾经努力让自己相信，情况并不像他说的那么糟糕，后来我觉得，我的努力不够，必须集中更大的精力——某种本能让我将这一点与你离开联系起来。我对自己的研究缺乏诚实态度。其实，它并不明显，非常微妙，与其说是任何确定的东西，毋宁说是一种心态。它造成的后果像毒素一样，逐渐漫延开来……我肯定会遭遇许多失败。在我的一生中，这是我第一次在研究中出现不够诚实的状况……昨天，我产生了自杀念头……最近，我厌倦人生；一般说来，这是一种迹象，显示我没有认识到的罪孽。

奥托琳完全不知道应该如何安慰罗素。在维特根斯坦的批评给罗素带来的危机的高潮中，她从洛桑匆匆返回英国，心里依然惦念着罗杰·维托医生取得的令 301
人称奇的效果。维托医生是神经炎专家，一直对她进行治疗，对该病史的医学文献作出了相当特殊的贡献。他在各个时期治愈了许多病人，其中包括威廉·詹姆斯、约瑟夫·康拉德、T. S. 艾略特。他们交口称赞，认为他使用的方法非常有效，让他们大受裨益。1911 年，维托医生出版了一本著作，题为《通过大脑控制教学治疗神经炎》，提示了该方法的重点。按照奥托琳的描述，维托医生讲授的技术今天可被称为“正向思维”：

他给病人传授了如何控制心理和集中意念的系统知识。那是一种精神控制方式，十分有效，稳定了我的情绪，改善了我的精神状态。我觉得，它当时起到很大作用，后来也总是如此。那个人非常镇定，对人和善，给我留下深刻印象。他进行的治疗包括指导病人如何养成习惯，如何排除心中没有必要的念头和焦虑。为了实现这一点，病人必须进行练习，例如，去掉单词中的字母，去掉一组数字中的一个数字。朱丽安看见我——也许在乘坐有轨电车时——目视远方，就会嘲笑说：“妈妈在冥想如何排除。”我独自一人，待

> 在一家私人小旅店里，完成了维托医生讲授的课程。对我来说，那是一段非常快乐的时光。

一来因为实施了这一技术，二来因为能够独自度过了一段时光（她没有这样的机会时渴望得到，有了时非常珍惜），奥托琳从洛桑归来，在心理状态上与罗素形成鲜明对照——淡定、自信，决定将注意力仅仅放在生活中的正面因素上。她希望告诉罗素，维托医生的医术如何高明，洛桑风光如何旖旎，她在那里度过的时光多么美好。她不想听罗素的令人沮丧的叙述，不想听维特根斯坦的批评给他造成的影响。因此罗素发现，在奥托琳成功排除的“没有必要的念头和焦虑”中，有的与他本人相关。两人的心绪大相径庭。

他们见了面，罗素和奥托琳似乎自说自话，其实没有共同感兴趣的话题。6月19日，罗素写信向奥托琳致歉，声称没有注意听她的说话，恳求她谅解：“请你千万不要有受到冷落的感觉……我反应很慢，无法接上新的话题。”作为回报，他承诺“不再注意你无意之中表现出来的冷落态度”。两年之后，罗素向奥托琳解释说，她从那次从洛桑回来之后，他觉得有一些东西她没有理解：

> 你记得吗，你接受维托医生治疗期间，我撰写许多关于认识论的文稿，遭到了维特根斯坦的严厉批评？在我的人生中，他的批评——尽管我认为你那时并未意识到——是头等重要的事件，影响了我从那之后所做的一切。我当时明白，他是正确的，我已经不再具有从事哲学基本研究的能力。我的冲
> 302 动被他粉碎，就像一个个波浪，碰到防波堤之后便破碎了。我当时绝望之极，试图从你那里获得安慰。但是，你心里只想着维托，不能给我时间。

奥托琳从维托那里学会了排除焦虑和多余念头的技术，这证实了罗素的担心，超过其他任何因素：在奥托琳的感情中，他所占的位置的岌岌可危。他内心深处的担心是，借助这种方式，她可能将他排除在外。他在6月20日写道：“我有一种发自内心的感觉——这不是观念——你希望将我从你的生活中驱赶出去……我一直觉得，我对你来说并不重要……当我觉得你真的爱我时，我心里总是有一个声音在低语，在表示怀疑。”他当时处于绝望之中，对她的需要超过以往任何时候。然而正是因为他需要她的感情，正是因为这种迫切需要使他提出过高

要求，他也许有理由认为，对她来说，他已经不再具有吸引力了。“我觉得，你发现我自私、霸道，让你感到紧张，我的冲动常常伤害你，所以我有一种自卑感。”

过去，他通过专心研究哲学，保护自己不受这种自卑感的困扰。但是现在，维特根斯坦粉碎了他进行哲学研究的冲动，他已经不再拥有那种特殊的防御机制，不再拥有最牢固的防御机制，所以觉得自己处于前所未有的脆弱状态。他再也无法说，“让情感见鬼去吧”，然后埋头研究工作，他被迫面对恐惧和渴望形成的可怕力量。正如他向奥托琳描述的，他对她有“两种截然对立的潜意识感情；其一是渴望得到你的帮助，让我摆脱困境；其二是害怕由此造成的痛苦。这两种感情交替循环，让我四肢冰凉”。罗素情绪低落，成为反复出现的孤立感和与之相伴的孤独恐惧的牺牲品。他告诉奥托琳：“没有你，幽灵在我的身边胡言乱语，男人的孤独在我身边频频出现，唉声叹气，整个世界都崩溃了。当我和你在一起时，一切全都不同。但是，我用古老、疯狂的幽灵来折磨你，而不是伴随清晨的阳光忘记它们。我希望，情况有所改观。”

罗素对奥托琳的生理需要过于强烈，两人都觉得难以忍受；常常出现的情形是，两人幽会之后分手，他不得不立刻写信，就自己的迫切要求道歉。1913 年 6 月 27 日，事情到了危急的关头：罗素深感挫败和绝望，干了某种事情——幸存下来的信件没有说明具体情况——之后，罗素非常羞愧，它致使两人暂时中断了情人关系。罗素深感自卑，异常痛苦，随后立刻采取超乎寻常之举，一把火烧掉了奥托琳留在他公寓之中的那封信件。那封信件是否包含了那件事情的细节，让罗素感到羞愧？他是否因为别的原因（比如说，它包含她的令人痛苦的批驳，甚至表示绝交的文字）烧毁了那封信件？我们现在显然无法判定。但是，他在随后几天中写给她的信件显示，无论它包含什么，它都让他深感自责。“匆忙中写了这封短信，谨向你表示歉意。”他在奥托琳离开后不久写道，“但是，我会再次尝试”：

> 我的行为可怕，让我深感不安……我觉得，我的精神过度紧张，我们不应见面。这是神经方面的巨大压力，可能导致我精神崩溃，这对我们两人都不好。如果再出现几次今天这样的情况，一切将会结束。我觉得，我最好回到剑桥去，等到我能更好地控制自己时，我俩再见面。这让你感到厌倦，我深感愧疚，有了此残生之感……我无法告诉你，我觉得自己多么可 303

> 鄙。但是，我最近做了许多尝试。维特根斯坦的攻击影响巨大，我难以完成讲座……进行研究并且不去自杀，这似乎是我在道德方面可以做出的最大努力。但是，我必须控制自己，我会做到的。在实现这一点之前，我不适合与人接触……我真的尚未做好准备，完全是一头野兽，我对你做的事情就像野兽……我非常爱你。

与对孤独的恐惧相比，对精神失常的恐惧让他觉得更加可怕。这种感觉那时开始控制罗素，非常强烈，他越来越觉得，他不得不——至少暂时——与奥托琳分开。他在同一天晚些时候写道："整个事情是神经在作祟。我现在确信，我眼下不应与你会面，等到我平静一些再说。一旦我想到自己现在不会见到你，我的神经便松弛下来。现在，我绝对没有紧张感，甚至对我给你造成的痛苦也并不感到难受。"对遗传性精神失常的古老恐惧复活了，他开始细想不幸的阿加莎姑姑的命运：

> 我的姑姑阿加莎曾与一位助理牧师订婚，但是——据我理解——她觉得，他谋杀了克兰里卡德勋爵，所以想把他扭送到警察局，后来不得不宣布取消婚约……我看来将同样想入非非的罪行归咎于你……我必须安静地过一段时间，避免出现激动。我差一点就失去理智，不过现在心智已经回归相当健全的状态。请尽量以仁慈之心待我。

次日，他离开伦敦，前往欣德黑德，希望在萨里的乡村漫步，以便让神经得到休息。但是，他心情忧郁，继续沉思前一天发生的事情，对自己的精神状态非常担心。这种感觉超过以往任何时候，与奥托琳分开的想法在一定程度上也变得坚定起来：

> 我觉得，继续我俩的关系将会以我进入疯人院收场，我们应该永久分开。此外，昨天的事情让人丢脸，当着你的面，我无法在精神上觉得无懈可击。如果我将此事告诉怀特海太太，你是否介意？我希望听到局外人对此事的理解。我很想知道，你什么时候是否可以和她谈谈？我希望你知道，我没有那么糟糕，我可以无私，善解人意，充满同情，精神失常的情况不会出

> 现……昨天你觉得，我与你分开是错误之举，觉得我说的是反话，只是因为你让我受到了伤害。今天，我没有受到伤害，看得非常清楚。我觉得，几乎确定的是，为了挽救我的理性，我必须与你分开。请不要胡思乱想，认为我这是在说气话，认为我将堕入肆无忌惮的不道德的境地。我仅仅希望安静地生活和工作下去……我真的没有低估你的爱情。我们相爱，但是没有给予对 304
> 方希望的东西……我的本能太强烈了。无论我的行为如何，如果我俩继续下去，我面临的只有精神失常……如果你允许我将此事告诉怀特海太太，我星期一或者星期二就去见她。这封信内容令人生厌，请你原谅。今天，除了对精神失常的担心之外，我脑子里没有其他任何事情。

奥托琳回信说，讨论精神失常是“荒诞”之举（“这仅仅是精神紧张而已，我自己就常常出现这样的情况”），并且安慰罗素说：“我爱你，爱你，亲爱的，我心里只有强烈爱意和怜悯之情。”但是，罗素主意已定。6月30日，他写信解释说，“我意识到，改变局面的因素有两点：其一，你永远不会给予任何人让我感到幸福的那种爱情；其二，让我不能获得更多幸福的原因并不仅仅是我自己的糟糕行为。”不过他觉得，他们应该再见一次面。他说，他不希望两人关系像6月27日出现的情况那样，以“突然出现的恐怖场面”告终。当时，他没能一刀两断——“与我常常遇到的情形一样”——的原因是，他对她表示尊重。但是，如果她最后一次到伦敦的寓所来见他，他不会重蹈覆辙。他写道：“在精神状态如此奇怪的当下，我无法做出最后决定。”但是，有一点是明确的，“应该停止性关系”。

6月30日，奥托琳按照他的意思，前往贝里街，“最后一次探访”罗素。他维持了他的两个决定——表现良好，坚持分开。次日，他动身到康沃尔去，度过一个徒步旅行假期，随行的有怀特海家的两个孩子——埃里克和诺思。其间，奥托琳每天给他写信，但是他几天才给她写一封信。自从他们开始恋情以来，这样的情形尚属首次。他告诉她，他不能过多地想到她。他希望，通过在生理上和精神上与她分离，他可以达到以前埋头哲学研究实现的效果。由于某种未知的原因，他不得不显得冷漠无情；否则，他将会屈服于6月27日战胜他的那种可怕的疯狂冲动。在这些信件中，他数次提到暂时中止两人的恋情。他强调说，对明显痛苦的局面，他缺乏情感方面的回应：

今天，我完全无法产生任何种类的感情。请不要觉得，我受到了伤害，生气了，或者发生类似事情——我不过像死人而已。

（6月28日）

请严格按照自己的判断，决定今天下午是否到这里来。如果你来，不会让我心烦意乱；如果你不来，结果也是一样。我应该说，我在乎自己给你造成的痛苦，但是我无法表现对你的忠诚——我迄今为止对什么事情都不关心。我设想，你病得很厉害，非常疲乏。但是，我的感觉是，这一切都发生在书中人物的生活中。再见吧。

（6月30日）

我们不禁感到，他在这些信件宣称的死亡是这样一个男人的想入非非的念头：他认为自己是一个已被击碎的波浪，将嫉妒的目光投向周围无懈可击、无法渗透的岩石。

# 第十一章　外部世界与内心之火 305

罗素的想象力受到这个念头的强烈影响：深度情感和精神失常以某种方式密切相连；因此，一个人——可以这么说——可以通过逃到心灵表面的方式，击败精神失常造成的威胁。对我们之中的许多人来说，流于肤浅是某种应该防止的东西，这种自然倾向与浮向水面的倾向类似，需要付出努力才能成功抵制。但是，在罗素看来，肤浅性是他努力争取的东西。在他人生的各种关键时刻，他竭尽全力，获得情感方面的肤浅状态，以便击退被他视为随时可能出现的精神失常。1913 年夏天，出现了这样的时刻。维特根斯坦对他的哲学研究进行猛烈抨击，让他情绪低落；与奥托琳的关系出现起伏，让他疑虑重重；对精神失常的恐惧感——他从未完全摆脱它——逐渐在他的意念中占据主导地位。当时的情况类似于 1894 年的状态：他那时第一次听到祖母说，威利叔叔被关在精神病院里，阿加莎姑姑出现过精神失常的幻觉，他的父亲罹患癫痫症。而且，他与那时的做法类似，进行绝望地挣扎，"避免所有深度情感"，重新在表面上生活。[1]

罗素觉得，他自己濒临精神崩溃，不得不远离奥托琳，远离她在他身上激发出来的深度感情。因此，他 7 月和 8 月大部分时间都在度假，试图忘记她，以期重获稳定的心绪。7 月 3 日，他在出发前夕写信告诉她，"我觉得，我不会从康沃尔给你写很多信。我希望自己在精神上处于休眠状态。"他没有食言。他带着怀特海的两个孩子，埃里克和诺思，在康沃尔和夕利群岛逗留两周，仅仅给她写了几封短信，评论大海和沿岸的美丽风光，但是将深层次的想法和感情保留在内心深处。7 月 20 日，他返回伦敦后写信说，该策略非常奏效，他实现了自我控制，并且"在很大程度上暂时摆脱了悲伤感"。怀特海夫妇强调说，在过去两年（从他爱上奥托琳算起）中，他并非一事无成。

---

[1] 参见罗素《自传》，第一卷，第 86 页。罗素描述说，祖母向他透露了家族精神成员不稳定的问题，引起了他的恐惧感。罗素说，那些恐惧感"让我在许多年中避免一切深度情感，尽量去过受到尖刻言语锤炼的智性生活"。

306 在外旅行期间，罗素确定了一个新的主题，以便1914年春季在哈佛大学开设八次洛威尔系列讲座。那些讲座是公开的，因此技术性不能太强，罗素开始时建议的题目是《善恶在宇宙中的位置》。他告诉奥托琳，他设想，那些讲座将谈到“《牢狱》没有讨论的内容”。但是，他6月了解到，这个建议被视为不可接受的；讲座资助者提出了条件，看来对宗教论题持否定态度。他后来选择的题目是《论哲学领域中的科学方法》。

讲座题目的变换似乎以某种方式，显示了罗素当时的基本状态，显示了他的心态：青睐外部事物，避开内心世界（后来，该系列讲座的题目被重新定为《我们对外部世界的认识》）。从康沃尔返回之后，他在伦敦逗留两周，于8月初前往意大利。在那段时间，无论他什么时候与奥托琳见面（其原因在于，不可避免的是，两人在6月底的见面并不是“最后一次相会”），他与她一起谈论诗歌（具体说来，集中讨论华兹华斯和但丁，特别是《新生》这篇作品），他也听她谈及有关维托的话题。但是，两人很少涉及他的内心生活，他小心翼翼，避开他自己的情感，尤其是性激情。他似乎终于接受了这一点：她给予他的仅仅是“浪漫和忧愁之感，而不是狂热的感情”，谈到的是“行吟诗人和宫廷式爱情”，而不是世俗的激情。他在7月23日写道，他逐渐感到，“你爱的不是现实生活中的人，而是他们心中的上帝”：

> 当上帝遗弃他们时，如果他们在乎你的爱，他们将若有所失……正是这一点阻止我将你视为志同道合的人——我将你视为我的星星，或者视为月亮。它有时从天堂下到人间，将不平静的超自然的快乐时光传递到冰冷的山麓上，送给月之女神所爱的英俊牧童。

他次日写道：“我们之间的纽带非常牢固，我相信我们不会分开。但是，我并不十分确定，分开之举是否正确。但是我认为，等我去了美国之后，这个问题可以得到解决。”

8月初，罗素再次外出度假，这次的目的地是意大利的阿尔卑斯山脉，他计划在那里与查尔斯·桑格一起徒步旅行。他们两人艰难步行，穿越山口，从塞尼山到达苏萨，然后从那里到了图灵。桑格与罗素不同，脚力较差，需要在图灵休息两天，以便恢复体力。在图灵，罗素试图与皮亚诺联系，结果未能如愿，不禁深感失望，但是——尽管他刻意不想奥托琳——他收到她的来信，心里非常高兴。她写道，她心情沮丧，想念他，盼望到目前为止每天写给她的信件。罗素在回信中几乎并不掩饰自己的心情，显示她的郁闷让他感到满意。他没有表达什么让她感到愉快的安慰之辞，仅仅提醒她说，他自己也不愉快。奥托琳在来信中说，她并不像自己想象的那么有用。如果说她希望在这一点上得到安慰，罗素的答复肯定让她觉得失望。他暗示，她觉得她自己对别人没有用处，这是很有道理的。他话锋一转，接着说道，让她无用的是“一种自私性”，这样的自私性使得她拒绝为了完成任务而牺牲自由：

> 对你来说，某些助人方式是愉快之举，但是我希望得到帮助的那些方式，对你来说并不愉快。我觉得，你期望在我身上看到一种几乎带有超人程度的自我克制。但是，你讨厌针对你自己的克制之举。 307

他说了这番话，其意图不是表达他自己对她的愤怒，而是作为一种评述，不带利害，而且也许甚至具有帮助作用。他宣称，他对她的看法不带“敌意，不带自我感觉”，仅仅受到寻求真理的愿望的驱动。但是，在下一个段落中，敌意和自我感觉都非常明显：

> 你非常盼望看到我的信件，对此我深表歉意。我觉得，自己有必要不那么经常地想到你。如果我对你理解更好一些，我敢说，我应该高兴一些才是。当我在乎人时，我希望和他们待在一起；然而，你宁可毁掉我的生活和工作，也不愿意和我在一起，即便你有大把时间时也是如此。我对此感到不解，你不理解我对此很在乎，这究竟是怎么一回事呢？

对她来说值得庆幸的是，她的幸福已经不再处于罗素的掌控之中，这番话对她的伤害并不像可能的那么厉害，或者说，并不像他预期的那么严重。她声称自己郁闷，并不满意，这样的说法如果不是完全的虚假之辞，也有一些夸张之意，目的是为了取悦罗素。她在回忆录中写道，1913 年的那个夏天“非常可爱”：

> 我的身体状况好了一些，并不感觉十分疲倦，所以有更多精力在伦敦探

> 亲访友，观察当时的艺术生活和思想生活。

实际上，她还补充说："就我的记忆所及，也许伯迪的离开有助于让那个夏天变得欢乐，愉快。"

那段时间，伦敦的文化生活多姿多彩，其中包括前来访问演出的俄国芭蕾舞剧团。奥托琳在那个夏天有了许多巅峰体验，其中之一是在里彭夫人住所举行的一次午餐聚会。众多名流到场，包括斯特拉文斯基、季阿吉列夫和尼任斯基这些艺术家。奥托琳与尼任斯基邻座，对他很感兴趣："他是纯粹的艺术家，堪称一滴艺术精华……他讲了许多关于芭蕾舞新作《春之祭》的情况。在那部作品中，他表达异教崇拜的理念、原始自然中的宗教本能、恐惧、狂喜，这些东西最后发展成为狂热和彻底的自我牺牲。它张力太强，太恐怖，表达理念的成分太浓，难以让传统观众感到愉快——他们习惯看到优美的脚尖舞，看到给人快感的东方场景。"这样的体验与听罗素解释物质分析时产生的新理念迥然不同，在奥托琳看来，可以毫无悬念的取而代之。

罗素听了奥托琳讲述的尼任斯基的情况，仅仅表示了出于礼貌的兴趣。但是，对奥托琳在那个夏天的其他精彩活动，例如，拜访约瑟夫·康拉德，表示了
308 非常真实的强烈兴趣。根据奥托琳的回忆录，当她首次向她的朋友亨利·詹姆斯提出，她希望拜访康拉德时，詹姆斯极力劝说她打消这个念头。在位于贝德福德广场的她寓所的会客室中，詹姆斯来回踱步，两手高举，神情恐惧："不，亲爱的夫人……但是，亲爱的夫人……他长期在海上生活——亲爱的夫人，从未见过'文明'女人……不，亲爱的夫人，他对生活很不讲究。"如果奥托琳的描述是准确的，我们会觉得，詹姆斯在和她开玩笑。詹姆斯是康拉德的老朋友，与康拉德是近邻，他不可能觉得，康拉德——一位波兰贵族，一个非常"文明"的男人——面对举止优雅的伴侣会有任何不适之感。不管怎么说，如果詹姆斯的谨慎考虑是真的，它们很快被轻易地克服。就在那次谈话后不久，奥托琳收到了康拉德的信件，邀请她去访问。

8 月 10 日，奥托琳离开伦敦，前往肯特郡的阿什福德，到了康拉德的住所卡佩尔别墅。她是坐火车去的，随身携带了康拉德的《私人记录》——"那本精彩的回忆录"——以便在旅途中阅读。但是她发现，她非常紧张，非常激动，根本看不进去。在阿什福德车站，康拉德的儿子博里斯迎接她，开车把她送到康拉德

家。她在那里一直待到下午 5 点，会见相当成功，在她写给罗素的信件中，在她的回忆录中，她都进行了热情洋溢的描述。不过，她的成功在一定程度上也取决于因为这一事实：尽管康拉德举止得体，殷勤周到，表现出波兰贵族的完美无瑕的品位，奥托琳显然意识到，他其实对她没有太大兴趣（奥托琳看到他之后立刻发现，亨利·詹姆斯对他的描述完全是歪曲之举）。她在日志中写道："我发现自己在心里说，他应该喜欢我，然而同时也觉得，他是一个非常冷淡的人。"

但是，在给罗素的描述中，她根本没有提到康拉德的冷淡态度，而是强调说，康拉德待人随和，交流起来非常轻松，两人之间的对话看来带有亲昵性质。"他说，他的创作给他带来可怕的影响……从刚果回来之后，健康尚未恢复。对他来说，那是一次可怕的道德冲击……我在心里深感悲伤，他没有得到更多人的欣赏，并且感到担心，他可能像以前那样，过多涉及相同的题材。"她还强调了这种可能出现的情况：如果康拉德和罗素见面，两人在思想上会碰撞出激烈的火花。"我告诉他，是你向我推荐了他的作品，并且简略介绍你的情况。他说，'哦，我喜欢数学家'……我知道，你会喜欢他的……你回来之后，去见见他吧！"

正如奥托琳所知的，罗素尊重康拉德，超过了其他任何在世的作家，肯定有兴趣见到康拉德。此外，她还知道，无论罗素多么佩服某个人，他也不会主动与之接触。在这种情况下，在她拜访康拉德时，奥托琳为两人会面铺平了道路。她知道，罗素会珍惜这个机会，考虑到他的性格，这样的会见只有通过自己从中牵线搭桥。当时，罗素正在设法摆脱与她的情感联系，所以奥托琳担心，他可能永远和她断绝关系。这让我们不得不怀疑，至少在一定程度上，她与康拉德见面的 309
动机出于维持罗素对她的兴趣。

如果这种说法有道理，她的计划产生了效果，罗素在后来几封信件中充满感激之辞，觉得她为他与康拉德的会面打下了基础：

> 承蒙你向康拉德提及我的情况，在此谨表谢意。他对刚果的看法非常有趣——《黑暗之心》写得非常精彩，很有价值。但是，人们并不知道，他长期受到刚果之行的困扰。
>
> （8 月 12 日）

> 你谈到的康拉德的情况让我感触颇深。我肯定将去拜访他，与他见面肯

> 定是非常美妙的经历。我可以肯定，你没能在那里待很长时间，没能说到很多事情。你的拜访肯定是他一生中的重要事件。我无法说明，我多么喜欢某天和你一起到那里去。

奥托琳没有收到康拉德的回复，心里开始发愁。罗素安慰她说："我非常非常确信，康拉德并不讨厌你的拜访。对他这样的人来说，给你回信会是非常非常难办的事情，需要深思熟虑，认真考虑，费时费力。所以，他尚未给你回信并不是出人意料的事情。我将设法去见他，我同意你的看法，我第一次最好独自成行。"

1911年，康拉德的《私人记录》首版问世，某些批评家认为，该书缺乏个人特征，缺乏自我揭示。在她的回忆录中，奥托琳描述了与康拉德见面的情形，强调了康拉德在情感方面沉默寡言的做法。"在谈话过程中，他引导我踏上他人生的许多路程，但是我觉得，他并不希望探索我们两人内心之中的丰富情感经历，他表现出来的坦诚态度其实大有保留。"但是，对罗素来说，沉默寡言本身恰恰证实，康拉德内心世界具有深度、丰富性和脆弱性。在《私人记录》的序言中，康拉德讨论了维持他的德性的必要性，认为"完全掌控自我是作家创作优秀作品的首要条件，我深感恐惧，担心失去这种控制，哪怕仅仅失去一瞬间也行"。康拉德强调说："在内心世界中，作家的思想和情感一起，寻求想象的冒险体验。内心世界没有规律，充满危险。"与此同时，他也强调说："所有思想和艺术抱负都是可以允许的，达到并且超过小心翼翼的理智的限度。"这样的观点肯定会得到罗素的完全赞同，并且证实罗素的判断：他和康拉德在精神上非常接近。

开始时，奥托琳觉得惊讶，觉得康拉德的妻子杰西普普通通，没有知识分子的特征，但是她回想之后觉得，这是完全合适的。"正如亨利·詹姆斯所说，她看来是一个肥胖的女人，对人和蔼，模样尚可，厨艺不错。她确实是一张质量优良、平平稳稳的床垫，适合这个超级敏感、神经紧张的男人。他并不要求妻子聪明过人，只要能够缓解他生活中出现的震荡就行。"罗素写信告诉奥托琳，"我怀疑，一个厨艺不错、五官端正的肥胖妻子是否真的适合我？我相信，神经紧张的
310 人不应和可以进入自己的内心世界的人共同生活。也许，在一定程度上，这也是你对我持负面态度的原因。"

罗素觉得，他需要准确了解奥托琳对他持负面态度的原因。在那之前的一封信件中，他提出要求说，她应该将他视为"十分愚蠢的人，即便最简单的事情也

须给他一一解释”。他 8 月 14 日写道，为了不让她给他造成“神经干扰”，使他感到厌倦，需要做的事情是，他应该理解她，以便知道他期望从她那里得到什么。“理解是解决所有这些难题的途径。”他感到，他正与奥托琳分离开来，与她在他心里激发的美感分离开来。那天，他和桑格到了布雷西亚，欣赏了漂亮的古罗马遗迹，特别是广受赞美的胜利之神塑像。那个小镇因此闻名遐迩。罗素写道，雕像

> 有一种平静感，只有非常伟大的东西才有这样的品质……它属于另外一个世界，我觉得超过了任何我可以达到的东西。当我看到这样的东西时，我总是有一种被遗弃在天堂大门之外的感觉。

罗素非常焦灼，不愿错过任何一个收到奥托琳信件的机会，也许，不愿错过见到她解释为什么不喜欢他的原因的机会，于是详细说明，在他剩下的行程中，她应该将信寄到哪个地址：8 月 18 至 19 日，他们将在维罗纳市；8 月 20 日，在加达；此后是加达湖畔的圣维吉利奥。

与以上说明一致的是，罗素抵达维罗纳市时，发现了奥托琳寄来的一封长达 16 页的信件。她试图向他解释，她认为两人关系出现问题的原因——似乎他是十分愚蠢的人，即便最简单的事情也须一一解释。尽管这正是罗素要求的东西，但是信件的内容让他觉得很不愉快。奥托琳提出了诸多指摘，其中包括：第一，他过于挑剔，过于“学究”，牢骚太多；第二，他过度严谨，遇事总爱盘问，剥夺了她的自发性；第三，他要求她绝对忠诚，这样的要求其实是不可能的；第四，他强调自己受到挫折的性本能，花费了许多时间，分析两人的问题和感情。奥托琳开列这样的清单，似乎让人觉得（尽管她坚持说，这并不是她希望看到的），他们也许应该最终分开。不管怎么说，她清楚地意识到，他们的关系应该仅仅在精神恋爱的基础上继续下去。

罗素看了之后立刻提笔给她回信。他告诉奥托琳，“这正是我要求的”，然而它弄得他“绝对痛苦，*无以复加*。我无法面对没有你的日子，这太凄凉，太黑暗，太可怕了”。他恳求她给他一次重新尝试的机会。他意识到，他过于挑剔，但是坚持认为，“我对你的批评很难是发自内心的——它们是遭受挫败的本能造成的后果”。只有一条批评是真诚的：奥托琳最初告诉他，她和菲利普只是朋友

311 而已，这个谎言困扰了罗素整整1年半时间。这时，他不得不表示接受，“在余生中，我根本没有任何获得幸福的希望”：

> 我无法面对没有你的生活。如果我不在道德上做出超过自己限度的极大努力，我无法接受你表达的理由。许多年来，我一直每况愈下，最近恶化的速度非常快。我觉得，应该存在让我自己振作起来的可能性。

在信件的结尾处，罗素象征性地跪倒在地，苦苦哀求：“我知道，有一个很好的安静之处，我俩可以共同生活，心境平静，精神完美结合——但是，肉体是软弱的。噢，最亲爱的，救救我，救救我吧……我的日子太难了，可是我必须努力生活在精神世界中，而不是活在可怜自我的动荡之中。我已经到了痛苦深渊之底，最最亲爱的爱人，不要让我破坏我们的爱情。噢，我爱你，我爱你，我爱你——噢，救救我吧，最亲爱的，怜悯这个苦苦挣扎的罪人吧！”

那天下午，罗素和桑格到了圣齐诺大教堂，那是维罗纳市在12世纪修建的。桑格在外面等候，罗素走了进去，发现自己情不自禁地跪下祈祷，“我无法证明原因，但是我的祈祷真诚，发自内心，请求神灵赋予我力量，以便抑制自己的本能”。假如他能和奥托琳继续走下去，他已经下定决心，放弃结婚生子的希望，“或者说，放弃任何逃避孤独的希望”：

> 如果我能够战胜这些欲望（不幸的是，在我们关系发展开始时，我便放纵了它们），我应该能够从与你在一起的过程中获得美妙的宗教幸福。但是，如果要那样做，我得变成圣人。我能够做到吗？我不知道。

后来，他和桑格在广场上享用晚餐，把目光投向看似快乐的人群——那些人聚集在一起，欣赏音乐。常常出现的情况是，当罗素情感波动时，身处人群之中让他觉得非常孤单，被人疏远，难以忍受。“他们中的许多人我都喜欢，但是，他们似乎与我分离开来，中间隔着巨大的鸿沟。我觉得非常孤独，我几乎向他们高声呼叫：我也是人，其实与他们一样。”

他有时候承认，“看到一家人和睦生活，有家，有孩子，我觉得非常气恼。”但是，这样的场景唤起的希望其实已经不复存在。奥托琳是他的希望，因此“我其实希望成为圣人”。他对枯燥无味和学究言行表示歉意，反复说这个特点“出现的原因是，他的冲动受到了阻碍”：

> 当然，我常常提出批评，这让你心灰意冷；我完全明白，如果我们继续走下去，我必须停止这样做。现在，我最最亲爱的爱人，我的命运掌握在你手中。如果你觉得我尚可改进，尽管有这么多失败，我将努力去战胜那些本能，并且彻底地抛弃它们，最大限度地把握你可以给予的东西。我相当确定，如果我有可能这样做，这是正确的途径，其他任何方式都意味着无法挽回的绝对毁灭。

他写完这封信件时，已是深夜，他最后说，如果他有权利，他希望对奥托琳 312
说：“愿上帝保佑你。”

这封信件带着笃信宗教的意味。尽管我们没有理由假设，这稍欠诚实，或者说是假装出来的东西，它显然是刻意之举，旨在赢得奥托琳的赞赏。罗素肯定真的跪在教堂里祈祷，希望抑制他的性冲动；他的评论带着悔悟的语调，无疑准确反映了他当时的心境。然而，一周之后，就在他们在圣维吉利奥的最后一天，出现了一个插曲。它清楚地表明，对他来说，战胜本能多么困难，成为克己的圣人多么困难。一个名叫莉泽·冯·哈廷贝格的女子带着两个孩子度假，丈夫没有随行。罗素一见她便深受吸引。他告诉奥托琳，“入夜之前，我和她私下交谈，历时 1 个小时，我非常喜欢她”：

> 她受过良好教育（在三所大学学习过！），容貌姣好，声音温柔，意志强大……在道别时，我亲吻了她的手。[次日] 早上七点半，她出现在走廊上，给我们送行……我觉得，我将来不会再见到她了。这件事情具有重要意义，我觉得，自己现在可以把感情给予值得我爱的其他人。我感到羞愧，出现了这样的事情，但是事实就是如此。它说明，我有很大的性格缺陷。我真希望，实际情况不是这样。

他在这封信件的前半部分说：“我在维罗纳市的祈祷没有应验。”这封信件是他 8 月 29 日动身返回英国时写的，奥托琳将它视为最后的诀别。她在日志中写道："伯迪离开了。男人就是这样的。我对他没有什么可说的，我只有打开双手，让鸟儿飞走。"

> 他以自我为中心，这一点非常严重。可怜的男人，因为我不能更多地满足他，他便说我自私。我觉得，他今天晚上的信件是最后留言，我很可能再也不会见到他了。没错，我感觉糟糕，若有所失。但是，我觉得，他并不爱我，仅仅需要我而已。真爱不可能这样突然死去，只有欲望才会如此。

其实，罗素的信件意义不明，超过了她暗示的程度。尽管罗素似乎确定，"私密关系已经了结，"他还是告诉她，"我不知道，我对你的爱是否依然活着。"其原因在于，"我的爱情之中充满激情的一面已经死了"。罗素发现，无论如何，他不是充当圣人的料。这意味着，就他本人而言，他们之间的关系应该画上句号。但是，某种东西依然存在，其原因在于，"如果我下定决心，不求你满足我的本能，我俩在其他方面关系可能继续存在"。

次日，罗素到了牛津（奥托琳和菲利普作为菲利普母亲的客人，住在牛津的布莱克大厦），和她再次"最后一见"。奥托琳记得，"他态度生硬，表情冷酷，
313 非常冷酷，仿佛他的灵魂已经枯竭。他嘴里不停地说，他对我的爱已经死了。但是，他离开之前完全变了，所有的爱全都回来了"。她在当天的日志中写道：

> 那场危机之后，我觉得开心一些，和他在一起时轻松许多。我觉得，我们两人之间出现的真正问题是他的强烈激情和欲望，这让我心烦意乱，受到恐吓，不喜欢他。

两人那次见面之后，罗素写信告诉她："我其实已经学会不向你提出要求，即便在我的本能念头非常强烈时也能克制。我确实认为，这次和解是永久性的——我有完全不同的感觉。曾被欲望掩盖的真爱在我身上依然活着，生机勃勃。"在接着的几周里，这番话所说的实情维持不变，其原因在于，罗素待在剑桥，忙着准备洛威尔讲座《我们对外部世界的认识》，迎接 10 月 10 日开始的新学期的到来；与此同时，奥托琳和家人在菲利普所在的选区——兰开夏郡的伯恩利——度过了一段时间。

1913 年 9 月，罗素花了整整一个月时间，以每天 10 页的速度，准备讲座内容，无须什么灵感，甚至不用多少努力。他在 9 月 2 日写道：“我的心不在上面，因此所写的东西索然无味。”几天之后又写道：“感到无聊的是，这些讲座没有什么新思想，全是些陈旧观念，我做的事情不过设法让它们容易理解而已。”该系列讲座以通俗的方式，概括了他 1911 年之后的哲学研究主线。首先，他提到了他 1911 年春天在巴黎公布的关于“逻辑原子论哲学”的“宣言”。该哲学思想基于已经形成的数理逻辑的哲学意义，试图采用“科学方法”，解决古老问题。接着，他讨论了人们对外部世界的认识这个传统问题，以便展示这一总体方式。围绕着这一点，罗素就他的观点（他再次以令人生厌的方式承认，它们受到了怀特海的启发），提供了一个通俗版本：第一，可以从感觉材料建构物质；第二，可以借鉴数理逻辑，定义物理学的基本理念，其中包括时间和空间。最后，罗素以半通俗形式（这部分讲座的难度显然比其他部分更大一些），概述了他的观点：数理逻辑以一次性了结的方式，解决了关于连续性和无穷性的性质的所有问题，这些解决方法“是科学方法在哲学领域中取得的胜利之一”。

讲座的大部分内容确系老生常谈；难怪他可以非常迅速地撰写讲稿，难怪他发现准备工作引不起他的兴趣。唯一的新内容，唯一让这些讲座与他已经出版的著作——比如说，《哲学问题》——不同的东西是，整个讲座弥漫着一种幻灭的氛围。讲座没有谈到“哲学的价值”，没有思考永恒的形式，没有思考包含神秘论色彩的宇宙一体论。罗素反而强调说，不存在这种形式的东西（正如罗素在一个脚注中承认的，这一点借鉴了维特根斯坦取得的成就），并且强烈驳斥以任何形式表现出来的神秘论。在第一讲中，他简要地提到类似于柏格森哲学的那种神秘论，认为它排斥逻辑学的重要性，崇尚睿智之见和直觉。罗素首先描述了给予神秘论灵感的动机，认为它形成了神秘论态度——这一点其实他并不承认，然而肯定是他的切身感受。他写道，“有些人努力寻求转瞬即逝、难以捉摸的事物； 314
在他们头脑中，这个信念几乎是无法抗拒的——在这世界上，存在着某种更深邃、更重要的东西，它们超过了科学记录和分类中许多微不足道的事实”：

> 他们觉得，在这些日常事物的面纱之后，某种迥然不同的东西隐隐约约地闪烁，并且在具有启迪的瞬间之中发出耀眼亮光。这足以形成某种应被称为真知灼见的东西。他们因此认为，寻求这样的瞬间就是智慧之道；他

> 们不是像科学工作者那样，超然冷漠地观察，不带情感地分析，毫无疑问地接受，将琐碎之物和重要之物视为同样的实在。[1]

看了这段文字之后，我们以为他会宣布，他已经知道体验这类“具有启迪的瞬间”究竟给人什么的感觉。但是，他强调说：“就神秘论者眼中的世界的真实性——或者说非真实性——而言，我一无所知。”他承认，神秘睿智之见可能是真实的；但是，如果没有经过理性的验证，他不能承认它就是如此。“我确实希望坚持的观点是，没有经过验证、没有得到支撑的睿智之见并不足以保证其真理性——关于这一点，必须采取科学态度。”他认为，与柏格森强调的不同，直觉就“像人的所有官能一样，往往会出现错误”。在他的整个哲学思想中，罗素对这一点的说明是幻灭色彩最浓厚的例子之一。但是，他不愿意承认的事实是，这样的说明也是他的切身感受。

罗素开始时说，柏格森提供的绝对正确的直觉的最佳例子是我们对自我的亲知，“然而，如同谚语所说，自知非常罕见，难以获得。例如，大多数人的本性中带有卑鄙、虚荣和嫉妒。尽管他们最好的朋友可以毫不费力地感觉到这些东西，他们本人却没有意识到”。他继续说，除了自知之外，“最明显的直觉例子之一是，人们相信自己了解所爱的人”：

> 个性之间的墙壁似乎变得透明了，人们认为他们可以像看到自己的灵魂一样，看到另外一个灵魂。可是，在这类情形中，欺骗常常得以成功实施；即便在没有故意欺骗之嫌时，经验在一般情况下也证明：其一，这里所说的睿智之见其实是幻觉；其二，从长期看，循序渐进的智性的探索方法更加可靠。

315 这个段落的语气非常凄凉，实际上诋毁了《牢狱》表达的人在恋爱中可以克

[1] 具有重要意义的是，在8月12日写给奥托琳的一封信件中，罗素使用了这个雪莱式面纱意象，旨在概括说明他对她的爱情的性质，并且让她相信，它是永久不变的：“我不知道，假如可能，我是否会改变它，但是我无法做到这一点。你身上有一种品质，它永久吸引着我；对比之下，其他所有人都不能引起我的兴趣……我觉得，你与美妙的世界，与面纱背后的世界，保持接触，超过了其他的人。我渴望捕捉这样的美妙，让它固定下来，但是我做不到。这样的努力让我身心疲惫，也许会损害我的许多有用之处，但是我必须继续进行这样的尝试。”

服自我之墙这个中心思想，诋毁了他在过去两年中珍视的对奥托琳的恋爱观。这时，1911 年出现的“灵视”被斥为幻觉——恋人仅仅在对方眼里是透明的；他们仅仅觉得，自己可以看到对方的灵魂。事实上，他们受到了欺骗，其原因在于，他们其实像过去一样，被囚禁在他们的自我之中。为了取代恋人之间的这种所谓的“睿智之见”，取代这种“灵视”，具有探索性的更可靠的理性方法告诉我们这个真理：不同个性之间的墙壁绝对不会变得透明。

但是，罗素在这个段落中表达了以上观点，其实却并未完全放弃这个想法：有的人可以直接看到别人的灵魂。（甚至在这个段落中，他也保留了这样的可能性，坚持认为所谓的睿智之见在一般情况下证明是幻觉。）完全抛弃这个观点的做法超过了他可以忍受的限度。它意味着，要求他放弃克服绝望孤独感的所有希望，宣布自己去过身陷自我牢狱之墙中的生活，永远无法摆脱那种受到压抑的隐秘的孤独感——它贯穿了他在彭布鲁克别墅的生活，贯穿了婚姻生活的大多数时段。他必须相信，某人可能看到他的灵魂，即便他已经不再觉得奥托琳可以做到这一点时也是如此。实际上，他与奥托琳的恋情几乎彻底终结；与以往任何时候相比，他这时更需要新人出现，以便克服他自己的痛苦的分离感。他觉得，这个人真的可以理解自己。

为了实现这个目的，他将期望寄托在约瑟夫·康拉德身上。通过奥托琳的帮助，罗素安排妥当，定于 9 月 10 日前去拜访。在《自传》中，他对那次见面进行了精彩描述，说明他非常不愿完全放弃这个看法：至少在某些时候，将他与其他人分割开来的墙壁可以变得透明：

> 初次见面，我们两人一起聊天，亲密感越来越强。我们似乎穿过了一层层表面的东西，一直到达内心之火。这是一次奇特的体验，与我知道的其他东西迥然不同。我们注视着对方的眼睛，一半震惊，一半陶醉，发现自己身处那样的氛围之中。那种情感非常强烈，不亚于激情之爱，同时又包括一切。我离开时陷于困惑，难以在平常的事情中找到自己的思路。

在返回剑桥的列车上，罗素给奥托琳写信，描述了当时的情景，感觉稍有不同：

> 我们相见的感觉非常美妙。我爱他，觉得他也喜欢我。他谈到了他的创作、生活和目标，滔滔不绝……我们两人散了一会儿步，不知何故变得非常亲密。我鼓起勇气，给讲了我在他的作品发现的东西。他刨根问底，透过表面现象，直达最根本的东西。他似乎觉得，我能理解他。后来，我们停下脚步，注视对方一段时间。他说，他成人之后希望，他可以生活在表面上，但
> 316 是在创作表现不同的东西时，他有受到恐吓之感。这时，他目光中露出内在的痛苦和恐惧，给我的感觉是，他一直在和它们作斗争……我非常爱他，这种感觉无法言表。

从康拉德那段时间所写的信件中，几乎没有提到那次会面的文字，也没有说当他和罗素注视时，他有与罗素相同的感觉。那次访问几天之后，在他写给罗素的一封信件，康拉德表示歉意，觉得自己“说话太多，有些反常”。他还说，他一般并不知道，与人相见时应该说些什么，可是罗素的个性吸引了他，“本能告诉我，我不会被他误解”。这暗示了某种互相理解的意思，但是几乎没有像罗素描述的那样，存在一种半神秘的感觉，两人之间出现了“心灵沟通，一半震惊，一半陶醉”。

此外，两人的那次见面也未促成情深意长的密切关系。但是，罗素后来的某些言辞可能让人设想，两人之间存在着这样的关系。罗素1914年2月写信告诉露西·唐纳利：“我仅仅见过康拉德两次，然而他已是这个世界上与我关系最好的人之一——我给他写信，他给我写信，谈的事情涉及内心世界。”他在《自传》中宣称，他和康拉德“对人生和人的命运持某些相似的观点；从见面之初开始，这一点形成了坚强有力的纽带”。然而，从正常的角度看，并不存在这样的纽带。康拉德到剑桥回访罗素之后，罗素于1914年对康拉德进行短暂的访问，两人直到1921年才再次相见。这就是说，两次见面之间间隔了整整7年；到康拉德1924年去世为止，两人仅仅见过一两次。尽管罗素在写给露西·唐纳利的信中宣布两人关系很好，康拉德写给的罗素的信件却并不显得非常亲密，并未具体谈及“内心世界的事情”。康拉德送给罗素一本近作《机缘》，罗素以《哲学问题》和《哲学论文》作为回赠。就大致内容而言，康拉德在两人1921年再次相见之前写给罗素的信件为数不多，一封信对赠书表示感谢，另一封以工作压力大（他于1914年5月1日完成《胜利》，罗素首次到访时，康拉德正在创作这本小说）

为由，提出不再见面。

由此可见，两人的关系在一定程度上是单向的。但是罗素认为，它具有重要意义。在罗素的余生中，康拉德具有特殊的重要性，其影响超过了其他任何人：他给自己两个儿子都取了康拉德这个名字，第一个儿子（1921 年出生）名叫约翰 · 康拉德 · 罗素，康拉德接受了罗素的请求，成为孩子的世俗教父：罗素总是敦促他遇到的人阅读康拉德的小说；在他最亲近的朋友圈子中，他声称康拉德最理解他的内心世界，超过了其他任何人。一个最突出的例子是他 1916 年 10 月写给他当时的情人康斯坦斯 · 马勒森的一封信件。在那封信件中，他试图解释处于内心的核心位置上的那种渴望之情：

> 我的内心深处一直并且永远有一种可怕痛苦……我寻求某种超越世界可
> 能包含的东西，某种经过变形的无限之物，某种快乐的灵视——上帝……我 317
> 无法解释它；否则只会让它显得愚蠢……我知道，有人做到了这一点，康拉德就是一个特别的例子。但是，这样的情况罕见。它以奇特的方式将人分开，给人一种强烈的孤单感。

这番话给了我们提示，有助于我们理解为什么——尽管从通常意义上说，康拉德和他互相几乎并不了解（罗素在《自传》中说，“在作品之外的生活中，我们几乎是陌生人”）——他觉得，康拉德是可以看到他内心世界的人。我认为，这与两人 9 月 10 日见面时所谈的话题没有什么关系，而是与罗素在康拉德的作品中看到的内容有关；阅读康拉德的作品让罗素觉得，两人在精神上有相似的期望，这促使他再次拜访了康拉德。

在康拉德的作品中，有两本在这方面具有特别明显的联系，它们就是罗素首次见到康拉德时聊到的《黑暗之心》和《艾米 · 福斯特》。我们可以说，这两本小说以戏剧化方式，表现了罗素内心深处的恐惧和焦虑，表现了他的对精神失常的恐惧，表现了他突出的孤单感。《黑暗之心》所讲的故事是一个完美隐喻，表现了罗素这种恐惧：如果人探究自我的深处，他发现的只有精神失常。这本小说讲述了叙事者马洛沿刚果河航行的故事——然而马洛自己并不清楚地知道，他为什么会这样做。在航行途中，马洛看到帝国主义的野蛮行径的证据，但是安慰自己说，当他到达丛林深处时，他可以见到库尔茨——一个品德高尚、能力超群的人。马洛最终看到库尔茨时却发现，库尔茨其实完全精神失常，甚至比其他人还要野蛮。马洛说："他的灵魂是疯狂的。他长期身处密林之中，那样的生活具有自省效果，天哪，我告诉你吧，他完全疯了。"

马洛将自己与库尔茨进行比较，然后告诉读者："库尔茨跨出了最后一步，越过了边缘，我收回了迟疑的脚步。"马洛继续讲述，其方式让我们想到罗素在《我们对外部世界的认识》中对神秘启迪的描述：

> 也许，在这一点上显示了整个差别；也许所有智慧，所有真理，所有真诚都被压缩，变成小得难以觉察的瞬间——我们在这样的瞬间中越过隐形世界的门槛。

后来，有人要求罗素解释他与康拉德之间的同感纽带，他所用的方式——肯定是无意识地——重复了这个段落，重复了他自己早些时候在《我们对外部世界的认识》中对神秘论的概括说明。他解释说，两人之间的同感纽带与两人共同相信的"恶魔似的神秘论"相关。他从来不相信这种说法的真实性，"但是，在强烈的情感瞬间中，它势不可挡，彻底控制了我"。它包括两个层面的感觉：一个是科学和尝试的层面，一个是令人恐惧的隐蔽的间歇层面。在某种意义上，后者包含更多真理，超过了日常观点。罗素在《自传》中写道："我们两人对人生和
318 人的命运持某些相似的看法。" 他觉得，这一点形成了他对康拉德产生的亲密感。而且，他以类似的语言加以概括，文明生活的意象被描述为"在尚未冷却的熔岩表面进行的危险行走；表面随时可能破裂，让没有发觉危险的人坠入灼热深渊"。

当然，在罗素看来，他和康拉德对视时，两人坠入的正是这样的"灼热深渊"(内心之火)。所以，就这一点而言，引人注目的是，正如罗素在写给奥托琳的那封信件中报告的，康拉德接着说，他"成人之后希望，他可以生活在表面上，但是在创作表现不同的东西时，他有受到恐吓的之感"。与罗素相比，康拉德甚至更有理由感到恐惧：1910 年，他完成两件个人特征最强的作品——长篇小说《在西方的目光下》和短篇《秘密分享者》——之后，出现了精神崩溃，在长达 4 个月时间中无法工作。他当时担心，他的妻子杰西与医生密谋，准备将他送进精神病院。杰西认为，那次精神崩溃是对他以前工作过于紧张的一种"惩罚"，他必须付出这样的代价。康拉德看来也持这样的观点，在一定程度上寻找保护，

转而采用另外一种写作风格，它对情感的要求不像原来的那么高。康拉德与他创作的人物马洛类似，与罗素本人类似，已经——可以这么说——越过常人的边缘，看到了精神失常状态，于是悬崖勒马，在表面的生活中寻求理智。1910 年之后，康拉德作品在情感层面上变得不那么强烈，更多地转向“外部”因素。根据康拉德的传记作者弗雷德里克·卡尔的说法，“《在西方的目光下》的问世标志着一个时代的终结”：

> 在某种意义上，对康拉德来说是，1909—1910 那一段时间是一个分水岭，这在心理上突出表现为他持续 4 个月的精神崩溃，实际上以结束整个具有个人特点的创作活动的方式显示出来。完成《在西方的目光下》之后，他将回到《机缘》，回到篇幅较短、较为轻松的小说，回到《胜利》。与 1899—1910 年的小说相比，在这类作品中，他的个人特征大大减少。

根据卡尔的观点，在《在西方的目光下》中，康拉德触及了每个艺术家必须或者试图实现的事情：深入挖掘自己的心灵，去发现自己最恐惧的东西。这样带来的结果是，他让自己陷入危险境地。接着，卡尔发现，康拉德和陀思妥耶夫斯基在这个方面具有有趣的相似性，两人都进行了强度很大的自我探索。但是，在罗素看来，康拉德在这一点上与陀思妥耶夫斯基截然不同：两位作家都致力于发掘人的心灵的隐蔽部分，发掘人羞于启齿、深感担心的冲动和欲望，陀思妥耶夫斯基笔下的人物看来是说明了实现神灵救赎的需要，康拉德创造的角色却说明了自我控制的必要性和价值。正如罗素（他依然希望详细展开他的这一看法——他和康拉德“对人生和人的命运持某些相似的观点”）所说，“他［康拉德］强烈地意识到，通常出现的强烈的精神失常具有各种形式，正是这种状态让他对约束的重要性形成了深刻见解”：

> 有人也许会说，他的观点与卢梭的看法相反——“人出生在枷锁中，然而可以变得自由。”所以我觉得，康拉德会说，他变得自由了，其方式不是 319
> 放纵自己的冲动，不是采取漫不经心和不加控制的态度，而是让难捉摸的冲动服从占主导地位的目的。

罗素说，从根本上看，现代世界上存在着两种哲学：一种（以各种形式的无政府主义和浪漫主义显示出来）源于卢梭，鼓吹放弃所有形式的约束；另一种（以各种形式的极权主义显示出来）寻求从人的外部强加约束。这两种哲学都应加以排斥：

> 康拉德坚守更古老的传统，认为约束应该来自人的内心。他一方面鄙视没有约束的做法，另一方面讨厌仅仅来自外部的约束。在所有这些方面，我发现自己与他十分一致。

在他寓言性的短篇小说《秘密分享者》中，康拉德在这方面的态度也许得到了最佳说明。在这个故事中，一位年轻的船长惊讶地发现，他的船上有一名逃犯——一名从另外一艘船上逃出来的杀人犯。在平常情况下，船长的职责是，把这个人交出去。然而，他没有这样做。他把逃亡者隐藏在自己的舱房里，既不让他自己的船员知道，也不让正在寻找那个人的船长知道。他冒此危险的原因是，他对逃犯持强烈的认同感，两人几乎在刚刚见面之时，便形成了一种“神秘的交流”。这位船长说：“我仿佛在一面巨大的灰暗的镜子的深处，看到了自己的倒影。”他意识到，他自己很可能处于这个杀人犯的境况之中；如果他遇到相同的情形，他也可能动手杀人。

在小说中，那位船长反复想到，自己与逃犯的身份相同，将自己舱室的这个“秘密分享者”视为他的“另一个自我”，“秘密自我”或者“第二自我”——实际上，康拉德曾考虑将这三个说法作为故事的备选名称。逃犯自然对船长心存感激，不仅因为他提供的实际帮助，而且因为他表现出来的同情之心。他说：“得到别人的理解，这让我觉得非常满意。”但是，他们两人心知肚明，他待在船上会产生破坏作用。在他待在船上期间，船长做出了若干决定，发出了若干让船员们无法理解的命令，以便帮助他的新朋友。那名逃犯离开（船长让船行驶到一个小岛附近，让他跳下船，安全地游上岸）之后，船上恢复了正常状态，船回到正确航道。在故事结尾，船长与他的船员之间实现了“完美的交流”。他重新——可以这么说——获得了控制，重新建立了约束。

尽管罗素在谈到康拉德时并未提及《秘密分享者》，我们实际上可以确定，他知道这个故事。1906年，他首次阅读了《黑暗之心》之后便做出决定，尽快阅读康拉德出版的所有作品。在他对康拉德的兴趣到达顶峰期间，《秘密分享者》（它被收录在1912年出版的《陆海之间》之中）出版。奥托琳肯定读过这篇 320
故事；实际上，她在回忆录中提及它，其语境特别有意思：那个部分讨论男女之间的差异，讨论男女在何种程度上受到自己情感的支配。她写道："我发现，男人的观点——其中包括伯迪和菲利普的观点——常常是稍纵即逝的情感带来的结果。他们在情感受到影响的状态的言行并不表达他们的本意。"与之相比，女人"更令人难以琢磨，更克制……控制并且隐藏稍纵即逝的情感"。她继续说：

> 我知道，我并不希望谈论我自己的情感，而是在秘密生活中面对它们。我怀疑，是否每个人都有秘密伴侣，都有第二自我，都有"秘密分享者"，以便讨论自己的想法和情感。我无法想象，谁可以在没有这种秘密伴侣的情况下生活下去。讨论让人互相厌倦。

罗素对与康拉德见面的描述暗示，他将康拉德本人视为"秘密分享者"，视为"第二自我"，和康拉德分享"神秘交流"和内心的理解。两人都感觉到，陷入精神失常的状况可能随时出现，"灼热的内心世界"就在文明的表皮下面；这无疑是两人之间产生的移情作用的组成部分。但是，或者更重要的是，两人都感觉到，每个人都受到可怕的孤独感的困扰。在罗素对康拉德的描述中，这一点占据了主导地位。在与康拉德见面之后一天，罗素在给奥托琳的信件中强调："我觉得，他在生活中非常孤独。"与罗素一样，康拉德在年幼时失去了父母，他7岁时母亲去世。他父亲与罗素的父亲类似，爱妻死后身心破碎，4年之后便撒手人寰。[1] 从那之后，康拉德由祖母和叔叔抚养。那时的家人在信函中说，他没有童年伙伴，整天埋头看书。换言之，他的童年与罗素的十分相似，而且似乎对他造成了类似影响。更有甚者，两人之间的相似之处扩展到对大海的喜爱。两人在不同时期，将大海描述为"镜子"，似乎都认为，大海象征着一种巨大的自然力量，它给人慰藉，既是永恒的，又是非个人的。

[1] 这封信件是罗素见了康拉德之后，在火车上写的。罗素提到，康拉德"给我讲了许多关于波兰的事情，让我看了一本19世纪60年代的家庭相册，觉得这一切恍如梦境。这让他有时感到，他不该有孩子，因为孩子们没有根，没有传统，没有亲戚"。看来，这可能是康拉德的父母的照片（康拉德的母亲和父亲分别于1863年和1869年去世）。显然，康拉德觉得，罗素可以理解这些照片唤起的丧失感和替代感。

我们可以说，假如罗素是伟大的小说家，他可能成为康拉德那样的人物，以更强有力的方式，使用更精确的语言，探索自己内心的深处，超过他在实际生活中表现的能力。无论他何时尝试，无论是在小说中，还是在自传或者信件中，罗素情不自禁地描述自己的信念，然而自己的感受——表达内心深处的恐惧和渴望的任务，他交给康拉德去完成。也许，这一点最有力的例证是篇幅较短的作品
321 《艾米·福斯特》。如果说《黑暗之心》提供了罗素对精神失常的恐惧感的完美隐喻，那么，《艾米·福斯特》——罗素在谈到康拉德时详细讨论的另外一部作品——以非常动人的戏剧方式，表达了他的孤单感。

罗素老年时告诉女儿凯特，他有孩子之前，常常做一个梦。“我想象，我在平板玻璃后面，就像水族馆里的一条鱼，或者变为无人可看的幽灵。我痛苦挣扎，试图与人接触，但是这不可能，知道自己命中注定，永远处于孤独无能的状态。”这就是《艾米·福斯特》的主人公扬科·古拉尔所处的情景。古拉尔来自一个东欧国家，在前往美国途中，他乘坐的海船沉没，他发现自己是唯一的幸存者。他被海水冲上英国海岸，但是他不会讲英语，周围的村民纷纷躲避。他们误解了他表示友好的手势，误解了他需要帮助的恳求，仅仅将他视为一个陌生人，也许视为一个精神失常的外国人。只有一个村民对他表示友好，她就是艾米·福斯特。她给他弄来食物，教他英语。后来，他和艾米结婚，生了一个儿子。他非常喜欢儿子，教儿子唱家乡的民歌，这让艾米很不喜欢，并且产生了疑心。有一天，他病了，高烧中开始使用他的母语，这让艾米非常恐慌，超过了可以忍受的限度。她领着孩子，不理会他的救命呼喊，离家而去。他伤心绝望，无法理解，为什么他钟爱的女人抛弃了他？为什么他不得不失去自己心爱的儿子？最后，他在孤独中死去。

假如有谁着手创作一个故事，刻意让罗素感动得热泪盈眶，那么，也不可能写出超过《艾米·福斯特》的作品。这篇作品的主题包括：长期存在的孤独感，异乡异客的感情，遭到挫败的父母情，对精神失常和误解的担心，这一切都触及了罗素内心深处的情感。罗素在《自传》中说，它“非常动人”，并且多次无意识地重复了康拉德对扬科·古拉尔的描述：

> 他与其他人不同，心地纯真，满怀善意。然而，这样的品格没有人需要。这个乘船遇险者就像来自另外一个星球的人，被植入到地球上，浩渺的

空间将他与他的过去分隔开来。

这个段落以最引人注目的方式重复，出现在罗素讲述的这个场面中：他独自一人，在庆祝第一次世界大战结束的快乐人群中游荡。他写道："我有一种奇特的孤独感，仿佛是一个幽灵，偶然从另外一个星球坠落在地球上。"

至少在罗素看来，他和康拉德9月10日的会面让他产生一种强烈的安慰感，即便两人身处陌生人之中，他们至少发现彼此熟悉，能够互相理解。在罗素的人生中，两人相互注视是影响最为深远的时刻之一，甚至在奥托琳的回忆录中找到了一席之地。她写道，康拉德和罗素"立刻互相理解，他们一起在康拉德的花园中散步时，甚至一度产生了强烈的亲密感，某种符咒镇住了他们，让他们长时间对视"：

这样的情形十分罕见，这显然让他们意识到，这两个灵魂都属于受难者的王国，都富于激情，难以屈从于他人。 322

在罗素看来，两人对视的那一瞬间几乎是他希望从康拉德那里得到的一切。他见面之后几天写道，"我肯定会争取再次见到他"，然而不可思议的是，他没有做出什么努力去实现这一点。也许，他尊重康拉德明白表达的希望，在创作《胜利》过程中不愿受到干扰。但是，也许他觉得，再次见面其实没有什么多大意义。他认为，两人之间存在的那种纽带与得到共同认可的"内心之火"相关，但是，两人都不愿被那种火焰吞灭，都得出结论：他们实际上宁可活在表面上，避免遭遇灭顶之灾。不管怎么说，罗素后来不是说过，经验显示，一个人看到另一个人的灵魂得到的睿智之见"一般说来"都是虚幻的吗？如果说他认为，康拉德和他看到了对方的灵魂，那么，也许深谋远虑之举是，不让它面临进一步的实际检验。

为了继续工作，继续生活，罗素探究内心之火的行程只能是偶然为之的做法，而不是常常进行的活动。9月11日，他在拜访康拉德之后的第二天写道："当时的情景历历在目，显得不真实，令人不可思议，我有恍若梦中之感。"两天之后，他在谈及罗伯特·特里维廉和他的音乐家朋友唐纳德·托维时写道，他们以及与他们类似的人"从未接触表面之下的火焰"，并且问道，"我很想知道，如果我们觉得他们应该接触，这样的想法是否正确呢？”

> 不去接触，这可以让他们生活得轻松一些，让他们面对已被火焰烧焦的人时能保持平静。我觉得，生活在表面的人也有作用，但是我难以对他们表示任何尊重。

似乎为了强调生活在表面的用处，他在同一封信中说，《我们对外部世界的认识》的撰写工作进展顺利，他的日子“安稳，平静，快乐”。经历5月的劳累之后，他不会再冒风险，面对那种麻烦了：“我不会在高压力之下工作，打算小心对待这一点。”

那段时间里，奥托琳在伯恩利，维特根斯坦在挪威度假，放假以后的剑桥人稀车少，罗素享受着难得的平静，几乎昏昏欲睡。他写道：“我在这里的日子非常安静，几乎没有什么可以记录的事情——我下午出去，每天写10页讲稿，大多数休息时间中安静地待着。摆脱心理困扰的状态让人非常愉悦，我不需要任何东西让自己快乐。”他在接下来的一周里写道，他“希望独处，这种感觉对我来说非常罕见”。他享受那份宁静，尤其是内心的安宁：“我在思想方面依然活跃，兴趣盎然，但是既不想读诗歌，也不想拜访朋友或者干其他涉及情感的事情。”那是一种完美状态，他可以将自己原来关于外部世界的想法用文字表达出来。9月25日，他完成了《我们对外部世界的认识》的初稿。

323 完成讲座稿件之后，他随即将它寄到伯恩利。尽管他承认，对她来说，他写出的许多内容难以理解，没有意思，他还是请她审阅。结果不出他的预料，她发现，为了解决无限性和连续性问题，他提出应该采用数学方法，对此她完全不懂。但是，她确实感兴趣的是，罗素以准自传的方式，讨论了逻辑学与神秘论之间的关系。罗素在第一讲中驳斥了柏格森的理论，涉及了这个问题，接着在第二讲《作为哲学本质的逻辑学》中，重新进行了讨论。他说，“神秘论逻辑”出现在柏拉图、斯宾诺莎和黑格尔这样的大师的著作中，源于具有非常强烈情感的“神秘情绪”之中：

> 在神秘情绪占据主导地位时，人不会感觉到使用逻辑的需要；随着这种情绪消退，逻辑冲动重新出现，与之相伴的是保留逐渐消失的睿智之见的愿

望，或者至少说，证明它曾是睿智之见的愿望，看似与它矛盾的东西都是幻觉。由此出现的逻辑并不完全是无利害性的或者坦诚的，促使它出现的是对它所应用的日常世界的仇恨。这样的态度自然不会形成最佳结果。

“神秘灵视消失形成不良逻辑，我就此表达所有的看法都很不错，对吧？”罗素向奥托琳吹嘘说。他强烈地感到，与其余内容相比，这一讲（它其实是第二章，属于他所写的最后部分）以及他最后写出的其他几讲显得精彩许多。“它们展现我的许多思考。我竟然在不损害自己的精神状态的情况下，写出了这些内容，这让我觉得可笑。”

一方面，罗素以每天 10 页的速度，撰写《我们对外部世界的认识》；另一方面，维特根斯坦单打独斗，在逻辑学研究中终于取得了某些进展。维特根斯坦在 9 月 5 日写道：“我坐在一艘小船上，周围是风光宜人的峡湾，思考令人讨厌的类型论。”他和平森特租了一艘小帆船，平森特驾驶小船，在峡湾中穿行，维特根斯坦坐在船上，思考逻辑学问题。“我究竟能不能得到任何结果？！假如不能，后果将非常糟糕，我的所有研究将会付之东流。但是，我并未失去勇气，现在依然继续思考。请为我祈祷吧！”

维特根斯坦在假期临近结束时写道：“在我看来，所有这些想法都非常重要。”他确信，他自己很快就会死去，来不及发表他获得的任何结果。“因此，我的最大愿望是，将我迄今为止获得的全部结果告诉你，**越快越好**。”他建议说：

> 我希望你让我见到你，**越快越好**，希望你给我足够时间，我可以将自己迄今为止对整个情况的考察结果告诉你。如果可能，让我**当着你的面**，记下一些东西。

平森特在他的日记中写道，维特根斯坦确信，他很快就会死去，“非常恐惧和焦虑，担心浪费他为数不多的余生时间”。平森特认为，显然没有理由假设维 324
特根斯坦寿命不长。“我给他讲道理，希望消除他的这种想法，打消他对死亡的焦虑，但这全是徒劳的——其原因在于，他已经疯了。”

假期结束时，维特根斯坦突然向平森特宣布，他希望独自在挪威待几年，集中精力思考逻辑学。剑桥分心的事情太多，他觉得自己已经快要取得成功，解答关于逻辑性质的最根本的问题。他必须全身心投入研究工作。

10月2日，维特根斯坦到了贝里街寓所与罗素见面，待到很晚，试图解释他正在进行的研究，甚至让罗素阅读他已经写好一些稿件（不幸的是，那些稿件没有幸存下来）。罗素告诉奥托琳，“他离开时，我已疲惫不堪”，但是罗素觉得，维特根斯坦的尝试很有价值——他的研究“非常不错，堪称逻辑学领域中的最佳成果”。

罗素写道，维特根斯坦打算独自待在挪威的决定“让我震惊，深感焦虑”。他告诉露西·唐纳利，他想了若干办法，试图让维特根斯坦放弃这个决定：

> 我说，挪威的白天很短；他说，他讨厌日光。我说，他会感到孤独；他说，与聪明人交谈让他的头脑受损。我说，他疯了；他说，上帝让他不受到理智的影响（上帝肯定会的）。

不过，罗素向奥托琳承认，从一个方面看，维特根斯坦离开的决定是“一份天赐恩典”：“他在精神上让我非常疲惫，我很想摆脱所有的严肃思考和感情……他以前肯定是我感到疲惫的主要原因。”根据剑桥大学的相关规定，维特根斯坦可以在任何时候返回，完成住校研究的要求，获得自己的学位。“他说，他计划先写出一些东西，然后返回学校。”同时，“他承诺说，在动身返回挪威之前，他将已经研究的结果写出来，给我留下一份。”维特根斯坦已经向罗素口头解释了他的成果，但是他说的内容非常复杂，罗素觉得，“我绞尽脑汁，勉强可以理解”。

9月7日，维特根斯坦前往伯明翰，向平森特道别，在那里给一名速记人员口述了他的研究结果，以便打字誊清之后交给罗素。次日，他返回剑桥，到了罗素的住处，打算口述关于他的研究的进一步解释和相关细节。但是，当他坐下时，他的“艺术良知”（罗素语）突然占了上风：

> 他抱怨不迭，然后说他不能做。我狠狠骂他一顿，我们两人大吵了一场。后来，他说他可以口述或者写下我觉得有价值的任何观点。但是，我们两人都十分疲倦，工作进展缓慢。今天［10月9日］，他又来了，乔丹的秘书……准备以速写方式，记录我们两人的对话……所有这些小题大做的做法

> 完全符合我的心境，可以防止我产生不耐烦的感觉。其实，无论他如何大声叫苦，无论怎么做都行，只要能把想法从他的脑子里弄出来就行……现在，我必须停笔。维特根斯坦和乔丹的秘书很快就要到这里来，那时我得开始激烈争斗，面对逻辑学和人的神经两个方面的难题。 325

罗素说，维特根斯坦"让我感到，我活着是有价值的，因为没有谁能够理解他，没有谁能让世人理解他"。这个说法肯定是正确的，不过悬而未决的是，在这个阶段，究竟罗素对维特根斯坦的研究能够理解多少呢？在罗素 10 月至 11 月完成的《我们对外部世界的认识》的修改稿中，几乎看不到关于这个问题的任何迹象。在第七讲《明确的无限性理论》的结尾，他提出不存在作为逻辑客体的"实体"这个观点，并且在一个脚注中承认，在提出这个观点过程中，他"借鉴了我的朋友路德维希·维特根斯坦尚未发表的研究成果"。但是，早在维特根斯坦 1913 年 10 月口述自己的研究结果之前，维特根斯坦就已经劝说罗素接受了这个观点。

维特根斯坦在剑桥向罗素进行了几次口述，在伯明翰向速记人员以及后来向乔丹的秘书进行了口述，最终形成 7 页打字稿和 23 页手写稿。罗素将它们整理出来，冠以《逻辑学笔记》的名称，现被视为维特根斯坦的最早论文，主要关注命题的性质。维特根斯坦反驳了罗素的判断论，使用的思路在那年 5 月给罗素造成了极大的破坏后果。维特根斯坦提出，"如果没有对命题性质的正确理解，就无法解决"关于判断和观念的性质的问题。在他的命题理论的核心位置上，是他强调的这个观点："命题是指涉事实的符号，本身就是事实……因此，事实被事实符号化，或者以更正确的方式说：一个特定事物是符号中的这种情况这一命题表示，一个特定事物是世界上的这种情况。"

由此可见，一个复杂命题的形式——那个 1912 年曾让罗素在《何为逻辑学？》中感到困惑的神秘伪客体——不能通过该命题的形式来表示，而是被该命题的形式反映出来，或者像维特根斯坦所说的那样，被呈现出来。客体之间的关系不是可以命名或者言说的"事物"。更确切地说，通过表示该客体的符号之间的关系，它们被表达出来。因此，维特根斯坦说："在这种情况下，墨水瓶在书桌上这个命题有可能表示，我坐在这把椅子上。"于是，墨水瓶在书桌上是一个命题，它表示，维特根斯坦坐在椅子上。至关重要的一点是，只需要两个客体

（两个符号）——墨水瓶和书桌——就可说明维特根斯坦与椅子之间的关系。我们并不需要另外一个客体来与“坐在”这个关系对应；更确切地说，我们让墨水瓶和书桌处于两者之间的某种关系之中，该关系呈现这个事实，维特根斯坦坐在椅子上。这样，一个事实，即墨水瓶在书桌上，以符号表示另外一个事实，即维特根斯坦坐在椅子上。在这种情况下，《逻辑学笔记》实质上以一种非常简略的方式，包含了后来《逻辑哲学论》中表达的观点，它被称为维特根斯坦的“意义的图像说”。

326 在《我们对外部世界的认识》中，看不到这一理论的踪迹；实际上，几乎没有迹象显示，罗素在研究1919年出版的《逻辑哲学论》的手稿之前，已经理解了维特根斯坦的命题理论的这个观点。对于理解该理论需要的这一区分，即言说与显示之间的区分，罗素并不感到满意。他认为，这个观点是神秘的，没有什么吸引力：一个人可以显示自己无法言说的东西。但是，在1913年秋天那个阶段，他看来没有意识到，维特根斯坦对逻辑的性质的分析需要这样的理念。

10月11日，维特根斯坦动身前往挪威，罗素直到第一次世界大战结束之后才能和他再次相见。在挪威，维特根斯坦在松恩峡湾的岸边，建造了一所小屋，临近一座名叫肖伦的村庄。尽管罗素预先告诫说，维特根斯坦将会在那里自杀，确定他不会活多长时间，但维特根斯坦在那里度过了一生中研究工作富有成效的时期。他10月和11月写给罗素的信件显示，他才思泉涌，信心满满，觉得正在发现确定的完美方案，解决罗素遗留给他的那些问题。他在从肖伦寄给罗素信件中说：“这是理想的工作场地，各种各样的逻辑学新观念似乎从我身上冒出，不过我尚无法一一记录下来。”但是，他试图以非常宽泛的术语，概括描述他的研究方向。罗素仅仅对《逻辑学笔记》一知半解，难以跟上维特根斯坦新近形成的观念。在他的回信和提问中，他常常比维特根斯坦差好几步距离。这让维特根斯坦有时候显得没有耐心，失去希望。维特根斯坦抱怨说：“来信中全是一些常见的不确定的说法吧？噢，天哪！太乏味了！！！找个机会再解释吧！”几周之后，维特根斯坦写道：

> 我恳请你自己考虑一下这些问题：让我重复书面解释，这是*无法忍受的*。我第一次给你解释时，已经感到*极端恼怒*了。

罗素希望厘清维特根斯坦的观点，其原因在于，他整理并且翻译了《逻辑学笔记》，希望在答应于 1914 年在哈佛大学举行的逻辑学讲座中使用它们。

与之前很长时间的情形类似，罗素自己的关注与维特根斯坦的截然不同。1913 年秋天，为了实现他的梦想，创立一个具有科学思想的哲学流派，他组建了一个讨论小组，要求他认为的优秀学生每周见面一次，讨论物理学的基础。除了最富才华的一流哲学家之外，他还吸引了若干最有前途的物理学生和数学学生，并且对小组的发展前景抱有很大希望。而且，他还对一名美国学生寄予厚望，那个学生名叫诺伯特·维纳，毕业于哈佛大学，被人誉为神童，年仅 18 岁便获得博士学位。罗素最初觉得，维纳招人反感（他曾经写信告诉露西·唐纳利，“这个年轻人被捧坏了，认为自己就是万能的神”），但是后来逐渐对他的智性给予很高评价，并且对一点心存感激——维特根斯坦走了，他至少拥有一个少年得志的天 327
才学生。维纳后来到德国继续深造，创立控制论，赢得了美誉。

罗素修改《我们对外部世界的认识》，为在哈佛大学的讲座备课，主持了剑桥大学学生的讨论。但是，我们感觉到，在所有这些活动中，罗素明显缺乏激情，与他深思熟虑的策略保持一致：经历了那年夏天的创伤之后，不要让自己过度兴奋。正如他在给奥托琳的信中所写的，“我身上有文明的一面，现在它处于最高的地位”。他头脑中的罗果金被清除了，谋杀和无法控制的性欲被置于控制之下。他 10 月 14 日写信告诉奥托琳：“我将竭尽全力，让你过得快乐，彻底消除我给你造成的所有折磨的回忆。”

简而言之，这意味着控制他对她的性欲。“没有满足的本能欲望让我脾气糟糕，并且破坏同情和温柔之心。”他告诉她，“所以，我必须控制它们。”但是，他放弃了成为圣人的希望。这样说并不是要控制他的全部两性感情，仅仅是对奥托琳的感情而已。他在 9 月写道，“假如我有其他关系”，他们两人之间的联系“也不会减弱，或许甚至会增强，因为在本能方面，不完美造成的痛苦已经不复存在”。他当时心里惦念的是莉泽·冯·哈廷贝格，在整个秋天一直和她保持通信联系，显然对她寄予某些希望，觉得可以给他的“本能”找到一个释放渠道。

与此同时，他（像给奥托琳所说的那样）设法让“野兽待在笼子里”。也许，奥托琳比她所说的更担心，罗素在这方面的努力是否将会奏效。罗素在 10 月写道，“我现在的这种感情你很容易理解——温柔、持久，不是野兽式的”：

> 这就是说，人生的负担和悲剧已经进入我对你的感情的每个角落，我不再从你那里获得五彩斑斓的快乐，不再获得让我暂时放下负担的那种宽慰。我的感情非常严肃，过于悲观。假如我一直面对它们，它们会把我逼疯，假如不把我逼疯，也会令我厌倦，将我变为无用之人。所以，我不能一直怀着刻骨铭心的感情，严肃地生活下去。

几天之后，在对15世纪法国诗人弗朗索瓦·维庸的评论中，他进一步描述了自己的矛盾心理，进一步阐述了“野兽式感情”和温和、持久的感情。弗朗索瓦·维庸在生活中声名狼藉、放浪形骸、恶迹斑斑（例如，确定的罪名包括入室盗窃、聚众斗殴、谋杀神父）。奥托琳显然以欣赏的态度，阅读维庸的诗歌。罗素说，“没错，维庸很有才华”：

> 我觉得，言行规矩的人并不了解，在生活的平静表面之下，存在着某些疯狂的东西。但是，我并不知道，了解这一点是否具有价值？

328 这是一个常见的悖论：一方面，对伟大作家来说，内心深处的激情——“疯狂之火”——具有根本意义，而且就创作任何有价值的作品来说，在某种意义上是必不可少的。另一方面，它可怕，具有破坏性，它释放出来的“野兽”将会危及罗素与奥托琳之间的关系，危及罗素的理智。因此，尽管罗素佩服维庸这样的人，相信自己比“言行规矩的人”更优秀，他却暂时尽量让自己生活在“平静的表面”上。

# 第十二章　阿珀林纳克斯先生

329

罗素宣传相反的观点，心里希望尽量让自己成为“言行规矩的人”；尽管如此，他当然也没有完全战胜对奥托琳的“野兽式感情”。1913 年 10 月的第二个星期，奥托琳从伯恩利返回伦敦，他无法控制自己，无论两人何时见面，都向她提出性交要求。奥托琳偶尔对他的要求做出让步，但是完事之后总是表明，她这样做时内心总是忐忑不安。她在 10 月 22 日写道：“对，我亲爱的，我喜欢那天相会的时光，但是，不知何故，我总是有这样的本能感觉：将来最好不要让这样的情况再次发生……自从这种事情停止之后，我们两人的关系良好，亲昵感增强，比过去好了许多。”她继续写道，他不应觉得，她屈服于他提出的要求让她感到不愉快，其原因在于，对她来说，他们两人之间的关系非常宝贵，“我觉得，为了让它继续下去，我做出任何牺牲都是值得的”。

罗素并不像以前可能做的那样，对这样的羞辱之辞表示抗议，反而加倍努力，尽量让自己在情感上摆脱对奥托琳依赖。他 11 月 7 日告诉她：“在过去很长一段时间里，常常出现的情况是，我和你在一起时感到快乐，你离开之后便闷闷不乐。现在的情况不是如此。我现在并不依赖你了——我可以离开你生活下去。”

当然，除了两人关系之外，奥托琳一直都有她自己的生活——在罗素看来，这是两人之间出现问题的症结所在。她要照顾朱丽安和菲利普，要与各种各样的人保持丰富多彩的友谊和社交关系。10 月，奥托琳按照库姆医生的推荐，把朱丽安送到瑞士的莱辛，接受“阳光治疗”，计划 11 月先到那里去看一看她，圣诞节时再和她会合。见了女儿之后，她和菲利普打算到意大利度假。她于 11 月 21 日启程前往罗马，日程安排得非常紧凑而复杂：在罗马逗留几天，他先去莱辛看女儿，然后去洛桑见库姆和维托两位医生，接着在隆巴尔迪逛一大圈，然后再次返回罗马。回到罗马之后，和罗素共度几天，前往莱辛过圣诞节。在很长时间里，罗素与奥托琳分开时，两人关系比以前好了一些。所以，她离开英

国之举几乎让两人都有如释重负之感。“我很开心，并且对我们的将来关系充满
330 信心。”罗素在她出发前夕写道，“如果一切顺利，经过一定时间以后，我们两人都将恐惧从自己的本能之中驱赶出去。到了那时，情况就大不一样了。”

罗素在感情上对奥托琳的依赖越来越小，其部分原因在于，在那年整个秋季中，他都在计划，希望与莉泽·冯·哈廷贝格多待一些时间。现在看来，他当时的判断非常错误，制订的计划也包括在12月在罗马与奥托琳见面。当时，莉泽·冯·哈廷贝格其实已经决定，带着两个儿子到那里去。她预定到达罗马的时间是12月21日，就是奥托琳和菲利普从那里动身前往莱辛的那天。奥托琳没有理由觉得这样的安排有何不妥——罗素曾经向她表示，就莉泽·冯·哈廷贝格的事情而言，“我已经失去对她的所有兴趣……也许我可能在圣诞节见她，但是却没有这样的愿望”。可是，就在奥托琳出发前往罗马之后几天，他表达了显示不祥之兆的意思，告诉她说，有时候——例如，前一年6月——她表现出来的冷漠让他“心灰意冷”；在那样的情况下，“我有可能另寻感情慰藉”。正如他后来发现的，在与某人认真交往的过程中，他最好对自己逢场作戏的艳遇持缄默不语的态度。如果不这样做，那将“是丢脸的，并且会带来无谓的痛苦和压力”。

12月10日，学期刚刚结束，在他动身前往罗马之前几天，罗素再次拜访了约瑟夫·康拉德。两人就是在那次访问中互赠了图书。两天之后，康拉德写信说，他已经拜读了《哲学问题》的第一章，但是把它放在一旁，以便集中精力，创作一篇短篇小说（可能是《马拉它的农场主》，康拉德在另外文献中记载，他是在12月14日完成这篇作品的）。“与你谈话非常愉快。”康拉德说，“在它的有益影响之下，我写作了许多作品（在一定程度上是为了赚取稿费）——（但是不管怎么说）你到访之后，我才出现了如此良好的创作状态”。他承诺会再次回访罗素——“哦，你是无法避开我的打扰的！”

罗素和奥托琳在罗马见面的环境奇特，形成了紧张的氛围；可以预料的是，这可能破坏了两人一起度过的那几天时间。罗素12月16日抵达罗马，离奥托琳动身到莱辛和莉泽·冯·哈廷贝格到达罗马只有5天时间，这样的安排肯定会引起双方的不安和嫉妒。两人的感觉是，无论什么时候见面，都有抽空而为的感觉。奥托琳会寻找借口，告诉菲利普她出去几个小时，甚至有一次长达一天，以便与罗素幽会。当然，在短暂相会——罗素忍不住唠叨唠叨说个没完——之后，

奥托琳会返回旅馆，与丈夫一起过夜。

最后，不可避免的情况出现了，罗素的不安全感占了上风，打破了几个月以来刻意避免的状态，醋意大发，火冒三丈。罗素安排在西斯廷教堂与奥托琳见面，但是到达那里时却发现，菲利普站在她的身边。看到菲利普让他失去控制，他猛地抛开夏天以来小心维持的“规规矩矩”的外饰。那天晚上，罗素回到旅馆，陷入——他在写给奥托琳的信件中所说——“疯狂”状态：“一直独自忧郁沉思，什么事情也不想干……心里完全失衡。”雪上加霜的是，他十分紧张，忐忑不安，知道莉泽·冯·哈廷贝格随时可能到达。奥托琳和他一样，对这件事情 331
也越来越焦虑。“我希望，你不会发现她太令人愉快了。”奥托琳和菲利普一起离开罗马那天，在写给罗素的信中这样说。她担心这次可能永远失去罗素，于是恳求他，“不要太没有耐心，不要太着急，不要让自己陷进去”，而且试图让他放心，她对他是忠诚的：

> 我最最亲爱的爱人，我希望自己可以更多地满足你。我自己没有做到这一点，这让我觉得非常郁闷。我渴望做到——全身心地做到……我最最亲爱的，我真的很爱你。

我们觉得，在忌妒之火的驱使下，罗素可能回复说，她这样表态为时已晚，他已经移情别恋，爱上了莉泽·冯·哈廷贝格。[1] 实际情况是，他仅仅指出，“你的来信表达了许多爱意，超过了我们在一起时的表现”，然后让奥托琳“不必担心我在与我的德国女士交往时会陷进去。她既不会让我感到亢奋，也不会让我失去理智”。

但是，罗素见到莉泽·冯·哈廷贝格之后做的第一件事情是，了解她的婚姻状况，在能力所及的范围内，准确判定她与丈夫的关系，包括法律和感情两个方面：

---

[1] 在20世纪50年代口述的《私人记录》中，罗素有了机会，谈到他的婚外恋情和婚姻。关于奥托琳，他是这样说的：“就在我终止与她的关系之后不久，她发现她的女仆和菲利普的秘书同时怀上了菲利普的孩子。这让她产生了幻灭感。她告诉我，她觉得她的人生是一个错误。可是对于我而言，她的表态为时已晚。”在长达数年的时间里，奥托琳选择了菲利普而不是罗素；罗素的说法麻木无情，令人震惊，让人觉得这番话集中表达了他在感情上受到的伤害、排斥和挫败。

今年春天，她丈夫爱上了另外一个女人，已经和她结婚。我的这位女士依然爱他，觉得非常痛苦……不过没有仇恨之感。正如她所说的，他从现任妻子那里得到了许多幸福，超过了从她那里曾经得到的……显然，他的前夫依然在她的心中占据重要位置。

罗素补充说："我很喜欢她，就像在圣维吉利奥见到她时一样。她有幽默感，这在德国人中很少见，而且性格开朗，不乏勇气，非常真诚。"

见面的第一天，他和弗洛·冯·哈廷贝格（他在写给奥托琳的信中一直这样称呼她——从未使用"莉泽"这个名字）在罗马周围的丘陵上散步，中午在内米用餐，然后沿着湖边溜达，讲述各自的生平故事。次日，两人在波各塞花园漫步，然后回到她所住的旅馆，共用被罗素称为"非常简单、乏善可陈的"午餐。罗素显然惊讶地发现，"她没有仆人，仅有一名照管孩子的女佣"。他向奥托琳描述了那天经历，几乎没有迹象显示，他爱上了莉泽·冯·哈廷贝格。但是，在这
332 封信件的结尾，他明白无误地表示了对奥托琳失去兴趣的意思。

我希望，我自己对你给予的东西更满意一些。但是，目前的情况有悖于我的本性，我试图不理会这一点，然而本能以这个方式显露出来……和你在一起时，我越来越难以忘掉这一点，越来越难以让自己快乐起来。本能受挫，这让我一心想着自己的感觉，常常出现鲁莽之举的念头。对这样的情况，我深感抱歉。假如我更宽厚一些，可能不会这样。但是我觉得，不管怎么说，从本能上看，我应该可以投入富于激情的恋爱关系中。

但是，在其后几天中，罗素没有继续追求莉泽·冯·哈廷贝格，而是独自在附近的山上徒步行走。圣诞节当天，他冒着瓢泼大雨，独自去了蒂沃利，欣赏了艾斯特庄园和维斯特庙。次日，他步行 20 英里，参观了哈德良行宫。他在那天晚上写道："我不知道，我是否可以在某个时候再次见到弗洛·冯·哈廷贝格。"他的"德国女士"或许已经明确表示，她希望和她的孩子们一起过圣诞节，或者说，罗素也许已经决定，不管怎么说，她不可能取代奥托琳。那时，奥托琳写给他的信件充满爱意，超过了以前许多时段。

不管怎么说，他这时对元旦充满期待——他已和奥托琳约定，届时在瑞士小镇艾格勒与奥托琳见面。那地方离她和家人逗留的地方不远，然而也有一段距离。罗素写道：“我希望在莱辛而不是艾格勒与你见面。看到菲利普让人很不舒服，甚至知道他在附近也让我感到焦虑。”他告诉她，他觉得自己是给菲利普的祭品。而且，他觉得极端孤独，一个人过圣诞节，形只影单，这让他有了失去人际联络之感。莉泽·冯·哈廷贝格和孩子们在一起，奥托琳和家人在一起。罗素在信中描述了“温馨的家庭，可爱的孩子，平静的生活”，这样的画面让他备受痛苦和折磨，其强度超过以往任何时候。圣诞节之后两天，他在旅馆午餐，偶然遇到了他以前的一个学生，名叫 H. T. J. 诺顿。他“差一点上去拥抱对方，终于见到一个可以说话的人，让我非常兴奋”。

到那时为止，他似乎开始感到后悔，觉得不应该如此劳神费力，试图与莉泽·冯·哈廷贝格开始一段恋情。12 月 29 日是他在罗马逗留的最后一天，他与她共进午餐。后来，她的孩子开始午睡，她给他朗诵了爱德华·默里克的诗歌——维特根斯坦很久之前曾经建议罗素阅读这位诗人的作品。罗素非常喜欢，但是那天下午他再次请她享用晚餐之前，他抽空给奥托琳写了一封信，表示他肯定没有爱上他的德国女士，“将来肯定也不会——她也没有爱上我……没有唤起我的想象力……给你造成这么多不必要的痛苦，我表示歉意。我本来应该让结局明朗之后再做决定。我对她有很强烈的爱意，并且会设法关注她的情况，不过仅此而已”。那天晚上，他和她用餐之后，再次给奥托琳写信说，他和莉泽·冯·哈廷贝格“进行了某种方式的说明”：

> 我告诉她，我将来肯定不会像爱你一样，爱上其他任何人。她告诉我，
> 尽管她对我以前的任何主动示好感到愧歉，但是她肯定不会让我和她的关系 333
> 超出友谊的程度。所以说，这就让事情有了明确的性质。我们两人很开心，
> 聊到许多事情。

也许可以这样说，两人之间的关系没有按照罗素期望的方向发展。

几天之后，他到达艾格勒——当时的心情他后来以“麻木”一词来描述。他和奥托琳很快开始争吵，他使用了他可以想到的所有恶言恶语，说出了许多刺伤人心的残酷话语。他后来给奥托琳说，在那次争吵过程中，他感觉到“你所有的

痛苦和爱意”，知道“你忍受的苦难比我更多”。但是他说：“那场景仿佛是人在演戏……我仿佛置身事外，十分冷漠。”然而，对奥托琳来说，这一切非常真实，已经到了她的忍耐极限。这次他们必须分开。她那天晚上写道：“我无法用语言来表达自己的感受，彻底分开让我非常痛苦。”在他的“麻木”状态中，罗素宣称自己什么也感觉不到，不过他也同意，他们应该分开。次日，他启程回国，内心的孤独感超过以往任何时候。

罗素返回伦敦之后，发现了康拉德寄来的一封信件，签署的日期是 12 月 22 日。在他的余生中，这封信件将一直是他最感骄傲的珍品之一。他在情绪低潮之际收到它，这似乎赋予它更丰富的意义。在《自传》中，他几乎描述了该信全文，并且一字不漏地引用了让他深感愉悦的句子。罗素写道，“我觉得，我出于谦逊，不便一一引用，这封信件事实上准确表达了我对他的感觉”：

> 用他的话来说，他表达的意思——我也有此同感——是，“发自内心的钦佩之情，假如你不会再见到我，假如你明天忘记我的存在，我的这种评价也肯定永远属于你，毫不改变，直到最后”。

在信件原文的语境中，这些字句具体表示了康拉德对罗素的《哲学论文》的赞赏，特别是对《自由人的信仰》的赞赏。在阅读《哲学问题》的过程中，康拉德写道，他觉得自己仿佛“带着愉悦之情，一步一步地走在最坚实的地面上”。或许，这是一种非常客气之辞，表示他发现，这本著作的行文相当沉重，颇有劳神费力之嫌。对比之下，《哲学论文》“表达清晰，让人耳目一新，扩展了我的视野”：

> 你用词精到，语句流畅，似乎让我意识到自己身上的新感觉。这样的体验非常奇妙，我无法用语言表达自己的谢意。我只能默默接受，就像收到一份来自神灵的礼物。你明晰地阐述了人生初期的思想，让那些模糊的思绪有了明确方向。那样的念头如果没有引导，只会给人在这个世界上的令人厌倦的日子带来麻烦。就关于自由人的信仰的那些精彩论述而言，我唯一可以回应的是深刻的赞赏之情。假如你明天忘记我的存在，我的这种评价也肯定永
> 334 远属于你，毫不改变，直到最后。

罗素无疑意识到，对康拉德来说，“直到最后”这个短语具有特殊意义。在小说《吉姆爷》中，康拉德在一个场景中使用了它：斯坦因——他在该语境中代表科学观念——与不易激动的马洛谈到吉姆的浪漫倾向。斯坦因说，男人一出生便陷入梦想之中。如果落入海中，最好的做法不是拼命呼吸，而是让自己适应海水，利用海水的浮力，漂在水面上。与之类似，人生中的最佳之道是“跟随自己的梦想……直到最后”。这个重复显得十分合适：罗素在《自由人的信仰》中提出，关于人生的真理，关于自己的真理十分可怕，让人无法承受，最佳的做法是追求自己的理性，自己的梦想，“直到最后”，即便发现它们是虚构之物也在所不惜。另外一个相关的重复——康拉德肯定知道它，罗素可能知道它——来自拉丁文圣经。在《约伯记》中，上帝说了这番令人觉得可怕的话语：“我的愿望是，约伯将会受到审判，直到最后。”

所有这些重复有一个主题，这就是说，忠于自己的理想，勇于面对出现在自己的人生道路上的任何东西。罗素觉得，在当时的情况下，这个主题是一种严厉的、有道理的批评。他在阅读了康拉德的信件之后写道，“我失去了勇气”，认为自己不配康拉德的赞扬。他告诉奥托琳，在阅读康拉德信件的过程中，他“油然涌起一种羞愧感。我觉得，不，撰写《自由人的信仰》的那个人不是康拉德在信中提到的这个人，现在不配得到他给予的这份感情。那个人曾经面对敌视的宇宙，没有失去他的理想；但是，他后来变了，他会钻进自己见到第一个小角落，以便逃避黑夜的恐惧和光亮。这样的感觉非常强烈，掠过我的全身，让我顿时觉得，自己仿佛再也不能见到他了”。在与奥托琳分手的过程中，罗素背离了他人生之中的最大理想，他怎么能再次面对康拉德呢？

在收到康拉德的信件的当天，罗素将它寄给了在瑞士逗留的奥托琳。他告诉她，“请先阅读随信附上的康拉德的信件，然后再读我的信件；否则，你可能不会理解其中的意思。我真希望，自己在昨天［他和奥托琳在艾格勒争吵的那天］之前看到这封信件”：

> 不知何故，他的这封信件让我突然明白了一种睿智之见——这样的见解我这些日子里一直没有。我以前有过相同的睿智见解，但是失去了它。最亲爱的，我们两人不能分开……如果我为了保持自己的心境平静放弃你，这将

> 会是精神自杀之举。放弃生理上的某些东西无关紧要；如果其他关系与我们两人的精神契合一致，保持那样的关系没有什么不好。但是，不能断绝我们两人之间的关系。无论有什么样的痛苦，爱情都是神圣的；其他任何因素应该严肃对待，深刻思考。我以前——我是说昨天——确实考虑过这一点，但是我当时不过处于半死状态——在精神上我已经死了……难以让你忍受我的痛苦，不要我去寻找解脱。但是，这种痛苦不是全因为你；在某种程度上，它是严肃生活的本质……你会觉得，这封信件是在一时之感的
> 335 状态写出来的。当然，相反的情绪将会死灰复燃，但是这封信件的内容是以睿智之见为基础的。我过去一直处于困惑之中，不知道正确的方向；现在我恍然大悟。但是，如果你出于你自己的考虑，决定与我分开，我可以理解。
>
> 这封信件全是肺腑之言。

次日，他回到剑桥之后写道："康拉德的来信形成的效应依然持续。"他在精神上再次复活，但是"我真的恢复精神活力之后，我没有孤独感，觉得和你在一起，距离感减弱了——只有在疲惫、灰心和愤世嫉俗时，我才觉得与你相距遥远"。康拉德的信件让他鼓起坚强的勇气，重新回到在《自由人的信仰》中表达的那种坚忍克己的状态，接受了寻找幸福是徒劳之举这个想法。他不得不接受，奥托琳无法给他"普通的日常幸福"，而且"如果不在精神上自杀，我在其他方面也无法发现幸福"。因此，他应该停止追求幸福，康拉德的信件给予他尝试这种方式的勇气。

与这种道德新生状态相连的，是突然迸发出来的令人惊讶的思想能量——不管怎么说，罗素看来如此。1914 年 1 月，他返回剑桥，几天之后以仓促的方式，撰写了一篇很长（12000 单词）的文章。它的内容复杂，题为《感觉材料与物理学之间的关系》。它借鉴了他就物质建构问题的已经撰写的文章，就物质世界和人的认识的基本性质，提出了许多新的独创观点。在这些新观念中，最激进的——他老年时在《我的哲学发展》中再次谈到这篇文章，将其视为最重要的思想——是，空间不是三维的，而是六维的。他认为，三维空间中的每个维度都是观察外部世界的一种可能的"视角"（在大多数情况，如果不存在精神，不存在镜子，不存在照相机或者诸如此类的东西，从该视角实际观察世界时，情况也是

如此）。这种“可能的视角”本身是一种空间，一种“个人空间”，具有三个维度。因此，如果要以适当方式，确定建构世界之中的物质的感觉材料（或者更准确地说，“可感物”，即可能的感觉材料），就必须提供六维坐标。

在理论物理学的神秘世界中，多维空间现在是一个常见的观点。但是，罗素提出的多维空间是一种六维空间，由三种“个人”维度和三种“公共”维度构成，它的影响甚微，无论在哲学领域，还是在物理学领域均是如此。然而，罗素本人对其重要性持毫不怀疑的态度，在整个余生中一直认为，他“发现”（他在向奥托琳描述时如是说）空间的六维性质是一个重大突破。他在完成该文稿件之后不久宣称，《感觉材料与物理学之间的关系》写得“非常好！我认为，我从未写过如此漂亮的文章”。

在他后来的人生中，罗素都认为，他在那年元旦之后几天实现了一个突破。他将这一理念作为基础，以惊人的方式，杜撰出具有神秘色彩的个人经历。1951年，他首次在英国广播公司广播谈话中谈到它，然后在《自传》中也如法炮制。在这个版本中，他首先将撰写《感觉材料与物理学之间的关系》那三天时间与撰写《我们对外部世界的认识》的那三个月时间混为一谈，然后将它压缩为一天， 336
形成一个非常离奇的故事。罗素宣称，他同意在哈佛大学开设洛威尔讲座之后，选择的主题是《我们对外部世界的认识》。但是，他当时绞尽脑汁，冥思苦想，始终无法确定使用什么具体内容来阐述这个主题：

> 最后，我怀着沮丧的心情，启程到罗马去过圣诞节，希望度假之旅可以重振我日渐衰减的精力。1913年的最后一天，我返回剑桥。尽管遇到的难题依然没有完全解决，鉴于时间紧迫，我做出安排，决定尽我所能，向速记员口述讲稿内容。第二天上午，速记员如约出现的门口，我突然茅塞顿开，明白了自己要讲的东西，立刻开始口述全书，没有任何迟疑。

“我不想给人夸大其词的印象。”他接着说（看来没有刻意制造讽刺效果），“本书很不完美……不过这是我那时力所能及之举，假如采用较为悠闲的方式……形成的结果肯定会差一些。”在《自传》公布的版本中，说法大致相同，唯一的区别是：时间变为1914年元旦，情节更为具体——“我给她口述的内容后来以著作形式出版，书名是《我们对外部世界的认识》。”[1]

如果我们假设，这真的是罗素记忆之中的情景，他并未有意欺骗听众和读者，那么，他的神话式说法也许以某种发人深省的方式，说明他当时希望看到的情形：首先，就其大多数内容而言，《我们对外部世界的认识》不是“索然无味的东西”，不是对他花费3个月时间（一个月写初稿，两个月修改），对原有观点进行的重新组合。他在写作工作中没有感到无聊，实际上非常高效，一天之内写出了这篇文章。它是灵感偶然迸发的结果，是转瞬即逝的睿智之见的结晶。其次，在罗马过了圣诞节之后，他径直返回剑桥，因此1月2日在艾格勒与奥托琳大吵一场的事情从来没有出现过。

337 其实，在他撰写《感觉材料与物理学之间的关系》期间，他每天都给奥托琳写信，就自己在艾格勒的行为向她表示歉意，恳请她放弃与他分开的决定。他在1月5日写道：“我想到自己多么自私，多么可怜，不禁觉得羞愧难当。如果你的决定是无法挽回的，如果你觉得，再次见我是一种没有必要的痛苦之举，不要觉得必须和我见面。但是，我应该早对你说，在我去美国之前，我们应该至少试一次。”次日，他写道：“我给你造成了痛苦，心里自恨不已。最亲爱的，我爱你，没有你，我的生活将会一片空白。我爱你，亲爱的。噢，如果可能，请你原谅我，让我回到你的怀抱。我的整个身心都渴望和你在一起。”

面对这样的压力，奥托琳的态度缓和下来，先是说，她尚未完全下定决心，然后在罗素的更多恳请（“不能与你再次见面，不能收回我说的某些可怕的话语，这让我无法忍受……你回家之后，请尽快让我们自由地待上一天。我会让你觉得，你依然可以给予我神圣的东西。”）之后同意，将关系保持到罗素赴美为止。在这种情况下，罗素甚至开始觉得，奥托琳已经对他的“难处”采取了同情和理解的态度：“我过去常常觉得，你认为我可以克服它们，但是它们在我的本性之

---

[1] 在他撰写的文章《我们对“我们的知识”的认识》（参见罗素，1973—4年，第11—13页）中，肯尼思·布莱克维尔将这个虚构之中的真实成分提取出来。他认为，《我们对外部世界的认识》的第三章是罗素根据已在《感觉材料与物理学之间的关系》提出的观点，修改而成的版本。罗素的信函暗示，那次修改——这相当于将长达5页的内容插入原文之中——是在1914年1月27日进行的。布莱克维尔似乎认为，这种材料重叠的情况让人们觉得，罗素的这一做法在一定程度上是可以理解的：其一，他将1914年元旦撰写的文章与1913年秋天撰写的分为8次的讲座混为一谈；其二，他想象自己不假思索，一次性口述了《我们对外部世界的认识》。不过，我依然觉得奇怪的是，怎么会出现这样的混淆呢？更奇怪的是，任何人只要稍微了解这本著作之后都可能告诉罗素，他就该书写作过程的说法——退一步说——是不合情理的；在这种情况下，他的说法为何竟然流传下来？

中，根深蒂固，与其他因素之间有太多联系。我讨厌它们引起的痛苦，但是，它们看来是无法根除的。”

这时，他开始撰写另外一篇将要在美国宣读的文章，面对的是一般听众，标题是《神秘论与逻辑学》。罗素在撰写过程中得出的结论是：“这篇文章不太好，部分材料选自其他讲座，纯属拼凑之物——不过也只得如此了。”但是，它后来成为罗素最著名的文章之一。诚然，这篇文章重复了《我们对外部世界的认识》前两讲中的许多内容，几乎一字不差，可是在新的语境中，这些内容获得了相当不同的意义。其原因在于，与原来的讲座相比，这篇文章在总基调方面幻灭意味减弱，揭露的意味也没有那么强烈。罗素开门见山地说：“最伟大的哲学家们感觉到，有必要信奉科学和神秘论；他们毕生的追求就是让这两者和谐并存。”例如，在赫拉克利特这个人物身上，“我们看到了神秘论者与科学家的真正结合。我认为，这是思想界中可以实现的最辉煌的巅峰。”

在这种情况下，这篇文章依然强调，智性高于直觉。但是在某种程度上，它代表了向 1912 年提出的那个理想的一种回归，旨在将科学与神秘论“融合为一个整体”。在文章结尾处，罗素提出了常见的呼吁，希望创建“真正的科学哲学”，认为这样的哲学“并不提供那么多在外的圣迹式辉煌来迎合错误的希望”，其目的“不以专制方式，强调人的暂时要求”，而是让人尽可能全面地观察世界。

他完成《神秘论与逻辑学》之后，立刻着手为庞加莱死后出版的一本论文集《科学与方法》撰写一篇序言。他告诉奥托琳，那是“一个微妙的问题，因为该书包含对我的强烈攻击。我觉得，它显得既相当无知，又欠缺公允，但是差一点葬送了我在法国的美誉”。尽管如此，他决定对庞加莱采取不乏尊严的赞赏态度。无论如何，庞加莱也是“一个很有才华的人”，而且知名度非常高：“他当时在科 338
学领域中具有很高的知名度，现在没有谁能与之比肩。”文章难写，尽管篇幅不长，但是需要的时间超过了《感觉材料与物理学之间的关系》。1 月 19 日，罗素终于脱稿，那天是学期中的第一个星期二，“开始忙碌之前的最后一刻”。他取得的结果是，一篇微型杰作，不乏策略和微妙之处。文章向庞加莱的成就表示敬意，提请人们注意他的著作体现的睿智，欣赏他的生动笔触，但是对他排斥数理逻辑的做法表示了异议。最后，它还利用这个机会，以不露声色的谨慎方式，宣传了罗素奉行的原则。罗素在前言结尾处说，庞加莱的研究满足了“日益增加的需要，促使学者们以普通人可以理解的方式，描述现代科学的哲学结果”。

在罗素那段时间撰写所有文章中，存在一种几乎堪称福音传道者式热情，大力倡导“哲学领域中的科学方法”。他认为，这不仅是关于从事哲学研究的最佳途径的一种观念，而且是一种事业，一场殊死战斗，旨在反对形形色色的哲学错误观念（其中最流行、最有害的三种分别是 F. H. 布莱德雷的唯心主义，威廉 · 詹姆斯的实用主义，亨利 · 柏格森的进化论）。在这场战斗中，罗素麾下的战士数量不多，但是训练有素，而且装备了数理逻辑。而且，（他认为）在维特根斯坦身上，他看到了一个具有魅力、能力很强的副指挥官，像他本人一样，对事业非常忠诚。因此，他对取得胜利持坚定不移的信心，利用一切可能的机会，向对手发起进攻。

2 月，罗素就 A. J. 巴尔弗的吉福德讲座《一神论与人文主义》，撰写了一篇评论，以非常明显的方式，展示了这种战斗精神。该书将在次年出版，罗素依靠的信息只有报纸上的相关报道，所写的东西实质上是一种先发制人的攻击。从各个方面看，巴尔弗以典型方式，代表了罗素攻击的那些观点。第一，他在大部分生涯中是有名的保守党政客，1902—5 年担任遭到人们鄙视的保守党政府首相。第二，他撰写了《创造性进化与哲学疑问》，该文于 1911 年在《希伯特杂志》上发表，不遗余力地在知识分子中培养和鼓励对柏格森的热情态度。最后，他的哲学思想——特别是在吉福德讲座中——的一般倾向是反科学的，支持宗教的。那些讲座的要旨是，在已被人们接受的美学和伦理价值这一事实的基础上，证明上帝的存在。巴尔弗提出，如果上帝不存在，那些美学和伦理价值就是无法理解的。沿着这个思路，他还对物理学依赖的基本理念表示质疑。罗素在给奥托琳的信中写道，巴尔弗的说法“全是废话，语言华而不实，用意缺乏诚实，情感忸怩作态。对我来说，他的思想品质非常令人恶心，超过了世上任何人”。他几天之后还补充说：“这是难以置信的胡言乱语。在他所说的每个字眼中，都有让我觉得厌恶的东西。”

在最终发表的版本（该评论刊登在 3 月 4 日出版《剑桥评论》）中，罗素使用的言辞没有那么犀利，但是在这一观点中表达了他的态度：巴尔弗“的目的根
339 本不是要促进思想的发展，而是想要说明，思想令人非常痛苦，劳神费力，最好通过戏剧性的夸张解决方法，一一回避了之。”贯穿整篇评论的是巴尔弗的论点与正确的科学方法之间的差异。文章最后说：“在我看来，巴尔弗先生的根本缺陷在于，尽管他的言论涉及科学，其真正目的旨在否认哲学领域中的科学习惯。”

在吉福德讲座的第二阶段——第一次世界大战爆发，讲座推迟到 1922—3 年——中，巴尔弗返回争论，用了整整一讲，批评罗素的观点。罗素的另外一个主要哲学对手 F. H. 布莱德雷（就个人关系而言，罗素非常尊重他）也很快参与战斗，回应罗素的挑战。1914 年元旦，布莱德雷出版了他的著作《真理与实在论集》，其中收录了他在过去 5 年（主要在《心灵》上）发表的文章。此外，该书还补充了一些新的内容，其中有一章描述了他与罗素的笔战，同时回应罗素已经发表的文章，特别是"多元关系"判断论。罗素 1910 年在《论真理与谬误性质》这篇文章中首次阐述该理论，然后于 1913 年在《哲学问题》中再次进行了讨论。

就布莱德雷的批评而言，最突出的一点是，它们与维特根斯坦 1913 年夏天提出的给罗素带来毁灭性后果的观点相似。从根本上说，布莱德雷的观点强调，罗素分析判断所用的多元关系即便存在（布莱德雷对此持相当怀疑的态度），也不能形成判断。其原因在于，判断具有统一性，但是在罗素假定的系列关系中，缺乏这样的统一性。

也许，罗素发现了布莱德雷与维特根斯坦在观点上的相似之处，以非常谨慎的尊重方式，处理了这个问题。1 月 30 日，他致信布莱德雷，先感谢对方赠予这本著作，然后写道："我完全承认，你提出的问题至关重要，有关'统一性'的看法尤其如此；我承认，如果我能，我有责任回答；如果我不能，我在余生中将会寻找答案。"但是，具有讽刺意味的是，他接着暗示，维特根斯坦可以帮助他摆脱困境。他告诉布莱德雷："主要借助我的一位奥地利学生的研究成果，我现在看来知道了解决统一性问题的答案；但是，这个问题非常棘手，十分重要，我依然处于犹豫不决的状态中。"

值得怀疑的是，在那个阶段中，维特根斯坦是否仍然觉得，自己是罗素的"学生"？如果两人之间存在师生关系，那么，罗素到那时为止是学生，害怕老师提出的批评，一心希望得到维特根斯坦的赞同，几乎到了令人觉得可怜的地步。1 月 18 日，罗素在信中告诉奥托琳："去年 6 月，我本来干得不错，维特根斯坦却再次让我陷入绝望。但是，我这次可以确定，自己做的没错——我知道，维特根斯坦将会喜欢我最近获得的成果。"正如罗素将要发现的，维特根斯坦并不愿意担任罗素的副官角色，不愿参与旨在确立"哲学领域之中的科学方法"的战斗。实际上，在许多年时间里，维特根斯坦根本很难站在支持罗素的阵营中。

圣诞节期间，维特根斯坦在维也纳，发现自己不可能继续逻辑学研究，于是

340 转而考虑个人的事情。他告诉罗素，“有时候，我的内心处于极度紧张的状态，我觉得自己将会发疯；第二天，我又重新无动于衷了”：

> 但是，在我的内心深处，有一种挥之不去的沸腾之物，就像天然热喷泉的底部。我一直希望，它将爆发出来，来个一次性了结，这样我就可以变成另外一个人。

他补充说：“也许你认为，这种关于自我的思考是浪费时间之举，可是如果我不是一个人，我怎么可能成为逻辑学家呢？最最重要的事情是，首先处理自己的问题。”

1月中旬，维特根斯坦回到挪威，过了一段时间之后才能重新开始研究工作。他对自己精神状态的描述证实了罗素在前一年10月表达的担心之意：

> 非常糟糕，但是我这次也无法向你报告关于逻辑学研究的新消息。其原因在于，在过去几周中，我的状态非常糟糕。(这是在维也纳“度假”之后的结果。)我每天备受煎熬，先是恐惧，接着是抑郁，甚至在我精疲力竭、无法思考任何关于研究的事情时也难以幸免。它非常可怕，难以描述，竟然可能出现那样的精神折磨！直到两天之前，我才能听到压倒诅咒嗥叫的理性之声，重新开始工作。**也许**，我的情况会有所好转，弄出某种不错的东西。但是，我原来**根本**不知道，距离精神失常仅有一步之遥究竟意味着什么。希望不会出现过于糟糕的情况！

在写给维特根斯坦的信件（与罗素那段时间写给他的其他信件的情况类似，这封信件也没有保留下来）中，罗素肯定提到了自己在罗马与莉泽·冯·哈廷贝格见面的情形，至少向维特根斯坦说了，他终于阅读了默里克的作品，并且很喜欢它。就后一点而言，维特根斯坦持一定的怀疑态度。不管怎么说，罗素并不喜欢歌德的作品，“而默里克作品具有的美感与歌德的类似”。但是，维特根斯坦建议说：“如果你真的喜欢默里克，那么，去读一下歌德的《依菲琴尼亚》。届时，你也许可以得到启迪。”

在这封信件的结尾，维特根斯坦提到了罗素即将开始的美国之行，这也许表明，他并不支持罗素旨在创立科学哲学的努力：

预祝你的美国讲座取得圆满成功！不管怎么说，这可能给你一个比通常情况下更有利的机会，向他们阐述你的思想，而不是仅仅是罗列经过浓缩的结果。对你的听众来说，这应该是可能想象的最好做法——让他们了解思想的价值，而不是经过浓缩的结果。阅读默里克的作品之后，尽快给我来信，告诉你的看法。

你永远的

L. W.

接着，两人之间开始出现争执，其结果差一点导致维特根斯坦与罗素断绝联 341
系。尽管罗素看来保存了维特根斯坦的所有来信，那封信件却不翼而飞，所以我们无法了解两人之间的分歧的性质。在这种情况下，那次争执的具体原因究竟是什么？这成了历史之谜。在幸存下来的一系列信件中，下面这一封提及争吵时使用了过去时态，对其原因仅仅提供了模糊线索。无论其原因是什么，它都足以让维特根斯坦觉得，“我们其实并不适合对方”，这样的想法在维特根斯坦的脑子里显然已经存在了一段时间：

我们两人讨论某些问题时，对话常常令人不快。其实，那种不快感不是因为哪一方脾气坏，而是我们在本性方面存在巨大差异……我俩最近这次争吵的原因也肯定不是因为你一时过于敏感，不是我考虑欠缺周全。它基于更深层次的原因，基于这一事实：我的信件肯定让你看到，我俩在观点方面差异很大，例如，对科学研究的价值就是一例。当然，我就此给你写这么长的信件，这一做法实在非常愚蠢。我本来应该知道，这类非常重要的问题无法通过信件来解决。这仅仅是许多问题中的一个例子。

维特根斯坦确信：“我们两人之间已经没有真正的友谊了。”——两人的最近一次争吵仅仅证实了这一点。他说，他终生对罗素心存感激，但是他不会给罗素写信了，也不希望看到罗素给他写信。“我希望与你和平分手，这样我们就不会再次让对方恼怒，然后可能在敌视中分开……再见吧！”

罗素收到这封信件之后告诉奥托琳："这是我的过错，我信中的言辞过于辛辣。"

从以上这些蛛丝马迹中，我们可以冒昧地猜测两人之间出现的问题：在回答维特根斯坦就他的美国之行提出的意见时，在回答维特根斯坦所说的思想比浓缩的结果价值更大的看法时，罗素——也许想象自己与维特根斯坦的看法一致——表示：其一，就他自己而言，那些讲座的价值主要在于，它们将说明哲学领域中的科学方法；其二，他甚至没有尝试去提出"经过浓缩的结果"。后来，在那封没有保存下来的信件——根据维特根斯坦的说法，罗素在信中详尽地谈到，"我俩的观点差异很大，例如，对科学研究的价值就是一例"——中，罗素惊讶地发现（这是我的猜测），在旨在确立科学哲学的斗争中，维特根斯坦根本不是与他
342 关系最密切的得力盟友，而且其实并不相信这样的东西！[1]（我认为，对这一点的失望之感足以让罗素毁掉这封信件。）而且，在这封下落不明的信件中，维特根斯坦也可能谈到其他个人问题，试图给罗素解释两人在人生观方面的差异，甚至贸然以残酷的坦率态度，进行了具有破坏力的性格分析，让罗素后来感到害怕。不管怎么说（请允许我继续进行猜测），这封信件的内容让罗素感到震惊，所以他最后毁掉了它，然后以"过于辛辣"的方式，回复了维特根斯坦的来信。也许，罗素采用了与奥托琳争吵时常用的语言，语调冷漠，带着讽刺，不乏苛评。在这种情况下，罗素不久之后对自己的"辛辣言辞"表示后悔，又写了一封表示和解的信件（维特根斯坦在以上引用的信件开头说，"谢谢你表示友好的来信"），希望修复遭到破坏的关系。

如果我的猜测正确——即便细节有出入，现有证据肯定显示了这种可能性——那么，罗素表示和解的尝试来得太晚了，维特根斯坦已经下定决心，终止了与罗素的友谊。即便在那个阶段中，罗素依然低估了维特根斯坦的感情具有的力量。"我敢说，过不了多久，他的情绪将会出现改变。"他告诉奥托琳，然后又以不令人信服的镇定口吻说，"我发现，我对他并不在乎，仅仅对逻辑学感兴趣"。不过他补充了一句，希望把自己的责任推得干干净净："我觉得，我在这个问题上实在太认真了。"他给维特根斯坦写信的方式化解了他原来所说的不再联系的决心。维特根斯坦在回信中写道："你的来信十分亲切友好，我无权置之不

[1] 维特根斯坦后来对此有过明确表态，但是我们可以说，他在《逻辑学笔记》中表达过的观点暗示，他排斥科学哲学这个提法："'哲学'一词应该总是表示超越或者低于自然科学的某种意思，而不是表达与科学并列的东西。"

理。”但是，他在这个主要问题上的态度依然坚定不移：两人不存在真正的友谊。他写道，两人之间的分歧“根深蒂固”：

> 你说，**我们两人**之间的分歧并不**太大**，这可能是有道理的；但是，**我们的理想**却远远不是如此。正是由于这个原因，我们无法——并且将来也永远无法——在不显得伪善的情况下，在不吵架的情况下，讨论任何涉及价值判断的问题。我认为，**这一点是无可争议的**；我很久之前就注意到了。它玷污了我们之间的关系，让我感到害怕。

维特根斯坦认为，人际关系“应该限制在当事双方都内心坦然的层面上，这就是说，双方可以完全开诚布公，不会伤害对方。我们两人只有在将关系限制在表达可以客观确定的事实的方面，才能做到这一点。也许，还可提及相互之间的友好感觉”。因此，他提出了一个建议：

> 让我们的通信限于我们的研究工作，限于我们的健康状况，限于诸如此类的问题。但是，让我们在交流中避免涉及任何价值判断，无论任何问题都不要触及。让我们清楚地认识到，在这样的判断中，我们双方都不可能在不伤害对方（不管怎么说，就我自己而言，情况肯定如此）的情况下完全实话实说。

罗素可以在信中谈及他的研究的技术——“客观”——问题，但是不能涉及
其价值（或者其他任何事情的价值）。其原因在于，假如罗素不是如此，维特根 343
斯坦会觉得，他自己不可能在不伤害罗素的情况下，如实表达自己的观点。就维特根斯坦而言，尽管他继续在某种程度上让罗素了解自己的工作，但是从此再也没有尝试与罗素谈及音乐、文学和伦理，再也没有尝试描述或者解释存在于内心深处的个人态度、感情和心理状态。在具有意义的问题上，他们两人毕竟没有站在相同的一方。

一方面，维特根斯坦对罗素持避而远之的态度，另一方面，他开始向摩尔示好，态度越来越坚决。1914 年 1 月底，他致信摩尔，询问复活节假期什么时候开始；2 月 18 日，他再次致信说：“学期结束之后，你应该火速到这里来。”1 年之

前，他曾希望向罗素解释和口述他的研究成果；与之类似，他这时——至少已经取得了某些进展——希望向摩尔进行解释和口述。摩尔经过某种可以理解的犹豫阶段之后，同意了维特根斯坦的计划。他与罗素见面，浏览了维特根斯坦的《逻辑学笔记》，然后启程前往挪威，记录下维特根斯坦的最新观点，其结果是《向G. E.摩尔口述的笔记》——第二份以书面形式幸存下来的维特根斯坦的研究成果。维特根斯坦认为，这是在以前研究的基础上实现的一个实质性进步，写信让罗素尽快研究一下。但是，由于某种原因——可能是摩尔不愿解释，可能是罗素不愿听，也可能是他们不愿一起做这件事情——制约，罗素直到 1915 年 4 月才见到那些笔记。那时，罗素脑袋里考虑的几乎全是战争的事情，完全没有心思理解维特根斯坦提出的日益陌生的方法，没有心思关注逻辑、语言和哲学方面的问题。

正如罗素慢慢理解（也许，他根本没有理解）的，从最初开始，他与维特根斯坦之间的关系就受到他的这一做法之害：坚持让维特根斯坦充当并不适合的角色。反过来说，这一点源于罗素的这个决定：他希望将维特根斯坦和奥托琳视为分别象征自己本性中的两极——维特根斯坦代表逻辑学家和科学家的一面；奥托琳代表神秘论者的一面。从这一点看，维特根斯坦始终保持无法理解的状态，难怪维特根斯坦觉得，他遭到了罗素的误解。

在罗素与奥托琳的关系中，某种类似的东西也起到了作用；它在一场又一场危机中出现，奥托琳也觉得，她遭到罗素的误解。不过与维特根斯坦不同的是，她的天性决定，她在力所能及情况下，尽可能长久地维持关系，指望境况可以得到改善。她的生活中反复出现的情况（例如，她分别与罗杰·弗莱、亨利·兰姆和利顿·斯特雷奇三人的关系）说明，她性格中根深蒂固的特征是，不愿与她的任何朋友和情人分道扬镳。她与罗素分开了几次，结果均以缓和关系的方式收场；罗素几次看来都表示与她决裂，她最后都成功地让他回到她的身边。

看到他在艾格勒的所作所为之后，她曾决定和他彻底分开；她 1 月底返回伦敦时，这样的打算已经灰飞烟灭。但是，他们几周之后再次面对危机，两人都再次谈及分手的事情。她回来一周之后，在罗素再三要求下，她见了一位妇科医生，希望确定她是否仍然可以生儿育女。在她等待医生的定论期间，罗素给
344 她写信，言辞自私，态度麻木，几乎到了令人震惊的地步。他告诉她，“我手头有难度很大的工作要做，必须在思想和情感上保持平静状态，没有耐心等待医

生的结论”：

我相信并且期望，如果医生的诊断对你不利，我依然可以给予你情感，并且（我希望）给予比以前更多——但是，看来我无法付出激情。这不是我的意志可以控制的问题——的情感。假如我可以控制……我也感到相当疲倦，非常希望将来可以尽量避开所有深度感情。我非常非常抱歉，可是真的无能为力……我渴望让你不受痛苦的折磨，但是我无法做到。

一周之后，奥托琳听到医生的决定，知道自己没有机会再生孩子。罗素给她写了一封信，表示要终止关系，语气冷酷，一副公事公办的模样。这是一个常见的信号，说明他处于挣扎之中，防止自己完全被情感左右：

我已经想到，我们应该再次见面，但是从你的来信看，对我们双方来说，这都是毫无用处的痛苦之举。医生的诊断如此，其他一切想法变得毫无用处，我真的深感遗憾。我应该希望，过了一段时间之后，我们两人或许以朋友身份相见，至少可以保留某种关系。你能否告诉我，你是否愿意认为——或者说是否觉得——我们不见为好？我本来现在希望见你——我的整个冲动是，匍匐在你的脚下，恳请你的谅解。但是，我觉得，我们互相都不可能从内心深处原谅对方，在本能和理性上都是如此——至少说现在不能。对我来说，人生看来完全是一片空白。

他似乎说，奥托琳不仅不能生育，而且这样的状态是不可原谅的。同一天晚些时候，他写了一封较长的信件，试图解释他的心理状态，解释他觉得不得不与奥托琳分手的理由。他告诉她，“对孩子的渴望在我的心里不断增强，不能和你生孩子令人非常痛苦，无法忍受。你从一开始就不理解本能方面的事情，我当时就感到十分痛苦……你有爱心，但是缺乏理解，所以在不经意的情况下反复伤害我”：

我必须与你分开；否则，我将会崩溃——我绝不能让那样的情况出现。迄今为止，我都希望，你会慢慢理解这一点，不会带来更多伤害，但是我现在失去了这个希望……我与你分手，以便保存我需要的生命动力和能量。

“你不知道，我做了多大努力，控制地狱般感觉，”他写道，“这样说让我显得直白，呆板，冷漠。但是，其原因仅仅在于，我心底的地狱在沸腾，随时可能爆发出来……再见吧，再见吧。”

在那段时间的日志中，奥托琳记录了她对爱过的人——除了罗素之外，还有弗莱、兰姆和斯特雷奇——的失望之情，她感到“一种可怕的孤独，没有任何东西可以排解”：

345 我似乎试过每个人，发现他们都不尽如人意；然而我知道，这是我自己的过错。我似乎命中注定，将会形只影单地走过人生旅程，与其他人若即若离，不能进入他们的生活，根本不能唤起他们的同情或爱意，不能让他们产生给予我爱情的愿望……所以，我注定带着人生的悲剧感，永远地漂浮下去。然而，我的命运肯定是这样的。

那些人自私，看来不能给予她同情和爱意；她是否真的觉得，这是她的过错呢？看来她真的有这种想法。不管怎么说，她没有像人期望的那样，怒发冲冠，回击罗素在信中表现出的麻木不仁态度。恰恰相反，她故伎重演，再次使用了屡试不爽的“最后一次见面”策略：首先，她写信要求他最后见一次面，声称两人至少不应在充满仇恨的状态下分道扬镳；然后，两人见面时，她恳请他不要离开自己。其结果是，罗素 2 月 17 日写信说，他已经改弦易辙，真的一切全变了，这个世界全然不同了：“我也没有料到，会出现如此快速、巨大的变化。你昨天上午突然爆发，希望我不要完全放弃你，起到了如此巨大的作用。你让我意识到，这对你非常重要。”

但是，与奥托琳相见之后，罗素深感羞愧，于是试图解释他冷淡对待她的感情的原因：

你觉得，我十分自私——但是，当理性思考时，我很容易变得无私。只有在与你相关的问题上，我才常常觉得，理性站在自私的一面……我的感觉是，我必须保护自己；否则，我将面临灭顶之灾……被迫为生命而战的感觉让我变得不通情理。

罗素深信自己的理性思考，这一点看来是没有限度的。他这时逐渐认识到：无论他和奥托琳面临什么危机，“我们总是可以和好如初”；在这种情况下，“我必须将三件事情置之脑后——生儿育女、朝夕相处、文学写作”。是否可能将它们置之脑后呢？在理性的支撑下，罗素似乎这样认为：“假如我在理性上确信自己应该这样做，我能够下定决心，不去考虑它们。”

罗素想象，他可以理性对待渴望生儿育女、朝夕相处的生活。这是一种超常的——没有理由的——乐观的理性态度，不过我们至少可以看到，为什么他认为这是必要的。那么，文学写作为什么出现其中呢？他为什么觉得，如果他与奥托琳相处下去，这一需要肯定无法得到满足呢？我认为，答案在于他的这个信念：在一定程度上，创作优秀的文学作品需要将“野兽”释放出来；如果想与奥托琳保持关系，就需要让它们处于完全控制的状态。

他是否应该继续从事文学写作呢？他在1914年中常常思考这个问题，（正如他向露西·唐纳利所说）康拉德的来信让它重获生机。康拉德“赞扬《自由人的信仰》，热情洋溢，不吝其词”。在因为生育问题与奥托琳的关系面临危机之际，346
罗素致信康拉德，建议再次见面，并且告诉了他关于《浮士泰斯》的情况。康拉德推迟了罗素期望的会见，理由是工作压力太大（他即将结束《胜利》的创作活动），但是罗素在想象性写作方面的尝试让他感到满意，产生了兴趣。他告诉罗素，“你所说的并不让我感到惊讶。每个智性超群者都有遐想飞扬的时刻。你肯定不时出现这样的心绪”：

> 我很感兴趣。在你前往美国之前，是否可以将你创作的片段寄给我看一看？我会将回信寄到美国去。阅读可能用不了一个小时时间，但是，由此得到的印象——无论是精神方面的，还是情感方面的——也许可能延续数日吧？你的大作肯定充满真诚，富于睿智之见，我眼下心绪不佳，其薄如纸，非常脆弱，难以承受任何这样的东西，所以我得小心保护。

罗素备受鼓励，将《浮士泰斯》的打字稿寄给康拉德——稿件1912年遭到放弃之后，一直被搁置在抽屉里。但是，康拉德也许发现，很难以得体方式，在信中表达自己的看法，所以未给身在美国的罗素写信。罗素不得不等到1914年7月才看到康拉德的裁定。

在那段时间中，罗素——总是渴望得到赞扬和鼓励——收到了怀特海的来信说，罗素的头脑并未退化，实际上比两三年前更加犀利，“其实已经上升到更高的层面”。罗素向奥托琳报告说，“怀特海说，我过去常常对维护比较狭窄、有限的观点很感兴趣，但是我现在已经有了更加宽阔的视野。如果目前的研究工作能够如期继续下去，它将让我跻身为数不多的伟大哲学家之列”：

> 这一评价令人愉快，我觉得它是有道理的，其实这一点主要归功于你。其他因素——例如，与艾丽丝分手，从维特根斯坦那里获得灵感——也起到了作用，然而你起到了主要作用。我经常说，你干扰了我的研究工作，我也请你牢记我所说的那些正面的东西……我觉得，我拥有思想自由，没有受到偏见的影响，而且还具有一种充满想象的力量——这些东西是我认识你以后才获得的。

罗素说了以上这番话，随即又在另外一封信件中重申，“无论发生什么事情，我俩都不会分开”。然后，他整理行装，启程前往美国。

1914年3月7日，他乘坐的莫利坦尼亚号轮船起航，5天之后停靠纽约港。从他抵达美国开始，罗素便被奉为伟大的哲学家，应验了维特根斯坦当年的预言。《纽约时报》刊登了一篇文章，将他描述为“最重要的哲学讲师之一”。他到达波士顿时发现，哈佛大学的每个人——上至校长劳伦斯·A.洛威尔，下至所有的研究生和本科生——都希望见到他，与他一起用餐，邀请他去他们自己的俱乐部，
347 聆听他开设的讲座。他被当作国际名人，这样的款待他以前从来没有享受过。

哈佛大学哲学系当时处于衰落状态，不久之前失去三位最著名的教师：威廉·詹姆斯1910年去世；乔治·桑塔亚那1912年去了欧洲；乔赛亚·鲁一士中风之后退休。校方显然希望，罗素能在那里长期任教。但是，无论他被给予多么巨大的荣誉，无论他听到多少恭维之辞，都不存在这样的可能性。他告诉奥托琳，“我无法忍受在这里长期待下去的想法。”

抵美伊始，罗素便对整个美国——具体来说对波士顿——持鄙视态度，对他给予巨大荣誉的那些自负的波士顿人尤其如此。实际上，那些人的社会地位越

高，他的鄙视态度越厉害。例如，他觉得哈佛大学校长洛威尔令他难以忍受，无聊之极，思想老派，做事麻利，是一个不错的商人。那位校长认为，学者不懂经商之道，所以从心底对学者持鄙视态度。罗素与波士顿上流社会的六名成员一起，在出席了一场宴会之后以不屑一顾的口吻描述说，“那种人对自己的古老血统深感骄傲，觉得它们可以回溯到 1776 年”。罗素觉得，他的家族史可以追溯到 14 世纪（肯定存在这样的成分），所以发出这种自鸣得意的嘲笑之言，此外，它也是一种抗议之举，针对的是他眼中那些人“落伍的衰弱心态”。他告诉玛格丽特·卢埃林·戴维斯，波士顿人“对自身拥有的美德和悠久传统感到自豪，但是，这两者都没有给我留下什么印象……我常常想问他们，让他们念念不忘的辉煌传统究竟是什么构成的？他们反对威尔逊，反对工党，身家不菲，贪吃无度，自私自利，是一群孱弱的肥猪”。

他发现，美国人总体上过于保守，过于缺乏特色（他评论奥托琳所说的“美国人往往慢慢腾腾地说出陈词滥调”时如是说）。美国社会过于机械，过于注重物质和生活的世俗因素，让他感到惊讶。他抱怨说：“这里找不到沉思的人，找不到心境超脱的人，找不到有时间聆听另外一个世界发出的低语的人。”他自己的反思尝试常常受到频频响起的电话声的干扰——他生平第一次接触现代生活中出现的这种新玩意儿，觉得非常讨厌。他告诉奥托琳，电话“很快将会把我逼疯”。甚至在那帮教授中，也没有什么沉思的氛围，只有“毁灭灵魂的氛围”，它只鼓励人“很快得到结果，讲求效率，取得成功——他们不会远离人群，花时间去独立思考，得到任何有价值的东西”。其结果是，他觉得那些教授“非常敏锐，极像商人，做事异常守时，超过了英国人对优秀人士的期望”。那样的气氛让罗素不禁思绪万千，在写给奥托琳一封信件中说：“这里的人们在精神上处于饥饿状态，将会慢慢死去，仅仅通过履行职责来弥补精神空虚——这其实全是愚行，全是自欺之举。”

最初，他被安排在殖民地俱乐部住宿，觉得那里“简陋，破烂，庸俗”，是“常见的带有美国特征的场所——环境肮脏，饭菜糟糕，窗户从不打开，地板上精心摆放着痰盂。男人们并不思考，面无表情，手脚麻利，不停进出，说话带着非常难听的美国腔”。那里的仆人是黑人，这对他来说是另外一种新体验。他告诉奥托琳：“我发现，这些黑人友好，令人愉快。他们对白人毕恭毕敬，就像狗 348
儿一般——表现出同样的信任感和心甘情愿的自卑感。我在生理上对他们并无反感。”最后这一句话风马牛不相及，让人觉得奇怪，也许意味着他所说的并不是真实想法。远离故土的状态看来增强了罗素对种族差异的敏感度。罗素与心理学家雨果·孟斯特伯格见面之后说，孟斯特伯格“言谈举止中显露出犹太人的庸俗，那样的人我不可能喜欢”。

大约一周之后，罗素住进了H.A.霍兰德居住的公寓。霍兰德是三一学院的一位法学指导教师，那年也在哈佛大学任访问学者，待人亲切，热情，表现出给人安慰的英国人的特征，让罗素心怀感激。在霍兰德的公寓里，罗素有专供自己使用的客厅和卧室。他写道，这比在殖民俱乐部的情况好了许多。“我们两人一起，在此享用自己准备的早餐和午餐（只有一个女人每天在这里工作1个小时），所以我们只得到俱乐部去，在摆着痰盂的餐厅里吃晚餐。”

在罗素看来，哈佛大学的生活只有一个可取之处——学生的质量。他认为，他们——至少在技术性更强的哲学领域中——超过了剑桥大学的学生。他非常认真地对待教学工作，从不浪费时间。他的课表包括两门本科生课程，一门逻辑学，一门认识论，还有一门研究生课程。他每周二、四、六上午9点至11点讲课，一共6个学时。但是，除了上课之外，他每周举行一次非正式的茶会，与学习成绩较好的学生见面，定时进行辅导。在开头4周中，除了这些工作之外，他每周还开设两次洛威尔讲座，题目是《我们对外部世界的认识》，时间为星期一和星期四晚上。

在哈佛大学过了一周之后，他告诉露西·唐纳利，“我喜欢这里的教学工作”，但是“对洛威尔讲座不感兴趣，仅仅是为了报酬，有徒劳无益之感”。罗素被视为名人，引起了广泛的好奇心，第一场的听众多达500人。但是他告诉奥托琳，他的表现差强人意。“我异常腼腆，觉得他们不喜欢我讲的内容，出席讲座是愚蠢之举。所以，我的声音不够大，一半的人都听不到。”他确信，第二场的人要少许多，结果真是如此；到了第三场时，人数降到一半。毫无疑问的是，在随后的几讲中，他对无穷性和连续性进行数学分析，人数继续减少。就严肃的哲学研究而言，举行公开讲座是困难的——如果说不是不可能的——任务，听众很少有时间提问，几乎没有讨论的余地，许多人出席的目的是为了娱乐消遣，而不是期望受到启迪。肯定正是因为这一点，罗素觉得洛威尔讲座徒劳无益。他告诉奥托琳，讲座组织者“小题大做，做事古板，非常在意讲座开始和结束的时间，对讲座是否具有质量不感兴趣”。

更符合他的口味的是他给学生举行的讲座和专题讨论会。它们给他提供了机会，宣传他的“科学哲学”福音，鼓励具有天赋的聪明学生研读数理逻辑。给他 349
留下深刻印象的第一名学生名叫维克托·伦曾。伦曾专程从自加州大学赶到哈佛大学，希望听罗素的课程（他从导师逻辑学家 C. I. 刘易斯那里了解到，这是“千载难逢的机会”）。伦曾选择了罗素的逻辑学课程，记得罗素在学生眼里“几乎是一个超人。我无法充分描述他激发的那种尊敬、敬慕甚至敬畏之情”。根据伦曾的回忆，罗素在第一堂课上说：“事实什么都不是。我这样说是在讲废话。但是，我希望你们将它视为一个深刻真理。”我们从中可以看到某种迹象，了解维特根斯坦对罗素在哈佛大学所讲的逻辑学内容产生了多大影响。学生们饶有兴趣，期待听到维特根斯坦在《逻辑哲学论》中提出的悖论。

伦曾拥有坚实的数学和科学基础，后来成为伯克利大学的物理学教授，他正是罗素希望吸引到哲学领域的那种学生。顺理成章的是，罗素不辞辛苦，进一步了解伦曾，鼓励他的兴趣，利用数学技巧来解决哲学问题。在第一周教学结束时，罗素邀请伦曾到殖民俱乐部吃饭，讨论他在研究生阶段就成因的哲学问题进行的研究。罗素后来告诉奥托琳，伦曾“很有能力，非常不错，我很喜欢他。从教学的角度看，我来这里显然是值得的”。后来，他带着毫不掩饰的愉悦，提到他（大概从露西·唐纳利那里）听说的谣传：伦曾“给布林莫尔学院的一名年轻姑娘写了篇幅很长的信件，谈到我的情况，（我听说）表达了热烈的仰慕之情”。

第二周，他上午待在办公室，以便与任何希望前来和自己讨论哲学的学生见面。伦曾当然非常兴奋，抓住这个机会，经常到罗素的办公室来。那个周末是 3 月 27 日，罗素在信中写道，两个样子有趣的学生前来见他：“一个名叫艾略特，衣着讲究，语言得体，举手投足之间显示出伊顿公学优秀学生的品质；另一个是不修边幅的希腊人，名字与外貌相符，叫德摩斯，在餐馆当招待员挣学费。两人显然是朋友，一点也不在乎他们在社会地位方面的差异。”

那时，T. S. 艾略特已经创作了某些脍炙人口的诗歌（《J. 艾尔弗雷德·普鲁弗洛克的情歌》《贵妇人画像》《风夜狂想曲》），它们将被收录在 1917 年出版的《普鲁弗洛克及其他评述》之中。但是，T. S. 艾略特在专业诗歌界中几乎名不见经传，似乎命中注定将会从事学术性哲学工作。他 1910 年毕业于哈佛大学，获得了英国文学硕士学位，然后在欧洲逗留 1 年，其间大多数时候在巴黎，1911 年秋天返回美国，成为哈佛大学的哲学研究生。罗素见到他时，他已经完成了两年的研究生课程，被视为哲学系中最有前途的学生之一。尽管艾略特的哲学兴趣和研究方向与罗素的并不一致，他与许多最优秀的研究生一样，听了罗素开设的逻辑学
350 课程。在巴黎，艾略特听了亨利·柏格森的讲座，曾经一度是柏格森的“流动形而上学”的拥趸，通过阅读《表象与实在》，于1913年接受了F. H. 布莱德雷的绝对唯心主义。他1913年开始撰写博士论文，历时3年完成（1964年出版），对布莱德雷的思想进行了研究，针对许多人——其中包括罗素和摩尔——提出了抨击，试图为其形而上学进行辩护。

1914年，艾略特见到罗素，看来觉得，既不方便提及他创作诗歌这一事实，也不方便谈到他的博士论文选题。1年以后，艾略特侨居伦敦，两人在思想和个人关系方面变得密切的可能性得以实现。在哈佛大学，艾略特给罗素留下的印象是，非常文明，在修养上颇有欧洲人的风格，而且“非常不爱说话”。有一次，他打破沉默，说了一句精妙的评论，令人难忘。艾略特听到罗素赞扬赫拉克利特，一句话脱口而出：“没错，他总是让我想起维庸。”罗素后来写道，这句评论“非常贴切，我一直希望他再来一句。”对罗素来说，屈服于灵魂的“内心之火”既有价值，亦有危险，弗朗索瓦·维庸是这样做的代表人物；任何提及弗朗索瓦·维庸的人都会引起他的注意。在罗素的想象力中，赫拉克利特也于1914年（而不是后来）占据了特殊地位。在《神秘论与逻辑学》中，罗素给予赫拉克利特可能得到的“最高地位”，认为他是“神秘论者与科学家两者的真正结合”的典范。根据罗素写给露西·唐纳利的一封信件的说法，赫拉克利特也是历史上让罗素觉得最有“亲密”感的哲学家。在这种情况下，艾略特提出，维庸与赫拉克利特之间存在相似性；这个观点即便看来完全没有得到例证或者论点的支撑，也会立刻引起罗素的注意。罗素也许觉得，在艾略特的文明的外壳下面，肯定存在某种火焰。

除了上面提及的例子之外，在那次哈佛之行中，罗素对艾略特的朋友拉尔夫·德摩斯的兴趣更大一些。德摩斯喜爱哲学，对它充满激情，已经到了全身心投入的地步。德摩斯在土耳其的士麦那长大，渴望获得知识，移民到美国的目的就是为了提高自己的教育程度。他一文不名，通过担任学生宿舍管理员获得报酬，完成了哈佛大学的学业（后来让自己得到回报，成为该校的哲学教授）。他看来并不在乎自己生活中的艰辛和贫困，不在乎自己——与艾略特这样比较幸运的学生相比——需要付出的额外努力，他将工作之外的时间全部投入

学业。罗素发现，难以让他谈及其他任何事情。主要鉴于他表现出来的这种敬业精神，罗素逐渐喜欢并且赞赏德摩斯，超过了那次美国之行中遇到的其他任何人。一天，罗素疲惫之极，加之周围人让他进入所谓的“发脾气”状态，于是和德摩斯一起外出散步。他发现，德摩斯“对哲学研究充满勇气，不乏激情，真的让我有眼前一亮之感。能够看到勇气和激情，这是生活给予的最令人欣慰的东西”。

在最初四周中，罗素在哈佛大学或多或少有陷于困境、孤立无援的感觉。一个星期六下午，他到了康涅狄格州的格林尼治，进行短暂的访问，走进一所私立学校，“给附近的一帮居民作了一次题为《神秘论与逻辑学》的讲座”。在 351
头一个月的其余时间中，他待在波士顿。但是，洛威尔讲座结束之后，他的空余时间多了一些，完成最后一讲之后，立刻动身到纽约去观光，住在弗莱克斯纳家中。走出波士顿给他带来很大的宽慰，于是写信告诉奥托琳，“与波士顿相比，纽约并不那么令人反感，它满怀活力，拥有生活的自豪感，是一种新的表达形式——在许多方面，它类似于文艺复兴时期的欧洲。”那次旅程的高潮是参观当时纽约最高的摩天大楼伍尔沃斯大厦。罗素在信中说，“它作为建筑真的非常漂亮，气势恢宏，堪与一座巨型的哥特式塔尖媲美”。在沉闷的带着伪欧洲氛围的波士顿待了1个月时间之后，见到真正的美国建筑令人振奋，让他深受启迪：

> 在那里，我终于看见了没有模仿痕迹、没有虚伪之感的美国人，他们坦然地追求财富，其诚实性堪比毫不掩饰的玛门神庙。大厦的高度是圣保罗大教堂的两倍，站在上面俯瞰，四周的景色真的非常壮观。整个城市、大海、岛屿和内陆乡村尽收眼底，周围的山麓一片碧蓝，与意大利不相上下。到了美国之后，这是我第一次有了十分愉悦的感觉。

他在同一封信件中写道，美国人“具有非常固定的模式。如果根本不涉及文化，他们显得非常不错，保留着那种人的粗野性。在这种情况下，他们一般非常粗野，就像豪猪一般”。

在哈佛大学担任讲师之余，罗素几乎利用可以得到的任何机会，离开（哈佛所在的位于波士顿郊区的）坎布里奇，不辞辛劳，访问东海岸的各所高校。这样的访问被他塞进教学日程安排的空档之中。4 月 14 日，他到了韦尔斯利女子学院，宣读《神秘论与逻辑学》，但是听众的反应与哈佛的不相上下。他在信中写道，那里的校园很漂亮，“但是精神氛围颇有伪善之嫌”。接下了的一周，他做出安排，分别在三所大学宣读《感觉材料与物理学之间的关系》，它们离波士顿有较远的路程。星期一，他先到巴尔的摩，在约翰霍普金斯大学，星期三到普林斯顿，星期六下午到马萨诸塞州的史密斯学院。“我星期天晚上回到波士顿，”他在信中告诉露西·唐纳利，“已经精疲力竭了。”

那一周以访问布林莫尔学院开始。罗素与露西·唐纳利待了一段时间，和她的一些学生交谈。（布林莫尔学院的院长是难以对付的凯里·托马斯——艾丽丝的一位堂兄，强烈反对罗素以及他所代表的一切，根本不可能向罗素发出正式邀请。）他在布林莫尔学院给奥托琳写信说，他喜欢“逃离新英格兰……美国最令人厌恶的地方”。他还描述了前一个星期五在波士顿出席一次宴请的情况，这个例子显示，他对那个地方和那里的人几乎在生理上产生一
352 种强烈反感。东道主是雨果·孟斯特伯格伉俪，两人“非常可怕，他们邀请的所有客人全都非常可怕”：

> 用餐的人丑陋不堪，几乎让我难以咽下食物，一个个脑满肠肥，愚蠢，自满，没有任何可以起到补救作用的特征……我一想到马萨诸塞州的坎布里奇，便觉得心里涌起一阵恐惧，对那里的每个角落都深感厌恶。它冲着我尖叫，我觉得自己一直生活在火车头的轰鸣声中。

他访问的其他地方也没有逃过他的鄙视或者针砭，例如，普林斯顿“处处可见新哥特式建筑——那地方像牛津一样，给人滑稽可笑的感觉”。史密斯学院的东道主杰拉尔德·斯坦利·李和夫人是“可怕的无趣之人——‘时髦’的无趣之人，装模作样地表达自己的想法”。李写了一本愚蠢的书，名叫《受到鼓舞的百万富翁》，所以遭到罗素进一步挖苦。在那个繁忙的一周结束之际，罗素给露西·唐纳利写信说，他已经不再期望再次与她或者海伦·弗莱克斯纳见面了。“我觉得，美国没有什么让我觉得开心的东西了，只能咬紧牙关，数着指头，盼望归国之日。这里的所见所闻——包括人的精神——丑陋不堪，令人难以忍受，我觉得很不适应。”他在美国想念的是维特根斯坦完美示范的“艺术意识”。美国人所做的

事情“看来是为了取悦人，而不是取悦上帝”：[1]

> 这里欠缺的是，对美好生活的非社会方面——朦胧理想——的追求，不用考虑它们是否有用，是否受到他人赞赏。这就是让我在此感到孤独的原因。这种追求在欧洲也很少看到，但是在这里几乎踪影难觅。圣经上有两条戒律，一是爱上帝，二是爱邻居。我觉得，这里的人已经忘记了爱上帝。

几天之后，他再次启程，访问的目的地是耶鲁大学，一个“小地方”。他嘲笑说，那里的人上午 8 点 15 分必须到教堂去。东道主是“一位名叫贝克韦尔的哲学教授，一个令人厌倦的傻瓜。他根本不理解我说的事情，但是坚持认为，如果我理解自己的想法，我肯定会赞同他的观点”。不过，他后来与德摩斯一起散步，脾气有所缓解。那段时间，他谈到德摩斯便眉飞色舞，就像以前谈到维特根斯坦一样。“我……非常喜欢他。他对哲学抱有真正的激情……在我看来，他已经在哲学上很有造诣，超过我的其他学生……我希望，他将来可以到剑桥大学来。”

在波士顿时期的信件中，一个反复出现的主题是，文化和学问本身并不足以
产生任何具有价值的东西——它们需要与热情、激情和明确的目的结合起来。罗 353
素反复抨击他见到了那些缺乏活力的人。他在达到之后不久便宣布，“我发现，这里有修养的人非常孱弱”；他在整个访问过程中始终坚持这个观点。关于这个带有普遍意义的特点，本杰明·阿普索普·富勒是最典型的例子之一。富勒是哈佛大学的哲学史教授，乔治·桑塔亚那的朋友，《普罗提诺论恶》的作者。罗素在哈佛大学的访问临近结束时，他邀请罗素到他的乡村别墅度周末——夫妇两人与他的母亲住在那里。罗素在信中告诉奥托琳：“这个地方很漂亮，天气恰如仲夏时节，树木恰如初春时光。他拥有一座湖泊，一片树林和各种各样宜人的东西。如果按照所有常理判断，他本人应是令人愉快之人，温和厚道，有很高的修养。但是，不知何故，我心里总是对自己说，‘不管怎么说，你就是一个愚笨的人’——不过，我弄不懂，究竟是什么原因让他成为这样的人。”在写给露西·唐纳利的信件中，他的观点明确一些。他告诉她，富勒饱览典籍，言谈之间“尽量

---

[1] 维特根斯坦在 1930 年为《哲学评论》撰写的序言中，以有趣的方式，重复了这一点：“我希望说，‘撰写本书目的旨在赞美上帝的荣耀’，但是现在这样说会有欺骗之嫌，这就是说，不会被人理解。这意味着，本书是本着良好愿望写成的。如果不是这样的，而是出于虚荣之心，作者希望看到它受到诅咒。”

让自己像英国人”，但是他“非常孱弱，没有体现修养所需的那种强健特征”。

星期日，富勒为罗素举行了一次花园聚会。出席的客人中有 T. S. 艾略特。罗素在写给露西·唐纳利的信件中描述说，艾略特与富勒“属于同一类，精通柏拉图，熟读法国文学，从维庸到维尔德拉克无一不知，具有很高的鉴赏能力，但是缺乏获得成就必须的那种持久的自然激情”。艾略特后来创作了诗歌《阿珀林纳克斯先生》。该作品描述了那次聚会，涉及罗素与他非常鄙视的文化修养过度的孱弱美国人之间的差异，采用的方式与罗素在信中的叙述惊人相似，认为罗素象征着“持久的自然激情”。

这首诗歌集中在两位东道主——富勒（“钱宁－齐沓教授”）和他母亲（“贵妇弗拉克斯夫人”）——与之不同的感性上。两个人文明，淡定，没有给人留下深刻印象；他们的客人罗素（“阿珀林纳克斯先生”）说话“直截了当，充满激情，吞没了整个下午”，他欲望毕现，不加掩饰，恰如希腊神话中半人半羊的森林之神萨梯，让人想起

……灌木丛中的普里阿普斯[1]
目瞪口呆地看着荡秋千的妇人。

在这个画面中，活力、智性和喜悦以毫无修饰的方式展现出来，打破了古板的文雅举止。艾略特反复强调，罗素（爽朗、喧闹）的笑声形成了令人惊讶的效果。不知何故，大笑似乎在波士顿被视为有失得体之举：

阿珀林纳克斯先生访问美国
他的笑声在茶杯中回荡
……
他笑起来就像一个不负责任的胎儿。
他的笑声从幽深的水下冒出来
恰如来自大海的老人
……

[1] 普里阿普斯是希腊神话中的生殖神。——译注

我在椅子下寻找他滚动的脑袋 354
看见它在海藻般的头发
之后微笑。
……
“他是一个魅力男人——但是他究竟何意？”——
“他两耳竖起……肯定精神失常。”——
“他的话语不乏道理，我可能提出质疑。”

罗素后来使用了上面最后几行诗句，说明艾略特已经“注意到”他“精神失常”。但是，这几行诗句的意义应该是，阿珀林纳克斯先生具有隐蔽的生命活力，那些修养过度的人觉得他疯了，他们的软弱无力的评论与他这样的形象形成鲜明对比：他来自大海深处，嘲笑那些漂浮在表面上的人；他笑声爽朗，谈话直截了当，充满激情，“吞没了”整个下午。如果说这首诗歌是讽刺之作，其目标不是罗素，而是招待他的东道主。它的结尾是

关于贵妇弗拉克斯夫人，还有教授和齐沓夫人
我记得一片柠檬，一块咬下的蛋白杏仁甜饼干。

罗素在富勒家过了周末，返回哈佛大学，在写给奥托琳的信中说：“谢天谢地，只需在哈佛待两周了。”但是，他几天之后写道，他其实并不郁闷。其原因在于，他所做的事情“无须花费很大力气”，仅凭意志之力就能完成。他说，他并未尝试真正的研究工作，“我的许多想法和感觉都无关紧要，这就是让我感到高兴的原因……当然，我不应因为这样的事情长期感到开心。我觉得，我在浪费自己的生命。但是，肯定得做容易的事情，以便让自己暂时感到高兴”：

> 但是，当我暂时摆脱考虑无关紧要问题的心境时，我觉得非常空虚，焦躁不安——我觉得，这让我更加思念海伦·弗莱克斯纳，超过了我在欧洲时的程度。可是，她乐于看到我现在的状态，觉得这没有什么害处。

考虑无关紧要的事情带来的快乐正受到来自没有满足的强烈性欲的威胁。

毫无疑问，罗素的头脑中存在着这个想法：有时候，以考虑琐碎之事为代价，可以得到快乐。所以，在同一封信件中，还有某些反思，涉及女人在内心里对琐碎问题的关注，口气玩世不恭，但是发人深省。在大多数情况下，女人在内心里关注琐碎问题，这个观点看来是他与奥托琳之间的共同基础，不同之处在于两人对其原因的认定：

> 我怀疑，原因是否像你说的那样，缺乏智性让许多女人过度关注鸡毛蒜皮的事情。我觉得不是；我认为，原因在于灵魂的琐碎性——她们其实更关心小事情，而不是大问题。例如，一个讲求整洁的女人宁愿失去丈夫的爱情，
> 355 而不愿看到他手里的信件落在地板上。[1] 我认为，就大多数女人的情况而言，这是带有玩世不恭意味的教训之一：她们过分（或者尽量）关注小事情，而不是大问题。我认为，她们欠缺的正是智性，而不是欲望方面的适当比例。

5月18日是他的42岁生日，他以习惯的方式，盘点过去1年的情况："就工作而言，过去这1年是令人满意的，但是就行为而言，情况恰恰相反。"他说，他最近

> 觉得，自己思考实际，已经步入中年——并不考虑对错，仅仅是一台高效的机器。这种感觉令人舒服，但是与死亡无异。我必须重新找到活力，感受痛苦。（在这个国家中，我尚未遇到一个可以理解这一点的人。）

一周之后，让他如释重负和高兴的是，他在哈佛大学的工作终于结束了："这里的每个人都非常友好，非常慷慨；我竟然怀着如此高兴的心情离开他们，这让我觉得自己是头畜生。"

离开美国之前，他计划在中西部进行短暂的访问，在三所大学宣读《神秘论与逻辑学》或者《感觉材料与物理学之间的关系》，分别在芝加哥、麦迪逊和安

[1] 这个例子非常明确（为什么是信封呢?），让人不禁怀疑，这是否源于他很久之前与艾丽丝之间的一次争吵？在美国之行中，他心里想着艾丽丝；由于某种未知的原因，他对她的回忆起到了火上浇油的作用，强化了他的所有具有美国特征的事物的反感。这一怀疑在信件的末尾得到证实——他谈到霍兰德爱上一个美国姑娘的事情时说："我希望应该向所有希望与美国人结婚的英国人提出严肃告诫，不过我知道，此举是没有作用的。"

阿博停留。然后，他将到蒙特利尔去（顺路看一看尼亚加拉瀑布），在那里转乘海船，于6月6日起航前往利物浦。他在美国还有10天时间。在芝加哥，他将到E.克拉克·达德利医生家做客。达德利是知名外科医生，西北大学的妇科学教授，以前没有与他见过面。但是，正如他在给奥托琳的信中所说："我在牛津时认识了达德利大夫的女儿……有人告诉我，她从事写作——我当初认识她时，她作过这方面的尝试，当时显然并未取得什么骄人成就。"

海伦·达德利，这里所说的女儿10年前在布林莫尔学院读本科，然后到了牛津大学，师从吉尔伯特·默雷，学习希腊语。在牛津期间，她手持露西·唐纳利的一封介绍信，在巴格利伍德见过罗素和艾丽丝。从那以后，她看来与罗素很少或者说从未有过什么接触。她大概通过在布林莫尔学院的关系，知道了罗素访问美国的消息。不管怎么说，罗素当时"非常空虚，焦躁不安"，肯定不会拒绝一位迷人的年轻女性发出的邀请，即便他对她毫无印象也没有关系。正如他在给奥托琳的信中描述的，他不仅渴望异性（这一点肯定是事实），而且渴望与其他人进行实际接触。假如说海伦·达德利此举意在引诱他，那么，她给自己定下了非常轻松的目标。

他抵达芝加哥时，海伦在那里迎接他。罗素在《自传》中写道："我见到她， 356
立刻有一种亲切感，超过了在美国见到其他任何人。"他对她的写作能力的判定也突然出现了改变："我发现，她写的诗歌相当好，她对文学感悟非凡，见解不同寻常。"三天之后，在前往麦迪逊的火车上，他给奥托琳写信，显然沉浸在对海伦的好感之中，但是闭口不谈此事。他写道，海伦"自从他认识她以来，已经大有长进——她写的诗歌略显青涩，但是具有特殊的品质——我确实很喜欢她"。次日，他从麦迪逊返回芝加哥，去安阿博之前再次在达德利家过夜。这次，他与海伦同床共寝，并且出现了令人吃惊之举：建议她尽快到英国去，和他住在一起，也许过一段时间之后和他结婚——如果他与艾丽丝实现离婚的话。更让人感到异乎寻常的是，她接受了这一点。次日，在前往安阿博的火车上，罗素给奥托琳写信，试图解释已经出现的情况，解释它给他们两人之间关系带来的隐含意义。但是，他并未告诉她，海伦这时自认为是他的未婚妻。

他曾让奥托琳保证，他在美国不会有任何浪漫冒险的之举。在这封信件中，他开门见山地说，他已经有了一次，"非常重要的一次"：

我对海伦了解越多，阅读她的作品越多，她就越显得不同寻常。昨天，她和我在树林待了一整天，我发现，我很喜欢她——与对你的那种强度和激情不同，但是依然十分强烈。我告诉她，我喜欢别的人，无法与她断绝关系，她表示并不介意。最后，我们两人一起过夜。她将尽快到英国去，可能就在9月或者8月下旬……他们一家人都非常不错。父母有他们那一代人的道德观；如果他们知道我俩的事情，肯定会非常难受。但是，她姐姐（知道我们两人之间出现了某种关系）持非常同情的态度。正是在一位已婚姐姐的积极纵容之下，我们两人昨天才有时间单独相处。我随身带了一本她创作的戏剧，它会让你了解关于她的更多情况，超过我在这里的描述。

她28岁，长得并不漂亮：她的嘴巴——更明显的是鼻子——很难看；一双棕色眼睛显得异常，像中国人的形状，很有意思。她的身材很好，脸上露出情感强烈、备受痛苦的神情。她激情似火，充满创造冲动，绝对真诚，没有丝毫故作多愁善感的迹象。我发现，她在枯萎，就像遭遇大旱的花朵，渴望爱情，渴望理解，渴望喜欢她在作品中描述的那类事物的朋友。首先，我心里产生了鼓励她的创造性的冲动，其余的感觉随后出现。就我可以判断的情况看，她喜欢我，已经达到一个慷慨而孤独的灵魂的极限……这种冲动压倒了我，就像挽救溺水者的冲动；我可以确定，我跟着自己感觉走的做法是正确的。

正如罗素后来承认的，他与她同床共枕的动机主要属于慈善性质这个想法是
357 完全不正确的。假如他纯粹希望鼓励她的写作事业，他本来可以邀请她到伦敦去，与他和奥托琳了解的文学圈子中具有影响力的人物见面，不用染指两性关系。然而，他反复强调海伦的写作天才，强调她的创造性，这一点也许解释了她吸引他的重要原因。至少在短期内，那种吸引力看来具有压倒一切的力量，抑制了他对公开与她同居带来的后果——它可能既涉及他与奥托琳的关系，涉及他在剑桥大学的事业——的顾虑。在那种吸引力中，她的文学抱负可能是必不可少的组成部分，其原因在于，它们向罗素暗示了这样的可能性：在和她同居的过程中，他可能满足他尚未实现的三个夙愿——朝夕相处、生儿育女、文学写作。我们很容易想象到，这种令人期望的东西可能让他十分陶醉，觉得难以抗拒，也就全然不顾其他所有的后果了。

在罗素对海伦的描述中，在他写给奥托琳的信件中，在他的《自传》中，还有某种因素暗示，撇开慈善之外，他真的倾向于将自己视为海伦·达德利的理想的“秘密分享者”。他在《自传》中写道：“她在青年时代形只影单，闷闷不乐。看来，我可以给予她希望的东西。”他还说，她“富于激情，富于诗意，思想独特”。在他看来，这些品质在他遇到的其他美国人身上找不到，它们可以形成他珍视——偶尔只有他可以看到——的画面：有幸一睹另外一个人的灵魂。诚然，他可以给予她希望并且需要的东西；他觉得，她也可以给予他希望得到的东西，他真的希望和她一起生活。唯一的问题是，他的想法是否正确呢？

如果说罗素贸然与海伦建立严肃的恋爱关系，其动机在一定程度上是盲目的，带有幻觉性质，那么，他对这样做可能给他与奥托琳之间关系造成的后果的预判完全是幼稚的、难以言表的。他告诉奥托琳，“我希望你不要觉得，这将在任何程度上改变我对你的感情，它带来的唯一效果是，排除了我没有满足的本能造成的不良刺激”：

> 我觉得，这肯定会给你带来某些痛苦。不过，如果我可以让你相信，这没有什么大碍，她并不是常见的那种美国人，我希望你的痛苦不会太多……我亲爱的，请不要觉得，这样做会减少我对你的爱。依我所见，这样做根本不会影响我俩的关系。我最在乎的是，这事让你感到痛苦，我真的在乎。我渴望与你在一起，渴望让你感觉到，我对你的爱绝对没有丝毫减少。

7月14日，罗素抵达利物浦，收到了奥托琳的信件——她写那封信时，尚不知道关于他和海伦·达德利的事情。她在信中说，她希望两人的关系从此保持在精神层面上。那天晚些时候，他回到伦敦的公寓，发现了她写来的另外一封来信，知道了她听到那个意外消息之后的反应：她希望，他和海伦·达德利一起幸福生活；她觉得，她和罗素最好不要再见面，她不愿影响他和海伦两人之间的关系。

奥托琳也许期望，她不再与罗素见面的决定会给他带来毁灭性打击，他会恳 358
求她改变初衷。如果是这样的话，她就大失所望了。罗素在回信中重申，甚至在大西洋上独自度过历时一周的回国旅程之后，他依然倾向于认为，他与海伦的关系是“非常真诚和严肃的事情”。他判断，他俩公开同居之后，他将无法继续在剑桥大学任教，觉得在迈出这一步之前，有必要经过较长时间的考验。但是，“我肯定希望，我们两人的关系一旦确定下来，会尽快将此事公之于众”。就不再与奥托琳见面这个问题，他显得并不十分在意。“如果你觉得最好不见，我无法提出见你的要求……你应该根据自己的判断，决定一切问题……目前，让我们至少保持通信联系。但是我相信，在她到来之后的一段时间里，我可能难以给你写信。此后，如果你可能与她建立某种友好关系，那将是不错的事情。当然，这些问题非常棘手。”

> 目前，一些实际问题让我深感骚扰：我什么时候，以什么方式离开三一学院？我必须将此事告知怀特海夫妇，我害怕这样做，恐惧之感难以言表。我觉得，你不必担心你会影响我和她的关系——我的冲动来自身体深处，非常强烈。

面对他泰然处之的态度，面对他看来已经爱上海伦的坚定决心，奥托琳决定改弦易辙。罗素暗示，即使奥托琳有意，她也不可能影响他与海伦的关系，言外之意间接表达了一种挑战。奥托琳似乎受到这一挑战的启发，着手让他回心转意，再次使用了屡试不爽的“最后一次见面”的策略。这次的不同之处在于，两人见面（奥托琳给他写了两封信件，表明渴望与他一见。罗素到达两天之后她去了他的公寓），他发现她在交欢时激情万丈，出现了前所未有的状态，对罗素来说，这出人意料，他感觉很愉快，欣喜若狂。奥托琳离开之后，他在信中写道：“我整天都处在奇妙的幸福感之中，心情非常舒坦。与你相聚给我飘飘欲仙的感觉，我最亲爱的，我事先根本没有料到会出现这样的情况。我的心肝，我不能失去你……请不要觉得，我希望或者打算反对你在寄往利物浦的那封信中表达的意思——在那个时刻，我的冲动太强烈了，完全出人预料，至少在我看来如此。”

如果说存在任何不定因素，它让人觉得奥托琳可能影响罗素与海伦·达德利之间的关系，那么，两人的那次幽会足以将它排除。仅仅过了两天，他们再度见面，地点是奥托琳在贝德福德广场的住所，罗素制订的有关海伦的计划开始出现裂痕。“我俩昨天的短暂相聚非常快乐，对吧？”他给奥托琳写信说，“如果那件事情［他与海伦的关系］没有朝着预期的方向发展，你在良心上也没有什么可以自责之处。如果我不与你断绝关系，我和她之间是不可能有什么好结果的。”这时，他更加明确，他更愿意让他与海伦的关系保持在秘密恋情的状态。“我害怕失去教书这份工作。”这时，他已将对海伦做出的承诺置之脑后，将问题归结为他与海伦之间的不同态度：“她很希望公开宣布。这可能引起麻烦。”

几天之后，两人之间的裂痕越来越宽，几乎到了完全破坏罗素做出的承诺的 359
地步。他6月22日写信告诉奥托琳：“我对海伦·达德利的喜欢并非没有到达我原来相信的程度。她对我情深意长，我尽量回应。这让我过高估计了她的写作能力。我认为，她的写作能力不错，但是并未达到优秀水平。我很喜欢她，希望与她建立关系，可是这不应让我失去你，失去在剑桥大学的职位。其他事情我都不担心。但是，她非常期望公开我和她的关系；我事先并不知道自己的感情变化……但是，我根本没有做出最后决定。”

不久之前被他视为“非常真诚和严肃的”感情，被他视为奥托琳无法撼动的“发自内心深处的强烈的”感情，这时被说成了转瞬即逝的软弱心态，根本无法与他对奥托琳的爱情相提并论：

> 你给予我的东西，我根本不可能从其他人那里得到。我内心深处的激情和神秘悲伤，其他任何人都无法触及……我觉得，面对其他可以任何满足我的本能的人，我都不能产生对你的那种情感。但是，本能继续存在，实际的基本情况是，单独无伴的夜晚难以忍受，我尚未获得足够的自我克制，无法克服与女人一起过夜的欲望……但是，求求你不要觉得，一切已成定局，这位新来者也可以给我你给我的东西。这绝对是不正确的。

他这时认为，他与海伦的关系没有给他机会，让他逃离在美国的人际关系中遇到的那种琐碎特征，仅仅是这种琐碎特征的又一个例子。因此，如果它危及他与奥托琳之间精神性质更强的伴侣关系，它就并不值得继续下去：

> 大多数人并未进入我的内心生活，即便我非常喜欢她们也是如此。即便在我最爱艾丽丝的时候，她也并未进入我的内心生活。海伦·达德利根本无法触及我的生活。从自己喜欢的大多数人那里，我得到的结果是，有机会逃离自己的内心生活——这样的生活痛苦不堪，不能一直忍受。但是，我从

> 你那里得到的是对它的强化，可以将痛苦转化为美，转化为奇妙……如果海伦·达德利发现，她不能忍受我与你保持关系，我将和她一刀两断。

1914年6月28日，就在这封信件寄出5天之后，哈布斯堡王朝皇储弗朗茨·斐迪南大公在萨拉热窝遇刺。但是，罗素的信函完全没有记录那次事件，而是继续详细讨论他对奥托琳的爱情，谈到他对海伦·达德利即将到访英国的焦虑。在一段时间里，许多人担心英国可能与德国交战，几乎没有人想到，因为奥匈帝国与其邻居塞尔维亚之间的一个众人认为的小问题，战争会降临在英国人头上。关于那场冲突，英国的公众舆论肯定支持哈布斯堡一方。

与英国大多数人相比，罗素较早意识到时局具有的恐怖性质，但是直到7月
360 底之前，就连他也没有对前景感到担心，没有聊到战争可能将英国卷进去。现在回想起来，罗素和奥托琳那时觉得，那次刺杀案的发生与奥地利宣战之间的那一个月是一段美妙时光，随着战争的阴影日益临近，两人的关系越发密切。他们每周星期二都要见面，白天在位于白金汉郡乡村的伯恩哈姆比奇斯度过，常常在黄昏时分回到罗素的公寓。在那里，在两人关系的生理方面，奥托琳继续显示出了热情——以前她曾经发现，这样的行为令人恐惧，使人反感；罗素怀着愉悦之情，享受两人恋情的这种全新状态，将海伦·达德利完全置之脑后，在思想和情感两个方面均是如此。7月7日，在两人一次幽会之后，他写给告诉奥托琳："今天晚上见到你*真的*让我非常快乐。这次真的*就是*一个惊喜。这是心旷神怡的一天——我们轻松自如，美妙之感溢于言表……我真的觉得，我们不会失去现在拥有的东西——在我看来，自从我们知道这种可能性以来，我们总是想要。"

"让我感到的担心的是，"他几天之后写道，"我是否可以给予海伦·达德利足够多的感情，让她觉得生活是可以忍受的"：

> 如果我只有她一个人，我肯定无法做到，但是我认为，如果我依然有你，我可以做到。她非常爱我，充满激情——我对她抱有一种强烈的温柔之情，一种尽我所能对她进行培养的强烈愿望。但是，我没有激情；如果她逐渐爱上另外一个看来有能力帮助她的人，我应该感到高兴……我的灵魂活在你的心中。

罗素在《自传》中写道，熄灭他对海伦·达德利的激情的因素是“战争的冲击”。“假如战争没有爆发，我们在芝加哥制订的计划可能给我们两人带来巨大幸福。”但是，他写给奥托琳的信件显示，早在他把心思放在战争上面很久之前，他对海伦的激情就已经荡然无存了。实际上，他在 7 月 16 日写给奥托琳的一封信件中说，莉泽·冯·哈廷贝格给他写了一封邀请信，希望他到意大利去，与她和孩子们一起度过夏天。罗素表示，“我觉得，我可以 8 月下旬去”，对战事持事不关己的完全麻木态度。这说明，他在 7 月中旬认为，局势根本不可能恶化，根本不可能发展成一场席卷欧洲的战争。

7 月 21 日，奥匈帝国一方面拟定了最后通牒，准备交给塞尔维亚，一方面紧锣密鼓地备战。欧洲大国的外交官们开始首次讨论这种可能性：那场危机可能引起一场席卷“全世界的战火”。直到那时，罗素依然也没有想到战争，依然沉浸在与奥托琳更新关系之后带来的美妙感觉之中。“我觉得，你在我们相识之初也这样爱我。这是真的吗？请一定告诉我。我觉得，自己差一点毁了你的爱意。”

约瑟夫·康拉德对日渐聚集的风暴更加漠不关心。那段时期，他正在准备行装，计划到波兰去，进行一次短暂探访。他 7 月 25 日离开英国，8 月 1 日抵达克拉科夫——那时，奥匈帝国正在动员军事力量。他结果在波兰被困 3 个月，身患疾病，精疲力竭，直至 1 月 9 日才返回英国。7 月 22 日，就在他启程之前两天，罗素前去访问，希望听到他对《约翰·浮士泰斯的困惑》的结论。罗素在从肯特 361
郡返回伦敦的火车上写信说，康拉德“像往常一样高兴，见到他让我非常开心。他的家人对波兰之行感到不安，但是这没有影响我们两人的交谈”。不过，康拉德就罗素的中篇小说所做的结论让罗素感到不那么开心：

> 他详谈了关于《浮士泰斯》的情况。他的想法是，我可以保留第一和第三部分，但是中间那个部分——在佛罗伦萨的那个部分——应该加以扩展，单独陈述各个角色的对话，写成一本长篇小说。他说，我不能将对话具体化——我表示反对，但是他坚持不变。他建议删除诗人的讲话，这让我无法忍受！他似乎认为，如果采取大动作，我可能将稿件写成像样的作品。然而他不确定，花费大量时间去做这件事情是否有值得？他似乎认为，小说开头的花园聚会写得不错。我高兴地告诉你，他喜欢小说中的那位修女。

罗素对康拉德的评价心领神会，将《浮士泰斯》搁置一旁，在其后接近 40 年的时间里，从未碰过文学创作。

随着文学追求的死亡，他对 5 月产生的这一理想的热情也进一步减退：他可以离开剑桥大学，与海伦 · 达德利一起，去过放荡不羁的作家生活。他 7 月 24 日写信告诉奥托琳，“就个人抱负而言，我现在更加偏向学术方面。其原因在于，我已人到中年，觉得自己无法根本无法持续从事其任何工作，而且，我已从撰写《数学原理》带来的疲惫感中恢复过来了”：

> 而且，从一定程度上说，我对剑桥大学有很多感情。假如我彻底离开这里，我会很想念的。这里见证了我一生之中的许多事情，与我一生中持续不断的努力密切相关，形成了我的所有习惯。离开这里的想法全是海伦 · 达德利的建议。

但是，他后来补充说：“如果她能够默许让恋情秘而不宣的做法，我觉得自己不愿放弃她。”

最后这一点大概说明，为什么罗素没有信告海伦，他已经改弦易辙，不会如期实施他和她一起制订的计划。但是，海伦将这些计划付诸实施，在没有接到罗素来信说明已经改变主意的情况下，定了船票，拟于 8 月 3 日起航前往英国。当时，信件需要一周时间才能跨越大西洋；如果罗素写信推迟她的行程，他必须在 7 月 27 日之前发出信件。他没有这样做，其原因在于，他当时肯定欢迎她来英国，前提是她接受这两点：一是两人不可能公开同居，二是他不离开剑桥大学。他还决定，他成为她的恋人还有一个条件是，这样做不会影响他继续与奥托琳保持恋情——他继续将奥托琳视为他人生中的主要情人。不过，他并不打算告诉海伦，
362 他是奥托琳的情人，所以既不期望海伦答应这些条件，也不觉得他必须这样做。

为了保守这一秘密，他需要奥托琳参与共谋，于是在 7 月 25 日给她写信，敦促她进行合作。“我担心海伦 · 达德利会带来麻烦，”他告诉她：

> 我并未向她说明，我想将她当作一种手段，改善我和你的关系。况且，我当时没有这样的想法。如果这是实情，她会深感幻灭。我发现，我没有那种冲动，不希望原原本本地告诉她全部实情，而且觉得自己不该这样做——

> 告诉实情的冲动仅仅在激情四射时才会出现……我不想让她承受痛苦，不管怎么说，至少在她有机会度过一段快乐时光之前不想。一切都可能顺利实施，但是难度很大。可能出现极端不幸的情况，这一点必须避免。

7月28日，星期二，整个局势出现了变化，罗素已经无法阻止海伦到英国来了：奥地利向塞尔维亚宣战，本来可以启动的一连串事件突然变得明朗了。尽管罗素和奥托琳两人都没有意识到，这是他们两人在伯恩哈姆比奇斯一起度过的最后一天。但是，战争乌云越来越浓，那时几乎已经到了无法忽视的地步。罗素写道："战争以及战争带来的危险太可怕了。我努力让自己不去想它——其恐怖程度超过人的想象。"可是，他依然希望下一个星期二与奥托琳见面。海伦和她父亲定于8月8日抵达英国，罗素"深感懊悔，海伦·达德利将会影响两周之后我们相聚的日子"。罗素和奥托琳如胶似漆，这种局面推翻了罗素以前的判断。这时他觉得，绝对不能让海伦影响他与奥托琳的关系。实际上，"从某种意义上说，她的存在是对你我的将来关系的一种保护措施。否则，我可能向你提出过多的性要求"。不管怎么说，"我觉得，我与海伦·达德利的关系不会公开，而且肯定是暂时的。她不会喜欢这样的格局，将会慢慢选择其他的人。我希望如此"。

奥地利向塞尔维亚宣战几天之后，欧洲大国之间的外交活动被军事策略取代，相关各方的军队全部动员起来，就像一台动作缓慢、无法停下的巨大机器：奥地利与俄国对垒，俄国与奥地利和德国对垒，德国与法国和俄国对垒。到了7月31日，一场全面的欧洲战争已经不可避免，但是尚未完全显露英国将会必然卷入其中的迹象。罗素那时明白，原来制订的到意大利与莉泽·冯·哈廷贝格见面的计划已经告吹，但是也期望收到海伦·达德利的电报说：她父亲认为那时赴英并不明智，父女二人不能成行。那段时间里，罗素本人整天考虑的也只有战争：

> 看来，现在已经毫无希望了。几乎肯定的是，英国将被卷入其中。我认为，我国不应参战，但是我可以理解这样的观点：它们让参战显得是一种体面的责任。这是一种无法抗拒的可怕命运，驱使每个人加入其中。我一直希 363
> 望，时局可以长期保持和平，让欧洲人意识到战争是疯狂之举。现在，将会形成一种新的遗产，它由仇恨、羞辱和野蛮的胜利构成。

那时，大多数英国人带着类似喜欢的情绪，期望战争到来；考虑到罗素对海伦·达德利表达的无情无义的残酷言辞，罗素的观点尤其引人注目。给人的感觉是，罗素能够以亲身体会的方式，感受到整个国家的痛苦，可是对一个人的遭受苦难却显得麻木不仁。“我仿佛我是一面取火镜的聚焦点，可以感受到整个欧洲背负的重荷”，他在8月1日写道。那一天，德国向俄国宣战，在一定程度上让德国与法国之间的战争变得不可避免。“愤怒的人们大声叫喊，皇帝们站在阳台上求助于上帝，关于责任和牺牲的字眼掩盖了血淋淋的谋杀和暴行。看来，一个人要么必须发疯，要么加入疯子的行列。”

罗素将所有思考和精力全都用在即将出现的浩劫上，试图理解它的成因，很想知道他是否可以做些什么。他冥思苦想，似乎希望解释，为什么人们以经过深思熟虑的蓄意方式，采取行动步骤，让无数人失去生命？肯定存在某种解释，说明这样的行为以某种方式，源于认识方面的缺陷。他在写给奥托琳的信中说：“所有国际争端的根源是错误导向，是想象力的贫乏。我们几乎完全从与自己的关系的角度，去判断其他国家的言行……仇恨（以及友爱——但是普世之爱除外）出现的根源是，我们不是从他人的内心的角度，而是从与自己的关系的角度去看待他人……需要让学生阅读（翻译过来的）外国小说或者诗歌，在学校中实施这方面的教育。或者，应该开展其他活动，让人们明白这一点：外国人拥有与我们类似的感情和性格，不是什么奇怪、邪恶的洪水猛兽。”

如果考察罗素在那一段时间中的态度，我们会回想起他在美国期间所写的一封信件。他在那封信中谈到了“欲望方面的比例”，认为许多女人缺乏这样的比例，较多关注鸡毛蒜皮的小事，较少关注重大问题。他自己的“欲望方面的比例”以一种报复方式凸显出来。一方面，他感受到整个欧洲遭受的痛苦，另一方面，他似乎对那个女人将要遭受的痛苦持熟视无睹的冷漠态度——仅仅几个月之前，他曾经鼓励她到英国去，充当他的情人，而且有可能成为他的妻子。不管怎么说，海伦·达德利没有给他发表示推迟访英的电报。她的性欲特征被罗素概括为“灵魂的琐碎性”，让她深受其害。她那时依然认为：第一，她和罗素一起制订的计划可能给她带来幸福，具有重要意义；第二，除非迫不得已，访英行程绝对不能推迟。因此，她和她的父亲8月3日如期启程。8月2日，罗素在写给奥托琳的信件中说，“她让自己重回幸福轨道，相信一切都会如她所愿”：

> 我对她的感觉一片空白，全不在乎，仿佛她仅仅是人性的一个小原子。我根本不可能像以前打算的那样去做。我担心，我会让她非常伤心。但是，364
> 对我来说，与她的整个恋情是微不足道的，我眼下无法考虑那些逢场作戏的事情。如果我对她的理解力存有哪怕一丁点希望，我也可能慢慢以认真的态度对待她。但是我知道，她会觉得因为公众利益的原因让她受到冷落是可怕之举。下周的今天，我将面对她。

海伦启程的那天，德国向法国宣战；奥托琳和罗素分别从牛津和剑桥赶到了伦敦，对菲利普表示全力支持，努力汇集议会成员中的反战情绪。罗素离开剑桥之前给奥托琳写信说："请一定告诉菲利普，我绝对和他站在一边——我国参战是绝对的无法言喻的愚蠢之举。"但是，他们达到伦敦之后发现——用奥托琳的话来说——"到处都是激动的人群，甚至我们所在的贝德福德广场也挤满了年轻人。他们成群结队游行，挥舞旗帜，高唱《马赛曲》，通宵达旦。"那天，爱德华·格雷在著名讲演中宣称，如果德国侵略法国或者比利时，英国就应参战。整个议会大厅全被战争狂热点燃。在这种情况下，菲利普表现出超常的坚韧和勇敢，在下院起立发言，向议员们发出警告，反对贸然参战的疯狂之举。议员们的叫喊声淹没了他的发言，那番讲话终结了他的政治生涯，然而那肯定是他一生中最辉煌的时刻。奥托琳以显然真诚的自豪口吻回忆说："假如他没有在下院中起立发言，那么，就不会出现关于英国是否应该参战的那场辩论。"

那天晚上，罗素身处人群之中，与常常在危机时刻的情形一样，一阵阵孤独感不断袭来。他在特拉法尔加广场周围的街道上游荡，"注意到振臂高呼的人群，注意到旁边路人的激烈情绪。在这一天和其后几天中，我惊讶地发现，一般的人对战争前景感到兴奋和高兴"。次日上午，德国军队入侵比利时。德国没有理会格雷发出的最后通牒，英国于那天晚上 10 时进入战时状态。奥托琳和罗素一起在伦敦游荡，意识到英国正一步一步卷入战争，不停地互相安慰。奥托琳写道，他们听到了英国采取无法挽回的最后一步的消息之后，在绝望之中离开了下院。"我记得，当时自己心里涌起一阵强烈情感，觉得凭借自己的意志力，我是可以阻止它的。'必须阻止它，必须阻止它，'我不断地说。"那种精神让她变为罗素不可或缺的依靠。他在《自传》中写道："假如没有她的安慰，我开始时肯定会处于完全孤独的状态。但是，她从不动摇，在仇恨战争时如此，在拒绝接受充斥世界的虚构神话和谎言时也是如此。”

8月8日，海伦·达德利抵达伦敦，发现自己在罗素生活竟然没有立锥之地，他甚至拒绝和她见面。对他来说，两人一起制订的计划不再剩下任何现实的残余。他们不过是过去时代留下的遗物，是另外一个地方、另外一个时刻的幸存者——在那个时刻，英国尚未卷入拿破仑战争以来人类遭受的最大不幸之中。

# 第二部

## 1914—1921

# 第十三章　与众不同

367

"不可随众行恶。"

——（《出埃及记》第2章，第23节）

罗素身在人群之中，强烈的孤单感油然而生。总的来说，这种感觉是一个巨大的痛苦之源，然而1914年爆发的战争揭示，它具有一种巨大的可取之处，让他不受在英国弥漫的战争狂热的影响，不受那种带有传染性质的致命菌株的影响。8月4日，罗素在高呼口号的人群中游荡，觉得自己没有任何加入他们的愿望。他孤单无助，但是觉得他依然可以明白处于集体狂热状态的那些人视而不见的简单真理。他在写给露西·唐纳利的一封信件中说："战争是一种疯狂的恐惧，可以让和我们一样的人死去。这种做法非常可怕，任何说法都无法证明它是有道理的。"

让罗素感到特别痛苦的是，对德国的非理性仇恨突然之间似乎控制了整个英国，甚至他以前认为不乏智性的自由人士也不能幸免。人们害怕德国的军事力量，从竞争对手的角度，关注德意志帝国的野心；到那时为止，他仅仅将这两点与保守党联系在一起。阿斯奎斯领导的政府在过去几年中得以维持，他认为其主要原因之一对英国来说具有重要意义：如果换成保守党执政，它可能和德国打仗。他发现，在自由党人中，支持与德国交战者比比皆是，这在他内心深处引发了挥之不去的幻灭感。对德宣战伊始，他在写给朋友玛格丽特·卢埃林·戴维斯（工党支持者）信中说："你对自由党人的看法是正确的，我已经不再支持他们。我以前从不相信会出现如此可怕的事情。我觉得，这似乎意味着，我们这样的人的所有幸福都已结束。"

英国对德宣战之后，他立刻给《国家》写了一封信件，表达遭到背叛的幻灭感。他在信中强烈抨击阿斯奎斯领导的政府，抨击议会中的全部自由党人。信件的开头说："自由的朋友们已经遭到他们选择的领导人的背叛，他们突然让国家陷入战争之中，这肯定会带来数不清的痛苦。在投票支持现政府的人中，绝大多
368 数人认为，宣战决定既是邪恶的，又是不明智的……在这种情况下，没有哪个真正信奉自由主义的人可能支持本届内阁成员。"他呼吁工党和自由党的激进派联合起来，组建一个新的政党，该党信奉民主，"这样的民主不仅表现在立法机构中，而且表现在政府中，表现在军事、民政和外交等方面"。他相信，假如英国的外交政策受到民主压力的制约，它就不可能导致战争。其原因在于，每个文明人肯定意识到，"和平是民主制度的第一需要，是文明的第一需要，是让人慢慢进化、摆脱野蛮状态的第一需要"：

> 在英国、法国和德国，存在着巨大的和平力量；但是，他们并未处于控制地位。在英国，假如他们知道这一点，他们本可能处于控制地位。

第一次世界大战之前，自由党和保守党的政治人物普遍认为，公开讨论英国的外交政策不符合国家利益。其结果是，在下院中很少辩论外交政策，与外国结盟的条约或者做出承诺条约都没有寻求下院的支持——正是这样的条约让英国承担义务，去保卫法国，去维护比利时的中立地位。在罗素看来，英国的大多数人其实并不希望对德宣战这样的行为，但是下院的做法让政府和外交部的公务员在未受限制的情况下，执行了旨在导致对德宣战的政策。因此，他设想的新政党的核心政策是，否决这样的"秘密外交"，愿意让政府采用类似于处理内政事务的做法，根据公众舆论来决定外交政策问题。

但是，难道他没有看到，人们在伦敦聚集起来，振臂高呼，庆祝对德宣战？难道对德宣战没有受到满怀热情的民众的支持？至少，罗素那时拒绝相信这一点。英国是如此文明自由的国家，它的人民怎么可能以心甘情愿的自觉方式，与沙皇俄国这样野蛮、专制的政权沆瀣一气，去打自己在德国的邻居和表兄弟？不，这是不可能的。他提出："任何一个视野不受伦敦所限的人都不会怀疑，假如公众舆论有时间充分得到表达，我国就不可能加入俄国一方，进入对德作战的行列。"

> 战争狂热已从外交部传播到议会，而且可能会从议会传播到诚实的普通

人。一旦军事行动带来的危险迫在眉睫，我们可以很有把握地设想，人们将表示几乎在内心普遍存在的厌恶之情。

罗素对公众舆论的这种乐观看法并未维持多长时间；在未来很长时间中，他将饱受那些振臂高呼的人群带来的心理困扰。没过多久，自由知识分子家庭必然订阅的刊物《国家》拒绝发表他的信件，这让他的信心遭受巨大打击，不禁怀 369
疑自己做出的这一判断：政府的参战决定并未得到大多数自由党选民的支持。罗素怒不可遏。在宣战之前几个小时，他出席了《国家》员工的午餐聚会，与主编 H.J. 马辛厄姆讨论了信中的观点，对方答应刊登他的信件。次日，罗素收到马辛厄姆寄来的短信称，“今非昔比……”——对方收回了承诺。不过，在罗素的愤怒抗议之下，马辛厄姆一周之后刊登了另外一封内容相关的信件。在这封信件中，罗素以不那么确定的口气说，战争缺乏大多数民众的支持。他认为，那些振臂高呼的人群说明，政府已经释放出可怕的黑暗力量。

如果你在宣战之前的几个晚上看到在伦敦聚集的人群，你会发现，全国民众到那时为止依然爱好和平，不乏人道精神。但是，仅仅在几天之内，他们便开始堕落，进入原始的野蛮状态，突然释放出充满仇恨和杀人欲的本能——就是针对这种本能，我们建立了整个社会结构。

但是，他的攻击对象依然是外交部实施的“秘密外交”策略：

……所有这些疯狂之举，所有这些暴行，所有这些让文明和希望付之一炬的做法出现的原因是，一批官员先生们养尊处优——他们大多数非常愚蠢，完全没有想象力，没有情感。他们做出选择，让这样的事情发生。他们之中的任何人都不会因为国家荣誉受损而遭到丝毫批评。

虽然《国家》刊登了这封信件，但是表达了明确的保留态度，附上了一个免责声明，强调它并不赞同罗素在信中表达的观点。罗素在该信刊登之后发现，本来自然应该宣传他的反战观点的自由党刊物，特别是《新政治家》和《国家》，拒绝继续刊登他的文章。无奈之下，他只得在独立工党的周刊《工党领袖》上发表文章。

此外，宣战数日之内出现的大量证据显示，在“真正的自由人士”眼里，他与多数人——而不是内阁——意见相左。8月5日，他返回剑桥，发现伊夫琳·怀特海的一封来信。她表示支持战争，认为德国是对欧洲的威胁，“我们不能坐视不理，看着法国遭到蹂躏”。在接下来的一周里，他收到她寄来的堪称“非常好战的”信件。她的儿子诺思打算参军（8月22日，他被授予少尉军衔，随英国远征军奔赴法国），她对此感到满意和骄傲。罗素在写给奥托琳的信中说：“我无法告诉你，我对此多么关注。我觉得与他们一家人的关系从此改变。除了你之外，他们在可以说是我这一辈子中最重要的人。”艾尔弗雷德·怀特海给罗素写信说，他本人深感“痛苦，在如此重大的问题上与你意见相左”，并且为爱德华·格雷
370 的外交政策辩护。怀特海说：“你肯定记得，以胜利者姿态出现的德国不是歌德和亥姆霍兹笔下的德国，而是凯泽、本哈特和特赖奇克笔下的德国。”[1]

但是，怀特海夫妇的战争辩词是有节制的，与罗素寄予较大期望的另外一个自由主义者 H. G. 威尔斯的观点相比，显然温和许多。在宣战之后几天，威尔斯在文章中宣布了他对这一决定的热情支持态度。他认为，这次战争给予英国机会，让它摧毁德国军国主义，将是一场“终结战争的战争”。他首次使用的这个说法在后来几年中被一再重复，几乎到了令人作呕的地步。罗素发现，类似观点在三一学院大行其道，几乎得到所有指导教师的赞同。这让他觉得，自己在反战活动中单打独斗，“没有任何盟友”。与此同时，学生们争先恐后地报名参军；父母们感同身受，表示极大关注，有的表态加剧了罗素的痛苦：“在这里，我见到了穿着军装的年轻人，他们是爱好和平的文明青年，愿意为履行自己的义务牺牲生命。我真想伸出手来，抓住他们的肩膀说，祝你们一切顺利。”在几周之内，1000多名学生奔赴前线；剑桥像英国的其他城镇一样，到处可见前往法国的军人。罗素在写给露西·唐纳利的信中说，“过去这几周出现的事件令人恐惧，根本不可能向你描绘。一个月之前的活动似乎属于前辈子的事情”：

我们曾经试图根据思考和理性生活；如今，那个安全的小角落在熊熊燃

[1] 凯泽（1878—1945年），德国剧作家。表现主义戏剧代表人物。特赖奇克（1834—1896年），德国历史学家及作家。——译注

> 烧的仇恨之火中化为灰烬……两天以前，我见到了一名思想先进的社会主义者。他告诉我，他觉得最愉快的事情是，看到德国人在他的步枪枪口下倒地身亡，所以他准备去参军。

菲利普8月3日在下院勇敢发言之后，莫里尔夫妇在贝德福德广场的寓所成为会面场所，一批反对战争的政治人物和作家在那里聚会。常常出现的人物包括工党领袖拉姆齐·麦克唐纳、教友派信徒约瑟夫·朗特里、中立联盟创立者诺曼·安杰尔、新闻记者E. D. 莫雷尔，还有因为反战刚刚辞去政府职务的查尔斯·特里维廉。罗素应邀参加这一帮人的讨论活动，但是离开时觉得，这样的活动没有什么意思。他8月11日写信告诉奥托琳："他们谈到要创立一个政党，那情形就像八个跳蚤在讨论如何建造金字塔。"第二天，他参加了他们之中三个人——麦克唐纳、特里维廉和莫雷尔——的讨论，但是声称觉得他们"索然无味，在政治方面瞻前顾后，使他们不能以应有的方式，全心投入"。

尽管如此，这一批人最后组建了民主控制联盟，当时发表了一项声明，题目是《英国外交政策：反战党宣言》。该声明表达了罗素本人强烈主张的许多观点，其中包括：第一，应将外交政策置于民主议会的控制之下；第二，不应对战败国采取任何惩罚性措施，不应实施羞辱性制裁或者兼并；第三，应该做出一切可能的尝试，在欧洲国家中重新确立文明、协和的关系。这项计划尽管远远没有表达出"所有应该考虑到的东西"，但是它非常温和，罗素可以全力支持。

那时，指导罗素、民主控制联盟以及几乎全部英国人的理念之一是，至少从 371
英国的角度看，那一场将战争将是短暂的，英国将会取得成功，涉及的问题仅仅是将德国人赶出法国和比利时，重新恢复原来的边界（在东线出现的情况是另外一码事；许多人觉得，它与英国没有什么关系）。在这种情况下，在那个阶段中，反战情绪的焦点不是要劝说英国政府退出战争（他们认为，英国已经卷入冲突，完全没有回头的可能），而是让政府和广大公众对德国人民持人道的观点。这样，英国打败德国——这一点是确定的——时，胜利不会在两国之间形成更多的恶感。根据这种精神，罗素致信查尔斯·特里维廉："我非常强烈地感到，在将德国人赶出法国和比利时之前，我们最好只考虑和平条件和其他涉及未来的问题，等到我国摆脱危险之后，再去解决历史遗留问题。"

因此，罗素关于战争的早期文章强调的不是反对战争本身，而是针对政府和报界煽起的歇斯底里的反德情绪。但是他提出了两点：第一，在西线作战是一个可怕错误；第二，德国、法国和英国根本没有理由互相争斗。这样的想法要求，无论如何应该考虑这些国家的某些历史传统；否则就完全无法解释，为什么这三个国家会你争我夺？因此，尽管罗素向特里维廉表达了看法，他却发现自己反复谈到了关于近代史的观点。在他看来，关于那场战争，人们必然提出的亟待回答的问题是：为什么？他在为《工党领袖》撰写的第一篇反战文章《战争：原因及对策》中提出，英国参战的“原因是受到一小撮人的控制——三个皇帝、英国内阁和法国内阁”。但是，就战争本身而言，这种情形肯定是行不通的，其原因在于——正如他很快承认的——出现的问题让人饱受困扰，难以解决：

> 为什么普通公民服从他们的没有理智的命令，甚至满怀热情，以最大程度的献身精神和英雄气概服从呢？

他在这篇文章中提供的回答是，公民们感到害怕：

> 除了俄国——忠诚、种族和宗教在那里是服从的充足动机——之外，服从的普遍动机是恐惧，不是出自懦弱或者个人因素的恐惧，而是因为担心家庭、妻子和孩子而感到的恐惧，因为顾及自由和国家生活而感到的恐惧。

他嘲弄这样的恐惧感，认为政府有可能利用媒体，制造战争热情。“如果给予人们时间思考，几乎可以肯定的是，理智的声音将会促使人们以和平方式，调整竞争者的利益。”

但是，这篇文章刚一发表，他便立刻表示了对它的不满。其原因在于，虽然
372 文章解释了人们愿意参战的原因，它却没有说明，他们为什么愉快地参战，为什么在宣战决定公布之后纷纷庆祝？于是，他几周之后再次讨论了这个问题，在诺曼·安杰尔主编的月刊《战争与和平》上，发表了《国家喜欢战争的原因》这篇文章。该文在人固有的原始本能方面寻找答案：其中包括对外国人的本能性厌恶、对刺激的事物的渴望、胜利欲望、荣誉和权力欲望、对祖国的充满激情的献身精神等等。他强调，这并不是说，参与战争的冲动是根深蒂固的：

> 我并不希望……就让文明国家放弃战争实践的可能性，提出任何悲观主义的论点……我们可以希望的是，目前这场冲突结束之后，欧洲总体上可以在一段时间里处于和平主义的氛围中。如果要让该阶段中出现的希望最终形成持久的良好状态，我们首先必须首先充分理解战争的动因。我认为，动因并不仅仅应在政治人物的罪孽中去寻找，而且应在文明国家从野蛮历史中继承而来的标准和欲望中去寻找。如果这样，那么只有通过普及教育的过程，通过逐步改变文明人接受的价值标准，才能实现稳定的和平。

由此可见，解决问题的办法是，向所有国家灌输康拉德式心理学——罗素以前将其应用于个人，特别是他自己。人们必须认识到，在西方人的脆弱的文明外壳之下，存在着强大的危险激情，它们是原始状态的遗留物。如果人们希望文明——无论是个人的文明，还是社会的文明——不受这些激情的威胁，就必须对激情进行控制，要么通过实施（针对个人的）自我约束，要么通过（针对国家的）教育和制定国际法。正如他在后来的一篇文章中所说，“战争唤醒了潜伏在我们大多数人内心深处的野兽”。他很久之前就从自己的亲身体验中意识到，这样的“野兽感”如果未受控制，甚至可能战胜文明程度最高的人。

罗素使用心理学方法解决战争问题，在一定程度上将民主控制联盟的关注抛在了脑后。这可能有助于解释，为什么他对民主控制联盟仅仅考虑政治因素的做法感到不满。对罗素来说，就以民主方式控制外交政策问题的做法而言，无论他多么赞成民主控制联盟的立场，一个更加重要的问题被置于危险之中：文明本身是否可能幸存？正是由于这个原因，他看见英国站在俄国一边，与德国对抗，心里不禁感到非常痛苦。在他的文明国家的评定标尺上，德国远远高于俄国（当然，德国是无法与英国相提并论的）。正如他在 8 月 1 日写给奥托琳的信中所说，在英国参战之前，他对相关各方的道德评估是：“德国完全不带利害，考虑的不是利益，而是荣誉［这是德国人入侵比利时之前的情况］；塞尔维亚非常邪恶；奥地利更是如此；俄国偏执，感情用事……法国受到恐吓。”

这样的道德判断（特别是对俄国的判断）说明，罗素倾向于从种族角度来思 373
考那场战争，坚信每个欧洲民族都具有一定的文明程度，可以战胜心灵上的野蛮倾向。在为民主控制联盟撰写的题为《战争：恐惧之子》的宣传册中，罗素几乎以令人尴尬的方式，清楚地显示了这一点：“从本质上说，这场战争……是一场规模巨大的种族冲突，是日耳曼人与斯拉夫人之间的冲突。在该冲突中，其他一些国家——英国、法国和比利时——以被动方式，与斯拉夫合作。”在这场冲突中，他的同情对象十分明确。他写道，奥地利民族“高度文明，一半人口处于文化比较落后的斯拉夫人的包围之中”；塞尔维亚是“一个非常野蛮的国家，那里人可以采用怂恿他人以暗杀前任的方式，获得自己的宝座”；在俄罗斯这样的民族中，“种族和宗教意识依旧……处于西方国家已在一定程度上摆脱的原始状态之中”。就德国人而言，他们作为日耳曼人，自然会帮助奥地利人对抗斯拉夫人。可以理解的是，他们担心，“下一个遭到俄国游牧部落侵略的可能就是自己”：

> 我们应该考虑到，在日耳曼人看来，无论这场冲突无论采取什么形式，它在本质上都不是侵略性的。从本质上看，它是防御性的，旨在保护中欧文明。明白无疑的是，与斯拉夫国家相比，中欧的文明程度更高，对人类而言价值更大。相当合理的看法是，对德国来说，在欧洲东部边界上出现的来自俄国的威胁是一场梦魇。

罗素接着宣称：“与东线相比，西线战事并不具有同样的必然性。”更确切地说，它源于西欧政府完全可以预防的一系列愚蠢之举。将来，只要西欧国家合理地实施外交策略，其实可以防止爆发这样的战争。

这份宣传册印发出来，立刻遭到战争支持者们的批评，被认为是亲德言论——从某种程度上说，它带有这样的意味。但是，这份宣传册最引人注目的一点现在是，它表现出了强烈的反俄情绪。它几乎宣称，德国与俄国交战是正确之举；在这样做的过程中，德国其实维护了程度更高的文明。实际上具有讽刺意味的是，罗素在这篇宣传文章中使用的词汇——例如，“野蛮的游牧部落”——效仿了他猛烈抨击的歇斯底里的反德言论。他采取的立场看来不是反对仇视，而是反对对德国人的仇视。他暗示，文明人应该对俄国人表示仇视。

在针对俄国人的这种敌意的背后，或者从某种程度上说，在煽动这种敌意的做法的背后，我们可以看到罗素对他最喜欢的两个人——约瑟夫·康拉德和路德维希·维特根斯坦——的关注。他在写给奥托琳的一封信件承认：“从某种意义上说，正是康拉德让我仇视俄国人。我曾经喜欢他们，但是他显然讨厌他们。”在战争爆发之后头几周时间里，他几次提到对康拉德及其家人的关心。他得到的最后消息是，他们正在前往克拉科夫的途中，正好就在俄国人与奥地利人酣战的中心地带。他当时知道的情况是，康拉德在那场战争中是站在奥地利人一边的。他觉得，康拉德可能会被俄国人杀害，不禁备受煎熬，开始再次阅读康拉德撰写的最强烈的反俄作品《在西方的目光下》。而且，他后来还试图写信与康拉德联系，询问他是否平安。 374

早在7月28日，就是在奥匈帝国向塞尔维亚宣战的那一天，罗素给维特根斯坦写信，随信寄了一份《感觉材料与物理学之间的关系》。10月，他（大概从戴维·平森特那里）听说，维特根斯坦参加了奥地利军队，也在克拉科夫。“我有朋友身在其［战争］中，自己肯定深受影响”，罗素在写给奥托琳的信件中说：

> 让人觉得奇怪的是，在所有身处战争的人之中，我最关心的竟然是作为“敌人”的维特根斯坦。他绝对相信，他不会幸存下来——他鲁莽，盲目，而且身体欠佳。在战争结束之前，我根本无法知道他的任何消息。如果他真的活下来，我觉得这场战争会让他得益匪浅。

当战情显示，德国人和奥地利人似乎在东线取得某些进展时，罗素欣喜地说：“我越来越强烈地感到，在东线，人类的利益是在德国人和奥地利人一方的，所以真的希望看到俄国人遭到失败。”不过，理所当然的是，“我希望看到的是，德国人无法将部队调回西线。”

什么样的结局对人类文明最为有利？从总体上说，他在这一点上所持的观点反映了另外一个问题——对他本人来说，什么样的结局最为有利？在这个问题上，他觉得，他个人内心深处的反俄战争已经结束，并且以他自己取得胜利告终。这就是说，他再也不能阅读《白痴》，再也不能在罗果金这个角色中看到自己的影子了。他在信中告诉奥托琳：“陀思妥耶夫斯基笔下的那些魔鬼曾经让我深受困扰，现在全都消失了。它们灰飞烟灭，没有留下任何痕迹……我与过去不同，现在已经不怕面对自己的灵魂了——在黑暗的角落中，幽灵已经不复存在。”在这种情况下，起到文明作用的因素是他对奥托琳的爱意：

> 我觉得，让我摆脱那些魔鬼的不是这场战争——在战争爆发之前，它们已经消失了。我觉得，其实是我们两人在伯恩哈姆比奇斯度过的那些日子。

那场战争起到的作用是，赋予他对奥托琳的爱情更广的维度。他感到欣慰的是，她和他一样，也对那场战争持反感态度。他们两人在思想和感情上完全同步，自从两人开始恋情以来，这样的情形是前所未有的。“在这个可怕的世界上，我们非常孤独，”他告诉奥托琳：

> 在这些日子里，你的爱对我产生了巨大作用，这一点我无法用语言来表达。它对我所起的作用超过以往任何时候。我今天有一种充实性感——我以前觉得，在这个世界上，这样的感觉几乎是不可能出现的。难以用语言表达的是，随着外界恐惧形成的痛苦日益加剧，我觉得你的爱情也与日俱增，这
> 375 让我保持勇气，保持信念……我不知道，如果没有你，我在这样的时局中将会如何度日；如果只身一人，我是否内心仍有勇气面对世界。

他在后来一封信件中说：“现在，我对你的爱与对人类的爱融为一体。它不会让我去做任何不利于对人类的爱的事情。我觉得，当这样的爱情变弱时，自己与你的结合也松弛下来，不及它处于强烈的时候。”

当然，他对人类的爱是有限度的。这一点最明显的例子是，他对整个俄罗斯民族持毫不掩饰的厌恶态度（他 11 月 23 日写信告诉奥托琳，“我希望，人们可能互爱，但是我无法去爱俄国人，无论怎样尝试都做不到”）。另外一个例子更露骨，他对可怜的海伦·达德利明显没有任何情感——没有爱意和怜悯，或者甚至说没有人与人之间的友好之情。“现在，她已经完全处于我的真实生活之外”，他在海伦抵达英国之后几天告诉奥托琳。理所当然结果的是，罗素的态度让海伦深受伤害，她百思不得其解，觉得他一心扑在战争问题上的做法不能就此提供充分的解释。她过了很长时间才看清她遭遇的情况，于是不断向罗素施压，要他说明原因。但是，他决心已定，不会告诉她他与奥托琳关系的实情，所以仅仅说出一些不合情理的理由来解释变心的原因，结果根本不能令她感到满意。他告诉奥托琳：“我不可能完全实话实说，但是我告诉她：其一，如果我与她的关系超过了纯粹友谊的界限，我会憎恨她；其二，我像中世纪的人一样，产生了独身生活的冲动。”可以理解的是，海伦做出了极大努力才让她自己相信，阿珀林纳克斯先生已经变成了修道士。她越来越困惑，越来越孤独，最后伤心欲绝。

罗素觉得，他最多可以劝说她父亲，不要直接将她带回美国。他声称，她是

一个很有前途的文学创作人员，应该与伦敦文学圈的人士见面，但是，她父亲希望得到保证，海伦会由一个有责任心的家庭照管。于是，罗素推荐住在贝德福德广场的莫里尔夫妇——他完全没有考虑到这样做可能带来的后果。奥托琳最初表示迟疑和反对，后来被他说服，同意配合他的这个怪诞异常的想法。关于这一安排，罗素表现出来唯一不安是，海伦可能发现他与奥托琳关系的真实性质。他在 8 月 12 日写道，“我觉得，她不会清楚了解你我之间的真正关系；而且，她也没有理由这样做”：

> 假如她觉得，我改变态度的做法与你有关，那是非常不幸的结果。她肯定不知道实情，而且（就我所知）对你没有任何感觉或者怀疑。我很抱歉，眼下让你照管这件事情，但是我真的认为，对她来说，能够在这里逗留非常重要。

于是，1914 年 8 月中旬，海伦搬到了奥托琳家里，从此对奥托琳满怀感激、佩服和忠诚之情。而且，海伦还十分信任奥托琳，给她讲述了自己和罗素的关系。就奥托琳而言，从海伦搬到她家的第一天起，她便对海伦持同情态度。海伦打开行李，奥托琳看到她的箱子里塞满了漂亮的儿童外套和内衣（实际上，她觉 376
得它们“装饰过多，面料廉价，样式低俗”），意识到“她对盼望已久的蜜月抱有多大希望，做了多少准备”。在奥托琳的回忆中，海伦是

> 一个奇特的人，大约 27 岁，行动怪异，举止邪门。她长着一颗大脑袋，前额上搭着一道流苏，两片厚嘴唇。她说话轻言细语，尽管口音浓重，但是根本不属于那种自以为是的、夸夸其谈的美国女人。恰恰相反，她软弱无力，人云亦云，具有同情心，但是神情麻木，态度冷漠，完全没有自己的主张。

在伦敦，奥托琳是海伦的一位亲切的朋友，所以海伦与她无话不谈。按照奥托琳的说法，海伦“就像一只受到毒打、然后被关在笼中的动物”。她“像一只美洲豹，在房间里不停地来回踱步，向我倾诉她的失望之情，并且将伯迪写给她的信件递给我看”。罗素当时没有意识到，海伦这样做可能给他与奥托琳的关系带来麻烦，所以鼓励她们两人之间的这种亲昵行为。他告诉奥托琳：“你和海

伦·达德利相处得非常好了，你做的事情都很有必要。你心地善良，让她深受感动。不，她不可能让我幸福；现在，她已从我心里完全清除出去了。”也许，他心里所想的是，当初他与奥托琳开始情人关系时，伊夫琳·怀特海在艾丽丝的问题上起到了正面作用——她听到艾丽丝的心里话，然后再一五一十地转告他。但是，罗素那时看来没有想到，这类传递心声的做法可能在两个方面产生作用，伊夫琳可能向艾丽丝讲述他给她说的事情。现在，他似乎幼稚地假设，奥托琳对他十分忠诚，感情很深，即便成为海伦的知己，对他的感情也依然不会改变。

其实，聆听海伦的令人心碎的遭遇，阅读罗素写给海伦的信件，这样的事情给奥托琳对罗素的感情造成了破坏性影响，毁灭了他访美归来之后她重新建立的信任感，严重损害了她对他的尊重，损害了她对他的爱情所持的信念。她在日志中写道，“他非常奇怪”：

> 其原因在于，他和她爱得死去活来，告诉她他永远是她的，并且给她写了火辣辣的信件。现在，这一切看来全部都不复存在……可怜的姑娘，这对她来说是一个可怕的打击……我自己对伯迪也深感失望。不久之前，他对我使用了所有那些表示忠诚的词汇；现在，它们全都灰飞烟灭。他向她表达了曾经向我表达的所有爱意。
>
> 人为什么在乎这些呢？然而，人实际上是在乎的。
>
> 不管怎么说，为什么人希望减少爱情呢？但是，人实际上这样做……它让人带着讽刺的意味，一笑而过……我觉得，这让我内心超脱了许多，不那么相信爱情，更加讨厌任何带有肌肤之亲意味的东西。

在接下来的几周时间里，一方面，奥托琳开始因为海伦遭受的痛苦，在心里
377 责备自己和罗素，另一方面，罗素尝试了各种（完全没有说服力的）方式，反复强调说，他改变对海伦的态度与奥托琳毫无关系，他对奥托琳的感情与海伦毫无关系。他急不可待地告诉奥托琳：“请不要觉得，发生的任何事情都是你的错误。”这番话与他早些时候所说的自相矛盾——“如果不是因为战争的关系，一切都会顺利发展。”就他给海伦带来的痛苦，就他对她们两人都不够诚实这个事实，他几乎毫无办法，只好硬着头皮承认错误，希望不会造成太大的影响。他在8月21日写给奥托琳的信中说：“我对你，对海伦，都不够诚实；就此我深感

遗憾。我当时根本不知道，她会告诉你任何让你感到惊讶的事情。我给你说了实话，我给她说了我希望表达的实话——然而那不是我的心里话。我剥夺了你珍视的东西，这让我深感不安。但是，我希望，经过一定时间以后，这样的感觉将会减少一些……目前，在我的感情中没有她的位置，我衷心希望，只要你活着，我绝对不会尝试任何新的感情关系。"

两天之后，罗素收到奥托琳的信件，看到她的"伤口很深，超过我的想象"，于是试图提出另外一种解释，它非常不合情理，含有绝望的意味。他这时宣称，让他改变对海伦的感情的不是奥托琳，而是"因为我意识到，我可能失去对人有用的能力"——他发现，海伦不理解他身上的慈善冲动，"所以我明白了，我不能与她分享宗教方面的感受"：

> 请你务必让自己相信：我给你所说的事情不是随口之言；在我对你的感情中，并不缺乏任何来自内心的东西。这不是真的……我对海伦·达德利的态度应该受到责备，但是你从事情的经过中肯定可以看到，我对你的感情具有另外的性质。在最初的日子里，在返家的旅途中，我心里并不明白这一点。但是，我现在知道了。当然，如果你觉得，我依然在寻找说辞，我不禁感到怀疑——也许，只有时间可以真正说服你。

在这封信件的最后，罗素再次下跪恳求："哦，我最亲爱的，请一定原谅我。"

奥托琳心软了，像通常一样，在下一个星期二如约来到罗素的寓所。她在那里发现，在整个痛苦的事情中，还有一个新的侧面，一个构成海伦的可怜困境的新因素——罗素在处置过程中表现出来的冷漠，她自己在骗局中扮演的角色。她从罗素那里了解到，海伦习惯每天到罗素寓所门口，不停地敲门，知道或者至少说怀疑罗素就在室内，但是采取充耳不闻的漠视态度。例如，奥托琳回忆说，她在罗素寓所时，"我俩听到敲门声，一下接着一下，那是手掌拍打大门的声音。伯迪知道肯定站在门口的人是海伦，所以拒绝开门；我可以想象出她在外面哭泣和喘息的样子。我害怕我出去时可能发现，一个女人瘫倒在门前的石头台阶上。那种感觉简直糟糕透了"。她的这种内疚感十分强烈，罗素那天晚上在信中所用的几乎欢呼的语调也无法缓解：

> 我亲爱的，亲爱的——虽然海伦在门外大吵大闹，但是今天的聚会非常美妙，非常开心。我这样做似乎有些残忍，令人难以容忍，但是海伦的行为
> 378 不可能破坏再次与你融为一体带来的极大欢娱。最近我觉得，在许多重大问题上，我与你拥有更大的一致性。我现在根本没有任何一点冲动，像过去那样说出伤害你的话，或者产生粗野的举动——最亲爱的，我心里百感交集，难以继续写下去。现在，我对你的爱和尊重发自内心深处，这种感觉前所未有，根本没有丝毫提出自私要求的想法。我真的希望，我从今以后少给你造成痛苦。

面对这种相当糟糕的奇怪情景，奥托琳的反应在心理上非常复杂。一方面，她听到海伦向她坦露心声，诉说罗素带来的种种痛苦，这样的过程当然让她感到难受。她心里明白（无论罗素可能说些什么），自己难脱干系——尤其是听到海伦说，她知道她敲门时罗素常常就在屋里，因为她在门外可以听到罗素的呼吸声。另一方面，奥托琳似乎也感到高兴，觉得自己战胜了情场对手。在那些日子里，她想象自己打开房门，发现“一个女人瘫倒在门前的石头台阶上”。在奥托琳写给罗素的信件，充满了对性亢奋和性满足的异常感觉。她去他的寓所幽会之后写道：“没错，确实如此，这些时光美妙无比，超过以往任何时候。我俩绝对融为一体了，所有的阻碍，所有的障碍，全都不复存在，只有我俩的完美结合。和你在一起时，我的整个身心活力迸发，无论在精神上还是在生理上都到达了完美状态。”两天之后，她在信中说，罗素对海伦采取的明确态度是正确的，并且再次告诉他说：“亲爱的，对我来说，每次约会都是美妙无比的经历……我喜欢你越来越多地占有我。”

但是，这个对手毕竟也是一个可怜的不幸之人，她将奥托琳视为自己的最好朋友。到头来，奥托琳对海伦的同情，对罗素的愤慨战胜了内心的竞争感。罗素8月29日在信中告诉奥托琳，“海伦·达德利继续说那些让你恼怒的事情，我对此深表歉意。我一定想法让她闭嘴——她说这些事情起不到任何作用，你其实已经知道了全部情况”：

> 在这个世界上，没有任何东西可以让我再朝她挪动一英寸，让我和她的关系超过友谊的范围。她的自私言行并不让我讨厌她——假如她的言行让我

感到痛苦，我会憎恨她的。

罗素知道，海伦觉得他不见她的理由并不是认真的，于是补充说："我必须采取毫不退让的态度，让她意识到我是认真的。你不必担心——无论她可能做什么，她都绝对不能让我做出任何让步。"

实际上，让问题变得更糟的是，罗素的最后这一句话不是真的——他并未采取毫不让步的态度。在《自传》中，他谈到了他与海伦·达德利的恋情，以轻描淡写的口气——从语境上看，这令人讨厌——说，海伦·达德利到了英国之后，他尽管不再对她有任何激情，还是"常常和她发生关系……我让她感到伤心"。他显然不愿看到的是，无论他什么时候决定与她"发生关系"，她事后都会说给奥托琳听，这迫使他不得不向奥托琳解释。"你不能说，她来了以后，我欺骗了她。"他在写给奥托琳的一封信件中强调说： 379

> 我昨天见到她（她向我求婚）。开始时，我没有理她，她求我不要那样。我说，我们必须先把事情说清楚，她当时说她做不到，但是已经决定，在今后几天中寻求更多友谊，希望等几天谈。在这种情况下，我让了步，有了一些感情。她要我许诺，再和她过一次夜。今天上午，我已经给她写信，收回了那个承诺。我不能那样做，它将让我发狂。我傲慢自负，态度僵硬时，这样的表态往往是为了掩饰羞愧感。

他给奥托琳寄去了她的对手写给他的一封信件，作为他没有欺骗海伦的证据：

> 我觉得，我们必须尽快详谈一次。我们之间的关系已经降低到最低程度，这似乎是你对我的感觉。你对我感情已经不再属于你内心深处的东西，但是你有空时，依然应该喜欢拥抱我——如果说这样做不会"鼓励"我的话。

但是，这一番话证明的与其说是罗素与海伦之间的清白关系，毋宁说是海伦对罗素的性格的睿智之见。

罗素那时才意识到，当时的情况在一定程度上影响了奥托琳对他的感情，说话的口气变得越来越难听。他写了许多信件，试图从自己挖掘的陷阱中爬出来，其中的一封说："我要求她竭尽全力爱我，这一说法完全是无稽之谈。今天下午，我们不能浪费自己的时间，去谈她的事情……我非常希望摆脱这种令人心烦的纠葛。这样的事情让我颜面丢尽，我开始憎恨她了——我并不希望这样。但是，如果我不去恨她，我必须让自己的神经得到休息，不去考虑她的问题。"

从奥托琳的角度看，她对罗素的信心大受损害，其原因在于，她发现在她和罗素每个星期二见面期间，在她和罗素在伯恩哈姆比奇斯散步那段时间里，罗素给海伦写了若干言辞火辣、充满激情的信件。然而在那段时间里，他也给奥托琳写信，对自己与海伦的关系表示怀疑。我们是否有理由认为，他一方面向海伦撒谎，另一方面告诉奥托琳实情？即便我们有理由这样认为，他那样做是否是为了表示安抚呢？罗素被——可以这么说——被抓了一个现行，只得厚着脸皮面对：

> 你是否可以让自己确定以下几点：第一，我的行为非常糟糕；第二，我深感羞愧，现在无法面对你；第三，我已经吸取了教训，不会再犯类似错误。希望你不要觉得，你在伯恩哈姆比奇斯被人耍了——这不是真的……过去的事情已经过去了，这才是现在的实情。我真的认为，如果你继续听她说关于我的情况，这对我们两人都没有好处。没有什么新的东西，她说的只能
> 380 起到令人不安的作用。我相信，这也不会给她带来任何好处。根本不存在任何可能性，让我重新唤起以前对她的那种感情。它已经死了；一样东西死了之后，绝对不能死灰复燃。假如这样做不是自私的，我应该强烈希望，再也不和她见面了。我肯定犯了错误——我从未像自己当初想象的那样爱她。最后，我强迫自己得出结论，不能去伤害她……最亲爱的，无论我说了什么，做了什么，想了什么，自从在贝德福德广场度过了第一个星期天以后，我真正爱的只有你一个人……在经历多年的磨难之后，我俩再次走到一起；如果在我俩之间隔着一个幽灵，这样的情景简直让人觉得不寒而栗。

罗素面临失去奥托琳的危险，对海伦的态度变得更加冷酷。他现在不会给任何人打开房门，以免看到出现在门口的是海伦。他9月3日写信告诉奥托琳："你来时，请使用钥匙。这样，我就没有必要理会任何人敲门或者摁响门铃了。"那天，海伦"来了，长时间敲门……可怜的姑娘，我真后悔，自己当初不够坚定，

结果让她抱有一线希望。但是，整个事情已经毫无希望，我现在甚至没有一丝残留的情感”。

次日，他同意与越来越绝望的海伦见面，条件是她站在房门之外。他告诉她，他再也不能在寓所和她见面了。后来，他给奥托琳写信说：

> 她问我，昨天她敲门时我在不在房间里？我回答说，我在。她说，她到这里来有损尊严，你知道她的做法后表示震惊。还好，她保持了冷静的语气。总的说来，她的态度有所转变，事情变得比我想象的容易一些。我对她的感觉非常冷淡，无法用语言描述出来。这其实很可怕……她离开时，我心里有一种谢天谢地的感觉，无法用语言表达……我很怕失去你，这样的担心冻结了一切。这一段时间，它让我感到恐惧，几乎产生了令人瘫痪的效果。

奥托琳这时发现，海伦让她感到厌烦，情况变得无法忍受：海伦抽烟非常厉害，习惯半夜三更找到奥托琳，给她谈自己的个人生活。奥托琳觉得，她再也无法让海伦在自己家里住下去了，于是说服她的作家朋友吉尔伯特·坎南和他的妻子玛丽收留海伦，作为暂住的付费客人。过了一段之后，海伦被送到切尔西的一家小旅馆去。为了让海伦能够独立生存下来，奥托琳帮忙给她找了一份工作。奥托琳并未完全抛弃她，邀请她每周到贝德福德广场来一次，共进晚餐，了解她的情况。罗素表示，奥托琳为海伦找了工作，这让他“觉得高兴”。他听说奥托琳感到内疚，觉得她抛弃一个需要帮助的朋友，竟然告诉奥托琳：“如果她［海伦］觉得受到伤害，你绝对不要在意。”

海伦搬到切尔西之后，罗素在一家餐厅与海伦见面——他希望是最后一面，“我尽量让那次见面不带个人感情因素”。他这时发现，面对她的恳求，“我不再觉得困难，甚至没有多大痛苦了”。那次相见“顺利进行，没有出现灾难”。他这时在良心上已经没有内疚感了——“她过于好斗，难以长期引起人的同情”。但是，他次日承认：“无论何时想到她，我都有羞愧之感，觉得脸上一阵阵发热。” 381
可是，那并不是他最后一次和她见面。10月11日，在她动身返回美国（这个行动受到罗素的鼓励）之前，在没有事先通知的情况下，她到了罗素的寓所，显得非常郁闷：

我没有让她进屋。她让我给她倒一杯水，我自己去倒水，让她在楼梯上等候。我劝她回家，陪着她一直走到她住处的大门口。她说她很孤独，发誓不会再到我的寓所来，在数周时间里都不会与我见面。与她见面让我觉得痛苦。

通过采取这样的极端措施，罗素如愿把她挡在了门外。海伦返回芝加哥，精神遭到重大打击。当然，她在伦敦逗留的日子并非完全没有回报。在奥托琳的大力帮助之下，她建立了足够多的联系，这让她感到，值得再次进行尝试，以便进入伦敦的文学圈子。1915 年 7 月末，她重访英国，这次她姐姐与她同行。罗素听到这个消息时说："想入非非的海伦回来了！真让人觉得非常无聊。我本以为，她永远消失了。"她确实在 1919 年永远离开了；在那之前，她和姐姐曾经一度是罗素的房客，住在贝里街的那套公寓里。1924 年，罗素最后一次见到她。他巡回讲座途中，到芝加哥探访了她，发现她罹患了多发性硬化症，已经局部瘫痪。这让罗素大为震惊。"我和她交谈，觉得自己头脑中潜藏着没有理智的阴暗念头。"几年之后，在另外一次巡回讲座途中，他再次拜访了达德利一家，得知海伦精神崩溃，精神完全失常。罗素写道："在精神失常状态下，她给她父亲讲了当时的全部情况。"从那以后，他大概不再是达德利家欢迎的客人了。

他摆脱海伦付出的代价是，与奥托琳的关系回到了他访美归来之前的状态。或者不如说，两人进入了一个全新阶段，既非数年之前那种动荡状态，也非前几个月那种充满激情的亲昵状态。对罗素来说，奥托琳现在首先是一个坚强后盾，支持他的反战立场。她继续做到了这一点，甚至在她对他的浪漫情怀受到伤害——甚至几乎被完全破坏——时也一如既往。10 月 14 日，剑桥大学开学，罗素写信告诉她："我能够理解，你的感情死了。我的也是如此，剩下的想法只有依恋你，从你那里得到力量。"

在剑桥大学，罗素的学生不多，他没有兴趣让自己再次沉浸在学术研究之中。他计划于 11 月在牛津大学举行声誉卓著的赫伯特 · 斯宾塞讲座，但是发现自己很难集中精力进行准备。他在信中告诉奥托琳，"难以思考哲学问题。"几天之后，他收到一份邀请函，拟于元旦期间在曼彻斯特大学宣读一篇论文。他回复说："曼彻斯特的人真的依然对哲学感兴趣？我没有兴趣。我会尽力而为，不过我恐怕没有什么新的想法。"离牛津大学讲座只有一周时间了，他还未完成讲座的准备工作。“因为我无法产生兴趣，觉得做好做坏似乎没有多大意义，这种情况让我感到担心。这可以让我挣到20英镑，但是这样的赚钱差事让人痛苦不堪。” 382

实情确实如此。那篇论文题为《论哲学领域中的科学方法》，内容几乎全是他以前在文章中几次进行过精彩阐述的观点。唯一的新东西是对哲学家的刻薄攻击，这一段文字让罗素感到十分自豪，实际上表达了他对整个学科的厌恶感。罗素抨击了柏格森的进化论哲学的假设，引用了中国哲人庄子所讲的关于肥猪的故事：一位祭祀官心里纠结，不知自己是否应该吃猪肉。那位祭祀官首先考虑了自己的观点，然后考虑了那头肥猪的观点，接着否认了肥猪的观点，最后吃了猪肉。庄子问道：“他是否与肥猪不同呢？”同理，罗素以恶作剧的口吻解释说，那些进化论者根据从原生动物进化到哲学家的过程，看待生命的进化，他们却没能从原生动物的角度观察事物；就这一点而言，他们“常常类似于那位祭祀官和肥猪”。

罗素将该论文的一份副本寄给哈佛大学的拉尔夫·佩里，并且告诉他，它的真正标题应为《哲学家与肥猪》，是他“受到英国和德国的教授们表现出来的嗜杀性的启发之后写成的。我在牛津大学宣读过，引起了我预料之中的恶感”。11月18日，他宣读了论文，随后立刻给奥托琳写信说，他没有耽搁时间，在牛津总共逗留了3个小时。那次讲座并未恢复他对哲学家的尊敬。在出席讲座的指导教师中，波尔森教授是“一个愚蠢、顽固、保守的老头”，吉尔伯特·默雷“非常虚弱，像一条蛞蝓”，J. F. 史密斯是武断的权威，席勒是“粗鲁的无赖”。他说，那篇论文“旨在激怒牛津大学的学者”，取得了预期的效果。“我讨厌的是，他们装腔作势，其实思想上已经进入虚脱状态。不过，就人际关系而言，他们待我不错。”

罗素一度考虑完全放弃学术生活。“如果我可以通过撰写报刊文章或者从事其他方面的工作挣钱，我觉得自己完全有理由离开剑桥大学，投身实现和平的事业。也许，这一点可以主要通过接触劳动人民和外国的社会主义者来实现”：

> 社会主义者显然是世界的希望所在，他们在战争期间获得重要地位。为了和平，我接受了社会主义。我对自己在哲学领域可以干下去的事情没有什么兴趣。与可能其他方面的工作相比，这样的研究显得无关紧要……我无法忍受大学生活带来的脱离社会的平静。我想要战斗，想要压力，要想做点实

事。我可以请假1年，离开这里，权当做一段时间的实验。你觉得如何呢？

罗素答应给《国际伦理学刊》撰写一篇文章，题为《战争的伦理》，将其作为一种妥协，兼顾学术工作和宣传性新闻写作。他完成之后，将稿件寄给奥托琳，声称“本来是想写一篇阳春白雪的哲学文章，但是最后的结果却不是如此”。
383 这也不是许多人期望的那种宣传和平主义的文章。实际上，罗素从来不是和平主义者。他在动笔之前告诉奥托琳：“我觉得，战争并非总是错误的——从交战的一方看，我国的内战和美国的南北战争都是有道理的。我认为，如果战争的目的只是为了国家自身的利益，战争总是错误的。但是，我无法接受托尔斯泰的极端立场。”

其实，他采取的立场为大量的流血冲突进行开脱。他将战争分为四大类：殖民战争、原则战争、自卫战争、荣誉战争。他认为，在判断战争伦理时，应该采取这个总体原则：如果战争有利于文明，它就是正义；否则，它就不是。根据他的观点，这一原则说明大多数殖民战争、原则战争，某些（反对劣等文明的）自卫战争都是正义的，但是，荣誉战争是非正义的。于是他认为，“欧洲人与美洲印第安人之间、与毛利人之间、与住在温带的其他土著人之间的战争”是正义战争的典范。其原因在于，尽管那些战争常常残酷，“缺乏技术意义上的有理证明”，其结果证明它们是正义的。“如果我们根据结果来判断，我们不可能对出现这样的战争感到遗憾……正是主要借助于这些战争，世界的文明地区才得到扩展，从地中海沿岸发端，延伸到地球表面的更大区域中。”一方面，罗素接受这样的观点：在大多数情况下，这样的战争几乎与武装偷窃无异；许多具有人文主义思想的人在理论上认为，这种形式的剥夺是非正义的。另一方面，他又强调说，“欧洲文明获得美洲大陆的过程”被证明完全是有道理的，其事实根据是，在这种以及其他情况下，“在殖民者的文明与被剥夺的土著人的文明之间，存在无可否认的巨大差异”。看来，只要受害一方属于“劣等”文明之列，武装偷窃是不乏道德的。

在罗素看来，英国的内战和美国的南北战争是正义的原则战争。在这两场战争中，“人类进步取决于采用特定的观念或者制度。战争中的另外一方要么因为盲目，要么因为自然方面的堕落，认为这样的观念或者制度是不合理的”。有人认为，第一次世界大战属于这类战争，是保卫民主之战；罗素对此嗤之以鼻，认为它非常荒诞，其理由是，无论英国的盟友俄国为了什么目的而战，俄国都不是民主国家。实际上，通篇文章希望阐明的观点是，英国和德国这样的文明国家根本没有任何理由兵戎相见。“假如这些事实得到理解，鉴于文明国家之间的战争带有内在的荒诞性，所以它应该停止。”此外，自卫本身也不是理由：如果受到一个文明国家的攻击，实际的明智政策应该是不要反抗。“在两个文明国家之间，不抵抗看来不仅是一个遥不可及的宗教理想，而且是一种实际的智慧之道。阻止人采取不抵抗政策的因素只有骄傲和恐惧。”当然，荣誉战争不是文明国家应有的行为。因此，总的说来，“如果当前这场悲剧最终以灾难性结局收场……参战国家也许将会发现，它们是在盲目和幻觉中进行战斗的”。

在这篇文章中，让读者深感震惊的是这个观点：如果一方是先进文明，另一方是原始文明，那么，以强制手段夺取一个民族的土地和财产的做法是正义的。384
在文章发表时，无人对此作出评论。但是，罗素关于不抵抗策略的论调引来大量强烈批评，其中影响最大的是哈佛大学的拉尔夫·佩里提出的批评。佩里深受启发，写了一篇反驳文章。罗素反唇相讥，在接下来一期《国际伦理学刊》上撰文作答，删除了他所说的引起误解的段落。他强调说，他从未有意暗示，英国应对德国的侵略采取不抵抗政策。他看来相信，英国本来可以通过承诺在德国与俄国的战争中保持中立的做法，防止西线战争——当然，前提是德国投桃报李，不侵略法国和比利时。实际情况是，英国没有采取那样的政策，战争已经爆发；罗素承认，正是为了文明的利益，英国应该打败德国，然而——用当时流行的话语来说——不应“粉碎”或者“毁灭”德国。在那段时间中，他还就同一问题撰写了其他文章，认为对被入侵国家的人民来说，应该采取（万一德国入侵英国，英国面对德国统治应该采取的）的最佳行动步骤是，以被动方式抵抗占领军，这类似于甘地后来极力推崇的使印度变得让英国无法统治的策略。

罗素通过撰写《战争的伦理》、《战争：恐惧之子》以及其他一些时事评论和文章，参与了那场争论。在那个过程中，他越来越清楚地认识到，他的立场是建立在一组颇有争议的假设之上的。那些假设涉及英国、法国和德国之间的外交关系的性质和沿革。具体来说，他不得不承认，他当初过于轻率地假设，英国应该在法德战争中保持中立。他意识到，1904 年签订的《英法协约》使英国无法保持中立，于是将注意力转向该协约的历史。他应美国著名自由主义刊物《大西洋月刊》的约稿要求，撰写了一篇 6000 字的文章，分析外交关系，题为《是否可能实现持久和平？》。奥托琳发现，那篇文章索然无味，这一反馈在一段时间里动摇了他对此所持的信念。可是，该刊主编埃勒莉·塞奇威克宣称，该文“在各个方面都值得赞美”，非常渴望向罗素预约更多稿件。这不仅给他的报刊文章写作开创了一个有利可图的市场，而且还给他创造了机会，对美国的公众舆论产生影响——他认为，如果美国保持中立，这将起到至关重要的作用，有助于顺利结束第一次世界大战。

该文开头提出了一个前提，“文明国家之间的战争既是邪恶的，又是愚蠢的”，然后提出了这个问题：在这种情况下，法国、德国和英国是如何被卷入战争之中的？他说，这个问题的答案是：“这场战争源于国家之间的竞争，国家之间的竞争源于骄傲和恐惧引起的某些错误观念。”因此，“如果要想让文明国家之间的战争停下来，就必须看到这些观念是错误的；骄傲应该以另外形式表现出来；必须排除让人感到恐惧的基础；国际关系的机制不再仅仅为了形成竞争。”罗素提出，在理解战争原因的过程中，“最近两周实施的外交活动完全没有起到
385 积极作用”。他显然相信，爱德华·格雷在最后关头做出的努力其实不能避免这场战争。英国在7月的最后两周中以疯狂的轻率方式，仓促宣战，这恰恰是之前的外交策略带来的必然结果：“自从1904年签订《英法协约》以来，战争一直处于一触即发的状态。”因此，人们需要理解，究竟是哪些恐惧心理，哪些观念和事件促使两国签订了《英法协约》？根据罗素的判断，它们包括以下方面：

> 吞并阿尔萨斯－洛林在法国与德国之间造成了深刻的疏离状态。泛斯拉夫主义的躁动使俄国与德国成为敌人，危及奥地利在巴尔干半岛的影响力，甚至危及奥匈帝国本身的生存。最后，德国决定建立强大的海军，将英国送入了俄国和法国的怀抱。

在这种情况下，根据《英法协约》的规定，英国同意法国控制摩洛哥，牺牲了德国的利益，法国同意英国对埃及的占领。与之类似，根据与《英法协约》相似的规定，英国接受对波斯的分割（让俄国控制波斯的北部），以便换取自己对阿富汗的控制。指导所有这些危险、可耻的外交行动的错误想法是，英国和德国的利益互相冲突，对德国不利的行为必然对英国有利。可是，真实的情况是，从商业角度看，这两个国家互为最佳客户，“德国繁荣时，英国也繁荣”。然而，英

国一直准备与德国交战，以便让法国将摩洛哥“划入法国的势力范围”，第一次是 1905 年，第二次是 1911 年。这种做法实在愚蠢，在经济上缺乏道理，其目的只是为了维持一种幼稚、愚蠢的骄傲感。其实，除了这一点之外，“对法国或者德国来说，谁控制摩洛哥又有什么重要意义呢？”如果要结束这种荒诞局面，如果要使持久和平变为可能实现的东西，那么，必须让实实在在的自身利益战胜愚蠢的“荣誉”观念，“人们必须看到，自己的国家的荣誉存在于理性战胜野蛮本能的过程之中”。

这篇文章试图揭露推动国际政策的非理性恐惧和出自虚荣的骄傲，它的主要作用也许不是描述外交历史，而是分析推动外交历史的心理作用。他 11 月 25 日告诉奥托琳，那场战争摧毁了他对人类理性的力量抱有的幻想，给他提供了一种“毫不留情的睿智之见，让他看到了观念、信仰和希望具有的隐性动力”：

> 我在内心深处依然相信，人具有潜在的可能性，但是这一信念并不强烈——我深深感到，自己仿佛从另外一颗行星上坠落下来，遇到了一个外星种族。

那时，康拉德本人已经回到英国。罗素急不可待地与他联络，希望和他见 386
面。但是罗素发现，不久之前的经历给康拉德带来了极大冲击，康拉德身体欠佳，无法与任何人见面。不管怎么说，康拉德大概也不会缓解罗素心中的疏离感。罗素很快发现，康拉德对战争持强烈的爱国主义立场，非常高兴地看到儿子博里斯加入英国军队的行列。而且，他还大表决心，声称要在帮助战争的活动中做出自己的贡献。这让罗素深感失望。

在剑桥，罗素的境遇与扬科·古拉尔的类似，让他颇有孤掌难鸣之感，这不仅在隐喻意义上——他的老朋友们，例如怀特海夫妇、吉尔伯特·默雷等等，已成陌路之人，而且也还字面意义上——他的周围全是外国人。他在信中告诉奥托琳：“来听我的讲座的人包括两个美国人，一个意大利人，一个日本人，一个女人——一个英国男人的影子也见不到。”他在写给他原来的一个学生（当时在圣安德鲁大学任讲师的）C. D. 布罗德的信中说：“所有的白人男子要么已经奔赴战场，要么在接受军事训练。”布罗德给罗素写了一封令人感到愉快的信件，称赞罗素所持的立场，认为罗素立场鲜明，与圣安德鲁大学的哲学讲师们的态度形成了强烈对比。根据布罗德的说法，圣安德鲁大学最著名的哲学家之一 G.F 斯托特“四处游说，大谈对自由的热爱，这是（在所有的伪装背后的）斯拉夫灵魂的本质”。

> 正如您知道的，斯托特的癖好一直是军事策略，现在他没完没了地讨论它们。如果霞飞将军[1] 知道，他使用的策略得到了圣安德鲁大学的逻辑学教授的全盘认可，他将感到非常满意。

另外一名哲学教员莫里森“显然认为，在政治问题上使用理性总是危险之举，在战争期间便是犯罪行为”。与此同时，该大学校方摆放了一块牌子，上面的文字说，每个强壮的男学生应该加入军官训练团。布罗德写道：“很奇特的现象是，一帮肥胖、愚蠢的老年绅士去给具有前途的迷人的年轻人提供咨询，教他们如何挨枪子，以便确保没有人将会影响自己的收入。这样的事情竟然没有人觉得滑稽，没有人感到羞耻！”布罗德在信中所用的这种风格让罗素深感慰藉，他很快注意到布罗德所用的“迷人”一词。罗素将这封信的抄写件寄给奥托琳，并且在附言中说：“正如你可能推测到的，他是同性恋者，这一点让男人显得更有活力，凸显了战争的可怕现实。”

尽管这样的鼓励之言偶尔出现，然而形影相吊的状态总是让罗素深感痛苦。此外，他与怀特海夫妇之间出现了隔阂，这也让他懊悔不已。他告诉奥托琳，“我非常想念怀特海夫妇。诺思的境遇肯定让他们备受痛苦折磨，我却无法向他们表示同情，起到安慰作用。自从我认识他们夫妇以来，这样的情况尚属首次，真的十分可怕。”而且，“与自己的国家日渐疏远，这样的感觉很糟糕”。在战争爆发初期，他与奥托琳的密切关系起到了重要的补偿作用，缓解了这种疏离感；但是，自从奥托琳因为海伦 · 达德利的事情对他心灰意冷之后，他开始感受到分离带来的痛苦。到了 12 月中旬，他有了彻底失败的感觉：

---

[1] 霞飞（1852—1931 年），法国元帅和军事家。1916 年 2 月，德军决定在西线重点进攻法国的凡尔登要塞，把该要塞作为“碾碎法军的磨盘”。霞飞采取“以磨盘对磨盘”的战术，集中兵力死守凡尔登。经过 6 个半月的拉锯和争夺，法军终于转守为攻，夺回了失地，德军的战略企图落空。当时有“绞肉机”之称的凡尔登战役成了第一次世界大战的转折点，霞飞因此赢得了很大的荣誉。——译注

> 这场战争已经毁掉了我的抱负。我曾经将它投入到哲学研究中，但是那样做的意义现在显得微不足道；而且，就和平和国际关系问题而言，我也有力不从心之感。在余生中，我可能陷入无所事事的状态。我似乎失去了全部激情，从自己和他人两个方面来说均是如此。 387

他与奥托琳的关系处于低潮期，他的当务之急是让自己摆脱无所事事的状态。他在12月22日的一封信件中试图解释这一点：

> 我希望我能让你理解，我和你一样，认为肌肤之亲是神圣的，属于精神层面的。但是我觉得，这不是任何女人都能理解的东西。显得非常不幸的是，就在我真的不再对你感到不满——我从美国回来之后刚摆脱了这种感觉——时，我们之间却出现了问题。假如没有这个幽灵从中作祟，我们可能在一起，共同感受真正的快乐。假如你**真的**理解这一点，你就不会有现在这样的感觉。但是我觉得，这在生理上是不可能做到的。我无法与你在一起，正是这一点让我昨天产生了万念俱灰念头。这样的感觉总是将我抛入绝望之中……开始时，你的话语让幽灵在我的脑海中重新出现——一旦我的头脑空闲下来，隐约的恐惧感随时都可能向我猛扑过来。但是，我可以通过让自己忙碌起来，避免出现这样的情况。

罗素和怀特海一家度圣诞节。根据他的说法，他们“心平气和地相处”。诺思请假回家，（在罗素看来）已经有了“亲德”思想。但是，让罗素觉得精神大振的是，他产生了撰写一本重要的大部头——一本详尽研究国际政治的著作——的想法。他12月26日写信告诉奥托琳：“我很感兴趣，觉得这本书触手可及——它已经出现在我的脑海之中。它将以毫不留情的方式，批判所有国家的全部外交传统……这本书的内容实实在在，给我水到渠成的感觉。我对它很有信心，觉得自己可以让它成为一本真正具有重要意义的著作。它将是一个载体，让我释放大量遭到压抑的激情。”撰写这本著作的想法让罗素心情愉快。他告诉奥托琳，他感到非常兴奋，将要释放的激情“涉及你，涉及我的工作，涉及我的道德观念——这三者是联系在一起的”。就第三点而言，“我有了真正坚定的决心，将来要避免拈花惹草行为。我在内心深处认识到，那样的行为没有什么价值”。

这番表白言辞是否真有力量？这一点很快将要得到验证。其原因在于，一方面，罗素已经断定，拈花惹草的行为没有价值，态度坚定，发自内心深处；另一方面，奥托琳也决定——她这样做的具体理由至今依然不明朗——让他面对诱惑。10月，奥托琳的老友，作家韦农·李（两人在世纪之初便互相认识）从意大利返回英国，随行的还有一位年轻、迷人、聪明的同伴，名叫艾琳·库珀－威利斯。奥托琳与韦农共进午餐之后觉得，艾琳是可以帮助罗素缓解孤独感的最佳人
388 选，几次敦促他带她出去吃饭。最后，她于12月终于让两人在贝德福德广场举行的一次宴会上碰面。正如她希望的，罗素和艾琳·库珀－威利斯一见面，关系便热络起来。艾琳随即作出安排，定期与罗素见面，接受关于斯宾诺莎的非正式辅导。罗素对她越来越喜欢，确信她具有杰出才华。

按照艾琳·库珀－威利斯的朋友伊妮德·巴格诺尔德的描述，库珀－威利斯“长得像西班牙人，模样漂亮，神情严肃……满头黑发用一对绿色梳子固定起来，搭在耳朵上……衣服配着白色领子，亚麻褶边垂落下来，展现出她的美女风度……常常略带愠怒，神情严肃，显得腼腆，不苟言笑。给人的感觉是，她随时准备回答高深难解的问题”。与她的朋友韦农·李类似，艾琳也热情参与和平主义事业。当罗素谈及他计划撰写的关于外交史的著作时，她立刻主动提出，愿意充当他的研究助手。12月29日，两人见面，讨论写作计划。只有一个因素阻碍艾琳实现帮助罗素的计划——韦农·李。艾琳觉得，她首先应该忠实于韦农·李。艾琳告诉罗素，韦农将在元旦返回佛罗伦萨，如果韦农需要，她觉得应该一起回去。在这种情况下，1915年1月2日罗素与韦农一起喝茶时，两人发生了争执，都觉得自己有权得到艾琳的协助。罗素向奥托琳描述了当时的情形：

> 她［韦农·李］提到库珀－威利斯小姐时说，“我要她为我工作”，那口气仿佛在说她的财产。她还告诉我，与我给库珀－威利斯小姐的工作相比，她打算给库珀－威利斯小姐的工作需要更多脑力。在这种情况下，我解释说，自己希望库珀－威利斯小姐做的事情需要更多脑力。她回答说，库珀－威利斯小姐对此不感兴趣，只能在指导下做些事务性工作……她说了许多理由，要我打消念头，显然准备使用任何手段，无论多么不讲道德也没有关系。

不知何故，罗素赢得了胜利。韦农后来没有去意大利。也许，对艾琳来说，

这是起到决定作用的因素；也许，她觉得和罗素一起工作比为韦农工作有趣一些。如果韦农打算在伦敦常住（看来，她在整个战争期间一直住在伦敦），那么，库珀－威利斯小姐既可以帮助罗素收集写书需要的材料，又可以做到每天去看望韦农。不管怎么说，从1月4日开始，艾琳每天都到大英博物馆去，为罗素查阅资料，下午到罗素的公寓（其实就在博物馆隔壁）喝茶，继续她的斯宾诺莎研究。

为了指导她的工作，罗素为他拟撰写的著作写了一份长达25页的概要，标题是《外交政策的原则与实践》。概要是对他的最初观点的一种扩展，认为那场战争背叛了在选举中支持自由党政府的“进步朋友”。概要先提到了1906年选举的情况，然后对比了选举中提到的明显问题与自由党政府上台之后执行的政策：

> 所有进步朋友都记得，1906年取得的选举胜利给予人们很高希望……选民们在1906年认为，他们的选票投给了反对使用中国劳工、反对关税改革、反对侵略战争的政党。他们错了。他们其实投票支持法国征服摩洛哥，甚至付出了与德国开战的代价。 389

艾琳手持概要，按图索骥，翻阅过期的《泰晤士报》，寻找可以说明罗素观点的材料。

在罗素的脑海里，写作计划这时已经扩展为两卷，《外交政策的原则与实践》总结了英国外交政策的研究情况，仅仅是篇幅较小的第一卷。按照他的设想，第二卷追求的目标更加宏大，将对1870年以降的整个欧洲的历史进行梳理和研究。第一卷表明，有必要采用民主手段，对英国外交政策进行控制；第二卷将提出，应该对外交关系进行某种形式的国际改革。罗素预测，第一卷“可能在1年之内完成”，大概想象他自己可能在未来的数年中撰写第二卷。这并不是说，他有任何胆怯之感，他告诉奥托琳：“我喜欢做这样事情。”实际上，由于某种原因，仅仅过了几个月，整个写作计划便被搁置一旁，第二卷甚至没有动笔。不过，为第一卷收集的资料和部分稿件后来被用于《协约政策：1904—1914年——答吉尔伯特·默雷教授》之中。吉尔伯特·默罗的著作《爱德华·格雷爵士的对外政策：1906—1915年》，为英国的外交政策进行了辩护，罗素于1915年底出版该书，作为对那本著作的回应。

与以往的情况一样，开始一项新工作给罗素带来的更新效应。他1月3日写道："我感觉自己焕然一新，充满活力和战斗精神，毫无消极或衰老之感。"除了这种获得新活力、新希望的感觉之外，每天见到艾琳·库珀－威利斯也让他十分开心。那个女人模样迷人，非常聪明，对斯宾诺莎很感兴趣，致力于和平事业，而且显然迷上了罗素。正如奥托琳所预测的，艾琳正是罗素梦寐以求的那种伴侣。1月2日，罗素即将开始与艾琳一起工作，写信告诉奥托琳说："如果没有你，世界对我来说就是一个冷漠而寂寞的地方。"显而易见的是，他这时开始希望，艾琳也会起到作用，让他的世界不再冷漠，不再寂寞。奥托琳继续鼓励他的这些希望，让罗素面临一个相当奇特的局面，觉得很难适应：奥托琳是否真的鼓励他与别人相好？如果真是如此，这是否意味着，她希望摆脱他，他与奥托琳的关系正在走向终结？他进退两难，一方面有追求艾琳的强烈愿望，另一方面又心存顾虑，觉得自己可能落入陷阱，永远失去奥托琳。在接下来一周时间里，他一直困惑不解，犹豫不决，焦虑不安。

"我们两人讨论库珀－威利斯小姐的事情，这让我觉得怪怪的。"他1月7日写信告诉奥托琳：

> 眼下，我没有**任何**追求这种事情的冲动，但是我觉得，经过一定时间以后，可能出现另外的情况。如果是这样的话，它将不是因为激情，而是出于对陪伴的需要。不过我觉得，我对此的估计可能是错误的。我已经犯了许多错误，所以倾向于听一听你的意见。关于这样的事情，你的意见看来非常明
> 390 确，切中要害。我不知道你的观点中究竟有多少无私的成分？我觉得，不让你对我的幸福负责，这样对你来说压力可能会小一些。

他与海伦·达德利的恋情曾让奥托琳反应激烈，他对此一直心有余悸，所以显得十分谨慎。他在这封信件的结尾处写道："我亲爱的，我爱的是你，我的所有激情和渴望，我的内心深处的所有无限情感，全部属于你。所有这一切无法轻易改变。"

当天晚些时候，他收到奥托琳的另外一封不乏鼓励言辞的来信，慢慢开始对艾琳想入非非。他这时确信，追求艾琳不会让他面对失去奥托琳的危险。他承认说，"我觉得我可能逐步对艾琳产生非常强烈的感情，而不是非常强烈的激情。当然，那种感情可能给我快乐，让我摆脱激情造成的痛苦"：

我觉得相当有把握的是，她会作出回应，可能有些腼腆，需要慢慢引导。我还觉得，与其他人相比，她对我们两人之间关系的干扰十分有限。她缺乏你身上狂野的一面，而且缺乏宗教信仰。我与你有许多共同之处，无法与她分享……你身上有某种不可接近的高尚品质，正是这一点总是让我觉得，你体现了狂野世界的神秘之处。这并不仅仅是一个说法，而是我内心深处感受的东西。它可以与在我可能在艾琳身上逐渐感受到的东西并存——那样的感受可能是真实的，美好的，然而肯定不是神秘的，疯狂的。我承认，我事后可能面对无法忍受的孤独，这可能让我陷入让自感遗憾的境地。

但是，他对失去奥托琳的恐惧感依然强烈，超过了对艾琳的欲望。1月8日，也许奥托琳委婉表现出来的嫉妒让他产生了强烈反应，他整天痛苦不堪，苦苦思考这个问题：他向奥托琳表示了自己对艾琳的欲望，这已彻底破坏她对他的爱意。那天深夜，他写了一封狂热的几乎失去理智的信件，试图解释他忍受的“令人恐惧的情感纠葛”：

我有了一种临终之感，不是你造成的临终之感，而是你的爱意带来的自豪和神奇已经临终的感觉，我的欲望杀死了这样的感觉……我们两人一起度过的美好的日日夜夜在我的脑海里一一浮现，仿佛幽灵幻影一般……正如我们第一次谈到这个问题时我告诉你的，我自己当初的判断是，我不应与艾琳走得太远。但是，我不相信自己的判断，觉得你希望我朝着那个方向继续下去，而且，本能也起到了相同作用。消失的东西让我顿生十分悲伤的感觉，所有这种感觉让我意识到，我的真正生命已经完结，剩下的只是一场索然无味的梦魇……［自从8月以来］黑暗和寒冰降临在我们之间……我觉得自己生命中的所有重要的事情都已终结……艾琳可以取代的仅仅是一种表面的东西。

次日上午，他寄出了那封信件，结果在痛苦和折磨熬过一天，他在信中所写的“临终之感”一直挥之不去。在那一天时间中，他至少给奥托琳写了三封信件，对他所说的“根本不应寄出的半夜信件”道歉。他反复说，他考虑的其实并不是结束他们两人之间的关系，而是“仅仅希望那些说法遭到否认”。其根本原 391
因是，“我不想滑入困境，让自己失去你可能给予的任何东西；在这种情况下，我宁可自己对面对任何孤独境况”。奥托琳看到这种充满痛苦和折磨的倾诉之后，随即回信好言安慰，依然敦促他继续与艾琳保持关系，同时让他对结果感到放心：“我知道，她不能完全满足你，但是我知道——而且你也说过——她让你快乐，帮助你摆脱孤寂……我自然希望你知道，我理解这一点。”

后来的结果证明，所有这些痛苦全是一厢情愿的单相思，几乎让人觉得滑稽。实际情况是，艾琳根本没有充当罗素的恋人的任何打算。罗素和奥托琳误读了相关迹象。艾琳对罗素的印象究竟如何？这似乎带有神秘色彩，就连艾琳本人似乎也颇感困惑。她宣称，她对性行为“完全没有兴趣”，一辈子没有任何性欲（她活到88岁，现有的文献显示，她一直独身生活）。可是，从一定程度上看，她迷上了罗素。她后来说，“他身上有我肯定讨厌的东西”；然而她觉得，她自己“被他强烈吸引，产生了以某种方式深入了解他的渴望，甚至到了这样的地步：我感到无法忍受，同时又觉得，如果我对他做出让步，也许可以忍受。有时候，和他在一起时，我会忘记一切，心里只知道，我和他在一起，自己觉得快乐”。她允许他亲吻她，“我对男女之情不感兴趣，这几乎没有给我造成任何困扰。其原因在于，我一直很想弄清楚，究竟是什么东西让我在某些方面那么喜欢他，在另外一些方面那讨厌他？这样的纠结一直占据着最重要的位置，最后结束了我们两人之间的一切”。

令人并不感到惊讶的是，罗素的感受完全不同。他确信，如果他向艾琳提出性要求，艾琳肯定会欣然接受，积极回应。但是，与艾琳建立恋情又可能影响他与奥托琳的关系。这让他困惑多日，陷入痛苦而不能自拔。他理所当然地认为，她爱上了他；但是，他根本没有想到这个可能性：她对他的兴趣在于，她希望理解他为什么那么令人讨厌。因此，他一旦从奥托琳那里得到保证，追求艾琳不会失去她，随即立刻采取行动，结果却碰了一鼻子灰，不禁感到震惊和困惑。也许，在努力婉言拒绝的过程中，艾琳告诉他，一方面，她尚未做好准备，成为他的公开情人——这样的丑闻可能让她的父母感到不安；另一方面，她也不能充当他的地下情人——她觉得，保守这样的秘密让她无法忍受。这样一来，她根本不可能成为他的情人（后来，她当了著名的大律师，这让人完全可以想象，她对付这个问题的方式似乎是在让陪审团确信，这个案子的证据天衣无缝）。

艾琳竟然不愿成为他的情人，他的求爱之举竟然遭遇逻辑上无法反驳的说辞，这让罗素感到很不习惯。于是，他开始冥思苦想，希望寻找原因，从心理和性格缺陷两个方面来解释艾琳的态度。他后来得出结论说："她过于遵纪守法，缺乏无畏精神，基本上不敢冒险去爱。"在这种情况下，他觉得自己不再希望她当情人了。"我觉得，她太温顺，缺乏可以激发我的想象力的品质……我对她抱 392
有真正的情感，但是我其实喜欢决心孤注一掷的人。"罗素继续发表这种虚张声势的言辞，几乎到了自我吹捧的地步，觉得是他自己拒绝了艾琳的求爱之举，决定不做她的情人。他告诉奥托琳："艾琳的激情不断高涨，但是我不能给予她足够的东西……她发现她不得不放弃我，所以显得很不开心。"

面对这样的情况，艾琳确实很不开心，不过原因不是她对罗素的激情遭遇了挫折，而是担心谢绝罗素的求爱之后，她可能不得不放弃为他工作的机会。于是，她决定拜访奥托琳，希望奥托琳从中斡旋。罗素预测："她将让你觉得，我很在乎她；我实话告诉你，这种新的感觉是在今天上午快要结束时才出现的，尚未完全明朗。"奥托琳对他的说法持保留态度，依然——无疑正确地——判断，假如罗素可以得到与艾琳建立性伙伴关系的机会，他是不会表示拒绝的。因此，当艾琳前来拜访时，奥托琳尽量帮助罗素说情，劝说艾琳克服障碍，与罗素建立情人关系。奥托琳建议说，艾琳应该不时离开罗素，并且敦促她考虑他所处的孤单、寂寞的状态。

艾琳不为所动，在与奥托琳见面之后不久给罗素写了一封信件，开诚布公地表明她的立场，试图消除罗素对她的所谓"激情"所持的错误观念：

> 我最亲爱的伯特兰：
>
> 撇开上周出现的难题——正如我已经告诉你的，它们是我见你的实际障碍——不谈，我确实意识到，自从在河边与你谈过之后，我最近发现，我对你的感觉尚不足以让我满足你的期望。我应该受到谴责，不是因为我自己的情感——这一点我无能为力——方面的原因，而是因为自己以前没有意识到这一点。这让你失望了；有鉴于此，假如我以前知道，我应该早一点告诉你。我让自己相信，我面对的障碍仅仅来自实际方面的考虑，比如，我必须照顾韦农，另外还有诸如此类的其他因素。但是，我现在相当清楚地看到，假如我真的很喜欢你——即便我像你喜欢我那样喜欢你——我也不应让任何东西从中作梗……我希望见到你，但是如果你不愿意，那就算我没说吧。

与此同时，罗素在写给奥托琳的信件中继续维持这一子虚乌有的说法：艾琳有意于他，他自己谢绝与她有染。不过，他不得不承认，艾琳面对她所称的令人失望的局面，显得出奇地淡定。“没错，艾琳不为所动，这显得令人费解。其原因也许在于，我自己不够主动，缺乏热度和激情。”他继续强调说，艾琳确实对他有意，但是她自己的欲望很强大，这让她感到畏惧。“她实际上非常害怕生活，
393 受到奇怪念头的控制，这令人感到遗憾……她害怕激情带来的疯狂状态，如果她发现自己的激情高涨，肯定会加以控制，所以她肯定无法忘情地投入爱情之中。”他反复暗示，她的这种胆怯特征已经让他失去了兴趣。他在其他场合中还暗示，他与艾琳的事情无果而终的原因在于，奥托琳的反应让他感到焦虑，起到了阻碍作用。“海伦·达德利给你我两人都留下了阴影，给我造成一种强烈的羞愧感，形成了一种约束，让我觉得自己无可救药。我知道，她对你也产生了影响，这一点于是得到了强化。我认为，如果我将来依然尝试对我来说难以实现的恋情，我肯定还会犯下同样的错误。”

艾琳写信告诉罗素说，尽管出现了那样的问题，她仍然愿意以朋友身份相处，继续为他工作。于是，他们两人之间关系恢复稳定状态。罗素返回剑桥，迎接 1 月 15 日开始的新学期。艾琳留在伦敦，每天去大英博物馆为他收集资料，罗素心怀感激接受了她的帮助。每逢周末，每逢罗素到了伦敦，两人都会见面，讨论工作，友谊慢慢转变为公事公办的业务关系。即便如此，罗素过了很长时间之后才完全接受这个事实：从性关系角度看，他已经失去了与艾琳进一步发展关系的机会。其原因也许在于，艾琳对他的兴趣十分复杂，意义不明，这让他一直受到误导。到了 1 月 26 日，也就是危机差不多过去两周之后，罗素告诉奥托琳，尽管他当时觉得，他自己没有“竭尽全力”追求艾琳倾向，他无法确定两人的关系将来会朝着什么方向发展。“如果它让我反感，迫使我放弃，我是不会有什么非分之想的。”但是，到 2 月 10 日为止，他已经接受了这个局面：其一，他最好放弃与艾琳发展两性关系的问题；其二，“最佳计划是，不用互相挑明，让它进入纯粹友谊的状态。我相信，如果我不开口，她是不会提出这个问题的。”

艾琳确实没有再提此事，而是执着地继续工作，收集报纸刊登的 1906—1914 年间英国外交史的资料。实际上，她表现出充分的职业精神，完成了罗素当初制订的计划，为写作《外交政策的原则与实践》出力，表现出来的坚韧性超过罗素本人。在 1915 年整整 1 年中，罗素的注意力已经转向其他问题，但是她继续进

行研究工作，甚至在罗素出版《协约政策，1904—1914 年：答吉尔伯特·默雷教授》之后，依然没有放弃。她也许觉得，罗素的那本小册子并不足以体现最初的宏大构思。1919 年，她利用她收集的资料，撰写了《我们陷入战争的方式：英国自由主义理想研究》。该书在某些方面坚持了罗素的最初意图，分析并且勾勒了相关历史沿革，说明了人们满怀希望和理想选出的那届自由党政府如何颠覆和背叛了传统的自由主义。

她出版了自己的著作，以此完成了她与罗素的两人合作计划，实际上已远离了罗素的影响。1916 年，德斯蒙德·麦卡锡爱上了她。但是，在长达 1 年的时间里，她看来对性生活完全没有激情，让德斯蒙德·麦卡锡备受折磨，遭遇了与罗素相同的命运。与罗素一样，麦卡锡坚持认为，她有性欲望，但是由于某种只有她本人知道的反常心理和令人失望的原因，选择了完全克制的方式。1917 年 8 月，艾琳结束了与麦卡锡的关系。她写了一封长达 6 页的信件，像大律师那样，分析 394
了这种克制理性的利弊，最后表示排斥了态度。她告诉麦卡锡："因为我曾经以我的方式爱过你，我一度试图迫使自己相信，我喜欢你的亲吻，但是我的尝试以失败告终。我再也不会在任何人身上进行这样的试验了。"

她后来致力于社会主义、女性主义、文学创作和法律工作，[1] 立场坚定，态度激进，再也没有与男性产生过任何浪漫关系。她的朋友伊妮德·巴格诺尔德说，艾琳从未真正爱过任何一个男人，她"爱女人，喜欢女人"——当然，她也同样没有表现出任何明显的肌肤之亲的迹象。"她对女人抱有温柔的热情；但是，如果说那样的感情形成激情，那么她肯定没有意识到。"1923 年，她匿名出版了一本长篇小说《绿眼怪物》，署名"阿尔西·布鲁克"，表达了她对男性的愤怒和反感。在这本小说中，罗素以带有掠食动物特征的角色出现，名叫汤姆·沃尔夫；德斯蒙德·麦卡锡以生性软弱、具有欺骗性的角色出现，名叫爱德华·罗素（罗素这个名字用在了麦卡锡身上，这一做法也许非常微妙地暗示：她认为，这两个男人品质恶劣，本质上属于同类）。对比之下，她对韦农·李的忠诚从未减弱，

[1] 她著述颇丰，其中包括弗洛伦斯·南丁格尔、伊丽莎白·巴雷特·勃朗宁以及勃朗特姐妹的传记，还有她的朋友韦农·李的文章选集。此外，她还编辑出版了查尔斯·詹姆斯·福克斯的演讲（从她与罗素的关系的角度看，这是最有令人感兴趣的）。在出版了关于英国参加第一次世界大战的著作之后，她还出版了两卷关于那次大战过程的著作。1928 年，她将这三本书合为一卷出版，书名为《英国的神圣战争：第一次世界大战期间的自由理想主义研究》。

一直持续到李1935年去世为止。艾琳后来是成功的大律师，退休之后住在肯特郡，1970年在那里去世。

也许，在罗素与艾琳·库珀－威利斯之间的不温不火、半途而废在恋情中，最奇特的是它给罗素与奥托琳关系带来的影响，让两人在肌肤之亲方面达到新的高度。奥托琳1月15日写道，她希望打破禁令（1911年罗素与艾丽丝和洛根谈判期间实施的禁令），与罗素共度一个夜晚。罗素和奥托琳在下一个星期二幽会时实现了这一点。两人其后分别致信对方，言辞火辣，极度狂喜，毫无顾忌，达到了前所未有的状态。奥托琳告诉罗素："昨天晚上美妙无比，我满怀敬畏，几乎可以跪在你的脚下，表达自己的感激之情。那种感觉简直就像置身天堂，对吧？每分每秒都妙不可言，直到最后一刻……为了这样的爱情，哪怕面对地狱之中的所有煎熬也在所不辞。"罗素的表述更加直白：

> 星期二晚上
>
> 今天晚上，你美轮美奂，惊艳无比，我的心肝，我的生命，这简直令人无法言喻！你绝对绽放出了星星的光芒，然后又拥有永恒地球的美妙。你领着我离开地球，转瞬之间便让我到达巅峰状态。你的整个身体似乎出现了魔术一样的变化，今夜，你是地中海的神奇力量，是"葡萄酒般暗红的海洋"；我看到它的前景中呈现出一片碧蓝，充满阳光，然后是完全的黑暗。
> 395 远处，陌生的岛屿和山麓沐浴在永恒的阳光之中。在更多的时候，你展现了大西洋的神奇力量，然而又完全不同。我是一件乐器，等着你的点拨。你可以选择自己的乐曲，让它从我身心中流淌出来。
>
> 星期三晚上
>
> ……昨夜的每一瞬间都是奇迹，从开始一直延续到结束，超过了我们两人以前所做的一切。对，我体会到你所说的邓恩[1]在《出神》中描述的一切，其实我们的经历**有过之而无不及**。昨夜我拥有**一切**，它带着疯狂的意味，带

[1] 约翰·邓恩（1572—1631年），十七世纪英国玄学派诗人，其诗歌与前人和同时代人的迥然不同。邓恩通过使用更注重睿智力的比喻，将激情与智性融为一体，给诗歌重新注入了活力。他创造了极为凝练的意象，通常包含着一种戏剧性对比的因素。他在诗中嘲笑传统爱情诗的陈词滥调，不仅在意象和观念上进行了大胆实验，而且在诗的节奏和诗节形式也有创新。——译注

> 着“嘿，听我说，男人是希望去死的傻瓜”的意味。它以某种无法想象的方式，与宗教和内心之火融为一体。我以前根本没有料到，它具有这样的魅力……现在，我无法生活在平静之中。我希望与艾琳进行尝试，但是结果却令人觉得索然无味。我希望体验高山、暴雨和危险，希望体验野性之美，希望体验自由的天堂之风。在你的身上，我看到这**一切**……你拥有这一切，拥有我的灵魂渴求的**一切**。我无法告诉你我对你的爱多么深沉，多么疯狂，多么巨大。当你冷淡时，它非常糟糕，陷入困境；但是，当你想要时，它奔涌而出，恰如洪水，恰如激流，恰如海洋。你给我越多，它变得越激烈。你给了我心中美妙的音乐渴望的东西，它让向日葵厌倦时间，让我的人生从此不同，充满激情，努力朝着天堂飞奔。昨夜，你给了我所有这一切，它似乎在我的内心深处不断扩张，直到让我觉得，自己的血肉之躯已经无法支撑，自己仿佛就要死了。过去，我俩有过许多妙不可言的销魂时光，但是昨夜超过了以往任何时候，热情似火，熊熊燃烧。我俩希望借此摆脱战争的痛苦，摆脱一切烦恼，摆脱一切尘世，让我们合为一体，融化在奇妙爱情的世界中，去爱，去爱，去爱。

他几天之后写道：“极少极少人知道我俩体验的东西，极少极少人拥有这样的激情，拥有这种忍受痛苦的力量，拥有这种在巅峰状态中上下起伏而不眩晕的能力。很少有人遇到曾经有过这种体验的人。我想到了贝多芬——他让所有认识他的人深感震惊，他的内心之火在燃烧，炽热袭人，让所有缺乏历练者失去活力，生命枯萎。”

罗素认为，艾琳·库珀－威利斯已经成为他不需要的东西的象征，那些东西具体表现在她的自控力中，表现在她的超然冷漠中，表现在她的毫无激情的言辞中。他在战争开始之后几天曾经写道：“最终有利于和平和其他美好事物的力量是大写的理性，是对抗本能的力量。”在他以前发表的文章《战争：恐惧之子》中，他将欧洲喻为“一幢着火的房子，关在里面的人既不争相逃生，也不设法灭火，而是互相指责，责怪别人引起了火灾”。根据他那时的想象，要让个人或者国家恢复理智，就必须将理性的冷水倒在危险的激情之火上。但是，在艾琳身上，或者说在他的想象中，他看到了这样的情景：人的激情之火已被扑灭，剩下的只有谋虑、理智、理性以及对和平的渴望。对他来说，这根本不是人类

396 生存的理想，仅仅是他厌恶的东西。他未能如愿引诱艾琳，后来在写给奥托琳的信件中反复说，艾琳缺乏冲动，几乎过分到不正常的程度。他那时倾向认为，缺乏冲动就是否定生命。例如，他在1月21日的信件中写道："她那么恐惧生活，一门心思维持道德优势，真的让我深感震惊……我考虑的时间越长，心里的反感越强。"

他收到维特根斯坦的一封短信，那是对他前一年7月所写的一封信件的迟到的回复，问罗素是否看到了摩尔在挪威所做的笔记。罗素毫不掩饰自己的愉悦——他终于可以再次接触具有活力和激情的人，接触一个与冷血的艾琳形成鲜明对比的人。他写信告诉奥托琳，"我对这样的杰出人才心怀感激。他虽然在西线服役，但是在来信中谈的全是哲学，这样的行为非常纯粹，非常淡定"：

> 斯宾诺莎曾经说过，"自由的人考虑的只有生死大事。"维特根斯坦的做法深深地打动了我，让我感到心痛，然而觉得，具有他这样精神的人几乎将生死置之度外。我知道，他可能幸存下来，但是我觉得他未必能够做到这一点。他的来信体现了一种灵感和力量。

当然，对那些在前线作战的人来说，罗素渴望体验的高山、暴雨和危险不难找到。给人留下深刻印象的是，罗素尽管撰写了许多反战文章，但是对实际上参与战斗和杀戮的人没有半句批评之辞。他对冒着生命危险参战的人抱着巨大的同情之心，对他所说的"残忍的老家伙"持不屑一顾的态度。当时，所有年轻指导教师和大多数学生离开了学校，那帮家伙把持了剑桥大学，对他人的浴血苦战津津乐道。罗素返回剑桥，准备春季学期的教学，随即在《剑桥评论》上发表了一篇文章，抨击那帮人的所谓爱国自豪感。文章题为《英德两国战后是否可以和好？》，讽刺了让两国海军兵戎相见的关注名誉的做法。文章提出了一个解决方法：创建一支可以充当海上警察的国际海军，保护两国不受侵略，从而使各自的海军变为可有可无的东西。罗素提出，实现这一目标的障碍有两点：其一是民族自豪感，其二是对这样做将会减少军火制造商获得的利润的担心。

组建中立的"维和部队"，以便保护对峙双方，我们现在对这个概念已经见惯不惊，也许觉得没有什么特别之处。但是，在那个年代，罗素提出的组建国际海军这个建议似乎骇人听闻；况且，罗素提出这个建议时，对大英帝国，对英国政府明显表示出不大恭敬的态度。文章刊出几天之后，罗素几乎高兴地报告说：“这里的所有老派人物手忙脚乱，针对这篇文章，向我发起攻击。”他们的领军人物是两位著名的哲学家，一位名叫 W. R. 索利，剑桥大学的奈特布里奇讲座教授，专攻道德哲学，另一位名叫 E. E. 康斯坦斯 · 琼斯，逻辑学家，剑桥大学格顿学院院长。罗素回应两人提出的批评，收到了大量读者来信，他一一回复，结果迫使《剑桥评论》主编出面干预，匆匆宣布辩论结束。

对罗素来说，那场轩然大波仅仅起到了强化作用，让他对剑桥大学的既定体 397
制，对传统的学院派哲学研究者深感厌恶。他在三一学院为期 5 年的讲师聘期将于 1915 年夏季到期，该学院当时正准备给他提供（声誉更高并且更稳定的）院士职位。罗素认真考虑之后，打算婉言谢绝。最后，他决定请假一段时间，反正当时剑桥已经没有什么学生可教了。在学术圈子里，谣传迅速漫延，就在做出该决定数日之后，罗素收到了哈佛大学的一份电报，邀请他在请假期间再次访问。他也谢绝了这一邀请。他告诉奥托琳：“在哲学方面，我没有什么新的东西可说。而且，我眼下也不愿强迫自己思考这个方面的问题。”2 月 15 日，他如期前往曼彻斯特，宣读一篇论文（题目是《物质的终极构成》，重新阐述了从感觉材料构成物质的观点，是他在临行前几天匆匆写成的）。从那之后，在长达两年的时间里，他完全放弃了哲学研究。

给人的感觉是，罗素在那几个月中脱离了他以前联系的人和机构，处于没有依托的状态，正在寻找可做的事情，寻找可以认同的人，寻找可以加入的力量。自由党中那些奸诈的无赖们显示出非常愚蠢的爱国热情；罗素在自由党内的朋友支持政府，这让罗素深感失望；剑桥大学由残忍的老派人物把持；学院派哲学家表示，愿意为屠杀年轻人的做法提供带有伪严谨特征的辩护之辞。但是，罗素自己其实也无法认同那些从事反战活动的人。他从来就不是什么和平主义者，鄙视教友派信徒，觉得民主控制联盟的创立者们的政治观点过于狭隘。在对艾琳 · 库珀－威利斯（她是民主控制联盟的热情拥趸）的性格做出回应的过程中，他心里逐步形成了对许多和平鼓吹者的负面看法：那场运动没有活力，那些人没有生气，令人生厌。2 月 13 日，他出席了民主控制联盟组织的一次会议，听到戈尔迪 · 洛斯 · 狄金森发表的题为《战后欧洲》的演讲，明确表示讲演内容“索然无味，令人生厌”。一方面，罗素尊重人们灵魂之中的“热情之火”，尊重面对危险时无所畏惧的冲动，另一方面，他又对战争释放出来的嗜杀激情感到绝望。他发现，他自己夹在两个阵营之间，无法认同其中任何一方。2 月 21 日，他写信告诉拉尔夫·佩里："我无法逃避的感觉是，自己与人类格格不入，这让我感到非常痛苦，难以忍受。"

那一天，罗素致信奥托琳，以狂喜的笔触，描绘了两人的销魂之夜，描绘了如何将宗教热情与狂热肌肤之亲融合起来；那一天，奥托琳首次与以描写这类性行为著称的 D. H. 劳伦斯见面。后来的情况证明，那是一个命中注定的偶然巧合。如果说有任何人可以践行罗素的理想，将反战态度与个人的情感"火焰"结合起来，如果说有任何人可以"全身心地感知应被感知的一切"，1915 年 1 月 21 日到贝德福德广场出席宴会的 D. H. 劳伦斯无疑是不二人选。

398 在那之前，奥托琳和罗素已对劳伦斯有了深刻印象，认为他具有充满激情的本性，显示出罕见的深邃睿智，在许多方面可以与他们两人崇拜的康拉德相提并论。在罗素和奥托琳的朋友圈子中，劳伦斯出版的两本长篇小说——《白孔雀》和《儿子与情人》——受到广泛好评，这无疑有助于两人形成的这一印象。但是，对奥托琳和罗素来说，赞赏劳伦斯的态度似乎出现在两人阅读了他的短篇小说集《普鲁士军官》之后。该书 1914 年 11 月出版，罗素先睹为快，随即立刻向奥托琳推荐。奥托琳 12 月阅读之后非常喜欢，在 12 月 31 日写道："这本集子写得非常精彩，让我惊讶。他拥有激情，而且对外部事物和内心感受都非常敏感……阅读如此真实的作品非常愉快。"她最喜欢的故事包括《牧师的女儿》，它让她想起她在诺丁汉郡度过的年轻时光。她强烈感到，她与劳伦斯可能有某种相似之处，立刻提笔写信，邀请他前来相聚。奥托琳是诺丁汉郡最有名望的本廷克家族的成员，主动写信求见，这让劳伦斯见信后深觉自豪，颇有受宠若惊之感（他在给奥托琳的信中写道，"一个人希望得到少数知音的赞赏，生活本身就是贵族的事情"），立刻回复，希望尽早赴约。

他本人真的出现之后，奥托琳完全被他迷住了。他集中了她曾经希望拥有的一切。她在回忆录中写道，与他一见面，"立刻唤醒了对诺丁汉郡的回忆"。两人谈到了舍伍德森林，谈到了矿工们居住的村庄，谈到那些人和妻子们的生活，谈到了"他在早期作品中生动描绘的所有场景"。他用诺丁山郡的方言谈话，对本廷克家族深表敬意，并且让她确信，当地人一直对本廷克家族怀着景仰之情，让奥托琳感到非常愉快。

奥托琳写道，"这个人如此充满活力，对一切人，一切事物很感兴趣，与他在一起肯定让人非常兴奋，兴趣盎然”：

> ……他似乎拥有一种富于磁性的天赋，让听他讲话的人产生相见恨晚的感觉，不断产生新的想法，迸发新的热情，出现新的希望……实际上，我和他在一起时觉得，自己仿佛真的终于发现了一个朋友。我可以畅所欲言，毫无保留，不用担心被他视为愚蠢之人……他讲述他的本能发展福音，似乎开启了通往神圣之地的道路。

在奥托琳见到劳伦斯时，对后者来说，传播“福音”——或者用他更常用的话来说“哲学”——具有至关重要的意义。那时，他刚刚完成了一本长篇哲学论文，最初的书名是《快乐科学》，刻意效仿了尼采的《快乐的科学》，最后出版使用的书名是《托马斯·哈代研究》。最初的书名不像正式出版的书名那样，容易引起读者的误解。全书共分 10 章，只有两三章能与哈代挂上钩，其余内容讲的是生命哲学，在一定程度上沿袭了尼采和柏格森的传统。就其对女人与男人的特 399
别关注而言，该书也让人想起奥托·魏宁格[1] 的著作。

劳伦斯的哲学著作可被视为罗素的虚构作品的一种镜像。其原因在于，当罗素创作虚构作品时，身为哲学家的他无法避开哲学，不得不花费大量笔墨，阐述抽象理念，而不是描述人物和场景。与之类似，当劳伦斯撰写哲学著作时，身为小说家的他无法避开文学，不是通过意象而是通过论证来表达自己的思想。《托马斯·哈代研究》的核心意象来自罂粟花，即自然的“红色火焰”。这种花在短时间里辉煌绽放，然后“突然凋谢，完全消失”。短暂绽放的罂粟既象征着生命的短暂，也象征着生命的辉煌。那种火焰本身是永恒的，是“全部的故事，全部的成功”；短暂而辉煌地绽放是我们人类、罂粟或者任何生物的实现自身的永恒品格的方式。通过这种短暂而辉煌的绽放，通过这种燃烧，生命获得其目的和意义。可以这么说，如果去过恐惧、压抑、平庸的生活，如果缺乏冲破花蕾的勇气，那就是否定生命本身。根据劳伦斯的说法，“每一个活着的生物，无论是生灵或者存在物，都是自身的完全成功”。作品、子女、善行都不能让人避开“终

[1] 奥托·魏宁格（1880—1903 年），奥地利哲学家兼作家。他的《性与性格》一书是西方学术名著，涉及心理学、伦理学和哲学。作者对男女不同性别在精神方面的差异进行了系统论述，对妇女解放问题有深刻的睿智之见。——译注

有一死造成的虚荣和可怜的短暂特征”；只有自我——“真正的大写的自我”——实现才能赋予人永恒的瞬间。

这一学说与奥托琳的想法一拍即合，她从一开始便是心甘情愿的狂热信徒。在两人1月21日初次见面之后，她便成为劳伦斯在萨赛克斯的寓所的常客。她和劳伦斯一起离开寓所，到附近的树林散步，劳伦斯利用一切机会，向她鼓吹他的“福音”。例如，在一次散步途中，他指着树上的火红色叶芽，重复了他在自己的哲学著作（那时，他尚未给她看书稿）中表达的思想。他说：“你瞧，这就是大自然中的小小红色火焰。”奥托琳在回忆录中写道，她望着他，心里默默说：“在你的身上，肯定存在那样的火焰。”

与他的“哲学”同时出现的是劳伦斯对那场战争的全面谴责。与罗素相比，劳伦斯的抨击在动机方面大不相同，但是在强度上却不相上下。在罗素看来，那场战争是一场灾难，毁灭了值得赞美的古老文明；它是悲剧的原因恰恰在于，它并不是不可避免的。与之相反，在劳伦斯看来，旧的秩序已经烂透，完全失去活力，那场战争是不可避免的；它至少带来一个好处，可以厘清问题，说明形成全新生命的需要。他认为，西方文明终结了。它应该灭亡的原因在于，它已经犯下否定生命的最大罪孽，它用机器取代自然，压抑个人的健康的自然冲动。更好的结局是，它应该尽快灭亡，以便让更强壮的新社会诞生出来，那样的社会不再将人的自然冲动禁锢在人为的限制之中。

400 在与奥托琳见面时，30岁的劳伦斯已经制订了一项轻率的计划，希望与他的朋友一起，创建一个新的社会，一门心思地实施他提出的新的生命理念。在一次圣诞节聚会上，他听到他的朋友塞缪尔·科特利安斯基唱的一首希伯来歌曲，于是将那个社会命名为拉那尼姆，其成员包括劳伦斯、凯瑟琳·曼斯菲尔德、约翰·米德尔顿·默里和科特利安斯基。[1] 为了保护那个社会不受衰败的西方文明的腐蚀性影响，劳伦斯决定将它建立在某个遥远的地方，例如，某个南太平洋岛屿，或者在他曾经考虑过的美国的佛罗里达。劳伦斯对该计划充满激情，显然误解了奥托琳对他的“福音”表现出来的认可态度，觉得她愿意成为他们的一员。

两人初次见面之后一周左右，在一封落款日期为2月1日的信件中，劳伦斯

[1] 凯瑟琳·曼斯菲尔德（1888—1923年），出生于新西兰，短篇小说作家，新西兰文学的奠基人，独自一人前往英国发展，后来转辗新西兰、法国、德国和英国，对于文学的热爱至死不变。约翰·米德尔顿·默里（1889—1957年），英国作家，莫里尔夫妇的朋友。——译注

向奥托琳提出一个令她深感担忧的建议。“你应该成为一个新社群的核心，它将在我们之中开启新的人生。”他告诉她，“在那样的生活中，唯一的财富是完整的人格”：

> 这样，每个人都将在最大限度上完善自己的本性和愿望……新的社群将建立在我们身上已知的永恒的良好品质的基础上……到那时，我们的理想、宗教便可以**体现在生活**中，一一加以**实践**……这次战争结束之后，人们的灵魂将会受到严重的破坏和损伤，想到这一点就非常可怕。这就是我们的希望：在我们将来的生活中，人们奋斗的目标不是金钱，不是权力，而是给人自由和实现良善的共同努力。

他告诉她：“在这个社群中，没有什么敷衍言行和得过且过的做法，每个强大的灵魂必须割断与现存社会之间的联系，消除虚荣之心，尤其是恐惧感，与其他同伴赤诚相待，没有防人之心，没有任何武器，没有盾牌，没有长矛。”

奥托琳根本没有认真考虑劳伦斯提出的建立新社群的异想天开的主张。她邀请劳伦斯夫妇访问她的领地，在一座农舍式小屋小住，此举最接近实现他提出的让她成为核心的建议。但是，她似乎让劳伦斯相信，她接受了他的哲学的做法。这意味着，她愿意实施建立“拉那尼姆”的计划，甚至让他觉得，罗素可能也愿意信奉他提出的主张。在给奥托琳写了那封信件几天之后，劳伦斯在写给塞缪尔·科特利安斯基的信件中骄傲地宣布，奥托琳下次来访时，将会把罗素带来，就是那位“研究哲学和数学的人，剑桥大学的院士，皇家学会会员，罗素伯爵的弟弟”。他还声称，当奥托琳和罗素来访时，他们将认真“讨论我提出的在海岛上建立社群——拉那尼姆——的想法。但是，他们说，那个海岛应该是在英国，我们将在这个古老的岛屿上建立自己的新社群，就像将一粒种子播在原来的根系之中”。

罗素、奥托琳的劳伦斯三人见面，讨论在英国创立拉那尼姆，这个想法听起来过于牵强，让人觉得劳伦斯受到了误导。但是，如果以某种（明显的非劳伦斯式）方式进行解释，这个想法确实增加了一些可能性。其原因在于，一方面，暗示它与劳伦斯在海岛上建立新社群的梦想大有关系的这一说法带有误导性，另一方面，随着战争的继续，罗素逐渐觉得，战争结束之后，英国在一定程度上不得 401

不从头再来，在政治和社会两个方面进行脱胎换骨的改造。不过，根据罗素的想法，没有必要跑到一个南太平洋海岛上去逃避旧的文明——旧的文明已经自杀，没有什么可以逃避的东西。更确切地说，具有重要意义的做法是，根据新的原则重建社会。从这个意义上说，劳伦斯建立拉那尼姆的理想稍显疯狂，显然完全不切合实际。但是，在罗素看来，这是值得讨论的问题。如果说可以从头开始，创造一个新的社会的话，在考虑建立哪种社群的过程中，人们可以发挥创造力，必须重新考虑社会的基础。

于是，在被战争毁灭的旧世界的废墟中，这样的梦想以不可思议的方式，显得更有意义，超越了民主控制联盟没完没了辩论的那些政治议题。罗素认为，那时需要的正是一种新的理想。其次，这样的理想肯定出自某个具有深刻心理学睿智之人。罗素那时逐步确信，从根本上说，政治和社会问题在实质上都是心理学方面的问题。为了理解进行那场战争的原因，进而认识防止出现类似战争的方式，就必须理解形成人们行为——通常处于无意识层面——的那些冲动。通过了那场战争，通过与艾琳·库珀－威利斯打交道的经历，罗素明白了这一点：将问题局限于理性与冲动之间的简单冲突的想法于事无补。其原因在于，使用理性来控制人的冲动的做法既不可能（他在11月20日写道，“思想似乎仅仅是水泡——不是水流的组成部分，而是被水流抛起的表面之物，仅仅显示了水流的方向”），也不可取。如果没有疯狂之举，没有“热情之火”，人生就是单调的，没有价值的。因此，甚至在见到劳伦斯之前，罗素已经以一种不可思议的方式，在观点上与劳伦斯实现了一致——处于核心位置的正是具有劳伦斯特征的“火焰”意象。所以说，奥托琳对劳伦斯的以下描述简直让罗素激动不已，满怀希望：

> 劳伦斯就是火焰的精灵，他内心深处确实有一团火焰。当一个问题或者争论出现时，那团火焰迸发出来，转化为亢奋和信念。

与火焰意象联系的是罗素对劳伦斯的另外一个希望，它也许是他希望在见到劳伦斯过程中出现的最大希望。罗素似乎觉得，在他与劳伦斯之间，可能培养某种特殊的亲密关系。与他与康拉德的关系类似，在与劳伦斯打交道的过程中，他可以有机会看到心灵的表层慢慢剥落，直接看到“内心之火”。在奥托琳第一次与劳伦斯见面之后，他写信告诉奥托琳：“他的作品让我觉得，他肯定令人觉得奇妙，是一个拥有真正的想象之火的人。我希望结识他。”他似乎仅仅通过劳伦斯的作品就能感觉到，劳伦斯可以理解他，读懂他。但是，原因何在呢？与康拉德的《黑暗之心》和《艾米·福斯特》类似，在《普鲁士军官》中，有什么东西让他产生了这样的希望呢？

在《普鲁士军官》这本短篇小说选集中，有一个故事充满罗素式主题，它就 402
是《玫瑰园中的幽灵》。故事的主角是一个女人。她知道她当兵的恋人在非洲去世之后，与一个自己不爱的男人结了婚。她没有告诉新婚丈夫她的过去恋人的事情，领着他去了她和恋人曾经住过的一个海滨小镇。为了重新唤起对过去的回忆，她独自一人返回恋人的房子，在两人相拥的玫瑰花园里坐下。这时，一个幽灵来到她的跟前，正是她的原来的恋人。她意识到，他完全失去了理智，根本没有认出她。他在她身边坐下，笨手笨脚地掏出烟斗。她在恐惧之中发现，尽管他的面孔、身体和双手没有变，但是正如劳伦斯反复描述的，“然而，那幽灵却不是他”。“他原来是行伍出身，模样英俊，身材魁梧，面前这个幽灵却是一个疯子。”劳伦斯详细描述了她想到精神失常时产生的恐惧感，以一种方式，活灵活现地再现了罗素的噩梦——他自己被疯子掐死了：

> 她的目光在他眼神中反复搜索，想看一看他是否可以认出她，看一看她是否可以在他身上发现什么新的东西。
>
> “你不认识我？”她问道，独自一人站在那里，灵魂中冒出恐惧。
>
> 他看着她，满脸疑惑。他两眼扫过她的全身，但是没有任何智性。她不得不忍受他直愣愣的目光。他慢慢靠近她。
>
> “对，我确实认识你。”他说着，一动不动，两眼热切，但是面带怒火，后来将脸颊凑近她的脸颊。她非常恐惧，疯子离她太近了。

他依然没有认出她。这时，花工走来，打算把他领进房子。他含糊其辞，用无法理解的语言介绍说：“她是我的朋友。”她步行回到旅店。她丈夫看到她失魂落魄的样子，逼着她道出关于她的恋人的实情。在故事结尾处，女人告诉她丈夫，“我今天看到了他”：

> “他没有死，他疯了。”

> 她丈夫瞪着她，满脸惊讶。
>
> “疯了！”他不由自主地喃喃。
>
> “疯子，”她说。这两个字几乎让她失去理智。

劳伦斯对这个场景的描写入木三分，令人难以忘怀，以明显而生动的方式，重复了让罗素一生饱受困扰的那个噩梦，他在1893年6月记录的关于他母亲精神失常的神秘噩梦（“昨天夜里，我梦见了……我家里的人欺骗了我，我母亲没有死，她待在一家疯人院里”）。

就是因为看到了这个故事，罗素有理由相信，劳伦斯拥有特殊的睿智之见，可以理解他的秘而不宣的恐惧和梦魇；劳伦斯与康拉德一样，可以直接透视他的灵魂。也许，这可以解释，为什么1915年2月6日，他和奥托琳一起到格雷特姆去，登门拜访劳伦斯时，心里怀着极大的期望：如果他可以结识劳伦斯，那么，在这个世界上，至少有一个人觉得，他不是陌生人。

# 第十四章　打开硬壳

403

“他简直太神奇了，可以看穿人的心思。”罗素见了劳伦斯几个小时之后叹服。

“但是，你是否觉得，他的看法真的是正确的？”奥托琳问道。

“这是绝对的，”他回答说，“他绝对可靠……他能洞察一切，而且结论总是正确。”

罗素和劳伦斯两人初次见面谈了些什么，我们不得而知。但是，一方面，那次见面让罗素确信，劳伦斯在心理方面的睿智之见无懈可击（虽然罗素在《我们对外部世界的认识》和《神秘论与逻辑学》中曾经指出，在一般情况下，这类“无懈可击的”睿智之见最终证明是幻觉）；另一方面，那次见面似乎也让劳伦斯确信，在创造美好生活的斗争中，他和罗素是盟友，而且在撰写哲学著作方面至少是潜在的合作者。

一周之后，劳伦斯寄给罗素一封长信，让他了解《快乐科学》（或称《托马斯·哈代研究》）表达的那种哲学思想。在那封信件中，核心意象是“硬壳”。它与罗素使用的“牢狱”意象类似，被劳伦斯用作隐喻，暗示压抑和限制。每个人的灵魂都被限制在硬壳之中；它与花蕾类似，必须彻底打破，才能让困在其中灵魂存活。但是，劳伦斯认为具有重要意义的是，这个意象是生物方面的，而不是制度方面的。其原因在于，在分析生活在硬壳之中带来的后果时，他希望理解，人们是以什么方式偏离自然生长状态的？劳伦斯的思想基础是对某种自然冲动的崇拜。罗素以前认为，那样的冲动“有限”，使人反感，但是，这时它与他身上刚被唤起的对性激情的准宗教式尊崇完全合拍。

那封信件的主要内容涉及一种两性关系理论。根据该理论的说法，人生的全部自然目标是男女之爱。这样的爱是人生的伟大冒险，是所有自我发现和自我完善的基础。劳伦斯告诉罗素，“爱情”就是：

我接触一个女人，以便认识自我；此外，认识自我就是探索女人这个未知事物，在进入未知领域时，勇于去冒险，去发现全部人性。

404 但是，当一个人封闭在硬壳之中时，这样的爱情是无法出现的。在这种情况下，个人无法摆脱硬壳，进入未知领域，只能将自己封闭起来。这种情况以几种方式出现：第一种最常见，人寻求感官刺激，而不是爱情。劳伦斯认为，追求感官刺激是“重复对自我的一种已知反应”：

> 这就是所有英国人现在的做法。当一个男人与一个女人接触时，他只是重复对自己的一种已知反应，而不是寻求新的反应，发现新的东西。这样的做法类似于手淫或所谓的自慰。受过教育的一般英国男人现在找女人就是为了自慰。

第二种形式是同性恋。在劳伦斯看来，鸡奸就是另外一种形式的自慰。第三种形式是独身。困在硬壳之中的灵魂将自己封闭起来，无法享受真正的爱情，但是非常强大，足以抵抗感官刺激（自慰），而且自尊心很强，不愿利用另外一种形式的自慰（同性恋），所以最后采取独身形式。

在写给罗素的那封长信件的其余部分，劳伦斯提出了一种政经理论，与上述关于个人自我实现的理论（奥托琳所称的劳伦斯的“本能成长福音”）联系起来。他的基本思想是，必须首先解决政治问题和经济问题，然后才能开始“考察婚姻、爱情和其他相关问题”。这就是说，才能考虑如何完善个人。其原因在于，劳伦斯认为，个人可能被困在硬壳之中；与之类似，整个社会也可能遭此厄运。具体说来，在资本主义制度下，社会生活被困在毫无节制地追求物质的“没有生气的坚硬外壳之内”。因此，与心理学领域一样，在政治领域中，“也必须打破这种硬壳，这种形式，这种框框”，让追求基本物质必需品的行为成为过时之举。这就是说，必须推翻整个旧制度，实行社会主义：

> 必须在这个国家进行一场革命。首先是要将所有产业、所有交通工具和土地国有化。在这种情况下，人在任何时候都可以获得工资，即使患病或者年老时也不受影响；哪怕出现任何影响工作的状况，得到的工资也分文不少。人们在生活中将没有温饱之虞。

可以这么说，劳伦斯很不耐烦地大手一挥，然后宣布，这样做“实际上将会解决当前的全部经济问题”。

罗素看了这封内容不同寻常的信件，不知道应该如何回复。就信中涉及的心理学问题，他没有表示任何态度，其原因要么是他不知所云，要么是表示赞同，或者说对劳伦斯在这个问题上的高见心甘情愿地五体投地。但是，就政治问题而言，他的态度比较肯定，能够清楚地明白劳伦斯表达的意思，认为对方的观点显得幼稚，教条，过于简单化。他告诉奥托琳，劳伦斯在政治思想方面“非常 405
青涩”，“(像年轻人所做的那样）以为他看到了社会主义的可取之处，只需通过几年努力，就能如愿以偿，让它实现。我觉得，他的乐观论难以接受。我无法苟同，但是不想给他泼冷水”。

罗素写给劳伦斯的那封信件没有保存下来，所以我们不知道其具体内容。但是，它对劳伦斯影响显而易见，让他感到尴尬，觉得他暴露了内心深处的想法。劳伦斯在 2 月 26 日写道：“我的感觉相当糟糕，仿佛我使用了自己的略带低俗的语言，没有人可以理解……你不妨将自己的知识和经验暂时搁在一旁，以我的方式和我交流，和我相处。否则，我会觉得，自己就像一个白痴，呓语连连，冒昧地闯入了你的生活。”他说，罗素的回信“非常友好……但是不知何故，它让我觉得，自己说了些不着边际的话语……我在那封信中语气那么强烈，让我感到自己过于鲁莽。我觉得，你拨冗阅读，显示出很大耐心。这种情况让我深感悲哀。我希望，你直言相告，指出我的愚蠢和不妥之处”。

这并不是说，劳伦斯似乎接受了罗素的思想，在观点上出现了重大改变。他做出的唯一让步可能是，放弃了他有办法解决“全部经济问题”的说法。就信中谈到的其余内容而言，他的立场几乎没有任何松动。他坚持认为，“我必须坚持自己的理想，希望看到人们摆脱困扰，不去追求即刻的物质需要”。只有在这种情况下，激烈的生命力量的冲突中心才能回归适当的位置，“回到具体的男人与女人之间，而不是困在国家与社会阶层之间”：

> 每个男人的最伟大的人生体验是探索女人的内心世界……在女人身上，男人接纳所有不是他自己的东西。男人的每个新的行为都来自那个结果，来自那种接纳过程。

劳伦斯告诉罗素："就这些问题，我写了一本书，原来的书名叫作《快乐科学》。我现在希望重写，让它尽量完善一些，然后发表出来，无论采用时事评论、周刊或者双月刊形式都行，以便宣传这种更自由的生活方式。我到剑桥时，希望和你谈一谈它。"不过，他接着补充说："我希望，如果你认为我的想法愚蠢，你不会觉得它充满激情，勉强表示赞同。"

这一番话显示，就罗素对劳伦斯的态度而言，劳伦斯本人有比较深刻的认识。无论罗素觉得劳伦斯的政治观点多么欠缺考虑，鉴于劳伦斯具有的"火焰"，罗素都准备表示忍受。罗素邀请劳伦斯到剑桥，度过3月6日至8日那个周末，两人之间的关系出现了一个转折点。我们不清楚罗素这样做的原因。罗素是否觉得，让那些指导教师们接触劳伦斯这样富于革命理想和激情的人会带来好处？或者说，让劳伦斯在凯恩斯面前验证他自己的经济学理论，在摩尔面前验证他自己的哲学理念，罗素是否觉得，这样做将会大有裨益？不管怎么说，他不可能觉得，他这样做是让志趣相投的人见面。劳伦斯与剑桥大学的那帮知识分子明显不同；有鉴于此，罗素可能已经做出判断，觉得他自己处于更加有利的地位，事先知道了劳伦斯将会说些什么。相比之下，在出发之前所写的一封信件中，劳伦斯
406 显得相当紧张，不过也相当激动。他告诉罗素，"剑桥之行非常重要，让我感到害怕。对我来说，此行意义重大"：

> 我不想受到过多的影响，不想受到恫吓。但是我担心，那样的情形可能会出现。我关心的仅仅是我们将要形成的革命……不要安排一次让我见到太多人，以免我失去睿智。我害怕去广场，害怕谈家族、协会和集团——我不怕会见个人。说真的，我有些害怕。

劳伦斯那时刚刚完成了《虹》，仍然处在兴奋状态之中。他还说，"我觉得，自己就像春天的小鸟，对自己的羽毛颜色感到惊讶"：

> 我对自己的作品《信号》，对正在重新开始写作的《快乐科学》——无论它写的怎样——有很深刻的想法。这是我的革命话语。我对它持非常重视的态度，所以觉得兴奋。

毋庸置疑的是，劳伦斯访问剑桥的初衷不是要了解情况，而是发现信奉他的深刻的革命福音——他对它的抱负与日俱增——的新信徒。出发前几天，他在写给奥托琳的信件中说：“请记住，我们——我们之中的任何人——需要的不是什么个人的东西。我们需要的既不是个人的荣誉，也不是个人的满足感，而是伟大冲动的结合。通过这样的冲动，将要出现一个伟大的民族，一个自由的族群。”奥托琳将要成为卡珊德拉式人物，成为那个族群的女预言家，成为“传播真理的一种伟大媒介”。真理借此出现，“仿佛是一种裂变，来自地球深处的沸腾的黑暗之中。”真理来自黑暗，来自地下，来自意识无法触及的区域，这个观念在劳伦斯的哲学中那时逐渐居于核心地位。他告诉奥托琳，“你必须信任的既不是你的大脑，也不是你的意志，而是内心深处的感受能力。这种能力接受来自生命深处的隐蔽力量”：

> 激情之源就是推动这个大地球的沸腾的黑暗。力量来自地心，它不是在表面上燃起的篝火，不是来自这个人或者那个人。但是，黑暗之中的烈火，无法看见的隐蔽的激情没有火焰，没有热度，是所有激情之最。

劳伦斯在同一封信件中告诉奥托琳：“伯特兰·罗素给我写信，我觉得，我自己对他的爱正在增加。”

无论劳伦斯的剑桥之行的目的可能是什么，它至少起到了证实这一点的作用：罗素和劳伦斯两人互相怀着“爱意”。3 月 7 日，劳伦斯到访的那个星期天，罗素在写给奥托琳的信中声称，“我越来越爱他了”：

> 劳伦斯非常敏感，可以很快得出印象。尽管你可能觉得它们很自然，我却不能理解。这非常好……他无法忍受指导教师们表现出来的缺乏活力、缺乏力量的状态。我希望，他不会以这种思维方式来看待我。

在罗素写这封信件的前一天晚上，劳伦斯坐在三一学院的高脚餐桌前享用晚餐，坐在他旁边的摩尔却找不到什么话题和他交谈。根据罗素的说法，“数学家 G. H. 哈代坐在劳伦斯的另外一侧，立刻被劳伦斯吸引。见面之后，劳伦斯特地走到温斯坦利跟前说，这里的所有人完全不值一提，但最后他见到了一个真男人”。 407

在以前的分析中，劳伦斯将鸡奸和独身视为变态，视为困在硬壳之中的人们表现出来的症状。因此，很可能出现的情况是，在他见到的三一学院的那帮指导教师中，劳伦斯没有发现了多少让他叹服的“真男人”。但是，劳伦斯表现出来的反感具有非同寻常的力量。那个星期天早上，劳伦斯看见，约翰 · 梅纳德 · 凯恩斯身穿晨衣，在罗素的房间里用早餐。那个情景让劳伦斯很久以后也难以忘记。他写信告诉他的朋友戴维 · 加内特（布卢姆茨伯里派的一名年轻成员），“那天早上，我在剑桥看到了凯恩斯，那是我人生中出现的危机之一，让我立刻对他产生可怜、敌视和愤怒之感”。在凯恩斯眼里，那次早餐聚会也是一个难以忘记的场合。在他的文章《我的早期思想》中，凯恩斯以生动的笔触，回忆了当时的情景：

> 我可以清楚地回想起我与 D. H. 劳伦斯见面的情形……那是在内维尔庭院，伯迪 · 罗素在房间里举行了一次早餐聚会。当时只有我们三个人……我记得，他［劳伦斯］从一开始就闷闷不乐，很少说话，只是偶尔表达反对意见，态度令人不快，言辞含糊不清。整个上午均是如此。大多数谈话在伯迪和我之间进行。对其具体内容，我现在已经基本没有什么印象了。但是，它肯定与我们两人单独相处时进行的那种谈话不同。我们的所有的话头都引向劳伦斯，希望让他参与进来，结果我俩都未能如愿。我们三人围坐在壁炉前面，中间摆放了一张沙发，劳伦斯坐在沙发右侧，弯着腰，埋着头。伯迪和我一样，站立起来，靠在壁炉旁。我离开那里的感觉是，聚会很不成功，我和劳伦斯没有什么接触。

在写给奥托琳的信件中，罗素也谈到了那次早餐聚会，像凯恩斯一样，没有提及当时的话题。他仅仅告诉她，尽管劳伦斯前一天晚上对凯恩斯表示喜欢的态度，但是“今天上午 11 点，他看见凯恩斯穿着睡衣裤出现，一副睡眼惺忪的模样，觉得他精神堕落，不修边幅”。但是，罗素没有放弃努力，那天晚上邀请凯恩斯与劳伦斯一起共进晚餐。根据罗素次日写给奥托琳的信件，劳伦斯和凯恩斯两人“度过了一个有趣但是相当可怕的夜晚”：

> 凯恩斯表情严肃，思维犀利，欠缺诚恳，利用智性来掩藏他灵魂之中

的痛苦和冲突。我们两人追问，他的人生目的是什么？他回答时闪烁其词，给人的感觉是，他仅仅希望一连串快适的时段。当然，这肯定不是他的真实想法。

凯恩斯后来倾向于认为，让劳伦斯对自己表示不满的根源正是在于，他“表情严肃，思维犀利，欠缺诚恳”。他觉得，劳伦斯的怒火指向“剑桥大学的理性 408
主义和犬儒主义”。这两种思想“当时处于巅峰”：

……如果我想象，我们自己处于劳伦斯的无知、嫉妒、愤怒的敌视目光的审视之下，我们表现出来品质让充满激情的他觉得讨厌：这种肤浅的理性主义在熔岩的外壳上跳跃，既忽视现实，又忽视庸俗激情的价值。

凯恩斯在此使用的语言让人很容易回想起罗素对康拉德的描述，回想起他对康拉德的这一观念的描述：文明生活如同“在尚未冷却的熔岩表面进行的危险行走；表面随时可能破裂，让没有发觉者坠入灼热深渊”。他们坐在“庸俗激情”的火山口上，火山随时可能喷发，让他们葬身火海；这样的感觉似乎是剑桥大学的知识精英成员当时共有的东西。它与劳伦斯喜欢使用的这个意象形成鲜明对比：鲜花挣脱花蕾，像“自然之火”一样尽情绽放。给人的感觉是，来自两大对立阵营的东西在此碰撞，一方是凯恩斯代表的高雅的传统文明，另一方是劳伦斯代表的新原始主义；双方都心知肚明，前者已经来日无多，外壳不久将会破碎。

但是，凯恩斯对那场冲突的描述没有提及，劳伦斯对同性恋表示出强烈的反感。罗素很快意识到，正是这一点让劳伦斯愤怒不已。罗素告诉奥托琳，劳伦斯以几乎毫不掩饰的爽快口吻，“反对鸡奸行为，与我的态度完全相同。你差一点让我相信，鸡奸没有什么害处，但是我已经改变了看法。我知道的所有例子让我觉得，鸡奸让人失去生命活力”。在访问剑桥大学之后，劳伦斯开始将同性恋描述为蟑螂，表现出强烈的厌恶感，简直到了无以复加的地步。他在写给戴维·加内特的信中说，“我觉得，想到你相处的那一帮人，我自己就非常愤怒”：

邓肯·格兰特、凯恩斯，还有［弗朗西斯·］比勒尔，他们让我梦见蟑螂。在剑桥，我做了类似的梦。以前与斯特雷奇夫妇接触时，我稍有这样的感觉。但是，在凯恩斯和邓肯·格兰特身上，这样的感觉非常强烈……你必须离开那帮朋友，那些蟑螂。

劳伦斯为什么叫他们蟑螂呢？答案存在于他曾给罗素勾勒过的两性关系理论之中。正如劳伦斯向奥托琳解释的，重要的一点是，同性恋与蟑螂类似，“一个个被困在他们自己的小小硬壳之中”：

我对他们从无好感，没有尊重，没有一丝尊重。我无法忍受这样的人，更不会接受这样的人。我宁可独自一人。他们让我梦见像蝎子一样咬噬东西的蟑螂。不过，我杀死了它，一只硕大的蟑螂。我伸手挡住它，它转身想逃，我再次挡住它，把它弄死了。那些小东西成群出现，嗡嗡作响，这样的恐怖场面我无法忍受。

罗素确定，劳伦斯的这番话不是冲着自己来的。劳伦斯对剑桥大学里缺乏生
409 气的氛围感到极端愤怒，罗素对此暗自高兴。这令人不禁觉得，他邀请劳伦斯访问剑桥的第一个原因就是为了证实并且证明，他自己对那帮指导教师的厌恶是有道理的。他告诉奥托琳，劳伦斯“讨厌这里的每一个人，这一点不出我的预料”。次日，他又补充说，“他的直觉感知非常厉害，让我深表叹服”：

劳伦斯非常招人喜欢。他的人生的主要动力是爱——神秘的普世之爱，这样的爱甚至促成了他最强烈的恨。

总而言之，根据罗素的记载，劳伦斯“讨厌剑桥这帮指导教师，而不是讨厌我”。这似乎正是罗素希望从劳伦斯这样具有绝对可靠的感知的人那里看到的东西。从罗素的角度看，他在那个周末取得了成功。“我觉得，我和劳伦斯相处非常愉快，确实增进了相互之间的亲密关系。”他在写给奥托琳的信件中如是说，也许一语道出他最希望从那次访问中得到的东西。

劳伦斯也希望相互的关系变得亲密；可以这么说，他属于那种希望打破硬壳以便了解对方的人。但是，他特别希望从罗素那里得到的是这位著名哲学家的鼓励，以便继续自己的哲学写作。正如他在访问剑桥之前给奥托琳透露的，他的哲

学思想当时采取的形式是，试图理解他认为处于所有激情根基处的那种黑暗。对劳伦斯来说，试图理解某种理念意味着亲身体验这种理念。例如，在3月15日写给罗素的信件中，劳伦斯将自己描述为一个无畏的航行者，率先冒险，进入那种原始的黑暗之中，到达语言无法描述的地方，超越日常所见的现实：

> ……有时候，我害怕黑暗之中的真正可怕的东西，害怕我看到的这些东西组成的完全的非真实性。这幢房子，这些家具，这片天空，这个地球，这些苍白的东西组成了非真实的世界。我知道自己一直在其中漫步，这最终让我有类似精神失常的感觉。与此同时，我自己一直是一片黑暗之物，在震动之中颤抖。那些震动，那种黑暗是真实的。整个宇宙全是黑暗的，充满阴暗的激情……现在，尚未成形的隐蔽的黑暗的宇宙征服了我，让我无法逃脱。在这种情况下，我无法言说。所以，我一想到自己不得不向人讲述，心里就充满恐惧。

我们怀疑，这封信中的文字罗素究竟读懂了多少；劳伦斯也许知道，罗素不明白他自己希望表达的意思。他以已经外出的探险者的身份，给留下来的一个朋友写信，描述他知道这个朋友不可能理解的事情。“我写这封信旨在要求你，请一定和我在一起，面对隐蔽的世界。”他告诉罗素：

> 或者说，一定要等着我。不要让我走得太远。在现实的黑暗中，给我保留某个位置，与我保持联系。我觉得，存在着某种我可以穿越的东西，某种
> 非常重要的东西。它可能仅仅存在于我自己的灵魂之中。但是，它似乎隐隐 410
> 出现，越来越大。白昼之中的现实显得越来越不真实，仿佛我是在墓地或者子宫之中写这封信件的。它们属于同一种东西，但是处于两个相互对立的极端位置上。我希望你发誓，永远对我保持某种忠诚。

罗素希望，劳伦斯将会帮助自己认识人类心理的黑暗一面，他可能没有想到，这样的认识会采取这种形式，就像从隐秘世界送来的报告。在这封信件中，他似乎看到的只有劳伦斯表达的受到压抑的心理状态。但是，劳伦斯这时已是老练的旅行者，身处隐蔽区域之中，决心一探究竟。几天之后，他又写了一封信

件，表示他决心将罗素的心灵也包括在他探索的隐世界之中：

> 在民主控制联盟中，你依然在谈国家如何互相示好，但是你的灵魂一直抱着十分嫉妒的态度，窥伺边界，捍卫它拥有的东西，伺机夺取它可能获得的东西。你承认这一点，这让我哈哈大笑。但是，我们都是如此。不过，还是让我们去夺取并且捍卫值得拥有和希望得到的东西吧。

这是一个非常温和的开端，但是足以——或者说应该——起到警告罗素的作用：如果他不愿意让别人看到他希望隐蔽起来的东西，他就不能与任何人建立亲密关系，不能让别人看透将他与他们分离开来的墙壁。其原因在于，劳伦斯具有绝对可靠的睿智之见，可以让罗素表示尊重，并且已经触及了罗素性格中的核心冲突：一方面，他觉得自己已经疏离他人，另一方面，他支持以无私方式认同他人。此外，还存在另外一种类似的紧张状态：一方面，他怀着秘而不宣的强烈仇恨，另一方面，他崇尚普世之爱的崇高理想。罗素试图理解劳伦斯，觉得劳伦斯的强烈仇恨源于神秘的普世之爱；其实，罗素只希望把他自己的理想，强加在劳伦斯的头上。劳伦斯明白了这一点，随即进行了抵抗。

在1915年两人对话期间，劳伦斯创作了《意大利的黄昏》。在其中的一个补充段落中，劳伦斯在没有提及罗素的名字情况下，就罗素的性格的核心位置上的冲突，提出一个精彩的论点，再次以含蓄的方式，排斥罗素试图把“神秘的普世之爱”强加于他自己的强烈仇恨之上的做法。劳伦斯写道：“我们试图再次成为老虎，成为至高无上的帝国主义的好战自我；与此同时，我们的理想是建立公正、无私的世界。”他认为，这个理想——以及它形成的自相矛盾的状态——是“新精神”的一个侧面，这样的精神“已经化为经验主义的理想的哲学体系”。在描述这一“新精神”的过程中，劳伦斯以概括方式说明，它结合了这两个方面：其一是试图克服个人自我的“斯宾诺莎式”伦理，其二对科学具有的客观性的尊重。换言之，劳伦斯描述的是罗素本人的“人生哲学”：

> 人类是伟大的，无法限制的；个人是渺小的，碎片化的。因此，个人必须让自己进入伟大的人类整体之中。
>
> 411 这就是雪莱的精神特征，是人类的完美特征……当一个人知道一切，理

> 解一切时，他就是完美的，他的人生就是幸福的……当我从自己的具体躯体中，当我超越或者摆脱自己的有限欲望时，当我像云雀一样消失天际，让歌声在天地之间回荡时，我是完美的，在无限之中达到了巅峰状态。我没有被限制的感觉。然而，我必须排除自我……
>
> 正是这种虔诚信仰让自身在科学领域中表达出来。科学分析外部自我，分析自我的基本实质，分析外部世界。

劳伦斯写道："我们的目标是实现一种完美的人性，一种温和的完美意识，是绝对无私的。在征服、缩减并且毁灭自我的条件下，我们实现这样的境界。于是，我们采取行动，在科学、力学和社会改良方面积极努力。"我们很容易想到，劳伦斯写下这段文字时，心里考虑的直接对象肯定是罗素。

"与此同时，"劳伦斯指出，"我们希望成为好战的老虎。"让他详细讨论了一种矛盾，它与他让罗素注意的东西非常类似：罗素一方面谈到国家之间互相示好，另一方面像老虎一样进行窥伺，捍卫他拥有的东西，伺机夺取他可能获得的东西：

> 这就是令人感到恐惧之处：将两个目的混为一谈。我们作为好战的老虎，用机器将自己武装起来，我们的老虎式愤怒如火焰燃烧，从机器上散发出来。老虎拖着机器前进，这是一个可怕的情景……更可怕的是，看见老虎被人抓住，扔进机器中，撕成了碎片……
>
> 我们说："我爱人类，所以我是老虎；出于对其他人的爱，出于对超越自我的事业的无私服务，我将成为老虎。"这是荒诞的。老虎吞噬，因为它在吞噬过程中达到巅峰状态，在吞噬过程中实现了绝对的自我。它吞噬的原因不是无私的良心要求它这么做，不是为了其他的小鹿或者其他的老虎。
>
> 我们试图说："老虎是绵羊，绵羊是老虎。"

在老虎与机器的冲突中，劳伦斯同情的当然是老虎。他对罗素提出的批评是，罗素与他所代表的思想传统类似，在老虎与机器之间徘徊，有时不知应该支持哪一方。劳伦斯不会让罗素将他的老虎式愤怒转变为对绵羊的喜爱；与之类似，他也不会让罗素将自己的老虎性格藏匿在——可以这么说——机器后面。

罗素以类似的方式，看到他与劳伦斯之间的冲突慢慢浮现出来。它涉及的问题是，人在什么程度上，可以将老虎从机器中释放出来？4月3日，罗素写信告诉奥托琳："我预计，劳伦斯将面临可怕的冲突。令人感到奇怪的是，他并不理解爱（普世之爱）可能是非常深刻的，其程度与老虎不相上下。"几天之后，罗素依然觉得，劳伦斯拥有"大量的文雅气质和普世之爱"。罗素告诉奥托琳：

412 他对人性的看法与我的相当一致，不过我不像他那样，认为人人都是"老虎，老虎"。但是我觉得，他可以帮助人理解许多东西。

人们可能发现，在那段时间撰写的关于战争的文章中，罗素以新的方式，强调了出现在人性之中的动物本能。我认为，这一点在很大程度上应该归为他与劳伦斯的讨论形成的影响。在那时撰写的文章《论战争时期的正义》中，他特别强调了他以前要么抵制要么以不情愿方式隐藏起来的看法：男人与其他动物相差无几，也带有争斗的本能。或者，正如他以厌世者的口气，用颇有讽刺意味的字眼所说的，"雄性的自然活动包括争斗和杀戮，这一点见于人和较高等级的动物之中"：

雄性在两性争斗中互相杀戮，这种行为在雌性动物眼中也许是赏心悦目的。在许多种类的智人中，情况也肯定如此。在文明国家中，由于警察活动的制约，获得这类愉悦的机会大大减少。因此，当战争来临时，正常情况下受到压制的大量本能活动就被释放出来。

他坚持认为，"打仗不是为了实现任何理性的目标。打仗的首要原因是，相关国家希望争斗，他们现在火冒三丈，决心赢得胜利。其他一切说法都是废话，都是以人为方式，从理性的角度，解释本能行为和激情"：

当两条狗在街道上打斗时，没有人会认为，刺激它们的不是本能，它们受到什么高尚目的激励。但是，假如它们可以产生人们所说的思想，假如它们受到的教育说，狗是有理性的动物，那么，我们可以肯定，在争斗过程

> 中，它们会慢慢形成一种由观念构成的上层建筑。它们争斗的原因其实是，它们身上的气味让激怒了对方。但是，假如它们的争斗伴随着思想活动，其中一条狗可能会说，它争斗的目的是为了提倡正确种类的气味（文化），另外一条说，它是为了坚持犬类固有的在路面上奔跑的权利（民主）。

罗素以明显厌恶的态度，描写了犬类因为觉得对方气味不对所以相互打斗的场面；劳伦斯觉得战争令人厌恶，其原因恰恰是，它与犬类之间的互相争斗没有什么相似之处（也许在这一点上，罗素那时依然无法准确地理解他的态度）。动物具有互相进攻的本能，这是其本性的一部分，对此劳伦斯完全可以接受，甚至表示赞扬。老虎吞噬绵羊，这完全是其本性使然。战争让他觉得恶心的原因在于，战争带有不受个人感情影响的机械性质。这与动物的自然激情相去甚远。在 413
他看来，这正是战争的错误之处。

在 1915 年 4—5 月份写给奥托琳的信件中，罗素开始对劳伦斯表示怀疑，言辞中出现不屑一顾口气。劳伦斯曾经痛斥奥托琳，认为她利用个人意志的力量支配别人。罗素知道之后评论说："劳伦斯不喜欢任何人的意志，只喜欢他自己的。其实，他并不承认意志在世界上所起的作用。他似乎觉得，本能本身就具有足够强大的力量。我认为，如果他细细考虑撒旦的下场，他就会抛弃这个看法。" 劳伦斯的妻子弗里达与前夫欧内斯特 · 威克利离婚，相关部门要求劳伦斯支付 150 英镑费用。劳伦斯在写给罗素的信中，怒气冲冲地提到这件事情（"我简直无法告诉你，这样的做法如何加深了我对整个政府的绝对憎恨"）。罗素在回信中评论说：

> 非常不幸的是，他对社会的憎恨大大加深，超过了原来的程度。这增加了让他缓和敌视态度的难度。另一方面，它还将分散他对性问题的注意力。我觉得，尽管专注政治问题不可能在政治上形成什么结果，对他个人还是有好处的。

在 1915 年的最初几周中，战局急转直下。卢西塔尼亚号邮轮[1] 被击沉，德国

[1]　皇家邮轮，英国豪华客船。1915 年 5 月 7 日在爱尔兰外海被德国潜艇 U-20 击沉，造成 1198 人死亡。由于伤亡者中包括大量美国人，卢西塔尼亚号的沉没和齐默曼电报事件被视为美国参加一战的导火索。——译注

人开始毒气战，两个事件激起了更大公愤。此外，鲁珀特·布鲁克去世了。这一连串消息让罗素陷入新的绝望状态。他5月9日写信告诉奥托琳，“我一直非常担心，文明中的某种东西将会从此消失——在古希腊以类似方式灭亡时，某种东西就已经一去不复返了”：

> 人们对文明——人类脱离野蛮状态逐渐获得的成就——非常重视，超过了对自己的朋友或者其他任何东西，这说起来有些奇特。文明似乎是人生的终极目标。我活着，不是为了人类幸福，而是为了实现某种精神上的升华。

5月15日，罗素给他在美国的门生诺伯特·维纳写信，言辞显得更加凄凉：“这里的悲观感非常强烈，超过以往任何时候。人们觉得，战争还要持续数年，只有在其中一方的所有成年男人全部死光之后才会结束……我觉得，文艺复兴以来的欧洲文明将不复存在。”

那年整个春季，在罗素的头脑中，对旧秩序的毁灭思考占据了首要位置。他内心纠结的是这两个问题：在什么程度上，他是那个旧秩序的不可分割的组成部分？他是否将会成为新社会的一员？在他的心中，这个冲突与劳伦斯的友谊密切相连。劳伦斯来自工人阶级，追求历史的新开端；在罗素看来，劳伦斯与旧秩序没有丝毫瓜葛。4月下旬，奥托琳离开贝德福德广场寓所，但是尚未迁入她不久前购买的位于牛津郡加辛顿的乡间别墅，罗素领着她参观博尔索弗堡。对他们两人来说，那次旅行具有强烈的象征意义。她喜欢坐落在诺丁汉郡的那座伊丽莎白
414 式古堡。在某种精神意义上，它几乎是她的梦想之家。它是为她的祖先纽卡斯尔公爵一世威廉·卡文迪什修建的，当时的拥有者是她的兄长波特兰公爵。两人漫步于陈设绚丽的房间中，奥托琳十分开心，想象自己回到了17世纪的祖先们生活的世界之中。她问道：“你是否觉得，人会受到自己祖先的影响，伯迪？”

> 不管怎么说，人毕竟受到在族人身上流动的精气的影响，正是这样的精气让人有了活力。原来，我对自己的祖先没有什么特殊的感觉，或者说，我也许因为自己没有这样的门第观念而感到骄傲。但是，现在……逝者的气息扑面而来……我看到悬挂在维尔贝克大厅的某一幅古老的家人肖像，很快发现自己显然继承了祖先的鼻子、嘴型或者面部轮廓。这让我意识到祖先们遗

传给我的人格品质和特征。

罗素对自己的家族在英国历史上所起的作用非常重视，当然很容易理解奥托琳的这种感觉。“没错”，他回答说，随即抗拒了这种感觉。“我认为，出身名门赋予人一种特殊的标准，一种淡定感，一种无意识的自信和勇敢。在人生道路上，这样的人不会轻易出现偏差，与出生于下层家庭的人大不一样。”但是他强调说，应该看一看并非出身名门带来的优势，特别是“原始的自由本能”和不受传统约束带来的优势。“它们让 D. H. 劳伦斯这样的人有了活力和创造性”。首先，“请让我看一看，那些享有特权、继承了祖先的感性和文化的人现在干了些什么”：

> 你知道，他们鄙视艺术，将文化修养视为堕落之物……他们真是喜欢或认真对待的，只有运动或者高尔夫球。哦，对了，目前还有战争。

他问道：“甚至这座古老的城堡也拆除了房顶和装饰镶板，你说令兄说过，将要出售壁炉台，这是为什么呢？……不，不，请不要给我说，他们继承了祖辈的鉴赏情趣和美感。我不相信这样的东西！”

一方面，罗素对旧秩序和新秩序各自的优点持上述看法，另一方面，他对是否继续在剑桥大学供职持矛盾态度。他觉得，他为期 5 年的讲师合同到期时，三一学院肯定会给他提供院士职位。但是，当罗素提出申请，希望告假两个学期时。该学院要求，他在假期中应该将大部分时间用于哲学研究，而不是政治鼓动。罗素表示拒绝，一度打算彻底离开三一学院。最后，双方达成妥协方案：三一学院与他续签了讲师合同，而不是让他成为该学院院士，但是同意罗素请假两个学期，从事他的政治活动。在谈判过程中，罗素告诉奥托琳，“他们让我意识到自己以前没有发现的大量敌对情绪”：

> 我现在才意识到，剑桥给我压迫感。在这里［伦敦］，我觉得更有活力，可以更好地面对时局带来的任何骇人听闻的东西。自从战争爆发之后，剑桥已经不再是我的家园，不再是我的避难之处了。我发现，被人视为叛徒给我带来难以言喻的痛苦。在学院偶遇的每个人都让我敏感万分，不寒而栗。 415

劳伦斯以他特有的方式，敦促罗素与剑桥大学一刀两断。“如果他们将你逼出三一学院，这样更好一些。我感到高兴……在这种情况下，离开你的剑桥大学吧。这样做非常好。在劳伦斯看来，剑桥大学与旧观念之间有千丝万缕的联系，必须让旧观念死去，以便为新的生命力量铺平道路”：

> 如果种子不消失，它就不会获得新生。我们首先必须与旧的东西决裂，然后才能重新崛起。只需耐心等待，做好准备。我们很快就会发出复活的声音……让我们摆脱这种日子，摆脱今年的日子。在冬季来临时，在坟墓时间结束之后，我们将重新崛起。但是，我们永远不会死去。当一切消失时，当我们互相没有剩下任何接触，没有剩下感知时，对上帝的感觉总是存在，对绝对精神的感觉总是存在。剩下的唯一感觉就是对绝对精神的感觉。

离开剑桥大学只能让劳伦斯和罗素之间的关系更加密切。“我们两人在忠诚方面是一体的，真是，就是你和我。”他在信件的结尾处说，“我们拥有同一个信念，我们必须在同一场战斗中联合起来。”

那段时间，罗素对剑桥大学的老派指导教师们感到厌恶，愿意听到这种关于忠诚的话题。在下一封信件中，劳伦斯表示，听说罗素“摆脱了纠缠自己脚步的那种牢不可破的体面感”，感到非常高兴。罗素告诉奥托琳，“我觉得，他是正确的，假如我完全抛开体面感，我可能获得十倍以上的能量”。他还以明确的劳伦斯式口吻补充说：

> 世界变得越来越黑暗，越来越愤怒。我们尚未接近最糟糕的情况。但是，一种新的秩序必然将从所有这一切中浮现出来。

罗素至少可以获得两个学期自由，不受学术职责的束缚。他尚未做到破釜沉舟，但是已经开始考虑完全在学术圈子之外工作的想法，逐渐倾向于将自己的命运与劳伦斯代表的新秩序联系起来。在那年夏季，两人的关系越来越密切。“伯迪·罗素正在与他那一帮人分离开来”，劳伦斯在写给奥托琳的信中如是说。“我很高兴。他很快就会成为一个反叛者。我很高兴。届时，我们就是兄弟了。”罗素同意6月19日到格雷特姆去拜访劳伦斯，讨论他们可以一起做些什么，并且将此作为两人之间相互忠诚的标志，作为兄弟关系的标志。劳伦斯6月2日写道："我很高兴再次见到你。我会给你讲述我的哲学。"

6月8日，劳伦斯将其哲学思想的第一部分——当时（他再次效仿尼采的做法将其）称为《曙光》——寄给罗素。"你不要觉得，它是胡言乱语。"他向罗素提示，也许心里非常明白，罗素将会觉得它是胡言乱语：

> 我指望你帮助我进行修改。请不要反对我的观点，不要说你对它不感兴趣，不要说它包含很不错的东西，不要表达诸如此类的意见。但是，请帮助我，告诉我那些部分可以写得更好一些。 416

劳伦斯说，两人联合起来，建立反叛者之间的兄弟关系，但是，在某些方面，劳伦斯看来非常害怕政府当局，在面临危险时非常谨慎，与罗素相比有过之而无不及。自从卢西塔尼亚号事件发生之后，罗素以新的勇敢方式，撰文抨击政府，显示了更好斗的特性。劳伦斯见到之后忧心忡忡。"我让工党领袖阅读你撰写的抨击诺斯克利夫勋爵的文章。"他告诉罗素：

> 我觉得，诺斯克利夫勋爵希望避开风头，但是你确实言辞鲁莽，锋芒毕露。请允许我说，在眼下这个关键时刻，不要让自己陷入麻烦之中。我确实要恳求你保持实力，在时机出现时，迎接将要出现的伟大战斗。我们必须探求更深层次的原因，不要盯着诺斯克利夫勋爵。让等待一段时间，以便能够形成新观念的核心内容，形成新的攻击中心，不要继续在《工党领袖》之类的刊物上发表言论。

让劳伦斯觉得麻烦的那篇文章是《诺斯克利夫勋爵的胜利》，发表在1915年5月27日出版的《工党领袖》上。在该文中，罗素以辛辣的讽刺笔触，向那位报界巨头（诺斯克利夫勋爵是《泰晤士报》和《每日电讯》报的老板）表示祝贺，说他成功地推倒了阿斯奎斯领导的自由党政府，用一个联合政府取而代之，从而确保英国以更有力的方式继续打仗。罗素在可能让劳伦斯感到不安的一个段落中说："战争本身不错，所以多多益善。战争开始之后，诺斯克利夫勋爵觉得，延长战争是他自己的职责所在。"

这篇文章表明，罗素那时在反战论战中采用了一种新的风格，对希望和平的人士视为恶化的局势作出反应。他考虑离开民主控制联盟，投奔更激进的反征兵团体。他告诉奥托琳："战争结束之后，民主控制联盟将会干得不错。但是，他们目前一个个争先恐后地表白，唯恐没有显示爱国主义的热情，唯恐不能显示英国将会取得胜利的决心。这样的做法极大地限制了人表达自己的观点，几乎让人堕入半身不遂的状态。"此外，他也对政治方面的详尽辩论失去耐心了，转而更加关注总体上的基本问题：

> 我对战争政治的兴趣越来越小，我越来越觉得，重要的事情是谴责一切战争……我不愿陷入毫不相关的争执之中，在实际问题上纠缠不休。其实，无论从哪个方面看，这样的问题都没有意义。

两天之后，6 月 10 日，罗素向奥托琳描述了他在火车上见到一个情景。当时，他和几个伤兵一起旅行：

417 其中一个士兵讲述一个德国人如何跪倒在他的跟前，眼里含着热泪求饶。但是，他（讲述者）用刺刀捅破他的胸膛。这番话引起他们的哄堂大笑。也许，他是在吹牛。

这是他依然努力接受的人性的一个侧面；他确信，大多数和平主义者根本不会理解这一侧面。他次日写道，"我希望，善良的人不那么温和。我认识的这里的不抵抗人士的言行非常规矩，给人的感觉是，他们并不知道人性之中暴烈的一面"：

> 他们从来没有谴责言行不一的伪善者，从来没有拒绝过不法货币兑换商。我非常希望，我可以打破自己本性之中的牢狱。我现在深有感触，我内心之中的向善的力量仿佛被怀疑论，被犬儒主义，被缺乏信仰的状态囚禁起来。但是，那些没有此类约束的人总是显得无知，显得有些愚蠢。所有这一切让我感到非常孤独。

在与劳伦斯交往的过程中，罗素发现，对方正是这样的人：劳伦斯会谴责言行不一的伪善者，拒绝不法货币兑换商，而且没有受到怀疑论和犬儒主义束缚。但是，劳伦斯是否无知，是否愚蠢呢？罗素非常希望，劳伦斯不是如此，但是却不得不承认，自己对劳伦斯寄来的哲学作品没有多少兴趣。他向奥托琳实话实说："劳伦斯的哲学让我有不知所云之感。我很怕和他讨论相关问题。我觉得，他写的东西与我的观点格格不入。"他次日说，它是"没有受过教育之人的胡编乱造"：

> 我的感觉与你读到我撰写的关于绘画的文章时的感觉类似。不过，我相信，其中也有大量的内容。问题在于，他写的东西形式非常糟糕，他不知道如何表达他希望阐述的内容。他在文章中怒气冲冲，拼命抗争。我觉得，文章中体现的想象力不错，很有布莱克的风范。但是，他缺乏技巧，文章冗长，没有张力。不过，我必须再读一次，以便确保自己对它的理解是正确的。

罗素知道，劳伦斯下一周要到加辛顿去，大概希望讨论他的哲学著作。罗素尽管很怕这样做，然而还是如约现身。

1915 年 6 月 14 至 16 日，奥托琳、罗素与劳伦斯夫妇在加辛顿一起度过了三天。当时的情形在奥托琳的回忆录中有详细记载，后来被劳伦斯进行艺术加工，在《恋爱中的女人》中表现出来。在奥托琳笔下，那几天的活动难以忘怀：罗素、劳伦斯和其他人穿着白色罩衣，一起帮助奥托琳，给一个房间的镶板涂抹金粉。弗里达坐在"房间中央的一张桌子上，晃动着两条腿，笑着挖苦我们"：

> 她品质恶劣，使人来气，而且喜欢折磨人……我们都喜欢和佩服劳伦
> 斯，或者她所称的洛伦佐，觉得她并非像她自己以为的那么重要。这让她醋 418
> 意大发……伯迪没有恭维她，于是她挑唆劳伦斯，让他不喜欢伯迪。所以我
> 开始担心，她是否会让大家难以与他保持朋友关系。

罗素告诉奥托琳："尽管劳伦斯太太的表现并不尽如人意，我觉得那几天非常开心……你的房子和花园氛围很好，让我一见喜欢。我们可以整天在户外活动，那样的环境对我很有好处。"

几天之后，罗素如期前往格雷特姆，拜访劳伦斯夫妇。他告诉奥托琳："我很高兴自己去了那里。"他和劳伦斯聊到许多话题，其中包括奥托琳本人：

> 他对你非常钦佩，对你评价不乏深刻睿智。他多次表示，你是一位女祭师，一位卡珊德拉式女预言家。可惜你没有发现阿波罗神。他的结论十分正确。他觉得，你拥有超过常人的特殊品质。这番话让我很喜欢他。

而且，他们两人还谈到了一项联合计划。在罗素访问期间，劳伦斯给奥托琳写了一封信，描述了相关情况：

> 我们两人觉得，今年秋天必须在伦敦找到一座大厅，在那里开设讲座。他讲伦理学，我讲永生问题。而且，我们还要在那里举行会议，创立一个规模不大的协会或者团体，主题围绕**可以带来实际行动的宗教信仰**。我们必须将重点放在宣传关于无限——即上帝——的知识上。

他力劝奥托琳，"你必须担任主席。你必须主持会议。你必须起到核心作用，将我们聚在一起。你必须起到定位者的作用，让我们保持正确方向，不会偏离永恒之物。我们绝对不能陷入尘世俗事之中"：

> 我们必须在加辛顿举行一些会议。加辛顿必须起到静修之处的作用，我们可以来到这里，让我们紧密结合在一起。加辛顿非常合适，完全可以起到这样的作用……这里的草坪碧绿，冬青成荫，加上古老的房子和前面的古老而且精致的花园。它远离城镇，本身就是一个完美的小世界。在这里，我们可以摆脱时事的干扰，考虑重大问题。我们必须团结起来。

他宣称："罗素和我其实已经取得了相当大的进展，围绕着一个问题，达成了一致意见。"正如他所描述的，这个问题就是形成一个运动，他担任预言家，罗素充当信徒，其圣经是他的"哲学"的最新版本。他带着福音传道者的热诚，谈到罗素的地位，仿佛罗素是一个具有价值但是值得怀疑的追随者。对"永恒之物"，罗素的理解一直显得不够充足，所以他必须随时观察罗素，看一看有没有倒退的迹象：

> 我希望他遵循绝对精神的知识，遵循永恒的知识开展工作。除了富于哲学思考的数学之外，他对世俗之事，对当前之事考虑过多。涉及人和生活 419
> 时，他不愿放弃，不愿考虑永恒之物。他思考永恒性，形成实实在在、符合逻辑的观念。他可以在这一点的基础上开展工作：信仰绝对精神，信仰无限境界之中的存在。这非常好，让我非常欣慰。

在罗素自己对那个周末的记载中，我们可以看到一种类似的乐观笔触，他看起来几乎愿意成为劳伦斯的信徒。在两人的交谈中，劳伦斯将他的宗教描述为存在。罗素写道，“劳伦斯思想锐利。我进一步阅读了他的哲学之后，十分喜欢。写得不好的仅仅是其开头部分”：

> 我们两人谈到了一项计划，准备今年秋天开设关于他的宗教的讲座，从宗教角度讨论政治，讨论其他一些问题。我觉得，可能从这些讲座中得到一些可取的结果。这些讲座必须成为关于政治理念的非常不错的课程，将涉及道德观、国家、财产、婚姻、战争。我们可以从人性上根源上进行讨论，说明每个人如何成为牢狱，禁锢自己内心深处的无限之物。这样的讨论可以给人带来希望，去建设一个更幸福的世界。

罗素那时觉得，自己和劳伦斯“在许多方面都有不可思议的相似之处。劳伦斯的思维不那么抽象，他自己并不觉得孤独——他对人保持简单的情感，这让他没有孤独感。但是，我们在许多方面非常类似，这让人感到奇妙。他关于战争的观点与我的完全相同”。那时，罗素已对他认为徒劳无益的和平讨论——“你可以派出一个贵格会代表团到埃特纳火山去，要求它不要喷发”——失去了兴趣，转而赞同劳伦斯提出的关于无限之物的思想。他原来肯定相信，劳伦斯对人物性格的睿智之见“绝对正确”；这时，他也必须相信，劳伦斯的哲学与他最初得到的印象不同，不是“没有受过教育之人的胡编乱造”（尽管他的某些言辞给人的印象是，他那时努力让自己接受劳伦斯的观点）。罗素告诉奥托琳：“我非常高兴，你看来认可了劳伦斯的哲学。我现在认为，它有一定道理。我最初觉得，缺乏论证是一种缺陷，我在思想方面的情趣不时受到挑战。不过，那些都是小问题。”

他带着与劳伦斯讨论获得的灵感，返回伦敦，立刻开始准备讲座的概要。他已经暂时完成了政治宣传活动，在信中告诉奥托琳：“我现在的想法是，坐下来思考……非常奇特的是，我觉得自己精力充沛，充满新生的活力，仿佛可以整天一直工作。”

在接下来的几周里，罗素工作时心情愉快，那种感觉在战争爆发之前已经久违。它以不祥的方式，让人回想起他在1913年夏季——那时，他相当勤奋，撰写《认识论》——的心理状态。他6月26日写道：“秋季讲座的计划正在成形，每天向我微笑。我肯定可以如期完成……这事我已经胸有成竹，而不是一个空洞的计划。我很有把握，可以顺利完成。”两天之后又写道：“想到讲座的事情就让我深感愉快。”在讨论政治问题的过程中，他甚至开始接纳劳伦斯式基调，反复使用“我们必须”做这做那之类的字眼，根本不考虑实际情况：

420 我们必须创立新的激进的哲学流派，它类似于拿破仑战争期间出现的流派。一方面，眼下从技术上讲无法避免的，存在着庞大的社会组织；另一方面，每个男人和女人在生活中有不同的自我定向。需要解决的问题是，如何将这二者结合起来？例如，铁路必须有，但是铁路部门的人不应是工作的奴隶。我相信，国家必须完全废除，人必须根据不同的目的，属于不同的群体。每个群体由个人选择，而不是像国家这样，根据地理因素来确定……如果一个人可以给予人希望，他们就有做事情的能量。

在那几周时间里，罗素心中对“无限之物”的渴望被唤醒，心情十分愉快。这也让人回想起他当初对奥托琳的性爱冲动。其实，罗素倾向于认为，从在某种意义上说，劳伦斯给予他的灵感与他深爱奥托琳的愿望是联系在一起的。他6月28日写信告诉她，“这些天来，与你结合的深刻感觉不断出现。和你在一起时，我最有活力”：

我深深地觉得，自己终于知道，我必须从你那里得到的东西正在实现。我有获得自由和解放之感，摆脱了学究和不从大流的陈旧束缚，摆脱了体面感和权贵感的陈旧束缚。抛弃自己的面子，一切从头开始，这样的感觉真好。

与在 1913 年所做的事情相比，他现在干工作有诸多好处，例如，他可以与奥托琳一起分享其中的酸甜苦辣。他 7 月 4 日写信告诉她："我俩总是分享精神方面的东西；如果我的工作是技术性的，我俩在心理方面难以一致。现在我希望，我们可以充分交流，至少在一段时间里如此。对我来说，这一点非常重要。"

他摆脱的陈旧束缚之一是他的学术生涯。这时，在学术圈子之外谋生的愿望变得越来越迫切。他写道："如果我能够像阿贝拉德那样，以独立教师的身份，在伦敦立足，那将是多么令人开心的事情！我非常喜欢这样做带来的自由。"

在那几周时间里，罗素的看法显示出一种非真实的成分，颇有装腔作势之嫌。如果我们阅读他在 1915 年 6 月下旬至 7 月上旬所写的信件，我们带着忐忑不安的心情，期待出现 1913 年那样的情况：他的冲动立刻戛然而止，"就像一个波浪，碰到防波堤之后便破碎了"。其中一个原因是，考虑到现实因素，罗素根本不可能变为劳伦斯鼓吹的那种宗教的信徒。他 1913 年曾经写道："经验逐渐证明，一般说来，所谓的睿智之见全是幻觉。"看到他此时的状态，我们不仅期望幻觉破灭，而且觉得结果肯定如此。

罗素的极度愉悦源于他对局势的近乎固执的误判。我们这样说的另一个理由是，在政治思想方面，他与劳伦斯之间存在着巨大差异。他已经开始觉得，国家完全不应存在；但是他知道，劳伦斯梦想建立这样的国家：它通过将财产、土地和其他一切国有化，确保没有人挨饿，每个人都会得到报酬，无论他们是否适合工作都是如此。能够这样做的国家必然非常强大。令人怀疑的是，劳伦斯是否想 421
象，这样的国家是否会建立在民主制度的基础上呢？但是，随着他的政治思想变得"成熟"（到了它们实际达到的程度），在他的世界观中，民主制度不尽如人意的地方逐渐浮现出来。6 月 16 日，他写信告诉辛西娅·阿斯奎斯女士（前首相的儿媳妇），"我希望改变整个政府形式"：

> 我不相信民主（共和）选举形式。我认为，工匠应该从其环境从进行挑选，但是这种做法不适合拥有最高权力的政府……整个办法必须采取自下而上的方式，每个男人选出自己通过实际接触在一定程度上理解的人——不能

采用统计民众选票的方法。

……女人不应和男人一样，拥有同等的投票权，但是在其他方面情况有所不同。女人必须管理诸如喂养和照顾族群的工作。如果说一种制度逐步发展，由男独裁者控制国民生活中较大部分的产业，那么，它也必须逐步发展，由女独裁者控制社会中与个人生活相关的事务。

……在今后10年中，必然将会出现一场革命。不过，我不希望民主党掌权。我们不能让工人的代表执政，也不能让资本家的代表执政。

我希望你赞同这些观点，它们至关重要。我们必须做好准备，在今年秋季实现这一目标。

当罗素答应与劳伦斯合作，开设讲座，“从宗教角度讨论政治”，以上各点就是劳伦斯考虑的政治和宗教。我们只能想象，罗素没有理解劳伦斯关于这个问题的观点，其原因在于，毋庸置疑的是，罗素绝对不会为反民主的政治理论效忠。然而，几乎同样难以理解的是，在劳伦斯没有向罗素阐述他在写给阿斯奎斯女士的信中表示的上述观点情况下，两人竟然合作了那么长时间——1915年夏天，劳伦斯给所有保持通信联系的人一一谈到了这些内容。另一方面，在一封日期标注为7月6日的信中，劳伦斯确实首次就这一点表示了明确看法。他告诉罗素，“你必须放弃民主制度”：

你不能相信所谓的“人民”。阶级之间没有好坏之分。这是一个涉及智慧或者真理的问题。让工人阶级继续成为工人阶级吧。这就是真理。必须有一个拥有智慧的贵族群体，必须有一个统治者：一个皇帝式人物——不要总统，不要民主制度。

也许，罗素认为，劳伦斯的政治见解并不成熟，并不老道，自己可以劝说他放弃它们。如果是这样的话，罗素很快将会发现，他自己的想法是错误的。

到了罗素收到上述信件时，他已经完成了讲座概要。他给它拟定的标题是《社会重建哲学》，并且寄给了劳伦斯。7月8日，罗素收到回信，劳伦斯提出
422 的批评异常严厉，与当初维特根斯坦的批评相比，简直有过之而无不及。劳伦斯讨厌罗素所写的东西。他告诉罗素，“全是些社会批判，根本不是什么社

会重建”：

> 如果讨论社会重建，你必须深入讨论另外一个要素……**看在上帝之爱的份上，务必务必**写好这些文章。但是，应该将它们深化，增加哲学分量……你必须深入探讨国家，深入探讨国家与个人的关系。

劳伦斯认为，罗素顾虑太多，无法抨击现存的国家制度，只是为新的国家制度制订了一张蓝图。“你必须敢于提出正面见解”：

罗素的概要和劳伦斯就此草草写成的批语说明，在两人自认为互相忠诚的那段时间中，他们其实根本不理解对方的哲学观念。让两人出现巨大分歧的问题具有根本的实质意义。

例如，在标题为《国家》的那一部分中，罗素写道：“现在只有恐惧让国家得以存在。”针对这一点，劳伦斯以潦草的文字写道：“必须有国家，必须有政府。”另外一个例子是，罗素说，“无法崇拜国家”，但是劳伦斯的批注是：“我可以崇拜什么呢？”类似的例子还有，罗素说，“我觉得，自己对数学的忠诚度超过了对国家的忠诚度”；劳伦斯的批语是：“原因何在？”罗素提出，国家（劳伦斯在它前面加上了“现存的”一词）“涉及对人类的一种完全人为的划分”，劳伦斯反诘，“你必须向前一步，讨论新的国家，它完全符合我们的真理观。你必须提供关于新国家的某种观念，说明你完全相信它”：

> **罗素：**国家完全采取排他形式，事实上由一帮谋杀和抢夺之徒组合而成，在本质上是邪恶之物。
>
> **劳伦斯：**国家表达了一个伟大的形而上学观念，即上帝是造物主的观念。上帝根据某些法则，创造了地球。如果我们顺从这些法则，将会获得幸福。我们应该继续前进，根据我们的宗教信仰，根据我们的人生哲学观，创造自己的国家……国家必须代表最深层次的哲学信念或者宗教信念。

显而易见的是，罗素根本没有意识到，劳伦斯竟然如此认真地对待他提出的建立拉那尼姆的计划；反过来说，劳伦斯也根本没有意识到，罗素竟然觉得它无足轻重。同理，当劳伦斯谈到“为宗教服务的政治”时，他所说的是根据（他的）宗教原则建立起来的国家，而不是以怀疑论方式说明，所有政治理想都是“禁锢自己内心深处的无限之物的牢狱”。劳伦斯期望罗素说明，现存国家是牢狱，而不是像罗素阐述的那样，所有可能的国家皆是牢狱。

在道德心理方面，两人的观点——如果有什么区别的话——甚至分歧更大。“一个人为什么应该信守道德观？”罗素先提出问题，然后回答说，“因为针对他人欲望的行为让他不受欢迎，这让他觉得不快。”劳伦斯就这一点的反应是，“错！错！错！错！错！”与之类似，罗素对婚姻的定义——“性本能加上嫉妒”形成的结果——让劳伦斯再次叫“错”：

> 423 **罗素**：成功的一夫一妻［劳伦斯在此插入“现在”一词］依赖用习惯取代情感的做法……如果一个人不容易形成习惯，或者发现习惯并不足以防止情感出现，那么，对这个人来说，一夫一妻制婚姻并不适合。
>
> **劳伦斯**：在人们的内心中，实施一夫一妻制婚姻的愿望根深蒂固。但是，世上最难的事情是，如何找到自己的配偶。现在依然正确的看法是，男人和妻子属于同一个血肉之躯。一个独身男人是残缺不全的，一个女人也是如此。完整性存在于婚姻之中。但是，国家批准的婚姻是一个谎言。

在以上这些问题上，劳伦斯都没能说服罗素改弦易辙。但是，在一个重要问题上，劳伦斯让罗素接受了自己的意见，迫使他修改了原稿。罗素后来说，在一定程度上，这提高了他的讲演质量。这里所说的问题出现在概要的最后一个部分中，题为《整体人生》。罗素写道：“冲突和仇恨没有必要，只有内心不快乐才会产生仇恨，产生冲突。”针对这一说法，劳伦斯批注：

> 仇恨和冲突将一直存在。它是成长的原则：每个花蕾都要挣脱花托的束缚，花托是不愿意被打开的。但是，应该让仇恨和冲突**真的**成为充满活力的成长的组成部分，成为成长的结果，而不是实现感觉的欲望带来的后果。

在讲座以《社会重建原则》为书名正式出版时，罗素采纳了劳伦斯的上述观点。

在其他所有问题上，罗素坚信自己是正确的。他在写给奥托琳的信中说：

“在提出批评意见时，劳伦斯情绪非常强烈，与维特根斯坦不相上下。不过我觉得，维特根斯坦是正确的，劳伦斯是错误的。”但是，劳伦斯提出的批评让罗素深受影响。他告诉奥托琳：“我觉得压抑，从一定程度上讲，这是劳伦斯的批评造成的。我觉得，自己是一条虫，一个无用之物。有时候，我一一罗列我的能力，心里感到疑惑，为什么我在这个世界上不能起到更大作用呢？我觉得，怀疑态度是我的真正问题所在。仅仅通过刻意压制，我才将它置于控制之下。它削弱了我的能力。”

对罗素来说，劳伦斯的批评带来的最令人悲哀的事情是，它们让他重新回到依靠自己的状态。罗素一直渴望找到这样一个人：他不受怀疑论和犬儒主义的影响，不是无知和愚行的牺牲品。罗素本来觉得，劳伦斯具有这样的品质。罗素相信，在发现睿智和笃信者的过程中，他可以克服让自己在思想上陷于瘫痪状态的怀疑论。现在，他不得不承认失败，将劳伦斯打入无知、愚蠢之辈的行列，将自己重新送入怀疑论者和犬儒主义者的阵营。可供选择的做法是，接受劳伦斯的反民主政治哲学，但是，这一选项罗素根本不愿接受。

7 月 10 日，两人在伦敦见面，表面上要化解关于讲座大纲的歧见。但是，从罗素的角度看，已经为时太晚，完全没有回天之力了。一旦罗素认识到劳伦斯的政治观点的实质，他只能对它们持怀疑态度。他这时倾向于认为，劳伦斯的革命政治学说全系疯子的离奇念头。他已经不可能为劳伦斯充当宣传人员的角色了。 424
罗素在写给奥托琳的信中说，“我告诉劳伦斯，我觉得我们应该互相保持独立，不要去建立什么学派了”：

> 他谈到政治时显得非常疯狂，我无法在正式场合和他一起共事……他在思想方面没有约束，错误地将自己的希望当作事实。而且，他脑袋发昏……态度略显疯狂，不够诚实……他没有接受教训，认识到个人能力有限这一事实。在他看来，我让他承认事实的所有尝试全是胆怯之举。他说我缺乏勇气，不能勇于思考。

罗素认为，他与劳伦斯相见的过程“令人感到恐怖”。“我充满绝望，巴望见面尽快结束。”不过，罗素依然承认，劳伦斯对人的心理认识入木三分，相当不错。但是，他大概已经放弃了原来的看法，不再觉得劳伦斯绝对正确了。

劳伦斯似乎反应迟钝，没有发现罗素已经失去对他的政治见解的所有尊敬。在接下来的两封信件中，他依然连篇累牍，继续向罗素宣扬他的反对民主的攻击性言论，告诉罗素在讲座中必须涉及的内容：

> 在你的关于国家的讲座中，必须批评现存的民主制度，批评这个幼稚的看法。这是我们的敌人……我们必须尽快采取行动，防止这个年轻的民主政党获得政权。将权力交给工人阶级的想法是错误的……整个计划的结果是产生一位男独裁者，产生与他分享权力的女独裁者。不能出现你所说的资产阶级的共和国总统……自由、平等、博爱是长着三颗尖牙的毒蛇。必须建立不断进步的政府。必须将这一点放进讲座之中，立刻就放……你必须阐述新国家的理念，而不是继续批评原来的国家。
>
> （1915年7月15日）

> 我非常讨厌你的来信，你打算放进讲座的东西让我感到恐惧。我不需要专制统治者。但是，我也不相信民主控制……整个计划最终将要产生一个真正的元首，就像每一种动物必须有脑袋一样……一位尤里乌斯·恺撒式人物……这不是胡言乱语，而是理性观念。整个计划必须具有生命力。首先必须排除民主控制……如果我们要成功，要实现任何目标，我们必须拥有相同的总体观念……这是一种团结一致的努力，否则，我们将一事无成……应该展现出来的不是什么个人的声音，而是让我们团结起来的具有生命力的合理思想。

但是，罗素已经不再听劳伦斯说教了。他意识到了劳伦斯的政治观点的实质，立刻改变了整个讲座的架构。他依然认为，讲座应该就社会、政治和心理学阐述某些重要观点，但是不再觉得它们与劳伦斯的“福音”有任何关系。现在对
425 他来说，它们正是劳伦斯诋毁的那种“纯粹的个人观点”。他采取措施，自己组织讲座内容，完全抛开了劳伦斯。7月16日，他将经过修改的大纲寄了一份给时任《剑桥杂志》主编的C. K. 奥格登，并且提出，对方如果能设法找到一个合适的大厅，并且负责宣传事务和门票销售工作，将会得到毛收入的10%。奥格登表示接受。1915年夏秋两季，罗素开始撰写讲稿，大部分时间待在加辛顿。

稿件于 12 月完成，讲座于元旦举行，给罗素和奥格登两人带来了一些收入。在罗素看来，劳伦斯在敦促他的过程中坚持的那些“具有生命力的合理思想”已经寿终正寝。

到了 9 月，劳伦斯也在制订他自己的计划。他放弃了以系列讲座形式宣传自己的哲学观念的想法，转而打算以分期连载的方式，在他、米德尔顿·默里和凯瑟琳·曼斯菲尔德创办的刊物《签名》发表。9 月 5 日，劳伦斯致信罗素，告诉他自己的新计划，看来一是希望劝说他订阅，二是希望他投稿。罗素很快回复，寄去一篇他刚刚撰写的文章，题目是《文明面临的危险》。在那篇文章中，罗素强调说，那场战争给欧洲文明传统带来了灾难性影响，认为“如果战争不迅速结束，让人担心的是，我们处于一个伟大时代的结尾”。他问道：“对所有统治者来说，我们的文明是否是无关紧要之物？”

> 我希望不是。时间非常紧迫；我希望，在欧洲掌权者之中，至少有一个人记得，我们担负着守望的职责，不仅要对民族负责，而且还要对共同的思想艺术和人文主义的生活方式负责。我们出生时继承了它们，但是我们的后代可能发现，它们毁于我们的盲目暴力和仇恨。

罗素给劳伦斯寄去表达这一主题的文章，再次说明（其原因在于，没有迹象显示，罗素刻意表示对抗），对劳伦斯提出的关于战争和西方文明的思想，他几乎没有多少理解。罗素认为，文艺复兴以来，欧洲文明的特征是“追求心理发展”，它是“历史上已知的最奇妙的进步运动”。这正是劳伦斯所说的西方文明存在的问题！劳伦斯认为，关注心理发展的做法以灾难性方式，大肆否认肉体的作用，导致了欧洲人生活中出现的所有不自然状态。在劳伦斯看来，罗素的这篇文章恰恰再次显示了那种疾病，而且是一个特别突出的病例。其原因在于，罗素倡导的似乎正是劳伦斯视为病根的压抑做法。罗素写道，“几乎在每个人的身上，都存在着一头昏昏欲睡的疯狂野兽”：

> 但是，文明人知道，不能让这样的野兽醒来。曾是疯狂野兽的文明人已经丧失了道德方面的自尊，丧失了德行和正直——一种神秘的耻辱感让他玩世不恭，极度绝望……最重要的是要控制仇恨。

426 但是，正如劳伦斯从两人以前的讨论中了解到的，这实际上并不是罗素的观点，至少并不全是。他知道，罗素像他本人一样，至少有时会尊重“内心的野兽”，佩服它的激情和活力，甚至佩服它的仇恨。劳伦斯比任何人都更清楚地知道，罗素在——可以这么说——老虎与机器之间挣扎，然而却在这篇文章否认这种实际情况，这种复杂性。劳伦斯知道，即便罗素并不认同自己的政治学，他仍然尊重他在心理学方面的睿智之见。在这种情况下，劳伦斯9月14日作出回应，发起了异乎寻常的攻击，矛头不是针对罗素在那篇文章表达的观点，而是针对罗素本人。他在回信中开门见山地说，“我不想再次与你争吵。你根本没有说实话，你根本没有诚实对待”：

> 你寄给我的文章是充满貌似有理的谎言，让我讨厌。如果说它表达了某种真实的想法，那么，这并不是问题所在。事实是，在这篇文章中，你从头至尾都在说谎。
>
> 你的基本希望是将战争欲望最大化，你其实就是超级战争精灵。你就像手持刺刀的士兵，想要的就是刺杀和劈砍，唯一不同的是，你使用的是文字。而且，你就像士兵一样，一个接着一个刺杀对手，嘴里叫着：“这就是终极和平。”而且，这个士兵还说谎。绝对肯定的是，你在内心深处并不希望最终的和平。你以虚伪的间接方式，满足自己的刺杀和劈砍的欲望。你要么直截了当的体面方式说：“我仇视你们所有人，你们这帮说谎者和猪猡，我和你们拼了”，要么还是回去搞你可以说实话的数学吧。但是，如果你以和平天使的面目出现，那么，我宁可一千次面对侈谈和平的提尔皮茨，[1]也不愿再看到你。
>
> 你其实充满受到压抑的欲望，那样的欲望已经变得野蛮，带有反社会性质。它们冒了出来，披上了和平宣传的羊皮。一位出席过你们举行的会议的妇女告诉我：“他面目非常邪恶，居然满口大讲和平和仁爱，让人不禁觉得非常奇怪。他不可能实话实说。”
>
> 我相信，你生来就有发现真理的能力。但是，我不相信你的意愿，一秒

[1] 阿尔弗雷德·冯·提尔皮茨（1849—1930年），德意志帝国海军元帅，德国大洋舰队之父。他的造舰计划极大地恶化了原本良好的英德关系。——译注

钟也不相信。你的意愿是虚假的，残酷的。你内心里有太多受到压抑的魔鬼冲动，你只能是充满欲望的，残酷无情的。我宁可面对掠夺成性的残酷无情的德国士兵，也不愿看到你满口漂亮语言的嘴脸。我不能忍受你表现出来的这种虚伪。如果你是一个杀人不眨眼的恶棍，只要你对自己说，“我就是这样的人”，我也不会在乎。你心里充满敌视的欲望，是所有人类的敌人。给你勇气的不是对虚假的仇恨，而是对人的仇恨，对血肉之躯的仇恨。那是一种血腥的变态欲望。你怎么会有这样的东西呢？

让我们重新成为陌路之人，我觉得这样好一些。

收到这样的来信会令人觉得大受伤害。如果你曾经认为，写信的人拥有绝对正确的睿智之见，拥有美妙无比的直觉感知，曾经让你“羡慕得目瞪口呆”，那么，这样的信件就会带来毁灭性的打击。很难见到哪个人以如此有效的方式，将愤怒之情与心理剖析结合起来。给人的感觉是，劳伦斯仿佛可以透视罗素的灵魂，知道最让他难受的是什么位置。奥托琳在回忆录中说：“伯迪读了信件，坐着一动 427
不动，相当震惊，整整一天心情沮丧。他依然深信，劳伦斯具有睿智见解，觉得劳伦斯所说肯定是正确的，所以心里深感恐惧。”罗素本人记得，那封信件几乎让他觉得，他应该去自杀。在他那段时间所写的信件中，我们可以看到这一点。他在其中一封信中说，“我绝望之极，意识到自己再也不可能与任何人保持密切接触了”：

那就是我感到绝望的实质所在。星期四晚上，我回到房间，绝望到了极点，那样的感觉以前从未有过。最后，我决定在完成讲座之后，在春天自杀。那个念头让我感觉好了一些，一直维持到天亮。

劳伦斯的攻击最终迫使罗素返回牢狱的墙壁后面，永远没有出来，并且让罗素觉得万念俱灰，没有什么目的让自己继续活下去。

劳伦斯相信自己的判断是正确的。我认为，除了这个事实之外，劳伦斯攻击的动机是要向罗素显示，他——可以这么说——有能力穿透束缚罗素的牢狱之壁。劳伦斯以前一直没有发现，罗素已经不再认同他的社会更新计划，罗素的冷淡态度让劳伦斯感到非常愤怒。7 月 12 日，在对罗素的讲座大纲作出强烈回应之后，劳伦斯给奥托琳写信，以温和的口吻说，尽管他不赞同罗素的讲座，但是“我没有和他本人争吵”：

> 我们两人关系密切，几乎到了发誓保持血谊兄弟之情的程度。我们两人将一起出去，他和我。我们在秋天真的将会一起做点事情。我希望你一直相信这一点。

在伦敦，罗素发现自己“深感恐惧”两天之后，劳伦斯写了上述信件。那时，罗素根本没有将自己视为劳伦斯的血谊兄弟，试图以客气的方式告诉劳伦斯，他希望退出两人的合作计划。7月，劳伦斯撰写那些信件时（错误地）认为，他和罗素依然是合作伙伴。劳伦斯直到8月才意识到，罗素已经退出了合作计划。也许更重要的是，罗素这时觉得，他自己重新回到单打独斗的状态。劳伦斯勃然大怒，随即作出回应，觉得罗素与他在剑桥大学看到的其他人没有什么两样，也希望躲在硬壳里面。“罗素想要什么呢？”8月16日，他在写给辛西娅·阿斯奎斯的信中说：

> 他想保持他自己已被确立的自我，让明确定义的有限自我完整无缺，切断与外界的接触和联系。

劳伦斯开始使用写给罗素的第一封信件中表达的关于感觉论的观点，分别分析罗素和奥托琳。这就是说，罗素和奥托琳躲在各自的硬壳之内，不能与其他人
428 产生具有实际意义的接触；他们两人满足于一系列表面感觉，不是真正地从自己的生活中，而是通过劳伦斯本人的代理作用，间接获得愉悦。

> 现在，我的灵魂深处感受到实实在在的痛楚，仿佛罗素和奥托琳夫人两人是叛徒——他俩就是叛徒。他俩背叛了真实的情况。他俩来找我，让我说话，然后享受它。它给他俩的内心带来了深刻的满足感。如此而已。我说的话带有我个人性格的特征，仿佛就是为了让他俩感到满足，仿佛我是一块蛋糕，一杯葡萄酒或者一份布丁。然后，他俩说，我——D. H.劳伦斯——人很不错，我的性格具有很大价值，我表达的观点内容狂妄。他俩说，我

无法思考。

世上所有动态的东西，都被他俩全部变为感觉，用来满足静态之物。他俩是静态的，静态的，静态的。他俩找到我，对我说："你非常不错，你充满活力。"然后，他俩偷取我的生活，变为对他俩的一种感觉。他俩背叛了我的一切努力，背叛了我的生活。他俩的所作所为就像犹大，利用我的生活来满足他俩自己的静态自我，将它变为空洞之物。对他俩来说，结果是令人满足的感觉，起到一种呵痒的作用；对我来说，结果是真正的流血之痛。但是，我现在看清了他俩的真面目，这就足够了。

我觉得，劳伦斯的这封信件言辞粗鲁，旨在说明两点：其一，劳伦斯确实"看清了他俩的真面目"；其二，他有能力穿透包裹罗素的硬壳。

在20世纪20年代创作的《盲人》中，劳伦斯演绎了与罗素的那段友谊，将它写入一篇很有感染力的短篇小说。这个故事中的劳伦斯式主角名叫莫里斯·佩尔文，在战争中失明，后来在农场里生活。自从他负伤之后，他和妻子离群索居，几乎完全独自生活。劳伦斯写道，两人"一起聊天，唱歌，阅读，亲昵之情非常美好，无法用语言表达出来"。在这种情况下，那位盲人是劳伦斯的这个观点的化身：一个人可以与隐秘世界接触，生活在难以言喻的状态之中。在写给罗素的一封信件中，劳伦斯阐述了这一点：

对这位盲人来说，人生依然十分充实，异常平静。对黑暗中的直接接触，他保持平和心态，几乎到了令人无法理解的地步。

换言之，失明是一种优势。对失去视力，佩尔文并不遗憾，感觉恰恰相反："他的灵魂中总是出现某种欣喜感。"后来，一位并不完全令人愉快的访客出现了，搅乱了这对夫妇的平静生活。他是佩尔文夫人的一名远亲，名叫伯迪·赖德。伯迪·赖德属于"知识分子类型，思维敏捷，言辞机智，多愁善感，常常拜倒在自己崇拜的女人脚下，但是并不希望结婚"。相比之下，佩尔文"充满激情，生性敏感……身材魁梧……反应迟钝……他对自己在思维方面的慢热状态非常敏感，但是感觉十分敏锐"。所以，"他与伯迪形成鲜明对比，后者思维敏捷，胜过不算丰富的情感"。

佩尔文讨厌伯迪，“但是同时知道，仇恨是没有意义的，知道这是他的身体缺陷造成的”。伯迪也有缺陷，这“让他无法与任何人保持亲密关系。他无法结
429 婚，无法与女人有肌肤之亲，所以感到自卑。他希望与女人亲热，但是心有余而不足。在内心深处，他惶恐不安，茫然无助，几乎到了无可救药的地步”。他才华横溢，事业成功，是名声在外的文人，而且家财万贯，社交广泛。然而，“他在内心深处觉得，自己是无性动物，一无是处”。与之相比，佩尔文的内心充实，“这种状态带来满足，让他常常感到快乐，在表达对妻子的激情时达到巅峰”。

伯迪发现难以理解的是，佩尔文并不在乎自己是盲人。存在着“某种东西”，它超越思维和行为，他在失明状态下与它保持直接接触。佩尔文的妻子试图解释：“还有某种别的东西，*在那里存在的东西*，人本来根本不知道它在那里，无法用语言说明。”伯迪依然不解：“我觉得，自己不明白你的意思。”

伯迪走出房子，到粮仓去，故事情节到达了高潮。伯迪发现佩尔文在黑暗之中，于是高举油灯，希望把他领出来。两人开始了一段对话。“我其实不认识你，对吧？”盲人说。

> “也许不认识，”伯迪说。
>
> “你是否介意我摸一摸你？”
>
> 律师［伯迪］本能地躲开。不过，他顿起怜悯之心，低声回答说：“没关系。”
>
> 但是，当盲人向他伸出一只强有力的毫无掩饰的大手时，他心里一阵难受。

在这种情况下，伯迪默默忍受盲人的触摸，先是头顶，“然后是这个个子较矮的人的整个脑袋和面部。盲人抚摸伯迪的额头，接触一双紧闭的完美眼睛、小鼻子和鼻孔、粗糙的小胡子、嘴巴，还有相当突出的下颌”：

> 盲人伸出手，捏了捏另外一个男人的肩头、胳膊和手掌……
>
> “你很年轻啊。”[1] 他最后轻轻地说。

---

[1] 比较一下劳伦斯在1915年7月19日写给奥托琳的信件中对罗素的看法：“就人生和情感问题而言，让罗素苦恼的是年轻人的青涩。如果考虑到他的年龄和才能，他在处理人际交往和冲突时显得幼稚，在生命力量和情感这两个方面均是如此。”

> 律师站在那里，几乎不能动弹，不知如何回答。
>
> “你的脑袋显得柔软，仿佛很年轻。”莫里斯接着说，“你的手掌也是这样。摸摸我的眼睛，行吗？摸摸我的伤疤吧。”
>
> 这时，伯迪浑身战栗，心里一阵反感。

伯迪抬起手来，伸向伤疤。莫里斯伸出一只手，把伯迪的指头摁进自己的畸形的眼窝里。“伯迪站在那里，仿佛陷入昏厥，失去了意识，被困住了。”伯迪失语，惊恐不安，担心另外这个男人会毁了他。“这时，莫里斯实际上充满炽热的强烈爱意，充满强烈的友好之情。也许，伯迪躲避的正是这种友好之情。”

“我俩现在友好相处，对吧？”莫里斯说，“我们友好相处，直到永远。”（莫里斯觉得，两人已经——可以这么说——发誓保持血谊兄弟之情。）“哦，”伯迪喃喃，想方设法逃避。两人返回室内，见到莫里斯的妻子伊莎贝尔。莫里斯非常兴奋，但是伯迪形容憔悴，两眼凹陷。伊莎贝尔问发生了什么事情。“我俩成了朋友。”莫里斯说。但是，伊斯贝尔看到，伯迪心神不安，知道实际情况并非如此： 430

> 她知道，他有一个愿望——逃避这种亲密关系，逃避这种友情，逃避突然出现在他面前的这些东西。他无法忍受的是，这个盲人抚摸了他，他的没有理智的含蓄被打破了。他就像一只硬壳已被破碎的软体动物。

罗素重新构筑已被劳伦斯打破的硬壳，让它比以前更加坚硬。但是，正如劳伦斯明显意识到的，在他自己的一生经历中，刺穿罗素的保护性外壳是破坏力最大的事件之一。他再也不会让自己处于如此脆弱的状态。

431 # 第十五章　E. 太太

从某种程度上说，对劳伦斯 1915 年 9 月 14 日那封极具杀伤力的信件，罗素反应强烈的原因在于，他看见关于自己的最隐秘的想法，被别人捅了出来。他其实希望将那样的东西隐藏起来。他以严厉的态度，审视和批判自己，在写给奥托琳的信中，常常私下表达这样的东西。但是，在公开的著述中，他一直试图隐藏，直到 1953 年年满 81 岁时，才在《郊区的撒旦》中透露出来。这篇短篇小说的主角名叫马拉科医生，可被视为劳伦斯所说的“受到压抑的魔鬼冲动”的化身。他对整个人类持全面仇恨的态度，因此内心备受煎熬，这与劳伦斯对罗素的谴责几乎一模一样。最后，故事中的叙事者战胜了马拉科（罗素似乎强调，马拉科代表了所有人内心深处的秘密的疯狂状态[1]），然而也付出了惨重代价，自己被送进了精神病医院。因此，这个故事暗示，对精神失常、情感压抑和社会期望这三者之间的关系，作者的看法非常悲观，令人深感恐怖。这个故事似乎暗示：隐藏在人们内心深处的魔鬼——精神失常状态——是情感压抑造成的结果；克服它以便保持心智健全的唯一方式是，公开表达自己的情感，承认自己内心深处的秘密。然而，具有强烈反讽意味的是，这样做会带来反面后果，被其他人视为精神失常。在这种情况下，我们面对的选择是：要么循规蹈矩，满足社会期望，真的被逼入疯狂状态，要么佯装疯癫，挫败那些期望，揭示自己内心深处的世界。

在《郊区的撒旦》中，这个寓意不是一次，而是两次被展示出来。有一个角色名叫埃勒克太太，简称 E. 太太。在这个故事中，（除了叙事者之外）只有她可以面对——可以这么说——内心的魔鬼，坦承难言之隐。可是，她后来也被送进了精神病院。在叙事者本人等着被送走的过程中，他的思绪转向了埃勒克太太，

[1] 1952 年 5 月 24 日，在写给出版商斯坦利 · 昂温的信件中，罗素强调了两点：其一，“这个故事其实没有任何超自然的东西”，《郊区的撒旦》这个标题并不理想；其二，这个故事的标题“其实应为《这里制造的恐惧》”。故事强调说，马拉科的邪恶是内在的。我们可以想象，罗素在此所用的“这里”一词其实要么是他切身感受之言，要么是他精心思考之语。

考虑到他自己与她的关系，或者几乎可以说纽带：

> 我没能挽救埃勒克太太。我明白，同样的命运等待着我。我将面对漫长、可怕的日子，孤苦伶仃，被人误解。在我的未来中，只有一丝微弱的亮光可以穿破黑暗。一年只有一次，表现较好的男女疯子将会得到特许，在严加防范的舞会上见面。一年只有一次，我将见到我的亲爱的埃勒克太太。我绝对不会忘记她，当我们见面时，我们两人将会感到疑惑，在这个世界时候，是否只有两个心智健全的人？ 432

罗素创作的文学作品大都显得相当正式，刻意雕琢的痕迹十分明显，往往不尽如人意；但是，在这个段落中，我们看到一种自然流露，这样的情形十分罕见。在这个故事中，他刻画的埃勒克太太与其他角色形成鲜明对比：其他角色不过是乏善可陈的漫画人物，她却一枝独秀，有血有肉，情感真实。我可以肯定地说，其原因在于，在展现埃勒克太太的过程中，罗素得益于他自己的现实生活，具体来说，得益于他与 T. S. 艾略特的夫人维维恩（另外一位“E. 太太”）的恋情中获得的灵感。[1] 那段恋情从 1915 年开始，出现在罗素与劳伦斯的友谊刚刚破裂之后，一直延续到 1918 年元旦。

在这个故事中，埃勒克太太背叛了她的枯燥乏味的丈夫，与邝托克斯先生开始一段婚外恋情。在罗素笔下，邝托克斯“受过良好教育，文化修养深厚，思想体现睿智，分析入木三分，举止生动活泼，讲话妙语连珠，让人忍俊不禁”。但是，他从她那里得到他希望的东西，后来却遗弃了她，让她饱受难言之隐的煎熬，内心苦不堪言。最后，她本想坦白自己的所作所为，但是邝托克斯广受公众尊重，没有人相信她的实话。结果，她被送进了精神病院。

埃勒克太太的故事显然与维维恩·艾略特相关。维维恩在精神病院（有迹象显示，送院治疗违背了她本人的意愿）中度过了人生的最后 9 年时间，她的丈夫和前情人显然忽视并且和遗忘了她。其实，他们两人早在她住院之前就遗弃了她，罗素在 1918 年，艾略特在 1932 年。他们与故事中的邝托克斯先生类似，在

[1] 为了让他的这个角色有一个以字母“E”开头的名字，罗素不得不中断他在介绍角色时采用的严格的字母顺序。在 Abercrobie（阿伯克隆比）先生、Beauchamp（比彻姆）先生和 Cartweright（凯特莱特）先生之后，下一个角色的名字本应以字母“D”开头。

公众中享有不错的口碑。我们自然可以想到，和她一起埋入坟墓的，还有许多可能让艾略特或者罗素难堪的秘密。罗素对她心存内疚之感，这是否是《郊区的撒旦》释放的“到那时为止没有表达出来的感情”之一呢？她去世5年之后，当罗素创作这个故事时，他是否像叙事者那样，心里想到了E.太太，觉得自己没能让她免遭厄运？此外，他是否像叙事者那样，良心发现，觉得自己“绝对不会忘记”她？

无可否认的是，罗素试图忘记她。在《自传》中，看不到罗素与维维恩那段
433 亲密关系的任何迹象。他仅仅轻描淡写地说，他喜欢艾略特夫妇，“努力帮助他俩摆脱困境。但是，我后来却发现，他俩的困境正是他们喜欢的东西”。即便我们不知道这个说法带有极大的误导性，它也显得过于冷漠，缺乏常人应有的恻隐之心。后来，他在讲述1915年夏天情况时说，随着奥托琳对他的态度越来越冷淡，他“希望寻找身边是否有别的女人，以便缓解我的郁闷”。但是，他没有说，维维恩·艾略特是他找到的第一个“别的女人”，他试图从她的陪伴中得到那样的慰藉。误导性更强——而且其实完全虚假——的一点是，面对艾略特的朋友罗伯特·森考特，他竟然矢口否认说：“我从未与维维恩有过任何亲密的性关系。”[1]

这样的歪曲之举，这样的闪烁其词，这样的弥天大谎显示，这个人刻意隐瞒实情，良心上存在深刻内疚。罗素是否觉得，从某种方面说，他应该对维维恩的命运负责？毋庸置疑的是，其他人已经得出了这个结论。在1955年7月21日的日记中，伊夫林·沃记载了与格雷厄姆·格林的一次谈话内容：伊夫林·沃听到了许多谣传，其中一条说，“T.S.艾略特夫人精神失常的原因是，伯特兰·罗素先引诱她，然后遗弃她”。格林既不认识罗素，也不认识艾略特夫妇，这只能让我们设想，这个传言肯定经过了许多人之口，最后才进入了伊夫林·沃的日记。也许，它没有多少可信性。T.S.艾略特从未就自己妻子的精神病原因，对罗素进行谴责，但是他曾经告诉奥托琳，他觉得罗素让维维恩的状况雪上加霜。

罗素在写给奥托琳的信件中，在后来写给康斯坦斯·马勒森的信件中，记录

[1] 就我提供的理由而言，肯尼思·布莱克维尔明确地反驳了这一说法的真实性（参见本书第510–514页），解释了罗素给森考特所说的这一番话。这让罗素摆脱了直接说谎的嫌疑，认为罗素并不否认他与维维恩发生了性关系，仅仅否认两人关系真的亲昵这个说法。这种诡辩之辞是否可以为罗素的不诚实态度起到开脱作用呢？这不过是不同看法之间的差异而已。事实是，罗素确实与维维恩发生了性关系。但是，在写给森考特的信函中，在他的《自传》中，罗素看来以极端方式——而且，在某种程度上说，以反常方式——急于进行掩饰。

了他与维维恩恋情的某些情况。他的坦率程度态度究竟如何？这一点我们无法确定。但是，不管怎样说，它足以显示，他后来关于这个问题的说法是刻意含糊的遁词。在1917年写给奥托琳的一封信件中，他试图概括说明那一段关系对他所起的作用，采用的方式给人的感觉是，他对维维恩态度超脱，甚至有些麻木无情。他说，他当时需要与奥托琳保持距离，重获独立性，结果维维恩出现了。于是，他“利用她来实现他的目的”。后来，那个目的已经达到，他暗示说，他——像故事中的邝托克斯先生一样——无法给她派上更多用场。

1915年7月9日，就在收到劳伦斯对他的讲座大纲提出强烈批评的信件一天之后，罗素与维维恩初次见面。那时，维维恩和T. S. 艾略特结婚刚刚两个星期。当时已经清楚的一点是，两人的婚姻是一场灾难。几天之后，在写给奥托琳的一封信件中，罗素记录了他对维维恩的印象：

> 星期五晚上，我与在哈佛大学认识的学生艾略特和他的新婚妻子共进晚餐。从他之前神秘兮兮的态度判断，我本以为她十分糟糕，其实她尚未达到那种程度。她举止轻浮，打扮庸俗，喜欢冒险，精力旺盛。我记得他说她是搞艺术的，但是我觉得她是演员。他衣着刻意修饰，不过显得无精打采；她说，她与他结婚的目的是为了刺激他，但是发现她无法做到这一点。显然，他结婚是为了得到刺激。我觉得，她很快就会对他感到厌倦。她拒绝到美国去见他的家人，担心在海上遭遇德国潜水艇。他对自己的婚姻感到羞愧，如果有人对她好，他会心怀感激。 434

那次见面，罗素与艾略特和他的新婚妻子聊天，气氛相当融洽；从某些方面说，这一点是令人惊讶。那年春天，在哈佛大学，艾略特给罗素留下语言简练、准确的印象。但是没有任何细节显示，他们两人成了关系密切的朋友。1914年10月，在伦敦的新牛津街，罗素（看来真的是）撞到了艾略特，位置就在贝里街寓所的外面。两人谈到了战事，仅仅三言两语。艾略特说了一番话，让罗素觉得震惊：就战争而言，他仅仅知道自己不是和平主义者（罗素后来讽刺了那个立场，认为艾略特并不关心谁被杀死了，并不关心他们为什么被杀死，只要他们遭到杀戮就行）。但是，在那次见面过程中，没有任何细节说明，两人之间出现了迅速加温的热情或密切关系。

10月那次见面之后，次年7月三人共进晚餐；在两次见面之间的时段中，艾略特的活动主要集中在两个地方：在牛津，他在默顿学院领取一份奖学金，师从哈罗德·约阿希姆，研究F. H. 布莱德雷的哲学思想；在伦敦，他积极活动，与文学圈子中有影响力的人物建立联系，其中最著名的是埃兹拉·庞德。1915年夏天，他决定定居伦敦，试图自己创业，成为作家。他那年夏季写给家人和朋友的信件显示，定居决定与他突然做出的另外一个——后被证明是鲁莽的——决定密切相关：与维维恩结婚。

艾略特与她邂逅时，她名叫维维恩·西亚－伍迪（后来不久，她开始使用拼写简化的名字Vivien，而不是原来的Vivienne），家庭富裕，在汉普郡拥有一座乡间别墅。她26岁，已经显示出精神异常的迹象，后来让艾略特和罗素忧心忡忡。尽管如此，她当时对艾略特产生了一种奇特的吸引力。阿尔多斯·赫胥黎曾用“挑逗的化身”一语来称呼她。她的朋友布里吉特描述说，她“身材苗条，个子很小，然而并非相貌平平”：

> 她长着一头浅棕色头发，两只灰色眼睛闪闪发光，脸型上大下小，下颊突出。她的嘴巴很漂亮，小巧，甜美，惹人亲吻，微笑时不会将面部分成上下两块。此外，她与其他如此敏感的人不同，见人不会颤抖，满脸洋溢着智慧。

艾略特立刻拜倒在她的石榴裙下，认识她几周之后便与她结婚。婚礼之后两天，埃兹拉·庞德（无疑在艾略特的提示之下）给艾略特的父亲写信，试图让他相信，艾略特在伦敦以自由作家的身份赚钱，可以过上幸福的生活。在接下来几
435 个月中，罗素也就这一点，向艾略特的家人提供了进一步保证，并且告诉对方，他7月9日应邀与艾略特一起吃饭，艾略特也许希望得到帮助。

艾略特希望罗素帮助的另外一个动机是，他打算回到美国去，请求罗素在那6个星期中照顾维维恩。他计划7月24日启程，9月初返回英国。当时，艾略特已经决定，以自由作家的身份创业，似乎觉得自己必须面对横渡大西洋的潜在危险，以便让对他的决定感到失望的人——其中包括他的父母以及哈佛大学老师——相信，定居英国不是鲁莽之举。根据罗素记载：其一，维维恩拒绝同行；其二，罗素答应在艾略特离开期间去看望维维恩，艾略特对此心怀感激。

罗素显然对维维恩很感兴趣，确信她很快就会厌倦艾略特，所以很可能的情

况是，那个承诺并非仅仅出自慈善之心。当时，罗素极端寂寞，对劳伦斯深感失望，而且越来越强烈地意识到，奥托琳在加辛顿有一个不错的朋友圈子，最终很可能抛弃他。所以，他最需要的是某个人陪伴左右，可以与他分享内心生活，（与奥托琳的做法不同）允许他进入她的生活。

他见到维维恩之后几天，罗素离开伦敦，迁入奥托琳为他准备的一套公寓。公寓位于加辛顿庄园的巴利夫大楼之中，配有设施完善的书房，俯瞰伯克郡的丘陵，条件舒适，让他不受任何干扰，潜心准备讲座。正如奥托琳所说的，“无论我们何时有他喜欢的客人来访，他都可以过来，和我们一起用餐。”那个地方本应是理想的用功之处，但是罗素在一个月之内决定，他不能在加辛顿工作，那里的生活缺乏他最需要的东西，无法缓解寂寞带来的强烈压抑感。

在加辛顿工作期间，罗素虽然已经更弦易辙，放弃了让自己的讲座与劳伦斯的“宗教”绑在一起的想法，但是没有放弃6月与奥托琳分享其内容的打算。他那时告诉奥托琳，那个打算“对我来说意义重大”。但是，他试图与奥托琳讨论讲座内容，然而却发现两人之间缺乏基本的同感，这让分享变为不可能实现的奢望。在奥托琳记载的一次谈话中，罗素强调了他在真理观问题上与劳伦斯的差异，认为他的是科学的，劳伦斯的是直觉的。正如他可能已经预料到的，就这一分歧而言，奥托琳站在劳伦斯一边。她从与罗素的交谈中得到提示，于是写道，“对我来说，似乎真的存在三个世界”：

> 第一个是伯迪所说的现实世界，科学家眼中的世界……第二个是普通商人的世界……第三个是艺术和诗歌的世界，感情的世界，精神感知、想象性创造和幻象的世界……这就是莎士比亚给予我们的世界。人生充满丰富的亮光和活力，它们来自情感，来自五官感觉，来自想象力。这就是我的世界。 436

她继续说，罗素看来喜欢最后这个世界，即文学作品描述的世界，喜欢她的世界。可是，他其实没有在其中生活。他“从不认真对待它，看来从未考虑过这种可能性：它可能是一种乌托邦，可以吸纳其他世界，让它们成为自身的组成部分”。

在其中的一次谈话中，罗素宣布，他发现自己难以与一般人交流，“其原因在于，他们使用的语言极不准确，让我觉得荒诞”，让奥托琳听后不禁目瞪口呆。他告诉她：“当我与普通人交谈时，我觉得自己使用的是幼儿的语言，这让我有孤掌难鸣之感。”他说这番话时，脸上露出令人不可思议的自负和怜悯神情。他似乎指望奥托琳作出回应，一方面努力缓解他的孤独感，另一方面对造成他的孤独感的智性的超级严谨性表示佩服。其实，她没有让他如愿，发现他表达的立场令她极端反感。她在日志中写道：“哎呀，如此远离人们的生活，这样的做法太可怕了。”

迁居加辛顿之后的第一个周末，罗素不得不返回伦敦，以便开设一次讲座。那时，他已经清楚地发现，情况不可能像他期望的那么顺利。他告诉奥托琳，她旨在使他开心的安排让他大为感动，那里的工作条件非常理想（“我确实继续了讲座的准备工作，感觉很好，现在能够如期实施计划”）。但是，在7月17日信件中，他的主要基调尽显悲伤。他告诉她，他闷闷不乐，“觉得自己被关在门外，无法与你取得联系”。而且，他还不得不面对失败感。“我不愿意面对挫败感；有时候，我害怕失去热情，这让我对你不够友好。”他觉得，他可以感觉到，她也有类似心态。他似乎认为，那种感觉是她改变态度的根本原因：

> 我完全理解，你的感觉是如何变得麻木的，所以我其实一点也没有觉得自己受到了伤害。当然，我确实不开心。但是，我俩最后聊到这一点时，我觉得自己恢复对你的感觉。假如我精神好一些，情况可能有所改善……我现在相当确定，一旦出现任何可以给人希望的迹象，你将很快恢复原来的状态。请不要以为，你从此将永远麻木，你肯定不会的。

但是，他返回加辛顿之后发现，奥托琳总体上对他的“麻木态度”并不是战争造成的，而是对他反感的一种反应。奥托琳7月19日写道，“昨天，伯迪和我一起，在雨中散步”：

> 他给我很大压力，态度非常生硬，非常热衷于他自己的想法，毫不客气，毫不妥协，无论在思想上还是在身体上都是如此。我简直无法直视他，不过我控制住了自己，把目光移开。当然，他也察觉到这一点，变得越发糟糕，几乎超过我的忍受限度。有什么办法呢？我觉得，我必须单独待一待，
> 437 按照自己的方式，去寻找自己的生活，自己的内心生活。伯迪打消我的念头，他会改造我。我一直试图抵抗他，试图保护我自己，这样的挣扎让我绝

望。与假装无事相比，我离开他单独过更好一些。

那天夏天，加辛顿成为心怀不满的作家、艺术家和诗人的避难所。数不清的回忆录和文学描写都以赞赏的笔触，记录了那一段时光，其中最著名的包括阿尔多斯·赫胥黎的《克罗姆·耶娄》，还有D.H.劳伦斯的《恋爱中的女人》。奥托琳接待了许多客人，例如，瓦内萨·贝尔和克莱夫·贝尔、邓肯·格兰特、利顿·斯特雷奇、马克·格特勒、吉尔伯特·坎南。她周围的人也生活在她的“艺术、诗歌和感觉”的世界之中。形成鲜明对比的是，罗素觉得自己“被关在门外”。

其原因在于，尽管他可以显露才华和博学，在与加辛顿客人的谈话中扮演自己的角色，但是那样的人并不是罗素需要的。他渴望的不是社交活动，而是陪伴，与另外一个人亲密接触，私下相处。罗素认为，他影响奥托琳的内心生活的做法会让她感受到，这仅仅是一种旨在接近她的尝试。罗素的努力遭遇挫折，意识到他这样做让奥托琳厌烦，于是一头躲进了自己的研究工作中。然而，让他困惑不解的是，他发现这样做奥托琳也不喜欢。她告诉他，他埋头工作的做法暗示了对她的排斥，她觉得深受伤害。可以理解的是，罗素觉得有些困惑，先以另外方式抨击奥托琳，然后为他的“残酷行为”道歉。7月28日，他在伦敦给她写信说，“我仅仅关心自己的讲座，这样做伤害了你，自己深感歉意”：

> 今天听你这么说，我相当惊讶。这让我如梦方醒，发现你并不知道，我那样做仅仅是保护自己，对抗你表现出来的极端冷淡。在过去几个月中，你变得越来越冷漠，我没有受到伤害的感觉，我理解你的做法，可是日子非常难过。看来你觉得，我是令人讨厌……我作出了很大努力，培养自己对讲座的兴趣，以便度过这段艰难时光，等你改变态度。你态度冷淡时，我必须有其他可做的事情；否则，我会崩溃的。请你不要讨厌我的这种做法；否则，我不知道自己如何活下去。眼下，讲座已经让我感到恶心了，但是我觉得，这样的日子很快就会结束。

罗素本来指望，他可以与奥托琳一起分享他所做的事情，但是结果证明它是两人之间的另外一个障碍。这让他困惑不解，愤愤不满。7月30日，他给奥托琳写信，试图进行解释：“我在工作中一直想着你，觉得这是联系我俩的一条纽带。

你的反应让我深感失望。”与他在那段时间写的许多信件一样，在这封信件中，他就自己的伤人言辞致歉：

> 我出语伤人，深感歉意。我真的希望，自己当初克制了这种冲动……我身心疲惫，讨厌自己……我真的希望，自己表现出温柔、亲切和充满爱意的一面——我讨厌出言伤人的行为，但是魔鬼控制了我。

438 他告诉她：“如果我可以为你做点事情，我会觉得非常开心。但是，应该做的事情大大超出我的本性。有时候，我绞尽脑汁，想找到一件礼物送给你，但是一直没有想到合适的东西。我有傻乎乎的感觉，于是放弃了那个想法。”

随着夏季一天一天过去，他在加辛顿的时间越来越少，在伦敦的时间越来越多。秋天来临时，他平时在伦敦，只有周末才到加辛顿去。原来计划了八次讲座的稿子，结果只完成了三次。正如他向奥托琳所说的，准备讲座的事情让他觉得恶心。于是，他将讲座的事情暂时放在一旁，转而开始另外一项迥然不同的工作：撰写长篇论战性文章，回应吉尔伯特·默雷那年夏季出版的宣传册《爱德华·格雷爵士的对外政策：1906—1915年》。

默雷的宣传册为战前的英国外交政策进行辩护，回应了反战人士提出的批评。在那些人士中，最引人注目的是罗素（在《战争：恐惧之子》表达的观点）和H. N. 布雷斯福德，后者是著名的《雪莱、戈德温和他们的圈子》的作者。在为民主控制联盟撰写的一本宣传册《世界大战的起源》中，布雷斯福德采取了与罗素类似的立场。在他的宣传文章中，默雷试图给那些宣传者扣上“亲德分子”的帽子，以充满激情的爱国语言，为爱德华·格雷的人品和政策辩护。正如罗素那时怀疑的，那篇宣传文章是在“外交部的辅导”之下炮制的，[1] 与默雷宣称的相反，可能被视为政府的宣传作品。该书的出版给罗素提供了一个机会，他利用他叫艾琳·库珀-威利斯1月以来收集的（剪报、政府文件等）资料，完成对英国外交政策进行批判的文章。

可是，罗素当初将兴趣转向社会重建的讲座，已经放弃了侧重外交的思维方

[1] 在吉尔伯特·默雷的压力之下，罗素收回了那项谴责，但是最近的研究成果表明，罗素的判断是正确的：在撰写该书的过程中，吉尔伯特·默雷确实得到了政府的鼓励和帮助，政府不仅提供文案支持、办公场所和研究援助，而且还花钱发行了50000册（参见《论文选集》，第13卷，第204-205页）。

式。在面对外交问题的过程中，罗素其实回到了那种思维方式。他在6月曾经写道："我对战时政治问题的兴趣越来越小，不喜欢被卷入毫不相关的争论之中，不喜欢仅仅关注实际问题。对我来说，这些问题其实并不重要。"但是，他这时不得不再次面对这样的争论，仔细分析战时政治问题。

促成该转变的一个直接原因无疑是一次偶然巧遇。8月5日，在牛津附近的一个火车站，他见到了吉尔伯特·默雷的妻子玛丽：

> 在卡勒姆，我听到从列车上传来一个声音"伯迪"，扭头一看，原来是玛丽·默雷。她立刻递给我吉尔伯特的那本宣传册，我觉得没有必要撒谎。
> 我们曾经有过一次相当令人痛苦的谈话，我当时觉得，我们两人可能成为一 439
> 辈子的敌人。我对她颇有好感，其实我本该对那次谈话十分介意。但是，我们消除了障碍，分手时依然是朋友。

不过主要的原因无疑是，他与奥托琳的关系每况愈下。而且，他与劳伦斯的关系破裂，这两者结合起来，耗尽了他以前对讲座项目的所有热情。

罗素发现，他在伦敦可以得益于维维恩·艾略特提供的秘书工作。他发现，维维恩可以听着口述打字。罗素在1915年夏末和秋初一直聘用她，首先是撰写了给默雷的回复（该书于12月出版，书名为《协约政策：1904—1914年——答吉尔伯特·默雷教授》），接着撰写的是《战争时期的正义》，收录了他撰写的关于战争的文章，于11月出版。

此外，他还发现，在奥托琳让他产生挫败感之后，维维恩的陪伴是一种令人愉快的慰藉。与维维恩在一起，他找到了他可以单独相处的人，找到一个不被她钦佩的艺术家和作家包围的人。况且，维维恩的丈夫远在美国，实际上需要他的陪伴。他可以倾注大量关注，慷慨施与，不用担心自己态度生硬，难以胜任了。况且，他从维维恩那里得到的反馈只有欣赏之情。维维恩与奥托琳不同，和她在一起时，他不再觉得自己生硬、尴尬、自私、令人反感，而是是一个睿智、成功、谦恭有礼、深谙世事的男人，常常妙语连珠，亲切友好，充满魅力。

在艾略特赴美期间，罗素究竟在多大程度上了解维维恩呢？这一点难以确定。在最初几周，维维恩大多数时间看来与她的家人在一起，要么待在汉普斯特德的家里，要么待在他们在萨赛克斯的乡村别墅。但是，8月12日，就在艾略特动身大约两周之后，罗素写信告诉奥托琳，声称他计划星期天与维维恩见面，然后共进午餐，所以星期天下午才能返回加辛顿。这封信件给人的印象是，这是一个孤立的活动，是艾略特离开之后两人的初次见面，也许还可能是艾略特回来之前的最后一次。

其实，到艾略特9月3日左右返回英国时，罗素和维维恩已经成为无话不谈的亲密朋友，分享各自的隐私，制订共同的计划。两人决定，艾略特夫妇将迁入贝里街，住在罗素公寓中的空余房间里。[1]他们没有多少时间与艾略特本人讨论这一安排。艾略特返回英国之后，便和维维恩一起前往伊斯特本，去度罗素所称的“他俩的假蜜月”。从9月4日起，艾略特从伊斯特本写给家人和朋友的信件上说明，到圣诞节之前，回信地址是：贝里街34号，罗素宅第，罗素转交。

440 艾略特离开期间，罗素和维维恩关系究竟如何呢？在罗素写给奥托琳的一封信件的草稿中，其密切程度可见一斑。这封信件是艾略特夫妇动身前往伊斯特本之后不久草拟的，罗素详尽谈到了维维恩的情况，显示他对她的经历具有详尽、深入的了解，而且对她的性格表示出了兴趣。（相比之下，几乎没有提及艾略特的情况。）罗素从加辛顿返回伦敦之后，发现了他所说的“维维恩寄来的一封绝望信件”。他开门见山地说，“艾略特夫妇的情况让我深感忧虑”：

> 从来自伊斯特本的消息判断，他俩的假蜜月相当糟糕，十分可怕。他对她深感厌倦，我回到这里时，发现维维恩寄来一封绝望的信件。她情绪低落，言辞绝望，几乎濒临自杀的边缘。我给她写了许多信件，提供了善意的建议。她看来在一定程度上依赖我。我在很大程度上了解他俩的情况，不敢让他们关系恶化。我觉得，她或多或少将会爱上我，但是这于事无补。我只希望努力让她恢复正常状态。她有一半爱尔兰人血统，但是性格方面具有爱尔兰的人特征，心理上充满激情，但是在生理上却乏善可陈，是常见的那种虚荣之人。她要求追求她的每个男人表现忠诚；然而她又过分挑剔，觉得男人表达出来的忠诚都是令人恶心的东西。在两段恋情中，她都深受羞辱，这让她的虚荣心出现病态。她抱负无限（大大超过了她的能力），但是过于分

[1] 其实，那个房间很小，比衣帽间大不了多少，“空余房间”的说法过于夸张。那一安排从1915年9月开始，同年12月结束。在那段时间中，艾略特如果没有在海威科姆留宿，就在套房的过道或者客厅里睡觉。艾略特的传记作者彼得·阿克罗伊德评论说，那种做法“间接表明，他们缺乏已婚夫妇应有的隐私空间”。

散，毫无用处。她需要的是某种宗教，或者至少说某种约束，这样的东西她似乎一点也没有。目前，她认为我的朋友欺骗了她的想象力，所以对他进行惩罚，仿佛她是《花花公子》上的女主角。我希望让她有某种发泄渠道，以免她毁掉他。我不会爱上她，我表达的情感以帮助她康复为度。但是，她身上其实具有某种价值，生活让她完全扭曲，深受打击，缺乏约束，缺乏目的，缺乏宗教。

这封信件带有很强的不诚实感，奥托琳不可能没有注意到这一点。显然，罗素希望奥托琳相信的东西超过了任何可信的限度：出于对艾略特的幸福的考虑，他愿意本着自我牺牲的精神，可以这么说，允许艾略特的妻子爱上他，以便给她提供某种发泄渠道，让她释放愤怒和挫败感，满足她的虚荣心，满足她对忠诚的需要，从而“恢复正常状态”，以便帮助她“康复”。这样，她就不会惩罚她的丈夫了。罗素本人是否相信这种荒唐推理呢？不管怎么说，奥托琳并不相信，她在这封信中看到的主要之点是，罗素“显然”对维维恩“感兴趣”。她立刻回信，指出这个说法包含的明显毛病：

我觉得，你让她爱上你，这不可能**帮助她**，不可能让艾略特的生活更愉快一些。我认为，从某种角度上看，这样做可能已经让她对艾略特越发挑剔……我**强烈**感觉到，在给予她信心的过程中，你其实将她与艾略特分离开来了。

此外，她还劝告罗素考虑他自己的名声。“我觉得你将冒极大危险，所以恳求你小心为妙。其原因在于，其一，如果你希望搞讲座，或者从事任何公共事务，任何这类丑闻将会让带来全面损害；其二，我觉得她的价值没有那么大。” 441

罗素没有进一步解释，为什么让维维恩爱上自己对艾略特夫妇双方都有好处，也没有详细阐述他认为她会爱上他的理由（其实，这一点几乎是不证自明的）。但是，他确实让奥托琳放心，认为这样做不会对他的名声带来损害。他9月10日写道，“其实，你担心的情况不会出现。艾略特不是那种人，我会非常小心，超过你可以想象的程度”：

我可以肯定地说，自己能够让局势朝着正确方向发展……我在哪个方面都不会引起丑闻。对艾略特夫妇来说，这是纯粹的慈善之举。深感歉意，让你担心了——其实你没有必要这样想。我喜欢他，真的希望给他提供帮助。在我介入之前，两人关系已经到了最糟状态。现在已经好了一些。我见到他，他对此深表感激。我在上一封信中肯定让你产生了错误印象。

艾略特从伊斯特本给罗素写的一封信证实，艾略特的确“深表感激”。艾略特写道：“除了你的其他友好之举之外，你的来信让我受宠若惊。此类慷慨和鼓励目前对我具有十分重要的意义，你的来信尤其珍贵。”可是，他所说的慷慨之举——至少我们可以认为——是，罗素允许艾略特夫妇在他的寓所里暂住，也许还有他的鼓励，让艾略特作出决定，追求自己的文学事业。

那时，艾略特决定接受聘任，在海威科姆文法学校担任教职。这意味着，在工作日中，他常常不在伦敦过夜。在写给艾略特的这封信中，罗素显然提到，他平时将在公寓里住，这就是说，在艾略特不在场的情况下，他和维维恩共用公寓。而且，罗素还问艾略特，他是否介意这一点？艾略特似乎觉得，那样做没有什么关系：

我不在期间，你到寓所过夜。这一点我完全接受，没有什么条件可讲。我从来没有想过，自己应该受到传统习俗的约束。我觉得，这样的想法不仅是完全没有必要的，而且可能会破坏我们的心情，另眼看待你做出的不拘礼节的安排。

对罗素与自己的妻子之间已经出现的亲昵关系，艾略特究竟持何态度呢？他似乎泰然处之，表示接受，甚至起到间接纵容的作用。他是否像罗素暗示的那样，对此心怀感激呢？

艾略特的传记作者皮特·阿克罗伊德推测：艾略特夫妇的婚姻出现了问题，而且罗素在他们结婚两周之后显然看到了这一点；在伊斯特本的“假蜜月”期间，维维恩感到绝望，显示出自杀倾向。这两点都源于他所称的两人婚姻的“生
442 理缺陷”。维维恩长期患病：小时候得了肺结核病，后来在一定程度上出现持续头痛、胃痛和痉挛。为了缓解疼痛，她服用了各种药物，其中包括含有吗啡的镇静剂，以便减轻她经常出现的暴躁情绪。她的母亲觉得，维维恩一直处于“道德

性精神失常”的边缘。无疑与这些症状（阿克罗伊德以似乎有理的方式推测，她的总体症状显示，该病现在可被诊断为激素失调）相关的是，从12岁起，维维恩还经常出现月经不调症状，这给她带来许多痛苦和尴尬（例如，她有一种无法摆脱的习惯，无论在什么地方睡觉之后，都要洗涤她用过的床单）。阿克罗伊德暗示，这就是艾略特夫妇出现性生活问题的根源。他写道，艾略特“自己过分挑剔，精神焦虑，维维恩的经期问题肯定起到了雪上加霜的作用”。

当然，我们可以对这种“肯定”提出疑问；但是如果我们假定，阿克罗伊德的推测是正确的，艾略特想象妻子的月经周期过于频繁，不禁觉得恶心，无法与她发生性关系，那么，从某种意义上说，这两点就可以理解了：其一，艾略特对她与罗素调情采取纵容态度；其二，罗素觉得，艾略特对自己与维维恩调情的行为“深表感激”。艾略特在那些年的文字和言辞暗示，即使维维恩没有激起他的性欲，他至少也是喜欢她的，并且对她有一种强烈的责任感。那么，从维维恩的角度着想，罗素非常关注她的做法是否可能让他感到欣慰呢？当然，从他自己的角度，他也感到欣慰——罗素的行为让他得到了解脱。

但是，维维恩的想法如何呢？她是否真的爱上了罗素？关于这个问题，唯一的真实证据是罗素写给奥托琳的信件。保存下来的全部信函显示，维维恩虽然在生理上遭遇挫折，偶尔有出轨之举，但是对艾略特情深意长，爱意不减。当然，她看来肯定喜欢罗素关注她，信任罗素，向他坦露她与艾略特关系中出现的问题，诉说她的焦虑。也许尤其重要的是，他对罗素的慷慨——当时，这起到很大作用，帮助艾略特夫妇度过了财务难关——心怀感激。除了给夫妇两人提供住所之外，罗素还赠给艾略特价值3000英镑的工程信用债券，资助两人的日常开销，为维维恩支付舞蹈学费，而且还（根据奥托琳的说法）给维维恩购买了大量礼物，包括“丝绸内衣裤以及其他各种各样的可笑东西”。

9月15日（罗素收到劳伦斯寄来的那封脾气火爆的信件当日），艾略特夫妇从伊斯特本返回伦敦，随即搬入罗素的公寓。从那天开始，出现了一个新的生活模式：艾略特大部分时间待在海威科姆（那段时间，他的信件使用的地址是他教书时在海威科姆的住所），把罗素和维维恩留在公寓中。在那里，罗素构思回复默雷的著作，然后口述出来，让维维恩打字成稿。

艾略特给他的家人和哈佛大学的导师留下的印象是，他将返回美国，完成博士论文。令人怀疑的是，他是否有过那样的打算？但是，如果他确实有过，他返

443 回英国之后，很快改变了初衷。他给他父亲和哈佛大学的詹姆斯·伍兹写信，解释他决定留在英国的原因，声称一边在海威科姆教书，一边完成博士论文。为了打消该计划引起的疑问，罗素答应艾略特的请求，给艾略特的母亲写信。10月3日，罗素（他使用的自然是印有三一学院抬头的便签）按时写信，向她保证说：其一，艾略特在牛津大学的导师们对艾略特评价很高；其二，一旦艾略特获得博士学位，他在英国大学就业的前景非常不错。罗素告诉夏洛特·艾略特："我设法认识了他的妻子，觉得她人很不错，真的希望让他幸福。她十分留意，不去影响他的自由，不干涉他做出的最佳决定"：

> 我看到的她的影响的主要迹象是，他不再受到那帮自称"旋涡画派"的家伙们吸引。我觉得，她在这方面的影响完全应该得到赞赏和鼓励。

在维维恩的协助之下，罗素完成了写给默雷的回复，10月13日将稿件寄给出版商——工党出版社。那天，他在写给奥托琳的信件中承认，"我对艾略特太太越来越感兴趣——当然不是以"不当"的方式。她在生理上对我吸引不大，但是我发现，她是真正的朋友，内心深处对战争持人文主义态度，而且不再对她丈夫欠缺善意。我觉得，她是可以长期相处之人，而不像我开始时所想的那样，仅仅是接受慈善之举的对象。他几天之后又写道：

> 我本来怀疑，不再让你承受痛苦的做法是否会减少我对E.太太的兴趣？但是我发现，不会出现那样的情况。这是一种真实的兴趣，而不是仅仅排解我自己心中的烦恼。

罗素和艾略特两人处心积虑，希望让艾略特的家人和美国导师们相信，艾略特可以将教学工作与撰写博士论文结合起来。然而实际情况是，在那段时间中，艾略特放弃了论文工作，开始撰写可以直接带来效益的书评。在罗素帮助下，艾略特认识了《国际伦理学刊》主编西德尼·沃特洛，后者向艾略特约稿，请他撰写两篇书评，一篇关于巴尔弗·吉福德的讲座《一神论与人文主义》，另一篇关于A. 沃尔夫的著作《尼采的哲学》。

到了1915年年末，罗素已经完成了答复默雷的著作和《战争时期的正义》，准备转向他觉得意义更重要并且更有趣的工作：关于社会重构的讲座。他从加辛顿给露西·唐纳利写信说，他“退居乡村，住的地方毗邻好友，可以避开干扰，专心写作”：

> 我已经完成关于战争的稿件，小书［《战争时期的正义》］交给开放馆出版公司出版。我不会再写相关的东西了。但是，圣诞节之后，我计划开设一组讲座，题目是《社会重建原则》，为将来的激进知识分子提出一种哲学。444
> 我不知道自己是否可以如愿完成。

但是，在一个月之内，他受到两个因素的干扰：一是处理艾略特夫妇的问题，二是迁回贝里街之后，远离奥托琳，他有了一种疏离感。11月10日，他在信中告诉奥托琳：“需要经过一段时间之后，我才能相信自己的直觉——你并不恨我。”他将在几天之后回“家”（这就是说，加辛顿——罗素使用的这个字眼语义模糊不清，可能是加辛顿，也可能是贝里街）。他心里很想回去，但是“此间情况令人焦虑，非常痛苦。我独自一人，离开友好的环境，深感忐忑”。他说，他逐渐喜欢艾略特，“仿佛他是我的儿子”：

> 他越来越像一个男子汉了，深爱妻子，无私奉献。她其实很喜欢他，但是不时出现采取残酷态度的冲动。这是一种陀思妥耶夫斯基式残酷，不是一般人所说的那种残酷言行。我每天努力，让两人之间的关系有所改善。但是，我眼下不能抛下他俩不管。当然，我自己对此也有兴趣。她那种人生活在刀刃上，既可能成为罪犯，也可能成为圣人。目前，我不知道她会朝着哪个方向发展。她具有这两个方面的潜质。

罗素认为，他自己与奥托琳之间出现问题的主要原因是，“缺乏肌肤之亲”。两人在1月熊熊燃烧的“激情之火”现在已经熄灭，双方都觉得，它不会重新出现。但是，罗素写道：“我真的认为，所有精神方面的疏离都是暂时的。”

1915年的整个秋天，罗素受到劳伦斯的毁灭性批评的影响，在情感上处于恢复状态，类似于1913年受到维特根斯坦的攻击之后那个夏天的情况。他觉得，为了防止自己受到失败感的影响，他必须生活在表面上。他告诉奥托琳，“必须暂时放弃我的内心生活"：

> 真的，我无法与自己真正关心的人保持密切接触。你解释了劳伦斯的感觉，这让我如梦方醒，看到了这种情况的必然性。但是，这其实没有什么关系——任何个人因素其实都没有什么关系。

他承诺，他绝对不会抛弃奥托琳，但是"有时候，我必须避开苦痛，不去碰根本的东西。否则，我会失去勇气"：

> 和你在一起，我不可能停留在表面上。但是，我内心深处的东西其实没有改变，仅仅失去了一些个人愿望而已。

他几周之后表示，"我眼下无法理智地思考，所以我根本就不思考"。他意识
445 到："如果我不振作起来，可能出现精神崩溃。整个问题出在我的内心深处。"他告诉她，"你很难相信，我处于多么黑暗的状态之中"：

> 我觉得，我应该调整自己的心绪，然后才能去见你。我和你在一起时状态糟糕，超过见到其他人的程度。对我来说，缺乏控制的状态没有什么好处。我宁愿自己心绪好转之后，才去与你见面。那样你会开心一些。

正如罗素给奥托琳解释的，他面对的带有悖论意味的局面是："正因为我喜欢你，所以你只能看到我最糟糕的一面……在其他人面前，我既不自私，也不热衷于自己的想法。"然而，他向她保证："对我来说，除了你之外，绝对没有任何人是重要的。不在你的身边，我希望做我的事情，在力所能及的情况下给予快乐，寻找娱乐，以便填补空余时间……我决不会形成任何对我来说具有重要意义的新感情。"

对于最后一点，奥托琳完全有可能持怀疑态度，因为罗素同时告诉她，他对维维恩产生了"极大的感情"，但是——无可否认的是——他以保留的方式，进行了某种修正，声称这"和我对你的感情完全不同"：

> 我喜欢她的原因在于，她提供了一个机会，让我付出一种情感——到目前为止，那样的情感我只能以微小、零星的方式，给予小学生。我并不是说，这是问题的全部，然而这是其中的重要因素。

12月24日，罗素告诉奥托琳，他将有大量时间与维维恩在一起，同时就他对维维恩的感情进行了界定。“我对她的感情类似于父女之情，但是非常强烈，携带着我的判断。”

冬天慢慢来临，罗素开始越来越焦虑，他可能无法如期完成讲座的准备工作。他觉得，无论是在加辛顿，还是在伦敦，他都无法动笔写作。他在信中告诉奥托琳：“我希望你可以理解加辛顿让我不快乐的原因。这样，你就知道，我不能到这里来。”他让她放心，他不在加辛顿住宿的决定不是“突然、毫无道理或者难以控制的做法”。与之相反，这是他的无奈之举。

> 在加辛顿，我只得以那种方式和你见面。如果我不能完全避免那样的情况，那么，我无法工作，无法做出对任何人有用的事情。我早就知道这一点，但是不愿让你伤心。我本以为，也许我错了，所以进行了尝试。然而，那不是我愿意重复的事情。假如要我在这一点与一事无成之间进行选择，我应该选择后者，哪怕那将使整个未来变得灰暗也在所不惜。[1]

但是，贝里街也不是理想的工作场所。他12月8日写道，维维恩病了，她 446
母亲来照顾她，所以他被迫离开公寓。他在路上游荡，准备到街道拐角处的韦弗利旅馆去过夜。他告诉奥托琳，“我这段时间过着杂乱无章、临时凑合的日子”，决定尽量少在贝里街，直到他可以在无人打扰的状态下，单独使用自己的房间为止。“无法确定自己是否有独立的工作场所，这样的情况相当糟糕。”他说，他那时对讲座的事情非常担心，觉得在完成该项工作之前，他过的不是人的日子。

他决定离开伦敦，以便在12月的最后两周时间里完成讲稿。他先在鲍勃·特里维廉的家——在多尔金附近的西福尔芝——里住了一周，圣诞节期间住在萨赛

[1] 在《个人备忘录》中，罗素的表述更直接一些。他在谈到奥托琳的情况时说：“她1915年搬到加辛顿居住之后，她给予我的越来越少；与此同时，她给予其他人的越来越多。”

克斯的哥哥家里。那两个地方地处乡村，远离维维恩和奥托琳，不受情感纠葛的干扰，是理想的工作场所。到了岁末，讲座稿件实际上已经完成。他12月23日写道："我可以肯定，讲座稿件将非常精彩。"

事实证明，他的乐观判断是有道理的。讲座分为八个部分，以《社会重建原则》一书出版，构成了罗素所作的独创性最强、影响最为深远的贡献之一，极大地丰富了社会和政治思想。在那些讲座中，他进行了详细的阐述，最大限度将个人理想与政治信念融合起来。正如他在1944年所说的，对他来说，那些讲座以最令人满意的方式，表达了他"自己的个人宗教"。

在讲座开头，罗素提及他从战争以及D. H. 劳伦斯那里学到的教训：人们的行为常常受到无意识的盲目冲动的驱使，与受到自觉、明确的愿望驱使的情况不相上下。传统的自由主义[1]过于轻易地假定，人们知道自己受到什么因素的驱动；其实，在大多数情况下，他们并不知道。再则，传统的自由主义思想过多地强调追求幸福的愿望，忽视了罗素所说的"成长原则"。在罗素看来，成长原则是"一种本能推动，引导人朝着特定方向发展，恰如树木趋向阳光一样"：

> 如果我们从直觉方面理解人，我们就会发现，每个人身上的这种个人核心是想象力必须理解的因素。它在人身上的表现各不相同，决定每个人可以取得何种杰出成就。

罗素认为："社会制度对人的最大影响在于，它们让人自己以充满活力的方式自由成长：不能强迫人根据另外一个人的模式成长。"由此可见，压抑——哪
447 怕对破坏性冲动的压抑——是有害的，几乎无一例外。例如，我们应该追求的不是压抑导致战争的冲动，而是引导那些能量和活力，不让它们用于杀戮：

> 虽然导致战争的冲动带来大量破坏，但与冲动已经死亡的民族相比，具有这些冲动的民族拥有更多希望。冲动是生命的表现，只要存在冲动，就存在冲动带来生命而不是死亡的希望。但是，缺乏冲动就是死亡，生命不可能

[1] 罗素在此考虑的主要是边沁和密尔的功利主义。这一点他在第一讲的开头明确阐明，但是由于某种原因，在该书出版时，它被删除了（参见《论文选集》，第13卷，第296页）。

从死亡中诞生。

罗素后来宣称，直到完成讲稿，他才发现《社会重建原则》的要旨。也许，这可以说明出现这种现象的原因：这些讲座出版时，他在前言中暗示，它们的核心理念是，区分“创造”冲动与“占有”冲动，同时阐述“释放创造性应该是在政治和经济领域中进行改良的原则”的信念；但是，到了正文过半，他才提及上述区分。

他说，该书“有一个框架和一个表述，但是几乎快要写完所有内容时，我才发现它们”。讲座依次讨论了国家、财产、教育、婚姻和宗教，作者后来发现的框架将这些内容组织起来，其根据是对“占有”冲动与“创造”冲动的区分。罗素在最后一讲中说，“国家和财产是占有冲动的最大体现”，“教育、婚姻和宗教本质上是创造性的”。他认为，可以引导“占有”冲动，使其变为创造冲动。“应该研究冲动的产生，研究引起它们变化的原因。”如果没有对心理学的深刻理解，就不可能形成令人满意的政治理论。与此同时，可以重构婚姻、教育和宗教制度，不让它们压抑冲动，而是起到正面作用，释放人们内心中的最佳因素——自由思想、爱情和“精神方面的创造理想”。

他曾经与劳伦斯讨论过“政治应该为宗教服务”这个议题，尤其与奥托琳争论过，应该说明每一种政治制度“都是禁锢自己内心深处的无限之物的牢狱”。最后这一点被保留在讲座之中。在最终的讲座内容中，对无限之物的关注以这一信念表达出来：“如果要使人生具有人文主义意义，它就必须为特定的目的服务。从某种意义上说，这样的目的是在人生之外的，是不受个人感情影响的，超越人类的，例如，上帝、真理、美”。

> 那些以最佳方式提高生活的人并不将人生作为其目的。更确切地说，他们追求的就像一种逐步具体化的东西，希望将某种永恒的东西带进人的生活。对人的想象力而言，那种东西似乎存在于天国之中，远离冲突，远离失败，远离吞噬一切的时间。与这个永恒世界——即便它只是我们想象之中的世界——接触将会产生力量，产生根本的和平。世俗生活的争斗和明显的失败都无法完全摧毁那样的和平。这种对永恒之物的幸福沉思，斯宾诺莎曾经称为对 448
> 上帝的智性之爱。对已经了解这一点的人来说，这是通向智慧之门的钥匙。

1915年年末，罗素返回贝里街。艾略特夫妇已于12月20日搬出，他重新独自使用自己的公寓。讲座定于1月18日开始，他还有大约两周时间进行准备。讲座每周星期二下午举行，地点是威斯敏斯特的卡克斯顿大厅。海报已经印刷，传单已经散发，门票已经开售：单场定价为3先令，整个系列为1几尼。在那两周中，罗素密切注意门票销售情况。对他来说，那项冒险之举的成败关系重大。

但是，从一定程度上说，新年第一周中通过了《兵役法》，将他的注意力暂时从讲座移开。该法案规定，年龄在18至41岁的所有未婚男子都有服役义务。1916年1月6日，该法案在审议时通过了正式初读（于1月27日成为法律）。那是政府采取的一个重大步骤，将会大量增强国家的力量。不过，这完全在人们的预料之中。在之前数月时间中，罗素已经注意到相关情况。在关于国家的讲座中，他谈到义务兵役，认为这“也许是国家力量的极端例子”。他接着写道：“它强迫男人在政府需要的任何时候，面对战场的所有恐惧场面。令人吃惊的是，大多数男人竟然容忍这样一种制度。”在他撰写讲座稿件时，这样的制度已在法国和德国大行其道，但是英国尚未实施，被他视为“彻头彻尾的邪恶之物”。

英国将要接纳这个邪恶之物，罗素没有懈怠，努力让人们意识到它的有害结果。在该法案初读当天，《工党领袖》在头版头条发表了一篇社论。在该社论中，罗素充满激情地恳求，工党应该就此表示“毫不妥协的反对态度”。也许他认为，这篇社论可以影响该报的读者。罗素将征兵视为针对工会组织的一个阴谋：

> 征兵宣传的领导者们的动机很明显，这就是，获得对付工会的新武器。为了国家考虑，工团主义者受到规劝，将新的令人敬畏的力量拱手交给将来的对手。热爱国家的呼吁是一种犬儒主义的伪善言辞。从这场战争爆发那一刻起，某些反对自由的人已经看到，战争提供了天赐良机，去剥夺工薪阶层已经得到的那一点点自由，以便在未来的许多年中，阻止他们在民主正义的道路取得进步。伴随《兵役法》的实施，那个残酷的阴谋将会得手。

他继续写道，话锋一转，回到了常见的理由，“男人们的良心告诉他们，应该生活在和平之中：在这种情况下，政府却强迫他们互相残杀。就针对自由的罪行而言，没有什么比这样做更令人发指了”。

449 那天，该社论发表了，该法案也不出预料地通过了。罗素和维维恩一起，到了托尔克，去享受短暂的假期。那是为了实现他在圣诞节之前给她承诺。他宣称，他试图摆脱那项诺言的制约，“可是我发现，自己会伤害她的感情”。他强调说（我们不禁觉得，他的抗议也许显得有些过分），在《兵役法》形成的危机期间，他并不希望到那里去，宁可待在伦敦。而且，他确定，维维恩希望和她丈夫一起去。但是，艾略特必须撰写博士论文，不愿耽误时间。所以，罗素带着最大的遗憾，被迫满足她的愿望，一起出去度假。他补充说，“我们将会谨慎行事”：

> 没有让关系超过友谊的任何倾向，实际情况恰恰相反。我已经做了希望给他俩做的一切，他俩在一起非常开心。本周过去之后，我将淡出他们的生活。

罗素和维维恩在托比旅馆住了5天，从1月7日到12日。罗素在给奥托琳的信中写道：“我讨厌这个地方，但是她看来喜欢它。”他当时似乎觉得，与维维恩在一起让他明白了，为什么奥托琳觉得他令人厌倦，给人压迫感，“因为我在E.太太身上，看到了同样的东西，而且在程度上更加明显”：

> 我对她没有丝毫私心，完全到了狂热的程度，从未想过向她提出任何要求，所以与你担心的没有任何关系。

他逐渐发现，两人之间的冲突在于：一个人喜欢艺术，另一个喜欢非艺术；一个喜欢眼见之物，另一个完全生活在理念和目的之中。“我理解了这一点，发现自己无法改变。我现在并不处于抑郁状态，但是我努力看清事物……我只是必须认识到这一点，避免再次陷入这样的状态。”

他以前谈到了精神崩溃，所言完全是认真的。“这些讲座几乎把我逼疯了”，他告诉奥托琳，甚至讨论了到瑞士去向维托医生求助的想法。但是，他觉得，他可以清楚地看到自己的核心问题。“当然，困扰我的真正问题……是我没能处理好与你的关系。”这也是他对维维恩产生兴趣的原因：

> 我对E.太太的事情感到歉意的原因在于，我无法弄清楚自己为什么喜欢她。我觉得，你不会这样想，我无法为她辩护。我相信，我喜欢她的原因其实是，我可以帮助她。这样，我就可以摆脱失败感，摆脱希望让人幸福反

而让人不开心的感觉。假如我没有帮助他们夫妻俩，他们不会像现在这样开心。想到这一点，我便得到了些许慰藉。

他宣称，“E. 太太所起的作用类似于去年圣诞节德国人的行为”。这就是说，
450 她让他觉得他自己有用，让他提供公共服务，从而重振了他的精神。现在，他的内心生命——可以这么说——已经死去，公共服务是他不得不做事情。在处理与奥托琳的关系过程中，他经历了失败，这“在一定程度上几乎打碎了所有一切……结束了个人生活，只剩下一种慈善性公共生活”。

罗素和维维恩一起在托尔克逗留期间，艾略特给他写信，再次感谢他的慷慨帮助。艾略特写道，“维维恩说，你是她的天使”：

可以肯定，你想尽了一切办法，以最佳方式对待她，比我好多了。我常常感到觉得，假如没有你，我真的不知道事情会变得多么糟糕。我相信，我俩甚至觉得，是你给了她的生命。

在《自传》中，罗素一字不漏地照录了这封信件。可是，为什么艾略特夫妇觉得，罗素给了维维恩生命呢？不幸的是，罗素没有就这个问题进行任何解释。

1 月 12 日，罗素离开托尔克，提前支付了费用，以便让艾略特和妻子会合，在托比旅馆小住几日。艾略特表示过，希望聆听罗素的首场讲座，但是维维恩的病情恶化，他不得不在德文郡多待一些时间，无法及时返回伦敦出席。

首场讲座开始之前，罗素接到哈佛大学的另外一封邀请函，对方希望他担任客座讲师，除了逻辑学之外，还要就当代事件的伦理问题开设一门课程。这正是罗素需要的诱饵。1 月 24 日，他发去了接受邀请的电报。课程定于 1917 年 2 月开始。罗素告诉奥托琳：“美国的国际地位越来越重要，我可以在那里形成影响，超过在这里的程度……我应该可以四处走走，结识重要人物。”当然，还有另外一个方面的考虑：“在过去一段时间里，我确实做了许多事情，但是没有从事任何严肃的学术研究。”

1 月 18 日，他在伦敦开设的关于社会重建的讲座与听众见面，从一开始便大获成功。讲座开始前夕，门票销售情况十分糟糕，罗素心情焦急，不停给朋友写

信，邀请他们出席。许多朋友没有让他失望，成为固定听众，其中包括怀特海夫妇、贝尔夫妇、伍尔夫夫妇，布卢姆茨伯里派的成员实际上也悉数到场。其实，听众人数相当可观，这些朋友只是起到锦上添花的作用。讲座受到热情追捧，实际上一度成为反战人士相聚的时尚去处。利顿·斯特雷奇说，“伯迪的讲座起到很大作用”：

> 给人提供很好的慰藉，让人耳目一新。人们趋之若骛，每周都盼望出席。我自己也不愿错过任何一场。尽管我比大多数出席者年龄更大，昨天还是克服困难，去了人满为患的卡克斯顿大厅。讲座值得一听。

罗素非常兴奋，第一场结束之后告诉奥托琳，讲座的效果“超过预期，有一百余人出席，大多数都表示喜欢。”他第二场之后报告说：“讲座顺利进行，我现在有钱了。”讲座过半时，他告诉露西·唐纳利，讲座“获得巨大成功”，甚至可能开拓了一个新的职业。他说，讲座没有歪曲事实，旨在“让知识分子团结起来”。他开始觉得，自己是一个新运动的核心人物，起到催化剂的作用，鼓励知识分子进行政治抗议，类似于“德雷福斯案件在法国所起的作用”。[1] 而且，他还考虑了如何降低门票价格，以便让更多人听到讲座内容。他告诉奥托琳：“讲座起到的主要作用是，让人们看到希望。”对他来说，重要的事情是激励人们采取政治行动。让他感到恼火的是，在常常出席讲座的人当中，有的并不参与反征兵和反战的政治斗争。他在最后一场开始之前写道： 451

> 在最后一场中，我考虑让他们的感觉不那么舒服，办法是强调应该采取的行动。例如，如果他们赞成我说的话，他们就必须放弃直接或者间接支持战争的做法。你觉得如何呢？我不喜欢看到他们只是感到高兴，漫不经心，一副事不关己的样子，而不是**真的**受到触动。

---

[1] 19世纪90年代，法国军事当局诬告军官A.德雷福斯。1894年9月，情报处副处长亨利诬陷德雷福斯向德国武官出卖军事机密，以间谍罪加以逮捕。1894年12月22日，在证据不足情况下，军事法庭判处他终身监禁，送往法属圭亚那附近的魔鬼岛。1月14日，作家E.左拉在《震旦报》发表致总统的公开信《我控诉》。呼吁重审德雷福斯案件的社会运动广泛开展，法国社会分裂为德雷福斯派和反德雷福斯派两大阵营。——译注

奥托琳出席了最后一场讲座，对卡克斯顿大厅里弥漫的那种氛围有完全不同的印象：

> 更确切地说，对所有讲座必到的所有怪人来说，那是一个滑稽的场所。在他们当中，有一个人叫怀特船长。他有些疯狂，就两性和自由恋爱发表了长篇大论。他告诉现场听众，如果孩子出现在父母相爱的家庭中，他们就不会打架。互相敬慕的父母怎么会希望战争呢？接着，韦农·李站了起来，发表关于烟盒的冗长讲演，夹鼻眼镜左右摇晃。来自工艺美术运动的一名代表充满激情，发表了高谈阔论的长篇演说，声称工艺和美术足以消除任何战争倾向。伯迪一直坐在讲台上，表情痛苦，后来终于要求他们坐下。

罗素与奥托琳的态度不同，严肃对待怀特船长的发言。讲座结束几天之后，他将怀特船长的一封来信转给奥托琳，并且告诉她，“你将会看到，他和劳伦斯一样，对我持同样的敌视或者说反对态度”：

> 我认为，有些人与我在精神方面类似，他们之中的大多数看来都有这样的感觉。也许，正是这样的感觉让你不像当初那样，给我足够关爱。我希望，你可以发现并且告诉我，这究竟是什么原因。这让人产生强烈的孤立感。我在思想上认同的人几乎没有精神生活，或者一般说来，只有很少的精神生活。其他人发现，我在思想方面的表现无法忍受。我会觉得，我再次陷
> 452 入病态之中，然而情况并非如此。我只是希望找到问题的根源，以便加以理解。如果我无法克服这个障碍，我就难以获得多少成功。

在同一封信件中，他还回忆了1913年的情况，维特根斯坦当时对他提出了批评，起到毁灭性作用。他告诉奥托琳，那“是我的一生中出现的最重要的事件，影响了之后的一切”。他说，从那以后，“哲学失去了对我的吸引力。维特根斯坦起到了重要作用，超过了战争造成的影响”。战争让他有了新的、不那么难以实现的抱负，“在我看来，它可以与原来的理想相提并论”。“我的讲座让我相信，在新的抱负中，存在一种可能的生活和活动。所以，我希望安静地工作，觉得自己在工作方面心情淡定。自从维特根斯坦抨击我之后，这样的感觉第一次出

现……我不知道，你以前究竟对此有多少了解。”他得出结论说，“在过去3年中，这是许多事情的根本原因。”

维特根斯坦的攻击带来了深刻影响，罗素尚未轻易地恢复过来。可能的情况是，无论是维特根斯坦，还是劳伦斯，甚至还有怀特船长——都没有意识到，他们给罗素造成了严重创伤。在1915年9月攻击罗素之后，在接下来几个月中，劳伦斯继续给罗素写信，显然没有注意到，他给两人之间的友谊造成了无法修复的损害。后来，劳伦斯和弗里达搬到康沃尔居住。1916年1月，劳伦斯从那里致信罗素，语言热情而友好，催促罗素去探访他们。2月11日，他再次致信说，他一直着惦记罗素的讲座。“它们真的成功吗？真的充满活力吗？你真的感到高兴吗？或者说，你仅仅觉得兴奋而已？我希望了解相关情况，真的希望。”罗素对他的主动示好反应冷淡，也许这让他受到刺激。也许，劳伦斯甚至开始意识到，在很长时间里，罗素与他之间已经不再有什么血谊兄弟之情了。于是，劳伦斯开始另外一轮猛烈批评：

> 我不喜欢你的信件。你这样的生活方式究竟有何益处可言？我不相信你的讲座内容**真的**有什么可取之处。讲座几乎完了，对吧？
>
> 依然待在已经完蛋的船上，用那帮商人朝圣者的语言，发表高谈阔论的长篇演说，这样做究竟有什么用处？你为什么不跳下船？为什么不让自己摆脱那样的表演？
>
> 目前，我们必须成为反叛者，而不是教师或者教士。你在关于教育的讲座中说，你对无意识并不表示多少赞同。这完全是一派反常言论。关于意识和意识内容的整个说法已是陈腐之辞——你的脖子上挂着沉重的石磨。
>
> 必须割断和它的联系，割断你的意志，抛弃陈旧的自我。就连你的数学也仅仅是**死去的**真理。无论你将冷冰冰的肉剁得多么精细，你也不可能让它重新获得生命。
>
> 彻底停止研究和写作，让自己成为生灵，而不是机械工具。逃离整个社会之船。看在你自己的自尊的份上，成为微不足道之人，成为鼹鼠，成为崇尚感觉而不是思考的生灵吧。看在上天的份上，成为婴儿，不再当什么专家学者了，不用再做任何事情。看在老天的份上，以勇气的名义，一切从零开始，开始**生活**，成为完美婴儿吧。

453 ……顺致爱意。停止工作，放下自我，鼓起勇气，成为生灵。

如果说以前的攻击让罗素感到绝望的话，这一次攻击仅仅让他感到愤怒。他写信告诉奥托琳，他给劳伦斯回复了“一封带着恶意的信件……要求他不要继续批评我——我必须阻止他，因为我发现，他的批评让我无所适从，总是提出我无法改变的东西”。在给奥托琳的另外一封信件中，他解释自己感到愤怒的原因是，劳伦斯“试图干涉我身上具有创造性的本能。他无法理解这一点，仅仅起到破坏作用——这是一种自我防卫性愤怒”。即便如此，他依然表示：“我希望自己写信时没有那么气愤。”最后这一点不安显然是多余的。在劳伦斯看来，以愤怒的言辞、刻薄的方式互相伤害是日常生活中理所当然的事情，肯定不会给友谊形成任何障碍。例如，劳伦斯怀着看似无法动摇的信念，在上述信件中坚持认为，他和罗素依然是“兄弟”，罗素应该搬到他和弗里达附近来住。罗素在信件中怒火万丈，显然旨在表明两人之间的分歧；但是，劳伦斯在回信中似乎丝毫没有受到影响，言辞显得非常轻松（“你是否要做学校教师，并不尊重人的权利，还在生我的气？”），仍然敦促罗素到康沃尔去。可能的情况是，随着时间的推移，数月甚至数年过去了，劳伦斯没有收到罗素任何信件。那时，劳伦斯才意识到，他们已经不再是朋友，更谈不上什么兄弟了。[1]

最后一讲结束之后一天，奥托琳首次见到艾略特夫妇。他们和奥托琳的丈夫菲利普一起，到索霍的一家餐厅吃饭。根据奥托琳的记载，“那次聚餐搞得并不好。”艾略特本人行为非常拘谨，维维恩给奥托琳的印象是，“属于宠坏的小猫”的类型，“最多算得上二流，女性特征过于突出，逢场作戏，言辞幼稚，急于显示她‘占有’了伯迪。我们离开餐厅时，她径直奔向他，将他留在自己身边，和他手挽手一起走”。奥托琳觉得，“她行为糟糕，让自己深受冒犯”。次日，罗素和艾略特夫妇一起，出席了在贝德福德广场举行的一次规模更大的聚会。根据奥托琳的记录，那是“一次开心的茶会”，但是她对艾略特夫妇依然没有什么好感。几周之后，罗素首次将艾略特领到加辛顿。奥托琳发现，艾略特“枯燥乏味，枯

[1] 到1916年12月为止，劳伦斯改变了对罗素的看法，认为罗素不再是同胞兄弟，不再是“拉那尼姆”的潜在招募对象，而是与“剑桥大学、洛斯·狄金森、年轻改良者和费边主义者沆瀣一气”，是“那个暮气沉沉的团体”成员。那些人“给我们带来疾病，而不是带来希望”（参见劳伦斯1916年12月11日写给辛西娅·阿斯奎斯的信件）。

燥乏味，枯燥乏味”：

> 他说话时嘴唇一动不动，声音有气无力，没有抑扬顿挫，这让我觉得，他从里到外都单调乏味。我不禁感到疑惑，他发表的那些带有神经衰弱者特征的奇怪诗歌究竟是从哪里来的？是从他的新英格兰清教徒传统和家庭教育来的吗？我觉得，他已经丧失了所有自发性，只能借助刺激或者狂暴情感，打破循规蹈矩的心态。

艾略特到加辛顿的那个周末，他本应动身返回美国，到哈佛大学去参加博士 454
论文答辩。罗素给艾略特的父亲拍电报，让艾略特躲过那场考试。电报全文如下：“目前乘船十分危险。即便可以立刻获得学位，也不值得去冒生命危险。强烈建议，电告汤姆不要成行。”艾略特的父亲承认，自己“对罗素教授在电报使用的语言不太满意”。他的母亲写信告诉罗素，她“肯定，您在各个方面将会施加影响，让我儿子选择哲学作为终生职业”，并且证实说，她本人“绝对相信，他选择哲学，而不是自由诗”。至少可以说，罗素的干预暂时达到了目的，让艾略特留在了伦敦。

罗素出面干预的原因在于，维维恩在3月下旬病了，担心艾略特将会返回美国。她确信，如果艾略特离开，他乘坐的海船将被德国潜艇击沉。在举行讲座期间，罗素形成了固定做法，每周见维维恩两次，共进午餐或者晚餐。虽然她继续让他迷恋，他也继续送给她大量礼物，他那时已经开始慢慢疏远她，后来几乎用了2年时间才完全脱身。罗素的讲座取得了意料之外的成功：其一，大大改善了他的财务状况；其二，获得了人们的很多关注，产生了很大影响。3月，讲座接近尾声，罗素恢复了前一年夏天被劳伦斯和奥托琳剥夺的许多信心。罗素后来承认，维维恩在他重拾信心的过程中发挥了作用。然而，正是因为维维恩成功发挥了作用，他对她的需要将会越来越少。

# 455 第十六章　靡菲斯特

在卡克斯顿大厅举行的讲座取得成功，给罗素的人生带来了持久的巨大影响。它激发了他施加政治影响的新的宏大抱负，鼓励他不再将自己视为单打独斗的反战宣传者，而是引导大量舆论的领袖，甚至可以起到预言家的作用。它还显示，他可以在学术圈子之外存活下来，甚至蓬勃发展。他可以让观众自掏腰包，购买门票听讲座——观众想要的既不是通过考试的点子，也不是某种技术性论题的指导，而是“人生哲学”。这在他身上激发出了目的感，甚至可以说权力感，几乎让他如痴如醉。1916 年 2 月，他写信告诉露西·唐纳利：“关于人生哲学，关于政治，我可以阐述重要的观点，阐述某种符合时代的东西。”他告诉她，世界需要新学说，年轻一代已与旧传统决裂，需要得到指引。他站在年轻人一边，他的哲学思想中没有“保留迷信之辞和陈规陋习的东西”。他处于理想位置，可以提供新学说。

他告诉露西·唐纳利，他觉得旧生活与新生活之间，出现了“明显分裂”，其差异越来越突出。3 月的一天晚上，讲座结束之后，他返回三一学院过夜，发现那里的氛围非常压抑，让他无法忍受。他在信中告诉奥托琳，“这个地方现在让人抑郁，超过了我的忍耐限度”：

> 学院死气沉沉，只有少许印度人和面色苍白的和平主义者；年轻人离开了，嗜杀的老人们蹒跚而行，露出了大获全胜的神情。士兵们在院子里住宿，在草坪上操练；好战的教区牧师向他们竭力鼓吹战争，非常响亮的声音从大厅的台阶上传来。夜晚，整个剑桥堕入黑暗之中；与这里的情况相比，伦敦一片光明。我喜欢的一切都死了，至少目前如此；我难以相信，它将来是否可以重现生机。没有人考虑学术，没有觉得学术有什么重要意义。我的思绪离开外界的僵死状态，进入自己内心的僵死状态。我在书架上寻找数学著作和哲学著作。它们曾经让人充满希望和兴趣，现在一点也不能打动我。

我已经完成的工作显得微不足道，与我们生活的这个世界毫不相干。

他的假期将要结束；5月，他将按照要求返回剑桥，重拾教鞭。但是，伦敦 456
讲座让他进入了陶醉状态，回到原来的生活方式很难让他感到满意。在实现他的目标宏大的新抱负的过程中，在传递“符合时代”的讯息的过程中，他需要一个更大的平台，超过了三一学院的讲师职位可以提供的东西。

在后来的日子里，罗素强调了那场战争给他带来的变化，喜欢将自己说成“不信神灵的浮士德，那次大战代表了靡菲斯特”。然而更确切地说，实际情况是，那场战争给了他追求目标。他将努力成为靡菲斯特，以便具有力量，唤醒人们头脑中的新思想，新欲望，从而改变人们的生活。正如他在写给露西·唐纳利的信中所说：“我希望的其实是改变人们的思想。在我的人生中，拥有改变人们思想的力量是我个人的主要愿望。”

也许是因为他发现了这一点，或者说也许是因为他长着尖耳朵，笑起来像魔鬼，在反征兵团体——他1916年春天开始为该组织工作——中，同事们给他取了“靡菲斯特”这个绰号。从许多方面看，这个绰号都显得十分贴切。

从1月到3月，罗素一直忙于讲座事务。在那段时间中，反征兵团体已经成为新近出现的一场运动的中心，具体目标是反对《兵役法》，总体目标是反对战争。该组织于1914年11月成立，进行宣传活动，反对征兵。《兵役法》实施之后，它起到中心的作用，集中抗议和表达异议的力量，鼓励人们公开反抗该项法律，并且代表这样做的人士的利益。1916年通过了《兵役法》，突然将18至41周岁的所有单身男子纳入服役范围。可以这么说，它将全国所有年轻的单身男子，悉数列入了军队的名单。但是，此举以反常的非自由主义的方式，扩大了政府的权力；为了克服对此项法案的疑虑，《兵役法》包括一项所谓的“道德条款”。根据该条款，在道德上反对屠杀同胞的人可以免于服兵役。免除兵役的情况分为三个类：第一类，绝对豁免；这很少基于道德原因实行，但是通常留给被认为由于医学方面的原因不适合服役的人。第二类，免于参加战斗，这类人员需要被分配到非战斗部队，有的派往法国，有的在后方服务，担任挖掘战壕之类的工作。第三类，因为担任重要的国计民生工作，例如，在农场或者工厂工作，免于服役。

反征兵团体中的许多人认为，第二类与第三类之间的区分非常重要，其差别在于，一个是为军方工作，另一个是以平民身份工作。许多人倾向于接受可供选择的服务，只要涉及的工作是民用的，而不是军事的就行。但是，直到 1916 年
457 夏天，拒服兵役者才获得了第三类豁免。在整个 4 月和 5 月，人们普遍认为，绝对豁免的唯一替换方式是非战斗性服务。

从某些方面说，这一道德条款给人的印象是，政府向自由主义价值做出的一些妥协。但是，负责实施的部门是军事法庭，其组成人员总的来说敌视“拒服兵役者”，觉得大量征兵是他们应尽的义务。所以，该条款付诸实践的例子很少，其自由主义意义在实践中与理论上往往截然不同。尽管该条款存在，许多自认为拒服兵役者没有得到豁免，被政府强制招募。

反征兵团体的人认为，道德条款提出了某种问题。对大多数成员来说，任何支持战争的强制性做法都是不能接受的，其中包括反征兵团体创始人芬纳·布罗卡维，以及时任该运动主席和公认领袖的克里福德·艾伦。他们认为，唯一可以接受的是绝对豁免，于是鼓励其成员不仅拒绝战斗，而且拒绝接受任何形式的替代性服务。将这一观点付诸实施的人，例如，克里福德·艾伦，被送进监狱，并且常常受到极端严酷的惩罚。经过一定时间以后，这一做法削弱了反征兵团体成员的决心。到了那年年底，他们之中许多人的“绝对豁免”的立场有所松动，转而赞成某种形式的替代性服务。但是，在 1916 年最初几个月中，反对任何形式的兵役的理念发出了富于激情的呼吁，形成了一个让罗素看到巨大希望的运动。它的目的并不局限于要求结束征兵，甚至并不局限于要求结束战争，而是终结军国主义本身。

罗素忙于讲座事务，直到 3 月才积极参与反征兵团体的活动。但是，他一直密切并且几乎以嫉妒的目光看到，反征兵团体领袖们引导广泛存在的强烈的反征兵情绪，将其转变为一场自觉、有效的抗议运动。就其活力和道德激情而言，该运动类似于他在写给露西·唐纳利的信中谈到的世界需要的那种新信仰。他 2 月在写给奥托琳的信件中说：“这是一种真正的渐变过程，恰如新宗教的创始阶段。”他十分希望投入其中。“我感受到军事法庭上那些法官们制造的恐怖，感受到他们起诉他人的欲望。但是结果恰恰相反，我羡慕遭到他们起诉的人。我不能承担责任（当时，罗素 43 岁，刚刚超过征兵的适龄范围），这是令人气恼的。”

在剑桥大学新学期开始之前的数周空闲时间中，罗素利用他可以挤出来的全部时间，支持反征兵团体的工作。他以“准”会员（正式会员必须是承担兵役义

务的人）的身份，参加活动，与凯瑟琳·马歇尔（他在参加妇女参政活动时认识的一位精力旺盛的宣传人员）一道，成为准会员政治委员会的创始人。他们通过开展宣传活动，施加政治压力，争取废除《兵役法》。罗素与若干具有影响力的朋友（即便在征兵危机期间，赫伯特·阿斯奎斯首相也是加辛顿的常客）一起，在全国范围内赢得反战鼓动者的名声，参与政治活动。罗素在反征兵团体中的价值立刻得到了赞赏和肯定。

罗素对该运动的热情——至少在最初的日子里——几乎达到前所未有的程 458
度。4 月 7 日和 8 日，反征兵团体在伦敦的德文郡大厦召开会议。罗素出席会议，在与会的 2000 名代表的信念和热情中，看到了富于激情的虔诚的反战态度，与战争开始以来他期望的完全相同（这让人想到他曾经抱怨说，他见到的和平主义者不是那种将兑换银钱之人赶出圣殿的人）。他非常高兴，4 月 9 日写信告诉奥托琳，“我参加了反征兵团体举行的会议，两天两夜极度兴奋，刚刚返回，立刻给你写信”：

这是非常美妙的两天，是战争爆发以来最鼓舞人心、最高兴的两天，让我重新有了希望和信念。

……那些年轻人的精神状态极佳，不愿意接受任何带有妥协意味的主张。他们思维敏捷，才华横溢，语言犀利，精力旺盛。他们是充满活力的勇敢者，具有真正的宗教虔诚，一点也没有歇斯底里的成分。他们并不寻求殉教行为，但是愿意坦然接受它。我确信，哪怕面对世上最强大的力量，他们之中至少有一半人不会退让半步……我真的相信，如果他们不让步，他们将会打败政府，废除《兵役法》。我无法给你描绘和这些人一起工作让我多么开心，这是一种真正的愉悦，整天也不消退。我觉得，任何困难都无法打败他们。

面对与会代表，罗素本人“言简意赅地表达了同情态度”，引起了热烈欢呼。但是，他没有听到其中一些人的发言。其原因在于，一个遭到逮捕的年轻人被保释出来，罗素和其他几个人叫了一辆出租车，赶到兰伯思，迎接他走出监狱。他被带到了会场，受到人们的热烈鼓掌欢迎。在罗素看来，最重要的是，“他说他们逮捕他时，他正在阅读我写的一份时事评论”。

从一开始，奥托琳就坚定地支持罗素的反战立场，并且向拒服兵役者提供了力所能及的帮助。但是，罗素全神贯注地参与反征兵团体的政治活动，这一做法将会成为另外一种力量，让他与她渐行渐远。然而，她最初支持他的活动，在4月曾说，罗素"对反征兵团体的事情很感兴趣，谈到那些人时非常亢奋，眉飞色舞"。几周之后，她在日志中写道：

> 伯迪星期五来了，非常高兴，说的事情都与拒服兵役者相关，就像变了一个人。他倾注全部力量，没有留下任何可以让心情变坏的剩余力量。这种情况让他很开心，我希望它长期维持下去。我觉得，如果他保持现在这种热情，他真的可以成为一场运动的领袖人物。

可是，罗素的新同事们其实不属于奥托琳乐于自然相处的类型。她描述说，罗素"认为，他们真的很不错，我肯定他们是这样的人"，显露出屈尊俯就的意味。后来，她见到了克里福德·艾伦，觉得他"相当俗气"。罗素也发现了他与
459 奥托琳之间的差异。他在给她的信中写道："我确实非常佩服与我共事的年轻人。当然，他们在内心生活方面并非与我志同道合。他们充满活力，非常重要，拥有某种非常了不起的品质……但是，他们并不追求完美——他们看到了走出地狱的通道，但是看不到进入天堂的路径。"

在那段时间中，找到走出地狱的通道是罗素的中心任务。他愿意最终将自己的朋友抛在后面，将自己原来的理念抛在后面。他参与反征兵团体的活动，这促使他从自由主义转向社会主义。他以前曾经拒绝加入独立工党，觉得该党过于左倾。但是，在伦敦举行的那次反征兵团体会议之后不久，他出席了独立工党在纽卡斯尔召开的一次会议。他发现，该党显得不够激进，这让他感到沮丧，同时在一定程度上又觉得颇为可笑。他告诉奥托琳："我发现，我现在将独立工党视为正规的自由主义者，视为不温不火的中立分子。他们使用民主辞令，掩饰自己无所作为的面目。我的变化也是如此。"

他出席了在德文郡大厦举行的会议之后，表现出了第一波热情，扮演了该运动宣传者的角色，竭力让传统的自由主义观点为反征兵团体的事业服务。首先，他给《国家》写了一封充满激情的信件，描述反征兵团体举行的会议，态度极度兴奋，类似于在写给奥托琳的这封信件中表现出来的状态。他以非常煽情

的言辞说，反征兵团体的成员“是一批自发聚集的年轻人。他们相信人的生命的神圣性，相信四海之内皆兄弟。他们愿意坚持这一信念，甚至面对死亡也在所不惜”。接着，这封信件概括描述了与会代表，认为他们具有“优秀英国人的所有品质——不乏幽默感，办事能力强，决心很大，意志坚强”：

> 而且，除了这些品质之外，他们还拥有更加罕见的宝贵东西。他们与布莱克一样，是具有理想的人，希望“在英国的可爱的绿色土地上，建立耶路撒冷”。

罗素宣称，假如布莱克或者雪莱那时在世，他们两人肯定会出席那次会议。“军事法庭的法官们可能会要求，他们两人不要再说这些令人恶心的废话。在这种情况下，他们两人么可能遭到逮捕，要么被关进军事监狱的单人号房中。”罗素说，那些人以及他们从事的运动是不会被打败的：

> 当权者们不要犯错。出席会议的人都有坚定信仰，随时准备作出牺牲，其行为至少可以与为国捐躯的士兵们相提并论。如果有谁要起诉他们，他们将愉快地成为烈士，为事业献出自己的生命。

接着，这封信件为反征兵团体拒绝替代性服务的做法进行辩护，提出的理由是：“希望和平的立场是他们可能为社会提供的最佳服务。”

在与他的老朋友兼老对手吉尔伯特·默雷的通信中，罗素被迫详细说明他说的这番话的意思。在一批自由主义人士中，默雷非常著名。那批人支持战争，但 460
是希望看到，以尽可能人道的方式，对待拒服兵役者。为了实现这个目的，默雷发出呼吁，希望将那些拒服兵役者置于政府行政部门——而不是军事部门——的管理之下。换言之，他支持他们参与一项计划，以某种形式提供替代性市政服务。因此，在他看来，反征兵团体排斥一切形式的替代性服务的做法“起到了破坏作用”（他在写给罗素的信件中如是说）。默雷问罗素，他是否形成了任何正面建议，以便以人性化的方式实施《兵役法》？“或者说，你是否仅仅希望通过鼓动来破坏这个法案？”如果是这样的话，“我觉得唯一的办法是，让那些拒服兵役者忍受牢狱之苦；如果必要的话，可以实施死刑。”

对于这个问题，罗素没有现成的答案，而且在这一点上出现了动摇不定的态度。他的主要兴趣是，将反征兵团体视为一种力量，具体目标是反对那场战争，一般目标是反对军国主义。从这一点看，废除《兵役法》是重中之重，超过了缓解拒服兵役者的个人痛苦的需要。实际上，按照默雷的想法，《兵役法》可以用比较人性化的方式实施；但是，罗素认为，这将降低它所激化的愤慨，是一种倒退之举。他在写给《国家》的信中说，拒服兵役者所受的痛苦具有极大的反战价值，“对于他们面对的起诉，我无法让自己完全表示遗憾”。但是，看到他喜爱和佩服的“优秀年轻人”遭受痛苦，面对潜在的死亡，他也无法接受。在回答默雷的信件中，他后退一步，不再说“就和平立场而言”，他不接受任何妥协。而且，他还宣布，他和反征兵团体的主要目的不是废除《兵役法》。他告诉默雷：“我们的主要目标是，自己不参与我们视为犯罪的行为。”所有形式的替代性服务都可被视为参与战争的行为，因此反征兵团体排斥替代性服务的做法是“不可避免的态度，能够进行逻辑思考的人都可以接受这一点”。

默雷自然没被说服，于是继续研究，希望找到一种方式，将征兵与个人的道德自由结合起来。罗素曾经试图向艾尔弗雷德·诺思·怀特海解释反征兵团体的立场，结果也没有取得进展。怀特海作出回应，根据传统的自由主义的观点，为征兵进行辩护。怀特海写道，“我认为，在收税和个人服务两个方面，国家有权实施强制措施”：

> 在这一点上，我赞同所有伟大的自由主义政治家的观点，例如，克伦威尔、法国大革命的政治家、林肯、J. S. 密尔等等。你曾经也佩服他们；我从不怀疑与你的基本分歧。

一方面，怀特海承认，“让人违心做事总是一种邪恶之举”，例如，他认为教友派信徒应该得到豁免；一方面，他“不会豁免以良心为借口而逃避兵役的人”。总的来说，他认为“拒绝服兵役的人是在规避一种令人痛苦但是需要直接承担的义务”：

> 现在，每天有一万人被送进战地医院；在这种情况下却有人说，他们自
> 461 己将被关进监狱，希望我对此感到震惊。他们的做法不会让我表示多大同

情……坦率地说，这样的强烈抗议令人不齿。

怀特海身为父亲，亲儿子正在军队中服役，竟然表现出这样的态度，这让罗素觉得糟糕透顶。顺便说一句，在战争时期，罗素希望成为父亲的感觉越来越强烈。罗素曾以辛辣的笔触指出，有的人似乎希望看到自己的儿子战死沙场。罗素面对当时的情景时，心里痛苦万分：心爱的诺思·怀特海正在东非作战，但是诺思的父亲看来以满意的心情，看待儿子作出的牺牲。

针对这种愿意看到年轻人走向死亡的态度，罗素心里强烈反感，只能在他的宣传文章中将这样的心境表现出来。他向奥托琳说过，他的“冲动是撰写辛辣的文章，抨击那些从自己的儿子的死亡中得到快感的人，然而这样的冲动无法直接表现出来”。4 月 20 日，一封署名为 FRS 的读者来信——我们现在知道，它是作者是罗素——出现在《工党领袖》上，以类似于斯威夫特的讽刺文章的格调，发泄了那种冲动。FRS 建议，年满 21 岁的男孩应被分为三类：第一类应被关进毒气室，让他们以无痛方式死亡；第二类应被砍掉胳膊或者大腿，或者挖去一只眼睛；第三类“应被日夜暴露在震耳欲聋的噪音中，让他们的神经受到损害——精神失常，无法讲话，内心盲目，两耳失聪。这样，男孩们可以免于服役，在未来构成这个国家的男性群体”。他宣称，人们立刻可以看到，这项计划“非常人性化，非常经济，其作用超过目前进行的战争”。

罗素的态度从愉悦的乐观转向极度尖刻，其原因主要在于，他越来越强烈地意识到拒服兵役者可能面临的命运，意识到那场运动表现出来的脆弱性。他开始受到这个想法的困扰：军事当局把拒服兵役者送到前线之后，在法律上便有权声称，他们违抗命令，应被枪决。在吉尔福德，有人问征兵主任，拒服兵役者如果违抗军令，将会面对什么处罚？该主任回答说：“最终可能被枪毙。”这一消息起到火上浇油的作用，证实了来自军队的谣传——政府的意图就是如此。这个可能性让罗素寝食难安。他在给默雷的信中写道：“他们的命运与其他逃兵一样，最后以出现在伤亡名单上告终；公众不会知道他们是如何死去的，你也不会相信政府的说法。”在写给奥托琳的信中，他描述了他推测的最糟糕的情况：“如果政府决定枪毙这 5000 余人（从法律上说，政府完全有权这样做），这将彻底摧毁这场运动。我认为，劳埃德·乔治完全可能这样做。”

那封信件是罗素有机会见到劳埃德·乔治（时任军需大臣，不久便担任陆军大臣）之后写的。劳埃德·乔治邀请克里福德·艾伦、凯瑟琳·马歇尔和罗素在沃尔顿希思共进午餐，讨论替代性服务问题。那次见面彻底打消了罗素的乐观看法。他在写给奥托琳的信中报告说："我得到印象是，劳埃德·乔治预计，这场战争将会持续很长时间。他对整个战局的看法非常令人沮丧；而且，他显得冷酷
462 无情。"罗素以前以为，反征兵团体成员"将会挫败政府，废除《兵役法》"；这时，他的看法比较悲观，认为"只有在他们遭遇很大磨难之后，公众舆论和政府才可能放过他们。"

罗素的工作重点有所改变，从试图说服反征兵团体中的自由主义人士，转向宣传拒服兵役者遭受的苦难。4 月 15 日，他写了一份传单，标题为《不愿违背良心者被判两年苦役》，报道了来自圣海伦斯的教师欧内斯特·埃弗里特的案子。埃弗里特以拒服兵役者的身份，上诉当地军事法庭，但是仅仅被免于战斗性服役。他拒绝在非战斗部队中服役，结果遭到逮捕，因为违抗命令，受到军事法庭的审判，被判服 2 年苦役。罗素写道："他正在进行的是传统的反对宗教迫害的自由之战，其精神堪比历史上的殉教者们。您是与那些施害者们为伍？还是站在遭受谩骂、忍受精神和身体痛苦的维护良知的人们一边？"这份传单宣传效果明显，反征兵团体印刷了一百万份，在全国各地广泛散发。

5 月，政府实施了一项新的征兵法令，规定已婚男性与未婚男性一样，也有服兵役的义务，进一步激化了关于征兵的冲突。那时，罗素已经回到剑桥大学——他当时并不知道，那是他在该校任职的最后一个学期；差不多要过了 30 年之后，他才能重拾教鞭。5 月 2 日，他第一次上课，面对的只有 6 名男生，2 名女生。他告诉奥托琳，他预计其中的 5 名男生在两周之内将会遭到逮捕。在那样的氛围中，他难以回到原来的状态，无法思考深奥难解的技术问题。那年夏天，心灵协会和亚里士多德协会联合会——英国学术哲学人士最重要的聚会——在牛津的曼彻斯特学院举行会议。即便在那次会议期间，他提交的论文除了讨论哲学之外，也没有忘记反战宣传。论文的题目为《国家的性质与外部关系》，呼吁削减民族国家的主权，倡导建立一个"唯一拥有武装力量的"世界国家。根据各个思路，文章几乎以毫不隐讳的方式，认为拒服兵役者有权公开反抗不公正的法律：

……经常出现的情况是，有的人拥有更多的人性或者更多的睿智之见，超

> 过了同时代的大多数人，国家的目的无法得到这样的人士的认可。如果这样的人拥有勇气，他们可能不难发现，自己不得不与国家对抗。他们持有不同的个人判断，任何强迫他们服从的理论都会剥夺他们的人格尊严和人格独立。

罗素那时认为，抵制国家远比讲授数理逻辑重要，眼巴巴盼望学期在6月10日结束，以便让自己全身心投入反战宣传活动。他在写给奥托琳的信件说，他确信，“进行一场大规模的和平宣传的时机已经到来”。他大约一周之后写道：“我非常希望鼓励这个国家的人参加一场停止战争的宣传活动。”罗素已经制订 463
计划，将在反征兵团体的赞助之下，到南威尔士进行巡回演讲，呼吁立刻开始和平谈判。

但是，在该计划实施之前，罗素有了机会，公开展示他的真诚信念：“有的人拥有更多的人性或者更多的睿智之见，超过了同时代的大多数人”，所以他们有权抵制国家。

5月8日，他写信告诉海伦·弗莱克斯纳，他“非常习惯与政府意见相左，我认为这是理所当然之举……假如我是工人，我早就被关进监狱了。我目前依然自由，而且我敢说，我将保持这样的状态——但是，我根本不在乎自己入狱服刑”。几天之后，他了解到，在威尔士，有人因为散发他撰写的关于欧内斯特·埃弗里特的传单，已被政府判刑，他的这个观点得到了证实。他问奥托琳：“他们为什么会放过我一个人呢？”5月17日，他给《泰晤士报》写信，实际上恳请让自己遭到起诉：“我希望让大家知道的是，我是那份传单的作者。如果有人遭到起诉，我是应该承担主要责任的人。”

面对这种公然挑衅，英国检察长反应迟缓到了令人惊讶的地步，罗素让自己遭到起诉的希望直到5月30日才得以实现。那天，两名警察出现在他在三一学院的房门前，递给他一张传票，列出的理由是“阻碍征兵、破坏纪律”。他告诉奥托琳：“这正是我期望的东西……我渴望得到这种机会。”案子的审理定于6月5日在宅第大厅举行，由伦敦市长亲自主持，仅仅给了罗素几天时间，让他准备“辩词”（实质上是一篇宣传讲稿，后来被反征兵团体用作一份宣传材料）。6月3日，他完成稿件，立刻送到反征兵团体打印。讲稿提出的主要论点是，他撰写关于埃弗里特的传单的目的，不是妨碍征兵或者破坏纪律，而是“在可能的情况下，改变该项法律；如果这一点不能实现，他将谋求管理方面的变革”。他在讲稿的结尾呼吁，应该维护精神价值，对抗军事价值：

> 人具有的最高尚的东西是精神力量，这种力量让人按照自己的正确观念，坚定地面对整个世界。如果具有强大精神力量的人被视为社会的危险分子，而不是社会最宝贵的遗产，对此我决不会默从。我将对检察官说，你不可能击败这样的人；你不可能让他们的证言变得无用。如果你通过强迫手段压制一个人，一百个人将会受到鼓励，继续他未竟的工作。你自己最终将会改变观点，摆脱禁锢，发现这一点：面对不屈不挠的爱意的力量，这个世界包含的所有物质力量都将无能为力。

在法庭上，他甚至在市长失去耐心之前，当面说了“你不可能击败这样的人”。市长告诉罗素，“你不是这个方面的专家，所以我给了你大量自由发言的机会”。但是，“其实你发表的是政治演讲”。他判定，罗素犯下了起诉书所述的罪
464 行，罚款100英镑，支付10英镑诉讼费用。此款项8天之内付清；否则将被监禁2个月。罗素就判决提出上诉，6月29日被驳回。罗素并不期望其他结果；他按照反征兵团体的做法，仅仅尽量拖延这个过程。他拒绝支付罚款，已经做好坐牢的准备。但是，结果他被剥夺了这个机会。他的家具和书籍被警方没收，然后进行拍卖。如果拍卖所得不够支付罚金，他将会遭到监禁。在拍卖会上，菲利普·莫里尔带领罗素的一批朋友，购买了他的大多数没收物品，一是确保拍卖所得金额足以支付罚款，二是确保他的东西悉数归还。

罗素完全享受审判，享受审判给他带来的机会，以便宣传反征兵团体的主张（在准备辩词的过程中，他写信告诉奥托琳，“自从参加了反征兵团体的活动以来，我的生活一直充满快乐”）。但是，那次事件产生了极大影响，远远超过了他的预料。判决下达两天之后，也就是他提出上诉之前几周，外交部给英国驻华盛顿大使拍了一份电报，声称根据《领土防卫法案》，罗素被判有罪，不能获得护照。“请将此事转告哈佛大学校长。”外交部盯上罗素已经很长时间了。在罗素给《泰晤士报》写信之后，外交部的牛顿勋爵在他的同事中传话说，他认为罗素“是我国最爱搞作剧的怪人之一”，让这样的人去美国将是愚蠢之举，并且责问，为何罗素没有受到指控？外交部的其他人也持相同看法，其中的一位写道：“我认为，当前和平谈判气氛浓厚，他在美国所起的作用将是灾难性的。”

就在外交部内部讨论了他的问题之后，罗素立刻收到出庭的传票；在审判结果出来之后，外交部随即采取了行动。鉴于这两点，看来完全可能的是，内政部起诉罗素的决定并不是对他写给《泰晤士报》的信件的直接反应。更准确地说，该决定是在外交部施加压力之下做出的。换言之，审判他的目的正是为了提供一个借口，拒绝给他发放护照，从而阻止他在美国进行反战活动。正如罗素收到哈佛大学的邀请时给奥托琳所说的，美国之行将给他提供一个重要的国际平台，让他宣传和平主张。英国政府肯定深知这一点。

7 月 7 日，罗素收到哈佛大学的詹姆斯·伍兹寄来的英国大使写给该校校长的信件的副本。信件声称："罗素因为撰写了不受欢迎的时事评论，根据《领土防卫法案》，被判有罪。在这种情况下，不可能给他发放护照，不允许他离开英国。"罗素这时才知道外交部不给自己发放护照的决定。罗素告诉奥托琳，从个人角度看，"唯一的损失是金钱"。不过，他有如释重负之感：

> 我讨厌流放的想法。但是，这个决定是专制的做法，你无法想象我多么
> 愤怒。我想借题发挥，希望向世人指出，我本来准备去讲授逻辑学；英国政 465
> 府认为，逻辑将使美国反对我们英国。

在写给伍兹的回函中，他使用的语气挖苦意味甚至更加明显。他告诉对方，"我的全部罪行是，我曾经说过，对拒服兵役者而言，在监狱中的两年苦役是过度惩罚"：

> 从那以后，同样行为受到的惩罚是死刑或者 10 年赎罪苦行。如果有人觉得，在出现这类事件的情况下，我会闭口不说，那简直就大错特错了……这封信件肯定不会送到你手上，但是邮件审查员会发现，它很有意思。

关于最后一点，罗素的预计没有错：他的这封信件没有送到伍兹手中，而是被内政部拦截下来了。正如他在信件结尾处所说，"目前是疯狂时期"。

就在知道自己不能前往哈佛大学的消息之后几天，罗素收到了三一学院院务委员会主席寄来的以下信件：

亲爱的罗素，

我有责任通知你，院务会一致通过了以下决议：

“根据《领土防卫法案》，罗素被判有罪；该判决已在上诉审理中得到确定；据此，撤销他在本学院的讲师职务。”

看来，伺机报复的并不仅仅是外交部。三一学院的年轻院士们上了前线，罗素与管理学院的那帮“嗜杀的老人们”的关系恶化。这时，他们按照自己的逻辑，划出了一个句号。

在学术界，三一学院做出的开除罗素的决定激起了很大愤慨，并不赞成罗素的反战立场的人纷纷致信罗素，表示同情和支持。许多人表达了罗素在写给G. H. 哈代的信中提到的这个观点：“如果思想自由被三一学院排除在外，就别指望在大英帝国有什么思想自由了。我国完全有理由关门，将自身从文明国家的名单上撤下来。”哈代本人立刻发起了一场活动，希望让三一学院请回罗素。他并且表示，不达目的，决不罢休。但是，罗素告诉哈代：“我觉得，即便三一学院餐厅的高桌子可能忍受我，我也不会再忍受它给人的那种沉闷感觉了。”

罗素告诉奥托琳，“三一学院居然做出这样的决定，令人感到悲哀”；反过来说，他被驱逐也是一件好事：“它让尘埃落定。”他终于像1年之前劳伦斯敦促的那样，与所有形式的传统的体面观念分离，成为漂浮不定的反叛者。他1年之前
466 曾经写道，如果他“摆脱了体面观念”，他的力量将会增加10倍。现在，原来的体面观念已经不复存在，他发现自己的预料是正确的，觉得自己有了更多的正面能量。他告诉奥托琳，“我觉得，我处于新生之门；最近不知怎么的，我觉得找到了自我”：

我现在拥有镇定和理智，不再觉得自己的内心力量没有释放出来——那种状态曾经让我饱受折磨。我不在乎当局怎么对待我，他们是无法长期阻挡我的。以前，我要么觉得它邪恶，要么被动地屈从它；现在，我觉得自己非常积极，对自己从事的活动十分满意。我心里已经没有任何不和谐的东西，没有过去常常令人感到困扰的东西。

在那段时间，他置身学术圈子之外，从事反对军国主义的斗争，暂时觉得

找到了归宿。战争结束之后，他也许“像阿贝拉德那样”，能以独立教师的身份谋生：

> 我可以当教师，为渴望得到知识的所有工人服务。这样的人在全国很多，我总是遇见他们。我在自己出席的那些会议上了解到，他们之中的许多人阅读了我的《哲学问题》，这真的令人吃惊。我打算以这种方式，过一种美妙无比的自在生活，思考政治理念，但是避开学校同事之间的钩心斗角。我希望向所有教师和教育工作者发出号召，希望他们加入拒服兵役者的行列。那样的人很多。想一想吧，我可以创立一种不受国家控制的新的自由教育体系！存在无限的可能性——财务是唯一的难题，然而不是不可逾越的障碍。为了实现这个目标，我可以付出所有的热情、智慧和生命。

三一学院院务委员会根本没有起到惩罚罗素、破坏他的职业生涯的作用，反而坚定了他对自己的职业选择的信心。他将成为受人欢迎的讲师，成为影响公众舆论的人物。反征兵团体已为他们的“靡菲斯特”拟定了计划，秋天请他开设巡回讲座。它们“类似于我春天在卡克斯顿大厅开设的讲座，但是更大众化，同时在六个城镇中举行，听众免费入场。费用由当地的教友派信徒承担，每个城镇支付我100英镑！我从各个方面都喜欢这个计划，期望它取得圆满成功。”

但是，他同时还需要实施春天设想的计划，在南威尔士开展“停战”宣传活动。那一轮巡回演讲在1916年的头三个星期中举行。罗素在许多人出席的集会上讲话，呼吁立刻进行和谈，有时在露天场地，有时在大厅里面。他的信息是：“可以实现体面而且稳定的和平，但是政府态度骄傲，从中作梗。现在，人们应该提出和平要求，让政府听到自己的呼声。”对他的审判引起的宣传效应起到了保证作用，他的所有宣讲都有大量观众到场。他颇为惊讶地发现，他的宣传活动得到广泛支持。第一次讲演在塔尔波特港的露天广场上举行，大约有四百余人出席，他发现听众“表现出一致的同情心”。那天晚上，他在布里顿渡口的一个大厅里发表讲话，现场座无虚席，“他们一个个热情高涨，给了我极大鼓励，让我 467
在前所未有的状态下发言”。那次会议提出一项决议草案，赞成立刻举行和平谈判。该决议“获得一致通过，可能只有两个身穿便服、正在记录的人表示弃权”。

那次会议之前几天，索姆河战役开始。众所周知的是，战斗第一天伤亡惨重，数量令人震惊。许多人认为，大突破已经迫在眉睫。人们觉得，在那样的时刻，讨论和谈事宜尤其愚蠢。罗素高兴地发现，南威尔士人（不管怎样说，听他演说的人）并不赞同这个观点：

> 无须小心翼翼地保持沉默，没有任何欺骗，只能说出自己心里的全部想法。我本来觉得，大进攻可能让他们感到激动，但是实际情况并非如此。

罗素确实直抒己见，并不在乎这个事实：他所讲的全部内容都被两个便衣警察一一记录下来。当然，他那时已经清楚地意识到自己面临的危险。他写道："我觉得，自己几乎肯定会在监狱里度过冬天，然而我自己不应有过多顾虑——我待在监狱中也不会浪费时光。"

7 月 6 日，他在卡迪夫举行的会议之后写道："警察记录了我所说的每一个单词。我可以确定，他们将以我的讲话为由找麻烦。"实际上，在现场记录的是一名新闻记者，但是所记录的东西最后起到了相同的作用。经过一定时间以后，那些记录被交给了内政部。内政部最初并不愿意给罗素的殉道行为增添色彩，最后还是使用它们——用罗素的话语来说——"找麻烦"。那次讲话的内容与他在巡回讲演中其他场合的讲话相同。罗素呼吁：其一，英国人应该放弃装腔作势的姿态，不要继续认为德国人就像洪水猛兽，特别邪恶；其二，应该放弃让德国跪下求饶的复仇目标。罗素倡导一种更人性化的态度，试图通过"正义和大度的方式"，实现持久和平，最终实现国家合作，实现国家之间的和睦。

假如罗素没有使用某些煽情的例子来加以说明，那么，以上说法没有什么害处，甚至可以称为陈词滥调。在那些例子中，恶作剧意味最浓厚的是，他将协约国封锁德国海运的做法与德国击沉卢西塔尼亚号进行比较。他宣称，这两件事情都可被视为固执的做法，都给无辜妇女和儿童的生命带来了危险。在听众中，至少有一个人——他叫阿瑟利·琼斯船长——对此相当愤怒。那位船长质问："这个国家有数百万人正在前线作战，许多人放弃了他们的营生，承受了巨大牺牲，你这样说公平吗？我觉得，罗素因为发表煽动骚乱的时事评论，已被判定有罪，所以应被关进监狱。"当时，罗素觉得，阿瑟利是一个"嗜杀的中年人，以暴力方式在会场上制造混乱"。但是，那位船长感到愤怒，决定找罗素的麻烦。他发现，罗素在卡迪夫发表讲话之后，并未被"关进监狱"。于是，他写了一份关于那次会议的报道，强调了他在质问中所起的作用（“我说他是叛徒”），寄给了《每日快报》。8 月 11 日，该报刊登了这份报道。内政部看到之后，最终获得了那次会议的记录，放入（到那时已经迅速增加的）关于罗素的档案材料中。其实，当局一直密切关注罗素在整个演讲之旅中的言行，并不急于采取针对他的行动，让罗素 7 月 24 日在布林莫尔搞完最后一场演讲。 468

巡回讲演结束之后，罗素返回伦敦，发现自己的处境已变，与他 7 月 1 日启程前往塔尔波特港时完全不同。那时，他以为自己可以返回剑桥大学，迎接秋季学期，次年元旦前往哈佛大学。现在，一切都变了。在可以预见的未来日子里，他的唯一收入来源就是克里福德 · 艾伦组织的秋季讲座。他被迫去适应这种生活，既不体面，又无财务保证。开始时，他出租贝里街的寓所，自己搬到哥哥在戈登广场的公寓去住。他写信告诉奥托琳：“我打算放弃固定开销，尽管这意味着，我失去了特定的生活水准。”不管怎么说，“你离开了伦敦，我的公寓也没有用处，现在完全改变了样子，成了办公用房”。

罗素的哥哥弗兰克的公寓是一个很好的场所，有利于他在伦敦从事反征兵团体的活动；但是，就准备将在秋季进行的讲座而言，它就不太理想了。他在信中告诉奥托琳，为了撰写讲稿，他需要“安静的时间”。他 7 月 17 日在威尔士时曾在信中提出，他可以回到加辛顿，以便找到他需要的那种平静。但是，他从威尔士返回之后，“重新埋头写作的前景让我感到恐惧”，对前一年秋天的回忆让他更弦易辙。他告诉奥托琳：“我不知道在哪里才能安定下来写作，觉得返回加辛顿写作是错误之举。我担心，原来那些困扰将会一一出现。”他显然已经想到某种替代方案，在同一封信中谈到，他可以每周在伦敦待两三天，“其余时间在乡下，撰写讲座稿件”。在其后几周写给奥托琳的信件中，他考虑的两个替代方案浮出水面：一个是利用他哥哥的乡间别墅电报村舍，另一个（以隐秘方式慢慢成形）是利用位于萨赛克斯的海滨小镇博萨姆。艾略特夫妇在那里度夏，从那里去伦敦和电报村舍都很方便。最后，罗素那年 8 月以他所说的“临时凑合”生活，在四个地方之间奔波：在伦敦打理反征兵团体的事务；在电报村舍撰写讲座稿件；在博萨姆继续与维维恩 · 艾略特的奇特恋情；在加辛顿避开以上三个地方的纷扰。

在威尔士时，罗素曾给奥托琳写信，谈到了他的担心，觉得可能失去与她的亲密关系。“我现在对你的内心生活知之甚少，我希望多了解一些，但是不知道如何去做”。他似乎觉得，那是他埋头政治工作造成的：

我自己的生存变得非常客观，目前几乎没有任何内心生活可言。但是，如果我有闲暇，我应该回到原来的状态。

469 他在同一封信件中说：“这场战争迫使人面对现实。有时候，我感到疑惑，我们两人是否已经完全不受个人感情影响，难以让自己投入两个人之间的爱情之中？”

但是，奥托琳心里很明白，罗素和她自己不同，只要他与维维恩的关系存在，他就难以克服“不受个人感情影响”的“客观”本性。她想到，他竟然将她与维维恩对比，不禁觉得自尊心受到很大伤害。罗素从威尔士回来时，她曾和他谈到了这个问题：

就艾略特太太的事情，我与伯迪就进行了一次长谈。我真的不理解，她竟然对他产生了如此巨大的影响？那个女人举止轻浮，语言愚蠢，而且其貌不扬，却让他如此着迷，这真的令人觉得奇怪。但是，我觉得，他喜欢她依赖他的感觉，她将他当作有钱的神灵。他给她购买了大量礼物，包括丝绸内衣裤以及其他各种各样的可笑东西，而且还为她支付舞蹈学费。这耗尽了他的全部家当……

一个月之前，就在他接受审判之后不久，在一封信件中，他提到了他在艾略特夫妇身上花了多少钱这个问题。他告诉奥托琳，他和维维恩一起吃饭，“谈到了钱的事情”：

她的生活兴趣是跳舞。自从认识她以来，只要她对我足够好，我就给她支付学习舞蹈的费用。她的身体不好，我觉得她不可能在舞蹈方面有什么发展。但是，她非常喜欢舞蹈。如果我自己可以做到，我无法表示拒绝。

他补充说：“当然，如果她丈夫工资高一些，我会少花一些钱。虽然他是劳累一天之后，在晚上进行创作，就他给别人撰写的评论等方面看，我觉得他的文字功底真的不错，不乏品质和特点。”他还建议：第一，艾略特也许应该将某些作品寄给奥托琳；第二，奥托琳也许可以问一问德斯蒙德·麦卡锡（加辛顿的一名常客，当时是《新政治家》的定期撰稿人，在文学圈子里颇有影响），以便帮助艾略特在《新政治家》或者《卫报》获得固定工作。他说，他一直帮助艾略特夫妇支付日常生活的开销，而且还为支付维维恩学习舞蹈的费用。“所以，如果你能找到任何提供帮助的方式，就可消除我心中的很大焦虑。”

显而易见，到了7月下旬，奥托琳觉得时机已经成熟，罗素可以让自己摆脱焦虑。1916年夏天，罗素面对日益增多的问题，依然犹豫不决，这样的做法显得越来越奇特，越来越无法言喻。罗素和奥托琳进行过一次长谈；在一封肯定在那之后不久所写的信件中，罗素让奥托琳相信，那次谈话已经产生了结果：

> 我俩就E.太太的事情的谈话让我非常担心。我答应这周什么时候见她，我的思绪和感受处于混乱状态。我不知道自己想要什么，不知道自己应该要什么。我可以确定，无论我打算做什么，结果肯定是大吵一场。如果这次不吵，下次肯定无法避免。你表达的意见对我影响很大。我想我肯定已经考虑 470
> 过这些问题，不过没有意识到。但是，如果不以残酷方式，难以对他们采取行动。就我自己而言，我在处理这件事情过程中的唯一错误是花钱。开始时比较多，那是可以理解的；但是，必须停止这样的做法。与此同时，我已经让他们形成了期望，所以无法突然停止这种做法。你说的没错，从其他方面看，这样做很糟糕，但是我觉得，原来的做法是正确的。但是，自从我俩那次谈话之后，我希望做一个了断。现在，我有了明确的想法，不过暂时难以实施。与钱相关的麻烦改变了我的感觉和判断。我最初也尝试不那样做，但是无果而终。这让我觉得不快，去年秋天的绝望感死灰复燃。假如我忙于处理实际事务，那样的情况没有什么关系。但是，倒霉的是，它出现在我有闲暇思考的时候。不过我觉得，你给我说了这个问题，做得非常正确。
>
> 我现在想到的唯一一点是，面对这么多需要处理的事情，我不应花费大量时间，担心自己的问题。我必须努力思考公共问题，不要过得沉迷于自己的罪孽。这件事情必须留给时间去淡化。我肯定，你的想法是正确的，它肯定将会得到解决。但是，我不应做任何极端或者出乎意料的事情。

他意识到，他与维维恩的关系已经成为奢侈品，他自己已经不再能够负担。但是，由于某种原因，他无法让自己摆脱它，至少暂时无法。其原因在于，他实际上不愿“做任何极端或者出乎意料的事情”。在整个夏天中，虽然他宣称，他确信奥托琳的主张是有道理的，但是在博萨姆的时间依然多于在加辛顿的时间。8月4日，他给奥托琳的信中写道："难以做出任何出乎意料的决定，其实整个事情不像你想象的那么糟糕。"

也许，罗素知道，他对维维恩的态度显得无法言说，在1916年8月份中写给奥托琳的信件，反复提到此事。他有时候承诺，将会很快与维维恩断绝往来，有时候试图解释没有这样做的原因。但是，他从来没有就这两点提供令人信服的理由：

> 就E.太太的问题而言，对我来说是这个问题：你怀疑的所有错误都存在，但是目前有所改善。我已经让她在一定信任我，指望我，关心我。尽管她有诸多错误，我依然对她有一份感情。因为我觉得，她的错误是绝望造成的，她有可能变得完全不同。除了感情之外，我还有责任。感情并非一直存在，但是责任感却并非如此。我不想吵架，我觉得经过一定时间以后，我可以避免给她我很虚假的印象，不会让自己陷入持久的情感纠葛之中。但是，这需要时间。我再也不想就此遮遮掩掩了。
>
> （1916年8月20日）

> 我计划……到博萨姆小住几天。在那之后，春天之前我不会再与E.太太见面。但是，我无法保证。我和她两人之间没有争吵，我只是觉得，没有多少感情而已。
>
> （8月22日）

471 我郁闷的原因不是你，而是E.太太。我让她产生了过高的期望值，不得不在一定程度上让她失望。我讨厌这样做。你知道，我觉得我让大家不快，自己难脱干系。吸引我关注她的一点是，显然只需花一点点小钱，就可以让她非常高兴。假如我做得好，我应该已经摆脱了病态的压抑感。目前的情况是，压抑感死灰复燃。这种感觉让我郁闷，难以相处，缺乏安全感。假如可以摆脱它，大把花钱也是值得的。这笔钱我能够承受，但是，我在没有多少重要性而言的关系上花费这么多钱，这种做法显然是错误的。我给她讲了所有这些问题。她能够理解，但是对我来说却很麻烦——我在付出的过程中得到了快乐。这种做法与经济紧缩时期的现状格格不入。让大家为了工作作出牺牲；对于这种做法，我已经非常厌烦了。然而，这仅仅是一种软弱之处。

（没有日期标注，但可能是8月23日写的）

你根本没有做任何错事——我必须就此事进行重新调整，我仅仅考虑到自己的工作，不得而已做出这样的安排。昨天，我来伦敦途中绕道奇切斯特，在那里与艾略特（E.太太病了，我没有见到她）谈了一次。气氛令人沮丧，但是我明白了，自己必须采取的措施，所以说我不会焦虑了。确定的事情是，我星期一至星期五到博萨姆去；在那之后，我在冬季中不会见她。见她令人焦虑，费时费钱，而且对她的健康不利。在冬季中，我将继续原来的做法，给他们提供资助。但是，我已经挑明了，过了冬季之后，我预计不可能继续下去了。我无法决定冬季之后的任何事情。

……下周，我希望到加辛顿来，届时将决定E.太太的事情。我从来没有想过，为了她让我自己的名誉受到损害。就我可以判断的情况看，我没有冒这样的风险。

（9月1日）

在下一个星期一，罗素并未按照计划到博萨姆去，承诺的与维维恩“重新调整”再次推迟。其原因并不是他选择不去，而是那封信件寄出几个小时之后，他收到了陆军部寄来的一项命令，禁止他到所有沿海地区去。在9月1日写给奥托琳的第二封信件中，他描述了那次“令人匪夷所思的奇遇”：

大约12点，两个身穿便衣的男子出现了，代表陆军部，交给我一项命令，不让我前往任何禁区。当时，我正要动身到萨福克郡去，不得不临时放弃计划。我还不得不放弃星期一到萨赛克斯的计划，放弃到格拉斯哥、爱丁堡和纽卡斯尔举办讲座的计划。我弄不懂，他们为什么给我颁布旅行禁令？是否存在任何希望，让他们取消这一禁令……我对这项禁令深感愤怒，超过其他任何问题。这是他们拥有的对付间谍的权力。他们居然认为，我希望向 472
德国人提供军事情报。这让我义愤填膺。

所谓的“禁区”覆盖英国国土的三分之一，包括所有的沿海地区。陆军部针对罗素发出的禁令，旨在防止他们视为德国间谍的人员到沿海去，在那里给敌方船只发送信号。罗素有理由感到愤怒，政府竟然给他送达这样的禁令。英国政府从来没有怀疑罗素会向德国人提供情报，显然对罗素的计划感到非常紧张。从政府内部获得的备忘录显示，发出该禁令的真正动机是，阻止罗素 9 月 1 日到萨福克郡的黑弗里尔去，与拒服兵役者们见面。

按照计划，罗素本将作为反征兵团体全国委员会的代表，在黑弗里尔会见一批拒服兵役者。那些人同意参与政府提出的一项新倡议的计划，向因为拒绝接受非战斗性军事任务而被监禁的人，提供替代性非军事劳务（那里的具体工作是修公路）。根据该计划，1916 年在英国各地建立了劳动营，黑弗里尔劳动营就是其中之一。该计划显示，政府已经取得了一些进展，有助于消除反征兵团体对征兵工作的威胁。在那些营地里，工作十分艰苦，条件异常严酷（不管怎么说，必须让那些拒服兵役者作出某种牺牲；否则，人们怎么确定，他们不是躲避危险的胆小之徒呢？）。但是，至少营地不由军方管理，比在监狱里服刑好了许多。由于这些原因，许多拒服兵役者准备采取合作态度。这让政府感到高兴，但是，罗素、克里福德·艾伦以及反征兵团体全国委员会的大多数成员，全都对此感到沮丧。

这一情况给反征兵团体带来灾难性影响。在那年整个夏天，反征兵团体领袖们面对政府的这个成功举措，绞尽脑汁应对，仍然不能维持反征兵运动的势头。他们陷入两难境地：一方面，许多成员利用该运动，以便逃避严苛的监狱生活；如果他们要求反征兵团体反对该计划，他们可能失去成千上万成员的支持。另一方面，如果他们建议成员采取合作态度，他们鼓吹的反对《兵役法》的运动到头来还能剩下什么呢？

面对这一困境，反征兵团体分为两派——“绝对拒服兵役者”与“替代论者”。替代论者的领军人物之一是一个名叫 C. H. 诺曼的男子。他被释放出来，条件是同意在黑弗里尔劳动营工作。在 8 月 21 日举行的全国委员会会议上，诺曼试图说服其他成员接受该计划，但是没有取得进展。罗素在写给奥托琳的信件中报告，“我们认为，接受计划是错误的”，但是又觉得，诺曼“面对迫害时，在道德上比较糟糕，害怕重返监狱，这让他产生了自我欺骗的举动。当然，他的做法并不令人吃惊”。

不过，罗素同意到黑弗里尔去考察，了解那里的条件，与服刑的拒服兵役者谈谈。内政部的人听到罗素要去探访的消息（内政部大概对反征兵团体全国委员 473
会的会议实施了某种监听），顿时非常紧张，利用一切手段，阻止他顺利成行。一方面，这说明该计划对政府来说多么重要；另一方面，它说明罗素当时具有多么巨大的影响力。

罗素动身之前几天，内政部负责政府替代计划的官员惠斯卡得给上司恩利·布莱克维尔爵士写了一封短信，声称“毫无疑问的是，反征兵团体刻意破坏该计划”，“如果让罗素到那里去，带着这个目的骚扰他们，那肯定是非常愚蠢之举”。

布莱克维尔不知道如何处理与罗素相关的问题，惠斯卡得的信件偶然引起了他的注意。《每日快报》刊登了阿瑟利船长关于罗素在卡迪夫讲话的报道之后，立刻引起了内政大臣赫伯特·塞缪尔的关注。此外，看来在内政部的催促下，其常任政务次官爱德华·特鲁普致函检察长查尔斯·马修斯，询问是否可以根据《领土防卫法案》，对罗素提出起诉？特鲁普说，罗素在卡迪夫的讲话“带有大量误导性花言巧语”，千万不能轻视。此外，他们还从罗素写给哈佛大学校长詹姆斯·伍兹的信件——该邮件被审查人截获，当时在内政部手中——中了解到，罗素“对政府持刻意敌视的态度”，他“急于到美国去，实施反对英国的行动”。不过，特鲁普承认，鉴于上次审判罗素起到了相反作用，帮助他宣传反征兵运动，“难以解决的问题是，起诉他是否利大于弊？他可能巧言辩护，将它作为宣传材料”。

检察长查尔斯·马修斯觉得，罗素在卡迪夫的讲话并不足以立案，但是同意采取针对罗素的措施，于是在写给恩利·布莱克维尔爵士的信中建议：第一，应该通知报刊，停止报道涉及罗素讲话的消息，不能刊登他的信件；第一，从现在起，警方收缴罗素发表的任何东西。马修斯继续写道，如果这样的措施在下院遭到质疑，“可以向质疑者出示罗素在卡迪夫的讲话，证明这样做是有道理的”。

就在听到该建议之前几天，布莱克维尔收到惠斯卡得送来的紧急短信，要求阻止罗素前往黑弗里尔。他没有多少时间（罗素次日即将出发）仔细考虑，不得不自己承担责任，着手控制事态。当时，内政大臣几天之内不在伦敦，他可以想到唯一办法是，要求陆军部使用其权力，禁止罗素前往禁区——黑弗里尔距离海岸很近，足以符合“禁区”的规定。尽管这一做法显得荒唐，就像使用重锤敲一颗小坚果，但是也有其优点：既无须经过任何法律程序，也无须获得任何证明，因此可以立刻实施，没有耽误之虞。

474 然而，这更确切地说，这是一个欠缺考虑的铤而走险的行为。消息传到内政大臣赫伯特·塞缪尔的耳朵里时，他立刻表达了忐忑不安的看法。塞缪尔写道："依我所见，阻止罗素进入所有禁区的命令站不住脚。当然，他是敌方特工人员，这一点是没有问题的。"不过为时已晚，禁令已经送达。陆军部当初被说服，发出了禁令，这时是不会考虑取消的。陆军部的韦农·凯尔上校认为，罗素提出继续打仗没有好处，这种言论"非常危险"，必须阻止罗素，不让他"在码头工人、煤矿工人和运输工人中宣传他的邪恶信条"。

凯尔提出的理由被作为对禁令的辩词，实际上不符合逻辑，让当局深感尴尬。其原因在于，禁令其实并不阻止罗素宣传他的"邪恶信条"，仅仅起到阻止他在沿海地区这样做的作用。只要罗素选择仅仅在内地工人中散布颠覆言论，他依然可以完全自由地这样做。同样的问题形成另外一个困扰：是否禁止印刷他的卡迪夫讲话，以便证明向他发布旅行禁令是有道理的？这样做的理由是什么呢？如果其目的是为了说明，罗素有颠覆政府的思想，让他公开表达这样的思想对英国的利益不利，为什么不完全禁止他的宣传活动？此外，为什么政府表面上说，重要的问题是不让他前往沿海地区？面对这样的问题，凯尔上校做好准备，采取了唯一符合逻辑的立场："如果罗素先生在非禁区内依然表达类似于卡迪夫演讲的观点，那么，下一步是将他的活动范围划定在一个特定的区域之内。"

除非内政部愿意采取行动，支持采取这个严厉的措施——相当自然的是，它避免这样做——的做法，它便受到这个立场的约束，在逻辑上难以自圆其说。内政部无法承认，其直接目的是阻止罗素如约前往黑弗里尔宣传；内政部也不愿意承认，因为罗素有办法利用法庭，宣传反征兵思想，它不打算与他对簿公堂。在这种情况下，内政部就不得不公开为实施禁令这一明显荒唐的做法进行辩护。于是，内政部只好保持沉默，遭到质疑时厚着脸皮对待。

当然，罗素并不知道陆军部和内政部内部策划的针对他的这些阴谋诡计，自然对发布禁令的原因困惑不解。他考虑两三天之后，认为陆军部完全弄错了，向他发出了禁令的原因是，他在南威尔士的巡回讲座中鼓动矿工罢工。罗素有一个朋友，名叫弗朗西斯·扬哈斯本，在陆军部有一些关系。于是，罗素试图让他帮助，弄清陆军部的真实意图。

一方面，罗素非常愤怒，因为该禁令暗示，他背叛了自己的国家。更让他恼怒的是，这强迫他缩短即将开始的巡回讲座行程，剩下的只有曼彻斯特和伯明翰，纽卡斯尔、格拉斯哥和爱丁堡全都排除在外。另一方面，荒诞的局面又让他觉得好玩。他告诉奥托琳："这个问题有许多好玩之处，我真有乐在其中的感觉……这个问题让我感到愉快。手里有关系直接但微不足道的事情，可以小题大做，让人觉得开心。"

他说禁令是"关系直接但微不足道的"事情，大概是相对战争、征兵和反征兵团体内部的争论这些问题而言的。但是，从他在其后几天所写的信件看，他考虑得更多的是，如何处理与维维恩的关系这个挥之不去的难题？为什么维维恩对他来说如此重要？在收到禁令之后的几天里，罗素看来经常与维维恩见面，超过了他在给奥托琳的信件中提及的次数。他在《自传》中说，收到禁令之后，"我离开艾略特夫妇小住的位于萨赛克斯的博萨姆，到伦敦逗留了一天。因为政府反对我自己去取，我只得让他们把我的衣刷、梳子和牙刷带来"。[1]9月4日，罗素依然在等候陆军部就发出的禁令作出的解释。他给奥托琳写了一封长信，说明他在考虑与维维恩关系的过程中，已经意识到一系列重要问题。他像往常一样再次承诺："我很快将会结束与E.太太重新调整关系的过程。一旦问题得到解决，我将到加辛顿来——我渴望到那里去。"他还告诉奥托琳： 475

最近，我对各种各样的问题都有新的看法。奇特的是，我以这样的方式，发现了自己真正想要的东西。长期以来，我的所作所为非常自私。我长期想要的——不是自觉的，而是内心深处的——是刺激，那种东西让我的头脑保持活力，洋溢生气。我觉得，这就是让我成为吸血鬼的原因。我大多从对成功的本能感觉中获得刺激。失败让我崩溃。奇怪的事物让我产生失败感，例如，拒服兵役者大都接受替代性服务，只有极少数不走这条路。维特根斯坦的批评给我失败感。我俩之间的真正问题是，你给我失败感——开始时的原因是你不快乐，后来是其他方面的因素。为了和你一起感受真正的快乐，而不是昙花一现的感受，我应该摆脱失败感。在与E.太太交往的过程

[1] 这里强调的（他说他与艾略特夫妇在一起，到伦敦"逗留一天"）意思与9月1日给奥托琳的信中所说的迥然不同。他在那封信件中暗示，他那天一直与艾略特夫妇在一起，在返程途中待在伦敦。那时，博萨姆是——根据政府的命令——"禁区"，即使他希望，他也无法回到艾略特夫妇那里去。

> 中，我有成功感，因为我得到了自己希望的东西（做到这一点并不太难）。但是，我现在失去了那种感觉，这丝毫不是你的错……我本能地转向可以取得成功的事物，其目的就是为了获得刺激。
>
> 我一直喜欢你本身，既不是寻求刺激，也不是因为任何以自我为中心的理由。但是，当我觉得我喜欢你，但是没有成就感，我便失去了能量，结果产生了某种本能的愤恨。这一点是我俩之间一切问题的根源，现在我终于把它弄清楚了。但是，如果我不能摆脱与你在一起产生的失败感，我肯定会不时在别处寻找刺激。只有我不再关注工作时，这种情况才会停止。我可以肯定地说，所有这一切句句真实。
>
> 476 假如我知道自己可以成功的方式，我会改变方式，向你表现出我的意志。但是，我觉得我不可能那样做。过去的经历证明，只有我不受获得成功的意志的束缚时，才可能出现罕见瞬间，产生神秘的睿智之见。但是，这样的瞬间带来一种新的成功，我立刻注意到并且希望得到它，所以我的意志将会回到原来的方式。我认为，离开了那种意志，我无法做任何有价值的事情。这真的非常复杂。

这里提出的各种对立状态值得注意。一方面是神秘的睿智之见和真爱（他对奥托琳的爱），但是他无所作为；另一方面是希望取得成功的意志和与维维恩的恋情，但是他有能力完成任何值得去做的事情。前一种情况属于他在战前的生活，后一种情况属于他作为“靡菲斯特”的日子。他似乎说，为了他的工作，他必须从与奥托琳的恋情中撤离出来，以便维持和维维恩之间的更简单、更肤浅的情感。现在，在与维维恩交往的过程中，他不再有成功感。同样是为了他的工作，他注定“要继续寻找刺激”，就像一个吸血鬼，伺机发现下一个目标。

这样的忏悔别出心裁，背后是他含蓄的——更确切地说，愚蠢的——评估，个人美德和公共美德这两者，究竟哪一个更重要呢？其原因在于，他不可能觉得，充当吸血鬼式角色是令人钦佩的，但是他觉得，有必要保持反战工作需要的很高的精力水平，他愿意以这样的面目出现。为了实现公众的利益，可以这么说，他愿意放弃自己心中最细腻的东西。这一立场所得的结果是：其一，他以前说了，因为忙于公共事务，他几乎不再有任何内心生活；其二，他在谈到克里福德·艾伦和反征兵团体的其他领导人时说，他们虽然有精力从事重要工作，其实

“在内心生活方面并非与我志同道合”。但是，如果说在当时的情况下，矢口否认内心生活的做法形成挫折；那么，它现在已经成为一种策略问题。

次日，在扬哈斯本的陪同下，罗素前往陆军部，与乔治·科克里尔将军见面。科克里尔面前，摆放着一份罗素在南威尔士讲话的文本，直截了当地提到报道中所说的罗素的观点：没有任何理由让战争多打一天。他告诉罗素，这是危险的说法，其目的是破坏政府为战争作出的努力。如果罗素答应放弃这类宣传活动，回去研究数学，陆军部可以当即撤销禁令。罗素理所当然地回答，凭良心说，他无法作出这样的承诺。后来，两人就良心问题，进行一次相当奇特的争论。科克里尔宣称，良心是“一种温柔的微小声音”；“当良心变得极明显，引人注目时，我觉得，它就不再是良心了。”罗素反唇相讥，认为科克里尔没有将这个原则，用于在良心驱使下支持战争的人。科克里尔听后顿时哑口无言，回过神来之后，提出一个更加奇特的说法。他问罗素：“难道你不觉得，继续重申同样问题的做法有点缺乏幽默感？”

在后来的岁月中，罗素一直没有忘记这个说法。在那样的时刻，竟然有人说 477
他缺乏幽默感，这显得非常荒唐可笑。他不厌其烦地重复这个故事，“我后来觉得后悔，自己没有回答说，我每天早上看到伤亡报道时，不禁捧腹大笑。”他当时的回答是，新问题不断出现，他不能放弃发表意见的权利。他给科克里尔说了他即将进行的巡回演讲，打算在格拉斯哥、爱丁堡和纽卡斯尔逗留，这三个地方全都在禁区之列。讲座不是反战宣传，更确切地说，它将会阐述一般的政治原则。“可以肯定的是，具有足够逻辑头脑的人可以进行推论”。科克里尔说，在这种情况下，不能允许这样的讲座。

一周之后，罗素收到科克里尔寄来的书面建议：如果罗素答应放弃反战宣传，陆军部可以撤销禁令。罗素表示拒绝：“我无法承认，陆军部拥有权力，阻止我就政治问题表达自己看法。”后来，陆军部回复了他前往格拉斯哥演讲的书面要求：如果罗素愿意“以名誉保证”，不“将讲座用作宣传”，他可以得到许可。当然，罗素不会这样做。罗素决定利用禁令，刻意让政府难堪，于是，他在《曼彻斯特卫报》上，发表了他与科克里尔之间的通信，将其作为该战役的第一枪。此后，他回到电报村舍，准备讲座需要的稿件。

讲座一共分为六个部分，罗素总体上使用了《可以建成的世界》这个标题，但是该书 1917 年在美国出版时，使用了第一讲的标题《政治理念》（它 1963 年才在英国出版）。讲座谈到的理念与《社会重建原则》的基本相同，但是在表达方面缺乏以前那种新意、活力和激情，相比之下没有灵感，乏善可陈。不同之处是，讲座在内容上不再那么强调“永恒”，转而更多地谈及经济问题。罗素认为，“必须废除资本主义和工资制度”，“这是怪物，正在吞噬整个世界”。而且，他还排斥作为一种替代选择的国家社会主义，理由是它会形成过于强势的国家。罗素赞成行会社会主义——在这样的经济制度中，“私有资本主义企业应被从业人员形成的自治组织所取代”。

9 月 23 日，星期六，罗素完成了讲座稿件。在贝克尔大街的波特曼大厅，反征兵团体举行了伦敦会议，罗素出席，被视为英雄，受到热烈欢迎。在听众中，有一位年轻女演员非常抢眼。她贵族出身，名叫康斯坦斯·马勒森，大多数人知道她的艺名“科莱特·奥尼尔”。前一个星期三，罗素在左翼人士举行的一次宴会上认识了她。出席那次宴会的人员包括拉姆齐·麦克唐纳、矿工领袖罗伯特·斯迈利、出版商弗朗西斯·梅内尔。康斯坦斯·马勒森是克里福德·艾伦的朋友，7 月在艾伦受到审判时首次吸引了罗素的目光。

478 科莱特出身于爱尔兰的一个信奉新教的地主家庭，是安内斯利勋爵夫妇的幺女。但是，她青少年时违背父母的愿望，喜欢女演员职业。1913 年，她服从母亲的要求，很不情愿地初次参加了社交活动，她在伦敦社交季上“露面”。但是，从那以后，她在一定程度上与贵族出身渐行渐远，最后干脆在伦敦的一套公寓中，开始了放荡不羁的文化人生活。她的丈夫名叫迈尔斯·马勒森，作家兼导演，反征兵团体成员，罗素的热情拥趸。她和马勒森不受传统习俗的束缚，本来仅仅希望同居，同意结婚完全是因为她父母的要求。后来，她给她的仰慕者、身为作家的本内特·加德纳留下了这样的印象：“一位傲慢、漂亮”的女演员，“显然是重要人物……态度专横，举止优雅，非常迷人”。但是，罗素初次见到她时，她的形象并非那么令人感到震撼。她那时刚满 21 岁，在演艺界中名不见经传（她 1915 年春离开皇家戏剧学院，只出演过一个角色——在名叫《浪子》的话剧中，她担任女主角的候补演员）。她在反征兵团体中担任文员，做一些文字工作。在反征兵团体成员的眼里，她的突出特点是年轻，富于活力，独立精神性很强，而不是加德纳所说的态度专横。她给认识她的人留下的最深刻的印象是，她强调自由。正如科莱特自己常说的，自由就是她信奉的宗教。无论在任何人际关系中，她都坚持自由。艾伦告诉曾经罗素，她“想说就说，愿意花费时间，全心全意赞成和平主义”。根据这些信息，罗素说：“我自然会想法进一步了解她。”

那次会议结束之后，罗素邀请她出去吃饭。用餐之后，罗素送她返回她在伯纳德大街上的寓所。她请他进去，两人坐下交谈，一直待到次日凌晨。科莱特回忆，大多数时间都是罗素在讲话：

> 他坐在火光时明时暗的壁炉前，身体笔直，晃动生硬的手指，帮助表达意思，反复使用“不是那么简单”这个口头婵。生活（他说）不是那么简单……社会主义的精神并不受人喜欢……自由应该是一切事物的基础……人在生活中应该对世界持开放态度。
>
> 他接着说，如果别人无法理解自己的语言，人在交流时会觉得，自己就像一个外星人……世界残酷，丑陋，令人痛苦，但是这些东西与世界上的欢乐和美丽一样，也值得体验。人首先得看到地狱，然后才有权去说天堂。
>
> 他离开之后，我站在墙壁上悬挂的爱德华·嘉本特[1]的画像前，凝目注视，久久沉思。我突然明白，嘉本特的信念对我来说已经没有什么意义了。我发现某种更强大的东西，以前信奉的一切已经土崩瓦解，我知道并且喜欢的一切。我感到震惊，痛苦，但是知道已经发现了自我。

罗素回忆说：“我们两人聊了大半夜，在那个过程中成了恋人……在那一瞬 479
间，我们两人开始了一段关系，非常严肃，非常重要，有时开心，有时痛苦，但是绝非无关紧要。”

罗素与科莱特的恋情后来成为他人生中最重要的关系，但是我们难以知道，在两人恋情的初期，他究竟如何认真地对待她？他在《自传》中说，“我当时无法相信自己的感觉，仿佛觉得，我与她的关系仅仅是逢场作戏而已”：

> 我已经形成思维定式，觉得自己的全部严肃感情都是给予奥托琳的。科莱特年轻许多，不是什么社会名流，有更多给予轻佻快感的能力。

但是，从一开始，他给科莱特的信件显示，他就像许多坠入情网的男人一

---

[1]　爱德华·嘉本特（1844—1929 年），英国社会主义者，诗人，哲学家，支持同性恋的早期活动家。——译注

样，陷入严肃的激情而不能自拔。他们两人共同度过第一夜之后次日，他在信中说，他们的恋情“对我来说事关重大”，甚至带有警告成分：

> 我觉得，你不了解我，也许你了解我时会恨我的。我觉得，你温文尔雅，但是我身上有许多粗暴和严厉的东西，还有不那么好看的旧伤疤。

这是吸血鬼的忏悔，还是某个希望在精神上重获深度者的感受？他后来的信件说明，它属于后一种情况。他在两人第一夜之后几天写道，“我知道，我爱你，爱得刻骨铭心，全心全意”：

> 我知道，无论未来如何，我可以给予你觉得值得拥有的东西。我知道，你拥有可以给予我的一切。我以前从未喜欢过如此开心的人……它给我一种不真实的生活观。我在生活中承受太多压力，忍受太多东西……我希望的是更深刻的同志情谊。我希望引导你进入我的内心世界，也让自己进入你的内心世界。我希望了解，希望被了解，希望分享快乐和痛苦……我希望你的生活充满欢乐，在大事和小事上均是如此。我希望发现所有可以让你觉得愉悦的东西，让你的智性获得最大限度的自由，让你的精神快乐成长，达到无限境界。
>
> （1916年9月26日）

罗素的讲座之旅定于10月16日开始，首站是曼彻斯特。在其间的几周中，罗素忙于处理反征兵团体的事务。所以，尽管他和科莱特在可能时尽量见面，罗素觉得那样的频率不够。与他和奥托琳在恋情初期的情形类似，两人的关系主要是通过信件来发展的。在最初几周中，信件的主题是自由、发展和永恒。科莱特
480 9月28日写道：“教我如何走出去，进入新的巨大世界吧，进入你的思想，进入永恒的世界。”罗素在回信中说，“你没有经过长期努力带来的疲倦，已经处于我努力到达的境界”：

> 过去，我憎恨许多人，我依然很容易使用充满仇恨的语言，但是我现在真的不恨任何人。正是失败让人憎恨他人，我现在在任何方面都没有失败

> 感。没有谁一直需要失败，让人战无不胜的力量存在于人自己身上。最近，我出现了以前从未有过的自由感。
>
> （1916 年 9 月 29 日）

“我认为，自由是一切事物的基础，”他写道，由于这个原因，“我不喜欢社会主义的精神。”

如果说罗素依然觉得，他自己是一个吸血鬼，他与科莱特的恋情仅仅他渴望外部刺激的另外一个例子，那么，他在那几周所写的信件带有伪装成分，似乎到了玩世不恭的地步，实际上表达了完全相反的意思：

> 有时候，所有的性格障碍全都倒下，人处于自由状态，迎接世界上的一切，迎接星星、夜晚和清风，迎接人的所有激情和希望，迎接长时间的缓慢成长，甚至连冰冷的深渊也变得友好起来。你知道这是怎么一回事吗？从那个时刻开始，某种终极的平静进入人的内心，即便在人觉得最有激情时也是如此。那天晚上在河边，我出现了这样的感觉，我本来以为你会退缩。我觉得，如果你退缩，我就会失去一生中遇到最美妙的东西——但是，一种根本的终极平静继续存在。假如那种平静不存在，我相信我那时已经失去你了。我无法忍受纯粹个人特征形成的狭小、封闭的墙壁，希望以一直敞开心扉的方式，活在这个世界上。我希望，人与人之间的爱情就像照亮黑暗的灯塔之火，而不是像常见的那样，羞羞答答地表达出来，成为逃避寒冷的去处。

无论他是否愤世嫉俗，无可否认的是，这封信件构思精巧，言辞微妙。一方面，他设法使它显得——甚至成为——激情四射的情书，另一方面，他又让它将着力点落在非个人因素的重要性上，说明了个人因素是不重要的。这样，它完全符合他对与科莱特的恋情的看法，即便在充满激情时，那也是一个相对说来没有什么重要性的问题。

到他即将开始北方讲座之旅时，罗素和科莱特已经互相表达了爱意，认为他们既是恋人，又是同志。罗素前往曼彻斯特之前，科莱特写信告诉他，反征兵团体分为“绝对拒服兵役者”与“替代论者”两派。她表示，他的讲座之旅让他无法为促使两派和解做点事情，她感到非常遗憾。他是否可以表达意见，“让局面回到正轨”呢？作为对科莱特的回应，他给反征兵团体的刊物《论坛报》写了一则简短的宣言，题为《我们代表什么》。科莱特见到非常高兴，宣称文章“非常
481 精彩，正是需要的东西”。但是，它其实并未解决反征兵团体之内的分歧，仅仅呼吁其成员关注更高层面的东西。罗素提出，反征兵团体的目标不是别的，而是要“将天堂带到世界上来”。他写道：“我们不能让自己的头脑和思想被现在的罪恶填满，而是应该想到我们期望实现的世界理想。”该理想包括的“不仅仅是摧毁军国主义（尽管这可能已经显得足够伟大了），而且还要为世界上的每个男人和女人，创造更幸福、更高尚的自由生活。”从如此崇高的角度看，反征兵团体的内部争论显然是一种毫不相关的东西。“如果你不相信替代性服务，请站出来反对吧，无论政府采取什么行动，你都决不动摇；如果你相信它，请接受吧，无论绝对拒服兵役者说些什么，你都毫不在乎。”令人感到怀疑的是，反征兵团体的其他成员是否像科莱特一样，对这种避重就轻的花言巧语表示欣赏呢？

10月16日，罗素在曼彻斯特开始了他的讲座之旅，在公众中引起巨大轰动。在曼彻斯特，他讨论了《政治理念》——六讲之中的第一讲。次日，在格拉斯哥，英国矿工联合会和全国公民自由委员会主席罗伯特·斯迈利举行了内容同样的讲座。他在结尾时宣布，这是当局不让罗素举行的讲座的第一部分，全场听众哄堂大笑，热情鼓掌。为了配合那一场宣传攻势，全国公民自由委员会仓促行动，印刷了讲座的宣传册版本，格拉斯哥的听众争相购买。当时，罗素和斯迈利分别在曼彻斯特和格拉斯哥举行了讲座，人们可以购买讲座文稿。罗素将在伯明翰再次宣讲。在这种情况下，禁止罗素在格拉斯哥演讲的做法确实开始显得非常愚蠢了。例如，G. 萧伯纳知道这种情况时非常愉快。他表示：“英国人在法国或者美索不达米亚战场上非常勇敢，但是却不敢让伯特兰·罗素在格拉斯哥发表演讲。”

次日，在下院中，查尔斯·特里维廉要求劳埃德·乔治说明发布该禁令的理由，政府处于更加尴尬的状态。劳埃德·乔治显然对情况不甚了了，在回答中宣称，政府从“非常可靠的来源”得到情报，罗素“将要举行系列讲座，可能对军队的部署造成非常严重的影响”。次日，罗素给《泰晤士报》写了一封信件，将劳埃德·乔治的尴尬境地推到了极端。他写道：“我只能真诚地希望，情报局在面对德国人时不要像对我这样，如此欠缺准确性。”他接着解释，他给陆军部的讲座概要清楚表明，讲座并不直接涉及战争提出的问题，而是讨论一般的抽象主题。如果这样的内容遭到怀疑，那么，《政治理念》是该系列讲座的“一个非常

好的例子”，当时可以在市面上买到。此外，如果真的像劳埃德·乔治声称的那样，讲座“无疑会干扰战争行动”，为什么允许它在曼彻斯特举行呢？

内政大臣赫伯特·塞缪尔试图为该禁令辩护，结果却起到雪上加霜的作用。他声称，第一，罗素曾被要求承诺，在美国期间不要进行针对英国的宣传活动； 482
第二，已经给罗素发了护照，只是在他拒绝承诺时才收回的。我们难以确定，塞缪尔究竟是在刻意撒谎，还是听到了错误信息？但是不管怎么说，他提供了另外一个机会，让特里维廉在下院发言；接着，罗素在《泰晤士报》上发表文章，使政府的行为显得越发荒唐。

罗素举行的两个系列讲座在时间上部分重叠，曼彻斯特系列的时间是星期二，10 月 16 日开始，11 月 20 日结束；伯明翰系列的时间是星期六，11 月 3 日开始，12 月 8 日结束。罗素没有讲座时待在伦敦，住在戈登广场。他的日程表很复杂，需要涉及大量旅行，他在那段时间的信件都标有“在火车上”字样。

其中一封是在 10 月 21 日在前往曼彻斯特的途中写的，标志着他与科莱特关系的一个重要转折点，和盘托出他的生活，所作的努力给人留下深刻印象。他开始时说：“我一直打算给你谈谈我生活中的许多事情，每次都没有足够的时间。”他希望告诉她的情况包括：

> 很奇怪的是，我的人生并不快乐，包括的原因如下：我的生活模式复杂，你的简单；我岁数大，你很年轻；我的激情很少得到自由释放，很少冲出困住我的现实环境之网；我的性格非常复杂，由大量互相矛盾的冲动构成；让我感到非常遗憾的是，以上因素会增加你的痛苦。

在将这封信件录入《自传》时，他删去了一个段落（于是让整封信件变成了没有意义的东西）。在那个段落中，他告诉她，在“困住”他的“现实环境之网”中，有一个重要的因素——他与维维恩的恋情。他说，他对艾略特夫妇持“非常好的感情”，但是“我与她的关系尤其亲密”：

> 假如你见到她，你可能完全无法理解，我究竟看中了她的哪一点？你会觉得，她身材矮小，其貌不扬，乏善可陈。

他告诉科莱特，他是14个月之前第一次与维维恩见面的。接着，他为自己与维维恩的关系辩护，所说的理由与他当初告诉奥托琳的如出一辙：他的爱对维维恩有好处，因而对艾略特也有好处。如果他停止爱维维恩，维维恩将会惩罚艾略特。他继续解释说，他十分害怕破坏科莱特拥有的“令人心旷神怡的快乐”，“它恰如阳光明媚的4月早晨”。其原因在于，他的性格复杂，困住他的关系网盘根错节，此外还有“工作形成的奴性”。“我觉得，对你来说，生活显得简单许多……当我没有表现出爱的迹象时，你是否能够努力去信任它？我这样说的原因是，我的精神有时被困在牢狱之中。”

他在那封信件结尾处说：“我无法给你简单的幸福。我不时可以给你身在天堂的感觉，但是其中隔着长时间的痛苦。”

483 这封信件引人注目，直截了当地详细说明了科莱特可以从两人关系中期望得到什么，包含了他对自己内心的精神状态的分析，语言生动流畅，思想富于洞见。他说，“我的内心世界一直经历可怕的痛苦”：

> 一种不可思议的原始痛苦。我寻觅这个世界之外的东西，寻觅某种经过变形的无限之物，寻觅至上幸福的理想——上帝。我没有找到上帝，觉得自己不能找到上帝。但是对上帝的爱是我的生命，类似于对幽灵的富于激情的爱。有时候，它让我充满愤怒，有时候，它让我充满强烈的绝望。它是温柔、残酷和工作的源泉，弥漫在我的每一种激情之中——它是我内心深处的活力的实际动力。
>
> 我无法解释它；否则，我会让它显得愚蠢。但是，无论它是否愚蠢，它都是我内心深处的任何优点的源泉。我知道，别的人也拥有它，尤其是康拉德。但是，它十分罕见，以奇特的方式将人分开，让人产生强烈的孤单感，让人的行动准则变成肤浅之见。现在，我大多数时候并未意识到它，它只在我受到强烈刺激——可能快乐，可能悲伤——时才会出现。虽然我觉得，自己不应该逃避，但是我其实想法避开它。和你一起在河边时，我强烈地感觉到了它。我曾经给你说过，“窗户总是面向世界敞开”，但是从窗户看到的，不仅是这个世界的欢乐和美丽，而且还有它的痛苦、残酷和丑陋。这两个方面的东西都值得看，人首先得看到地狱，然后才有权去说天堂。

到那时为止，罗素显然已经非常认真地对待科莱特，不亚于对以前的任何恋人或者恋情。

科莱特在回信中说，她给她的丈夫迈尔斯谈了她与罗素的恋情。她告诉罗素："他非常平静，非常温柔地替我遮掩。"她和罗素当时似乎觉得，两人已经越过了某种障碍。她在同一封信件中说："我觉得，自己完全与你融为一体了，不仅作为恋人，而且几乎在更深的层次上也是如此。"两人决定，去过罗素所称的"仅仅三天"的蜜月。那地方是一家酒馆，名叫猫咪与小提琴，在布克斯顿北面的德比郡沼泽地区。11 月 13 日，他举行曼彻斯特的第五讲，11 月 17 日举行伯明翰的第三讲，蜜月之旅放在两场讲座之间的三天时间里。罗素回忆说："天气非常寒冷，早上起来，我的马克杯里的水结成了冰。但是，阴冷的沼泽适合我们的心绪。那地方荒凉，但是给人大量的自由感。我俩白天长距离步行，晚上温情无限，融化了世间的所有苦难，从中提炼出狂喜，让我有超越凡人之感。"

动身去度蜜月的前一天，罗素看望了维维恩。他告诉奥托琳，维维恩"觉得，我抛弃了她，显得闷闷不乐。我尽量安慰她，不过她的感觉当然是有现实原因的"。但是，他没有告诉奥托琳，维维恩的感觉里究竟是什么现实原因，他是为了谁而抛弃维维恩的。那时，他尚未给奥托琳说过关于科莱特的任何情况。在前往猫咪与小提琴酒馆的途中，他在信中仅仅告诉奥托琳："我将在皮克的乡下逛三天，不知道具体的落脚地点。"

他没有告诉奥托琳关于科莱特的事情，这在某种意义上显示，甚至在那个阶 484
段中，在他的"蜜月"之旅的路上，他仍然没有完全确定与科莱特的关系。其中一个原因是，1916 年 10 月，他迷上了另外一个已婚女人。早在 1909 年，凯瑟琳 · 曼斯菲尔德便与剑桥大学的学者乔治 · 波顿结婚（其时，她已经怀上了另外一个男人的孩子）。那一段婚姻奇特，两人并未住在一起。1916 年 9 月，凯瑟琳与情人约翰 · 米德尔顿一起，迁入了一幢房子，同住的还有画家朵拉 · 卡林顿和多萝西 · 布雷特。那幢房子——他们给它取了一个别称，"方舟"——在高尔街上，位于戈登广场的那个街道的拐角处，是约翰 · 梅纳德 · 凯恩斯的财产。几周之内，罗素成了那里的常客。

罗素对凯瑟琳 · 曼斯菲尔德的评价见于他《自传》和写给奥托琳的信件。其中最引人注目的是，他强调说，她敏捷思维，这一点与罗素关于科莱特的记载形成鲜明对比。也许，科莱特后来证明，她自己是一个受到赞誉的作家，这让罗素感到意外。但是，在1916年，她在这方面的才能尚不明显。相比之下，凯瑟琳·曼斯菲尔德那时已经出版了许多短篇小说，表现的才智给所有书评家留下了深刻印象。此外，她的言谈让伦敦文学圈子里的各色人等深深着迷，尤其深受D. H.劳伦斯和奥托琳的青睐。就在来到伦敦之前，曼斯菲尔德和默雷共同努力，成功获得奥托琳的好感。到了1916年秋天，两人便常常在加辛顿举行的聚会上现身。

人们觉得，还有另外一个联系可能引起了罗素的兴趣，那就是曼斯菲尔德与作家兼出版商A. R.奥雷治的关系。奥雷治经营富于影响力的文学和政治刊物《新时代》，是最早发表曼斯菲尔德的短篇小说的刊物之一。实际上，在1911年至1912年间，当曼斯菲尔德开始在伦敦的文学圈子亮相时，奥雷治起到了她的良师益友的作用。此外，奥雷治还与G. D. H.科尔一起，创立了英国行会社会主义运动，并且担任领袖。1916年，罗素开始觉得，该运动是英国最有前途的政治力量，他本人表示了极大的认可。诚然，在曼斯菲尔德的著作中，很少看到她对行会社会主义的兴趣，但是，她与奥雷治一起度过许多时间，不可能没有谈到这个话题。况且，在她与他密切相处的那段时间中，他正在帮助G. D. H.科尔，制定行会社会主义的理论。

在这种情况下，罗素被凯瑟琳·曼斯菲尔德迷住了，那是科莱特无法做到的。他在《自传》中写道："她的谈话令人惊叹不已。"当她谈到他人时，她"充满非常杰出的洞察能力，发现人们不愿知道的东西，发现他们的特征之中的不良部分"。也许，他在凯瑟琳身上看到的是某种希望：他终于发现了自己苦苦寻觅的人，她像劳伦斯一样，可以"看透"他。相比之下，科莱特缺乏智性，对他不加批判的崇拜，根本不可能做到这一点。也许，在与凯瑟琳·曼斯菲尔德相处时，他不用就他的相互矛盾的冲动，就错综复杂的关系网，就让他成为粗暴、严厉的
485 "吸血鬼"的陈旧伤疤，不停地进行解释和道歉？我们怀疑，他真正想要的是这样的人：她具有洞察所有这一切的能力，然而依然爱他。

毫无疑问，科莱特思想锐利，超过了罗素看到的情况。但是，在那个阶段中，如果我们阅读她写给他的信函，我们就可以理解，为什么他可能觉得，尽管她完全摆脱了传统的压力，尽管她的美貌毋庸置疑，她在思想方面依然缺乏深度。她在信件中热情，大胆，充满爱意，但是欠缺洞察一切的锐利智性。罗素开始——也许在一定意义上不乏道理地——觉得：其一，对她来说，他太复杂，太阴暗；其二，尽管她的活力、狂野和清纯让他觉得耳目一新，她可能并不适

合他。他可能会破坏和毁掉她身上深受他喜爱的那些品质。他开始疏远她。12月初，他告诉她，他工作忙，还有其他社会活动，“在相当长的时间里”都无法与她见面。

后来，在给奥托琳的信件中，罗素终于承认他与科莱特的恋情。我们从这一事实可以推测他那时对两人关系的确定态度。他在12月2日的信中告诉奥托琳：“我与康斯坦斯·马勒森的关系逐渐亲密，我们相处时呈现出充满童趣的快活氛围——她对严肃氛围显得不适应。”他还说，他“对她相当渴望的感觉”持续增加，已有很长一段时间了。“这已经不再是激情——战争绞杀了激情——而是对陪伴的渴望……让我永远永远爱你的是宗教式笃信。其他人对宗教缺乏尊崇，让我感到不快。”下一个星期六，他将在伯明翰举行最后一讲，计划结束之后到加辛顿去。“我希望稍微多待一些时间，两周是否太长？”

这封信件起到的作用相当于罗素发出的自我邀请，希望到加辛顿过圣诞节——他肯定知道，凯瑟琳·曼斯菲尔德也会到那里去。就在他写这封信件前一天，凯瑟琳已经致信罗素，希望下周二到他的公寓去。罗素在凯瑟琳到访当日写信告诉奥托琳：“我希望深入了解凯瑟琳·曼斯菲尔德。她确实让我在心理上深感兴趣。我觉得，她头脑敏锐，我喜欢她表现出来的无穷无尽的好奇心。我不能确定她是否拥有激情。”他肯定也给凯瑟琳本人写了一封内容类似的信件，这一点可以在她两天之后给他回信中见到。“我重读了你的来信，我现在心里充满某种甜蜜的激动，连脑袋也微微疼痛了”：

> 你明白我的意思吗？小女孩在阳光之下玩了一天，躺在床上就有这样的感觉，依然可以在已经闭上的眼皮上，看到舞姿曼妙的树枝和鲜花盛开的灌木丛。
>
> 工作，工作！知道我们依然可以做最好的事情，知道我们在做这些事情的过程中将是志同道合的同志，这给予我无限愉悦。但是，星期二晚上，我将问你许多事情。我希望进一步了解你的生活——哦，想知道的事情太多了。也许，将来有的是时间，但是我现在肯定急不可待了。
>
> 在如此短暂的时间里，你已经给了我许多，超过了我给你的，但是我需要更多。目前，我的工作动力就是这个非常美妙的事实：你就是生活的象征。星期二之前，我不会再读你的来信。读你的信件让我情不自禁，谢谢 486

你，谢谢你的来信。

信中所说的“星期二晚上”是12月12日，罗素和凯瑟琳两人在加辛顿现身。她在信中谈到工作之中的“同志”情谊的原因是，罗素在信中回忆了两人的对话，表示她就她的作品写下的一番话让他很感兴趣。他显然期望她也给他类似的鼓励。他在上面引述的写给奥托琳的信件中说，他处于“不同寻常的情绪中，不想见人，非常喜欢阅读，急于以非情感的方式使用心智——我觉得，这是战争抑郁带来的结果。我想过在加辛顿撰写关于物理哲学方面的著作……我在思想上充满活力，但是在感情上并非如此。只要我有闲暇，脑海中就会出现许多朦胧的想法，随时准备扩展。我必须有时间写作、阅读、沉思”。也许，这种情绪特别适合与他佩服的某个人待在一起，即便这个人“没有多少激情”也没有什么关系？

罗素打算在北方完成最后一次讲座，然后返回加辛顿过圣诞节。这时，英国政坛上出现了一场危机，让和平前景显得更加黯淡。12月5日，劳埃德·乔治的阴谋得逞，阿斯奎斯被迫辞职；两天之后，政府宣布，劳埃德·乔治本人成为新的首相，让人们的和平希望完全化为泡影。人们本来以为，英国政府将会接受内阁成员兰斯多恩勋爵提出的经过大力宣传的建议，与德国人举行和平谈判，其基础是恢复战前的边界状态——该建议也让罗素看到了一些表示乐观的理由。

让人们对可能经过谈判实现和平抱着希望的另外一个理由是，11月11日，伍德罗·威尔逊经过以“和平候选人”身份进行的大力宣传，在美国总统选举中获得了胜利。12月4日，罗素给威尔逊写了一封长信，希望他使用美国的力量，“敦促欧洲各国政府实现和平”。罗素提出，从军事方面说，冲突双方都没有获得压倒性胜利的希望。德国人认识到了这一点，但是协约国缺乏承认现实局势的勇气，没有认识到这一点，不愿要求和平。相关各国的人民讨厌战争，觉得战争危及欧洲文明本身。罗素确信，他可以为所有相关国家呼吁，于是在信中恳求：“以欧洲的名义，我希望你给我们带来和平。”

那封信件——正是外交部5月以来担心罗素可能弄出的东西——由海伦·达德利的妹妹凯瑟琳·达德利偷偷带出了英国。12月22日，名叫美国中立委员会的一个和平主义组织在纽约举行会议，凯瑟琳·达德利高调宣读了该信件。宴会结束以后，该委员会的三名成员前往华盛顿，将信件面呈总统。那封信件是一个意外成功的宣传之举，对罗素和美国中立论者来说同样有用，次日占据了纽约各大报纸的头版。《纽约时报》以《神秘女郎带来罗素的和平恳求》为题，刊登了 487
信件全文。信件引起了巨大的宣传效应，让英国驻华盛顿大使和英国政府十分尴尬。内政部公开宣布，如果海伦·达德利决定步她妹妹的后尘到美国去，她将受到严格搜查。

那次冒险之举让罗素受到怀特海的严厉批评。怀特海与许多英国人一样，希望美国参战，加入支持英国的行列。怀特海给罗素寄去了一篇关于法国人和比利时人被德国驱除出境的报道，认为此类事件出现的原因是，“中立论者——特别是美国——阻止人们抗议以前出现的暴行”。怀特海质问：“你是否打算帮助那些人呢？”在那封短信的末尾，怀特海还添了一条：“埃里克 4 月离开我们——加入了航空队。”

在那以前，罗素打算在加辛顿逗留期间，撰写关于物理哲学的著作。他肯定致信怀特海，索要对方为《数学原理》第四卷准备的笔记。怀特海已经形成了关于空间、时间和物质的新理论，计划在第四卷中将数学的“逻辑学”分析扩展到几何学。在《我们对外部世界的认识》中，罗素大量借鉴了怀特海的物理哲学思想，并且在该书序言中充分鸣谢，承认怀特海对他的帮助。当时，怀特海没有任何怨言；但是他在这封信件中说，他觉得罗素采用的形式“仅仅是一系列半真半假的陈述”，他不希望看到，自己的观点以这样的方式被仓促地公之于众。所以，他不愿将笔记交给罗素，觉得“等到我认为可以用适当形式表达我的观点”时，才将笔记寄给他。

这封信件标志着罗素与怀特海的关系的一个重大转折点。罗素在《自传》中说：“它终结了我们两人之间的合作关系。”其实，在收到怀特海的这封信件之前，他已经放弃了研究物理哲学的意图。他 12 月 18 日告诉奥托琳：“哲学已从我的脑袋里消失了。让我重回哲学研究的就是绝望感，但是我现在没有理由感到绝望。”几天之前，德国向协约国提出建议，举行会议，讨论实现和平的条件。在罗素给奥托琳写上述信件的那一天，威尔逊总统回应了德国提出的建议，敦促参战各方确定各自的战争目标。罗素认为，这些建议“让和平近了许多。我相信，我们可以在 1 年之内实现和平”。可是，1917 年 1 月，协约国拒绝了德国提出的建议，让他的愿望受到了猛烈冲击，进入战争期间他感到最绝望的时段。

罗素的个人生活也在灰暗的氛围中结束。在那年的各个时段中，他至少与四个已婚妇女有染。此时，那些艳遇都将告一段落。在他去加辛顿度过圣诞节之前，他已与科莱特渐行渐远；此时，他也开始用过去时态，讨论自己与维维恩的关系。12 月 29 日，他告诉奥托琳：“你针对维维恩本人的种种反感都是有道理的。但是，她曾经对我有用，我觉得整个事情其实没有什么坏处——1 年之前，如果我没有保持某种兴趣，那时我肯定就完全崩溃了。”

488 正是他与科莱特的恋情促使他“抛弃”维维恩；现在的情况看来是，为了让他自己摆脱奥托琳，他需要某个“名气更大的”人。凯瑟琳·曼斯菲尔德正是在这个节点上进入他的生活的。在加辛顿逗留期间，罗素和凯瑟琳常常长谈，直至深夜方才罢休。根据奥托琳的记载：“他们两人说话的声音几乎让我彻夜不眠。第二天，我对他俩说，我听到了全部谈话内容，这样的说法当然不可靠，但是却让他俩露出相当不自然的神色。”根据罗素的记录，凯瑟琳“讨厌奥托琳的原因是，默雷不讨厌她”：

> 我已经明白的是，自己必须克服以前对奥托琳的那种感情——她不再投桃报李，不再让我感到快乐。我听到凯瑟琳·曼斯菲尔德所说的关于奥托琳的坏话；我并不相信多少，但是终于可以将奥托琳视为朋友，而不是恋人。

罗素和凯瑟琳·曼斯菲尔德根本没有像她在给他的信件中暗示的那样，产生充满激情的恋情。两人在加辛顿过了圣诞节之后，一起搭乘火车返回伦敦，从那以后便很少见面。但是，凯瑟琳·曼斯菲尔德和维维恩一样，起到了具体的作用：到 1916 年底，罗素终于割断了将自己与奥托琳以及战前生活捆在一起的最后的情感联系。

# 第十七章　厌世者 489

1917 年元旦，罗素回到伦敦，心情堕入极端压抑的状态之中，前一年 12 月抱有的全部希望一一化为泡影：协约国拒绝了德国人提出和谈建议；劳埃德·乔治将政府中的和平主义人士逐出了内阁；不祥迹象预示，美国很快将要加入参战国家的行列，不再担任和平调停者的角色。最让他感到压抑的是，即便在索姆河出现的恐怖场景广为人知以后，战争热情依然没有丝毫减退。罗素曾经告诉威尔逊，在参战国家中，普通民众普遍希望实现和平，这一看法其实并不正确。民众需要的是胜利，而不是和平。工党不但不反对这种复仇情绪，反而像其他人一样，被裹挟在这样的浪潮之中。在元旦举行的工党全国大会上，他们以压倒多数通过一项决议，誓言“战斗到底”。

面对这种广泛存在的继续战争直至取得最后胜利的热情，和平宣传显得非常重要。人们清楚地知道：许多人正在前线送命，他们这样做其实没有起到什么作用；还要经过漫长的屠杀，才可能让交战的一方放弃。尽管如此，大多数人听到和谈都持排斥态度，似乎愿意看到自己的儿子、丈夫和爱人被送往前线，参加战斗，遭到杀戮。例如，怀特海夫妇甚至在知道他们的长子的经历的情况下，看来依然愿意看到埃里克（罗素对他怀着父亲般的深厚情愫）报名参军。[1] 这使罗素感受到了无法承受之重，内心之中的某种东西突然折断。他陷入一种黑暗的绝望
之中，厌倦人世，直到春天到来时才得以自拔。在新年的头几个月中，除了在官 490
方场合露面之外，他几乎无法与任何人见面，常常独自一人，形影相吊。他长时间待在贝里街的公寓内，心情抑郁，沉思人类的可憎行径，陷入了无典型特征的

---

[1] 战争爆发之初，诺思被派往法国，在英国远征军中担任少尉。他在西线战斗了 1 年，1915 年夏天被遣返回家，深受弹震症之苦。对他来说，战争本来已经结束。但是，由于他在战斗中反复要求回家，1916 年被派往东非。在奔赴肯尼亚途中，他乘坐的海船在比斯开湾遭遇风暴，他和他所在的部队险些葬身海底。在非洲，他躲过了受伤的厄运，但是三次遭到疟疾侵扰，一次罹患痢疾。埃里克的运气没有那么好：1918 年 3 月，他驾驶的飞机在法国坠毁，不幸阵亡。伊夫琳·怀特海听到这个消息后，写信告诉罗素：“你爱他，给了他很多快乐。”

严重迟钝状态。他后来说，在那个阶段中，他整天坐在椅子上，阅读圣经中的《传道书》，有时竟然打不起精神，无法让自己起身做其他任何事情。

在写给科莱特和其他人的信件中，他发泄他所称的“绝对憎恨情绪”。其中一封说，“我憎恨世界，憎恨世上的几乎所有的人”：

> 我憎恨工党全国大会，憎恨那些怂恿男人去遭到屠杀的记者们，憎恨听说儿子遭到杀戮反而自鸣得意的父亲们。我甚至憎恨那些和平主义者——他们面对人性恶劣的现实，反而一直说，人类本来善良。我憎恨这个星球，憎恨整个人类。我属于这样的物种，心里深感羞耻。我陷入这样的氛围，究竟有什么好处呢？我还不如死了作罢。

他在信中告诉反征兵团体的同事凯瑟琳·马歇尔，“劳埃德·乔治明明知道，进攻不会产生任何效果，依旧我行我素，喝下了 50 万人的鲜血”，他期望和平将在秋天到来。这并不是说，他认为劳埃德·乔治比其他人更糟糕。他告诉她，“恰恰相反，我觉得他属于最佳的那 10% 的一分子”：

> ……可耻的是人类，我羞于与之为伍。忙碌如同吸食鸦片，让人活在金色的梦想之地。我必须让自己重新忙碌起来。这个真理不是人可以在生活中遵循的那种东西。

这样的悲观主义刻骨铭心，与马歇尔清新的公事公办的心态形成鲜明对比。她在回信中轻视它，劝说罗素忙起来，“摆脱似乎由闲散——或者食用梅子布丁——引起的那种扭曲的真理观”。

但是，罗素的厌世心态完全是认真的。他知道别人难以忍受，于是在大多数情况下，断绝了与所有非常了解他的人的联系。1 月 5 日，他告诉科莱特，两天之前见了维维恩，并且声称：“我目前没有与她见面的打算。”与之类似，他也不愿去加辛顿。“见我没有密切联系的人没有什么关系，但是我不想见自己在一定程度上真诚相待的人。”真理不可承受，真诚不可承受。如果他无法完全停留在表面上，他宁可独善其身。

他告诉科莱特：“在现在这样的日子里，我需要大量的时间独自待着，闲下来，梳理思想。”他还说，通过思考和写作，他“逐渐厘清了思路”。他判断，让他感到抑郁的原因是，“协约国拒绝和谈的态度让我怒火中烧，公众舆论支持政府的做法让我怒火中烧，引起我愤世嫉俗的愤怒。我产生了避开世事，退回思想隐居之地的倾向”。

他给奥托琳的解释是，“我内心深处某个地方出了问题。我发现，人类可恨，我的情感似乎枯竭了，这让我非常非常郁闷”： 491

> 我希望到沙漠去，独自待上6个月，那时一切可能恢复正常。我内心深处有一种绝望感，无法通过感情或者借助另外一个人来摆脱。在我能够控制它以前，我心里似乎没有剩下什么爱情了。

他在另外一封信件中说，他长期以来处于一种“非常奇怪的心理状态中”，对人类没有任何爱意，只有“强烈的憎恨”。“我觉得，我在一段时间里将会进行数理逻辑研究，以便让自己康复。我一直按照信念采取行动，那种信念其实是意志驱使的一种尝试；我觉得自己已经变得不诚实了”：

> 我必须在另外一个基础上重新尝试。我觉得自己不愿见任何人，我不愿以真诚的方式与人交谈。本能告诉我，数学是我需要的东西。面对当下的事情，面对充满情感的事情，这样的时间太长了。我以前总是将数学当作逃避这些东西的工具，现在必须重操旧业。我需要宽阔的视野，需要冷静的氛围，需要永恒的感觉。

然而，这封信件接着详谈的，不是看来让他抑郁的外部事件，而是他与奥托琳之间的关系。他讲述了他如何利用维维恩，以便从与奥托琳的关系中抽身，如何想方设法，面对比较“讲究的”奥托琳，以便“保留某种冲动状态，某种活力，某种不受约束的自由。”他在信中将两人关系视为某种过去的东西：

> 无人可以取代你在我生命中的地位。我的整个生命曾经与你紧密相连，我的爱情能力已在你的身上枯竭，没有什么东西可以弥补我的失败，让我挽回对你的爱……我无法留下你，这让你的形象在我的心中更加美好。但是，

为了日常生活和实际需要，我也不得不让自己获得独立。

显而易见，他将这封信件视为最后诀别，结束两人之间的恋爱关系。他在结尾处写道："再见吧，我亲爱的。我在心里为你祝福，现在如此，将来永远如此。我在精神上对你永存感激和尊重……你给了我大量美好回忆，让我永远铭记，让我知道人生在世可以达到的最高境界。"

在那几个月中，罗素仿佛走过了一段哀痛的历程，不仅因为他对人类失去了希望，而且因为他对发展与奥托琳的关系失去了希望。他需要"到沙漠去，独自待上6个月"，其目的不仅要重拾他对人类的信任，而且还要作出调整，以便面对这一点造成的影响：他失去了一生中最刻骨铭心的恋情，失去了他在过去6年中所有言行的主要动力。他需要重拾他的人生，需要将与奥托琳的关系置于新的
492 基础之上。他写道："我不愿终止与你的朋友关系，希望将来与你见面。但是，现在看来的情况是，任何超过友谊的关系都会引起更多痛苦，让我难以面对。"

就奥托琳这一方的情况而言，她不爱罗素已有很长时间了。她这时告诉他，她很伤心地发现，在他写给海伦·达德利的信件中，他竟然使用了与给她的信中相同的短语，表达了"永恒"等意思。从那以后，她其实已经不再相信他了。迁居加辛顿之后，她周围出现了许多人，她与他们相处比与罗素相处舒服许多。大约10月以后，她爱上了齐格弗里德·沙逊。尽管如此，她看到罗素离开依然令她伤心，决心防止他再次给她带来伤害。她在日志中写道："我的长剑已经出鞘。我将来要避开他，保护我自己，摆脱他的影响，让自己获得自由，不受他的阻碍。我必须切断我与他之间的所有联系，我的灵魂必须获得自由，我必须超越过去的一切。"

经过一定时间以后，两人将会在另外一个层面上恢复友谊，但是在3月之前，所有的联系全都中断。这给罗素留下了——可以这么说——干净的情感基础，便于他接受科莱特的爱情，而且在某种程度上以同样严肃的态度，对待他与奥托琳的恋情。

在整个"哀痛"时期中，罗素并未完全处于瘫痪状态。1月，他被选为反征兵团体的"代理主席"，设置该职位的原因是，"真正的"主席克里福德·艾伦继续遭到监禁。那份工作涉及大量行政事务，罗素讨厌那些东西，认为自己并不在行。那份工作看来不大可能缓解笼罩在他头上的抑郁黑云，所起的唯一效果是让

他忙碌起来，给了他需要考虑的其他事情。身为主席留给他的一个长期影响是，他为每周一期的《论坛报》撰写一篇社论，养成了新闻工作的习惯。无论时间多么紧张，无论出现什么个人危机或者公共危机，他撰写的社论总是按时完成。在他余生中，这种守时完成工作的做法让他深受裨益。

但是，与主席职位涉及的其他事务一样，撰写社论成了一种单调工作。到了1917年早春，罗素已对反征兵团体不抱幻想了。他3月写信告诉奥托琳："最好的人悉数进了监狱，看来没有什么办法把他们弄出来。剩下的人总是争吵不休，说些肮脏的事情。"他与凯瑟琳两人都劳累过度，身心疲惫，开始在信中互相抱怨。凯瑟琳3月7日在信中指摘说，他将所有实际事务全部留给了她和其他同事，他自己却去探访内政部建立的劳动营地。罗素在回复中说："我已经尽力了，否则我会把工作搞砸，而且把自己弄病。"他一直对朋友和同事的批评十分敏感，发现她的纠缠难以忍受。"你必须停止给我写今天早上寄来的这类信件。"

3月上旬，他给奥托琳的信件中说，他将继续在反征兵团体中"做些事情，以便打发时间。但是这并非说，我觉得这样的事情有用处——它们看来全都徒劳无益"。他还说，他不可能让她明白，他自己多么疲倦，多么无望。"我只得等待年底了。我觉得，如果我可以活到那个时候，届时可能重新尝试某种生活。"

仅仅几天之后，传来了"二月革命"（俄历与西历的月份不同）的消息，将 493
罗素从原来那种精神迟钝状态中惊醒。工人罢工与军事哗变共同作用，推翻了沙皇的统治。3月15日，沙皇正式退位。两天之后，自由党人保罗·米留可夫[1]领导的新政府成立，立刻宣布致力于在俄国建立自由民主制度。罗素与全世界大多数自由主义者一样，听到这一消息之后表现出毫不掩饰的兴奋。他写信告诉奥托琳："俄国人真的给世界注入了新的精神，活着是有价值的。"

他仿佛从深睡中惊醒，生活、乐观主义甚至示爱的能力在他身上突然复活。他加入了新近成立的"英俄民主联盟"（它主要由反征兵团体成员及其支持者组成），开始编写宣传材料，热情与1年之前刚刚接受反征兵团体的事业时不相上下。他写道："俄国革命激发了各国人民的想象力，让一周之前不可能的事情变成了现实。重要的问题是，在革命效应处于巅峰时，抓住这个契机。"

---

[1]　1917年3月15日，第一届资产阶级临时政府成立。格·叶·李沃夫任临时政府总理兼内务部部长，主要资产阶级政党立宪民主党首领巴·尼·米留可夫任外交部部长，资产阶级右翼政党十月党首领亚·伊·古契柯夫任陆海军部长，社会革命党人亚·费·克伦斯基任司法部部长。——译注

让罗素特别感兴趣的是，俄国临时政府3月宣布了原则，承诺立刻大赦政治犯，实施完全的言论自由和新闻自由。对罗素而言，对在和平事业中与英国政府发生冲突的其他人而言，英国与俄国之间的对比非常鲜明。在阿尔伯特大厅举行了一场群众集会，隆重庆祝俄国革命，呼吁英国政府“效仿俄国的榜样，实施相同的自由”。那次集会于3月31日举行，取得了很大成功。罗素给奥托琳写信，字里行间散发着愉悦，让人想起他1年之前描述在德文郡大厦举行的反征兵团体会议的心情。“我必须告诉你昨天晚上在阿尔伯特大厅举行的会议的情形”：

> 阿尔伯特大厅绝对座无虚席，没有弄到门票的人多达2万。每个与会者都希望，在各个方面实施真正的绝对改变——不是对人们习惯的那种零星的部分改良，而是俄国人实施的那种革命。拒服兵役者加入进来，得到他们应有的鼓掌欢呼，这是人们期望的结果。但是，除了这一点之外，人们还呼吁成立共和国，呼吁在印度实现自由，呼吁许多我从未听说过的事情……整个气氛非常热烈。我真想在会议结束时振臂高呼：跟我来，推倒沃姆伍德·斯克拉比斯监狱。他们肯定会那样做的……就在1个月之前，这样的集会是不可想象的。

与那时的大多数人类似，罗素理所当然地认为，自由临时政府与彼得格勒的苏维埃中的社会主义者是并肩前进的。4月2日，他在写给奥托琳的信件中说，“我认为，俄国革命让我们离和平更近了”：

> 494 显而易见，军队站在极端主义者一边，因此他们是不可能被镇压的。“士兵和工人委员会”看来是最高权力机构……在战争期间，革命者看来实施了秘密的宣传计划，完全改变了农民士兵的观点，让他们赞成城市工人的意见。所有这一切真是太美妙了。

他对真正的力量作出了正确判断，对俄国退出战争的决定将会带来的影响作出了正确判断。然而后来的情况证明，他认为中央苏维埃和临时政府将会精诚合作的看法过于乐观。但是，这一点显示，他对新时代的到来满怀期望，认为它将是辉煌的，将会兼有自由主义和社会主义的优点。对那个时代，对他扮演的角色，他再次充满信心。在那种乐观情绪中，他也摆脱了过去的影响，开始以新的方式与奥托琳相处。最终与科莱特的关系，升格为他一生中下一段最重要的婚姻，而不是萍水相逢的打情骂俏。

前一年的12月初，他觉得自己已经了断与科莱特的恋情，曾经漫不经心地向奥托琳提及与科莱特的关系，以此掩饰实情。从那以后，他觉得他与奥托琳的关系也已结束。到了4月，他确定了与科莱特关系的严肃性，于是前往加辛顿，向奥托琳摊牌。根据奥托琳的回忆，罗素那次到访期间对她大肆谴责，责怪她“做事过分讲究”，无论事情都追求“超越现实的东西”，从不满足于日常的轻松的伴侣关系。几天之后，他最终谈到了主要问题：科莱特长期以来一直是他的情人，他对两人之间的关系非常认真，超过了他最早的预期。两人一起步行返回加辛顿时，罗素道出了奥托琳所说的“分手动因”：“你的头发花白，令人深感遗憾。”

罗素返回伦敦之后，给奥托琳寄去了一封断绝恋人关系的信件，试图让她相信，他不得不与分手的原因是，他自己已经没有精神生活了。他告诉她：“眼下，我身上的所有基本感情已经死了，只剩下大量表面的东西……我现在无法要求任何人进入我的精神生活……自己不得不独自面对，真是糟糕之极。这让我非常孤独……你一定不要失去耐心，一定相信，我恢复常态之后，一切都会好起来的。但是，我目前已经心灰意冷，再见吧。”假如这封信件是在他处于抑郁状态的2月写的，我们也许相信，他说的是实话。但是，他这时正处俄国革命带来的高度兴奋状态中，信中所言不免给人空洞乏力的感觉。诚然，外部世界的剧变让他大为振奋，他的精神生活可能依然处于僵死状态。即便如此，他在同一封信中说到科莱特时，使用的语言无疑带有很大的误导性。“你千万不要觉得，我经常与康斯坦斯·马勒森见面。”他写道，“只有在无所事事时，我俩才偶尔相见。我大约已有两周没有见到她了。”

就在次日，他给科莱特写信，请求她与自己共度余生。他告诉她，他几乎觉 495
得，他“战争结束之后应该成为俄国公民”。她愿意与他携手吗？

> 我渴望与你一起冒险，干惊天动地的事业，干伟大的事业。我完全有信心，我俩可以干伟大的事业，比舞台上的更伟大，更激动人心。要是你对这个想法感兴趣该有多好！我觉得，你表达的抱负过于谦虚……你应该给力量

强大的男人提供激励……你应该从齐赫泽[1]和列宁[2]那里获得灵感，在未来的数年中成为英国革命的火炬手……我可以想象你和我一起投身这种生活的情景。在战争结束之后，让每时每刻充满崇高事业的激情……我爱你，我的精神恳求你来到我的身边，和我一起寻找人生之巅。

让罗素深感失望的是，科莱特态度坚定，拒绝“获得灵感”，她在信中看到的主要是充满激情的恳求，要她放弃演艺生涯。她在4月30日曾经写道：“我知道，我决意保持自己的工作的态度会让你很不高兴。”这封信件中，她看到罗素以非常“煽情的方式”，要求自己转向别的事业，“给力量强大的男人提供激励”，再次坚定地表示回绝。她写道：“我觉得，你在来信所说的对你来说是正确的，但是我的情况不同；你对俄国情况的判断可能是正确的，但是我没有同感。”

罗素觉得，他的人生现在与科莱特的人生有盘根错节的联系，不禁对科莱特选择的职业感到担心。罗素认为，她过高地估计了她的工作重要性；但是科莱特觉得，这有失公允。她的职业让她置身于一个他一无所知的圈子中，一个他被排除在外的圈子中，一个充满刺激的事物、魅力和性诱惑的圈子中。罗素知道，科莱特看重自由，不受传统道德的束缚，想象她被模样英俊、富于魅力的男人包围的情景。于是，只要她有演出，他就忍不住想象她所面对的性冒险的机会，心里备受折磨。

此外，与他的一贯做法一致，他希望他的恋人是自己志同道合的同事。他在5月6日所写的同一封信件中说：“我心烦意乱，很想知道他，你在抱负方面与我的将来是否一致？”除了梦想在俄国定居之外，他最近还考虑了一项思想方面的新计划。“我正在慢慢恢复正常生活，不过不是为反征兵团体工作，而是与科学有关”：

我正在阅读弗洛伊德关于梦的著作，他写得非常精彩。我计划撰写一本

[1] 尼古拉·谢苗诺维奇·齐赫泽（1864—1926年），孟什维克中间派代表。二月革命后当选彼得格勒苏维埃主席，在6月举行的全俄苏维埃第一次代表大会上，被占据多数派的孟什维克和社会革命党选为全俄苏维埃中央执行委员会主席，主张支持临时政府。随着苏维埃中力量对比的转变，于9月底被迫辞去主席职务，并离开主席团。——译注

[2] 这封信件是在列宁抵达“芬兰车站”之后几周写成的。在那个具有历史意义的场合，彼得格勒的苏维埃主席N.S. 齐赫泽到车站迎接他，他发表了著名的鼓舞人心的演讲，呼吁苏维埃人从临时政府手中夺取权力。

著作，讨论人逐渐获得自己的看法的方式。从科学方面看，这很有意思，从 496
根本上削弱（我应该说**揭露**）了残暴。这种残暴总是隐藏在道德面纱后面。见解心理学——尤其是关于政治见解方面——是一个全新领域，几乎从未被人涉及，留有从事真正重要研究工作的空间，我对此很感兴趣。

罗素宣称，他强烈希望回到脑力劳动，而且对俄国革命带来的政治变化很感兴趣。其结果是，他对反征兵团体主席一职的兴趣越来越小。5月3日，他告诉凯瑟琳·马歇尔："我非常讨厌这份工作。假如我得了非常痛苦的危险疾病，可以休息到战争结束，我将感到十分高兴。"当然，他与马歇尔本人的关系恶化是原因之一；但是，更深层次的因素是，内政部推出的替代工作计划致使反征兵团体四分五裂，他对那样的局面深感不满。

罗素支持的是克里福德·艾伦这样的"绝对拒服兵役者"——他们拒绝参与政府的替代计划，此时正在监狱中遭受痛苦。但是，这样的人仅有一千左右，其影响力越来越小。更多的是所谓的"替代论者"，或者人们常说的"内政部支持者"——他们在劳动营工作，以便避免牢狱之苦。那些人缺乏1916年春天激发罗素投身反征兵团体的那种英雄品质，其领头者们——最著名的是C.H.诺曼，"替代论"最厉害的叫嚣者——表现虔诚，随时准备与政府妥协，让罗素嗤之以鼻。但是，罗素身为主席，工作职责之一是代表他们，出面化解分歧。责任感让他坚持下来，但是他根本不可能从中获得任何愉悦。那年整个夏天，他一直在寻找摆脱困境的机会。马歇尔常常痛斥说，他心不在焉，记性很差，这一点无疑说明了他当时的心理状态。

在内政部建立的达特姆尔劳动营地中，诺曼在反征兵团体成员中挑起争端，罗素不得不出面解决，这触及了他的忍耐极限。那个劳动营地要求反征兵团体成员做毫无意义的事情，而且生活条件恶劣。诺曼和其他人牵头，采取了"消极怠工"方式表示抗议。陆军部听到这个消息之后，要求凯瑟琳·马歇尔解释，为什么反征兵团体采取这种带有破坏性的无耻的"消极"政策？让诺曼感到不快的是，马歇尔向陆军部的人保证：其一，抗议活动并未得到反征兵团体的支持；其二，她将采用一切措施，防止出现类似情况。诺曼认为，马歇尔的表态进一步说明，以罗素和马歇尔为首的反征兵团体全国委员会根本没有考虑内政部支持者的利益。于是，他在劳动营地中散布谣言，声称马歇尔和罗素与陆军部沆瀣一气，联手对付那里的服役人员。

面对随之出现的喧嚣，反征兵团体全国委员会不得不采取行动。5月9日，罗素奔赴达特姆尔，说明全国委员会的立场，顺利稳定了局面，重树服役人员对
497 全国委员会的信心。但是，那次争端形成的敌意进一步加深了他对反征兵团体运动的厌恶感。他回到伦敦之后，立刻递交了辞职信。他的辞职理由基于两个基本信念：第一，他不适合担任该职务（“对我来说，写作和演讲驾轻就熟，但是做好行政管理是不可能的”）；第二，为反征兵团体工作已经不再是他为和平事业发挥自己才智的最佳方式。俄国革命已经释放更强大的力量，对反战和社会改良起到极大作用。罗素这时觉得，他可以一展身手，以便让革命精神取得胜利。反征兵团体致力于实现和平，致力于维护“生命的神圣性”。这让它无法作为适当途径，为实现革命性变革组织力量。就这一点而言，俄国革命已经让它显得过时了。

罗素从来都不是和平主义者，当初加入反征兵团体时认为，它是反对军国主义的最重要、最有效的力量。现在，已经出现了一个更好的力量，他觉得自己应该投身其中。他以史无前例的方式，强调了自己与反征兵团体在意识形态方面的差异：

> 在俄国革命中，出现了一定程度的流血冲突……如果那是不必要的，我当然会表示谴责；但是，如果舍此革命就不能取得成功，我是不可能表示谴责的。如果我国出现类似情况，我也持同样的态度。如果“生命的神圣性”意味着，在推翻糟糕的政府的过程中，在结束战争和专制制度的过程中，在给被压迫者带来自由的过程中，绝对不能使用暴力，那么，我真的无法对此表示赞同。

这封信件没有寄出，罗素在余下的几个月中继续担任主席职务。但是，他心里非常清楚，传播革命热情具有重要意义，超过了“内政部支持者”的喋喋不休的抱怨和争吵。5月之后，他与劳动营的那帮人几乎没有任何联系，转而集中精力，努力让反征兵团体与受到俄国影响的革命运动结合起来，想方设法让“绝对拒服兵役者”获得释放。

5月24日，俄国临时政府（这时由“社会革命者”亚历山大·克伦斯基领导）

宣布，他们的战争目标是实现和平。他们宣布，和平应该建立在“不赔偿、不吞并”的基础上。这正是罗素倡导多年的理念，进一步增强了他对临时政府的信任。6月3日，他出席了在利兹的大剧场举行的一次重要会议。与会人员是同情革命的人士，其中包括所有持左翼见解者。罗素与迈尔斯夫妇一道，乘坐拥挤不堪的三等列车前往利兹，唯一记得的是拉姆齐·麦克唐纳所讲的枯燥乏味的故事。那次会议引起了广泛关注，代表们在进入大厅时，遭到了嘲笑和石块攻击。

出席大会者超过2000人。根据罗素的回忆，除了三个人之外，其他人都投票支持所有的四项决议。第一项是《支持俄国革命》，由麦克唐纳提出。第二项 498
呼吁英国政府接受俄国人发出的和平倡议，既不提领土吞并要求，也不提赔偿要求。第三项——罗素发言，对此表示支持——要求英国政府加入俄国的行列，实施公民自由：出版自由、言论自由、大赦政治犯。在发言中，罗素详细谈到了身陷囹圄的绝对拒服兵役者的情况，认为他们代表的事业与那次会议的主题不谋而合。他说，克里福德·艾伦那样的人将会欣慰地发现，“他们努力播下的自由种子现在结出了果实……他们和我们必须知道，他们作出了重大贡献，在我国和全世界形成了新的舆论导向”。考虑到当时的情景，罗素强调反征兵团体在酝酿革命感情所起的作用，这一做法难免有过分渲染之嫌，在说服力方面乏善可陈。但是，至少按照罗素写给奥托琳的信件的说法，他那天的发言博得了与会人员最热烈的掌声。

第四项决议最引人注目，呼吁在英国全国各地建立苏维埃式“工人和士兵代表委员会”，以便实现和平，实现“国际劳动者在政治和经济上的彻底解放”。当时没有人知道这一点的确切意思，但是其推动者之一，运输工会的罗伯特·威廉斯认为，它相当于呼吁实现“无产阶级专政”。在给奥托琳讲述那次会议情况时，罗素特地赞扬了威廉斯，认为他与拉姆齐·麦克唐纳和其他领导人不同，对“迅速的剧烈行动”有了恰如其分的理解。罗素是否被革命热情感染，甚至到了放弃议会民主理念的程度呢？我认为事实并非如此。在1916年出版的《政治理念》中，他曾经鼓吹行会社会主义；在1918年出版的《自由之路》中，他进一步阐述了这一理念。在行会社会主义这种形式中，工人行会系统与经过民主选举的中央议会和平共处。他很可能认为，利兹会议建议成立的委员会与这样的模式并行不悖。不管怎么说，罗素那时并未放弃议会的理念，至少从官方角度看，在那时的俄国，权力由杜马和苏维埃分享。毫无疑问，这就是罗素希望在英国看到的格局。

具体说来，那时点燃罗素的希望的因素——在他采取“迅速的剧烈行动”的强烈希望中，这个因素处于核心位置——是这个令人陶醉的想法：俄国革命可能促成一种新的国际主义，让战争变为过时的东西。6月27日，他写信告诉亚里士多德研究会秘书H. 卡尔：“在整个欧洲，到处都存在着一种真正的国际精神，它与更人性化的经济制度结合起来。”在《自由之路》中，他回顾了那时抱有的希望：

> 假如俄国革命之后，在德国也出现了一场革命，那种剧烈变化具有的突然性可能震撼整个欧洲，让它摆脱传统的思维定式。在一眨眼的时间里，博
> 499 爱的理念可能进入现实政治的领域之中……有些人（在英语国家中，这样的人随处可见）排斥作为方式的革命运动……忽视剧烈事件在改变氛围和整个人民的信念的过程中可能产生的效应。在德国和俄国同时出现的革命运动无疑会形成这样的效应，可能在此时此刻创造一个新的世界。

在那年整个夏季中，罗素在《论坛报》的社论中另辟蹊径，反复强调说，反征兵团体需要认同那时的革命氛围。他在6月5日写道：“毫无疑问，废除资本主义制度可能是迈向废除战争的巨大一步。因此，如果这一点是可行的，希望在整个世界实现和平的人都应表示支持。”但是，反征兵团体的最初宗旨并不是反对资本主义，它的许多领导人——特别是其中的教友派信徒——不愿像俄国人那样，接受革命的社会主义。在取得微弱多数支持的情况下，反征兵团体形成决议，同意派出代表，参加拟议成立的工人委员会。但是，显而易见的是，该委员会并不是一个燃烧着革命热情的组织，随着夏季一天一天过去，罗素从该组织淡出的倾向越来越强烈。

他开始寻找某种宣传反战的方式，以个人名义替绝对拒服兵役者说话，而不是通过反征兵团体这个组织。最成功的一个例子是，他以匿名方式，出版了一本宣传册，名为《我诉诸最高权力》。那本书高调描述了一些具有代表性的案件，既强调了绝对拒服兵役者的正派、体面以及在适当情况下虔诚的特征，又强调了他们在狱中的严酷生活，从而唤起了人们的大量同情。该书的署名作者为玛格丽特·霍布豪斯（或者她希望人们所称的“亨利·霍布豪斯太太”）。她是比阿特丽

斯·韦布的妹妹，名副其实的上流社会的台柱子。在她的朋友和熟人中，霍布豪斯太太可以列举内阁成员、有资格当上议院议员的贵族、自由党中支持战争的领军人物。而且，在他们的眼中，她观点传统，不温不火。她让罗素使用她的名字的动机是，确保将她的儿子斯蒂芬·霍布豪斯从监狱中释放出来——他身为教友派信徒，参加了和平主义运动，与其他绝对拒服兵役者关在一起。

该书于 1917 年 8 月出版，立刻引起轰动，在 3 个月之内发行了四版。正如罗素希望的，它吸引了大量读者，对公众舆论产生了巨大影响，超过了罗素实名出版的程度。罗素在《论坛报》的一篇社论中厚着脸皮说：

> 主要在霍布豪斯太太的《我诉诸最高权力》的影响下，许多以前对拒服兵役者持鄙视和嘲笑态度的人现在逐步认识到，如果那些人的真诚和认真之心足够明显，可以引起公众的同情，无限延长其刑期的做法并非明智之举。

该书一炮走红，让绝对拒服兵役者的待遇问题成为当务之急，内阁数次召开 500
会议讨论。政府几乎不可能让他们所有人都获得无条件释放，但是确实将明确声称自己患病的人放出了监狱。在首批获得释放的人员中，就有斯蒂芬·霍布豪斯和克里福德·艾伦。

7 月，齐格弗里德·沙逊找到罗素，希望得到帮助，以便用最佳方式实施反战抗议，这再次给罗素提供了独立行动的机会，而且有可能形成一次更有价值的宣传攻势。沙逊在战争初期入伍，后来在皇家威尔士步兵团中担任军官，曾因表现英勇被授予军功十字勋章。虽然他在前一年中是加辛顿的常客，然而与和平主义运动没有任何联系。但是，自从他 4 月负伤回家之后，不满情绪日益增长，报刊对他本人参加的战斗进行虚假宣传，让他深感愤慨。他确信，政客们让战争无谓延长。奥托琳 1916 年 9 月以来迷上了沙逊，当然对他的这种转变深表同情，于是安排他与罗素见面，讨论这个问题。

在罗素的帮助之下，沙逊草拟了一份声明说，他自己“目睹并且亲身经历了士兵们的苦难”，所以“再也不能听任这种苦难继续下去。我认为，这场战争的目的是邪恶的，非正义的”。因此，他打算与军方对簿公堂，拒绝再次参战。该声明被印成传单，送到军方手中。舞台已经准备就绪，即将出现的表演肯定将会博得最广泛的同情：沙逊将会受到军事法庭的审判，陆军部将面临难题，不得不惩罚一名因为勇敢和诚实已经广为人知的军人。但是，在这个关键时刻，军方表现出前所未有的手腕。根据沙逊的朋友和战友罗伯特·格雷夫斯的建议，陆军部拒绝将沙逊送上军事法庭，而是让一个医疗小组宣布，沙逊罹患精神崩溃，不应对自己的行为承担责任。沙逊没有受到惩罚，被送进苏格兰的中洛锡安郡，在一家条件舒适的医院里治疗弹震症。沙逊在那里静养，避开了外界的纷扰。3 个月之后，他开始觉得自己抛弃了战友，要求重返部队。

奥托琳在回忆录中对这一事件的记载相当奇怪。人们本来可能觉得，最后的结果让她稍感失望，格雷夫斯（相当聪明地）减少沙逊抗议的宣传价值之举让她感到愤怒。但是，她其实对沙逊本人提出了严厉的批评。她写道："齐格弗里德太自私了。给人的感觉是，当他采取诸如公开抗议这类勇敢行动时，他竟然作壁上观，就像对着一面镜子。"沙逊没有给予她足够的关注，这让她深感恼怒。后来，她看见他对别人大献殷勤，往往愤愤不满。例如，在沙逊举行抗议期间，她在伦敦遇见米德尔顿·默里，默里转交了沙逊表示恭维的信件，"声称他非常喜欢默里"，这让奥托琳顿时火冒三丈。她写道："这说明，如果他希望，他可以有
501 感恩之心并且表达出来。我为他做了那么多事情，他竟然从来没有说一句感谢的话。"也许，沙逊对罗素的佩服之情溢于言表，这让她醋意大发。沙逊发表声明之后，也许以稍欠圆滑的方式告诉奥托琳："我首先想知道的是，我做了这件有助于摧毁战争野兽的事情，伯特兰·罗素感到满意了。"

罗素和奥托琳联手帮助沙逊，这其实并没有修补两人之间的关系，反而凸显了两人之间的距离。在整个夏季中，罗素直面对待这一状况，变得越来越大胆，越来越直率。7 月 25 日，他觉得自己可以直截了当地向她宣布："我现在真的不再爱你了。"

他这样做的原因并非仅仅在于，他已经深深地爱上了科莱特，而且还在于，他当时充满革命热忱，将科莱特视为同志——这样的情况根本不可能出现在他与奥托琳的关系之中。旧制度的影响在奥托琳头脑里根深蒂固，她不可能扮演那样的角色。俄国革命爆发以来，科莱特像罗素一样，充满相同的热情和希望，两人在反征兵团体中一起工作，一起出席同情革命的人士举行的会议。那很可能是两人关系的巅峰时段。罗素开始将科莱特称为"心灵上的同志"；两人心情振奋，态度乐观，觉得可以携起手来，去创造新的世界。

7 月 28 日，罗素和科莱特到哈克尼区的索思盖特，出席在兄弟会教堂里举

行的一次场面混乱的会议，两人的同志情谊进一步加深。那次的会议原定的目的是，根据利兹会议建议的人选，选举工人委员会成员。罗素当选的希望很大。但是，会议尚未开始，几个士兵领着一大帮乌合之众，冲破上了铁杠的大门，会议被迫取消。当天晚些时候，罗素在日志中写道：

> 场面真的非常恐怖。两个女人手握棍棒，凶神恶煞，随时准备攻击参加会议的所有女人。暴徒们面目狰狞，我们离开时，发现外面的人情绪狂热，几个女人几乎赤膊上阵，衣服都快掉下来了……我清楚地记得，当时的暴力情绪非常可怕，我觉得非常反感，无论对哪一方的人都是如此。当那帮乌合之众打算制造流血冲突时，那样的场面简直太恐怖了……有一段时间，他们全部朝我冲来，我处于相当危险的境地。但是，一名妇女（我不知道她是谁）一个箭步上前，挡住了他们的去路。他们面对那个女人，迟疑片刻，不知如何应对。这时，警察出现了。她表现出了非凡的勇敢。

在《自传》中，罗素的笔触稍显轻松，大肆渲染这个事实：警察出面救人的唯一原因是，他们意识到，他是伯爵的弟弟。但是，当时的场面肯定让他深感震惊。他和科莱特“一起回家，深感沮丧”。

那次会议标志着罗素的革命政治活动的终结，也许促使他放弃了他原来持有的这个想法：如果革命暴力可以成功地建立社会主义制度，那样做是有道理的。（他曾经告诉奥托琳，那次的经历让他彻底意识到，他反感暴力，“无论对哪一方 502
的人都是如此”。这一说法也暗示了某种类似的观点。）不管怎么说，在那次会议之后，罗素的充满激情的乐观态度被对政局的更清醒的评价取代，参与伟大时事的热情被返回清静的充满沉思的生活的愿望取代。

那次会议次日，罗素和科莱特离开伦敦，到斯罗普郡度假三周。两人途中在威尔士的奈顿过了一夜，然后在拉德洛住了两夜，最后到了阿什福德卡博内尔，在一个远离喧嚣的农舍中住下来。那是一个小村庄，就在拉德洛南面，四周可见美丽的乡村景色。科莱特回忆说，两人在那里“长途远足，阅读伏尔泰的著作。在泰穆河中沐浴，尽情享受美味的农家菜肴”。罗素仰面大笑，“声音非常洪亮，几乎引起远处的克利丘陵的回声”。对两人来说，那是一段极其愉快的插曲。罗素给她背诵了他最喜欢的诗歌，其中包括莎士比亚的十四行诗，一次还背诵了雪莱的《西风颂》全文，让她印象至深。他放松心情，进入充满沉思的生存状态——自从战争爆发以来，这样的状态已经久违——思绪逐渐重返哲学问题。在一次散步途中，他沉浸在“自我中心的具体表达”[1] 这个相当神秘的话题讨论中，甚至忘了方向，结果返回时多走了 8 英里路。

在过去的几个月中，俄国革命激起了他更多富于灵感的希望和计划，让他内心挣扎，竭力保持对反征兵团体工作的兴趣。这时，他希望放弃对俄国革命和反征兵团体的热情，重返哲学研究。他在斯罗普郡时写信告诉奥托琳：“我希望自己可以从反征兵团体中抽身出来，但不知道如何才能做到这一点。”但是，他返回伦敦之后，立刻开始制订计划，将时间用于哲学研究。8 月 19 日，他在信中告诉科莱特：“我发现，自己很想重返哲学研究。如果你和我一起待上足够的时间，我可以静下心来，做出杰出的工作。”他与 H. 维尔登 · 卡尔接触，几天之后宣布：在卡尔的帮助下，他已经做好安排，在秋季举行一系列哲学讲座。“它们将我让在哲学研究的道路上再次出发。也许，我最终会将这些内容写成一本著作。我渴望远离喧嚣，自由恋爱，自由思考。”

[1] “自我中心的具体表达”是罗素使用的一个相当特殊的说法，大多数哲学家现在称它为“直证文字”——必须知道其使用者、使用时间或者场合，才能知道它们的意思。例如，“我”和“你”就是“自我中心的具体表达”，“此地”、“今天”、“明天”也在此列。在《对意义和真理的探究》中，罗素在《自我中心的具体表达》一章中，深入探讨了这类文字引起的哲学问题。

# 第十八章　重返哲学研究

503

1917年夏天，罗素从斯罗普郡度假归来，告诉科莱特，他脑子里“全是哲学研究计划”。在写给时任《一元论》主编菲利普·乔丹的信中，他勾勒了该计划的大概内容：

> 我希望撰写（1）现代逻辑学引论、（2）《数学原则》的新版本。此外，我希望做大量工作，根据我在关于“外部世界”的著作中提出的思路，将数理逻辑应用于物理问题研究。假如我可以完成所有这些计划，我可以幸福地死去。

几天之后，在写给乔丹的另外一封信件中，他详细说明了他修改《数学原则》的方式：“整个第一编需要全部推倒重来，第三编也是如此；第二编需要进行大量修改。”换言之，需要对该书进行全新的逻辑分析。乔丹提醒罗素，罗素曾经考虑撰写系列文章，讨论“何为逻辑学？”这个问题。乔丹写道：“这听起来正是《一元论》需要的文章。此外，我也非常希望知道，逻辑是什么。”罗素没有直接采纳这个内容宽泛的提示，这就是说他没有承认，到那时为止，他显然没能适当地回答这个问题。但是。在回信中，他确实表达了乔丹希望听到的意向：如果他能如愿撰写现代逻辑学引论，他愿意首先在《一元论》上以系列文章的形式发表。

在罗素向乔丹提供的项目清单上，给人印象最深的也许是，就大多数内容而言，它们并不代表新的思想和方向，更确切地说，是对原来基础的重新整合。他之前曾向科莱特宣布，他将撰写著作，分析政治观点的心理特征。这本来确实是一个勇敢的创新之举，但是现在他却没有提及。我们不禁觉得，在那个阶段中，促使他重返哲学研究的动机不是新的灵感爆发，而是新的想法，希望远离烦琐、紧张、偶尔暴力的政治活动。他在写给奥托琳的信件中说：“将思绪转向抽象思考，这对我来说是极好的休息。”

504 反征兵团体领导人心胸狭窄，相互之间内斗不休，这让罗素感到绝望。此外，他对在索思盖特的兄弟会教堂中见到暴力场面感到震惊，对所有种类的政治活动产生了彻底的幻灭感。9 月 3 日，他在写给科莱特的信件中说，他觉得他为和平所作的努力不再产生任何效果，他只愿意著书立说。他继续担任反征兵团体执行主席一职，但是在那份工作上所花的时间和热情越来越少。那天秋末，他终于将工作移交给艾尔弗雷德·索尔特，顿时有了如释重负之感。其实，对于有关和平问题的写作，罗素也没有什么兴趣。在担任主席一职的最后几个月中，他每周继续为《论坛报》撰写社论，基本上放弃了其他方面的宣传写作，无论是讲座形式，还是文章或著作形式均是如此。

那年早些时候，他曾经答应美国出版商利平科特，撰写一本关于政治理论的著作，考察各种形式的社会主义、无政府主义和辛迪加组织。以前，他可能会全力以赴，进行这样的工作，利用传播自己的政治主张的机会；现在，他却将此视为一项苦劳工作，正如他在 9 月 6 日写给莱昂纳多·伍尔夫的信中所说，“其目的完全为了赚取肮脏的钱财”。他请伍尔夫推荐相关文献，特别是关于无政府主义的文献（“我觉得，巴枯宁肯定写了有关著作，但是我对他的了解仅仅限于他的名字”）。1917—18 年秋冬两季中，他反复提及，为了撰写该书，他阅读了大量文献（该书以《自由之路》为名，于 1918 年出版）。但是，他对该项目显然缺乏热情，书稿一直拖到次年春天才完成。

甚至在一年之前，在他曾经考虑“不停地研究政治理论”时，他也怀疑，“将来的某天，追求永恒和完美事物——例如，数学——的激情是否会突然包围我”。其原因在于，不管怎么说，“甚至最抽象的政治理论也非常世俗，昙花一现”。现在，这一天终于到来。8 月 27 日，他在写给科莱特的信中说：“我必须重返研究永恒之物的领域。”他怀着热情，以轻松的心态考虑将在秋天举行的数理逻辑讲座。在短短几天之后，他就完成了写作大纲。“这让我非常兴奋。”

1917—18 年秋冬，罗素举办了两个系列讲座，第一个关于数理逻辑，第二个关于“逻辑原子论哲学”，全都由 H. 维尔登·卡尔组织。场地是从威廉斯博士图书馆租借的房间，离罗素的住所不远，只有几个门牌号。第一个系列 10 月 30 日开始，第二个 1 月 22 日开始，分别在每个星期二晚上举行。在一定程度上，它们实现了罗素当初的梦想——“像艾尔弗雷德那样”，通过给社会听众讲课谋生。

当然，与在卡克斯顿大厅举行的关于社会重建的讲座不同，与反征兵团体组织的关于“政治理想”的两个系列讲座不同，罗素不可能指望大量听众出席。卡尔募集的资金大都来自赞助，而不是门票收入。

这两个系列讲座看来都没有完整的讲稿；或者说，如果罗素写了讲稿，它们没有幸存下来。就第一系列可能包含的内容而言，唯一提示是基于它们的一本著 505
作，书名是《数理逻辑引论》，于次年完成。这就是罗素给乔丹说过的“现代逻辑学引论”。从本质上说，该书以通俗的方式，总结了《数学原理》中的数理逻辑，首先分别说明如何从类的概念，定义一般的自然数、有理数、实数、复数和康托所说的超限数。接着，它讨论了罗素悖论出现之后，类这一概念带来的问题，最后讨论了乘法公理、无穷性公理、类型论和摹状词理论——《数学原理》采用了这些麻烦的逻辑结构，以便解决上述问题。罗素假定，很少甚至没有接受过数学训练的入门者都可以理解该书。但是，它其实相当艰深，大多数人觉得难以理解。我们不得不怀疑，作为一个包含八个部分的系列讲座，它究竟能够吸引多少人，让他们掏钱购票入场？

在该书——我们也可设想，在作为该书基础的系列讲座——中，罗素没有就乔丹提出的最重要的问题，即“什么是逻辑学？”，进行详尽或者深入的讨论。在该书结尾，他确实提到了这个问题，然后提供了有趣的简略回答。他说，逻辑学“研究现实世界，与动物学一样，是实实在在的学问，使用的是更抽象的普遍特征”；逻辑学研究的是世界的形式特征。他强调说，日常语言并不足以表达逻辑形式，因此“就对这个问题进行任何精确或者彻底的研究而言，研究逻辑符号绝对是必不可少的”。关于这一点，他在该书结尾处发出了类似战斗号令的呼吁：

> 笔者希望，面对理解这些符号的艰难任务，打算掌握数学原则的读者不要退缩。其实，掌握这些符号不像想象的那样，需要花费大量工夫……如果有学生受到这本小书的引导，对数理逻辑进行认真研究，本书就实现了作者的写作目的。

罗素已经发现，接受他的总体哲学立场的主要障碍之一是，没有经过数学训练的人不愿去掌握逻辑符号，其中几乎包括所有哲学研究者。在罗素阅读梅·辛克莱的著作《为唯心主义一辩》的过程中，这个观点得到了证实。罗素两次评述了该书，一次是8月为《国家》撰写的书评，另一次是9月为《英国评论》撰写的书评。人们对梅·辛克莱了解大都因为她的长篇小说，而不是哲学研究。乍一看，我们难以理解，为什么罗素会如此认真地对待她的这本著作和她的观点呢？其原因在于，他不仅两次评论了该书，而且还将书评中无法使用的评论内容打印出来，特地寄给了她。

我认为，罗素这样做的原因在于，他尊重她的业余人士的身份，尊重她撰写让普通读者感兴趣的哲学著作的能力。他在第二篇书评写道，“这位业余哲学研究者发挥了杰出的作用”：

> 506 不是作为新体系或者新论点的发明者，而是作为对这些体系的解释者。她面向不大可能阅读专业人士撰写的技术性著作的一般读者，但是也向专业人士说明了其著作在一般读者眼中的地位。这些读者熟悉学派之间的争论，其人文兴趣并未因此受到损害。

罗素在第一篇书评中赞扬说，辛克莱摆脱了“几乎所有专业哲学研究者在著述中习以为常的傲慢心态”，成功地“面向没有技术背景的公众，展示了哲学界当下研究的问题以及进行的讨论。她采用的方式清楚地显示，尽管对一般公众来说，哲学所用的技术语言如果不是难以理解的，至少是令人反感的。但是，他们确实不乏对这些问题的兴趣”。

辛克莱的著作的书名是《为唯心主义一辩》，在某种程度上针对是罗素自己的观点，特别是在《数学原则》（让辛克莱后来感到尴尬的是，她在书中将它误称为《数学原理》）中表达的观点。但是，罗素似乎认为，她驳斥他的观点的原因几乎完全在于，她对数理逻辑一无所知。而且，罗素相信，只要她掌握了《数学原理》中使用的符号，她可以发挥她的天才，对他的著作——而不是黑格尔的著作——进行通俗的阐述和辩护。因此，在他看来，她的著作以完美的方式说明，他打算撰写的“现代逻辑学引论”很有必要。我们确实可以认为，罗素撰写《数理逻辑引论》时，心里考虑的读者就是梅·辛克莱或者与她类似的读者，其目的旨在提供必需的数理逻辑，以便就这个问题进行哲学探讨。

也许为了承认她作为他的目标读者的身份，在关于数理逻辑讲座开讲首日，罗素邀请梅·辛克莱共进午餐。此举是否使她出席了全部讲座呢？这一点文献中没有记载，但是至少在某种程度上，罗素向她推荐数理逻辑的努力得到了回报。她对他反复强调的掌握技术性术语的必要性作出回应，最后承诺说，在她觉得自己已经考虑了他提出的所有问题之前，她不再撰写哲学著作。她在信中说："为了实现这个目标，我向你索要一本《数学原理》(不是《数学原则》)。"

与罗素重返哲学研究的愿望同时出现的，是他与科莱特确定关系的希望。他告诉她，他觉得，如果她完全和他在一起，他可以做出杰出的成就。他无疑想象，在两人外出共度三周时间之后，可以说服她离开迈尔斯，和他住在一起。8月23日，科莱特在信中谈到了她的丈夫，给满怀希望的罗素一次沉重的打击。她告诉罗素："总而言之，他现在担心的是，他不再是我人生中的核心角色。"对科莱特来说，与以前的情况类似，至关重要的是强调她的自由——"谁在我的生活中扮演核心角色呢？对我来说，这个问题十分重要"。她倾向于认为，她其实应该独自生活。但是，她也怀疑，"除非他希望分开"，她是否可以弃他而去。

罗素要么并不真的相信科莱特在这个问题上的表态，要么认为迈尔斯是异常 507
宽容的丈夫：两周之后，在9月中旬的一个星期六晚上，他向科莱特提出，两人应该一起生儿育女。在那种情况下，那是一个异乎寻常的建议；科莱特虽然并未立刻这样说，但是根本没有表示同意的意愿。与一个男人住在一起，然而与另外一个男人生儿育女，这会造成实际困难和情感纠结。况且，科莱特并不想要孩子。那时，她最想要的也许是成功的演艺生涯，超过了其他任何东西。她刚刚接到邀请并且表示接受，将在莫里斯·埃尔维执导的一部名叫《欣德尔觉醒》的影片中担任主角。她不愿意为了生儿育女，放弃这个难得的机会。

在那次讨论的当天，科莱特离开伦敦，到布莱克普尔拍摄电影去了。她从不隐瞒这个事实——她发现莫里斯·埃尔维非常性感，十分迷人。从她动身前往兰开夏郡开始，罗素就陷入醋意大发的紧张状态。迈尔斯对此深感担心，在写给科莱特的信中说，罗素"情绪失控，精神濒临崩溃"，晚上无法入眠。罗素还确信，身在北方的科莱特的日子很可能是悲剧的，致命的。科莱特曾经漫不经心，给罗素提到过坊间的传言：埃尔维罹患了梅毒。这起到雪上加霜的作用，让罗素有大祸临头之感。

在那段时间的通信中，罗素和科莱特在感情上摇摆不定，从一个极端摆向另外一个。在罗素的信中，这一点尤其明显。从布莱克普尔附近的圣阿格尼丝的住处，科莱特给罗素写信说，她“一直冷静地思考我俩星期六夜里谈到的问题”：

> 你知道，我希望给予你希望得到的一切。但是，还有许多事情需要考虑和商量。正如你自己知道的，情况并不简单。但是，我一直在考虑这个问题。

她写这封信件时，罗素正在嫉妒和痛苦中挣扎。他写信告诉奥托琳，“我活在地狱中，这种感觉来自内心深处，我无法逃避。”他在给科莱特的回信中说：

> 我很爱你……你是我的窗户，让我看到宇宙的光辉。通过另外一扇窗户，这就是我自己，我看到的只有恐惧、黑暗和地狱中的烈火深渊。

两天之后，他再也无法忍受了，在给科莱特的信中写道：“在我的信中，你曾经占据的整个位置已经化为灰烬。我俩已经没有共同的东西了，只有努力忘记对方。再见吧。”次日，他也许收到了科莱特的来信，她答应和他生儿育女。他立刻写道：“你同意做我俩最后一天晚上谈到的事情，谢谢你，我亲爱的。对我来说，这非常重要，我几乎不敢实现这一计划。我怀疑，这样做对迈尔斯是否过
508 于残酷？”但是，罗素仍然焦灼不安，觉得科莱特与莫里斯·埃尔维保持着亲密关系。

也许为了让他自己反复无常的心绪获得某种稳定性，就他对科莱特的性格的了解，他进行了一次严肃的评估，标题是《她的性格和可能出现的变化，伯特兰·罗素，1917 年 9 月 25 日》。首先，“与莫里斯的关系源于她灵魂之中的一种缠结，造成隐晦的痛苦，而且被错误地判断，形成无法满足的欲望”。其次，科莱特的性格由难以调和的因素构成。首先，她热爱自由，憎恨残酷行为，希望出现一种简单的方式，让世界变得完美——“从道德层面看，这是她性格中最好的一面。”问题在于，这一面并未“起到作用”；她并不按照这一点行事，看到别人让世界变得完美时，仅仅鼓掌而已。“在这一点发挥作用之前，她灵魂之中的缠结依然存在。”也许，因为她性格的这一面处于休眠状态，“在她的灵魂中，充满着遭到误读的奇怪渴望和绝望，那种感觉形成狂乱的情绪，导致疯狂的行为，让她希望在心理上得到慰藉。宗教可以治愈这样的毛病。”

其次，她精力旺盛，“那种精力让小狗奔跑，主人慢走”，只有坚定信念才能

给予它某种有用的方向。她的幸福“要求超常的性冒险”，一定程度上因为她的性欲很旺，一定程度上因为她虚荣心很强。“她精力旺盛，在恋爱中喜欢粗野和狂热的言行；这也与她的绝望感有关。”罗素宣称，她的虚荣心是“其性格中最糟糕的一面”。她不分青红皂白，“渴望各种各样的掌声，寻求知名度，喜欢一夜走红。她追求的不是创作优秀的作品，不是获得具有品味的人们的尊重”。至少就当时的情况而言，这一性格占了主导地位，驱使她仅仅追求知名度，而不是成为优秀的女演员。此外，她非常喜欢奢侈品和享受，这两点共同作用，引导她走向商业化的道路，“面临由此带来的所有邪恶——竞争、嫉妒、劣质作品，甚至可能卖淫”。罗素最后表达的观点是，科莱特的“整个道德未来取决于，她应该学会为公众利益工作，而不是为个人利益工作”。为了实现这一点，她需要获得一定程度的自控能力（那时，她“几乎不知道，她是可以不受冲动的诱惑的”）和无私奉献精神。“但是，只有经受地狱的磨炼，她才能学到这一点。”

也许是为了给她一个作出回应的机会，也许让她接受他的建议，甚至也许将此作为对她的一种攻击，罗素将那份相当坦率的性格分析寄给了仍在布莱克普尔的科莱特。那封信件如同石沉大海，没有回信。科莱特后来说：“看到这样的分析，只有很少的女人可能表示宽恕。”她尚未承认她与埃尔维出现了婚外恋情，所以乘机表示否认。9 月 28 日，她写信告诉罗素，莫里斯“不是我的情人，你与奥托琳和艾略特太太之间才是那种情人关系”。

但是，罗素并不相信。为了让自己免受更多的难以忍受的痛苦的折磨，他决心离开她。10 月初，她回到伦敦，他亲手交给她一封分手信件。她在回信中说：
“如果你离开我，我不会自杀，我不会放弃工作，我不会放弃反征兵团体；我将 509
和现在一样，依然爱你，但是，我不会告诉你我心里的秘密。我知道，我俩属于对方。如果你不知道这一点，我就无能为力了。”她看到罗素没有回信，于是再次写信说：“我无法理解，甚至无法试图用语言表达我心中的巨大寂寞。”罗素回复了这封信件，声称他虽然希望自己依然爱她，他却无法做到。在这种情况下，科莱特 10 月 11 日写道：“我向上帝表示，我们再也不要见面了。”

罗素可能也希望如此。他尝试将与科莱特的恋情抛在身后，再次将目光投向维维恩·艾略特。他与科莱特（两人都以为的）分手之后不到一周，罗素做出安排，打算与艾略特夫妇一起，搬到乡下居住。与他和维维恩关系中发生的其他许多故事类似，该计划的来龙去脉在文献中没有记载。[1] 但是，合理的猜测是，他先和艾略特夫妇讨论过这个问题，然后才与科莱特分手。

艾略特夫妇在博萨姆度过夏季之后，9 月返回伦敦——艾略特在月初，维维恩在两周之后。维维恩发现，住在伦敦令人难以忍受。从博萨姆回来不久，夫妇两人决定，在乡下寻找住处。他们最初的计划是放弃在伦敦的公寓，在伦敦附近的找个地方住下，以便艾略特每天到伦敦商业区上班。两人没有找到合适的地方，几个星期之内实施了另外一项非常不同的计划：保留在伦敦的公寓，让艾略特居住，维维恩搬到乡下去，设法寻找一幢农舍式小屋。这样，罗素和艾略特夫妇便可以住在一起了。在时间安排上，两人改变计划的做法与罗素“结束”和科莱特关系偶然巧合。

根据新的计划，艾略特不必每天往返上班，对农舍式小屋的位置要求不高。在某种程度上，那个想法看来重复了罗素和艾略特夫妇在 1915 年一起居住的模式：罗素和维维恩工作日住在一起，艾略特和他们一起度周末。那时，艾略特在伦敦的工作十分繁忙，除了银行的工作之外，他每周还在伦敦的不同地区讲两个晚上的课。另外，他担任《自我主义者》的发行编辑，有时需要待在布鲁斯伯瑞街的办公室。我们难以知道，他如何看待长时间不再伦敦的生活，他无疑对这项计划感到满意：其一，他不用每天在路上奔波；其二，他可以保留在伦敦的公
510 寓。实际上，这项计划看来给各方提供了最佳结果：艾略特可以待在伦敦；罗素可以有一个安静的地方，准备即将举行的讲座，撰写《自由之路》；维维恩在乡村中可以让紧张的神经放松下来，逐步恢复健康。此外，对罗素和维维恩来说，这个计划还提供了机会，让他们两人在不引人注意的情况下，继续难以终结的奇特恋情。

10 月 22 日，在她写给艾略特的母亲的信件中，维维恩解释了这个计划，字里行间透露出相当神秘的意味。她告诉艾略特，她在信中必须小心谨慎，因为“关于某些事情，海关的审查肯定十分严格”，而且“没有人不在乎自己的信件

[1] 维维恩写给罗素的信件幸存下来的寥寥可数，我不禁觉得这一事实相当可疑。罗素档案馆从罗素本人那里获得的许多箱文件证明，他的自然倾向是，尽量保留一切文字材料。他在那段时间与维维恩的通信中数次提到，他收到了维维恩的信件，但是却没有一封幸存下来。同理，1915 年和 1916 年期间，维维恩肯定给他写过信，但是一封也没有保留下来。他为什么扔掉或者毁掉维维恩的信件呢？我不知道原因，但是我认为，几乎可以确定的是：其一，他扔掉或者毁掉了维维恩的信件；其二，（鉴于他在其他情况下往往本能地保留大量信件的做法）肯定存在某种原因，让他扔掉或者毁掉维维恩的信件。

被人销毁！”但是，她继续说：“我无法向你仔细解释某些问题，让我感到非常为难。”看来，她觉得难以解释的是，为什么她和艾略特必须保留在伦敦的公寓，同时又要在乡下寻找住处？为什么审查员会对这样的事情感兴趣？她对此缄口不言。但是，其原因很容易解释：其一，艾略特要工作，所以夫妻俩需要保留在伦敦的公寓；按照维维恩的估计，这样一来，艾略特每周至少得在伦敦住两个晚上。其二，她需要待在乡下，以便恢复健康。夫妻俩需要在城里保留一套公寓，在乡下租一幢农舍式小屋，这根本没有什么神秘可言。不过，艾略特的母亲夏洛特发现难以理解的是，夫妻俩怎么有能力支付房租呢？在她的信件中，维维恩根本没有提及罗素——也许，维维恩觉得必须审查的正是这一实情。

在寻找合适的农舍式小屋期间，维维恩暂时住在一位农民的家里，那幢房子名叫森赫斯特农庄，在萨里的阿宾杰公地，离罗伯特·特里维廉的住处很近。那位农民曾经为罗素和特里维廉打理花园，一般不收租客，在罗素的游说之下，破例出租了房屋。维维恩大约在农场待了三周时间，从 10 月 17 日到 11 月 4 日左右，看来大多数时间独自一人。农场远离伦敦，交通不太方便，所以艾略特那段时间住在伦敦，只在周末与维维恩会合。

可是，即便在计划与维维恩同居期间，罗素依然渴望得到科莱特。在 10 月 25 日写给她的信件中，罗素表达了让步和认输的意思：“与你在一起，让我知道了真正的快乐。如果我可以按照自己的信念行事，我应该依然知道快乐是什么。我怎样才能跨过这一道门槛呢？”我们不可能知道，在那段时间，他究竟见过维维恩多少次，但是，从他 10 月 30 日写给科莱特的一封长信中我们知道，他至少和维维恩度过了一个晚上。他写那封长信的主要目的是要告诉科莱特，他依然爱她，希望她回到他的怀抱。但是，在这样做的过程中，他谈到了在维维恩住处的短暂逗留，满怀激情，极度痛苦。他写道，“我曾经告诉你，我当时打算与艾略特夫妇一起，租下一幢农舍式小屋”：

> 我本来打算（也许非常罕见的情况除外）与艾略特夫妇以朋友身份相
> 处。但是，我回到她的身边，她非常高兴，非常亲切，希望超过友谊的关
> 系。我当时觉得，我可以控制局面。如果我们租到农舍式小屋，这可能让她 511
> 期望更多的东西。最后，我和她待了一个晚上。**那天晚上的情况非常糟糕，**
> 让我深感厌恶，无法言喻。我没有让她知道我的感受。后来，她给我写了一

封信，显得非常开心。我试图不去回想当时的情景，但是它常常出现在可怕的噩梦之中，让我半夜惊醒，不再保留任何自欺欺人的想法了。迄今为止，我没有给她说过一个字。如果我告诉她，她会很不高兴。假如我和她仅仅是朋友，没有其他任何关系，我会喜欢那幢农舍式小屋的。实际上，我确实无法让自己接受更密切的关系。

我希望你理解的是，让那个晚上变得厌恶的唯一原因是，我没有和你在一起。此外，没有任何因素让我讨厌它。

……与艾略特夫妇合租农舍式小屋的计划目的是，让我自己在一定程度上与你保持独立，但是结果事与愿违。如果计划落空，我将更依赖你，超过了以往任何时候。离开了你，我的生活没有色彩，没有快乐，到处都弥漫着一种堕落气味，直到我被恶心感逼疯。我不得不让艾略特太太感到伤心，我不知道如何面对。肯定不能突然做出那样的举动。

噢，科莱特，我非常痛苦，非常可怜。你是否可以让我躺在你的怀抱中，找到安宁之处呢？你是否可以让我爬入你的怀抱，静静地躺在那里呢？你是否可以发一点怜悯之心，救救这个受到伤害、痛苦不堪的可怜人呢？我并不想要激情，至少现在不需要。我想要回家——你把我赶了出来，让我成了举目无亲的路人。我心里不再有家的感觉，但是我觉得，你可以让我忘记，至少暂时可以忘记。

……这不是一封勇敢的信件。自从你去布莱克普尔以后，骄傲之心让我言行失控，但是这封信中我说的全是实情。

……我的要求有些过分，肯定超过了你可以给予的限度。这就是我尝试逃避的原因。我本来以为自己可以逃避，但是我错了。现在，你鄙视我。如果是这样的话，让我立刻知道，我将再次尝试离开。

请务必立刻回复。我星期四晚上将去见艾略特太太，我希望在那之前收到你的回信。请告诉我你的想法，哪怕它让我伤心也行。

对这封信件的一种解释——例如，在T. S. 艾略特的传记中，彼得·阿克罗伊德采纳了这种解释——是，罗素终于成功地和维维恩上了床，但是，她几乎一直在来月经，这让他觉得非常扫兴，决定再也不和她睡觉了。这种解释可能有一定

道理，[1] 如果真的如此，它可以让我们理解罗素在这封信件中使用的某些文字（这 512
一点肯定更有说服力，超过了罗素在信中所说的理由——“让那个晚上变得厌恶的唯一原因是”，他没有和科莱特在一起）。但是，这种解释没有说明这封信件的最突出的特征：自卑的道德挫败感、自欺欺人的忏悔式言论、到处都弥漫的令人恶心的“堕落气味”。这种语言听起来不像表达纯粹生理方面的反感；更确切地说，它听起来更像一个对自己的行为感到恶心的男人的道白——他良心发现，觉得自己已经堕入不道德的深渊。

在那段时间写给奥托琳的信件中，罗素也重复了这种自我谴责——甚至自我厌恶——的意思。他试图摆脱在感情上对奥托琳的依赖；1917 年夏末，他的长期努力在某种程度上如愿以偿。在实现这一点之前，也许为了让他自己确信，他有权离开她，罗素在给她的信件中一直不停地批评她的性格，批评她在两人关系中的所作所为。奥托琳虽然非常伤心，但是明白他这样做的目的。她在 8 月写道：“他真的厌倦我了，将这些子虚乌有的罪孽强加在我的头上，以便掩盖他变心的事实。”这是罗素作为恋人在她面前的最后一次喘息。大约就在他与科莱特一起到斯罗普郡度假那段时间，罗素与奥托琳的恋爱纠葛最终尘埃落定，两人的关系开始出现更稳定的情况。他从一个值得珍视的老友的角度看待她，再也不从受到伤害的恋人的角度了。

因此，大约从 1917 年夏末开始，罗素写给奥托琳的信件采用了一种新的基调，长时间表现出来的那种积怨全无踪影，取而代之的是坦诚和真实。现在确定的是，他们不再是恋人，仅仅是朋友。他似乎可以与她讨论许多问题，态度认真，不乏深度，这样的做法他与其他人交流时甚至不会尝试。这并不意味着，他相信她，向她透露自己在爱情生活方面的细节。但是，在他试图分析自己的道德方面的“内在”生活时，他会采用他觉得她可以理解的方式。

例如，就他在写给科莱特的信中含蓄表现出来的道德挫败感而言，在给同一

---

[1] 可是，我倾向于认为，在那以前的很长一段时间里，罗素和维维恩一直都是恋人。我这样说的理由如下：其一，1916 年 10 月 21 日，他给科莱特写了一封表示忏悔的信件，使用了显露内心活动的“亲密”一词，这让人想起几个月之后她向奥托琳的坦白交代——他与科莱特的关系“已经变得亲密”。其二，科莱特在 1917 年 9 月 28 日的信件中说，罗素是维维恩的“恋人”。其三，1972 年，在写给罗素档案馆的肯尼思 · 布莱克维尔的信件中，科莱特提到了维维恩和罗素发生了性关系这个想法：“我总是理所当然地认为，他们两人发生了性关系。当我在写给伯特兰 · 罗素的信件中提到这一点时，他从未反驳我的看法……有一次，他穿着黑色睡裤，进了我的房间，说维维恩喜欢那条睡裤。”

时期写给奥托琳的信件中，他可以明确说明。他在11月14日的信中说，“我最近出现了道德滑坡”：

> 我希望重新振作起来。我已经让自己的意志消退，对此深感惭愧……我非常憎恨和厌恶自己的个人生存状态——眼下，我的生活不健康，只有乱七八糟的东西。我担心自己身陷泥潭而不能自拔。我想要广阔的视野和清新的微风。

过了不久，就在11月26日，他告诉她，他终于恢复了自我控制：“总算过去了！”他告诉她，一个人必要依靠自己，需要规则和自控，以便约束自己的欲望。“这样做枯燥乏味，然而看来是必要的。”他希望努力工作，避开任何种类的强烈情感。“我已经失去了某东西，这种情况在困难挣扎的过程中常常出现。我好像失去了热恋的能力，失去了看到美好生活的所有方式。”这时，他决心——
513 或者说至少可以——保持“清醒，过单调的生活”。他说，他恢复了心智健全的状态，其方式是在一定程度上放弃政治活动——那样的活动让他产生无力感，“会把人逼疯的”。

这些信件给人的感觉是，他努力从精神失常和道德堕落的困境中恢复过来；考虑到他1个月之前写给奥托琳的信件，这一点耐人寻味。那时，科莱特透露了她对莫里斯·埃尔维的感情，让罗素处于危机的巅峰。他在那封信中告诉她，“我万念俱灰，这一点无法对你隐瞒。然而，我的整个本能想法是，最好将它深埋心底，自己无法面对时不要流露出来”：

> 我相信，可以找到原因，我将会找到它的。但是，我现在必须首先涉险进入深水之中，我**知道**自己必须独自去做。我必须怀疑许多你无法怀疑的东西。我必须吸收和消化去年冬天在我头脑中出现的对人类的憎恨。我尚未摆脱这样的感觉。它让我慢慢默认自己一直对抗的东西。

他觉得和平运动的工作劳而无功，产生了厌世情绪，对莫里斯·埃尔维的嫉妒让他情感动荡（他当时的状态极端糟糕，让迈尔斯·马勒森觉得，他将出现精神崩溃），觉得自己出现了道德滑坡。所有这一切似乎在他的头脑中混为一团，将他推入深水之中，让他逐渐默认并不令人愉快的实情——对于这样的实情，就连奥托琳这样比他更“挑剔”、具有超强纯洁性的人也觉得满头雾水。

在那段时期写给科莱特和奥托琳的信中，罗素使用的隐喻显示出非常明显的一致性。如果将它们放在一起，它们可以组成这样的画面：他堕落了，身陷泥潭而不能自拔。可以这么说，他吸收了某种骇人听闻的真理，它们不仅与人类有关，而且也与他自己有关。那时，他身边的“堕落气味”让他感到恶心，他希望开始向上爬，摆脱黑暗的深渊。如果将隐喻变为非文学语言，他给人的印象是：其一，与科莱特分手让他行为反常，其方式让他后来深感羞耻。其二，与维维恩度过的那个晚上让他感到恶心，主要原因不是维维恩处于经期之中这个事实（如果说它是事实的话），而是他意识到，他已经极度堕落——他明明知道，自己并不爱她，而且最终将会伤害她，甚至让她伤心欲绝，但是他仍然无法抗拒诱惑，与她发生了性关系。其三，他其实缺乏自控能力，与他早些时候指摘的科莱特的做法没有什么两样。其四，他还忘记了，不管怎么说，人有可能不受冲动的支配。

我们无法确认，科莱特对此究竟理解多少。她回复了他 10 月 30 日撰写的这封长信，言辞中不乏同情和鼓励，表明她将毫无遗憾地回到他的身边。11 月 1 日，罗素在信中告诉她：“你的来信给我带来巨大快乐。我原来根本没有想到，我的信件将会让你回心转意。”维维恩仍然住在乡下（“所以，我今天晚上不会去见她”），他可以很快见到科莱特，这大大超出了他的预料。“今天晚上，我不想争论，安慰或者解释——我只想和你在一起，享受安静休息的感觉。”他告诉科莱特，她唯一没有给他的是“我不应想要的东西——占有感”。

他将与维维恩见面的时间推迟到 11 月 6 日。他次日写道，结果“令人非常 514
满意”。他已经“摆脱了她的主动行为——她当时的行为非常大方——带来的麻烦的情感纠缠，这让他松了一大口气”。一周之后，他与维维恩再次相见。他 11 月 13 日写道：“今天上午，我收到艾略特太太的信件。我害怕今天晚上和她见面。但是，我可以做出某种无法挽回的举动——当然，我觉得这样做是可耻的。”后来的情况证明，对他来说，从维维恩的恋情中抽身出来相当容易；相比之下，克服对埃尔维的嫉妒却完全是另外一码事情。他在信中谈到，他前一天夜晚让科莱特“十分痛苦”，他觉得那样做“其实是向前迈出了一大步，有望回到我们两人希望的状态。这让我摆脱了令人厌倦的困扰；如果我保持沉默，那种困扰是无法排解的”。他告诉科莱特，问题根源是：

> 我困惑不解，在那么爱我的情况下，你竟然可以爱上别的人，你竟然可以在让我俩关系大受伤害的事情中发现乐趣。

我们自然可以反驳说，对罗素这样的男人来说，不应该有什么困惑不解的事情：在与奥托琳保持恋情的时候，他爱上了海伦·达德利；在与维维恩保持恋情的时候，他爱上了科莱特。其实，虽然这样说显得不可思议，实际情况真的如此：在罗素复杂的情感生活中，一个重要的因素是，他认为他在一段时间中只能爱一个女人。因此，如果他发现一段恋情未完时自己另有新欢，他会以某种方式让自己相信，他已经终止了与前者的恋情。

他与维维恩见面的情况十分顺利，超过了他的预期。他告诉科莱特：“艾略特太太就像来自天堂的圣人，把她自己的痛苦搁在一帮，开始排解我的郁闷——她最终做到了这一点。”

他和科莱特决定，要给自己找一个“家”，一个两人可以安静幽会的场所。两人在菲茨洛伊街找到了一套一居室公寓房。罗素让她放心，他们有了自己的地方后，一切都会回归正常。这正是他 8 月时希望做的事情。但是，他后来意识到，已经发生的事情削弱了他对科莱特的信心，削弱了他的自尊，他们两人无法期望回到科莱特去布莱克普尔之前的状态，不可能再去享受那种充满沉思的平静生活。对他们两人来说，情况已经变了，过去已经一去不复返了。11 月 29 日，两人一起在新“家”度过了第一个夜晚。罗素不久之后大发雷霆，觉得科莱特在情感上和莫里斯·埃尔维藕断丝连。对罗素和科莱特来说，那个地方让人联想到不愉快事情，以后几乎再也没有使用。科莱特继续住在梅克伦伯广场她那间“阁楼”里，罗素继续住在戈登广场弗兰克的家中。

在整个 11 月和 12 月的头两周中，罗素每个星期二举行数理逻辑的讲座，其余时间分为分别做两件事情，一是阅读撰写《自由之路》的资料，二是完成在反征兵团体中的收尾工作。但是，他非常希望自己可以抽出时间，准备新年举行的
515 《逻辑原子论哲学》讲座。为了这个目的，他依然很想在乡下找一个住处。况且，他与科莱特的关系再次恶化，他重新考虑与艾略特夫妇合租一幢房子的计划。12 月第一周，他和艾略特夫妇一起，签下了一份为期 5 年的合约，租下位于白金汉

郡的马洛的一幢房子。马洛是一个小镇，雪莱 1817—1918 年在那里住过，因此这个镇小有名气。罗素12月写信告诉奥托琳，“我满脑子都是可以研究新的想法，相信去马洛居住的计划将会给我一个可以工作的安静去处”：

> 我觉得，自己好像再也不会产生任何种类的强烈情感了。我想要一种按部就班的安静生活，就像赣第德[1]后来的生活——情感最终总是可怕的东西。但是，我觉得，我无法长期过这样单调无聊的生活！

他情感枯竭，决心不让自己在道德上继续堕落，那时选择了一种令人匪夷所思的平静的生活方式。12 月 23 日，就在最后好一次讲座之后几天，他在写给奥托琳的信中说，他喜欢为撰写《自由之路》准备资料，但是，他“更喜欢春天重新回到哲学研究之中去”：

> 今天，我到威斯敏斯特大教堂去了，在那里坐了一阵。我总是觉得，它非常漂亮。我听着唱诗班的歌声，思绪慢慢转向永恒之物，渐渐远离恼怒和绝望之感。人类真的很悲剧，但是有一种光彩可以穿透他们的盲目性。

他与科莱特母女一起，在伦敦过圣诞节，然后到了加辛顿，准备关于逻辑原子论的讲座。他在那里给科莱特写信，谈到了“马洛计划”。他告诉她，租下那幢房子的主要原因之一是，“可以让自己不会向你提过多要求，超过你可以给予的限度”。1918 年 1 月 1 日，在给她的信中，他谈到对维维恩的感情：

> 我并不爱她，并不在乎是否可以与她保持肌肤之亲。但是，我喜欢和她交谈，一起散步。她对我的感情是无私的；如果没有她，我不知道自己怎么才能熬过过去几个月的郁闷日子。我非常感激她，期望在将来的某个时段，她将成为我人生中非常重要的一个部分。但是，我现在尚不知道，这一点是否会实现。

---

[1] 法国 18 世纪大文豪伏尔泰的同名短篇小说中的人物。主人公赣第德（法语 Candide，意思为诚实、正直）辗转漂泊，到了不同国家，遇到世间各种光怪陆离的事情。作品以他的传奇遭遇为主线，探讨人生和哲学问题。——译注

科莱特回复说，她愿意接受他的说法，维维恩对他的“感情是无私的。我不认识她，因此无法从任何角度作出判断”：

> 但是，我确实知道，你许多次与她产生了非常复杂的情感缠结（害怕与
516 她见面，如此等等）。就你的工作而言，诸如此类的因素也许让你觉得心烦意乱，与你对我的看法类似。而且我还知道，你常常发现，你与她的关系让你感到压抑。

但是，在罗素看来，他对科莱特充满忌妒，这造成了具有破坏性的不稳定局面；相比之下，与维维恩的“情感缠结”对他的影响微乎其微。他在接下来的一封信中告诉科莱特：“我在工作日待在马洛，每周与艾略特太太一起，到伦敦去一两次。”次日，他表达了对埃尔维的某些感觉。他告诉科莱特，埃尔维逃避战争，其生活的主要目的只是赚钱，所他不喜欢埃尔维。在这种情况下，因为科莱特爱埃尔维，罗素也将她与这些问题联系起来，而不是考虑她的和平主义信念和民主信念。

面对罗素没完没了的恶言攻击，科莱特又写了一封分手信。罗素针锋相对，在 1 月 14 日的信件中敦促她忘记他，以免承受和他交往必然带来的痛苦。他告诉她，“我的人生被困在痛苦之中，对任何与我亲近的人来说，这都是地狱。”但是，过了不久，他回到伦敦，两人再次重修旧好，并且建立起将会持续 1 年的格局：罗素先是相信，他俩之间的关系可以恢复到“布莱克普尔之前”状态；然后，他又打消了这个念头。这样的反复从 1918 年元旦开始，持续了数月时间。在这个过程中，罗素似乎在这两者之间徘徊：一方面，他对科莱特持有充满激情的欲望，另一方面，他几乎充满同样的热望，想要完全摆脱这种激情，以便将注意力集中于工作之中。

新年期间，他在加辛顿逗留数周时间，准备现已成为他最著名的哲学著作之一——关于逻辑原子论的讲座。如果说他对数理逻辑的研究显示，他再次渴望以宁静的方式，思考他战前已经知道的“永恒”之物，那么，关于逻辑原子论的讲座说明，他正在鼓起勇气，面对过去的灾难。他在撰写社会重建讲座的过程中告诉奥托琳，他觉得，自从维特根斯坦 1913 年攻击他的判断论以来，在面对原创性哲学思考的艰难要求时，他已有力不从心之感。一方面，他认为所有哲学问题

从根本上讲都是逻辑问题，另一方面，维特根斯坦削弱了他的信心，让他觉得自己没有能力从事重要的逻辑学研究。在这种情况下，他 1914 年为哈佛大学讲座选择了一个形而上学的题目。失去信心让他深感绝望，哲学对他的吸引力已经弱化，取而代之的是不那么困难的追求目标。

有鉴于此，在 1918 年初的讲座中，罗素集中精力，研究当初遭到维特根斯坦痛批的问题。这说明，罗素已经重新树立进行哲学研究的信心。罗素认为，这些讲座将会明确反映他从维特根斯坦那里学到的东西，既有维特根斯坦对他早期观点提出的批评，也有维特根斯坦 1913 年秋天去挪威之前他根据口述记下的《逻辑学笔记》。他在第三讲中宣布："在这个系列讲座中，许多内容源于我从朋友维 517
特根斯坦那里得到的启发。"该讲座以系列文章形式在《一元论》上刊出时，他在一篇短序中重复了这一点，然后补充说："1914 年以来，我没有机会了解他的观点，我甚至不知道他是否活着。"

尽管这些讲座确实说明，维特根斯坦的《逻辑学笔记》对罗素产生了非常巨大的影响，现在看来，这些讲座最突出的特征似乎正是他提出的非维特根斯坦式的哲学观点。它们体现的哲学风格完全是罗素式的；就这一点而言，所用的标题《逻辑原子论哲学》在某些方面带有相当大的误导性。罗素在第二讲的开头表示，"我应该坚持的主要论点是分析的合理性"，因此更恰当的标题应该是《逻辑分析哲学》。他希望倡导的哲学是分析性的，旨在剖析复杂的事物和理念，将其转化为简单的成分。这样的过程是否最终形成所谓的逻辑原子呢？对他来说，这一点无关紧要；重要的是，应该开始分析，不应被黑格尔哲学的所谓不可分割性——实在的"统一性"——捆住手脚。

由此可见，那些讲座内容可被视为一个宣言，提出了罗素有时候希望就此建立学派的那种科学的"分析"哲学。但是，在至关重要的问题上，罗素的分析哲学概念与近年在学院派哲学中占主导地位的那种分析哲学迥然不同。如今，学界广泛认为，分析哲学的特征是以所谓的"语言学转向"为特征的：放弃传统哲学关于实在和思维本质的问题，崇尚语言分析。罗素提出的分析哲学概念的核心信念是，从本质上看，逻辑学与语言相关。但是，在《关于逻辑原子论的讲座》中，罗素沿用了以前在数理逻辑讲座中提出的观点，认为逻辑学研究的是世界的最普遍的问题，而不是语言。

他在第四讲中说，逻辑学"关注事实的形式，着力认识世界上存在的不同种类的事实，着力认识事实的不同逻辑类型”。世界的这些特征——这些事实的形式——是实在的极端罕见的侧面。它们非常罕见，几乎难以对其进行思考。他说，在哲学逻辑中，“人应该思考的主题十分困难，稍纵即逝，任何已经试图进行这种尝试的人都知道，在半年之中可能只有1分钟时间涉及它。在其余时间里，人思考的是相关符号”。如果有人在半年中能够一次将注意力集中在这个非常精妙的问题上，他就跻身真正优秀的哲学家之列了——“蹩脚的哲学研究者根本做不到一点”。

符号理论对哲学研究来说至关重要，“超过了我一度认为的程度”，但是其重要性“完全是负面的”：

> 这就是说，其重要性存在于这一事实：除非对符号相当自觉，除非对符号与符号表示的对象之间的关系有相当明确的认识，研究者将会发现，自己将仅仅属于符号的特性归为研究的对象。

518 由此可见，罗素认为，逻辑研究与对语言——意义——的分析迥然不同：前者是将自己的思维集中在难以捉摸的“形式”上的尝试，几乎希望渺茫；后者被证明是心理学的一个分支：

> 我认为，意义的理念在一定程度上属于心理上的。我们不可能形成关于意义的纯粹的逻辑理论，因此也不能形成关于符号的纯粹的逻辑理论——符号理论。如果不考虑人与事物之间的这种认知关系，就不可能以纯粹逻辑的方式，解释符号的使用。

这个思路将罗素引入另外一个方向，与他在早期研究中表现出来的特征截然相反：在以前的研究中，他试图“消除”逻辑学和数学的心理特征，并且在该过程中将哲学研究者的注意力从心理学转向逻辑学；这时——尽管他在当时可能尚未完全意识到这一点——他的观点得出的必然结论是，与逻辑学相比，心理学对哲学研究其实*更加*重要。

实际上，根据罗素在这些讲座中提出的观点，心理学在隐含意义上甚至为逻辑学本身——或者至少说，为逻辑学的一个部分——提供了基础。其原因在于，虽然在罗素的构思中，逻辑学分析世界的形式特征，而不是语言的形式特征，但是在某种程度上，逻辑对分析命题的结构感兴趣——哪怕其目的旨在探索，命题的形式是否忠实地反应它们描述的事实的形式？罗素提出的摹状词理论就属于这样的研究，认为对日常语言的明确描述掩饰了它们所描述的事实的逻辑结构。如果逻辑真实性是研究的主要目标，日常语言应被一种逻辑上更正确的新的符号形式取代。从理论角度看，如果用——可以这么说——明确标示逻辑结构的符号，取代带有误导性的语言形式，那么，这一过程最终将会建构一种逻辑上完美无缺的语言。这种语言的句法——语法——将非常完美地反映世界的逻辑结构，使用它不可能表示任何没有意义的东西：使用这种语言的每个命题都将描述世界中的一个可能存在的事实。[1]

所以至少在某种程度上说，逻辑学研究的是命题。但是，罗素说，“命题只是一个符号”；鉴于符号理论从根本说属于心理学，其结果是，没有对心理学的 519
研究，就无法完全理解逻辑的本质。这是一种“心理学”思路，隐含意义在接下来的几个月中越来越明显，在他其后几年的哲学著作中凸显出来。但是，从本质上讲，它在《关于逻辑原子论的讲座》中已见雏形。

从某些方面看，讲座显示，在罗素的思想中出现了一个过渡阶段——他已经放弃了原来的观点，但是尚未找到取代它们的东西。在他关于命题和判断性质的论述中，这一点最为明显。他认为，命题“只是一个符号”，但是他在其他地方又说，命题“显然什么也不是”。由此可见，命题就像限定摹状词，是不完整的符号，需要语境来获得意义。《数学原理》就是以这种方式对待命题的；但是，在这一理论中，语境是由心智提供的，即通过形成判断的心理行为来实现的。可是，罗素的判断论被维特根斯坦提出的批评彻底摧毁，1913 年以来一直处于被废弃的状态。现在，在《逻辑原子论哲学》中，罗素使用整整一讲的时间，讨论判断论，并且承认说，维特根斯坦提出的批评具有力量，让他不得不放弃原来的

[1] 可是，按照罗素的表述，这种语言的词汇将会让它完全无法使用，其原因如下：其一，世界之中的每个具体事物都有自身的名称。其二，对每个具体视角来说，具体事物都是唯一的；这意味着，每个词汇只能由一个人使用。罗素在《关于逻辑原子论的讲座》第 59 页上说：“一种逻辑上完美无缺的语言——如果可以建构这样的语言的话——不仅啰唆得让人无法忍受，而且其词汇大体上属于一个使用者……它使用的所有名称都属于那个使用者，无法进入另外一个使用者的语言……总而言之，你将会发现，它的确是一种非常不方便的语言。逻辑需要与日常需要截然不同，所以逻辑学作为一门科学非常落后，这是其中的一个原因。” 在《哲学研究》中，维特根斯坦提出了著名的“私人语言论证”，其攻击对象就是罗素提出的语言观：它在逻辑上完美无缺，在本质上属于个人。

观点。不过，正如他坦率承认的，他尚未找到更好的理论来取代判断论，在那个阶段只能详细说明新的判断理论必须面对的问题，然后强调了研究这个问题的难度。因此，在他的哲学逻辑的核心位置上，他留下了一个巨大的空洞，没有找到什么东西来进行填充。他只得对讲座的“试探”性质表示歉意，声称“解决这个问题并非易事”，恳请听众谅解。

讲座内容后来在《一元论》上刊出，分为四期，时间为1918年10月至1919年7月。乔丹对此感到高兴，但是恳请罗素继续研究这个问题，一段时间之后提出更令人满意的命题理论：“你在讲座中讨论了命题与符号之间的关系，我对你的论述并不满意，希望你就此进行明确界定。”

罗素非常希望从命，也许有意使用1918年的春夏两季，在马洛的住所中潜心研究哲学。那时，他的愿望不是阐述原来的理论，而是以新的命题理论为切入点，就哲学逻辑提出新的论述。从当时的情况看，他与艾略特夫妇合租房子的原因，不是维维恩对他的吸引，而是他心怀希望，觉得T. S. 艾略特可能在哲学上给他提供灵感。

那年3月，艾略特在《国家》上发表了关于《神秘论与逻辑学》的书评，给罗素留下了不错的印象。《神秘论与逻辑学》1918年1月出版，是一本论文集，罗素打算用来它替代他1910年出版的早期著作《哲学论文》。《神秘论与逻辑学》是一个大杂烩，以不可思议的方式，将通俗文章与技术性论文混在一起，将不乏浪漫情怀的文章与科学论文混在一起。它收录了罗素在20世纪初期撰写的文章，
520 例如，《自由人的信仰》，以及战争时期撰写的文章，例如，《论哲学领域中的科学方法》。总的说来，该书的选文内容庞杂，代表了他的创作结果，反映了那些年出现的深刻变化，其中包括他的哲学思想和一般观点。艾略特宣称，该书是罗素出版的最重要的著作之一。艾略特在评述选集中更纯粹的哲学论文时写道：“罗素先生使用英语撰写哲学论文，达到了最高水准。在当代作者中，可以与他比肩的只有布莱德雷先生。”

罗素本来雄心勃勃，打算与艾略特一起，在乡下讨论哲学，结果他的愿望却未能实现。在他与政府的最后一搏中，他遭到起诉。政府根据《领土防卫法案》，判他在布里克斯顿监狱服刑6个月——其实，他当时已经做出决定，完全放弃反战宣传工作。

政府提出起诉的起因是《论坛报》刊登的一篇社论。那是他新年期间在加辛

顿撰写的，题目是《德国提出的和平倡议》，本来是他希望为该报撰写的最后一篇社论。社论杂乱无章，毫无条理，没有显示他惯有的风格。也许，它反映了这个事实：他的心思和感情已经转向另外的问题。在这篇社论中，他敦促工党使用自身的影响力，促使英国政府按照俄国人提出的不吞并、不赔偿的思路，接受德国人提出的全面和平倡议。这本来是非常合理的建议，但是在论证这个建议的过程中，罗素采用了欠缺考虑的方式，辱骂英国政府和美国政府。他提出，西方国家的政府不愿回应德国倡议的原因是，这样做将会"让遭到憎恨的布尔什维克分子获得胜利，给世界各地的民主革命者提供一个示范，教他们如何对付资本家、帝国主义者和战争贩子"。他认为，西方国家的政府知道，它们无法通过继续战争的方式，实现更好的和平，"但是从阻止自由和全面和平的角度看，继续打仗可能带来它们期望的东西"。如果不尽快实现和平，整个欧洲可能出现饥荒；母亲看到自己的孩子被活活饿死，可能出现疯狂举动，男人们将被迫互相争斗，以便获得为数不多的残羹剩水。在这种状态下，"不可能出现成功革命所需要的建设性尝试"。

> 届时，美国大兵将会占领英国和法国。无论他们是否有效地抵抗德国人，他们肯定会具有恐吓罢工者的能力。在他们的本土上，美国军队对实施这样的占领习以为常。

"我不是说，这些是政府正在考虑的问题，"罗素写道，然后以毫无必要的尖刻语气补充说，"所有的证据显示，政府官员们根本没有想到这些问题，他们只知道打发今天的日子，满足于完全无知和多愁善感的废话。"

这篇社论不在罗素发表的最有思想洞见的文章之列，其实应该被人遗忘。但是，它成为罗素最有名的报刊文章之一。

罗素本来指望隐居乡下，去过充满沉思的宁静生活，这篇社论的刊出时间极 521
不合适，带来了灾难性结果。早在 1917 年 12 月，罗素的哥哥弗兰克曾到陆军部拜见科克里尔将军，其实已让对方相信，罗素结束了反战宣传工作，决定回到哲学研究领域。在这种情况下，1918 年 1 月 17 日，政府的三个相关部门——内政部、陆军部和外交部——联合形成了一份备忘录，宣布同意取消对罗素的旅行禁令。就在同一天，刊登《德国提出的和平倡议》的《论坛报》被送到内政部。科克里尔将军见后立刻写信通知弗兰克："这篇文章出现之后，根本不可能对罗素网开一面了。”其结果是，同意取消禁令的备忘录被搁置一旁。

让当局反感的主要是社论中所说的情况——美国“大兵”将被用来恐吓罢工者。2月1日，两个警方探员来到戈登广场，出现在罗素的公寓里，问他是否撰写了那篇社论，特别提到包含以上谴责之辞的那个句子。几天之后，罗素收到一张传票，责令他出庭受审，罪名是“发表了和很可能损害国王与美国关系的言论”。罗素写信告诉奥托琳：“这事让我深感恼怒，特别难受的是，社论中的这些言辞相当愚蠢，根本起不到良好的宣传作用。”

2月9日，案子在位于弓街的地方法院举行，罗素被判有罪。没有谁对此感到惊讶。地方法官约翰·狄金森爵士宣布，罗素的做法“非常可鄙”，判处他在二等待遇监狱服刑6个月。罗素本来以为，法庭将会处以罚款了事。判决如此严厉，法官的言辞如此敌视，让罗素吓了一跳。他告诉奥托琳，他觉得政府的做法显示出令人震惊的“强烈仇恨”。他提出上诉。上诉案最早在4月12日之后才能审理，他至少可以免去在寒冷的日子里服刑的厄运。即便如此，“我从心里讨厌在监狱里待6个月。此外，我之前已经打算放弃宣传工作，回头去研究哲学”。

几天之后，他在写给吉尔伯特·默雷的信中说，不管怎么说，只要有大量的书籍可以阅读，他并不在乎去过囚徒生活（“卸下肩上的责任，这样的自由将会让人觉得相当安静”）。在那个阶段中，罗素显然对二等待遇监狱囚徒的生活持相当乐观的预期，想象自己可以大量阅读，并且将有大量闲暇，进行哲学思考。3月26日，他见到了民主控制联盟秘书E. D. 莫雷尔，后者在二等待遇监狱中服刑5个月之后，于1月释放出来的。与莫雷尔的一席谈话让他从那个幻觉中惊醒。罗素看到监狱生活给莫雷尔带来的变化，顿时感到十分恐怖。次日，他写信告诉吉尔伯特·默雷，声称看到莫雷尔情况之后，他自己对“6个月服刑的严苛方面”深感忧虑：

> 莫雷尔头发全白（入狱之前，他没有一丝白发），刚刚出狱时彻底崩溃，
> 在身体和精神两个均是如此，其主要原因是食物不足。他说，每天只有45
> 522 分钟时间阅读——其余的时间花在监狱劳动等事务上……看来很可能出现的
> 情况是，如果不能从宽执行对我的判决，我将不能保持原来的思维能力。我
> 依然希望做大量的哲学研究，我对此后悔不已。

最后一个句子几乎让人觉得荒唐可笑：他的思维能力的减退不是让他感到“后悔”的事情，而是让他最担心的事情，超过了其他任何问题。在写给科莱特的信件中，他显得更加直截了当：“我害怕坐牢——见到莫雷尔之后，我一直有这样的感觉……恐惧是一种令人不快的事情，让人深感羞耻……让我焦虑的是这一担心——就在我准备做真正杰出的工作时，我的大脑却受到损害。”3 月 30 日那个周末，他在马洛见到克里福塞德 · 艾伦，看到监狱生活给艾伦的健康和性格造成的影响，大为震惊，焦虑进一步加剧。

见到莫雷尔次日，《泰晤士报》发表了一篇社论，讨论是否可能将征兵的年龄上限从 41 岁提高到 51 岁。两年之前，罗素可能欢迎这样的机会，与其他拒服兵役者一起服刑。可是，这个说法加深了他的沮丧之感，觉得自己可能面对长期监禁带来的后果。他 3 月 31 日写信告诉奥托琳：“他们看来已经决定，提高服役的年龄上限，所以我觉得，我可能长期待在监狱中，从 4 月 21 日开始，直至战争结束，时间也许是许多年。”他本来可能以他的哲学研究在全国具有重要意义为由，获得政府的豁免，“但是，我对绝对拒服兵役者承担重要责任，看来排除了这样的可能性。真遗憾。我现在思维敏捷，状态良好，超过近来几年的情况……而且，我渴望继续进行哲学研究”。

他几天之后了解到，对他提出的上诉的审理推迟到 5 月 1 日之后，这给了他一个挣扎的机会，在（几乎确定的）刑期开始之前，完成《自由之路》的写作。他告诉奥托琳，在 4 月的头两周中，他“夜以继日”，希望完成书稿。他的精神状态并不理想，难以表达经过深思熟虑的政治理论见解。4 月 9 日，在写给吉尔伯特 · 默雷的信中，H. 维尔登 · 卡尔报告说，罗素“压力很大，处于非常危险的状态”。也许，让人并不感到惊讶的是，该书仅仅是高效率完成的报刊作品，几乎没有什么灵感可言，是某种令人失望的东西。但是，它最后顺利出版，这一点足以显示，他具有令人震惊的意志力量。

《自由之路》证实，他忠实于自己在《政治理念》中宣布的行会社会主义。他大体沿袭了英国行会社会主义运动创始人和公认领袖 G. D. H. 科尔的论点，尤其是《劳工世界》（1913 年）和《行业自治》（1917 年）中的观点，并且进行了详细讨论，提出了自己的辩词。从本质上说，行会社会主义被表述一种中间路线，是一种英国式妥协的产物，介于国家社会主义与无政府混乱状态之间。该书使用大量篇幅，解释如何在行会社会主义提供的框架之下，解决各种各样的政治问题，

523 例如，工作与工资、政府与法律以及国际关系等等。根据最初约稿的要求，它本应综述各种各样的左翼观点。但是，它没有将马克思主义的社会主义或者无政府主义，真正作为行会社会主义的替代方案，涉及的篇章只要讲述了它们的历史沿革，重点谈到了其创始人马克思和巴枯宁的生平。他强调了他们两人作出的牺牲，强调了他们两人承受的苦难，然后利用这个机会，表达了他自己的观点：

> 社会主义、无政府主义和工团主义的先驱们大都经历坎坷，坐过大牢，流放异地，生活贫苦。他们不愿放弃自己的宣传活动，刻意面对那样的东西。他们以这样的行动说明，鼓舞他们的希望在于，他们不是为了自己，而是为了整个人类。

毫无疑问，这一番话旨在对罗素自己的动机进行含蓄评价，不过他的所言是正确的。

但是，随着4月一天一天过去，在罗素的头脑中占据主导地位的不是人类的希望，而是他自己的希望，尤其是继续哲学研究的渴望。他这时意识到，为了实现这一点，他不得不寻求机会，从二等待遇转为一等待遇。一等待遇监狱的条件与莫雷尔经历的大不一样：囚徒可以按照自己的要求，获得大量书籍，不必干监狱苦役，监舍大一些，可以穿自己的衣服，使用自己的家具，而且甚至可以得到写作资料。如果成为一等待遇囚徒，罗素可以过上见到莫雷尔之前想象的那种可以沉思的生活。但是，他了解到，获得一等待遇身份并非易事。莫雷尔当初提出了申请，结果遭到拒绝；罗素决心获得它。在上面引用的写给默雷的信件中，罗素建议说，应该发起一场信件攻势，给内政大臣乔治·卡夫爵士施加压力，将他转到一等待遇监狱。罗素告诉默雷：“如果私下请愿失败，有必要给媒体写信。”

在默雷的推动之下，各个层面的压力纷纷出现，呼吁将罗素转到一等待遇监狱。在那以前，默雷已向阿斯奎斯寻求帮助。这时，他与H. W. 卡尔一起，形成了一份由知名哲学家签名的请愿书，交给内政大臣。请愿书说：

> 他作为哲学家和数学家，具有超常价值，任何极端压力都可能对他的能力造成损害。在指控提出之前，他已经停止政治活动，回到了哲学研究。有鉴于此，希望允许他在一等待遇——而不是二等待遇——监狱服刑。

此外，带有自由主义色彩、倡导自由贸易的刊物《常识》的主编弗朗西斯·赫斯特找到许多贵族人士，例如，莫里勋爵、巴克敏斯特勋爵、洛尔本勋爵和兰斯多恩勋爵，请他们致信内政大臣，为罗素求情。甚至罗素多年没有接触的艾丽丝也加入了这场攻势，她给前上议院大法官霍尔丹勋爵写信，声称她虽然并 524
不赞同罗素的观点，但是知道“他受到他父亲的疾病带来的恐惧的困扰”，担心“对任何人来说都是非常严厉的惩罚可能让他的智性受到致命伤害”。到 4 月下旬为止，签名进展顺利。奥托琳给罗素写信，透露了内部消息：外交大臣阿瑟·巴尔弗“放话说，你不必入狱服刑”。根据罗素在《自传》中的说法，后来证明，巴尔弗的干预起到了决定性作用。[1]

当上诉提交审理时，结果如大家所料，罗素的主张被法庭驳回。但是，劳里先生最后在法庭总结中说：

> 假如罗素先生这样的名人的服刑形式有碍于他充分发挥能力，这对国家来说将是一个巨大损失。有鉴于此，本判决将在一等待遇监狱中执行。

庭审结束之后，罗素被押上一辆出租车，直接送往布里克斯顿监狱。在那里，他不必像许多“绝对拒服兵役者”那样，忍受残酷的“苦役”制度，也不必像莫雷尔那样，遭受二等待遇监狱囚徒面对的具有毁灭性的精神折磨。更确切地说，他将享受一种更有益于严肃哲学思考的生活，超过了他失去三一学院讲师职位之后了解的任何方式。

---

[1] 可是，在约翰·弗里曼 1959 年主持的英国广播公司的《面对面》节目中，罗素的说法完全不同。他将自己成功转监的结果归功于他哥哥给乔治·卡夫施加的影响。“我哥哥认识所有相关人士。当内政大臣态度不明时，我哥哥去见了他。‘噢，你知道，他在温彻斯特曾是我的小跟班。他会同意转监的。’”可是，很可能出现的情况是，罗素当时将那次争取转监的活动，与弗兰克后来给他赦罪的（并不成功的）尝试混淆起来了。

# 525 第十九章　监狱

在服刑的头两三个月中，布里克斯顿监狱的生活让罗素觉得非常适合。他摆脱了政治宣传和浪漫恋情的需求，可以过上他长期渴望的那种不乏沉思的隐居生活。自然，监狱中条件虽然比他习惯的环境艰苦许多，但是并非十分严酷。他的监房（一个超大房间，他为此每周支付 2 先令 6 便士租金）由嫂子伊丽莎白[1] 陈设一新，还用从加辛顿送来的鲜花进行装饰。他每天可以读到新送来的《泰晤士报》，而且利用朋友提供的大量书籍，将监房变为一个藏书充裕的书房。他的学生多萝西 · 林奇[2] 从剑桥大学借来伟大哲学家的全套典籍，此外还有装订成册的哲学和心理学刊物。友人们从加辛顿搬来了大量历史著作、传记、回忆录和信件，从其他各种渠道弄来了大量小说作品。他甚至可以不吃监狱的伙食——作为一等待遇囚徒，他获准从监外订餐。他也不用自己打扫监房。按照设计，一等待遇监狱是用来关押习惯雇佣仆人的囚徒的；罗素可以每天支付 6 便士，让另外一名囚徒为自己打扫房间。

在这种情况下，他入监之后，很快形成了固定模式，可以高效地利用时间：4 个小时哲学写作，4 个小时哲学阅读，4 个小时一般性阅读。总的说来，他仿佛
526 生活在一个纪律性很强的学习中心里，或者也许更像生活在修道院中。所有这一切让他感到非常惬意。在写给弗兰克的信中说，他开始觉得，后悔当初没在一个以沉思见长的教团中当修道士，结果与自己的使命擦肩而过。

最大的不利因素是孤独。他每周只能被探视一次，每次最多三人。为了最大

---

[1] 1916 年 5 月，弗兰克与第三任妻子伊丽莎白 · 冯 · 阿尼姆——公众所知的畅销长篇小说《伊丽莎白与她的德国花园》的作者——结婚。那桩婚姻从一开始便是灾难。在 1921 年出版的长篇小说《维拉》中，伊丽莎白以邪恶的方式，对弗兰克大加讽刺。

[2] 1916 年被三一学院解雇之后，罗素力图实现“效仿阿贝拉德”的梦想，继续给一小批学生讲授数理逻辑。他们每周到戈登广场来，聆听罗素关于《数学原理》的讲座，其中包括：来自巴黎的数学研究生让 · 尼科德，他被罗素描述为“我认识的最令人愉快的学生之一”；维克托 · 伦曾，他是罗素在哈佛大学认识的学生之一，1916 年进入剑桥大学，师从 G. E. 摩尔和 J. J. 汤姆森；多萝西 · 林奇，她先是格顿学院的数学研究生，然后成为剑桥大学的讲师，最后在马萨诸塞州的史密斯学院任职。

限度的利用探视机会，罗素将最希望见到的访客列了一份清单，将他觉得可以融洽相处人的一一标示出来。奥托琳一般与弗兰克一起来，科莱特与克里福德·艾伦一起来，怀特海与H.维尔登·卡尔一起来。探视时，一名狱警坐在旁边，可以听到他们说的一切。所以，他们的声音很不自然，十分困难，真正的交流通过信件进行，这与罗素人生中常常出现的情况类似。按照官方规定，他每周只能写一封信件，写好后先由狱方的一名官员审阅，以便确保信件不包含任何煽动骚乱的言辞。在通常情况下，信件采用的形式类似于通报，收信人是弗兰克，但是包括给其他人的一系列具体信息：例如，与卡尔和怀特海讨论哲学，表达对科莱特的忠诚，还有写给奥托琳的自我分析段落。

罗素认为，每周一封信件的限制无法容忍，很快便想出了一些方式，绕过这一障碍。他给科莱特的信件用法语写，将它们伪装成罗兰夫人与弗朗索瓦·比佐之间通讯的抄写本。总的说来，这些信件大都是他的爱情表白，心情相当急切，内容常常重复。随着时间的推移，与她分离带来的挫败感不断加剧。对她与任何人交往，他言辞尖锐，表现出强烈的嫉妒。

他写给奥托琳的信件内容完全不同。奥托琳在她的回忆录中说，它们“是令人非常开心的东西，表达了他身上愉悦的诗性的一面”：

> 除了让我感动的东西之外，它们是他写给我的最有趣、最富于才华的信件。我很高兴，我俩将友谊建立在新的基础上。他也比以前更坦率，这对我来说是极大的慰藉。

大多数信件藏匿在图书和杂志的没有切口的两页之间，偷偷弄出监狱。当这种方法首次使用时，奥托琳收到一本《伦敦数学学会学报》，上面附有罗素写的一张便条说，她会“发现它很有意思”。她感到困惑不解，一脸茫然。接着，她仔细检查，“肯定这份艰涩难懂的杂志包含某种秘密信息”，最后把它竖立起来，发现了罗素的信件。她也如法炮制，给他寄了几本藏匿长信的没有切口的书籍。两人以这种方式保持信件联系，满怀深情，不乏思想，巩固了新的友谊基础。

在20世纪30年代撰写的一篇报纸文章中[1]，罗素对他的难友进行了绘声绘
527 色的描述，声称（也许甚至说吹嘘）在战争期间，他“习惯与罪犯打交道”。但是，从他那时所写的信件判断，他看来与其他囚徒没有什么交往，更确切地说，实际上与他们保持距离。他在一封通报式信件中写道：“这里的生活就像在一艘远洋轮船上。人被困在若干平庸之辈中，无法逃避，唯一的去处是自己的‘高级包房’。”当然，他每天都要到院子里去，与其他囚徒一起，参加体育锻炼。但是，那个场合是禁止交谈的，他对其他人的印象，主要根据他们的长相。他告诉弗兰克：“我看不出来，他们比一般人究竟糟糕多少。如果可以从他们的面容来判断，唯一的不同之处也许是，他们的意志力稍差一些。这就是我必须面对的情况。”他与其他人的最密切的接触，来自他雇来清扫房间的人。他观察他们，其方式可能与人类学家观察一个奇怪的原始部落成员时不相上下。他在信中告诉奥托琳，“存在着各种不同的生活方式，真是令人匪夷所思”：

> 对我来说，自尊至关重要；可是，在我雇来打扫房间的那名男子看来，绝对没有任何自尊可言。他身体肥胖，老态龙钟，总是笑呵呵的，非常开心，吹嘘他自己坐了一辈子牢……他知道各种诡计，其他人饥肠辘辘时，他有大量吃的。他博得所有狱警的喜欢，逗得大家哄堂大笑。他有许多优点，可是完全没有羞耻感。许多像他这样的人被关在一起，一个个态度温和，乐观，但是根本不值得我交往。

事实上，罗素真的不愿意——或者说不需要——其他囚徒的陪伴。他收到判决时，最渴望的是独处和闲暇，以便潜心研究哲学问题。奥托琳曾经回顾了罗素撰写《数学原理》那段时间的状态，提到了这样的情况：她去看他，将他从独处的状态拉出来；在最初的片刻里，他满脸一片茫然。她谈到罗素的“非常罕见的独处的存在方式，他的思绪沉浸在严肃问题之中”。她说，他不愿用外部世界的鸡毛蒜皮的小事，侵扰他那种经过升华的状态。她写道：“在服刑的最初几个月中，伯迪似乎真的很开心，十分享受那种离群索居的生活，可以进行大量的写作。”

---

[1] 1931年10月至11月，《罪犯是否比其他人糟糕？》一文刊登在美国赫斯特报系旗下的几份报纸上，其中包括《华盛顿信使报》《洛杉矶考察者》和《旧金山考察者》。

在第一次世界大战的大多数时间里，罗素曾经觉得，为了将精力用于政治活动，他忽略了自己的内心生活。坐牢将他从那种责任中解放出来，他不用将公众放在首要地位，可以关注自己的思想和情感，不必有自私或者放纵的顾虑。他在信中告诉弗兰克，“摆脱职责的束缚，这样的感觉真的非常愉快，它几乎让其他所有的问题显得不那么重要了”：

> 在这里，我不用关心世界上的事情：神经和意志得到了休息，令人心旷神怡。我不用思考这类拷问人心的问题：我应该再做些什么？是否还有我没有想到的有效行动？我是否有权放弃所有事情，回到哲学研究中去？在这 528
> 里，我必须放弃所有事情，这给人心安理得的感觉，超过了选择放弃，超过了纠结自己的选择是否有道理的状态。监狱具有某种优越性，恰似天主教堂。

可是，他在狱中虽然思想自由，可以天马行空，然而却并非总是考虑哲学问题。他的思维有时候出现内转，让他仔细反思自己的过去，深入分析自己的性格。罗素一直喜欢这样的分析，但是在过去几年中工作过多，没有闲暇这样做。在监狱里写下的信件中，他数次谈到他变得非常内省的情况——几乎他阅读或想到的任何事情都可能让他进行自我反思。他阅读了利顿·斯特雷奇新近出版的《维多利亚时期的名人》，十分喜欢，例如，书中对戈登将军的讽刺甚至让他捧腹大笑。但是，他也不禁稍感不安，一方面将自己与利顿·斯特雷奇和布卢姆茨伯里联系起来，另一方面与那些受到鄙视的维多利亚人联系起来。他在信中告诉奥托琳，斯特雷奇“根据艺术家的标准来判断人，看他们是否是让人愉快沉思的对象”：

> 这样做让真诚在美德中居于很高的位置，让那些维多利亚人显得讨厌。但是，维多利亚人精力充沛，（尽管伪善）真的希望改良世界，并且在这方面确实有所作为。我喜欢他们，而不是喜欢真诚但邪恶的伯纳迪和诺斯克利夫。我喜欢他们，甚至胜过真诚但是对其他人非常冷漠的利顿。利顿并未充分考虑作为社会力量的人。在维多利亚时代初期，饥饿和无知状态几乎是普遍现象；在维多利亚时代结束时，几乎不存在饥饿，教育也大有改善。我们这个时代追求的目标恰恰相反，我们需要一批维多利亚人来纠正这样的状况。有用的人与令人愉快的并不是一码事。

这里的弦外之音有两点：其一，他表达了希望世人评判他自己的方式；其二，也许他认识到，如果使用艺术家的标准来判断他，看他是否是“让人愉快沉思的对象”，他可能比不上 G. E. 摩尔——布卢姆茨伯里派的哲学英雄。这里将对人有用与令人愉快进行了对比，让我们想起他 1916 年秋天写给奥托琳的一封信件。他当时承认，他身上带有吸血鬼式倾向，喜欢吸收别人的活力，以便保持精力，从事政治活动。为了追求对公众具有重要意义的工作，他与该书抨击的那些维多利亚人类似，愿意不那么令人愉快，愿意在某种程度上完全牺牲真诚，也许甚至愿意稍微“显得令人讨厌”。其条件是，这样做可能让自己变得“有用”。

可是，究竟应该效仿斯特雷奇，还是效仿维多利亚人呢？就这个问题而言，罗素在心理上处于分裂状态。不管怎么说，如果他不那么关注公共事务，更加注重内省，他也会让真诚在美德中居于很高的位置，至少偶尔渴望富于沉思的愉悦，渴望受到布卢姆茨伯里青睐的那种“文明”的生活方式。“文明”是他在这
529 个语境中反复使用的一个单词。他说，斯特雷奇的这本著作虽然有以上错误，确实“非常文明”。在写给弗兰克的信中，罗素描述了他的狱中生活之后说：“最近几年中，我放弃了所有这一切，几乎没有阅读任何著作，没有撰写什么著作，没有机会品味任何文明的东西。所以，重返文明生活真的令人愉快。”在这种情况下，对罗素来说，“文明”是与“有用”完全对立的东西；在一定程度上，罗素渴望这样的文明。其实，他这样做是在对抗同样强大的服务公众的冲动对他的影响。这两种冲动相互冲突，没有得到平衡，这一点在他的狱中反省中非常明显。

与这种冲突相联系的，是在他狱中独处时详细讨论的另外一种内心纠结，再次围绕这个问题：他哪种程度上觉得，自己是一个维多利亚人？一方面，他承认隐藏在“文明”外壳之下的野蛮冲动，另一方面，他又拒绝接受这样的冲动。他在给斯特雷奇写了上述信件几周之后说，他阅读了两本与亚马逊河上航行相关的著作。第一本是 H. W. 贝茨的《泛舟亚马逊的自然论者》，1864 年出版。它在许多方面是彻头彻尾的维多利亚式著作，以毫不反思的方式，坚信欧洲文化具有优越性，认为亚马逊沿岸的部落人迷信，生活方式野蛮。第二本是 H. M. 汤姆林森的《大海与丛林》，1912 年出版。它完全采用了更现代的怀疑态度，认为看不见的黑暗力量很可能穿透欧洲文明的单薄外表。罗素告诉奥托琳，“我非常喜欢汤姆林森”：

> 我阅读贝茨的著作时，觉得枯燥无味，但是它在我心中留下的图画让我后来非常喜欢。汤姆林森的著作在许多方面得益于《黑暗之心》，与贝茨之间的对比相当明显：我们比较之后可以发现，我们这一代人让自己看到了真理，所以有点疯狂。然而真理是幽灵式的，没有理智的，鬼一般的。人们知道得越多，保留的心理健康就越少。维多利亚人（那些亲爱的灵魂）是理智的，成功的，因为他们从未接近这个真理。但是，就我而言，我宁可为了真理变得疯狂，不愿为了谎言保持理智。

由此可见，在这种对比中，罗素——也许在一定程度上怀着遗憾的心情——让自己站在现代人一边，而不是与维多利亚人为伍。维多利亚人具有改良社会的精力；与其并存（而且也许甚至说作为其必要前提条件）的是，他们对人和上帝的信念。但是，对任何掌握真理——无论是关于世界的真理，还是关于人的心理的真理——的人来说，这样的信念已经不复存在。

前一年秋天，罗素曾经告诉奥托琳，他已经“吸收和消化了”1917 年新年出现在他头脑之中的对人类的憎恨，已经“慢慢默认”了人性之中的黑暗面。现在，在监狱里所写的信件中，他详细讨论了自己头脑中的黑暗面，试图说明他也逐渐接受了真理。他告诉奥托琳，“在我的心中，有一口强烈仇恨之井”——这个短语似曾相识，让人想起马拉科医生所说的“地狱般的压抑”。他继续写道，仇恨之井“也是生命和精力之井——假如我不再仇恨，效果其实真的不好”。他提醒奥托琳，“他们在布鲁顿附近的一座教堂院子里感受的那个时刻”：

> 你要我为自己的道德观中的狂野部分寻找一个去处，我问你究竟是什么 530
> 意思，你进行了解释。这一直非常困难：我的本能的道德观充满自我压抑。我曾对自己感到担心，对我本能之中的黑暗面感到担心；现在，我没有这样的感觉。你让那一过程开始，战争让它结束。

维多利亚人可能保持理智状态，可能取得成功，其原因在于，他们从来没有接近关于这种“狂野部分”的真理，从来没有意识到，如果我们深入探讨就会发现，人完全不是“理性动物”，而是一个巨大的沸腾之物，充满愤怒、仇恨、嫉妒和暴力。维多利亚人不知道的另外一个真理——罗素在布里克斯顿服刑期间常常考虑的真理——与宗教有关。在那段时间的信件中，反复出现他在写给科莱特的信中使用过的这个意象：他拼命追求宗教真理，将它视为“对幽灵的充满激情的爱”。在上面引用的信件中，他谈到了“幽灵式的没有理智的”真理，想到的肯定主要是这一点。意识到这一点足以使人发狂。没有上帝。这也许是让人发狂的原因——人们觉得，必须存在某种可以依赖的东西。他在8月11日写给奥托琳的一封信件中说，有些人（他将自己和奥托琳包括在这类人中）耗其一生，“追求某种东西，它稍纵即逝，然而无处不在，同时既是微妙的，又是无限的”：

> 人们在音乐里，在大海上，在落日中寻找它；有时候，当我强烈感到人群正在感受的东西时，[1] 我似乎接近了它；人们首先在爱情中寻找它。但是，如果人们想入非非，觉得自己已经发现了它，某种残酷的讽刺肯定将会出现，说明它其实没有被人发现。
>
> ……其结果是，人是幽灵，在世界上漂浮，没有产生真正的接触。甚至当人觉得，自己与其他人的关系非常密切时，人身上的某种东西似乎依然顽固地属于上帝，拒绝进入任何尘世的融洽关系。当我觉得存在上帝时，至少这是我应该表达的方式。这很奇特，对吧？我满怀深情地爱着这个世界，爱着世界上的许多人，许多东西，然而……它究竟是什么呢？虽然我并不相信，可是我觉得，肯定存在某种更重要的东西。我饱受困扰——某个幽灵来自超越世俗的地方，似乎一直给我说我将向世人重复的东西，然而我无法理解它的寓意。可是，正是在聆听这个幽灵的过程中，我觉得自己是一个幽灵。我觉得，在我临终时，我将发现这个真理。我周围的人太愚蠢，无法理解它，他们不是寻求智慧，而是大惊小怪地讨论应该使用什么药品。

罗素在这些狱中信件中显然认为，他接近了某种状态，可以表达关于他自己
531 的根本真理。他在给奥托琳的信件中写道：“我敢说，你将来会觉得，我在这段时期中写了一生中最好的信件。”他赋予宗教信仰留下的幽灵式残余重要意义，

[1] 我们在此会想起：1916年4月，他怀着欣喜若狂的心情，描写了在德文郡大厦举行的反征兵团体会议；1年以后，他怀着同样的心情，描写了在阿尔伯特大厅举行的会议。

他在《自传》中常常渲染的正是这个理念：他觉得自己是幽灵。下面这个段落给人的感觉是，他似乎在努力捕捉自己的存在的核心。他写道，“我从青少年时期以来一直觉得，在所有活动之下，在所有愉悦之下，其实是孤独的痛苦”：

> 在爱情的高潮中，我最接近逃离这种痛苦的境地；然而，我反思之后发现，即使是在那种状态下，我所说的逃离在一定程度上也依赖幻觉。我知道，智慧对我来说是绝对的，没有哪个女人的智性可以与我的相比。无论智性何时产生作用，我都发现，我在爱情中追求的同情往往都会失灵。对我来说，斯宾诺莎所说的“对上帝的智性之爱”似乎是人生的最佳准则，但是，我甚至没有斯宾诺莎让他自己相信的颇为抽象的上帝，我无法将自己的智性之爱与它联系起来。我爱幽灵，在爱幽灵的过程中，我最内在的自我本身也变为幽灵。因此，我将它深深地埋藏在愉快、情感和人生的欢娱之下。但是，我最深层的感情一直是孤独的，在尘世之物中没有找到相伴的东西。大海、星星和废墟上的夜风给我更多启迪，甚至超过了我最钟爱的人。我知道，对我来说，人的感情从本质上说是一种尝试，旨在逃避寻找上帝的徒劳之举。

他在监狱中写信告诉奥托琳：“我永远也无法摆脱身为幽灵的感觉。我开心时这种感觉不那么强烈，但是我遭受苦难时它就会出现，当然，现在的情况就是如此……我当初婚姻变得不和谐时，身为幽灵的感觉就是最早的迹象。当时的情形我现在依然记忆犹新：那是夏天的一个晚上，在星期五山丘，史密斯一家人在室外坐着，我和他们在一起，但是突然有了脱离他们的感觉。”

这种淡出和分离的感觉似乎是与丧失感联系在一起的，这就是说，它从根本上将罗素自己对维多利亚人的肯定观点，与斯特雷奇和布卢姆茨伯里派的不那么尊重的观点区分开来。他在信中告诉奥托琳：“我讨厌布卢姆茨伯里派的所有成员，讨厌他们嘲笑任何带有活跃感情的东西的做法。”罗素老年时，在英国广播公司的一次访谈中，反思了他自己与布卢姆茨伯里派之间的差异，其基础是他们对维多利亚人的态度表示了尊重。他以明确方式，对维多利亚人表示认同：

> 我们依然带着维多利亚时代的特征，他们依然带着爱德华时代的特征。

> 我们相信，通过参与政治和自由讨论的方式，可以获得秩序井然的进步。我们之中更自信的人可能希望成为民众的领袖，但是我们都希望与民众分离开来。凯恩斯和利顿那一代人没有寻求与凡夫俗子保留任何亲密关系；更确切地说，他们追求淡出尘世的生活，崇尚雅致的细微变化和优雅的感觉，认为美好的东西在于精英集团内部充满激情的相互佩服。

532 随着狱中生活一月一月地过去，罗素头脑中的这种“维多利亚式”侧面再次凸显出来，压倒了沉思性更强的“文明”侧面；他最初喜欢的“淡出尘世、崇尚雅致的细微变化的生活”再次让位，他产生了屡遭挫折的参与世事的渴望。但是，只要他沉浸在个人思考和哲学理念之中，他就对此进行了最大限度的利用。从 1918 年 5 月开始，直到那年 8 月的头几周，他享受了长时间集中精力潜心研究哲学问题的时光。自从完成《数学原理》以来，那种状态的出现尚属首次。他曾在较早的一封狱中信件里告诉弗兰克：“我唯一的真正强烈愿望是，能够利用在这里的时间，从事哲学研究。”

他在狱中的第一项哲学任务是，将前一年秋天所作的关于数理逻辑的讲座全部写出来，书名为《数理逻辑引论》。他的写作速度奇快，让人感到震惊。到 5 月 21 日为止，他完成了 2 万单词；仅仅 6 天之后，他“将近写了 7 万单词”。这种速度超常（哪怕按照罗素自己的标准判断也是如此），每天将近完成 1 万单词。这意味着，该书的许多内容不过是他根据已经完成的讲座稿件抄写出来的东西。

此外，它还意味着，他显得有些急不可待，希望完成此项任务，以便集中精力，开始另外一项原创性更强的工作。罗素刚进布里克斯顿监狱时确信，他处于在哲学领域实现突破的边缘；这就是说，他终于看到了希望，可以修复维特根斯坦痛批判断论对他的自信心和哲学逻辑造成的损害。他在 7 月 1 日写道：“多年之前，我在绝望中放弃了逻辑学，根本无法从中发现新的东西。但是，我现在开始看到希望。我最近的做法是，从一个全新的角度，研究这些老问题，这样做可能形成新的观点。”

这种新方法的核心就是他在逻辑原子论讲座中首先宣布的“心理学转向”。在服刑的头 3 个月里，他阅读了大量心理学文献，[1] 特别关注了行为主义者和动

---

[1] 他对狱中的阅读进度深感自豪，写下一份详细清单，上面罗列了 15 本著作和 50 多篇学术文章（全都来自三份刊物：《美国心理学学刊》、《心理学评论》和《心理学文献》）。那些文献几乎在某个方面都与行为主义心理学相关。

物心理研究者的著作。他对该项工作的兴趣主要在于他的这个希望——它可能为一种新的判断理论提供基础。他在7月8日的通报信件中写道，“我已经阅读和打算阅读的所有心理学文献都是为了逻辑学”：

> ……正是为了逻辑学，我希望学习行为主义，因为首要问题是创立一种站得住脚的判断理论。我知道，我的研究将会形成一项真正宏大的工程，顺便形成那时为止欠缺的“逻辑学”定义……我已经达到了逻辑学中的一个新领域，我需要一是判断理论，二是符号理论——两者都是心理学问题。

他完成《数理逻辑引论》之后，随即撰写了关于约翰·杜威的《实验逻辑论文集》的长篇书评。这给了他机会，厘清他对逻辑学与心理学关系的思考。罗素 533 说，杜威所说的“逻辑学”是研究观念的性质、起源和证明的科学[1]，他管它叫“心理学”。但是，这并不降低它的重要性，其实与罗素所称的逻辑学——即研究事实的形式的科学——有重要的相关性。其原因在于，他所说的逻辑学认为，至关重要的问题是，是否存在“甲相信（或者判断）命题”这一形式的（不可简化的）事实？或者说，人是否总是可以将观念或者判断，简化为别的种类的事实？这样，一种不承认存在这类事实的——或者说像行为主义所做的那样就此提供某种简化分析的——心理学理论将给逻辑学提供重要启迪。

由此可见，罗素对行为主义的兴趣，是与他长期以来对“中性一元论”的兴趣紧密相连的。在他的文章《意识是否存在？》中，威廉·詹姆斯提出的理论认为，不存在意识这样的东西，心理与生理之间没有根本区分。根据詹姆斯的观点，只存在一种构成世界的“东西”；那种东西在非精神与物质之间保持中性。詹姆斯说，观念“其实是行为的规则；思想的整个功能仅仅是养成行为习惯过程中的一个步骤”。罗素曾在1913年提出，该理论在这个方面显然是错误的。他在《认识论》中排斥中性一元论的理由是，它受到一种站不住脚的观念理论的约束。罗素当时认为，观念必须被理解为精神与世上事物之间的一种联系。

但是，在他的理论遭到维特根斯坦的猛烈抨击之后，罗素转而希望接受中性

[1] “观念”和“判断”这两个术语是否表示相同的意思呢？这个问题并无实际意义。人们传统上认为，“判断”是对命题的理性赞同。如果我们认为，所有观念都具有命题的特征，那么，观念和判断就是相同的东西。

一元论。其原因在于，在这种情况下，就不会存在他原来视为“判断”的东西，如何分析判断这个问题也就不会出现。因此，他在关于中性一元论的讲座中宣布：“我倾向于赞同中性一元论。”但是，无论他多么希望相信不存在“甲相信命题”这样的事实，他最终却无法做到这一点，发现接受该理论“难度很大”。他曾在戈登广场告诉他的听众，因此他将继续认为：“存在观念、希望以及诸如此类的事实。”

不过，在他开始坐牢时，这个问题远远没有解决。因此，罗素继续详细讨论这种可能性：中性一元论也许在理论上存在问题，然而实际上是正确的。假如情况真的如此，他越来越觉得，有关逻辑学、语言、心理学和形而上学的许多谜团将会被人理解。于是，他带着进行哲学研究的决心，进入监狱之后宣布：“我要解决的主要问题是，是否可以借助中性一元论，对观念进行解释？”

在阅读新近出版的心理学文献的过程中，罗素考虑了撰写两本补充性著作的
534 计划：第一本叫《心的分析》，将从中性一元论的角度，讨论关于判断、观念和所有“心理”现象；第二本将沿袭他在逻辑原子论讲座中提出的思路，为这样的分析总结经验，以便理解逻辑。它将是《数学原理》问世以来最大胆的哲学研究计划，他对此感到自豪。他写道，如果这本书可以成功完成，它“应该是另外一项重要的大规模工程”。他在后来写给奥托琳的一封信中说，第二本著作或许大约需要 5 年时间。“手里有一个新的重大问题，这样的状态让人非常愉快。发现自己依然可以提出新的理念，这真的令人心旷神怡。”

可是，当他试图将新理念写成文字时，他发现难度很大，超过了他的预料。7 月，他开始撰写他所称的《符号原则笔记》，但是到了 8 月第二周，整个工作戛然而止。8 月 12 日，他在信中告诉弗兰克，他出现了头痛症状，只要开始工作就会发作。这时，他希望尽快出狱。“如果我不能出去度假，享受乡村的空气，如果我没有机会走出监房，吸收更多新鲜的东西，我就不可能在工作中取得任何进展。”他在之前的一封信中曾说，他觉得他形成的新的哲学理念具有重要意义，他需要走出监狱，才能发展这些理念。他的想法依然处于模糊阶段，为了让它们更加明确，他需要与人讨论。他写信告诉奥托琳：“我已经获得了时间，想到了在这里可以想到的一切问题，现在我需要谈话带来的刺激。”

从幸存下来的《符号原则笔记》片段中，我们看到他对稿件并不满意的原因。部分问题在于，他给自己定下的目标非常宏大：首先，他将进行数理逻辑和

行为主义心理学研究；然后，他将在这个基础上，创立一种关于语言、逻辑学和心理学的理论。此外，新的研究还需要改变心态。其原因在于，他宣布说，他将使用新方法，解决哲学逻辑领域中的老问题。从某种程度上说，这相当于：第一，对他的哲学视角进行重新定向；第二，试图对他的整个哲学思想进行“归化”，将它从以前所在的不切实际的天堂，带到现实世界中来。可以这么说，他试图使用一种新的声音，以一种不那么升华的世俗心态，撰写哲学著作。

由此可见，在他关于“意义”的新构思的核心位置上，不是诸如（在他以前理解的）“理念”或者“命题”这类不切实际的形式，而是行为主义心理学喜欢的那种非常世俗的实实在在的条件反应的理念：如果一个婴儿（或者说，也许是一条狗或者一只猴）反复听到一个声音——例如，“食物”这个单词——时，它同时看到了食物本身，那么，当它听到“食物”这个单词时，它就会期望看到食物。于是，可以从形成“语言习惯”的角度，从对特定刺激产生适当反应的角度，理解词汇的意义。

罗素决心避免不切实际的形式，他当时的理解是，一个词语不是一个事物，而是若干事物；例如，“苏格拉底”是声音和纸上的符号形成的类，它们构成这个词汇被说出或写出的场合。同理，“苏格拉底在柏拉图之前”这个命题是一类 535
物理事件。就命题的意义而言，罗素这时将其客观意义与主观意义区分开来。命题的客观意义是让该命题为真或者为假的事实；其主观意义是它表达的观念。他说，命题“表达想法，主张或者否认事实”。

这里的问题是，尽管根据这一分析，命题和事实是什么已经相当清楚了，但是他对观念的定义却显得模糊。观念是什么呢？如果不假设存在有意识的心智，他如何理解观念和想法——甚至欲求和希望——呢？他提供的回答是，以一种模糊并且定义不明的方式，它们可被理解为自然的生理活动。他在《符号原则笔记》的最后一部分中写道，“我提出符号的生理学说的目标”：

> 在可能的情况下，将要建构一种理论，将（作为物理活动的）命题的口头表达或者书面表达，直接与事实联系起来，二者之间无须任何“心理”中介。

他以前曾经认为，判断是心智与世界上的客体之间的一系列联系；他这时认为，判断是一组对象（无论观念的生理构成因素是什么）与另外一组对象之间的联系，是一个物理事实与另外一个物质事实之间的联系。

在《符号原则笔记》的结尾，对于如何创建这样的理论，罗素表现出困惑不解的状态。罗素写道，命题的主观意义“可能是一系列身体反应”；它是“任何构成观念的因素”。但是，他被迫承认，“构成观念的究竟是什么呢？我目前尚不清楚”。他本来打算向行为主义求助，以便找到一种关于观念的理论，最后发现的是一种命题理论，一组非常困难、没有解决的问题，它们涉及如何根据该理论来分析观念。但是，他至少为自己构成了一个具有大胆创新精神的抱负：

> 我的偏好依然存在：我希望将物质世界从唯心主义者的手中挽救出来。但是，要是我也可以将所谓的“心理”世界从他的手中挽救出来，那就更好了！

8月中旬，他放弃了关于新的符号理论的研究，转而撰写了一篇简短但是意味深长的文章，题为《论‘不良激情’》。他出狱时，将该文交给C. K. 奥格登，在《剑桥杂志》上发表。这篇文章的意义在于，它提供了一座桥梁，将他对自己的反思与技术更强的符号理论问题联系起来。

他是通过阅读心理学文献来实现这一联系的。他阅读装订成册的《美国心理学学刊》上关于行为主义的文章。那些杂志上也有几篇讨论弗洛伊德心理学的文章，包括弗洛伊德对其理论的最著名的介绍——《精神分析的起源和发展》。罗素怀着很大的兴趣，阅读了那些文章，甚至打算将它们引入他对心理学的哲学思
536 考中。他写道：“詹姆斯对‘意识’的抨击、动物行为研究、弗洛伊德的理论，所有这三者自然融为一体。”这就是说，它们一起发挥作用，削弱了传统上对“有意识的”智性的强调。

此外，罗素还在弗洛伊德心理学中，看到对人性的黑暗面的进一步证实。他认为，承认这一点可以将他与维多利亚人区分开来。在几封信件中，他敦促他的笔友查阅圣经中的《耶利米书》第27章第9节，认为它是“对弗洛伊德心理学的概括”。这一段说：“人心比万物都诡诈，坏到极处，谁能识透呢？”此外，他还阅读了《美国心理学学刊》上的另外一篇文章，斯坦利·霍尔撰写的《利用弗洛伊德方法对愤怒的分析》，受到很大启发，在《论‘不良激情’》中，他从这个角度讨论了弗洛伊德的理论。

在该文中，霍尔的出发点是这个事实：有些人在发怒的过程中获得益处，例如，他们需要将愤怒作为努力工作的动力。此类看法与罗素自己的这番评述一拍即合："我的心中的强烈仇恨之井"也是生命和精力之井——假如我不再仇恨，效果其实真的不好。"因此，在这篇文章中，他热情引用了霍尔的观点。接着，他讨论了对付"不良激情"的三种方式——惩罚、升华和生理治疗。他说，惩罚是有效的（"在出席'宪法'会议的那个下午，本韦努托·切利尼谋杀了一名男子，接着回到家里，继续工作，仿佛什么事情都没有发生。无论我们可能对此持多么不以为然的态度，因为存在着刑法，所以我们不去效仿这种行为。"），但是流于表面，处理的仅仅是暴力冲动的表现，而不是那些冲动本身。相比之下，升华具有更多的创造性：

> ……有些时候，大怒转化为抱负和努力的工作；第一种情况为了让自己比引起大怒的人更强……智性方面的努力可能是对大怒的一种升华，动物式暴怒可以延伸到抽象思维。但是，为了这样的释放，它的对象必须是其他的人。

当然，升华也有不利因素——它会导致"不真诚和软弱……如果让升华符合心理健康，增强心理力量，它通常需要从某些粗俗冲动的放纵中得到补充"。贝多芬无疑将他的愤怒释放到音乐创作中，但是他也有声名狼藉的做法，将大量真实的没有经过升华的愤怒，发泄到他的厨师身上。假如贝多芬可以变为一个心平气和、举止优雅的人，这将会给音乐带来很大损失，远远超过他的厨师获得的好处。

罗素认为，通过生理方式，"可以彻底改造冲动的生活"。他在8月1日写给奥托琳的信中说："我确信，通过研究腺体的分泌，有可能发现如何以人工方式，改变人的性格。"因此，他在讨论了"不良激情"之后，指出了这样的可能性，"教育当局将决定，什么样的性格最优秀，负责医疗的官员将会生产这样的性格"：

> 当然，这种性格的明显不同的特征之一将是，尊重公共机构，默认现存状态。因此，就这一点而言，人类将不再进步。

这篇文章以某种轻松的方式，重返《社会重建原则》的研究领域，他对自我 537

的思考、他的哲学思想以及社会关注在这一点上汇合起来。随着 8 月一天一天过去，技术性哲学对他的吸引力似乎越来越弱，早些时候的抱负重新燃起，他希望研究更具普遍意义的问题，面对更广泛的受众。8 月 21 日，他在信中告诉奥托琳："我觉得，当战争结束时，我可以表达许多世人愿意听到的想法……那时，我将不做任何技术性哲学的研究工作。"他几天之后写道：

> 在我脑袋里，逻辑和想象力已经进行了长期斗争，但是我觉得，它们终于和解了。我将撰写一本篇幅更长的技术性著作。但是从大体上看，我将从事教学，撰写关于社会问题的文章，以通俗的方式，为世人提出一种感知世界的方式。我依然有一项工作要做，这比任何技术性著作的规模更大；现在我终于相信，我可以做这项工作了。你不觉得我这样看是正确的吗？这场战争延续下去，我的工作必须是技术性的；我在此所说的是战后的事情。

与此相联系的是另外一个问题：他出狱之后将如何谋生呢？6 月，他支持实施一项计划，劝说 H. 维尔登为他设立一个院士职位，以便让他可以继续进行哲学研究，不过他并不想以任何方式与大学发生联系。"我不希望成为指导教师，哪怕在战后也对此没有兴趣。我已经失去了对指导教师的尊重，讨厌与他们为伍。"当然，他也并不将它视为一个长期解决方法。他在信中告诉奥托琳，在过去的几年中，他通过撰写关于社会问题的文章赚钱。他很有信心，战争结束以后，他依然可以这样做。"现在，在战争期间，我需要钱。战争结束以后，我可以轻而易举地赚到钱。"对他来说，设立院士的想法仅仅是一种权宜之计。后来，他听说卡尔不够热心，他对该计划的一点热情顿时烟消云散。但是，他告诉奥托琳：

> 我预见，自己可以从事一份相当愉快的事业，像阿贝拉德那样，去做自由哲学家——但是，我并不想在每个方面都步他的后尘！

他在信中告诉科莱特："我发现，自己追求的目标并未转向政治方面。我希望成为年轻人的思想领袖。战争结束之后，我有这样的能力，你在这方面将给我提供帮助……我不想要任何官方职位，无论多么低层的职位都不想要。我希望代表生命和思想。"

罗素服刑期间很少与科莱特见面。她在各地巡回演出各种各样的话剧，无法常常回到伦敦。她也没有像罗素希望的那样，经常给他写信。在他的通报式信件中，他常常让弗兰克或者伊丽莎白敦促科莱特给他写信。他还给科莱特本人写信，央求她把信写得长一些，“提供更明确的消息”：

> 请记住我在这里的境况：我处于封闭状态，每天思考，想象，看到的消息很少，注意最微弱的冷漠迹象。我担心，我出狱时，你的全部激情已经转移到了别处，就像曾经出现的情况那样。假如我没有坐牢，我可以摆脱这种毫无意义的想法，但是我身陷囹圄，惶惶不安，很难做到这一点。

在她准备的信件打字稿中，科莱特强调了这个事实：在那段时间，罗素“受 538
到的种种痛苦的感情折磨”都与海伦·达德利有关。在战争期间，海伦·达德利大多数时间住在贝里街的罗素公寓里，后来（1918 年 8 月）准备返回美国。动身之前，她曾去监狱探视；科莱特暗示，那次见面是罗素 8 月中许多痛苦的根源。毫无疑问，两人见面让罗素再次产生内疚感，觉得他自己对待海伦的方式骇人听闻。然而，这并不是他忐忑不安的主要原因。

毋庸置疑，主要原因是罗素的极度嫉妒。他在《自传》中写道，“坐牢期间，我一直受到嫉妒的折磨，强烈的无能感让我疯狂。我觉得，自己没有理由嫉妒，我将此视为一种糟透的情感，但是它确实让我身心疲惫”：

> 我初次感觉到它时，每天晚上彻夜不眠，两周之内均是如此。最后，我只有要求医生给我服用安眠药，才能让自己入睡……我听任嫉妒感泛滥，它让我火冒三丈，对她［科莱特］进行谴责。这样做的必然结果是，她对我的感情大大降温。我俩保持了恋人关系，直到 1920 年结束。但是，我俩再也没有恢复相识第一年时的美满状态。

奥托琳的回忆录证实了罗素的回忆。她在回忆录中谈到一个女人，名叫格拉迪斯·林德尔，为反征兵团体工作。在罗素服刑期间，她常常为他跑腿，曾经告诉奥托琳，她不得不替科莱特编造消息，以便让罗素开心。奥托琳写道，科莱特“年轻，快乐，也许不理解他有多么敏感。这个可怜的家伙，没有见到她，他就躁动不安。而且，他孤身一人坐牢，觉得她与其他人交往，于是产生了非常强烈的嫉妒”：

> 我记得，在一次探访时，我觉得他很想打发我们走，这样他就可以阅读她的信件。那封信件藏在书里，我们探访时他把攥着信件的手放在桌下。我很清楚他的感觉，他当时非常希望旁边监视的那名狱警说：“时间到了。”

有时候，科莱特没有给他写信，而是在《泰晤士报》的人事消息栏上刊登个人讯息。这可以巧妙地——如果说并非完全真实地——表达她的孤独和寂寞：“从乡下回来。心里充满爱意，全部的爱意，孤独但是繁忙”；“非常孤独。你拥有我所有的爱。”自然，罗素心存怀疑，莫里斯·埃尔维对科莱特的吸引让他纠结不已。他数次在信中要求科莱特作出承诺，与她的丈夫迈尔斯分手。他说，如果她不坚持分手，他们两人都不会幸福。他督促她在他出狱之前与迈尔斯分开：“我和我的前妻硬待在一起的时间太长了，我不想你犯同样的错误。”

科莱特的信件让罗素心中的忌妒之火越烧越旺。她不仅承认再次与莫里斯·埃尔维见了面，而且还提到一个名叫米切尔上校的美国军官，意在引起罗素
539 的疑心。她写道，米切尔的“模样让人动心：身材魁梧，长着一双棕色眼睛，就像马士提夫獒犬，目光忧伤，神色诚实”。在自传《10 年之后》中，她没有详谈米切尔上校的情况，仅仅提到说，她常常在厨房里给他冲泡可可饮料，他让她学会吃牡蛎，“为此我永远心存感激”。

看来，科莱特是通过 T. S. 艾略特，认识米切尔上校的——那时，艾略特非常希望获得批准，加入美国海军。她讲述了一件相当奇特的事情。有一天，艾略特来到她的住处，和她一起喝茶：

> 我们两人在厨房餐台边喝茶。我发现，他很拘禁，更确切地说，他将自己封闭起来，给人遥不可及的感觉。当然，他非常博学。他的两眼很有特色，让人觉得，它们就像两只小猫，随时都可能蹦出来似的。他神色冷漠，给人呆板的感觉。但是，我觉得，在那种呆板的外表下面，潜藏一种令人不可思议的深刻绝望。他说话慢条斯理，吞吞吐吐。难以想象，他竟然是美国人。

她没有说明艾略特到她住处去喝茶的原因，但是可能与住宿事宜有关。弗兰克之前告诉罗素，希望罗素不要继续住在戈登广场。这意味着，罗素不再出租他在贝里街的寓所——海伦·达德利是他的前一位房客；他自己将不得不搬回那里去。反过来说，这样做会让他手头拮据。他 8 月告诉艾略特，他不得不停止支付自己为马洛那幢房子分担的房租。在菲茨洛伊街上的那套公寓当时出现了什么状况呢？这一点没有记载。但是，科莱特 8 月搬到了贝里街，做好准备，迎接罗素回来。

8 月 16 日，罗素在信中告诉科莱特，如果他出狱时“变得令人讨厌，请一定多多包涵”：

> 我很累，身心疲惫。当然，我受到嫉妒的折磨；我早就知道自己会这样。我对你的事情知之甚少，也许想入非非，超过了实际发生的情况。身陷囹圄让我紧张不安，想到未来让我感到某种迷惘，出现了毁掉将要来临的幸福的冲动。**如果我在接下来几周里出现什么冲动之举，请务必保持镇定，闭眼忽视了事**。迄今为止，我只能说，这是疯狂状态，但是它很快将会证明，这是唯一的理智状态。我将设法伤害你，让你与我分手。我出狱之后将说，我不愿见到你；我将假装失去了对你的所有感情。所有这些都是疯狂想法，是嫉妒和焦躁共同作用造成的结果。非常想要一种东西带来的痛苦最终变得非常剧烈，我不得不装出不再想要的样子。

他在给奥托琳的信中写道，他出狱以后，希望先和科莱特外出一段时间。“可是，她可能很忙，无法久待”，他因此问奥托琳，他们两人是否可以在沿海的某个地方去度假？“我无法告诉你，我多么渴望大海。”两人决定，到多塞特的拉尔沃思湾去。他看到奥托琳提议去那里，于是在信中写道，“那个地方”正是
他想去的。“噢，我们可以漫步穿过田野，欣赏地平线，自由交谈，与朋友相 540
聚，这样做太美妙了……我的脑海里浮现出所有这些令人愉快的景象——我最想做的是交谈，交谈。我以前从来没有意识到，人多么渴望交谈——在这里熬过的日子对我也有好处。我大量阅读，想了很多事情，养精蓄锐。我现在浑身充满力量，但是我确实渴望文明，渴望文明的交谈。而且，我渴望大海，渴望荒野，渴望微风。”

他牢狱生活的最后一天突然到来，似乎让罗素和科莱特两人都有措手不及之

感，他渴望已久的团聚以彻底泡汤收场。在9月的最初几天里，两人在通信中详细计划，准备在他获得释放那天进行庆贺。科莱特9月7日写道，她一直想象那个时刻：她打开房门，“你就在我眼前，终于回来了……我伸出双手，抱住你魁伟的肩头，轻轻抚摸你的浓密头发，不停地亲吻你，喜欢的你身体的每个地方，就像一个饥饿之人”。几天之后，罗素在9月11日写道，他最多三周以后就可出狱。其实，他因为表现良好，被赦罪一个月，三天以后就获得释放。科莱特看来没有做好迎接他的准备，那天晚上已有安排，计划和米切尔上校吃饭，这证实了罗素充满嫉妒的担心。在出狱的第一天晚上，罗素去了格拉迪斯·林德尔的住处，和她一起共进晚餐。对格拉迪斯·林德尔来说，这是巨大的殊荣。她那天夜里写信告诉他：“今天晚上，我非常激动，我刚才没有说，你出狱之后的第一晚上和我一起吃饭，这简直太好了。想到这件事情我将永远感到骄傲，真是太美妙了。”

但是，对罗素来说，那个场合起到的作用类似修辞中的渐降法。他比以往任何时刻都更加确信，科莱特正与米切尔相恋。他预测，他将和她大吵一场，佯装失去所有了感情，设法让她感到伤心，与她断绝关系。那天晚上，他没有像科莱特期望的那样，度过回家之后的销魂良宵，而是气冲冲地离开贝里街，到了戈登广场，在弗兰克的家里过夜。

# 第二十章　自由之路

541

## （1）哲学

从布里克斯顿监狱释放出来之后的头几个月中，罗素的生活没有安定下来，令人觉得不可思议。他显然并不确定，他自己究竟希望在哪里居住，甚至不确定与谁住在一起。弗兰克已经挑明，他不再是戈登广场受到欢迎的长期客人。此外，他妒火中烧，如果和科莱特同居，他既不可能住在贝里街的寓所，也不可能住在菲茨洛伊街那套一居室公寓房。他不想完全毁掉与科莱特的关系，但是知道自己嫉妒时可能变得多么残酷，多么怀恨在心。他觉得，如果他和她待上3天以上，局面将会变得十分危险。

他与科莱特的重逢带有渐降法意味，见面之后到戈登广场过夜。几天以后，他拜访了克里福德·艾伦，谈到了两人合租一套房子的想法。艾伦在日记中写道，罗素“非常幼稚，一门心思考虑他自己的情感、优点、恶习，考虑他给其他人带来的影响”：

> 这些因素以最奇特的方式混在一起：坦诚与神秘，残酷与爱心；一方面无畏地关注具有建设性意义的哲学，另一方面十分在意其他哲学家对他的态度。

与艾伦一起住了两三天之后，罗素搬到电报村舍，在那里逗留大约一周，然后回到伦敦。1918年9月25日，他和奥托琳一起，在里士满公园待了一天。他后来写道：“发现了永不消亡的东西，让人深感欣慰。”然而，他听到了坏消息：奥托琳经过深思熟虑，觉得自己无论如何也无法离开菲利普，与罗素一起到拉尔沃思湾去度假。

在那段时间里，罗素与科莱特在情感方面出现了很大动荡，他甚至无法忍受每周在伦敦待上几天。在这种情况下，与奥托琳在里士满公园度过一天之后，他动身前往阿宾杰公地——克里福德·艾伦遵照医嘱，正在那里疗养。当时，战争结束的曙光已经出现，协约国看来将会必然取得胜利，和平前景——而不是罗素的个人问题——在谈话中占据主导地位。罗素觉得，不完整的胜利可能形成比较
542 良好的战后氛围，因此希望协约国不会取得具有决定意义的胜利；但是，艾伦认为，只有在军事上取得决定性胜利，才能获得“令人满意的版图”。

在与艾伦待在一起的那段时间里，罗素听到科莱特送来的消息，她已经在拉尔沃思湾的一家旅馆预定了两夜房间，这无疑缓解了无法与奥托琳一起度假带来的失望。虽然两夜时间略显不够，但是濒临大海对罗素恢复精神起到了很大作用。他回到阿宾杰公地时，心情大为好转。根据艾伦的回忆，罗素坐在壁炉前，背诵他最喜欢的莎士比亚和雪莱的诗歌。“他就像一个孩子，声音温柔，才华横溢。这让我意识到，他的言行非常难以捉摸，我却如此喜欢他。这就是真正的原因。”

阿宾杰公地坐落在萨里乡村，罗素在那里可以继续在狱中开始的哲学写作。他信中告诉奥托琳：“我很享受回到工作状态的时光，享受安全的私密性。这里没有电话，没有邮件，没有访客，就像监狱一样——当然，它的优点是，我可以在任何时候出去散步。”他说，他只在伦敦与科莱特见面，几乎不在阿宾杰公地，“而且时间很短”。他告诉奥托琳，既然那时已经没有必要设法走出监狱，他其实希望，当初请吉尔伯特·默雷设立讲师职位的计划最好落空。“我希望有时间从事自己的独创性工作。”

但是，仅仅过了几周之后，罗素对科莱特的激情出现了湍流。他觉得她对他不忠，这种想法在他的脑海里萦回，挥之不去，让他越来越难以集中精力进行哲学写作。工作热情弃他而去，他精力消耗殆尽，忐忑不安，失去了根基，仿佛在这个世界上没有容身之地。11 月 10 日，他写信告诉奥托琳，“让自己适应新的世界，这真是太难了”：

> 我发现难以抗拒的感觉是，我已经活得够长了。我在狱中曾经觉得，自己精力充沛，希望有新的开端；如今，这样的感觉烟消云散。展望未来，我觉得乏善可陈，根本没有任何有趣或者生动的东西，值得我去忍受生存的痛苦。然而，这是一种心绪……其原因是自己精神上出现的难以言喻的疲倦。

次日是停战协议签订日。那天凌晨，第一次世界大战结束了，突然出现的消息让人感到意外。在偏僻的法国乡村贡比涅的一辆列车上，签署了停止敌对行动的协议，那天上午 11 点宣布和平正式到来。但是，通过贵族之间的某种秘密信息渠道，罗素比一般公众提前几个小时知道了这个消息。就在停战协议刚刚签署之后，温特顿·丘吉尔给他的里昂涅姑姑——莱斯利夫人——打电话，告诉她这个消息；接着，莱斯利夫人转告了她的朋友安内斯利夫人；安内斯利夫人转告了她的女儿科莱特。当然，科莱特立刻给在伦敦的罗素打电话。科莱特在《10 年之后》中写道："我没有什么特别具有戏剧性的举动，没有哭泣，没有欢唱，没有诅咒，没有欢呼，也没有对死去的人悲鸣。这个小消息给人感觉是，仿佛除去了一个沉重的负担。"

罗素的反应是，走出房门，到了街上，告诉见到的每一个人。上午 11 点，543
公开宣布的时刻到来，他在托特纳姆宫路。他回忆说，两分钟之内，人们走出商店和办公室，涌到街道上。"他们强占公共汽车，让它们开到自己喜欢的地方。我看见，一名男子和一名女子，本来素不相识，在街道上一边走，一边接吻。"他在街道上独自游荡了一天，"观看激动的人群，就像在 4 年之前的 8 月那样"：

> 人们的举止依然轻佻，肆无忌惮地寻欢作乐，到了前所未有的程度，根本没有从过去的恐怖日子中学到任何东西。我在欣喜的人流中游荡，孤独感油然而生，仿佛是一个幽灵，偶然从某个星球坠落到地球上。

他还写道："人群欢呼，我也欢呼。可是，我依然像以前那样孤独。"

在《自传》中，罗素首先描述了停战日庆祝活动让他产生的疏离感，然后立刻转向他在狱中寻求的反思，为什么感觉自己像个幽灵呢？其原因在于，在努力获得"上帝的智性之爱"的过程中，他爱上了幽灵。这里的隐含意义是，他在愉快的人群中体会到的疏离感进一步反映出，在宗教和形而上学意义上，他内心深处产生了被隔绝的感觉。毫无疑问，这一点肯定是正确的。但是，罗素在 1918 年 11 月孤单寂寞，其中还有一个更具体的原因——他绝望地感到，科莱特背叛了他。

罗素怀疑，科莱特与米切尔有染（科莱特在的信件打字稿中说，罗素的怀疑是病态的，没有根据的，过分到不正常的地步）。无论这究竟有多大真实性，他清楚地知道，他对埃尔维的嫉妒完全是有道理的。11月，罗素知道了他认为可能出现的最糟糕的消息——科莱特怀上了埃尔维的孩子。她希望堕胎，罗素同意为当时被视为非法的手术支付费用。科莱特肯定觉得，那段时间是可怕的折磨。罗素努力支持她，这大大消耗了他已经饱受困扰的情感，几乎超过了他能忍受的限度。

11月20日，他的寂寞感达到顶点，在给奥托琳的信中，表达了他所说的“痛苦呼叫，要求她出手相助”。他告诉奥托琳，如果他住在伦敦，他将会发现，他根本不可能做任何事情，甚至不可能再活下去。“我知道，我无法独自生活——我必须找到某种忍受生活的方式，否则，我会放弃生命。”他是否可以每周在加辛顿待4天时间呢？他写道，“如果可以找一个男人，一起在海边住，我应该真的开心一些。当然，其实我想要的是妻子——但是，在这个世界中，没有合适的人”：

> 实际的情况是，我太疲惫了。我需要有人照料，有人打理生活琐事，让我可以自由地思考工作。自从和艾丽丝吵架之后，我一直没有发现任何这样的人：在我疲倦时，她愿意并且能够带我去度假，悉心照料我。现在我发现，如果没有这样的人，我将一事无成。

544 谈到科莱特时，他显得老练，忠诚。他告诉奥托琳，科莱特“行为像天使一般”，但是“这次冲击十分厉害。如果我离开她，我无法得到任何休息。我觉得，自己的工作受到影响，这让我对她态度恶劣，结果我们两个人都深感痛苦”。他希望每周和科莱特一起待两天，其余时间住在别的地方。他告诉奥托琳：“我不想要情感，我需要安静的陪伴，清新的空气和运动。”他接着写道，加辛顿“是我唯一的逃离机会”。

罗素努力祛除困扰自己的某些幽灵，决定放弃在菲茨洛伊街的那套一居室公寓房。11月27日，他写信告诉科莱特，那里“幽灵游荡”。他在同一封信件中还向科莱特报告，他和维维恩一起吃饭，并且告诉她，他在“相当长的时间里”不会与她见面——也许，这是另外一个祛除幽灵的尝试。过了不久，科莱特在伦敦接受堕胎手术，罗素回到加辛顿，试图修复受到损害的神经。12月16日，科莱特来信说，手术结束了。几天之后，罗素、科莱特、克里福德·艾伦三人前往北德文郡海边的灵顿，度过三周圣诞节假期。在《10 年之后》中，科莱特描述了三人居住的那幢茅屋的环境，“荒野上人烟稀少，地面上积雪覆盖”。她写道，克里福德·艾伦“出狱时，大概只有半个肺，非常需要休养”。关于罗素在灵顿的情况，她在书中只字未提；在罗素的《自传》中，不仅没有关于那次在灵顿过圣诞节的文字，而且甚至连 1918—19 年整个冬季的情况也完全没有任何记载。

但是，自从出狱以来，这是罗素首次尝试和科莱特多待几天时间。他确信，如果他和她相处的时间长一些，他将对她怀恨在心，言行“骇人听闻”。而且，艾伦的身体极度虚弱，科莱特正处于堕胎之后的康复期，罗素仍然受到科莱特怀孕造成的震撼性影响。如果考虑这些情况，我们就不难想象出那几周中笼罩灵顿的气氛。

1919 年 1 月 14 日，三人离开德文郡。罗素径直前往加辛顿，那里是他在那段时间中拥有的最接近家的去处。很可能的情况是，尽管罗素在 11 月说了那番话，但是他立刻与维维恩·艾略特取得了联系。其原因在于，他返回之后几天，收到了维维恩的来信，声称她不喜欢两人之间的亲密关系越来越疏远的状态，希望与他完全断绝关系。[1] 她这次终于说话算话了。她甚至不回复罗素的信件；在接下来几个月中，艾略特本人不得不以她的名义进行干预，回应罗素提出的日益强烈的要求，取回留在马洛那幢房子里的个人物品。2 月 3 日，艾略特在给罗素的信中说：“并不是维维恩‘不愿回信’，我已经全权接管马洛的事务，她不能做可能不利于医生治疗的任何事情。”大约一周之后，罗素和艾略特见面，讨论如 545
何处理在马洛的房子。艾略特随后再次写信，这次解释说，维维恩非常不愿意放弃那幢房子：

> 在整个春天和夏天，她对房子事情很上心，用了不少心思和时间。对她来说，花园尤其令人高兴，是她活动的源泉。你知道的，现在，她可以做的事情很少，我可以肯定，剥夺她这个兴趣将是错误之举。她一直惦记着花园，甚至佃户还在那房子里时，她也到马洛去了几次，打理那里的事情。而

---

[1] 从科莱特准备寄给罗素的一封信件的打字稿，我们了解到这一点（信件的日期为 1919 年 1 月 18 日，一个脚注中提到这个想法）。该信的正式文本与维维恩寄给罗素的大多数信件一样，没有保存下来。

> 且，她看来甚至已经开始期望过更开心的日子；她预期，她的朋友露西·塞耶年底之前将会回来……我们确定，如果有人陪伴，她的情况会大有好转。

最后的解决方法看来是，艾略特夫妇接手租赁事宜，通过冬季将房子转租的方式，减轻房租带来的负担。让罗素显然恼怒的是，将他的物品从马洛运往伦敦的事情延续了几个月时间（艾略特夫妇没有雇用搬家公司，看来自己动手，跑了几趟，一件一件地搬到伦敦），他直到 6 月才收到最后一批东西。

罗素希望得到从马洛送来的个人物品，以便布置在巴特西的一套公寓。那套公寓在奥夫斯特兰宅第 70 号，他同意与艾伦·克里福德合租。与此同时，他在加辛顿以新的活力投身工作，写出了他所称的《心的分析》的“初步提纲”。他非常自信，觉得自己已经取得了很好进展，于是给科莱特发了一份电报，宣布他有了重大发现。不幸的是，他并未说明发现的具体内容。在几天之后所写的一封信件中，他甚至将当时充满哲学灵感的心境与他 1900 年从巴黎返回时的心境进行了比较。如果我们现在审视他 1919 年 1 月所写的东西，我们难以理解，究竟是什么东西让他那么兴奋？他进行的对比不过是一些想入非非的内容，也许表达了罗素希望感觉的东西而已。

这份“初步提纲”与他的狱中笔记之间的不同之点是，它强调了精神形成意象的能力。众所周知，行为主义并不关心心理意象。例如，在《行为主义者眼中的心理学》（罗素在狱中阅读的文章之一）中，行为主义的创始人约翰·B. 华森说：“我希望可以完全抛弃意象，试图说明，从实践层面看，所有自然思维以感觉运动的方式，出现在咽喉部位。”对于该理论的这个方面，罗素毫不迟疑表示拒绝。他在狱中所写的一封通报式信件里宣布，这“显然是陈腐的看法”。科莱特也有同感，“我的头脑中充满意象（如果行为主义者们没有，他们真可怜）”。在他的《心的分析》的“初步提纲”中，罗素再次以明确方式表示，拒绝行为主义心理学的这个观点。“否认意象的做法是站不住脚的——不能将意象解释为实际的细微感觉或词汇。”

546 罗素完全不否认意象的存在，反而将意象视为他的理论的核心因素。他的“重大发现”看来是，意象是意义理论的唯一基础，同时既是观念的内容，又是词汇意义的起源。根据他的观点，意象是感觉的“摹本”。首先，我们有了看见一个名叫约翰的人的感觉；后来，在将来的某个时候，当我们通过形成约翰的意象的方式，回忆约翰时，我们实际上在复制看到他时的感觉。这时，这个意象“表示”约翰。罗素坚持认为，词汇意义的起源是词汇所替代的意象，因此，我们不是使用约翰的意象来表示约翰，而是使用“约翰”这个词汇。

在这个“初步提纲中”，一个重要发明是罗素提出的“意象命题”理念。例如，约翰没有头发这个意象可能是“意象命题”；如果用词语来表示，该命题是“约翰是秃顶”。根据罗素的观点，在一般情况下，“意象命题是语词命题的意思。但是，意象命题本身却表示某个别的意思，这就是说，让该命题为真或者为假的客观事实”。当然，我们在头脑中可以接受若干个意象，其中只有一些将是我们实际上相信的“意象命题”（甚至在我知道约翰长着满头金发时，我也可以想象，约翰是秃顶。）那么，什么东西区分成为观念的“意象命题”呢？罗素对这个问题的回答含糊其辞，令人失望。他说：“观念是一种特殊的感觉，它……与一个或者一组当前意象之间，具有一种特定的关系。与人不相信的意象相比，被人相信的意象产生不同的效果。”他没有告诉我们，可以用什么方式，来概括或者识别这种“感觉”。

尽管他在加辛顿写作进展顺利，罗素曾经答应，与克里福德合租在伦敦的公寓。2 月 17 日，他搬出在加辛顿的农舍式小屋，入住位于奥夫斯特兰宅第的艾伦的公寓。仅仅过了几天，他又决定搬回加辛顿。当时，艾伦病情加重，那套公寓挤满了来自反征兵团体的女同事。她们心情焦灼，深表同情，争先恐后地照顾他。罗素在 2 月 23 日的信中告诉科莱特：“目前，在这套公寓中，存在着大量可怕的心理状态和令人沮丧的气氛。对任何男性来说，这里的生活都是无法忍受的。”他告诉她，他的研究继续处于上升状态，“每次我坐下来写作，结果都优于我的预期”。他热切希望回到更有利于哲学写作的环境中去。

返回加辛顿之后，他利用“初步提纲”中的许多新材料，为那年晚些时候召开的亚里士多德研究会会议撰写一篇长论文，题为《论命题：它们的性质与表义方式》。该文具有重要意义，它是罗素最早发表的坚持中性一元论的文章，他随即抛弃了他早年提出的判断论。该论文的核心有两点：其一，罗素支持行为主义的总体语言观，认为学习语言是获得特定的“习惯”；其二，罗素否定了行为主义否认这个明显事实的做法——人们确实独自形成意象。以前，他曾经认为，柏格森抬高直觉的原因是，柏格森具有超常的构图能力；同理，他这时认为，行为主义者否认意象的原因是，华森头脑中带有相反的个人特性。“我们必须得出的 547

结论是，华森教授并不具有构图能力，所以不愿相信，其他人有这样的能力。”罗素提供了他自己的经验性研究结果，回应行为主义者否认意象的做法：

如果你说服一个没有受过教育的普通人，让她相信她无法构成一个朋友坐在椅子上的形象，只能描述这种情形的样子，那么，她会得出结论说，你是疯子。（本表述基于试验。）

但是，他没有说，这个“没有受过教育的普通人”究竟是科莱特还是奥托琳。

文章接着阐述了他前一个月形成的“意象命题”理论，并且展示了下面这一段令人感兴趣的评论：

命题最重要的一点是，它是由意象还是由词语构成的？无论命题何时出现，它与让其为真或为假的事实之间，存在特定的结构相似性。这种相似性需要进一步加以研究。

这个观点提出：其一，命题本身是事实；其二，命题通过“特定的结构相似性”，可以表示另外一个事实。这两个观点与维特根斯坦的联系密切，超过了罗素本人——在《逻辑哲学论》中，维特根斯坦着力强调它们。《逻辑哲学论》是在罗素撰写《论命题》这篇论文之前写成的，但是罗素其实尚未看到它。在《论命题》的结尾，罗素详细说明了结构相似性的理念，让他的理论听起来更接近现在人们所知的维特根斯坦的“意义的图像说”：

在意象B的左侧，有意象A:这种情形就是意象命题。如果A在B的左侧，该命题为真；如果A不在B的左侧，该命题为假。

但是，在这两个理论之间，存在至关重要的差别。维特根斯坦认为，构成命题的意象是在人的头脑之外，还是在人的头脑之内，这其实没有什么关系。对他来说，物理（绘制的）意象和“心理”意象一样，都具有命题特征。假如罗素进一步强调他在这些段落中提到的结构相似性，他肯定想到了，就结构而言，没有必要将他的意象命题理念局限于只是感觉的“摹本”的意象。但是罗素认为重要的是，在词语与意义之间，存在着因果联系；他认为，心理意象似乎是唯一可以提供这种联系的东西：你形成的约翰的意象以因果方式，与你看见约翰这个行为联系起来，因此，你使用的“约翰”这个词语也是如此。当然，考虑到罗素信奉中性一元论这个事实，心理意象本身也是物理活动。但是，对他来说，这一点的意思是，它们实际上是出现在“大脑”中的活动。从深层次上看，在解 548
释词语意义的过程中强调因果性的做法带有非维特根斯坦思维的特征（维特根斯坦对此加以讽刺说，如果我推你一把，你摔倒了，你摔倒这个动作不是我推这个动作的意义）。

3 月 4 日，罗素在信中告诉科莱特，他已经完成了《论命题》。“这篇文章中有很好的东西，但是我并不满意，将来可能会进行修改。”出于巧合，在完成这篇具有很强的维特根斯坦思想特征的论文之际，他收到维特根斯坦寄来的一张明信片。维特根斯坦写道：“11 月以来，我在意大利坐牢。希望在中断联系 3 年之后和你交流。我做了许多逻辑学方面的工作，非常希望在出版之前让你有所了解。”明信片上的日期是 2 月 9 日，是从卡西诺山的意大利战俘营地寄来的。维特根斯坦和成千上万奥地利军人一起，被关押在那里，被意大利人当作讨价还价的筹码，以便实现意大利政府的要求，获得以前被哈布斯堡王朝控制的土地。明信片的收件人是罗素，由“伦敦大学学院的 A. N. 怀特海博士转交”。看来，它于 3 月 2 日送到了在加辛顿的罗素手中。

1916 年，罗素最后一次听到维特根斯坦的消息，确信他已在战争中死亡；现在，罗素得到他还活着的消息，当然非常高兴。罗素在回信中写道：“谢天谢地，你还在人世。在可能时，请一定撰写逻辑学方面的著作。我希望，过不了多久，我们就可以交谈了。我在哲学和其他方面，有许多想和你交流的问题。”次日，他又寄出一张明信片，上面有类似的内容，显然觉得，如果他寄两张，就可以提高送达的概率。其实，维特根斯坦在 3 月 8 日同时收到了这两张明信片。“你无法想象，我收到你的明信片有多么高兴！”维特根斯坦在回信中写道，并且告诉罗素，他写了一本书，在书中“我认为自己终于解决了我们当初所谈的问题”。3 天之后，他写了一封较长的信件，谈到那本书的内容：

> 我写的这本书叫《逻辑哲学论》，包含了我在过去 6 年中的全部成果。我相信，我已最终解决我们谈到的所有问题。这也许显得自负，可是我对此

深信不疑。我在1918年8月写完了这本书，两个月之后被送进了监狱。我将手稿随身带着。我希望给你抄写一份，但是篇幅比较长，我也没有什么安全方式送到你手上。实际上，手稿是用相当简略的符号写成的，如果不先解释，你无法理解。（当然，这意味着，虽然我觉得它晶莹剔透，恰如水晶一般，但是没有谁可以理解它。它推翻我们提出的关于类、数字和其他问题的所有理论。）

正如维特根斯坦肯定希望和期待的，这封信件引起了罗素的好奇心。罗素抄写停当，用打字机打出来，然后复制了几份。此外，他还给他认识的当时两个最有影响力的人物——约翰·梅纳德·凯恩斯（凯恩斯当时在巴黎参加和平谈判）和乔治·特里维廉——写信询问，是否可以允许维特根斯坦“就逻辑学自由通
549 信”，甚至是否可以让他到英国来？当时，《数理逻辑引论》刚刚出版，罗素问凯恩斯，是否可能寄一本给维特根斯坦？通过特里维廉的帮助，维特根斯坦得到许可，可以接收图书；通过凯恩斯的帮助，维特根斯坦将一份手稿寄给了罗素。但是，必须获得批准，必须进行联络，这两件事情花费了较长时间。到了6月和7月，维特根斯坦和罗素才知道对方的哲学思考方向。自从两人上次一起讨论哲学问题以来，时间已经过了5年。

与此同时，罗素不得不着手准备关于《心的分析》的八集系列讲座——讲座拟在威廉斯博士图书馆举行，从1919年5月6日开始。他终于搬到奥夫斯特兰宅第，入住与克里福德·艾伦合租的那套公寓。接着，他用3、4两个月时间，撰写讲座稿件。在那段时期，他还为《国家》和《文艺》撰写了若干哲学著作评论。在这些书评中，他表达的许多主题在哲学思想方面没有多大意义。4月21日，他在评述亨利·琼斯的《公民原则》时写道：“对任何习惯观察人心而不是对枯燥的体系进行分类的人来说，显而易见的是，他们采纳的哲学是效果，而不是原因，是气质和机会的产物，而不是鼓励他们产生行动的东西。”人信奉的哲学并不促使人产生行动，“就像温度计不会改变天气一样”。琼斯的想法不同，他让自己以“迟来的维多利亚人”的面目，出现在世人面前：

维多利亚人具有许多优点，在许多方面超过我们。可是，他们缺乏真理感，无法看到他们自己的情感与宇宙的构成之间的差别。

这样的教训哲学家们自然不愿汲取。大约在同一个时期，罗素评述了拉尔夫·佩里的另外一本书，题为《当下的理想冲突》（副标题为《对世界大战的哲学背景研究》）。罗素以挖苦的口吻写道："没有哪个哲学家愿意相信，大千世界上的事情不是由他们的学术前辈的讲座引起的。"

从一定程度上，针对哲学家们的这类苛评调侃的，其实是罗素自己早期所写的书评；不过，罗素在此并未完全挑明这一点。在关于阿瑟·克拉顿－布罗克的《天堂为何物？》的评论中，这一点最为明显。罗素讨论了"对确定性的渴望"，认为它见于"某些人和某些情绪"。罗素写道，这"构成对安全感的渴望的重要部分，这种渴望是由胆怯形成的弱点之一"。由此可见，（虽然他没有明确指出这一点）他这时认为，他希望成为哲学家——发现某些确定的明白无疑的知识——的动机，正是这种心理缺陷的一个迹象。在他这篇书评中，他具体讽刺了所谓的"神秘感悟"——有的人认为，自己可以"透过扭曲自我的迷雾"，看清事物本质。他说，相信这一点的人恰恰在感悟方面受到其自我的最厉害的扭曲。"神秘论者 550
在真实事物中发现的这些特征只是其感觉的反映。"他写道，在典型的不被承认的自传之作中，神秘感悟是爱情导致的一种扭曲，"处于恋爱中的男人不能以最佳方式，评判自己激情的倾注对象的品质；神秘论者是爱上的宇宙的人。"

这个观点与罗素在以前的文章——例如，《自由人的信仰》和《神秘论与逻辑学》中表达的意思大相径庭，一位署名为J. W. 哈韦的《文艺》读者发现了这一点。该读者给《文艺》寄去了一封不乏睿智之见的信件，对比了罗素的前后观点，并且就罗素对内心情感的怀疑态度，提出了自己的评论。哈韦注意到，《自由人的信仰》表达了"强烈的绝望"，认为在情感方面，"罗素先生希望保持距离，以便维持一种小心翼翼的冷漠的保留态度"。他接着写道：

> 让罗素先生无法原谅的是，"神秘论者"拒绝保持不屑一顾的感觉，与现实密切接触……"神秘论者"的错误在于，他在事物的核心中发现了家，发现了朋友。罗素先生就像一个来到陌生家庭的访客，彬彬有礼，不温不火，非常得体，不愿采取主动行为。他发现，另外一位客人固执地忽视所有礼节规范，与那个家庭的人建立了友好关系，不禁深表不满（也许甚至还有一点夹带愤怒的嫉妒之感）。

这个客人含蓄，过于礼貌，避免与那家人出现真正的接触，这个形象类似于罗素的自画像——从另外一个星球坠落到地球上的外星人，或者说一个幽灵，无法与周围的人建立接触。这封信件入木三分，让我们洞察罗素撰写克拉顿－布罗克的这本著作的书评时的心理状态。罗素认为，哲学观点是情感造成的结果，而不是其原因；正如哈韦清楚知道的，这一看法可以用于罗素本人，让我们在他避免让自己观点出现情感“扭曲”的决心中，看到深深的绝望。罗素描述了他在停战协议签订日那天产生的疏离感，明确表示他意识到，“对我来说，人的感情从本质上说是一种尝试，旨在逃避寻找上帝的徒劳之举”。但是，他逃避人的情感带来的痛苦和难以预料的变化，这种做法驱使他去寻找上帝；他与这里所说的那个过于礼貌的客人类似，可以避免与其他人真实接触带来的不快，这两点不也是真实的吗？

在私下里，罗素对自己的看法与哈韦这里指出的类似；但是，在公开场合中，在他发表的给哈韦的回信中，他几乎没有提供任何线索来让人了解，哈韦对他的情感状态的描述多么贴切。非但如此，他仅仅指出，他以《神秘论与逻辑学》序言表述的“明确的保留态度”，同意重印《自由人的信仰》。他大概希望，没有人将会注意到，它与他仅在几个月之前表达的这个观点之间的矛盾：“对任
551 何习惯观察人心……的人来说，显而易见的是，他们采纳的哲学是效果，而不是原因。”

以这些书评和讲座为契机，罗素的自由哲学家生涯有了一个良好开端。他写信告诉奥托琳：“我很高兴，自己不再为钱所困。《文艺》和《日晷》支付的稿费已经足够，加上讲座的收入，我现在已经不再贫穷。”他以前表示，准备讲座稿件困难重重。但是，随着写作过程的推进，事情变得容易一些。他6月14日写信告诉科莱特，他刚刚完成了下一周的讲稿，认为它“是目前为止写得最好的东西……我希望，你愿意听到全部内容——与其他部分相比，这一讲非常容易理解”。就大部分内容而言，那些讲座详细讨论了《论命题》表述的观点，并且大量利用了其中的文字表述。后来，这些讲座的内容进入《心的分析》一书，大概占据了一半篇幅。

在举行讲座期间，罗素与维维恩的恋情终于结束。6月4日，维维恩在写给奥托琳（维维恩与她成了很好的朋友）的信件中，描述当时的情况，一段难以言喻的奇特关系似乎在同样奇特的插曲中告一段落：

你对伯迪在加辛顿的状态描述让人忍俊不禁。星期日一大早，他直接从那里来到这套公寓［克劳福德宅第 18 号］，把我从马洛捎来的另外一批东西弄走。他看来心情非常糟糕。不幸的是，我尚未穿好衣服，所以只得在浴室里，提高嗓门和他讲话，尽量让自己显得高兴一些。但是，他的反应令人痛苦。其实，我对他心存歉意——我特地从马洛赶到这里，并且已经发出邀请，他来取东西时和我一起喝茶。我本来以为，我俩可以聊一聊，不管怎么说，继续友好相待。可是没用，我不会再这样做了。我很想念他，这真令人觉得不可思议！彻底忘掉他怎么就如此艰难？

举行最后一讲几天之前，罗素收到维特根斯坦的另外一封来信。维特根斯坦仍旧关押在战俘营，已经收到了罗素的《数理逻辑引论》，对该书的内容并不完全赞同。他写道：“我根本不会相信，我 6 年以前给摩尔口述的东西竟然原封不动地到了你的手上……我现在担心，我可能难以与你达成任何共识。我以前心存一个小希望，我的手稿也许会对你有一些作用；现在，这个希望已经不复存在。”不过，他还是通过凯恩斯，将手稿寄给了罗素。他告诉罗素：“如果你认为理解这本书还有任何重要意义，如果你可以安排和我见面，务请付诸实施。”本来，罗素打算通过安全的方式，将手稿寄往维也纳。这是当时存在的唯一经过更正的文本；维特根斯坦阅读了罗素寄去的著作之后，非常希望见到他自己的著作变成铅字：

看到这本已经完成的著作依然躺在监狱之中，知道无稽之谈却在外面大行其道，令人十分痛苦！同样令人痛苦的是，我知道，即便它印刷出来，没有人可以理解！ 552

鉴于这种情况，这封信件让我们看到了三点：其一，罗素因为没能理解维特根斯坦以前的研究受到了责备；其二，他了解到，自己的哲学研究是无稽之谈；其三，他事先得到信息，自己理解维特根斯坦这本著作的尝试肯定毫无结果。于是，他以相当的克制方式，对此作出回应，承认“我不懂你向摩尔口述的东西，他也没有给我提供任何帮助”。而且，罗素也许只有与维特根斯坦面谈，才有可能理解手稿的内容。然而，维特根斯是不会觉得气馁的：

> 在整个战争期间，我没有考虑哲学问题。去年，我被关进监狱，决定写一本通俗教材，以便打发闲暇时光。在那种情况下，那是我可以做的事情。现在，我已经重返哲学研究，理解的意愿更强烈了。

当时，手稿尚未寄到罗素手中，但是他承诺收到之后立刻阅读，然后原物送还。“不要气馁——你最终会被人理解的。”

## （2） 朵拉

就在罗素写这封信件的当天，一个女子引起了罗素的兴趣。她叫朵拉 · 布莱克，到奥夫斯特兰宅第拜访，与罗素一起喝茶。朵拉与他以前的任何一个情人都不同，并不漂亮，但是引人注目，对自己的智性很自信，以目空一切的态度，鄙视传统的面子观念。她 1915 年从剑桥大学格顿学院毕业，在现代语言荣誉学位考试中获得第一名，然后到伦敦大学学院继续深造，攻读 18 世纪法国文学。她是多萝西 · 林奇的密友，1917 年 6 月与罗素初次相识。当时，朵拉、多萝西、让 · 尼科德和罗素一道，周末前往萨里徒步旅行。他们先到了希尔，在一家名叫白屋的酒馆住了一夜，次日到特里维廉家简短访问，共进午餐。朵拉是思想激进、年轻的反战知识分子，多年以来暗中对罗素怀有英雄崇拜之情。与他近距离接触之后，发现他“模样丑陋，让人着魔”。反过来说，她的言谈也给他留下深刻印象。在白屋酒馆，一行人秉烛夜谈，席间提到这个话题：在这个在世界上，你最希望得到什么？让 · 尼科德和多萝西 · 林奇两人追求高尚，具有思想品质；朵拉直截了当地说，她希望结婚生子。罗素写道：“在那一刻之前，我觉得没有哪个聪明的年轻女性会那样实话实说，承认自己的愿望。我由此得出结论，她肯定非常真诚。”

553 1917 年两人初次见面之后，朵拉和她父亲一起去了美国。她父亲为海军部工作，担负一项特殊使命，与美国政府一道，讨论如何确保横跨大西洋的石油通道的安全。在去美国途中，朵拉将她的童贞交给了那艘商船的船长，“就在桌子上面，身上盖着一大堆折叠起来的帆布。那晚皓月当空，云朵疾飘”。返回英国之后，她在伦敦继续学业，住在切恩道的一套公寓中，开始与一位比利时艺术家的恋情。他名叫马塞尔，“真的属于放荡不羁的文化人，身穿条绒上衣，系着飘垂式领带，头戴宽边黑色帽子，络腮胡须，长发飘飘”。1918 年秋天，朵拉在格顿学院任院士，但是继续在伦敦度假，住在约翰街的一套公寓里，距离她做大部分研究工作的大英博物馆不远。

1919 年，朵拉已经 25 岁，自信，沉着。6 月 7 日，她从剑桥致信罗素，请他帮忙找一个人，在莫里学院给男女工人联合会——通过她父母的关系，她与该机构建立了联系——开设哲学讲座。他是否认识合适的人选？甚至说，他自己是否愿意做呢？提出这样的要求是否显得过分？几周之后，剑桥大学的学期结束，朵拉返回伦敦，罗素邀请她到奥夫斯特兰宅第喝茶。那次会面的主要目的是商谈讲座事宜，但是他们继续了两年之前的那次讨论。朵拉宣称，她不赞成传统的法定婚姻，崇尚自由恋爱。罗素问她，子女的问题怎么解决？她回答说，那是母亲的事情，父亲对子女根本没有任何权力。罗素说：“好吧，无论我和谁生孩子，肯定不会是和你！”

在戈登广场举行的讲座接近尾声，罗素依然非常希望可以在海边度过一段时间。于是，罗素游说剑桥大学的数学讲师 J. E. 利特尔伍德，请他一起在拉尔沃思湾合租一幢房子度夏。那幢农舍宽敞，有 5 间卧室，租期从 6 月 24 日开始，就是最后一讲结束的时间。他的计划是，当天直接前往多塞特。出发的日子渐渐临近，也许他受到与朵拉开始浪漫关系的愿望的驱动，似乎已经进行了尝试，与科莱特终止关系。在最近几周内，科莱特与其他男人频繁往来，这让他醋意大发；而且，她明显对他表现出性冷淡，这让他有雪上加霜之感。他 6 月 14 日写信告诉她：“你是否觉得，你哪一天可以允许我再次表现出爱的激情？你那天说过，你不知道怎样拒绝人，然而你总是知道怎样拒绝我。”

动身前往多塞特的前一天（就是他和朵拉在奥夫斯特兰宅第一起喝茶、聊起婚姻和孩子的次日），他给科莱特写了一封显然希望分手的信件。他告诉她，“在恋爱中，人需要在自己关心的非个人问题方面有一种接近感；这样就有超越快感的东西。人渴望有志同道合的感觉，这样就可以缓解寂寞”：

> 我觉得，我俩的兴趣已经完全不同了，所以只能跨过鸿沟才能见面，那
> 种方式没有多少深度或者现实性可言。眼睁睁看着美妙的东西慢慢消退，这 554
> 让我无法忍受。我希望在记忆未被破坏时将它终止。

次日，他写道："促使我决裂的唯一原因是，我觉得你的爱已经黯然失色。没有你的爱，人生将会是空虚，冰冷，灰暗的——我将向激情、色彩和快乐告别，这将结束我的整个世界……我不希望新的欢乐，拒绝再去寻觅。"最后这一点（如果说不是整封信件）相当不可靠。就在那天晚上，罗素手忙脚乱地急着"寻觅"，肯定是为了找到新的欢乐。最后一场讲座结束之后，他再次带着朵拉外出，共进晚餐，并且邀请她到拉尔沃思湾"长时间作客"。朵拉受宠若惊，有措手不及之感。"亲爱的伯迪，"她那天夜里晚些时写道，依然觉得这种熟悉的称呼形式显得"很不礼貌"，"我度过了一个愉快的夜晚，应该向你表示谢意……我肯定将到拉尔沃思湾去，不过我不知道，自己是否可以在那里逗留很长时间？"

次日，罗素启程前往拉尔沃思湾，期待住在海边，继续《心的分析》的写作，期待夏天晚些时候与朵拉会合。但是，科莱特不是那么容易被甩掉的人。6月26日，罗素抵达拉尔沃思湾之后的第一天上午，他收到科莱特发来的电报说："今晚10点和艾伦一起到你处。"她说到做到，和罗素一起度过了一个心醉神迷的销魂夜晚。他在她离开之后写道，"相当美妙，自始至终都是如此"：

> 这绝对将去年9月以来发生的事情一扫而光……现在，我最亲最亲的爱人，我俩必须开始新的生活……当时我觉得，自己不再有人需要，这是让我变得无情残酷的唯一因素……离开你，我内心空荡荡的，剩下的只有绝望……不要让我俩再次失去对方，我心中的同志。离开你，我的世界将是一片黑暗。

罗素显然赢回了科莱特的芳心，但是却没有设法推掉朵拉。朵拉那时给他写信，表达她期望到拉尔沃思湾的迫切心情。7月2日，罗素在写给奥托琳的信中说："与科莱特分手的事情没有搞成。她希望再试一试，所以我同意了。我将很快再次见到她。我不知道结果究竟如何。"

7月11日，罗素按照预先的安排到了伦敦，出席亚里士多德研究会和心灵研究会联席会议，宣读《论命题》。那段日子里，他每天给科莱特写信，有时每天两封，催促她利用那个机会，到伦敦来与他共度良宵，然后到阿什福德（两人1917年8月度过最幸福时光的地方）去，休假一周。他7月4日写道，"我渴望与你在一起，确实很想要你——我俩现在必须在一起；否则，我们将会浪费新出现的感情。”他提出，如果她不能到阿什福德去，两人可以在伦敦逗留一周，只要能够一起待在他的公寓里就行。“我真的必须和你在一起，亲爱的……我无法告诉你，我多么渴望和你在一起。如果可能，请你务必到阿什福德来。我俩必须 555
度过一段时间，巩固新的关系——也许，我们的整个将来都依赖于它。”

在那段时间里，科莱特没有找到可以出演的好角色，正在经历周期性“工作绝望”感。所以，她不愿意离开伦敦，担心会漏接什么重要电话。根据《10年之后》的记载，她那时忧心忡忡，甚至出现了自杀念头。“在这个世界上，没有什么人比伦敦的失业女演员更情绪低落了。”支撑她活下去的唯一安慰是，她每周与朋友丹尼斯·布莱德雷一起吃饭，度过时光。布莱德雷“给我打气，让我重拾自信，要我振作起来，勇敢面对，保护自己。他说他相信我，并且帮助我树立自信”。在那种状态下，她没有什么精力关心罗素。她知道，罗素对她的职业生涯持反对和鄙视态度。她没有理睬罗素写来的许多信件，这让他感到疑惑，不知道那些信件是否送到她的手中。他7月6日写道，她对工作的绝望感让他内心深受触动，他希望帮助她。“可是，这种状态让你躲开我，拒绝我希望给予的爱，我觉得全然无助。”显然，他并不怎么在乎她的心绪，头脑里想的不是她对工作的需要，而是和她在一起的需要，和她做爱的需要：

> 我恋爱时，希望与我爱的人在一起，长时间分离总是让我感到痛苦。我知道，无论我多么努力地尝试，如果我不能常常见到对方，和对方保持轻松的性爱关系，那么，我受性格所限，我不可能继续渴望主动地付出爱。如果我俩不能常常在一起，我们的关系是不可能长期维持下去的。这对我来说是必需的，就像其他男人对你来说是必需的一样，回避这一点没有用处的……如果我俩现在不能在一起，很可能就会推迟到圣诞节之后了。在这种情况下，到了那时，所有的新爱意将会烟消云散，我们可能无法重新开始……只有与你在一起才能解决问题。如果不在一起，过去的旧印象挥之不去。求你了，你必须对我耐心一点，理解我过去几个月中身陷地狱的情况。现在，我小心翼翼，生怕自己受到诱惑，卸下保护自己的铠甲。我担心再次忍受那些痛苦……请你不要觉得，我对你的工作漠不关心——其实，我真的很关心。可是，如果继续爱你意味着长期受苦，只能得到短暂的快乐，那么，你就肯定会怀疑，我犹豫不决，有时觉得最好痛下决心，扼杀自己的感情……你处

于如此绝望的状态，这让人忐忑不安。请一定告诉我，怎样才能让你好受一些；同样，也请你想一想，怎样才能让我好受一些。

次日，他继续恳求："我亲爱，求你设法让我恢复信心，我俩的事情还存在和好如初的可能性。"他反复敦促她，在他7月10日到伦敦时，她一定要抽出时间，安心和他共度良宵。他7月8日写道："我觉得，我俩已经确定下来，一起待1个月时间。即便在这种情况下，你也没有足够希望，暂时放弃找工作的事情，和我待在一起，这让我深感伤心。"不过，他坚持认为："我们见面之后，将会感到高兴，哪怕只待两个晚上也行。"

556 结果，他7月11日在伦敦宣读了论文之后，没有到科莱特的公寓去，而是到了朵拉的公寓。就在罗素给科莱特写上面这封满怀深情、极度痛苦的恳请信件，希望科莱特挽救两人关系的那段时间里，朵拉给他写信，谈到了她对两性关系的想法。她7月5日写道："我完全支持两性关系平常论。我希望以应有的尊重态度对待它，在需要出现时常常给予满足，与对待饥饿和干渴的情况类似。"对罗素来说，这番话听起来肯定像是——也许其本意就是——一个表示欢迎的邀约。

在她的自传《柽柳树》中，朵拉讲述了罗素7月11日登门拜访的情况，给读者造成了完全错误的印象。实际情况是，她已经得到邀请并且接受了邀请，准备赶在罗素之前达到拉尔沃思湾。但是，她没有提及这一点，而是描述了他在拉尔沃思湾的头两周时两人之间的通信。她说，在写给他的信件中，她"绞尽脑汁，尽量显得博学多才"；与之相比，他的信件语言愉快，平淡，谈到他住在海边，过着愉快的慵懒日子。她写道，"这样的情况大约持续了两周左右。有一天，我听到门铃响了"：

伯迪进了我的公寓……"我在城里办点事情。没有什么其他安排。你可以乘坐星期一12点30分的列车吗？"

"按照我的理解，这是——"他听到我的问话后，点了点头。

"可是，我理解的是，你已经爱上一个女人？"

他向我保证，那段恋情已经结束，肯定结束了。我不知道说什么才好，但是半推半就地做了承诺，我将搭乘那一班列车。

其实，她公寓的门铃并没有像她这里所说的那样响起——她已经以力所能及的方式，促成了这件事情。罗素在信中告诉她，他 7 月 10 日至 14 日将在伦敦，她回信说，她那几天有空，不会出去过周末，并且详细说明了她那天的安排：什么时候吃午饭，晚上哪个时段开会，如此等等。她说，她本来计划那天下午和某个人一起喝茶，但是那项约会可以取消。如果罗素来时发现她不在家，他可以给在公寓楼下上班的人留消息。她尽量不让自己错过这个机会。

下一个星期一，罗素返回拉尔沃思湾，朵拉和他随行。她在那里待了一周时间。在两人的回忆中，那是一段快乐的迷人时光。上午，两人工作；然后，享用朵拉所说的面包涂黄油的“学生午餐”。下午，两人有时候散步，有时候划船，有时候在海里游泳。朵拉回忆说：“伯迪和我单独度过了许多时间。他常常租借一条船，我俩坐着船，远离海岸，一起裸泳。我们常常沿着悬崖步行。”她和罗素已经相恋，这一点并未对利特尔伍德或者他们的客人隐瞒。朵拉记得，罗伯特·特里维廉来拉尔沃思湾小住，和罗素“一起，常常挖苦对方，神色诡秘”：

> “这幢房子太吵了，”鲍勃说，神情诡秘，无疑知道夜里房门悄悄打开的意思，知道那些脚步声的意思。 557
>
> “难道你没有戴耳塞，鲍勃？”伯迪问道，神情同样诡秘，同样心知肚明。

罗素写道：“朵拉来到拉尔沃思湾，我们相恋了。那年夏天她在那里，日子非常快乐。”他暗示，朵拉吸引他的主要原因是，她与科莱特不同，显然愿意生养孩子。他写道：“从一开始，我们就没有采取避孕措施。”他差一点就说他爱上了朵拉：“她有时候在月光下沐浴，有时候打着赤脚，在挂着露珠的草坪上奔跑，完全赢得了我的想象力。而且，她对待爱情态度严肃，满足了我希望做父亲的愿望，满足了我的社会责任感。”

但是，在朵拉和罗素一起待在拉尔沃思湾的那一周中，罗素每天都给科莱特写信，告诉她说，他十分爱她，“超过了以往时候”；他觉得，他完全相信她的爱，恰如她可以相信他的一样。关于朵拉，他这样说：“她不错，可是我相当怀疑，我是否可以和她在一起？她没有接触到我身上的火焰，我难以对她产生真正的兴趣。”科莱特发来电报说，她将于 7 月 20 日抵达拉尔沃思湾。于是罗素告诉朵拉，她必须回伦敦去。在她的自传中，朵拉描述了罗素来见她的情形：他“非常尴尬”，手里握着科莱特的电报，解释她必须离开的原因。朵拉接着写道：“所以，那仅仅是一段令人愉快的夏日插曲。我收拾行李，然后走人。”6个月之后，在写给罗素的一封信中，她回想起那一幕时说：“就在我爱上你的第一周，我被你打发回城，给她腾出地方，那样的羞辱至今让我记忆犹新。”

罗素给科莱特回信说，她到来之后，会得到毫无保留的爱情。“这里景色秀丽，和你在一起将让我心旷神怡。”他在她到来之前3天写道：“星期六，我将感受到你的抚摸，心中将会响起天堂唱诗班的歌声。”科莱特在拉尔沃思湾逗留期间，他以某种奇特的对称性，给朵拉写情书，互相表达爱慕。他在朵拉回到伦敦那天写道：“我根本无法告诉你，我在这一周的感受。这么多的快乐，让我浑身麻木……我觉得，我的根已经深深地进入了你的身体，我真的在你的身上有了一席之地……你已经拥有了我，超过了我接触的任何人。”她在拉尔沃思湾期间，他曾经告诉她，他不愿听到可能让他吃醋的事情。但是，她希望和罗素“吵一架”，坚持在信中告诉罗素，她和那位比利时画家马塞尔相处的情况。她描述说，在她坐着让他画肖像的过程中，“他和她做爱，激情似火，我们已经做了很多次，我非常快活……我希望你会原谅我。我希望你根本不会感到郁闷。你不能向我发誓，所以我也不能向你发誓。可是我发现，难以在激情或者爱情方面造假，和你在一起时，我没有干任何造假的事情。”

她几天之后写道，她每天度日如年，希望再到拉尔沃思湾去，“我很爱你，
558 到了相当荒唐的程度”。朵拉于8月6日到达，那时科莱特已经离开拉尔沃思湾。在朵拉到达之前一周里，罗素看来每天都分别给两人写情书。虽然幸存下来的只有他写给科莱特的，但是从朵拉写给他的回信中，我们可以清楚地了解他写给她的情书的大概内容。朵拉7月28日写道：“我亲爱的，听说你爱我，爱我，爱我，并且常常想我，我非常高兴。”次日，罗素在写给科莱特的信中说：“一段小小的表白……我想对你说，我的心和你在一起，完全彻底，情深意长，超过以往任何时候。”就他在那段时间的感情而言，最合理的解释是，他依然深深地爱着科莱特，但是担心在与剧场的争夺之战中失去她，所以不愿浇灭在与朵拉交往过程中点燃的烈火。

就他与科莱特的关系而言，罗素急切希望回到1917年9月她去布莱克普尔之前的时光。他面对科莱特和莫里斯·埃尔维恋情带来的危机，生活中失去了某种东西。他非常希望把它找回来，愿意反复让自己相信，他可以做到这一点。他

7月3日写信告诉她："我相信你的爱情，自从你去布莱克普尔以来，这样的感觉从未有过。对我来说，存在着一种全新的纽带，它无法消亡，超过以前任何时候……我知道，你在我的内心占有一席之地，这是你的神圣之地，没有任何人能够进入那个位置，谁也不可能侵犯它。我们无法在一起时，其他人可以填补进来，这会让我稍感心烦。但是，我真正的精神生活实际上捆绑在你的身上。"他开始尝试，希望找到某种方式，找到某种让他必须到伦敦处理的事情，以便在那里和科莱特度过两个晚上。

8月初，有消息说，科莱特终于得到饰演主角的机会，将在刘易斯·卡森执导的《特洛伊妇女》中扮演海伦，与扮演赫卡柏的西比尔·桑代克配戏。科莱特自然非常兴奋。对罗素来说，尽管他在信中强调说，他为她感到高兴，那个消息其实相当可怕。过了不久，他便开始（也许这并非空穴来风）想象，她与刘易斯·卡森坠入爱河。

与此同时，朵拉开始给他写很长的信件，分析她对他的爱情，试图表达自己希望从这段关系和她的人生中得到的东西。她开始担心，她陷得太深，对自己不利：

> 我有许多女性的本能，愿意去奉献，去照顾，去崇拜。我对此感到羞愧，骄傲之余担心受到鄙视……我觉得，女人应该克服这种感觉，因为它是阻止她们实现自由的最大障碍，就像男人的占有本能是阻止他们达到文明境界的最大障碍一样……我觉得，女人需要扩展她们的慷慨之心，将它延伸到其他人，让它在政治领域中开花结果，而不是将它封闭在对某个男人的爱情之中。常常见到的情形是，与自己的妻子相比，男人显得平庸。
>
> （7月28日）

> 我可能逐渐爱上你，超过爱我自己……我觉得，这样的爱情是我最大的本能需要；我觉得，如果我实话实说，这超过我对理念的热爱……我发现， 559
> 我不仅无法和你逢场作戏（这一点很快就明确了），而且无法保留自己的任何东西。我不得不全身心地爱上你，不得不选择一个新的自我……那个自我是否能够或者想做我现在从事的工作，是否去当大学教授呢？对于这个问题，只有上帝才知道答案。我不在乎，从心底说不在乎。
>
> （8月2日）

也许，罗素希望后退一步；他看来在信中告诉她，他并不打算干涉她的生活。朵拉本来计划，1919年秋季到巴黎去，继续研究18世纪的法国文学。罗素显然不希望为她放弃该计划的决定承担责任。不过，朵拉在这个阶段中认为，他希望不干涉她生活的想法是相当荒唐的。她8月3日写道，这就“像一场因果游戏”：

> 一位睿智但邪恶的
> 教授
> 在布卢姆茨伯里（朵拉在此停下话头说，霍尔本在布卢姆茨伯里）的自习室里
> 遇到了一位
> 美丽而慷慨的
> 女学者
> 他告诉她：“亲爱的，我不想干涉你的生活，但是我想要一切。后天和我一起私奔吧。”
> 她回答说：“我的天哪。”
> 他说：“我不愿干涉你的生活，但是让我们每次度假都这样做吧。”
> 她说：“我必须到巴黎去。”
> 结果是：两人返回拉尔沃思湾，世人会说……不过，值得庆幸的是，没有人去问世人的意见。

几天之后，朵拉去了拉尔沃思湾，在那里一直待到8月底。

罗素在拉尔沃思湾过夏天的明确的目的是继续他的哲学研究，但是一直没有取得什么进展。这时，他安顿下来工作，不过不是撰写《心的分析》，而是细读了维特根斯坦寄给他的手稿。那时，手稿的名称是《逻辑哲学论文》，现在的名称是《逻辑哲学论》。他8月13日给维特根斯坦写信说，“仔细阅读了两遍你的大作”：

> 我确信，你的主要观点是正确的，逻辑命题是同义反复……我肯定，你认为你的判断是正确的：这本书是头等重要的。但是，简略的表述让一些部

> 分内容晦涩难懂。我非常希望和你好好谈一谈，而且更直接的原因是，我很想见到你。 560

在这封信件末尾，罗素还附上了一份详细的问题清单。从大体上看，问题涉及两个不同领域——心理学和数学。罗素认为，数理逻辑是他“数学哲学”的核心内容，但是维特根斯坦在手稿中似乎很少关注，这让罗素感到不安。维特根斯坦在手稿中写道：“在数学中，类理论完全是不必要的。”罗素很难相信，维特根斯坦真的持这种观点，于是告诉对方：“如果你说，类在逻辑学中是不必要的，我可以想象，通过假设逻辑学与数学之间的区别，我理解你。但是，你说类在数学中是没有必要的，我就不得其解了。”就心理学问题而言，两人的思路大致类似。维特根斯坦认为：“事实的逻辑图示是思想。”这个观点让罗素感到非常惊讶。其实，它类似于罗素在《论命题》中强调的这个观点——事实和表示该事实的“意象命题”在结构上类似。但是，罗素告诉维特根斯坦，思想（意象命题）本身就是事实；它的构成部分是什么呢？

在回信中，无论在谈到手稿，还是具体谈到罗素提出的问题时，维特根斯坦都强调说，该书的核心理念不是说，逻辑命题是同义反复。这仅仅是中心论题的一个“必然结果”：

> 中心论题是相关的理论：什么能被命题——即被语言——表达（gesagt）？（同理，什么能被命题**思考**？）什么不能被命题表达而只能被命题显示 (gezeist)？我认为，这是基本的哲学问题。

就思想而言，维特根斯坦不知道它们的构成部分是什么，仅仅知道：其一，它们必须有构成部分；其二，它们必须与语言的词语对应。思想如何与事实对应呢？他认为这个问题毫不相关——这“应该是心理学探讨的问题”。关于罗素在《论命题》和《心的分析》中讨论的核心问题，维特根斯坦就此打住。

8月底，朵拉返回伦敦，也许为科莱特再次来访腾出地方。朵拉从伦敦给罗素写信，谈到了她在自己与罗素的恋情中发现的危险——她有可能失去自我，失去她的完整性。“我对朵拉·威妮弗蕾德·布莱克很感兴趣，一直希望知道她本人接下来将会怎么做。我不希望她被吞没了，即便为了你也不希望。”9月，她再次前往拉尔沃思湾小住。罗素问她，如果他可以离婚，她是否考虑嫁给他，这对她的担心起到雪上加霜的效果。让罗素惊讶的是，她听了之后，号啕大哭起来。罗素在《自传》中写道，她“觉得，这意味着独立性和无忧无虑的日子的终结”。罗素显然发现，朵拉的担心难以理解。罗素在一生中觉得，他自己无法逃避自我
561 的硬壳，无法挣脱自我的牢狱。对他来说，显然难以理解的是：第一，世人竟然有人不得不拼命抗争，以便保留分离的特性；第二，他们的自然倾向是与周围的人——可以这么说——融为一体。

罗素在这一点上难以理解朵拉，这是情有可原的。但是，在另外一个场合，他强烈要求朵拉嫁给他，使用的方式粗俗，令人不可接受。他问她，难道她不希望成为伯爵夫人？此举完全不顾她的感受，让她十分生气。于是，她恳请他放弃这个问题。罗素后来在信中解释说：“我们两人的感情看来具有很大稳定性，它完全排除了任何不那么认真的关系。”但是，他在其他场合显露出来的迹象是，他的最迫切的愿望不仅是生儿育女，而是得到合法的子女。对朵拉来说，她将来可以成为伯爵夫人这个想法可能毫无意义；但是，对罗素来说，他的儿子将来会成为伯爵这个打算意义重大。

两人在拉尔沃思湾逗留的最后几周里，谈话的主题是爱因斯坦的相对论。9月，测定日全食引起的光线偏折的那次著名考察获得初步结论，[1] 测量结果证实了爱因斯坦提出的这一理论。在几个月内，这条消息将会出现在世界各地报纸的头版上，从此确定了爱因斯坦作为世界名人的地位。当时，它暂时是只有少数人知道的一个秘密。剑桥大学的天文学家阿瑟·爱丁顿参加了那次考察实验，给利特尔伍德发了电报，让他了解了试验的初步结果。

9月最后几周发生了另外一个事件，给拉尔沃思湾投下了一抹不那么快乐的阴影。在过去1年多的时间里，罗素一直与菲利普·乔丹协商，希望获得在《一元论》上发表《关于逻辑原子论的讲座》的稿费。罗素决定，自己不能善罢甘休，反复写信，要求对方支付。就乔丹一方而言，他更感兴趣的不是付钱，而是让罗素接受他找到的关于乘法公理的一条“证据”。罗素看了这条可疑证据的若干版本，与其他查核人一样，最后得出的结论是，它们是没有道理的。因此，罗

[1] 1919年春夏之交，英国的爱丁顿和戴森分别率领考察队，前往西非几内亚湾的普林西比岛和南美巴西的索布拉尔，利用日全食的时机进行观测，在误差范围内证实了广义相对论的结果。——译注

素对这个问题没有什么兴趣。但是，他 9 月 11 日收到劳拉 · 乔丹的一封信件声称："我丈夫罹患心脏病，无法回复你［再次要求支付稿费］的信件……对我丈夫亲自进行的严肃的研究成果，你和怀特海都没有认真考虑。所以，我觉得，你在信中的投诉是没有什么力量的。"

乔丹命在旦夕，弥留之际的唯一念头是让他的证据得到认可。11 月 23 日，利特尔伍德在多萝西 · 林奇的陪同下，离开多塞特，前往汉普郡的弗利特，到了乔丹的寓所，调查乔丹提出的证据。结果像平常一样，他认为证据漏洞百出。他考虑到当时的具体情况，不愿直接表达自己的判断，然而乔丹从他的举止推断出了结论。次日，乔丹写信告诉多萝西 · 林奇，他希望与罗素见面，"如果他觉得 562
还有任何表示赞同的可能性的话……但是，假如他考虑我的内心宁静，违心地表示赞同，我并不希望给他增添麻烦。我离摆脱尘世束缚的时刻已经不远了。"罗素立刻发了一封电报，主动表示愿意去。但是，他 11 月 26 日收到了劳拉 · 乔丹寄来的另外一封信件：

> 亲爱的罗素先生：
>
> 你的电报来得太晚了，我无法安排菲利普和你见面。现在，他躺在床上，处于半昏迷状态，已经不能说话，不能看见任何人了。你为什么不能设法早一点来呢？你不能理解他提出的良序，[1] 让他感到十分郁闷。你是他在几个月前唯一希望见到并且交谈的人。

五天之后，乔丹去世。

9 月底，罗素搬回伦敦居住。在多塞特的 3 个月时间，他没有撰写什么哲学著述，个人生活变得异常复杂，超过以往任何时期。他写信告诉朵拉："在恋爱中，我没有意志力量让自己全身心地对待工作，这个夏天几乎完全在无所事事的状态中过去。"当然，他不仅在恋爱中，而且同时与两个人恋爱。10 月 8 日，他设法厘清自己对这个问题的思绪，对当时的情况进行了书面分析。他写道："显然，用不了多久，我将在朵拉与科莱特之间作出选择。她们两人将发现这种紧张状态无法忍受，然后将我抛弃。"他权衡两方利弊之后决定，"为了我自己和我的

[1] 证明乘法公理相当于证明所谓的超穷基数的"良序"。

工作，如果我可以有所成就的话，最佳解决方法是与朵拉结婚，放弃科莱特”：

> 这样做带来的生活可能更快乐一些，不用承受令人如此紧张不安的压力，有利于创造性工作的开展。此外，这样的生活也可以为未来岁月打下基础，让我不用总是考虑个人问题。与目前这种情感紧张的局面相比，在那种格局中赚钱也不用如此劳神费力。

他的疑虑有两点：“我是否可以与科莱特分开，同时不用损害我自己身上的某种充满活力的东西？我是否可以避免出现后悔感，从而影响我与朵拉的关系？”

他觉得，如果他心无旁骛，继续与科莱特交往，他不可能期望朵拉牺牲她自己的工作。“在那种情况下，我给她的生活不能在本能上完全满足她，不能让她放弃她的自由和追求目标。”就科莱特而言，“如果我与她分手，前景将会非常糟糕，她身上的最佳品质将会受到损害”。不管怎么说，

> 基本事实仍然是，我非常爱科莱特，无法面对没有她的生活。假如我最
> 563 终与她分手，我可能发现，一切灰飞烟灭，这最后可能会让我自杀。

他得出的结论是：“目前，我发现自己不可能做出任何决定。”

罗素对局面的理解显得没有把握，唯一因素是，他显然相信，如果他与科莱特分手，朵拉将会接受那个格局，“失去她的个人自由和追求目标”，将它视为可以接受的代价，以便得到婚姻和孩子带来的“本能满足”。正如朵拉在信中向他解释的，她的问题是：“如何让你适应我的生活，同时不会破坏我现在拥有的一切！”

> 我确实害怕，如果我听从与你在一起的本能召唤，这可能让我变为佩服丈夫、百依百顺的女性……我还觉得，这种情况你可能暂时喜欢，但是将来可能让你感到厌烦。

她在另外一封信中告诉他：“就你对女人的态度而言，我在道德上强烈反对，

非常愤怒。我不会成为你手中的玩物，甚至不会成为供你休息的沙发靠垫。如果我不能与你志同道合，那么，爱你是根本没有用处的。”就罗素热情希望的孩子而言，“你知道，在你试图进行哲学阐释的时候，那些假定存在的婴儿也许会从窗外扔进烂苹果。我不会制止他们，因为这就是小孩的本性。不管怎样说，这将是你应该得到的东西！”

10 月 22 日，朵拉动身前往巴黎。两人几乎每天都写充满激情的长信，没完没了地继续进行争论，涉及两人应该如何对待婚姻这个问题——实际上，是两人否应该结婚这个问题。她离开之前，曾经与他一起，出现在莫里学院举行的题为《心的分析》首场讲座现场。她威胁说，她将在介绍他时说：“他是最后一位知名的维多利亚人士，但是他设法在某些方面克服了他那个时代的偏见。”那年秋季，罗素分别举行同一系列的 8 场讲座，每周连续两天，每个星期一在戈登广场的威廉斯博士图书馆，星期二在莫里学院。1920 年春季，他又分别在那两个地方，举行了另外一个系列的 8 场讲座。1919 年至 1920 年间所作的 16 场讲座的内容并在一起，经过某些修改之后，于 1921 年夏季出版，就是我们现在见到的《心的分析》一书。

11 月，人们开始发现，在戈登广场和莫里学院的那些讲座可能是罗素作为自由讲师的收官之作。那时，三一学院的年轻院士们已经从战场上返回，G. H. 哈代让罗素恢复职位的宣传活动开始结出果实。一封写给三一学院院长的信件要求，聘用罗素担任讲师职务，由 27 位院士签名，落款日期为 1919 年 11 月 28 日。那封信件说：“罗素先生已经到了这样的年龄，无论从个人角度，还是从思想角度看，他都应有一个稳定的职位。如果让他觉得，他自己的未来依旧没有确定性，这将是不幸的情况。”信件取得了很好的效果：在信件签署的同一天，三一学院院务会举行会议，同意聘用罗素担任讲师，讲授逻辑学和数学原则，为期 5 564
年，从 1920 年 7 月开始。

在这种情况下，剩下的问题是，罗素是否希望回去呢？在狱中，他曾以激烈言辞高调宣称，他再也不会接受正式职位了。现在，经过了 1 年不确定和不稳定的生活——自由作家的常见境遇——之后，他显得不那么坚决了。他当时知道，工作邀请很快将会决定下来。他在写给露西·唐纳利的信中说：“也许，我可能回到剑桥大学去，但是可能不会在那里长待。我觉得，在尝到了自由和危险生活带来的快乐之后，我现在无法忍受那里的学术氛围。”在这种情况下，他花了接近两个月时间，直到 1920 年 1 月才正式做出决定，接受聘书。

罗素其实真的不再确定，他是否适合去过学者生活。自由作家的生活虽然不稳定，但是也有许多好处，主要的一点是，它让罗素在一定程度上对上流社会的意见持漠不关心的态度，消除了他 1911 年开始与奥托琳相恋时的感觉——当时，他担心别人会看到他俩一起外出，担心待在资深教员休息室中的那帮人对他的事情说三道四。况且，至少从暂时的情况看，他身为自由作家的收入超过了当学者的收入。时间已经证明，他当初每周为《论坛报》撰写社论形成的习惯很有价值；这时，他几乎可以每周为《文艺》撰写一篇文章或者书评，同时不会给他的其他事情带来什么大的影响。

罗素的数学和科学基础坚实，文章风格优雅，他愿意接受没有弹性的截稿日期，这三点结合起来，确保不断有人请他撰写报刊文章。这样的人才很难见到，特别适合当时的需要。11 月 6 日，皇家学会宣布，派往巴西和非洲观察日全食的探险队证实了爱因斯坦提出的相对论，这样做的方式极大地激发了公众的想象力。皇家学会主席 J. J. 汤姆森宣布，爱因斯坦的发现“是牛顿时代以来涉及引力理论的最重要的结果”。第二天上午，《泰晤士报》刊登报道，标题是《科学领域中的革命——新的宇宙理论》。

突然之间，人人都想知道这一具有重要意义的新理论的情况，每家受人尊重的报纸和杂志都在寻找撰写解释性文章的人选，条件是必须具备相关知识和必要的文字表达能力。罗素两者兼备。在皇家学会宣布消息之后，罗素一周之内便在《文艺》上发表了题为《爱因斯坦的引力理论》的文章。一项有利可图的副业应运而生，让他成了大众科学的推广者。他具有极强的概括能力，并且深谙读者的心态，言简意赅，在短文的有限篇幅内，介绍了该理论，说明已被日食观察者们证实的情况，并且从哲学和文化两个方面，进行了引人入胜的评论。这是一篇给
565 人深刻印象的报刊文章，《英国评论》几乎立刻向他约稿，请他撰写一篇内容更多——而且稿酬更高——的文章，准备刊登在 1920 年 1 月号上。

在罗素的报刊文章写作生涯中，还有一个做法特别有用：他逐渐驾轻就熟，采取或多或少明目张胆的做法，以不同方式表达同样的东西，在不同的情况下使用相同的文字。例如，1919 年夏天，他就 C. E. M. 裘德的著作《常识哲学论集》，发表了内容稍有不同的三篇文章，首先在《每日先驱报》上，接着在《文艺》上，然后在《国家》上。他甚至可以重新利用自己撰写的某些哲学文章：例如，《心的分析》第三讲的内容于 10 月分别在威廉斯博士图书馆和莫里学院讲过；接

着，它被卖给了《文艺》，作为《欲望剖析》的三篇系列文章之一，于12月刊登出来；最后，它又摇身一变，成了《心的分析》的第三章——《欲望与感觉》。

当然，这种方式存在危险。罗素按照报刊文章的要求，对他的哲学著述进行简化，在此间过程中所冒的风险是：在利益的诱惑下，牺牲思维的严谨性和深度以及学术的完整性，以便炮制出“可读性强的”东西。我们不妨将《论命题》与《心的分析》中的《欲望与感觉》一章进行比较，看一看他是如何屈服于这种诱惑的。在一定程度上考虑到这个原因，罗素曾经无可奈何地表示痛惜：他不得不花费大量时间赚钱，“在我认为其实更加重要但是没有报酬的工作上，所用的时间比较少”。与自由作家的生活相比，讲师的职位更沉闷，更乏味，但是，他至少可以从事哲学研究，不受流于肤浅的诱惑（也许可以说免除这样的责任）。当一个人必须出售自己所写的一切文字时，必然会出现这样的情况。

罗素当时认为，理解维特根斯坦的著作意义重大；即便维特根斯坦直率地反驳他的研究成果，他也拒绝进行回击。我认为，这一做法与罗素的愿望有关——他希望保持自己的思想完整性。对维特根斯坦来说，放下身段，撰写报刊文章是不可思议的事情。在这种情况下，只有维特根斯坦可以起到作用，保持罗素的哲学良知。在整个11月中，维特根斯坦和罗素一直努力作出安排，希望12月在海牙见面，以便向罗素解释《逻辑哲学论文》中他依然不能理解的那些部分（维特根斯坦认为，这是那部著作的核心所在！）。两人都认为，那次见面的意义非同寻常。罗素写道：“我亲爱的维特根斯坦，多年之后再次见面，我非常高兴。”

前往欧洲与维特根斯坦会面还有一个优势，它给罗素提供了机会，可以与朵拉多待一段时间。朵拉当时在巴黎学习，没有打算返回英国过圣诞节。罗素的计划是，12月4日在海牙与朵拉见面；一周之后，维特根斯坦和他们两人会合。在三一学院宣布邀请罗素重返剑桥的决定之后，罗素与朵拉的通信中出现了一种情绪急躁的争论口吻。朵拉担心，如果他回到剑桥大学，罗素可能再也无法忽视传统的体面观念，要么会坚持与艾丽丝离婚，然后和自己结婚，要 566
么与自己一刀两断。朵拉本来希望完全游离在婚姻关系之外，这个想法这时看来行不通了。

在那段时间，朵拉发现，她其实并不喜欢学术研究，于是考虑辞去格顿学院院士职务，要么投身戏剧界，要么从事绘画工作。当然，这样的说法让罗素深感担忧。他告诉科莱特，假如朵拉真的去从事戏剧演出，他会与她分道扬镳。与科莱特相比，朵拉的优势除了愿意生儿育女之外，正是她并未进入演艺圈内。就她自己而言，朵拉告诉罗素："我对你和剑桥大学的感觉，可能非常类似于你对我和艺术生涯的看法。如果你回到剑桥，在那里长期待下去，我觉得我会完全失去你。"她在另外一封信件中说："如果你明确表示放弃剑桥，我可以按照你的愿望，公开与你同居，直到你解除婚约。"她几天之后接着说："我非常讨厌这种陈旧的婚姻制度，非常讨厌剑桥，非常讨厌剑桥和剑桥式思维方式。这些东西让你念念不忘，阻碍你获得真正的自由。"

罗素觉得，从某种程度上说，这个问题在于权衡这两者的利弊，一个是他追求自认为重要的工作的冲动，一个是"本能的冲动"。在一封信件中，他——以缺乏策略的直截了当方式——告诉朵拉：

> 我在过去的经历中发现，尝试独身生活对我没有什么好处。我试着这样过了9年，由此造成的压力几乎让我精神失常。所以，我必须找一种方式，可以在给工作造成最小损害的情况下，满足自己的性生活需要。

罗素竟然如此看待两人之间的关系，这种方式让朵拉反感。她完全有理由强烈反对这个想法——在罗素生活中，她扮演的角色仅仅缓解他性生活方面的挫折感。她11月11日试图解释说："你坚持认为，你眼下没有两性方面的情感，所以不会想到我。这让我深感伤心。我身在这里，与你天各一方，对你在那个方面的情感，似乎没有起到什么作用。"同样让朵拉反感的，还有他试图让她放心的一个说法。给人的感觉是，他最近很难和科莱特见面的原因是，他"眼下并不想要那样的东西"。朵拉反唇相讥：

> 如果你不在乎，那么，当我到荷兰来时，我将说："谢谢你，但是我眼下并不想要那样的东西。我们将与自己的灵魂交流。"

在朵拉看来，她和罗素有共同的目的，这样的感觉很重要。此外，她讨厌他的这个想法：他们两人的关系阻碍了他的希望，不利于他实现某种具有"超越个人"意义的目标。她告诉他："你不应该说，女人不理解超越个人的东西。这让我深感愤怒。也许，这是正确的……我并不想让你不去关注超越个人的东西，仅仅希望分担它们给你造成的痛苦。”

不过，两人就一个共同目达成了一致：两人想要孩子。对罗素来说，从根本上讲，这比其他问题更重要。1919 年 12 月，两人在海牙恢复了在拉尔沃思湾的做法，不采取避孕措施。他希望朵拉怀上孩子，从而解决共同生活的问题。罗素从荷兰给奥托琳写信说：“现在的打算是，以想要孩子为契机，尽快开始共同生活。”他是否返回三一学院？她是否辞去院士职务？他是否与艾丽丝离婚，然后和朵拉结婚？这些问题都是次要的。对他来说，当务之急是尽快有孩子。为了这一点，他甚至愿意放弃他最钟爱的科莱特。 567

在这种情况下，罗素和朵拉两人都强烈地希望上帝——或者“老天”，即两人开始所称的“她”——将会进行干预，赐予他们未来，给他们送来孩子。两人虽然在这一点上保持一致，但是在两个问题上依然意见分歧：将来两人应该过什么的生活？孩子应该过什么的生活？维特根斯坦到来之前的那一周，两人在海牙时就是否结婚这个问题争吵不休。开始时，罗素宣称，朵拉没有“权力”不让他拥有合法的子女，试图恐吓朵拉，让她答应婚事。朵拉毫不退让，坚持认为结婚与生儿育女没有关系。罗素只好改变策略，转向另外一个极端，开始故作闷闷不乐状。“他踡伏在沙发上，就像一个发怒的小孩。这让我感到痛苦，但是我觉得不能让步。”双方僵持不下；既然老天态度顽固，拒绝插手相助，两人没有找到解决办法。

12 月 12 日，维特根斯坦到达，罗素随即将时间全都用于研究维特根斯坦的著作，结婚生子的问题被暂时搁置一旁。罗素写信告诉科莱特，维特根斯坦“一如既往，一点也没有改变”：

> 见到他我非常高兴。他满脑子里全是逻辑学，我几乎无法和他谈及任何个人问题。他满怀爱意，心智比战前稍微健全一点。他比我起得早，不停地敲打我的房门，直到把我吵醒为止。我起来之后，他一直讨论逻辑学问题，喋喋不休地说了 4 个小时。

罗素和维特根斯坦一起度过了一周时间，维特根斯坦给罗素逐字逐句地解释他的著作，努力确保每个令人困惑的“命题”不再晦涩难懂。罗素告诉科莱特，维特根斯坦“讲解清晰，令人愉快，态度单纯，无人可及”。经过 7 天紧张的研讨之后，罗素这时认为，《逻辑哲学论文》写得很好，“超过我原来的预想。我确定，这是一部真正伟大的著作”。

让维特根斯坦感到惊讶和懊恼的是，到那时为止，他接触的所有出版商一一退稿。战后的奥地利经济形势困难，没有哪个出版商愿意承担风险，去接受一个
568 完全默默无闻的作者，出版一本堪称难以理解的著作。为了给这本著作找到出版商，罗素承诺，他将替该书撰写一篇引论，总结书中提出的理论，解释它具有的重要意义，从而实际上确保，维特根斯坦接触的下一位出版商将会接受这本著作。维特根斯坦返回维也纳时，悬着的心总算基本放了下来。他在返程途中写信告诉罗素："我非常享受我们两人在一起度过的时光。我觉得，我俩在这周中做了大量实际的工作（难道你没有这样的感觉？）"

但是，尚待回答的问题是，如何才能解决他们的根本分歧，认识这本著作的重要性？罗素依旧认为：其一，它的核心观念是，所有逻辑命题都是同义反复；其二，这个观点破坏了他撰写《数学原则》以来所持的逻辑学理念和数学理念：其三，接受这个观点就是让他相信，逻辑学具有“语言特征”，逻辑学和数学完全是微不足道的。在他看来，维特根斯坦告诉他：他依赖数学提供关于世界的明白无疑的真理，在此过程中一直是受到幻觉的影响；《数学原理》仅仅是建立空中楼阁过程中的一种矫揉造作的练习。

可是，维特根斯坦认为，该书的核心理念是要将可以言说的东西与必须显示的东西区分开来。在他看来，逻辑“真理”与伦理学、美学和宗教这三种真理是混为一体的，试图将它们用词语表达出来的尝试是徒劳之举：人只能理解它们；一旦理解之后，被迫对此保持沉默。维特根斯坦认为，神秘主义和逻辑学是一样的东西。他写道：“实际上，存在某种无法言说的东西。它们让自身显现出来。它们是神秘之物。”在罗素看来，这种神秘主义不过是一种受到误导的思想方面的失败论而已。维特根斯坦离开那天，罗素写信告诉奥托琳，“在他的著作中，我感觉到一种神秘主义的意味；当我发现他已经成为彻底的神秘论者时，不禁大为惊讶”：

> 他阅读克尔凯郭尔和安哥拉思·西勒辛思[1]这类人的著作，真的考虑去当修道士……他已经深深地陷入神秘论的思维和感觉方式中。但是我觉得（尽管他

[1] 安杰勒斯·西勒辛思（1624—1677年），德国的天主教神秘论者和诗人。——译注

不会赞同这一点），神秘主义中让他最喜欢的东西是它让他停止思考的力量。

12月22日，朵拉和罗素离开海牙，她返回巴黎，他前往德文郡，按照几乎已成习惯的方式，前往灵顿，和科莱特以及克里福德·艾伦一起过圣诞节。

在灵顿，罗素为《文艺》撰写了一篇关于《直接经验和冥想》的评论。这本著作是牛津大学的新任逻辑学教授哈罗德·约阿希姆的开讲之作。罗素在评论中表达了对学院派哲学的敌视态度，首次显示他已经转向维特根斯坦对逻辑的“语言学”认识。在这篇书评中，罗素使用了十分反常的攻击性言辞。首先，他引用了约阿希姆的这个说法，如果有人否认两条平行线不能封闭一个空间这个公理，“整个平面几何学的大厦将会轰然倒下”。然后，他反唇相讥，“在这个世界上……可能没有其他大学的逻辑学教授能够写出这样的东西来。在过去长达60 569
余年的时间里，众所周知的是，这里所说的公理并不是平面几何必不可少的东西。没有这条公理，依然可以建构自圆其说的体系；无论从经验层面上，还是从先天层面上说，都没有理由假设这样的体系是错误的”。实际上：

> 爱因斯坦提出的引力理论已经让我们有理由设想，欧几里得的体系甚至说不上是最方便的常规。但是，就所有这些而言，亚里士多德或者黑格尔在著作中都没有提及；因此，牛津大学也无法认识到这一点。

罗素坦率地宣布：“就逻辑和所谓的‘思维法则’而言，它们关注的是符号；它们提供了不同方式来表示相同的东西……就认识逻辑命题而言，只有对语言的理解是必不可少的。”这篇文章的口气给人的感觉是，他仿佛在解释一个已经确定的显而易见的真理。没有读者将会想到，他解释的这个观点是他不到1个月之前才接受的，它断然否定了他仅仅在1年之前公布的这个论断：逻辑学研究的是难以捉摸的“事实的形式”；对这样的研究而言，对语言的理解仅仅带有“消极的重要性”，让我们看到，误将符号视为它们表示的形式是危险的！[1]

[1] 两年之后，他在《心灵》（1922年10月号）上发表了一篇文章，题为《物理学与感知》，提出了同样的观点：逻辑学原则仅仅强调，“这个和那个具有相同的意义”。但是，他增添的一个脚注说：“这个观点我是从维特根斯坦先生那里借鉴而来的。请参见他即将出版的《哲学逻辑》。”（罗素那时显然并不知道，维特根斯坦已经将他的著作称为《逻辑哲学论》了）

罗素待在灵顿期间，朵拉每天都给他写信。那些信件篇幅很长，就他们两人的关系，就她的人生态度，也许对两人来说最重要的，她还就“老天”的态度，进行了反思。她12月23日写道，“老天”让他们失望了，她没有怀孕。“亲爱的，圣诞佳节告诉你这个坏消息，我真的不想这样做。”此外，对罗素来说，她关于另外一项计划的反馈也是坏消息。罗素曾经迫切要求，她在次年夏天从法国返回英国时，放弃在剑桥大学的院士职位，干脆当他的秘书算了。他认为，与搞艺术或者投身演艺生涯相比，她当他的秘书更为可取。他在信中告诉她：“我认可你从事的学术工作的重要性，但是并不认可你谈到的取而代之的其他任何事情。”他暗示，给他当秘书的重要意义不言而喻。以下文字意味深长，带有一种威胁性暗示：

> 我爱科莱特，可是我已经认识到，她的目的仅仅局限于我和她之间的个人关系。这意味着，我对她的爱与我最喜欢的东西没有关系。我担心，在你我之间正在出现类似的问题。

但是，朵拉并不是会向这种威胁让步的人。无论它与婚姻还是与工作相关，这样的言辞都难以奏效。“最亲爱的，我希望自己可以关闭心灵，不去接触别的
570 事情和其他的人，转而以真正墨守成规的方式，完全听你使唤。可是，我做不到……我也不能当你的秘书。”朵拉知道，罗素和科莱特保持着恋爱关系，其实对当时的局面深感担心，如此坚决的表态肯定需要很大勇气。她告诉罗素，她做了一个梦。罗素、科莱特和她都出现在梦境中。关于科莱特的部分，她已经忘记了。“但是我觉得，你看上去非常邪恶，在我耳边低声说，‘我会因为你放弃这一切吗？’我知道，这是诱惑之言，自己应该抵制，你说的是你自己的工作，不是科莱特。我勇敢地回答说，‘不会’。”

罗素十分在乎自己的子女的合法性，决心正式结婚；在朵拉看来，这表明罗素尊重她渴望摆脱的那种传统观念。她写道：“对我来说，体面观念是一种沉重负担，抛弃它应该让我感到非常高兴！我觉得，我希望自己真实和诚实，让真实和诚实这几个字写在自己的人生记录上，从第一页到最后一页。”她开始认同并且尊重穷人，这样的人罗素即使在社会主义革命热情最高时，也根本没有接触过。她在圣诞节之夜写道：“我身上有某种东西，它只有在破烂不堪的环境中，

在肮脏、难受的环境中，才能被唤醒。我开始理解，为什么穷人之间非常亲切友好，就像在风暴之中的绵羊一样，依偎着抱团取暖。”她告诉他，如果他们结婚，他们必须发现一种方式，以便满足她身上非传统的狂野一面。“也许，你有时应该给我放假，让我离开，去接触野蛮、贫穷、肮脏的生活？！……我身上真的存在放荡不羁的波希米亚禀性。”

在这些讨论中，罗素关于婚姻的立场因为这一事实稍稍所有松动——他考虑了朵拉的想法，发现对她来说，法律意义上的结婚是最没有吸引力的主张。他在12月27日给奥托琳的信中写道：“就离婚而言，我觉得将要实现——我和她反复聊到——的一点是，我应该获得自由结婚的权利。但是，她［朵拉］不喜欢法律意义上的婚姻关系，我觉得这是很有道理的。所以说，情况依然存在变数。”不过，这并未妨碍他继续向朵拉施压，迫使她就范，接受传统婚姻，甚至到了让她濒临与他断绝关系的地步。她1月1日写道，“如果你可以做到不用占有本能来折磨我，我和你一起生活将会像女王一样快乐”：

> 结不结婚，我并不在乎。除非我们有了孩子——这是唯一的条件——你应该允许我以某种方式谋生，它与你，与你的工作完全没有关系……如果你告诉我，除非我当你的秘书，在活动、愿望和其他方面完全依赖你，我就会妨碍你的工作，帮不上什么忙，那么，亲爱的，我必须对结婚的事情说不。我必须以某种方式不让自己窒息，所以说，如果我们结婚，我可能在对你不忠。也许，你宁可那样，也不愿给予我自由吧？其实，最亲爱的，即使我有时对此感到不快，我一直希望在这两个方面给予你自由……你其实就像一个孩子，对吧？我觉得，我不得不一直向你保证，告诉你我在这里，没有离开，你不必害怕！

在写给她的朋友C. K. 奥格登的信件中，朵拉抱怨说，罗素“想要拥有我 571
的一切。如果我希望过自己的生活，我将来不得不完全与他分道扬镳”。几天之后，她告诉奥格登，他考虑“与伯迪断绝关系”。在写给罗素本人的一封信件中，她——更确切地说——给了他这个印象：她已经和他断绝了关系。“我本来以为，我可以有一个家，有丈夫，有事业，甚至有孩子。但是，你坚持最原始的婚姻形式，让这一切化为泡影”：

我曾经试图将你奉为我的上帝……但是，我现在无法这样做了，我过去的尝试是错误的……现在，我希望给你说再见，一切都将结束。

但是，次日晚上，她给他发了一封电报，督促他不要理会这封信件的内容：不管怎么说，她愿意和他结婚。他们制订的计划是，一起在拉尔沃思湾度过夏天，然后罗素回到剑桥大学去待1年。在那一年时间里，两人分开居住。过了1年之后，罗素设法与艾丽丝离婚，和朵拉结婚。对于这个计划，朵拉只是勉强表示同意。“其实，我本来希望依赖我们两人之间的感情……依赖我们的诚实，依赖我们明确对待感情的能力……而不是依赖一纸约束双方的契约和婚姻誓言。法律是用来约束邪恶之徒的。”可是，无论她是否情愿，她表示了赞同。“也许，在拉尔沃思湾再过一个夏天之后，我可能成了你的忠诚奴隶——只有上帝知道，将会出现什么情况。”

几天之后，罗素回到伦敦，以便于1920年1月12日开始在威廉斯博士图书馆的首场讲座。那些讲座的时间安排与秋季系列一样：他星期一先在戈登广场讲一场，次日在莫里学院重复同样内容。他返回伦敦之后几天，罗素致信三一学院，表示接受聘请，确认了院方的期望，将于1920年10月开始上课。他迈出这一步时，心理上对上流社会的规矩感到担心，与朵拉同意和他结婚时的心态相同。几乎就在他寄出接受聘用的信件之后，他开始寻找某种更令人兴奋的别样选择。

从一定程度上说，接受剑桥大学职位唯一具有吸引力的一点在于，这允许他集中精力，研究严肃哲学，不用通过写作来挣钱谋生。但是，某些迹象表明，从哲学角度上看，他研究了维特根斯坦的成果，接受了维特根斯坦的哲学理论，这似乎让他觉得，布里克斯顿坐牢时开始的工作失去了许多价值。在此之前，罗素的哲学研究基于这些信念：第一，逻辑学是对事实的形式的研究；第二，该研究至关重要的有趣问题是，是否存在“甲相信命题”这一事实的形式？第三，对于这个问题，现代心理学提出了许多见解。但是，与维特根斯坦见面之后，罗素在评论约阿希姆的首场讲座时表示，在维特根斯坦的研究成果的启发下，他逐步
572 接受了这个观点：逻辑学仅仅与符号相关，与“表示相同的东西的不同方式”相关。根据这个观点，经验心理学的发现与逻辑学完全无关，“就认识逻辑命题而言，只有对语言的理解是必不可少的”。由此可见，《心的分析》没有什么重要意义（至少对逻辑学来说如此），与罗素开始撰写它时的估计相去甚远。

就我了解的资料而言，罗素从未明确承认这一点。但是，我们如果将他在1920年元旦所写的文章与两年之前的文章进行比较，就会发现他似乎含蓄地承认了这一点。例如，他在评论伯纳德·鲍桑葵的《蕴涵与线性推理》时认为，鲍桑葵试图建立逻辑学与心理学之间的联系。罗素写道："心理学这样的经验性研究没有实际意义；我们难以相信，任何需要就此提出具体观点的逻辑学理论是有道理的。"然而，罗素在狱中对经验心理学进行广泛研究的原因恰恰在于，他希望经验心理学与逻辑学理论之间存在相关性。"我阅读所有那些心理学文献，"他写道，"其目的正是为了逻辑学……我知道，我的研究将会形成一项真正宏大的工程，顺便形成那时为止欠缺的'逻辑学'定义……我已经进入逻辑学中的一个新领域，我需要的一是判断理论，二是符号理论——两者都是心理学问题。"

看来，《逻辑哲学论》不仅迫使罗素放弃了他以前提出的判断论，而是说服他改变了研究这个问题的方法，承认就逻辑学而言，心理学关于判断的结论毫不相关。在介绍维特根斯坦的研究成果的过程中，罗素界定了逻辑学、认识论和心理学这三个不同领域，着重强调了维特根斯坦对逻辑的定义。根据该定义，所有逻辑命题都是同义反复。他宣称："意义的心理部分不是逻辑学家关注的因素。"

尽管罗素似乎已经接受了这种做法，将逻辑学与心理学严格区分开来，但是，他在那段时期举行的讲座和基于讲座内容的著作完全受到截然相反的观点的启发。我们不禁感到疑惑，这种不一致是否可以说明这个事实：尽管维特根斯坦那年1月就催促他撰写介绍《逻辑哲学论》的引言，罗素直到3月——即他讲座结束之后——才开始动笔。2月2日，罗素写信告诉维特根斯坦说，他可以"绝对放心"，介绍将会如期完成，"但是，我觉得，我至少还需要6周时间"。在这封信和其后的信件中，罗素给出的理由是，他的锁骨骨折。这听起来是一个合理的借口，但是锁骨骨折并未妨碍他在那段时间撰写几篇书评和讲稿的工作。他动手撰写引言时，锁骨骨折尚未痊愈，他不得不采用那段时间撰写其他文章时所用的口述方式。

## （3）俄国

3月2日，罗素完成了讲座。两周之后，他给维特根斯坦写信，终于随信寄去了期待已久的引言。那个时段中，他和朵拉一起，在巴黎小住5天，其间讨论 573

了他提出的度夏计划，不是在拉尔沃思湾，而是到俄国去。他最初在2月提到这个主意，当时朵拉有些疑虑。她在2月21日信中说："如果我俩到俄国去，我担心自己的工作。我指望到安静的拉尔沃思湾去完成它。"但是她承认："最亲爱的，如果可以，我们还是到俄国去吧。现在是最佳时段，一是因为我俩深爱对方，心情和氛围俱佳，二是因为在俄国依然可以感受到革命成功的激动。"几天之后，罗素告诉科莱特，他和朵拉已经弥合了分歧，朵拉将和他一起到俄国去。"你现在给我的太少了，我必须寻找慰藉……我喜欢她，就像喜欢其他任何人一样。当然，我也深深地爱着你"：

> 朵拉爱我，我爱你，你爱卡森，卡森爱他的妻子……在这根链条上，哪里可以找到幸福呢？我的心属于你，一如既往，永远不变。

朵拉心知肚明，在他眼里，她不过是一种"慰藉"而已。然而她觉得，邀请她去俄国之举具有重大意义。她3月4日写道："随着访俄日期一天天临近，我越来越兴奋。"

3月11日至16日在巴黎逗留期间，是否去俄国是罗素和朵拉常常考虑的问题，并且在两人的谈话中占据主导地位。朵拉记得："在天文台大道，我俩坐在栗子树下的长凳上，他非常兴奋，表示希望到苏联去，看一看那里发生的事情。他认为，那场革命在历史上具有重要意义。我是否同意他的建议，让此次旅行成为我俩长期关系的良好开端呢？……我知道，这是我们关系中一个具有决定性意义的时刻。"

罗素也意识到那个时刻的决定性意义，从法国返回英国之后写信告诉科莱特，他做出了最后决定，在她与朵拉之间进行了选择。科莱特当时在外旅行，后来回复说：

> 我孤身一人，生活痛苦，需要付出极大努力才不会消沉下去。假如我没有工作，我肯定应该设法去的。我为生计奔波，几乎无法动弹。请你原谅这些陈词滥调吧。

罗素仅在英国待了几天，随即和朵拉一起出国旅行，这次的目的地是巴塞罗那，准备在加泰罗尼亚研究所举行五场讲座。邀请函强调说："西班牙'知识界'急于接触英国人富于启迪的真正的现代思想。"五场讲座的题目为《物质与精神——逻辑原子论体系》。罗素特地按照这个愿望构思内容，在一定程度上系统地介绍现代世界观。讲座使用的是法语，3 月 29 日开始，4 月 3 日结束，用了不到一周时间。然后，罗素和朵拉动身前往马略卡岛，度过了朵拉所说的"我一生中近乎完美的短假之一"。 574

根据罗素的说法，就即将开始的俄国之旅，他和朵拉在马略卡岛"大吵一场，后果延续数月之久"：

> 我计划到俄国去，朵拉希望同行。我坚持认为，她对政治全无兴趣，所以没有理由到那里去。况且，那里伤寒病流行，我觉得不应让她暴露在危险之中。

朵拉回忆说，罗素是 4 月从西班牙返回伦敦之后才改变主意，不让她陪同他访问俄国的。而且，其原因不是伤寒病，而是他收到了一份邀请函，与工团主义者组成的官方代表团一起访俄。此外，（至少按照罗素的说法）无法更改那份邀请函，把她的名字也添上去。幸存下来的信件似乎支持朵拉的说法，而不是罗素的解释。我这样判断的根据在于，在他受邀加入官方代表团数月之前，他曾经邀请——甚至督促——朵拉同行；后来，他对此却避而不谈。

代表团由英国政府组建，回应劳工联合会议提出的要求：派遣一个由中间派人士组成的小组到俄国去，一是了解那里的情况，二是直接研究布尔什维克俄国的工业、经济和政治方面的大体状况。代表团成员包括斯诺登先生和 L. W. 赫登·格斯特医生（罗素认为，他们具有"非常强烈的反布尔什维克倾向"），还有罗伯特·威廉斯（全国运输工会秘书）、汤姆·肖（工党下院议员，后来担任劳工大臣）、本·特纳（罗素说，他是"一个非常肥胖的老工团主义者……没有妻子帮助简直一事无成"），还有罗素认为最重要的成员克里福德·艾伦。罗素可能通过艾伦的帮助，提出了随团访问的要求，很晚才受到邀请。

代表团一行计划 4 月 27 日启程，这意味着，罗素 4 月 19 日返回英国之后，只有一周时间处理必要的事务，以免被长大两个月的访问所耽误。他回到奥夫斯特兰宅第，看到维特根斯坦写来的一封表示感谢的信件。维特根斯坦说，在罗素撰写的引言翻译成德文之后，《逻辑哲学论文》终于可以出版了。但是，维特根斯坦对罗素撰写的引言并不完全满意：

> 其中的许多内容我并不完全赞同，一是你对我提出的批评，二是你对我的观点的阐述。但是，这没有什么关系。将来的人会对我们两人做出判断——也许，不会出现判断。如果没有反响，那也是一种判断。

575 那时，罗素看到这些苛评之后，没有立刻回应。出发之日临近，他有许多需要处理的事务，最让他头疼的是与朵拉的争吵。朵拉听到他准备弃她而去的消息之后，怒不可遏，立刻赶到伦敦和他理论，强烈要求他按照原定计划，带着她一起走。但是，罗素毫不动摇。他强调说，俄国流行伤寒病，朵拉不能去。朵拉明确表示反对："那没有什么关系。如果不能与代表团同行，那么，我就自己去。"为了在一定程度上安抚自己的良心，罗素给了她100英镑。这样，在他离开期间，她不会为钱犯愁。他和朵拉一起旅行，到了格兰瑟姆才分手。她从那里到巴黎去，他前往纽卡斯尔，从那里乘船到斯德哥尔摩。

此外，罗素还得考虑科莱特的问题。启程前一天，他和科莱特一起，到萨赛克斯丘陵徒步旅行。科莱特回忆说：

> 在小山顶上，伯特兰·罗素突然停下脚步，站在那里，一动不动，问我："我想你不会到俄国去吧？"我摇了摇头。他的问题带着敌视的口气。当我和密切接触的人在一起时，我总是碰到对我的"工作"所持的敌视态度。我俩继续走，默默无言。我心里想象，假如我突然停下脚步，站在那里，一动不动地问他："我想你不会放弃俄国，到这里来旅行吧？"他会多么惊讶。

如果科莱特的回忆是准确的，这让我们对罗素拒绝与朵拉一起到俄国去的决定有了新的理解。其实，科莱特的这段回忆让人想起1917年的情况。那时，二月革命刚刚结束，罗素恳求科莱特和他一起到俄国去，寻找"新的异乎寻常的经历"（当然，我们也回想到，科莱特从中看到了罗素对自己演艺生涯的敌视，冷静表示拒绝的情形）。时隔3年，罗素看来依然觉得，如果他和科莱特一起到俄国去，就可以恢复科莱特1917年夏天去布莱克普尔之后失去的志同道合的感觉。

这是一个渺茫的希望，也是他极不情愿放弃的希望。

从政治上说，罗素1920年春天对俄国的希望如果说不是渺茫的，肯定也带有更多的谨慎意味，与3年之前听到俄国革命消息时那种无限热情和乐观态度，形成鲜明对比。那时，临时政府宣布，致力于促进公民自由和政治自由，打算在“不吞并不赔款”的基础上结束战争，愿意与彼得格勒苏维埃一起工作。那些做法看来具体体现了罗素的政治理想，以几乎完美的方式，将自由主义和社会主义结合起来。从那以后，俄国发生的这一切共同作用，减少罗素对新政权的热情：布尔什维克在十月革命中推翻了克伦斯基领导的临时政府；列宁于1918年1月解散了立宪会议；托洛茨基1918年3月参与了《布列斯特－立陶夫斯克条约》谈判（根据该条约，俄国同意以赔款和吞并为代价，与德国实现和平）；布尔什维克政府对所有形式的不同政见，进行了野蛮镇压。

罗素对社会主义俄国的信心尚未彻底破灭，其主要原因是，他相信第一次世 576
界大战标志着欧洲的传统自由主义的终结，明确显示了需要用某种形式的国际社会主义，取代带有内在竞争和冲突的资本主义。在一篇重要的文章中，罗素清楚地阐述了这一点。该文题为《社会主义与自由主义理念》，内容取自他2月底在伦敦为全国行会联合会举行的讲座，后来分别在英国（在《英国评论》上）和美国（在《解放者》上）发表，时间为他的俄国之旅启程之前。他在文章开头宣称：“我属于这样一批人——他们在这场战争的影响之下，已从自由主义转向社会主义。其原因不在于，我停止崇尚自由主义的许多理想，而是在于，我看到实现它们的空间很小，唯一的办法是对社会的经济制度进行彻底改造。”

他认为，“资本主义与封建主义进行了长期抗争”，与自由主义信奉的自由、民主以及和平理念密切联系。可是，封建主义现在已成明日黄花；美国政府镇压共产主义思想和英国政府镇压爱尔兰的民族主义运动的做法证明，在反对社会主义和民族主义的过程中，资本主义制度代表的不是自由，而是压迫。就民主制度而言，

> 资产阶级民主社会所标榜的多数人的治理……实际上是控制舆论生产的人，特别是控制学校和新闻舆论的人实施的统治……布尔什维克分子强调这一点的做法是正确的：资产阶级民主是一种花招，诱导受害者对自己进行谴责。

如果说，将资本主义与和平联系起来这个理念曾经具有可信度，它这时已被战争彻底破坏了。其结果是："每个富有思想的人必须意识到，资本主义制度的延续与人类文明的延续格格不入。"

此外，受到剥削的工人认识到，在资本主义制度中，存在着内在的经济不公正性，这一特性使资本主义制度成为缺乏效率的生产方式。"原有的工作激励机制分崩离析……工蜂们开始觉得，为它们的拥有者制造蜂蜜是没有价值的……如果要让快速生产变为可能，就必须找到新的工作激励机制，这样的机制只能通过行业自治才能找到。"由此可见，从理论基础上说，显然必须实施某种形式的社会主义。让俄国变得重要的因素是，它的实践是按照理论实施的：

> 这场战争期间浮现出来的所有新事实中，最重要的是出现了一个强大的国家，它在实践中采用了社会主义制度。在那之前，社会主义停留在理论层面上，有实际头脑的人对它嗤之以鼻，认为那是不可能的，耽于幻想的。不管怎么说，布尔什维克——无论我们对其优缺点持何态度——已经证明，社会主义制度可以在一个充满活力的成功国家中加以实施。

这让罗素对列宁领导的政权取得的成就大唱赞歌：

> 577 他们面对欧洲列强的一致敌意，面对国家内部的内战，在前所未有的混乱和饥荒时期掌握了政权。他们在没有外来帮助的情况下，单凭一己之力，打退了敌人的进攻，收复了沙俄帝国的大部分领土，经受了最糟糕的饥荒的考验，没有被内部的动乱推翻。而且，他们还着手工作，以令人吃惊的活力，振兴了工农业生产。自从法国大革命以来，没有任何成就可以与之比肩。我本人不禁认为，布尔什维克对世界的未来具有重要意义，超过了雅各宾派在法国取得的胜利。其原因在于，布尔什维克实施的社会变革规模更大，其理论从根本上讲具有更多新颖性。我相信，全世界的社会主义者都应该支持布尔什维克，都应该与他们合作。

甚至在面对令人不快的事实的情况下，这篇文章依然在结尾处宣布了信任态度。"布尔什维克主义暂时藐视了我们大多数人到目前为止坚信的两个理想，我说的是民主和自由。我们是否因此应该对布尔什维克持不以为然的态度呢？我觉得不应该。”

然而，即便在撰写这篇为苏联政权辩解的文章时，罗素心里也无法完全认同社会主义运动。一方面，他在思想上确信，世界的未来依靠社会主义；另一方面，他在情感上依然是一个信奉自由的个人主义者，从骨子里反感集体主义的精神。他与科莱特初次见面时曾经告诉她："我不喜欢集体主义；我认为，自由是一切的基础。"这时，在即将启程前往俄国之际，他自己与布尔什维克主义者在精神方面的巨大差距让他深有感触，超过了以往任何时候。"出发的日子就要到了，我有许多事情需要打理。但是，我坐在这里，无所事事，脑子里全是没有用处的念头……我多么羡慕这样的人——他们总是相信自己信奉的东西，不受僵化思想的影响，对所有构成其生活框架的东西持无动于衷的态度"：

> 理性和情感在我身上进行着殊死搏斗，让我没有精力采取任何行动。我知道，离开了斗争，离开了铁腕、组织和纪律，就不可能获得任何美好的东西。我知道，为了采取集体行动，必须将个人变为机器。可是，尽管理性可能迫使我相信这样的东西，我其实从中看不到任何灵感。我喜爱的是人具有个性的灵魂，喜爱它的孤独、它的希望、它的恐惧、它的激情和突然出现的虔诚之举。从这一点出发，组成到军队，建立国家，任命官员，需要走过漫长的道路。然而，只有踏上这条道路，才能避免毫无用处的多愁善感心态。

在这种带有深刻的矛盾心理的氛围中，罗素和代表团的其他成员于 4 月 27 日出发，5 月 5 日抵达斯德哥尔摩。罗素从那里写信给奥托琳说，他预计，他的俄国之行"将会对我产生巨大影响，不过究竟是什么影响，我却不知道"：

> 我肯定的唯一一点是，俄国之行以后，我将觉得三一学院的高餐桌十分滑稽可笑。我相信，我甚至不会喜欢指导教师们之中我最好的朋友。 578

在斯德哥尔摩，代表团给罗素办理签证，耽搁了一些时间。5 月 11 日，他们一行跨过边界，进入俄国境内，次日抵达彼得格勒。仅仅在俄国待了一天之后，罗素便对布尔什维克当局产生了怀疑，他们的所作所为让他深感失望——他们显然决定，不让代表团见到俄国人的日常生活的现实，而是处心积虑地展示俄国的富裕和辉煌。“我来之前便做好准备，到这里来吃苦，忍受不适、尘土和饥饿，对人类满怀希望的氛围会让这种困境变为可以忍受的东西。但是，我们的共产党同志们——肯定以正确方式——作出了判断，认为不应让我们忍受上述境况”：

> 自从昨天过了边境以来，我享用了两场宴会和一次丰盛的早餐，抽了几支上等雪茄。我还在宫殿中一个豪华的卧室里睡了一夜——在室内，旧政权的所有奢侈物品被原封不动地保留下来。在沿途的火车上，月台上站满了一队一队的军人，平民们被挡在视线之外。我觉得，自己仿佛身处包围着一个巨大的军人帝国政府的浮华盛况之中。因此，我必须重新调整自己的情绪。需要愤世嫉俗的心态，但是我深受触动，发现自己难以唤起那样的心态。我总是回到相同的问题，这个充满激情的国家的秘密是什么？布尔什维克是否知道这个秘密呢？甚至他们也怀疑这个国家拥有秘密呢？对此，我感到疑惑。

罗素就认为，马克思主义政权崇尚铁腕、组织和纪律，甚至在俄国之旅开始以前就对这样的价值观持矛盾心理。在彼得格勒逗留两天之后，这种矛盾心理进一步加剧。“一切都应有条不紊：应该有组织和公平分配。所有人接受同样的教育，穿相同的服装，住相同种类的房屋，阅读同样的书籍，抱有相同的信念。”他反思说，这很平等，但是没有留下任何让人感到羡慕的余地，“只有其他国家中受到不公正待遇的人，才会对此产生羡慕感”。

彼得格勒哲学学会的四名会员来拜访他。他发现，他们并不喜欢布尔什维克政府刻板的正统观念和严格控制。其中一位告诉罗素，关于形而上学研究领域的讲座遭到禁止，理由是没有这样的学科。至少在这一点上，罗素对官方教条表现出了一点同情。他在日志中写道：“就这个观点而言，还有许多可以讨论的东西。”

代表团在彼得格勒逗留 5 天，罗素对布尔什维克政权的不满越来越强烈。他写道，“这个政权丑陋，残忍，但是它对自身创造的东西充满建设性力量和信仰”：

> 在为社会生活创造新机器的过程中，它没有时间考虑超越机械的任何问题。新社会的肌体造好之后，将有足够的时间，考虑给予它新的灵魂——至 579
> 少，我听到了这样的保证……我深表怀疑，是否可能先造肌体，然后将所需的那部分灵魂注射进去呢？

布尔什维克政权形成的氛围中“充斥着实利主义，对爱情、美丽和富于冲动的生活漠不关心”，这让他“无限郁闷”。30年之后，当他回忆自己在彼得格勒度过的几天时，使用的语言更加激烈。“我当时觉得，我崇尚的人类生活的一切全部遭到破坏，为一种言词伶俐的狭隘哲学服务。在那个过程中，数不清的苦难被强加到数百万人们的头上。”

他承认，在处理它面临的许多问题的过程中，列宁领导的政府取得了巨大成就，在征服敌对势力时，它表现出令人惊讶的力量。但是，他依然发现，他自己不可能喜欢看到的东西。他的感情，他的思想与马克西姆·高尔基完全一样。在彼得格勒的最后一天，他见到了高尔基。高尔基罹患肺痨，不停地咳嗽，但是迫切希望罗素将俄国人民的苦难讲述给全世界的人。罗素写道：“在我见到的所有俄国人中，高尔基是最可爱的人，对我来说是最富于同情心的人。”

代表团剩下的11天在莫斯科度过。在那里，罗素有机会亲眼见到了布尔什维克革命的领袖们。在莫斯科大剧院观看《伊戈尔王子》时，他与托洛茨基有过短暂接触，给罗素留下两点深刻印象：其一，托洛茨基回应人们的欢呼，表现出了拿破仑式派头；其二，他模样英俊，才华横溢，个性迷人。罗素认为，托洛茨基表现出“艺术家或者演员的虚荣心”。托洛茨基向观众发表讲话，要求前排的人欢呼三次，接着号召人们与白俄人进行战斗。后来，他在包厢里待了一会儿，与代表团成员进行了被罗素描述为“平庸”的谈话。

两天之后，罗素获准与列宁本人见面1个小时。那次会见起到的作用是，强化了罗素对布尔什维克主义的幻灭感。在他的印象中，列宁不是伟人，而是一个相貌平平的普通人，颇像一个固执己见的教授，对马克思主义的信仰怀着非常强烈的宗教热情，让自己成了“具体化的理论”。列宁从一个正统的马克思主义者的角度，毫不客气地拒绝了罗素本人提到的社会主义的所有要素。他嘲笑G. D. H. 科尔的行会社会主义，对建立行会以避免独裁的想法不屑一顾；他拒绝考虑英国工党的议会民主信念，认为那是资产阶级的观念；他坚持认为，无论是否取消对俄国的禁运，布尔什维克的俄国与资本主义国家之间的和平都是不可靠的；他强势否定可以不用暴力和革命来实现社会主义的想法。罗素离开会见大厅时深感震惊，觉得列宁毫不尊重自由，显然对心理学见解或者想象力毫不了解。罗素在讲述那次会见时写道，“马克思主义将政治领域中一切完全归为纯粹的物质原因，其整个倾向是反对心理想象力。”列宁在罗素的脑海中留下了这样的印象：列宁
580 解释说，农民希望实现自由贸易，因此必须对农民阶级实施无产阶级专政。他想到贫农将富农吊在树上绞死的情景，嘿嘿地笑了起来。

在访问过程中，罗素逐渐形成了这样的俄国印象：在那个国家中，农民受到市民的专制统治，艺术家受到艺术俗人的专制统治，亚洲人受到西方人的专制统治。在见到列宁的次日，罗素应邀去莫斯科苏维埃主席列夫·加米涅夫的家里小住一夜时，这样的印象更加强烈。加米涅夫向罗素解释说，俄国人如何采取措施，对付土耳其斯坦的穆斯林，罗素从中察觉到“某种无意识的帝国主义的语气”，不禁想到了英国人在印度的态度。

罗素逐步认识到，布尔什维克政府代表人数不多的少数派。在俄国人口中，85% 是农民，但是政府代表的仅仅是工业工人和城市人口的利益。甚至可以说，它没有代表所有城市居民的利益，仅仅代表在城市人口中占少数的共产党员（罗素估计，在 1.2 亿人口中，共产党员只有 50 万出头）的利益。他写道：“一般的工人觉得，自己是政府的奴隶，根本没有从专制统治下获得解放的感觉。”政府没有垮台的唯一原因是，它拥有强大、有效的警察力量，拥有人数众多、装备精良的军队。

罗素和代表团的其他成员的好奇心与日俱增，很想亲眼看一看，大城市之外的俄国人是如何生活的？于是，政府安排他们为期 5 天的旅行，沿着伏尔加河，从下诺夫哥罗德，一直到萨拉托夫，途中可以在任何地方自由停留，可以与遇到的农民和村民自由交谈。在罗素的笔下，沿着伏尔加河的那次旅行，在性质上类似于康拉德在《黑暗之心》中描述的刚果河航行，或者汤姆林森在《大海与丛林》中描述的亚马逊河之旅。在他的笔下，那次旅行探索了一个陌生世界的内部情况，周围是看不见的黑暗力量，充满浓重的隐喻意义。那次旅行呈现出梦魇般特征，其部分（然而绝非全部）原因在于这个事实：他们一行出发后不久，克里福德·艾伦得了肺炎和结核，病情十分严重。或者用罗素的话来说，那次经历具有极强的“小说特征”，充满康拉德小说的回声。我们不禁觉得，罗素刻意使用

虚构化的手法，描述了他体验的航程：

我们之中的一位命在旦夕，面对虚弱、恐惧和强势，进行着一场无情的战斗，白天和晚上饱受困扰，有时是做爱的高声叫喊，有时是无关紧要的笑声。在我们周围，沉睡着一片巨大的寂静，非常强大，就像死神，深不可测，就像天国。没有谁有那份闲暇去欣赏那种寂静，然后，我每时每刻感受到它的存在。对俄方宣传人员高谈阔论的长篇演说，对消息灵通人员的没完没了的讲述，我慢慢采取了充耳不闻的态度。

罗素以同样的笔触描述说，一天深夜，他下了船，独自一人游荡，看到了一 581
群人依偎在一起。他们可能是逃避内战的难民：

我悄悄上了岸，发现沙滩上有一群稀奇古怪的人，有点像流浪者。他们来自遥远的地方，饱受饥荒之苦，每个家庭围成一团，周围是他们的随身家当。他们有的睡觉，有的一言不发，用树枝点起小小的篝火。火光忽隐忽现，映照着古怪男人的长满络腮胡须的粗糙面孔，映照着身体强壮、神情耐心的纯朴女人，映照着和父母一样动作缓慢、死气沉沉的孩子。他们肯定是人，然而，对我来说，和他们接触是非常困难的事情，超过与狗、猫或者马打交道的难度。

罗素知道，那些人将在河边日夜等待，希望找到一条船，将他们送到国家的另外一个区域去。“有的人可能在等待中死去，所有的人都将备受饥饿和干渴折磨，备受中午烈日的烘烤。可是，他们的苦难无人讲述”：

在我看来，他们似乎代表了俄国的灵魂——未能表达的意愿，面对绝望时无所作为；一小批西方人构成了进步或者做出回应的群体，但是没有听到他们的呼声。俄国幅员辽阔，可以表达意见的人寥寥无几，已经迷失了，就像人类和他们所在的星球迷失在星际空间之中一样。我觉得，如果理论家们试图强迫多数人接受与其原始本能背道而驰的信念，这反而可能增加他们的苦难。但是，我相信，产业主义主张和强制劳动不可能给他们带来幸福。

次日上午，罗素与代表团中信奉马克思主义理论的成员进行了他所称的“漫长讨论”。他认为，即使他们看见他偶遇的那些昏昏欲睡的游民们，他们也不会感兴趣。“但是，整个交谈充满智性，令人愉快，我从中感受到那种耐心的沉默，心里一直有某种孤独和难以启齿的感觉。最后，我开始感觉，所有的政治理论都从一个露齿而笑的魔鬼那里得到灵感，教育精力旺盛、反应灵敏的人如何折磨百依百顺的民众，以便中饱私囊，扩大权力，丰富理论。”

他们一行人乘坐蒸汽船，沿着伏尔加河旅行，穿越广袤的俄国大地。他似乎经历了另外一次彻底转变，有了另外一次顿悟，这次感受的是西方文明的病态。当然，正是第一次世界大战彻底改变了他，让他体会到了这一点。而且，那次顿悟是在他处于最佳接受状态时出现的。他后来说，俄国“可被描述为一个艺术之邦；但是……自从彼得大帝时代以来，它受到这样的人统治——他们希望引入西方的一切，其中包括美德和邪恶”：

> 从前，我可能没有任何疑问，觉得这样的人站在了正确的一方。这场大
> 582 战说明，我们的文明出了问题……用于破坏的效率只能导致毁灭。如果我们的文明不能从它鄙视的东方文明中学到某些智慧，它就会走向那样的结局。
>
> 正是在1920年夏天那次伏尔加河上的航程途中，我首次意识到，我们西方人在心理上已经病入膏肓，布尔什维克正试图将那样的东西，强加在从本质上属于亚洲人的族裔头上。

1917年，他曾经指望俄国革命提供新的信念，以便治疗战后欧洲的累累伤痕；这时他认为，布尔什维克政府仅仅是欧洲所患疾病的另外一种症状，一种特别突出的症状。资本主义和共产主义不是对立的东西；更确切地说，它们是那种深度疾病的两种孪生表现，都与旨在实现工业化的轻率、疯狂的仓促之举有关，只不过采用了不同的方式而已。在写给奥托琳的一封信件中，罗素重复了自己的观点，认为俄国人都是“艺术家，即使最质朴的农民也不例外”。然后，他沮丧地补充说：“布尔什维克的目标是将他们卷入工业化，让他们尽量美国化。”

在萨拉托夫，代表团按计划本应下船，乘坐火车，返回莫斯科。但是，搬动艾伦可能造成危险，所以他留在了船上。罗素、赫登·格斯特和斯诺登太太也留下，以便沿途照顾他。其余的人按原计划返回莫斯科。那艘蒸汽船离开萨拉托

夫，驶往阿斯特拉罕，[1] 然后进入里海，整个航程甚至比在伏尔加河时更恐怖。那名俄国护士拒绝在夜里看护艾伦，害怕他突然死去，他的幽灵会将她带走。所以，罗素和其他人轮流值班，照料艾伦。艾伦的船舱狭仄，热气逼人，可以传染疟疾的蚊子四处乱飞。艾伦腹泻非常厉害。他们到了阿斯特拉罕，罗素宣布，那个地方“更像地狱，超过了我可以想象到的任何恶劣境地”：

> 小城的供水取自河流，船只在那里倾倒垃圾。每天街道上都有积水，滋生数以百万计的蚊子。每年有三分之一的居民罹患疟疾。城里没有排水系统，在城市中央的一个显眼地方，粪便堆积如山。瘟疫流行。

罗素回忆说，苍蝇四处乱飞，“吃饭时，不得不用桌布盖住食物，人不得不钻到桌布下，快速吃上一口。一旦掀开桌布，食物上立刻就出现黑压压的一层苍蝇，根本看不清下面是什么东西”。

他们一行人在那样的环境中忍受了 10 天，直到艾伦基本康复，可以考虑踏上回程。在返回途中，他们再次乘坐蒸汽船，到达萨拉托夫，然后从那里可以乘坐快车，直达爱沙尼亚首府塔林。他们在莫斯科仅仅短暂停留，以便让艾伦接受医学检查。布尔什维克政府坚持要这样做，尽量确保好好地照顾代表团中那位同情他们政权的成员，不让他死在俄国。

6 月 16 日，罗素、艾伦、赫登 · 格斯特和斯诺登太太一行抵达塔林。艾伦留 583
在那里调养，其余人前往斯德哥尔摩。从那里，罗素分别给科莱特和奥托琳写信，表达他在俄国时无法见诸文字的感受，谈到了幻灭感给他带来的彻底冲击。他告诉奥托琳，俄国之行是他一生中最有意思的事情之一。但是他认为，那次访问给他带来“无限痛苦”，部分原因是艾伦的病痛，“然而主要原因是我对布尔什维克的憎恨”。他说，俄国没有给人留下任何自由的余地。他觉得，“那部机器的重量给我窒息感和压迫感，仿佛身上扣着一件铅质长袍”。他在给科莱特的信中写道，布尔什维克政权“十分恐怖，难以言喻……我祈求上帝，再也不要见到他们之中的任何人”。

---

[1] 俄罗斯联邦南部城市，位于伏尔加河三角洲上，分布在由运河和小溪相连的 11 个岛屿上，在交通运输方面具有举足轻重的作用。——译注

他也急不可耐地尝试与在巴黎的朵拉取得联系。他在塔林时曾经给她发过电报，但是没有收到回音，顿时忧心忡忡。他给她在巴黎的朋友发电报，从他们那里听说，他们最后听到她的消息时，她在斯德哥尔摩。实际上，她那时身在彼得格勒，是途径北极港口莫曼斯克，非法进入俄国的。原来，罗素动身前往俄国之后，朵拉返回巴黎，发现自己无法安心学习，只希望与罗素会合，分享她确信将会成为人生之旅的那一段经历。5月6日，她在写给他的信中说："我想到此次旅行可能具有的重要意义，我无法忍受不与你一起分享的状态。"每天晚上，她一想到这一点，便只能在独自痛哭中入眠。最后，她无法忍受了，决定前往斯德哥尔摩，看一看自己是否可以进入俄国。在斯德哥尔摩，她遇见了一个同情布尔什维克的芬兰人。他告诉她，可以装扮成希望观看半夜太阳的旅游者，乘坐到挪威北角的蒸汽船，在挪威港口瓦尔德下船。在当地的一家报社的办公室，她去见他的两个朋友，他们可以用小渔船，把她送到莫曼斯克去。在莫曼斯克待了两天之后，朵拉被带到了彼得格勒。

朵拉从彼得格勒给罗素写信（她把信件寄到了塔林，但是他最后在伦敦收到了那封信件）说，她打算至少在俄国逗留1个月。她与罗素不同，喜欢那个国家。她写道，"我度过了一段令人吃惊的旅程，其中充满艰辛。但是，我的皮肤晒黑了，就像浆果，身体很健康。现在，我为议会做一些辅助工作"：

> 我真的希望，你没有与劳工联合会议那帮人一起来就好了。独自一人要愉快得多。在我返回英国之前，不要爱上别人，行吗？让我担心的只有这一点。

她住在阿斯托里亚旅馆，结识了《震撼世界的十天》的作者约翰·里德。[1]在布尔什维克的俄国，他已是家喻户晓的人物，受到了广泛尊重（他死后埋在红场上）。通过与里德的关系，朵拉被布尔什维克接受，并且得到了他们的信任，避免了没有得到官方许可进入俄国可能给她带来的危险。

当然，罗素当时并不知道这些，在斯德哥尔摩时非常焦急，担心朵拉可能遭
584 到布尔什维克逮捕，然后身陷囹圄。可是，他暂时没有任何办法帮助她，于是返

[1] 约翰·里德（1887—1920年），美国左翼新闻记者，美国共产党创始人之一。——译注

回英国。他后来写道："俄国给我造成巨大震撼，几乎超过了我可以忍受的限度。我回国之后，努力让心智恢复某种健全状态。"

6月30日，罗素回到伦敦，科莱特到尤斯顿车站迎接他。两人一起到了他在巴特西的公寓，拆开大量等着他阅读的信件。其中一封是维特根斯坦5月6日写的。"你撰写的引言无法付印，我的书因此也无法付印"：

> 给你说吧，当我看到引言的德文译本时，我根本无法让它与我著作一起印出来。你撰写的英语文本风格优雅，在译文中显然不见踪影。剩下的只有虚浮的文字和错误的理解。

罗素在回信中表现出非凡大度，告诉维特根斯坦："我写的引言出版与否没有什么关系。但是，如果你的大作不付印，我将深感遗憾。如果出现那种情况，我是否可以想法，让它在英国或者美国出版？"

维特根斯坦在回信中证实了两人的怀疑，如果没有罗素的引论，出版商雷克拉姆不愿出版该书。维特根斯坦说，他不会采取任何进一步的措施来出版它。"但是，如果你希望将它出版，事情完全由你决定，你可以任意处置。"就他自己而言，他写道，"对我来说最佳的也许是，要是我可以哪天晚上一觉不起就好了。"

罗素返回伦敦时需要处理的另外一封信件是一封邀请函，来自中国讲座协会，希望他在北京大学担任访问讲师，为期1年，从那年秋季开始。罗素在俄国陷入对西方文化失去幻想的心境之中，在东方度过1年这个想法很有吸引力，他倾向于接受这一邀请。不管怎么说，他对那年秋季返回剑桥大学的安排持矛盾心理，当然希望利用这个机会，推迟原来的计划。他随即致信三一学院，要求请假1年。在这种情况下，在正式接受中国人的邀请之前，他试图与在俄国的朵拉取得联系，请她与自己的同行。他写道："我决定，如果朵拉可以和我一起去，我就接受邀请，如果她不去，那就另当别论。"

他竟然考虑带着朵拉——而不是科莱特——到中国去；从某些方面说，这一点令人觉得相当不可思议。他收到邀请函时，科莱特就在他跟前；而且过了不久，他和科莱特一起，双双前往肯特郡海岸度假。两人在莱尔的一家旅馆住下，徒步穿越澳克斯尼岛上的沼泽地。科莱特返回伦敦时写道："我们在一起的每个时刻都非常完美，那样的感觉自始至终。"罗素自己回忆说，在那段时间，他

“发现和科莱特在一起，我自己得到了慰藉，与战争期间的情况一模一样”。科莱特和他的关系十分密切，超过之前很长时间里的状态。

585 在那段时间里，朵拉似乎与他渐行渐远。从她设法通过朋友（俄国遭到禁运，普通邮件不能出入）转来的信件中，罗素发现，她非常喜欢俄国，与他讨厌它的程度不相上下，心里不禁感到一阵恐怖。俄国布尔什维克的宗教式狂热让罗素非常恐慌；对朵拉来说，那是一个巨大的灵感之源。朵拉在她的自传中写道：“我受到鼓舞，相信在这里看到的信念可能让产业主义变得文明，对它进行驯化，使其成为人类的仆人。”罗素发现，布尔什维克的领导人是令人憎恨的狂热分子；她对“苏维埃领袖们具有崇高的信心，我佩服他们的勇气。虽然我到目前为止对政治一窍不通，[1] 但是我确实相信他们进行的革命”。例如，列宁让罗素深感失望；朵拉曾经亲眼看到列宁在第三国际大会讲话，认为他是“一个受人尊敬和爱戴的人，与广大人民保持密切接触，并且有控制力”。此外，在布尔什维克的改革中，罗素看到的西方特有的疾病的另一种症状；朵拉看到的却是完全不同的东西。她承认，彼得格勒作为一座丰碑矗立在那里，见证了彼得大帝引进的西方文化。“但是，革命精神——可以这么说——通过人们呼吸的空气，在国内外传播。它根本不是西方的，而是来自一个已经觉醒的巨人的起义，标志着新文化的诞生。”

难以想象，他还将面对另外两个对立的反应。并不令人感到惊讶的是，罗素收到朵拉从俄国的来信时，逐渐产生了疑问，他们两人将来是否可以弥合在世界观方面的差异？在这种情况下，他当时为何如此坚定，确保朵拉将会和他一起到中国去呢？在《自传》中，罗素将其归为“某种胜过词语的力量，某种甚至胜过我们的自觉思维的力量”。它给他很大影响，让他从未动摇。在他后来口述的《个人备忘录》中，罗素的表达更加直接。书中写道：“与科莱特分手的原因是，我非常希望有孩子，但是她拒绝生孩子。”他接着写道，他从中国回来之后，“[科莱特] 告诉我，她已经改变了主意，愿意给我生孩子。但是，那个表态为时已晚”。虽然他对朵拉的爱意没有对科莱特的那么强烈，虽然他在俄国受到冲击之后，觉得与科莱特的关系比朵拉更亲近，虽然朵拉常常和他争吵，显得颇为任

[1] 5月，朵拉在巴黎怒气冲冲，觉得罗素自己去了俄国，抛弃了她。她在给他的信中写道：“我觉得，我讨厌你的政治氛围，讨厌所有搞政治的家伙。”

性，况且迷上了布尔什维克，但是，所有这些因素都不及这个事实：朵拉愿意替他生儿育女。为了这一点，他几乎准备宽容她的任何缺点。

不管怎么说，罗素急切与朵拉取得联系，于是给一个名叫阿瑟·瓦茨的教友派信徒发了一封电报。那个人他在塔林见过，常常到俄国去，处理与教友派救济相关的事务。罗素请瓦茨去找朵拉，告诉她访问中国的邀请函的事情。那时，朵拉在莫斯科，其实很容易找到。瓦茨不仅将消息转告了她，而且动用关系，让她越过边界，到了塔林。从那里启程，她可以顺利地返回英国。从罗素的角度看，586
至少问题总算尘埃落定，他将和朵拉一起到中国去。

在等待朵拉那段时间里，罗素待在加辛顿。当时，克里福德·艾伦已经回到伦敦，身体已经痊愈。让罗素感到失望和惊讶的是，在俄国的经历一点也没有削弱艾伦对布尔什维克政权的全力支持态度。罗素和他争吵了几天，觉得再也不能忍受，于是离开了奥夫斯特兰宅第，退到那时已经成为向他开放的最可靠的避风港加辛顿，安享平和与清静。

在加辛顿，罗素将他对布尔什维克政权的感受表达出来，首先以写给科莱特的信件的形式，然后是五篇系列文章。那些文章刊登在《国家》上，总标题是《对布尔什维克俄国的印象》。此外，他还给《新共和》撰写了另外一组文章，题目是《布尔什维克理论》。这两个系列的文章后来被组合成书，名为《布尔什维克主义的理论和实践》。在启程前往中国之前的几周，他将书稿交给了出版商乔治·艾伦和昂温书社。于是，该书在那年年终之前问世。该书以及作为该书基础的那些文章表达了这一主题：在理论和实践两个方面，布尔什维克主义都是失败之举，这一剂药方比它医治的疾病更糟糕。“我相信，”罗素写道，使用了一句话小结他对整个问题的观点，“某些形式的社会主义大大优于资本主义，其他形式的社会主义甚至比资本主义还要糟糕。”他以前曾经认为，俄国革命确立了某种机制，它类似于行会社会主义设想的那种制度；在这本著作的一个段落中，他看来在一定程度上纠正了他以前的观点，提出了以下警告：

> 在英国，俄国人的朋友们认为，无产阶级专政只是一种新形式的代议政府；在这种形式中，只有男女工人拥有投票权，选区在一定程度上按照行业划分，而不是按照地域划分。他们认为，“无产阶级”的意思就是“无产阶级”，但是“专政”并不意味着“独裁”。这与实际情况恰恰相反。当一名俄

> 国共产党员谈到专政时，他表达的是其字面意思，但是，当他谈到无产阶级时，他表达的是这个词语带有的匹克威克式意义，所说的是无产阶级的“阶级觉悟”部分，这就是说，共产党。

他接着说，他对布尔什维克产生了幻灭感，这在很大程度促使他回到他继承而来的辉格主义。俄国共产党的观点“强化了英国人 1688 年以来视为基础的信念——仁慈和宽容不亚于这个世界上的其他所有信念”。

具有讽刺意味的是，罗素发现，布尔什维克在理论层面上的主要错误之一，是它坚持他长期以来认为必须推翻的传统自由主义的一个方面：相信人从根本上
587 具有理性。罗素提出：“需要使用心理分析的方式，研究政治动机。与个人生活的情况类似，在政治领域中，人们杜撰虚构的神话，以便对其行为进行合理化解释。”布尔什维克漠视心理学，对人的动机的认识非常贫乏，忽视人们的强有力的冲动，例如，虚荣、竞争和对权力的喜爱，仅仅考虑经济方面的动机。“马克思从英国正统经济学家那里，继承了 18 世纪的理性主义心理学，觉得自我充实似乎是人的政治行为的理所当然的目标”：

> 如果说，人类理性的小舟漂浮在非理性的海洋的表面，那么，现代心理学已经潜到了深处。对研究人类本性的现代人来说，已经不再可能接受过去时代的那种思想乐观论了。然而，这种乐观论在马克思主义中长期延续，让信奉者变得刻板，在处理本能生活的过程中持强求一致的态度。

有人认为，《布尔什维克主义的理论与实践》收回了他以前的观念。但是，在很大程度上，该书其实重述了罗素在《社会重建原则》中提出的政治哲学。出现改变的有两点：第一点是俄国革命进行了某种尝试，创造出了他梦想的社会主义国家；第二点是他其后（短暂）表现出来的接受革命暴力的意愿。他告诉吉尔伯特·默雷，他从俄国归来之后，“和平主义观念比以往任何都更加坚定，像反对其他战争那样，反对革命战争”。

## (4) 中国

1920年7月下旬，朵拉尚未从俄国回来，前往中国的漫长旅程的启程日子渐渐临近。罗素忧心忡忡，开始采取行动，让自己从与艾丽丝的婚姻约束中摆脱出来。无论朵拉对婚姻的态度如何，他强烈地希望，如果两人在华期间朵拉怀孕，他盼望自己已是自由之身，可以和她结婚，给孩子一个合法身份。也许让罗素感到意外的是，艾丽丝对离婚建议表示出坦然接受的态度。她在信中告诉他，"尽管我很不喜欢此事涉及的那些伪善言行"，但是她一直觉得，离婚对两人来说都是更好的解决办法。

那时，离婚法律规定，同意离婚的夫妻必须谴责离婚约定，说它是一种"串通"。这造成的结果是，当事人会出现某种程度的伪善之举。不能仅仅因为夫妻双方都有离婚的愿望，法律就判定两人离婚；一方必须出现"过错"。于是，在8月的最初几天，在伦敦的一家旅馆里，上演了罗素与科莱特通奸的戏码，以便为艾丽丝聘请的律师提供证据。科莱特那时看来并不知道，罗素为什么急于在访问中国之前启动离婚程序。假如她知道，她也许不会如此心甘情愿地接受罗素的计划。实际上，她非常大度，中断了繁忙的巡演行程，专门赶到伦敦，度过了"正式通奸"之夜，次日上午再次离开，前往朴次茅斯。那次一别，她再次见到罗素将是10年之后的事情了。

几天之后，朵拉返回英国。罗素在芬彻奇车站迎接她，然后没有带她回家，
而是立刻去了车站旅馆。他已经安排妥当，在那里提供更多证据，说明他对妻子 588
完全不忠。但是，为艾丽丝的律师干活的几名侦探业务水平欠佳。于是，罗素只得另外安排一个夜晚，与朵拉一起，上演公开不忠的戏码，这次的场所是查令十字街旅馆，以便提供判决离婚需要的证据。

在这种情况下，罗素和朵拉只有5天时间为长途旅程准备行装。临行之前最后几天里，两人忙得团团转，采购服装，办理护照，向家人和亲友告别。在那期间，两人激烈争吵，表达对布尔什维克俄国的不同看法。朵拉对俄国的热情根深蒂固，不可动摇，与罗素的幻灭感不相上下。她后来写道，"我真诚地觉得，我在苏联看到了一种理想"：

> 我愿意承认，那是一种几乎可以堪称神秘的理想，但是，从政治意义上

> 说，那是一种形成未来文明的理想。以我的非政治的新鲜目光和研究背景来看，在英国，我是唯一的人选，可以解释苏联发生的事情的真正实质——我真的有这样的感觉。

她看到罗素“像一个老派自由主义者那样对待在痛苦和折磨之中努力创造未来的伟大人民”，觉得非常失望。就罗素自己而言，他看到朵拉如此喜欢布尔什维克，不禁觉得恐怖和困惑，或许还有一丝嫉妒的意思。他在《自传》中写道：“她似乎觉得，她在俄国见到的那些人的态度在每个方面都比我强。”那些人是谁呢？他没有指名道姓（也许，约翰·里德可能是候选对象之一）。但是，他以前曾以类似的口气，谈到奥托琳钦佩造访辛顿的那些艺术家和作家的情形，这让人觉得，他是在伤害竞争对手。

罗素和朵拉继续争吵，慢慢浮现出来的一点是，尽管两人在对布尔什维克政府的态度上截然对立，他们对俄国见闻的思考有一个有趣的共同之处。两人以不同方式，对发展工业化的隐含意义进行了反思。在沿着伏尔加河航行的旅途上，罗素逐步看到，布尔什维克政权呈现出广义的西方病的一个方面，其典型特点是“产业主义的主张和强制劳动”。与之类似，在俄国的经济制度和社会制度中，朵拉逐步看到了某种东西，它提供了一种别样选择，也许可以避免美国式工业和商业生态中那种没有灵魂的机械效应。她写道：“俄国有一种文明的目的，可以抑制和引导产业主义。”

由此可见，两人都有这样一种感觉：产业主义在西方发展，忽视赋予人生意义的精神价值，将一种机械化的生存方式，强加在人的头上，从而对文明形成了一种潜在威胁。两人都认为，根本问题在于，如何对产业主义进行“文明化”？不管怎样说，朵拉在布尔什维克的俄国看到了一种解决方法；但是，罗素看到的
589 仅仅是那个问题的另外一种表现。两人都认识到，这个问题的重要性具有本质意义，它不仅带来了形成一致意见的可能性，而且带来了在思想上进行合作的可能性。对罗素来说，为了共同目的工作是保持爱情的一个重要因素，让他从内心深处感到宽慰。

8月14日，罗素和朵拉离开伦敦，途径巴黎，前往马赛，他们乘坐的海船将从那里启程。罗素了解到，海船已经延误了两三周时间，但是选择在巴黎而不是伦敦度过去中国之前的那段时间。在巴黎，他告诉朵拉，他们可以自由交谈，享

受在一起的时光。实际上，根据朵拉的回忆，正是在那几周中，“我们开始了婚姻生活”：

> 我记得，我早上躺在床上，睡眼蒙眬，翻过身去，看见伯迪坐在我身边，非常清醒。我相当绝望地想到：“这就是我余生将要面对的情形，这就是婚姻生活的意义。”

罗素利用在巴黎逗留的时间，斟酌将要付印的《布尔什维克主义的理论与实践》。他知道，对于他在书中批评布尔什维克提出的言辞，他在政治上的朋友将会表示讨厌，他的政治对手将会鼓掌喝彩。鉴于这个原因，直到他将稿件寄给昂温之前，他依然不能确定，是否应出版这一本书。为了让自己做出决定，他一天晚上从床上爬起来，坐在旅馆的阳台上，抬头仰望天空，希望这样可以不受凡夫俗子的思想的影响，获得更广阔的视野。他想象，自己正在与仙后座对话，讨论这个问题。后来，他似乎获得了明晰的结论：“与不出版相比，如果我将自己对布尔什维克主义的思考公之于众，我与这些星星的关系更为和谐，超过秘而不宣所处的状态。”

9月6日，他们乘坐的海船终于扬帆起航。他们要走的航线需要5周时间，将会穿过苏伊士运河和红海，然后取道锡兰，途径新加坡和西贡，最后抵达上海。康拉德的著名航海小说赋予这些名称和地方十分丰富的联想。这一事实朵拉可能并不知道，但是科莱特是不会漏过的。科莱特特地购买了一张巨幅地图，标记罗素的旅程。8月14日，她在给他的信中写道，“我很想知道，你是否有时间，记住去看一看康拉德（在《金箭》中）描绘的那幢房子”：

> 我觉得，抵达新加坡之后，你才会第一次看到康拉德描写过的港口。请告诉我关于大海，关于各种各样的船只，关于土著人的小船的事情。请告诉我东方天际的景色。你夜里是否听到岸上传来土著人的音乐？……请替我向康拉德描述过的那些地方致意。西贡。它究竟是什么样的？我不知道，无法想象。

在漫长的航程中，罗素分别给科莱特和奥托琳写信，尽量让文字符合她们对令人着迷的游记的期望，但是他其实并不擅长写那样的东西。例如，他到了西

590 贡，将那里描述为“梦魇之地”，可是他描述这种梦魇的文字听起来平平淡淡，令人不可思议：“河岸上绝对平坦，全是种植水稻的沼泽，晚上比白天更热，到处都是蚊子、蝙蝠和大蜥蜴。欧洲人非常富有，十分病态。”接着，他没有继续模仿康拉德式风格，直截了当地进行了总结——“给人的印象类似于《黑暗之心》之中的描写”。

10月第二周，他们终于抵达上海。罗素到了中国，看到的一切让他非常着迷。途中写信时流露出来的那种阴郁基调一扫而光，取而代之的是热情、轻松的愉悦氛围。他和朵拉一下船便感受到了热情，朵拉在写给她母亲的信中说，他俩受到款待，“就像国王和王后”。他们被直接送到类似于现在所说的新闻发布会现场，与当地记者见面，给予报纸的摄影师拍照的机会。次日，那些照片和报道出现在中国的许多报纸上，谈到了对他俩的访谈，还谈到他俩的衣着、长相和其他相关情况。

公众对他们两人很感兴趣，其强度和广度大大超过了他们的预期。公众的主要兴奋点看来不是在罗素对逻辑学和数学哲学的贡献上，而是在他的社会和政治思想上。“世界上最伟大的社会哲学家来到中国，我们非常高兴。”一名来自上海的学生致信罗素，表达了对他的重要性的看法，这看来是中国人的普遍观点。如果说俄国人希望给罗素上一堂人生哲学课，那么，中国人的态度似乎同样坚定，希望从他那里学到这样的东西。在上海短暂逗留的几天时间中，罗素接待了无数访客，被所有的人视为睿智、博学的哲人。人们为他举行了一个盛大宴会，若干人致辞，对他表示欢迎。他后来写道，他被称为“第二个孔子”。那次宴会给他留下一个经常谈及的记忆：他第一次听到中国的古代音乐演奏，那种乐器被他描述为“有点像吉他……但是被平放在桌子上”。一般说来，音乐不会给罗素留下深刻印象，然而他一辈子都没有忘记，那种音乐“非常动听，非常精妙”。

罗素仅在上海住了一夜之后便宣布，自己喜欢中国人的习俗和文化。他写道：“我那时才知道，受过教化的中国人是世界上最文明的人。”他见到的每个人看来都充满睿智，滑稽幽默，不乏魅力。他的翻译赵元任让他感到特别惊讶。赵元任全程陪同，将他的讲座和讲话译成中文。赵元任曾在美国待了10年，并且完成了人们觉得不可能完成的任务，将《艾丽丝漫游奇境记》译成了中文。他年富力强，头脑聪明，而且反应机敏，妙语连珠，是罗素和朵拉的完美陪伴，两人都非常喜欢他。有一次，他看见罗素的一篇文章，题为《当下乱局之成因》（现在是《工业文明的前景》的第一章），随即脱口而出："怎么说呢，我觉得，当下乱局的成因是以前的乱局。"那样的睿智让人想起18世纪的英国绅士，正是罗素最欣赏的类型。

罗素开始时失望地发现，他并不是直接去北京，而是先到中国各地旅行，看一看中国的乡村和人民，了解中国的文化。作为回报，他参加访谈，举行讲座，满足人们希望见到他、聆听他的观点的迫切要求。首先，他们一行在杭州的西子湖畔住了3个晚上。主人带领罗素和朵拉参观了附近岛上的乡村房舍和寺庙。罗素发现，在中国，"看来没有谁相信宗教，甚至那些和尚也不相信"。这让他觉得很有意思，进一步补充了他当时正在形成的印象：中国处于前工业化阶段，保留着田园诗的韵味，在某种程度上类似于18世纪的英格兰，恰如辉格主义者向往的某种天堂。 591

> 中国给人的印象是，假如18世纪的欧洲持续存在至今，没有出现产业主义和法国大革命，它就与中国现在的情况类似。这里的人似乎是理性的享乐主义者，谙熟获得幸福之道，通过对艺术感的强化培养，变得近乎完美。他们与欧洲人大不一样，选择享乐而不是权力。

结束了在杭州的访问之后，罗素和朵拉到了南京。在那里，罗素给中国科学协会举办了题为《爱因斯坦的新引力理论》的讲座。随后，两人顺着长江而上，经过3天航行，到达了汉口。罗素回忆说："在长江上航行的那几天非常愉快，与在伏尔加河上的所见所闻形成截然对比。"朵拉写给她母亲的信件也证实了这一印象。朵拉告诉母亲："中国的风景堪称天堂，无与伦比，恰如中国绘画，远处雾霭朦胧的山岭总是依稀可见。我觉得，长江肯定可以跻身世界上最漂亮的河流之列。"

两人离开汉口之后，到了长沙。长沙是湖南省省会，一个重要的商业、工业和教育中心。当时，长沙正在举行一次教育会议，与会人士包括哲学家约翰·杜威。杜威在1年之前接受中国讲座协会——罗素也是受到该机构的邀请——邀请来到中国，并且已经接受了再待1年的请求。罗素和杜威是在湖南省省长举行的一次宴会上相遇的；多年以来，杜威在公开场合对罗素有过多次善意之举，但是私下里看来并不喜欢罗素。根据美国自由主义作家锡德尼·胡克的说法，"杜威对罗素的恶感始于中国……杜威觉得，罗素对他人的感情麻木不仁"。另一方面，罗素告诉奥托琳，尽管他喜欢杜威，超过了他在1914年见到的其他任何美国人，“现在我觉得他无法忍受”。

会议组织者本来希望说服罗素在长沙逗留1周，举行讲座，与人交流。但是，罗素和朵拉已在中国旅行了两周，心情愉快，然而身体疲惫，希望休息一段时间，所以很想到北京去安顿下来。因此，两人决定，只在长沙住一个晚上。根据
592 罗素的回忆，为了补偿他拒绝留下带来的结果，在那天的24个小时中，他举行了4场讲座，发表了两次宴会致辞，午餐之后还有一次讲话。

四场讲座全都涉及同样的主题，以简明扼要的方式，介绍他对俄国的印象，分析了布尔什维克的理论和实践，最后以《成功的共产主义的必要因素》为题结束。毛泽东在他的听众之中，当时是年仅26岁的学生。根据毛泽东的说法（保留在他当时撰写的一封信件中），正如人们预料的，罗素“采取了支持共产主义的立场，但是反对工农专政”：

> 他说，应该使用教育这个方式改变有产阶级的思想；这样，就没有必要限制自由，没有必要诉诸战争和暴力革命。

毛泽东写道：“本人反对罗素的观点，我的态度可用寥寥数语概括出来，‘他的说法作为理论相当不错，但是实际上却无法做到。’”

从政治层面看，中国当时处于变动不安的状态之中。1911年的革命——罗素倾向于认为，它与英国1688年的光荣革命类似——让中国在理论上是一个君主立宪国家，但是其实大体上处于权力真空状态。孙中山领导着信奉温和社会主义的国民党，罗素——与约翰·杜威一样——希望国民党在那场权力之争中获得胜利。1920年秋天，人们有理由相信：第一，这是可能性最大的结果；第二，尽管毛泽东持怀疑态度，但社会主义制度可以在没有暴力革命的情况下实现。学生和政治进步人士普遍觉得，需要一种新的政治哲学，许多人向苏维埃俄国寻求指导。在罗素的听众中，许多人认为这位《社会重建原则》和《自由之路》的作者提出了一个政治理想，它至少可以在严肃的意义上与列宁和托洛茨基的理想抗衡。

从长沙到北京途中，罗素给奥托琳写了一封长信，记录了那次旅行，谈到了他对中国和中国人的初步印象。他请她准备几份打字稿，分别寄给克里福德·艾

伦、伊丽莎白（他的嫂子）、科莱特以及《国家》的主编休·马辛厄姆。他说，如果马辛厄姆愿意，可以将文稿刊登出来。“但是，如果他不愿意，我随后可以寄给他更有趣的东西——我本人倾向于后一个方案。”到头来，马辛厄姆原文照登了那封长信，使用的标题是《中国的幸福》。

那时，罗素在中国还不到3周时间，甚至尚未到达北京，他描述的中国印象可能有为时过早之嫌。在那封信件中，罗素勾勒了文明程度极高的人物画像，他们的优雅的生活方式过于精致，过于从容，难以抵抗现代世界的种种野蛮做法。但是，剩下的旅途中，罗素定格的这种画面几乎没有什么变化。在俄国，他将西化视为一种疾病；在中国，他觉得自己可以在那种疾病传播开来之前，看到在最健康状态下生活的人们的风貌。在他的信件中，在中国的欧洲人仿佛被描述成某种 593
致命痛苦的载体。在上海，“欧洲人看上去几乎个个病态，面目可憎”。在长沙，“欧洲人拥有一些工厂，一些银行，一些传教团体，一家医院——按照西方方式损害和修复身心的东西一应俱全”。他报告说，在长沙大约有300个欧洲人，接着，他仿佛以告诉病人好消息的医生的口气补充说：“不过，欧化尚未大规模漫延开来。”

10月的最后一天，罗素和朵拉一行终于抵达北京。罗素的以上心态很快表现出来：他们两人反复要求，使用二手中式家具布置他们的寓所，不用给他们提供的欧式家具。罗素和朵拉决定，尽量与北京的欧洲人圈子保持距离。罗素写道：“在东方的英国人完全与环境脱节，打马球，上俱乐部，从18世纪传教士的著作中获得对本地文化的看法，以鄙视英国乡下人的智性的态度，鄙视东方人的智性。”罗素没有刻意表示，他和朵拉是已婚夫妻，对这样做给传统的欧洲感造成的冒犯，两人都深感高兴。这并不是说，那里的上流人士因此完全避开他们两人。他们两人受到中国主人的极大尊重；相比之下，他们公开对抗传统的两性关系和婚姻观念带来的偏见显得微不足道。在北京，欧洲的外交官员、商人及其各色人等频频发出邀请，让他们有应接不暇之感。

可是，他们真正希望的是，亲自去结识和理解中国人。对罗素和朵拉两人来说，“中国的问题”与产业主义问题密切联系。在各自访问俄国的过程中，两人以不同方式，就这个问题形成了深刻印象。朵拉后来回忆在中国度过的那段日子时写道：“我们两人清楚地看到，我们那时生活在前工业化的文明中。”因此，作为两人在俄国的经历的结果，他们的头脑中形成的问题是，是否可以“驯服”工业化发展，使其与我们珍视的文明匹配？这时，这个问题被确定为另外一个问题，在调整自身、面对现代世界这一不可避免的过程中，中国人是否可以保留让自己如此愉快的某些品质呢？

罗素在给奥托琳的信中写道：“为了帮助中国，我愿意做世界上的任何事情，但是，这项任务很难。中国是一个艺术之邦，这既有优点，也有缺点。”他说，想象一下奥古斯都·约翰和利顿·斯特雷奇统治之下的大英帝国，“你就可以对中国在2000年中如何被人统治的情况，有一个大体的概念”。当年在狱中，他曾经详细对比了维多利亚人与布卢姆茨伯里派的差异，对比了一方的活力和能量与另外一方的无精打采的艺术感。在他的脑海里，这样的对立以俄国与中国之间的对比反映出来。布尔什维克政权让他看到，完全忽视当代生活的雅致的愉悦导致的危险；中国人让他看到，如果扩大那些愉悦、排除其他东西，也可能导致危险。
594 他告诉奥托琳：“中国人常常提醒我奥斯卡·王尔德第一次出庭时的情景。他觉得，睿智可以让他度过任何难关，但是他却发现，自己被一台并不在乎人的价值的巨大机器控制。”

在国立北京大学，罗素在讲座中介绍了哲学和数理逻辑，而且还就《心的分析》这个话题，重复了他在伦敦举行的那个系列讲座。该系列讲座的内容与他不久前发表的关于心理学与逻辑学之间关系的言论互相冲突，然而罗素还是将讲稿寄给了乔治·艾伦和昂温书社出版。他还增加了一篇序言，特别指出，在讲座提到的与中国相关的内容“是我到中国之前撰写的，读者不要拘泥于其地理位置的精确性。我使用的‘中国’仅仅是一个符号，表示‘一个遥远的国度’，以此说明读者不熟悉的事物”。大约在同一段时期，他致信三一学院，希望辞去实际上并未履行的讲师职务。他后来说，他那样做的“原因是，我明目张胆地生活在罪孽中”[1]。

这是一个极端之举。从那以后，他不得不依靠写作为生，从一定程度上说，他无法将许多时间用于他在狱中思考过的那类哲学问题。他为什么心甘情愿地断了这条后路呢？我倾向于认为，有两个原因促使他做出这个决定：其一，在受到维特根斯坦的著作的影响之后，他对哲学产生了幻灭感；其二，在他的感情层面上，生儿育女的渴望取代了哲学的地位。1917年，他曾经表示，希望重拾哲学研究，将其作为重新思考“永恒事物”的一种需要；到了1919年，他阅读了维特根斯坦的著作之后，一直存在这类永恒事物，等着他重新进行研究。在《数理逻

[1] 此处指他与朵拉未婚同居一事。——译注

辑引论》和《关于逻辑原子论的讲座》中，他虽然强调说，几乎不可能让自己的心智集中关注抽象的形式，但是依然认为，逻辑学研究的是这样的形式。然而，在荷兰与维特根斯坦进行讨论之后，在关于约阿希姆著作的书评中，在1920年初期撰写的其他文章中，他开始大力强调逻辑学的语言性质，坚持认为，逻辑学不是研究永恒的抽象形式，只是对语言的分析而已。根据这个观点，没有什么“永恒事物”可让哲学家去寻求庇护。

因此可以说，他后来概括描述的“脱离毕达哥拉斯之举”——即对数学世界的实在持越来越不相信的态度——是在1919年底完成。那时，他接受了一个观点，让逻辑学和数学变为无关紧要的问题。但是不管怎么说，到那时为止，它对罗素来说已经不再是感到遗憾的问题了。其原因在于，到他访问中国时，他人生中最急切的冲动是生儿育女。肯定正是由于这个原因，他愿意牺牲三一学院的职位，以便和朵拉一起，生活在“罪孽”之中。

在这种情况下，从个人的角度看，在自我定位和生活方式这两个方面，罗素生活中出现了一个决定性变化：从当哲学家转向当父亲。当然，没有什么内在原因说明，两者为什么不能兼顾。假如他和朵拉于1921年在法律意义上成为夫妻，或者说，假如剑桥大学的上流社会的两性道德观念与实际情况不同，他也可能不会在当父亲或者让学者之间做出选择。假设的情况与实际的状态不同；假如他没有觉得，为了满足要孩子的愿望，他不得不放弃三一学院的职位，那么，他是否会保留讲师职位，继续自己作为学院派哲学家的生涯呢？ 595

至少朵拉认为不会。她倾向于将罗素的决定归为公众意味更强的考量。她在她的自传中写道，“伯迪看到，年轻人在战争中遭到屠杀，这种骇人听闻行径将他从剑桥大学的象牙塔中拖曳出来”：

> 那时，他可以看到，对人的关注不能止于这种抗议之举；他考虑的是世界上的种种问题，并且开始寻找解决办法。那时我觉得，俄国之行以后，我自己的使命感与他的可以结合起来，我们两人携手，可以完成许多事情。

为了到中国去，朵拉也放弃了继续学术生涯的所有希望，所以认为在这样做的过程中，罗素本人认可了两人合作的重要，觉得两人联袂努力，可以“解决世界上的种种问题”。

两人的联合工作的核心是，拓展关于产业主义的后果的思想。实际上，这几乎构成了罗素在北京期间的所有独创性思考和著述，排除了那时为止在他的哲学思想中占据主导地位的抽象问题，其中包括《心的分析》提出的问题。在北京，除了上面已经提到的讲座之外，罗素还开设了一门课程；那是唯一的平台，让他可以提出新的思想，而不是仅仅重复已经发表的观念。课程的名称是《社会结构学》，拟以10次讲座的形式，陈述他和朵拉一起形成的关于产业主义的思想。后来，这门课程的内容构成《工业文明的前景》一书的基础，几年之后两人共同署名出版。

第一讲就是上面提到的那篇文章，题为《当下乱局之成因》。罗素认为，有两股强大力量影响了现代世界，一个是产业主义，一个是民族主义：

> 资本主义和社会主义是产业主义的两种形式；帝国主义和被压迫民族争取自由的努力是民族主义的两种形式……世界上的混乱以这些力量之间的巨大冲突的形式出现：资本主义和帝国主义为一方；社会主义和民族自决为另一方。

进步的本质要求，某种形式的产业主义是必要的；人类的性质要求，某种形式的民族主义是必要的。这里的问题在于，其中哪一种形式将会取得胜利呢？在
596
每一种情况，罗素赞成的东西显而易见。

朵拉对这一信念表示强烈的肯定态度，超过了罗素本人。她认为，这一讲和其他类似讲座一样，信息富于原创性，非常重要。对她本人在罗素转变思想的过程中起到的作用，朵拉感到自豪。她曾经告诉奥格登："正是我向他灌输了这一点：对某些国家——例如，俄国和中国——来说，产业主义具有非常重要的意义，超过了它给予的具体信念。"正如罗素对伏尔加河之旅的反思显示的，这并非完全正确；但是，详细讨论这一主题的那些讲座肯定受到他与朵拉交谈的影响。

朵拉那时所做的一个梦反映了那些讲座中包含的朵拉的某些想法。她在梦中看到，她和罗素坐在一艘小船上，在湍急的洪水中漂流：

> 我跪在船头，试图挡开可能弄翻小船的障碍物；伯迪站在船上，对着波涛汹涌的激流，发表高谈阔论的长篇演说，试图压倒洪水发出的轰鸣。他问

我："这讲演精彩吗？"我高声回答说："精彩，亲爱的，可是你觉得有人听见吗？"

朵拉毫不怀疑：那些讲座表达了一个重要的真理；如果有人听到，那个真理将会给充满暴力的动荡不安的世界带来平静和安宁（"解决世界上的种种问题"）。她认为，唯一的问题是，是否有人在听？

朵拉直至临终时刻一直毫不动摇地坚持认为，两人合写的这本著作《工业文明的前景》具有重要意义，人们忽略它是没有道理的。她毕生致力于反对将社会机械化的斗争，几乎表现出了教徒式激情。她在写给母亲的信中说，"我从心里仇恨金钱"：

> 仇恨战舰，仇恨工业，仇恨工厂，仇恨不停转动的机器。这些东西泯灭我们所有的创造性本能，泯灭美好的东西，将力量交到罪恶的手中……让我们废弃工业吧，即便不得不过衣不蔽体、食不果腹的日子也在所不惜。让我们举起手来，挺起胸膛，至少可以说，现在我们是人，不是魔鬼的毁灭机器上的齿轮。

让我们感到怀疑的是，罗素是否赞同朵拉这种充满激情的观点，认为两人合著的思想著作具有迫在眉睫的重要意义？罗素是否觉得，这封信件表达的某些情绪与自己的想法格格不入？他并不从心里仇恨金钱，在放弃教书职位之后，反而一门心思想着如何赚钱。而且，他认为，《工业文明的前景》并未提出解决世上问题的方案，没有形成什么反响，似乎觉得它并不重要。在他的《自传》中，他仅仅提到它一次，但是他接着说，它没有让他赚到多少稿费。

罗素一直重视那些讲座具有的商业价值，甚至在举行的过程亦不例外。实际上，该课程标志了一个转折点，罗素的学术著作与报刊文章从此混在一起，无法区分。每一讲的稿子写好之后，交给一本刊名为《改造》的日本杂志，该刊以系 597
列文章刊出，每月发表一组。接着，这些文章被集中起来，出了一本中文书，书名是《社会结构学》。最后，罗素增补了许多资料，出版了英文著作《工业文明的前景》。

从思想层面看，罗素认为，那些讲座并不像朵拉所说的那样，是一个巨大的提升。虽然对产业主义的强调是某种新的提法，罗素本人觉得它并不重要，认为它仅仅相当于重新阐述了他在《社会重建原则》中勾勒的基本政治原则。实际上，该系列中有一讲的题目是《社会制度好坏的构成因素》（现为《工业文明的前景》第三章），只是重复了原来的论点。罗素提出，社会制度必须具有的最重要的品质之一是，“它必须是人们可以相信的东西”。那时，人们已经不再相信原来的制度，即带来战争的资本主义制度；他们需要新的观念。社会主义是“唯一可以让世人重获幸福的观念”，但是它必须与自由结合起来。其原因在于，“任何重建的主要目的和灵感是，让世界变得更好，它必须是对创造性冲动的解放”。这一完全类似的思路说明，如果说朵拉给罗素灌输了什么思想的话，那就是老主题的一种新说法。

就对两人所做工作的重要性而言，他与朵拉的见解不同。但是罗素认为重要的是，他在讲座中表达了他和朵拉可能达成一致的观点。在中国的头几个月可能是两人心情最快乐、关系最亲密的时光，几乎有合二为一的感觉。罗素回忆说，那是“一段非常快乐的日子。我们完全忘记了，我们之间曾经存在困难和分歧”。朵拉记得，在那段时间中，他们可以享受难得的完美闲暇，进行各自的思考和写作，“但是最重要的是继续交换看法，深入了解对方的个性”。罗素认为，朵拉是志同道合的同志，这种感觉的基础主要是两人在思想方面的共同兴趣，与他与科莱特在1917年的关系一样牢固。1920年10月至1921年3月，6个月时间中他一直有人陪伴，大概是与艾丽丝结婚之初以来，时间最长、感觉最快乐的日子。

但是，到了3月，幸福时光、《社会结构学》讲座（他只完成了10讲中的5讲）以及他生活中的其他所有一切戛然而止。在毫无征兆的情况下，他罹患严重的疾病。在长达3个多月时间里，卧病在床，常常高烧不退，神志不清，濒临死亡。

1921年3月初，罗素和朵拉染上了某种感冒，让罗素患上支气管炎。但是，大约一周以后，罗素的病况似乎有所好转，两人接受邀请，到距离北京两个小时
598 车程的西山去度周末。抵达那里之后，他和朵拉到当地著名的温泉去游泳。两人返回房间之后，罗素开始剧烈发抖。朵拉把他裹起来，烧起炉火。但是，他颤抖得越来越厉害，开始出现神志不清的状态。他们决定，将他送回北京，但是在回家途中，他们乘坐的汽车在翻过一座小山坡时抛锚。朵拉和开车的中国司机一起动手推车，不断将石头垫在车轮下，一步一步地前进。值得庆幸的是，下山时发

动机重新启动，他们将病情非常严重的罗素送进北京的一家德国医院。朵拉后来一直记得当时的情况，在两人在共同生活的时间里，不时向罗素提起那个情景，甚至分开之后也难以忘怀。

在医院，罗素接受诊断，结果是双侧肺炎。他体温异常，达到了致命的 41.6 度，几乎濒临死亡。在长达两周时间里，他卧床不起，神志不清，偶尔清醒过来，可以冲着（日夜守护的）朵拉笑一笑，并且告诉负责治疗的医生，他感觉良好，超过以往任何时候。朵拉在写给她母亲的信中说，“每一分钟都充满痛苦和怀疑，我几乎没有合过眼。我甚至不知道，自己是否依然活着”：

> 我发誓，他不能死，我向邪恶的宇宙挥舞拳头，看到他也一直努力抗争，心里感到宽慰。他一直认识我，只认识我一个人，给我说话时神志清楚。他说，我的面容清晰，其他人模糊不清，仿佛长满尖刺。他说，我有一次勇敢地告诉他，他必须挺住，否则就会死去。从那一刻开始，他咬紧牙关，坚信我的爱，决心抗争到底。我从未见过谁有这么巨大的勇气，如此坚强地与死亡抗争……让我深感欣慰的是，即使在那样巨大的痛苦中，我们一起抗争，没有被任何东西吓倒。

他后来在一封信中告诉奥托琳：“在患病之后的最初几天里，我的脑海里全是美丽的东西，空前绝后……我的脑海里回响着音乐——非真实的神秘音乐。”在短暂的神志清醒时刻，他讲述了一个奇特的梦境。他写道：“我强忍巨大痛苦，尽量原原本本地讲述梦中的情景。一切历历在目，我现在觉得，我说出了当时的大致情况。”在梦中，他的病房变成了陡峭山岩上的一个洞穴，他躺在洞里的床上。隐士们睡在四周，一排一排的。隔壁的房间也变成了一个洞穴，就在同一座山上，里面也有许多隐士，但是他们没有睡着：

> 他们充满敌意，可能走过来，杀死正在睡梦之中的我们。可是，我在睡梦中告诉已经睡着的隐士：隐士兄弟们，我用睡眠语言告诉你们——这种语言只有睡着的人才能说，才能听到，才能理解。在睡眠之地，有多彩的灵视，有美妙的音乐，有绚丽的美景，让我们感受，让我们思考。在残酷太阳的强光之下，这样的东西根本不可能存在。不要从你们的睡梦中醒来，不要

599 用其他隐士的方式抵抗他们。其原因在于，哪怕你们赢了，你们也会变得像他们一样，看不到美，看不到微妙的前景，看不到无情的事实在人清醒时破坏的所有的一切。因此，睡吧，睡吧。借助我的睡眠语言，我可以让你们接受比成功、战争和严厉斗争更好的东西，而不是清醒的人珍视的那些毫无价值的令人恶心的东西。我们的魔法见效了，其他隐士一个接着一个睡去，我们将让他们接受光明的前景，教他们去爱这个满怀温柔爱意的世界，而不是充满死亡、竞争和劳苦的世界。一种新的美，一种完美状态将会从我们这里慢慢扩展开来，洒遍整个世界。人们的梦想将会引导人们度过终生，穿过亮光闪闪的小溪两岸的草坪，穿过梦中的黑夜，到达星星闪烁的天际。亮光透过唰唰作响的嫩枝，让人们变得温柔，热情，可爱。人们将会到达璀璨光辉的大厦，达到人迹罕至的顶峰——那上面一片雪白，让天空变得更蓝，到达神秘的海洋——它在暴风中显露威严，在波光闪闪的平静中尽显温柔，就像一个嬉戏的孩子。

在这些美景中，人类将会忘记冲突，幸福将会来到所有人的身边，痛苦将从这个残酷的世界上消失，人类将逐渐感悟他们本应享受的美好之物。

非常明显的是，那个梦境是一种隐喻，表达了他对中国的感情。在患病1个月之前，罗素在写给他嫂子的信中说："在这个星球上，我没有家园。中国人不狂暴，对我来说，中国接近家园，超过了我知道的任何国度。"在写给维特根斯坦的一封信中，他以类似的精神状态，谈到他对中国和中国人的喜爱。"所有的国家都在打他们的主意，认为不能让他们以他们的方式享受生活。他们将被迫建立陆军和海军，被迫开煤矿，炼钢铁——其实，他们想做的事情是写诗歌，绘图画（非常美丽的图画），编音乐。他们使用装饰着流苏的多弦乐器演奏音乐，近乎完美，但是声音小得几乎听不见。"罗素熟知沉睡的中国人，极力主张他们继续处于睡眠状态，不要放弃愉快的睡梦般生存状态，不要面对清醒世界的噩梦般现实。他的那一场梦是这些感觉的一个完美意象。在《自传》中，罗素描写了他访问中国时感受到的氛围，认为它"充满一次伟大觉醒的希望。在沉睡数个世纪之后，中国正在慢慢意识到现代世界的存在"。虽然他知道，觉醒是不可避免的，罗素爱上的是中国的一批数量巨大隐士。他们处于沉睡之中，可能像康拉德笔下的斯坦医生一样，直至最后也不会醒来。

在他的梦境中，还呈现了某种概略图像，它体现了罗素珍视的许多思想和感觉：那些睡眠隐士不仅代表中国，而且还让我们回想起他在伏尔加河河畔看见的那些“古怪的男人”——他们围成一团，“有的睡觉，有的一言不发，正在用树枝点起小小的篝火”。同理，他在梦中可以使用睡眠语言，这让我们回想起他访问俄国的体会——“我感受到那种耐心的沉默”。此外，这场梦境显示，睡着比醒着好；这一理念还让我们回想起他关于维多利亚人的反思——宁可为了真理变得疯狂，不愿为了谎言保持理智。最后，对罗素来说，星星、高山和大海从他的 600
孩提时代以来一直是庇护之所；在这场梦境中，星星、山顶和“神秘的海洋”被视为灵魂最终的理想安息之地。我们可以想象，这个想法正是罗素面临死亡时进行自我安慰的东西。

总而言之，我们可以想象，这正是罗素奄奄一息时脑子里可能出现的情形。在他记录下这场梦境几天之后，他的病况甚至更加糟糕，不得不接受人工输氧。在持续恶化的情况下，为他治疗的一位医生放弃了希望。人们得到的消息是，他即将离开人世。北京大学有的学生和学者来到医院，向他表示最后的敬意。朵拉从病房出来，看到他们一个个穿着黑色长袍，头戴黑色帽子，抱着两手，站在那里，神情严肃。他们深深鞠躬，然后问道，他们是否可以进去，聆听伟大哲学家的最后教导？朵拉回答说，那个时刻到来时，她会让他们进去的。但是，她自己坚定地相信，他是不会死的。她和一位名叫埃瑟的德国医生不愿放弃希望。

日本的新闻界当时了解了相关情况，并且刊登报道说，罗素于 3 月 27 日逝世。那条消息很快传遍全球，几条讣告也随即出现。当时，科莱特在巴黎。她写道：“我听到消息后心都碎了。一条简明的消息，文字不多，来得突然，无法挽回。”她陷入严重的抑郁状态，想到了自杀，脑子里全是黑色的毁灭念头。“我真想破坏这个世界上的所有美好之物。”弗兰克也听到了消息，但是拒绝相信。他向前来询问的记者们反复强调说，如果他弟弟在北京病情严重，这样的事情他是不可能不知道的。罗素的朋友查尔斯·桑格同样也不相信，但是这消息促使他立刻写信。他在信中告诉罗素：“听到你去世的假新闻，我才真正意识到，我是多么喜欢你。我不相信这个谣传，我从来没有想过，今后可能再也见不到你了。中国大使馆证实，传言所说的是虚假消息，让人大大松了一口气。”

他们从北京医学院弄到了一种抗肺炎球菌血清，随即给罗素注射。不过，按照朵拉的说法，其实“没有谁知道，这究竟会起到杀害作用还是治疗作用”。罗素的高烧持续不退，就连埃瑟医生也确信，罗素难以逃过这一劫。他当着朵拉的面叹息，“没有谁可以承受这样的高烧”。朵拉后来回忆说，最糟糕的日子是复活节前夕、复活节当天和她的生日——4月3日：

> 在我生日的下午，医生走进病房，确定他快要不行了。我将紫罗兰凑近他的脸庞，然后痛哭起来。他最喜欢紫罗兰，每次闻到它们散发的香味，他都会暂时清醒。

4月13日，朵拉写信告诉她的母亲，“今天，医生们第一次显得不像往常那么严肃。他们说，右侧肺叶几乎完全没有阴影了。如果保持这样的势头，左侧的
601 阴影也很快将会消失……糟糕的时段已经过去，可以想象，我们两人都会康复。其原因在于，我觉得自己也濒临死亡。我们互相勉励，我们干得非常出色，我们的爱情真是伟大之至。”宽慰之余，朵拉写了一首诗歌，题名叫《死亡与新生》，第一段是这样开始的：

> 我们挺了过来：两个遭到重创的精神
> 紧紧依偎，躺在你的病床上。

两周之后，罗素的病情大有好转，可以提笔写信。他告诉奥托琳：“我没有死在这里，错过了许多东西。中国人本来打算在城市中央的公园给我举行盛大葬礼，然后把我埋在西湖的一座岛屿上，最伟大的诗人和皇帝们在那里生活、死去和安息。或许，我将成为神灵。”他把自己对梦境的描述寄给她，并且请她寄一份给科莱特。他告诉奥托琳：“我希望告诉你，我从心底爱着你，在这段奇特的日子里，我一直想念你。我了解到，我神志不清时试着给你写信——当然，写出来的东西歪歪扭扭，谁也看不懂。”

他摆脱了生命危险，但是身体依然非常虚弱。肺部正在康复，但是那场疾病和治疗过程给他留下一系列后遗症，其中包括痢疾、肾病、静脉炎和血栓症，他不得不卧床休息。这时，他没有生命之虞，希望回家休养，而不是住在医院里。照顾他的那名英国护士非常敬业，但是也很势利（她反复吹嘘说，她与保加利亚女王很熟），是虔诚的基督徒，让罗素觉得讨厌。1921年5月初，就在他49岁生日前夕，他被送回北京的住所，按照医嘱，卧床休养三周。

他躺在床上，可以看到窗外刺槐绽放的漂亮花朵，春天已经来了。他在信中告诉奥托琳："我惊讶地发现，自己多么珍爱生命。我看到太阳时心里想，我可能再也见不到它了。"他也想到，如果不能再次见到春天的景象，那是多么可怕的事情。"说来也够奇怪了，我本能地想到这些东西，而不是想到人。"

朵拉那首诗歌的标题《死亡与新生》非常贴切，这也表现在其他方面。罗素平安回到住所之后，她突然想起，她已经很长时间没有来例假了——前些日子忙于照顾罗素，她竟然没有注意到这一点。她觉得，这可能是劳累过度的结果，于是去找埃瑟医生检查。她回到家里，让罗素看了一张小纸条，上面有埃瑟医生的诊断，"妊娠初期"。朵拉后来回忆说，罗素"简直难以相信，顿时欣喜若狂"。

他依然需要几周静养，但是整天都几乎处于心醉神迷的快乐状态之中，心里想到的只有孩子，他 20 多年来的夙愿就要实现了。朵拉告诉奥格登："他依然卧床；可是，如果你看到他遐想未来的样子，笑呵呵的，连嘴巴都合不拢了，'就像一个无忧无虑的胎儿'，你会情不自禁地说：'难道他不可爱吗？'"

罗素的主要愿望是，赶在朵拉的身体让他们无法长途跋涉之前，尽快返回英国。602 他本来已经做好安排，6 月在日本进行巡回讲座，但是这个计划显然被迫取消，在回国途中在那里只能举行一场讲座。6 月，他待在北京的寓所里，努力恢复体力，为返回英国的旅程养精蓄锐，一天天变得急不可待了。6 月 25 日，他写信告诉奥托琳："对欧洲人来说，这个地方是残酷的。如果人身体强壮，这地方充满魅力；但是，如果身体糟糕，这地方简直令人恐惧。"即便在患病之前，他对中国和中国人的喜爱在一定程度上已经打了折扣——他发现，对别人遭受的痛苦，中国人持麻木无情的态度。在北京，他周围的人生活比较优裕，但是在其他地方出现了饥荒，饿殍成千上万，竟然没有人伸出援手，让那些人得到救助。朵拉在信中向她母亲报告："这里的人对救济毫不关心，令人感到恐怖。有的人根本不管自己的邻居，甚至看到他们奄奄一息时也无动于衷……［他们］反应平静，麻木不仁。"

罗素访问中国不久，撰写了一篇文章，题目是《中国人的某些特点》，详细讨论了这种冷漠态度。这在一定程度上说明，他为什么生病时觉得"恐惧"：

> 中国的饥荒问题只能通过采用更好的农业生产方式，结合向外移民或者大规模生育控制才能解决。受过教育的中国人意识到这一点，所以对挽救当

> 下饥民的努力持漠不关心的态度。中国人表现出明显的麻木不仁的态度，这一点也可以从这个角度加以解释——他们认识到，涉及的问题范围很广，难以根本解决。但是，还有一种现象，无法从这个角度加以解释。如果一条狗被汽车碾压，严重受伤，在10个路人中，有9个听到这个可怜畜生的嗥叫之后，都会停下脚步，然后一笑了之。痛苦场面本身不会唤起普通中国人感同身受的怜悯之心，事实上，中国人似乎觉得，这令人颇感快适。

7月初，罗素得到医学评估报告，终于可以踏上返回英国的旅程了。其实，他依然十分虚弱，按照朵拉的描述，已经“瘦得皮包骨头，胫骨摸起来就像刀刃”。他拄着手杖，可以自己短距离走动。在（已经怀孕4个月的）朵拉的帮助和保护下，他的这种状态看来足以应付旅途劳顿。此外，他们两人还得到了艾林·鲍尔的帮助。艾林·鲍尔是格顿学院的历史学院士，朵拉早就认识，当时在中国以流动院士身份进行访问，主动提出陪伴罗素和朵拉到温哥华（为了避开红海的酷热，他们决定绕道加拿大回国）。

7月6日，罗素在北京教育局，向中国人发表了简短的告别辞，讲话内容次日刊登在《北京导报》上，题目是《中国的自由之路》。他在那篇文章中指出，中国有两项当务之急的工作，一个是发展教育，一个是发展工业。他认为，如果
603 中国要完成这两项工作，避免成为伴随西方世界的（资本主义的）工业化弊病的受害者，必须实施某种形式的社会主义。朵拉的讲话篇幅长一些，强烈希望听众形成一种新的伦理体系，以便给社会生活和政治生活打下基础。“某种新的体系将会控制和支配工业机器和科学带来的冷冰冰的发明。”

几天之后，他们一行三人离开中国，前往日本。在日本，他们度过了罗素所称的“忙乱的12天”。他们抵达了第一个日本港口门司，知道一批日本记者等着采访罗素。朵拉出去，给每名记者发了一张纸条，上面有她写的简短文字：“根据日本报界的说法，伯特兰·罗素先生已经去世，无法接受日本记者的采访。”

在下一个港口神户，罗素和朵拉受到《日本记事报》主编罗伯特·扬的款待。《日本记事报》是一份自由主义的日报，刊登过罗素在远东期间的几封信件（其中包括那封抱怨日本报界的骚扰行为的信件），还全文刊登了朵拉在北京发表的告别辞。根据罗素的评价，它是“我知道的最优秀的报纸”，罗素对扬本人也深表钦佩，觉得他是“一个令人愉快的人，在19世纪80年代离开英国，没有受到

堕落观念之害”。扬领着他们参观了奈良的庙宇，然后把他们交给了《和夫》的主编。后者陪着两人乘坐火车，先到了京都，然后到了东京。两人所到之处，一直有记者陪伴，侦探跟随，并且受到大量充满好奇心的热情读者的欢迎。朵拉写道，他们两人既没有精力回应“勃勃生气的支持者，也没有精力回应政府压抑形成的不祥气氛”。

他们抵达东京火车站，正准备走下月台的楼梯，突然出现一道照相机的闪光，朵拉受到惊吓，一个踉跄，险些跌倒。那个动作让罗素担心朵拉流产，顿时火冒三丈。他后来写道：“我勃然大怒，那种感觉只有当初想要掐死菲茨杰拉德时出现过。”朵拉钻进等候的汽车时，罗素一边挥舞手杖，一边高声大叫，追逐那帮记者。当然，他是不可能抓住他们的。他回忆说：“幸亏没有追上；否则，我肯定会犯下谋杀罪的。”一名记者在返身逃离之前拍下了罗素两眼凶光毕露、拼命追赶的样子。罗素后来看到照片时说：“我原来根本不知道，我可以显得那么疯狂。”在罗素后来的描述中，那次事件显示出一种不可思议发人深省的种族观念。他给人的感觉是，在追赶日本记者的过程中，他觉得自己并非只是保护没有出生的孩子不受没有脑子的日本记者之害，而是还保护了他具有的对抗心怀敌意的异族的“血统”：

> 我当时产生的激情肯定与印英人在哗变中的感觉不相上下，或者与受到反叛的有色人包围的白人不相上下。我那时意识到，在人可以出现的欲望 604
> 中，保护自己的家人不受异族伤害的感情可能最疯狂，最强烈的。

那次事件很快过去，罗素和朵拉登上了加拿大轮船亚洲皇后号，离开横滨，横跨太平洋，前往温哥华，悬着的心终于安静下来。1921 年 8 月 27 日，两人抵达利物浦，看见朵拉的母亲冒着瓢泼大雨，在港口迎接他们，更有如释重负之感。朵拉回忆说：“当时，我对母亲的钟爱和佩服感油然而生，超过了以前任何时候。”

605 # 第二十一章　回归

从中国返回时，朵拉已经怀孕5个月。在孩子出生之前，罗素还有一些重要事情没有了结，一件涉及与艾丽丝的婚姻关系，一件是与科莱特的情人关系。他不得不采取快速行动。回到英国几天之内，他与科莱特最后分手。对科莱特来说，那个过程很痛苦。从某种程度说，罗素不在英国期间，科莱特已经事先知道了一点风声，料到将会出现这样的结局。早在伦敦的一次聚餐会上，她就听到艾丽丝的弟弟洛根·皮尔索尔·史密斯说，罗素办妥离婚事宜之后，将会尽快与朵拉结婚。在这种情况下，与这一消息明显矛盾的是，她收到罗素4月27日——刚刚脱离生命危险之后——所写的一封短信说："我回家之后，如果你愿意，我俩依然可以在一起，就像往常一样，度过美妙的时光。"她在回信中写道：

> 我亲爱的，
>
> 我不知道怎样才能等到你平安回来的日子。我将把你拥入怀中，凝视你可爱的双眼，与你重新团聚。

但是，1921年6月，罗素写信告诉她，朵拉已经有孕在身。她那时肯定意识到，他期待已久的深情相聚已经不会发生了。

罗素后来回忆说，他从中国返回英国时，科莱特告诉他，她那时已经改变初衷，愿意生儿育女，希望给他生孩子。他在回信中写道："事到如今，为时已晚。"他回国后最先做的事情之一是给科莱特写信。那封信件语焉不详，心理矛盾，令人觉得不可思议，看来可能是他的道别之辞。他告诉她，对他来说唯一可能的是，与朵拉结婚。"我们的爱情的精神是稳当的，"说话的方式让人想起他1916年与奥托琳在痛苦中慢慢分开的情景，"但是，我尚不知道，如何处理所涉及的具体问题，等到孩子出生之后才能明确。"看来，即便那时，他也无法与科莱特一刀两断。科莱特打电话回复他的信件时，他告诉她，不管怎么说，他并未彻底与朵拉确定关系。但是，科莱特能够看清局面，决定以明确的方式，实现最后分手。她在 8 月 30 日写道，“让我们忘记已经发生的一切吧”：

我没有什么新的痛苦需要了解了。我不会否认我对你的爱情。在过去， 606
我不够成熟，没有给你我现在可给予的一切。我没有什么骄傲之感，可以承认自己正在可怜地挣扎。我再也不会给你写信了，你也不要给我写信。

我是你的

科莱特

1933 年，科莱特出版了一本小说，书名为《回归》，以更详尽的方式，表达了她与罗素最终分手之后的感觉。该书开头有一则免责声明：“本书中刻画的人物并不是任何真人的肖像。”它明显带有自传性质，实际上包含了她个人与罗素关系的更翔实的记录，超过她的两本自传：《10 年之后》和《在北方》。

小说围绕格雷戈里（罗素）与康拉德婷（科莱特——这个名字让人想起康拉德，显然不是巧合），以准确的方式，再现了科莱特自己与罗素跌宕起伏的恋情发展过程。奥托琳以“圣塞贡达的侯爵夫人”的身份出现。著名的科学家格雷戈里“刚刚完成三卷成名著作”，便和她一起坠入爱河。侯爵夫人拥有格雷戈里希望得到的一切，但是与奥托琳一样，觉得不能离开自己的丈夫。“格雷戈里用尽了全部力气，也无法摧毁那种古老的抵抗，这让他内心深处产生了一种失败感。后来，他慢慢相信，她根本不爱他。从那个时刻开始，他以半心半意的方式，与其他女人有染。”

与侯爵夫人分手之后，格雷戈里迷恋上了康拉德婷。康拉德婷是作家，住在伦敦的一套小公寓中。她容貌美丽，充满活力，吸引了一大批崇拜者，包括格雷戈里在知识界的一些朋友，其中最著名的是 T. C. 梅纳德（T. S. 艾略特）和杰文斯（克里福德 · 艾伦）。“大多数时候，他们住在切尔西和布卢姆茨伯里。他们喜欢交谈，超过世上的任何东西。”康拉德婷被那一群人接纳，但是“她显然没有智性，不善言辞”。可是，给格雷戈里与康拉德婷的恋情造成威胁的既不是她在谈话方面的局限性，甚至也不是格雷戈里对她的工作的强烈反对态度，而是这一事实在他内心中引起的无法控制的强烈嫉妒：康拉德婷与具有影响力的成功作家马库斯 · 比兹利（莫里斯 · 埃尔维）发生了一段性关系。格雷戈里的嫉妒心理十分强烈，与他明确表达的理想产生了冲突。康拉德婷面对这样的格局，“开始意识到，他［格雷戈里］心里充满矛盾，多如空中繁星；但是，他对自己内心的矛盾一知半解，远远不及他对天空和星星的认识”。

在这本小说中，有一个段落影射了 1917 年 9 月科莱特在布莱克普尔与埃尔维在一起的情景，模仿了罗素对自己的失衡心态的描写。首先，科莱特描述了格雷戈里想象康拉德婷与马库斯·比兹利幽会的情景，然后谈到它给格雷戈里造成的影响：

> 他万念俱灰，身心疲惫，非常寂寞，深受噩梦的困扰……他觉得，如果
> 607 她爱上了比兹利，所有的一切都结束了，结局绝对是灾难性的。在他独处的那几天中，他忍受了被诅咒者面对的折磨……他开始在心里批评康拉德婷，发现她爱虚荣，太愚蠢，没心没肺。他觉得，她残酷无情，骄傲自大，没有教养……她活着的目的为了受人爱慕，希望得到所有人的各式各样的爱慕……她根本不知道自控为何物，脑子从来没有想过，人可以用行动抗拒冲动……他希望两人在一起长久生活，想要小孩。结果，他面对的是地狱般生活，绝对、绝对的地狱。

在后来的一个段落中，科莱特笔锋一转，表面上说的是杰文斯对格雷戈里的印象，其实显示了她自己对罗素的性格本质的睿智之见：

> 尽管格雷戈里有众多朋友，尽管他们都喜欢他，其实格雷戈里是他［杰文斯］遇见的最孤独的人。格雷戈里这样的人心里老是想着“那些根本问题，那些无法解决的可怕问题。聪明的人从来不问这样的问题。”究竟应该为了谎言保持理智，还是应该为了真理变得疯狂？

格雷戈里的嫉妒心理改变了他本人，也改变了他对康拉德婷的爱（“她过去非常了解的那个格雷戈里跑到哪里去了？”在他这种精神失常的状态下，她无法看到原来那个他的影子）。这时，康拉德婷觉得，他是监狱看守，而不是解放者，于是坚决保持自己的独立性（“她必须是自由的”），坚决保持她爱人的权利，保持与他和马库斯上床的权利。

结果，“盼子心切的”格雷戈里爱上了格特鲁德·韦斯特（朵拉）。韦斯特是剑桥大学的学者，“希望组成家庭。她还希望生 4 个孩子，两男两女，并且以完全符合逻辑的方式，将计划一一付诸实施”。康拉德婷清楚地看到，格雷戈里并不爱韦斯特小姐，“选择她看来是相当不成熟的做法”。但是，康拉德婷没有做出任何劝阻的举动。格雷戈里接到邀请，到美国进行为期 6 个月的巡回讲座，他携带韦斯特小姐同行。他离开英国期间，康拉德婷听到消息，他返回英国之后，将很快与韦斯特小姐结婚。“‘这不是真的，不是真的！’康拉德婷心里在呐喊……眼泪顺着脸庞往下流淌。她觉得，自己的喉咙被人割了一刀。‘噢，上帝啊！’她倒抽一口气，‘噢，上帝啊！’”但是，她心里“依然相信，格雷戈里会回到她的身边”。而且，他的来信也让她增强了信心。康拉德婷依然深爱着他。故事发展到这里时，科莱特让那个以 T. S. 艾略特为原型的角色想到了以下这件事情。读者不禁怀疑，他的“突然出现的敌意”表现了科莱特本人对罗素的态度：

> 那一瞬间，他像许多人一样，看到了格雷戈里的真面目：这个人智性超群，让其他男人精疲力竭；情感强烈，让女人们精疲力竭。他让他的朋友们精疲力竭，榨干他们的精力，从一个人转向另外一个人，从未给予任何人真正的快乐——或者说，从未发现任何快乐。

小说最后以“回归”本身结束——格雷戈里从美国回归英国，康拉德婷的希望最后灰飞烟灭。“请告诉康拉德婷，”格雷戈里告诉杰文斯，“我永远爱她，以 608
内心深处最强烈的热情爱她。我现在进退维谷，不知道如何思考，如何表述，如何感受。但是，我知道，我现在做的是自己唯一可能做的事情。”在小说的最后一个场景中，康拉德婷听到格雷戈里让人转达的消息，然后做出了回应：

> “他说”，她重复道，声音清晰，“他以内心深处最强烈的热情爱我。对吧？”杰文斯点了点头。“很好。我已把自己的生活弄成了一团糟。”

罗素说，他从来没有读过《回归》（也没有读过科莱特写的其他任何著作）。也许他知道，看她写的东西会给他带来痛苦。1921 年秋天，他至少有理由从表面意义上理解科莱特的来信，并且有理由对她心存感激——她一刀两断，终结了两人之间的关系，对他来说，这是完全不可能做到的事情。其原因在于，可能完全真实的是，从情感上说，他依然在科莱特和朵拉之间纠结。他声称，尚不确定是否与朵拉结婚。科莱特肯定意识到，在那段阶段中，对于这样的说法，她不能过于认真。他究竟希望让科莱特，还是朵拉做自己的情人？这一点他可能尚不确定，但是，他想要孩子，最好是合法的孩子。对这一点，他的态度一直是明确无误的。从中国回归英国之后的最初几周里，罗素的当务之急是，让他的孩子具有合法地位。朵拉已经到了怀孕的后期，他已经没有时间犹豫或者怀疑了。

他最多有 4 个月时间，与艾丽丝离婚，与朵拉结婚。最后的结果是，他仅用 1 个月就完成了这两件事情。他那时并不知道，离婚的初期判决令——他与艾丽丝分开的第一个步骤——已于 5 月 3 日通过（关于该判决的合法性的唯一的问题是，当时人们都普遍觉得，罗素已经死亡）。在正常情况下，必须经过 6 个月的等待期之后，法庭才会做出最终判决，让罗素获得再婚的自由。孩子的预产期是在 12 月，时间显得非常紧张。于是，罗素要求他的律师想法加快进度。那位公诉人最初表示抗议，最后还是顺从了他的意思。9 月 21 日，法庭做出了最终判决。6 天之后，罗素和朵拉在伦敦的巴特西婚姻登记处完成结婚手续。

对朵拉来说，结婚是对她自己的原则的一种背叛之举。在中国，她和罗素不顾传统，公开同居，这曾经让她深感骄傲，觉得他们为所有希望挑战传统态度的年轻人提供了榜样。现在她觉得，她让以她为榜样的那些人失望了。“没有谁像我这样，对婚姻深感失望。”她写信告诉雷切尔·布鲁克斯。布鲁克斯是她在中国认识的一个朋友，当初对罗素和朵拉抛弃传统婚姻的做法表示同情。朵拉写道：

> 就我而言，我觉得这样做没有道理。我本来相信，如果离婚判决下来得
> 609 很晚，我们不能如期结婚，我会非常高兴。伯特兰·罗素的想法不同，所以，
> 批评我的人应该记住，这个孩子有父母双亲，对其中一个（伯特兰·罗素）来
> 说，孩子是他期盼已久的奇迹，即便为此失去一切也在所不惜……将来，我肯
> 定无法从结婚造成的耻辱感中解脱出来……我希望，你让关心我的人知道我在
> 这封信中表达的某些意见。我不喜欢让人失望——不过我确实让人失望了！

次年夏天，罗素也给雷切尔写信，强调结婚完全是他一个人的决定，并且说出了那样做的几个理由：第一，假如他们两人没有结婚，孩子长大之后可能怨恨父母；第二，如果他们没有结婚，而且带着一个孩子，他们将难以找到住处，难以雇佣用人为他们工作。“很可能出现的情况是，某个惹人恼怒的迫害行为会让我产生杀人的冲动。”罗素说这番话的口气让我们回想起来，他看到那名日本摄影记者可能危及他的尚未出生的孩子时，差一点出现了谋杀之举。

在寻找住处的过程中，罗素经历了重重困难，这肯定强化了他对可能遇到的迫害的担心。他本想从克里福德·艾伦手中，接下位于巴特西的那套公寓的租约。但是，房东不愿意将房子租给罗素，其原因可能是罗素在反战活动中的言行。[1]多萝西·林奇伸出援手，将她在肯特郡温切尔西的农舍式小屋，租给了罗素和朵拉。他们8月至10月住在那里，在那段时间中，罗素继续在伦敦寻找合适的住处。

10月，罗素利用住在肯特郡的有利条件，拜访了约瑟夫·康拉德。康拉德刚刚购买了位于毕晓普斯伯恩的一幢新房子，那地方距离坎特伯雷不远。朵拉在花园里散步时告诉康拉德，他的新居非常漂亮，环境安静。康拉德回答说：“的确如此，我妻子很喜欢这里。但是，我自己并不喜欢住在看不见地平线的地方。”罗素送给康拉德一本《心的分析》。后来，康拉德给他写了一封回信，对罗素在书中强调心理意象的做法进行了调侃，言辞之间不乏睿智：

> 在心理上，我和你一起住了几天，住在大作的书页之中。这是一个十分迷人的栖息地，陈设令人深感兴趣，更不用说在这里占据支配地位的美妙睿智了。此外，我还觉得，所有的窗户（我试图用意象来表达）全都敞开着。就人心之中的幽深府邸而言，想不到任何比这更敞亮的了！

康拉德在此选择了住所这个意象，其原因是，到了11月初，罗素终于找到了他和朵拉可以安顿下来的居所。那是一幢三层楼房，带有屋顶平台，位于切尔西区的西德尼街。两人使用康拉德所说的“中国系列物品”装饰新居，配上样式简单但是制作精美的家具。当年，罗素同意买下维特根斯坦存放在一家商铺中的书籍 610

[1] 至少罗素和朵拉这样认为。但是，如果说那位房东对反战人士如此反感，他为什么愿意将房子租给克里福德·艾伦呢？罗素和朵拉对此没有进行解释。

和其他个人物品，无意中获得了那些家具。11月5日，他给维特根斯坦写信说："也许孩子会出生在你的床上。你的东西价值不菲，超过了我当时支付的价格。在你方便时，我可以将差额付给你。我购买时并不知道自己将会得到多少东西。"

罗素在信中说，维特根斯坦的著作即将出版。罗素在中国期间，多萝西·林奇找到了两个出版商。德语版由学术期刊《自然哲学年鉴》出版，主编是威廉·奥斯特沃尔德，英语版是一套新的哲学丛书的第一本，由克根·保罗出版社出版，主编是朵拉的挚友C. K. 奥格登。两个版本都将收录罗素撰写的引言。罗素告诉维特根斯坦："我觉得，你不愿这样做，但是你在［奥斯特沃尔德的］这封信件中可以看到，我对此无能为力，在此谨表遗憾。"他随信附上了奥斯特沃尔德写给多萝西·林奇的信件。奥斯特沃尔德告诉林奇：

> 在其他任何情况下，我会拒绝接受这篇文章。但是，我非常敬佩伯特兰·罗素先生，一是因为他的研究成果，二是因为他的人品。我愿意在我的《自然哲学年鉴》上发表这篇文章，我尤其喜欢伯特兰·罗素先生撰写的引言。

这封信件显示，奥斯特沃尔德对维特根斯坦的著作没有什么兴趣，对它的发表也没有表示出太多关心。奥格登的版本问世之后，维特根斯坦才认为，那时所称的《逻辑哲学论》才算正式出版。

罗素和朵拉刚在西德尼街的寓所中安顿下来时，罗素身体依然虚弱，即将出生的婴儿让他情绪急躁。但是，罗素没有浪费任何时间，根据他在中国的经历，写出了畅销的报刊文章。第一篇谈到了中国教育的趋势，分别在伦敦的《评论之冠》和美国的《日晷》上刊登。他在那篇文章中说，现代中国进步人士希望，"在不用成为西方愚行的奴隶的情况下，增加可以理解西方知识的中国人的数量"。他写道，这个趋势是"我们这个不那么令人感到愉快的时代中，让人觉得最有希望的事情之一"。罗素在文章的结尾说，中国人是"这个世界上唯一真正相信智慧比红宝石更宝贵的民族"。罗素还悲伤地补充一句，这"正是西方人觉得中国人未开化的原因"。

这以自然而然的方式，引入了他的下一篇文章《中国人性格中的某些特点》。文章刊登在《大西洋月刊》上，一方面承认，中国人对饥民的麻木无情的态度让罗素和朵拉深感震惊；一方面表明，中国人具有高雅、精致、高度文明的感性——那种品质已被西方的“进步”踢出了欧洲。罗素的结论是，“外国旅游者在中国发现的这些引人注目的魅力是无法保留下去的，它将随着产业主义的出现消亡”： 611

> 但是，某些品质可能保留下来——某些在中国具有至上地位的伦理品质，某种现代世界急切需要的品质。在这些品质中，我认为最重要的是心平气和的性情，它让人在正义——而不是强力——的基础上解决争端。尚待决定的问题是，西方人是否会允许这一品质继续存在下去？西方人是否将会强迫它在保护自身的过程中，屈服于疯狂的军国主义？日本已被推向了这条道路。

1921年11月，他紧张、焦躁、不安，等待“事情”（他对分娩的称呼）发生。那时，他恢复了与艾略特夫妇的联系。“再次收到你的来信，令人非常愉快”，维维恩在回信中写道，接着告诉罗素，艾略特到玛格特去了，很快将去瑞士，接受维托医生——曾经给奥托琳看过病的那位心理医生——的治疗。她说：“你可能知道，汤姆［艾略特］神经方面有问题——或者说，罹患了所谓的精神崩溃。”但是，

> 我们两人向你们表示衷心祝贺。汤姆说，孩子肯定将会长着尖耳朵，所以你不用担心。即使它们出生时不尖，经过一定时间以后，它们也会变尖的。

担任朵拉的妇科医生的大夫是伊丽莎白·罗素的弟弟，西德尼·比彻姆爵士，在该领域中名声显赫。11月，比彻姆决定，让婴儿提前1个月出生，这样做既不是由于婴儿的原因，也不是由于朵拉的原因，而是鉴于罗素的状态。朵拉说，“考虑到伯迪当时焦灼不安，神经虚弱，按时分娩可能会加重他的症状。”于是，11月16日，罗素的长期等候终于结束，他的第一个孩子，一个男婴，出生在西德尼街的家中。朵拉记得：“我躺在顶楼的地板上，耳边传来街道尽头的圣路加教堂的钟声。那是练习的钟声，但是我那时觉得，它们是为我儿子而鸣的。”

婴儿出生仅仅几个小时之后，罗素给奥托琳写信说：“我悬着的心终于落地。我之前担心，孩子会长着三条胳膊，没有眼睛，或者有某种令人匪夷所思的缺陷。但是，他看来与别的孩子没有什么两样。”后来，他写信告诉康拉德：“我希

望，您允许我给儿子取名约翰·康拉德。我父亲名叫约翰，我祖父名叫约翰，我的曾祖父名叫约翰；康拉德这个名字让我看到了优点。”这是罗素可以给予的至高尊敬表示，康拉德可能并不理解它对罗素的全部意义，但是觉得自己受到很高的礼遇。他告诉罗素：“此时此刻，我在您的脑海中占有这样的位置，让我深受感动，难以言表。”对罗素的儿子来说，康拉德拥有重要地位，与约翰·斯图尔特·密尔在罗素心目中的地位不相上下：一种世俗教父。

康拉德于 1924 年去世，没有对他的“教子”的人生产生应有的影响；而且，
612 他的健康每况愈下，也中断了对罗素的影响。但是，孩子出生两天之后，康拉德在写给罗素的信中表示，婴儿降生这一时刻对罗素来说重要重大，他对此有很深刻的理解：

> 没错！身为人父是一种美妙的人生体验；关于这一点，我至少可以说，它显然值得拥有，哪怕仅仅为了它能给予人发自内心的陪伴感。这是一种独特的体验，其普遍性并不让它变得普通，而是因此赋予它某种庄严性。我向你们两人表示爱意——他尚不能说话，没有思维；你已经向人们表达了深刻见解，论及人心的性质，具有权威，影响巨大。爱意和忠诚将你们两人联系在一起，你们两人之间的关系将会出现情感强烈的时刻。

对罗素来说，身为人父不仅实现了一种盼望已久的强烈冲动，而且将他的整个人生置于一个新的基础之上。正如他自己所说的，它赋予他的人生“一种新的情感中心”。在完成《数学原理》之前，智性问题曾是他的根本关注；在那之后，社会问题和政治占据主要位置；这时，对孩子的希望和感情处于他的人生中心。

他早年的宗教信仰，对形而上的数学王国的信念，对革命的社会主义的信仰，甚至还有浪漫爱情带来的心醉神迷的状态，这些东西以它们特有的种种方式，都让他感到失望。它们到头来只是“黄昏的幻影”，一一消失在白天出现的冰冷光线中。但是，身为人父的感觉，将男人与儿子“结合起来的爱意和忠诚”（康拉德语），肯定是一人与另外一个人之间可以建立的最真实的接触。同样确定的是，在那种接触中，他将找到长期渴求的持久释放，摆脱自我的牢狱，摆脱身为“幽灵”的感觉。

# 注　释

关于以下注释引用的已出版资料的详细情况，请参见参考文献。未出版的资料，我是在加拿大安大略省麦克马斯特大学的罗素档案馆查阅的，只有很少的情况除外。罗素写给奥托琳·莫里尔的信函也是如此。那些信函的原件保存在美国德克萨斯州大学的人文研究中心，但是罗素档案馆里也有复印件。罗素写给第一任妻子艾丽丝的信件，我是在那些信件的所有者山茶投资公司的办公室查阅的。罗素当年将他的档案出售给麦克马斯特大学时，相关合同的一项条款规定：在他的妻子和家庭成员去世 5 年之后，才能将相关材料公之于世。根据这一条款的要求，康斯坦斯·马勒森（科莱特）收到和撰写的信件于 1980 年解禁，朵拉·罗素收到和撰写的信件于 1991 年解禁。

罗素撰写的信函数量巨大（罗素档案馆估计，其总量超过 4 万），在以前出版的几本著作——包括罗素的自传和至少三本传记——中被广泛引用。但是，许多发人深省的有趣内容至今尚未公之于世。《伯特兰·罗素信件选编第一卷：1888—1914 年》以审慎的方式，收录了许多到那时为止没有出版的信函。即便如此，其数量也不到总量的一成。在保存下来的最重要的几组信件中，有一些已经全文出版。它们包括罗素与维特根斯坦之间的通信［维特根斯坦所写的信件，参见《写给罗素、凯恩斯和摩尔的信件》；罗素所写的信件，参见期刊《罗素》，10（2），1990—1991 年冬季］；罗素与戈特洛布·弗雷格之间的通信（参见弗雷格，《哲学与数学信件》）；D. H. 劳伦斯写给罗素的信件（参见《D. H. 劳伦斯写给伯特兰·罗素的信件》，哈里·T. 穆尔编）。罗素没有在《自传》中收录的约瑟夫·康拉德的信件，埃德加·赖特在《约瑟夫·康拉德与伯特兰·罗素》一文中有收录［参见《康拉德研究学刊》，2（1），1969 年，第 7–16 页］。《亲爱的罗素——亲爱的乔丹》（I. T. 格拉顿 - 吉尼斯编著）大量摘录了罗素与菲利普·乔丹之间的通信；《T. S. 艾略特信函第一卷》收录了罗素 1922 年之前与维维恩·艾略特和 T. S. 艾略特之间的通信；玛丽亚·福特在没有出版的博士论文中誊抄了罗素写给露西·唐纳利和海伦·托马斯的信件——罗素档案馆存有该论文的复印件。罗素写给科莱特的大多数信件保存了下来，但是科莱特写给罗素的信件（除了少量之外）仅见于科莱特和她的朋友菲利思·厄奇准备的未出版的打字稿。那些信件详细记录了科莱特与罗素的关系，其中包括罗素写给科莱特的许多信件的眷抄件。

如果我没有看到信件原件或者眷抄件，我援引自己发现它被引用的（通常出版的）资料。在这方面，三本著作证明是不可或缺的：米兰达·西摩编著的《奥托琳·莫里尔：精彩人生》（包含奥托琳写给罗素的信件）；芭芭拉·斯特雷奇编著的《非凡的关系：皮尔索尔·史密斯家族史话》（包含艾丽丝写给罗素的信件）；乔·韦拉科特编著的《伯特兰·罗素与第一次世界大战中的和平主义者》（包含罗素与反征兵团体其他成员之间的通信、那次大战期间传播的与罗素有关的备忘录、与英国内政部和外交部有关的备忘录）。

收集和阅读罗素未出版的手稿和他的不被人注意的报刊文章本是一项艰难的任务，《伯特兰·罗素论文选》这一大型丛书出版之后，它变得比较容易了。该丛书迄今已经出版了10卷（第1、2、3、4、6、7、8、9、12、13卷），其内容涵盖本卷涉及时段的绝大部分。在以下注释中，罗素缩写为“BR”，与他通信人的缩写如下：

| | |
|---|---|
| BB | Bernhard (later, Bernard) Berenson |
| LC | Louis Couturat |
| GLD | Goldsworthy ('Goldie') Lowes Dickinson |
| LD | Lucy Donnelly |
| TSE | T. S. Eliot |
| GF | Gottlob Frege |
| PEJ | Philip E. Jourdain |
| EH | Élie Halévy |
| MLlD | Margaret Llewelyn Davies |
| DHL | D. H. Lawrence |
| CM | Constance Malleson (Colette O'Neil) |
| OM | Ottoline Morrell |
| GM | Gilbert Murray |
| IP | Ivy Pretious |
| AR | Alys Russell (née Pearsall Smith) |
| DR | Dora Russell (née Black) |
| FR | Frank Russell |
| RR | Rollo Russell |
| KT | Katharine Tait (née Russell) |
| HT | Helen Thomas (after 1903, Helen Flexner) |
| ANW | Alfred North Whitehead |
| LW | Ludwig Wittgenstein |

## INTRODUCTION

p. xvii 'How on earth': Virginia Woolf to Benedict Nicolson, 24.8.40, quoted by James King in *Virginia Woolf*, p. 579
p. xviii 'an art of human understanding': Richard Holmes, in John Batchelor (ed.), *The Art of Literary Biography*, p.25

## 1. Ghosts

p. 3 'I shall never lose': BR to OM, 21.8.18
p. 3 'I imagine myself': BR to KT, 23.1.48
p. 5 'bought and sold': see *The Letters of Junius*, edited by John Cannon, Oxford, 1978, p. 71
p. 5 'last doge of Whiggism': quoted in *Lord John Russell* by A. Wyatt Tilby, p. 143
p. 6 'As long as': *The Life of William Lord Russell* by Lord John Russell, Longman, 1819, p. 111
p. 7 'had a certain anachronistic consistency': mock obituary, first published in *The Listener*, 12 Aug. 1936 as 'The Last Survivor of a Dead Epoch', reprinted in *Unpopular Essays*
p. 7 'in all times': Lord John Russell to his brother, the Duke of Bedford, 13.10.1841, see *Lady Russell: A Memoir*, p. 58
p. 8 'I wish I could whip': quoted in *Bertrand Russell, A Political Life* by Alan Ryan, p. 7
p. 8 'very fat & ugly': *The Amberley Papers*, ii, p. 492
p. 8 Charles James Fox had been very naughty: see letter from Lord John Russell to his son, Amberley, *The Amberley Papers*, ii, p. 499
p. 8 'I do not remember', Frank Russell, *My Life and Adventures*, p. 12
p. 8 A strange prelude: based on the account given in Amberley's journal, *The Amberley Papers*, ii, pp. 533–6
p. 9 'We hesitated': Kate Amberley to Helen Taylor, 16.6.1872, quoted by Ann Robson in 'Bertrand Russell and his godless Parents', *Russell*, 7, autumn 1972, p. 6
p. 9 'very unhappy': *The Amberley Papers*, ii, p. 541
p. 9 'strange & unsteady of brain': *The Amberley Papers*, ii, pp. 551–2
p. 10 'he also became': Frank Russell, op. cit., p. 24
p. 10 cited by William James: see *The Principles of Psychology*, Volume Two, p. 396: 'Mr Spalding's wonderful article on instinct shall supply us with the facts', etc.
p. 10 'Spaldy has got robins': *The Amberley Papers*, ii, p. 567
p. 10 'I suppose that we did have lessons': Frank Russell, op. cit.
p. 11 'Frank *must not* stay at Ravenscroft': *The Amberley Papers*, ii, p. 554
p. 11 'Apparently upon grounds of pure theory': *The Autobiography of Bertrand Russell 1872–1914*, p. 17
p. 11 'he has quite taken to me': *The Amberley Papers*, ii, p. 561
p. 12 'Bertie made a nice little bow': ibid., p. 565
p. 12 'Bertrand, I think': ibid., p. 562
p. 12 'because he was chaste': *Autobiography*, p. 31
p. 12 The records of the asylum: copy in Russell Archives
p. 13 'blessed day': Frank Russell, op. cit., p. 27
p. 13 'We had just really settled down': *The Amberley Papers*, ii, p. 566
p. 13 'You will know': ibid., p. 569
p. 14 'My dear Mama': ibid., p. 571
p. 14 'all incentive': Frank Russell, op. cit., p. 28

p. 14 'became more than ever': ibid.
p. 14 'continuing to live': quoted in *The Amberley Papers*, ii, p. 575
p. 14 'utmost Victorian horror': *Autobiography*, p. 17
p. 15 'I may sum up': Frank Russell, op. cit., p. 10
p. 15 'To come from the free air of Ravenscroft': ibid., p. 33
p. 15 'The first and immediate effect': ibid., p. 34
p. 16 'My Uncle Rollo': ibid., p. 33
p. 16 'There were many things': ibid., p. 50
p. 16 'Of my parents': 'My Mental Development', in *The Philosophy of Bertrand Russell*, edited by Paul Arthur Schilpp, p. 3
p. 17 'wove fantasies': *Autobiography*, p. 19
p. 17 'she proceeded': ibid., p. 31
p. 17 'The most frequent': Frank Russell, op. cit., p. 51
p. 17 'The Russells never understood him': *Autobiography*, p. 26
p. 17 'It was their intention': Frank Russell, op. cit., p. 38
p. 18 'Aunty, do limpets think?': *Autobiography*, p. 29
p. 18 'that I could not say': Frank Russell, op. cit., p. 41
p. 18 'Heard old Lord Russell was dead': quoted in A. Wyatt Tilby, op. cit., p. 257
p. 18 'one of my first': Queen Victoria to Lady Russell, 30.5.1878, see *Lady John Russell: A Memoir*, pp. 252–3
p. 18 'Even as a child': quoted in *Autobiography*, p. 30
p. 19 'I do not think': *Autobiography*, p. 20
p. 19 'was never physically in love': *The Amberley Papers*, i, pp. 31–2
p. 19 'Throughout the greater part': *Autobiography*, pp. 30–1
p. 19 'So many things': ibid., p. 38
p. 20 'a great release': *Autobiography Volume III*, p. 35
p. 20 'Each night': *Satan in the Suburbs* (Penguin edition), p. 13
p. 20 'in his malignant mind': ibid., pp. 55–6
p. 21 'in a universal shriek': ibid., p. 57
p. 21 'You imagine': ibid., p. 60
p. 22 'She was persuaded': ibid., p. 61
p. 22 'You have offered me': ibid., p. 62
p. 22 'You think I'm defeated': ibid., p. 64
p. 23 'Self-Appreciation': now published in *Collected Papers 1*, pp. 72–3
p. 23 'unusually prone': *Autobiography*, p. 28
p. 24 'Most of my vivid early memories': ibid.
p. 24 'contemptuous': ibid., p. 33
p. 24 'I used to go': ibid., p. 34
p. 24 'It was full of instruction': Frank Russell, op. cit., p. 58
p. 24 'I owe to the Russells': *Autobiography*, p. 35
p. 24 'a perfectly princely education': George Santayana, *Persons and Places*, p. 441
p. 25 she wrote on the fly leaf: see *Autobiography*, p. 22
p. 25 'I had not imagined': *Autobiography*, p. 36
p. 25 'did very well indeed': Frank Russell, op. cit., p. 101
p. 25 'Bertie successfully mastered': ibid.
p. 25 'I did the 12th prop.': Frank Russell's diary, now in the Russell Archives, quoted in Nicholas Griffin, *Russell's Idealist Apprenticeship*, p. 10
p. 25 'By God!': quoted in Richard Peters, *Hobbes*, pp. 20–1
p. 26 'I hoped': *Portraits from Memory*, p. 20
p. 26 'the first thing': ibid.
p. 26 'read . . . at once': Russell's preface to the 1946 reprint of Clifford's *Common*

*Sense of the Exact Sciences*, quoted by Griffin, op. cit., p. 10
p. 27 'more than a mathematician': ibid., quoted by Stefan Anderson in *In Quest of Certainty: Bertrand Russell's search for certainty in religion and mathematics*, p. 79
p. 27 'It is wrong always': W. K. Clifford, 'The Ethics of Belief', *Contemporary Review*, 1877, reprinted in *Lectures and Essays*, quoted in Griffin, op. cit., p. 11
p. 27 'it sometimes seems': *Lady Russell: A Memoir*, p. 268
p. 28 'the whole of this mental life': *Autobiography*, p. 41
p. 28 'shake the dust': Frank Russell, op. cit., p. 107
p. 28 According to Santayana: see George Santayana, op. cit., pp. 308–10
p. 29 'Greek Exercises': extracts from this were included by Russell in Chapter III ('First Efforts') of his book, *My Philosophical Development*, and in Chapter II ('Adolescence') of his *Autobiography*. The whole document is reproduced in *Collected Papers 1*, pp. 3–21
p. 29 'I have in consequence': *Collected Papers 1*, p. 5
p. 29 'in finding reasons': ibid.
p. 30 'which law of nature': ibid., p. 10
p. 30 'likely to produce': ibid., p. 9
p. 30 'we have no certain evidence': ibid., p. 12
p. 30 'My doctrines': ibid., p. 15
p. 30 'it does give us': ibid., p. 7
p. 30 'I should like': ibid., p. 15
p. 30 'and I am left': ibid., p. 11
p. 30 reading an article in *The Nineteenth Century*: ibid., p. 5
p. 31 'doubtful conversation': *Autobiography*, p. 39
p. 31 'I was much ashamed': ibid.
p. 31 'I became morbid': ibid.
p. 31 'No mind': *Collected Papers 1*, p. 15
p. 31 'It is very difficult': ibid.
p. 32 'I don't suppose': ibid., p. 16
p. 32 'by a feeling of contempt': ibid., p. 17
p. 32 'what is the soul?': ibid., pp. 19–20
p. 32 'in which among other things': ibid., p. 13
p. 33 'emerged from the base materialism': from 'A History of My Friendship with Fitz', *Collected Papers 1*, pp. 60–1
p. 33 'the most beautiful poem': *Autobiography*, p. 40
p. 33 'Here, I felt': see 'The Importance of Shelley', pp. 11–16 of *Fact and Fiction* (quotation on p. 12). For a good discussion of Russell's admiration for Shelley see 'The Romantic Russell and the Legacy of Shelley', *Russell*, 4 (1), summer 1984, by Gladys Garner Leithauser
p. 34 'accepting conventional beliefs': *Fact and Fiction*, p. 12
p. 34 'how wonderful it would have been': *Autobiography*, p. 40
p. 34 'shuddered': *Fact and Fiction*, p. 14
p. 34 Russell composed a sonnet: see *Collected Papers 1*, p. 58
p. 34 'put into words': from Russell's 1889 essay ' "The Language of a Nation is a Monument to which Every Forcible Individual in the Course of Ages has Contributed a Stone" ', see *Collected Papers 1*, pp. 33–5
p. 35 'in short': from 'A History of My Friendship with Fitz', op. cit., p. 60
p. 35 'Having been lonely': *Autobiography*, p. 44
p. 35 'the ideal of young womanhood': 'A History of My Friendship with Fitz', op. cit., p. 61
p. 36 'an unmitigated bore': *Autobiography*, p. 43

p. 36 'He was not that ideal friend': from 'A Locked Diary', *Collected Papers 1*, pp. 41–67 (quotation on p. 45)
p. 36 'played upon my gullibility': ibid., p. 61
p. 36 'was extremely angry': *Autobiography*, p. 44
p. 36 'I came to hate him': ibid., p. 45
p. 36 'Poor Fitz!': 'A Locked Diary', *Collected Papers 1*, p. 45
p. 37 'The crust': ibid., p. 49
p. 37 'I fell in love': *Autobiography*, p. 76
p. 38 'Those who taught me': *My Philosophical Development*, pp. 35–6
p. 38 'hoped sooner or later': ibid., p. 36
p. 38 'went up to meet Uncle Rollo': 'A Locked Diary', *Collected Papers 1*, p. 53
p. 39 'sort of holiness': ibid., p. 55
p. 39 'I am convinced': ibid.
p. 39 'Alas!': ibid., p. 56
p. 40 'I doubt': ibid.
p. 40 another Shelleyesque sonnet: see *Collected Papers 1*, p. 59
p. 40 'What Spinoza calls': *Autobiography Volume II*, p. 38

## 2. Cambridge

p. 42 Russell quoted these lines: 'A Locked Diary', *Collected Papers 1*, p. 59
p. 42 'I find myself': ibid.
p. 42 'I read no poetry': ibid., p. 57
p. 42 'even Agnosticism': ibid., p. 59
p. 42 'could say things': *Autobiography*, p. 64
p. 42 'happiness by brutification': 'A Locked Diary', op. cit., p. 59
p. 42 'thousand times healthier': ibid.
p. 42 'is bad': ibid.
p. 43 according to Russell: see *Autobiography*, pp. 56–7
p. 43 'I recollect one occasion': Frank Russell, op. cit., p. 96
p. 43 'one of the wittiest': *Autobiography*, p. 60
p. 44 'the proof, he admitted': *My Philosophical Development*, p. 38
p. 44 'I am now': *Collected Papers 1*, p. 57
p. 44 'my society': ibid., p. 58
p. 45 'two subjects': BR to KT, 6.12.46, quoted in Griffin, op. cit., p. 19
p. 45 'the whole subject': *My Philosophical Development*, p. 38
p. 46 'Though a wonderful mathematician': *Collected Papers 1*, p. 58
p. 46 'This would prevent': ibid.
p. 46 'it never occurred': from 'Some Cambridge Dons of the 'Nineties', originally a BBC radio talk, included in *Portraits from Memory*, pp. 58–63 (quotation on p. 58)
p. 46 'extraordinarily perfect': from 'Alfred North Whitehead', a talk in the same series, *Portraits from Memory*, p. 97
p. 46 'a man of': ibid., p. 94
p. 46 'He was at all times': ibid., p. 96
p. 47 'It has existed': *Autobiography*, p. 68
p. 47 'It was a principle': ibid., p. 69
p. 47 'I would pace': ibid.
p. 47 'I was liable': *Autobiography*, p. 63
p. 47 'Politics and philosophy': Virginia Woolf, *Roger Fry*, p. 51, quoted in *G. E. Moore and the Cambridge Apostles* by Paul Levy, p. 113
p. 47 'Can We Be Statesmen?': see *Collected Papers 1*, pp. 78–82
p. 48 'homosexual relations': *Autobiography*, p. 74
p. 48 'Violets or Orange Blossom?': see Paul Levy, op. cit., p. 103

p. 48 'romantic idea': ibid., p. 98
p. 48 'We were still Victorian': *Autobiography*, p. 70
p. 48 'To me, as to Goethe': ibid., p. 76
p. 48 'I found some sympathy': *Portraits from Memory*, pp. 86–7
p. 48 'not quite what a style': ibid., p. 89
p. 48 'I wish to be': ibid., p. 87
p. 49 '& by that time': Joachim's letter is reproduced in full in 'Joachim's early advice to Russell on studying philosophy' by Nicholas Griffin, *Russell* 7(2), winter 1987–8, pp. 119–23. Griffin suggests, to my mind plausibly, that the most likely date for the letter is 23 September 1892.
p. 49 'It is really delightful': BR to RR, 4.12.1892, quoted in Griffin, *Russell's Idealist Apprenticeship*, p. 25
p. 49 'a Wrangler is a Wrangler': *My Philosophical Development*, p. 37
p. 49 '1 a.m. O God': *Collected Papers 1*, p. 60. One possibility as to the cause of the guilt expressed in this diary entry is suggested by a passage on p. 68 of Russell's *Autobiography*, in which he recalls: 'by my fourth year I had become gay and flippant. Having been reading pantheism, I announced to my friends that I was God. They placed candles on each side of me and proceeded to acts of mock worship.' Though this recollection seems entirely free from guilt, it fits the description in his diary in at least some respects. One could, for example, see how this might have struck him, in retrospect, as an example of light-heartedness leading to sin (in this case, sacrilege). On the other hand, if Russell is right in dating this incident to his fourth year (a date supported by his memory of reading pantheism – by which Spinoza is presumably meant), then it cannot be identified with the 'grievous sin' of the diary, since that dates from his third year. In any case, it seems too trivial to have aroused the feelings expressed in the diary.
p. 50 'the clarity and passion of his thinking': from Russell's contribution to a symposium entitled 'The Influence and Thought of G. E. Moore', *The Listener*, 30 April 1959, pp. 755–6
p. 50 'beautiful and slim': *Autobiography*, p. 64
p. 51 'When I had finished': *My Philosophical Development*, p. 38

## 3. The Corpse in the Cargo

p. 52 'an exhilarating sense': see Russell's essay (originally a BBC broadcast) on Ibsen, 'Revolt in the Abstract' (part of a series on 'Books that Influenced Me in Youth', *Fact and Fiction*, pp. 23–8 (quotation on p. 23)
p. 52 'I felt then': ibid., p. 24
p. 52 'There are no general principles': quoted in 'The Romance of Revolt' (a talk on Turgenev in the same series of 'Books that Influenced Me in Youth'), *Fact and Fiction*, p. 21
p. 53 'delightfully horrifying': ibid.
p. 53 'Through me forbidden voices': Walt Whitman, 'Song of Myself' (verse 24), *Leaves of Grass* (Norton Critical Edition), p. 53
p. 53 'career round the country': *Autobiography*, p. 74
p. 54 'Without shame': Whitman, op. cit., p. 102
p. 54 'I never can': Lady Russell to her sister, Lady Charlotte Portal, 27.1.1887, see *Lady Russell: A Memoir*, p. 269
p. 54 'the modern attraction': Lady Russell to Agatha, 22.9.1893, ibid., p. 283
p. 54 'candid foulness': this and many other insults hurled at Ibsen's plays were gathered by William Archer in a famous satirical article called 'Ghosts and

Gibberings', *Pall Mall Gazette*, 8 April 1891, in which he poked clever fun at the 'Ibsenoclasts' whose denunciations of Ibsen's immorality were dominating public discussion of his work. See *Ibsen: The Critical Heritage*, edited by Michael Egan, pp. 209–14

p. 54 'Life presents': see *Fact and Fiction*, p. 23

p. 54 'preacher of bad morals': ibid., p. 27

p. 55 'like the unwinding': see *Ibsen* by G. Wilson Knight, p. 51

p. 55 'We sail': quoted in the Introduction by Peter White to the Penguin edition of *Ghosts and Other Plays*

p. 55 'The Rosmers' view of life': *The Master Builder and Other Plays* (Penguin edition), p. 109

p. 56 'the subtle doctrine': see *Remarkable Relations: The Story of the Pearsall Smith Family* by Barbara Strachey, p. 48

p. 56 'written more grossly indecent things': ibid. p. 69. The phrase is Carey Thomas's, but the view, clearly, is Hannah's.

p. 57 'judge and jury': Hannah Smith to Mary, 4.5.1895, quoted ibid., p. 165

p. 57 'To suppose': *Collected Papers 1*, p. 62

p. 57 'I dreamt': ibid., pp. 61–2

p. 57 'Die Ehe': published in *Collected Papers 1*, pp. 68–71

p. 58 'bad customs': ibid., p. 71

p. 58 'are almost certain': ibid., p. 69

p. 58 'Unfolded Out of the Folds': the poem comes from the 'Autumn Rivulets' section of *Leaves of Grass* (see p. 391 of the Norton Critical Edition), quoted by Russell at the beginning of 'Die Ehe'

p. 58 'my little essay': *Collected Papers 1*, p. 62

p. 59 'the greatest day': ibid.

p. 59 'We agreed': ibid.

p. 59 'What is the concrete and material content': quoted by Paul Levy, op. cit. p. 106

p. 59 'come to the conclusion': BR to AR, 16.9.1893

p. 60 'I am confident': *Collected Papers 1*, p. 63

p. 60 'I think if I were conscientious': conversation reported by Russell, ibid., p. 64

p. 60 'I wish': ibid.

p. 61 'the conventions': ibid.

p. 61 A day or two later: BR to AR, 18.9.1893

p. 61 'O to be yielded': Whitman, op. cit., p. 106

p. 61 'I am glad': BR to AR, 21.9.1893

p. 62 'The talk was painful': ibid.

p. 62 'I told my people': *Autobiography*, p. 82

p. 62 'She read it out': ibid.

p. 62 'the last and bitterest duty': BR to AR, 21.9.1893

p. 63 'self-control': AR to BR, 5.10.1893

p. 63 'We called him "Old Sidg" ': *My Philosophical Development*, p. 38

p. 64 essay he wrote in November 1893: 'Paper on Epistemology II', *Collected Papers 1*, pp. 124–30

p. 64 'The question turns': ibid., p. 127

p. 64 'It would be no use': BR to AR, 29.10.1893

p. 64 'I care far more': AR to BR, 8.11.1893

p. 65 'divine sympathy': BR to AR, 17.12.1893

p. 65 'Plague it': AR to BR, 18.12.1893

p. 65 'This gave me': *Autobiography*, p. 82

p. 66 'I never read anything so interesting': AR to BR, 20.12.1893

p. 66 'I should think': ibid.

**p. 66** 'Every now & then': AR to BR, 31.12.1893
**p. 66** 'What can I say?': BR to AR, 1.1.1894
**p. 66** 'The snow': *Autobiography*, p. 82
**p. 67** 'it being so much easier': AR to BR, 29.1.1894
**p. 67** 'I too long': BR to AR, 21.1.1894
**p. 67** 'All these absurdities': BR to AR, 10.1.1894
**p. 67** 'I could hardly': BR to AR, 28.1.1894
**p. 68** 'Ever since I first read Pollock's book': BR to OM 11.12.11
**p. 68** 'Spinoza is the noblest': *History of Western Philosophy*, p. 552
**p. 68** 'considered religion': Sir Frederick Pollock, *Spinoza: His Life and Philosophy*, p. 69, quoted by Kenneth Blackwell, *The Spinozistic Ethics of Bertrand Russell*, p. 36
**p. 68** 'which seems to me in every way': BR to AR, 4.2.1894
**p. 68** 'Philosophy near akin to poetry': quoted by Blackwell, op. cit., p. 31
**p. 69** 'means only': ibid.
**p. 69** 'I do not think': G. E. Moore, 'An Autobiography', in *The Philosophy of G. E. Moore*, edited by Paul Arthur Schilpp, p. 14
**p. 70** Wittgenstein's rather unkind remark: see 'Memories of Wittgenstein' by F. R. Leavis in *Recollections of Wittgenstein*, edited by Rush Rhees, p. 51
**p. 71** 'I do not believe': AR to BR, 25.2.1894
**p. 71** 'the proneness': AR to BR, 25.2.1894
**p. 71** 'I am afraid': AR to BR, 4.2.1894
**p. 72** 'Dearest Granny': BR to Lady Russell, 11.3.1894
**p. 72** 'I *hear* Mr Logan': conversation reported by BR to AR, 14.3.1894
**p. 73** 'I shall only mind': AR to BR, 16.3.1894
**p. 73** 'I shd. have thought': BR to AR, 20.3.1894
**p. 73** 'very painful and very fruitless': quoted in Strachey, op. cit., p. 135
**p. 73** 'icy reserve': BR to AR, 17.3.1894
**p. 73** 'completely delightful': *The Amberley Papers*, i, p. 28
**p. 74** 'life of American art students': *Autobiography*, p. 83
**p. 74** 'stiff inartistic aristocrats': BR to AR, 17.3.1894
**p. 74** 'I remember': *Autobiography*, p. 83
**p. 74** 'technically engaged': BR to AR, 8.4.1894
**p. 74** 'She has completely adopted': ibid.
**p. 75** 'instinctively hated': *The Amberley Papers*, i, p. 144
**p. 75** 'was a victim': *Autobiography*, p. 26
**p. 75** 'I told her': BR to AR, 8.4.1894
**p. 75** 'It is marked in pencil': ibid.
**p. 76** 'The old family doctor': *Autobiography*, p. 83
**p. 76** 'There is even more truth': BR to Maude Stanley, 14.5.1894
**p. 77** 'I am still working hard': BR to AR, 24.4.1894
**p. 77** 'a heaven without all-absorbing emotional love': BR to AR, 28.1.1894
**p. 77** 'Discuss the nature': see 'Paper on Descartes II', *Collected Papers 1*, pp. 178–84
**p. 78** 'One day': BR to OM, 28.9.11
**p. 78** 'Whatever we think': *Collected Papers 1*, p. 179
**p. 78** 'In Spinoza': ibid., p. 181
**p. 78** 'We mean to walk': BR to AR, 16.5.1894
**p. 79** 'Moore & I': BR to AR, 20.5.1894
**p. 79** recorded by Alan Wood: see Alan Wood, *The Passionate Sceptic*, pp. 87–8
**p. 80** 'utilise both my Triposes': BR to AR, 10.6.1894
**p. 80** 'By emphasising': *Autobiography*, p. 84

p. 80 'Alys and I': ibid.
p. 80 'A thick atmosphere': ibid.
p. 81 'We think a very great deal': Lady Russell to BR, 5.7.1894
p. 81 'Dearest Auntie': BR to Agatha Russell, 6.7.1894
p. 82 'I have now *quite* decided': BR to Dr William Anderson, 13.7.1894
p. 82 'It was clear to me': *Autobiography*, p. 86
p. 82 'have never ceased': ibid., p. 85
p. 82 'This night': *Collected Papers 1*, pp. 65–6, see also *Autobiography*, pp. 84–5
p. 83 'Perfect peace of mind': BR to AR, 17.8.1894
p. 84 'the happiest morning': BR to AR, 24.8.1894
p. 84 'All this misfortune': BR to AR, 17.8.1894
p. 84 'Thank God': BR to AR, 18.8.1894
p. 84 'It is deadly dull here': BR to AR, 20.8.1894
p. 84 'the conversation here': BR to AR, 23.8.1894
p. 84 'Well, Bertie': BR to AR, 26.8.1894
p. 84 'mathematics and the sea': *My Philosophical Development*, p. 210
p. 85 'We *must*': BR to AR, 27.8.1894
p. 85 'I grow more and more': ibid.
p. 85 'Now that I know': BR to AR, 28.8.1894
p. 85 'As soon as she is dead': BR to AR, 4.9.1894
p. 85 'be the first step': BR to AR, 30.8.1894
p. 86 'I have lost the power': BR to AR, 5.9.1894
p. 86 'An exceptionally intelligent': William James, *The Principles of Psychology*, vol. 1, p. 265
p. 87 'had *par excellence*': Rupert Crawshay-Williams, *Russell Remembered*, pp. 31–2
p. 87 'far and away the most spiritual': BR to AR, 7.10.1894
p. 87 'because I feel': ibid.
p. 88 'A really happy marriage': BR to AR, 12.9.1894
p. 88 'I hate this place': BR to AR, 20.9.1894
p. 89 'It has given me': BR to AR, 1–2.10.1894
p. 89 'Thee loves me': BR to AR, 18.9.1894
p. 89 'I'm sure your former views': BR to AR, 4.10.1894
p. 90 'It *will* be divine!': BR to AR, 11.10.1894
p. 90 'For physiological reasons': BR to AR, 4.10.1894
p. 90 'hardly ever recall': BR to AR, 26.10.1894
p. 90 'I . . . sometimes dream': BR to AR, 23.10.1894
p. 90 'Until we have had': BR to AR, 26.10.1894
p. 91 'perpetually haunted': from Russell's essay, 'Lövborg or Hedda' (*Collected Papers 1*, pp. 83–9, alluded to in his letter to Alys, 26.10.1894
p. 91 'Cleopatra or Maggie Tulliver': see *Collected Papers 1*, pp. 90–8
p. 91 'What shall we do with our passions?': ibid., p. 92
p. 91 'in time our desires sicken': ibid., p. 95
p. 92 'is an unreasoning hatred': ibid., p. 96
p. 92 'my Grandmother was vexed': BR to AR, 4.10.1894
p. 92 'I hate to think': BR to AR, 5.9.1894
p. 92 'I *hate* Frenchmen': BR to AR, 30.10.1894
p. 92 'It will grow better': ibid.
p. 92 'various instinctive impulses': *Collected Papers 1*, p. 95
p. 93 letter to Sanger: dated 29.9.1894
p. 93 'I shall be wildly eager': BR to AR, 3.11.1894
p. 93 'It has been *perfectly* delightful': BR to AR, 4.11.1894

p. 94 '*delightful*': BR to AR, 30.10.1894
p. 94 'As to her falling in love with different people': BR to AR, 1.11.1894
p. 94 'She is rejoicing': BR to AR, 5.11.1894
p. 95 'She has produced her Nietzsche': ibid.
p. 95 'It *is* nice': AR to BR, 6.11.1894
p. 95 'Thy letter last night': BR to AR, 6.11.1894
p. 96 'He reflected': ibid.
p. 96 'I have been perfectly miserable': quoted in Strachey, op. cit., p. 142
p. 96 'Felt depressed': ibid.
p. 97 'she says she thinks': BR to AR, 11.11.1894
p. 97 'I am quite unable': BR to AR, 12.11.1894
p. 97 'She seems to be enjoying herself': ibid.
p. 97 'which I am very sorry for': BR to AR, 14.11.1894
p. 97 'Why should I mind': AR to BR, 12.11.1894
p. 97 'I didn't ask': BR to AR, 14.11.1894
p. 98 'talking in the firelight': ibid.
p. 98 'Cried most of the morning': quoted in Strachey, op. cit., p. 142
p. 98 'I tore it right up': AR to BR, 14.11.1894
p. 98 'I can't tell thee': BR to AR, 15.11.1894
p. 99 'brimming over with sympathy': quoted in Ronald W. Clark, *The Life of Bertrand Russell*, p. 67
p. 99 'making my peace': *Autobiography*, p. 87
p. 99 'I love that marriage service': AR to BR, 1.11.1894
p. 99 'frantically impatient': BR to AR, 26.11.1894
p. 99 'Shall we take delight': for an account of this paper, and of the meeting at which it was delivered, see Paul Levy, op. cit., pp. 144–6
p. 99 'a conventional view': quoted ibid., p. 144
p. 99 'I spoke perfectly frankly': BR to AR, 9.12.1894
p. 100 The service: for a detailed account of the occasion, see Sheila Turcon, 'A Quaker wedding: the marriage of Bertrand Russell and Alys Pearsall Smith', *Russell*, 3 (2), winter 1983–4, pp. 103–28
p. 100 'lovely little sermonettes': Hannah to Mary, 13.12.1894, quoted in Strachey, op. cit., p. 145

## 4. The Whole and its Parts

p. 101 'we found': *Autobiography*, p. 124
p. 101 'a walk on the sea-shore': Alys to Hannah, 16.12.1894
p. 101 'we have enough to amuse ourselves': ibid.
p. 101 'Now do write me': Hannah to Alys, 13.1.1895, quoted in Strachey, op. cit., p. 149
p. 101 'I may tell thee': Hannah to Alys, 5.3.1895, quoted ibid.
p. 101 'under the influence': *Autobiography*, p. 124
p. 102 'was intellectually': *Autobiography*, p. 126
p. 102 'Though I curse': BR to AR, 20.9.1894
p. 102 'There is one respect': BR to AR, 10.10.1894
p. 102 'I remember': 'My Mental Development', p. 11. For a similar account, see *Autobiography*, p. 125
p. 103 'The issue was a public one': *Autobiography*, p. 125
p. 103 'Bertie and Alys': Mary to Hannah, 25.3.1895, quoted in Strachey, op. cit., p. 150
p. 103 'We call her': letter dated 24.3.1895, quoted ibid., p. 151
p. 103 'Poor Alys': quoted ibid.

p. 104 'This remains': *Autobiography*, p. 125
p. 104 'The Logic of Geometry': reprinted in *Collected Papers 1*, pp. 266–86
p. 104 'somewhat foolish': *My Philosophical Development*, p. 39
p. 105 'He says he and Ward': BR to AR, 9.10.1895
p. 105 'The Master & Examining Fellows': Alys to Mary MacKall Gwinn, 10.10.1895 (original letter in Bryn Mawr College Archives)
p. 106 'social butterflies': *Autobiography*, p. 16
p. 106 'not quite . . . ': ibid., p. 80
p. 107 'when he was in London': Strachey, op. cit., p. 184. Strachey's account makes it clear that Russell's recollections of Robert's humiliations at Hannah's hands date from October 1895, and not, as one would think from reading his *Autobiography*, some later date.
p. 107 'one of the wickedest': *Autobiography*, p. 148
p. 107 'had an unbounded admiration': ibid.
p. 107 'stupidity and boringness': Mary to Bernhard Berenson, 13.8.1896, see *Mary Berenson: A Self-Portrait from her Letters & Diaries*, p. 67
p. 107 'poor Oscar': see Strachey, op. cit., p. 166
p. 107 'Sometimes I tried': *Autobiography*, p. 149
p. 108 'the advanced Liberal': *Collected Papers 1*, p. 314
p. 108 'with all their ideals intact': *German Social Democracy* (1965 edition), p. 170
p. 108 'friendliness to the working classes': ibid., p. 171
p. 109 'I took no great interest: *Autobiography*, p. 130
p. 109 review for *Mind*: reprinted in *Collected Papers 2*, pp. 35–43
p. 109 'This criticism of Cantor': quoted in *Collected Papers 2*, p. 35
p. 110 'reading Georg Cantor': *Autobiography*, p. 127
p. 110 'We were confessing': diary entry dated 17.4.1896, quoted in Strachey, op. cit., p. 152
p. 110 'all reality is rational': John McTaggart Ellis McTaggart, *Studies in the Hegelian Dialectic*, p. 255
p. 110 'the highest object': ibid., p. 259
p. 110 'All true philosophy': ibid.
p. 111 'On Some Difficulties': see *Collected Papers 2*, pp. 44–58. Russell appears to have written this paper for eventual publication in *Mind*, but abandoned both the paper and his plans to publish it after he became dissatisfied with the views it expressed.
p. 111 'the difficulties': ibid., p. 46
p. 111 'Cantor's transfinite numbers': ibid., p. 52
p. 112 'I doubt': BR to RR, 20.11.1896
p. 112 'very fond': see *Autobiography*, p. 132
p. 112 'fell more or less in love': see *Selected Letters* 1, p. 148
p. 113 'made a deep impression': ibid., p. 136
p. 113 gratuitous honesty: see Strachey, op. cit., p. 152
p. 113 'contact with academic Americans': *Autobiography*, p. 133
p. 114 'mainly of puns': BR to AR, 6.4.1897
p. 114 'one major division': see *My Philosophical Development*, p. 11
p. 114 'Hegel thought of the universe': *Portraits from Memory*, p. 21
p. 114 'Why do we regard time': published in *Collected Papers 2*, pp. 91–7
p. 114 'Because we're fools': BR to AR, 1.6.1897
p. 115 'On a strictly monistic view': *Collected Papers 2*, p. 95
p. 115 'Reality is one': F. H. Bradley, *Appearance and Reality* (second edition), p. 519, quoted by Russell, *My Philosophical Development*, p. 56
p. 115 'Seems, Madam?': reprinted in *Collected Papers 1*, pp. 105–11

p. 115 'for all purposes': Russell to Moore, 7.12.1897, quoted in *Collected Papers 1*, p. 105
p. 115 'Reality, as constructed': *Collected Papers 1*, p. 108
p. 115 'since all experience': ibid., p. 110
p. 115 'Why not admit': ibid., p. 111
p. 116 'On the Idea of a Dialectic': included under the heading 'Various Notes on Mathematical Philosophy', *Collected Papers 2*, p. 24. Also included by Russell in Chapter IV ('Excursion into Idealism') of *My Philosophical Development*, pp. 43–4
p. 116 'a method': *Collected Papers 2*, p. 24
p. 116 'all types of formal, necessary, deductive reasoning': Whitehead, *Universal Algebra*, Preface, p. vi
p. 116 'An Analysis of Mathematical Reasoning': see *Collected Papers 2*, pp. 155–242
p. 117 'The Nature of Judgment': reprinted in *G. E. Moore: Selected Writings* edited by Thomas Baldwin. For an excellent discussion of the article's importance, see Gilbert Ryle, 'G. E. Moore's "The Nature of Judgment" ', *G. E. Moore: Essays in Retrospect*, edited by Alice Ambrose and Morris Lazerowitz. For a more historically detailed account, see Chapter 7.2. 'Influences: Moore', of *Russell's Idealist Apprenticeship* by Nicholas Griffin.
p. 117 'My chief discovery': Moore to Russell, 11.9.1898, quoted in Griffin, op. cit., p. 300
p. 117 'A proposition': 'The Nature of Judgment', in Baldwin, op. cit., p. 5
p. 117 'The ultimate elements of everything': Moore to Russell, op. cit.
p. 117 'A thing becomes intelligible': Baldwin, op. cit., p. 8
p. 117 'I agree emphatically': Russell to Moore, 13.9.1898
p. 118 'It was an intense excitement': *Autobiography*, p. 135
p. 118 'rejoiced in the thought': *My Philosophical Development*, pp. 61–2
p. 118 'the most interesting aspect': *Autobiography*, p. 135
p. 118 'I found': *My Philosophical Development*, p. 61
p. 118 'a reconstruction': *The Philosophy of Leibniz*, p. 2
p. 118 'At an early age': ibid.
p. 119 'What he published': *A History of Western Philosophy*, p. 563
p. 119 'That all sound philosophy': *The Philosophy of Leibniz*, p. 8
p. 119 'The only ground': ibid., p. 14
p. 119 'To outsiders': Helen Thomas to Mildred Minturn, 23.7.1897, quoted by Caroline Moorehead, *Bertrand Russell*, p. 77
p. 119 'I wish for fame': *Collected Papers 1*, p. 72
p. 120 'I did not mind': *Autobiography*, p. 22
p. 120 'had a jolly tête-à-tête': BR to AR, 28.9.1897
p. 120 'more charming than ever': BR to AR, 27.9.1897
p. 120 'Bertie was *very* affectionate': Mary to Berenson, 24.9.1897, quoted in Strachey, op. cit., p. 154
p. 121 'Alys says she hates men': Mary, diary 26.8.1898, quoted, ibid., p. 155. See also *Mary Berenson: A Self-Portrait from her Letters & Diaries*, p. 77, where, however, the same passage is given as an extract from a letter to Berenson of the same date.
p. 121 'for, as we get older': Mary to Berenson, 13.7.1899, *Mary Berenson: A Self-Portrait*, p. 83
p. 121 'Poor Mother': Mary to Berenson, 9.8.1899, quoted in Strachey, op. cit., p. 155
p. 121 'stayed out walking': Mary to Berenson, 15.8.1899, ibid.
p. 122 'very fond': *Autobiography*, p. 136
p. 122 'Mathematics could be *quite* true': 'My Mental Development', p. 12

p. 122 'The Mathematician's Nightmare': see *Nightmares of Eminent Persons* (Penguin edition) pp. 48–53
p. 123 'the discovery': BR to LC, 18.7.1898
p. 123 *The Fundamental Ideas and Axioms*: what survives of this is published in *Collected Papers 2*, pp. 261–305
p. 123 a 27-page critical study: 'Des fondements de la géometrie: à propos d'un livre de M. Russell', *Revue de métaphysique et de morale*, 7, 1899, pp. 251–79
p. 124 'I feel very flattered': BR to Moore, 18.5.1899
p. 124 'does not seem to realise': BR to LC, 9.5.1899, quoted in *Collected Papers 2*, p. 391
p. 124 that of G. E. Moore: see *Mind*, 8, 1899, pp. 397–405
p. 124 'One of my day-dreams': *Portraits from Memory*, p. 23
p. 125 'I could read': BR to LC, 29.8.1899
p. 125 'The Notion of Order': see *Collected Papers 3*, pp. 234–58
p. 125 'caused me much anxiety': *Autobiography*, p. 136
p. 126 'and if we finish': BR to LC, 16.1.00
p. 126 'a stroke of great good luck': quoted in Strachey, op. cit., p. 123
p. 126 'it is awful': Mary to Berenson, 14.12.1899, quoted ibid., p. 192
p. 127 'Bertie is teaching them Euclid': Mary to Berenson, 17.7.00, see *Mary Berenson: A Self-Portrait*, p. 91
p. 127 *The Principles of Mathematics*: this early (pre-Paris Congress) draft has been reproduced in *Collected Papers 3*, pp. 9–180
p. 127 'solves any of the philosophical difficulties': *Collected Papers 3*, p. 119
p. 127 'is so important': ibid., p. 38 (quoted in the Introduction, p. xxiii)
p. 127 'a very important logical doctrine': ibid., p. 39
p. 128 'The number of finite numbers': ibid., p. 123
p. 129 'La logique': *Revue de métaphysique et de morale*, 7, 1899, pp. 616–46
p. 129 'I was impressed': *My Philosophical Development*, p. 65
p. 129 'received great applause': see Strachey, op. cit., p. 214. Alys's paper, 'L'Éducation des Femmes' was published, like Russell's, in the conference proceedings: *Bibliothèque du Congrès International de Philosophie*, Volume II, Paris, 1903, pp. 309–17
p. 130 'died a gradual death': BR to OM, 29.4.11
p. 130 'Her vivid life': Whitehead, 'Autobiographical Notes', *The Philosophy of Alfred North Whitehead*, p. 8
p. 130 'By myself': *Dialogues of Alfred North Whitehead*, as recorded by Lucien Price, p. 9
p. 130 'a life of utter loneliness': BR to OM, undated, but probably July 1911
p. 130 'persuaded that Peano': BR to Moore, 16.8.00
p. 130 'an enormous success': BR to LC, 18.9.00
p. 130 'Recent Italian Work': published in *Collected Papers 3*, pp. 350–62
p. 130 'The theory of arithmetic': ibid., p. 358
p. 130 'although the work itself': ibid., p. 352
p. 131 'Recent Work on the Principles': originally published in the *International Monthly*, 4, July 1901, reprinted in *Collected Papers 3*, pp. 363–79, and, as 'Mathematics and the Metaphysicians', in *Mysticism and Logic*
p. 131 'One of the chief triumphs': *Collected Papers 3*, p. 366
p. 131 'All pure mathematics': ibid., p. 367
p. 131 'I know of no age': ibid., p. 370
p. 131 'What is now required': ibid., p. 379
p. 132 'The Logic of Relations': reprinted in *Collected Papers 3*, pp. 310–49
p. 132 'the highest point': *Autobiography*, p. 145

p. 133 'I have been endeavouring': BR to HT, 31.12.00
p. 133 'The honeymoon': *My Philosophical Development*, p. 73

## 5. The Religion of Sorrow

p. 134 'becoming more and more an invalid': *Autobiography*, pp. 145–6
p. 135 'For a time': ibid., p. 146
p. 135 'The moment of my first conversion': BR to OM, probably July 1911
p. 136 'Cursed be they': from Gilbert Murray's translation of *Hippolytus*, see *Euripides*, translated by Gilbert Murray (1902 edition), p. 24
p. 136 'through all this earth': ibid., p. 25
p. 137 'The day before yesterday': BR to AR, 12.2.01
p. 137 'almost overwhelming': BR to GM, 26.2.01
p. 138 'that dark spell': Murray, op. cit., p. 40
p. 138 'Poor Alys': Hannah to Mary, 9.3.01, quoted in Strachey, op. cit., p. 215
p. 138 'The routine': see *The Diary of Beatrice Webb Volume Two*, pp. 208–11
p. 140 'got back my usual feeling': BR to AR, 13.7.01
p. 140 'I miss thee': BR to AR, 10.7.01
p. 140 'Evelyn is more lovable': BR to AR, 13.7.01
p. 140 'My relations with the Whiteheads': *Autobiography*, p. 150
p. 140 'He used to frighten Mrs Whitehead': ibid.
p. 141 Once, for example: see Victor Lowe, *Alfred North Whitehead: The Man and His Work, Volume 1: 1861–1910*, p. 248
p. 143 'In this one point': see *Collected Papers 3*, p. 375. In 1917, when the article was included in the collection *Mysticism and Logic*, Russell added a footnote to this sentence, saying: 'Cantor was not guilty of a fallacy on this point. His proof that there is no greatest number is valid. The solution of the puzzle is complicated and depends upon the theory of types, which is explained in *Principia Mathematica*, Vol. 1.'
p. 143 'It seemed unworthy': *Autobiography*, p. 147
p. 143 he responded: see *My Philosophical Development*, p. 75
p. 143 What he felt about the Paradox: see *My Philosophical Development*, p. 212
p. 144 'Did I tell you': BR to LC, 23.3.02
p. 144 'Dearest, thee does give me': BR to AR, 6.11.01
p. 144 'I am haunted': from Russell's Journal 1902–5, published in *Collected Papers 12*, pp. 3–28, extract dated 2.12.02, p. 14
p. 145 'when we were living': *Autobiography*, pp. 147–8
p. 146 'Two years ago': *Collected Papers 12*, p. 18
p. 146 'The most unhappy': *Autobiography*, pp. 149–50
p. 146 'Now, however, the opposite': BR to GM, 3.4.02
p. 148 'terribly exhausted': BR to AR, 19.4.02
p. 148 'suits me very well': BR to AR, 20.4.02
p. 148 'the best night': BR to AR, 30.4.02
p. 149 'my energy was ten times': Russell, Journal, 18.5.03, *Collected Papers 12*, p. 22
p. 150 'will not give me': BR to AR, 16.5.02
p. 150 'I should like': BR to AR, 22.5.02
p. 150 'You will wonder': BR to LD, 23.5.02
p. 150 'We decorated the whole place': *Collected Papers 12*, p. 22
p. 151 'I have been very well aware': BR to AR, 11.5.02
p. 151 'I was writing': *Collected Papers 12*, p. 22
p. 151 'Thine most affectionately': see BR to AR, 24.5.02
p. 151 'I do not believe': BR to AR, 6.6.02

p. 151 'I was not too tired out': BR to AR, 9.6.02
p. 152 'The worship of passion': BR to HT, 10.6.02
p. 152 'full of plans': BR to AR, 12.6.02
p. 153 'Do you know Frege': BR to LC, 25.6.02
p. 154 'As I think about acts of integrity': quoted in Griffin, *The Selected Letters of Bertrand Russell*, p. 245
p. 155 'I justified this attitude': *Autobiography*, p. 148
p. 155 'the next day': *Collected Papers 12*, pp. 22–3
p. 155 'My self-righteousness': *Autobiography*, p. 148
p. 155 'Monotonous, melancholy, eternal': *Collected Papers 12*, p. 49
p. 156 'A consciousness': Beatrice Webb, op. cit., p. 252
p. 156 'Bertrand Russell's nature': ibid., pp. 252–3
p. 156 'I am sorry': BR to AR, 24.6.02
p. 156 'I was not really prepared': from an account of her separation from Russell written by Alys in 1948, quoted in Strachey, op. cit., p. 219
p. 157 'Altogether': Beatrice to Sidney Webb, quoted in Griffin, op. cit., p. 248
p. 157 'the only occupation': Beatrice Webb, op. cit., p. 253
p. 157 'I realised': *Collected Papers 12*, p. 23
p. 157 'unreal, insincere, and sentimental': *Autobiography*, p. 151
p. 158 'Our hearts': *Autobiography*, p. 151
p. 158 'miserable the whole time': *Collected Papers 12*, p. 23
p. 158 'Sometimes I did so': *Autobiography*, p. 151
p. 158 'I see far below': BR to HT, 14.10.02
p. 159 'The Study of Mathematics': first published in *The New Quarterly*, 1, Nov. 1907, reprinted in *Mysticism and Logic* and as paper 6 in *Collected Papers 12*, pp. 83–93
p. 159 'the greatest achievement': *Collected Papers 12*, p. 88
p. 159 'conquered for the intellect': ibid.
p. 159 'austerer virtues': ibid., p. 93
p. 159 'The contemplation': ibid., p. 91
p. 159 'Mathematics is a haven': BR to LD, 18.2.06
p. 159 'hurt me': Russell, Journal, 25 Nov. 1902, *Collected Papers 12*, p. 11
p. 159 'Really it's magnificent': Lytton Strachey to BR, 23.10.07
p. 160 'Truth': *Collected Papers 12*, p. 43
p. 160 'With every accession': ibid.
p. 160 'Infinite is the sadness of wisdom': ibid., p. 44
p. 160 'One by one': ibid., p. 45
p. 160 'We are all born': ibid., p. 40
p. 160 'We must learn': ibid., p. 41
p. 161 'I returned': ibid., p. 9
p. 161 'making conversation': ibid., p. 8
p. 161 'I know it is my fault': ibid., p. 11
p. 161 'On Sunday': ibid.
p. 161 'Alys and I': ibid., p. 17
p. 162 'Last night': ibid., p. 15
p. 162 'What the complete solution': *The Principles of Mathematics*, p. 528
p. 162 'What general value': BR to GM, 28.12.02
p. 162 'The Free Man's Worship': originally published in *The Independent Review*, 1, Dec. 1903, this essay was then included by Russell in his 1910 collection of *Philosophical Essays*, and the 1918 collection *Mysticism and Logic* that replaced it. It is included in *Collected Papers 12*, to which my citations refer. Its many other reprints are catalogued over three pages of *A Bibliography of*

*Bertrand Russell Volume II*, pp. 8–10
p. 162 'world which Science presents': *Collected Papers 12*, p. 66
p. 163 'To abandon': ibid., p. 71
p. 163 'let us think': ibid., p. 72
p. 163 'all right': Russell, Journal, 27.1.03, *Collected Papers 12*, p. 17
p. 163 'gave her new interests': BR to BB, 28.2.03
p. 163 'My work': *Collected Papers 12*, p. 17
p. 163 'The river tonight': ibid., p. 19
p. 163 'I have been realising': ibid., p. 20
p. 164 'It may': ibid.
p. 164 'made the last possible sacrifice': ibid., p. 21
p. 164 'not adequately': ibid.
p. 164 'I have been': BR to GM, 23.3.03
p. 164 'About the reading party': Moore to BR, 20.3.03
p. 164 'has never forgiven': *Collected Papers 12*, p. 21
p. 165 'Of course': Moore to Desmond MacCarthy, 25.3.03, quoted in Clark, op. cit., p. 120
p. 165 'pseudo-intimate': *Collected Papers 12*, p. 22
p. 165 'The power of writing': ibid.
p. 165 'Meinong's Theory': reprinted in *Essays in Analysis*, edited by Douglas Lackey, pp. 21–76, and *Collected Papers 4*, pp. 431–74
p. 165 'What is a proposition?': see Gottlob Frege, *Philosophical and Mathematical Correspondence*, p. 149
p. 165 'I cannot bring myself': BR to GF, 12.12.02, ibid., pp. 150–1
p. 166 'In all cases': BR to GF, 24.5.03, ibid., p. 159
p. 166 'Mont Blanc': GF to BR, 13.11.04, ibid., p. 163
p. 166 'I believe': BR to GF, 12.12.04, ibid., p. 169
p. 167 'The unity of a complex': see Lackey, op. cit., p. 28
p. 167 'There is a comfort': BR to HT, 13.5.03
p. 167 'Satan's joys': BR to LD, 13.4.03
p. 168 'the bygone year': *Collected Papers 12*, p. 22
p. 168 'the last chink': ibid., p. 24
p. 168 'It seems to me': BR to HT, 13.5.03
p. 168 described it to Philip Jourdain: see Grattan-Guinness, op. cit., p. 78
p. 168 'Heartiest congratulations': ANW to BR, 21.5.03
p. 168 'unspeakable': see *Collected Papers 12*, p. 24
p. 168 'Every morning': *Autobiography*, p. 151
p. 168 'The last four months': BR to LD, 29.7.03
p. 169 'She is still miserable': *Collected Papers 12*, p. 24
p. 169 'It is ghastly': BR to LD, 29.7.03
p. 169 'We are all wildly excited': ibid.
p. 169 'If I could get away': *Collected Papers 12*, p. 25
p. 170 'I don't agree': BR to EH, 2.9.03
p. 170 'minded them': BR to GM, 26.9.03
p. 170 'cheerless': quoted in Maria Forte, 'Lucy Martin Donnelly: a sojourn with the Russells', *Russell*, 7 (1), summer 1987, p. 54
p. 170 'desperately unhappy': ibid., p. 55
p. 171 'He paced up & down': quoted ibid., p. 58
p. 171 'feeling that the world is sneering': ibid., p. 59
p. 171 'The Tariff Controversy': see *Collected Papers 12*, pp. 190–215
p. 171 'Nothing but': ibid., p. 215
p. 172 'very clear and intellectual': Logan Pearsall Smith to Mary Berenson, 17.1.04,

quoted ibid., p. 183
p. 172 'My experience': BR to GM, 19.1.04

## 6. The Long Night

p. 173 'The pleasure': *Autobiography*, p. 156
p. 174 'getting very great good': BR to AR, 28.3.04
p. 174 'This journal': *Collected Papers 12*, p. 25
p. 174 'useful to people': ibid.
p. 174 'combined to scold': note added by Russell to his letter to Lucy Donnelly, 19.9.04
p. 175 'Sometimes': BR to LD, 19.9.04
p. 175 'Alfred's recent work': BR to AR, 11.4.04
p. 176 'discussing whether': BR to AR, 9.4.04
p. 176 'had a happy hour': BR to AR, 14.4.04
p. 177 'I try very hard': AR to BR, 17.5.04
p. 177 'aggressively dull': Frances Partridge in conversation with the author
p. 177 'I am working hard': BR to GLD, 20.7.04
p. 177 'I believe': BR to LD, 19.8.04
p. 178 'Certainty and system': BR to LD, 19.9.04
p. 178 'It is very agreeable': ibid.
p. 178 'Brittany is quite wonderful': BR to LD, 3.10.04
p. 178 'merely seeing people': BR to LD, 8.2.05
p. 178 'a fat, good-natured': ibid.
p. 179 'The Bertrand Russells': Beatrice Webb, op. cit., p. 324
p. 179 'the first principles': BR to LD, 8.2.05
p. 179 'In spite': BR to EH, 22.9.04
p. 179 'I have got over': *Collected Papers 12*, p. 26
p. 179 'I have learnt': ibid.
p. 179 'did not feel': ibid.
p. 180 'out of mere kindness': ibid., p. 28
p. 180 'I begin to see': BR to IP, 9.4.05
p. 180 'I do not think I ought to come': BR to IP, 6.7.05
p. 180 'I do not think the duty': ibid.
p. 181 'It is strangely difficult': *Collected Papers 12*, p. 27
p. 181 'Going to a new place': BR to IP, 9.4.05
p. 183 An interesting sidelight: see Douglas P. Lackey, 'Russell's Unknown Theory of Classes: The Substitutional System of 1906', *Journal for the History of Philosophy*, 14, 1976, pp. 69–78
p. 183 'I cannot admit': quoted in Lackey, op. cit., p. 71
p. 183 'I am here': BR to LD, 3.8.05
p. 183 'the sound': *Autobiography*, p. 58
p. 184 'I was in church': ibid.
p. 184 'wonderfully better': BR to MLlD, 12.8.05
p. 184 'The loss of Theodore': Crompton Llewelyn Davies to BR, 31.10.05
p. 184 'which admitted of no philosophy': BR to LD, 3.9.05
p. 184 polemical attack: Pierre Boutroux, 'Sur la notion de correspondence dans l'analyse mathématique', *Revue de métaphysique et de morale*, 12, 1904, pp. 909–20
p. 184 'On the Relation': reprinted in *Collected Papers 4*, pp. 521–32
p. 185 'confuses the act of discovery': ibid., p. 532
p. 185 'On Some Difficulties': reprinted in Lackey (ed.), *Essays in Analysis*, pp. 135–64
p. 185 'On Substitution': unpublished, but to be included in Volume 5 of *Collected*

*Papers*

p. 187 'On the Substitutional Theory': published in Lackey, op. cit., pp. 165–89

p. 187 'Logic is no longer barren': see *Science and Method*, p. 194, where, however, the phrase loses some of its power by being translated: 'Logistic is no longer barren, it engenders antinomies.' The more elegant translation quoted here is Russell's (see *My Philosophical Development*, p. 76).

p. 187 Russell presented to the Moral Sciences Club: the paper was published as 'On the Nature of Truth', *Proceedings of the Aristotelian Society*, 7, 1906–7, pp. 28–49. The first two parts were then reprinted by Russell as 'The Monistic Theory of Truth' in *Philosophical Essays*. The 'multiple relation theory of judgment' was first discussed, tentatively, in the third part of the paper, and then put forward, much less tentatively, in 'On the Nature of Truth and Falsehood', a paper that Russell included in *Philosophical Essays* to replace Part III of 'On the Nature of Truth'.

p. 189 'Mathematical Logic as based on the Theory of Types': *American Journal of Mathematics*, 30, May 1908, pp. 222–62. Reprinted in *Logic and Knowledge*, pp. 57–102. The debate with Poincaré continued when Poincaré responded to this article in 'La Logique de l'infini', *Revue de métaphysique et de morale*, 17, 1909, pp. 461–82 (translated into English as 'The Logic of Infinity', in Henri Poincaré, *Mathematics and Science: Last Essays*, pp. 45–64). Russell responded to this, in turn, with 'La Théorie des Types Logiques', *Revue de métaphysique et de morale*, 18, 1910, pp. 263–301, the English version of which forms the final statement of the Theory of Types, as published in *Principia Mathematica* (Introduction, Chapter II, 'The Theory of Logical Types').

p. 189 'I think women's suffrage important': BR to MLlD, 4.6.06

p. 189 'It is horribly annoying': BR to MLlD, 1.5.07

p. 190 'What a sporting cove': George Trevelyan to BR, 23.5.07

p. 190 'That Mr Bertrand Russell': Sylvia Pankhurst, *The Suffragette*, quoted in Griffin (ed.) *The Selected Letters of Bertrand Russell Volume I*, p. 313

p. 190 'the bigotry': BR to HT, 27.10.09

p. 190 'I am back at work': BR to HT, 9.6.07

p. 190 'working like a black': BR to IP, 30.9.07

p. 191 'Hardly a page': from a review Russell wrote of J. M. Keynes, *Treatise on Probability* in *The Mathematical Gazette*, 11, July 1922, p. 124 (footnote), quoted in Clark, op. cit., p. 134

p. 191 'Every time': *Autobiography*, p. 152

p. 191 long critique of William James's theory of truth: first published as 'Transatlantic "Truth" ', *The Albany Review*, 2, January 1908, pp. 393–410. Reprinted as 'William James's Conception of Truth' in *Philosophical Essays*.

p. 191 'Our account of truth': William James, *Pragmatism*, p. 218, quoted by Russell, *Philosophical Essays*, p. 118

p. 191 'The attempt': *Philosophical Essays*, p. 129

p. 191 'to my way of thinking': BR to HT, 4.10.07

p. 192 'I often wondered': *Autobiography*, p. 152

p. 192 'Now my blissful hope': Alys, 29.6.07, quoted in Strachey, op. cit., p. 222

p. 192 'I have no time': BR to IP, 25.5.08

p. 192 'My dying words': William James to BR, 4.10.08

p. 192 'I would much rather': BR to Philip Jourdain, 20.10.08, see I. Grattan-Guinness, *Dear Russell – Dear Jourdain*, p. 112

p. 193 'Your kind letter': BR to IP, 12.8.08

p. 193 'You have a special place': BR to IP, 15.10.08

p. 193 'I used to know': *My Philosophical Development*, p. 86

p. 194 'I imagine': BR to HT, 27.10.09
p. 194 'We thus': *Autobiography*, p. 152
p. 195 'A crisis is upon us': BR to HT, 13.12.09
p. 195 'had broken some pledges': *Autobiography*, p. 202
p. 195 'Conventionality': quoted in Miranda Seymour, *Ottoline Morrell: Life on the Grand Scale*, p. 74
p. 196 'Bertrand Russell is most fascinating': see *Ottoline: The Early Memoirs of Lady Ottoline Morrell*, p. 183
p. 196 'I remember a day': BR to OM, March 1911
p. 196 'Things are no better': Alys, journal entry, 8.9.09, quoted in Strachey, op. cit., p. 223
p. 196 'It would be very delightful': *Ottoline*, p. 184
p. 197 'At some places': ibid., p. 192
p. 197 'I discovered': *Autobiography*, p. 204
p. 197 Russell addressed the Bedford Liberal Association: the address is published in *Collected Papers 12*, pp. 294–303
p. 198 'I feel, I must confess': F. H. Bradley to BR, 11.4.10
p. 198 'I am really glad': F. H. Bradley to BR, 20.4.10
p. 199 'Some Explanations in Reply to Mr Bradley': reprinted in *Collected Papers 6*, pp. 349–58
p. 199 'Reply to Mr Russell's Explanations': reprinted ibid., pp. 394–7
p. 199 'I enjoy living in College': BR to HT, 15.11.10

## 7. Reawakened Visions

p. 200 series of three lectures: all three are included in *Collected Papers 6*, as, respectively, papers 2, 3, and 14
p. 200 'has resolved': *Collected Papers 6*, p. 40
p. 200 'You will note': ibid. p. 135
p. 201 'living in a dream': *Autobiography*, p. 204
p. 201 'it *was* hard': BR to OM, 2.7.11
p. 201 'My heart is so full': BR to OM, 21.3.11
p. 202 'utterly unprepared': *Ottoline at Garsington: Memoirs of Lady Ottoline Morrell 1915–1918*, Appendix, p. 267
p. 202 'I feel myself': BR to OM, 21.3.11
p. 202 'I fear': ibid.
p. 202 'Dearest Alys': BR to AR, 22.3.11
p. 203 'All my life': BR to OM, 22.3.11
p. 203 'sordid atmosphere': BR to OM, 23.3.11
p. 204 'How could I': *Ottoline at Garsington*, p. 269
p. 204 'Nothing can stop': quoted in Seymour, op. cit., p. 111
p. 204 'I don't know quite why': BR to OM, 25.3.11
p. 205 'They are my best friends': ibid.
p. 205 'what you object to': OM to BR, 25.3.11, quoted in Seymour, op. cit., p. 111
p. 205 'You make me': OM to BR, 26.3.11, ibid., p. 112
p. 205 'I feel': BR to OM, 28.3.11
p. 206 'How could you suppose': BR to OM, 28.3.11
p. 206 'I have always felt': *Ottoline at Garsington*, p. 269
p. 207 'You are right': BR to OM, 29.3.11
p. 207 'I had another interview': *Ottoline at Garsington*, p. 269
p. 207 'even before': Seymour, op. cit., p. 114
p. 207 'allowed him': ibid.

**p. 207** 'Dearest': BR to OM, 30.3.11
**p. 207** 'if you continue': BR to OM, 28.3.11
**p. 207** 'Our love': BR to OM, 30.3.11
**p. 208** 'life is so full of prisons': BR to OM, 1.4.11
**p. 208** 'Alys has agreed': ibid.
**p. 208** 'Alys has been speaking': BR to OM, 2.4.11
**p. 208** 'revives the worship of beauty': BR to OM, 3.4.11
**p. 209** 'we do seem': ibid.
**p. 209** 'I know you don't feel quite as I do': BR to OM, 6.4.11
**p. 209** 'I wish very much': ibid.
**p. 210** 'My whole being': BR to OM, 4.4.11
**p. 210** 'I think the things she fears': BR to OM, 8.4.11
**p. 211** 'Do you want to go?': see *Ottoline at Garsington*, pp. 267–8
**p. 211** 'I shall see the Whiteheads': BR to OM, 8.4.11
**p. 211** 'Tell me everything': BR to OM, 8.4.11
**p. 212** 'In moments of depression': BR to OM, 13.4.11
**p. 212** 'I do long for you to come': OM to BR, 9–10.4.11, quoted in Seymour, op. cit., p. 125
**p. 212** 'You must manage': BR to OM, 12.4.11
**p. 213** 'When the dentist told me': *Autobiography*, p. 204
**p. 213** 'I then rode away': ibid.
**p. 213** 'it is too near': BR to OM, 16.4.11
**p. 213** 'He assumed at once': *Ottoline at Garsington*, pp. 272–3
**p. 214** 'I felt uplifted': ibid.
**p. 214** 'but I can't': BR to OM, 21.4.11
**p. 214** 'I go about': BR to OM, 22.4.11
**p. 214** 'This place': ibid.
**p. 214** 'I rather resent': ibid.
**p. 215** 'You will see': ibid.
**p. 215** 'a set of disjointed reflections': BR to OM, 26.4.11
**p. 215** 'What is the true essence': *Collected Papers 12*, pp. 53–4
**p. 216** 'This is a relief': BR to OM, 26.4.11
**p. 216** 'Parting grows harder': BR to OM, 29.4.11
**p. 216** 'a perfectly cold intellect': ibid.
**p. 217** 'I have tried': BR to OM, 10.5.11
**p. 217** 'It was rather queer': BR to OM, 2.5.11
**p. 217** 'Darling, don't worry': ibid.
**p. 218** 'I feel possessed': Henry Lamb to OM, 3.5.11, quoted in Seymour, op. cit., p. 129
**p. 218** 'that incredible little room': Henry Lamb to OM, 16.5.11, ibid., p. 130
**p. 218** 'I have the most absolute restful confidence': BR to OM, 13.5.11
**p. 218** 'I doubt if this quality': ibid.
**p. 218** 'I don't want to': BR to OM, 16.5.11
**p. 219** 'I want to get free': BR to OM, 19.5.11
**p. 219** 'After nearly two hours': *Ottoline: The Early Memoirs*, p. 213
**p. 220** 'wild and miserable': BR to OM, 21.5.11
**p. 220** 'Please forgive me': Logan Pearsall Smith to OM, 24.5.11, quoted in Seymour, op. cit., p. 134
**p. 220** 'though violent and vindictive': *Ottoline at Garsington*, p. 264
**p. 220** 'I feel quite sure': BR to OM, 24.5.11
**p. 221** 'His life was of a piece': ibid.

**p. 221** 'I find I should be rather sorry': BR to OM, 26.5.11
**p. 222** 'but that had no attractions': BR to OM, 25.5.11
**p. 222** 'I fear I should come to hate Alys': BR to OM, 27.5.11
**p. 222** 'But I was wrong': ibid.
**p. 222** 'We decided': *Ottoline at Garsington*, p. 276
**p. 222** 'I gather it is quite all right': BR to OM, 28.5.11
**p. 223** 'whenever I am not on the watch': BR to OM, 29.5.11
**p. 223** 'We are telling our friends': Alys to Mary, 4.6.11, see *Ottoline at Garsington*, pp. 288–9
**p. 223** 'in a very good mood': BR to OM, 6.6.11
**p. 223** 'I shall always love him': Alys to Mary, 14.6.11, *Ottoline at Garsington*, pp. 289–90
**p. 223** 'There was something': *Ottoline at Garsington*, p. 265
**p. 224** 'a false impression': BR to OM, 12.6.11
**p. 224** 'It is funny': BR to OM, 14.6.11
**p. 224** 'Apparently': BR to OM, 21.6.11
**p. 224** 'I am feeling again': BR to OM, 16.7.11
**p. 225** 'As I have to': BR to OM, 26.6.11
**p. 225** 'I *will* associate you with my work': BR to OM, June 1911
**p. 225** 'Darling, I *do long* for it too': OM to BR, 5.7.11, quoted in Seymour, op. cit., p. 145
**p. 225** 'affection and love': quoted in Griffin, *Selected Letters of Bertrand Russell*, p. 383
**p. 226** 'by a hypothetical jealousy': BR to OM, 16.7.11
**p. 227** 'talked of life': *Ottoline at Garsington*, p. 278
**p. 227** 'a journey': ibid., p. 279
**p. 227** 'It was exhausting': ibid., p. 278
**p. 227** 'Her feelings': from Russell's 'Private Memoir', written in the 1950s 'to explain why my relations with women that I have been fond of were until the last unsatisfactory'
**p. 227** 'The world's a prison': BR to OM, July 1911
**p. 228** 'Prisons': what survives of this aborted work is published in *Collected Papers 12*, pp. 97–109
**p. 228** 'it might': BR to OM, 30.7.11
**p. 228** 'like Napoleon': ibid.
**p. 228** 'The man': *The Problems of Philosophy* (paperback edition), p. 91
**p. 228** 'private world': ibid., p. 92
**p. 228** 'Personal and private things': ibid., p. 93
**p. 229** 'the mind . . . is rendered great': ibid., p. 94
**p. 230** 'In the summer': BR to OM, 12.2.12
**p. 230** 'One must have': BR to OM, 14.2.12
**p. 230** 'rather too kept down': OM to BR, 5.3.12
**p. 230** 'the dullness': quoted in BR to OM, 15.4.12
**p. 230** 'the emotions spoken of': see BR to OM, 18.10.11
**p. 230** '*Individuality is so precious*': OM to BR, 5.3.11
**p. 230** 'Self in all its forms': *Collected Papers 12*, p. 103
**p. 230** 'The essence of religion': ibid., p. 105
**p. 230** 'feeling the individual': ibid., pp. 108–9
**p. 230** 'besides the earthly love': ibid., p. 107
**p. 231** 'learn what is best': OM to BR, 5.3.12

## 8. Hard Dry Reasoning

p. 232 'I have the energy': BR to OM, 16.9.11
p. 233 'Owing to Bergson': ibid.
p. 233 'I remember': BR to OM, 7.3.12
p. 233 'My imagination': BR to OM, 16.9.11
p. 233 'I work in the morning': BR to OM, 19.9.11
p. 233 'been very full': BR to OM, 20.9.11
p. 234 'I do feel myself': BR to OM, 20.9.11
p. 234 'On the Relations': reprinted in *Logic and Knowledge* and *Collected Papers 6*
p. 234 'unchangeable, rigid, exact': see *The Problems of Philosophy*, p. 57
p. 235 'if he [Bergson] fails': *Collected Papers 6*, p. 328
p. 236 'Often, I can hardly know': BR to OM, 6.12.11
p. 236 'You with your God': BR to OM, 21.9.11
p. 236 'I am very very much interested': BR to OM, 16.10.11
p. 237 'an unknown German': BR to OM, 18.10.11
p. 237 'My German friend': BR to OM, 19.10.11
p. 237 'every moment': BR to OM, 25.10.11
p. 237 'I enjoyed making it pretty': *Ottoline at Garsington*, p. 279
p. 238 'is giving lectures': BR to LD, 28.10.11
p. 238 'I didn't find out anything': BR to OM, 29.10.11
p. 238 'completely materialistic': quoted in *Collected Papers 6*, p. 319
p. 238 'Bergson, who was present': BR to Ralph Barton Perry, 1.11.11
p. 239 'very argumentative': BR to OM, 1.11.11
p. 239 'a fool': BR to OM, 2.11.11
p. 239 'so much pleasanter': ibid.
p. 239 'It seems to me': BR to OM, 4.11.11
p. 239 'It is very unlikely': ibid.
p. 239 'I long to have long talks': BR to OM, 5.11.11
p. 239 'but from the point of view': BR to OM, 12.11.11
p. 239 'Young men': ibid.
p. 241 'he asked me today': BR to OM, 27.11.11
p. 241 'literary, very musical': BR to OM, 29.11.11
p. 241 'clear up my own ideas': BR to OM, 13.12.11
p. 242 'amazing eyes': see *Ottoline: The Early Memoirs*, p. 97
p. 243 'I don't know': quoted in Seymour, op. cit., p. 154
p. 243 'I have upon me': BR to OM, 27.12.11
p. 243 'It is difficult': ibid.
p. 243 'it is far better': BR to OM, 28.12.11
p. 244 'I see that': BR to OM, 31.12.11
p. 244 'You don't know': BR to OM, 30.12.11
p. 244 'There is of course': BR to OM, 30.12.11
p. 244 'All that religion': BR to OM, 1.1.12
p. 245 'And one can make': BR to OM, 9.1.12
p. 245 'I believe any passion': ibid.
p. 245 'This year': BR to OM, 24.1.12
p. 246 'fettered': BR to OM, 11.2.12
p. 246 'I feel the courageous course': ibid.
p. 246 'I should be afraid': ibid.
p. 246 'I have always tended': BR to OM, 18.2.12
p. 246 'It has a kind of stoic nobility': GLD to BR, quoted in BR to OM, 1.2.12
p. 247 'dry intellectual mood': BR to OM, 23.2.12

**p. 247** 'When you are gone': BR to OM, 27.2.12
**p. 247** 'I think his philosophy': BR to OM, 4.3.12
**p. 247** 'The whole world': BR to OM, 11.3.12
**p. 247** 'Bergson's mystical philosophy': Wood, op. cit., p. 89
**p. 248** 'Writing on Bergson': BR to OM, 8.3.12
**p. 248** 'I began to talk': ibid.
**p. 248** 'an old gentleman': BR to OM, 9.3.12
**p. 248** 'I am so glad': see *Ottoline: The Early Memoirs*, p. 220
**p. 249** 'the abstract intellectual life': ibid., p. 221
**p. 249** 'I found myself': ibid., p. 222
**p. 249** 'About life and philosophy': BR to OM, 13.3.12
**p. 250** 'Oh': OM to Lytton Strachey, quoted in Seymour, op. cit., p. 161
**p. 250** 'the most perfect': BR to OM, 17.3.12
**p. 250** 'very good': BR to OM, 23.1.12
**p. 250** 'a small proportion': BR to OM, 15.3.12
**p. 251** 'terribly persistent': BR to OM, 2.3.12
**p. 251** 'is that of an artist': BR to OM, 16.3.12
**p. 251** 'a close equal passionate discussion': BR to OM, 18.3.12
**p. 251** 'It was a mild event': BR to OM, 12.3.12
**p. 251** 'spoke with intense feeling': BR to OM, 18.3.12
**p. 252** 'In discussion': ibid.
**p. 252** 'something solid': BR to OM, 15.3.12
**p. 252** 'people who like philosophy': BR to OM, 18.3.12

## 9. Perplexities

**p. 254** 'I won't *count* on you': BR to OM, 18.3.12
**p. 254** 'I never saw anything more beautiful': BR to OM, 21.3.12
**p. 254** 'There were several bouts': ibid.
**p. 254** 'I love being alone': ibid.
**p. 255** 'Ever since the letter you wrote': BR to OM, 30.5.12
**p. 255** 'nothing but rocks': BR to OM, 22.3.12
**p. 256** 'I doubt if even you': BR to OM, 23.3.12
**p. 256** 'I remember when': ibid.
**p. 256** 'a drunken homosexual spy': from Russell's 'Private Memoir'
**p. 256** 'Of all the characters I ever read about in fiction': BR to OM, 24.3.12
**p. 256** 'The side of you': BR to OM, 22.3.12
**p. 256** 'But I was in a fit of madness': BR to OM, 24.3.12
**p. 256** 'dry & hard': ibid.
**p. 257** 'I think it was the toothache': OM to BR, 24.3.12, quoted in Seymour, op. cit., p. 162
**p. 257** 'When physical pain': BR to OM, 26.3.12
**p. 257** 'Indeed passion is of God': BR to OM, 2.4.12
**p. 258** 'I thought a great deal': BR to OM, 7.4.12
**p. 258** 'Dramatic and Utilitarian Ethics': included as paper 36 in *Collected Papers 12*, pp. 378–83
**p. 258** 'the average man': ibid., p. 382
**p. 258** 'having little to do': see *Collected Papers 6*, p. 378
**p. 259** 'is not a kindly sentiment': ibid., p. 383
**p. 259** 'I thought he would have smashed': BR to OM, 23.4.12
**p. 260** 'trivial problem': ibid.
**p. 260** 'I might invent': BR to OM, 24.4.12

p. 260 'go back': BR to OM, 11.5.12
p. 260 'Dearest, don't think': ibid.
p. 260 'a religion only for the victims': BR to OM, 30.4.12
p. 261 'Quite impersonally and impartially': ibid.
p. 261 'Seeing that you': BR to OM, 24.4.12
p. 262 'remember simple moral truths': BR to OM, 11.5.12
p. 262 'I have put into the world': BR to OM, 30.4.12
p. 262 'There is nothing to compare': BR to OM, 24.5.12
p. 262 'On Matter': *Collected Papers 6*, pp. 77–95
p. 263 'It will shock people': BR to OM, 29.4.12
p. 263 'In what follows': *Collected Papers 6*, p. 80
p. 263 'but only': BR to OM, 26.5.12
p. 263 'it is quite useless': BR to OM, 14.5.12
p. 264 'all spiritual things': BR to OM, 17.5.12
p. 264 'one could put in': BR to OM, 20.5.12
p. 264 'and do it better': BR to OM, 1.6.12
p. 264 'thinking of doing philosophy': BR to OM, 27.5.12
p. 264 'I told him': ibid.
p. 264 'What shall it profit a man': BR to OM, 29.5.12
p. 265 'Yesterday Wittgenstein began on Dickens': BR to OM, 1.6.12
p. 265 'for some time past': *Ottoline at Garsington*, p. 280
p. 265 'I want to lay down': BR to OM, 30.5.12
p. 265 'If I could face life': ibid.
p. 266 'I should not avoid sexual crime': ibid.
p. 266 'Oh Bertie': OM to BR, 31.5.12, quoted in Seymour, op. cit., p. 162
p. 266 'This is not a decision': BR to OM, 1.6.12
p. 266 'at Lausanne': ibid.
p. 266 'soon grew gentler': *Ottoline at Garsington*, p. 280
p. 266 'an enchanting day': ibid.
p. 266 *The Perplexities of John Forstice*: published as paper 9 in *Collected Papers 12*, pp. 123–54
p. 267 'a single-minded enthusiast': *Collected Papers 12*, p. 128
p. 267 'Do you know': ibid., p. 133
p. 267 'all his abstract interests': ibid., p. 134
p. 268 'Mathematics gives most joy': ibid., p. 136
p. 268 'The artists and madmen': ibid., p. 141
p. 269 'We common people': ibid., p. 143
p. 270 'There is': ibid., p. 148
p. 270 'I wish you to tell her': ibid., p. 147
p. 270 'The final parting': ibid.
p. 271 'As he walked away': ibid., p. 151

## 10. The Shattered Wave

p. 272 '*entirely* ceased': BR to OM, 10.7.12
p. 272 'We expect': from Hermine Wittgenstein's memoir, 'My Brother Ludwig', see *Recollections of Wittgenstein*, p. 2
p. 273 'In a Cambridge garden': G. L. Dickinson, 'A Personal Impression of Tagore', *The New Leader*, 23 Feb. 1923, pp. 11–12
p. 273 'the mood': BR to OM, 14.7.12
p. 273 'It seems to me': GLD to BR, 21.7.12
p. 274 'The impulse to technical work': BR to OM, 24.7.12

p. 274 'In an odd way': ibid.
p. 275 'obviously an intellectual man's conception': quoted in BR to OM, 3.8.12
p. 275 'ought to be less shadowy': BR to OM, 14.8.12
p. 275 'quite enough mere discussion': quoted in BR to OM, 8.9.12
p. 275 'What I should like to do': ibid.
p. 275 'Wars and pestilences': BR to OM, 26.8.12
p. 275 'an Ecclesiastes pessimist': BR to OM, 3.9.12
p. 276 'No, this is all too farcical': ibid.
p. 276 'When I am unhappy': BR to OM, 15.10.12
p. 276 'Bertie came down on Sunday': *Ottoline at Garsington*, pp. 280–1
p. 276 'He is so lonely': ibid.
p. 277 'He expects me': ibid.
p. 277 'wild bohemian artistic side': quoted in Seymour, op. cit., p. 173
p. 277 'At night': see *Ottoline: The Early Memoirs*, p. 232
p. 278 'that wretch Bertie': quoted in Seymour, op. cit.
p. 278 'the time at Churn': BR to OM, 4.5.13
p. 279 'These are the actual sons of God': LW to BR, 16.8.12
p. 279 'how glorious': BR to OM, 21.8.12
p. 279 'I find it excites me': BR to OM, 21.8.12
p. 279 'now getting old': BR to OM, 21.8.12 (a later letter)
p. 279 'an odd sense of treachery': ibid.
p. 279 'We talk about music': BR to OM, 4.9.12
p. 280 'sage advice': BR to OM, 5.9.12
p. 280 'Here is Wittgenstein': BR to OM, 11.10.12
p. 280 'He was so unhappy': BR to OM, 13.10.12
p. 280 'yet when you live': Rabindranath Tagore to BR, 13.10.12
p. 281 'I regret I cannot agree': BR to N. Chatterji, 26.4.67
p. 281 'What is Logic?': *Collected Papers 6*, paper 4, pp. 54–6
p. 281 'which I think': BR to OM, 13.10.12
p. 281 'the subject': BR to OM, 14.10.12
p. 281 'the study': *Collected Papers 6*, p. 55
p. 281 'A *form* is something': ibid., p. 56
p. 281 'I don't know yet quite': BR to OM, 15.10.12
p. 282 'sense of failure': BR to OM, 15.10.12 (later letter)
p. 282 'the problem': BR to OM, 16.10.12
p. 282 'I don't know': BR to OM, 25.10.12
p. 282 'not only of those': *Collected Papers 6*, p. 94
p. 282 'No one except Wittgenstein': BR to OM, 26.10.12
p. 282 'start philosophers': ibid.
p. 282 'I feel that I really have': BR to OM, 29.10.12
p. 283 'But there are': BR to OM, 30.10.12
p. 283 'a vast & very difficult subject': BR to OM, 8.11.12
p. 283 'a fine big canvas': BR to OM, 17.11.12
p. 283 'When I have read enough': ibid.
p. 284 'One has time': BR to OM, 16.12.12
p. 284 'extraordinarily strong': BR to OM, 29.12.12
p. 284 'feeling himself': BR to OM, 31.10.12
p. 284 'Are you thinking': *Autobiography Volume II*, p. 99
p. 284 'He strains his mind': BR to OM, 3.11.12
p. 284 'a bleating lambkin': BR to OM, 9.11.12
p. 284 'suddenly stood still': ibid.

**p. 285** 'The poor man': Lytton Strachey to Sydney Saxon Turner, 16.11.12
**p. 286** 'about *our* Theory of Symbolism': LW to BR, 26.12.12
**p. 286** 'Every theory of types': LW to BR, January 1912
**p. 286** 'greater school': BR to OM, 25.12.12
**p. 287** 'partly the cause': ibid.
**p. 287** 'and where I tried': *Ottoline: The Early Memoirs*, p. 234
**p. 287** 'It is rather appalling': BR to OM, 14.1.13
**p. 288** 'I would give my right hand': *Ottoline at Garsington*, p. 282
**p. 288** 'Anyone who reads this warning': ibid.
**p. 288** 'Bertie says': *Ottoline: The Early Memoirs*, p. 236
**p. 288** 'He is, I am sure': *Ottoline at Garsington*, p. 282
**p. 289** 'I want very much': BR to OM, 23.2.13
**p. 290** 'So far as I know': BR to Ralph Perry, 4.2.13
**p. 290** preliminary attempts: see 'Nine Short Manuscripts on Matter', written in 1912–13 and included as paper 11 in *Collected Papers 6*, pp. 96–111. The phrase 'logically late' occurs on p. 109.
**p. 290** reviewed William James: the review is reprinted in *Collected Papers 6*, pp. 298–304
**p. 291** 'He raged and stormed': BR to OM, 6.3.13
**p. 292** 'tried in vain': BR to GLD, 13.2.13
**p. 292** 'I feel': ibid.
**p. 292** 'Are you finding': ibid.
**p. 293** 'Science as an Element in Culture': originally published in *The New Statesman* in May 1913, reprinted as 'The Place of Science in a Liberal Education' in *Mysticism and Logic*, and in *Collected Papers 12*, pp. 387–97
**p. 293** 'Science comes nearer': from a passage included in the original paper but cut from the subsequent reprints, presumably because it is repeated at the end of Russell's later paper, 'Mysticism and Logic' (where, however, it is scientific *philosophy* that is said to come 'nearer to objectivity than any other pursuit'). See *Collected Papers 12*, p. 546.
**p. 293** 'The kernel': see *Collected Papers 12*, pp. 395–6
**p. 293** 'much better': BR to OM, 17.4.13
**p. 293** 'When there are': BR to OM, 24.4.13
**p. 294** 'Dearest I do hope': BR to OM, 7.5.13
**p. 294** 'The excitement': BR to OM, 26.4.13
**p. 294** 'been bubbling over': BR to OM, 4.5.13
**p. 294** 'with all solemnity': BR to OM, 2.5.13
**p. 294** 'Then I shall come': BR to OM, 8.5.13
**p. 295** 'with a refutation': BR to OM, 21.5.13
**p. 296** 'logical objects': see *The Theory of Knowledge* (paperback edition), p. 97
**p. 296** 'In the present': ibid., p. 99
**p. 296** 'it is clear': ibid., pp. 98–9
**p. 296** 'it is impossible': ibid., p. 46
**p. 297** 'we were both cross': BR to OM, 27.5.13
**p. 300** 'I can now': LW to BR, probably around 16.5.13
**p. 300** 'The proper theory': see Wittgenstein, *Notebooks 1914–1916*, p. 103, and *Tractatus Logico-Philosophicus* 5.5422
**p. 300** 'who is not yet stale': LW to G. E. Moore, 19.11.13
**p. 301** 'He taught his patients': *Ottoline: The Early Memoirs*, p. 237
**p. 301** 'Do you remember': BR to OM, 4.3.16
**p. 302** 'I feel you find me': BR to OM, 20.6.13

p. 302 'two opposite': ibid.
p. 302 'Without you': BR to OM, 21.6.13
p. 302 'This can only be': BR to OM, 27.6.13
p. 303 'My Aunt Agatha': BR to OM, 27.6.13 (later letter)
p. 303 'It seems to me': BR to OM, 28.6.13
p. 304 '*absurd*' to talk: OM to BR 28.6.13. See Seymour, op. cit., p. 181
p. 304 'I can't make': BR to OM, 30.6.13

## 11. The External World and the Central Fire

p. 306 'what Prisons failed to be': BR to OM, 8.4.13
p. 306 'I don't believe': BR to OM, 24.7.13
p. 306 'a kind of selfishness': BR to OM, 10.8.13
p. 307 'I am very sorry': ibid.
p. 307 'was a very lovely one': *Ottoline at Garsington*, p. 284
p. 307 'he was such a pure artist': *Ottoline: The Early Memoirs*, p. 239
p. 308 'But, dear lady': ibid., p. 240
p. 308 'that wonderful book': ibid.
p. 308 'I found': ibid., p. 242 (footnote)
p. 308 'He said': OM to BR, 11.8.13, quoted in Seymour, op. cit., p. 183
p. 309 'I am *quite quite* sure': BR to OM, 22.8.13
p. 309 'In his talk': *Ottoline: The Early Memoirs*, p. 242
p. 309 'She seemed': OM to BR, 11.8.13
p. 309 'I wonder': BR to OM, 12.8.13
p. 310 'an utterly stupid person': BR to OM, 10.8.13
p. 310 'It is what I asked for': BR to OM, 18.8.13
p. 311 'I can't justify it': ibid.
p. 312 'At the end of the evening': BR to OM, 29.8.13
p. 312 'Bertie has gone': *Ottoline at Garsington*, p. 284
p. 312 'He was hard and cold': ibid.
p. 313 'I have *really* learnt': BR to OM, 30.8.13
p. 313 'is that there is no *new* thought': BR to OM, probably 5.9.13
p. 313 'among the triumphs': *Our Knowledge of the External World*, p. 189
p. 314 'In all who seek': ibid., p. 30
p. 314 'Of the reality': ibid., p. 31
p. 314 'like all human faculties': ibid., p. 32
p. 314 'yet self-knowledge': ibid., p. 35
p. 314 'the wall': ibid.
p. 315 'At our very first meeting': *Autobiography*, p. 209
p. 315 'It was *wonderful*': BR to OM, 10.9.13
p. 316 'unusual talkativeness': Joseph Conrad to BR, 13.9.13
p. 316 'I have seen Conrad': BR to LD, 20.2.14
p. 316 'shared a certain outlook': *Autobiography*, p. 207
p. 317 'In the out-works of our lives': ibid.
p. 317 'His soul was mad': *The Heart of Darkness* (Signet Classic edition), p. 144
p. 317 'he had made that last stride': ibid., p. 149
p. 317 'Satanic mysticism': Russell to Watts-Armstrong, 3.10.61
p. 318 'a dangerous walk': *Autobiography*, p. 208
p. 318 'The completion': Frederick Karl, *Joseph Conrad: The Three Lives*, p. 678
p. 318 'reached out': ibid.
p. 318 'He was very conscious': *Autobiography*, p. 208
p. 319 'It was': *The Secret Sharer* (Signet Classic edition), p. 27

p. 319 'It's a great satisfaction': ibid., p. 52
p. 320 'I find men's opinions': *Ottoline: The Early Memoirs*, pp. 247–8
p. 321 'He was different': *Typhoon and Other Stories* (Penguin edition), p. 155
p. 321 'I felt strangely solitary': *Autobiography Volume II*, p. 38
p. 321 'understood each other': *Ottoline: The Early Memoirs*, p. 243
p. 322 'I shall certainly try': BR to OM, 13.9.13
p. 322 'have never come in contact': ibid.
p. 322 'My days here': BR to OM, 16.9.13
p. 322 'in the mood': BR to OM, 21.9.13
p. 322 'I have fairly vivid intellectual interests': ibid.
p. 323 'While the mystic mood': *Our Knowledge of the External World*, p. 56
p. 323 'All that about the bad logic': BR to OM, 29.9.13
p. 323 'all sorts of ideas': LW to BR, 20.9.13
p. 323 'frightfully worried': Pinsent, Diary, 20.9.13
p. 324 'I was utterly worn out': BR to OM, 3.10.13
p. 324 'a blow and an anxiety': BR to OM, 6.10.13
p. 324 'I said it would be dark': BR to LD, 19.10.13
p. 324 'a godsend': BR to OM, 6.10.13
p. 324 'he wears me out': ibid.
p. 324 'After much groaning': BR to OM, 9.10.13
p. 325 'makes me feel': ibid.
p. 325 'Propositions, which are symbols': Wittgenstein, *Notebooks*, pp. 96–7
p. 325 'that this inkpot': ibid., p. 97
p. 326 'This is an ideal place': LW to BR, 29.10.13
p. 326 'All sorts': LW to BR, Nov. 1913
p. 326 'An account': ibid.
p. 326 'I beg you': LW to BR, Nov. or Dec. 1913
p. 326 'The youth': BR to LD, 19.10.13
p. 327 'I have a civilised side': BR to OM, 14.10.13
p. 327 'Instinctive desires' BR to OM, 10.9.13
p. 327 'wd. not be lessened': ibid.
p. 327 'My feelings now': BR to OM, 4.10.13
p. 327 'Yes, Villon is very great': BR to OM, 6.10.13

## 12. Mr Apollinax

p. 329 'I feel very happy': BR to OM, 19.11.13
p. 330 'I find I have lost all interest': BR to OM, 14.10.13
p. 330 'I am liable': BR to OM, 26.11.13
p. 330 'It was a great pleasure': Conrad to BR, 12.12.13
p. 330 'mad . . . all alone brooding': see BR to OM, 6.1.14
p. 331 'I hope': OM to BR, 21.12.13, quoted in Seymour, op. cit., p. 187
p. 331 'Your letters': BR to OM, 22.12.13
p. 331 'This spring': BR to OM, 21.12.13
p. 331 'very scratch and uncomfortable': BR to OM, 22.12.13
p. 332 'I don't know': BR to OM, 26.12.13
p. 332 'I would rather': BR to OM, 27.12.13
p. 332 'and nearly embraced': ibid.
p. 332 '& shall never be': BR to OM, 29.12.13
p. 332 'a sort of *éclaircissement*': BR to OM, 29.12.13 (later letter)
p. 333 'felt all your pain': BR to OM, 5.1.14
p. 333 'I cannot well': OM to BR, 5.1.14, quoted in Seymour, op. cit., p. 187

p. 333 'I should feel': *Autobiography*, p. 207
p. 333 'moving step by step': Conrad to BR, 22.12.13
p. 333 'follow the dream': Conrad, *Lord Jim* (Penguin edition), p. 201
p. 334 'I know I have failed': BR to OM, 5.1.14
p. 334 'a sense of shame': BR to OM, 3.1.14
p. 334 'Please read enclosed': ibid.
p. 335 'The effect of Conrad's letter': BR to OM, 4.1.14
p. 335 'ordinary daily happiness': ibid.
p. 335 'The Relation of Sense-Data to Physics': first published in *Scientia*, 16, July 1914, reprinted in *Mysticism and Logic* and as paper 1 in *Collected Papers 8*, pp. 3–26
p. 335 'very good!': BR to OM, 17.1.14
p. 336 'At last, in despair': from the broadcast 'How I write', included in *Portraits from Memory*, pp. 194–7 (quotation on pp. 195–6)
p. 336 'I do not want': ibid., p. 196
p. 336 'What I dictated': *Autobiography*, p. 210
p. 337 'I hate the suffering': BR to OM, 6.1.14
p. 337 'I cannot bear': BR to OM, 8.1.14
p. 337 'I used to feel': BR to OM, 9.1.14
p. 337 'Mysticism and Logic': first published in the *Hibbert Journal*, 12 July 1914, reprinted in *Mysticism and Logic*, and as paper 2 in *Collected Papers 8*.
p. 337 'It is not very good': BR to OM, 11.1.4
p. 337 'The greatest men': *Collected Papers 8*, p. 30
p. 337 'we see the true union': ibid., p. 31
p. 337 'offering less glitter': ibid., p. 49
p. 337 'a delicate matter': BR to OM, 19.1.14
p. 338 'a wonderful man': BR to OM, 18.1.14
p. 338 'the growing need': *Collected Papers 8*, p. 54
p. 338 review of Balfour: *Collected Papers 8*, pp. 99–104
p. 338 'rhetorical dishonest sentimental twaddle': BR to OM, 17.2.14
p. 338 'It is incredible balderdash': BR to OM, 24.2.14
p. 338 'never aims': see *Collected Papers 8*, p. 101
p. 339 'The fundamental defect': ibid., p. 104
p. 340 'Sometimes': LW to BR, Jan. 1914, misdated in *Letters to Russell, Keynes and Moore* as 'June or July 1914'. See Brian McGuinness, *Wittgenstein: A Life*, p. 92
p. 340 'It's VERY sad': LW to BR, Jan. 1914
p. 340 'and the beauty': ibid.
p. 340 'All best wishes': ibid.
p. 341 'we really don't suit one another': LW to BR, Feb. 1914
p. 341 'It is my fault': BR to OM, 19.2.14
p. 342 'I dare say': ibid.
p. 342 'Your letter was *so* full of kindness': LW to BR, 3.3.14
p. 344 'I have not felt impatient': BR to OM, 8.2.14
p. 344 'I had thought': BR to OM, 13.2.14
p. 344 'The longing for children': BR to OM, 13.2.14 (later letter)
p. 344 'a dire loneliness': *Ottoline: The Early Memoirs*, pp. 251–2
p. 345 'You feel me terribly selfish': BR to OM, 17.2.14
p. 345 'praising "The Free Man's Worship" ': BR to LD, 20.2.14
p. 346 'I am not surprised': Conrad to BR, 17.2.14
p. 346 'that in fact': BR to OM, 22.2.14

p. 346 'whatever happens': BR to OM, 24.2.14
p. 346 'one of the foremost': *New York Times*, 14.3.14, quoted in *Bertrand Russell's America Volume One 1896–1945*, p. 39
p. 347 'I couldn't *bear*': BR to OM, 22.3.14
p. 347 'an intolerable person': BR to OM, 19.3.14
p. 347 'the kind of people': BR to OM, 26.3.14
p. 347 'prides itself': BR to MLlD, 12.4.14
p. 347 'the American tendency': BR to OM, 14.3.14
p. 347 'Nobody here': BR to OM, 19.3.14
p. 347 'rapidly driving me mad': ibid.
p. 347 'a soul-destroying atmosphere': BR to OM, 22.3.14
p. 347 'more alert': BR to LD, 20.3.14
p. 347 'Spiritually we starve and die': BR to OM, 19.3.14
p. 347 'humble and shabby': BR to OM, 14.3.14
p. 347 'regular American place': BR to OM, 19.3.14
p. 348 'I find the coloured people': BR to OM, 14.3.14
p. 348 'not the sort of man': ibid.
p. 348 'a *great* improvement': BR to OM, 26.3.14
p. 348 'we have breakfast': ibid.
p. 348 'I enjoy my lecturing': BR to LD, 20.3.14
p. 348 'I was seized with shyness': BR to OM, 19.3.14
p. 348 'fussy and old-maidish': BR to OM, 26.3.14
p. 349 Victor Lenzen: see 'Bertrand Russell at Harvard, 1914' by Victor Lenzen, *Russell*, 3, autumn 1971, pp. 4–6
p. 349 'the chance of a lifetime': ibid., p. 4
p. 349 'an almost superhuman person': ibid.
p. 349 'A fact is not a thing': ibid., pp. 4–5
p. 349 'able and *very* nice': BR to OM, 23.3.14
p. 349 'writes long long letters': see BR to OM, 13.4.14
p. 350 His doctoral thesis: published as *Knowledge and Experience in the Philosophy of F. H. Bradley*, 1964.
p. 350 'extraordinarily silent': *Autobiography*, p. 212
p. 350 'Yes, he always reminds me': ibid.
p. 350 'intimate': see BR to LD, 20.2.14
p. 350 'fit of spleen': BR to LD, 11.5.14
p. 351 'an assembled crowd of neighbours': BR to OM, 6.4.14
p. 351 'far less repulsive': BR to OM, 13.4.14
p. 351 'There at last': ibid.
p. 351 'but the mental atmosphere': BR to OM, 15.4.14
p. 351 'By the time': BR to LD, 29.4.14
p. 351 'escaping from New England': BR to OM, April 1914
p. 352 '*awful* people': BR to OM, 20.4.14
p. 352 'full of new Gothic': BR to OM, 24.4.14
p. 352 'awful bores': BR to LD, 29.4.14
p. 352 'a silly book': BR to OM, 24.4.14
p. 352 'I feel': BR to LD, 29.4.14
p. 352 'seems done': ibid.
p. 352 'a one-horse place': BR to OM, 6.5.14
p. 352 'I . . . loved him': ibid.
p. 353 'I find the cultured people': BR to OM, 26.3.14
p. 353 'It was beautiful': BR to OM, 11.5.14

p. 353 'as like an Englishman': BR to LD, 11.5.14
p. 354 'noticed the madness': BR to Barry Fox, 27.11.27
p. 354 'I have thank Heaven': BR to OM, 11.5.14
p. 354 'only require': BR to OM, 15.5.14
p. 355 'Everybody has been so kind': BR to OM, 23.5.14
p. 355 'whose daughter': ibid.
p. 356 'I at once': *Autobiography*, p. 213
p. 356 'has developed': BR to OM, 29.5.14
p. 356 'a rather important one': BR to OM, 1.6.14
p. 357 'Her youth': *Autobiography*, p. 213
p. 357 'I do not want you': BR to OM, 1.6.14
p. 358 'a very real and serious thing': BR to OM, 14.6.14
p. 358 'All day': BR to OM, 16.6.14
p. 358 'Our little moment': BR to OM, 18.6.14
p. 359 'What you give me': BR to OM, 23.6.14
p. 359 'Most people': BR to OM, 23.6.14 (later letter)
p. 360 'What worries me': BR to OM, 11.7.14
p. 360 'the shock of war': *Autobiography*, p. 213
p. 361 'as delightful as ever': BR to OM, 22.7.14
p. 362 'The war and risk of war': BR to OM, 29.7.14
p. 362 'really regretful': ibid.
p. 362 'I think her existence': ibid.
p. 362 'It looks all but hopeless': BR to OM, 31.7.14
p. 363 'I seem to feel': BR to OM, 1.8.14
p. 363 'The source of all international trouble': BR to OM, 1.8.14
p. 364 'Do tell P.': BR to OM, 3.8.14
p. 364 'excited crowds': *Ottoline: The Early Memoirs*, p. 259
p. 364 'If he had not got up': ibid., p. 260
p. 364 'noticing cheering crowds': *Autobiography Volume II*, p. 16
p. 364 'I remember': *Ottoline: The Early Memoirs*, p. 260
p. 364 'But for her': *Autobiography Volume II*, p. 18
p. 364 'the greatest misfortune': BR to OM, 2.8.14

## 13. Against the Multitude

p. 367 'war is a mad horror': BR to LD, 22.8.14
p. 367 'You were right': BR to MLlD, August 1914
p. 367 'letter to *The Nation*': published as paper 1, 'Friends of Progress Betrayed', *Collected Papers 13*, pp. 3–5
p. 367 'The friends of progress': ibid., p. 4
p. 368 'No one whose experience': ibid.
p. 369 'Those who saw': BR, letter to *The Nation*, published 15 Aug. 1914, reprinted as paper 2, 'The Rights of the War', *Collected Papers 13* pp. 6–9
p. 369 'we cannot sit still': Evelyn Whitehead to BR, 4.8.14, quoted by Victor Lowe in *Alfred North Whitehead: The Man and His Work Volume II*, p. 28
p. 369 'a *very* war-like letter': BR to OM, 13.8.14
p. 369 'miserable at differing from you': A. N. Whitehead to BR, 28.8.14, quoted in Lowe, op. cit.
p. 370 Wells announced in print: see H. G. Wells, 'The War That Will End War', *The Daily News and Leader*, 14 Aug. 1914
p. 370 'without any ally': BR to OM, 15.8.14
p. 370 'All the young men': BR to OM, 14.8.14

p. 370 'It is impossible': BR to LD, 22.8.14
p. 370 'not exciting': BR to OM, 12.8.14
p. 371 'I feel *very* strongly': BR to George Trevelyan, 2.10.14
p. 371 'War: the Cause and the Cure': *The Labour Leader*, 24 Sep. 1914, reprinted as paper 4 in *Collected Papers 13*, pp. 16–19
p. 371 'because it has been decreed': *Collected Papers 13*, p. 18
p. 371 'if time for reflection': ibid., p. 19
p. 372 'Why Nations Love War': *War and Peace*, 2 (14), Nov. 1914, reprinted in *Justice in War-Time*, and as paper 9 in *Collected Papers 13*, pp. 32–6
p. 372 'I do not wish': *Collected Papers 13*, p. 35
p. 372 'War arouses the wild beast': from 'A True History of Europe's Last War', *The Labour Leader*, 11 Mar. 1915, reprinted as paper 20 in *Collected Papers 13*, pp. 105–12 (quotation on p. 111)
p. 373 'War, the Offspring of Fear': first published by the UDC as a pamphlet in Nov. 1914, reprinted as paper 10 in *Collected Papers 13*, pp. 37–47
p. 373 'Essentially': *Collected Papers 13*, p. 40
p. 373 'It must not be supposed': ibid., p. 43
p. 373 'The Western war': ibid., p. 44
p. 373 'It is partly Conrad': BR to OM, 3.12.14
p. 374 'People are affected': BR to OM, 12.11.14
p. 374 'I really rather enjoy': BR to OM, 14.10.14
p. 374 'All the Dostoyevsky devils': BR to OM, Aug. 1914
p. 374 'I don't think': BR to OM, Sep. 1914
p. 374 'We are terribly alone': BR to OM, 5.8.14
p. 374 'I cannot tell you': BR to OM, 12.8.14
p. 375 'Now my love for you': BR to OM, 1.9.14
p. 375 'She is terribly': BR to OM, 15.8.14
p. 375 'It is impossible to be quite truthful': BR to OM, August 1914
p. 376 'very over-decorated': quoted in Seymour, op. cit., p. 198 (the published version, *Ottoline at Garsington*, p. 287, differs slightly: Seymour is quoting from the original, unedited journal)
p. 376 'an odd creature': *Ottoline at Garsington*, p. 286
p. 376 'Like a beaten and caged animal': ibid., p. 287
p. 376 'You were *perfect*': BR to OM, 15.8.14
p. 376 'He is very odd': *Ottoline at Garsington*, p. 288
p. 377 '*Please* don't think': BR to OM, 18.8.14
p. 377 'the wound': BR to OM, 23.8.14
p. 377 'we heard knock, knock, knock': *Ottoline at Garsington*, p. 287
p. 377 'My Darling Darling': BR to OM, 25.8.14
p. 378 'Yes, indeed': OM to BR, 26.8.14, quoted in Seymour, op. cit., p. 198
p. 378 'how wonderful': OM to BR, 28.8.14, quoted ibid., p. 199
p. 378 'had relations with her': *Autobiography*, p. 213
p. 379 'You *can't* say': BR to OM, Aug. 1914
p. 379 'It is a downright falsehood': BR to OM, Aug. 1914
p. 379 'Will you try': BR to OM, 1.9.14
p. 380 'she asked': BR to OM, 4.9.14
p. 380 'amused & pleased': BR to OM, Sep. 1914
p. 380 'kept things as impersonal': BR to OM, 21.9.14
p. 380 'I grow hot with shame': BR to OM, 22.9.14
p. 381 'I wouldn't let her in': BR to OM, 11.10.14
p. 381 'Fancy Helen being back!': BR to OM, 22.1.15

p. 381 'When I talked with her': *Autobiography*, p. 214
p. 381 'In her insanity': ibid.
p. 381 'It is terribly hard': BR to OM, 29.10.14
p. 381 'Are there really people': BR to Samuel Alexander, 17.10.14
p. 381 'It worries me': BR to OM, 11.11.14
p. 382 'On Scientific Method in Philosophy': the Herbert Spencer Lecture at Oxford, first published in 1914 as a pamphlet, reprinted in *Mysticism and Logic*, and as paper 4 in *Collected Papers 8*, pp. 55–73
p. 382 'too often resemble': *Collected Papers 8*, p. 63
p. 382 'inspired': BR to Ralph Perry, 21.2.15
p. 382 'If I could earn an income': BR to OM, 11.11.14
p. 382 'The Ethics of War': *The International Journal of Ethics*, 25, Jan. 1915, reprinted in *Justice in War-Time*, and as paper 14 in *Collected Papers 13*, pp. 61–73
p. 382 'meant to be': BR to OM, 3.12.14
p. 383 'I don't think war *always* wrong': BR to OM, 19.11.14
p. 383 'the conflicts': *Collected Papers 13*, p. 67
p. 383 'the process': ibid.
p. 383 'the progress of mankind': ibid., p. 69
p. 383 'If the facts': ibid., p. 68
p. 383 'As between civilised nations': ibid., p. 71
p. 383 'When this great tragedy': ibid., pp. 72–3
p. 384 a rejoinder: Ralph Perry, 'Non-Resistance and the Present War – A Reply to Mr Russell', *International Journal of Ethics*, 25, April 1915, pp. 307–16
p. 384 Russell in turn replied: 'The War and Non-Resistance: A Rejoinder to Professor Perry', *International Journal of Ethics*, 26, Oct. 1915, pp. 23–30, reprinted as paper 31 in *Collected Papers 13*, pp. 184–91
p. 384 'Is a Permanent Peace Possible?': *The Atlantic Monthly*, 115, Mar. 1915, pp. 367–76, reprinted in *Justice in War-Time*, and as paper 18 in *Collected Papers 13*, pp. 86–99
p. 384 'admirable in every way': Ellery Sedgwick to BR, 21.1.15, quoted in *Collected Papers 13*, p. 87
p. 384 'War between civilised States': *Collected Papers 13*, p. 89
p. 384 'The present war': ibid., p. 88
p. 385 'Ever since': ibid.
p. 385 'The annexation': ibid.
p. 385 'when Germany is prosperous': ibid., p. 91
p. 385 'what does it matter': ibid.
p. 385 'men must learn': ibid., p. 99
p. 386 'The people': BR to OM, 4.12.14
p. 386 'All the white men': BR to C. D. Broad, 4.12.14, quoted in Clark, op. cit., p. 318
p. 386 'goes about': Broad to BR, quoted in BR to OM, 4.12.14
p. 386 'I feel the Whiteheads': BR to OM, 13.8.14
p. 386 'The sense of estrangement': BR to OM, 14.8.14
p. 387 'The war has destroyed': BR to OM, 14.12.14
p. 387 'passed off peacefully': BR to OM, 26.12.14
p. 388 'beautiful, severe and Spanish-looking': quoted in Clark, op. cit., p. 298
p. 388 'She [Vernon Lee] spoke': BR to OM, 3.1.15
p. 388 'Principles and Practice in Foreign Policy': published as paper 36a in *Collected Papers 13*, pp. 206–13
p. 388 'All friends of progress': *Collected Papers 13*, p. 206

**p. 389** 'might get done in a year': BR to OM, 2.1.15
**p. 389** 'I love the idea': BR to OM, 2.1.15
**p. 390** 'I think I may easily': BR to OM, 7.1.15
**p. 390** 'a late night letter': BR to OM, 9.1.15
**p. 391** 'I know she could not': OM to BR, 9.1.15, quoted in Seymour, op. cit., pp. 200–1
**p. 391** 'an utter, fundamental indifference': Irene Cooper-Willis to Desmond MacCarthy, 5.8.17, quoted in *Clever Hearts: Desmond and Molly MacCarthy* by Hugh & Mirabel Cecil, p. 166
**p. 391** 'There were things': quoted in Cecil, op. cit., p. 164
**p. 391** 'I scarcely troubled': ibid., p. 166
**p. 391** 'She is too law-abiding': BR to OM, probably 10.1.15
**p. 392** 'She will': ibid.
**p. 392** 'My dear Bertrand': Irene Cooper-Willis to BR, dated 'Sunday', probably 10.1.15
**p. 392** 'Yes, Irene is strangely unmoved': BR to OM, 15.1.15
**p. 392** 'It is a pity': BR to OM, 22.1.15
**p. 393** 'Helen left a mark': BR to OM, 13.1.15
**p. 394** 'Because I loved you': quoted in Cecil, op. cit., p. 166
**p. 394** 'loved and liked women': Enid Bagnold to Ronald W. Clark, 30.7.74, quoted in Clark, op. cit., p. 298
**p. 394** 'Last night': quoted in Seymour, op. cit., p. 201
**p. 394** *Tuesday night*: BR to OM, 19.1.15
**p. 395** 'Very, very few': BR to OM, 22.1.15
**p. 395** 'The force': BR to OM, 2.8.14
**p. 395** 'a house on fire': *Collected Papers 13*, p. 40
**p. 396** 'How grateful': BR to OM, 14.1.14
**p. 396** 'Can England and Germany Be Reconciled': *The Cambridge Review*, 36, 10 Feb. 1914, reprinted as paper 15 in *Collected Papers 13*, pp. 74–7. See also 'Mr Russell's Reply to His Critics' (*The Cambridge Review*, 24 Feb. 1914/paper 17, and 'The Reconciliation Question', *The Cambridge Review*, 10 Mar. 1914/paper 19.
**p. 396** 'All the old fogies': BR to OM, 20.2.14
**p. 397** 'I have nothing new to say': BR to OM, 3.2.14
**p. 397** 'The Ultimate Constituents of Matter': first published in *The Monist*, 25, July 1915, reprinted in *Mysticism and Logic*, and as paper 5 in *Collected Papers 8*, pp. 74–86
**p. 398** 'One wants': DHL to OM, 3.1.15
**p. 398** 'we at once': *Ottoline: The Early Memoirs*, p. 272
**p. 398** 'It was impossible': ibid.
**p. 399** *Study of Thomas Hardy*: see D. H. Lawrence, *Phoenix: The Posthumous Papers of D. H. Lawrence*, pp. 398–516
**p. 399** 'Pfff!': ibid., p. 399
**p. 399** 'The final aim': ibid., p. 403
**p. 399** 'See': *Ottoline: The Early Memoirs*, p. 273
**p. 400** 'the Philosophic – and Mathematics man': DHL to Samuel Koteliansky, 5.2.15
**p. 401** 'Lawrence is the spirit of the flame': *Ottoline: The Early Memoirs*, p. 273
**p. 401** 'One feels': BR to OM, 22.1.15
**p. 402** 'He was a handsome, soldierly fellow': *The Prussian Officer*, p. 199
**p. 402** 'Her eyes searched him': ibid.

p. 402 'I saw him today': ibid., p. 207

## 14. Breaking the Shell

p. 403 'He is amazing': *Ottoline: The Early Memoirs*, p. 273
p. 403 a long letter: DHL to BR, 12.2.15
p. 405 'extraordinarily young': BR to OM, 13.2.15
p. 406 'I feel frightfully important': DHL to BR, 2.3.15
p. 406 'Remember': DHL to OM, 1.3.15
p. 407 '*immensely* impressed': BR to OM, 9.3.15
p. 407 'When I saw Keynes': DHL to David Garnett, 19.4.15
p. 407 'I can visualise': J. M. Keynes, 'My Early Beliefs', *Collected Writings Volume X: Essays in Biography*, pp. 433–51
p. 407 'seeing him': BR to OM, 7.3.15
p. 407 'had an interesting': BR to OM, 8.3.15
p. 408 'Cambridge rationalism': Keynes, op. cit., p. 434
p. 408 'if I imagine': ibid., p. 450
p. 408 'has the same feeling': BR to OM, 8.3.15
p. 408 'I feel I should go mad': DHL to David Garnett, 19.4.15
p. 408 'are cased each in a hard little shell': DHL to OM, 19.4.15
p. 409 'hates everybody': BR to OM, 7.3.15
p. 409 'His intuitive perceptiveness': BR to OM, 8.3.15
p. 409 'disgusted with Camb.': ibid.
p. 410 'Do you still': DHL to BR, 19.3.15
p. 410 'We are trying': D. H. Lawrence, *Twilight in Italy* (Penguin edition), p. 48. That this passage was added in 1915 can be confirmed by a study of the Cambridge scholarly edition of the same work.
p. 410 'Man is great': ibid., p. 47
p. 411 'Our aim': ibid., p. 52
p. 411 'At the same time': ibid., p. 48
p. 412 'a fund of gentleness': BR to OM, 6.4.15
p. 412 'On Justice in War-Time': first published in two parts in *The International Review*, 1, 10 Aug. and 1 Sep. 1915, reprinted in *Justice in War-Time*, and as paper 29 in *Collected Papers 13*, pp. 169–80
p. 412 'Fighting and killing': *Collected Papers 13*, p. 178
p. 412 'The war': ibid.
p. 413 'Lawrence dislikes': BR to OM, 29.4.15
p. 413 'I cannot tell you': DHL to BR, 29.4.15
p. 413 'It is very unfortunate': BR to OM, 1.5.15
p. 414 'Do you think one's forefathers': *Ottoline: The Early Memoirs*, p. 290
p. 414 'Yes,' he replied: see ibid., pp. 291–2
p. 414 'I am only just realising': BR to OM, 26.5.15
p. 415 'If they hound you out': DHL to BR, 29.5.15
p. 415 'Except a seed shall die': ibid.
p. 415 'strangled the invincible respectability': DHL to BR, 2.6.15
p. 415 'I *feel* he is right': BR to OM, probably June 1915, quoted in *D. H. Lawrence's Nightmare* by Paul Delaney, p. 110
p. 415 'Bertie Russell': DHL to OM, 2.6.15
p. 416 'I got the Labour Leader': DHL to BR, 8.6.15
p. 416 'Lord Northcliffe's Triumph': reprinted as paper 24 in *Collected Papers 13*, pp. 120–3
p. 416 'War being good in itself': see *Collected Papers 13*, p. 122

**p. 416** 'The UDC will be all right': BR to OM, 8.6.15
**p. 416** 'I grow less & less': ibid.
**p. 417** 'I wish good people': BR to OM, 11.6.15
**p. 417** 'I can't make head or tail': ibid.
**p. 417** 'rather uneducated': BR to OM, 12.6.15
**p. 417** 'on a table': *Ottoline at Garsington*, p. 36
**p. 418** 'In spite of Mrs Lawrence': BR to OM, 17.6.15
**p. 418** 'I am glad I went': BR to OM, 21.6.15, wrongly and confusingly misdated '19th July '15' in *Ottoline at Garsington*, p. 59
**p. 418** 'He has a very profound and wise admiration': ibid.
**p. 418** 'We think': DHL to OM, 20.6.15
**p. 418** 'Russell and I': ibid.
**p. 419** 'Lawrence is *splendid*': BR to OM, 21.6.15
**p. 419** 'are curiously alike': BR to OM, 25.6.15
**p. 419** 'One might as well': ibid.
**p. 419** 'I am *very* glad': ibid.
**p. 419** 'My impulse': BR to OM, 24.6.15
**p. 420** 'We must try': BR to OM, 28.6.15
**p. 420** 'Wouldn't it be delightful': BR to OM, 3.7.15
**p. 421** 'Philosophy of Social Reconstruction': the manuscript sent to Lawrence is reprinted as paper 38a in *Collected Papers 13*, pp. 286–93. Lawrence's comments on it are reproduced in full in *D. H. Lawrence's Letters to Bertrand Russell*, edited by Harry T. Moore.
**p. 422** 'all social criticism': see Moore (ed.), op. cit., p. 77
**p. 422** 'you must dare to be positive': ibid., p. 78
**p. 422** section headed 'The State': ibid., pp. 82–4
**p. 422** 'Why should a man be moral?': ibid., p. 88
**p. 422** on marriage: ibid., pp. 89–91
**p. 423** 'Life Made Whole': ibid., pp. 94–6
**p. 423** 'Lawrence is just as furious': BR to OM, 8.7.15
**p. 424** 'I told Lawrence': BR to OM, 10.7.15
**p. 424** 'horrid': BR to OM, 13.7.15
**p. 425** 'The Danger to Civilisation': taking Lawrence's letter of 14 September to constitute a rejection of the article for *Signature*, Russell published it in two issues of the newly established journal of the UDC, *The UDC*, Mar. and April 1916, and reprinted it in *Justice in War-Time*. It is reprinted as paper 45 in *Collected Papers 13*, pp. 327–38
**p. 425** 'If the war': *Collected Papers 13*, p. 337
**p. 425** 'Is our civilisation': ibid., p. 338
**p. 425** 'effort after mental advancement': ibid., p. 329
**p. 425** 'the most wonderful upward movement': ibid., p. 337
**p. 425** 'There is a wild beast': ibid., p. 332
**p. 426** 'I'm going to quarrel with you': DHL to BR, 14.9.15
**p. 426** 'After reading it': *Ottoline at Garsington*, p. 65
**p. 427** 'in my despair': BR to OM, 19.9.15
**p. 428** 'The Blind Man': reprinted in D. H. Lawrence, *The Complete Short Stories Volume II* (Penguin edition), pp. 347–65
**p. 428** 'Life was still very full': ibid., p. 347
**p. 429** 'I don't really know you': ibid., p. 363
**p. 429** 'The hand of the blind man': ibid.
**p. 430** 'She knew': ibid., p. 365

## 15. Mrs E.

p. 432 'I see the same fate': *Satan in the Suburbs* (Penguin edition), p. 66

p. 432 his portrayal of Mrs Ellerker: my suggestion that Vivien Eliot is the model for Mrs Ellerker is not original: the same suggestion is made (though more tentatively) in 'Bertrand Russell and T. S. Eliot: their dialogue' by Gladys Garner Leithauser and Nadine Cowan Dyer, *Russell*, 2 (1), summer 1982, pp. 7–28 – see especially p. 27. In this article Leithauser and Dyer also discuss at length T. S. Eliot's 'Eeldrop and Appleplex' (published in *The Little Review* in two tiny instalments, May and Sep. 1917). Despite their analysis, disappointingly little can be gathered about Russell's relations with the Eliots from this tantalisingly impenetrable short story, except certain intriguing indications (highlighted by Leithauser and Dyer) that Eliot, in describing the relationship between Appleplex (Russell – notice the allusion to 'Apollinax') and Eeldrop (Eliot), was drawing on his friendship with Russell.

p. 432 'sparkling and witty': *Satan in the Suburbs*, p. 42

p. 433 'endeavoured': *Autobiography Volume II*, p. 19

p. 433 'sought about': ibid., pp. 25–6

p. 433 'I never had intimate sexual relations': BR to Robert Sencourt, 28.5.68, quoted in 'Bertrand Russell and the Eliots' by Robert H. Bell, *The American Scholar*, summer 1983, pp. 309–25 (quotation on p. 310)

p. 433 'that Mrs T. S. Eliot's insanity': see Evelyn Waugh, *Diaries*, p. 731

p. 433 'used her for the purpose': BR to OM, dated only 'Thursday', but probably 11.1.17

p. 433 'Friday evg.': BR to OM, 13.7.15

p. 434 'slim and rather small': Brigit Patmore, *My Friends When Young*, pp. 84–5

p. 435 'Whenever we had visitors': *Ottoline at Garsington*, p. 43

p. 435 'means a great deal to me': BR to OM, 4.7.15

p. 435 'There really seem to me': *Ottoline at Garsington*, p. 43

p. 436 'never treats it seriously': ibid., p. 44

p. 436 'for the language they use': ibid., p. 43

p. 436 'Bertie and I': ibid., p. 45

p. 438 'I should be so much happier': BR to OM, 30.7.15

p. 438 'loathsome': BR to OM, 28.7.15

p. 438 'under the tutelage of the Foreign Office': see *Collected Papers 13*, p. 216

p. 438 'I grow less and less interested': BR to OM, 8.6.15

p. 438 'At Calham': BR to OM, 8.8.15

p. 440 a draft letter to Ottoline: quoted in Clark, op. cit., pp. 386–7. Clark gives only '1916' as the date of this letter, but other correspondence between Ottoline and Russell suggests that it was written in the first week of September 1915 (the 7th or 8th seems the most likely date).

p. 440 'obviously interested': *Ottoline at Garsington*, p. 96

p. 440 'I don't think it would *help her*': OM to BR, Sep. 1915, quoted in Seymour, op. cit., p. 245

p. 442 'own fastidiousness and anxiety': Peter Ackroyd, *T. S. Eliot*, p. 66

p. 442 'silk underclothes': see *Ottoline at Garsington*, p. 120

p. 443 'retired to the country': BR to LD, 31.10.15

p. 444 'lack of physical affectionateness': BR to OM, probably 19.9.15

p. 444 'My inner life': ibid.

p. 444 'It really is true': BR to OM, dated only 'Wed. mg', but (as it appears to refer to previously cited letter), possibly 21.9.15.

p. 444 'there are times': ibid.

p. 444 'And it is impossible': ibid.
p. 444 'I can't think sanely just now': BR to OM, dated only 'Wed', but almost certainly written during the autumn of 1915
p. 445 'Just because I care for you': BR to OM, Dec. 1915
p. 445 'a very great affection': BR to OM, undated, but probably Oct. or Nov. 1915
p. 445 'I wish you could understand': BR to OM, Dec. 1915
p. 445 'I can't do my work': BR to OM, dated only 'Monday mg', but almost certainly Dec. 1915
p. 446 'least unsatisfactory': see p. 726 of Russell's 'Reply to Criticisms', in Schilpp (ed.), *The Philosophy of Bertrand Russell*
p. 446 'principle of growth': see *Principles of Social Reconstruction*, Chapter 1
p. 446 'an instinctive urgency': *Principles of Social Reconstruction* (paperback edition), p. 19
p. 446 'This intimate centre': ibid.
p. 447 'In spite': ibid., p. 17
p. 447 'has a framework': *Autobiography Volume II*, p. 20
p. 447 'the State and Property': *Principles of Social Reconstruction*, p. 162
p. 447 'education, marriage and religion': ibid., p. 163
p. 447 'The genesis of impulses': ibid.
p. 447 'If life': ibid., p. 169
p. 448 'perhaps the extreme example': ibid., p. 35
p. 448 an article: 'Conscription', lead article in *The Labour Leader*, 13, 6 Jan. 1916, reprinted as paper 42 in *Collected Papers 13*, pp. 319–20
p. 448 'The motive': *Collected Papers 13*, p. 320
p. 449 'but I found': BR to OM, 1.1.16
p. 449 'I detest it': BR to OM, 7.1.16
p. 449 'I have been quite fantastically unselfish': ibid.
p. 449 'These lectures': BR to OM, 3.1.16
p. 449 'Of course the real thing': BR to OM, 7.1.16
p. 449 'The reason I am apologetic': BR to OM, 12.1.16
p. 449 'Mrs E. does for me': BR to OM, 7.1.16
p. 450 'a sort of shattering': BR to OM, 12.1.16
p. 450 'Vivien says': TSE to BR, 11.1.16
p. 450 'America is important': BR to OM, 17.1.16
p. 450 'Bertie's lectures': Lytton Strachey to OM, 16.2.16, quoted in *Lytton Strachey* by Michael Holroyd (1994 edition), p. 344
p. 450 'better than I expected': BR to OM, 18.1.16
p. 450 'Owing to my lectures': BR to OM, 26.1.16
p. 451 'great success': BR to LD, 10.2.16
p. 451 'The chief point': BR to OM, 8.2.16
p. 451 'I think of trying': BR to OM, 2.3.16
p. 451 'It was rather a comic occasion': *Ottoline at Garsington*, pp. 95–6
p. 451 'You will see': BR to OM, 4.3.16
p. 452 'I didn't like your letter': DHL to BR, 19.2.16
p. 453 'a nasty letter': BR to OM, 20.2.16
p. 453 'trying to interfere': BR to OM, 24.2.16
p. 453 'Are you still cross': DHL to BR, 9.3.16
p. 453 'The dinner was not a success': *Ottoline at Garsington*, p. 96
p. 453 'dull, dull, dull': ibid., p. 101
p. 454 'STRONGLY ADVISE': quoted in a letter from Henry Ware Eliot to J. H. Woods, 7.4.16, see *The Letters of T. S. Eliot Volume I*, p. 136

p. 454 'not greatly pleased': ibid.
p. 454 'sure your influence': Charlotte C. Eliot to BR, 23.5.16, ibid., p. 138

## 16. Mephisto

p. 455 'I have something important to say': BR to LD, 10.2.16
p. 455 'The melancholy': BR to OM, 19.3.16
p. 456 'a non-supernatural Faust': *Autobiography Volume II*, p. 15
p. 456 'I want actually to *change*': BR to LD, 10.2.16
p. 457 'It is a real ferment': BR to OM, 24.2.16
p. 458 'working furiously': *Ottoline at Garsington*, p. 101
p. 458 'rather suburban': ibid., p. 147
p. 458 'I admire the young men': BR to OM, 25.4.16
p. 459 'I find': ibid.
p. 459 letter to *The Nation*: 'A Clash of Consciences', *The Nation*, 15 April 1916, reprinted as paper 48 in *Collected Papers 13*, pp. 346–8
p. 459 'a spontaneous association': *Collected Papers 13*, p. 347
p. 459 'all the qualities': ibid.
p. 459 'a stand for peace': ibid., p. 348
p. 460 'Or are you': GM to BR, 15.4.16, quoted by Jo Vellacott in *Bertrand Russell and the Pacifists in the First World War*, p. 54
p. 460 'I cannot bring myself': *Collected Papers 13*, p. 347
p. 460 'Our primary object': BR to GM, 17.4.16
p. 460 'I hold': ANW to BR, 16.4.16, quoted in Lowe, op. cit., pp. 35–6
p. 461 'living all against impulse': BR to OM, undated, but most likely spring 1916
p. 461 a letter in *The Labour Leader*: 'Practical War Economy', *The Labour Leader*, 20 April 1916, reprinted as paper 50 in *Collected Papers 13*, pp. 353–4
p. 461 'exposed day and night': *Collected Papers 13*, p. 354
p. 461 'He may be shot': quoted in BR to GM, 17.4.16
p. 461 'Like ordinary deserters': BR to GM, 17.4.16
p. 461 'If the Govt. chooses': BR to OM, 25.4.16
p. 461 'I got the impression': BR to OM, 25.4.16
p. 462 'the men will have to suffer': ibid.
p. 462 'Two years' Hard Labour': reprinted as paper 49 in *Collected Papers 13*, pp. 349–52
p. 462 'He is fighting': ibid., p. 351
p. 462 'The Nature of the State': delivered in Oxford on 15 May 1916, this was first published in *Proceedings of the Aristotelian Society*, 16, 1915–16, pp. 301–16, and reprinted as paper 53 in *Collected Papers 13*, pp. 362–9
p. 462 'which shall alone': *Collected Papers 13*, p. 369
p. 462 'it must often happen': ibid., p. 366
p. 462 'the moment has arrived': BR to OM, 3.5.16
p. 462 'I *long* to stomp': BR to OM, 12.5.16
p. 463 'Why do they let me alone?': BR to OM, 12.5.16
p. 463 'I wish it to be known': BR, letter to *The Times*, 17.5.16, reprinted as paper 54, 'Adsum Qui Feci', in *Collected Papers 13*, pp. 370–2
p. 463 'the very thing': BR to OM, 31.5.16
p. 463 his 'defence': both Russell's written defence, and a report of the court proceedings, are published in *Collected Papers 13*, as papers 56a and 56b, pp. 376–407
p. 463 'to procure': ibid., p. 403
p. 463 'The noblest thing': ibid., p. 389

p. 463 'I have allowed you': ibid., p. 406
p. 464 'Ever since': BR to OM, 1.6.16
p. 464 'Please inform': FO memo to the British Ambassador in Washington, 7.6.16, included in a collection of Government memoranda concerning Russell collected in Aug. 1967 by Kenneth Blackwell in an unpublished typescript called 'The Foreign Office on Bertrand Russell: from The Public Record Office London'. Russell himself read these memoranda for the first time in Blackwell's typescript. This particular remark is quoted by Vellacott, op. cit., p. 83
p. 464 'one of the most mischievous cranks': Lord Newton of the FO, 31.5.16, collected in Blackwell, op. cit., and quoted in Vellacott, op. cit., p. 79
p. 464 'I think his effect': quoted ibid.
p. 464 'except as regards money': BR to OM, 7.7.16
p. 465 'The sum-total': BR to James H. Woods, 30.7.16
p. 465 'Dear Russell': H. McLeod Innes to BR, 11.7.16
p. 465 'There is no hope': BR to G. H. Hardy, 25.9.16
p. 465 'I think it unlikely': ibid.
p. 465 'sad that Trinity': BR to OM, 15.7.16
p. 466 'I feel': BR to OM, 10.7.16
p. 466 'I will make myself': BR to OM, 15.7.16
p. 466 'like the one': ibid.
p. 466 'An honourable and stable peace': from a leaflet called 'Why Not Peace Negotiations?' that Russell wrote in July 1916 and distributed at his meetings – see *Collected Papers 13*, p. 418
p. 466 'unanimously sympathetic': BR to OM, 4.7.16
p. 466 'they were *all*': ibid.
p. 467 'One needs': ibid.
p. 467 'I feel little doubt': ibid.
p. 467 'The police': BR to OM, 7.7.16
p. 467 'justice and generosity': from the Home Office transcript of the Cardiff Speech, published in *Collected Papers 13*, pp. 420–35
p. 467 'Is it fair?': ibid., p. 434
p. 467 'bloodthirsty middle-aged man': BR to OM, 7.7.16
p. 468 'I denounced him': Captain W. H. Atherley Jones, 'Toleration of Traitors. Unvarnished Story of a Welsh Meeting. The Limit', letter to the *Daily Express*, 11.8.16, p. 3
p. 468 'I want to avoid': BR to OM, 17.7.16
p. 468 'terrified at the prospect': BR to OM, 30.7.16
p. 468 'I don't yet know': ibid.
p. 468 'I know extraordinarily little': BR to OM, 10.7.16
p. 468 'My own existence': ibid.
p. 469 'I had a long talk': *Ottoline at Garsington*, p. 120
p. 469 'I am dreadfully worried': BR to OM, undated, but most likely the beginning of August 1916
p. 472 'We thought [it] a mistake': BR to OM, 22.8.16
p. 473 'there is no doubt': memo from Whiskard of the HO to Sir Ernley Blackwell, 31.8.16, quoted in Vellacott, op. cit., p. 118
p. 473 'with a good deal': Edward Troup of the HO to Sir Charles Mathews, 25.8.16, quoted ibid., p. 89
p. 473 'by the production': Sir Charles Mathews to Sir Ernley Blackwell, 28.8.16
p. 474 'I think it would be': Herbert Samuel to Sir Ernley Blackwell, 1.9.16
p. 474 'very dangerous': quoted in Vellacott, op. cit., p. 93

p. 474 'If Mr Russell': Colonel Kell of the WO to Sir Ernley Blackwell, 3.9.16
p. 474 'There is a lot of sport': BR to OM, 3.9.16
p. 475 'I had gone up to London': *Autobiography Volume II*, p. 33
p. 476 interview with General George Cockerill: see Russell's typescript, 'Meeting with General Cockerill', published as paper 69 in *Collected Papers 13*, pp. 453–7. Russell's *Manchester Guardian* article (first published 27.9.16) about his dealings with Cockerill is reprinted in the same volume as paper 70, 'Bertrand Russell and the War Office', pp. 458–62.
p. 476 'a still small voice': *Collected Papers 13*, p. 456
p. 476 'Do you not think': ibid.
p. 477 'afterwards': *Autobiography Volume II*, p. 40
p. 477 'and no doubt': *Collected Papers 13*, p. 457
p. 477 'I cannot acknowledge': ibid., p. 461
p. 477 'Capitalism': *Political Ideals* (paperback edition), p. 24
p. 477 'private capitalistic enterprises': ibid., p. 32
p. 478 'haughty [and] beautiful': Bennitt Gardiner, 'Colette O'Niel: a season in repertory', *Russell*, 23–4, autumn–winter 1976, p. 27
p. 478 'generous with her time': see *Autobiography Volume II*, p. 25
p. 478 'Sitting very upright': from Constance Malleson, 'Fifty Years: 1916–1966', in *Bertrand Russell: Philosopher of the Century*, edited by Ralph Schoenman, pp. 17–25, quotation on pp. 18–19. The version in her autobiographical book, *After Ten Years*, pp. 107–9 is slightly different, though both seem to be imaginative reconstructions of the conversation, made up chiefly of quotations from Russell's letters to her.
p. 479 'We talked half the night': *Autobiography Volume II*, p. 26
p. 479 'I could not believe': ibid., p. 27
p. 479 'I had got used': ibid.
p. 479 'can mean a great deal': BR to CM, 24.9.16
p. 479 'I *know* that I love you': BR to CM, 26.9.16
p. 480 'Do you know': BR to CM, 19.9.16
p. 480 'What We Stand For': *The Tribunal*, 30, 12 Oct. 1916, reprinted as paper 73 in *Collected Papers 13*, pp. 469–71
p. 480 'marvellously good': CM to BR, 5.10.16
p. 481 'to bring': *Collected Papers 13*, p. 470
p. 481 'Our minds': ibid.
p. 481 'If you disbelieve': ibid., pp. 470–1
p. 481 'Englishmen': quoted in Stanley Weintraub, *Journey to Heartbreak: The Crucible Years of Bernard Shaw 1914–1918*, p. 191
p. 481 'very reliable sources': quoted in BR, letter to *The Times*, 20.10.16, reprinted in *Collected Papers 13*, p. 473
p. 481 'I can only earnestly hope': ibid.
p. 482 on the way to Manchester: I have dated this letter 20 Oct. on the grounds that it is headed 'Saturday. In the train', though in Russell's *Autobiography Volume II* it is dated 23 Oct.
p. 483 'He was so gentle': CM to BR, 28.10.16
p. 483 'three days' honeymoon': *Autobiography Volume II*, p. 27
p. 483 'It was bitterly cold': ibid.
p. 483 'unhappy because she feels': BR to OM, 13.11.16
p. 484 'Her talk was marvellous': *Autobiography Volume II*, p. 27
p. 485 'I have just re-read your letter': Katherine Mansfield to BR, 7.12.16, quoted in Claire Tomalin, *Katherine Mansfield: A Secret Life*, pp. 157–8

p. 486 'an unusual mood': BR to OM, 5.12.16
p. 486 a long letter: see *Autobiography Volume II*, pp. 28–31
p. 486 'to compel': ibid., p. 30
p. 486 'In the name of Europe': ibid., p. 31
p. 486 'Mysterious Girl': see *Bertrand Russell's America Volume One*, p. 68
p. 487 'damping down': ANW to BR, 8.1.17
p. 487 'I should consider': ANW to BR, 8.1.17
p. 487 'It put an end': see *Autobiography Volume II*, p. 78
p. 488 'The sound': *Ottoline at Garsington*, p. 167
p. 488 'hated Ottoline': *Autobiography Volume II*, p. 27

## 17. The Misanthrope

p. 489 'You loved him': Evelyn Whitehead to BR, 1.4.18
p. 490 'utterly hateful mood': BR to CM, dated only 'Sat eve', but early Jan. 1917
p. 490 'after Ll. G': BR to Catherine Marshall, 3.1.17
p. 490 'and get rid': Catherine Marshall to BR, quoted in Vellacott, op. cit., p. 136
p. 490 'I need': BR to CM, 6.1.17
p. 491 'Something is gone wrong': BR to OM, probably 6.1.17
p. 491 'very strange': BR to OM, probably 11.1.17
p. 491 'No one else': ibid.
p. 491 'I don't want': ibid.
p. 492 'My rapier is out': *Ottoline at Garsington*, p. 167
p. 492 'The NCF no longer': BR to OM, dated only 'Friday', but probably early March 1917
p. 492 'I do as much as I can': BR to Catherine Marshall, 8.3.17
p. 493 'The Russians': BR to OM, 1.4.17
p. 493 'The Russian revolution': from a manuscript called 'Britain's Charter of Freedom', written on 17.3.17, quoted in Vellacott, op. cit., p. 155
p. 493 'to follow': see Vellacott, p. 156
p. 493 'I must tell you': BR to OM, 1.4.17
p. 494 As Ottoline remembers it: see *Ottoline at Garsington*, pp. 177–8
p. 494 'Just now': BR to OM, 5.5.17
p. 495 becoming Russian: BR to CM, 6.5.17
p. 495 'I feel': CM to BR, 7.5.17
p. 497 'Writing and speaking': BR 'To Members of the National Committee', 18.5.17, quoted in Vellacott, op. cit., p. 188
p. 497 'A certain amount': ibid, quoted in Clark, op. cit., p. 413
p. 498 'that the seed of freedom': from Russell's speech at Leeds, 3.6.17, as recorded in a pamphlet called *What Happened at Leeds*, published by the Council of Workers' and Soldiers' Delegates, June 1917, and reproduced in 'What Happened at Leeds?' by John Slater, *Russell*, 4, winter 1971–2
p. 498 the fourth resolution: see Vellacott, op. cit., pp. 162–3
p. 498 'sense for swift dramatic action': BR to OM, 5.6.17
p. 498 'If the Russian Revolution': *Roads to Freedom* (paperback edition), p. 120
p. 499 'It is impossible to doubt': quoted in Vellacott, op. cit., p. 167
p. 499 covert authorship: first brought to public attention in 'Russell as ghost-writer: a new discovery' by Jo Newberry (later Vellacott), *Russell*, 15, autumn 1974, pp. 19–23

p. 499 'As a result': BR, 'A New Tribunal for Gaol Delivery', *Tribunal*, 15 Nov. 1917, quoted in Newberry, op. cit., p. 23
p. 500 'no longer be a party': from a draft of Sassoon's statement in the Russell Archives, quoted in Clark, op. cit., p. 400
p. 500 Ottoline's account: see *Ottoline at Garsington*, pp. 181–4
p. 500 'Siegfried is terribly self-centred': ibid., p. 183
p. 500 'saying how much': ibid., p. 182
p. 501 'I would like above all': Sassoon to OM, 8.7.17, quoted in Vellacott, op. cit., p. 209
p. 501 It was really very horrible': BR to OM, 28.7.17
p. 501 'went home together': *Autobiography Volume II*, p. 32
p. 502 'walked enormously': Malleson, 'Fifty Years', op. cit., p. 20, cf. *After Ten Years*, p. 121
p. 502 'I wish I could get out of the NCF': BR to OM, Aug. 1917
p. 502 'They will start me off': BR to CM, 25.8.17

## 18. Return to Philosophy

p. 503 'full of schemes': BR to CM, 25.8.17
p. 503 'I want to write': BR to PEJ, 5.9.17
p. 503 'This sounds exactly': PEJ to BR, 6.9.17, see Grattan-Guinness, op. cit., p. 142
p. 503 'it is an extraordinary rest': BR to OM, 20.9.17
p. 504 'endless work on political theory': BR to OM, July 1916?
p. 504 'it has quite excited me': BR to CM, 30.8.17
p. 505 'is concerned': *Introduction to Mathematical Philosophy*, p. 169
p. 505 'logical symbolism': ibid., p. 205
p. 505 'Those readers': ibid., pp. 205–6
p. 505 reviewed twice: 'Idealism on the Defensive', *The Nation*, 8 Sep. 1917, and 'Metaphysics', *The English Review*, Oct. 1917, reprinted as papers 11 and 12 in *Collected Papers 8*, pp. 105–14
p. 505 'The amateur in philosophy': *Collected Papers 8*, p. 112
p. 506 'the arrogance': ibid., p. 110
p. 506 'and to this end': May Sinclair to BR, 10.10.17, quoted ibid., p. 111
p. 507 'in a mood': footnote to Constance Malleson's annotated typescript of letters from BR, now in the Russell Archives
p. 507 'thinking quietly': CM to BR, 18.9.17
p. 507 'I live in hell': BR to OM, 17.9.17
p. 507 'I love you so much': BR to CM, 21.9.17
p. 507 'The whole region': BR to CM, 23.9.17
p. 507 'Thank you, my Beloved': BR to CM, 24.9.17
p. 508 'WHAT SHE IS': now in the Russell Archives.
p. 508 'an analysis': CM, typescript of letters from BR
p. 508 'If you leave me': CM to BR, 5.10.17
p. 509 'I cannot understand': CM to BR, 10.10.17
p. 510 a letter to Eliot's mother: see Vivien Eliot to Charlotte C. Eliot, 22.10.17, *The Letters of T. S. Eliot Volume I*, pp. 200–2
p. 511 an interpretation adopted by Peter Ackroyd, for example: see p. 84 of Ackroyd's *T. S. Eliot*, in which he writes that Russell 'made love to Vivien . . .' The experience, however, was 'hellish and loathsome . . . ' He did not explain why it was so 'loathsome', although no doubt Vivien's own physical problems had something to do with it. It was the pointless and messy end of what had

been an intense and 'platonic' relationship. In his notes to his passage, Ackroyd cites, not Russell's letter to Colette itself, but a paraphrase of it given in 'Bertrand Russell and the Eliots' by Robert H. Bell (*The American Scholar*, summer 1983, pp. 309–25). Bell was writing at a time when Russell's correspondence with Colette was still embargoed and so he was forced to paraphrase, though Ackroyd's inaccurate comment that Russell's reaction to his night with Vivien was *quoted* by Bell seems to have misled Caroline Moorehead, who, in her biography of Russell (p. 220) also gives the phrase 'hellish and loathsome', as if it came from Russell's letter rather than from Bell's paraphrase. Ackroyd offers no reasons for thinking that Russell's relations with Vivien had been 'platonic' up to this point. The sexual element in Russell's relations with Vivien is something about which Moorehead's account is particularly confused, saying on p. 219 that: 'No one has ever been sure whether Russell . . . actually slept with Vivienne', and on the next page apparently quoting Russell's reaction to doing just that.

p. 512 'He really is tired of me': *Ottoline at Garsington*, p. 225
p. 513 'I cannot hide from you': BR to OM, 20.9.17
p. 514 'I am puzzled': BR to CM, 13.11.17
p. 514 'Mrs E. behaved like a saint': BR to CM, 14.11.17
p. 515 'My head is full of things': BR to OM, probably 17.12.17
p. 515 'was so as to make myself': BR to CM, 9.1.18
p. 515 'I don't know her': CM to BR, 2.1.18
p. 516 'My work a day life': BR to CM, 6.1.18
p. 516 'My life is prisoned in pain': BR to CM, 14.1.18
p. 516 'A very great deal': *Lectures on Logical Atomism* (Open Court paperback edition), pp. 66–7
p. 517 'the chief thesis': ibid., p. 49
p. 517 'concerned with the forms of facts': ibid., p. 80
p. 517 'the subject matter': ibid., p. 44
p. 517 'a good deal more': ibid.
p. 518 'I think that the notion of meaning': ibid., p. 45
p. 518 'A proposition is just a symbol': ibid., p. 44
p. 519 'obviously propositions are nothing': ibid., p. 87
p. 519 'The subject is not very easy': ibid., p. 92
p. 519 'I wish you would think': PEJ to BR, 9.4.18, see Grattan-Guinness, op. cit., p. 145
p. 519 Eliot's review: 'Style and Thought', *The Nation*, 23 Mar. 1918, pp. 768 and 770
p. 519 'with distinction': BR, prison letter, 17.6.18
p. 520 'The German Peace Offer': *The Tribunal*, 3 Jan. 1918, reprinted in *Autobiography Volume II*, pp. 79–81
p. 520 'afford a triumph': *Autobiography Volume II*, p. 80
p. 520 'The American Garrison': ibid.
p. 521 'it is more than possible': quoted in 'Rex v. Bertrand Russell: Privilege and imprisonment in Britain during the First World War', unpublished paper by Beryl Haslam, p. 5
p. 521 'It is very annoying': BR to OM, 4.2.18
p. 521 'a very despicable one': quoted in Wood, op. cit., p. 112
p. 521 'blast of hatred': BR to OM, 9.2.18
p. 521 'I profoundly dislike': ibid.
p. 521 'the freedom from responsibility': BR to GM, 15.2.18

p. 521 'impressed by the seriousness': BR to GM, 27.3.18
p. 522 'I am dreading prison': BR to CM, quoted in Haslam, op. cit., p. 10
p. 522 'in a very dangerous condition': quoted in Vellacott, op. cit., p. 234
p. 523 'The pioneers of Socialism': *Roads to Freedom*, p. 18
p. 523 'If private representations fail': BR to GM, 27.3.18
p. 523 'in view of the extraordinary value': quoted in Haslam, op. cit., p. 13
p. 524 'that he is haunted': Alys Russell to Lord Haldane, 3.3.18
p. 524 'is giving word': OM to BR, quoted in Haslam, op. cit., p. 13
p. 524 'it would be a great loss': from 'Our prosecution', *The Tribunal*, 9 May 1918, quoted in Vellacott, op. cit., p. 236

## 19. Prison

p. 526 'a great pleasure': *Ottoline at Garsington*, pp. 253–4
p. 526 'feeling certain': ibid., p. 252
p. 526 article written in the 1930s: 'Are Criminals Worse than Other People', published in several Hearst newspapers, including the *Washington Herald*, the *Los Angeles Examiner* and the *San Francisco Examiner*, in Oct./Nov. 1931, reprinted in *Mortals and Others*, pp. 32–4
p. 527 'associated habitually': *Mortals and Others*, p. 32
p. 527 'Life here': BR to FR, 6.5.18
p. 527 'I see no sign': ibid.
p. 527 'It is queer': BR to OM, undated, but probably June 1918
p. 527 'rather rarefied': *Ottoline at Garsington*, p. 252
p. 527 'Bertie seemed really happy': ibid., p. 253
p. 527 'The holiday': BR to FR, 6.5.18
p. 528 'judges men': BR, prison circular letter, 21.5.18
p. 529 'exquisitely civilised': ibid.
p. 529 'After giving out': BR to FR, 3.6.18
p. 529 'Tomlinson I *loved*': BR, prison letter, 27.5.18
p. 529 'There is a well of fierce hate': BR to OM, 11.8.18
p. 530 'you told me': BR to OM, 4.9.18
p. 530 'I dare say': BR to OM, 21.8.18
p. 531 'Underlying all occupations': *Autobiography Volume II*, p. 38
p. 531 'I shall never lose': BR to OM, 21.8.18
p. 531 'I hate all the Bloomsbury crew': BR to OM, 1.8.18
p. 531 a BBC radio talk: 'Maynard Keynes and Lytton Strachey', broadcast 10.7.52, included verbatim in Chapter III, 'Cambridge', of his *Autobiography*, pp. 70–4
p. 531 'We were still Victorian': see *Autobiography*, p. 70
p. 532 'My only really strong desire': BR to FR, 6.5.18
p. 532 'I had given up logic': BR, prison letter, 1.7.18
p. 532 footnote: a detailed list: published as Appendix III, 'Philosophical Books Read in Prison', *Collected Papers 8*, pp. 315–28
p. 532 long review of John Dewey: first published in *The Journal of Philosophy, Psychology, and Scientific Method*, 16, 2 Jan. 1919, pp. 5–26, and reprinted as paper 16 in *Collected Papers 8*, pp. 132–54
p. 533 'Does "Consciousness" exist?': first published in *The Journal of Philosophy, Psychology and Scientific Method*, 1, 1904, pp. 477–91, and reprinted as the essay in William James, *Essays in Radical Empiricism*, 1912
p. 533 'are really rules': from William James, 'Philosophical Conceptions and Practical Results', written in 1898 and included in *Collected Essays and Reviews*, 1920
p. 533 'bias': *Lectures on Logical Atomism*, p. 86

p. 533 'very great difficulty': ibid.
p. 533 'that there are such facts': ibid., p. 87
p. 533 'My chief problem': BR to FR, 16.8.18
p. 534 'should be another': ibid.
p. 534 'It is delicious': BR to OM, undated, probably July 1918
p. 534 'notes on the principles of symbolism': see *Collected Papers 8*, pp. 247–71
p. 534 'I have had time': BR to OM, 1.8.18
p. 535 '*expresses* a thought': *Collected Papers 8*, p. 266
p. 535 'The object': ibid., p. 267
p. 535 'may *be* a series of bodily acts': ibid., p. 271
p. 535 'My bias remains': ibid., p. 255
p. 535 'On "Bad Passions" ': *The Cambridge Magazine*, 1 Feb. 1919, reprinted as paper 19 in *Collected Papers 8*, pp. 272–5
p. 535 'The Origin and Development of Psychoanalysis': *The American Journal of Psychology*, 21, 1910, pp. 181–218
p. 535 'James's attack': BR to Gladys Rinder, 17.6.18
p. 536 'Freud in a nutshell': BR to Gladys Rinder, 22.7.18
p. 536 'The Freudian Methods Applied to Anger': *The American Journal of Psychology*, 26, 1915, pp. 438–43
p. 536 'Benvenuto Cellini': *Collected Papers 8*, p. 273
p. 536 'there are cases': ibid., p. 274
p. 536 'If Beethoven': ibid., p. 275
p. 536 'the impulsive life': ibid.
p. 536 'The education authority': ibid.
p. 537 'Logic and imagination': BR to OM, 26.8.18
p. 537 'I do not wish': BR to OM, 16.6.18
p. 537 'It is now': ibid.
p. 537 'I foresee': BR to OM, 2.7.18
p. 537 'I find my ambitions': BR to CM, 11.7.18
p. 537 'and more *definite* news': BR to CM, 16.8.18
p. 538 'While I was in prison': *Autobiography Volume II*, p. 37
p. 538 'was young and gay': *Ottoline at Garsington*, p. 253
p. 538 'I stayed *far* too long': BR to CM, 21.7.18
p. 539 'a most touching physiognomy': CM to BR, 18.7.18
p. 539 'for which': *After Ten Years*, p. 127
p. 539 'We had tea': ibid., pp. 126–7
p. 539 'but she will probably be too busy': BR to OM, 21.8.18
p. 539 'the very place': BR to OM, 30.8.18
p. 540 'Oh, won't it be glorious': ibid.
p. 540 'I was *so* excited': Gladys Rinder to BR, 14.9.18, quoted in Vellacott, op. cit., p. 240

## 20. Roads to Freedom

### *1. Philosophy*

p. 541 'very childlike': Clifford Allen, diary entry 17.9.18, quoted in *Plough My Own Furrow: The Story of Lord Allen of Hurtwood* by Martin Gilbert, p. 126
p. 541 'a great joy': BR to OM, 25.9.18
p. 542 'He was like a happy child': Allen, diary, 28.10.18, quoted in Gilbert, op. cit., p. 126
p. 542 'I enjoy getting back to work': BR to OM, 30.10.18

p. 542 '& then': ibid.
p. 542 'One did not': *After Ten Years*, p. 128
p. 543 'They commandeered the buses': *Autobiography Volume II*, pp. 37–8
p. 544 'the snow lying deep': *After Ten Years*, p. 129
p. 544 'It is not the case': TSE to BR, 3.2.19, see *The Letters of T. S. Eliot Volume I*, pp. 270–1
p. 545 'She worked very hard': TSE to BR, 14.2.19, ibid., p. 271
p. 545 'preliminary outline': published as paper 1 in *Collected Papers 9*, pp. 3–15
p. 545 'Psychology as the Behaviourist Views It': *The Psychological Review*, 20, 1913, pp. 158–77
p. 545 'I should like': ibid., p. 174n., quoted by Russell in the 'notes on the principles of symbolism' that he wrote in prison, *Collected Papers 8*, p. 260
p. 545 'obviously rot': BR, circular letter from prison, 17.6.18
p. 545 'My mind': CM to BR, 31.5.18
p. 545 'The denial': *Collected Papers 9*, p. 5
p. 546 '*Belief* is a specific sensation': ibid., p. 14
p. 546 'On Propositions': first published in *Aristotelian Society Supplementary Volume*, 2, 1919, pp. 1–43, reprinted in *Logic and Knowledge*, and as paper 20 in *Collected Papers 8*, pp. 276–306
p. 547 'Professor Watson': *Collected Papers 8*, p. 284
p. 547 'If you try': ibid.
p. 547 'The most important thing': ibid., p. 297
p. 547 'You have an image of A': ibid., p. 306
p. 548 'I am prisoner in Italy': LW to BR, 9.2.19
p. 548 'Most thankful': BR to LW, 2.3.19
p. 548 'I've written a book': LW to BR, 13.3.19
p. 549 'To anyone accustomed': from 'Philosophy and Virtue', review of Henry Jones, *The Principles of Citizenship, The Athenaeum*, 2 May 1919, p. 270, reprinted as paper 54 in *Collected Papers 9*, pp. 329–30
p. 549 'no philosophical professor': from 'The Noble Army of Philosophers', review of Ralph Perry, *The Present Conflict of Ideals*, *The Nation*, 10 May 1919, p. 176, reprinted as paper 69 in *Collected Papers 9*, pp. 401–3
p. 549 'craving for certainty': from 'The Mystic Vision', review of Arthur Clutton-Brock, *What is the Kingdom of Heaven?*, *The Athenaeum*, 20 June 1919, pp. 487–8, reprinted as paper 55 in *Collected Papers 9*, pp. 331–6
p. 549 'is part of': *Collected Papers 9*, p. 333
p. 549 'without the distorting mists': ibid., p. 332
p. 549 'the characteristics': ibid.
p. 550 'A man in love': ibid., p. 336
p. 550 'Mr Russell prefers': J. W. Harvey, letter to *The Athenaeum*, 4 July 1919, p. 567, reprinted in Appendix II, *Collected Papers 9*, pp. 472–3
p. 550 published reply: BR, letter to *The Athenaeum*, 11 July 1919, p. 599, reprinted in *Collected Papers 9*, p. 336
p. 551 'I am glad': BR to OM, 12.6.19
p. 551 'I am amused': Vivien Eliot to OM, 4.6.19, *The Letters of T. S. Eliot Volume 1*, pp. 301–2
p. 551 'I should never have believed': LW to BR, 12.6.19
p. 552 'It is true': BR to LW, 21.6.19

## 2. *Dora*

p. 552 'enchantingly ugly': Dora Russell, *The Tamarisk Tree Volume I*, p. 53

p. 552 'Until that moment': *Autobiography Volume II*, p. 96
p. 553 'on the top deck': *The Tamarisk Tree Volume I*, p. 56
p. 553 'the true bohemian type': ibid., p. 62
p. 553 'Well': *Autobiography Volume II*, p. 96
p. 553 'One wants in love': BR to CM, 23.6.19
p. 554 'The only thing': BR to CM, 24.6.19
p. 554 'Dear Bertie': DR to BR, 24.6.19
p. 554 'It was all quite wonderful': BR to CM, 28.6.19
p. 555 'Nothing on earth': *After Ten Years*, p. 130
p. 555 'pumped self-confidence': ibid.
p. 555 'My dear one': BR to CM, 7.7.19
p. 556 'were as learned': *The Tamarisk Tree Volume I*, p. 69
p. 556 'This cannot have gone on': ibid.
p. 556 she wrote to him: DR to BR, 10.7.19
p. 556 'Bertie and I': *The Tamarisk Tree Volume I*, p. 73
p. 557 'Dora and I': *Autobiography Volume II*, p. 97
p. 557 'From the first': ibid.
p. 557 'more than ever before': BR to CM, 14.7.19
p. 557 'She is nice': BR to CM, 15.7.19
p. 557 'very much embarrassed': *The Tamarisk Tree Volume I*, p. 74
p. 557 'I have never got over': DR to BR, undated, but almost certainly Jan. 1920
p. 557 'It will be *divine*': BR to CM, 17.7.19
p. 557 'I cannot tell you': DR to BR, 20.7.19
p. 557 'I love you most tremendously': DR to BR, 26.7.19
p. 558 'One little word of love': BR to CM, 29.7.19
p. 560 'The theory of classes': see *Tractatus Logico-Philosophicus*, 6.031
p. 560 'The logical picture': ibid., 3
p. 560 'The main point': LW to BR, 19.8.19
p. 560 'I have rather an affection': DR to BR, 31.8.19
p. 560 'feeling, I think': *Autobiography Volume II*, p. 97
p. 561 'the feeling we had for each other': ibid.
p. 561 'My husband': see Grattan-Guinness, op. cit., p. 151
p. 562 'if he thinks': ibid., p. 152
p. 562 'Dear Mr Russell': ibid., p. 153
p. 562 'I allowed the summer to go by': from a typewritten letter to Dora – one of the very few to survive from this period – undated, but almost certainly written in the New Year of 1920
p. 563 'how to fit you into my life': DR to BR, 18.10.19
p. 563 'I feel fiery moral indignation': DR to BR, 10.11.19
p. 563 'you know, those hypothetical infants': DR to BR, 21.10.19
p. 563 'The last of our Eminent Victorians': DR to BR, 13.10.19
p. 563 'Mr Russell has reached': see G. H. Hardy, *Bertrand Russell at Trinity*, p. 51
p. 564 'It is possible': BR to LD, 27.11.19
p. 564 'the most important result': quoted in '*Subtle is the Lord': The Science and the Life of Albert Einstein* by Abraham Pais, p. 305
p. 564 'Einstein's Theory of Gravitation': first published in *The Athenaeum*, 14 Nov. 1919, and reprinted as paper 29 in *Collected Papers 9*, pp. 207–9
p. 565 a much longer – and better paid – article: 'The Relativity Theory of Gravitation', *The English Review*, 30, Jan. 1920, pp. 11–18, reprinted as paper 30 in *Collected Papers 9*, pp. 209–15

p. 565 three, slightly different, reviews: reprinted as papers 66, 67 and 68 in *Collected Papers 9*, pp. 389–97
p. 565 'My dear Wittgenstein': BR to LW, 14.10.19
p. 566 'my feelings about you': DR to BR, 23.12.19
p. 566 'if you definitely chuck Cambridge': DR to BR, 21.1.20
p. 566 'How I hate this old divorce': DR to BR, Jan. 1920
p. 566 'I have found by experience': BR to DR, Jan. 1920
p. 566 'If you don't take care': DR to BR, 11.11.19
p. 566 'You shouldn't say': DR to BR, 16.11.19
p. 567 'The present intention': BR to OM, 20.12.19
p. 567 'Curled up in an armchair': *The Tamarisk Tree Volume I*, p. 79
p. 567 'just the same as ever': BR to CM, 12.12.19
p. 568 'I enjoyed': LW to BR, 8.1.20
p. 568 'There are, indeed': *Tractatus Logico-Philosophicus*, 6.521
p. 568 'I had felt': BR to OM, 20.12.19
p. 568 review of Joachim: 'The Wisdom of Our Ancestors', *The Athenaeum*, 9 Jan. 1920, reprinted as paper 70 in *Collected Papers 9*, pp. 403–6
p. 568 'It is probable': *Collected Papers 9*, p. 405
p. 569 'Einstein's theory': ibid.
p. 569 'they are concerned': ibid.
p. 569 'I recognise the importance': BR to DR, Jan. 1920
p. 569 'I love Colette': ibid.
p. 569 'I wish dearest': DR to BR, 23.12.19
p. 570 'but I can remember': DR to BR, 24.12.19
p. 570 'Respectability': DR to BR, 28.12.19
p. 570 'You will perhaps': DR to BR, 14.1.20
p. 571 'won't take less': quoted in *The Tamarisk Tree Volume I*, p. 80
p. 571 'giving Bertie the push': ibid., p. 81
p. 571 'I thought I could have a home': DR to BR, undated, but Jan. 1920
p. 571 'I meant to rely': DR to BR, 21.1.20
p. 572 'It is difficult to believe': from 'The Nature of Inference', review of Bernard Bosanquet, *Implication and Linear Inference*, *The Athenaeum*, 16 April 1920, pp. 514–15, reprinted as paper 15 in *Collected Papers 9*, pp. 82–6 (quotation on p. 86)
p. 572 'All the psychology': BR, prison letter, 8.7.18
p. 572 'The psychological part of meaning': from BR, 'Introduction', in *Tractatus Logico-Philosophicus*, p. 20 (Ogden translation), p. xix (Pears/McGuinness)

### *3. Russia*

p. 573 'Dearest, let us go to Russia': DR to BR, 22.2.20
p. 573 'You give me so little': BR to CM, 25.2.20
p. 573 'As we sat': *The Tamarisk Tree Volume I*, p. 82
p. 573 'I'm alone': CM to BR, quoted in her typescript of their correspondence
p. 573 'The Spanish "intellectuals" ': L. B. Trend to BR, 21.1.20, quoted in *Collected Papers 9*, p. 475
p. 574 'one of the most exquisite': *The Tamarisk Tree Volume I*, p. 82
p. 574 'began a great quarrel': *Autobiography Volume II*, p. 101
p. 574 'an enormously fat': ibid., p. 102
p. 574 'There's so much': LW to BR, 9.4.20

p. 575 'All right then': see *The Tamarisk Tree Volume I*, p. 83
p. 575 'On the top of the downs': *After Ten Years*, p. 141
p. 576 'Socialism and Liberal Ideals': published in *The English Review* in two parts, May and June 1920, pp. 449–55 and 499–508
p. 576 'I am one of those': ibid., p. 449
p. 576 'so long as it fought': ibid., p. 450
p. 576 'What is called': ibid., p. 452
p. 576 'Every thoughtful person': ibid.
p. 576 'The old incentives': ibid., p. 453
p. 576 'The most important': ibid., p. 454
p. 577 'Faced by the united hostility': ibid.
p. 577 'Bolshevism': ibid., p. 455
p. 577 'The day of my departure': BR, 24.4.20, see *Autobiography Volume II*, p. 104
p. 577 'will have a great effect': BR to OM, 6.5.20
p. 578 'I came prepared': BR, 12.5.20, see *Autobiography Volume II*, p. 106
p. 578 'Everything is to be systematic': ibid.
p. 578 'Much to be said': BR, Russian journal, 15.5.20, quoted in Clark, op. cit., p. 469
p. 578 'It is ugly and brutal': BR, 13.5.20, see *Autobiography Volume II*, p. 107
p. 579 'I felt that everything': *Autobiography Volume II*, p. 103
p. 579 'the most lovable': *The Practice and Theory of Bolshevism*, pp. 38–9
p. 579 'the vanity of an artist or actor': BR, Russian journal, 17.5.20, quoted in Clark, op. cit., p. 470. See also *The Practice and Theory of Bolshevism*, p. 38.
p. 579 'The whole tendency': *The Practice and Theory of Bolshevism*, p. 34
p. 580 'a certain unconscious imperialistic tone': BR, Russian journal, 20.5.20
p. 580 'The average working man': *The Practice and Theory of Bolshevism*, p. 60
p. 580 'One of us': BR, 'On the Volga', 2.6.20, see *Autobiography Volume II*, p. 107
p. 581 'In silence': ibid., pp. 107–8
p. 581 'Some would die': ibid., p. 108
p. 581 'But something': ibid.
p. 581 'may be described as an artist nation': *The Problem of China*, pp. 17–18
p. 582 'artists, down to the simplest peasant': BR to OM, 25.6.20
p. 582 'more like hell': *Autobiography Volume II*, p. 103
p. 582 'that at meal-time': ibid., pp. 103–4
p. 583 'infinitely painful': BR to OM, 25.6.20
p. 583 'unspeakably horrible': BR to CM, 25.6.20
p. 583 'I had a most amazing journey': DR to BR, 29.6.20
p. 584 'I endeavoured': *Autobiography Volume II*, p. 110
p. 584 'I don't care twopence': BR to LW, 1.7.20
p. 584 'But if you feel': LW to BR, 7.7.20
p. 584 'I decided': *Autobiography Volume II*, p. 110
p. 584 'Every moment': CM to BR, 17.7.20
p. 584 'finding the same consolation': *Autobiography Volume II*, p. 110
p. 585 'I was inspired': *The Tamarisk Tree Volume I*, p. 94
p. 585 'a sublime confidence': ibid., p. 92
p. 585 'A man respected': ibid., p. 101
p. 585 'But the spirit of the Revolution': ibid., p. 89
p. 585 'some force': *Autobiography Volume II*, pp. 110–11
p. 586 'Impressions of Bolshevik Russia': *The Nation*, 10, 17, 24, 31 July and 7 Aug. 1920, reprinted (more or less) as Part One of *The Practice and Theory of Bolshevism*

p. 586 'Bolshevik Theory': *The New Republic*, 15 Sep. and 3, 17 Nov., reprinted as Part Two, chapters I, IV and V of *The Practice and Theory of Bolshevism*
p. 586 'I believe': *The Practice and Theory of Bolshevism*, p. 21
p. 586 'Friends of Russia': ibid., pp. 26–7
p. 586 'To an English mind': ibid., p. 28
p. 586 'There is need': ibid., p. 84
p. 587 'To Marx': ibid., p. 85
p. 587 'more than ever a pacifist': BR to GM, 2.8.20

*4. China*

p. 587 'though I very much dislike': AR to BR, 28.7.20
p. 588 'I felt sincerely': *The Tamarisk Tree Volume I*, p. 104
p. 588 'reacting': ibid.
p. 588 'with bewildered horror': *Autobiography Volume II*, p. 110
p. 588 'She had met men': ibid.
p. 588 'In Russia': *The Tamarisk Tree Volume I*, p. 105
p. 589 'I can remember': ibid., p. 107
p. 589 'I should be more in harmony': *Autobiography Volume II*, p. 124
p. 590 'nightmare place': BR to OM, 11.10.20
p. 590 'like an Emperor': DR to her mother, Lady Black 2.11.20, quoted in *The Tamarisk Tree Volume I*, p. 115
p. 590 'We are very glad': Johnson Yuan to BR, 6.11.20, see *Autobiography Volume II*, p. 136
p. 590 'Confucius the Second': from 'The Happiness of China', *The Nation*, 8 Jan. 1921, pp. 505–6, reprinted in *Autobiography Volume II* as a letter written 'on the Yiangtse, 28th October 1920', pp. 137–9
p. 590 'like a guitar': ibid.
p. 590 'I had not realised': *Autobiography Volume II*, p. 126
p. 590 'Well, I suppose': see *Autobiography Volume II*, p. 127
p. 591 'China makes the impression': *Autobiography Volume II*, p. 138
p. 591 'The days on the Yangtse': ibid., p. 126
p. 591 'Chinese scenery': DR to Lady Black, 2.11.20, quoted in *The Tamarisk Tree Volume I*, p. 115
p. 591 'Dewey's feelings about Russell': quoted in Clark, op. cit., p. 484
p. 591 'now I can't stand him': BR to OM, 21.2.21
p. 592 'took a position': quoted in the 'Foreword' by Ken Coates to the 1992 Spokesman edition of *The Problem of China*
p. 592 'But if not': BR to OM, 28.10.20
p. 593 'The Europeans almost all look villainous': *Autobiography Volume II*, p. 137
p. 593 'The Europeans have a few factories': ibid., p. 139
p. 593 'but Europeanisation': ibid.
p. 593 'Our Chinese friends': ibid., p. 127
p. 593 'The Englishman in the East': ibid., p. 129
p. 593 'It was evident': *The Tamarisk Tree Volume I*, p. 119
p. 593 'I would do anything': BR to OM, 31.1.21
p. 594 'The Chinese': ibid.
p. 594 'because I was living in open sin': note added by Russell to a letter from Littlewood, 30.1.21
p. 595 'Bertie': *The Tamarisk Tree Volume I*, p. 124
p. 595 'Capitalism and Socialism': *The Prospects of Industrial Civilization*, p. 19

**p. 596** 'It was I': DR to C. K. Ogden, Jan. 1921, quoted in *The Tamarisk Tree Volume I*, p. 128
**p. 596** 'I knelt in the bow': see *The Tamarisk Tree Volume I*, p. 130
**p. 596** 'I am filled with hatred': DR to Lady Black, 15.2.21, quoted ibid.
**p. 596** and then only to remark: see *Autobiography Volume II*, p. 152
**p. 597** 'is that it must be such': *The Prospects of Industrial Civilization*, p. 155
**p. 597** 'the only faith': ibid., p. 157
**p. 597** 'The main purpose': ibid., p. 160
**p. 597** 'a time of absolute and complete happiness': *Autobiography Volume II*, p. 127
**p. 597** 'but most of all': *The Tamarisk Tree Volume I*, p. 121
**p. 598** 'I do not know': DR to Lady Black, 13.4.21, see *The Tamarisk Tree Volume I*, pp. 136–8
**p. 598** 'my mind': BR to OM, 28.4.21
**p. 598** 'I took the utmost pains': ibid.
**p. 598** 'They were hostile': from a dream dictated on 20.3.21, included in BR to OM, 28.4.21
**p. 599** 'I have no home': BR to Elizabeth Russell, 16.2.21
**p. 599** 'All the nations': BR to LW, 11.2.21
**p. 599** 'electric with the hope': *Autobiography Volume II*, p. 128
**p. 600** 'The news broke me': *After Ten Years*, p. 155
**p. 600** 'I wanted to destroy all beauty': ibid., p. 156
**p. 600** 'Until there was a false rumour': Charles Sanger to BR, 2.6.21
**p. 600** 'no one really knew': *The Tamarisk Tree Volume I*, p. 136
**p. 600** 'On my birthday afternoon': DR to Lady Black, 13.4.21, *The Tamarisk Tree Volume I*, p. 137
**p. 601** 'Death and Birth': the whole poem is reproduced in *The Tamarisk Tree Volume I*, pp. 138–9
**p. 601** 'I have missed much': BR to OM, 11.5.21
**p. 601** 'I want to tell you': BR to OM, 28.4.21
**p. 601** 'I am astonished': BR to OM, 11.5.21
**p. 601** '*gravidas incipit*': see *The Tamarisk Tree Volume I*, p. 141
**p. 601** 'could hardly believe it': ibid.
**p. 601** 'He's still in bed': DR to C. K. Ogden, 31.5.21, quoted ibid., p. 142
**p. 602** 'People here': see *The Tamarisk Tree Volume I*, p. 125
**p. 602** 'Some Traits in the Chinese Character': *The Atlantic Monthly*, Dec. 1921, pp. 771–7, reprinted as Chapter XII in *The Problem of China*
**p. 602** 'Famine in China': *The Problem of China*, p. 210
**p. 602** 'hardly any flesh': *The Tamarisk Tree Volume I*, p. 143
**p. 603** 'some system': quoted ibid., p. 143
**p. 603** 'twelve hectic days': *Autobiography Volume II*, p. 133
**p. 603** 'Mr Bertrand Russell, having died': see *The Tamarisk Tree Volume I*, p. 144
**p. 603** 'the best newspaper': *Autobiography Volume II*, p. 134
**p. 603** 'a delightful man': ibid.
**p. 603** 'I became blind with rage': ibid., p. 135
**p. 603** 'I felt at that moment': ibid.
**p. 604** 'I never': *The Tamarisk Tree Volume I*, p. 147

## 21. The Coming Back

**p. 605** 'My Beloved': from Colette's typescript of letters from BR
**p. 605** 'The spirit of our love': BR to CM, late Aug. 1921
**p. 606** 'soon after': *The Coming Back*, p. 72

p. 606 'All Gregory's force': ibid., p. 82
p. 606 'They lived mostly': ibid., p. 51
p. 606 'It was clear': ibid., p. 53
p. 606 'began to realise': ibid., p. 106
p. 606 'He could take no interest': ibid., p. 137
p. 607 'In some ways': ibid., p. 141
p. 607 'Where was the Gregory': ibid., p. 147
p. 607 'She *must* be free': ibid., p. 158
p. 607 'desired children': ibid., p. 208
p. 607 'wanted to have a family': ibid., p. 248
p. 607 'it seemed rather feeble': ibid., p. 267
p. 607 ' "It's not true!" ': ibid., p. 291
p. 607 'For an instant': ibid., p. 307
p. 607 'Tell Konradin': ibid., p. 327
p. 608 'He said': ibid., p. 328
p. 608 'Nobody could be more disappointed': quoted in *The Tamarisk Tree Volume I*, pp. 148–9
p. 609 'It is not unlikely': BR to Rachel Brooks, 13.5.22
p. 609 'It is so': quoted in *The Tamarisk Tree Volume I*, p. 149
p. 609 'I have been dwelling': Joseph Conrad to BR, 2.11.21
p. 610 'I am sorry': BR to LW, 5.11.21
p. 610 'In any other case': Wilhelm Ostwald to Dorothy Wrinch, 21.2.21
p. 610 an article on trends in Chinese education: 'A People Who Value Wisdom Above Rubies', *The Review of Reviews*, 64, Nov. 1921, pp. 349–53, and *The Dial*, 71, Dec. 1921, pp. 693–8, reprinted as Chapter XIII, 'Higher Education in China', in *The Problem of China*
p. 610 'increase the number': *The Problem of China*, p. 214
p. 610 'the only people': ibid., p. 225
p. 610 'Some Traits in the Chinese Character': *The Atlantic Monthly*, Dec. 1921, pp. 771–7, reprinted as Chapter XII in *The Problem of China*
p. 610 'The obvious charm': *The Problem of China*, pp. 212–13
p. 611 'It was so nice': Vivien Eliot to BR, 1.11.21
p. 611 'bearing in mind': *The Tamarisk Tree Volume I*, p. 151
p. 611 'As I lay there': ibid.
p. 611 'I am so relieved': BR to OM, 16.11.21
p. 611 'I wish, with your permission': BR to Joseph Conrad, probably 16.11.21, quoted in *Autobiography*, p. 209
p. 611 'profoundly touched': Joseph Conrad to BR, 18.11.21
p. 612 'Yes! Paternity is a great experience': Joseph Conrad to BR, 18.11.21
p. 612 'a new emotional centre': *Autobiography Volume II*, p. 150

# 参考文献

罗素发表的著述数量巨大，数不胜数：共有 70 本著作、2000 多篇文章、大量见诸报道的讲话、给他人著作撰写的文章以及“吹嘘言辞”等等。收集他的全部著述看似一项不可能完成的任务。令人感到震惊的是，经过 30 来年的努力，整个文献整理工作已经告一段落。肯尼思 · 布莱克维尔和哈里 · 鲁娅编撰了《伯特兰 · 罗素文献》（劳特利奇出版社，1994 年出版），详细列出了罗素公开发表的所有著述和讲话，并且配有关于译文的信息，标明其著作中的那些部分是以文章、广播谈话或者其他形式出现的。它包括 4000 个条目，是不可或缺的优秀之作（它的出版目的是，补充同样重要的《伯特兰 · 罗素论文选》），一共分为三卷：第一卷罗列了罗素的著作和宣传册，第二卷是其余著述，第三卷包括其他两卷的详尽索引。

就我了解的情况而言，尚未出现过同样完整的关于罗素的二手文献目录。但是，该书编辑道格拉斯 · 拉基编撰了一份十分有用的清单，放在《分析方法文选》最后。他完全有理由说：“编撰关于罗素研究的二手资料目录的主要难点是，如何对篇幅进行限制，不要搞成关于 20 世纪分析哲学的参考文献。”以下仅仅是笔者在撰写本书过程中查阅的著作清单。

## 罗素撰写的著作

### 《伯特兰 · 罗素论文选》

这一套著作由伯特兰 · 罗素著作编辑项目组编辑出版，其总部设在加拿大安大略省汉米尔顿的麦克马斯特大学内，路易斯 · 格林斯潘担任项目组长。这是一次在雄心勃勃的尝试，旨在将罗素撰写的所有篇幅较短（即篇幅小于单行本长度）的著作，无论以前是否出版，全部收录在一个版本之中。第 1 卷包括罗素在青年时期和早期的专业研究成果，该套著作余下各卷分为两大部分：第 2 至 11 卷包括他的哲学著作，第 12 卷及其后各卷收录了关于他个人和政治两个方面的著述。以下列出已经出版的各卷，它们包含了我大量使用的文章：

*Volume 1. Cambridge Essays, 1888–99*, edited by Kenneth Blackwell, Andrew Brink, Nicholas Griffin, Richard A. Rempel, and John G. Slater, London, George Allen & Unwin, 1983

Includes: 'Greek Exercises', Russell's Crammer School essays, 'A Locked Diary' (1890–4), 'Die Ehe', 'Self-Appreciation', his Apostolic essays (including 'Cleopatra and Maggie Tulliver' and 'Seems Madam? Nay, It Is'), his graduate essays on philosophy (including his paper on the Ontological Argument), and his first published philosophical articles (including 'The Logic of Geometry').

*Volume 2. Philosophical Papers, 1896–99*, edited by Nicholas Griffin and Albert C. Lewis, London, Unwin Hyman, 1990
Includes: Russell's review of Hannequin, 'On Some Difficulties of Continuous Quantity', 'Why Do We Regard Time, But Not Space, as Necessarily a Plenum?', *An Analysis of Mathematical Reasoning* (1898), and *The Fundamental Ideas and Axioms of Mathematics* (1899).

*Volume 3. Toward the 'Principles of Mathematics', 1900–02*, edited by Gregory H. Moore, London, Routledge, 1994
Includes: the 1899–1900 draft of *The Principles of Mathematics*, 'The Notion of Order and Absolute Position in Space and Time', 'Recent Italian Work on the Foundations of Mathematics', 'Recent Work on the Principles of Mathematics', and Russell's review of Boutroux.

*Volume 4. Foundations of Logic, 1903–05*, edited by Alasdair Urquhart with the assistance of Albert C. Lewis, London, Routledge, 1994
Includes: the pre-'On Denoting' manuscripts (including 'On Functions', 'On Meaning and Denotation', and 'On Fundamentals'), 'On Denoting', 'Meinong's Theory of Complexes and Assumptions', 'On the Relation of Mathematics to Symbolic Logic', and reviews of Couturat, Poincaré and Meinong.

*Volume 6. Logical and Philosophical Papers, 1909–13*, edited by John G. Slater with the assistance of Bernd Frohmann, London, Routledge, 1992
Includes: 'The Theory of Logical Types', 'What is Logic?', 'On Matter', 'On the Nature of Truth and Falsehood', 'Analytic Realism', 'The Philosophy of Bergson', 'Pragmatism', and Russell's review of William James's *Essays in Radical Empiricism*.

*Volume 7. Theory of Knowledge*, edited by Elizabeth Ramsden Eames in collaboration with Kenneth Blackwell, London, George Allen & Unwin, 1984
Includes: the 1913 manuscript, *The Theory of Knowledge*.

*Volume 8. The Philosophy of Logical Atomism and Other Essays, 1914–19*, edited by John G. Slater, London, George Allen & Unwin, 1986
Includes: 'The Relation of Sense-Data to Physics', 'Mysticism and Logic', 'On Scientific Method in Philosophy', 'The Philosophy of Logical Atomism', 'On "Bad Passions" ', and the manuscript notes that Russell wrote in prison on the psychology of symbolism.

*Volume 9. Essays on Language, Mind and Matter, 1919–26*, edited by John G. Slater with the assistance of Bernd Frohmann, London, Unwin Hyman, 1988

Includes: Introduction to Wittgenstein's *Tractatus Logico-Philosophicus*, 'Einstein's Theory of Gravitation', and reviews of Joachim, Clutton-Brock, Ralph Perry, etc.

*Volume 12. Contemplation and Action, 1902–14*, edited by Richard A. Rempel, Andrew Brink and Margaret Moran, London, George Allen & Unwin, 1985
Includes: Russell's private Journal, 1902–5, *The Pilgrimage of Life*, 'The Free Man's Worship', 'The Study of Mathematics', *Prisons*, 'The Essence of Religion', *The Perplexities of John Forstice*, 'Mysticism and Logic', 'The Place of Science in a Liberal Education', and Russell's articles and speeches on Free Trade and Women's Suffrage.

*Volume 13. Prophecy and Dissent, 1914–16*, edited by Richard A. Rempel with the assistance of Bernd Frohmann, Mark Lippincott and Margaret Moran, London, Unwin Hyman, 1988
Includes: 'War, the Offspring of Fear', 'The Ethics of War', 'Lord Northcliffe's Triumph', 'On Justice in War-Time', 'The Policy of the Entente, 1904–1914: a Reply to Professor Gilbert Murray', 'The Cardiff Speech', and 'The Danger to Civilization'.

自传性著述

罗素一生中一丝不苟地记述他自己的生活，撰写了一系列回忆性文章，评述自己私下和公开表达的希望、失望和成就，从 1897 年撰写的文章《自赏》开始，到晚年撰写的《自传》第三卷结束。下面按照时间顺序，列出（尚）未收录在《伯特兰·罗素论文选》中自传性著述：

1927 'Things That Have Moulded Me', *The Dial*, 83, Sept. 1927, pp. 181–6, reprinted as 'Introduction' to *Selected Papers of Bertrand Russell*, New York, The Modern Library

1930 'How I Was Educated', *John O'London's Weekly*, 23, 19 July 1930, pp. 525–6

1936 '"The Last Survivor of a Dead Epoch"', *The Listener*, 16, 12 Aug. 1936, p. 289, reprinted as 'Obituary (1937)' in *Unpopular Essays*

1938 'My Religious Reminiscences', *The Rationalist Annual*, 1938, pp. 2–8, reprinted in *Basic Writings*

1944 'My Mental Development', *The Philosophy of Bertrand Russell*, edited by Paul Schilpp, pp. 3–20, reprinted in *Basic Writings*

1946 'Eminent Men I Have Known', *Unpopular Essays*, pp. 181–7

1951 'How I Write', *London Calling*, 10 May 1951, reprinted in *Portraits from Memory*

1951 'Memories of My Childhood', *Vogue*, 117, 15 May 1951, pp. 69, 106, 108–10

1952 'Reflections On My Eightieth Birthday', *The Listener*, 47, 22 May 1952, pp. 823–4, reprinted as 'Postscript', *The Autobiography of Bertrand Russell 1944–1967 (Volume III)*

1952 'My First 80 Years', *New York Post*, 25 May 1952, pp. 10–11

1952–3 'Portraits from Memory':

1. 'Alfred North Whitehead', *The Listener*, 48, 10 July 1952, pp. 51–2, reprinted in *Portraits from Memory*
2. 'Maynard Keynes and Lytton Strachey', *The Listener*, 17 July 1952, pp. 97–8, reprinted in *Autobiography*, pp. 70–4
3. 'D. H. Lawrence', *The Listener*, 24 July 1952, pp. 135–6, reprinted in *Portraits from Memory*
4. '"Completely Married": Sidney and Beatrice Webb', *The Listener*, 31 July 1952, p. 177–8, reprinted in *Portraits from Memory*
5. 'Cambridge in the Eighteen-Nineties', *The Listener*, 50, 20 Aug. 1953, pp.

307–8, reprinted as 'Some Cambridge Dons of the 'Nineties' in *Portraits from Memory*

6. 'Cambridge Friendships', *The Listener*, 27 Aug. 1953, pp. 337–8, reprinted as 'Some of My Contemporaries at Cambridge' in *Portraits from Memory*
7. 'Bernard Shaw: The Admirable Iconoclast', *The Listener*, 3 Sep. 1953, pp. 380–1, reprinted as 'George Bernard Shaw' in *Portraits from Memory*
8. 'H. G. Wells: Liberator of Thought', *The Listener*, 10 Sept. 1953, pp. 417–18, reprinted as 'H. G. Wells' in *Portraits from Memory*
9. 'Joseph Conrad', *The Listener*, 17 Sept. 1953, pp. 462–3, reprinted in *Portraits from Memory*
10. 'George Santayana', *The Listener*, 24 Sept. 1953, pp. 503, 511, reprinted in *Portraits from Memory*

1953? 'Private Memoirs', unpublished typescript, the purpose of which 'is to explain why my relations with women that I have been fond of were until the last unsatisfactory'.

1955 'Six Autobiographical Talks':

1. 'Philosophers and Idiots', *The Listener*, 53, 10 Feb. 1955, pp. 247, 249, reprinted as 'Some Philosophical Contacts' in *Portraits from Memory*
2. 'Why I Took to Philosophy', *London Calling*, 3 Mar. 1955, p. 9, reprinted in *Portraits from Memory* and *Basic Writings*
3. 'A Pacifist in Wartime', *London Calling*, 17 Mar. 1955, p. 10, reprinted as 'Experiences of a Pacifist in the First World War', *Portraits from Memory*
4. 'War and the Pursuit of Peace', *London Calling*, 24 Mar. 1955, p. 8, reprinted as 'From Logic to Politics', *Portraits from Memory*
5. 'A Philosophy of My Own', *London Calling*, 31 Mar. 1955, p. 10, reprinted as 'Beliefs: Discarded and Retained' in *Portraits from Memory*
6. ' "So I Go On Writing Books" ', *London Calling*, 7 April 1955, p. 10, reprinted as 'Hopes: Realized and Disappointed' in *Portraits from Memory*

1956 'Adaptation: an Autobiographical Epitome', *Portraits from Memory*, pp. 7–17

1957 'Books that Influenced Me in Youth':

1. 'The Importance of Shelley', *London Calling*, 7 Mar. 1957, p. 4, reprinted in *Fact and Fiction*
2. 'The Romance of Revolt', *London Calling*, 14 Mar. 1957, p. 10, reprinted in *Fact and Fiction*
3. 'Revolt in the Abstract', *London Calling*, 21 Mar. 1957, p. 12, reprinted in *Fact and Fiction*
4. 'Disgust and its Antidote', *London Calling*, 28 Mar. 1957, p. 10, reprinted in *Fact and Fiction*
5. 'An Education in History', *London Calling*, 4 April 1957, p. 6, reprinted in *Fact and Fiction*
6. 'The Pursuit of Truth', *London Calling*, 11 April 1957, p. 14, reprinted in *Fact and Fiction*

1959 *My Philosophical Development*, London, George Allen & Unwin, 1959

1967 *The Autobiography of Bertrand Russell 1872–1914*, London, George Allen & Unwin, 1967

1968 *The Autobiography of Bertrand Russell 1914–1944* (Volume II), London, George Allen & Unwin, 1968

1969 *The Autobiography of Bertrand Russell 1944–1967* (Volume III), London, George Allen & Unwin, 1969

## 已经出版的书信

*Dear Bertrand Russell: a selection of his correspondence with the general public 1950–1968*, edited by Barry Feinberg and Ronald Kasrils, London, George Allen & Unwin, 1969

*Dear Russell – Dear Jourdain: A commentary on Russell's logic, based on his correspondence with Philip Jourdain* by I. Grattan-Guinness, London, Duckworth, 1977

'Unpublished Correspondence between Russell and Wittgenstein', B. F. McGuinness and G. H. von Wright, *Russell*, 10 (2), winter 1990–1, pp. 101–24

*The Selected Letters of Bertrand Russell. Volume 1: The Private Years, 1884–1914*, edited by Nicholas Griffin, London, Allen Lane, 1992

## 其他著述

下面按照（写作而不是出版）的时间顺序，仅仅列出了笔者在撰写本卷过程中使用过的文献。因此，1921 年以后的文献很少，已经收录在《伯特兰·罗素论文选》中的文献没有列出。

1896 *German Social Democracy*, London, Longmans, 1896, second edition, George Allen & Unwin, 1965

1897 *An Essay on the Foundations of Geometry*, Cambridge, University Press, 1897; paperback edition, New York, Dover, 1956

1900 *A Critical Exposition of the Philosophy of Leibniz*, Cambridge, University Press, 1900; paperback edition, London, Routledge, 1992

1903 *The Principles of Mathematics*, Cambridge, University Press, 1903; paperback edition, London, Routledge, 1992

1906 'The Nature of Truth', *Mind*, 15, Oct. 1906, pp. 528–33

1907 'On the Nature of Truth', *Proceedings of the Aristotelian Society*, 7, 1906–7, pp. 28–49

1910 *Philosophical Essays*, London, Longmans, 1910; second (revised) edition, George Allen & Unwin, 1966

1910–13 (with A. N. Whitehead) *Principia Mathematica*, Cambridge, University Press, *Volume I*, 1910, *Volume II*, 1912, *Volume III*, 1913; second edition 1925–7; paperback (abridged) edition, Cambridge, University Press, 1962

1912 *The Problems of Philosophy*, London, Williams and Norgate, 1912; paperback edition, Oxford, University Press, 1967

1914 *Our Knowledge of the External World as a Field for Scientific Method in Philosophy*, London, Open Court, 1914; paperback edition, London, Routledge, 1993

1915 *Justice in War-Time*, London, The National Labour Press, 1915; second edition, Nottingham, Spokesman Books, 1975

1916 *Principles of Social Reconstruction*, London, George Allen & Unwin, 1916

1917 *Political Ideals*, New York, Century, 1917; British (expanded) edition, London, George Allen & Unwin, 1963

1918 *Mysticism and Logic*, London, Longmans, 1918

1918 *Roads to Freedom*, London, George Allen & Unwin, 1918

1918 *The Philosophy of Logical Atomism*, edited by David Pears, London, Fontana, 1972; La Salle, Illinois, Open Court, 1985

1919 *Introduction to Mathematical Philosophy*, London, George Allen & Unwin, 1919; paperback edition, London, Routledge, 1993

1920 'Socialism and Liberal Ideals', *The English Review*, 30, May, June 1920, pp. 449–55, 499–508

1920 *The Practice and Theory of Bolshevism*, London, George Allen & Unwin, 1920; second (revised) edition, 1949
1921 *The Analysis of Mind*, London, George Allen & Unwin, 1921; paperback edition, London, Routledge, 1992
1921 (in collaboration with Dora Russell) *The Prospects of Industrial Civilization*, London, George Allen & Unwin, 1923
1922 *The Problem of China*, London, George Allen & Unwin, 1922; paperback edition, Nottingham, Spokesman Books, 1993
1931–5 *Mortals and Others: Bertrand Russell's American Essays 1931–1935*, edited by Harry Ruja, London, George Allen & Unwin, 1975
1937 *The Amberley Papers*, Volumes 1 and 2, London, Hogarth Press, 1937
1940 *An Inquiry into Meaning and Truth*, New York, Norton, 1940
1945 *A History of Western Philosophy*, London, George Allen & Unwin, 1946
1950 *Unpopular Essays*, London, George Allen & Unwin, 1950
1953 *Satan in the Suburbs*, London, The Bodley Head, 1953; paperback edition, Penguin, 1961
1954 *Nightmares of Eminent Persons*, London, The Bodley Head, 1954; paperback edition, Penguin, 1962
1956 *Portraits from Memory and Other Essays*, London, George Allen & Unwin, 1956
1956 *Logic and Knowledge*, edited by Robert C. Marsh, London, George Allen & Unwin, 1956; paperback edition, London, Routledge, 1992
1960 *Bertrand Russell Speaks His Mind*, New York, World Publishing Co., 1960
1961 *Fact and Fiction*, London, George Allen & Unwin, 1961
*The Basic Writings of Bertrand Russell*, edited by Robert E. Egner, London, George Allen & Unwin, 1961
*The Collected Stories of Bertrand Russell*, compiled and edited by Barry Feinberg, London, George Allen & Unwin, 1972
*Bertrand Russell's America Volume One 1896–1945*, by Barry Feinberg and Ronald Kasrils, London, George Allen & Unwin, 1973
*Essays in Analysis*, edited by Douglas Lackey, London, George Allen & Unwin, 1973

## 其他人的著作

以下著作是按照笔者使用的版本时间列出的。因此，在许多情况下，标注的日期不是首版日期。

Ackroyd, Peter, *T. S. Eliot*, Abacus, 1985
Ambrose, Alice and Lazerowitz, Morris (eds), *G. E. Moore: Essays in Retrospect*, London, George Allen & Unwin, 1970
Andersson, Stefan, *In Quest of Certainty: Bertrand Russell's search for certainty in religion and mathematics up to The Principles of Mathematics (1903)*, Stockholm, 1994
Armstrong, William M., 'Bertrand Russell Comes to America, 1896', *Studies in History and Society*, II, 1 & 2, Fall 1969 and Spring 1970
Ayer, A. J., *Russell and Moore: The Analytical Heritage*, London, Macmillan, 1971
—— *Russell*, London, Fontana, 1972
Ayling, Stanley, *Edmund Burke: His Life and Opinions*, London, Cassell, 1988
Baines, Jocelyn, *Joseph Conrad: A Critical Biography*, London, Weidenfeld, 1993
Baldwin, Thomas, *G. E. Moore*, London, Routledge, 1990
Bedford, John 13th Duke of, *A Silver-Plated Spoon*, London, Cassell, 1959
Bell, Quentin, *Virginia Woolf: A Biography Volume One. Virginia Stephen 1882–1912*, Triad/Granada, 1976
—— *Virginia Woolf: A Biography Volume Two. Mrs Woolf 1912–1941*, Triad/Granada, 1976
Bell, Robert H., 'Bertrand Russell and the Eliots', *The American Scholar*, summer 1983, pp. 309–25
Berenson, Mary, *A Self Portrait from her Letters & Diaries*, edited by Barbara Strachey

and Jayne Samuels, London, Gollancz, 1983
Berthoud, Jacques, *Joseph Conrad: The Major Phase*, Cambridge, University Press, 1978
Birkin, Andrew, *J. M. Barrie and the Lost Boys*, London, Constable, 1979
Blackwell, Kenneth, 'Our Knowledge of "Our Knowledge"', *Russell*, 12, winter 1973–4, pp. 11–13
—— 'The Early Wittgenstein and the Middle Russell', in *Perspectives on the Philosophy of Wittgenstein*, edited by Irving Block, Oxford, Blackwell, 1981
—— *The Spinozistic Ethics of Bertrand Russell*, London, George Allen & Unwin, 1985
Blackiston, Georgiana, *Lord William Russell and His Wife*, London, John Murray, 1972
Bradley, F. H., *Appearance and Reality*, London, Swan Sonnenschein, 1893
—— *Essays on Truth and Reality*, Oxford, University Press, 1914
Brink, Andrew, *Bertrand Russell: The Psychobiography of a Moralist*, New Jersey, Humanities Press, 1989
Burke, Edmund, *Selected Writings and Speeches*, edited by Peter J. Stanlis, New York, Anchor Books, 1963
Cantor, Georg, *Contributions to the Founding of the Theory of Transfinite Numbers*, New York, Dover, 1955
Cecil, Hugh & Mirabel, *Clever Hearts: Desmond & Molly MacCarthy*, London, Gollancz, 1990
Chao, Yuen Ren, 'With Bertrand Russell in China', *Russell*, 7, autumn 1972, pp. 14–17
Clark, Ronald W., *The Life of Bertrand Russell*, Penguin, 1978
—— *Bertrand Russell and His World*, London, Thames and Hudson, 1981
Clifford, W. K., *Lectures and Essays*, edited by L. Stephen and F. Pollock, two volumes, London, Macmillan, 1879; second edition, 1886
—— *The Common Sense of the Exact Sciences*, edited by Karl Pearson, 1885
Cocchiarella, Nino, 'The Development of the Theory of Logical Types and the Notion of a Logical Subject in Russell's Early Philosophy', *Synthese*, 45, 1980, pp. 71–115
Coffa, J. Alberto, *The Semantic Tradition from Kant to Carnap: To the Vienna Station*, Cambridge, University Press, 1991
Cole, G. D. H., *The World of Labour*, London, G. Bell & Sons, 1913
—— *Self-Government in Industry*, London, G. Bell & Sons, 1917
Conrad, Joseph, *Tales of Unrest*, Penguin, 1977
—— *An Outcast of the Islands*, Penguin, 1975
—— *Heart of Darkness & The Secret Sharer*, Signet, 1978
—— *Nostromo*, Penguin, 1986
—— *The Secret Agent*, Penguin, 1963
—— *Typhoon and Other Stories*, Penguin, 1990
—— *Lord Jim*, Penguin, 1989
—— *The Mirror of the Sea & A Personal Record*, Oxford, 1988
—— *Victory*, Penguin 1994
—— *Chance*, Signet, 1992
Cooper-Willis, Irene, *England's Holy War: A Study of English Liberal Idealism during the First World War*, New York, Knopf, 1928
Crawshay-Williams, Rupert, *Russell Remembered*, Oxford, University Press 1970
Darroch, Sandra Jobson, *Ottoline: The Life of Lady Ottoline Morrell*, London, Chatto, 1976
Delany, Paul, *D. H. Lawrence's Nightmare: The Writer and His Circle in the Years of the Great War*, Sussex, Harvester, 1979
Derry, John W., *Politics in the Age of Fox, Pitt and Liverpool: Continuity and Transformation*, London, Macmillan, 1990
Detlefson, Michael, 'Poincaré Against the Logicians', *Synthese*, 90, 1992, pp. 349–78
Dostoyevsky, Fyodor, *The Idiot*, Oxford, University Press, 1992
Egan, Michael (ed.), *Ibsen: The Critical Heritage*, London, Routledge, 1972

Eliot, T. S., review of *Theism and Humanism* by A. J. Balfour, *International Journal of Ethics*, 26 (2), 1916, pp. 284–9
——*Prufrock and Other Observations*, London, The Egoist Limited, 1917
——'Eeldrop and Appleplex', *The Little Review*, May and Sep. 1917, pp. 7–11 and 16–19, reprinted as *Eeldrop and Appleplex*, Tunbridge Wells, The Foundling Press, 1992
——'Style and Thought', review of Russell's *Mysticism and Logic*, *The Nation*, 22, Mar. 1918, pp. 768, 770
——*Knowledge and Experience in the Philosophy of F. H. Bradley*, London, Faber, 1964
——*The Letters of T. S. Eliot Volume I 1898–1922*, edited by Valerie Eliot, London, Faber, 1988
Ellmann, Richard, *Oscar Wilde*, Penguin, 1988
Forte, Maria, 'Lucy Martin Donnelly: a Sojourn with the Russells', *Russell*, 7 (1), summer 1987, pp. 53–9
——'Bertrand Russell's Letters to Helen Thomas Flexner and Lucy Martin Donnelly', unpublished Ph.D. thesis, McMaster University, 1988
Frege, Gottlob, *Philosophical and Mathematical Correspondence*, Oxford, Blackwell, 1980
Gardiner, Bennitt, 'Colette O'Niel: a Season in Repertory', *Russell*, 23–4, autumn–winter 1976, pp. 26–36
——'1916', *Russell*, 29–32, 1978, pp. 43–51
——'The Wisdom of Colette', *Russell*, 37–40, 1980–1, pp. 31–9
Gordon, Lyndall, *Eliot's Early Years*, Oxford, University Press, 1977
——*Eliot's New Life*, Oxford, University Press, 1988
Gottschalk, Herbert, *Bertrand Russell: A Life*, London, John Barker, 1965
Grattan-Guinness, I., 'Russell's Home at Bagley Wood', *Russell*, 13, spring 1974, pp. 24–6
——'George Cantor's Influence on Bertrand Russell', *History and Philosophy of Logic*, 1, 1980, pp. 61–93
Griffin, Nicholas, 'Russell's "Horrible Travesty" of Meinong', *Russell*, 25–8, 1977, pp. 39–51
——'Russell on the Nature of Logic (1903–1913)', *Synthese*, 45, 1980, pp. 117–88
——'The Acts of the Apostles', review of Paul Levy, *G. E. Moore and the Cambridge Apostles, Russell*, 1 (1), summer 1981, pp. 71–82
——'Russell's Multiple Relation Theory of Judgment', *Philosophical Studies*, 47, 1985, pp. 213–47
——'Wittgenstein's Criticism of Russell's Theory of Judgment', *Russell*, 5 (2), winter 1985–6, pp. 132–45
——'Joachim's Early Advice to Russell on Studying Philosophy', *Russell*, 7 (2), winter 1987–8, pp. 119–23
——*Russell's Idealist Apprenticeship*, Oxford, University Press, 1991
Hardy, G. H., *Bertrand Russell and Trinity: A College Controversy of the Last War*, Cambridge, University Press, 1942
Harrison, Royden, 'Bertrand Russell and the Webbs', *Russell*, 5 (1), summer 1985, pp. 44–9
Hastings, Michael, *Tom and Viv*, London, Penguin, 1985
Heijenoort, Jean van, *From Frege to Gödel: A Source Book in Mathematical Logic, 1879–1931*, Harvard, University Press, 1967
Holroyd, Michael, *Lytton Strachey: A Biography*, London, Penguin, 1979
——*Lytton Strachey: The New Biography*, London, Chatto, 1994
Hylton, Peter, 'Russell's Substitutional Theory', *Synthese*, 45, 1980, pp. 1–31

—— *Russell, Idealism and the Emergence of Analytic Philosophy*, Oxford, University Press, 1990
Ibsen, Henrik, *Ghosts and Other Plays*, Penguin, 1964
—— *The Master Builder and Other Plays*, Penguin, 1958
Irvine, A. D. and Wedeking, G. A. (eds), *Russell and Analytic Philosophy*, Toronto, University of Toronto Press, 1993
Jager, Ronald, *The Development of Bertrand Russell's Philosophy*, London, George Allen & Unwin, 1972
James, William, *The Principles of Psychology*, two volumes, London, Macmillan, 1890
—— *Pragmatism: a New Name for Some Old Ways of Thinking*, London, Longmans, 1907
—— *Essays in Radical Empiricism*, London, Longmans, 1912
—— *Essays in Philosophy*, Harvard, University Press, 1978
Jean-Aubry, G., *Joseph Conrad, Life & Letters*, two volumes, London, Heinemann, 1927
Joachim, Harold H., *The Nature of Truth*, Oxford, University Press, 1906
Jones, J. R., *The First Whigs: The Politics of the Exclusion Crisis* 1678–1683, London, 1961
Jourdain, Philip E. B., *The Philosophy of Mr. Bertrand, Russell*, London, George Allen & Unwin, 1918
'Junius', *The Letters of Junius*, edited by John Cannon, Oxford, University Press, 1978
Karl, Frederick R., *Joseph Conrad. The Three Lives: A Biography*, London, Faber, 1979
Kearns, Marion, 'Alys Russell: a Bibliography', *Russell*, 10, summer 1873, pp. 17–19
Keen, C. N., 'The Interaction of Russell and Bradley', *Russell*, 3, autumn 1971, pp. 7–11
Kennedy, Thomas C., 'The Women's Man from Wimbledon', *Russell*, 14, summer 1974, pp. 19–26
Kenyon, John, *The Popish Plot*, London, Heinemann, 1972
Kermode, Frank, *Lawrence*, Fontana, 1973
Keynes, John Maynard, *The Collected Writings Volume X. Essays in Biography*, London, Macmillan, 1972
King, James, *Virginia Woolf*, London, Hamish Hamilton, 1994
Knight, G. Wilson, *Ibsen*, Edinburgh, Oliver and Boyd, 1962
Lackey, Douglas P., 'The Whitehead Correspondence', *Russell*, 5, spring 1972, pp. 14–16
—— 'Russell's Unknown Theory of Classes: The Substitutional System of 1906', *Journal of Philosophy*, 14, 1976, pp. 69–78
Landini, Gregory, 'Russell's Substitutional Theory of Classes and Relations', *History and Philosophy of Logic*, 8, 1987, pp. 171–200
Lawrence, D. H., *The Prussian Officer*, London, Secker, 1914
—— *The Rainbow*, Penguin, 1989
—— *Women in Love*, Penguin, 1960
—— *Twilight in Italy*, Penguin, 1974
—— *The Complete Short Stories Volume II* (including 'The Blind Man'), Penguin, 1976
—— *England, My England*, Penguin, 1982
—— *Assorted Articles*, London, Secker, 1932
—— *The Collected Letters* (Two Volumes), edited by Harry T. Moore, London, Heinemann, 1962

——*The Letters of D. H. Lawrence Volume II June 1913–October 1916*, edited by George J. Zytaruk and James T. Boulton, Cambridge, University Press, 1981

——*D. H. Lawrence's Letters to Bertrand Russell*, edited by Harry T. Moore, New York, Gotham, 1948

——*Phoenix: The Posthumous Papers of D. H. Lawrence*, edited by Edward D. McDonald, London, Heinemann, 1936

——*Phoenix: Uncollected, Unpublished and Other Prose Works by D. H. Lawrence*, edited by Warren Roberts and Harry T. Moore, London, Heinemann, 1968

Lawrence, Frieda, *The Memoirs and Correspondence*, edited by E. W. Tedlock, Jr, New York, Knopf, 1964

Leithauser, Gladys, 'Arch-priggery: Bertrand and Alys Russell's Copy of Whitman's "Leaves of Grass" ', *Russell*, 19, autumn 1975

Leithauser, Gladys Garner, 'The Romantic Russell and the Legacy of Shelley', *Russell*, 4 (1), summer 1984, pp. 31–48

——'Spirited Satire: the Fiction of Bertrand Russell', *Russell*, 13 (1), summer 1993, pp. 63–82

Leithauser, Gladys Garner and Dyer, Nadine Cowan, 'Bertrand Russell and T. S. Eliot: Their Dialogue', *Russell*, 2 (1), summer 1982, pp. 7–28

Lenzen, Victor F., 'Bertrand Russell at Harvard, 1914', *Russell*, 3, autumn 1971, pp. 4–6

Levy, Paul, *G. E. Moore and the Cambridge Apostles*, London, Weidenfeld, 1979

Lowe, Victor, 'The Development of Whitehead's Philosophy', *The Philosophy of Alfred North Whitehead*, edited by Paul Arthur Schilpp, Northwestern, 1941, pp. 15–124

——*Alfred North Whitehead. The Man and His Work Volume I: 1861–1910*, Baltimore, Johns Hopkins, 1985

——*Alfred North Whitehead. The Man and His Work Volume II: 1910–1947*, edited by J. B. Schneewind, Baltimore, Johns Hopkins, 1990

MacCarthy, Desmond, *The Man and His Writings*, introduced by David Cecil, London, Constable, 1984

MacCarthy, Desmond and Russell, Agatha (eds), *Lady John Russell. A Memoir with Selections from her Diaries and Correspondence*, London, Longmans, 1926

McGuinness, Brian, *Wittgenstein: A Life. Young Ludwig 1889–1921*, London, Duckworth, 1988

McTaggart, John McTaggart Ellis, *Studies in the Hegelian Dialectic*, Cambridge, University Press, 1896

Maddox, Brenda, *The Married Man: A Life of D. H. Lawrence*, London, Sinclair-Stevenson, 1994

Malleson, Constance, *After Ten Years*, London, Cape, 1931

——*The Coming Back*, London, Cape, 1933

——*In the North: Autobiographical Fragments in Norway, Sweden, Finland: 1936–1946*, London, Gollancz, 1946

——'Fifty Years: 1916–1966', in Ralph Schoenman (ed.), *Bertrand Russell: Philosopher of the Century*, London, George Allen & Unwin, 1967

——'The End', *Russell*, 21–2, spring–summer 1976, pp. 25–7

Meyers, Jeffrey, *D. H. Lawrence: A Biography*, New York, Knopf, 1990

Mill, John Stuart, *Autobiography*, Boston, Houghton Mifflin, 1969

Mitchell, L. G., *Charles James Fox and the Disintegration of the Whig Party 1782–1794*, Oxford, University Press, 1971

Mitford, Nancy (ed.), *The Ladies of Alderley being the Letters between Maria Josepha, Lady Stanley of Alderley and Her Daughter-in-Law Henrietta Maria Stanley during the Years 1841–1850*, London, Chapman & Hall, 1938

—— *The Stanleys of Alderley: Their Letters between the Years 1851–1865*, London, Chapman & Hall, 1939
Monk, Ray, *Ludwig Wittgenstein. The Duty of Genius*, London, Cape, 1990
—— 'The Effects of a Broken Home: Bertrand Russell and Cambridge', *Cambridge Minds*, edited by Richard Mason, Cambridge, 1994, pp. 1–19
—— 'The Madness of Truth: Russell's Admiration for Joseph Conrad', *Russell*, 14 (2), winter 1994–5
Moore, G. E., review of Russell's *Essay on the Foundations of Geometry, Mind*, 8, July 1899, pp. 397–405
—— 'An Autobiography', *The Philosophy of G. E. Moore*, edited by Paul Arthur Schilpp, pp. 1–39
—— *Philosophical Papers*, London, George Allen & Unwin, 1959
—— *The Early Essays*, edited by Tom Regan, Philadelphia, Temple University Press, 1986
—— *Selected Writings*, edited by Thomas Baldwin, London, Routledge, 1993
Moorehead, Caroline, *Bertrand Russell. A Life*, London, Sinclair-Stevenson, 1992
Moran, Margaret, 'Men of Letters: Bertrand Russell and Joseph Conrad', *Russell*, 2 (1), summer 1982, pp. 29–46
Morrell, Ottoline, *Ottoline: The Early Memoirs of Lady Ottoline Morrell*, edited by Robert Gathorne-Hardy, London, Faber, 1963
—— *Ottoline at Garsington: Memoirs of Lady Ottoline Morrell 1915–1918*, edited by Robert Gathorne-Hardy, London, Faber, 1974
Murray, Gilbert, *Euripides*, translated into English rhyming verse, London, George Allen & Unwin, 1902
—— *Euripides and His Age*, second (revised) edition, Oxford, University Press, 1946
—— *Five Stages of Greek Religion*, Oxford, University Press, 1925
Newberry, Jo, 'Russell as Ghost-writer', *Russell*, 15, autumn 1974, pp. 19–23
Pais, Abraham, *'Subtle is the Lord . . .': The Science and the Life of Albert Einstein*, Oxford, University Press, 1982
Patmore, Brigit, *My Friends When Young. The Memoirs of Brigit Patmore*, edited by Derek Patmore, London, Heinemann, 1968
Peel, Georgiana, *Recollections*, London, John Lane, 1920
Peters, Richard, *Hobbes*, Penguin, 1967
Pinsent, David Hume, *A Portrait of Wittgenstein as a Young Man*, edited by G. H. von Wright from the Diary of David Hume Pinsent 1912–1914, Oxford, Blackwell, 1990
Poincaré, Henri, 'Des fondements de la géométrie: à propos d'un livre de M. Russell', *Revue de métaphysique et de morale*, 7, 1899, pp. 251–79
—— *Science and Hypothesis*, New York, Dover, 1952
—— *Science and Method*, London, Thomas Nelson, 1914
—— *The Value of Science*, New York, Dover, 1958
—— *Mathematics and Science: Last Essays*, New York, Dover, 1963
Pollock, Sir Frederick, *Spinoza: His Life and Philosophy*, London, Kegan Paul, 1880
Powell, David, *Charles James Fox. Man of the People*, London, Hutchinson, 1989
Prest, John, *Lord John Russell*, London, Macmillan, 1972
Reid, Stuart J., *Lord John Russell*, London, Dent, 1895
Rhees, Rush, *Recollections of Wittgenstein*, Oxford, University Press, 1984
Ribblesdale, Lord, *Impressions and Memories*, London, Cassell, 1927
Richards, Joan L., *Mathematical Visions: The Pursuit of Geometry in Victorian England*, London, Academic Press, 1988

Roberts, George W. (ed.), *Bertrand Russell Memorial Volume*, London, George Allen & Unwin, 1979

Robson, Ann, 'Bertrand Russell and his godless Parents', *Russell*, 7, autumn 1972, pp. 3–9

Rodríguez-Consuegra, Francisco, 'The Origins of Russell's Theory of Descriptions', *Russell*, 9 (2), winter 1989–90, pp. 99–132

—— *The Mathematical Philosophy of Bertrand Russell: Origins and Development*, Basel, Birkhäuser, 1991

—— *Relational Ontology and Analytic Philosophy: Bertrand Russell and Bradley's Ghost* (forthcoming)

Russell, Alys, 'A Reply from the Daughters', *Nineteenth Century*, 35, Mar. 1894, pp. 443–50

Russell, Dora, *The Tamarisk Tree Vol. I My Quest for Liberty and Love*, London, Elek Books, 1975; paperback edition, Virago, 1978

—— *The Religion of the Machine Age*, London, Routledge, 1983

Russell, Frank, *My Life and Adventures*, London, Cassell, 1923

Russell, Lord John, *The Life of William Lord Russell*, London, Longman, 1819

—— *An Essay on the History of the English Government and Constitution, from the reign of Henry VIII to the present time*, London, 1821

—— *Correspondence of John, Fourth Duke of Bedford*, 3 volumes, London, Longman, 1842, 1843, 1846

—— *Memorials and Correspondence of Charles James Fox*, 2 volumes, London, 1853

—— *The Life and Times of Charles James Fox*, 3 volumes, London, 1866

—— *Recollections and Suggestions*, 1813–73, London, 1875

Ryan, Alan, *Bertrand Russell: A Political Life*, London, Allen Lane, 1988

Santayana, George, *Persons and Places*, Massachusetts, MIT Press, 1987

Scharfstein, Ben-Ami, *The Philosophers: Their Lives and the Nature of Their Thought*, Oxford, Blackwell, 1980

Schilpp, Paul Arthur (ed.), *The Philosophy of Bertrand Russell*, Illinois, Open Court, 1944; revised edition, 1971

—— *The Philosophy of Alfred North Whitehead*, Chicago, Northwestern University Press, 1941

—— *The Philosophy of G. E. Moore*, New York, Tudor, 1942; second edition 1952

Schoenman, Ralph (ed.), *Bertrand Russell: Philosopher of the Century*, London, George Allen & Unwin, 1967

Sencourt, Robert, *T. S. Eliot: A Memoir*, London, Garnstone, 1971

Seymour, Miranda, *Ottoline Morrell: Life on the Grand Scale*, London, Hodder, 1992

Sharpe, Tony, *T. S. Eliot: A Literary Life*, London, Macmillan, 1991

Shelley, Percy Bysshe, *Selected Poems*, Oxford, University Press, 1913

—— *Alastor and Other Poems, Prometheus Unbound and Other Poems, Adonais*, edited by P. H. Butter, Plymouth, Macdonald and Evans, 1970

Skidelsky, Robert, *John Maynard Keynes: Hopes Betrayed 1883–1920*, London, Macmillan, 1983

Slater, John G., 'Bertrand Russell and *The Tribunal*', *Russell*, 1, spring 1971, pp. 6–7

—— 'What Happened at Leeds?', *Russell*, 4, winter 1971–2, pp. 9–10

—— 'Lady Constance Malleson, "Colette O'Niel" ', *Russell*, 20, winter 1975–6, pp. 4–15

—— *Bertrand Russell*, Bristol, Thoemmes Press, 1994

Spadoni, Carl, ' "Great God in boots! – the ontological argument is sound!" ', *Russell*, 23–4, autumn–winter 1976, pp. 37–41

—— 'Philosophy in Russell's letters to Alys', *Russell*, 29–32, 1978, pp. 17–31

Strachey, Barbara, *Remarkable Relations: The Story of the Pearsall Smith Family*, London, Gollancz, 1980
Strachey, Lytton, *Elizabeth and Essex: A Tragic History*, London, Chatto, 1948
——*Eminent Victorians*, Penguin, 1986
——*Queen Victoria*, Penguin, 1971
Tait, Katharine, *My Father Bertrand Russell*, London, Gollancz, 1976
Thomson, Gladys Scott, *Two Centuries of Family History*, London, Longmans, 1930
——*Life in a Noble Household 1641–1700*, London, Cape, 1937
——*The Russells in Bloomsbury 1669–1771*, London, Cape, 1940
——*Family Background*, London, Cape, 1949
Tilby, A. Wyatt, *Lord John Russell: A Study in Civil and Religious Liberty*, London, Cassell, 1930
Tomalin, Claire, *Katherine Mansfield: A Secret Life*, London, Viking, 1987
Trent, Christopher, *The Russells*, London, Frederick Muller, 1966
Turcon, Sheila, 'A Quaker Wedding: the Marriage of Bertrand Russell and Alys Pearsall Smith', *Russell*, 3 (2), winter 1983–4, pp. 103–28
Turgenev, Ivan, *Fathers and Children*, translated by Constance Garnett, London, Heinemann, 1920
Vellacott, Jo, *Bertrand Russell and the Pacifists in the First World War*, New York, St Martin's Press, 1980
Watling, John, *Bertrand Russell*, Edinburgh, Oliver and Boyd, 1970
Waugh, Evelyn, *The Diaries of Evelyn Waugh*, edited by Michael Davie, London, Weidenfeld, 1976
Webb, Beatrice, *Diary Volume Two 1892–1905*, edited by Norman and Jeanne MacKenzie, Virago, 1983
Whitehead, A. N., *A Treatise on Universal Algebra with Applications*, Cambridge, University Press, 1898
——*An Introduction to Mathematics*, Oxford, University Press, 1948
——*Dialogues*, as recorded by Lucien Price, London, Max Reinhardt, 1954
——'Autobiographical Notes', in *The Philosophy of Alfred North Whitehead*, edited by Paul Arthur Schilpp, Northwestern, 1941, pp. 3–14
Whitman, Walt, *Leaves of Grass* (Norton Critical Edition), edited by Sculley Bradley and Harold Blodgett, New York, 1973
Willen, Diane, *First Earl of Bedford: One of the King's Men*, London, Royal Historical Society, 1981
Willis, Kirk, 'The Critical Reception of "German Social Democracy" ', *Russell*, 21–2, spring–summer 1976
Wittgenstein, Ludwig, *Notebooks 1914–1916*, edited by G. H. von Wright and G. E. M. Anscombe, second edition, Oxford, Blackwell, 1979
——*Tractatus Logico-Philosophicus*, translated by C. K. Ogden, London, Routledge, 1922
——*Tractatus Logico-Philosophicus*, translated by D. F. Pears and B. F. McGuinness, London, Routledge, 1961
——*Letters to Russell, Keynes and Moore*, edited by G. H. von Wright assisted by B. F. McGuinness, Oxford, Blackwell, 1974
Worthen, John, *D. H. Lawrence: The Early Years 1885–1912*, Cambridge, University Press, 1991
Wood, Alan, *Bertrand Russell: The Passionate Sceptic*, London, George Allen & Unwin, 1957
Woolf, Leonard, *An Autobiography 1: 1880–1911*, Oxford, University Press, 1980
——*An Autobiography 2: 1911–1969*, Oxford, University Press, 1980

Woolf, Leonard, *Letters of Leonard Woolf*, edited by Frederic Spotts, London, Bloomsbury, 1992
Zytaruk, George, 'Lectures on immortality and ethics: the failed D. H. Lawrence–Bertrand Russell collaboration', *Russell*, 3 (1), summer 1983

# 索引

（在本索引中，页码为原文页码，即中译本的边码；n 表示脚注）

Aubrey, John, *Brief Lives*, 奥布里，约翰，《人物简史》，25
Austria-Hungary, 奥匈，359, 360, 362, 374, 385
*Autobiography*, 《自传》，19, 20, 22n, 23, 36, 40-1, 43, 53, 62, 75, 82, 99, 101, 107-8, 112, 120, 122, 134-6, 140, 141, 145-6, 155, 158, 183-4, 189, 192, 194, 196, 201 & n. 213, 256, 305 n, 315, 316, 317-18, 333, 335-6, 356, 357, 360, 364, 378, 432-3 &n, 450, 475, 479, 482, 484, 487, 524, 531, 538, 542, 544, 560, 585, 596, 599; 'Prologue',《绪论》, xviii; 'To Edith'（preface）,《致伊迪斯》（序言），xix
Axiom of Congruence（or Axiom of Free Mobility）, 全等公理（自由流动性公理），104
Axiom of Infinity, 无穷性公理，195, 200, 505
Axiom of Reducibility, 可化归性公理，195

Bach, Johann Sebastian, 巴赫，约翰·塞巴斯蒂安，193
Bagley Wood, Rhome at, 巴格利伍德，罗素在那里的寓所，181, 190, 196, 199, 355
Bagnold, Enid, 巴格诺尔德，伊妮德，388, 394
Bakewell, Mr, 贝克韦尔，先生，352
Bakunin, Mikhail, 巴枯宁，米哈伊尔，504, 523
Balfour, Arthur, 1st Earl of, 巴尔弗，阿瑟，伯爵一世，178, 179, 185, 524; 'Creative Evolution and Philosophic Doubt',《创造性进化与哲学疑问》，338, Theism and Humanism（Gifford lectures）,《一神论与人文主义》（吉福德讲座），338-9, 443
Barcelona, R.'s lectures at Institute of Catalan Studies（1920）, 巴塞罗那，罗素在加泰罗尼亚研究所举行的讲座，573-4
Barrett（R.'s servant）, 巴雷特（罗素的仆人）179-80
Barrie, J.M., *Peter Pan*, 巴里，J.M.,《彼得·潘》，43
Bates, H.W. *The Naturalist on the River Amazon*, 贝茨，H.W.《泛舟亚马逊的自然论者》，529
BBC: radio talks, 英国广播公司，广播谈话，335-6, 531; TV interviews; 'Face to Face', 电视访谈《面对面》，524 n
Beardsley, Aubrey, 比亚兹莱，奥布里，277
Beauchamp, Sir Sydney, 比彻姆，西德尼爵士，611
Bebel, August, 倍倍尔，奥古斯特，108
Bedford, John Russell, first Earl of, 贝德福德伯爵一世，约翰·罗素，4, 5, 6,
Bedford, fourth Duke of, 贝德福德公爵四世，5
Bedford, fifth Duke of, 贝德福德公爵五世，7 & n
Bedford, fifth Earl of, 贝德福德伯爵五世，4,
Bedford, sixth Duke of, 贝德福德公爵六世，4, 5, 7
Bedford Liberal Association, 贝德福德自由协会，197-8
'The Beatle and Wedgeinn, Moulsford, '甲壳虫与楔子'客栈，287, 291, 265
Beethoven, Ludwig van, 贝多芬，路德维希·冯，259, 279, 395, 536
behaviourism, 行为主义，532, 533, 534, 535, 545-7
Bell, Clive, 贝洛，克莱夫，437, 450
Bell, Vanessa, 贝尔，瓦内萨，219, 437, 450
Bentham, Jeremy, 边沁，杰里米，7, 446 n
Berenson, Bernhard, 贝伦森，伯恩哈德，56, 59, 107, 110, 120-1, 127, 129, 155, 162
Bergson, Henri 柏格森，亨利，232-3, 234-5, 236-7, 238, 239, 245, 273, 275, 313, 314, 323, 338, 350, 382, 398, 546; *L'Evolution creatrice*,《创造进化论》，202-3, 232, 233; R.'s paper on, 罗素撰写的相关文章，245, 247-8, 250, 252
Berkeley, Bishop George, 贝克莱，乔治主教，49, 109, 234，291; *The Analyst*,《分析者》，109
Berlin, R. in, 柏林，罗素逗留时的情况，101-3, 107, 108-9
*Bibliography of Bertrand Russell*,《伯特兰·罗素文献》，xvii
Bird, Margaret see McTaggart，伯德，玛格丽特·卢埃林，参见麦克塔格特
Birmingham, R.'s lectures in（1916）, 伯明翰，罗素举行的讲座，481, 482, 483, 485, 486
Birrell, Francis, 比勒尔，弗朗西斯，408
Black, Dora, see Russell，布莱克，朵拉，参见罗素
Blackwell, Sir Ernley, 布莱克维尔，恩利爵士，473
Blackwell, Kenneth, 布莱克维尔，肯尼思，336 n, 433n, 511n
Blake, William, 布莱克，威廉，209, 254, 459,542
Bloomsbury Group, 布卢姆茨伯里派，450, 528, 530, 593
Bocher, Maxime, 博谢，马克西姆，183
Boer War, R.'s views on, 布尔战争，罗素的相关论述，125-6, 150
'Bolshevik Theory'(1920),《布尔什维克理论》（1920年），586
Bolsover, Lady, 博尔索弗，241
Bolsover Castle, 博尔索弗城堡，413-14
Bolshevism see Russia，布尔什维克主义，参见俄国
Bosanquet, Bennard, *Implicarion and Linear Inference*, 鲍桑葵，《蕴涵与线性推理》，572
Bosham, Sussex, 博萨姆，萨赛克斯，468, 470-1, 475 & n, 509
Boston see Harvard，波士顿，参见哈佛大学
Boutroux, Pierre Leon, 布特鲁，皮埃尔·莱昂，184-5
Bowden, George, 波顿，乔治，484
Boyle, Dr, 博伊尔，医生，147, 148, 151
Bradley, Dennis, 布莱德雷，丹尼斯，555
Bradley, F. H., 布莱德雷，F. H., 44, 115, 117, 173, 198-9, 234, 338, 339, 350, 434, 520; *Appearance and Reality*,《表象与实在》，115, 350; *Essays on Truth and Reality*,《真理与实在论集》，339; 'On Appearance, Error and Contradiction',《论表象、错误和矛盾》，198;

**图书在版编目（CIP）数据**

罗素传：孤独的精神 1872～1921/（英）蒙克著；严忠志，欧阳亚丽译．—杭州：浙江大学出版社，2015.7

书名原文：Bertrand Russell: the spirit of solitude

ISBN 978-7-308-14602-9

Ⅰ.①罗… Ⅱ.①蒙… ②严… ③欧… Ⅲ.①罗素，B.（1872～1921）—传记 Ⅳ.①B561.54

中国版本图书馆CIP数据核字（2015）第077858号

**罗素传：孤独的精神 1872～1921**

[英] 瑞·蒙克 著　严忠志　欧阳亚丽 译

---

**责任编辑**　王志毅
**文字编辑**　张兴文
**营销编辑**　李嘉慧
**装帧设计**　罗　洪
**出版发行**　浙江大学出版社
（杭州天目山路148号　邮政编码310007）
（网址：http:// www.zjupress.com）
**制　　作**　北京大观世纪文化传媒有限公司
**印　　刷**　北京中科印刷有限公司
**开　　本**　710mm×1000mm　1/16
**印　　张**　54
**字　　数**　897千
**版 印 次**　2015年7月第1版　2024年11月第10次印刷
**书　　号**　ISBN 978－7－308－14602－9
**定　　价**　118.00元

---

*Bertrand Russell: The Spirit of Solitude 1872-1921*

by Ray Monk.



浙江省版权局著作权合同登记图字：11-2014-309 号